DU MÊME AUTEUR

*Aux Éditions Gallimard*

RECHERCHE D'UN GENRE
L'OISEAU D'ACIER
L'ÎLE DE CRIMÉE
UNE BRÛLURE
PAYSAGE DE PAPIERS
UN PETIT SOURIRE, S'IL VOUS PLAÎT
À LA RECHERCHE DE « MELANCHOLY BABY »

*Du monde entier*

VASSILI AXIONOV

# UNE SAGA MOSCOVITE

## I. LA GÉNÉRATION DE L'HIVER

## II. GUERRE ET PRISON

## III. PRISON ET PAIX

*Traduit du russe*
*par Lily Denis*

*Traduit avec le concours*
*du Centre national du livre*

nrf

GALLIMARD

*Titre original :*

MOSKOVSKAÏA SAGA
I. Pokolenie zimy
II. Voina i tiourma
III. Tiourma i mir

# AVANT-PROPOS

Une saga moscovite *de Vassili Axionov nous conte l'histoire d'une famille de grands intellectuels russes, les Gradov. Trois générations, non sur leur durée totale, mais sur celle du « règne » de Staline, de son accession au pouvoir à sa mort (de 1924 à 1953).*

Une saga *est avant tout un roman, riche de personnages imaginaires pétris de chair et de sang, incarnés dans la vie quotidienne, avec ses passions, ses troubles, ses éclats de rire, ses grands et petits tracas, ses tragédies. Un roman coupé d'étranges « Entractes » où se mêlent surréalisme et métempsycose. Et de belles pages humanitaires aussi.*

*Mais les années 1924 à 1953 sont, on le sait, une période historique vouée au tumulte et à la terreur. C'est sur ce fond-là que la vie de nos héros se joue. Non qu'Axionov les explicite : il procède constamment par allusion, cependant que, menant leur vie personnelle, ses créatures sont constamment brassées par les ouragans de l'Histoire.*

*D'autre part, comme toute l'intelligentsia russe depuis des siècles, l'auteur et ses personnages sont voués au culte de la poésie, un culte dont on a peine à imaginer, en France, l'omniprésence. Elle est en tous lieux dans* Une saga, *avec son abondance d'écoles, de groupes, de groupuscules.*

*En raison de ces deux facteurs réels, on m'a demandé la brève mise en situation qui va suivre, ainsi que des notes en bas de page. J'ai hésité : ce côté informatif, superflu pour la plupart des lecteurs, s'imposait-il vraiment ? Puis je me suis avisée que pour les plus jeunes d'entre eux, 1924 à 1953, c'était déjà l'Histoire, une Histoire dont les détails s'estompent.*

*Voici donc le fond sur lequel va se dérouler* Une saga, *qui peut fort bien se passer de cette modeste pédagogie, bien minime au regard de la magie romanesque et du souffle créateur de son auteur. Les deux paragraphes qui vont suivre ne recouvrent pas* tous *les éléments de la période envisagée, mais uniquement ceux que nous rencontrerons au cours de la lecture.*

Les événements historiques

*De 1917 à 1921, la Russie a connu le* communisme de guerre, *abolition totale de la propriété privée, réformes radicales, consolidation de la révolution par les moyens les plus rigoureux et, parallèlement, lutte contre l'Armée blanche et autres formes de la guerre civile. Trop de rigueur ayant entraîné un violent mécontentement (révolte des marins de Cronstadt en 1921 notamment), Lénine instaure la NEP (Nouvelle Économie Politique, 1921 à 1928), rétablissement d'un secteur économique libre, libéralisation de la vie privée. À sa mort (1924), Staline reprend la NEP à son compte jusqu'en 1928, où il instaurera la série des quinquennats.*

*Toute la vie politique de cette époque se sera déroulée avec l'appui d'une police politique (Tchéka-Guépéou-MVD-KGB-NKVD) qui, encourageant la délation et la calomnie, répandra la terreur, car elle procède par voie de torture et d'assassinat, cependant que les tribunaux qu'elle alimente abondamment condamnent à mort ou au bagne. Sans compter d'innombrables exécutions sommaires.*

La poésie

*Les vers survivent aux poètes, c'est pourquoi je suis amenée à citer quelques écoles antérieures à notre action : elles sont présentes dans le roman. D'autre part, les divers groupes ont pu s'interpénétrer, coexister, les poètes passer de l'un à l'autre :*

*— Le symbolisme : inspiré du symbolisme occidental. Figure majeure : Alexandre Blok (1880-1921).*

*— L'acméisme : fondé par Nicolaï Goumiliov (1886-1921), néo-parnassien si l'on veut et partisan de la « revilirisation » de l'artiste face à l'existence. Figures majeures : Anna Akhmatova (1889-1966) et Ossip Mandelstam (1891-1938).*

*— Le futurisme : mouvement complexe s'identifiant à la contre-culture, cherchant le scandale. Figure majeure : Vélimir Khlebnikov (1885-1922), créateur du « langage transmental ».*

*— Le LEF (Front Gauche de l'Art), fondé en 1920 par une autre figure marquante, Vladimir Maïakovski (1893-1930). Véritable tribun de la poésie ou par la poésie, dans laquelle il voit la réponse à une « commande sociale », il est « opposé à l'esthétisme, au psychologisme », plus attaché au contenu qu'à la forme.*

*— L'imaginisme : tout à l'opposé, prêche le maintien d'une poésie lyrique. Fondateur et figure majeure : Serge Essénine (1895-1925), peintre très fin de la nature et de la vie paysanne.*

*— Le formalisme (1916-1934) : une mention particulière doit être faite de ce groupe de recherche linguistique qui, s'il n'a pas*

*produit de poète majeur, a fait école dans le monde entier. Donnant à la forme une prééminence fondamentale, il ne fut pas sans influence sur le symbolisme et le futurisme, en dépit de leur différence de conception quant au message poétique. Rien n'était plus opposé que ce privilège accordé à la forme seule et le principe officiel du réalisme socialiste, de la poésie socialement « utile ». Dans la bouche des dirigeants, le « formalisme » est devenu un terme péjoratif et même un chef d'accusation.*

Lily Denis

# I

# LA GÉNÉRATION DE L'HIVER

*Léli-lili — neige cerise*
*Dissimulant un fusil.*
*Tsitsétsatsa — éclair de sabre,*
*Biêênzaï — rouges drapeaux,*
*Ziêêgzoï — serment signé.*
*Bobo-biba — rouge bandeau,*
*Mipiopi — armée grise, regards brillants.*
*Tchoutchou biza — divins jurements.*
*Miveââ — firmament.*
*Mipiopi — regards brillants,*
*Vêêava — foules vertes !*
*Mimomaïa — hussards bleus,*
*Zizo zéia — soleils signés,*
*Seigle, yeux-soleils des sabres.*
*Léli-lili — neige cerise,*
*Sosséssao — tas de maisons.*

VÉLIMIR KHLEBNIKOV[1]

1. V. Khlebnikov (1885-1922) fut un poète réformateur du langage poétique ; il prôna, entre autres, un discours syllabique passant par un stade archaïque pour arriver à un stade syllabique pur. (*Ici, et par la suite, toutes les notes sont de la traductrice.*)

# CHAPITRE PREMIER

## *Casques scythes*

Non, mais vraiment ! Un embouteillage à Moscou la huitième année de la révolution ! Toute la rue Nicolskaïa, qui coule de la Loubianka à la place Rouge à travers le cœur de Kitaï-Gorod, est encombrée de tramways, de charrettes et d'automobiles. Près du *Bazar Slave*[1], des camions à chevaux déchargent des viviers de poisson. Sous l'arche du passage Trétiakov, montent le hennissement des chevaux, les trompes des camions, les jurons des charretiers. La Milice s'empresse au son de trilles encore naïfs, comme si elle n'était toujours pas pleinement convaincue de la réalité de son rôle essentiellement urbain et non politique, autrement dit, tout à fait normal. On se croirait à un spectacle d'amateurs. Les éclats de rage eux-mêmes sont factices. Ce qui frappe, c'est que tous ces gens-là jouent leur rôle de bon cœur. De fait, le bouchon de la rue Nicolskaïa est un événement heureux, comme un verre de lait chaud après les frissons d'une maladie infectieuse : la vie revient, c'est l'aube de la prospérité.

— Penser qu'il y a quatre ans seulement, ce qui régnait ici, c'était la peste et la famine, seuls erraient çà et là des chanteurs des rues, s'étirait une queue sans espoir aux pommes de terre germées et seules les « Maroussia » de la Tchéka[2] sillonnaient cette rue, disait le professeur Oustrialov[3]. Voilà, mister Reston, la théorie du *Changement de Jalons*[4] dans son incarnation pratique.

Deux messieurs d'âge à peu près égal (trente-cinq à quarante ans) sont assis côte à côte sur le siège d'une Packard bloquée rue Nicolskaïa. Tous deux vêtus à l'européenne, dans de confortables complets du bon faiseur, mais, à quelques détails insignifiants et

1. Restaurant célèbre.

2. *Maroussia :* nom populaire des fourgons de la police. *Tchéka* : la police secrète apparaîtra tout au long de cet ouvrage sous les sigles successifs de : Tchéka, Guépéou, MVD, MGB, KGB. Les Soviétiques ont souvent fait de « tchékiste » le nom de ses agents, même après que la Tchéka eut été débaptisée.

3. Nicolaï Oustrialov (1890-1938). Précurseur des idées du *Changement de Jalons*, il lança la formule national-bolcheviste, c'est-à-dire de l'adaptation apparente au bolchevisme en attendant qu'il se désagrège de lui-même.

4. *Changement de Jalons :* titre d'un recueil-programme (et d'un mouvement) publié à Prague en 1921. Il prônait l'opportunisme recommandé par Oustrialov.

pourtant perceptibles, il est facile de reconnaître en l'un un Russe, en l'autre un véritable étranger, plus que cela : un Américain.

Durant tout son premier périple en Russie Rouge, le correspondant parisien du *Chicago Tribune*, Townsend Reston, avait lutté contre des accès d'irritation. Au fait, ce n'étaient pas à proprement parler des accès : l'irritation ne l'avait pas quitté un seul instant, sinon que, par moments, elle ressemblait à une rage de dents et à d'autres, à une intoxication alimentaire.

À vrai dire, c'est peut-être par l'alimentation, justement, que cela avait commencé, le jour de son arrivée, lorsque ses — permettez-lui l'expression — collègues soviétiques — cet insupportable Koltsov[1], cette teigne de Boukharine — l'avaient régalé de leurs petits plats. Ce caviar... quoique, même à Paris on en soit fou, on y décèle, voyez-vous, un puissant aphrodisiaque..., mais ce n'est rien d'autre que des œufs de poisson, *mesdames et messieurs**[2]. Ce poisson préhistorique couvert d'écussons osseux... mais le principal, c'est qu'ils avaient continuellement l'air d'être en représentation avec leur exécrable agitation et leurs airs de parade qui dissimulaient mal leur manque d'assurance, leurs questions informulées, leurs regards quémandeurs. L'Europe, ma foi, ils semblaient avoir déjà prévu son découpage à venir, mais l'Amérique les déroutait. Et Reston, aussi, se sentait dérouté. Jusque-là, il avait cru connaître le ressort des révolutions. On avait dit que ses reportages sur le Mexique relevaient du journalisme de très grande classe. Il avait récolté des interviews des membres de juntes de nombreux pays d'Amérique latine. Nom de Dieu ! il voyait à présent qu'en comparaison des « maîtres de l'histoire », les « gorilles » étaient plus à son goût, autant dire un *apple pie* comparé à ces maudits œufs de poisson. Se pouvait-il que les bolchevik croient sérieusement pouvoir diriger le monde ? Tout eût été plus simple s'il n'avait été question que de prendre et de garder le pouvoir, de changer l'élite dirigeante, mais...

Pour préparer son voyage, Reston avait lu, en traduction, les discours et articles des dirigeants soviétiques. À la fin août, le PC (b)[3] avait été secoué par une tragédie survenue en Amérique. Deux importants personnages bolchevik, Issaï Khourguine, président de l'Amtorg[4], et Efraïm Sklianski, le plus proche collaborateur de Trotski durant toute la période de la guerre civile, s'étaient, au cours d'une promenade en barque, noyés dans un lac du Maine. Lors de leurs funérailles à Moscou, le tout-puissant « guide du prolétariat mondial » avait péniblement accouché de paroles de surprise étrange, quasi métaphysique :

1. Koltsov, grand reporter très célèbre. Il couvrit la guerre d'Espagne.
2. Les mots en italique suivis d'un astérisque sont en français dans le texte.
3. Sigle du Parti Communiste bolchevik.
4. Échanges commerciaux avec l'Amérique.

« ... après avoir traversé les grandes tempêtes de la révolution d'Octobre, notre camarade Efraïm Markovitch Sklianski... a péri dans un petit lac de rien du tout... »

Tant de mépris pour ce lac, une telle surprise devant une mort non historique... ils se prennent vraiment pour les dieux du Walhalla ou, tout au moins, pour les Titans de la mythologie. Bon sang ! Je me demande qui, en Amérique, comprendrait qu'ils sont obsédés par leur lutte des classes plus que par l'aura du pouvoir... C'est à croire que la révolution est le summum de la décadence...

Bourré de manteaux noirs et de capotes militaires, le tramway qu'ils côtoyaient avança d'une dizaine de yards. Le chauffeur de la Packard du Commissariat du peuple à l'Intérieur grognait et jouait du volant afin de s'insérer dans la file du transport en commun. Reston suçait sa pipe éteinte et observait la rue. Dans la foule mal fagotée — et c'est peu dire —, passaient parfois de très jolies femmes, presque des Parisiennes. Deux jeunes officiers de l'Armée Rouge se tenaient devant l'entrée de l'imposant bâtiment d'une pharmacie. La taille bien prise, le torse sanglé d'un baudrier, les joues vermeilles, ils conversaient sans prêter attention à personne. Leur uniforme frappait par la même absurdité décadente que toute cette révolution, tout ce pouvoir : bizarrissimes bonnets à pointe, une étoile rouge sur le devant, longuissimes capotes à brandebourgs rouges en travers de la poitrine, l'absence de galons, mais la présence d'étranges figures géométriques sur les manches et le col — c'était l'armée du chaos, Gog et Magog...

— Excusez-moi, professeur, permettez-moi de vous poser une question provocatrice, comme nous disons en Amérique. Après huit ans du pouvoir actuel, quelle est, à vos yeux, la principale conquête de la révolution ?

Pour confirmer le sérieux de sa question, Reston sortit son Montblanc et s'apprêta à noter la réponse dans les marges de son Baedeker. Le professeur Oustrialov éclata d'un rire sanguin. C'est que, lui, il raffolait du caviar et des sterlets.

— Mon cher Reston, ne croyez pas que je me moque, mais la principale conquête de la révolution, c'est que le PC a désormais huit ans de plus.

À vrai dire, même ce compagnon épisodique, avec son anglais hésitant allié aux modulations pleines d'assurance de sa voix (où les Russes ont-ils pêché cet a priori de supériorité devant les Occidentaux ?), n'était pas sans agacer Townsend Reston. Un personnage plus qu'équivoque. Ancien ministre du gouvernement blanc de Sibérie, émigré fixé à Kharbine, leader du mouvement le *Changement de Jalons*, il était fréquemment l'hôte de Moscou. Son dernier livre, *Sous le signe de la Révolution*, avait suscité bien des commentaires en Europe, et ici, pas un article politique n'omettait de citer son nom.

Zinoviev le qualifiait d'ennemi de classe d'autant plus dangereux qu'en paroles il admettait Lénine, évoquait la bienfaisante « transformation du centre », le « coup de frein », la « normalisation » du pouvoir des Soviets, les espoirs fondés sur la bourgeoisie de la NEP et des « vigoureux paysans »...

Zinoviev ironisait sur un mode typiquement bolchevik : « à chaque poule son rêve de mil », « vous ne verrez pas plus la rekoulakisation que vous ne voyez vos oreilles, monsieur Oustrialov »... Boukharine le traitait de « partisan du césarisme ». On se demandait à qui et à quoi cette dernière sentence faisait allusion.

S'entretenant avec Oustrialov, Reston jouait les godiches, se donnait des airs de journaleux américain à l'affût de broutilles, cachait qu'il s'était préparé.

— Tout revient sur ses propres traces, poursuivit Oustrialov, l'ange de la révolution s'éloigne doucement du pays... — Il se rendit soudain compte qu'il citait son propre livre. — L'ardeur révolutionnaire est déjà du passé... Ce n'est pas le marxisme qui vaincra, mais l'électricité... Regardez autour de vous, sir, voyez ces changements évidents. Hier encore, ils réclamaient le communisme pour tout de suite, aujourd'hui, la propriété privée fleurit. Hier, ils exigeaient la révolution mondiale, aujourd'hui, ils ne cherchent que des accords concessionnels avec la bourgeoisie occidentale. Hier, on prêchait l'athéisme militant, aujourd'hui, c'est le compromis avec l'Église ; hier, c'était un internationalisme sans frein, aujourd'hui, l'on tient compte des « dispositions patriotiques » ; hier, on proclamait un antimilitarisme et un anti-impérialisme sans murmure, on affranchissait tous les peuples de Russie, aujourd'hui, l'Armée Rouge est la fierté de la nation, elle est, et elle seule, le rassembleur de toutes les terres du pays qui retrouve grâce à elle sa mission traditionnelle : « l'Eurasie[1] »...

À mesure que l'on déchargeait les camions du *Bazar Slave*, la circulation, bien qu'au pas de tortue, se rétablissait. On voyait défiler les tableaux vivants d'une foule, c'était vrai, assez optimiste. Le léger frimas d'octobre aiguillonnait les marchands des rues.

Une femme qui vendait de la tourte et des koulebiak ressemblait, avec ses joues roses, à une grosse négociante à la Koustodiev[2]. Un joyeux invalide à la jambe de bois étirait son accordéon. À côté, l'on vendait des diablotins en bocaux de verre. L'Américain ignorait que cette curieuse chose s'appelait : « L'Américain des eaux sous-marines ».

— Ah ! La librairie de Sytine[3] vient d'ouvrir — s'exclama Ous-

1. Le mouvement eurasien, philosophico-historique, projetait une nouvelle Russie postbolchevik, entité particulière qui revendiquait son originalité, échappait à l'européanisme et demeurait profondément attachée à la religion.

2. Koustodiev (1878-1927), peintre à la veine folklorique, devenu par la suite peintre officiel.

3. Sytine (1851-1934), très grand éditeur libéral, possesseur de chaînes de librairies. Après la révolution, son entreprise fut nationalisée.

trialov, s'adressant en russe à son compagnon comme à un compatriote, puis, réalisant que le nom de cette entreprise ne lui disait rien, il effleura avec un sourire son genou tendu de tweed. — Dans le domaine de la littérature et des arts, nous sommes en plein épanouissement, sir. Nous avons vu s'ouvrir des coopératives et des maisons d'édition privées. Les journaux eux-mêmes, quoiqu'ils soient toujours aux mains des bolchevik, proposent bien moins de propagande ronflante et bien plus d'information directe. Bref, la maladie est passée, la Russie est sur la voie d'une prompte guérison.

Une grande affiche de cinéma occupait le mur latéral d'une maison : un homme en haut-de-forme qui ressemblait à Douglas Fairbanks, une blonde bouclée qui pouvait parfaitement être Mary Pickford. Il y avait aussi d'indigents dessins dans le style cubiste et de grands caractères cyrilliques. Si Reston avait su lire le russe, il aurait compris qu'à côté de l'affiche hollywoodienne, on avait collé l'appel de l'Action Sanitaire : « Les poux et le socialisme sont incompatibles. »

— Et les hommes du Parti, de l'Armée, de la police secrète, demanda-t-il à Oustrialov (qu'il prononçait « Owstrelow »), vous semble-t-il qu'ils subissent la même transformation ?

Avec cette rapidité particulière aux traits sensibles des Slaves, le visage du professeur passa de l'exaltation à une expression rêveuse pleine de gravité, et même de pesanteur.

— Vous venez de toucher un sujet d'importance, Reston. Voyez-vous, hier encore, j'appelais les bolchevik « des monstres de fer au cœur de fonte et aux âmes mécaniques »... Heu... Cette métallurgie n'est pas si déplacée si l'on repense à certains pseudonymes du Parti : Molotov, Staline[1].

— Il me semble que Staline est l'un des... l'interrompit le journaliste.

— Le Secrétaire général du Bureau Politique, précisa Oustrialov. Les principaux responsables ne lui font pas trop confiance, je crois, mais on dirait que ce Géorgien représente des forces modérées qui vont montant. — Il poursuivit : — Seuls ces monstres, avec leurs effroyables réflecteurs d'énergies condensées ont pu prendre d'assaut la citadelle russe où tant de tares s'étaient accumulées avant la révolution. Cependant, à l'heure actuelle... Figurez-vous que nous voyons entrer en lice l'éros du pouvoir qui, chez ces gens-là, est très développé. Les théories mécanistes se trouvent évacuées par la charnalité humaine.

— Intéressant, marmonna Reston dont le Montblanc courait toujours dans les marges de son Baedeker.

Oustrialov laissa fuser un petit rire, comme de dire : je pense bien, que c'est intéressant !

1. Étymologiquement : « Du marteau », « De l'acier ».

— Il me semble que ce phénomène se déroule dans toutes les sphères, au Parti comme (et surtout) à l'Armée. Je crois que vous avez remarqué ces deux jeunes commandants[1] près de la pharmacie. Quelle tenue ! Quelle allure ! Ce ne sont plus des débraillés à la Tchapaïev, ce sont de véritables soldats de métier, même si leur uniforme peut paraître curieux. Au fait, parlons-en, de leur uniforme. On se plaît à penser qu'il fut imaginé par Boudionny en personne, or, en fait, il a été mis au point dès 1916 d'après les maquettes de Vasnetsov, le peintre, de sorte que nous assistons ici à une sorte de transmission directe de la tradition... Des motifs scythes, mon ami, le souvenir de nos aïeux ! — Sur ce point d'exclamation, Oustrialov s'interrompit et considéra l'Américain avec un étonnement inattendu. « Qu'est-ce qu'il a à écrire sans arrêt, comme s'il comprenait tout ce que je dis ? Qui, parmi eux, est capable de concevoir les intrications de cette terre de l'entre-deux[2], de ce peuple brassé par quinze siècles d'histoire ? Chaque fois, on en vient à s'interrompre sur une note exaltée. Ne me suis-je pas assez répété : "Tiens-toi à la règle anglaise, l'*understatement*[3], voilà la pierre angulaire de leur stabilité." » Il toussota : — En ce qui concerne la Guépéou ou, comme vous l'appelez, la police secrète, qu'en dites-vous, croyez-vous qu'il y a quatre ans, un historien émigré aurait pu circuler dans Moscou avec un journaliste étranger dans une voiture du Commissariat à l'Intérieur ?

— Alors, vous n'avez pas peur ? demanda Reston aussi direct qu'un *quarterback*[4] envoyant le ballon dans les buts de l'adversaire à travers la moitié du terrain.

Entre-temps, la voiture avait descendu toute la rue Nicolskaïa et s'était arrêtée là où on lui avait probablement dit de s'arrêter, près de la façade baroque de la Haute Galerie des Marchands[5]. Là, le professeur Oustrialov et l'Américain Townsend Reston, représentant de l'influent *Chicago Tribune*, quittèrent leur équipage et poursuivirent leur chemin vers la place Rouge à pied. En tendant l'oreille, le chauffeur put encore saisir un certain temps la voix aiguë de l'homme du *Changement de Jalons* : « ... cela va de soi, je comprends ce que ma position a d'équivoque à l'extrême — dans les milieux de l'émigration, nombreux sont ceux qui me consi-

1. Officiers de tout grade. Le terme même d'« officier » était alors proscrit comme référence à l'Armée Blanche. Par souci de couleur historique, nous nous plierons à cette règle pour désigner le commandement dans son ensemble, mais s'agissant de personnages individuels, pour éviter toute confusion à nos lecteurs, nous utiliserons les équivalences avec les grades français, c'est-à-dire la désignation classique qui a d'ailleurs été rétablie en URSS durant la Seconde Guerre mondiale... de même que le terme d'« officier » que nous verrons reparaître.

2. Retour à l'idée que la Russie n'est ni d'Asie ni d'Europe, mais possède sa spécificité propre.

3. Anglais : litote.

4. Place particulière du football américain.

5. Aujourd'hui, le *Goum*.

dèrent comme un tchékiste ou c'est tout juste, et à Moscou, il y a quelques jours, Boukharine a déclaré... »

La suite fut recouverte par le brouhaha de la capitale plongée dans ses affaires.

À peine les deux silhouettes en pardessus anglais eurent-elles disparu à la vue de la Packard, que s'en approcha un personnage au bonnet d'astrakan et à la petite moustache, de la race de ceux qu'avant la révolution on appelait des « mouchards aux petits pois[1] » et qui, depuis l'époque, n'avaient pas changé d'un iota.

— Alors, le mécano, de quoi tes bourgeois sont-ils tombés d'accord ? demanda-t-il au chauffeur.

Le chauffeur se frotta les yeux avec lassitude et, après cela seulement, le regarda d'un tel air que le mouchard se ratatina d'un coup, comprenant que celui qu'il avait devant lui n'avait rien d'un simple chauffeur.

— Vous ne vous imaginez tout de même pas, mon brave, que je vais vous traduire des propos en anglais, à vous ?

Puis, au-dessus de la Haute Galerie des Marchands et des rues embouteillées du vieux Kitaï-Gorod, des abeilles blanches voletèrent : la première chute de neige, encore légère et vivifiante, de l'automne 1925.

Cependant, les deux jeunes commandants dont l'allure avait suscité de la part de nos deux gentlemen des considérations aussi graves continuaient à causer devant l'entrée de la pharmacie Verrein, rebaptisée « Pharmacie n° 1 ».

Le général de brigade Nikita Gradov et le colonel Vadim Vouïnovitch avaient le même âge, soit — au moment où commence notre récit — vingt-cinq ans ; ils avaient à leur actif un nombre incalculable de ces mêlées sauvages dont est faite une guerre civile, c'est-à-dire qu'à l'aune d'alors, c'étaient des hommes tout à fait mûrs.

Le général de brigade Nikita Gradov était à l'état-major de Toukhatchevski, commandant en chef Ouest, le colonel Vadim Vouïnovitch était « chargé de missions supérieures auprès de l'Armée Rouge », c'est-à-dire l'un des principaux aides de camp de Frounzé, Commissaire du peuple à la Guerre et à la Marine. Les deux amis ne s'étaient pas revus depuis plusieurs mois. Gradov, authentique Moscovite, résidait pour les besoins du service à Minsk, alors que Vouïnovitch, originaire de l'Oural, était devenu, après son affectation, un véritable habitant de la capitale. Ces jeux de la fortune l'amusaient beaucoup et lui donnaient matière à se moquer gentiment de Nikita. Tandis qu'ils se promenaient tous

1. Le siège de la police se trouvait alors rue aux Pois.

deux dans Moscou, il attirait l'attention de son ami sur les affiches de théâtre et mettait, comme en passant, la conversation sur les premières... « Qu'est-ce que tu dis de ça ? Meyerhold[1] s'est encore payé la tête de Gogol... » Puis, comme se reprenant : « Oui, mais chez vous, à Minsk, on n'est pas au courant, ah ! la province ! » et ainsi de suite dans le même genre, bref, il faisait de l'épate, mais en très bon garçon, et même avec amitié.

D'ailleurs, ces deux jeunes gens en bonnet à pointe n'en parlaient pas tant que cela, du théâtre : chaque fois, leur conversation dérivait vers des sujets plus graves ; c'étaient des citoyens sérieux parvenus à des grades qu'ils n'auraient jamais atteints avant la quarantaine dans l'ancienne armée.

Nikita était arrivé à Moscou avec son chef pour participer à la réunion d'un Conseil de refonte de l'Armée. La réunion devait avoir lieu au Kremlin dans le plus grand secret, car c'est tout juste si tout le Bureau Politique du PC (b) ne devait pas y prendre part. Or, déjà à l'époque, ils étaient tous obsédés par la manie du secret. « Le Parti continue à travailler dans la clandestinité », disait-on à Moscou, répétant la boutade de Karl Radek[2], le plus grand plaisantin bolchevik. L'affaire s'était quelque peu compliquée du fait que Frounzé, président du Conseil de guerre révolutionnaire, Commissaire du peuple à la Guerre et à la Marine, se trouvait depuis plus de quinze jours à l'hôpital, souffrant d'un grave ulcère du duodénum. Le Comité Central, dans son fraternel souci de la santé de l'enfant chéri des travailleurs, général légendaire qui avait écrasé Koltchak et Wrangel, avait proposé de tenir la réunion en son absence et de confier le rapport à Unschlicht, mais Frounzé avait formellement déclaré que son indisposition était tout à fait bénigne, et qu'il participerait en personne. C'était cela, le principal sujet de conversation des deux jeunes hommes devant la porte de la pharmacie Verrein où ils attendaient Véronika, la femme de Gradov.

— Le Commissaire entre tout bonnement en rage quand on lui parle de ce maudit ulcère, dit Vouïnovitch, la carrure large, le type slave du Sud, la pilosité abondante — sourcils noirs et moustache —, à qui la nature n'avait pas refusé la vivacité du regard.

Élevé dans une petite ville industrielle de l'Oural, il avait, avec son escadron, atteint le rivage sud de la Crimée et là, parmi les rochers, les vagues écumantes, les cyprès et les vignobles, il avait compris où était sa vraie patrie.

La tentation romantique nous inciterait à faire de Nikita Gra-

1. Meyerhold (1874-1942), metteur en scène illustre dont le nom est encore présent à la mémoire des gens de théâtre de l'Europe entière. Grand novateur, il s'est attaché à un théâtre de recherche.

2. Karl Radek (1885-1939), journaliste et haut responsable de l'Internationale Communiste.

dov l'opposé de son ami, c'est-à-dire à le rapporter aux latitudes septentrionales, à une certaine gothique russe, à supposer que celle-ci eût jamais existé, et nous aurions été heureux de le faire afin d'ajouter à cette coloration scytho-macédonienne une touche varègue, mais au nom de l'équité, cette tentation, nous la surmontons et ne pouvons pas ne pas indiquer que Nikita, quand ce ne serait qu'à moitié, se trouvait en corrélation avec le berceau méditerranéen de l'humanité : sa mère, Mary Vakhtangovna[1], appartenait à la lignée géorgienne des Goudiachvili. Au fait, son aspect n'avait rien de géorgien, si l'on néglige une certaine rousseur et un nez proéminent qu'on aurait pu, avec le même succès, imputer aux Slaves, aux Varègues, et avec un non moindre succès, aux Irlandais qui, à l'époque n'avaient pas rejoint les rangs de la révolution mondiale.

— Écoute, Vadim, que disent les médecins ? demanda Nikita.

Vouïnovitch eut un petit rire :

— Les médecins en parlent moins que les membres du Bureau Politique. À la dernière consultation de l'hôpital Soldatenkov, ils ont conclu qu'on pouvait s'en tenir au traitement médical associé à un régime *ad hoc*, cependant, nos dirigeants insistent sur l'intervention chirurgicale. Tu connais Frounzé : il affronterait un tir de mitrailleuses sans ciller, mais à la pensée du bistouri, il tombe dans l'accablement le plus noir.

Nikita replia un pan de sa longue capote et sortit de la poche de sa culotte de cheval bleu vif une montre-oignon en or, récompense du commandement pour son exploit de Cronstadt, en mars 1921. Cela faisait quarante minutes que Véronika s'était perdue dans le dédale de la Pharmacie n° 1.

— Tu sais, articula-t-il sans quitter des yeux l'objet lourd et superbe posé sur sa paume, j'ai parfois l'impression que les chefs trop courageux ne leur plaisent pas tant que ça, à « ceux d'en haut ».

Vouïnovitch s'entoura d'un nuage de sa cigarette Herzegovina Flor qu'il jeta aussitôt après.

— Le plus opiniâtre est Staline, dit-il d'un ton tranchant. Le Parti ne peut pas s'offrir la maladie de son commandant en chef. Ilyitch[2] s'est peut-être trompé, hein, Nikita ? Peut-être que ce cuisinier n'a pas l'intention de préparer des plats trop épicés ? Ou au contraire, il en a l'intention et c'est pour cela qu'il en tient si férocement contre le régime alimentaire et pour le bistouri ?

Gradov posa la main sur l'épaule de son ami pour calmer sa trop visible agitation.

À ce moment, Véronika, une jolie femme en manteau de loutre,

1. Rappelons, pour mieux situer le rapport aux personnages par la suite, que l'emploi du patronyme est une marque de respect d'usage constant.
2. Façon familière de désigner Vladimir Ilyitch Lénine.

qui signalait son approche par les feux de ses yeux bleus tout comme le yacht du ci-devant monarque, sortit d'un pas léger de la pharmacie. Elle plaisanta fort mal à propos :

— Camarades commandants, vous en faites une tête ! Vous préparez une insurrection militaire ?

Vouïnovitch lui prit des mains un sac assez lourd — que pouvait-on acquérir d'aussi pesant dans une pharmacie ? — et ils empruntèrent le passage du Théâtre, descendirent vers le monument du Premier Imprimeur[1] en direction du *Métropole*.

Chaque fois que Vouïnovitch apercevait la femme de son ami, il devait faire effort pour chasser des impulsions érotiques instantanées et violentes. Dès qu'elle paraissait, tout le reste devenait faux-semblants, ses rapports avec cette femme ne pouvaient être vrais qu'au lit, ou même... Glacé de honte et d'angoisse, il se rendait compte qu'il était prêt à faire d'elle ce qu'il avait fait une fois d'une petite barynia dans un convoi de Blancs prisonniers, c'est-à-dire la tourner de dos, la pousser, la faire pencher en avant, remonter ses jupes. Bien plus, c'est justement cette configuration qui surgissait devant lui chaque fois qu'il pensait à Véronika.

Instincts de canaille, s'accusait-il lui-même, odieux héritage de la guerre civile, indigne d'un commandant formé à l'école de l'armée régulière de l'État Rouge. Nikita est mon ami et Véronika est mon amie, et je suis... leur merveilleux faux ami.

Ils se séparèrent près du *Métropole*. C'est dans ce bâtiment, juste sous la mosaïque — *La Princesse de rêve* de Vroubel[2] —, que Vouïnovitch avait sa chambre de célibataire. Les Gradov se dépêchèrent d'aller prendre le tramway : jusqu'au Bois d'Argent, ils avaient une longue route à faire, avec trois changements.

Nikita ne desserra pas les lèvres de tout le temps qu'ils furent cahotés le long de la rue Tverskaïa dans un wagon bourré à craquer, plein d'odeurs et de regards répugnants.

— Bon, qu'est-ce que tu as encore ? chuchota Véronika.

— Tu fais les yeux doux à Vadim, grommela l'autre, je le sens. Tu ne t'en rends peut-être pas compte toi-même, mais tu lui fais les yeux doux.

Véronika se mit à rire. Quelqu'un la regarda avec plaisir. Une beauté rieuse dans un tramway. Le retour à la vie normale. Une vieille renfrognée se mordit les lèvres d'indignation.

— Grand sot, murmura tendrement Véronika.

Un fin et rare duvet tombait du ciel vert-rose et transparent et le froid léger semblait promettre les joies du patinage aux collégiens. Le tramway passa le marché à la brocante de Khorochévo tout délabré, puis, à moitié vide, fila vers son terminus, le rond-

1. Fiodorov ( ? -1583), introducteur de l'imprimerie en Russie et en Ukraine en 1563, soit environ vingt ans après Gutenberg en Occident.
2. Vroubel (1856-1910), peintre symboliste, ésotérique.

point du Bois d'Argent. Les sapins séculaires du parc, le lac de Bezdonka recouvert de sa première pellicule de glace, les barrières, les datcha où déjà l'on allumait la lumière et les poêles, c'était, après la cohue pour une part insensée de Moscou, une idylle inattendue.

Pour atteindre la maison paternelle depuis le rond-point, il restait une demi-verste à faire.

— Qu'est-ce que tu as de si lourd dans ton sac ? demanda Nikita.

— Je t'ai acheté du bromure pour un mois entier, répondit-elle gaillardement en louchant vers son mari.

Comme toujours, le chagrin rendit comique son visage tavelé de taches de rousseur. Il regardait sous ses pieds.

— Au diable ton bromure ! marmonna-t-il.

— Arrête, Nikita ! fit-elle, furieuse. Cela fait quinze jours, depuis ta mission, que tu ne dors pas. Ce Cronstadt ne t'a vraiment pas réussi.

Sa mission d'octobre dernier dans la forteresse maritime avait commencé comme la banale tournée d'inspection d'un haut gradé militaire : wagon spécial jusqu'à Leningrad, puis vedette jusqu'aux quais d'Oust-Rogatka. Dans la rade, au bord de l'eau et dans la ville, régnaient un ordre total, la régularité de tous les services rythmée comme la mer. Les sections des « Capuchons noirs[1] » passaient au pas cadencé, allant au bain ou en revenant. Certains chantaient *Lisabeth* en chœur. À bord des cuirassés, l'on faisait des exercices de signalisation. Tels des pélicans, des hydravions nouvelle mode tournoyaient au-dessus de la baie. La cloche de quart mesurait pour tout le monde des fragments de temps de ses coups précis. Monde de la mer, net, quasiment « anglais », en tous les cas très éloigné de la réalité russe.

Rien ni personne n'évoquait les événements d'il y avait quatre ans. Une seule fois, alors qu'il montait au fort Todtleben, il avait entendu une voix paisible dire :

— Je vois, camarade général, que vous connaissez bien le chemin.

Il avait fait volte-face et avait capté le regard d'un artilleur. « Vous... vous y étiez... il y a quatre ans ? Est-ce possible ?... » Plus tard, Nikita se rendit compte — et s'en tourmenta — que derrière son étonnement, autre chose s'inscrivait : « Comment se fait-il qu'on ne vous ait pas fusillé ? »

— J'étais en permission, dit simplement l'artilleur sans laisser percer la moindre émotion.

1. Nom familier des marins.

— Moi, j'ai donné l'assaut à votre fort, c'est pour ça que je connais le chemin ! — fit Nikita, élevant la voix non sans défi, bien qu'il comprît qu'il se trompait d'adresse, que si l'artilleur n'avait pas été fusillé, c'est qu'il jouissait d'une certaine confiance, sans quoi, il n'aurait pas manqué de partager la destinée de ceux qui avaient répondu devant le peuple et la révolution de la furieuse explosion d'antibolchevisme de mars 1921.

Apparemment, il ne s'était tout de même pas complètement trompé d'adresse à en juger par la façon dont l'artilleur avait détourné les yeux et l'avait invité, uniquement du geste, à gravir l'échelle : « Je vous en prie, faites-moi le plaisir... »

Toute la journée, Nikita avait inspecté les installations des nouveaux canons des usines Oboukhov des forts Todtleben, Piotr et Rif ; avec des représentants de ladite usine et du commandement de la flotte de la Baltique, il avait examiné la documentation et les explications orales des officiers d'artillerie, et ce n'est qu'au soir, arguant de sa fatigue, qu'il s'était retrouvé seul et était parti faire un tour à pied.

Peut-être se rendait-il déjà compte que quelque chose l'appelait là-bas, place Iakornaïa, le cœur des événements de naguère.

Du boulevard du bord de mer, il examina la rade intérieure dominée par la silhouette de deux bâtiments géants, *ceux-là mêmes*, non ? Quoi que l'on fasse, on ne dissocierait jamais de leurs canons, de leurs cheminées, le souvenir de la colère des cuirassés.

Une fraîcheur de bain pur montait de cette soirée de septembre, de l'eau généreuse alentour, des petites embarcations qui la sillonnaient et des feux clignotants des deux géants.

Il y a quatre ans, tout l'espace était blanc, comme figé pour toujours et hostile. Les cuirassés stationnaient bord à bord contre la muraille du quai, couverts de glace jusqu'en haut des superstructures, cependant qu'un épais matelas de neige foulée aux pieds et pleine de suie tapissait le pont. Alors qu'éclaireur-saboteur Nikita s'infiltrait dans le port en révolte, il avait éprouvé un brusque sentiment de haine contre la « Mare de la Marquise » — comme on appelait le golfe de Finlande dans la Marine — prise en glace. Puis des compagnies de répression en tenues de camouflage blanches avaient progressé à pied sur la glace en files interminables, sus au fort.

Quatre ans et demi plus tard, campé devant le monument de Pierre le Grand, suivant des yeux le mouvement des hautes eaux, le général de brigade Nikita Borissovitch Gradov se surprenait à se dire autre chose : si la révolte avait commencé un mois plus tard, on n'aurait pas pu la mater. Libérés de l'emprise des glaces, les cuirassés auraient gagné Oranienbaum et coupé net à toutes les tentatives de concentration des forces gouvernementales. Deux autres géants, qui au mois de mars se trouvaient immobilisés dans l'estuaire de la Néva, le *Gangout* et le *Poltava*, auraient sans aucun doute rallié le *Pétropavlovsk* et le *Sébastopol* ainsi, après eux, que d'autres unités de la Baltique. Et même, qui aurait mis la main au feu pour le légendaire croiseur *Aurore*[1] ? Cronstadt ne passait-il pas, une semaine avant la révolte, pour la citadelle, la fierté de la révolution ?

L'invincibilité des mutins de la Baltique aurait presque certainement allumé un cordeau Bickford qui aurait déclenché une série d'explosions dans tout le pays. Déjà la région de Tambov était en flammes. Ce n'est pas pour rien que Lénine disait que Cronstadt offrait une plus grande menace que Dénikine, Koltchak et Wrangel réunis. Le dégel eût signifié la mort de la république bolchevik.

Ce sont les glaces qui nous ont sauvés. Les événements déterminés par l'Histoire et les indomptables phénomènes physiques de la Nature se trouvent dans un état de dépendance étrange, et même, disons le mot, tout simplement révoltant. Les glaces ont été nos principales alliées lors de l'assaut de la Crimée[2] comme lors de la répression de Cronstadt. Ne conviendrait-il pas de leur élever un monument ? Allons ! Cela a-t-il le sens commun ? Vouloir édifier les lois de la lutte des classes sur un phénomène de glaciation, sur le ralentissement de quelques piètres molécules !

Mais ce n'est pas ce paradoxe qui tourmentait le plus le brigadier Gradov. Ce qu'il y a, c'est qu'à de certains moments, précis ou imprécis, de son existence, il commençait à voir en lui-même un traître, tout juste si ce n'était pas un tyran. En apparence, une mission héroïque avait été confiée à un fougueux révolutionnaire de vingt ans prêt à donner à tout instant sa vie pour la République Rouge, et cette mission avait été héroïquement remplie, et cependant...

Il avançait lentement le long de l'édifice jaune à colonnes blanches de l'Assemblée Maritime, portait la main à la visière lorsqu'il croisait des marins, souriait même sous le regard des femmes — Cronstadt avait toujours été célèbre pour les épouses de ses effectifs navigants — et se rappelait comment, en mars, en pleine tempête de neige, en pleines ténèbres, abandonnant sur la glace sa tenue de camouflage blanche faite de deux draps cousus ensemble, il avait grimpé au débarcadère, traversé le boulevard et longé le même édifice déguisé en faux marin, gaillard, portant même un tatouage tout frais sur la poitrine : « Train blindé Le Partisan Rouge ».

Une douzaine d'agents ultra-secrets avait été sélectionnée par le commandant en chef Toukhatchevski en personne, parmi les

1. Qui donna le signal de la révolution d'octobre 1917 en tirant sur le Palais d'Hiver.
2. Les troupes blanches concentrées en Crimée et appuyées par des détachements alliés furent définitivement défaites par les bolchevik au cours de l'hiver 1919-1920.

plus intrépides. Au moment de l'assaut final, agissant individuellement, ils devaient saboter les canons et ouvrir les portails des forts. Chaque heure comptait, déjà au-dessus du golfe soufflaient des vents d'ouest chargés d'humidité.

Cette nuit-là, il avait rejoint sans encombre sa permanence clandestine, mais au matin... c'est au matin que ses tourments avaient commencé.

Il avait été réveillé par un orchestre. Une colonne de marins défilaient, la binette réjouie, vers la place Iakornaïa par la rue inondée de soleil. Au-dessus d'eux, dans le ciel bleu intense d'après la tempête, flottait une banderole confectionnée à la hâte qui proposait fort distinctement un slogan funeste :

À BAS LE POUVOIR DES COMMISSAIRES !

Les signes de la révolte étaient partout. La première chose qu'aperçut Nikita lorsqu'il sortit, portant sur l'épaule un sac de toile contenant deux mausers, quatre grenades et un faux ordre de mission du Comité de la Flotte de Sébastopol, furent les feuillets collés sur les murs des *Nouvelles du Soviet de Cronstadt* proclamant les appels du Comité révolutionnaire, affirmant que toutes les attaques avaient été repoussées, annonçant une répartition de denrées alimentaires, et se payant la tête du pouvoir en place :

*V'là Kalinine en personne*
*La langue molle et polissonne*
*Il chante comme une fauvette*
*Mais sans succès d'interprète.*
*Et craignant le châtiment,*
*V'là l'commissaire qui fout l'camp.*
*Inquiet, Trotski, cet homme,*
*Envoie un ultimatum :*
*« Du calme, du calme là-n'dans !*
*Sinon comme un tas de faisans*
*Par mes braves guerriers*
*Je vous ferai fusiller. »*
*Mais nos braves petits gars*
*Ont élu une troïka*
*Et chacun à qui mieux-mieux*
*Vise, vise et puis fait feu.*

Les « braves petits gars » continuaient à affluer place Iakornaïa par sections, en isolés, en masse, formant autour de la Cathédrale de la Mer et au pied du monument à l'amiral Makarov une foule énorme de bérets noirs et de cols bleus. Rares taches dans l'uniforme de la Baltique, ressortaient çà et là des capotes de soldats et des vestes de mouton. Des gamins se faufilaient entre les gens, parfois passait le visage excité d'une femme. Tout cela réuni s'appelait « Ceux de Cronstadt[1] ».

Il y avait plusieurs orchestres. Ils recouvraient la canonnade incessante qui montait du golfe. En ce qui concerne les aéroplanes bolchevik, dans le brouhaha général, dans le tonnerre de la poudre et des cuivres, leurs moteurs ne s'entendaient pas du tout, et les appareils eux-mêmes ressemblaient à une attraction de fête foraine, alors même qu'ils envoyaient des paquets d'explosifs parfois porteurs de mort ou les sinistres tracts de Trotski, le « feld-maréchal rouge ».

L'ambiance était à la fête. Nikita n'en croyait pas ses yeux. Au lieu de conspirateurs enragés à la mine lugubre conduits par des Gardes Blancs sortis de la clandestinité, c'étaient des milliers d'hommes débordants d'enthousiasme, quelque chose comme une réjouissance populaire.

Étrange, cet endroit : la masse byzantine de la cathédrale, et devant, un monument à un homme en civil. *Les Vagues de l'Amour*[2] et des explosions. Dans le ciel, des appareils — on dirait des jouets — entourés des flocons de coton des shrapnells. Était-ce un jeu fataliste ou, comme le disait le père Ioan de Cronstadt, une confession collective, celle d'une révolte ?

— « ... Camarades, nous nous sommes adressés au monde entier par la voix de la radio !... »

— « ... L'or français ? Mensonge des bolchevik !... »

— « ... Des Soviets, mais sans ces monstres !... »

Les hourras tonitruants de la brigade ponctuaient presque chaque phrase.

— « ... La parole est au président du Comité révolutionnaire, le camarade Pétritchenko... »

Une poitrine moulée dans un maillot rayé monta à la tribune d'entre les Capuchons Noirs. Ce gars-là n'avait pas peur de s'enrhumer. D'ici, impossible de l'atteindre au mauser. Peut-être qu'en ce moment même, l'un des onze nôtres le couche en joue. « Camarades, je mets aux voix la seconde résolution des cuirassiers : "Repoussons l'ultimatum de Trotski ! Combattons jusqu'à la victoire !"... »

Nikita, sidéré, voyait autour de lui mille glottes crier d'un même souffle. « Victoire ! Victoire ! » Puis il se ressaisit et se mit, lui aussi, à agiter son béret et à crier : « Victoire ! » Quelqu'un lui envoya une claque dans le dos. Un marin moustachu, un vieux de la vieille, parcourut d'un air satisfait son jeune visage.

— On brise les chaînes de la Russie, petit frère ?

1. Qui inspireraient à Efim Dzigane, en 1936, un film bien connu en France sous le titre de *Les Marins de Cronstadt*.

2. Valse très populaire.

— Hourra ! brailla Nikita encore plus fort — et brusquement, il se glaça, ayant senti qu'il criait du fond du cœur, qu'il était entraîné dans le tourbillon de l'enthousiasme général, que c'est ici, précisément, qu'il trouvait ce qu'il avait confusément cherché ces dernières années, depuis l'assaut du *Métropole* en 1917, lorsque, gamin de dix-sept ans, il avait rejoint le détachement de Frounzé : un élan, et l'adhésion totale à cet élan.

Mais voyons, c'étaient des traîtres, des misérables, ils mettaient en péril la révolution elle-même au nom de leur gloriole de marins, de leurs caprices, de leur anarchie, d'une *Petite pomme où que tu vas ?*[1] à la Makhno. Foin d'élan ! Il n'allait pas se laisser attendrir par ce ramassis.

Le portail de la cathédrale s'ouvrit, le prêtre parut sur le parvis, une croix à la main, on sortit les cercueils des victimes de l'assaut de la veille. Des orchestres entonnèrent *La Marseillaise*. Les marins se découvrirent. Gradov, le saboteur, en fit autant. Instant d'accablement, chair de poule, frémissement de tous les muscles, sans doute était-ce le terme de tout ce désordre, de quatre années de crimes au nom de la lutte contre le crime, glandes lacrymales gonflées... Mais voyons, autour de toi, c'était l'Assemblée de Novgorod[2], la libre Rous'[3], et tu les frapperais dans le dos ?

... Quand tout avait été fini, Nikita ainsi que les trois autres rescapés de son détachement avaient reçu en récompense une Longines suisse en or. Puis on l'avait hospitalisé. Il s'était débattu plusieurs jours dans le délire, n'émergeant que par instants dans le monde des brindilles couvertes de givre et des bouvreuils, derrière les vitres du palais d'Oranienbaum.

Personne ne lui avait jamais rien dit de la nature ou des détails de sa fièvre. Il s'était contenté de guérir et de reprendre du service. Dans les milieux de l'Armée et du Parti, on préférait ne pas aborder le sujet de Cronstadt, sinon que de vagues bruits couraient, selon lesquels Lénine lui-même aurait eu, là-dessus, une véritable crise de nerfs. On prétendait qu'il avait, pris de rire, hurlé : « Nous avons fusillé des travailleurs, camarades ! Des travailleurs et des paysans ! »

Bien entendu, dans ces milieux, personne non plus ne disait que c'était précisément Cronstadt qui avait guéri le pays de la peste du communisme de guerre, l'avait tourné vers la NEP[4], laissé se

1. Chanson favorite des partisans de Makhno, chef d'un des mouvements anarchistes les plus meurtriers du sud de la Russie.

2. Dès le XVIIe siècle « Monseigneur Novgorod » fut un État républicain parmi toutes les principautés de la Russie du Nord.

3. Ancien nom de la Russie.

4. Nouvelle Économie Politique (1921-1928), mise en place par Lénine, retour partiel à l'économie privée. En 1928, Staline reviendra à la collectivisation intégrale et installera les plans quinquennaux.

réchauffer. Sans cette terrible mésaventure, « ceux d'en haut » n'auraient pas abjuré leurs théories pour de bon et pour longtemps.

Cela faisait deux ans que Véronika, fille d'un avocat célèbre, était la femme de Nikita et, naturellement, elle savait pas mal de choses sur la plaie secrète qui rongeait son mari, tout en se rendant compte qu'elle ne savait pas tout. Au cours des deux semaines qui avaient suivi sa mission, son état nerveux lui avait inspiré les plus vives inquiétudes. Il ne dormait presque pas, déambulait dans la nuit, fumait sans arrêt, et lorsqu'il s'oubliait dans quelque chose qui ressemblait au sommeil, il marmonnait des propos sans queue ni tête d'où émergeaient parfois, comme des spectres, des phrases, des cris et des bribes de journaux du soulèvement de Cronstadt : « ... de la part de Zavgorodine : deux rations de pain et un paquet de tabac ; de la part d'Ivanov, chauffeur de locomotive du *Sébastopol* : une capote ; de la part de Zimmerman, collaboratrice du Comité révolutionnaire : des cigarettes ; de la part de Poutiline, du laboratoire de chimie du port : une paire de bottes... »

« ... pleine confiance au chef de batterie, le camarade Gribenov... »

« ... Koupolov, putain de sa mère, Koupolov, le médecin, vous ne l'avez pas vu, les copains ?... »

« ... la brigade s'interroge, il lui faut de la littérature pour communiquer avec les étudiants... »

« ... *Lève-toi monde paysan*
*Une aube nouvelle s'annonce*
*Brisons les chaînes de Trotski*
*Terrassons le tsar Lénine...* »

« ... À tous les travailleurs de Russie, à tous les travailleurs de Russie... »

Un jour, elle s'était enhardie au point de lui demander s'il ne ferait pas bien de quitter l'Armée et d'entrer à l'université, à la faculté de médecine, sur les traces de son père, il n'avait que vingt-cinq ans, à trente ans, il serait un véritable médecin... Si bizarre que cela paraisse, il ne l'avait pas rabrouée, il s'était borné à hocher pensivement la tête : il est trop tard, Nika, trop tard... Apparemment, ce n'est pas à son âge qu'il faisait allusion...

Ils arrivèrent enfin au portillon de la datcha sur lequel, comme dans l'ancien temps, mais rédigée en orthographe nouvelle, une plaque de cuivre disait : « Docteur B.N. Gradov ». Passé le portillon, un sentier dallé de brique pilée dessinait un « s » entre les pins et menait au perron, à une porte solidement matelassée de moleskine, à la grande maison à étage avec mansarde, terrasse et petit pavillon.

Passant le seuil de cette maison, on aurait eu tendance à se dire : « Voici un îlot de bon sens, de probité, la véritable incarnation des forces les plus pures de l'intelligentsia russe. Boris Nikitovitch Gradov aîné, professeur au Premier Institut de médecine, médecin consultant principal[1] à l'hôpital Soldatenkov, passait pour l'un des meilleurs chirurgiens de Moscou. Avec ces spécialistes-là, même les démiurges de l'Histoire étaient obligés de prendre des gants. Le Parti savait que, bien que ses chefs fussent relativement jeunes, la santé de nombre d'entre eux avait été ébranlée par l'action clandestine, les arrestations, l'exil, les blessures, c'est pourquoi les lumières de la médecine jouissaient d'un respect particulier. Même durant les années du communisme de guerre, parmi les datcha du Bois d'Argent partiellement converties en bois de chauffe, la maison des Gradov avait préservé son foyer et la clarté à ses fenêtres et à présent que la NEP prospérait, à plus forte raison, tout semblait revenu sur ses traces, à la période « antédiluvienne » de l'histoire, comme le disait Léonid Valentinovitch Poulkovo, l'ami de la maison. Par exemple, du matin au soir, on entendait le piano. La maîtresse des lieux, Mary Vakhtangovna, qui avait jadis achevé ses études au conservatoire — « hélas, mes principaux concerts ont été Nikita, Kirill et Nina » —, ne laissait pas passer une occasion de s'immerger dans la musique. « Mary se sert de Chopin pour conjurer les esprits des bois », disait le professeur en plaisantant.

Un énorme et débonnaire berger allemand foulait les tapis. D'ordinaire, des voix d'hommes montaient de la bibliothèque : les éternelles « controverses des Slaves ». Une nounou, Agacha, qui avait tenu une partie non négligeable dans les « trois principaux concerts » traversait les pièces avec des piles de linge frais ou bien, debout dans l'entrée, payait le lait et la crème livrés à domicile.

Nikita accrocha à des bois de renne le manteau de loutre de Véronika et sa capote qui pesait, ma foi, cinq fois plus lourd. Il s'efforça de ne pas faire de bruit afin de ne pas déranger Chopin, voulut suivre sa femme dans la mansarde, mais sa mère l'entendit et cria de sa voix étonnamment jeune :

— Nikita ! Nika ! ce soir au dîner, nous serons au complet !

Une fois dans la mansarde par la fenêtre de laquelle on apercevait une boucle de la Moskova et les coupoles de Khorochévo et de Sokol, il déshabilla sa femme, l'embrassa dans le cou. La tendresse et la charnalité chassèrent un instant les ténèbres de Cronstadt.

1. L'organisation médicale n'est pas la même qu'en France. Ce titre, très envié, est celui de médecins de l'extérieur dont on recherche les avis pour les cas les plus graves.

C'est tout de même formidable que les femmes puissent de nouveau s'acheter du linge de soie ! Eh, quoi ! Vouïnovitch a peut-être raison lorsqu'il dit que la répression de cette « coterie » a marqué le début de la renaissance des structures de l'État russe.

## CHAPITRE DEUX

# *Le Kremlin et ses environs*

Il avait toujours tournoyé autour du Kremlin pour le moins autant de faux bruits et de chuchotements que d'hirondelles au-dessus de ses tours par un beau jour d'été. Alors, que dire de l'époque actuelle où depuis bientôt huit ans, c'étaient les dirigeants du prolétariat mondial qui y siégeaient ? À chaque pas, des paradoxes. Tenez, rien qu'à prendre la tour du Sauveur : elle porte toujours son nom, soit, mais elle est devenue un tout autre symbole. L'aigle à deux têtes couronne toujours son faîte, mais à midi, son carillon joue *L'Internationale* et à minuit *Vous êtes tombés en victimes*.

Le bruit court en ville que, dans un dessein inconnu, grandit sous le Kremlin tout un réseau de puits acoustiques secrets et de boyaux d'écoute. D'étranges racontars circulent sur la vie des familles des Kamenev et des Staline, sur Démian Bédny, le poète de cour bolchevik installé porte à porte avec les potentats dans le bâtiment de l'ex-Arsenal, ce Démian Bédny que, calembourdant autour de son vrai nom, les écrivains de la capitale ont surnommé Démian Laquéiévitch Courtisan[1].

Le sentiment d'étrangeté et d'angoisse n'a fait que croître lorsque, le principal occupant de la forteresse étant mort, on l'a embaumé et porté hors les murs dans un cercueil de cristal afin de l'offrir à la contemplation des foules. Par suite de quels insolites méandres de l'imagination ? Et comment les associer avec la philosophie matérialiste, ne serait-ce que celle d'Engels qui a disposé que l'on dispersât ses cendres dans l'Océan ?

Les grandes cathédrales du Kremlin sont fermées, mais leurs croix et leurs coupoles flamboient toujours, il suffit que le doux soleil perce les brumes de la Russie moyenne, elles chatoient au voisinage des innombrables flots rouges des nouveaux emblèmes et du symbole arachnéen de deux outils de travail croisés.

Fière forteresse italienne du haut de la butte Borovitskaïa trois fois incendiée à deux cents ans d'intervalle par le khan Tokh-

1. Démian Bédny, pseudonyme, signifie Démian le Pauvre. Son nom véritable, Pridvorov, a pour étymologie : Courtisan.

tamych[1], l'hetman Gonsewski[2] et l'empereur Napoléon, chaque fois relevant tes toits en diamant et les queues d'aronde de tes murs, qu'est-ce donc qui t'attend dans le monde imprévisible ?

Trois Rolls-Royce du Commissariat du peuple à la Guerre traversèrent la place Rouge d'abord en direction de la tour du Sauveur, puis, changeant inopinément de cap, descendirent vers la Moskova, contournèrent la forteresse par les côtés sud et ouest et s'engouffrèrent sous la tour Koutafia, la ventrue, à l'entrée du pont. Cette tactique des changements d'itinéraire subits avait été récemment mise au point pour parer aux actes de terrorisme. Disons-le franchement, elle n'était pas bien subtile, élaborée sur le séculaire adage « aide-toi, le ciel t'aidera », mais tout de même, s'il y avait eu une embuscade aux abords du Sauveur (c'est qu'ils étaient encore nombreux, à l'étranger comme à l'intérieur, les ennemis des Soviets), l'Armée des Travailleurs et Paysans Rouges eût été décapitée d'un seul coup : dans la première voiture, se trouvait le Commissaire du peuple Frounzé, dans la seconde le commandant en chef Ouest Toukhatchevski, dans la troisième le commandant en chef Est Vassili Blucher, chevalier de l'ordre du Drapeau Rouge nº I.

Frounzé était sombre. En se rendant à la réunion, il contrevenait à la décision du Bureau Politique. C'est cela, et non sa maladie en elle-même qui le chagrinait. Justement, ces temps derniers, son maudit ulcère se faisait moins sentir. Ses médecins traitants avaient formulé quelque espoir : les analyses permettaient d'augurer la cicatrisation de la lésion, c'est-à-dire la guérison spontanée. Mais ce souci pesant et toujours croissant que ses collègues prenaient de lui... certes, l'on pouvait comprendre bon nombre d'entre eux, la tragédie de l'an dernier, la mort d'Ilyitch avait terriblement secoué le Parti, mais n'était-ce pas aller trop loin et... appelons les choses par leur nom : certains ne menaient-ils pas un double jeu bizarre ?

Frounzé n'aimait pas élever la voix, plus que tout, il craignait de devenir un commandant *rouge*, un révolutionnaire conscient, un despote ou un soudard à la manière de l'ancien régime, mais il savait formidablement ajouter à son timbre quelque chose qui donnait à entendre à son entourage que toute objection serait superflue. C'est précisément avec cette modulation que, ce matin-là, il avait donné l'ordre de lui apporter ses vêtements ; aussitôt prêt, il s'était rendu au Commissariat du peuple, et de là, au Kremlin.

En cours de route, dans la voiture, il n'avait parlé à personne, avait même évité les regards du fidèle Vouïnovitch. La direction

1. Ou Tuqtamich. Grand khan du khanat de Kiptchak, il envahit l'Europe en 1380.
2. Ne figure sur aucune documentation courante. En toute logique, lié à la prise de Moscou par la Pologne en 1610.

adopte de drôles de mœurs. À prendre isolément certaines personnes, à mesure qu'on s'éloignait de la fièvre de la guerre civile, c'est-à-dire à mesure qu'elles mûrissaient, pour ne pas dire qu'elles vieillissaient, elles laissaient percer des traits peu engageants : Zinoviev ses inepties, Staline son impénétrabilité sinistre, Boukharine son je-m'en-fichisme, Klim[1] un bon à rien, Unschlicht un chicaneur, oui, chacun, on savait bien ce qu'ils valaient, et pourtant, pris ensemble, ils devenaient un concept supérieur : « la volonté du Parti ». Le paradoxe, c'est que nous ne pouvons pas nous passer de cela, Lénine l'a fort bien compris, sans cette croyance mystique, nous tombons en pièces et en morceaux.

La pensée qu'il venait de transgresser le concept supérieur, même si c'était pour le bien de la cause, qu'il venait d'accomplir un acte arbitraire, ne laissait pas Frounzé en paix. Il en avait la gorge nouée, et lorsque la Rolls cahota sur les pavés de la place Rouge, il lui sembla même que ce léger balancement retentissait dans son ventre. Il porta son gant à son front.

Les élèves de l'École du Comité Central[2] qui assuraient le service d'ordre dans les bâtiments gouvernementaux étaient au garde-à-vous. Sur leur visage qui, en principe, aurait dû demeurer impassible, on lisait l'admiration. Trois chefs légendaires, accompagnés à trois pas de leurs adjoints (aides de camp à l'ancienne mode), franchissaient les escaliers, les couloirs du palais du Kremlin : n'était-ce pas un événement dont on se souviendrait toute sa vie ? Leur pas était ferme et ils représentaient un idéal de courage et de jeune maturité. Et c'est vrai, l'aîné, Frounzé, avait à l'époque quarante ans, Blucher trente-cinq et Toukhatchevski trente-deux. A-t-il jamais existé sur la Terre une autre armée au commandement aussi jeune et en même temps plein d'une colossale expérience ?

Les deux derniers élèves qui montaient la garde près du saint des saints ouvrirent la porte. Les commandants pénétrèrent dans la salle des réunions : grandes fenêtres, plafond à moulures, lustre de cristal, immense table ovale. Certains participants se promenaient encore sur le profond tapis de Boukhara, échangeaient des plaisanteries, d'autres, déjà assis à la table, étaient plongés dans leurs papiers. Tous étaient ce que l'on appelle des hommes en pleine sève, s'ils avaient la cinquantaine, c'était une petite cinquantaine. Tous étaient de bonne humeur, les affaires de la république allaient on ne peut mieux. Ils portaient soit de beaux trois-pièces de businessmen, soit l'uniforme semi-militaire du Parti — tunique à grandes poches, culotte de cheval, bottes —, ils s'interpellaient

1. Vorochilov.
2. Grande école à discipline militaire.

sur le ton devenu ici spécifique d'une camaraderie un peu bourrue, légèrement ironique, mais tout de même amicale.

Un observateur attentif, du genre du professeur Oustrialov que nous avons brièvement vu passer dans notre prologue, aurait peut-être noté une certaine différenciation et l'apparition de ce qui allait, plus tard, s'appeler l'« éthique du Parti » selon laquelle l'un pouvait appeler l'autre Nicolaï ou Grigori tout court, tandis qu'un deuxième était obligé de souligner la distance qui le séparait d'un bonze tout-puissant en employant son patronyme ou même un officiel « camarade Untel », mais pour l'instant, nous cédons à la tentation de remarquer que tous se tutoyaient, tous étaient de la même famille.

Les membres du *Changement de Jalons*, qui, comme toute l'intelligentsia russe, aimaient à raccrocher les faits à des théories inventées à l'avance, auraient probablement cherché à dépister parmi « ceux d'en haut » les signes de leur bien-aimée « aura du pouvoir » et les auraient sans doute découverts dans des riens du genre d'un certain épaississement de la silhouette, de la qualité croissante de leurs bons vêtements, dans la désinvolture du geste, l'importance gouvernementale imprimée sur leurs traits, mais nous, tous ces signes, nous pouvons les rapporter à d'autres causes, de nature moins métaphysique, et pour ce qui est des plis du visage, nous pouvons, mais non sans frémir, y associer une petite question de cet ordre : n'y ramperaient-elles pas comme une lèpre, la violence et la cruauté sans borne de naguère ?

Lorsque les militaires firent leur entrée dans la salle, tout le monde se tourna vers eux. « Comment, Mikhaïl, c'est toi ?... Ça, c'est une surprise ! » s'exclama Vorochilov sur un ton théâtral des plus vulgaires, bien qu'il fût déjà informé que Frounzé avait quitté l'hôpital et se dirigeait vers le Kremlin. Plusieurs personnes s'entre-regardèrent ; la fausseté, dans l'intonation de Klim, avait, pour ainsi dire, mis en évidence la très étrange et, dans une certaine mesure, irréparable ambiguïté qui s'accumulait autour du Commissaire à la Guerre et à la Marine. Rykov[1], président du Conseil des Commissaires, invita l'assistance à prendre place. Tout en s'asseyant, les membres du Bureau Politique et les autres personnes conviées continuaient à échanger de brèves répliques et à consulter leurs papiers, cherchaient par tous les moyens à faire entendre que l'essentiel de leur attention n'était pas fixé sur Frounzé, c'est-à-dire pas sur lui personnellement, mais sur lui en tant que malade. Ceux qui lui avaient serré la main s'efforçaient de ne pas attacher d'importance au fait que cette main, bien qu'elle eût conservé sa vigueur habituelle, était extraordinairement moite et ceux dont le regard effleurait comme par hasard son visage chassaient la pensée qu'ils y cherchaient des signes d'ischémie.

1. Rykov (1881-1938), président du Conseil des Commissaires du peuple. Plutôt modéré.

Entre-temps, sous tous ces regards, Frounzé commençait à se sentir mal à l'aise. Afin de ne pas perdre la face, il songea, s'abritant derrière un dossier, à sortir de sa poche et à avaler un comprimé, mais il repoussa cette idée et, se tournant vers Chkiriatov, il demanda :

— Mais où est Staline ?

Chkiriatov — quel sale nom[1] ! — était entièrement tendu en avant, entièrement vers Frounzé, on aurait dit que ses yeux voulaient pénétrer au plus profond, au-dedans du grand chef ; sa large face reflétait une exceptionnelle fausseté qui ajoutait encore à son asymétrie naturelle.

— Le camarade Staline s'est fait excuser. Il achève de recevoir la délégation de Canton.

Frounzé ressentit une douleur qui lui rappela sa crise de septembre en Crimée. La douleur était légère, mais la peur de la voir s'accroître et lui faire perdre la face devant le Bureau Politique, et qui plus est — ce fut, d'un coup, comme si cela se cristallisait pour la première fois — la peur de se laisser emmener et offrir au bistouri, fut si forte qu'il crut que le sol se dérobait sous ses pieds ; la géométrie du monde fut gagnée par un flou subit. Il tenta de se retenir à son étonnement politiquement justifié :

— C'est bizarre. Il me semblait qu'Unschlicht avait déjà examiné toutes les questions avec le généralissime Hu Han-minh...

Chkiriatov s'empressa de lui rapprocher un verre d'eau.

— Qu'as-tu, Mikhaïl Vassiliévitch ?

Frounzé ne remarqua pas le signe que Rykov adressait aux autres membres de la réunion, « laissez-le tranquille », pour ainsi dire, et il ne se rendit pas très nettement compte que Toukhatchevski prenait, en conformité avec l'ordre du jour, la parole le premier.

Cet ordre du jour comportait l'exposé de l'œuvre de Frounzé, le projet de refonte de l'Armée dont il était plus fier que de la prise de Pérékop[2]. Selon cette réforme, l'Armée Rouge, bien que réduite à cinq cent soixante mille hommes, devenait deux fois plus puissante et trois fois plus professionnelle. On y introduisait une direction mixte des cadres et des régions, on adoptait la conscription obligatoire et l'on instituait une unité de commandement longuement attendue, autrement dit, on écartait les commissaires politiques, perpétuelles sources de démagogie et de confusion. La réforme militaire éliminait définitivement l'esprit franc-tireur et jetait les bases de l'invincibilité des forces armées d'URSS.

Et voici que la tête de Frounzé s'affala sur la table, produisant un étrange bruit d'objet qui fit tressaillir toutes les fibres de la

1. Il évoque, en russe, l'idée d'« alpaguer ».
2. Qui mit fin aux combats de Crimée contre l'Armée Blanche de Wrangel (novembre 1920).

puissante assemblée. Il se releva aussitôt et tenta de sortir, mais à mi-chemin de la porte, il porta son mouchoir à ses lèvres et chancela. Le mouchoir se teinta de sang et le Commissaire du peuple se laissa tomber sur le tapis.

Les élèves de garde, qui n'avaient manifestement pas encore appris ce qu'il convenait de faire en de telles circonstances, s'affairèrent à travers la salle, les uns courant au malade, les autres à la fenêtre, d'autres encore au téléphone, mais aussitôt, presque sans délai, on vit surgir des infirmiers et un brancard. On ne saurait dire si ce brancard était un accessoire normal de l'assistance médicale aux sessions du Bureau Politique ou si on l'avait spécialement prévu pour la circonstance.

Dans la panique, même un observateur attentif aurait pu s'y perdre et ne pas remarquer les coups d'œil plus qu'étranges qu'échangèrent alors certains participants. Et puis, l'observateur aurait très vite retrouvé ses esprits après la tragique exclamation de Vorochilov :

— La Crimée ne lui a été d'aucun secours !

Alors, au sein du déplacement parfaitement théâtral qui se faisait autour du malade (toutes les cours, durant un interrègne surtout, rappellent une scène de théâtre et le Kremlin ne faisait pas exception), notre observateur aurait entendu le murmure fielleux de Zinoviev :

— Pour la peine, elle a servi Joseph...

On ne saurait dire si tout le monde l'entendit, mais ce qui est certain, c'est qu'il parvint jusqu'à Staline, lequel était entré sans qu'on s'en aperçût par une petite porte dérobée et avait silencieusement traversé la salle dans ses bottes caucasiennes souples. Il contourna la table et tout particulièrement Zinoviev (qui à ce moment éprouva la sensation que ce qui passait derrière lui était un chat sauvage) et s'approcha du malade.

Frounzé, auquel on faisait une injection de camphre, revint à lui et geignit faiblement : « Ce sont les nerfs, les nerfs... » On souleva le brancard. En guise d'adieu, Staline posa la main sur l'épaule du Commissaire :

— Il faut faire appel aux meilleurs médecins, proféra-t-il : Bourdenko, Rozanov, Gradov... Le Parti ne peut pas se permettre de perdre un tel fils.

Lev[1] a raison, se disait Zinoviev, cet homme ne prononce que les mots qui l'élèvent, ne serait-ce que d'un millimètre au-dessus de nous.

Staline repartit vers la table et s'assit à sa place et cette place — une parmi les autres — devint soudain le centre de la table ovale. Est-ce, une fois encore, selon les règles de la dramaturgie, parce

1. Trotski.

qu'il était apparu à un tournant des faits, est-ce pour d'autres raisons, mais c'est bien sur Staline que convergèrent les regards de tout le Bureau Politique et du gouvernement complètement sidérés. Après tant de propos douteux qui avaient circulé autour de la maladie de Frounzé, la défaillance du jeune chef avait amené sous les voûtes du Kremlin le thème des ténèbres et du destin ; comme si des Walkyries étaient passées au galop.

Staline contempla une ou deux minutes, par la fenêtre, les nuages sereins qui traversaient le ciel d'octobre, puis articula :

— *... mais l'arbre de vie verdit éternellement...*

Ceux des camarades qui avaient suffisamment séjourné en émigration se rappelèrent que c'était un vers de *Faust* que le regretté Ilyitch aimait à répéter.

— Poursuivons.

D'un geste souple, Staline convia les participants à revenir à l'ordre du jour.

Ce même soir, de nombreux invités devaient se rassembler à la datcha du professeur Gradov, au Bois d'Argent. On préparait un festin russo-géorgien en l'honneur des quarante-cinq ans de la maîtresse de maison, Mary Vakhtangovna.

Le frère aîné de l'héroïne de la fête, Galaktion Vakhtangovitch Goudiachvili, et deux de ses neveux, les enfants de sa sœur, Otari et Nougzar, étaient venus de Tiflis.

Personne ne doutait, cela va de soi, que le *tamada*[1] serait Galaktion. Ce Transcaucasien de forte et superbe stature avait toujours considéré les festins comme une part de sa vie bien plus importante que son métier de pharmacien, lequel lui valait pourtant bien de l'estime au pied du mont du roi David[2]. Les orages de la révolution, la perte de la brève indépendance de la Géorgie, même la révolte de l'an dernier si férocement réprimée par les tchékistes de Blioumkine, ne s'étaient répercutés ni sur la prestance ni sur la conception du monde de ce Méditerranéen dont chaque apparition était comme le prologue d'un opéra italien ou, tout au moins, comme un bon flacon d'*Élixir d'amour*.

Bien sûr, voyons ! tonton Galaktion n'était pas arrivé les mains vides. C'est même pour cela qu'il avait emmené ses neveux, des fainéants qui l'aidaient à transporter jusqu'à la table de fête trois tonnelets de vin de la réserve sacrée des caves de Klaréti, une demi-douzaine de cochons de lait fumés, trois fiasques de trois

1. La coutume géorgienne veut que, lors des festins, il y ait un chef de table (*tamada*) qui ordonnance les festivités, porte lui-même les toasts ou donne la parole à tel ou tel convive.

2. Ou Mtatsminda : colline de Tbilissi réputée pour la vue qu'elle offre sur la ville et le culte qu'on y voue à la poésie.

pintes de *tchatcha* fraîche et parfumée « comme le baiser d'un enfant » (c'est du Lermontov, ma chère), un sac de noix diverses, un sac de figues, deux paniers de mandarines adjares de tout premier choix, un panier de poires rouges pareilles à des seins de jeunes Grecques (« comment aurais-je pu me présenter à ma sœur sans ces poires ? »), un pot de *satsivi* aussi grand qu'une amphore antique, deux seaux de *lobio*, bon, et puis quelques condiments : *adjik, tkémali, chachmik, chmékali*, bref, tout un tas d'amuse-gueule.

Aussitôt arrivé, tonton Galaktion était allé inspecter les préparatifs du festin et avait été fortement impressionné par les réserves des maîtres de maison : il y avait des vodkas, des cognacs, plein de plats en gelée et aussi des délices que l'on avait complètement oubliées et qui refaisaient surface « dans les fumées de la NEP », tels qu'anchois et harengs-zalom, profusion — plaisir de l'âme — de petits champignons, petits concombres, petites tomates, fromages divers, depuis le pudique avant-poste de la Hollande, jusqu'à la dépravation du roquefort, de même que le grand seigneur Esturgeon en personne, messieurs ! Un baron d'agneau cuisait à feu doux dans le four, pour la satisfaction générale.

— Ma chère Mary, ma sœur, je te félicite ! Ça, c'est la NEP, messieurs ! La meilleure Nouvelle Économie Politique, c'est la Vieille Économie Politique, et la meilleure politique, c'est au diable toutes les politiques ! venait de s'exclamer le Falstaff de Tiflis.

La plupart des invités éclatèrent de rire et Kalistratov, un jeune poète qui ne cessait de s'inquiéter de l'absence de Nina, la cadette des Gradov, y alla de son Maïakovski :

*Des gens m'ont demandé :*
*Approuvez-vous la NEP ?*
*Et moi j'ai rétorqué :*
*Si elle n'est pas inepte.*

Mais ce soir-là, tout le monde n'était pas aussi serein. Kirill, le second fils des Gradov qui n'avait achevé ses études à l'Institut d'Histoire marxiste qu'au printemps dernier, haussa coléreusement les épaules à la plaisanterie politiquement déplacée de son oncle.

— Je ne supporte pas ces sourires railleurs, ces rimailleries autour de la NEP, dit-il à Kalistratov. Il *leur* semble que c'est *notre* fin, mais même si c'est pour longtemps, ce n'est pas pour toujours.

— Ça durera quand même autant que moi, je l'espère, soupira ce gredin de Kalistratov — sur quoi, sans perdre plus de temps, il se dirigea vers le buffet.

Raide, pâle et grave, vêtu d'une chemise russe minable rappelant les anciens fanatiques des mouvements clandestins, Kirill tranchait sur les élégants invités. S'il n'avait craint de froisser sa mère, il aurait, depuis longtemps, regagné sa chambre et se serait mis à ses livres. Cette NEP du diable ! Tous les « ex » chantaient cocorico, l'émigration la suivait en retenant son souffle, elle avait décidé que l'on pouvait, pour de bon, faire revenir l'histoire en arrière. Bon, tonton Galaktion, on ne peut pas trop lui en demander, papa, typique variété du spécialiste, vit comme si la politique n'existait pas, maman est plongée dans son Chopin, prie en douce, adore toujours les symbolistes, « *le vent nous apporte de loin d'une chanson l'allusion printanière* », et voilà que notre génération aussi est touchée de quelque chose de délétère, même mon frère, un général rouge, quant à Véronika, inutile d'en parler...

Il suffisait de jeter un coup d'œil à ses parents pour comprendre sans peine l'indignation du jeune puritain. Ils s'inscrivaient aussi peu dans l'esthétique révolutionnaire que leur hospitalière table moscovite manquait à coïncider avec le tarif de la cuisine industrielle soviétique. La belle Mary en robe de soie à décolleté profond, un fil de perles au cou, son abondante chevelure remontée en un nœud à l'antique. À son côté, le professeur Boris Nikitovitch Gradov en personne, cinquante ans, un homme encore parfaitement svelte en complet bien coupé et seyant, petite barbe taillée avec soin peu compatible avec sa cravate dernier cri, mais complément obligé de la galerie des grands médecins russes. En ce soir de fête, ils paraissaient tous deux au moins dix ans de moins que leur âge et tout le monde voyait qu'ils débordaient de tendresse et d'affection l'un pour l'autre, dans les meilleures traditions de l'intelligentsia russe encore épargnée.

Dans l'ensemble, les invités des Gradov appartenaient à la même tribu, aujourd'hui déclarée « couche intermédiaire », telle de la *pastila* [1] prise entre deux tranches de gros pain. Au début de la soirée, ils s'étaient attroupés, avec un plaisir non dissimulé, autour de l'ami de la maison, le savant physicien Léonid Valentinovitch Poulkovo qui rentrait d'une mission scientifique en Angleterre. Mais regardez donc Léonid, mais c'est un véritable Anglais, mais tout simplement Sherlock Holmes !

Eh bien, non ! celui qui fut promu véritable Anglais de la soirée fut un autre invité, l'écrivain Mikhaïl Alexandrovitch Boulgakov ; il portait même le monocle ! Sinon que Véronika, qui aidait sa belle-mère dans ses fonctions de maîtresse de maison, avait plus d'une fois surpris sur elle les regards pas très anglais, c'est-à-dire pas tellement discrets, du célèbre écrivain.

— Écoute, Vérotchka, lui dit Mary Vakhtangovna... — C'était uniquement par cette adresse, gageons-le, que se manifestait, banale, traditionnelle, la friction entre belle-mère et belle-fille :

1. Fruits confits meringués.

cette dernière priait tout le monde de l'appeler Nika, la première faisait mine de se tromper et l'appelait Véra, Vérotchka. — Écoute, mon âme (encore une adresse qui nous venait de quel salon de Tiflis ?), où est ton mari, ma chérie ?

Véronika haussa ses splendides épaules si bien que Mikhaïl Alexandrovitch Boulgakov, cisaillé, émit un « oh ! » bref et se détourna.

— Je ne sais pas, *maman**. — Elle avait l'impression, par ce *maman**, de parer à la « Vérotchka » de sa belle-mère, mais Mary Vakhtangovna ne semblait rien y voir de particulier. — Ce matin, il a accompagné Frounzé au Kremlin, mais cela fait trois heures qu'il aurait dû être de retour.

Ce qui serait bien, c'est qu'il ne rentre pas du tout, se dit M.A. Boulgakov qui passait par là, un verre de vin à la main.

— Je bois à la santé de Mary, de ma chère Mary ! J'ai doucement refermé la porte et seul, sans invités, je bois à la santé de Mary, s'exclama un beau parleur.

Ce fut le début d'un déluge de toasts. Tonton Galaktion protesta bruyamment, disant que ce n'était pas encore l'heure, que prononcer un toast relève d'une haute culture, que les Russes avec leurs tendances barbares devraient prendre des leçons auprès des civilisations antiques qui savaient produire des vins fins à l'époque où les Scythes venaient à peine d'apprendre à mâcher le chanvre sauvage.

Bref, cela semblait être le début de réjouissances bruyantes et chaotiques, de cet état qui permet ensuite de dire que la soirée fut réussie, quand soudain, dehors, éclata un pétard, un autre, qu'un tambour résonna et que l'on entendit de jeunes voix scander une des idioties des *Blouses bleues*[1] :

*La Révolution a sept ans !*
*Nous nions l'univers des côtelettes !*
*La Révolution en flammes*
*Abolit le pouvoir familial !*

Oui, c'étaient bien des *Blouses bleues*, la dernière marotte de la plus jeune des Gradov, Nina, dix-huit ans.

Les invités s'égrenèrent sur le perron et sur la terrasse pour assister au spectacle de la petite troupe — six personnes. « Vous allez assister à une pièce bouffe intitulée *Révolution familiale* », déclara l'animatrice en faisant la roue, laquelle animatrice était précisément Nina qui avait hérité de sa mère son épaisse toison noire pour l'heure impitoyablement coupée à la mode prolétarienne, de son père ses yeux clairs pleins de positivisme vivant, et

1. Mouvement théâtral ne dépassant guère le stade de l'amateurisme et spécialisé dans le spectacle révolutionnaire.

du reste de ce monde qui remplissait d'exaltation son jeune être tout entier une telle dose de juvénile ravissement qu'elle semblait ne pas être une créature banale, mais, c'est tout simple, une parcelle de cet univers nouveau, enchanteur, une suite des étoiles qui scintillaient au-dessus des pins, des vers de Pasternak et de la tour de la Troisième Internationale.

Cette créature étincelante est destinée à jouer un rôle si substantiel dans notre récit que nous n'éprouvons vraiment aucun plaisir à révéler que la figure acrobatique par laquelle elle vient d'apparaître dans ces pages s'acheva d'une façon assez minable par une chute et même un atterrissage passablement ridicule sur une petite paire de fesses, Dieu merci plutôt fermes.

D'ailleurs, l'ensemble de la « pièce bouffe » était mal ficelé, du travail d'amateur, et parfaitement déplacée, avec ça.

Sémione Stroïlo, un robuste dadais prolétarien, ami de la fille du professeur, ayant enfilé par-dessus son caban un vaste et absurde manteau mauve et enfoncé un haut-de-forme trop petit sur sa tête, récita d'une voix raide :

*Professeur réactionnaire*
*Je touch' de gros honoraires*
*Aux yeux de tout le pays*
*Je suis un tyran d'mari*

Derrière lui, les autres membres de la troupe formèrent une pyramide humaine assez branlante et se mirent à scander :

*Comme la Kollontaï*[1]
*Liberté à ta femme !*
*Notre Mary révoltée*
*Sa barricade a dressée !*
*À visage découvert !*
*Rejetant ses corvées austères !*
*Elle s'écrie : moi, libre abeille !*
*Au syndicat j'appareille !*

À chaque point d'exclamation, la pyramide oscillait de plus en plus dangereusement tandis que l'attention des invités se concentrait non sur le texte débile, mais sur l'équilibre de plus en plus compromis des jeunes bateleurs. La pyramide finit par s'écrouler. Il n'y eut, par chance, aucune victime, mais un terrible sentiment de gêne s'instaura, peut-être pas à cause de l'indigence du spectacle, mais parce que, obscurément, l'on sentait que l'esprit de

1. Alexandra Kollontaï (1872-1952), membre du Comité Central dès 1917, ambassadeur d'URSS dans plusieurs pays, particulièrement attachée aux libertés syndicales et à la liberté des femmes.

révolte affiché par ces jeunes gens sonnait faux : qu'on le veuille ou non, les *Blouses bleues* étaient du côté de l'idéologie dominante et les « bourgeois libéraux » réunis chez les Gradov s'étaient toujours crus d'opposition.

— À table, mesdames et messieurs, à table, camarades ! s'écria tonton Galaktion.

Inspirés par cet appel, Otari et Nougzar entamèrent une chanson géorgienne et toupillèrent autour de Nina dans une brillante lezghienne.

L'échec de sa *Révolution familiale* avait non moins secoué Nina que celui de l'œuvre de Tréplev, chez Tchékhov, n'avait secoué son homonyme[1]. Cependant, les vicissitudes de l'existence ne chagrinaient pas encore notre Nina à nous autant que son double, c'est pourquoi, oubliant fort vite l'esthétique prolétarienne, elle se replongea dans ses sources antiques, autrement dit, elle se dressa sur la pointe des pieds et s'en fut voguer devant ses cousins telle une paonne de Géorgie.

— Je crois que c'est ta plus belle œuvre, dit Poulkovo, le physicien, à son père.

Profitant de la cohue des convives qui s'installaient autour de l'immense table, les deux vieux amis, Boris Nikitovitch et Léonid Valentinovitch, s'étaient mis à l'écart près de la fenêtre où se reflétait à travers les pins le ciel éclairé de Moscou toute proche.

— Que dis-tu de tout cela, après l'Angleterre ? demanda Boris Nikitovitch.

Léonid Valentinovitch haussa les épaules :

— Cela fait une semaine que je suis rentré, Bo, et Oxford m'apparaît déjà comme une chose insolite. Comment peuvent-ils se passer de tous nos... heu... bref, notre excitation...

— Dis-moi, Léonid, tu n'as pas eu envie d'y rester ? Après tout, tu es célibataire, tu ne laisserais... pour ainsi dire... aucune « ancre d'attache » et les possibilités scientifiques sont là-bas incommensurablement supérieures.

Poulkovo lui envoya une tape sur l'épaule avec un petit rire :

— Ce que c'est qu'un chirurgien ! Tu as tout de suite trouvé le point sensible. Tu sais, Bo, Rutherford m'a proposé un poste dans son laboratoire, mais... tu sais, Bo... il faut croire que j'ai quand même une ancre d'attache...

Plongés dans leur conversation, ils ne remarquèrent pas tout de suite que quelque chose d'imprévu venait de se produire, qu'une dissonance s'était glissée dans la polyphonie de la fête. Deux commandants en tenue irréprochable étaient entrés et examinaient les lieux sans quitter leur capote : c'étaient Nikita et Vadim.

— Ah ! s'exclama enfin Poulkovo, s'il est beau, Nikita ! Général

1. Allusion à *La Mouette* de Tchékhov et à son héroïne, *Nina* Zarétchnaïa, qui y monte un « théâtre dans le théâtre ».

de brigade ? Pas possible. À présent, tous tes enfants sont réunis, Bo. Es-tu content d'eux ?

— Comment te dire ? — Boris Nikitovitch avait déjà compris qu'il était arrivé quelque chose de grave et observait son fils. — Ils sont bien, nos enfants, mais... heu... tu comprends, ils se sont un peu trop laissé entraîner... heu... par autre chose... aucun d'eux ne suit la tradition familiale...

Apercevant enfin son père, Nikita traversa la vaste pièce, se libéra délicatement de sa sœur accrochée à son épaule gauche, repoussa gentiment sa femme qui trottinait à sa droite, débordante de questions et poliment, mais imperturbablement, se fraya un chemin parmi les invités. Vadim Vouïnovitch le suivait à la trace, grave, sévère, sans un regard pour Véronika. Malgré leurs façons impeccables, les deux personnages qui portaient le glorieux uniforme de l'Armée Rouge éveillaient l'inquiétude. La faute en était peut-être à ce qu'ils introduisaient dans l'insouciance de la fête : l'odeur d'un trop grand espace, un mélange d'arrière-saison humide, d'essence, de vastes bâtiments, manèges, casernes ou hôpitaux de l'automne.

— Je suis heureux de vous voir, Léonid Valentinovitch, bon retour, bon retour, mais j'ai à parler d'urgence à mon père.

Sur ces mots, Nikita prit Boris Nikitovitch sous le bras et, d'une démarche ferme, comme si c'était lui l'aîné, le conduisit dans son cabinet. Vouïnovitch, qui suivait toujours, ne s'arrêta qu'un bref instant pour dégrafer le col de sa capote. Cet instant devait rester gravé dans sa mémoire pour toujours — instant le plus ardent de sa jeunesse, peut-être... un murmure de Véronika : « Qu'avez-vous, Vadim ? »

— Père, il se passe des événements extrêmement graves. L'état du Commissaire du peuple a empiré. Il a eu un malaise lors de la réunion du Kremlin. Le Bureau Politique insiste pour qu'il se fasse opérer. Les avis des médecins divergent. On te prie de participer à la consultation. Staline, en personne, t'a nommé. Ton avis sera peut-être décisif. Je regrette que cela arrive maintenant, mais je suis sûr que maman comprendra. Le colonel Vouïnovitch t'emmènera à l'hôpital Soldatenkov et te ramènera.

Nikita parlait par bribes hachées, comme on tire le ruban d'un télégraphe. Tout en se préparant, le professeur s'avisa soudain de tout ce dont les événements les dépouillaient, lui et son fils : son premier-né y avait perdu une jeunesse qu'il n'avait jamais connue, ces charmantes sottises que l'on goûte d'avance en famille pour en discuter ensuite gravement comme d'importantes affaires mondiales. Ces maudites affaires, il y était entré tout droit de l'adolescence et, depuis ce moment, on n'avait plus pu lui parler que sérieusement.

— J'espère que toi au moins, tu resteras avec ta mère ?

— Oui, oui.

Pas un des convives — et d'autant moins l'héroïne de la fête — ne s'étonna du départ inopiné du maître de maison, accompagné du bel officier Vouïnovitch. L'éminent chirurgien était souvent appelé dans les moments les plus mal choisis. Seuls quelques murmures circulèrent — qui donc passe l'arme à gauche, au sommet ? —, mais même ceux-là ne tardèrent pas à être chassés par le puissant arôme d'un agneau aux épices.

— Messieurs, je veux dire, excusez-moi, cam... bref, chers collègues, les radios nous révèlent un évident « effet de niche » dans la paroi duodénale, cependant que nous avons de bonnes raisons de supposer que nous sommes en présence d'un processus de cicatrisation rapide, si ce n'est d'un ulcère refermé. C'est l'impression que m'a donnée la palpation et je crois plus à mes doigts, mess... pardon, mes chers collègues, qu'aux rayons X... — Le vieux professeur Luntz fut pris d'une quinte de toux avant d'avoir fini sa phrase, puis la finit tout de même, disant : — ... messieurs et camarades !

Le grand cabinet du pavillon administratif de l'hôpital militaire Soldatenkov était plein à craquer. Celui qui présidait, ou, en tous les cas, était assis au centre, était le médecin principal de cet hôpital, Ragozine. On estimait qu'il connaissait mieux que personne l'éminent malade, car c'était lui qui l'avait traité au cours de ces derniers mois et accompagné lors de son récent séjour en Crimée. Mais, dans cette assemblée, même lui avait peine à jouer les premiers violons ; elle comportait une bonne douzaine de sommités de première grandeur : Grékov, Martynov, Plétniov, Obrossov, Bourdenko, Lang, Gradov qui venait d'arriver, et on attendait le célèbre professeur Vichnevski, de Kazan.

Assistaient aussi à la consultation quelques personnages qui, bien que revêtus de la blouse blanche, n'avaient pas de rapport direct avec la médecine. Exceptionnellement sérieux et attentifs, ils se tenaient dans un coin, ne laissaient pas passer une parole, mais eux-mêmes gardaient le silence, se contentant de donner à entendre par leur seule présence que l'on discutait d'une affaire d'État de la plus haute importance.

Lang a raison, se dit Gradov en recevant des mains de Ragozine le dossier contenant les observations des médecins et le résultat des analyses, je vois ici et des messieurs et d'incontestables camarades.

— Alors, quelles sont vos conclusions, Guéorgui Fiodorovitch ? demanda Ragozine. Convient-il de procéder à une intervention radicale ?

Chose curieuse, Lang était baigné de sueur, couvert de taches ;

à chaque instant, il sortait son mouchoir dont les bords étaient déjà trempés.

— Si j'étais dans ma clinique, mes petits pères, ces machins-là, je les soignerais à l'eau minérale et au régime alimentaire. D'ordinaire, ces malades...

— Pouvons-nous courir le risque ? le coupa brusquement Ragozine. C'est que ce n'est pas un malade ordinaire.

— Laissez-moi parler ! fit l'apathique Lang pris d'une flambée de colère et abattant le plat de la main sur la table. Pour moi, tous les malades sont ordinaires.

— Puis-je examiner le patient ? murmura Boris Nikitovitch au docteur Otchkine.

Tant qu'ils avaient suivi le couloir, ils avaient été accompagnés par le colonel Vouïnovitch. Des Gardes Rouges se tenaient dans la cage d'escalier, près de la porte. Dans l'antichambre de Frounzé, le professeur Gradov aperçut la capote du Commissaire du peuple à la Guerre et à la Marine : quatre losanges au col et une grande étoile à la manche.

Pendant ce temps, à la datcha du Bois d'Argent, se déployait l'un des paradoxes de la révolution : on dansait le charleston, le cri du jour, pour la plus grande joie de la vieille bourgeoisie et la plus vive indignation de la jeunesse d'avant-garde.

Par exemple, Sémione Stroïlo, le robuste dadais de Maryina Rochtcha[1], l'ami de Nina, déclarait :

— C'est tout décadence et compagnie, on n'en a rien à foutre. Des tortillements inventés par les capitalistes pour faire descendre leurs gélinottes et leurs ananas. Le prolétariat, il n'en a pas l'usage.

— Seulement, là-bas, c'est justement le prolétariat qui charlestonne, dit Poulkovo qui, retour d'Oxford, avait visité la moitié de l'Europe. Les gars et les filles du peuple, et tout le toutime.

— Giries d'Occident, fit Stroïlo en fendant l'air de sa patte colossale d'un geste un tantisoit seigneurial.

— Parce que, mon ami, vous avez l'intention d'implanter dans les mœurs du prolétariat la *Barynia* et la *Kamarinskaïa*[2] ?

C'était Mikhaïl Alexandrovitch Boulgakov, l'ironie faite homme, qui se tournait vers les antagonistes dans un éclair de son monocle.

— Non, non et non ! — Nina, dix-huit ans, prenait de toute sa fougue la défense de son ami. — La révolution amène une nouvelle esthétique, il y aura aussi de nouvelles danses.

— Du genre des marches à l'ancienne ? demanda innocemment, Savva Kitaïgorodski, un élève de son père, vivante incarnation de l'intelligentsia et des bonnes manières.

1. Quartier mal famé de Moscou.
2. Deux danses populaires répandues depuis des lustres.

— Garde tes propos provocateurs pour toi, tonna Stroïlo sans un coup d'œil pour le spécialiste et pourtant lui donnant bien à entendre qu'il ait à se tenir peinard, qu'il arrête de zyeuter Nina, parce que la fille appartenait aux vainqueurs.

— Camarades ! camarades ! s'écria Nina qui avait tellement envie que tout le monde brûlât de la même flamme au lieu de la couver chacun à sa manière. Vous pensez, le charleston ! Une bêtise pareille ! Qu'avons-nous à en faire du haut de nos sommets ? Nous pouvons nous montrer indulgents. Nous pouvons même le danser, comme une parodie si l'on veut.

Elle se tourna d'un coup — tous ses mouvements étaient saccadés, anguleux, le LEF[1], la nouvelle esthétique —, remonta le gramophone, remit le même disque : *Momma, buy me a yellow bonnet*, s'empara de Stépane Kalistratov, l'entraîna, à nous la parodie ! « Parodie, parodie ! » trompetta à grands rires le poète qui, les genoux serrés, projetait avec un plaisir évident ses jambes sur le côté, ce qui prouvait qu'il était tout à fait dans la course, et déboutonnait la belle veste qu'il avait sortie du mont-de-piété spécialement en vue de cette soirée.

Nina, elle non plus, ne restait pas en demeure, parodiait la danse décadente parvenue jusqu'aux abîmes de la Russie depuis la Géorgie (celle de l'autre continent) et la Caroline du Sud, née parmi des gens qui n'avaient jamais usé de termes tels que « décadence ».

Bientôt, tout le monde se trouva en train de danser, de parodier, même tonton Galaktion avec ses cent vingt kilos d'amour de la vie, pour ne rien dire de ses agiles djighites de neveux et même de celle que l'on fêtait et qui remontait, avec une horreur charmante, la lourde soie de sa robe jusqu'à ses genoux un peu secs... le plancher de la vieille datcha branlait, du seuil de sa cuisine, la nounou les regardait avec terreur, le chien aboyait désespérément... le vieux monde était peut-être condamné, mais la datcha s'écroulerait la première... même le général, même le général, entraîné par sa séduisante épouse Véronika qui exhalait comme un parfum de bagatelle, exécuta non sans quelque ironie pas moins d'une douzaine de pas, même Stroïlo, au comble du mépris et lourdaud à souhait, piétina le plancher à contretemps, mais avec rage... Kirill Gradov, marxiste sévère, demeurait fidèle à ses principes et, du haut de l'entresol, considérait d'un œil méphistophélique les trémoussements de cette bacchanale.

— Cesse de faire la bête, Kirill, lui dit son aîné qui montait jusqu'à lui, une bouteille dans la main droite et deux verres dans la gauche. Buvons à la santé de maman !

— J'ai assez bu comme ça, grommela Kirill. Et toi aussi, je vois... tu as bu plus qu'il ne faut, camarade brigadier.

1. Front gauche de l'Art (1923-1929), mouvement animé par Maïakovski, qui réunit les plus grands poètes de l'époque.

Nikita, qui n'avait franchi que la moitié de l'escalier, entreprit de battre en retraite en simulant un affront comique. Non, mais quel drôle de gars, ce Kirill qui se tenait là-haut, tel un membre du tribunal militaire.

Le brigadier avait effectivement bu, pas moins de six petits verres de vodka pleins à ras bord, plus deux ou trois verres de vin de Géorgie. Il avait fallu cette dose pour que la tension de la journée commençât à céder. Au début de la soirée, il s'était senti comme un spectre, quelque chose comme le gendarme messager au finale du *Révizor*, avec cette différence que personne n'avait été frappé de stupeur à sa vue, mais qu'au contraire, on avait entouré avec une extraordinaire vivacité sa silhouette figée. Il avait passé quelques coups de fil à l'état-major et au Commissariat et ce n'est qu'après avoir appris que Frounzé était complètement revenu à lui et se sentait *bien* qu'il s'était associé à la fête.

Durant un certain temps encore, il considéra chacun avec un sourire étrange, se sentant parmi les invités et dans sa propre famille comme le seul être réel, le représentant du seul monde réel, le monde de l'armée, mais ensuite, l'alcool, les mets savoureux, le bruit joyeux, le charleston endiablé, la délicieuse beauté qui débordait de jeunesse et du bonheur de plaire et lui appartenait à lui et à lui seul, tout cela produisit son effet et Nikita oublia son grade et les signes distinctifs cousus sur sa manche, redevint un ordinaire jeune homme de vingt-cinq ans, erra à travers les pièces un verre à la main, se mêla aux conversations, rit plus fort que tout le monde des histoires drôles que tel ou tel racontait, fit pirouetter autour de lui son agile petite sœur... oui, il prit part à cette parodie bourgeoise, il tenta aussi de secouer son croquemitaine de frère... Cela dura jusqu'au moment où il aperçut sa somptueuse épouse entourée de plusieurs hommes et en train de rire. Une pensée des plus vives le visita alors : « Il y a une noce de chiens autour d'elle », sur quoi il comprit qu'il était prodigieusement soûl.

À ce moment, tout près de lui, dominant les autres, monta la petite voix infecte d'un jouvenceau hâve, des cernes mauves sous les yeux :

*La jeunesse nous a mis l'épée à la main*
*La glace de Cronstadt nous montre le chemin*

Il connaissait bien ces cocaïnomanes d'état-major issus de la bohème, aux lèvres et au nez constamment gonflés, irrités, pareils à des ventouses botaniques... ceux-là justement qui vous cassent la tête avec leurs vers de mirliton et leur poudre blanche... à qui ?... à nos jeunes filles, justement, les pelotent dans les recoins des bureaux militaires, ces romantiques de la révolution, les souillent dans leurs cagibis, leurs placards à habits et même leurs cabinets, les baisent sur les divans, derrière les divans, sur les pianos, sur les billards, sous les pianos, sous les billards, dans les sous-sols, sur les toits, nos jeunes filles, parmi la pourriture des serres dévastées... et après, ils les fourguent à des commissaires, à des tchékistes, à un tas de salauds... nos jeunes filles, celles du Cours Bestoujev, de l'Institut Smolny[1], sous le chœur de la canaille d'état-major... et avec des guitares, en plus, des fleurs de papier dans leurs cheveux bouclés... la jeunesse, la révolution...

Il était encore capable de se rendre compte que ce qui lui passait par la tête n'était que sottises, et qui plus est, sottises de *Garde Blanc* ( !), qu'il n'en avait pas rencontré tant que ça, dans les états-majors, de ces soi-disant *nos* jeunes filles souillées, mais déjà une vague de colère l'emportait sur sa crête et, perdant presque la force de lui résister, il fit un pas vers le romantique de la révolution.

— Permettez-moi de vous demander : vous avez personnellement été à Cronstadt ?

— Figurez-vous que oui ! s'écria le jouvenceau prenant feu et flamme, prêt, semblait-il, à relever le défi. — Les yeux blancs, la joue agitée d'un tic, le « jouvenceau » était pour le moins de l'âge du général. — J'ai participé à l'assaut !

— Ah ! — De sa main, Nikita lui emprisonna une épaule, se rapprocha tout contre lui. — Alors, vous avez vu fusiller des hommes. Vous nous avez vus descendre des dizaines de matelots ?

— Ils nous fusillaient aussi ! — Le « jouvenceau » tentait de se libérer. — La terreur blanche régnait dans la forteresse.

— C'est faux ! hurla Nikita d'une voix si menaçante que tout se tut alentour et que seuls montèrent les miaulements nègres du gramophone. Ils ne nous fusillaient pas ! Les marins de Cronstadt ne fusillaient pas les bolchevik, ils se contentaient de nous prendre nos bottes. — Le cercle des visages assemblés autour de lui devint un large ruban qui vogua devant ses yeux, les volumes disparurent, seules demeurèrent les surfaces, il se laissa aller, l'épaule molle. — Ils ont confisqué les bottes de tous les prisonniers, c'est vrai, bredouilla-t-il... ils les ont données à ceux d'entre eux-mêmes qui étaient nu-pieds... les communistes ont reçu des chaussons de teille en échange... — Il réémergea soudain. — Des chaussons de teille, camarades ! Personne n'a été fusillé ! Même moi, un saboteur, ils ne m'ont pas fusillé ! C'est nous, après... comme des brutes... comme des bourreaux !

Ahuris, les invités se taisaient. Soudain, des pas retentirent à l'entresol, Kirill dévala l'escalier et se précipita furieusement vers son frère :

1. Cours Bestoujev, fondé en 1878 par Alexandre II sous l'impulsion de pédagogues libéraux, théoriquement ouvert à tous, mais dans des conditions d'admission telles que seules les jeunes filles fortunées pouvaient y accéder. — Institut Smolny, fondé en 1764 par Catherine II pour les jeunes filles de la noblesse.

— Tais-toi, Nikita ! Ne répète pas cette calomnie !

Déjà Véronika s'était accrochée à l'épaule de son mari et l'entraînait au fond de la maison, tandis que maman Mary les suivait, portant un plateau de flacons pharmaceutiques. Tonton Galaktion fermait la marche, apaisant les invités du geste, comme de dire : ces choses-là arrivent, ces choses-là arrivent, ça n'a rien de terrible. Sur le seuil de sa chambre, Nikita cria une fois de plus :

— La répression ! Un bain de sang ! Votre romantisme, mon cul !

Le Commissaire à la Guerre et à la Marine se sentait vraiment beaucoup mieux. Il sourit au professeur Gradov aussi longtemps que ses doigts — chacun comme un chercheur plein d'attention — lui palpèrent le ventre et l'épigastre.

— Je crois, professeur, que votre fils est à l'état-major de Toukhatchevski ? Je connais Nikita. C'est un soldat courageux et un véritable révolutionnaire.

Boris Nikitovitch était assis au bord du lit, la hanche portant contre celle du malade. Des milliers de patients étaient passés devant le célèbre médecin, cependant, jamais auparavant, même lorsqu'il était étudiant, il n'avait trouvé bizarre de voir sous ses yeux un homme migrer de l'état d'entité sociale à celui d'entité physiopathologique. Or, *ce corps-là*, même étalé devant lui, il en émanait la magie du pouvoir. La pensée absurde qu'il n'était pas fait comme les autres lui traversa l'esprit. Peut-être son estomac franchissait-il l'isthme de Pérékop ?

Il palpa un triangle situé au-dessus du duodénum sous une assez notable couche adipeuse et découvrit quelques points légèrement sensibles. Il y avait peut-être un petit exsudat, une irritation discrète du péritoine. Le foie était en excellent état. À présent, on allait ausculter le cœur.

Au moment où il se penchait vers sa poitrine, vers ce réceptacle d'une légende héroïque, Frounzé écarta un instant son stéthoscope et lui chuchota presque à l'oreille :

— Professeur, je n'ai pas besoin de cette opération ! Vous comprenez ? En aucun cas, en ce moment, je n'ai besoin de cette opération.

Les yeux dans les yeux. Le blanc à peine jaunâtre. Une paupière qui s'abaisse un instant et donne à entendre que l'on accorde au professeur B.N. Gradov une confiance pleine et entière.

En sortant de cette chambre, Boris Nikitovitch se dit qu'il se passait quelque chose de pas net. L'étrange pathos de Ragozine, le murmure... heu... du malade... Toutes ces messes basses... Des postes de garde partout, de drôles de gens... L'hôpital semblait occupé par l'Armée et la Guépéou...

Il n'avait pas fait dix pas dans le couloir que quelqu'un lui effleura la manche. D'un ton extrêmement grave, on lui dit :

— Par ici, professeur, je vous prie. On vous attend.

Et sur le même ton, à Vouïnovitch qui l'accompagnait :

— Vous, camarade, on ne vous attend pas.

Dès qu'il fut dans le cabinet du chef de service, deux paires d'yeux le prirent en tenaille. Les blouses blanches que ces gens-là portaient par-dessus leur uniforme de drap n'occultaient pas d'un iota leur véritable appartenance ; ils ne cherchaient d'ailleurs pas à l'occulter.

— Le gouvernement nous a chargés de nous informer des conclusions que vous avez tirées de l'examen du camarade Frounzé.

— C'est ce que je me dispose à communiquer à mes confrères appelés en consultation.

Cherchant à dissimuler son désarroi, il manquait presque à la politesse.

— À nous d'abord, déclara l'un des tchékistes dont les yeux semblaient dire : « Je n'hésiterais pas une minute à te descendre, fils de pute. »

Le second — ça, oui ! — était beaucoup plus aimable.

— Bien entendu, professeur, vous comprenez quel prix nous attachons à la guérison du camarade Frounzé.

Boris Nikitovitch s'assit sur la chaise qu'on lui offrait et, s'efforçant de cacher son agacement (ce qui le fit transpirer encore plus, et augmenta peut-être son irritation), dit qu'il serait enclin à s'associer à l'avis de Lang : la maladie était grave, mais l'intervention ne s'imposait pas.

— Votre avis diverge d'avec celui du Bureau Politique, articula lentement, en appuyant sur chaque mot, celui que, presque inconsciemment, Boris Nikitovitch avait défini comme un exécuteur des hautes œuvres, un fusilleur.

— Le Bureau Politique ne comporte pas encore de médecin, que je sache, répondit-il d'une voix plus que déplaisante. Pourquoi m'a-t-on appelé en consultation, à la fin des fins ?

Le fusilleur riva sur lui des yeux qui ne cillaient pas : c'était quasiment insupportable.

— En adoptant cette position, Gradov, vous ne faites qu'accroître les soupçons qui se sont accumulés contre vous.

« Les soupçons accumulés... » — à présent, il était couvert de sueur, il la sentait couler sous ses aisselles et comprenait que ce qui la faisait sourdre n'était pas l'irritation, mais une terreur folle.

Le tchékiste sortit une grosse chemise de sa serviette, sans aucun doute *son dossier*, l'affaire du professeur B.N. Gradov près la Direction Politique d'État[1].

1. Nom de l'organisme de police politique dont les trois syllabes Gué-pé-ou sont, en russe, le sigle.

— Précisons les choses, Gradov : pourquoi n'avez-vous pas déclaré une seule fois dans les questionnaires auxquels vous avez eu à répondre que votre oncle avait été ministre adjoint des Finances dans le gouvernement de Samara ? Vous n'y avez pas attaché d'importance ? Vous l'avez oublié ? Vous avez également oublié son adresse parisienne, 88, rue de Vaugirard ? Votre ami Poulkovo ne lui a pas rendu visite ? Dites-moi aussi : vous n'avez pas personnellement rencontré le professeur Oustrialov ? Quelles instructions vous a-t-il rapportées des chefs de l'émigration ?

Ces sept questions furent comme sept grands coups de knout, le silence ne retomba qu'après la dernière — de quoi suffoquer.

— Que dites-vous, camarade ? Comment peut-on soutenir des choses pareilles, camarade... ?

Le mouchoir amoureusement repassé qu'il serrait contre son visage se transforma instantanément en humiliant chiffon. Le fusilleur envoya un coup de poing forcené sur la table.

— Camarade ? Le loup de Tambov est ton camarade[1].

Boris Nikitovitch desserra sa cravate raffinée. Il devait, plus tard, analysant son état et ces gestes dégradants, tout justifier par la surprise. Et il en était probablement ainsi : pouvait-il supposer qu'un interrogatoire acharné le guettait dans l'ambiance familière d'une clinique ?

Le second tchékiste, le « libéral », se tourna vers son compagnon, non sans une certaine indignation :

— Reprends-toi, Benedict ! — Et se rapprochant aussitôt de Gradov et lui posant doucement la main sur l'épaule : — Excusez-le, professeur, ce sont ses nerfs qui flanchent. Les conséquences de la guerre civile... la torture... dans les prisons des Blancs... qu'y faire, nous sommes parfois victimes de l'histoire... c'est pour cela que nous voudrions éviter les erreurs, dissiper la méfiance qui s'est accumulée à votre endroit et par conséquent, hélas, presque automatiquement à celui de vos enfants... en dépit de l'immense estime que nous portons à votre art... Il est particulièrement important qu'un savant de votre renom adopte la bonne position, montre que les destinées de la République ne lui sont pas indifférentes... qu'il est avec nous de tout cœur, de tout cœur, et non par froid calcul de spécialiste bourgeois... et dans une affaire aussi capitale que le salut de notre héros, du commandant en chef Mikhaïl Frounzé, nous souhaiterions ne pas vous voir vous réfugier dans les buissons d'une fausse objectivité... *Ne vous récusez pas.*

Tête basse, Boris Nikitovitch cédait à la frousse.

— Finalement, balbutia-t-il, je n'ai pas dit que l'intervention était contre-indiquée...

1. Réponse traditionnelle, lors des interrogatoires, si un détenu se permet d'utiliser le mot de « camarade ». Tambov fut, en 1921, le lieu d'une très violente révolte paysanne anticommuniste.

La main de l'homme qui lui caressait l'épaule se fit un peu plus pesante, une sorte d'intimité était née entre l'une et l'autre.

— À un certain degré, les mesures radicales sont toujours plus efficaces que les moyens thérapeutiques...

La main se retira. Sans relever la tête, il sentit que les tchékistes échangeaient des clins d'œil satisfaits.

Retenant le porte-cartes qui lui battait la hanche, Vadim Vouïnovitch descendit quatre à quatre l'escalier pour accueillir Basilévitch et ses deux adjoints qui arrivaient de l'état-major régional de Moscou.

— Permettez-moi de faire rapport, camarade Basilévitch : le Commissaire a pris la décision de se faire opérer. La proposition du Bureau Politique a été sanctionnée par la majorité des médecins appelés en consultation. On est en train de le préparer...

Le chef régional déboutonna sa capote, lentement, comme s'il voulait tempérer le rythme du colonel, nerveux, hors d'haleine ; il parcourut des yeux le vestibule, l'escalier, les fenêtres où se détachaient, sur la grisaille automnale, les troncs noirs des arbres et les étroites bandes de la première neige.

— Faites doubler la garde de la Guépéou par des hommes à nous, dit-il à mi-voix à l'un de ses adjoints.

— À vos ordres ! fut la brève réponse.

Vadim ne put dissimuler un soupir de soulagement. À l'arrivée de Basilévitch, il lui avait semblé que tout pouvait encore s'arranger, que la puissante logique de l'Armée Rouge parlerait et que l'étrange et sinistre ambiguïté qui régnait sous les voûtes de l'hôpital Soldatenkov ne se résoudrait à rien d'autre qu'au fruit de son imagination.

Vers minuit, une bonne moitié des invités, en l'occurrence les gens respectables, avaient quitté la datcha des Gradov, ce qui avait conduit l'intarissable *tamada* Galaktion Goudiachvili à d'affligeantes pensées sur la nature de ses frères aînés, les Russes. « Je considère ces Moscovites avec tristesse, tu comprends, ils sont devenus trop européens, de vrais Allemands, ils ne savent pas faire la fête », disait-il oubliant ses récents morceaux d'éloquence sur les barbares scythes. Il continuait à jouer les chefs de table devant des convives clairsemés et plutôt moroses que, fidèle à son rôle, il poussait vers l'ébriété.

Les jeunes gens le contrariaient encore plus que les convives vénérables : certes, ils n'avaient pas quitté la villa, mais ils se désintéressaient totalement de la boisson. Oubliant qu'on n'est jeune qu'une fois (qu'une fois, ma chère Mary, tu le sais aussi bien que moi), ils s'étaient entassés dans la cuisine et braillaient comme des portefaix, discutaient des problèmes de la révolution mondiale dont tous les peuples méditerranéens avaient par-dessus la tête.

La discussion était née comme spontanément, mais personne n'avait douté qu'elle éclaterait. Il eût été étrange que, finalement, l'on n'oubliât pas toutes ces choses de second ordre, le flirt et la boisson, les histoires drôles, les ragots de théâtre et que ne surgît pas à la cuisine — précisément sans faute à la cuisine, parmi les assiettes sales — un type de discussion propre à la jeunesse du Parti ou proche du Parti, sur des sujets politiques. Les révolutionnaires passionnés étaient ici, cela va de soi, en majorité absolue, écrasante ; cependant, autant de têtes, autant de voies pour accéder le plus rapidement possible au bonheur de l'humanité. Pour l'instant, ladite jeunesse ne craignait pas tellement les « organes[1] », car elle considérait la Tchéka-Guépéou comme une émanation de son propre pouvoir, c'est pourquoi elle s'octroyait le droit de crier à se casser la voix, de faire des moulinets avec les bras et de ne pas cacher ses sympathies envers les diverses fractions, que ce soient les trotskistes avec leur révolution permanente, une « plate-forme Kotov-Oussatchenko » inconnue jusqu'à ce soir, l'antibureaucratique « nouvelle opposition » et même les inébranlables staliniens qui, si ennuyeux soient-ils, ont tout de même le droit de s'exprimer, on n'a le droit de fermer la bouche à personne, les enfants, c'est justement là que réside le sens de la démocratie du Parti.

Du brouhaha général, nous n'extrairons pour l'instant que quelques phrases en proposant au lecteur d'imaginer leur écho sonore tel qu'il monta d'un auditoire estudiantin bien de son époque :

« ... Il est temps d'en finir avec la NEP sinon la satiété nous étouffera... »

« ... Sans le soutien de l'Europe, le socialisme est perdu... »

« ... Votre Europe danse le charleston... »

« ... Le LEF, c'est des faux révolutionnaires ! Des snobs ! Des esthètes... ! »

« ... Boukharine se laisse mener par les koulak... »

« ... Vous avez entendu, les gars ? Il s'est formé à Munich un parti "national-bolcheviste" ! Il n'y a pas de limite à la crétinerie petite-bourgeoise... »

« ... Pourquoi cache-t-on le testament de Lénine au peuple ? Staline usurpe le pouvoir... »

« ... Vous vous traînez à la queue du trotskisme... »

« ... Mieux vaut être à la queue d'un lion que dans le cul d'une savate... ! »

« ... Dans l'ancien temps, pour de telles paroles, on vous aurait cassé la gueule... »

Comme on était encore aux temps « nouveaux », on se passa du

1. Abréviation de : « les organes de la dictature prolétarienne », ce terme désigne tous les appareils de la police politique. Il est d'une utilisation très fréquente.

casse-gueule, bien que l'ami prolétarien de Nina, Sémione Nikiforovitch Stroïlo, ait plus d'une fois et non sans ardeur soupesé un bocal de lactaires royaux.

Tout en se brossant d'un geste automatique les mains et les bras, le professeur Gradov s'efforçait de ne pas regarder ses collègues. D'ailleurs, les autres médecins qui prenaient part à l'intervention, Grékov, Ragozine, Martianov et Otchkine, se lavaient aussi en silence, renfermés en eux-mêmes. Aucun d'eux n'aurait eu l'idée de se livrer à ses simagrées favorites, tels une touche d'humour, un fredon d'air d'opéra, un ronchonnement, un ébrouement, tous ces chichis dont ont toujours été friandes les sommités moscovites adorées de tout le personnel chirurgical moyen, entièrement féminin. Jamais encore, dans ces murs, cinq des plus grands chirurgiens du pays n'avaient en même temps pris leurs précautions d'asepsie et jamais encore n'y avait régné une telle tension.

Les anesthésistes sortirent de la salle d'opération et les informèrent que l'anesthésie s'était déroulée normalement. Le Commissaire dormait. Gradov, à qui il incombait de commencer, c'est-à-dire d'ouvrir la cavité abdominale, ordonna que l'on contrôlât en permanence le pouls et la tension du malade. Tous les stimulateurs cardio-vasculaires étaient-ils prêts ? C'était l'aspect le plus important de l'intervention.

Déjà il tenait en l'air ses mains gantées de caoutchouc, quand Ragozine, qui avait également achevé sa stérilisation, l'emmena à l'écart.

— Qu'avez-vous, Boris Nikitovitch ?

— Tout va bien, marmonna Gradov.

— Moi, je ne vous trouve pas bien, mon cher ami. Vos muscles faciaux frémissent. Il me semble que vos doigts tremblent.

— Non, non, je vais bien. Voyez donc, je ne tremble absolument pas. Il ne convient guère, avant une intervention... je trouve cela bizarre... pas très correct...

— Si, si, articula Ragozine en scrutant pli à pli son visage. Je crois, mon cher ami, que vous feriez bien de ne pas prendre de part active à cette intervention. Soyez présent, au cas où surviendrait un incident imprévu, nous autres, nous allons commencer, la prière aux lèvres.

« Mon Dieu, songea Gradov, ne pas participer à *cela*. »

Sans rien y comprendre, hébété, dérouté, mais déjà à l'écart de *cela*, libéré, il haussa les épaules et s'efforça de ne pas laisser percer les émotions qui l'agitaient.

— Alors, chef, je me déstérilise ?

— Ça non, mon petit père ! dit durement Ragozine. Des chefs, ici, il n'y en a pas. Nous participons tous à parts égales, et vous aussi, à cette opération. Tenez-vous prêt.

Gradov s'assit sur le divan, dans un coin de la salle des médecins, renversa la tête et ferma les yeux. Il ne vit pas les quatre chirurgiens, tenant en l'air leurs mains stérilisées, pareils aux prêtres de quelque culte antique, passer derrière la vitre dépolie.

À la fin de la nuit, les jeunes gens, pas moins de douze personnes, s'en furent au bord de la Moskova. De petites flaques d'eau, prises en glace, craquèrent sous leurs pieds. Entre les sapins, au firmament limpide, brillaient encore les étoiles et « *la lune jeune et dorée, ignorante des jours et des années* ».

— Je l'ai entendu le réciter il n'y a pas longtemps, à la Maison de l'Architecture, dit Stépane Kalistratov.

— Et tu te rappelles aussi, s'écria Nina, je n'oublierai jamais cette voix...

*Je m'élancerai par les tentes tsiganes des rues*
*Dans un carrosse noir quêtant un cerisier,*
*Un capuchon de neige, le bruit continu d'un moulin...*

Sémione ! Tu entends, Sémione !

On aurait dit qu'elle menait sous le bras, qu'elle entraînait, qu'elle ne cessait de harceler sa grosse bûche d'élu, lequel, avec des airs condescendants, donnait à entendre qu'il contrôlait la situation, encore que, quelquefois, les élans de Nina lui fissent perdre la cadence et prendre un petit trot indignement prolétarien. Des mottes de terre, des flaques d'eau... quelle idée de fiche le camp à la rivière, ces racines, les vers de ce Mandelstam, les dadas de ces enfants de professeur...

— Qu'est-ce que c'est que ces Tsiganes, ces capuchons, toutes ces devinettes ? gronda-t-il de sa grosse voix.

— Voyons, Sémione, pleurnicha Nina contrariée, c'est que c'est un génie. Un génie !

— Je dirais que Sémione a raison, dit Savva Kitaïgorodski. — Il portait un long manteau noir et sa chemise amidonnée luisait dans la nuit. — Le cerisier et la neige, ça se marie mal.

Que de générosité envers son rival, pensa Nina pleine de joyeuse malice en criant à Kalistratov qui allait devant elle :

— Et toi, Stépane, qu'en penses-tu ?

— Je n'entre pas en polémique avec les ânes, fit le poète en se retournant.

Devant l'acuité du moment, Nina sentit sa gorge se serrer. Ces trois-là, ils sont tous amoureux, tout ce jeu autour d'elle, tout ça... Elle lâcha la main de Sémione, courut en avant et parvint la première sur la berge haute.

À ses pieds s'étalait une boucle de la rivière, argentée, légèrement dorée. Au-delà, dans le crépuscule du matin, perçaient les rares feux de Khorochévo et de Sokol. L'aube était encore loin, mais déjà, à l'horizon, les toits et les clochers de Moscou se dessinaient nettement, ce qui signifiait que le premier jour de novembre 1925 serait inondé de l'immense lumière d'un hôte bien rare en Russie, d'une étoile dénommée Soleil.

Nina se tourna vers le groupe qui approchait. Les voilà, ses amoureux et ses amis : Sémione, Stépane, Savva, Liouba Vogelman, Micha Kantorovitch, son frère Kirill, ses cousins Otari et Nougzar, Olga Lazéikina, Tsilia Rosenblum, Myriam Ben-Nazar... On distinguait nettement leur visage éclairé soit par la lune, soit par l'aurore à venir, soit simplement par la jeunesse et par la révolution. « Quel bonheur ! avait envie de crier Nina, quel bonheur que ce soit juste maintenant ! Que j'existe... juste maintenant ! »

Le matin les trouva aux abords du parc de l'Académie d'Agriculture Témiriazev, au marché des Invalides. Ils étaient en train de boire du kvass avec de grands rires quand un haut-parleur crépita en haut de son mât et ces mots finirent par percer à travers son râle : « Aux citoyens de l'Union soviétique... » On entendit des bruits cacophoniques qui s'ordonnèrent peu à peu en la marche funèbre du *Crépuscule des dieux*. Puis enfin, une voix dit :

« Adresse du Comité Central du PC (b)... à tous les membres du Parti, à tous les ouvriers et paysans :

Bien des fois le camarade Frounzé a échappé à de mortels dangers. Bien des fois la mort a brandi sa faux au-dessus de lui. Il s'est sorti indemne des héroïques combats de la guerre civile et toute sa bouillante énergie, toute son envergure créatrice, il les a consacrées à l'édification de l'Armée Rouge, notre armée victorieuse.

À présent, guerrier grisonnant, il nous a quittés pour toujours... Un grand révolutionnaire communiste est mort... Notre glorieux camarade de combat n'est plus... »

— Kirill, cria Nina à son frère, vite ! Voilà le tram ! Rentrons ! Rentrons !

Il en était toujours ainsi : à tous les tournants de l'histoire et du destin, les Gradov se précipitaient chez eux et se rassemblaient. Ce n'est que plus tard, lors des années trente, que leur maison leur apparaîtrait non plus comme une forteresse, mais comme un piège.

Debout sur le perron du pavillon chirurgical, Boris Nikitovitch attendait sa voiture. Il grelottait, comme s'il sortait d'avoir terriblement bu, il craignait de lever les yeux sur ce matin étonnamment doré. Il était déjà dans l'escalier quand des gens l'avaient rattrapé, en blouse blanche ou sans elle, lui avaient donné à signer les feuillets d'une interminable quantité de protocoles. Il avait tout signé sans le lire, ne pensant qu'à une chose : à la maison, vite à la maison...

La voiture arriva, un soldat en jaillit et le colonel Vouïnovitch se montra. Venue de son corps puissant et hostile, une sorte de vague vint ébranler Gradov. La voix du colonel monta :

— Fokine, ramène cette merde chez elle.

*Premier entracte*

## LES JOURNAUX

*... le malade est entré dans le coma quarante minutes avant la fin. La mort est due à une syncope cardiaque consécutive à l'intervention.*

*... Une commission des funérailles a été constituée, comprenant les camarades Enoukidzé, Unschlicht, Boubnov, Lioubimov, Mikhaïlov.*

*... en la personne du défunt, c'est l'un des membres les plus représentatifs du gouvernement qui descend au tombeau...*

*... Le Conseil de guerre révolutionnaire s'est réuni sous la présidence du camarade Unschlicht, adjoint du camarade Frounzé, à laquelle assistaient les membres suivants : Vorochilov, Kamenev, Boubnov, Boudionny, Ordjonikidzé, Lachévitch, Baranov, Zof, Egorov, Zatonski, Eliava, Khadyr-Aliev.*

*... faire tirer les canons de marine à Cronstadt et à Sébastopol sur terre et sur mer à raison de cinquante coups dans le premier port et vingt-cinq dans le second.*

*... participeront à la cérémonie funèbre un détachement du corps des commissaires politiques, un détachement d'aviation de la Région de Moscou et la première compagnie mixte des équipages de la Baltique. Responsable : le commandant du XVII*[e] *corps, le camarade Fabrizius.*

*... Ne nous laissons pas abattre ! Resserrons les rangs !*

*Du protocole d'autopsie :*

*On trouve dans la cavité abdominale deux cents centimètres cubes de liquide purulent... L'examen bactériologique révèle la présence de streptocoques... Diagnostic anatomo-pathologique : ulcère cicatrisé du duodénum... Péritonite aiguë... Thyroïde anormalement développée... L'intervention a provoqué l'aggravation d'un processus inflammatoire chronique qui durait depuis 1916 à la suite d'une appendicectomie, ce qui, lié à l'intolérance de l'organisme à l'anesthésie, a provoqué une rapide déficience de l'activité cardio-vasculaire et l'issue fatale.*

*Les hémorragies récentes sont la conséquence d'épiphénomènes superficiels.*

*Autopsie effectuée par le professeur Abrikossov.*

*... Télégramme du cam. Trotski au Comité Central : « Je suis bouleversé ! Quelle cruelle brèche dans notre premier rang ! Quel coup terrible au huitième anniversaire d'Octobre ! »*

*... Après avoir été embaumé, le corps a été transporté dans la salle de conférences. La garde d'honneur est composée des membres de l'état-major et de ses proches camarades : Rykov, Kamenev, Staline, Zinoviev, Molotov... Les élèves de l'École du Comité Central assurent la sécurité.*

*... Condoléances de l'ambassade du Japon, de l'attaché militaire de Turquie, M. Bédy-Bey, de l'attaché militaire d'Estonie, M. Kursk.*

*... De N. Boukharine : Gentillesse personnifiée, Frounzé fut un chef de guerre éclatant.*

*... De S. Zorine : Son sillage lumineux...*

*... De M. Koltsov : Le noyau de la garde bolchevik porte la marque indélébile de la persécution tsariste... Le Comité Central doit sérieusement tourner son attention vers la raréfaction de ses rangs.*

*... En raison de l'intérêt du public pour les commentaires qui courent sur l'intervention, nous publions des extraits de l'histoire de la maladie : « À dater du 8 octobre, de nombreuses consultations ont eu lieu avec la participation des professeurs N.A. Semachko, Bourdenko, Gradov, Martynov, Ragozine, Lang, Kanel, Kramer, Lévine, Plétniov, Obrossov, Alexandrov et autres... La tendance à l'hémorragie exigeait l'intervention chirurgicale... »*

*... des automobiles arrivent. Voici le généralissime chinois Hu Han-minh... des délégations des usines... sur le couvercle du cercueil, une arme en or... dans la salle des Colonnes, le Bureau Politique au grand complet...* Le Crépuscule des dieux *fait place à* L'Internationale... *Le 5 novembre... la neige... le discours de Staline :*

*« Camarades ! Cette année a été pour nous une année maudite. Elle a arraché de nos rangs une série de camarades éminents... Peut-être est-il nécessaire que nos vieux camarades descendent si*

*facilement, si simplement au tombeau. Malheureusement, ce n'est pas si facilement et si simplement que nos jeunes camarades viennent les remplacer... Croyons donc, espérons que le Parti et la classe ouvrière prendront toutes mesures utiles afin de forger la relève... »*

*... De Toukhatchevski : « ... Cher, très cher ami ! Nous nous sommes rencontrés au moment de la débâcle du front Ouest... La tranquillité, l'assurance perçaient dans toute la belle silhouette du camarade Frounzé... Adieu !... »*

*... Le Comité Central a désigné comme nouveau Commissaire à la Guerre et à la Marine le camarade Vorochilov ; premier adjoint : M.M. Lachévitch ; second adjoint : I.S. Unschlicht.*

*Deuxième entracte*

# LE VOL DU HIBOU

Tokhtamych, à quatre cents ans, quittait rarement son nid familier sous le toit du Château d'Eau. Le vieil oiseau semblait n'avoir qu'un but : subsister, somnolent et pensif, à travers les siècles. Dans quel dessein subsister, je crains qu'il (elle) n'en sût rien lui (elle)-même. Ce n'est que lorsque l'ordre du jour se trouvait bousculé que, la nuit, il dégringolait par une ouverture connue de lui seul dans les flots d'air de Moscou et effectuait un survol des murs, comme s'il voulait s'assurer qu'ils tiendraient. De même cette nuit, saisissant par une membrane qui avait échappé à l'attention de l'ornithologie l'agitation des nouveaux princes que l'on appelait commissaires, il prit un essor qui ne brillait guère par la grâce, mais plein, cependant, d'assurance ontologique.

Il monta à une cinquantaine de *sajènes* [1] —il ne remarqua rien d'autre, en l'air, que deux corbeaux décrépits, cela sentait la fumée et la crotte comme d'habitude, il ne sentit aucune odeur de poudre — il décrivit un large cercle au-dessus de son havre, puis descendit, passa la tour Borovitskaïa, survola — à moins qu'il ne planât au-dessus d'eux — le Palais des Armures et celui des Amuseurs, se rapprocha de l'Arsenal...

Tout était calme, visqueux, humide, les piquets de garde étaient en place, les portes bouclées, rien ne perçait au-dehors de l'inquiétude des Commissaires que Tokhtamych avait détectée grâce à sa membrane secrète, sinon que dans la cour de l'Arsenal quelque chose se démenait.

L'oiseau se posa sur un chéneau, se détourna avec dégoût du petit cadavre d'un moineau qui y gisait — cela faisait bien cent cinquante ans qu'il n'avait pas bouffé de charogne — et fixa les yeux sur cette chose qui se démenait, à savoir le poète de cour des lieux. Démian, qui se surnommait « le Pauvre », quoi qu'il fût plus riche que bien d'autres.

L'oiseau avait déjà vu cet homme en passant, l'avait tout de suite détesté, ne l'avait pas oublié. Son caractère fiévreux et trotte-

1. Mesure ancienne valant 2,13 mètres.

menu, Démian le dissimulait sous l'anamsygymtouganda, le romantisme révolutionnaire, et la débilité de ses rimes de circonstance.

Pourquoi s'agite-t-il ainsi, comme un blaireau repu de baies de sainbois ? Ah, oui : l'inspiration ! Du temps des jours tonnants de l'invasion, dans son incarnation d'autrefois, Tokhtamych s'était distingué par l'acuité de son ouïe. Il tenta de la retrouver et saisit un marmonnement :

« Ami, mon cher ami... » marmonnait Démian en se tordant les mains et en levant au ciel son visage charnu, soit qu'il cherchât la lune, soit qu'il prît les yeux phosphorescents du hibou pour une constellation faste.

*Comme j'ai claire souvenance... ance... ance... ance*
*D'un tract que j'écrivis d'un trait... trait... trait... trait*
*D'un tract hardi après lequel... quel... quel... quel*
*Le manifeste de Wrangel... gel... gel... gel*
*Que je te lus apparaissait... ssait... ssait... ssait*
*Comme un modèle d'indigence... gence... gence... gence*
Ich fange an, *oui : je gommence... mence... mence... mence*
*Comme tous deux nous avons ri... ri... ri... ri*
*De notre piteux ennemi... mi... mi... mi*
Ich fange an, *oui : je gommence... mence... mence... mence*
*Vraiment, mais quelle ressemblance !... blance... blance... blance*
*Tu rayonnais : dans quinze jours... jours... jours... jours*
*Nous « gommençons » à notre tour... tour... tour... tour*
*Puis, l'œil vissé au télescope... cope... cope... cope*
*De ta main de fer si active... tive... tive... tive*
*Tu as enrichi nos archives... chives... chives... chives*
*De la gloire de Pérékop... kop... kop... kop*

— Mais il me manque un « ance... ance... ance ».

... Ensuite, ensuite, le principal était de ne pas laisser échapper l'inspiration, la rime viendrait après... et voilà quelque chose d'inattendu, de fatal s'est accompli...

*... cela me dépasse... passe... passe... passe*
*Penché sur ta défunte face... face... face... face*
*Je vois se lever un visage... sage... sage... sage*
*... Comment est-il ? Vivant ! vant... vant... vant !*
*Héros modeste, héros pudique... dique... dique... dique*
*Essaim de funestes pensées... sées... sées... sées...*

— Ce n'est pas mal du tout, tout à fait à la Pouchkine... je n'ai pas la force de formuler en mots mon hommage d'adieu... Il faut immédiatement téléphoner à la *Pravda*... « ique...ique... ique », « sées... sées... sées... »

Hors d'état de supporter plus longtemps la profanation de ces nocturnes associations verbales, Tokhtamych plongea et effleura le poète d'une aile menaçante, afin qu'il fermât sa sale gueule.

## CHAPITRE TROIS

# *Une cure de Chopin*

L'année s'acheva dans le bruissement de journaux toujours équivoques, le grondement du réseau en perpétuelle extension des tramways de la capitale, le tournoiement de ce peuple du ciel moscovite qui ressemble à autant de charbons volants, les syncopes toujours plus folles du charleston bravant les échos de prolétariennes trompettes, certes triomphants, mais parfois étalés comme une tache de mazout.

Vint la neige, fondit la neige, les jardins s'habillèrent, murmurèrent en attendant qu'au début d'octobre 1926 notre récit revienne, à la suite de Pétrovna la laitière, à la datcha des Gradov au Bois d'Argent.

Toutes les portes du bas étaient grandes ouvertes. Les pièces étaient désertes, propres, claires. Des accords de Chopin montaient de la bibliothèque. Mary Vakhtangovna jouait, comme toujours, avec emportement, en état de grâce, semblait conférer aux phrases d'Europe centrale un certain *staccato* caucasien. Ce qui ne l'empêchait pas de jeter de temps à autre un coup d'œil attentif à son mari, assis dans un fauteuil profond et la main sur les yeux.

Pythagore se tenait accroupi à côté de son maître, dans l'attitude du jeune chien obéissant. Ses oreilles bien droites captaient, elles aussi, le flot de ces sons qui n'étaient pas sans lui plaire. Agacha passait parfois, silencieuse, marchant sur ses chaussettes de laine ; elle disposait du linge propre sur les rayons, regardait furtivement son patron et s'essuyait le coin des yeux de son mouchoir de tête.

Boris Nikitovitch considérait, à travers ses doigts, le profil inspiré de sa femme. C'est bizarre, se disait-il, son profil princier n'a jamais suscité en moi de pulsion érotique. Mais quand elle tournait son visage avec ses hautes pommettes paysannes et ses lèvres charnues... Pourquoi est-ce que je pense cela au passé ? Nous sommes encore jeunes, en fin de compte, notre libido est encore...

Pétrovna la laitière, armée de lourds bidons, d'un panier et d'un seau, envoyant promener la porte d'entrée à la volée, découvrit cette idylle matinale. Ça, alors ! se dit-elle avec attendrissement, elle n'est pas encore morte, la bourgeoisie !

— Chut ! Tu es folle, Pétrovna ! — C'était Agacha qui accourait. — Viens, viens à la cuisine !

Une fois là, tout en déposant sa crème et son fromage blanc, Pétrovna s'enquit :

— Qu'est-ce qui se passe ?

— Le professeur fait une cure de musique.

— C'est-il qu'il aurait pris froid ?

— Ah, Pétrovna, Pétrovna ! — Agacha hocha finement la tête.

— Le mien, il soigne tout à la bouteille, soupira Pétrovna. Quand la première ne suffit pas, il en prend une deuxième. Alors là, ça va.

— Allons, sauve-toi, Pétrovna.

Agacha lui remit son argent et expédia dehors cette femme qui respirait la santé et la propreté, puis elle ferma la porte, s'appuya contre le chambranle et prêta l'oreille.

Mary, qui venait de terminer son concert sur un glissando brillant, se leva.

— Comment ça va, Bo ?

Il se leva aussi.

— Merci, Mary. Tu sais, ce prélude me soulage toujours.

Il s'approcha de sa femme, l'enlaça, la tourna délicatement face à lui. Elle esquiva en lui montrant la fenêtre.

— Regarde, Poulkovo est déjà là.

Remontant du portillon vers la maison sous la pluie jaune du feuillage d'automne, vêtu de son manteau anglais à la Sherlock Holmes, Léonid Valentinovitch Poulkovo avançait sans hâte.

— Nonchalant comme il est, Lionia est quand même à l'heure, dit le professeur en souriant.

— C'est bon, allez vous promener tous les trois, trancha Mary Vakhtangovna. Pythagore, tu vas avec papa.

Le chien se mit à tourner joyeusement autour d'eux, serrant de temps en temps les pattes de derrière, tel un lièvre.

Agacha était déjà sur le seuil de la pièce, tenant le manteau et le chapeau du professeur.

— Permettez-moi de vous rappeler que mes petits Nikita et Véronika arrivent directement de la gare pour dîner, dit-elle.

— Oui, oui, tu ne l'as pas oublié, Bo ? Dans une heure, nous serons tous au grand complet, articula Mary Vakhtangovna qui tentait de contenir un étrange sentiment de plénitude.

Le chien, incapable de surmonter un sentiment apparemment très proche, bondit et envoya un coup de langue au menton de sa maîtresse.

— Oui, oui, Pytha, toi, tu ne l'as pas oublié, fit-elle, ravie. Je vois, je vois ! Rappelle-le à ton papa au cas où, au lieu de sa promenade hygiénique, il s'en irait avec son ami jusqu'à l'hippodrome.

Durant toute l'année, malgré de profonds accès de découragement, Boris Nikitovitch avait travaillé comme un forcené. Au fond, devant la table d'opération, il ne se connaissait pas d'égal ; ce qu'on appelle la maîtrise l'avait quitté depuis longtemps, faisant place à une classe encore supérieure : la virtuosité. Le bistouri et la pince de Kocher à la main, il se sentait vraiment comme un chef d'orchestre et un violon solo à la fois. Dans ses moments d'inspiration — oui, il se sentait parfois visité par une véritable inspiration chirurgicale ! — il lui semblait que toute la sphère qui se trouvait sous son empire : les assistants, les infirmières, les instruments, le patient sur la table, c'est-à-dire, à ce moment, toute la vie, captaient non seulement ses paroles, grognements, toussotements, le plus petit de ses gestes, mais aussi ses pensées non dites, afin de leur obéir lentement, non pas au nom de la soumission, mais au nom d'une résonance générale parfaitement accordée, à vrai dire : de l'harmonie. Ses conférences faisaient toujours salle comble. Les cliniciens de la capitale et des provinces se disputaient les places avec les étudiants. On disait que même les professeurs de lettres des universités venaient se convaincre, devant son exemple, de la vitalité et de l'intégrité intellectuelles de ce qui restait de l'intelligentsia russe.

Il connaissait de plus grands succès encore en matière de théorie et d'école. Chacun des articles où il développait sa conception originale de l'intervention chirurgicale provoquait des discussions animées aux séances de l'Association et dans la presse aussi bien nationale que — mais oui ! — étrangère. Les jeunes médecins qui suivaient ses traces et, parmi eux, avant tous les autres, le très talentueux Savva Kitaïgorodski, se nommaient fièrement des « gradoviens ». Bref... allons donc... quoi qu'il en soit... ah ! bon Dieu...

Qui, parmi ces « gradoviens », à l'exception peut-être de Savva, se doutait qu'il arrivait à leur idole de s'affaler de flanc sur un divan, de se laisser glisser du coussin de cuir jusqu'au tapis, de dresser sa petite barbe vers le plafond comme s'il cherchait cette icône qu'en raison de leur positivisme héréditaire, les Gradov avaient proscrite de leur maison depuis plus de cent ans ? Il se demandait et se redemandait ce qui s'était passé à l'hôpital Soldatenkov. Rien. J'ai simplement été écarté, on m'a négligé, songeait-il d'abord dans un hardi accès de fierté — pour ainsi dire, pensez-en ce que vous voudrez, Votre Honneur le Juge Suprême, mais je ne me considère ni comme un menteur ni comme un froussard.

Cependant, après quelques gémissements et gesticulations, si Mary n'entrait pas à temps et ne se jetait pas sur le piano, il abandonnait peu à peu ses positions. D'accord, je me suis dégonflé, oui, d'accord, j'ai eu peur de la Tchéka, mais qui ne les craint pas, ces monstres ? D'accord... Voilà, c'est tout, Être de Miséricorde. Ce n'est qu'au stade tertiaire, toujours si Mary avait la malchance de rater la crise, qu'il s'en prenait à sa garde-robe, tantôt déchirait sa chemise tel un marin de Cronstadt, tantôt mettait son gilet en lambeaux en criant de toutes ses forces : « Complice ! complice ! »

Oui, dans ces moments-là, il se tenait pour le complice immédiat de l'assassinat de Frounzé. Sur quoi, Mary ne manquait jamais d'arriver avec du bromure, avec sa chaleureuse poitrine et son Chopin salvateur.

Si Boris Nikitovitch se tourmentait ainsi, ce n'est pas parce que l'on avait tué un Commissaire du peuple — lequel ne valait pas mieux que les autres, un monstre comme les autres, n'avait-il pas fait fusiller des prisonniers ? —, mais parce que c'était un malade, un organisme sacré pour la conscience d'un médecin.

Par bonheur, ces crises d'injustice, oui, d'injustice envers lui-même devenaient de plus en plus rares. Les jours de calme, si même le professeur Gradov se rappelait la nuit d'octobre dernier, c'était pour se demander ce qu'avaient concrètement fait Ragozine et les autres pour expédier le Commissaire dans les réalités irréelles. Aujourd'hui encore, en dépit du cynisme à peine couvert de ces gens dont il avait été témoin, il ne pouvait pas admettre qu'un de ses collègues avait été capable, disons-le sans ambages, de trancher une artère. Ce n'étaient pas des soldats de Boudionny, tout de même, mais des médecins, tout de même, des médecins !

Un tramway tintinnabulait au loin. Des enfants heureux passaient à bicyclette. D'autres, moins heureux, mais heureux tout de même à l'extrême, roulaient sur des trottinettes de leur fabrication. Des bandes de freux s'enlevaient dans un froufrou d'ailes, provoquant une nouvelle pluie de feuilles d'automne.

Deux amis de lycée, les professeurs Boris Nikitovitch Gradov et Léonid Valentinovitch Poulkovo, se promènent dans le style classique de l'intelligentsia moscovite : le chapeau légèrement repoussé en arrière, le pardessus déboutonné, les mains derrière le dos, le visage éclairé de pensées et de sympathie réciproque. Tantôt ils suivent de longues palissades, tantôt ils s'enfoncent dans le bois, tantôt ils rejoignent la ligne du tramway et alors, ils appellent Pythagore, lequel accourt aussitôt, sa gueule malicieuse grande ouverte, et le mettent en laisse.

— Oui, Bo, fit Poulkovo en marquant le pas, il y a deux jours, je suis tombé, dans le journal du soir, sur l'information te concernant. Pourquoi ne t'en vantes-tu pas ? Tu es nommé chirurgien principal de l'Armée Rouge ! Un vrai géant, non ?

Gradov fit une légère grimace, mais adopta le genre lycéen que proposait l'autre.

— Oui, chermsieu, nous voilà général à présent, autre chose que vous. Mon Excellence ! Toi, minable physicien, tu ne peux même pas t'acheter une bicyclette, moi, j'ai une voiture de service avec chauffeur militaire ! Avale celle-là et à la bonne tienne !

Poulkovo se répandit en courbettes, un chapeau obséquieux à la main :

— Nous comprenons très bien, Votre Excellence, nous sommes tout respect, tout respect...

Gradov s'arrêta soudain et enfonça avec colère le bout de sa canne dans le tronc d'un pin.

— Je sais à quoi tu fais allusion, Lio ! À mes nominations inattendues de cette dernière année. Hier, encore, je n'avais aucun grade, aujourd'hui, j'ai une chaire, je suis médecin consultant principal du Commissariat du peuple à la Santé, à présent, voici l'Armée Rouge... — Il était de plus en plus ému, on aurait dit qu'il ne s'adressait plus seulement à son vieux confident Lio, mais qu'il narguait un auditoire immense. — J'espère que tu comprends que tous ces grades, je m'en fiche. Je ne suis rien d'autre qu'un médecin, rien qu'un médecin russe comme mon père, mon grand-père et mon arrière-grand-père. Je n'ai rien fait de mal, absolument rien d'héroïque, mais je ne suis qu'un médecin et pas un... un...

Poulkovo prit son ami sous le bras et l'entraîna le long de l'allée déserte. À leur gauche, Pythagore tournait sur lui-même, bondissait, leur plantait les yeux dans les yeux.

— Allons, calme-toi, Bo. Ce qu'on attend de toi, ce n'est pas de l'héroïsme, mais de la bonté, une aide.

Gradov le considéra avec reconnaissance : celui-là trouvait toujours les mots qu'il fallait.

— Voilà, dit-il d'un ton plus doux, c'est seulement pour cela que j'accepte tous ces postes : au nom des malades. Au nom de la médecine, Lio, tu comprends, et en particulier au nom de l'application de mon système d'anesthésie locale en chirurgie interne. Tu saisis l'importance ?

— Explique-la-moi, dit Poulkovo gravement, comme un scientifique à un autre scientifique.

Aussitôt, Gradov se plongea dans son sujet, attrapa son ami par un bouton de son pardessus dans la meilleure des traditions russes et l'attira à lui.

— Tu comprends, l'anesthésie générale, en tous les cas telle qu'on la pratique chez nous, est un truc excessivement dangereux. Le moindre surdosage peut entraîner des conséquences... — Il resta brutalement court, comme frappé de stupeur. — Le moindre surdosage et... — Il s'appuya de l'épaule contre un arbre et souffla bruyamment.

Comment ne l'ai-je pas deviné plus tôt, se disait-il. Un mélange d'éther et de chloroforme. Ils lui ont administré un flacon de trop de ce maudit mélange et le tour a été joué. Oui, oui, je me souviens à présent d'avoir eu l'impression que cela sentait l'éther plus que d'ordinaire, mais...

Cette fois encore, Poulkovo voulut l'entraîner.

— Allons, viens, viens, Bo ! Contentons-nous de respirer, de faire de la marche, de dégourdir nos vieux os.

Pendant un bon quart d'heure, ils suivirent un layon d'un pas vif, sans se dire un mot. Puis ils tournèrent dans une boulaie clairsemée et, s'écartant un peu l'un de l'autre, partirent entre les grands troncs blancs. Pythagore allait et venait comme pour maintenir entre eux un lien de communication. Mais au fait, un autre lien de communication était né, un lien sonore. L'auteur en était Léonid Valentinovitch qui s'évertuait à rappeler à son ami le temps où, camarades de classe, ils erraient de même dans les bois en se lançant périodiquement dans des duos d'opéra.

— *Là ci darem la mano*, proposa Poulkovo d'une grosse voix de basse.

— *Io, no, non la darò*, répondit Gradov en ténor léger, un vrai Sobinov[1].

Ils arrivèrent bientôt au bout du bois et se retrouvèrent sur la berge haute de la Moskova qu'ils longèrent en direction de la datcha. Poulkovo, satisfait du devoir accompli, pour ainsi dire, j'ai fait une bonne marche, j'ai bien respiré, allumait une pipe.

— Et toi, Lio ? demanda Gradov.

— Il m'arrive de drôles de choses, ricana Poulkovo. Depuis quelque temps, j'ai remarqué que j'étais suivi.

— Par des femmes, comme toujours ? fit Gradov avec un chaud sourire.

Célibataire endurci, le physicien jouissait dans leur compagnie d'une solide réputation de bourreau des cœurs, bien que personne ne pût se souvenir de cas précis où il eût appliqué ses supplices.

— Si seulement c'étaient des femmes ! ricana de nouveau Poulkovo. Pour l'instant ce sont des hommes à la figure nettement marquée au sceau de la Loubianka[2]. Au fait, ils emploient peut-être des femmes dans le même but.

— Eux ! Encore eux ! s'exclama Gradov. Que te veulent-ils, nom de nom, Lio ?

Le physicien haussa les épaules :

— Je n'en ai pas la moindre idée. À moins que ce ne soit mon voyage en Angleterre et ma correspondance avec Rutherford ? C'est vraiment ridicule. Qui les théorèmes du noyau atomique peuvent-ils intéresser à la Guépéou ?

1. Léonid Sobinov (1872-1934), ténor lyrique au talent légendaire.
2. Le siège de la Tchéka-Guépéou-KGB.

Boris Nikitovitch coula un regard vers son ami, d'ordinaire si sûr de lui et si ironique, et se dit soudain qu'il était peut-être ce que ce dernier avait de plus cher au monde.

— Écoute, Lio, veux-tu que je parle à quelqu'un de chez eux, au sommet, que j'essaie de tirer les choses au clair ?

— Non, non, Bo, c'est inutile... Dans le fond, si je t'ai dit ça, c'est comme ça. Enfin, à tout hasard.

— Et pourquoi ne déménagerais-tu pas chez nous ? Disons pour six mois ? Qu'ils voient que tu n'es pas seul, que tu as une grande famille.

Ému, Léonid Valentinovitch posa la main sur l'épaule de son ami.

— Merci, Bo, mais ça, c'est trop. Nous n'en sommes plus au communisme de guerre.

Ce même soir eut lieu un de ces dîners qui marquaient de leur jalon la vie du petit clan : tout le monde était là au grand complet. Le plus souvent, ces dîners avaient lieu lorsque le général Nikita et Véronika arrivaient de Minsk ; mais l'occasion de revoir tout le monde n'était qu'un prétexte apparent. Chacun comprenait que le plus grand prix de ces « réunions au grand complet » résidait en ceci que l'on vérifiait la solidité de l'édifice, que l'on redonnait vie à cette sensation de « former bloc » qui parfois coupait complètement le souffle à maman Mary.

Ainsi, ils étaient tous, ou presque tous, réunis autour de la table, il ne manquait que Nina ; ce frétillon-là était en retard, bien entendu.

— Où est cette sacrée Nina ? — La capricieuse Véronika faisait la moue.

Depuis quelques mois, cette jolie femme avait pris des proportions, tenait à peine dans la vaste robe paysanne faite à ses mesures. Ses lèvres et son nez étaient gonflés, elle était constamment au bord des larmes.

Je n'ai que quelques années de plus que Nina, se disait-elle, mais me voilà plantée ici, ventrue comme une idiote de village, tandis qu'elle, je parie qu'elle est quelque part à écouter Pasternak ou à traîner chez Meyerhold... Et tout ça, c'est la faute de Nikita, de ce sale égoïste.

Radieux, Boris Nikitovitch tendit la figure vers sa bru, lui piqua la joue de sa barbiche, leva son verre et s'adressa à son ventre énorme :

— Cher monsieur Boris IV ! J'espère que vous m'entendez et que vous êtes prêt à confirmer que, contrairement à l'actuelle génération de révolutionnaires, vous avez l'intention de restaurer et de prolonger la dynastie médicale des Gradov !

Véronika tordit les lèvres : la plaisanterie de son beau-père lui levait encore plus le cœur que tous les plats somptueux déposés sur la table. Inquiet, Nikita se tourna vers elle, mais déjà elle avait surmonté son dégoût et soudain, ne s'y attendant pas elle-même, elle répondit, elle aussi, par une plaisanterie tout à fait passable, d'un ton très positif :

— Il demande à quelle faculté il doit s'inscrire : celle de Moscou ou celle de Léningrad.

Tout le monde partit d'un rire parfait.

— Quelle question ! hurla Boris III, c'est-à-dire le professeur Gradov. À *mon* Institut, évidemment, sous l'aile de son grand-père.

On trinqua bruyamment, on se mit à manger et Véronika, une fois encore à son profond étonnement, regarda avec convoitise un plat de tomates marinées qu'elle attira tout entier à elle.

Là-dessus, la porte d'entrée claqua, des pas pressés retentirent et Nina entra en courant ; ses cheveux châtain foncé étaient emmêlés, ses yeux bleu vif flamboyaient des feux tenaces de la jeunesse, le col de son manteau était relevé, elle portait une serviette sous le bras et un sac plein de livres à l'épaule.

— Salut, la famille !

Elle s'élança vers Véronika avec un petit cri, un baiser sur les lèvres, un autre sur le ventre, se jeta sur les genoux de son frère militaire, serra avec une gravité tragique la main de son frère du Parti — « notre salut dur comme pierre, camarade ! » —, tendit sa main à baiser à Léonid Valentinovitch Poulkovo en véritable lady anglaise et, enfin, gratifia tous les autres de ses embrassements. Le plus tendre, bien entendu, fut pour Pytha-Pythagore.

— Tu aurais au moins pu être à l'heure quand ton frère nous fait l'honneur d'une visite, gronda Mary Vakhtangovna.

Encore tout essoufflée, soit de la course, soit de ses singeries, ou peut-être d'« excitation historique », Nina sortit de son sac un numéro tout frais de *Novy Mir*, le lança sur la table — les tourtes et pâtés sursautèrent.

— Alors, qu'est-ce que vous en dites ? Cela fait un tapage fou, en ville. Les staliniens rugissent de fureur. Figurez-vous qu'on a entièrement saisi le numéro de *Novy Mir* qui publie *La Lune non éteinte*[1]. Ils sont complètement fous. La vérité, c'est qu'ils sentent le sol se dérober sous leurs pas.

Toute l'assistance souriait en regardant la fillette au comble de l'exaltation. Seule maman Mary boudait, mais c'était un faux-semblant, elle avait peine à cacher son adoration. Le seul à faire vraiment la tête était Kirill. Il pianotait sévèrement sur la table et

1. Titre complet : *Conte de la Lune non éteinte* (1926). Substituant à celui de Frounzé le nom de Gavrilov, c'est bien l'assassinat du Commissaire à la Guerre que Pilniak, écrivain célèbre (1894-1937), relate dans tous ses détails en même temps qu'il pose le problème du « droit de tuer au nom de la révolution ».

regardait sa sœur, les yeux mi-clos, presque dans le style d'un inspecteur de la Guépéou.

Nina découvrit alors que personne n'était au courant. Ce qui avait littéralement indigné la faculté et toute la « Jeune Moscou » n'était ici, au Bois d'Argent, qu'un bruit éloigné comme le ferraillement d'un tramway.

— Permettez-moi de vous demander, *miss*, fit Poulkovo, ce que c'est que cette *Lune* qui fait un tel grabuge ?

— Une nouvelle de Pilniak. Se peut-il que vous n'en ayez pas entendu parler ?

— Qu'est-ce qu'elle raconte, petite ? demanda son père.

— Ça, alors, peuples de Russie ! — Elle éclata de rire. — Vous vous rappelez, l'année dernière, la mort de Frounzé à l'hôpital Soldatenkov ? Eh bien, voilà, je ne l'ai pas encore lue, mais c'est ça qu'elle raconte, Pilniak suggère que cela s'est passé de façon suspecte...

Elle s'arrêta au milieu de sa phrase en voyant que tous les visages autour de la table s'étaient pétrifiés.

— Qu'est-ce qui vous arrive, peuples de Russie ?

Un silence gêné s'était instauré. Nina dévisagea les convives à tour de rôle. Son père demeurait immobile, les yeux fermés. Sa mère le regardait avec inquiétude, tenait d'une voix tremblante des propos décousus où l'on saisissait : « ... à ce point déplacés... bizarres... de telles sottises... de stupides ragots... » Poulkovo demeurait figé, un petit verre de vodka à mi-chemin de la bouche. Pythagore couinait doucement. Les lèvres serrées, Agacha frottait un plat parfaitement propre. Kirill fixait obstinément sa vinaigrette. Le visage de Nikita reflétait presque ouvertement la souffrance. Les yeux de la beauté enceinte se remplissaient rapidement de larmes.

Un coup de sonnette vint rompre la tension. Agacha trotta vers la porte, l'ouvrit et revint avec un robuste militaire aux joues vermeilles. Il claqua des talons en vrai soldat de l'ancien régime, salua et brailla :

— Sous-officier Slabopétoukhovski[1]. Sur votre ordre, camarade professeur, la voiture de l'Hôpital militaire nº 1 est là.

Boris Nikitovitch consulta sa montre, dit avec un faible soupir : « Ah, là, là, déjà sept heures et demie », se leva, embrassa Mary Vakhtangovna : « Je reviendrai immédiatement après l'intervention. »

Le sous-officier Slabopétoukhovski se dirigea vers la sortie tout en frisant sa caricaturale moustache, susurra quelque chose à Agacha, vieille demoiselle qui rougit aussitôt. Le professeur le suivit.

1. Étymologiquement : Faiblecoq.

Mary Vakhtangovna, levant avec fierté son menton tremblant, évitait manifestement de regarder sa fille.

— Faut-il que tu sois dure ! articula-t-elle enfin. Faut-il que tu sois contente de toi ! Être à ce point aveugle ! Ton père sacrifie tout pour ses malades, il est l'abnégation même ! Ni jour ni nuit, il ne...

— Mais qu'est-ce qui se passe, à la fin des fins ? s'exclama Nina. On se croirait au MKHAT[1] !

Nikita posa sur l'épaule de sa sœur son bras pesant chargé des insignes de son grade.

— Du calme, Nina. — Puis se tournant vers sa mère, il demanda doucement : — Peut-être faudrait-il lui expliquer, maman ?

Mary Vakhtangovna se leva brusquement : « Je n'en vois nullement l'utilité. Il n'y a rien à expliquer. » Elle se serra dramatiquement les mains sur la poitrine et sortit vivement de la salle à manger. Nikita glissa à sa sœur : « Nous en reparlerons demain », et suivit sa mère. Le dîner commencé dans la gaieté n'était plus que ruines fumantes.

Kirill éloigna le numéro de *Novy Mir* du bout des doigts avec un certain dégoût et regarda Nina par en dessous.

— Si cet exemplaire diffamatoire a été interdit, permets-moi de te demander où tu te l'es procuré.

Nina attrapa la revue et jeta à la figure de son frère :

— Ça ne te regarde pas, sous-fifre stalinien.

C'est alors que, tout à fait dans le style du Parti, Kirill abattit le poing sur la table.

— Parce que toi, tu te prends pour une trotskiste convaincue ? Idiote ! Contente-toi d'écrire des vers au lieu de te fourrer dans l'opposition.

Les deux plus jeunes rejetons des Gradov repoussèrent violemment leur chaise et jaillirent hors de la salle à manger, chacun de son côté.

Agacha poussa une exclamation qui n'était même plus dans le style du MKHAT, mais dans celui de son Outre-Moscova natale, celui du Théâtre Maly, et disparut dans sa cuisine.

Pythagore, complètement désemparé, s'était aplati sur le sol, les quatre pattes écartées.

Seuls Poulkovo et Véronika étaient restés à cette table tantôt si pleine de monde. S'efforçant de contenir ses larmes, Véronika porta son mouchoir à ses yeux, mais, ensuite, elle se moucha et éclata d'un rire inattendu.

— Notre Kirill perd complètement la boule avec son Parti, dit-elle.

Poulkovo remplit son petit verre et planta sa fourchette dans un champignon salé.

1. Théâtre d'Art de Moscou, uniquement connu sous son sigle.

— Ouais, partout ce sont passions fatales, articula-t-il — exactement ce que devait articuler un gentleman célibataire après la querelle d'une grande famille.

Véronika lui sourit, montrant ainsi qu'elle se souvenait qu'un an plus tôt, dans cette même maison, ils avaient presque flirté.

— Vous voyez, Léonid Valentinovitch, il n'y a qu'un an, vous vous en souvenez, pour l'anniversaire de ma chère Mary, je m'agitais, je coquetais, et à présent... — elle montra son ventre de ses deux mains pareilles à de petites ailes —, vous voyez comme je suis devenue laide.

— Votre beauté vous reviendra aussitôt après l'accouchement, Véronika Evguénievna, dit-il.

— Vous croyez ? demanda-t-elle d'un ton tout à fait enfantin, sur quoi elle arbora une mine sombre. — Ah, que je suis bête !

Poulkovo jeta un coup d'œil à sa montre, se leva pour prendre congé, serra la main de Véronika entre les deux siennes :

— Au fait, je joue souvent au billard avec un militaire fort intéressant, le colonel Vadim Nicolaïevitch Vouïnovitch. Il parle souvent de vous et de Nikita... de vous surtout...

— Ne lui dites pas que nous sommes à Moscou ! s'écria-t-elle.

L'instant d'après, tous deux sursautaient : du bureau montaient les phrases emportées, dramatiques du piano. Pythagore s'élança vers la porte, y cogna des deux pattes. Agacha jaillit de sa cuisine et l'attrapa par le collier.

— Chut, chut, mon petit Pytha ! Notre maman est en train de se soigner.

Mary Vakhtangovna fit de la musique tout le reste de la soirée. Dans sa chambre du haut, Nina eut plusieurs fois l'impression que le piano s'adressait directement à elle, demandant ou exigeant tour à tour qu'elle descende s'expliquer. Ces appels nés de son imagination la rendaient furieuse : ils me cachent quelque chose, et après, ils me font des scènes ! Ils m'accusent d'indifférence, mais eux, ils se fichent pas mal de la vie de leur fille. Son père ou sa mère, sans même parler de ses frères, l'ont-ils une seule fois interrogée sur ce qui se passait aux *Blouses bleues*, au *Lito*[1], sur ses rapports avec ses amis, avec Sémione ? Ils lui parlent tous en bêtifiant, ayant décidé une fois pour toutes qu'elle n'avait pas grandi, ne souffrait pas des problèmes de la révolution. Et puis, qu'est-ce que la révolution pour eux ? Ils sont, c'est tout simple, heureux de la voir repoussée à l'arrière-plan de la vie du pays, de voir leur confortable train-train d'autrefois se rétablir si vite. Dans le fond, en quoi mes parents diffèrent-ils des gens de la NEP, d'un Nahriman-khan de l'Association moscovite de crédit mutuel de l'Est dont Mikhaïl

1. Association littéraire.

Koltsov parle dans son dernier article ? Nahriman, bien gardé par des portiers en uniforme vert, jubile dans sa banque, tandis qu'ici, l'on s'abandonne aux souffrances pianistiques de la noblesse, en toilettes élégantes pour soirées à l'opéra... La vie « normale » revient, quel bonheur !...

Elle traînait tout habillée sur son lit, essayait de lire *La Lune non éteinte*, n'y parvenait pas, les lignes dansaient, les idées noires se recouvraient l'une l'autre comme des vagues : je vis mal, je ne fais pas ce qu'il faut, pourquoi mon romantisme et mes vers me donnent-ils mauvaise conscience, pourquoi ne suis-je pas sincère avec moi-même, ne puis-je pas m'avouer que les réunions de cellule, je m'y ennuie, pourquoi...

Elle s'endormit, le *Novy Mir* ouvert devant elle, et ne s'éveilla qu'au bruit d'une voiture qui arrivait. Le portillon claqua. Nina jeta un coup d'œil par la fenêtre et aperçut son père chéri. Joyeux, le manteau ouvert, éclairé par la lune, il remonta le sentier vers la maison. Une porte qui bat, des talons qui frappent le sol. Sa maman chérie accourait à la rencontre de son mari. Leurs voix joyeuses montèrent.

Nina éteignit la lumière, mais demeura assise le front serré contre la vitre. La lune voguait dans le ciel pur au-dessus des pins du Bois d'Argent. À présent, c'était le sous-officier Slabopétoukhovski qui défilait sur le sentier en jouant de ses épaules dignes d'un soldat de la Garde. On entendit sa voix de locomotive : « Votre poêle fume un peu, à ce que je vois, Agafia Ermolaïevna — Aïe, ne m'en parlez pas, camarade Slabopétoukhovski, répondit Agacha d'une voix que le bonheur rendait aiguë. Ce n'est pas un poêle, c'est un monstre dévorant ! Il lui faut deux stères de bois par semaine. »

*Figurez-vous une maison sans taches*
*Que seul son pas rapproche du guépard*
*Au bout de la maison le silence se cache,*
*Serrant une boule, glisse sous le billard.*

Le silence finit par s'établir. À travers un demi-sommeil, Nina crut entendre que, tout près, l'on faisait l'amour. Mais voyons, c'est impossible ! se dit-elle, puis elle sourit et s'endormit pour de bon.

## CHAPITRE QUATRE

# *La ligne générale*

Le trompeur « été des bonnes femmes[1] » avait, le lendemain matin, tourné à une pluie violente et froide totalement dépourvue de contexte poétique. Kirill Gradov, vêtu d'un piètre petit pardessus et d'une casquette d'ouvrier, abritant ses livres sur sa poitrine, se dirigeait à travers les rues du lotissement vers le rond-point du tramway. À mi-chemin, il fut rattrapé par une voiture. Son frère aîné Nikita, en grand uniforme de général, était assis à côté du chauffeur. La voiture freina, Nikita ouvrit la portière et proposa à Kirill :

— Je vais au Commissariat. Monte ! Je te dépose.

Sans diminuer l'allure, Kirill refusa de la main :

— Non, merci, je prends le tram.

Nikita fit signe au chauffeur, la voiture suivit le piéton au pas, ce militant renfrogné que le commandant rouge considérait avec le sourire.

— Ne fais pas l'imbécile, Kirill, tu vas te tremper jusqu'aux os !

— Aucune importance ! grommela Kirill. — Puis, se fâchant soudain : — Filez, filez, Votre Excellence ! Nous ne sommes pas habitués aux automobiles des généraux.

Nikita se fâcha à son tour :

— S'ils sont fiers, les marxistes, aujourd'hui ! Mais toi aussi, tu occupes le rang d'un gouverneur de la ville, ce n'est pas rien ça : deuxième secrétaire du comité d'arrondissement de la Presnia Rouge.

Kirill demeura bouche close et tourna brusquement au coin de la rue. Le chauffeur regarda son général : « Tout droit ou à droite ? » Nikita lui montra la droite. L'auto, s'y engageant, passa involontairement sur une grosse flaque et arrosa le piéton d'un jet d'eau trouble. Nikita alla jusqu'à sortir à moitié de sa voiture et à poser la jambe droite sur le marchepied.

— Écoute, Kirill, voilà un bon moment que je veux te demander pourquoi tu cultives ce style pseudo-prolétarien. Où as-tu

1. Que nous appelons « été de la Saint-Martin ».

déniché cette défroque ? Tu as au moins trois bons manteaux de drap qui ne font rien à la maison, et tu te balades dans cette toile de sac ! Les fesses de ton pantalon sont si usées qu'on s'y mirerait comme dans une glace ! Qu'est-ce que tu cherches à prouver, et à qui ?

— Absolument rien et strictement à personne ! brailla en réponse son cadet. Laissez-moi tranquille ! Je touche le salaire maximum du Parti, cent vingt-trois roubles, ils doivent suffire à me nourrir et m'habiller. Le Parti a conservé son bon sens révolutionnaire. Nous ne suivrons pas ceux qui introduisent dans l'Armée Rouge l'esprit d'une clique d'officiers à l'ancienne mode.

Piqué au vif, Nikita éclata d'un rire agressif. Il en avait oublié la présence de son chauffeur gradé.

— Ha, ha ! Tu crois que tes chefs vénérés sont des ascètes comme toi ?

Kirill pointa vers lui un index furieux :

— Tu répètes des calomnies petites-bourgeoises, divisionnaire.

À ce moment, un tramway se montra au bout de la rue, portant sur les côtés une réclame d'Alexandre Rodtchenko, un membre du LEF célèbre : « Sans nul souci, mangeons de bons macaronis. » Kirill fonça vers le rond-point, sans un regard pour son frère. Nikita claqua rageusement sa portière. En passant devant l'arrêt, il vit les citoyens foncer dans le wagon et se précipiter sur les places assises. Franchement, il avait oublié comment cela se pratiquait.

Par temps sec, dans un tramway, malgré l'affluence, tout le monde remue son journal, se débrouille pour l'ouvrir par-dessus les têtes ou entre les jambes. Aujourd'hui, les journaux trempés ne faisaient aucun bruit et ne se hâtaient pas de se déployer, ce qui n'empêchait pas les citoyens de fort bien les lire. Les étrangers progressistes font constamment remarquer que le public d'URSS est le plus affamé de lecture. Kirill avait récemment discuté de la question de la presse avec l'assistant de son père, Savva Kitaïgorodski. À proprement parler, il n'avait pas discuté — de quoi peut-on discuter avec un bourgeois libéral ? — mais avait contrôlé sur Savva la justesse des directives du Parti.

Naturellement, *moussié* [1] Kitaïgorodski n'était pas content. Que valent les complaisances de la NEP si toute la presse est restée aux mains du parti dirigeant, si pas un journal d'avant la révolution n'est reparu ?

C'est cela qu'ils veulent : non seulement les boutiques de la NEP, mais une presse déchaînée. Donc, de ce point de vue, nous sommes dans le droit chemin. Pas d'indulgence, la presse — Trotski a là-dessus raison — est l'arme la plus incisive du Parti.

Kirill se trouvait dans un angle du wagon brinquebalant, pressé

1. Déformation grotesque de « monsieur », en usage au XIXe siècle.

sur trois côtés par des voyageurs trempés et maussades d'apparence aussi prolétarienne que la sienne. Les manchettes des journaux s'étalaient devant lui. La presse du Parti était riche d'événements. Et c'était fort bien qu'ils soient communiqués dans l'interprétation du Parti : on n'offrait pas les faits en pâture à des hommes isolés, on leur apprenait au contraire à en faire usage, à les apprécier du point de vue de la conscience de classe.

Peine de mort pour la dilapidation des biens d'État ; les koulak, les serviteurs du culte, les anciens fonctionnaires du tsar, sont privés du droit de vote ; les exportations de bois augmentent ; l'achat de son logement entraîne l'expulsion ; *Rugis, la Chine*[1] *!* ; football : la sélection « Sucrière et Commerce soviétique » bat la « Forge prolétarienne » ; aérodrome central Trotski, nouveaux aéroplanes « Commissaire du peuple à la Guerre et à la Marine », « L.B. Krassine », « Camarade Nette », ascension d'un ballon, aéronaute — cam. Fiodorov, auditeur à l'Académie de la Flotte aérienne... Des faits, beaucoup de faits, la vie de la République Rouge bouillonne ; voici encore une réplique à Pilsudski ; et puis, tenez ! voici des réclames : des teintures, du henné-basma, de l'eau de Cologne triple, une lotion capillaire... pour l'usage des petits-bourgeois.

Kirill se tourna vers la vitre et sortit sa propre lecture, un gros livre. Il faisait mine de ne pas remarquer deux jeunes filles, ses régulières compagnes des transports urbains, petites dactylos nullement rebutantes, qui lui dédiaient force coups d'œil avec de petits rires.

— Tout de même, il est à croquer, tu ne trouves pas ? dit l'une.

— Vraiment trop sérieux, dit l'autre. Qu'est-ce qu'il lit ? — Elle coula un regard tout à fait sans gêne sous le coude de Kirill. — Ben, dis donc ! Un manuel de hindi !

Kirill se taisait, serrait les dents, les mots de hindi dansaient devant ses yeux sans aucun sens, comme s'ils ne faisaient qu'ajouter une absurdité à l'absurdité générale qui entourait sa personnalité entière : les discussions avec Nina et Nikita, ses vêtements mouillés, répugnants, l'idiotie des journaux, l'agitation et la frousse où le plongeait le voisinage de ces deux demoiselles.

Le tramway approchait de Péchtchény où il y avait une correspondance. Les voyageurs se préparaient à un nouvel assaut.

La raison pour laquelle on avait convoqué le divisionnaire Gradov à Moscou cette fois-ci était, de son point de vue, quelque peu absconse. Le nouveau Commissaire du peuple à la Guerre et à la Marine, Kliment Efrémovitch Vorochilov, faisait un grand rap-

1. Pièce anticolonialiste de Trétiakov relevant de la dramaturgie révolutionnaire (1926).

port sur la stratégie de combat moderne, eh quoi, c'est parfait, grand bien lui fasse, mais pourquoi arracher une telle quantité de commandants à leurs urgentes occupations pratiques, en particulier à la mise au point de l'emploi conjoint de la cavalerie et des engins à chenille en cas d'action offensive dans les plaines de la steppe boisée ? Et puis, par rapport à sa vie personnelle, ce voyage tombait on ne peut plus mal : Véronika était au dernier mois de sa grossesse, il avait espéré qu'elle serait restée à Minsk sous la surveillance de ses médecins habituels, les praticiens parfaitement expérimentés de l'hôpital régional qui, en outre, connaissaient toutes ses lubies, mais elle n'avait rien voulu entendre. Laisser passer un voyage à sa chère Moscou, l'effervescente capitale, manquer l'occasion d'échapper, ne serait-ce qu'une semaine, au remugle de Minsk, il n'y fallait pas songer !

Végéter en province, dépenser bêtement leurs meilleures années, c'étaient presque là leurs principaux sujets de conversation. Les bons jours, Nikita le tournait à la plaisanterie, appelait sa femme « la quatrième sœur de Tchékhov », de ces éternelles cigognes qui criaient : « À Moscou, à Moscou ! » ; les mauvais jours, quand elle sombrait dans les ténèbres de la mélancolie, il fichait tout bonnement le camp de chez lui et se rendait à l'état-major où il n'avait rien à faire et où, assis dans son bureau plongé dans l'obscurité, il s'employait à chasser ses propres ténèbres, celles de Cronstadt.

Alors, voilà, à présent, il se trouvait dans la grande salle de conférences du Commissariat, il dévisageait la figure luisante du rapporteur, mais il ne pensait qu'à sa femme, il se disait — ne parlons pas de malheur ! — que cela allait la prendre aux lignes Pétrovski ou au passage de la Loubianka où elle se serait évidemment rendue pour inspecter les magasins à la mode.

Vorochilov se gargarisait de son rôle de chef suprême, de philosophe militaire et de stratège. Dodu, florissant, la moustache petite et soignée, il avait, même dans son uniforme impeccable, incontestablement du sur mesure, l'air d'un petit commerçant prospère du Pont-aux-Maréchaux. Un observateur attentif aurait capté dans ses petits yeux vivaces des trouées d'extraordinaire bêtise. De temps à autre, comme pour se rappeler qui il était, Kliment Efrémovitch se figeait un instant, affichait sa monumentalité.

La conférence était terminée. Comme Nikita passait dans le couloir, trois vaillants commandants le hélèrent. Il reconnut l'un d'eux du premier coup : Okhotnikov ! Ils se donnèrent l'accolade. Okhotnikov jeta un coup d'œil à ses épaulettes :

— Ho, ho, te voilà déjà divisionnaire, Nikita !

— Si je m'attendais à te voir, Iakov ! Cela fait longtemps que tu as quitté la Transcaucasie ?

— Oui, je suis les cours de l'Académie. Je fais provision de sagesse, dit ce dernier en riant. Je te présente mes condisciples : Arkadi Geller, Volodia Petenko.

À leur poignée de main, Nikita fut heureux de reconnaître de solides militaires de carrière.

— Très heureux. Permettez, Arkadi, ne vous semble-t-il pas que nous sommes déjà vus ?

— Bien sûr, dit Geller. Sur le front de Pologne en octobre 1920. Le train blindé *Orage d'Octobre*.

— Tout à fait juste ! s'écria Nikita.

À ce moment, Vorochilov, accompagné de quelques hauts gradés, sortit de la salle de conférences. Il tenait sous le bras une chemise en carton contenant son rapport. Sa face ronde se tournait ici et là, quêtant sans doute les regards admiratifs des commandants qui fumaient dans le couloir. Okhotnikov lui dédia un mouvement de tête assez désinvolte.

— Alors, qu'est-ce que tu dis du rapport de notre nouveau chef ?

— Voyons, n'est-ce pas un autre Clausewitz ? laissa ironiquement filtrer Geller.

— Un immense théoricien ! ricana Petenko.

Nikita se mit à rire :

— Je vois que l'esprit frondeur de Moscou vous gagne, mes amis.

Okhotnikov le prit sous le bras et scruta son visage.

— Eh, quoi ? L'opposition gueule un peu trop fort, mais sur bien des points, elle a raison. L'Armée connaît mieux que quiconque la poigne des bureaucrates.

En repensant à cette brève conversation, Nikita en vint à conclure qu'elle lui avait fait découvrir d'un seul coup plusieurs sujets d'importance qui taraudaient la capitale. On y traitait de « bureaucrates » les staliniens, c'est-à-dire la majorité du Bureau Politique. Les auditeurs de l'Académie Frounzé étaient proches des milieux militaires les plus élevés. Les propos d'Okhotnikov, Geller et Petenko démontraient à l'évidence que, dans ces milieux, l'irritation contre le style de commandement « bureaucratique » que l'on imposait à l'Armée Rouge allait mûrissant. Si ces milieux n'étaient pas devenus les alliés de l'opposition, en tout cas, ils sympathisaient ne serait-ce que parce que l'opposition s'attaquait à ceux qui, après la chute des deux personnalités brillantes qu'étaient Trotski et Frounzé, avaient porté au plus haut poste une nullité comme Vorochilov. Or, les sympathies de l'Armée, c'est très important.

En fait, la conversation a été interrompue à son point le plus intéressant, songea Nikita avec regret. À ce moment, le colonel Vouïnovitch passa dans le couloir. Leurs regards se croisèrent même, mais Vouïnovitch se détourna aussitôt sans manifester le moindre désir de s'arrêter.

— Vadim ! s'écria Nikita.

L'autre poursuivit son chemin, puis tourna dans un second couloir.

— Vadim, bon sang !

Abandonnant les « académiciens », Nikita s'élança à sa suite, puis s'arrêta. À présent, ils étaient dans une aile vide du bâtiment. Le bruit sec des pas de Vouïnovitch qui s'éloignait résonna sur le parquet.

Ce que c'est bête, se disait Nikita, de rompre avec son meilleur ami à cause de la situation équivoque où se trouve le père de l'un d'eux. Même s'il a été mêlé à cette sombre affaire, qu'est-ce que j'ai à y voir ? Et en plus, il n'y est nullement mêlé, c'est seulement... Ah, que c'est bête !

— Vadim, c'est bête. Parlons !

Vadim ouvrit, toujours sans se retourner, une porte qui donnait sur l'escalier et disparut.

Les secrétaires, les expéditionnaires et la garde du Comité municipal de Moscou du PC (b) considéraient sans trop d'enthousiasme, pour ne pas dire plus, l'intrusion des masses du Parti des travailleurs vêtus de vestes et blousons de cuir, coiffés de casquettes ou de foulards rouges. Depuis longtemps, le bâtiment avait repris une allure tout à fait convenable : les parquets étaient cirés, les passages de moquette déroulés et, sur les escaliers de marbre, fixés par des baguettes de cuivre, les buffetières en coiffe blanche servaient le thé et des tartines très, très fraîches, les conversations étaient feutrées, les cendriers vidés à mesure, le buste du grand Lénine méticuleusement épousseté, mieux peut-être que les nymphes de marbre de l'Association du commerce qui avait jadis occupé les lieux, et tout d'un coup, voilà le prolétariat — quel autre nom lui donner ? — qui déboulait, ces hommes s'interpellaient à haute voix, piétinaient, se mouchaient, secouaient la boue de leurs souliers, répandaient une odeur de crasse et de gros tabac. À croire qu'on était revenu au communisme de guerre.

La salle de conférences du troisième étage était bourrée à craquer de responsables des Comités de la Ville et de la Région, de militants des plus grandes entreprises. Kirill Gradov, dans son éternel accoutrement, veste de lustrine et chemise russe de percale, était, à en juger par l'apparence, beaucoup plus proche des gens des banlieues que de ceux, si soignés, du centre, et il en était absolument ravi. D'ailleurs, ses supérieurs appréciaient hautement sa science en matière de théorie et traitaient par l'indulgence ses petites sottises pseudo-démocratiques : ce jeune homme avait suffisamment de temps devant lui pour assimiler les règles tacites de l'étiquette communiste. Le secrétaire du Comité de Moscou qui était en train de débiter son discours incarnait précisément le type idéal du membre du Parti dans sa phase ascendante du milieu des années vingt : tunique à la Staline, barbiche à la Rykov, sourire omniscient à la Boukharine.

— Camarades, disait-il, l'opposition entreprend des efforts désespérés pour s'adresser aux ouvriers par-dessus notre tête. Un groupe de ses leaders s'est présenté à la cellule Aviapribor[1] et a entrepris de saboter directement les décisions du Parti. Un autre groupe a organisé une réunion des services de la traction des chemins de fer de Riazan et a imposé aux ouvriers la présidence de personnages aussi douteux que Tkatchov et Sopronov. Trotski y a pris la parole. Rheingold l'a prise à la cellule du Commissariat du peuple aux Finances.

De même, l'opposition a dépêché ses artistes aux usines Bogatyr, Caoutchouc, Morse et Icare. Il convient de remarquer à regret que le Commissariat au Plan et l'Institut du corps enseignant Rouge sont devenus de véritables avant-postes de l'opposition dont les hommes opèrent constamment des sorties et soumettent à leur propagande les ouvriers du Parc des tramways et de l'Usine Ilyitch.

Il en va de même pour Léningrad, mais ce n'est pas cela qui nous soucie pour l'instant. Le but principal des communistes de Moscou est d'empêcher tous les contacts des chefs de l'opposition avec les ouvriers. À franchement parler, la meilleure façon de trancher la question serait de brancher les organes de la Guépéou, mais pour l'instant, nous ne pouvons pas le faire : il s'élèverait un concert de protestations. Ce qu'il faut, aujourd'hui, c'est dépêcher des groupes de militants dans toutes les entreprises où, selon nos informations...

Le secrétaire du Comité de Moscou eut un mauvais sourire. Un sourire éloquent, se dit Kirill, spécifique de la Tchéka, tout-puissant, effronté et lugubre. Il sentit soudain qu'il haïssait cet homme, mais aussitôt il repoussa ce sentiment déloyal, « libéral ». Pourquoi devrais-je voir en lui un être malfaisant, et puis, en général, un être à part ? c'est un représentant du Parti et nous avons, pour l'heure, un même but : ne pas permettre la scission.

— ... selon des informations dignes de foi, poursuivait le secrétaire du Comité de Moscou, nous assisterons ce soir à de nouvelles tentatives de sabotage des décisions du Parti. Camarade Samokha, répartissez immédiatement nos camarades dans les divers groupes.

Son intervention terminée, le secrétaire du Comité de Moscou descendit vers les masses, répondit à quelques questions, ren-

1. L'équipement d'aviation.

voyant pour l'essentiel les questionneurs au camarade Samokha, puis, visiblement soulagé, il s'éloigna vers les appartements privés par la porte entrebâillée desquels on apercevait un merveilleux divan qui invitait au repos.

Le camarade Samokha, un agent de la Tchéka tout en nerfs, portant la traditionnelle veste de cuir qu'il finissait d'user et qui avait connu des temps meilleurs, s'affairait à distribuer les ordres de mission dans les usines. Il tendit à Kirill un papier qui portait le cachet du Comité Central des syndicats professionnels (faux papier légitimé pour le cas où les provocateurs de l'opposition prétendraient que l'obstruction était organisée par le Comité de Moscou et la Guépéou) et dit sans plus de cérémonie :

— Toi, Gradov, tu te rendras avec ton groupe à la réunion conjointe de la traction, des voies et de l'électrotechnique de la gare de Riazan. Vous y serez rejoints par nos camarades de la Direction. La situation est tendue. Les plus grands chefs de l'opposition pourraient s'y présenter. Parmi les ouvriers, les esprits fermentent et tout le monde sait que Trotski exerce sur la foule une influence hypnotique. Vous devez faire échouer leurs résolutions. Par n'importe quel moyen. Vous demeurerez en contact permanent avec la Guépéou. Vous aurez le plus possible d'entretiens privés avec les ouvriers. Retenez le nom des indécis. C'est clair ?

Voilà ma guerre qui commence, des manœuvres d'encerclement, des actions de diversion, un rideau de fumée, se dit Kirill.

— C'est clair, camarade Samokha.

Une fois les ordres de mission distribués, les militants furent conviés à déjeuner au buffet du Comité de la ville. Les délégués s'y rendirent non sans plaisir : ils entrevoyaient des petits plats tels que saumon fumé, confit d'oie, cochon de lait en gelée. Cependant, Kirill demeura fidèle à lui-même. Que mes camarades se moquent tant qu'ils voudront du nivellement par le bas, moi, avec mon passé de prospérité bourgeoise, je dois m'en tenir à mes principes.

Il quitta le Comité de Moscou et alla s'installer dans une cantine à bon marché de la Solianka. Une soupe au chou et à la viande, des nouilles façon Flotte et une gelée de fruits lui coûtèrent moins d'un rouble, quatre-vingt-sept kopek exactement. Attablé près de la fenêtre, il considérait les consommateurs de la salle voûtée et, par la vitre, les Moscovites dont toute la vie semblait tourner autour des tramways : ils bondissaient dans les trams, ils bondissaient hors des trams, consultaient leur montre, attendaient leur « Annouchka », leur « Babouchka[1] », se dispersaient aux arrêts pour aller prendre d'autres tramways. Depuis quelques années, Moscou vivait dans une précipitation impossible, tout le monde courait, jaillissait, bondissait, se criait « à bientôt ! »,

1. Façon familière de désigner les lignes A et B.

« salut ! » ; et personne ne se doutait que ce jour serait celui d'événements qui allaient peut-être décider de l'avenir du pays parvenu au stade de la reconstruction.

Au début de la soirée de ce même jour, Véronika Gradova se trouvait assise dans le square de l'angle du Pont-aux-Maréchaux et de la Pétrovka. Toute la journée, elle avait couru les boutiques, comparé les prix ; essayer, elle ne le pouvait hélas plus, sauf les chapeaux. Finalement, elle s'était même acheté quelque chose, l'objet d'un très cher désir, et plus précisément, une jaquette polonaise de contrebande. Elle avait justement lu, il n'y avait pas longtemps dans les *Izvestia* ces lignes satiriques de Maïakovski :

*Rue Pétrovka, des femelles vont en bande,*
*Dans des jaquettes de Pologne de contrebande*

et, du fin fond de Minsk, elle s'était enflammée de l'idée d'aller sans faute, sans faute, se procurer une jaquette polonaise rue Pétrovka. Je ne vais pas traîner toute ma vie avec ce gros ventre, bientôt je pourrai serrer ma taille de guêpe dans cette jaquette et adhérer à la « bande des femelles » de la rue Pétrovka. Sans le vouloir, notre poète satirique avait fait, d'une image négative, une sorte de clan d'initiées, de hardies Moscovites en jaquette de Pologne. Pour l'instant, elle n'en était pas là, il fallait se résigner à demeurer quantité négligeable.

Elle comprenait soudain ce qui la blessait le plus : l'absence de regards masculins, ou leur parfaite indifférence. Avant, dans les yeux de tous les hommes, elle lisait l'ébahissement et il n'y en avait pas un, littéralement pas un, qui ne se retournât sur son passage. À présent, personne ne la regardait, tout était perdu, la grossesse est une vieillesse prématurée.

Elle consultait nerveusement sa montre : Nikita était en retard, et Boris IV lui avait envoyé un ou deux coups de pied. Pourquoi étaient-ils tous si sûrs que ce serait un garçon ? L'esprit patriarcal des Gradov. Eh bien, moi, je vais leur faire une fille et après, je laisserai tomber mon soudard et je partirai à Paris, chez mon oncle. Bon, j'élèverai une Française, une étoile de l'écran, une nouvelle Greta Garbo... je l'emmènerai encore plus loin, à Hollywood... Et alors, un jour, mon visage — le sien — reviendra dans cette sale Moscou comme une affiche de Mary Pickford sur une colonne publicitaire.

Un malaise la saisit, elle posa la main sur son ventre sous son vaste manteau, elle haletait — et si ça allait me prendre ici, Dieu m'en préserve ! Un cocher s'arrêta derrière la colonne où s'étalaient les noms de Mary Pickford, Douglas Fairbanks, Jackie Coogan, ainsi que des gymnastes Larionov-Diabolo. Un militaire sauta à bas de la voiture. Elle ne réalisa pas tout de suite que c'était Nikita.

— Enfin ! s'écria-t-elle, lorsqu'il s'approcha, plein de chevrons et de brandebourgs.

Il l'embrassa avec un sourire.

— Dans votre état, madame, on reste au lit au lieu de fixer des rendez-vous à messieurs les officiers.

Aussitôt, Véronika, nerveuse, retournée, faillit éclater en sanglots.

— Tu ne comprends donc pas que je ne peux pas me passer de Moscou ? Mais moi, rien que faire un tour rue Stolechnikov... c'est une vraie joie. Pour une fois que je suis là, il faudrait que je reste dans votre Bois d'Argent à couver l'héritier des Gradov ? Bon, ça alors, c'est simplement se moquer du monde !

Nikita baisa ses joues, son nez enflé.

— Du calme, du calme, chérie. Bientôt, tout cela sera du passé.

Elle se détourna.

— Toutes tes craintes vont à ton rejeton, moi, tu t'en moques.

— Allons, ma petite Nika ! Allons, ma petite enfant !

Elle s'essuya la figure et lui demanda un peu plus calmement :

— Bon, alors, qu'est-ce qui se passe dans votre imbécillité de Commissariat du peuple ? T'a-t-on enfin muté à Moscou ?

— Au contraire, on m'a nommé chef adjoint de l'état-major de l'Ouest.

— Alors, nous retournons dans ce Minsk puant ? traîna-t-elle avec accablement. Si au moins Varsovie était à nous !

Nikita sursauta. Cette tête folle venait d'enfoncer une épingle au cœur des conseils stratégiques secrets.

— Que dis-tu, Nika ! Varsovie ?

— Bon, quoi ? Quelle qu'elle soit, c'est tout de même une capitale, l'Europe. — Déjà elle comprenait qu'elle avait touché à un strict interdit et à présent, non sans le plaisir de tout à l'heure, elle finassait, s'amusait. — Eh quoi ? Il faut prendre Varsovie, à la fin, y vivre quelque temps, puis la quitter. Propose-le au Commissariat.

Déjà Nikita riait.

— Nika, Nika, cesse de faire la bête. Regarde la surprise que je t'ai apportée : des billets pour Meyerhold !

Elle était abasourdie.

— Des billets pour Meyerhold ? Et pour *Le Mandat*[1] encore ! Bon, alors ça, Nikita, tu t'es surpassé ! — Cela faisait longtemps qu'il ne l'avait pas vue aussi radieuse. — Quand est-ce ? Aujourd'hui ? — Un nuage passa brusquement. — Mais je n'aurai pas le temps de me changer !

1. Très célèbre pièce de Nicolas Erdman (1910-1970) qui montre des personnages de l'ancien régime réussir à se faire passer pour des bolchevik.

— Ma petite Nika, ma petite Vika, pourquoi as-tu tellement besoin de t'habiller ? Tu es très bien comme ça pour... — Là-dessus, il se rendit compte qu'il avait failli laisser échapper une bévue et se reprit : — ... pour un théâtre révolutionnaire, en fin de compte. Nous avons encore le temps de dîner au *National* et tu vas voir que tout le monde restera baba devant ta robe de paysanne biélorusse.

Véronika grogna avec une gentillesse inattendue :

— Tu as simplement voulu dire qu'avec mon bedon, ça ira comme ça. Bon, tu sais, Nikita, tous les maris sont odieux, mais tu n'es pas le pire. Seigneur, comme je rêvais d'aller faire un tour chez Meyerhold !

La réunion conjointe des cellules des Chemins de Fer de Riazan avait lieu dans l'immense dépôt d'entretien des machines. Si immense que l'assemblée de plusieurs centaines de têtes eut assez de l'un de ses angles où l'on avait édifié une estrade provisoire et suspendu au câble d'une grue un portrait de l'immortel Ilyitch. Cependant, derrière l'auditoire, se dressaient, muettes, des locomotives qui conféraient à l'événement une nuance orientale et occulte, comme si des éléphants de combat avaient fermé les sorties de quelque place de Babylone.

La majorité de l'auditoire portait des bleus de travail : les gens n'avaient pas eu le temps de se changer après la relève ; la plupart des têtes étaient couvertes de casquettes, de fichus. Mêlés aux « vestes de cuir », les députés, dûment chapitrés le jour même au Comité municipal, se tenaient par petits groupes et observaient attentivement les alentours. Parfois, l'on apercevait des personnages en ordinaires veston et cravate. Ceux-là, on les considérait d'un œil soupçonneux, surtout si un chapeau, ou pis encore, des lunettes, complétaient le tableau.

Dans l'ensemble, il faisait un sale temps humide et, malgré l'échauffement des esprits, des sueurs froides prenaient par moments l'assemblée : l'atelier ne demeurait pas oisif, des travailleurs sans parti ouvraient le gigantesque ou, disons-le, le cyclopéen portail, et l'on entendait siffler les intempéries de la mi-octobre.

Pourquoi ne me suis-je pas consacré à la linguistique ? se dit soudain Kirill Gradov avec tristesse. C'est que j'aime tellement les langues ! En ce moment, je serais dans une bibliothèque. Mais alors, qui se battrait pour le véritable socialisme si toute l'intelligentsia se disperse, va se réfugier dans la linguistique et la microbiologie... ?

Quelques représentants de l'opposition et de la ligne générale siégeaient au præsidium, sous le portrait de Lénine.

Karl Radek, une personnalité profondément étrangère, sinon

suspecte, au prolétariat, discourait à la tribune. Il ne se passait pas de semaine que ne courent dans Moscou ses nouvelles plaisanteries sur le je-m'en-fichisme de la bureaucratie ; elles avaient quelque chose d'humiliant non seulement pour les staliniens, mais, dans une certaine mesure, pour les masses, car elles semblaient faire allusion au sempiternel esprit de routine du peuple russe. Radek parlait un russe grammaticalement correct, mais avec un très fort accent et surtout avec des inflexions déconcertantes.

Au seul mot de *kamaratt*, les travailleurs de la traction échangeaient des coups d'œil moqueurs. Certes, en tant que membres conscients du Parti, internationalistes, ils ne faisaient aucune allusion aux origines de l'orateur, mais on aurait juré que chacun s'était dit quelque chose comme : « ils nous ont envoyé un youpin trop youpinisant », ou « il est vraiment trop juif, ce juif-là », ou encore à la rigueur « il est tout de même pas de chez nous, ce camarade juif ».

Entre-temps, l'orateur continuait à développer ses thèses d'une logique accablante :

— ... Quand l'actuel Comité Central soutient l'idée d'édifier le communisme dans un seul pays, cela sent le renfermé, la *Pochékhonie*[1], l'ancien temps. Hé, hé, *kamaratt* (dans sa bouche, « hé, hé » prit non le sens de « hé, hé », mais celui de « *oïe, oïe* »), cette thèse est absurde, je le redis, elle sent la province abrutie, la vieille Russie. Camarades, le Comité Central stalinien gave les travailleurs de doses gullivériennes de patriotisme de clocher, tandis que les Soviets perdent leur noyau ouvrier, que le capital privé freine l'industrialisation, que nous faisons du surplace dans l'arène internationale et que nous perdons notre ascendant parmi les masses révolutionnaires. Camarades, le camarade Trotski, le chef du prolétariat mondial, ainsi que d'autres compagnons de Lénine vous appellent : insufflons une vie nouvelle à notre révolution !

Radek quitta la tribune fort déçu : on aurait dit que les cheminots n'étaient plus les mêmes, qu'en une semaine ils avaient changé. Au début, on avait encore entendu de maigres applaudissements et des exclamations : « Très juste ! », « Hourra ! », « À bas les centristes ! », mais bientôt, ils avaient été submergés par des huées, des coups de sifflet, des hurlements sauvages : « À bas les trotskistes ! », « Descendez-le du præsidium, les copains ! », « Pas de compromis avec l'opposition », « Fermons-leur la gueule ! », « Dehors du Parti ! » Puis on ne put plus rien discerner, ce ne fut plus qu'une tempête d'indignation. Il comprit que les autres avaient eu le temps de joliment accomplir leur besogne, que cela avait été une erreur de se rendre à ce dépôt à la légère, de parler comme il l'avait fait, à grand renfort de Chtchédrine et de

1. *Le Pays de Pochékhonie*, roman de Saltykov-Chtchédrine dépeignant l'extrême arriération de la Russie profonde.

Gulliver, et puis en général, n'était-ce pas une erreur que d'adhérer, à l'heure actuelle, à l'aile antistalinienne, de se mettre aussi activement en avant ?

Quant à Kirill Gradov, avec la majorité, il s'était insurgé, avait bondi sur sa chaise, brandi le poing, crié des propos plutôt décousus. Il éclatait du sentiment bienheureux, exaltant, de l'unité. C'est cela, le sentiment de classe, se disait-il, il est venu enfin !

En arrière de la foule, près d'une des machines en révision, se tenait le groupe de la Guépéou, Samokha en tête. Ceux-là, le sentiment de classe ne leur était nettement pas venu, pour la bonne raison qu'il ne les avait jamais quittés. Ils observaient d'un air pratique l'auditoire des cheminots, membres du Parti, échangeaient parfois quelques mots à mi-voix. Pour l'instant, tout se déroulait comme prévu.

De son troisième rang, Kirill cria au præsidium : « Je demande la parole ! » Le président leva sa main armée d'une sonnette. Au milieu de la foule hurlante et des sifflets de locomotive, ce geste et ce son étaient ridicules. La voix du président finit quand même par percer à travers les cris :

— Votre attention, camarades ! La discussion se poursuit. Sur la liste des inscrits, c'est le tour du camarade Préobrajenski[1].

Celui-ci, un des leaders de l'opposition, se leva d'un mouvement décidé et, ajustant dans son dos, sous sa ceinture, les plis de sa vareuse de bon drap, se dirigea vers la tribune.

— Je demande la parole ! Motion d'ordre ! criait toujours Kirill.

C'est alors que deux types en casquette, l'air non pas d'ouvriers mais de voyous de Maryina Rochtcha, s'élancèrent eux aussi vers la tribune. Avec un sourire de biais et les bras en croix, ils barrèrent le chemin à l'opposant. Costaud, Préobrajenski tenta de poursuivre sa route, mais les types s'accrochaient à lui et, s'ils étaient incapables de le renverser, ils l'empêchaient de faire un seul pas.

— C'est un scandale ! Canailles ! criait Préobrajenski.

Un rire pareil à un hennissement déferla en réponse dans l'immense bâtiment.

À ce moment, Kirill bondit de l'autre côté sur la plate-forme et l'occupa.

— Camarades, une minute d'attention ! s'écria-t-il de toutes ses forces. — L'assemblée se fit moins bruyante, mais des sifflets et des huées montèrent encore çà et là. — Camarades, je suis un jeune communiste, poursuivit-il. L'unité du Parti, voilà ce qui compte plus pour nous que l'air qu'on respire. Je vous propose de condamner l'action scissionniste, orgueilleuse et dominatrice des

1. Proche compagnon de Trotski.

camarades Trotski, Zinoviev et Piatakov. Je vous propose d'adopter une résolution mettant un terme à la discussion avec l'opposition.

Préobrajenski, qui s'était enfin débarrassé de ses « porte-casquette », s'approcha de la tribune et y abattit le poing.

— Qu'est-ce qui se passe ? Une provocation organisée ? J'exige qu'on me donne la parole.

Sans un coup d'œil pour l'homme qui, haletant, la sueur coulant sur la poitrine et le cou, se tenait tout contre lui, Kirill cria à la salle :

— Je propose de refuser la parole au camarade Préobrajenski.

En réponse, il y eut une nouvelle explosion de passion anti-oppositionnelle. À bas ! À bas ! À bas !

Préobrajenski haussa les épaules et regagna sa place.

La réunion se poursuivit tout de même pas moins de deux heures et s'acheva alors qu'il faisait nuit. L'opposition avait été réduite en cendres.

Se dispersant dans l'obscurité, butant contre les rails, les militants continuaient à échanger des injures. Préobrajenski avançait parmi ses compagnons sans rien dire. Curieusement, à traverser en pleine nuit le territoire des chemins de fer, il s'était rappelé quelque chose d'avant la révolution, du temps de l'émigration. On nous pousse dehors, se disait-il. Nous devenons des étrangers. Nous pourrions bien nous retrouver une fois de plus en émigration. Il se retourna et aperçut au loin le jeune homme qui avait pris la parole à sa place. Il demeura en arrière de ses compagnons et l'attendit.

— Vous avez un moment, Gradov ?

Les traces d'une exaltation non feinte semblaient encore frémir sur le jeune visage, à moins que ce ne fussent celles de la honte. Ce dont on doute. Kirill s'arrêta.

— Qu'y a-t-il, camarade ?

Préobrajenski lui offrit une cigarette, en alluma une lui-même.

— Dites-moi, vous ne comprenez vraiment pas ce qui se passe ? Vous ne comprenez pas que l'opposition cherche rien moins que d'arrêter Staline dans sa course ?

— Staline se bat pour l'unité du Parti. Cela suffit ! rétorqua Kirill.

Préobrajenski le dévisagea attentivement.

— Vous êtes le fils de Gradov, le chirurgien ?

— Oui. Quel rapport avec notre discussion ? fit Kirill avec un geste d'agacement.

Préobrajenski laissa tomber sa cigarette et poursuivit sa route.

— Au revoir, camarade Gradov ! lança-t-il sans se retourner.

# CHAPITRE CINQ

## *L'avant-garde théâtrale*

Ce soir-là, tandis que Véronika et Nikita Gradov se mettaient en route pour voir *Le Mandat*, une assemblée réunissant la troupe et des activistes se tenait dans la salle de répétition du théâtre Meyerhold. Les comédiens du jour étaient déjà maquillés et en costume, les autres portaient des corsages et des pull-overs à la mode et, bien entendu, de longues écharpes multicolores jetées dans le dos, par-dessus l'épaule, enroulées autour du cou : tout cela composait une gamme impressionnante, la merveilleuse bohème de Moscou.

Pour ce qui est des activistes, installés dans les rangs du fond, ils se serraient contre les murs ou même s'étaient assis par terre dans les passages, la majorité en était constituée par la jeunesse estudiantine.

La réunion n'avait, bien entendu, de réunion que le nom, en réalité, c'était l'une des rares « apparitions du Maître au peuple ».

Meyerhold et Zinaïda Reich rentraient à peine d'un voyage en Europe. La « première dame » était éblouissante et d'excellente humeur. Les œuvres des plus grands couturiers de Paris présentées ainsi aujourd'hui à Moscou ne suscitaient même pas la jalousie des autres dames du théâtre, tant elles étaient cosmiquement inaccessibles, admirables, un point, c'est tout. On remarquait aussi dans la salle les regards avides d'hommes animés du désir patent de semer le désordre dans cette magnifique toilette.

Meyerhold, vêtu d'un large costume gris, lui aussi diantrement « de l'étranger », témoignait d'une certaine nébulosité. Il savait déjà que la récente première du *Révizor* avait proprement déchaîné la presse adverse. Soulignant ses phrases d'un geste négligent de sa longue main droite, le soldat d'honneur du régiment spécial de tirailleurs de l'Armée Rouge de Moscou faisait part de ses impressions d'Europe.

Les théâtres y étaient en pleine stagnation. Ils n'avaient pas dépassé Reinhardt[1]. Les mises en scène étaient du niveau du

1. Max Reinhardt (1873-1943), metteur en scène de théâtre autrichien, très grand novateur. Il se rendit par la suite également célèbre comme metteur en scène de cinéma.

Théâtre Maly, les décors d'un réalisme primaire. Une absence totale de style, d'expérimentation. Non pas la crainte de l'expérimentation, mais l'incompréhension de sa portée. Même en Italie, c'est la décadence. Le théâtre de Pirandello traîne à grand-peine son existence à coup de subsides.

Il y a pourtant quelques choses intéressantes. Par exemple, de superbes cérémonies religieuses. Ça, c'est du théâtre ! Ou les nègres, le jazz, le dixieland, l'Allemagne est sous le choc, c'est un succès colossal. Il serait bon d'organiser nos Tsiganes en troupe de tournée, comme ça. En attendant, je m'efforce de faire venir les nègres. Du calme, du calme je ne sais encore rien, nous n'en sommes qu'aux pourparlers. Au début, les Français ne voulaient pas nous donner de visa, ils craignaient la contagion rouge. Et pourtant, c'est justement à Paris et puis, ma foi, à Londres, que les milieux artistiques de gauche font preuve du plus grand intérêt pour notre travail.

Pour ces gens-là, Moscou est devenue La Mecque du théâtre. On proclame notre école comme l'unique tendance vivante. En fonction de quoi, les assertions de nos journaux au sujet du *Révizor* apparaissent comme le médiocre complot d'une bourgeoisie délétère. Que vaut, par exemple, cette rimaillerie des *Izvestia*...

Il prit un journal posé sur une petite table, le secoua par un bout d'un air dégoûté, le journal se déplia et il lut :

— L'assassin. Critique en forme d'épigramme de la mise en scène de Meyerhold pour *Le Révizor* :

*Beauté pourrie celant une carie osseuse,*
*Meyerhold, étranger à la louange et l'assaut,*
*Par toi seul couronné d'une gloire hideuse,*
*Le rire gogolien, tu as bien eu sa peau.*

Las, quelque peu superbe, le Maître s'était éclipsé ; il s'était produit l'un des innombrables petits miracles des répétitions meyerholdiennes. L'épigramme imbécile avait été lue de telle sorte que toute l'assistance avait éclaté de rire comme si elle avait vu le balourd soviétique à l'œuvre. Meyerhold, content, souriait. Il était heureux d'être rentré à Moscou, auprès de ses « enfants ».

Nina Gradova, les joues brûlantes d'admiration, les dents luisantes, les yeux sans cesse en mouvement, la crinière échevelée, se trouvait au fond de la salle parmi les activistes. Meyerhold était son dieu. Le voir était autre chose qu'un bonheur, une sorte d'illumination olympienne. Certes, elle avait déjà oublié qu'aujourd'hui sa venue au théâtre n'était pas si simple, qu'Albov en personne, le responsable de sa cellule trotskiste clandestine, se trouvait là, qu'une « action » se préparait.

*Le Mandat*, la pièce de Nicolas Erdman, avait été dès le début un bidon de pétrole pour les sphères du Parti komsomol et intellectualo-artistiques de Moscou, déjà chauffées à la limite de l'incendie. On disait qu'il fallait quasiment entendre un double sens à chacune de ses répliques, que chaque effet scénique renfermait non seulement une satire, une plaisanterie, mais une attaque directe contre un Comité Central hyperbureaucratisé, contre la Tchéka, les centristes, toutes ces scories qui, graduellement, mais obstinément, déracinaient le romantisme de la révolution.

L'an passé, à la première, on avait vraiment cru que chaque phrase répandait des gouttes de pétrole sur des braises ardentes. Une partie de la salle explosait de rires enthousiastes, d'applaudissements, l'autre s'adonnait à des « chut » indignés, aux huées, éructait des exclamations telles que : « C'est une honte », « C'est se moquer du monde », tapait des pieds, brandissait ce poing partisan dont Maïakovski, complètement fou (selon l'avis de ses ex-admirateurs esthétisants), avait dit, de façon si impressionnante qu'on en avait eu la chair de poule : « *Le Parti est une main aux millions de doigts, serrés en un seul poing fracassant.* »

Gageons qu'à l'époque, Moscou était le seul endroit où un spectacle d'avant-garde avait pu devenir l'arène de la lutte de deux puissances politiques, l'opposition et la ligne générale au pouvoir.

Ce soir-là, *Le Mandat* en était à sa énième représentation et l'on ne prévoyait rien de particulier, bien que la salle répondît, comme toujours, avec une sensibilité extrême aux hardiesses d'inspiration qui venaient du plateau. Voici, par exemple, le Joueur d'orgue ivre qui boitille sur ses jambes torses jusqu'à l'avant-scène et profère, la bouche en biais :

« Des fois, mon petit Pavel, encore tout mioche, assis sur mes genoux, répétait : "J'aime le prolétariat, tonton ! Ah, comme je l'aime !" »

La salle riait à gorge déployée, applaudissait, une atmosphère de joyeux complot excitait les spectateurs. Oubliant son « bedon », Véronika riait gaiement, son mari, le divisionnaire de l'Armée Rouge, Nikita Gradov, applaudissait de ses paumes d'acier.

Soudain, venue d'une galerie supérieure, la voix brutale d'une jeune fille coupa cette atmosphère de carnaval.

— Honte aux hypocrites staliniens !

Aussitôt, de divers points de la salle des groupes serrés de jeunes gens se levèrent. Comme sous la baguette d'un chef d'orchestre, ils se mirent à scander :

*À bas la perfidie, la bêtise, la rage !*
*Va-t'en au diable, Koba*[1] *!*

1. Koba : l'un des premiers pseudonymes de Staline.

« À bas les bureaucrates voleurs ! », « À bas Staline ! »

Nikita leva les yeux sur la galerie et murmura à sa femme :

— Je jurerais que Nina est parmi eux.

— Mon Dieu ! fit Véronika, horrifiée.

Un véritable chaos s'instaura dans la salle. De nombreux spectateurs s'indignaient à voix haute : « C'est révoltant ! Voyous ! Manifestez dans vos universités, laissez le théâtre tranquille ! Ils font sauter la représentation ! Appelons la Milice ! » D'autres encourageaient les opposants : « Très juste ! À bas les créatures de Staline ! Ça suffit ! » Les troisièmes se contentaient de rire : c'était amusant, c'était insolent, n'était-ce pas Meyerhold lui-même qui avait imaginé cela ? Les quatrièmes brûlaient de curiosité : que se passerait-il après ? Les cinquièmes tentaient sagement de quitter la salle. Ici et là, on se bagarrait. Le contrôleur remonta l'allée en courant, la tête entre les mains. Une bande de poètes, Stépane Kalistratov en tête, descendait en direction de la scène, donc prête à le croiser, et manifestement éméchée.

Kalistratov criait à l'un de ses copains qui jouait dans la pièce :

— Mes félicitations, Gochka ! Tu as été encore meilleur qu'à la première ! C'est comme ça qu'il faut faire ! C'est ça le sens du théâtre moderne ! Dans le scandale ! Le théâtre, c'est le scandale !

Ayant formulé cette exceptionnelle nouveauté, déjà connue de Griboïedov[1], Stépane lança par-dessus l'épaule à son comparse Foma Frucht :

— Note ça !

— C'est fait, fit le comparse en écho.

Le désordre croissait. Observant la foule houleuse, Nikita oublia sa femme un instant. Lorsqu'il reporta les yeux sur elle, il blêmit et s'écria comme un collégien et non comme un général :

— Que faire ? Que faire ?

Véronika était dans les douleurs. Elle serrait les dents ou happait l'air tour à tour. La sueur ruisselait de ses cheveux sur son visage. Sa robe était trempée. Maudissant sa légèreté imbécile, Nikita la prit sous les bras et se fraya la voie vers la sortie.

— Laissez passer, citoyens ! Laissez passer ! Ma femme accouche ! Une ambulance ! Je vous en prie !

Au sein d'une mêlée, un jouvenceau d'allure bohème se mit à rire :

— Regardez, regardez, ça n'arrive que chez nous ! un général qui emmène sa bonne femme ! C'est Meyerhold qui lui a fait son petit !

Furieux, Nikita lui envoya un coup de pied aux fesses.

— Laissez-moi passer, salauds ! — Exaspéré, il sortit son revolver. — Écartez-vous ou je tire.

1. Alexandre Griboïedov (1796-1829), auteur du *Malheur d'avoir trop d'esprit*, première grande comédie satirique de la littérature russe.

Là, les citoyens, qui n'avaient pas encore oublié d'autres exclamations semblables, libérèrent aussitôt la voie. Il empoigna Véronika qui criait comme une damnée et se précipita vers la sortie.

Stépane Kalistratov, debout sur l'un des escaliers, attrapa au vol Nina Gradova qui déboulait des marches.

— Salut, citoyenne ! Écoute, il nous arrive des Arméniens, des poètes, on organise un festin. Allez, on offre le champagne ?

Nina rigolait entre ses bras. Une idée traversa la caboche de Stépane : n'est-ce donc pas le bonheur, que de tenir entre ses bras cette nymphe rieuse ?

Hélas, la nymphe lui échappa aussitôt, s'écarta :

— Stépane, tu es un incorrigible décadent et bohème.

Eh quoi, songea-t-il, on ne peut tenir toute une éternité entre ses bras une fille si rieuse et débordante de feu divin. Merci, même de ce bref instant, ô Providence !

Le prolétaire Sémione Stroïlo descendait à son tour. Gravement.

— Tu es toujours avec ce Stoïlo ? ricana le poète.

Nina s'enflamma aussitôt :

— Pas Stoïlo, mais Stroïlo, du verbe édifier, avec votre permission[1] ! — Sur quoi elle se colla à son élu et poursuivit sa croisière comme suspendue à son épaule, ce qui lui offrait la possibilité de se retourner, à l'occasion, vers Stépane, démoralisé.

Merci quand même, ô Providence ! repensa le poète.

Les jeunes gens du cercle de Nina passèrent. Parmi eux, on distinguait un homme de plus de trente ans, crinière de lion, lunettes de théoricien : Albov.

— L'action est réussie, résuma-t-il brièvement.

Au matin, le médecin de service de la maternité Grauerman vint rejoindre Nikita Gradov qui agonisait dans la salle d'attente — on savait déjà que l'accouchée était la femme d'un général, fils du professeur Gradov — et l'informa qu'il lui était né un fils. Poids et taille considérables, un gaillard comme ça ! Ce qui fait, camarade général, que retournez chez vous, dormez un brin, et revenez après midi, on vous montrera votre premier-né.

Totalement inconscient, la capote ouverte, le bonnet repoussé sur la nuque, Nikita sortit et partit comme un dératé il ne savait où, pressant sans cesse le pas il ne savait pourquoi, coupant brusquement les coins de rue, s'accrochant aux descentes de gouttière. L'une d'elles, rouillée, plia sous sa main.

Les rues de l'Arbat étaient désertes et sombres, sinon que, dans une lointaine perspective, une vitrine où l'on apercevait un grand

1. Stoïlo évoque l'idée d'« étable à vaches », Stroïlo, celle d'« édifier ».

globe luisait faiblement. Celui-ci aiguillonna en quelque sorte le divisionnaire qui s'ébroua soudain de la tête aux pieds et prit conscience de cette longue nuit au cours de laquelle la bien-aimée lui avait, dans la souffrance, donné un fils.

— J'ai un fils, brailla-t-il soudain en partant au pas de course en direction du globe. — Il aperçut dans la vitrine son reflet qui se rapprochait, les pans de sa longue capote qui volaient, ses hautes bottes brillantes. Il fit irruption dans l'Arbat. Derrière les toits on apercevait la croix demeurée intacte d'une petite église. — Un fils, un fils... Il m'est né un fils ! — Il se signa une fois, une autre, puis éloigna brusquement la main de son front, de son étoile rouge. Alors, il sortit son revolver et tira en l'air. — Hourra !

— Ne tirez pas ! entendit-il tout près.

Il aperçut sous un porche la silhouette d'un vieillard, une canne à la main. Un concierge, sans doute.

— N'ayez pas peur, ce n'est rien de terrible, c'est simplement qu'il m'est né un fils, Boris IV Gradov, médecin russe.

— Ce n'est tout de même pas une raison pour tirer, dit le vieux qui, sortant de sous son porche et passant devant Nikita, apparut non plus sous les traits d'un vieillard, mais sous ceux d'un curieux monsieur d'âge moyen, nanti d'une canne et d'un coûteux manteau à l'ancienne mode.

Front élevé, occiput dénudé. Autour de ces hauteurs fondamentales, transparente, frémissante, s'enroulait une flore éphémère d'argent doré. N'était-ce pas André Biély[1] ?

1. André Biély (1880-1934), éminent symboliste, expérimentateur de la prose poétique.

## CHAPITRE SIX

# $\sqrt{PC\ (b)}$

Par un beau soir d'octobre (l'été des bonnes femmes était en plein éclat), Sémione Stroïlo, moniteur de l'Ossoaviakhim[1], attendait Nina Gradova dans un cabinet rempli de matériel didactique, au premier étage de la Maison de la Culture du quartier de la Presnia Rouge.

Un rayon de soleil traversait l'étroite fenêtre et soulignait l'abondance de poussière qui recouvrait ce matériel et celui d'entraînement, grenades, masques à gaz, parachutes et, par conséquent, soulignait aussi une certaine paresse de l'honorable camarade moniteur.

Sémione ne pouvait pas sentir toute cette frime, n'y comprenait strictement rien. Il avait obtenu ce poste à titre de promotion, en raison de son curriculum vitae immaculé, mais il n'avait pas l'intention d'y faire de vieux os : un grand avenir s'ouvrait devant lui. Pour l'instant, il était satisfait, il ne se foulait guère, et le principal, c'est qu'il avait les clés de trois cabinets, ce qui était fort pratique pour ses rendez-vous avec sa fillette.

Sur une table au milieu de la pièce, exhibant ses tripes d'acier, gisait une moitié de mitrailleuse Maxim partagée dans le sens de la longueur. Les murs étaient ornés de panneaux de propagande sur lesquels Sémione passait tout de même son chiffon de temps à autre. Un gigantesque poing prolétarien écrasait un dreadnought anglais aux allures de pitoyable lézard : « Notre réponse à Curzon ! » Un troupeau de dirigeables dans le ciel sous le rayonnement de la faucille et du marteau : « Construisons l'escadre de dirigeables *Lénine* ! »

Dans cette pièce, il faisait chaud. Sémione était allongé, vêtu de son seul maillot frappé à l'emblème de l'« Annonciateur de la tempête[2] ». Il fumait, buvait au goulot du porto « Trois Sept » —

1. Société d'aide à la défense, à l'aviation et à la chimie. Organisation paramilitaire qui appuyait la Défense nationale.

2. À l'origine, texte de Gorki (1901), titre complet : *Chant de l'Annonciateur de la tempête* (nom russe du pétrel). La formule et l'oiseau lui-même sont devenus des symboles très répandus de l'idée révolutionnaire.

son paternel avait baptisé ce breuvage « Trois Raides » — et lisait un bouquin crasseux : *Princesse Casino*.

Elle va arriver, la petite peste, se disait-il, elle me verra allongé dans mon seul maillot, à boire cette liqueur, à lire cette littérature de boulevard, et elle se dira, pleine d'admiration : « Ah ! quelle simplicité ! quelle liberté ! » Ah, la petite peste !

Son aventure avec Nina, la fille du professeur Gradov, produit d'une éducation raffinée, d'une part le comblait d'aise, d'autre part l'irritait terriblement : il devait constamment jouer le rôle que lui imposait l'imagination d'une poulette trop gâtée. Elle voyait en lui le prolétaire idéal, simple, libre, s'emparant sans plus d'embarras de toutes les richesses du monde parce que désormais c'est à lui qu'elles appartenaient, qu'il bâtissait l'avenir. C'est donc qu'il devait constamment faire preuve de la simplicité du petit peuple des villes, d'assurance et aussi d'une certaine maladresse, de lenteur dans les mouvements, de dureté de sa musculature pour poids et haltères. Or, Sémione Stroïlo était plutôt d'un naturel brouillon, d'une pensée méandreuse et d'un physique pas si puissant que ça, il détestait les poids et haltères. Bref, elle le considérait plutôt comme une poupée prolétarienne que comme un prolétaire en chair et en os, ce qu'en somme, malgré son curriculum immaculé, il n'avait jamais été. Ni son paternel ni son grand-père n'avaient produit de biens matériels, manœuvres d'entrepôts de Maryina Rochtcha qu'ils étaient. Bon, dans le fond, il n'avait pas à se plaindre de son sort : la fillette était aimable et extrêmement utile, cependant...

Dans le couloir, l'escalier, des pas tambourinèrent : elle arrivait, la petite peste, à la minute près.

Nina traversa le vestibule en hâte et tous ceux qu'elle croisa dans ce lieu spacieux, saisis d'étonnement, s'arrêtèrent : pourquoi cette demoiselle est-elle si rayonnante, comme de dire : d'où lui vient un tel optimisme, à la dixième année de la révolution ?

La femme de ménage s'ébroua sur son passage et, de son pouce tordu, la montra au gardien :

— Elle court à son rencart avec le moniteur.

Le gardien fit un bruit de baiser et s'essuya de sa manche :

— Si elle est dégourdie ! rondelette !

Nina franchit le couloir en trombe, ouvrit à la volée une porte sur laquelle on lisait : *Matériel didactique* et fit irruption dans la pièce en agitant une édition toute fraîche de *Krasnaïa Nov*.

— Lève-toi, Sémione ! Flemmard ! Regarde, mes vers sont parus en revue.

Elle ouvrit celle-ci, s'accouda à la demi-mitrailleuse et récita d'une voix vibrante :

*Pouvais-je imaginer en ces moments de force*
*Que j'oublierais, Ulysse, tes lèvres et tes yeux,*
*Des bateaux de minuit l'odorante cohorte*
*Et l'ombre des fortins et le clairon joyeux.*

Sémione bâilla démonstrativement en se disant : « J'expose ma gueule de prolétaire. »

— De quoi ça parle ?

Nina ne répondit rien, les yeux fixés sur un point invisible de l'espace.

— De quoi elle parle, ta poésie ? répéta-t-il.

— De la nuit.

Sémione fourra la *Princesse Casino* sous son divan, se leva, s'étira.

— T'as envie de bouffer, Nina ?

Il désigna une boîte de viande en conserve ouverte et une boule de pain de Moscou.

Nina secoua négativement la tête.

— Tu ne veux pas de mon excellente bouffe ? s'étonna-t-il. Et du porto, t'en veux ? Ben ma vieille ! Refuser du « Trois Sept » !

Une douce attirance envahit son corps, il dégrafa la ceinture de son pantalon.

— D'accord, personne ne te force, viens par là.

Nina se déroba d'un air boudeur, alors qu'en fait, elle ne désirait qu'une chose, rien que cet acte qui avec lui était si simple.

— La barbe, Sémione ! Je t'apporte mes vers, et toi... tout de suite...

Il l'attira et releva sa jupe en maître des lieux.

— Allez, allez... Laisse tomber tes chichis ! Combien de fois je te l'ai dit : sois plus simple, Nina.

Les yeux clos, elle lui cédait de plus en plus en murmurant : « Oui, oui, tu as raison, mon amour... être plus simple... », mais en réalité et comme toujours, elle se voyait victime d'un viol prolétarien, trophée de la classe victorieuse.

La femme de ménage s'amena dans le couloir, son lave-pont à la main, pour tendre l'oreille vers les longs et forts grincements du divan. Le gardien se pointa à son tour.

Dans le crépuscule qui tombait, Nina laissa encore longtemps errer ses lèvres sur les joues et le cou de son vainqueur épuisé, caressa ses cheveux mouillés.

— Tu es mon roi Ossoaviakhim, murmurait-elle.

Sémione, ravi, bourdonnait :

— Laisse tomber tes tendresses de génisse.

Il avala une gorgée de porto, alluma une cigarette.

— J'ai une remarque à te faire, Nina. T'es une fille au poil, c'est sûr, mais tu ferais pas mal de déployer un peu plus d'activité. Quand on arrive au point culminant, voilà ce que tu devrais faire

— il montra ce qu'il fallait faire de la main, une sorte d'ondoiement doublé d'une projection —, et toi, ma chère, tu n'en fais rien.

Nullement froissée, elle se mit à rire.

— Ah, Sémione, Sémione, ce que tu peux être bête !

Il se leva, enfila sa vareuse de marin et s'assit à cheval sur une chaise.

— Et voici une autre remarque, cette fois, elle vient de notre cercle, c'est-à-dire d'Albov en personne. Il m'a chargé de te dire qu'on n'était pas content de toi. Tu consacres trop peu de temps au cercle, et trop à ça... — Il secoua la *Krasnaïa Nov* avec dégoût. — « Des bateaux de minuit l'odorante cohorte », tu te rends compte ! Tu es une komsomol, quand même, tu n'as pas du tout à suivre les compagnons de route du genre de ce Stépane Kalistratov.

Nina éclata de rire :

— Mais, tu es jaloux, Ossoaviakhim !

Sémione frappa la table du poing. Ce poing, ce n'était pas qu'il fût si pesant, mais à ces moments-là, il lui faisait l'effet d'être une masse de forgeron.

— De quoi ? Je te parle sérieusement et toi, tu reprends tes chichis ? Tu n'arrives pas à te débarrasser de ton éducation de jeune fille modèle.

Nina s'assit sur le divan.

— C'est vrai que c'est Albov qui l'a dit ?

Il hocha la tête.

— C'est la vérité. Nous travaillons dans la clandestinité, pour ainsi dire, qu'il a dit, et Gradova plane dans les soirées du LEF.

Nina consulta sa montre et bondit. Les éléments de sa toilette — jupe, corsage, gilet, écharpe — volèrent l'un après l'autre dans l'air vicié de l'Ossoaviakhim. Un instant plus tard, elle était habillée, à croire qu'elle ne venait pas de s'adonner au péché sous la divinité païenne d'une mitrailleuse coupée en deux.

— Sémione, nous allons être en retard à l'université !

Déjà le camarade Stroïlo sortait de sous la table un gros sac plein d'imprimés.

Ils arrivèrent place du Manège une demi-heure plus tard, ils avaient dû emprunter un fiacre aux frais de la cellule, sans quoi toute l'entreprise se serait écroulée pour des raisons nullement valables.

On était au cœur de la soirée, à l'heure de pointe à la moscovite. Sonnant et déversant de leurs câbles des gerbes d'étincelles, des tramways bondés se traînaient devant l'université... Les cris aigus des marchandes de petits pâtés chauds aux abats ou, selon la terminologie actuelle, aux « sous-produits », joie des étudiants, montaient. L'on voyait parfois passer la face d'un potache, un petit pâté à moitié enfourné dans la bouche et les mirettes figées, en proie à une tempête gustative.

Près du portail, accrochée à un réverbère, une annonce disait :

*Auditorium communiste. Aujourd'hui, à 8 heures du soir : le LEF. L'algèbre de la Révolution. Avec la participation du poète Serguéi Trétiakov*[1]. *Également du poète Stépane Kalistratov avec son* Non-nommé. *Structures de Vladimir Tatline*[2] *qui parlera de son appareil, le Volatline.*

Nina et Stroïlov y jetèrent un coup d'œil, franchirent le seuil d'un pas rapide, traversèrent la cour passé la statue de Lomonossov[3], et gravirent quatre à quatre l'escalier de parade.

Lorsqu'ils y pénétrèrent, l'amphithéâtre était vide. On avait seulement suspendu d'avance la maquette, semblable à un ptérodactyle, de l'appareil volant futuriste annoncé à l'extérieur.

— On arrive à temps. Grâces en soient rendues au Travail, il n'y a personne.

— Allons, à l'ouvrage ! ordonna Sémione.

Ils escaladèrent les marches en vitesse, déposèrent des paquets de tracts dans les rangées. Ce fut vite fait. Après cela, les jeunes gens s'installèrent plus près de la scène, au premier rang, et ouvrirent leur manuel, simulant une lecture studieuse dans l'attente de la soirée. De temps à autre, ils s'entre-regardaient en riotant. En plus du reste, se dit Nina comme si elle répondait à un tiers, Sémione et moi nous sommes des camarades de combat. Non, mais ces yeux qu'elle a ! se disait Sémione de son côté.

Quelques instants plus tard, l'auditorium se remplissait très vite d'étudiants. Déjà quelqu'un avait trouvé le tract et lisait à voix haute : « Le salut de la révolution est entre nos mains ! À bas Staline ! » À un autre rang, on en lisait une autre variante : « Arrêtons cette tentative thermidorienne ! Honte au Comité Central stalinien ! »

Les tracts subversifs des trotskistes et de l'opposition n'étaient pas une nouveauté. Les étudiants les trouvaient dans leurs foyers, leurs cantines, parfois collés au mur, parfois en paquets agrémentés d'un billet : « À distribuer à tes camarades. » Beaucoup sympathisaient, beaucoup s'en fichaient. Parfois, cela tournait au meeting, d'autres fois, on voyait l'étudiant se précipiter aux cabinets, son tract à la main. Cette fois, ils eurent d'abord l'air de s'emballer et se mirent à crier : « Hou ! Crapules ! », mais ensuite,

1. Serguéi Trétiakov (1892-1939), poète, prosateur, auteur dramatique. Membre du LEF. Voir aussi note 1 p. 79.

2. Vladimir Tatline (1885-1953), plasticien, théoricien du constructivisme spatial, auteur de projets souvent irréalisables.

3. Mikhaïl Lomonossov (1711-1765), poète et savant, fondateur de l'université de Moscou.

il se trouva des petits malins — comment ne pas faire les clowns le soir, devant les filles — pour tout multiplier : « Deux fois "hou" ! Trois fois crapules ! » « Crapules au carré ! » « Crapules puissance trois ! » Ce fut une vaste rigolade. « La voilà l'algèbre de la révolution. » Ce jour-là, de toute évidence, l'humeur n'était guère à la politique.

À présent, l'amphithéâtre était bourré à craquer. Il y avait des gens dans les allées, dans l'embrasure des portes. Le jeune docteur Savva Kitaïgorodski, l'assistant du professeur Gradov, se trouvait parmi les retardataires. Il avait été coincé dès son entrée et avait vogué au gré des flots jusqu'au moment où il s'était casé dans un coin où il avait même pu s'appuyer de l'épaule contre le mur.

Serguéi Trétiakov était déjà en scène, mais ce n'est pas là que Savva regardait. Il cherchait un certain visage dans la salle. Enfin, ce certain visage, il le découvrit : Nina Gradova. Avec son éternel crétin, qu'importe ! c'était quand même elle en chair et en os !

*Dans les temples obscurs je porterai mes pas*
*Et je m'adonnerai à mon modeste rite...*

La poésie n'était pas étrangère au jeune médecin non plus, bien qu'il se fût arrêté aux symbolistes et se refusât à aller plus loin.

L'amphithéâtre rugit, éclata, retomba dans le silence. Serguéi Trétiakov, poète célèbre, ami de Maïakovski, gagna le bord de la scène, prêt à dire ses vers. C'était un homme de très grande taille, pas moins que Maïak lui-même, cependant, il n'avait pas le physique d'un tribun, plutôt quelque chose de commun avec les gens du type de Savva Kitaïgorodski, d'un membre de l'intelligentsia : des lunettes, un complet trois pièces... Pour Maïakovski c'était toujours un « sacré complet », pour Trétiakov, un « petit complet ». C'est pourquoi, dans son interprétation, le ressort particulier du LEF prenait des allures un peu déplacées : ces rugissements... ce poing brandi... En résumé, il récita ceci :

*La racine carrée*
*du PC*
*Nous la partageons en :*
*En avant ! Tout droit !*
*Vas-y ! Ne cède pas d'un pas !*
*Plus :*
*L'électricité !*
*L'alliance !*
*L'entraînement !*
*Plus :*
*Nous voulons que le monde*
*Soit à nous !*

*Moins :*
*Le mensonge !*
*Moins :*
*La saleté !*
*Moins :*
*L'opprobre !*
*Égale :*
*Ceci*
*est la voie*
*d'Octobre !*

Le dernier cri, le finale percutant soulignait la rime radicale en « obre » dont le poète était manifestement fier, méconnaissait l'ambiguïté qui naissait de la juxtaposition des mots. Les étudiants de lettres, enthousiasmés, hurlèrent :

— Bravo Serguéi ! Bravo le LEF !

Une « fillette littéraire » — nuque rasée, longue frange en biais, joliment dans le vent — qui se trouvait à côté de Savva se tourna vers lui :

— Ça vous plaît ?

Savva haussa les épaules. La « fillette littéraire » éclata de rire.

— Moi non plus, pas trop. Où y voyez-vous de l'algèbre ? C'est de l'élémentaire arithmétique de sixième.

Il y eut un mouvement dans la foule. La hanche de la fillette pressa celle de Savva. Un courant tout à fait incongru passa. La fillette sourit d'un air faussement confus : « Pardon. » Savva gigota, s'efforça de ménager un espace entre leurs membres de sexe opposé.

— Oui, on est si serré...

Dans son rang, Nina tripotait la manche de Sémione :

— Alors, cette poésie-là te touche davantage ? Dis, Sémione ? Dis-le-moi ! C'est très important !

De sa grosse voix et de son dédaigneux « style prolétarien », Stroïlo grogna :

— Bah ! De la merde... Si ça continue, ma vessie va éclater. Je m'en vais la vider.

Passant par-dessus les jambes de ses voisins, il se dirigea vers la sortie. Nina trouva le temps de lui glisser : « Mon chéri, toi si simple... » Il se retourna et gueula : « La ferme ! » puis il rouspéta contre les étudiants mécontents :

— Je vous marche sur les pieds ? Ben quoi, vous préférez que je vous marche sur la cafetière ?

Stroïlo pénétra dans les vastes toilettes, très hautes de plafond et carrelées de faïence de la vieille université et aperçut, près de la fenêtre, un jeune homme en tenue semi-militaire qui, peut-être, l'attendait, précisément lui. Il se mit à son affaire. Le jeune homme s'approcha :

— Salut, Stroïlo !

— Mon salut culturiste ! répondit Stroïlo en se secouant.

— On fait un saut au bureau du comité ? demanda le positif jeune homme.

— On y va ! fit Stroïlo, concluant le dialogue dans le plus pur style de sa génération.

Les dimensions du local du comité ne le cédaient en rien à celles des toilettes. À cette heure, il n'y avait personne, seul un homme d'âge moyen était assis à la table du fond, près d'une lampe de bureau, et feuilletait des papiers. Au mur, richement encadré, trônait Vladimir Ilyitch Oulianov (Lénine).

À l'entrée des jeunes gens, l'homme se leva et alla au-devant d'eux.

— Bonjour, camarade Stroïlo ! Prenons tout de suite le taureau par les cornes. Combien de personnes y avait-il à la dernière réunion du cercle ?

— Dix-neuf, camarade commissaire, répondit Stroïlo à haute et intelligible voix — sur quoi il déboutonna une patte de chemise et sortit un papier. — Voici la liste.

Le commissaire la prit et lut quelques noms à voix haute : « Albov, Brekhno, Gradova, Galat... », fourra le papier dans sa poche et serra vigoureusement la main de Stroïlo.

— Merci, Sémione. Tu fais quelque chose d'important, quelque chose qui nous est, à nous tous, très utile.

La face rayonnante et pour cela même quelque peu stupide, Stroïlo se mit au garde-à-vous :

— Je sers l'Union soviétique[1].

Entre-temps, dans l'auditorium, Stépane Kalistratov avait pris la relève de Serguéi Trétiakov : blouse de velours côtelé froissée, écharpe pendant en arrière, chevelure indocile « à la Essénine » comme on disait. Comme toujours, on n'aurait su dire exactement à quel point Stépane était soûl : juste ce qu'il faut, sérieusement, ou presque comme une vache. Quoi qu'il en soit, il disait d'une voix ténébreuse et inspirée :

*Sifflets au près, sifflets au loin*
*La terre est plate et désertique*
*Tout n'est que garde et que liens*
*Pas une voix douce, angélique*

1. Formule réglementaire par laquelle, dans l'armée et les autres organisations hiérarchisées, on répond à un compliment ou une félicitation.

*Il ne nous reste en réconfort*
*Que les bouges de la minuit*
*Et d'Arzamas*[1] *le bel ennui...*

Nina Gradova était fascinée. Stépane plaisait au public, plus particulièrement aux jeunes filles, plus, ma foi, que Trétiakov. Chacun de ses vers soulevait des applaudissements enthousiastes.

Le seul, peut-être, qui ne lui accordât pas la moindre attention était Savva Kitaïgorodski. Il ne quittait pas des yeux le visage de Nina, pensif, comme éclairé de l'intérieur. Dès que son « prolétaire » n'est plus à son côté, elle change, elle s'éclaire justement comme cela, c'est justement en cela, oui, en cela, messieurs-dames, que réside son moi profond.

Le murmure de la « fillette littéraire », à côté de lui, l'arracha à ces pensées :

— Vous savez, Kalistratov est au bord de la rupture avec le LEF.

Savva en sursauta.

— Qu'est-ce que vous dites ! Et alors, la révolution ?

Elle le regarda par-dessus l'épaule avec un sourire :

— Il y en a qui en ont déjà marre.

Quelqu'un, dans le public, lança un bouquet de fleurs à Stépane. Avec une dextérité étonnante chez ce bohème toujours entre deux vins, il ne le laissa même pas atterrir, mais le rattrapa au vol, le serra contre sa poitrine, puis le remit à Nina, au premier rang.

Les étudiants se dévissèrent la tête, toute la salle cherchait à voir celle à qui était allé l'hommage du poète. Parmi les œillets, les joues de Nina étaient en feu.

La « fillette littéraire » articula directement dans l'oreille de Savva :

— Vous connaissez cette personne ? C'est Nina Gradova, une jeune poétesse. On dit que...

— Pardon, se hâta d'articuler Savva en évacuant les lieux.

Cependant, toujours sans ménager le moins du monde les pieds de l'assistance, Sémione Stroïlo rejoignait Nina. Il se laissa tomber à sa place sans dire un mot, lui arracha le bouquet des mains et l'envoya promener derrière lui, vers les gradins supérieurs.

À ce moment, développant ses poumons un peu plus à chaque strophe, Stépane cornait son poème le plus célèbre : *La Danse des matelots*.

La nuit était profonde. Chez les Gradov, seul veillait, vigoureux, mais d'âme tendre, le jeune Pythagore. Il se promenait à

1. Cercle poétique fondé en 1815, dont le membre le plus illustre fut Pouchkine. Également ville du centre.

travers les pièces vides en s'efforçant de ne pas poser trop bruyamment ses griffes sur le parquet éclairé seulement par les rais de lune qui filtraient à travers les stores. Parfois, il allait jusqu'à la cuisine, se dressait sur ses pattes de derrière et regardait par la fenêtre qui, elle, n'était pas voilée. Il finit par apercevoir celle qu'il guettait avec tant de zèle, trotta jusqu'à la porte d'entrée contre laquelle il s'assit en couinant doucement.

La clé tourna, Nina entra, ou plutôt se faufila et ôta aussitôt ses souliers, afin, s'envolant avec une légèreté extrême sur la pointe des pieds, de ne pas réveiller les siens et de leur inspirer seulement des rêves de paix. Le chien s'élança vers sa sœur préférée pour l'embrasser. Elle lui ouvrit les bras.

— Mon petit Pytha, c'est gentil de m'avoir attendue, et sans aboyer.

Elle traversa, en compagnie du chien, la salle à manger et le salon : au fond du cabinet, une petite lampe était allumée. Elle alla y jeter un coup d'œil et aperçut son père. Il était assis sur le divan, en robe de chambre et pantoufles, et lisait le numéro de *Novy Mir* où était parue la nouvelle de *La Lune non éteinte*.

« Cher petit papa », songea-t-elle, tout émue. Elle allait repartir vers l'escalier, mais alors, le professeur leva la tête et aperçut deux charmants museaux, l'un avec de grands yeux, l'autre avec d'immenses oreilles. Il mit sa revue de côté.

— Nina, reste un peu.

Elle s'assit sur le tapis à ses pieds. Il ébouriffa sa courte frange.

— Cette nouvelle que tu m'as amenée, l'autre fois... je l'ai redénichée par hasard... oui... dans l'ensemble, elle est plutôt abstraite... encore qu'en y mettant du sien... — Il tourna ainsi un certain temps autour du pot, puis finit par dire d'une voix ferme : — Il faut que tu saches que je n'étais pas *là-bas*. On m'a écarté *in extremis*. Et naturellement que si je m'y étais trouvé... Tu vois ce que je veux dire ?

Nina lui prit la main et l'appuya contre sa joue.

— Je comprends, papa. À présent, je comprends tout. Je crois que tu n'y étais *pas du tout*.

Il soupira.

— Hélas ! ce n'est pas tout à fait ça. Je te le raconterai plus tard... mais, bien sûr, *ils* me considèrent comme un étranger. Ils me poussent vers le haut, *ils* me ficellent dans leur paquet, ils m'octroient des récompenses, et cependant, ils comprennent parfaitement que je ne suis pas des leurs, ni moi ni mon école, nous ne sommes rien que des médecins russes, même les jeunes comme Savva Kitaïgorodski.

— Au fait, comment est-il, ce Savva ? demanda Nina sur un ton qui n'avait certes rien d'indifférent.

Elle demande cela merveilleusement, se dit son père. Je voudrais savoir si jamais une jeune fille a interrogé quelqu'un à mon sujet sur le même ton.

— Oh ! dit-il, Savva est une future lumière de la science, tu peux me croire. Nous travaillons joliment bien ensemble sur l'anesthésie locale. Il n'a pas la vie facile, tu sais : il entretient la famille de sa sœur, la paie des jeunes médecins est misérable. Il complète la sienne par des vacations aux urgences.

— Alors, pourquoi est-ce qu'il... ne se montre plus ? demanda-t-elle, et son père retomba en admiration, cette fois devant la charmante malice qui perçait dans sa voix.

Il rit.

— Tu le sais parfaitement, petite renarde. Parce que tu fréquentes d'autres gens.

Elle se frotta contre sa main comme un chaton. « Quelle blague ! » Couché près d'elle, Pythagore lui léchait énergiquement la jambe.

Mary Vakhtangovna descendit sans bruit de la chambre à coucher. En apercevant son mari et sa fille, elle s'arrêta dans l'encadrement de la porte. Ils ne l'avaient pas remarquée.

— Ah ! si nous étions tous nés cinquante ans plus tôt ! soupira le professeur.

Brusquement, Nina s'emballa, lui lâcha la main.

— Ça alors, non ! Crois-moi si tu veux, mais je suis heureuse de vivre précisément aujourd'hui ! D'être jeune précisément aujourd'hui, dans les années vingt du vingtième siècle. Tous les temps pâlissent devant le nôtre.

Son père lui passa la main dans les cheveux.

— Ne va pas crier, Nina, mais il me semble que tu ferais bien de quitter Moscou pour quelque temps.

Bien entendu, elle se mit aussitôt à crier :

— Tu es fou, papa ! Où veux-tu que j'aille ?

À ce moment, sa mère s'assit près d'elle et lui entoura les épaules.

— Quand ça ne serait qu'à Tiflis, chez tonton Galaktion, gazouilla-t-elle le plus doucement qu'elle put. Tu es allée trop loin dans tes passions politiques, ma fille. Le chauffeur de papa, le sous-officier Slabopétoukhovski, a récemment confié à Agacha que la Guépéou s'intéressait à toi.

Le cœur de Nina se serra, mais elle éclata néanmoins d'un rire joyeux.

— Tout ça, c'est des bêtises ! Vous placez bien votre confiance, en Slabopétoukhovski ! La Guépéou est pleine de jean-foutre, mais nous ne sommes tout de même pas en régime mussolinien !

Elle bondit sur ses jambes et tira sa mère par la main.

— Joue-nous plutôt quelque chose, petite mère !

Mary Vakhtangovna sourit.

— Nous ne pouvons pas jouer la nuit, en ce moment. Nous avons un bébé. Nous réveillerions Boris IV.

Nina insista, tira sur sa main.

— Je t'en prie... tu feras tout doucement. Le nocturne de Chopin, tu sais, celui qui... — Elle était arrivée à ses fins : sa mère se leva et se mit au piano en riant.

— Je croyais que tu reniais ce romantisme noble et désuet, que tu n'aimais que le jazz et la dodécaphonie.

Elle joua. On l'entendait à peine, son mari et sa fille l'écoutaient pieusement, échangeaient des regards pleins d'amour. Pythagore écoutait aussi, figé dans l'attitude du chien idéalement docile, remuait les oreilles. Agacha se montra, s'arrêta à son tour dans l'encadrement de la porte. Nikita et Véronika — qui aussitôt après son accouchement avait repris son occupation ordinaire : resplendir de beauté — quittèrent la chambre du haut. Kirill était depuis longtemps assis sur l'escalier, les yeux fermés. Lorsque les deux larges battants de la porte du cabinet étaient ouverts, on voyait en quelque sorte toute l'ampleur de la vieille et solide maison. Nina parcourait des yeux cette ampleur du nid natal. Mon Dieu, comme je les aime tous tant qu'ils sont, même ce crétin de Kirill. Je n'ai tout simplement pas le droit de les aimer si fort... Dans la chambre de ses parents, le bébé réveillé se mit à pleurer. Mary Vakhtangovna quitta le clavier. « À votre bon plaisir, Boris IV daigne se courroucer. »

La première neige tomba à la fin d'octobre. Léonid Valentinovitch Poulkovo passait en tramway le long des Étangs Purs, lorsque des cristaux presque impondérables voletèrent dans le ciel d'un bleu laiteux. Il nota machinalement que c'était la fin de l'été des bonnes femmes et se disposa à descendre. Il n'avait pas la tête à observer la nature : depuis quelques jours, la filature à laquelle il était soumis n'était plus importune, elle avait quelque chose de démonstratif. En ce moment encore, il y avait sur la plate-forme un petit type en chapeau minable, à coup sûr un argousin qui, loin de se dissimuler, semblait vouloir se montrer, témoigner comme au cinéma que le gentleman en raglan anglais et bonnet d'astrakan qu'on voyait là était précisément l'objet de ses soins. Au point que les Moscovites, qui ne s'étonnent plus de rien, se retournaient d'un air stupéfait.

À chaque arrêt, l'inspecteur, toujours démonstratif, insistant, sortait le buste du wagon et désignait Poulkovo à un autre quidam, comme de dire : il est ici, tout va bien.

Quant à son propre arrêt, c'est deux autres quidams qui y attendaient Poulkovo. Ils ne se cachaient pas non plus. Ils répondirent au gesticulateur de la voiture, puis, avec un sourire de biais, reportèrent le regard sur le professeur.

Celui-ci, passant devant eux, souleva ironiquement son bonnet.

Ils s'étranglèrent, renâclèrent, s'entre-regardèrent et emboîtèrent aussitôt le pas à leur « bourgeois mal trucidé », tout en se tenant à la distance réglementaire, c'est-à-dire au plus près.

Depuis quelques jours, Poulkovo regrettait de ne pas avoir accepté l'invitation de Bo et déménagé au Bois d'Argent. Il n'était plus sûr qu'en son absence personne ne pénétrerait dans son logis de célibataire. Il n'aurait même pas pu jurer que personne ne le visitait la nuit, lorsqu'il dormait. Il tombait sur des argousins partout : son escalier, sa voûte d'immeuble, le tramway, la librairie, près de l'Institut, et à l'intérieur de celui-ci, même aux concerts du Conservatoire auxquels il s'abonnait imperturbablement depuis bien des années. Que faire ? Il eût été ridicule de faire appel à la Milice, humiliant d'adresser une plainte à la Guépéou.

Il tourna dans sa rue et aperçut aussitôt, sous la marquise de verre mat de son entrée style art déco, une grande voiture noire. « C'est pour moi », se dit-il, et il en fut même soulagé : enfin, tout était clair. Deux hommes, l'un en civil, l'autre en uniforme de la Guépéou, sortirent de la voiture et vinrent au-devant de lui.

— Le professeur Poulkovo, Léonid Valentinovitch ? demanda le premier. Bonjour, nous sommes de la Guépéou. Voici un mandat de perquisition, veuillez en prendre connaissance.

D'une main qui ne frémit pas (d'où lui venait cet étrange sang-froid ?) il prit le papier établi selon toutes les règles, puis le rendit à l'intéressé.

— Que cherchez-vous donc ? demanda-t-il avec un sourire.

Le second tchékiste lâcha avec un automatisme sinistre :

— C'est nous qui posons les questions.

Déjà, derrière le dos du professeur, se tenait un soldat, un lourd pistolet à la ceinture. D'un geste distingué, Poulkovo les convia à passer à l'intérieur.

La perquisition touchait à sa fin. Celui des tchékistes qui fouillait le bureau referma tous les tiroirs et vint rejoindre son camarade qui s'affairait près des hauts rayons de livres. Poulkovo était assis dans un fauteuil profond, la pipe entre les dents, comme de bien entendu. Son chat se prélassait sur ses genoux.

Du point de vue du chat, rien de particulier ne se passait dans la confortable pièce où, hélas, l'odeur du tabac dominait quelque peu celle de ses félins mystères. Deux bibliophiles étaient venus voir papa, c'est tout. Même le fait qu'un soldat se tînt comme une bûche près de la porte ne lui paraissait en rien extraordinaire. « Eh bien, c'est tout, dit le premier, celui qui portait de beaux vêtements civils. Nous ne saisissons rien, sauf ceci. » Il désigna une carte d'Angleterre fixée au mur et piquée de petits drapeaux qui jalonnaient l'itinéraire du professeur.

— Pour quoi faire ? dit le professeur, interloqué.

— On vous expliquera tout ça plus tard. Pour le moment, professeur, il va falloir nous suivre.

— Dois-je l'entendre comme une arrestation ? rétorqua-t-il, usant d'une phrase qui avait tourné dans sa tête tout le temps que les sbires fouillaient dans ses livres et ses papiers.

Le tchékiste ricana.

— Appelons cela une « entrevue de la plus haute importance ».

Poulkovo haussa les épaules.

— Si ce n'est pas une arrestation au sens strict du terme, je peux ne pas vous suivre.

— C'est exclu, professeur. Vous nous suivrez.

Le tchékiste se pencha et lui ôta son superbe chat persan des genoux.

Ça, le chat ne l'aimait pas. Personne, sauf papa, n'avait le droit de le prendre sous le ventre. Il cracha et griffa la main du bibliophile. Le second tchékiste, qui portait les insignes de major, ôta la carte d'Angleterre et la roula. C'est seulement alors, devant cet acte pourtant si simple, que, chose insolite, Poulkovo frémit convulsivement.

— Auriez-vous de la teinture d'iode ? demanda le premier tchékiste en serrant sa patte égratignée.

Dans le crépuscule naissant, la voiture qui emmenait Poulkovo déboucha place de la Loubianka, grouillante de fiacres et de camions. Le tristement célèbre bâtiment fin de siècle se rapprocha à travers l'averse de neige. Aujourd'hui que la NEP battait son plein, ce bâtiment qui avait jadis abrité une paisible compagnie d'assurances n'inspirait plus la même épouvante qu'avant, du temps de la terreur rouge et du communisme de guerre, cependant, jusqu'à présent, dans la vie courante, on préférait ne pas l'évoquer, et si on le faisait, c'était comme en passant, avec un sourire ambigu, avec une sorte de brève gaucherie du geste et de la parole qui témoignaient incontestablement d'une peur bien enracinée. Dans les brasseries, s'ils tenaient une bonne cuite, certains bonshommes de Moscou parlaient parfois des caves de la Loubianka, disaient qu'on y trucidait toujours. On parlait aussi, en ville, de leurs trois terribles bourreaux nommés, à la manière de Gogol : Ryba, Maga et Guel.

Dans les milieux de l'intelligentsia, on avançait toute sorte de choses sur Viatcheslav Rudolfovitch Menjinski [1], l'actuel président de la Guépéou récemment surgi à la tête de cet organisme. On savait qu'il était d'une famille de dignitaires pétersbourgeois, eux-

1. Menjinski (1874-1934). Il sera abattu plus tard par un groupe dit trotskiste.

mêmes issus de la noblesse polonaise, c'est-à-dire, comme son prédécesseur, catholique ayant renié la religion pour la révolution. Avant la catastrophe, il n'était pas un léniniste si invétéré que cela, il avait même publié des pamphlets incriminant le « guide de tous les travailleurs », néanmoins, c'est justement lui que Lénine avait, pour ses exceptionnels talents intellectuels, poussé au poste de Commissaire du peuple aux Finances, puis, pour d'autres talents exceptionnels, à celui de président de la Tchéka, où il avait passé les joyeuses années de 1919 à 1923. Quant à ses passions personnelles, la rumeur publique colportait des bruits tout à fait contradictoires : tantôt il apparaissait comme un terrible débauché, terreur des femmes, tantôt comme un pédéraste, alcoolique, drogué, tantôt comme un être totalement ascétique, presque un castrat, à l'instar de son prédécesseur, Félix Dzerjinski[1].

La voiture passa devant l'énorme portail plein qui menait à la cour intérieure et s'arrêta devant une entrée publique, ce qui rassura un tout petit peu Léonid Valentinovitch Poulkovo. Sur un signe de son homme d'escorte, il descendit de voiture, considéra la façade et articula avec un petit rire nerveux :

— La voilà donc, La Salamandre !

Derrière lui, le tchékiste coupa court à ce trait d'humour déplacé :

— C'est le siège de la Direction Politique d'État.

— Il n'y a que les petits oiseaux qui l'ignorent. — Poulkovo persistait dans la plaisanterie facile. — Mais nous autres, vieux Moscovites, nous nous souvenons encore qu'il fut d'abord celui d'une société d'assurances, La Salamandre.

— Suivez-moi, citoyen Poulkovo, dit le tchékiste.

Léonid Valentinovitch se sentit glacé, puis aussitôt inondé d'une sueur brûlante. Il s'avisa que pas une fois ils ne lui avaient adressé de respectueux « camarade », qu'ils ne l'avaient appelé que « professeur », et voici que cette désignation distante et froide devenait un sinistre « citoyen ». C'est ainsi qu'ils appellent les prévenus, les détenus, les ennemis du peuple. S'accrochant cependant à un salvateur « humour de pendu », il marmonna :

— Ah, je saisis... je crois que l'expression est près de se concrétiser.

Ils vont sûrement m'expédier aux Solovki[2], se disait-il en traversant les lieux en compagnie des deux agents. On dit qu'on arrive à y survivre, qu'il y a beaucoup de gens bien... Ils ne vont pas me tuer, tout de même, ils ne vont pas me dépêcher dans leurs caves vers leurs Ryba, Maga, Guel.

1. Félix Dzerjinski (1877-1926), dit « Félix de fer », fondateur de la Tchéka.

2. Au XVe siècle, monastère au bord de la mer Blanche. Sous les tsars, forteresse où l'on incarcérait les prisonniers politiques. Après la révolution, l'un des camps du Goulag.

D'ailleurs, au premier coup d'œil, l'entourage n'avait rien de sinistre. On le fit d'abord passer par un immense vestibule avec portrait de Lénine et gardes qui rigolaient entre eux et n'accordèrent pas la moindre attention au professeur. Puis ils gravirent une volée du somptueux escalier jadis prévu pour en imposer aux clients de La Salamandre et pénétrèrent dans un ascenseur.

Et voilà qu'au lieu de monter, comme Poulkovo s'y attendait, l'ascenseur descendit. Le prisonnier fut saisi de terreur. Alors, c'étaient tout de même les caves ? L'ascenseur s'arrêta. Au lieu des sombres voûtes et des instruments de torture auxquels il s'attendait, Poulkovo aperçut un couloir anonyme, violemment éclairé, aux nombreuses portes. Derrière certaines d'entre elles montait le crépitement rassurant de machines à écrire. Soudain, un long cri, un cri sauvage monta. C'était quand même un homme que l'on torturait. On introduisit le professeur dans un autre ascenseur qui, cette fois, monta. Enfin, pâle et hébété, il se retrouva devant une grande porte de chêne fumé et sculpté.

Tout à fait logiquement, celui qui occupait à présent le cabinet du directeur de La Salamandre (une raison sociale à la signification fort attrayante pour la clientèle : « feu ne me chaut ») était le président de la Guépéou, V.P. Menjinski. Poulkovo aperçut des meubles de bois précieux, un grand tapis persan, un bureau recouvert de drap vert, des portraits de Lénine et de Dzerjinski.

Un homme aux bonnes manières, les cheveux partagés par une raie, était assis au bureau. Il se leva comme sous l'empire d'une agréable surprise, puis se dirigea, la main tendue, vers le nouvel arrivant. Du ton le plus aimable, il susurra :

— Ravi de faire votre connaissance, camarade Poulkovo. Merci d'être venu. Menjinski.

Poulkovo lui serra la main et, sans dissimuler son soulagement, sortit son mouchoir et l'appliqua énergiquement à son front et ses joues.

— Ravi de même, camarade Menjinski. — Il tenta de faire remonter sa touche d'humour salvatrice, émit un petit rire, mais le résultat fut assez piteux. — J'avoue que la route a été plutôt longue entre son « citoyen » — il désigna le policier des yeux —, et votre « camarade ».

Menjinski eut un rire bon enfant.

— Les camarades y vont parfois un peu fort. — Il prit le professeur sous le bras, le conduisit au fond de la pièce et lui confia : — Ce sont des hommes au passé héroïque, mais aux nerfs parfois ébranlés.

Il l'amena jusqu'à un angle de la pièce où se trouvaient des fauteuils et une petite table. Puis il se tourna vers les deux hommes :

— Camarades, pourquoi n'avez-vous pas simplement expliqué

au camarade Poulkovo que je désirais lui parler ? À quoi bon ces mystères ? Enfin, cela va bien, vous pouvez disposer.

Inutile de mettre la perquisition sur le tapis, se dit Poulkovo.

Menjinski revint à lui :

— Asseyez-vous, Léonid Valentinovitch. Voulez-vous un peu de cognac ?

— Merci, je ne refuse pas.

Menjinski remplit les verres, montra l'étiquette à Poulkovo.

— Autrefois, cognac Choutovski, aujourd'hui cognac arménien cinq étoiles. Supérieur au Martell, à mon avis. À votre santé.

Il en avala une bonne rasade, puis rapprocha son fauteuil et observa quelques instants le visage de son visiteur qui rosissait, reprenait vie. Après quoi, il aborda l'affaire.

— J'ai beaucoup entendu parler de votre voyage en Angleterre, l'année dernière. Au gouvernement, l'on considère qu'il sera bénéfique à notre science. En principe, c'est justement de cela, de certaines perspectives de la science contemporaine que je voudrais m'entretenir avec vous. Cependant, auparavant, j'ai l'intention de tirer au clair nos informations sur certaines entrevues que vous auriez eues là-bas...

Immobile, pétrifié, Poulkovo sentit de nouveau la terreur l'envahir. Se pouvait-il qu'ils aient également eu vent de *cela* ? Et puis quoi, à la fin des fins ? C'était une affaire personnelle, strictement privée... *Cela* était-il aussi devenu un crime ?

— ... avant tout, avec M. Krassine, poursuivit Menjinski sans détacher du professeur son regard froid, inquisiteur et, disons-le franchement, pas très digne d'un gentleman.

Le soupir de soulagement qui échappa à Poulkovo ne passa pas inaperçu. On aurait dit que ce mauvais regard enregistrait le moindre frémissement de son visage.

— Je vous demande pardon, Viatcheslav Rudolfovitch, vous voulez parler de notre ambassadeur, le camarade Krassine ? Celui qui est décédé il y a quelques mois ?

Les yeux qui ne cillaient pas se rapprochèrent.

— Il est décédé à temps, ce M. Krassine. Vous comprenez ce que je veux dire ?

— Non, excusez-moi, mais je ne comprends strictement rien ; c'est que Krassine était déjà ambassadeur en France lorsque je suis arrivé. À mon voyage de retour, passant par Paris, je lui ai effectivement été présenté...

— Nous sommes au courant, dit rapidement Menjinski. Mais en Angleterre ? Durant votre séjour, Krassine s'y est rendu par deux fois. Il ne vous a pas mis en rapport avec un membre du gouvernement britannique ?

— Comment l'aurait-il fait, si je ne l'ai pas vu ? grommela Poulkovo.

Menjinski partit d'un rire factice.

— Vous répondez bien, camarade Poulkovo.

Poulkovo songea tout à trac que, n'était la révolution, Menjinski ne se serait en aucun cas trouvé à la tête de la police secrète Il aurait fait un journaliste de gauche ou un agent de change. La révolution ne convertit-elle pas n'importe qui en tchékiste ?

Cependant, Menjinski enchaînait sur un ton léger, amical :

— Vous avez de la chance de ne pas avoir rencontré Krassine en Angleterre, mon cher... ni à l'hôtel, ni sur la route de Londres à Cambridge, ni au club de l'Atheneum... Vous avez de la chance que ce ne soit nulle part ailleurs qu'à Paris... je ne me souviens pas où cela a eu lieu... à une réception de la représentation plénipotentiaire ? Je vais un peu relever le store, si vous voulez. Voyez-vous, Krassine est canonisé, jamais la vérité sur ses rapports avec les Britanniques ne remontera à la surface, mais par contre, les gens qui ont eu le malheur d'entrer en relation avec lui dans ce contexte ne l'emporteront pas en Paradis. J'ai beaucoup d'estime pour le savant que vous êtes. Voycz-vous, je m'intéresse un peu à la physique moderne, en amateur. C'est la science de l'avenir. Je n'aimerais pas du tout que des esprits éminents se mêlent de sombres affaires politiques. Des gens comme Krassine et ses amis des services britanniques ne sont pas des fréquentations pour vous, professeur. Alors, tenez-vous-en plutôt à vos bons compagnons, mon cher. Tenez, Ernest Rutherford est votre ami, eh bien, fréquentez-le à votre aise... Au fait, parlez-moi un peu de lui.

Tout en disant cela, le chef du puissant Bureau avait par deux fois reversé du cognac dans leurs deux verres et en avait plusieurs fois tâté. Il avait même semblé à Poulkovo que son regard perçant s'était quelque peu embué. Il entreprit d'exposer à Menjinski les travaux de Rutherford. Que peut-on raconter d'un homme de science génial, si ce n'est parler de ses travaux ?

— Après avoir produit pour la première fois artificiellement une réaction nucléaire, Rutherford ne quitte plus ce domaine. Il s'intéresse au neutron. Oui, nous sommes bons amis, Rutherford considère d'un bon œil mes recherches sur les basses températures et ma conception des décharges à haute fréquence en milieu gazeux à forte densité.

Menjinski l'écoutait attentivement, hochait la tête. Soudain, il lui envoya une claque sur le genou et dit avec un rire d'ivrogne :

— Et qu'est-ce que vous dites de Meyerhold, Léonid ? Il nous a tous possédés avec son Gogol ! Figurez-vous que je suis allé voir *Le Révizor*, incognito bien entendu, pour dételer, pour rire un peu... mais en fait de repos, la scène m'envoie je ne sais quelle diablerie, quelle horreur, cela sent le soufre. Ce n'est pas fait pour les ouvriers et paysans, ça, qu'est-ce que vous en dites ?

Il se leva et se dirigea vers son bureau sans attendre la réponse.

Chemin faisant, il changea d'avis et obliqua vers une petite porte à l'autre angle de la pièce. Là, il chancela sérieusement. Arrivé à destination, il se tourna vers le physicien.

— Nous vivons, je vous dis, à la limite de l'irréel. J'ai lu, il n'y a pas longtemps, que votre Rutherford suppose que l'atome possède une structure planétaire. Ce qui signifie que le système solaire pourrait n'être qu'un atome et la Terre un électron ?

— Ce n'est pas exclu.

— Ha, ha ! s'écria Menjinski. C'est impressionnant.

Et tout en riant, il passa dans la pièce voisine.

Poulkovo demeura seul quelques instants. Il essaya de rassembler ses idées aussi fuyantes que le neutrino, de comprendre ce que tout cela signifiait ; d'où venait cet intérêt subit de la Tchéka pour la physique nucléaire.

Menjinski revint parfaitement sobre (d'ailleurs, on peut se demander s'il avait été ivre ne serait-ce qu'un instant, s'il n'avait pas joué la comédie) et s'assit à côté de Poulkovo. Il le considéra quelques secondes en silence, puis lui demanda sévèrement :

— Est-il vrai que la recherche atomique peut aboutir à l'élaboration d'une arme de destruction totale ?

Vers le soir, un brusque réchauffement de la température avait fait fondre la neige. Un fort vent du sud soufflait, arrachant les parapluies et les faisant claquer, tandis que les deux amis, Bo et Lio, avançaient lentement, se soutenant l'un l'autre, sur un chemin désert, parmi les datcha du Bois d'Argent.

— Alors, qu'est-ce que tu lui as répondu au sujet de l'arme atomique ? demanda Gradov.

— Qu'il faudrait au moins un siècle pour y arriver, fit son compagnon en haussant les épaules.

Gradov rit.

— Les bolchevik sont de drôles de gens. Il me semble parfois que, malgré leur matérialisme foncier, ils se laissent guider par une sorte de mysticisme. Tiens, par exemple, rien que le fait d'avoir embaumé Lénine et d'avoir offert ses restes à la piété populaire. Quant au temps, je crois savoir qu'ils le divisent systématiquement par quatre. C'est peut-être l'arme atomique qui t'a sauvé. Tu as dit un siècle, ils veulent l'avoir dans un quart de siècle.

Une grande silhouette en uniforme de la Milice émergea derrière une palissade, vacilla un tantinet, et articula, en portant la main à la visière :

— Très juste, camarade professeur. L'arme atomique dans un quart de siècle.

— Slabopétoukhovski ! s'écria Gradov. Que faites-vous ici ? Encore à nous espionner ? Et pourquoi portez-vous l'uniforme de la Milice ?

Ravi de l'effet produit, Slabopétoukhovski fit joyeusement son rapport :

— J'ai démissionné de l'héroïque Armée Rouge et me suis engagé dans l'héroïque Milice, camarade professeur. Agafia Ermolaïevna ne me laisserait pas mentir : voici trois jours que je veille à votre bien-être en qualité de surveillant d'îlot. Permettez-moi une question personnelle : il ne traînerait pas un billet de trois roubles en trop dans la poche de votre pardessus ?

À la fin du mois, Nikita, Véronika et Boris IV retournaient à Minsk. À proprement parler, seuls les parents retournaient, tandis que l'orgueilleux bébé, né natif de Moscou, effectuait son premier voyage.

Au milieu de la cohue et de l'agitation du quai, à la gare de Biélorussie, toute la famille Gradov était rassemblée près de ce que l'on appelait le « wagon international ». Mary était arrivée de chez elle en compagnie de son petit-fils bien-aimé, Boris Nikitovitch était survenu un peu plus tard, puis, plongé dans ses pensées, Kirill.

Nikita tenait Boris IV dans ses bras. Le lourd bambin lui soufflait légèrement dans la joue, ce qui transportait tout l'être du divisionnaire d'une incroyable tendresse. Agacha, l'ex-sous-officier, actuel surveillant d'îlot Slabopétoukhovski, ainsi qu'un soldat anonyme dépêché par le ministère, s'occupaient de charger les bagages.

— Pourquoi tant de militaires sur ce quai ? demanda Kirill à son frère.

Son jeune visage disait nettement qu'il avait le droit de poser une telle question et comptait bien recevoir une réponse. Nikita saisit immédiatement le message et répondit sur un ton familier :

— De grandes manœuvres à la frontière polonaise.

— Ah, dit là-dessus Mary, laissez-moi prendre dans mes bras le plus beau bébé du monde.

Et Boris IV déménagea chez elle et se mit à lui souffler dans la joue.

— Où donc est Véronika ? demanda Boris Nikitovitch.

— Elle est allée acheter des journaux, dit Nikita en se hissant sur une marche pour mieux guetter sa femme dans la foule. La voilà ! Dans son répertoire, comme toujours. Elle a tout oublié au monde.

Munie d'un tas de journaux, Véronika avançait lentement parmi la cohue des voyageurs et des parents et amis, civils, militaires, paysans, fonctionnaires. Plongée dans sa lecture, elle ne remarquait rien, même pas les jeunes vagabonds suspects qui tournaient autour d'elle.

Soudain, quelqu'un l'interpella à mi-voix :

— Véronika Alexandrovna !

Elle leva les yeux et reconnut le colonel Vadim Vouïnovitch. Hâlé, les épaules larges, la taille fine, il ressemblait plus à un Caucasien que son Nikita ; il la regardait sans cacher son admiration, ou plutôt, hors d'état de la dissimuler. On aurait cru qu'il allait, dans l'instant, pris d'un vertige amoureux, s'élancer vers elle.

Elle se mit à rire.

— Vadim ! Vous m'avez fait peur !

Cela faisait longtemps qu'elle avait compris la nature des sentiments qui poussaient cet homme vers elle et, à tous les coups, elle s'efforçait d'y mettre une sourdine, de faire tourner ses airs dramatiques et ses élans passionnés en une légère et joyeuse blague.

— Excusez-moi, je ne voulais pas... mais... mais, bafouilla-t-il.

— Vous allez également à Minsk ? demanda-t-elle. Venez nous voir dans notre compartiment, nous sommes dans le wagon international. Vous ferez la connaissance de Sa Majesté Boris IV.

De son marchepied de wagon, Nikita les vit avancer côte à côte. Il savait que son ex-ami n'avait rien d'autre à faire ici que suivre sa femme. Les ténèbres s'abattirent sur lui. Là-dessus, il aperçut un petit détachement, quelque chose comme une demi-section de marins en uniforme noir à boutons brillants, les rubans du béret flottant au vent, l'un d'eux, au premier rang, portant sur sa large poitrine un sifflet de maître de manœuvre, qui déambulait vaillamment le long du quai. Tout à coup, il lui sembla qu'ils allaient, là, séance tenante, le coucher en joue, lui faire payer Cronstadt sans plus de cérémonie.

— Non, je ne viendrai pas vous voir dans votre compartiment, dit doucement Vadim à Véronika. Je voulais simplement vous souhaiter bonne chance.

Elle rit encore plus gaiement et lui prit le bras.

— Que vous êtes drôle ! Me souhaiter bonne chance ! — Elle fit signe à son mari de toute la poignée de journaux qu'elle venait d'acheter. — Nikita, regarde ce que j'ai pris dans mes filets.

Vadim dégagea son bras, fit un pas en arrière et disparut dans la foule.

Le détachement de marins s'arrêta et opéra un demi-tour près du wagon international qui emportait non seulement le divisionnaire Gradov, mais aussi le commandant en chef Ouest, Toukhatchevski. C'étaient tout simplement des musiciens. Presque immédiatement, ils entamèrent *Par les monts et par les plaines*.

Juste avant le départ du train, tel un hors-bord de course, Nina s'élança le long du quai, à temps pour sauter au cou de son frère, faire la bise à sa belle-sœur, lancer en l'air son altier enfantelet de neveu.

Le train démarra lentement. Nikita et Véronika, serrés l'un

contre l'autre, se tenaient à la portière. Ils riaient et envoyaient des baisers en l'air. Tout allait comme sur des roulettes au son plein de bravoure de la chanson qui, lors de la dernière guerre, avait été le partage de l'Armée Blanche comme de l'Armée Rouge. Sur le quai, parents et amis agitaient qui la main, qui un mouchoir, un chapeau, comme il se doit. Quant à Mary Vakhtangovna, il était au-dessus de ses forces de voir s'éloigner son cher rejeton : elle enterra le visage dans la moelleuse écharpe de son mari. Le surveillant d'îlot Slabopétoukhovski tirait toutes les cinq minutes une flasque de vodka de la tige de sa botte. Une certaine mutation du temps semblait s'être produite dans sa cervelle. Il criait derrière le train qui s'éloignait : « En avant, la division ! », « À nous, Varsovie ! »

— Assez, Slabopétoukhovski ! lui dit sévèrement Kirill. Ne comprenez-vous donc pas ce que vous débitez ?

Le délégué tendit au militant sa précieuse flasque et fut très étonné de voir que l'on écartait sa main généreuse d'un geste décidé.

## CHAPITRE SEPT

# *Des lorgnons brillants sur le nez*

En novembre 1927, Townsend Reston quittait de nouveau son quartier général parisien pour effectuer un voyage dans l'« Est Rouge ». Cette fois-ci, contrairement à la première, deux ans auparavant, son propos était plus précis : décrire les fêtes grandioses que l'on organisait à Moscou pour le dixième anniversaire de la révolution d'Octobre.

Dix ans d'un pouvoir invraisemblable devant lequel même les sabbats des chemises noires et les discours de Mussolini faisaient figure de divertissement, de commedia dell'arte. Un pouvoir inébranlable qui, selon toute apparence, ne songeait pas à perdre de son invraisemblance, c'est-à-dire à s'engager dans la voie prédite par l'ancien interlocuteur de Reston, mister Owstrelow, le théoricien du *Changement de Jalons*.

À la différence de ce professeur émigré, Reston n'éprouvait aucune horreur sacrée devant la « mission historique de la Russie », à supposer qu'il eût jamais admis que cette mission existât vraiment et que le monde civilisé dût compter avec elle. Il voyait tout simplement la totale absurdité et la cynique impudence du pouvoir qui s'était établi sur les ruines de l'empire et ne doutait nullement que ce pouvoir pulvériserait la NEP à l'instant même où il déciderait qu'elle ne lui servait plus à rien.

La première série des *Articles de Russie* de Reston, qu'il avait bâtie sous forme d'entretiens avec un historien russe soviétisé avait connu le succès. Après cela, il n'avait plus quitté l'Est des yeux. Il était au courant de la lutte intestine du Parti et ne faisait pas un sou de confiance aux uns comme aux autres. Évidemment, Oustrialov se serait emparé du fait que la ligne générale l'emportait sur l'opposition avec ses slogans ultra-révolutionnaires. Voilà, aurait-il dit, la preuve que l'idée d'une normalisation de la structure de l'État prend de la vigueur. Staline est un pragmatique, il a besoin d'un État fort et non d'un incendie mondial, il a besoin de la NEP, il a besoin de finances solides, d'approvisionnements sûrs, d'un peuple satisfait et bien nourri. *Bullshit*[1], marmonnait Reston

1. Américain : conneries.

en réponse à cette thèse imaginaire, le communisme se renforce d'année en année, sinistrement, dans ce pays, et ce qui le renforce, c'est la ligne générale et non les phraseurs de l'opposition. En dépit de tout son « démonisme[1] », l'opposition n'est qu'un hoquet du libéralisme. Le véritable communisme commencera avec Staline.

Le matin du 7 novembre, il sortit du *National* et s'en fut à pied vers la place Rouge pour laquelle, grâce aux bons soins de la VOX[2], on lui avait établi un laissez-passer. Il était accompagné de Galina, interprète de cette même VOX, une jeune personne blondasse aux façons de cheval mal mis. Elle s'agitait sans cesse dans tous les sens et observait les alentours dans toutes les directions à la fois.

Je devrais peut-être coucher avec elle quand même, songea Reston. Le plaisir ne sera manifestement pas de qualité supérieure, mais pour la peine, je pourrai me vanter devant Hem, à *La Closerie des lilas*, d'avoir baisé une tchékiste.

Il lui posa la main à peine en dessous de la taille. La croupe de Galina lui échappa aussitôt, tel un glaçon sous une semelle un jour de débâcle. Ses gros bottillons se lancèrent dans un galop nerveux.

— Traduisez-moi ces slogans, s'il vous plaît, demanda-t-il.

La place du Manège était entièrement remplie des détachements qui allaient participer à la parade, soit au repos, soit marquant le pas sur place, soit s'acheminant vers le Kremlin. Le flamboiement de drapeaux unicolores, c'est-à-dire rouges, venait de toutes parts réchauffer la grisaille de la matinée. Les portraits de Lénine, Staline, Boukharine et d'autres membres du Bureau Politique se dressaient au mur du Musée Historique, du *Grand Hôtel* et du bâtiment de l'ancienne Douma. Somme toute, tous ces portraits sont ceux du même visage, se dit Reston. D'un chef à l'autre, la seule chose qui change, c'est l'implantation du système pileux.

Galina lui traduisait d'un ton solennel les mots d'ordre du calicot qui occupait toute la façade du Musée Historique :

« Flottez, drapeaux rouges ! Prolétaires du monde entier ! Travailleurs de toute la Terre ! Préparez-vous, organisez la victoire de la révolution mondiale ! »

Et voilà, ricana Reston, où sont vos différences fondamentales, monsieur Oustrialov ?

Les unités de l'Armée Rouge qui défilent présentent une nouveauté : des casques d'acier ovoïdes. Un détachement sanitaire de femmes en mouchoir de tête bleu passe. Un régiment de l'Ossoaviakhim fait du surplace. À côté de lui, un régiment d'anciens combattants allemands brandit ses poings fermés ; une partie

1. Les tenants de la révolution permanente étaient qualifiés de « démons de la révolution » par ceux de la ligne générale.

2. Sigle de l'Association soviétique pour les relations culturelles avec l'étranger.

d'entre eux, malgré le froid humide, porte la culotte courte bavaroise. Vigoureuses cuisses couleur de lait. Les Allemands suscitent l'attendrissement du public moscovite. Un personnage un peu éméché, coiffé d'une casquette prolétarienne, s'adresse à eux d'une voix pleurarde :

— Il vous aurait fallu des mitrailleuses, mes petits frères, des mitrailleuses. C'est là que vous en auriez fait voir à Hindenbourg !

— *Sieg Heil !* braillent les Allemands qui ont bien satisfait leur fringale à Moscou.

Les haut-parleurs diffusent par toute la place le discours que Nicolas Boukharine prononce du haut du Mausolée. La parade a commencé. Reston et son interprète pressent le pas.

— Prolétaires ! interpelle Boukharine d'une voix théâtrale. Travailleurs ! Paysans ! Combattants de l'Armée Rouge et de la Flotte ! Pendant cinq ans, le fusil à la main, nous nous sommes battus contre les forces innombrables de l'ennemi. Nous l'avons écrasé. Nous avons brisé l'échine des seigneurs terriens. Nous avons abattu les bandes des capitalistes. Durant cinq ans, nous avons lutté contre la ruine et la misère, le capital privé et les parasites. Nous avons relevé le pays de l'abîme, nous allons très vite de l'avant. Nous acculons le capital, nous encerclons les koulak. Qui sommes-nous ? Les masses ! Des millions ! Les ouvriers et paysans-travailleurs ! Vive la grande Révolution d'Octobre !

Dire que les gens espèrent encore après de pareils discours ! pensa Reston.

Pourquoi ne m'offrirait-il pas son stylo ? se demandait l'interprète en observant le visiteur — « un visiteur pas ordinaire et même dangereux », comme on l'avait avertie — qui posait, sans ralentir le pas, des crochets sténographiques dans son bloc-notes à l'aide de son Montblanc à plume en or. Ah, j'en serais folle d'un pareil stylo !

— Dites-moi, Galina, c'est vrai que l'opposition a l'intention de manifester aujourd'hui ? demanda Reston. On dit qu'elle prépare un défilé parallèle en quelque sorte, vous n'avez rien entendu dire ?

Elle en eut la chair de poule. On l'avait avertie à juste titre. Il était dangereux !

— Comment pouvez-vous dire des choses pareilles un tel jour ! Vous n'avez donc pas de sympathie pour notre pays ?

— Non, grogna-t-il.

À dix heures du matin, sur le mur du Kremlin, s'alluma un X romain de feu. Le Commissaire du peuple aux Armées et à la Marine, Vorochilov, déboucha de la porte du Sauveur sur un cheval blanc. C'était, de toute évidence, un bon cavalier, d'excellente assiette, on voyait que sa mission le comblait d'aise : des milliers d'yeux étaient fixés sur lui, le « premier officier Rouge ».

Une fois la cérémonie achevée et les rapports énoncés, la cavalerie défila devant le Mausolée : les hommes, en bonnets pointus, tenaient des piques ornées de toutes sortes de fanions.

« Étranges uniformes, consignait Reston dans son bloc-notes : l'armée du chaos. Gog et Magog. »

Comme pour renforcer l'impression du « dangereux visiteur », le régiment national du Caucase traversa la place au grand galop. Capes noires et capuchons bleu clair au vent.

Une vague d'enthousiasme submergea la tribune des invités étrangers que dominaient des délégations communistes de toute provenance. Parcourant leur foule, Reston aperçut des yeux flamboyants et des poings levés en un salut prolétarien.

Un groupe, semble-t-il des Espagnols, entonna *L'Internationale*. Aussitôt, toute la tribune la reprit en langues diverses. Quelqu'un, prenant Reston pour l'un des siens, lui posa la main sur l'épaule. Misérables ! se dit le journaliste, souriant, montrant ses trente-deux dents américaines.

Une grande table était servie dans la salle de repos qui se trouvait derrière le Mausolée, offrant de l'alcool, de petites salaisons et un énorme samovar. Les dirigeants allaient et venaient devant elle, et parmi eux, les inévitables Molotov, Kalinine, Tomski, Enoukidzé[1], Clara Zetkin, Galagher, Vaillant-Couturier... Les fanfares et le tonnerre de la parade montaient par la porte ouverte.

Staline et Boukharine prenaient le thé dans un coin. Le verre de ce dernier vibrait légèrement dans le porte-verre qu'il serrait dans sa petite patte non prolétarienne. De son côté, incarnation de la stabilité, Joseph Vissarionovitch engloutissait l'un après l'autre des canapés au caviar. Comme tous les Géorgiens, il savait manger. Boukharine, en véritable héritier de l'incapable intelligentsia positiviste, lampait son thé de façon bien peu appétissante et murmurait :

— Joseph, je sais de source sûre que l'opposition va se manifester au moins à Moscou et à Léningrad.

Staline souriait, c'est-à-dire qu'il relâchait légèrement la bouche sous sa moustache.

— Ne t'inquiète pas, Nicolas. La classe ouvrière ne tolérera pas les incartades d'une poignée de misérables.

— Menjinski est au courant ? demanda nerveusement Boukharine.

Staline ricana.

— Ne t'inquiète pas, cher ami.

1. Avel Enoukidzé (1877-1937), auteur du décret qui donna le signal des grandes purges.

Au-delà de la porte, la nature du bruit avait changé. Le martèlement rythmé du défilé s'était estompé. Plusieurs orchestres jouaient en désaccord. Des milliers de semelles raclaient le pavé. Rumeur chaotique de la foule. Cris de dévotion au gouvernement. Début d'une manifestation des ouvriers de la capitale.

Reston s'était efforcé de faire dire à son interprète qui représentaient les invraisemblables caricatures qui voguaient au-dessus des colonnes. D'abord, elle avait soupiré, roulé des yeux blancs, enfin, c'est comme ça, en somme, une satire politique, puis elle s'était mordu les lèvres et même avec une certaine colère, comme de dire : « Tenez, ça, c'est pour votre sale curiosité ! » et avait débité :

— Les leaders de l'impérialisme britannique : MacDonald et Chamberlain.

— Ah, je vois !

Reston commençait à s'y retrouver tout seul. Voilà que vogue l'énorme silhouette en contreplaqué du travailleur universel, son marteau à la main. Devant lui, ricanent les gueules sinistres des impérialistes en haut-de-forme, le cigare à la bouche. Balaises, rigolards, des gars tirent sur un câble. L'ouvrier lève sa masse et la laisse retomber sur les hauts-de-forme. Après ce juste châtiment, le marteau se relève et les hauts-de-forme se redressent. « Le plus drôle, c'est que l'ouvrier n'arrive pas à leur porter de coup définitif, sinon tout le *show* échouerait », note Reston dans son carnet avec une joie mauvaise.

C'est alors que s'ébranla une interminable colonne de Chinois. Des mannequins impérialistes déambulaient sur des échasses au-dessus d'elle. Puis la veine satirique s'épuisa. Armées de pancartes et de triomphants diagrammes portatifs, ce furent des colonnes d'entreprises moscovites qui proclamèrent les chiffres de leurs réalisations. Ici et là, des portraits de Staline, Kalinine, Rykov, passaient. Les représentants des ouvriers criaient dans de grands mégaphones de tôle galvanisée :

— Vive Staline !

— Vive le staroste de l'Union soviétique !

— Vive notre bien-aimé gouvernement soviétique !

Ceux de l'usine Ilyitch déployaient une large banderole : « Pour le léninisme, contre le trotskisme ! »

La rue de Tver, rue principale de Moscou, avec ses hôtels, ses restaurants, ses magasins, était encombrée de colonnes de manifestants qui progressaient lentement vers la place Rouge. Dans l'ensemble, le temps favorisait l'épanchement des sentiments comme, d'ailleurs, les effusions de boissons remontantes. Les orchestres ajoutaient à l'élan, on marchait allégrement.

Six autres dirigeants se tenaient sur un balcon de l'*Hôtel de Paris*, dominaient les manifestants. Ils saluaient les colonnes, vociféraient dans les mégaphones des slogans de nature révolutionnaire, éparpillaient des tracts de fête. Les « michelsoniens » qui passaient sous le balcon répondaient par de bruyants hourras et des applaudissements.

— Qui applaudissez-vous, camarades ? rugissait Kirill Gradov. C'est l'opposition ! Des trotskistes ! Des scissionnistes !

Il se tenait sur la plate-forme d'un camion aux ridelles abaissées. Quelques autres propagandistes du comité du PC (b) de la Presnia Rouge braillaient avec lui à tous les échos.

D'abord, les « michelsoniens » se bornèrent à les gratifier eux aussi de leurs applaudissements, puis ils réalisèrent que ce que gueulaient ces camarades cadrait mal avec la fête. Ensuite, ils coulèrent vers le *Paris*, leur regard attentif de bons militants de base : non, ça n'allait vraiment pas — ce qu'on voyait aux fenêtres, c'étaient les portraits de Trotski et de Zinoviev, ce qui leur parvenait des balcons, à bien tendre l'oreille, c'était un absurde : « À bas les bureaucrates ! »... et tenez, ce tract qui plane, attrape-le, Petro, et lis-le ! Le lire, ça ne suffit pas, il y a une caricature, celle du Parti, camarades. Tenez, regardez : « Le PC (b) derrière les barreaux. »

« Si on s'est laissé baiser, les copains ! » fit quelqu'un en éclatant de rire. Un autre gueula avec fureur en brandissant le poing : « Ils nous ont eus, les fi'de pute, ils nous ont gâché notre fête ! » Un groupe de jeunes gens aux joues rouges déboucha d'une rue voisine et se mit à bombarder le balcon avec des pommes : « À mort, salauds ! »

Une foule assez dense d'opposants, pas moins de deux cents, où dominaient les étudiants et les membres de l'intelligentsia, mais où les ouvriers ne manquaient pas non plus, se tenait devant l'entrée de l'hôtel. Quelques slogans scissionnistes se balançaient au-dessus des têtes : « Vive l'opposition ! Vive les guides du prolétariat mondial, les camarades Trotski et Zinoviev ! » Des groupes toujours nouveaux de jeunes gaillards surgissaient des ruelles, coupaient les colonnes, pressaient les manifestants, s'emparaient de l'un, de l'autre, lui envoyaient de solides gnons sur la nuque ou au creux de l'estomac, les précipitaient sur la chaussée. Des pommes pourries, des caoutchoucs, volaient de plus en plus dru sur les orateurs du balcon. Voyant que le brouet se faisait à chaque instant plus épais, les opposants tentaient de joindre les mains, criaient en chœur : « À bas Staline ! À bas le stalinisme ! », se défendaient maladroitement, minablement, comme s'ils étaient un rassemblement de tolstoïens et non de communistes enragés.

Alors, des voitures de la Milice arrivèrent l'une derrière l'autre. Les patriotes organisés devenaient de plus en plus nombreux, rejoints, en outre, par certains manifestants des colonnes qui passaient là ; bientôt, la pression de l'opposition tourna à un pugilat en règle. Abandonnant leurs pancartes, les opposants tentèrent de se dégager de la foule, de se réfugier sous les voûtes d'immeubles. La Milice les attrapa au vol et les enfourna dans ses voitures.

Du haut du camion de son comité, Kirill ne vit pas sans frémir le tableau qui se déroulait devant ses yeux. Les associations d'idées littéraires dont, naturellement la maison des Gradov était riche, le poussaient serviablement à juxtaposer les événements avec quelque chose du « honteux passé », une certaine redite, du *déjà vu** : « incursion de ceux d'Okhotny Riad contre un meeting social-démocrate ».

À côté de lui, le camarade Samokha, excité, se frottait allégrement les mains. Luttant contre le dégoût, Kirill attrapa le tchékiste par un bouton.

— Que se passe-t-il, Samokha ? Vous avez lâché les vannes à Maryina Rochtcha ?

Grand et bel homme, Samokha ne tourna même pas la tête vers le jouvenceau.

— Ça ne fait rien, ça ne fait rien, commentait-il. Ça leur rendra service. Ne joue pas les pleurnichards intellectuels, Gradov. L'Histoire n'aime pas la plaisanterie.

Il a peut-être raison, se dit Kirill. Le plus probable, c'est qu'il a raison, que le moment est venu de ne plus prendre de gants, comme l'enseigne Lénine. Qu'ai-je de mieux que ce Samokha ? N'ai-je pas regardé d'un œil joyeux les deux pendus de Préobrajenskoïé, avec leurs casquettes de voyous pareils à celui-ci ?

Tout à coup, non loin de là, il aperçut deux types, justement « pareils à celui-ci », en casquette à la visière coupée jusqu'au bandeau, qui traînaient une femme, laquelle brandissait au bout d'une hampe un portrait de Trotski. L'un lui arracha son mouchoir de tête, l'autre la prit aux cheveux. Hors de lui, Kirill bondit à bas du camion et se précipita à la rescousse.

La hampe se brisa, Trotski échappa brusquement à la femme, pour la dernière fois, un centième de seconde, il s'immobilisa à l'oblique au-dessus de la foule houleuse — ah ! dire qu'il y a si peu de temps on débitait au son de l'accordéon :

*Regarde voir au mur*
*La figure à Trotski*
*L'éclair de son lorgnon*
*Effraie la bourgeoisie.*

— et dégringola dans la boue à ses pieds. Aussitôt, une semelle guillochée se promena sur le visage légendaire. Abandonnant la femme, les types s'en prirent à Kirill. Ils le saisirent aux revers et le pressèrent contre le mur. Leur bobine rayonnait de bonheur : « Ah, la vie ! une vraie promenade ! »

Kirill résistait, ce qui les rendait encore plus joyeux. À présent, l'un d'eux lui forçait la nuque, lui penchait la tête contre le sol, tandis que l'autre lui faisait une clé au bras.

— Lâchez-moi ! hurla-t-il désespérément. Je ne suis pas... je ne suis pas trotskiste ! Je suis pour la ligne générale !

Les types se mirent à rigoler.

— Tu es pour la générale, nous pour les deuxième classe !

Samokha, le « chevalier de la révolution », dans son équipement de cuir, s'approcha du trio sans se presser, nettement sans se presser, pour que ce pleurnichard de Gradov profite aussi des circonstances, montra son livret rouge de la Guépéou aux deux malfrats et libéra le marxiste.

Cependant, dans un autre quartier de la capitale, à l'angle des rues Mokhovaïa et Vozdvijenka, d'où l'on apercevait déjà la ventrue tour Koutafia, les événements prenaient un autre tour. L'opposition s'y était mieux organisée. Le meeting était plus calme et réunissait beaucoup plus de monde. Personne ne s'avisait d'arborer des pancartes et des slogans scissionnistes. La façade de la Quatrième Maison des syndicats s'ornait d'un grand portrait de Trotski dont l'original se montrait non loin de là à une fenêtre ouverte, brandissait une liasse de thèses et lançait à la foule, avec ardeur, dans le meilleur style du front Sud de 1920 :

— La question est simple, camarades : c'est ou la Révolution ou Thermidor.

À quoi répondaient des applaudissements et des saluts assourdissants. Trotski s'immobilisait dans une pose historique, se détournait de la fenêtre, avalait de l'aspirine. Il avait un mal de tête fracassant. Il aurait dû agir il y a trois ans, que de fois il se l'était reproché. Il aurait dû s'adresser aux mitrailleurs, pas aux étudiants.

Aux abords du meeting, se dirigeant vers la place Rouge, les cohortes de la manifestation officielle défilaient lentement. Les manifestants zyeutaient le meeting sans rien laisser percer de leur avis sur les slogans. Quand Trotski se montrait à la fenêtre, bien entendu, tout le monde poussait un grand « ah ! ». L'intéressé faisait la grimace. Un « ah ! » exprime la curiosité, non la solidarité. Ils en auraient poussé un non moindre et peut-être même plus fort si celui qui se montrait avait été Chaliapine[1].

Dans l'une des colonnes avançait un grand groupe de jeunes gens. L'observateur attentif aurait pu croire qu'ils appartenaient à l'opposition plutôt qu'à la majorité docile. Cependant, ils avançaient paisiblement, avec une certaine apathie même, s'efforçant

1. Fédor Chaliapine (1873-1938), chanteur mondialement célèbre, basse considérée comme la plus grande du siècle.

de ne pas prêter attention aux objurgations incendiaires de la Quatrième Maison des syndicats. Sémione Stroïlo portait une pancarte disant : « Vive Octobre ! », Nina un portrait du staroste de l'Union soviétique, le concupiscent Kalinine à la barbe de bouc, quant à Albov, le chef du cercle clandestin, il n'avait pas hésité à s'armer de la binette abhorrée de Koba en personne. Il fallait à tout prix qu'ils atteignent la place Rouge sans encombre.

Le défilé se trouva de nouveau bloqué et le groupe d'Albov, pas moins de cent jeunes trotskistes, s'arrêta juste en face de la Quatrième Maison des syndicats. Qu'on le veuille ou non, ce que cette jeunesse apercevait à distance c'étaient des gens de son bord, le portrait de son guide à elle et la fenêtre ouverte où l'original venait de se montrer. Albov considérait d'un œil inquiet ses compagnons au comble de l'excitation : pourvu seulement qu'ils n'aillent pas s'emballer.

Nina regarda à droite, à gauche, puis glissa à l'oreille de Sémione :

— Je parie que c'est plein d'agents de Staline ici ! Regarde-moi ces chacals qui fouinent, Sémione.

— C'est un fait. Et où veux-tu qu'ils soient ? fit Sémione en mettant la sourdine à sa grosse voix.

Sur quoi, de son bras gauche il lui serra les épaules, comme pour lui transmettre le calme de la classe ouvrière, sûre de son bon droit. Il parvenait à grand-peine à préserver la largeur et la mesure du geste, c'est-à-dire son déguisement principal. Tout en lui frémissait et l'incitait exactement au contraire : à se démener, à regarder sans cesse derrière lui, à dissimuler ses regards. Bientôt, tout paraîtrait au grand jour. C'était presque certain, elle comprendrait qui il était, et alors on verrait : tu m'aimes ou tu ne m'aimes pas, fille de professeur ? C'est là qu'on mettrait la sincérité de tes sentiments à l'épreuve, qu'on verrait ce qui t'est le plus cher, ton trotskisme de merde ou ton bonhomme chéri. C'est que je veux te mener d'une fière démarche vers une vie nouvelle !

Le joli visage d'Olia Lazéikina se montra derrière les hauts placards, derrière un décor à la Meyerhold. Puis un murmure plein d'ardeur monta.

— Les enfants, c'est lui ! Regardez, c'est Lev Davidovitch !

En effet, Trotski venait de se remontrer à la fenêtre. Il s'immobilisa un instant, la main levée, puis déversa une série de proclamations :

— Nous sommes pour l'industrialisation sans délai ! Nous sommes pour la démocratie au Parti ! Camarades, la flamme de la révolution est prête à embraser l'Europe et l'Inde. La Chine rugit déjà. La bureaucratie, c'est les chaînes aux pieds de la révolution mondiale.

Sous les fenêtres, la foule explosa de nouveau en cris et en applaudissements, les chapeaux volèrent en l'air. Dans les rangs, les travailleurs ouvraient tout grands les yeux, comme si tout ça était du théâtre. Le cortège s'ébranla lentement vers le Kremlin. Albov chuchotait aux siens :

— Du calme, les enfants ! Ne nous agitons pas. Notre but, c'est la place Rouge.

Soudain, rue Vozdvijenka, tout se figea. Un grand crochet de fer descendait le long de la Quatrième Maison des syndicats. Par une lucarne, deux paires de bras manipulaient un gros câble et s'employaient à fixer le crochet au portrait de Trotski. Indignée, l'opposition hurla. Dans les rangs, quelqu'un s'écria d'une voix suraiguë :

— Regarde ! Ils veulent enlever son portrait !

De toute évidence inconscient de ce qui se passait, Trotski continua, quelque temps encore, à se répandre en proclamations, puis il se figea, lui aussi, dans une pose historique. La fenêtre voisine s'ouvrit et son compagnon d'armes le plus proche, Mourlov s'y montra, armé d'un long balai. Penché à mi-corps, il promenait le balai le long du mur, tentait d'attraper la malfaisante installation de la Guépéou.

— Hourra ! braillait-on à présent dans les rangs qui continuaient à faire du surplace.

La lutte du balai et du crochet captivait les esprits. Trotski s'éloigna de la fenêtre et dit à ses proches :

— Nous avons perdu, la base est inerte.

Or, il en allait exactement à l'inverse : sous la pression du balai, le crochet battait honteusement en retraite. La base, enthousiasmée, applaudissait. Faute de posséder le sens de l'humour, le chef de la révolution permanente venait de perdre sa seule chance de succès.

La parade se poursuivit toute la journée. Cela faisait dix fois que, dans le salon à l'arrière du Mausolée, les domestiques remettaient le couvert. Parfois, la porte de la tribune s'ouvrait et l'on apercevait les silhouettes trapues qui saluaient infatigablement les manifestants. On entendait le pas des colonnes, le charivari des orchestres, les cris de dévotion de la foule.

C'était le détachement caucasien de Staline lui-même qui montait la garde à l'intérieur du Mausolée. Deux djighites armés de revolvers et de poignards se tenaient à l'entrée du souterrain qui menait à l'enceinte du Kremlin. Et voilà que l'un d'eux entendit un bruit suspect. Il ouvrit la porte et aperçut trois commandants de l'Armée Rouge qui avançaient à grands pas.

— Halte-là ou je fais feu ! Qui vous a laissés passer ?

Deux autres Caucasiens accoururent, la main sur le manche de leur poignard. Les commandants approchèrent encore, à les toucher, brandirent leur coupe-file. L'un d'eux gronda d'une voix profonde :

— Qu'est-ce que c'est, nom de Dieu ! Nous sommes envoyés par le commandant de l'Académie, Robert Pétrovitch Eideman pour assurer la garde des membres du gouvernement. Voilà nos coupe-file : le colonel Okhotnikov, les majors Geller et Pétenko. Du large !

Le garde s'empara des coupe-file et se mit en devoir de les examiner. Les commandants se dandinaient étrangement, fouillaient du regard la salle du buffet comme s'ils eussent cherché quelqu'un parmi les personnages qui allaient et venaient. L'un des gardes, un Ossète, lança un coup d'œil sauvage sur le commandant à la voix caverneuse, se dressa sur la pointe des pieds sous l'effort, tel un chien de chasse prêt à bondir.

— La cachet pas régulier sur votre ormission. Pourquoi ?

Il hésitait encore : devait-il admettre le pire ? Mais son instinct lui soufflait qu'il fallait agir immédiatement, une seconde de plus, et il serait trop tard.

Pétenko lui arracha les ordres de mission des mains :

— Tu as besoin d'un cachet pour comprendre qui nous sommes ? Tu ne vois pas nos décorations, sauvage ?

Le Caucasien donna un coup de sifflet. La salle du buffet se remplit de gardes, de permanents du Secrétariat. Une voix cria : « Bas les armes ! » La porte de la tribune s'ouvrit, Staline, Rykov et Enoukidzé entrèrent. L'un d'eux s'exclama avec étonnement :

— Que se passe-t-il ici, camarades ?

En apercevant Staline, Okhotnikov, Geller et Pétenko s'élancèrent tête la première. Les Caucasiens s'accrochèrent à eux en grappe. Tout était aberrant : les tables que l'on renversait, les bouteilles et les assiettes qui volaient en éclats, le samovar qui avait glissé dans un coin et vomissait de la vapeur, « ceux d'en-haut » épouvantés, la garde caucasienne qui s'agitait autour des commandants indignés ; et au-dessus de tout cela, régnait l'odeur violente, écœurante, du cognac répandu.

L'incident n'avait duré que quelques secondes au cours desquelles Staline avait compris qu'il se passait quelque chose d'abominable, peut-être ce qu'il voyait parfois en rêve avec tous ses détails, ce qui l'empêchait de dormir la nuit[1]. Ce qui advenait en plein jour au corps sacré de la révolution. Il fallait fuir, tout de suite. Je n'ai pas le droit de risquer ma vie.

L'instant suivant, Okhotnikov réussit à bousculer deux gardes. Il bondit vers Staline et lui envoya à toute volée un coup de poing sur la tête. Les bottes du Maître du Kremlin glissèrent dans une

1. Staline travaillait toute la nuit et ne prenait quelques heures de repos que le jour, ce qui obligeait ses collaborateurs à en faire autant.

flaque de cognac, il s'affala dans un coin, « c'est la fin de la révolution », lui traversa l'esprit, et il perdit connaissance. L'Ossète enfonça par-derrière son poignard dans l'épaule d'Okhotnikov. Le sang jaillit.

— Prenez-les vivants, hurlait Enoukidzé.

Staline gisait dans son coin dans une pose grotesque, au milieu des victuailles qui avaient glissé des tables et s'étaient répandues. Okhotnikov comprimait sa blessure de sa main droite ; à gauche, son dos était plein de sang ; à présent, il tenait son pistolet de la main gauche. Dans tout ce désordre, il n'arrivait pas à braquer l'arme sur Staline. Quelque chose l'empêchait, lui, l'héroïque coupe-jarret Rouge, de tirer sur des gens *qui n'y étaient pour rien*.

Quelques secondes plus tard, les commandants, pistolet au poing, se frayaient un passage vers le souterrain et prenaient la fuite. Deux motocyclettes les attendaient sous les murs du Kremlin.

— Ils sont partis, les salauds ! Comment ça va, Joseph ? fit Rykov en se penchant d'un air compatissant.

Staline, assis à terre, grimaçait comme s'il avait, par erreur, avalé une gorgée de vinaigre. Il s'était déboutonné afin de remettre en place sa tunique boudinée sur son ventre.

— Ils n'iront pas loin, grommela-t-il.

Cependant, la manifestation se poursuivait. « Nous sommes la cavalerie Rouge et les conteurs disent notre légende », clamait à pleine voix des fillettes en fichus écarlates. La colonne dans laquelle s'était inséré le groupe d'Albov pénétrait sur la place Rouge, déployant tout ce qu'il convenait : un énorme cercueil du « capitalisme rouge », l'hydre de la contre-révolution sommée de la tête de Chamberlain, la maquette du futur barrage de la Dnieproguess. Une fois passé la façade de la Haute Galerie des Marchands, la colonne contournait le monument de Minine et Pojarski[1]. C'est à cet endroit précis qu'Albov quitta les rangs et, d'un vaste élan, précipita le portrait de Staline sur le pavé gras. Moustache en l'air, la gueule du Maître dérapa vers le cordon de soldats Rouges alignés devant le Mausolée. « Allons-y, camarades ! » cria Albov aux siens.

Déjà les trotskistes envoyaient promener les pancartes officielles et déroulaient au-dessus de leurs têtes la banderole préparée pour la circonstance : « À bas les thermidoriens ! » Un immense panneau portant le même slogan descendait des fenêtres de la Haute Galerie en plein à la vue de la tribune gouvernementale et des hôtes d'honneur : « À bas les thermidoriens ! »

1. Les deux héros de la levée en masse qui chassa l'occupant polonais de Moscou en 1612.

« À bas ! À bas ! » scandait la jeunesse. Nina, tour à tour, faisait des moulinets avec les bras ou s'agrippait à l'épaule de Sémione. « À bas ! À bas ! » Les ondes tantôt glaciales tantôt embrasées du grand élan des foules déferlaient en elle. Dans des instants pareils, on courrait au-devant des mitrailleuses, on se sacrifierait, on se volatiliserait.« À bas ! »

Immédiatement, les autorités prirent les mesures adéquates. Une compagnie d'infanterie traversa la place l'arme au poing, mettant baïonnette au canon. Les ordres étaient d'y aller à coups de crosse sans plaindre sa peine. Un escadron de cavalerie enfonça la queue de la colonne. Les honnêtes travailleurs se dispersaient en affirmant aux cavaliers : « C'est pas nous, petits frères, c'est ces sales youpins. » Ils brandissaient le poing, signifiaient leur colère : « À mort, les salauds ! » Or, la mission de la cavalerie n'était pas de tuer, mais de repousser le groupe derrière la Haute Galerie. Des miliciens accouraient de toutes parts en ordre dispersé, le sifflet à la bouche, suscitant une panique folle. « Attrapez les traîtres ! »

Le groupe d'Albov défendit sa banderole au coude à coude jusqu'au moment où les vigoureux chevaux et les crosses qui lui volaient à la figure le refoulèrent sous l'arche obscure d'une cour passante. La voix du chef monta d'on ne sait trop où.

— Mission accomplie ! Dislocation !

Hélas, la place pour la dislocation manquait. Quelques instants plus tard, le groupe se retrouva dans l'étroit passage Boumajny qui séparait le puissant édifice de la Galerie de la place Rouge. C'est là que commença le véritable massacre. Les miliciens et les soldats rouges y allaient à coups de matraque, de crosse, de sabre au fourreau. Çà et là surgissaient des visages ensanglantés, défigurés. « Fascistes ! Assassins ! » glapissaient les trotskistes. On les renversait, on les traînait vers les fourgons cellulaires. Quelques-uns tentèrent de se sauver, de se mêler à la foule des badauds. Vite reconnus, ils furent passés à tabac. Ce fut une affreuse mêlée.

Deux soldats traînaient Nina avec de gros rires. L'un la ceinturait par-derrière, l'autre arrachait les boutons de son manteau.

— On va te baiser vite fait, putain ! Emmène-la derrière les tonneaux, Koliaï. C'est là qu'on la baisera.

Hurlant « Sémione ! Sémione ! », Nina tentait de se débarrasser de ces deux gredins qui dégageaient une odeur infecte. Une vague vociférante de fantassins et de cavaliers déferla, rompit le barrage, la rejeta vers la porte d'une droguerie. Cette porte s'entrouvrit et une petite gueule mielleuse émergea de l'obscurité. « Entre vite, mademoiselle, sauve-toi ! » Elle recula d'horreur, se reprit à crier « Sémione ! Sémione ! »... et voilà qu'elle l'aperçut.

Au milieu de cette sombre mêlée, le moniteur de l'Ossoaviakhim était lumineux et même rayonnant. Debout sur le haut perron, il tirait sur sa cigarette, observait les manifestants et désignait aux hommes de la Guépéou ceux qu'ils devaient arrêter. N'en croyant pas ses yeux, Nina se glissa le long du mur en direction du perron. « Sémione ! » cria-t-elle une fois de plus, et là, sa voix parvint jusqu'à lui, il ricana, lui tendit la main. À travers les hurlements de la foule, elle l'entendit dire : « Fini de jouer, Nina Borissovna ! Grimpe ! » En même temps, elle vit l'un des hommes de la Guépéou le pousser du coude et, lui désignant quelqu'un dans la cohue, lui demander : « Celui-là ? » et Sémione, avec un bref coup de tête, indiquer : « Celui-là, celui-là. »

— Mouchard ! s'écria Nina, proche de l'hystérie. Sémione, toi, un mouchard !

Puis un remous la refoula. Un dernier coup d'œil lui montra Sémione en train de la désigner aux gens de la Guépéou : « Celle-là aussi. » Un instant plus tard, un cavalier, brandissant sa pique de parade, lui envoya un coup de hampe sur la tête. Elle perdit conscience et tomba sous les pieds de la foule.

La bataille était terminée. La Milice enfournait les trotskistes exténués dans ses fourgons. Un flic au gros mufle-grosses fesses traînait Nina, sans connaissance, le long de la rue Nicolskaïa. À un coin, une bande de mendiants et de marchandes de beignets entoura le serviteur de l'ordre.

— Regardez voir, bonnes gens, ils ont tué la fillette, ces monstres ! Bandits, filous, vampires, ils ont expédié cette beauté ! Une écolière !

Le flic jetait à droite et à gauche des regards éperdus :

— Allons, allons ! Elle n'est pas morte ! Elle a été arrêtée. Une trotskiste, voyons !

Une des marchandes lui lança un pâté rassis à la tête, ce fut une pluie d'invendus, les bonnes femmes et les mendiants braillèrent :

— Trotskiste toi-même ! Sans vergogne ! Vous n'êtes pas chrétiens ! Au tribunal, le flic !

Le flic laissa tomber, abandonna Nina, se sortit comme il put de la bande des sans-classe. Les femmes ramassèrent Nina, constatèrent qu'elle était bien vivante, essuyèrent avec un mouchoir son visage fendu et tuméfié et, la dissimulant aux yeux des miliciens, l'emmenèrent au fond de la rue où plusieurs ambulances se tenaient prêtes. Soudain, un docteur jaillit de l'une d'elles, blond, longs bras, longues jambes, poussa un cri, chancela, faillit tourner de l'œil lui-même :

— Nina ! s'écria-t-il, Nina !

Tout convergeait. La bagarre au quartier de Kitaï-Gorod, et Savva Kitaïgorodski, sa princesse matraquée entre les bras.

Savva installa Nina sur un brancard à l'intérieur de l'ambulance, lui fit une piqûre de morphine, lui essuya la figure avec de la gaze, passa à l'iode ses coupures et ses écorchures, banda son poignet brisé. Durant le trajet de l'hôpital Chérémétiévo, Nina tantôt émergea, tantôt sombra dans l'inconscience, geignit doucement, bien que la morphine eût supprimé la douleur, mais elle avait envie que Savva rapprochât son visage.

Et vraiment, quel visage ! Si fin, si pur : ni grosse moustache ni verrues, un simple et pur visage humain, je n'en ai jamais vu de semblables de ma vie.

Elle ne comprenait pas ce qui lui arrivait ni où on l'emmenait, mais elle se sentait bien, calme, petite geignarde, objet des soins d'autrui.

— Savva, Savva, c'est toi ? Reste, s'il te plaît.

Et Savva, lui-même quasiment mort de bonheur et de tendresse, s'était allongé contre elle sur le sol de l'ambulance brinquebalante, lui tenait la main et murmurait : « Ma petite Nina, encore un peu de patience, tout va s'arranger... »

Soudain, elle se rappela les odieuses gueules des soldats, les crosses qui lui volaient à la figure, elle poussa un cri sauvage, se souleva sur un coude :

— Aaah, ce qu'ils m'ont fait ! Ceux de la Travée des Chasseurs ! Les sales fascistes ! Savva, Savva, la révolution est morte !

Et qu'elle aille au diable, votre maudite, tyrannique révolution, se disait Savva. La seule bonne chose qu'elle ait faite, c'est de t'amener à moi.

— Calmez-vous, ma petite Nina, suppliait-il. Vous, vous êtes en vie, n'est-ce pas ? Votre jeunesse, votre poésie sont vivantes !

Elle se souleva de nouveau sur son brancard, le sourire de la drogue s'épanouit une fois de plus sur ses traits.

— Ce visage que tu as, Savva, chuchota-t-elle. Compare le tien et le mien. Le mien est une gueule, le tien un Visage majuscule. Tu pourrais, de ton Visage, embrasser ma gueule ? Embrasse-la où elle n'est pas entamée.

Il chercha avec mille précautions un endroit intact, un peu au-dessus du menton, et l'effleura des lèvres.

À la tribune des hôtes étrangers, près du Mausolée, on était en pleine confusion. De nombreuses personnes avaient remarqué qu'il se passait quelque chose d'insolite parmi les membres du gouvernement, que Staline et Rykov avaient disparu, que Boukharine tournait sans cesse la tête d'un air craintif. Au bout d'un certain temps, Staline avait repris sa place au centre de son groupe, mais il était nettement troublé, il avait la figure sombre.

Puis, à l'autre bout de l'immense place, il y avait eu un tourbillon, un détachement de cavalerie s'y était précipité. Une banderole portant un bref slogan était apparue sur la façade du lourd bâtiment devant eux, elle avait été le centre d'une lutte ouverte : les uns cherchaient à la décrocher, les autres la défendaient.

Reston était furieux : son interprète avait trouvé le moyen de disparaître au moment le plus important, peut-être s'était-elle éclipsée exprès pour ne pas avoir à traduire ce désastreux slogan. Il tenta de déchiffrer quelque chose de ces obscurs caractères cyrilliques et, si bizarre que cela paraisse, il arriva à un certain résultat, il comprit que le deuxième mot provenait du français *Thermidor* et se rapportait à la provocation trotskiste à l'adresse de l'aile droite du Parti. C'est donc que l'opposition s'était mise en campagne pour de bon, et pendant ce temps-là, il restait planté sur cette tribune imbécile, au milieu de ces crétins Rouges, à perdre des instants historiques.

Il remonta le passage dans l'espoir de retrouver un collègue journaliste de la presse impérialiste. Autour de lui, dégageant déjà une certaine lassitude, résonnaient *Bandiera rossa* et *Die Fahne hoch !*[1], le temps humide et la situation ambiguë modéraient les enthousiasmes. Il finit par tomber nez à nez avec sa vieille connaissance, le monsieur au beau raglan de tweed.

— Tiens ! le professeur Oustrialov ! Quelle chance ! Vous me reconnaissez ?

Oustrialov marqua un temps d'arrêt, mais sans trop d'ardeur. Naturellement, il l'avait reconnu sur-le-champ, mais il faisait mine de se livrer à un effort de mémoire, voilà, voilà, un instant, oui, oui... un rapide coup d'œil par-dessus l'épaule, ah, oui...

— Ah, vous êtes... pardon... ah, oui, mister Reston... vous êtes de Chicago, je crois ?

En vieux copain, afin qu'il cesse de faire l'imbécile, Reston lui saisit vigoureusement le coude.

— Que se passe-t-il, Oustrialov ? On dit qu'il y a une seconde manifestation ?

— Je n'en sais pas plus que vous, fit Oustrialov en essayant de se dégager.

— Vous pouvez m'accorder une brève interview ? Cinq minutes au pied du Mausolée deux ans après. Ce n'est pas mal, non ? insista Reston.

Oustrialov libéra son bras, le regard fuyant, comme s'il apercevait à peine cet Américain avec lequel il avait eu un entretien si riche d'intérêt il y avait deux ans.

— Excusez-moi, mais pour l'heure, il ne saurait en être question... Encore une fois pardon, je suis pressé...

1. *Le Drapeau rouge* et *Levons le drapeau*, chants révolutionnaires, respectivement italien et allemand.

Il descendit en courant l'escalier de bois et alla jusqu'à consulter sa montre, autrement dit : « Je suis vraiment pressé. » Alors, en véritable chacal de la plume, Reston lui lança tout de même dans le dos :

— *A provocative question* : donc, votre théorie s'effondre, Oustrialov ?

Le professeur broncha, puis courut encore quelques pas, finit quand même par se retourner et cria, suscitant l'étonnement de la délégation du Parti hollandais :

— Nullement ! Nous assistons au renforcement de la structure politique de la Russie.

Reston rangea d'un air las son stylo et son bloc dans sa poche. Tenant deux ballons rouges imbéciles sur chacun desquels s'étalait un X en chiffre romain, Galina fit son apparition. Extrêmement irrité comme il était, Reston trouva à ces deux X un air de sinistre menace ; je ne reviens plus dans ce pays, cela suffit, j'en ai assez, ce ne sont pas les autres sujets qui manquent, je vais aller en Espagne, là-bas, au moins, je ne dépends pas des interprètes.

— Où est la sortie ? demanda-t-il à Galina. Je suis fatigué.

— Camarade Reston ! s'exclama la demoiselle d'un air indigné.

— Je ne suis pas votre camarade, nom de nom ! grommela-t-il.

Le calicot trotskiste avait, depuis longtemps, disparu de la façade de la Galerie. L'interminable procession des travailleurs continuait à affluer sur la place Rouge. Reston considéra les portraits de Staline qui, l'un après l'autre, émergeaient derrière le Musée Historique. Puis il sortit son bloc et y nota quatre mots : « L'ouverture est finie ». Après quoi, il retrouva un peu d'alacrité : il était content de ce titre.

*Troisième entracte*

## LES JOURNAUX

*... L'achat d'un logement entraîne l'expulsion de Moscou : dans un délai d'un mois pour les travailleurs, dans celui d'une semaine pour les non-travailleurs.*

*Les objecteurs de conscience seront traduits devant la commission spéciale des réfractaires au service militaire.*

*... Au Théâtre Nat. V. Meyerhold,* Rugit la Chine, *une pièce de S. TRÉTIAKOV.*

*... Au cirque Nick-Diavolo, looping à bicyclette.*

*... Au cinéma, les étoiles de l'écran Gloria Swanson, Jackie Coogan, Xenia Desny, Charlie Chaplin.*

*... Sont privés du droit de vote : les koulak, les objecteurs de conscience, les ex-fonctionnaires du tsar, les personnages suspects des professions libérales.*

*... Des cambrioleurs se sont introduits chez Mikhaïlov et Lein (20, rue Pokrovka).*

*... T. Sémachko dénonce la cause de la croissance de la petite délinquance : notre jeunesse a grandi sous le régime de l'autocratie.*

*... Disparition de Nicolaï Serguéiévitch Lorenz, 29 ans.*

*... L'archiprêtre N.I. Bogolioubski, professeur de théologie, s'est paisiblement endormi de son dernier sommeil.*

*... Le camarade Rothstein, membre du Collège du Commissariat du peuple aux Affaires étrangères, est revenu de congé.*

... Chlorodont, *dentifrice de réputation mondiale ! Henné-basma ! Eau de Cologne triple ! Lits !*

*... Rayon d'approvisionnement de la division. Vente aux enchères. Choux et pommes de terre au* poud.

*... Découverte et neutralisation de 49 espions lettons.*

*... Comité interprofessionnel* Rous'. *Film de production autonome :* La Mère *(d'après un sujet de M. Gorki), avec V. Baranovskaïa et N. Batalov. Metteur en scène : V. Poudovkine ; chef opérateur : I. Golovnia.*

*... Nouvelle défaite de Sun Yat-sen.*

*... Sévère correction d'un feuilletonniste à Odessa.*

... L'Amérique au régime sec, *caricature : un flot d'alcool s'écoule d'un code des lois.*

*... Clous. Bouchons. Scies. Linge.*

*... Les thèses du camarade A.I. Rykov en vue de la XIV*[e] *conférence du Parti : « De la situation économique du pays et de la mission du Parti. »*

*... Cinquantenaire de la mort de Mikhaïl Bakounine. La salle de*

*l'Université de Moscou est archi-comble. Orateur : A.I. Vychinski, recteur de l'Université ; A.V. Lounatcharski, Commissaire du peuple à l'Instruction publique... « Nous ne renions pas nos prédécesseurs. »*

*... P.P. Lazarev, académicien : « Les géniales recherches de Lobatchevski*[1] *ont démontré l'existence de nouveaux aspects d'espaces différents, par leurs propriétés, de ceux dans lesquels nous vivons. »*

*... Un poème de L. Ovalov :* Propagandiste d'acier. *Dédié à Alexéi Ivanovitch Rykov.*

*... Mikhaïl Koltsov. L'art ou le Parti ? Bien des questions surgissent, à Moscou, dans l'esprit de l'étudiant de la faculté ouvrière au fond de culotte lustré comme un miroir.*

*Son actif : une bourse de vingt-trois roubles, des croquettes au sarrasin, la foi en la révolution mondiale, l'eau au bouilleur du foyer, trois livres de lard de son beau-père, des billets par hasard pour n'importe quoi.*

*Son passif : le surmenage intellectuel, le surmenage au Parti, le surmenage professionnel, le surmenage des services civils, le douloureux éblouissement des vitrines, les cotisations impayées, les morsures du froid à travers ses bottes d'opportuniste.*

*... Le camarade N. Pomorski, à propos de New York : « ... à notre vif étonnement, nous avons découvert que la statue de la Liberté était creuse. Le centre de New York dégage une exceptionnelle puanteur de gazoline. Avec ses gratte-ciel les plus hauts, jusqu'à 58 étages, New York suscite dans les âmes une rage formidable... La révolution ouvrière devra liquider cette ville monstrueuse. »*

*... L'union des ouvriers et de la science ensemble confondus écrasera dans son étreinte de fer tous les obstacles dressés sur la voie du progrès. Lassalle*[2].

*... L'esprit de Lénine plane au-dessus des sèches colonnes de chiffres ! L. Trotski.*

1. Nicolaï Lobatchevski (1792-1856), mathématicien, réellement de génie, qui établit les règles d'une géométrie non euclidienne.
2. Ferdinand Lassalle (1825-1864), théoricien socialiste allemand.

*... Mikhaïl Koltsov. Il ne saurait être question de faire revenir notre commerce sur les rails éculés du capitalisme... L'État ne saurait admettre l'anarchie du marché des denrées de première nécessité, du « libre jeu de la concurrence »... Il n'y aurait aucune honte à ce que les organes adéquats se livrent à certains rappels à l'ordre.*

*Quatrième entracte*

## LA VALSE DU PETIT CHIEN

Le jeune prince Andréi de Polotsk[1] que ses parents actuels avaient, à tort, prénommé Pythagore, s'abandonnant à son excellente humeur ordinaire, folâtrait entre les pins, aboyait après les corbeaux, poursuivait les écureuils. De loin, il avait un air terrible : large poitrail, toison noire de sa longue échine, puissantes pattes beige clair, grandes oreilles sensibles et dressées, gueule pleine d'armes merveilleusement étincelantes. Les écureuils auraient dû avoir une frayeur mortelle de cet ouragan qui s'abattait sur eux, ils auraient dû fuir, s'envoler le long des troncs des pins vers les branches les plus hautes, et ils fuyaient, ils volaient, mais apparemment toute frayeur absente. Il convient d'avouer qu'ils ne volaient pas vers les branches les plus hautes, mais vers les plus basses d'où ils contemplaient le prince Andréi. Parfois, il lui semblait qu'ils jouaient tout bonnement avec lui, voilà.

Qu'est-ce que je vais faire si j'en rattrape un ? se demandait-il parfois. Je ne peux pas le saisir avec les crocs, je risquerais d'abîmer la peau de l'innocente créature. Que faire ? soupirait-il encore, assis sous un pin, je cours trop vite, dans le fond, il ne me coûte rien de les rattraper.

Un jour, il advint qu'il n'eut même pas à les rattraper. Un écureuil qui bondissait à plaisir devant lui s'arrêta d'une pièce, se retourna, et lui décocha le même regard que cette Finnoise qu'il avait rencontrée sous Derpt lors de la première campagne de Livonie. Et tout comme il avait, alors, pilé son cheval, il s'accroupit aujourd'hui sur ses pattes de derrière. Une ondée de tendresse, de bienheureuse timidité, de jeune joie, le parcourut. La petite bête le considérait sans peur, comme la jeune fille en robe de toile avait considéré l'étincelant preux de Russie. Puis sa nature animale se déclencha en elle comme un ressort et elle s'enfuit tel l'éclair sous la cime inaccessible du pin.

1. La principauté de Polotsk, datant du xe siècle, s'étendait sur une vaste région empiétant sur la Biélorussie et le grand-duché de Lituanie. Le prince Andréi participa aux côtés des autres princes russes à la célèbre victoire de Koulikovo (1380) qui contribua à secouer le joug tatar.

Le prince Andréi était certain que c'était cette jeune fille, tout comme il était sûr, lui, le berger allemand Pythagore Gradov, âgé de trois ans, d'avoir autrefois traversé ces terres sous les traits du prince russe. La petite bête sautille là-haut avec ses compagnes, se livre à des ébats amoureux et coule parfois vers lui un regard de ses yeux faussements irréfléchis. Elle ne comprend sans doute pas jusqu'au bout qui elle était alors et quand cela s'est produit, tout comme lui-même, d'ailleurs, ne se fait pas une idée très nette de ce que sont un « prince », la « Russie », le « tsar Ivan ». Bien entendu, si le prince Andréi ne savait pas son nom, c'est peut-être qu'il était revenu à un âge excessivement tendre. Il aimait que les grandes personnes lui donnent le nom erroné de Pythagore, et plus encore de son diminutif Pytha, ce qui, à son avis, compensait cette erreur.

Il aimait toute sa famille : sa mère Mary, son père Bo, son oncle Lio, sa deuxième mère Agacha, son deuxième oncle Slabopétoukhovski (chaque fois qu'on prononçait ce nom, il avait envie de le répéter en riant), ses frères aînés Nikita et Kirill, sa sœur Véronika qui venait de rapporter un joli petit chiot du nom de Boris IV, et, bien sûr, plus que tout le monde, sa petite sœur Nina qui, malheureusement, jouait bien peu avec lui.

Tout ce qui lui rappelait le passé ne se dressait pour l'instant devant lui qu'en grands éclairs de bonheur : les vastes étendues d'avant la dernière attaque de Koulikovo, ou bien la masse étincelante des eaux lorsque, avec sa compagnie de cavaliers, il s'était frayé la voie jusqu'à la Baltique, les moments où il avait satisfait sa faim ou étanché sa soif, la gent féminine sur son chemin, et ce geste par lequel il relevait le pan de sa tente, le regard de l'ami avant que l'ami ne devienne un monstre...

À cet endroit, lorsque émergeait le regard de l'ami ou l'ami lui-même « avant qu'il ne devienne cela », le prince Andréi grondait doucement, remuait les oreilles afin de chasser la suite et se lançait dans une course folle autour des pins ou autour des meubles, tout entier repris par les joyeux reflets du présent et de jadis.

Un matin, Savva, qui voulait entrer dans la famille du prince Andréi, ramena Nina en voiture d'où il la sortit dans ses bras, disant qu'elle ne pouvait pas rester à l'hôpital. Maman Mary poussa des cris affreux. « Qu'est-il arrivé ? » On monta Nina dans sa chambre. Le prince Andréi réussit à devancer tout le monde et à s'étaler sous le lit. Il refusa catégoriquement d'en sortir et grogna même lorsque sa seconde mère fit mine de le prendre par le collier. Alors, son père dit : « Laissez-le. »

Les ténèbres et des ruines d'incendie surgirent soudain devant lui, le champ d'après la bataille, les ombres des pillards, des flocons noirs de non-vie qui s'élevaient comme autant de corbeaux au-dessus de l'insupportable odeur du crime. Il sentait que ces flocons se faisaient de plus en plus épais au-dessus de sa sœur bien-aimée et, par conséquent, au-dessus de lui-même. De là, de ce « jadis », s'avança une file de choses terribles : les horizons se refermèrent, le monde s'étrécit aux dimensions d'une cage, d'un cachot, d'un puits de pierre d'où l'on sortait les gens non pour leur salut, mais pour le plus épouvantable tourment, du visage figé du monstre, l'ancien ami, le tsar Ivan.

Combien de temps s'était-il écoulé depuis ? le prince Andréi n'en savait rien et, d'ailleurs, il ne se posait pas la question. Il s'efforçait de ne pas couiner, alors que cela seul eût pu le soulager. Puis la main de Nina tomba du lit et s'arrêta juste devant son nez. Il la tâta du museau : elle était froide même pour sa truffe toujours humide. Il la lécha avec précipitation de sa longue langue toujours brûlante comme une couvée de lave. Soudain, la main se souleva et le prit par les deux oreilles à la fois. « Pytha, mon chéri », murmura la voix de sa sœur.

Les flocons de non-vie s'éparpillèrent, comme effrayés par un cavalier ailé. Le chien dansait sous la lune ou sous le soleil, sous ce dont on disposait pour l'heure. Les casemates s'ouvrirent comme enfoncées par un souffle puissant. La jeunesse appelait. Le jour de la fuite volait alentour vers les vertes collines de Lituanie.

## CHAPITRE HUIT

# *Le village de Gorelovo*
# *Le Kolkhoze « Le Rayon »*

Au début de l'automne 1930, vers le soir, à la gare de Moscou-Kazan, rigoureusement à l'heure, ou presque rigoureusement, bref, pour la joie des voyageurs du train de Tambov et de leurs accompagnants, on commença à embarquer.

Chaque fois qu'ils prenaient le train, les Soviétiques d'alors étaient inévitablement saisis de nervosité, à la limite de la panique. Qu'un réseau de transports fonctionnât correctement apparaissait comme un miracle, d'autant plus que les temps étaient redevenus durs et qu'il fallait aller chercher à Moscou bien des produits de consommation courante que, du temps de la NEP, l'on trouvait dans n'importe quelle boutique. Dès qu'elles mettaient le pied sous les gigantesques voûtes du bâtiment ferroviaire destiné à évoquer le XVIe siècle, mais ne rappelant que le tout récent et moderne Monde l'Art[1], les paysannes de Tambov, pleines de sacs et de cabas accrochés par-dessus leurs jaquettes de peluche du dimanche, se disposaient à s'approprier de haute lutte leur wagon et leur châlit. Des vieilles filaient sur le quai à travers la foule à une vitesse extraordinaire, et trouvaient encore le temps de crier à leurs compagnes : « Allez, allez ! Ne traîne pas, Macha ! À qui il est, cet enfant ? Qui a perdu son enfant ? » La gent moscovite représentée par sa fraction loin d'être la meilleure, à savoir par les porteurs, les poursuivait des souhaits de bon voyage les plus choisis. Cette gare-là, on n'avait pas encore réussi à y rétablir la bienséance d'avant la révolution, et apparemment, on n'y parviendrait jamais. Le sol carrelé était presque entièrement occupé par des campements tatar et tchouvaches. Aux toilettes se faisait une lessive en proportion du reste. L'air était saturé d'une odeur tenace faite d'un mélange de Javel, d'urine, d'abricots détrempés et de renvois de vinaigrette.

Les frères Gradov prenaient leur temps. Avec l'assurance de jeunes hommes possédant dans la société une situation ferme, ils avançaient lentement le long du quai sans prêter attention à qui-

1. Association artistique russe du début du XXe siècle qui prôna une transformation radicale non seulement de l'objet, mais du but et des méthodes de l'acte créateur.

conque, uniquement occupés l'un de l'autre. Nikita était arrivé le matin même de Minsk avec sa famille et, apprenant que son cadet partait pour Tambov, s'était offert à l'accompagner. Kirill ne s'y était pas opposé.

Au cours de ces deux dernières années, son rigorisme avait cédé, il n'avait même pas protesté lorsque Nikita avait fait venir une voiture du Commissariat du peuple. Et même les traits de son visage s'étaient adoucis et il eût été difficile, à présent, malgré ses habits d'ouvrier, de ne pas reconnaître en lui un jeune homme de bonne famille. Au fait, peut-être le devait-il à un nouveau détail de sa tenue, des lunettes à fine monture métallique. Elles trahissaient incontinent ses origines non prolétariennes.

Nikita portait, comme toujours, son uniforme de haut gradé de l'Armée Rouge ajusté jusqu'au dernier pli. C'est cet ajustement-là et la coupe parfaite qui distinguaient les grades supérieurs des moyens et subalternes. On aurait dit que tout était pareil : vareuses, baudrier, culottes de cheval, bottes, et pourtant, on les distinguait de loin sans avoir à examiner leurs pattes de col.

Ces dernières années, les deux frères s'étaient vus rarement et avaient encore moins communiqué, sinon à la table du Bois d'Argent. Des disputes qui s'étaient élevées, comme l'on dit, pour un rien, mais avaient attisé de violents incendies, soit au sujet de Cronstadt, soit à celui des privilèges du haut commandement, les avaient éloignés l'un de l'autre. En accompagnant Kirill à la gare, Nikita, on le conçoit, tentait de surmonter la faille, et dans ses yeux on lisait nettement : « Allons, Kirill, cesse de faire la tête », cependant qu'en réponse, ceux de Kirill disaient : « Où as-tu pris que je faisais la tête ? », c'est-à-dire que se rétablissait leur éternelle relation : aimante et protectrice de la part de Nikita, aimante et sur la défensive de celle de Kirill.

Le cadet adorait son aîné depuis le temps où, préféré de sa maman, ce dernier s'était brusquement et irrévocablement tourné vers les Rouges, avait franchi en héros tous les fronts de la guerre civile et fait une étourdissante carrière militaire. Jamais Kirill n'aurait avoué, même à lui-même, que c'était le choix de son frère qui l'avait poussé dans les bras de l'« avant-garde du prolétariat ». Ce n'était pas du tout cela, c'était que lui aussi, il avait assez d'esprit pour comprendre dans quelle direction voguait le navire de l'Histoire. Et la si étrange évolution de Nikita, ce vague idéologique qu'il semblait tant soigner, n'étaient-ils pas la preuve de l'absolue indépendance de Kirill ?

L'installation dans le train de Tambov commençait à ressembler à la prise du Palais d'Hiver. Se mettant à l'abri du tourbillon des sacs et des valises, Nikita et Kirill s'arrêtèrent sous un lampadaire et allumèrent une cigarette. Justement là, tous les lampadaires de la gare s'illuminèrent. Un grand portrait de Staline s'éclaira au bout du quai en même temps qu'un slogan « Vive le quinquennat stalinien ! » Nikita sortit une boîte de coûteuses Kazbek : noire silhouette d'un cavalier volant sur un fond de montagne d'un blanc éclatant et d'un ciel d'un bleu profond. Mais Kirill déclina, préféra ses Nord de trois kopek.

— Tout de même, qu'est-ce que tu vas y faire, à Tambov ? demanda Nikita.

Kirill ne répondit pas tout de suite, l'attention comme absorbée par sa cigarette qui refusait de s'allumer. Puis il marmonna :

— On implante un réseau d'instruction idéologique dans la région.

— Exactement ce dont les moujik ont le plus besoin, n'est-ce pas ? ironisa Nikita.

Kirill laissa passer. Il ne voulait pas que la conversation dévie une fois de plus vers des sujets graves, sinon sombres, qu'une fois de plus se heurtent sa haute conscience politique et le franc-parler affecté des grands militaires.

— Et dans quel district, au juste ? demanda Nikita avec une note bizarre dans la voix.

— À Gorelovo et quelques nouveaux kolkhozes du district, dit Kirill en s'apprêtant déjà à engager la conversation sur les affaires de famille, mais là, Nikita fit, avec un petit rire :

— De nouveaux kolkhozes dans le district de Gorelovo ! — Il posa la main sur l'épaule de son frère. — Sois prudent, là-bas, à Gorelovo.

— Que veux-tu dire ?

— En 1921, tous les moujik de Gorelovo ont rejoint l'armée d'Antonov. Nous avons dû donner l'assaut au village, deux fois en un mois.

— Ça y est, tu recommences ! s'exclama Kirill, très sincèrement contrarié.

Nikita rit encore, cette fois comme de lui-même, il était nettement troublé.

— Oui, petit frère, je pense encore à ces cauchemars. Comment s'est-il fait que nous, l'armée des révoltés, nous soyons si vite devenus celle de la répression ?

Déjà Kirill était prêt à reprendre feu et flamme : son affection pour son frère livrait en lui combat à l'ombrage qu'il prenait pour son parti.

— Ah, Nika ! Dix ans ont passé, nous sommes en pleine collectivisation et toi, tu penses encore aux anarchistes de Cronstadt et aux bandits d'Antonov !

— Tu es d'une naïveté étrange, articula sombrement l'aîné. Moi, il me semble que c'est le moment où jamais d'y penser. Crois-tu que le peuple soit si content qu'on ait supprimé la NEP d'un coup sans rime ni raison, qu'on lui ait ôté la terre et entrepris la collectivisation ? N'est-ce pas du trotskisme de la plus belle eau, bon sang !

— Naïveté ? s'écria Kirill. Dis-moi, vieux frère et commandant Rouge : as-tu lu un seul livre de Marx de toute ta vie ?

— Et quoi encore ! rétorqua Nikita avec la même ardeur polémique. Bien sûr que je ne l'ai pas lu et ne le lirai pas, j'espère que mes yeux se passeront encore longtemps de cette... bicyclette.

De l'index, il pressa les lunettes révélatrices sur la racine du nez de Kirill.

Celui-ci, d'abord abasourdi, éclata de rire. Il était reconnaissant à son frère d'avoir inopinément « humorisé » ce maudit sujet. Nikita, content, riait aussi.

— Quelles nouvelles de Nina ? demanda-t-il un instant plus tard.

Kirill haussa les épaules.

— La dernière nouvelle, c'est son poème dans *Krasnaïa Nov*. Un galimatias moderniste. Elle a passé son diplôme là-bas, à Tiflis, il y a deux mois, mais elle ne se presse pas de rentrer. Mère ne comprend pas ce qu'il y a et moi, je suis convaincu que c'est une nouvelle idiotie d'histoire d'amour.

— Bien, et toi ? fit Nikita avec un sourire.

— Quoi, moi ? demanda Kirill interdit.

— Tu n'es pas encore amoureux ?

Kirill fit la moue.

— Moi ? Amoureux ? Quelle sottise !

Toujours souriant, Nikita prit son frère aux épaules.

— Ça ne sera qu'après la collectivisation, oui ? Après l'industrialisation, n'est-ce pas ? À la fin du quinquennat, mon vieux Kirill ?

Presque simultanément, la locomotive siffla, la cloche sonna et le conducteur glapit : « Citoyens voyageurs ! Citoyens accompagnants ! Attention au départ ! » Les citoyens se précipitèrent qui dans les wagons, qui hors des wagons, il y eut une dernière bousculade. Kirill se vissa dans la masse des passagers.

Dix minutes passèrent après ce remue-ménage avant que le train ne s'ébranle. Kirill était serré contre la vitre douteuse, pressé de trois côtés par des sacs paysans, des valises de contre-plaqué fermées par des cadenas, des paniers pleins de produits d'épicerie acquis en ville : cubes de savon de ménage à l'odeur forte, bouteilles de trois litres (un quart de seau) d'huile végétale, pains de sucre candi qui émergeaient de leur emballage bleu lequel, soit dit en passant, rappelait par son harmonie blanc-bleu d'une simplicité extrême, les cigarettes Kazbek dont il vient d'être question.

Kirill, qui n'avait guère la possibilité de remuer les bras, faisait à son frère, de la face et aussi avec le menton, les signes idoines : « Sauve-toi, à quoi bon rester là ? », mais l'autre demeurait sur le quai et souriait, tranchant vivement par sa taille bien prise et sa fière allure, pour ne rien dire de son uniforme, sur la foule misérable du quinquennat.

Qui parle de « désintérêt des principes », de « franc-parler militaire » ? se disait Kirill, il est le même officier qu'il eût été en Angleterre ou en France, ou... évidemment, dans l'armée tsariste, l'Armée Blanche. Comment cela m'a-t-il échappé jusque-là ? Malgré toutes ses décorations, Nikita n'est ni plus ni moins qu'un officier russe.

Enfin, le train s'ébranla, Nikita s'éloigna, le quai, la gare avec son Staline, son slogan et sa flèche se fondirent dans le noir.

Seize heures ou peut-être plus, probablement vingt heures plus tard, le train s'arrêta à une halte où il n'y avait que le poste d'aiguillage et à une centaine de mètres de là, la pitoyable masure de l'aiguilleur. Épuisé par le voyage, Kirill dévala du wagon, son bagage à la main. Il aspira avec délices l'air automnal et froid des étendues désertes de la Russie profonde, ôta son bonnet et offrit son visage au vent. Le train repartit aussitôt vers le centre régional, Tambov, une ville autrefois célèbre pour les bals de son Association de la noblesse. Un jeune paysan de vingt ans, pas plus, une étoile rouge sur sa casquette, se détacha dans l'espace, c'est-à-dire contre les collines arrondies entrelacées de sombres cordons boisés.

— Camarade Gradov ? Bonjour. Je me présente personnellement : Ptakhine, Pétia, secrétaire de la cellule komsomol de Gorelovo. J'ai ordre d'as-su-rer votre trans-port.

Comme tous les responsables de fraîche date, Pétia Ptakhine aimait les mots nouveaux, les mots étrangers. Rien d'étonnant à cela, toute l'actuelle idéologie russe était piquée de cet ail exotique. « Le prolétariat exproprie les expropriateurs », on aurait cru que Pétia Ptakhine ne parviendrait jamais à l'articuler, eh bien, il l'articulait parfaitement : ex-pro-pri-a-tion.

Le « trans-port », une haridelle attelée à une charrette, se trouvait à l'attache à mi-chemin entre la masure de l'aiguilleur et un puits. Pour plus de confort, on avait abondamment jonché la charrette de paille.

— C'est loin, Gorelovo ? demanda Kirill.

Un étrange sentiment le tenailla soudain. En voyant la petite gueule simplette de Ptakhine, la charrette, les champs nus zébrés d'oiseaux noirs, il se sentit déborder d'un amour filial pour cette vallée de misère, comme si ses propres racines y eussent été implantées, mais comme si en même temps s'y associait quelque chose de lancinant qui ressemblait à un incurable reproche, à lui, le militant dur, de ne pouvoir surmonter sa pitié pour cette vallée de misère, ne serait-ce que parce qu'elle est le lieu d'un amour incroyablement profond sans lequel rien n'est possible.

Pétia Ptakhine détacha allégrement son cheval.

— C'est guère loin, camarade Gradov, dans les trois heures et le pouce, ce qui fait que je vous ferai avec plaisir rapport sur notre col-lec-ti-vi-sa-tion. On a opéré des ré-a-li-sa-tions é-no-o-ormes, camarade Gradov !

Les ténèbres s'étaient épaissies tout au long de la route et lorsqu'ils avaient pénétré dans le village, il faisait quasiment nuit noire. Tout de même, on distinguait encore les petites maisons des paysans, çà et là se consumaient des veilleuses, des bougies. Et soudain, parmi ces piètres sources lumineuses, jaillit la lueur d'un incendie presque à son terme, encore puissant, encore brillant, carcasse chauffée à blanc, fumée rose, langues de feu encore vivantes qui dansaient le long de chevrons effondrés. Une angoisse noire s'empara de Kirill.

Pétia Ptakhine considérait cela avec un intérêt extraordinaire et commentait avec animation :

— Ça, camarade Gradov, c'est ce midi, Fedka Sapounov, c'te sale peau de koulak, qu'a mis le feu à toute sa ferme, une exploitation é-no-o-orme, pour pas aller au kolkhoze. Il a tué toute sa famille et tout son bétail et s'est expédié lui-même vers son bon Dieu, seulement, c'est dans la poêle du diable qu'il va se retrouver, le maudit antonoviste !

L'incendie des Sapounov avait fait sensation dans tout le village. Quelques silhouettes allaient et venaient encore à sa lueur, des femmes élevaient des lamentations. Ptakhine arrêta son cheval et, les yeux fixés sur les poutres qui achevaient de brûler, les flammèches qui serpentaient ici et là, grommela comme un insensé :

— Une exploitation éno-o-orme, une exploitation éno-o-orme.

Au frémissement de ses lèvres, à la façon dont il s'essuyait le front de son bonnet, Kirill comprit que la chute des Sapounov mettait aussi un sceau au passé de ce petit komsomol de rien du tout.

## CHAPITRE NEUF

# *Des ballons d'oxygène*

À présent, bondissons de la civilisation céréalière de la Russie profonde à la civilisation méditerranéenne des olives, des prunes, du raisin, qui résiste toujours avec une obstination digne d'un meilleur emploi — comme on l'aurait dit à l'Institut des professeurs rouges — aux temps de rationnement sévère qui se profilent à l'horizon.

Tenez, prenez les ruelles bossues du vieux Tiflis. Il ne vous y viendrait jamais à l'esprit qu'au-dehors c'est le premier quinquennat qui se déploie. Les fers des chevaux de fiacre y martèlent le pavé comme il y a cent, comme il y a deux cents ans. Les ménagères se hèlent d'un balcon à l'autre, d'une galerie à l'autre. Dire qu'elles le font d'une voix gutturale serait sacrifier à la banalité, mais c'est que chez eux, les Géorgiens, le son naît vraiment de la gorge et non d'un bedon acoustiquement mat, et de cette gorge, il jaillit orageusement en l'air telle une fontaine et, dans son envol, rencontre infailliblement un petit pois d'argent, obstacle que l'on prend plaisir à surmonter d'un geste spécifique de la main. Tout comme dans l'ancien temps, au début de l'automne, un épais feuillage auquel pendent des poires et des pêches juteuses, déborde par-dessus les barrières. Tout comme autrefois, c'est-à-dire avant la catastrophe, c'est-à-dire avant l'heureuse union avec la Russie bolchevik (comme l'ont formulé certains pharmaciens inconscients), deux globes mats décorent l'entrée de l'officine, sur sa petite place, derrière la grande vitrine de laquelle on aperçoit, comme toujours, tonton Galaktion Goudiachvili arborant une blouse blanche amidonnée et bavardant attentivement avec sa pratique, principalement des Géorgiennes en pèlerine sombre. Certes, l'enseigne au-dessus de l'entrée, « Pharmacie Goudiachvili », a été négligemment barbouillée (que ne peut-on attendre du nouveau pouvoir, sinon une négligence grossière), mais on la déchiffre encore parfaitement. En tout cas, c'est bien à elle que les gens songent et non au bout de contre-plaqué accroché de guingois où l'on lit : « Pharmacie — n° 18 de la DirpharmdEtasanté-Tbil », un assemblage hideux des abréviations à la soviétique, tel encore que le Grouzpismach ou l'Ossoaviakhim.

— Arrête-toi à la pharmacie Goudiachvili, mon cher.
— Entendu, *batono*[1].

Au paisible martèlement de ses sabots, le fiacre s'exécuta. Son passager, Lado Kakhabidzé, un solide quinquagénaire, portant la blouse caucasienne serrée dans une ceinture rehaussée de plaques d'argent, examina non sans plaisir les alentours. Accomplissant une mission patriotique du Parti, il avait passé plusieurs années dans le Nord, et voilà qu'il revenait et examinait non sans plaisir les alentours. Tiflis n'a guère changé, se disait-il, mettant aussitôt la sourdine à la pensée suivante qui aurait à peu près l'allure que voici : Nous n'y avons pas encore tout démoli, s'il ne l'avait étouffée à temps et ne s'était répété, non sans plaisir : Tiflis n'a guère changé. Sur quoi, bien entendu, il avait étouffé sa seconde pensée qui resurgissait inévitablement.

Kakhabidzé sauta à bas de la calèche avec une légèreté surprenante pour son âge et pénétra dans la pharmacie. Le cocher — comme à tous les cochers de Tiflis, ce n'était pas la curiosité qui lui faisait défaut — put remarquer à travers la vitrine que l'arrivée de son important et officiel passager provoquait l'étonnement heureux et la joie de tonton Galaktion, lequel releva son comptoir avec une énergie qui effraya quelque peu sa pratique et accourut audevant du visiteur, les bras largement ouverts. La pratique s'en illumina.

Quelqu'un, à l'étage de la pharmacie, avait attentivement surveillé l'arrivée de Kakhabidzé. Là, dans l'appartement privé du pharmacien, et plus précisément dans le grand salon obscurci par des stores, orné de miroirs et de portraits d'ancêtres, se tenait Nougzar, le neveu de Galaktion, qui avait autrefois émerveillé les invités du professeur Gradov par son ardeur à danser la lezghienne. Il s'était ménagé une fente étroite dans un store et avait suivi l'apparition du grand militant, après quoi il avait entrouvert la porte de l'escalier et tendu l'oreille vers les exclamations de bienvenue qui retentissaient en bas. Puis un autre bruit était monté du fond de la maison, des talons tambourinant sur le parquet, et Nina Gradova avait fait son entrée dans la grande pièce. Les ecchymoses et les coupures que nous lui avions vues trois ans plus tôt n'avaient laissé aucune trace sur son visage. Malgré les immenses événements historiques qui s'étaient déroulés dans l'intervalle, elle n'avait que vingt-trois ans. Mais au fait, la florissante beauté d'aujourd'hui ne rappelait que de loin la hardie *Blouse bleue* de nos premiers chapitres.

Nina, qui n'avait pas remarqué la présence de Nougzar, s'approcha d'une glace, tapota sa chevelure, arrangea les bretelles de sa robe décolletée. Nougzar toussota, se découvrit. Elle daigna à peine l'honorer d'un regard : il était apparemment un familier de la maison, peut-être même un importun.

1. Géorgien : terme de politesse affectueux.

— Salut, Nina ! dit-il. Écoute, tu es tout simplement irrésistible dans cette robe. Je te le jure par le Caucase. Où dirigez-vous vos pas aujourd'hui, mademoiselle ? Oh, pardon, pardon : madame !

— Paolo fête la sortie de son nouveau livre, dit Nina. Il y a un grand rassemblement de poètes au funiculaire.

Nougzar claqua de la langue.

— Paolo Iachvili [1] ! Tu as de fameuses amitiés, jeune fille ! Rien que des célébrités littéraires.

Il s'approcha par-derrière et s'arrêta dans son dos, contemplant leur reflet dans la glace.

— Nous formons un joli couple, hein, Nina ?

Elle se tourna vers lui avec un certain agacement.

— Je suis poète moi-même. L'aurais-tu oublié ?

— Pour moi, tu n'es qu'une femme pour laquelle je me dessèche à mort, remarqua Nougzar avec une certaine mélancolie.

Nina éclata de rire.

— Quel type ! Tu n'es qu'un incorrigible coureur de jupons.

Leurs relations étaient essentiellement aléatoires, semblaient n'avoir aucun sérieux, sinon comment accueillir ces perpétuelles sollicitations légèrement ombrageuses ? Elle n'allait pas en faire un esclandre ! Joli gamin pourri par les femmes, il faisait l'imbécile.

— Moi, un coureur de jupons ! fit-il mine de s'indigner. Mais regarde-moi ! Je n'ai plus figure humaine parce que tu te refuses.

— Sale crampon ! s'écria-t-elle. Tu oublies, je crois, que nous sommes proches parents.

De part et d'autre, sincère ou théâtrale, l'indignation montait.

— Ha, ha, ha ! — Nougzar partit d'un rire sarcastique. — Et c'est l'une des femmes les plus libres du XX^e^ siècle qui dit cela ! Et que fais-tu de la théorie du « verre d'eau [2] » ? Que fais-tu de notre idole Alexandra Kollontaï et de son amour des « abeilles ouvrières » ? Pourquoi Paolo a-t-il droit au verre d'eau et pas Nougzar ? Pourquoi Titsian a-t-il droit au miel et Nougzar pas une goutte ? Des proches parents ! Dis-moi, par-dessus le marché que tu es mariée !

— Oui, je suis mariée, crétin, coquin ! Qui t'a raconté ces craques à propos de Paolo et de Titsian ?

— Mariée à un bon à rien. Ce n'est pas un homme ! s'écria Nougzar.

Et subitement les choses prirent une tournure grave. Il se jeta sur elle et lui embrassa les épaules, le cou. Furieuse, elle lui échappa et s'empara d'un pesant candélabre. Le souffle lourd, Nougzar s'éloigna vers un angle de la pièce, puis pivota brusquement comme s'il dégainait un sabre.

1. Paolo Iachvili (1895-1937), poète célèbre, ami de Pasternak.
2. Selon Alexandra Kollontaï, l'acte sexuel n'était qu'« un verre d'eau qu'on avale ».

— Je sais pour quelle raison tu t'es fait transférer à l'université de Tbilissi. Ce sont tes parents qui t'y ont forcée quand tes manigances avec l'opposition trotskiste ont fait surface.

— Salaud ! répliqua Nina. Où ramasses-tu ces sales ragots ?

Nougzar s'avisait déjà qu'il en avait trop dit. Il sourit et, dans sa main, le « sabre » devint une succulente pêche.

— Je plaisante, Nina, rien de plus, n'y fais pas attention. C'est une blague idiote, excuse-moi. Tu sais bien qu'autour d'une belle femme, il y a toujours des bavardages, des plaisanteries, alors... Je ne suis que votre page, Majesté :

*La reine jouait du Chopin en sa tour*
*Le page à l'entendre fut saisi d'amour*[1].

Tu vois, la poésie russe n'est pas étrangère aux jeunes Géorgiens.

Déjà Nina se dirigeait vers la sortie, mais il tournait toujours devant elle, jouant les pages et lui barrant la voie.

— Cesse de faire le clown et laisse-moi passer.

Nougzar dansait autour d'elle sur les pointes et faisait semblant de la rafraîchir à coups d'éventail.

— Voulez-vous que je vous conduise au festin de Paolo, Majesté ? Imaginez-vous arrivant à la montagne de David dans une authentique Packard américaine avec trois trompes d'argent ! J'ai un ami qui en possède une, il me la prêtera pour vous.

Cette fois encore, elle ne put garder son sérieux, elle éclata de rire.

— Allez vous faire fouetter à l'écurie, mon page.

D'un mouvement preste, elle contourna Nougzar qui dansait toujours et partit en courant.

Elle passa à la pharmacie pour dire au revoir à Galaktion et là, le vit serrer dans ses bras un gentleman d'aspect tout aussi sérieux que lui.

— Nina, tu n'en croiras pas tes yeux ! s'écria Galaktion. Regarde qui est là, qui est rentré ! C'est lui, le valeureux Kakhabidzé ! Un parent : tu peux l'appeler tonton Lado.

Alors, Nina se brancha sur un tout autre opéra : l'accueil du valeureux Kakhabidzé.

Toute la vie de Tiflis lui apparaissait comme une succession de sujets d'opéra.

— Tonton Lado ! Bon retour, *ghénatsvalé*[2] ! s'écria-t-elle, et ce n'est qu'après cela qu'elle déboula dans la rue.

D'un bond souple, Nougzar l'avait suivie dans la pharmacie. Dès le seuil, sans attendre les présentations, il avait largement ouvert les bras :

1. Igor Sévérianine.
2. Géorgien : mon ami.

— Je n'en crois pas mes yeux ! Tonton Lado Kakhabidzé en personne ! le commissaire de légende ! Vous me demandez comment je vous ai reconnu ? Mais j'ai lu la presse et dans une centaine de maisons j'ai vu votre photo.

Au coin de la rue, Nina héla un fiacre. Quant à Nougzar, sorti de la pharmacie, il descendit de sa démarche souple et rapide vers le centre et ses grands hôtels « français », comme l'on disait souvent en ville.

Cependant, dans l'officine, Galaktion et Lado ne pouvaient détacher les yeux l'un de l'autre, s'envoyaient des claques dans le dos, se dévisageaient, riaient.

— Galaktion, réveille-moi ! Est-ce vraiment toi ?

— Lado, c'est bien toi qui es là, dans ma vieille pharmacie ? Non, ne me réveille pas, laisse durer le rêve !

Kakhabidzé faisait le tour du magasin, palpait les armoires tournantes avec leurs séries de petits tiroirs, chacun orné du dessin d'une plante particulière, le tiroir-caisse argenté National, les comptoirs recouverts d'une plaque vitrée ; toutes ces choses de bonne qualité, de vieille fabrication russo-allemande qu'il connaissait depuis l'enfance (c'est qu'autrefois, Vakhtang, le père de Galaktion, était déjà à la tête de l'établissement).

— Rien n'a changé, articula-t-il avec satisfaction. — Sur quoi il soupira. — À cette réserve près que tu n'en es plus le patron, mais un simple directeur soviétique, mon cher Galaktion.

Goudiachvili brandit l'index :

— Tu te trompes, mon cher Lado, je ne suis pas directeur, mais directeur adjoint. Le directeur est un membre du Parti, le camarade Boulbenko. On me l'a envoyé ici du dépôt des chemins de fer où il était également directeur. Il est très expérimenté dans la direction des directeurs adjoints.

Kakhabidzé riait. Il prenait un plaisir évident à la conversation et à l'esprit de son camarade d'école et parent, le célèbre pharmacien Goudiachvili.

— Heureux homme que ce Boulbenko. Ah ! si j'avais eu, dans mon Oural, ne serait-ce qu'un adjoint comme toi, Galaktion ! Cependant, dans l'ensemble, nos affaires ne vont pas si mal, n'est-ce pas ?

Galaktion soupira.

— Comme ci, comme ça. Tu sais, Lado, je n'aurais jamais cru que ma pharmacie manquerait de belladone, d'ipéca, de chlorure de calcium... Hélas, il m'arrive de lever les bras au ciel et de dire : rupture de stocks, rupture de stocks...

Lado Kakhabidzé affecta un air sombre.

— Tu manques de belladone ? Tu ne reçois pas d'ipéca ? C'est une honte pour la pharmacologie socialiste ! Je te promets de m'en préoccuper. Tu verras, cher don Basile, à la fin du quinquennat, nos masses laborieuses jouiront d'un excédent de belladone, d'une profusion d'ipéca !

Galaktion s'attrapa le ventre à deux mains et partit à rire.

— Veux-tu que je te le dise honnêtement, Lado ? Tu es le seul gros bonnet communiste qui ait jamais été selon mon cœur. Aujourd'hui, nous organiserons un festin en ton honneur.

Ils allaient sortir pour préparer ledit Festin (avec un F majuscule) quand une femme âgée accourut dans la boutique. Épоumonée, les bras tendus, elle sanglotait, demandait du secours.

— À l'aide, bonnes gens ! À l'aide, noble Galaktion !

— Que t'arrive-t-il, honorable Manane ?

Déjà le pharmacien se précipitait vers elle, il oubliait tout au monde, y compris son hôte.

Un grand homme, se dit celui-ci, je ne connais personne qui se serait élancé d'aussi bon cœur au secours de son prochain. En tous les cas, au Parti, nous n'en avons pas.

— Vaï, vaï, vaï ! se lamentait Manane, mon mari, mon fidèle Avessalom, est mourant. Vaï ! Il est sûrement déjà mort le temps que j'accoure ici, noble Galaktion, tu es notre seul espoir en ces temps difficiles, notre génie, Dieu te bénisse et bénisse tes ancêtres et toute ta descendance et tous tes parents pour les siècles des siècles !

Avec une célérité stupéfiante pour sa majestueuse stature, Galaktion se précipita dans un placard, en sortit deux ballons d'oxygène et fila vers la sortie, suivi de Lado Kakhabidzé et, dans un sursaut, de Manane.

Toute la petite rue qu'ils remontèrent en courant ainsi que les venelles avoisinantes participèrent à l'événement. Penchés à leurs balcons et à leurs fenêtres, les gens regardaient courir les deux graves personnages. Les deux ballons d'oxygène ventrus leur donnaient des allures de voleurs, mais on savait de quoi il retournait, et Manane ajoutait de la clarté à la situation, car même courant, elle continuait à proclamer la louange de toutes les familles des Goudiachvili, des pharmaciens, des artistes, et à se lamenter sur son inoubliable Avessalom.

Tout en courant aussi, Galaktion expliquait à son ami :

— Personne n'a de ballons d'oxygène, en ville, sauf Goudiachvili. Ils ont tous sans arrêt des difficultés provisoires avec le camphre monobromé, sauf Goudiachvili.

Par les balcons et les fenêtres, on leur criait :

— Seigneur, bénis le noble Galaktion, notre pharmacien. Seigneur, bénis ses ballons d'oxygène.

Lénine lui-même n'en aurait pas rêvé autant, se disait Lado Kakhabidzé tout essoufflé.

Lorsqu'ils parvinrent enfin au but, ils aperçurent le gros Avessalom devant sa maison. Assis sous les branches d'un figuier, il jouait paisiblement aux *nardy*[1] avec un voisin. En voyant arriver Galaktion et Lado accompagnés de Manane en pleine déploration, le gros homme se dressa, bondit même sur ses jambes, se frappa la poitrine à coups redoublés.

— Pardonnez-moi de n'être pas mort ! criait-il. Je vous demande humblement pardon. Mon cher Galaktion, la seule pensée de tes ballons d'oxygène m'a sauvé. Mon Dieu, qui vois-je avec notre miraculeux pharmacien ? Je le jure par le prophète Élie, jamais des hôtes aussi honorables n'ont visité ma maison. *Gaghemardjos*[2], Lado-*batono* ! Quel bonheur que tu sois revenu ! Heureux retour dans l'éternelle maison de notre Karthlie ! Manane, ne laissons pas partir ces messieurs tant qu'ils n'ont pas rompu le pain avec nous. À table, à table, messieurs !

Comme nous le voyons, Galaktion n'était pas le seul, aux alentours, à se distinguer par l'art de prononcer des monologues façon Renaissance. On n'eut pas à solliciter deux fois Manane. Elle s'empressa séance tenante de gagner la grande table qui se trouvait depuis un siècle sous un platane de la cour. De nombreuses voisines accoururent à l'aide, chacune portant toute sorte de nourritures. Des masses de fruits et de légumes, des jattes de *lobio*, des coquelets fumés, du fromage, des sauces, des cruches en terre de vin maison, eurent tôt fait de recouvrir ladite table. Puis survinrent les voisins : boulangers, coiffeurs, facteurs... C'est bon signe, se dit Kakhabidzé, pour ma première soirée à Tiflis, je suis avec le peuple, je crois même qu'on va me nommer *tamada*.

Et c'est bien ce qui advint. Il se leva, tenant sa corne d'aurochs pleine de vin[3] :

— Mes chers amis, j'ai consacré quelques années à l'édification du socialisme dans l'Oural. Par les froides nuits où soufflait la tempête de neige, je rêvais de ma généreuse patrie. À présent, le Parti m'a renvoyé chez moi, afin d'occuper un poste important dans ma chère république. Je bois à notre Karthlie, à une république sans voleurs, sans corruption, où fleurira un style de travail léninien, proprement léninien, camarades !

Au « style de travail », boulangers et postiers opinèrent gravement du bonnet, et un coiffeur leva les sourcils d'étonnement. Comment un homme tel que mon Lado a-t-il pu se retrouver parmi eux, soupira *in petto* Galaktion, tandis que Kakhabidzé parachevait son speech :

— Puisse la Géorgie être la véritable vitrine du socialisme de notre grande URSS.

Les boulangers, les coiffeurs et les facteurs levèrent leurs cornes et les vidèrent avec des cris et des vivats.

1. Jeu spécifique géorgien ressemblant de très loin aux dames.
2. Géorgien : salut !
3. Le vin est servi dans une corne d'aurochs sertie d'argent que l'on ne peut poser sur la table tant qu'elle est pleine, et qu'on remplit dès que le convive l'a vidée...

Galaktion vida la sienne avec un petit rire sarcastique.

— Je bois à l'abondance de la belladone, à la profusion de l'ipéca ! dit-il.

— À vos ballons d'oxygène, mon cher ! murmura Avessalom.

Il y a, à Tiflis, quelques carrefours où l'on se croirait à Paris. D'un côté, l'on voit des façades dans le style fin de siècle ou art déco, de l'autre une grille de fonte ouvragée qui ceint un parc.

La nuit. Le désert. Près de la grille du parc, comme si cela allait de soi, une grande automobile noire à trois trompes d'argent : cela ne fait que renforcer la sensation de mirage. Et le passager que l'on pourrait apercevoir par la vitre baissée ne ressemble pas tant que cela à un travailleur du quinquennat : encore jeune, légèrement chauve, très soigné, un regard étrange qui brille derrière un lorgnon posé sur un nez charnu. On dirait un capitaliste, songera le passant de hasard qui s'écriera aussitôt à mi-voix : « Mais c'est Lavrenti Béria[1], le tout-puissant tchékiste ! » — et aussitôt le mirage parisien se dissipera.

Nougzar déboucha d'une ruelle d'un pas rapide et se dirigea aussitôt vers la Packard. Béria lui tendit la main par la vitre. Nougzar y envoya une tape, se courba, et murmura directement dans le nez de son supérieur et ami :

— Il est arrivé, Lavrenti. Je l'ai vu moi-même et l'ai embrassé chez mon oncle.

— Assieds-toi, on y va, dit Béria.

Nougzar plongea dans la voiture. La Packard vrombit, démarra. Un loqueteux qui se trouvait au coin de la rue se signa de frayeur.

Un grand hôtel particulier, tout blanc, se dresse sur la pente du mont du roi David. Les habitants du quartier ont eu le temps d'oublier qu'avant la révolution il appartenait à un certain Lionozov, négociant en thés et cafés, ils savent seulement que cette maison, il ne faut pas s'en approcher. C'est là que se dirigea la Packard. Officiellement, l'hôtel dépendait du Soviet des Commissaires du peuple et était catalogué comme « résidence », en réalité, la Guépéou y régnait sans partage.

Lorsque la Packard arriva, plusieurs voitures noires stationnaient déjà près du perron. Des tchékistes en civil montaient la garde sous les fenêtres et le long du mur. Leur teint basané conférait quelque chose d'italien à la scène — que ce fût un

1. Ami de Staline, il devint en 1938 chef du NKVD, fonction à laquelle il ajoutera plus tard le contrôle de plusieurs grands ministères. La terreur qu'il exerça sur toute la population a été mainte et mainte fois décrite.

rassemblement de la mafia ou de chemises noires à l'aube du fascisme.

Ici, Nougzar ne pouvait pas prétendre à l'égalité avec Béria, il le suivit donc vers le perron à trois pas, non comme un jeune ami, mais comme un collaborateur.

Le chef de la garde rectifia la position. Béria porta la main à la tempe :

— Bonjour, camarades ! Rien à signaler ?

— Rien à signaler, camarade Béria.

À l'intérieur, la ressemblance avec la mafia sicilienne s'accentua encore. Près d'une douzaine de robustes gaillards à la mine sombre, qui en tenue semi-militaire, qui en lourd costume trois pièces, s'installèrent autour de la table. Certains portaient à la boutonnière l'insigne de députés de Géorgie au Comité Central, ce qui témoignait de leur appartenance à l'élite du Parti et n'estompait en rien les réminiscences italiennes.

Des gardes silencieux disposaient sur la table du vin et des amuse-gueule. Après quoi, ils sortirent. Les membres de la réunion levèrent leur verre. « À notre amitié ! » Des sourires contenus, de ceux que la littérature soviétique qualifie de « parcimonieux », s'ébauchèrent sur les visages. Béria commença :

— Camarades, nous sommes réunis pour parler de Lado Kakhabidzé qui vient de rentrer en Géorgie afin d'y devenir président de la Commission de contrôle du Parti. Est-ce vraiment quelqu'un de bien, ou fait-il semblant ? Nestor, Sergo, Artchill, vous le connaissez depuis 1905, êtes-vous sûrs que c'est un ami, un bon camarade ? Vakhtang, Ghivi, Vano, Mourman, Rézo, Boris, Zakhar, toi aussi, Nougzar — ne te gêne pas, mon ami — parlons en francs militants du Parti !

Malgré les encouragements de son ami, Nougzar s'efforçait, dans cette compagnie, de se tenir comme il convient au plus jeune et au plus subalterne : il écoutait chaque parole avec un zèle modeste que chacun des participants à ce conseil ou, disons à ce conciliabule, pouvait lire sur ses traits.

Il y eut plusieurs instants de silence. Les militants se dévisageaient entre eux. Enfin, Nestor, un homme de l'âge de ce Kakhabidzé qui était sur la sellette, se décida à s'exprimer :

— Il ne m'a jamais plu, ce Lado.

Sur quoi Sergo, un autre vétéran, prit la parole :

— Il se croit beaucoup, le camarade Kakhabidzé. Tu comprends, il n'y a que lui qui soit un pur léninien. Tous les autres sentent le roussi.

Déjà un autre, Artchill, avançait le front et tambourinait vigoureusement du doigt sur la table. Tout le monde avait compris ce qu'il allait dire. Et c'est ce qu'il fit :

— Avant la révolution, nous l'avions affecté au contre-espionnage interparti. Et qui était à la tête du service ? Bourtsev, un SR qui s'est enfui à l'étranger. À présent, il se promène avec des mines à croire qu'il possède sur tout le monde des informations de contacts avec la police tsariste.

Le pince-nez en bataille, Béria plongea en quelque sorte sous le bras d'Artchill, puis émergea :

— Y compris... ?

— C'est terrible à dire, qui est compris, répondit Artchill en détournant les yeux. Il soupçonne tout le monde d'avoir trahi les idéaux léniniens. Il n'a aucun respect pour nos dirigeants. À présent, il dit qu'il va livrer bataille à la corruption en Géorgie, comme si nous étions en pays capitaliste.

Durant une ou deux minutes de sombre silence, ils digérèrent la renversante nouvelle. Puis le jeune Vano s'adressa à Béria :

— C'est vrai qu'il appelle Staline Koba ?

Béria lui dédia un sourire aimable :

— Beaucoup de vieux camarades l'ont appelé ainsi. C'était son pseudonyme, la clandestinité, il n'y a rien à faire. — Puis, faisant grise mine : — Il n'en reste pas moins qu'aujourd'hui, il est pour le moins indécent de nommer Koba le guide des peuples d'URSS.

— Écoute, Lavrenti, pourquoi l'a-t-on nommé président de notre Commission de contrôle ? J'estime... commença Vakhtang avec flamme, mais Béria l'arrêta d'un souple geste de la main.

— Un instant, Vakhtang. Est-il décent, camarades, de proclamer partout, comme le fait Lado dès après un premier petit verre, que le camarade Staline a six orteils à un pied, qu'il l'a vu de ses propres yeux ?

Un nouveau silence tomba, mais cette fois sans lourdeur, sans attente, une sorte de silence « animé » de quelques étincelles dans les yeux, de petits sourires, d'un « oh ! c'est ça qu'ils ont trouvé pour nous faire peur ! ». On entendit même un petit rire espiègle.

— Pourquoi en faire toute une histoire ? dit ensuite Sergo. Si tu en as cinq, et non six, personne n'en fait d'histoire...

Nestor se pinça la moustache, écarta les bras :

— C'est vrai, ça, cinq ou six, qu'est-ce que ça a de particulier ?

— Ce n'est pas de ça qu'il s'agit, coupa brutalement Vano.

— Exactement, Vano, ce n'est pas de ça qu'il s'agit, le soutint Béria, soudain véhément.

Rézo se rapprocha et assena la vérité toute crue :

— Le camarade Staline ne sait tout simplement pas que Lado Kakhabidzé se paie sa tête, fait des allusions sordides à son passé, se permet de porter des jugements sur son physique, sinon Moscou ne l'aurait pas désigné pour occuper un poste d'une telle importance parmi nous.

— *Ara*[1], camarades ! s'exclama Béria.

1. Géorgien : non.

Puis il posa la main sur l'épaule de Rezo comme pour souligner que des amis intimes peuvent parfois se couper la parole, de l'autre main il serra celle de Nougzar, puis sembla tout entier plonger en avant, le lorgnon étincelant. Le moment décisif de la « conversation à cœur ouvert » était arrivé.

— Et si le camarade Staline était parfaitement au courant des considérations de Lado ? chuchota-t-il presque. Et que ce soit précisément là la raison de sa nomination ? Et si le camarade Staline faisait confiance à ses fidèles camarades de notre république et savait que nous ne tromperions pas son attente ?

Un nouveau silence s'instaura, cette fois le plus grave des silences. Chacun regardait tous les autres, tous les autres regardaient chacun. Puis, avec un ensemble parfait, de larges sourires s'étalèrent sur les faces. Et l'on porta un toast « à la fidélité ».

Cependant, tandis que sur les pentes du mont du roi David se tenait la réunion des fidèles du Parti, à son sommet se déroulait le festin des poètes. La terrasse du restaurant installé en haut du funiculaire semblait suspendue dans le ciel nocturne. En bas s'étalait cette création divine, la vallée de la Koura. La pleine lune éclairait les toits serrés de Tiflis, le fort de Métékhi, la courbe de la rivière. « Essayez donc d'inventer un paysage plus poétique ! » Voilà ce que se disait le vieux joueur d'orgue qui se tenait dans un coin de la terrasse, dominant toute cette beauté. « Tu marches et tu marches par ce monde antique, tu as perdu le compte de ton âge, tu es devenu un Juif errant, et te voilà toujours à admirer les tours sans malice que te joue la lune. » Il tournait sa manivelle et tirait de son instrument les sons indécis d'une musique caucasienne. Deux perroquets s'envolaient de ses épaules et distribuaient aux convives des billets roses qui prédisaient la chance. Toute l'équipe était à l'œuvre.

Les poètes, trente personnes pour le moins, étaient assis à une grande table. Tous les droits d'auteur de Paolo Iachvili sombreraient sans doute dans le festin de cette nuit. Nina était assise entre le héros de la fête et le *tamada*, Titsian Tabidzé[1], un autre poète célèbre. Les toasts se succédaient sans interruption, plus alambiqués les uns que les autres.

— ... et aussi à ce vent qui gonfle les voiles de la nef *Argo* et qui, en ce moment même, tourne les pages de ton livre, mon cher Paolo !

— *Alaverdy*[2], Titsian-*batono* !

Depuis longtemps, Titsian Tabidzé s'était dressé, une corne à la main. En qualité de *tamada*, il devait donner à entendre aux orateurs trop volubiles que le vin n'attendait pas.

1. Titsian Tabidzé (1895-1937), poète célèbre, ami de Pasternak.
2. Géorgien : à toi la parole.

— J'accepte ce toast au vent, dit-il. Et je suis sûr que Paolo boira avec moi à ce vent éternel qui nous a apporté une certaine personne, celle qui est devenue l'inspiratrice de la poésie géorgienne depuis deux ans. Frères poètes, levons nos verres à la Belle Dame de Tiflis ! À notre Demoiselle ! Ce titre lui restera acquis pour jamais, quel que soit le nombre d'années qui passeront, où qu'elle se trouve, à Moscou, à Paris, sur Mars ! À Nina Gradova !

Paolo bondit sur ses jambes, leva sa corne au-dessus de sa tête. Juste à ce moment bien choisi, sur l'épaule de Nina radieuse, confuse, un perroquet qui tenait dans son bec un billet rose vint se poser. Elle déplia le billet et lut à voix haute :

*L'homme que vous aimez toujours*
*Volera à votre secours.*

La tablée entière éclata de rire, bien entendu, tout le monde cria que cet homme était déjà là et que, bien entendu, il volerait au secours de la merveilleuse Demoiselle... Nina rit avec les autres. Elle était contente que le perroquet ait, à point nommé, ramené à un niveau plus terre à terre la grandiloquence des Géorgiens qui ne connaît aucune borne. Quant aux poètes, certes, ils riaient, personne ici ne manquait de sens de l'humour, mais ils regrettaient un peu que le fil de leur emphase eût été rompu. C'est pourquoi, dès que les rires eurent baissé d'un ton, Paolo Iachvili reprit, toujours brandissant sa corne :

— Répondant à l'*alaverdy* de mon frère Titsian, mes amis, je profite de la liberté que nous donne notre Patrie Éternelle pour nommer notre Demoiselle...

À ce moment, le rite subit une nouvelle interruption. Un homme se dressa à l'autre bout de la table, ivre, la chevelure emmêlée, se dressa si l'on peut ainsi parler d'un personnage complètement flasque dans ses oripeaux de bohème : le légitime époux de Nina, ancien membre du LEF, ancien imaginiste, poète qui avait transhumé à travers tous les groupes littéraires possibles et imaginables des années vingt — Stépane Kalistratov. Malgré sa flaccidité, il tonna d'une voix puissante, comme autrefois sur les planches :

— Je vous demande pardon, ne pourrait-on pas se passer de cet *alaverdy* ? Le mari de votre Demoiselle ne pourrait-il pas dire quelques mots à son tour ? Eh ! Vous autres ! Les poètes ! Vous sifflez du vin, vous bouffez du *chachlyk*, vous faites la cour à ma charmante et dégueulasse épouse, comme si tout était pour le mieux, comme si notre carnaval allait son petit bonhomme de chemin... Et pourtant, ce carnaval-là, il est foutu. La honte et les ténèbres, voilà notre avenir : Sériojka Essénine n'est plus ! Volodka[1] Maïakovski n'est plus ! La conjonction des étoiles ne

1. Sériojka, Volodka, diminutifs péjoratifs ou familiers des prénoms des deux célèbres poètes.

nous est pas favorable, mes frères ! Et c'est tout juste si votre humble serviteur Stépane Kalistratov est encore en vie.

Ayant débité ce monologue et épuisé toutes ses forces, Stépane s'affala sur sa chaise et se laissa complètement aller entre les bras de son ami Otari, le second neveu de tonton Galaktion, un être extraordinairement langoureux, et taciturne comme un renne.

Les poètes, bien que géorgiens, ne se formalisèrent pas de l'atteinte portée à leur rite. Il est vrai que quelqu'un marmonna : « Voilà un typique scandale à la russe au sein d'une famille honorable », à quoi quelqu'un d'autre objecta aussitôt : « Laissez donc, ce n'est qu'une régurgitation de futurisme, de l'épate... », cependant que la majorité des présents débordait de compassion pour Stépane : « C'est une âme souffrante ! Un génie ! Buvons à sa santé ! »

Puis un événement imprévu se produisit. L'un des videurs du restaurant vint en toute hâte souffler quelque chose à l'oreille de Iachvili. Celui-ci en fit des yeux ronds. Tout le monde se tourna vers l'entrée, guettant le nouvel arrivant. À petits pas légers, voletant comme un moineau, un petit homme d'une quarantaine d'années pénétra sur la terrasse. Il tendit les bras vers la table des poètes et d'une voix aiguë, s'égosillant presque de joie et de fierté, il déclama :

*Je te le dirai en toute franchise*
*Ce sont chères bêtises,*
*Cherry-brandy,*
*Ma chérie.*

Tout le monde bondit dans un fracas de chaises.

— Ossip ! Ossip lui-même ! En chair et en os ! Vive Mandelstam[1] !

Nina était bouleversée. Comme le tout-Tiflis littéraire, elle savait que Mandelstam était au Caucase, qu'il avait passé quelques jours chez les Zdanévitch, puis qu'il était parti pour l'Arménie, à moins que ce ne fût pour l'Azerbaïdjan, mais pouvait-elle imaginer que son idole ferait une aussi brusque apparition au-dessus de la ville sous la lune, dans les fumées de l'alcool, en cette nuit où elle était — cela, elle le savait à coup sûr — si irrésistible avec ses épaules nues, qu'avec son noble front, tout en embrassant Paolo et Titsian, il la dévorerait des yeux comme s'il reconnaissait en elle l'une des beautés de 1913, peut-être même cette Solominka — Solomée Andronikachvili[2] — une Géorgienne comme elle l'était elle-même cette nuit ?

1. Ossip Mandelstam (1891-1938), très célèbre poète qui défendit et illustra l'école acméiste.
2. Qui deviendrait plus tard l'amie de Marina Tsvétaïeva.

— D'où arrives-tu, Ossip ? demanda Paolo d'une voix forte, jouant devant un auditoire avisé la scène de la rencontre de deux frères des lettres mondiales.

— D'Arménie, s'écria Mandelstam. J'ai cru que je ne m'en tirerais jamais ! Écoutez ces quelques vers — et il déclama, nettement à l'intention de Nina :

*Au Nagorny Karabakh*
*Dans la sauvage Choucha*
*J'ai connu l'immense effroi*
*De toute âme élégiaque...*

Il s'arrêta net et demanda, comme on se jette à l'eau, dans un fort chuchotement :

— Au nom du ciel, Paolo, qui est-ELLE ?

Fièrement, Paolo fit les présentations :

— Nina Gradova, une jeune poétesse que nous venons de nommer notre Demoiselle.

Mandelstam saisit la main de Nina dans ses petites pattes froides.

— Nina, vous... je suis renversé... on dirait que vous sortez de là-bas, du *Chien errant*...

*Je vous sais bien, noms bienheureux,*
*Lénor, Solominka, Liguéïa, Sérafita*

récita Nina, fascinée.

— Ah ! Vous vous en souvenez ! chuchota Mandelstam.

Le joueur d'orgue se rapprocha. Tourna sa manivelle à toute allure. Les perroquets s'envolèrent impétueusement de ses épaules. Mandelstam fouilla dans ses poches.

— C'est toujours pareil, je n'ai pas un rouble.

— Je ne veux rien, dit le vieux.

Même les festins géorgiens ont parfois une fin : au petit matin, Mandelstam et Nina se retrouvèrent tout seuls au centre de la ville. La lune brillait encore au ciel, éclairant d'innombrables portraits de Staline ainsi que les slogans du premier quinquennat. Ils longèrent les misérables vitrines de magasins autrefois somptueux.

— Ce Tiflis... marmonna Mandelstam. Malgré cette gueule de chat omniprésente — défiant toute prudence, il brandit le doigt vers un portrait du moustachu —, on a l'impression que la maison n'est pas encore pillée, que la NEP, pour le moins, est encore debout. Regardez, au fond de cette rue, il n'y a pas un seul portrait, pas une banderole, rien qu'une fontaine et son jet... un jet, Nina, comme avant la catastrophe... et sur les tables, mon Dieu, quels petits plats !... et autour des tables, quels visages vivants, sans tourment... et vous, Nina... qu'est-ce qui me vaut ce cadeau du destin ?

— Précisons les choses, dit Nina. Qui est le cadeau du destin ? Tiflis ou moi ?

— À mes yeux, vous êtes unis pour jamais.

— Mais aux miens, hélas, je me désunis, sourit-elle. Je retourne au monde réel. C'est que je suis moscovite.

Afin de ne pas donner dans le style de son compagnon et de ne pas céder à sa propre exaltation, Nina s'efforçait de conférer un léger voile d'ironie à leur promenade nocturne. Un ton auquel, l'air interdit, Mandelstam se refusa.

— J'ai entendu parler de vous à Moscou, Nina, dit-il. Et j'ai lu votre poème dans *Krasnaïa Nov*. Croyez-moi si vous voulez, à travers vos strophes, j'ai vu votre visage.

Il lui prit doucement le bras au-dessus du coude.

— Écoutez... dit-elle en s'écartant un peu.

Elle était légèrement plus grande que lui. Au fait, c'étaient peut-être ses talons. Quand j'ôterai mes souliers, nous serons de la même taille, se dit-elle. Qu'y a-t-il, ma chère, auriez-vous oublié le mode subjonctif ?

Derrière eux, du fond de la rue déserte, un bruit croissant monta. À peine eurent-ils le temps de se retourner qu'une grosse voiture noire à trois trompes d'argent sur l'aile passa devant eux. Nina tressaillit. Juste avant le festin de la veille, alors qu'elle racontait à ses frères écrivains la plaisanterie de Nougzar, l'un d'eux lui avait confié à mi-voix le nom de celui qui sillonnait Tiflis à son bord.

Sa frayeur n'échappa pas à Mandelstam dont la petite patte remonta un peu plus haut le long de son bras, lui proposant ouvertement le demi-embrassement d'un ami.

— Ces grosses voitures noires... articula-t-il. — Soudain, son regard devint vitreux, il oublia son demi-embrassement. — Quand je les vois, quelque chose d'aussi gros et d'aussi noir s'élève du fond de mon âme. Je suis poursuivi par la vision de quelque chose de terrible qui, inévitablement, nous étouffera tous...

— Je connais ce sentiment, dit-elle.

Mandelstam, qui se dressait un peu sur la pointe des pieds, la regarda bien en face.

— Vous êtes encore trop jeune pour cela, dit-il.

— J'ai connu la plus amère des désillusions, proféra-t-elle avec gravité.

— En amour ? demanda-t-il tout en se disant : Elle va me raconter ses déboires amoureux.

— En la révolution, dit-elle.

Cette fois, ce fut lui qui tressaillit. Elle est charmante, songea-t-il.

Ils s'arrêtèrent près d'une fontaine qui murmurait là, uniformément. Une grande et jeune beauté et un triste, vieillissant moineau. Sans plus hésiter, il lui saisit les deux mains. Il semblait désormais que toutes les fausses notes s'étaient envolées et que ce qui était en jeu était la franchise la plus absolue.

— Aujourd'hui, après ce qui s'est produit et ce qui va se produire, je vois chaque instant de paix, chaque moment de beauté, comme un don inouï, immérité, Nina !

Il tenta de l'attirer à lui, mais à ce moment, tout près, il y eut un ricanement et une voix rauque dit : « Ha, ha. »

Nina et Mandelstam se quittèrent précipitamment, scrutèrent l'obscurité et y distinguèrent Stépane Kalistratov. Le poète gisait sur la margelle de la fontaine, ses longs cheveux trempaient dans l'eau. À côté, telle la statue de l'affliction, était assis le silencieux Otari.

— Allez, allez ! Embrasse-le, ma dégueulasse épouse ! l'encouragea Stépane. Ne te gêne pas. Tu pourras noter dans ton curriculum vitae que tu as couché avec Mandelstam. Je te le permets.

Il se tut et se détourna, se fondit presque dans la nuit, on entendit seulement monter un gargouillis — non pas des sanglots, mais le bruit de l'eau — et l'on vit clignoter, telle une prière, la cigarette d'Otari.

Nina, les yeux fixés sur la margelle où gisait Stépane, revoyait ce réveillon du Jour de l'An, cela faisait presque trois ans, où ils étaient arrivés en fiacre au Bois d'Argent, avaient fait irruption dans la maison, les joues rouges, éméchés, et où elle avait déclaré à l'assistance : « C'est fini, vous m'avez convaincue, je pars pour Tiflis, mais pas seule, avec Stépane, mon lé-gi-time époux. » Elle revoyait aussi Savva Kitaïgorodski se levant très vite, tête basse, ne respectant aucune des bonnes manières qu'on lui avait inculquées dans sa famille, traverser le salon, sortir son pardessus du tas des vêtements. Une pitié soudaine, aiguë l'avait transpercée. Pitié de qui ? de Savva, de ce déchu de Stépane, ou d'elle-même, regret de ces irrévocables années ?

Comme sous l'effet d'un aiguillon, elle s'élança vers l'homme de la margelle, puis se tourna vers Mandelstam :

— Excusez-moi, c'est mon mari. Mon pauvre, mon débauché compagnon de route.

Elle saisit Stépane aux épaules et le secoua.

— Lève-toi, lève-toi donc, imbécile ! On rentre !

Il se leva tant bien que mal, Nina le soutenant. Otari se traînait derrière. Sa cigarette s'était éteinte. Mandelstam demeurait immobile. Même ici, dans ce coin paisible, ce coin d'avant la catastrophe, le portrait de Staline le regardait à travers les branches.

## CHAPITRE DIX

# *Zorka, Goloubka, Zviozdotchka*[1]

Y a-t-il quelque chose de plus délaissé sur terre qu'une rue de village russe ? Sans rien dire de l'indigence de ses composantes matérielles, y a-t-il quelque chose de plus désespérément éloigné de la fête de la vie, de la féerie de la révolution ? Voilà ce que se disait, quelque peu dans le style de Gogol, le chargé de propagande Kirill Gradov qui, au soir tombant, longeait les rues de Gorelovo et leurs maisons rabougries et se demandait pourquoi précisément à cette heure-là, derrière chaque haie, se montraient les visages souffreteux de leurs habitantes.

Car elles étaient toutes là, les yeux fixés sur un nuage de poussière qui avançait lentement. Elles émergeaient de derrière leur haie et s'arrêtaient à leur portail, se pétrifiaient les bras croisés sous la poitrine. Ce qui se passait était contraire au sens commun et à la nature russe elle-même et elles ne parvenaient pas à le réaliser. Des meuglements forcenés se rapprochaient en même temps que le nuage. C'était ce qui restait du troupeau collectif, ce que l'on n'avait pas encore mangé, qui se traînait vers le village sous la conduite de bergers komsomol plutôt effarés.

Kirill s'arrêta pour laisser passer les bêtes. À mesure que le troupeau approchait, les femmes perdaient leur fixité de pierre, ne se dominaient plus, élevaient des lamentations bruyantes, en appelaient à leurs élèves et nourricières de jadis avec tristesse et avec cette douceur qui a toujours présidé aux rapports des femmes russes avec leurs vaches.

— Zorka, ma petite mère ! Au nom de quoi m'a-t-on privée de toi ?

— Goloubka, ma chère petite fille ! Regarde ta petite mère ! Quand ça ne serait que d'un œil !

— Zviozdotchka, ma nourricière, te voilà toute sale, pas étrillée ! s'ils t'ont endommagée, ces maudits kolkhoziens !

En apercevant sa cour familière, en entendant les voix encore présentes à sa mémoire, une vache, puis une autre, quittait le

1. Ce sont des noms de vaches. Traduits, ce seraient : Petite Aurore, Petite Colombe, Petite Étoile.

troupeau et comme naguère, se dirigeait vers son étable pour y être traite et choyée. Parfois, c'était une femme qui, triste et égarée, se jetait au-devant de l'une d'elles. Perdant la tête, les komsomol abattaient indifféremment les coups de houssine sur le dos des bêtes et les têtes des paysannes. L'une d'elles, qui avait reconnu en un berger son propre fils, le traînait par les cheveux et lui bottait les fesses de son chausson de teille.

Il y a quelque chose qui ne va pas, se dit Kirill en observant la scène. Il y a quelque chose qui ne va pas.

À part cette phrase, rien ne lui venait à l'esprit. Bouleversé par l'acuité insensée de l'événement et par l'hébétude par laquelle il s'en défendait, il demeurait planté, visage de bois, près d'une haie. Le soleil couchant se reflétait dans son regard. Soudain, il vit paraître et se dérouler devant ses yeux, aussi nettement qu'un ruban de télégraphe : « Y a-t-il au monde quelque chose qui me soit plus cher que ces femmes et ces vaches ? »

Le secrétaire de cellule Pétia Ptakhine vint le trouver, fort gêné, et bafouilla en rougissant :

— Faites pas attention à ces bonnes femmes, s'il vous plaît, camarade Gradov. Leur conscience de classe, c'est zéro, l'instinct de la pro-prié-té-pri-vée, voilà ce que c'est.

Le troupeau était passé. La rue avait retrouvé son silence. La poussière était retombée. Kirill et Ptakhine poursuivirent leur route vers le club rural. Naturellement, le club était installé dans l'église, autrement dit, comme partout, l'instruction prenait le pas sur les préjugés. Le bâtiment à moitié en ruine, avec ses coupoles trouées et sa croix de travers, offrait le spectacle d'un lendemain de bataille, à moins que ce ne fût d'une profanation non violente. À droite et à gauche de l'entrée, il y avait deux annonces. L'une proclamait : « La collectivisation et la suppression des frontières entre la ville et la campagne. Conférencier : le camarade Gradov. » L'autre avisait : « Les menées de l'impérialisme britannique au Proche-Orient. Conférencier : le camarade Rosenblum. » Le jour et l'heure des deux conférences coïncidaient. Au-dessus des deux annonces, en position médiatrice, conciliatrice, trônait un portrait de Staline agrémenté d'une banderole : « En avant pour la collectivisation à 100 % ! »

Une foule de moujik moroses fumait du gros gris devant l'entrée.

— Bonjour, camarades, dit Kirill.

Personne ne répondit, ne leva même les yeux sur lui. Par contre, nombreux étaient ceux qui regardaient le secrétaire du Komsomol de travers.

— Qu'est-ce qui vous a pris de fixer deux conférences à la même heure, Ptakhine ? demanda Kirill. À quoi bon cette concurrence ?

Ptakhine, qui faisait signe aux moujik : « Faites pas les cons », répondit d'un air dégourdi :

— Vous en faites pas, camarade Gradov. Les nôtres, ceux de Gorelovo, nous les avons mobilisés pour vous, et eux autres, ceux de Néielovo, du *Testament d'Ilyitch*, quoi, on les a fait rappliquer pour le camarade Rosenblum. Y a largement la place.

Kirill ne réussit à enflammer son auditoire ni par l'incursion dans les communes utopiques de Saint-Simon et de Fourier ni par les perspectives radieuses du monde nouveau. Les moujik de Gorelovo l'écoutèrent le visage figé et si même l'un ou l'autre s'anima ce fut de l'air de vouloir descendre le conférencier moscovite à coups de fusil. Et pendant ce temps, la salle voisine où l'obscur Rosenblum battait en brèche l'impérialisme britannique retentissait de rires et de salves d'applaudissements. Kirill décida d'abréger son discours, sauta des paragraphes et s'élança vers sa puissante péroraison.

— Camarades, le programme du Parti prévoit la naissance de complexes agricoles grandioses où les conditions de vie et de travail les plus modernes seront offertes aux kolkhoziens. Comme l'enseigne le grand Lénine, la frontière entre la ville et la campagne sera pratiquement effacée dans les délais les plus brefs et, ce jour-là, on oubliera définitivement l'« abrutissement des campagnes » que soulignait déjà Marx.

De toute évidence, la conférence était terminée, et pourtant, les moujik demeuraient vissés sur leur siège sans bouger d'un cheveu. Il n'allait pas saluer, tout de même ! Ptakhine se réveilla soudain, battit des mains, donna l'exemple. Les moujik battirent des mains à leur tour. Rouge de honte, Kirill rassembla ses papiers.

— Les questions ! Posez vos questions ! s'écria Ptakhine. Le camarade Gradov répondra à toutes les questions.

Un vieil homme noyé dans sa barbe tel l'esprit des forêts se souleva :

— Et soigner les gens, où est-ce que vous le ferez, citoyen expliquant ? À l'hôpital ?

— Soigner ? Soigner de quoi ? demanda Kirill, perplexe.

— De leur abrutissement ? Où vous nous soignerez de notre abrutissement ?

En plein désarroi, Kirill essuya la sueur de sa figure. Le vieil homme se payait-il sa tête ou n'avait-il vraiment rien compris ? Mais Pétia Ptakhine savait, lui, comment mettre en pratique la ligne du Parti.

— Tonton Rodion, tu crois être abruti du cul, ben non, c'est de la caboche ! Vu ?

Les moujik rirent mollement, pour la forme. Le vieux dit d'un air revêche :

— Ça se peut.

— La conférence est terminée, camarades, dit Kirill.

Sur quoi il s'avisa qu'il n'était le camarade d'aucun de ces gens-là.

Tout le monde sortit dans le couloir. De la salle voisine, c'est-à-dire du narthex, montaient des explosions de rire et une sorte de remue-ménage lourd. Dans un mouvement de dépit, Kirill cassa sa cigarette.

— Ce Rosenblum, voyez-vous, il a su trouver un langage commun avec les kolkhoziens. Vous entendez, Ptakhine, si leur réaction est vivante ?

— Ben, c'est, pour sûr, que ceux de Néielovo ont amené de la gnôle, ils se sont noircis, quoi, c'est ça, leur ré-ac-tion.

Le portail s'ouvrit tout grand comme sous la poussée des ovations. Les moujik de Néielovo se montrèrent, tous rouges, chavirés, rigolards. Certains titubaient pour de bon. Puis survint « le » conférencier Rosenblum, l'expert en âmes paysannes, et Kirill, à sa complète stupéfaction, reconnut en « lui » ni plus ni moins que Tsilia — Cécilia — Rosenblum, l'une des *Blouses bleues* de Nina, avec laquelle il avait plus d'une fois pactisé au cours des discussions enflammées du Bois d'Argent sur leur adéquation à la ligne générale. Une jeune femme rousse et, malgré un épais semis de taches de rousseur, non dénuée d'attraits. Une étrange association de pièces d'habillement — petit chapeau à la mode d'il y a vingt ans, vareuse militaire serrée dans un ceinturon de commandant, longue jupe pour soirées poétiques, bottes de similicuir — lui donnait même un certain style.

— Oui, oui, camarades, disait Tsilia aux moujik qui la raccompagnaient, le lion britannique est aujourd'hui le principal ennemi du prolétariat mondial.

Les moujik réagissaient avec déférence.

— Les lions, pour sûr, c'est des animaux sérieux, souples, à la large crinière. Eux aussi, ils ont besoin de bouffer.

L'un pouffa, l'autre renâcla, la conférence était un incontestable succès.

Kirill, cisaillé, regardait Tsilia. Son apparition dans ce repaire de culs-terreux où tout ressemblait si peu aux modèles théoriques, où, à dire vrai, les bras vous en tombaient, où les convictions les plus sévères s'en allaient en fumée, lui apporta joie et courage : voyez notre fillette, moscovite, marxiste, bolchevik, avec quelle hardiesse elle milite au plus fort de la mêlée de ces ex-antonovistes, c'est donc que nous sommes partout, que nous sommes des milliers, que nous ouvrirons les yeux à ce peuple. Tsilia l'avait parfaitement repéré, debout qu'il était, appuyé au mur sur lequel l'on discernait encore les images à demi effacées des saints ; elle vint le trouver, la main tendue, avec un petit rire.

— Le salut culturiste, Gradov ! Je t'en serre cinq !

Tout en lui broyant la main, Kirill s'exclama :

— Rosenblum ! Ça, alors, jamais je n'aurais cru que Rosenblum, « le » conférencier, c'était toi, Rosenblum ! Combien de temps restes-tu ?

— Quelque chose comme cinq jours, dit Tsilia.

Ils se souriaient. Au-dessus d'eux, le long du mur de l'église, une banderole proclamait : « Tranchons les griffes du capitalisme. »

— Allons bouffer, proposa Tsilia.

— Allons-y, acquiesça Kirill d'enthousiasme, bien que jusque-là, l'argot dont les « komso » moscovites faisaient parade lui eût plutôt répugné.

Pétia Ptakhine était présent. Sur son visage, on voyait passer des lueurs de bonheur. Il rêvait manifestement à un système d'éducation du Parti.

Par l'un des cinq jours qui suivirent, et justement l'un des plus sombres, un après-midi d'exécrable crachin, Kirill et Tsilia se traînaient dans des torrents de boue à peine franchissables. Les pluies inondaient Gorelovo. La moisson pourrissait sur pied, l'aube de l'ordre kolkhozien débordait de « cochonneries d'intempéries ». Les deux jeunes gens poursuivaient leur discussion de marxisme théorique.

Tsilia, comme battant la mesure d'une main, proclamait :

— La campagne se développe en strict accord avec notre doctrine et Staline, en grand marxiste qu'il est, comprend à merveille que nous ne pouvons pas nous en écarter. C'est une loi scientifique, Gradov, tu comprends ça ? C'est la dialectique élémentaire de la révolution.

Kirill suivait pensivement le passage de chacune des idées de la jeune femme de sa bouche vers la bouillie crépusculaire et hochait la tête.

— D'accord, Rosenblum. Il n'y a entre nous aucune dissension théorique, mais dans la pratique, moi, j'ai parfois l'impression que nous y allons trop fort.

Ils tournèrent au coin de l'unique maison en dur du village qui abritait le soviet et la direction du kolkhoze, et là-dessus, leur discussion tourna court. Quelque chose d'invraisemblable se passait dans la partie du village qu'ils découvrirent alors. Une colonne d'une demi-douzaine de camions militaires, les ridelles baissées, stationnait au milieu de la rue. Des soldats de l'Armée Rouge allaient et venaient baïonnette au canon, s'introduisaient dans les modestes fermes qui bordaient le chemin, chassaient de leurs isba des femmes sanglotantes, hurlantes, des enfants glapissant de terreur et des vieillards hébétés, précipitaient dans la boue leurs maigres balluchons. Les militants du village toupillaient sur les lieux, « collectivisaient » séance tenante ce qui restait de petit bétail et aussi les poules et les canards, chassaient à coups de pieds et à coups de pierres les éléments superflus de l'exploitation : les chiens et les chats. Les chats, fidèles à leur nature, filaient à toute vitesse, les uns loin des yeux, les autres dans les branches inaccessibles d'un arbre d'où ils observaient les événements en qualité d'éternels — à commencer par les pyramides — contemplateurs de l'histoire humaine. Les chiens, incapables de prendre le dessus sur leur fidélité à leur maison, étaient les seuls à résister, à grogner, à se jeter sur les agresseurs. Des clameurs humaines montaient de toutes parts :

— Que faites-vous, monstres !

— Sans-Dieu ! Sans-Croix !

— Maudits bourreaux ! Vampires !

Le commandant du détachement dégaina son revolver avec un cri sauvage :

— Silence, koulak de merde ! Silence ou je tire !

Et il tira, mais tout de même, en l'air.

Fort ébranlés par le déroulement de cette mise en application pratique, Kirill et Tsilia oublièrent la théorie. Ils longèrent lentement la colonne, incapables de dire un mot. Près de l'un des camions, ils tombèrent sur leur cicérone, Pétia Ptakhine. Il prenait des notes dans un bloc d'un air grave.

— Qu'est-ce qui se passe, Ptakhine, bon sang ? demanda Kirill.

— Dé-por-ta-tion d'éléments de classe i-na-dé-quats, camarade Gradov, commença-t-il d'un ton tranchant, puis il poursuivit avec un rire nerveux : — Pour leur propre bien, nous expédions les familles koulak dans les vastes espaces de la république-sœur du Kazakhstan. Pas à pied, vous le voyez, camarade Gradov, on les a envoyé chercher en auto, tellement on en prend soin.

— C'est ces gens-là que vous appelez des koulak ? demanda Kirill en réprimant à grand-peine un frémissement.

Craignant un incident, Tsilia lui serra le bras et dit :

— Parfois, hélas, la pratique diverge d'avec la théorie, cela ne va pas sans dommages, c'est inévitable. Tout de même, Pétia, êtes-vous sûr que ce sont tous des koulak ?

Dégourdi comme il était, Ptakhine évoquait aux yeux de Kirill l'image d'un commis de domaine de l'ancien régime, mais qu'est-ce qu'un commis serait venu faire dans ce bled perdu ?

— Soyez sans inquiétude, camarade Gradov et vous, camarade Rosenblum, débita-t-il. Tout est vérifié et revérifié. Ils sont tous sur ma liste, les koulak, les paysans moyens, et ma liste, elle a été en-té-ri-née là-haut.

Sur quoi, d'un air extraordinairement important, il désigna le ciel du pouce. Le nuage sale qui passait au-dessus du village à ce moment-là ne laissa subsister aucun doute.

Laissant Ptakhine à ses occupations, Kirill et Tsilia pressèrent le pas pour échapper au plus vite à la pénible scène. Cependant, le saccage se poursuivait. Les soldats arrachaient des mains des femmes et précipitaient dans la boue les excédents de leurs biens : couvertures, oreillers, pendules, samovars, poêles à frire, casseroles. Plus souvent qu'à leur tour, les commentaires se faisaient à coups de crosse. Parfois, c'est un coup de semonce qui retentissait.

Dès qu'ils eurent dépassé le bout du village, tout cela s'estompa rapidement, comme le cauchemar d'une civilisation misérable, mais d'une civilisation tout de même. La nature éternelle qui ne répondait même pas au nom de Rous' apportait son apaisement jusqu'au sein de la grisaille, elle promettait de vastes étendues, des horizons infinis. Ils empruntèrent une traverse, elle était plus sèche. Tsilia soupira :

— Que faire, c'est la lutte des classes...

Kirill commença par se taire, ramassa un bout de bois, puis le cassa contre son genou et s'arrêta.

— Non, ça, c'est trop, Rosenblum ! Tu les as vus, ces koulak... des misérables, des malheureux... J'avais entendu parler de ça du bout de l'oreille et je m'étais refusé à le croire, mais... on a expédié ici ces troupes incroyables, pour se venger du soulèvement antonoviste, peut-être... Personne n'a besoin de ces excès. Nous détruisons l'essence même de l'agriculture russe. Je ne sais pas ce que tu comptes faire, mais moi, j'ai l'intention de communiquer mes observations au Comité Central.

Il s'était emballé, ses joues étaient en feu, mais elle, elle le considérait d'un regard *nouveau*.

— Écoute, Gradov, ne sais-tu pas qu'on ne fait pas d'omelettes sans casser les œufs ? Staline sait tout cela et comprend parfaitement la situation avec tous ses abus. Assez parlé de ça ! — Elle posa les deux mains contre la nuque de Kirill et le regarda au fond des yeux : — Dis donc, Gradov, qu'est-ce que tu dirais de baiser un brin ?

Suffoqué, Kirill se rejeta en arrière.

— Que veux-tu dire, Rosenblum ?

Une ironie grisâtre, comme l'ombre d'une libellule, vint flotter sur les traits de la jeune femme.

— Une petite satisfaction physiologique. Ne l'avons-nous pas méritée, après une semaine d'instruction politique ? Allons, Gradov, laisse là tes délicatesses bourgeoises. Tu vois la grange, là, sur la colline ? C'est l'endroit rêvé pour ce genre de choses.

Un cadenas rouillé fermait le portail, mais ils n'eurent aucune peine à écarter les planches et à pénétrer à l'intérieur. La grange abandonnée ne semblait guère convenir même à « ce genre de choses ». Des trous béaient dans le toit, des flaques d'eau s'étalaient sur le plancher pourri, mouillaient le fond des tonneaux.

Tsilia examina les lieux d'un air pratique et ne tarda pas à trouver un coin plus ou moins sec, à y jeter une brassée de foin plus ou moins sec, à y étaler son manteau, à débarrasser Kirill du sien, puis toujours aussi pratique, à ôter sa jupe sous laquelle apparut une culotte assez repoussante, mauve, longue jusqu'aux genoux, à déboutonner sa vareuse, à se tourner vers son compagnon :

— On y va, Gradov !

Kirill ne pouvait aller nulle part, il était affreusement gêné et ne savait que faire. Elle sortit — et il en fut définitivement ébranlé — deux énormes seins pareils à deux oies blanches. D'où lui venaient-ils ? Toujours ironique, elle prit l'initiative des opérations.

Quand ils eurent « baisé un brin », ils demeurèrent allongés côte à côte, le regard fixé sur un trou du toit au-dessus duquel, de plus en plus brumeux et sombres, déferlaient des tourbillons de pluie. Bouleversé par un flux d'émotions qui étaient, pour lui, nouvelles, Kirill chuchota :

— Tu... tu... tu es étonnante, Rosenblum... Tu es une vraie merveille.

Tsilia s'assit, toussa en vieille fumeuse, les oies blanches ballottèrent indécemment comme au fil de l'eau sous une rafale de vent ; elle souffla sur sa cigarette et demanda d'un air moqueur :

— Comment avez-vous fait pour conserver votre virginité jusqu'à vingt-huit ans, camarade Gradov ? — Elle se pencha sur lui et l'embrassa avec une tendresse inattendue : — Eh bien, bienvenue dans le monde des adultes, fils de professeur !

Puis elle s'aperçut que, distrait des jeux amoureux, Kirill regardait avec anxiété par-dessus son épaule. Elle se retourna et vit une paire d'yeux fixés sur eux du fond de la grange, derrière un tas de bric-à-brac. Ils bondirent tous deux sur leurs jambes.

— Qui est là ? Montre-toi ! s'écria Kirill.

Les yeux disparurent. Kirill s'élança dans leur direction, envoyant promener au passage tonneaux pourris et colliers de cheval abandonnés, et sortit de sa retraite un gamin de sept ou huit ans, puant et émacié à l'extrême. Le gamin tenta de lui échapper, de se défendre, voulut frapper, mais il n'eut que la force de serrer les poings. Il essaya même de mordre, mais ses dents aussi ne laissèrent que de faibles marques sur les mains de Kirill. Les pauvres tentatives qu'il fit pour défendre son corps chétif transpercèrent Kirill d'une pitié aiguë, presque insupportable.

— Petit salaud, qu'as-tu à nous épier ? gronda-t-il d'abord d'une voix menaçante, — mais il se calma aussitôt et, loin de bousculer le gamin, il lui offrit son appui. — Que fais-tu ici, petit ? Comment t'appelles-tu ? Qui sont tes parents ?

Le gamin ouvrait tout grand la bouche comme sur un cri, mais il n'en sortait qu'un murmure.

— Lâchez-moi ! Vampires, sans-Dieu, bourreaux ! Laissez-moi au moins crever ! J'veux pas aller au Kazakhstan !

Il finit par perdre connaissance entre les mains de Kirill.

Lorsque, l'enfant dans les bras, Kirill et Tsilia, qui se traînait derrière lui, pénétrèrent dans la grand-rue du village, l'opération d'embarquement des « éléments de classe inadéquats » dans les camions était presque terminée. Pareils à des moissonneurs après une bonne journée de travail, les soldats se reposaient au bord des haies, échangeaient des plaisanteries, partageaient leur tabac. Pétia Ptakhine était satisfait : il avait vérifié toutes ses listes, tout collait. Il n'y avait que ces bonnes femmes sans conscience qui se conduisaient in-cor-rec-te-ment. Makarievna, par exemple, qui le menaçait du poing du haut de son camion et le traitait d'Antéchrist.

— Cause pas pour rien dire, Makarievna, faisait Ptakhine d'un air bonnasse. Du moment que le Christ n'a pas existé, il ne peut pas y avoir d'Antéchrist.

— Tu entends, Gradov, fit Tsilia éclatant de rire. Ptakhine a étudié son Dostoïevski.

Le komsomol se retourna, aperçut Kirill qui portait l'enfant et s'exclama d'un air heureux :

— Ça, c'est une veine ! Où c'est-il que vous l'avez coincé, camarade Gradov ?

— Qui est-ce ? demanda Kirill.

— Ni plus ni moins que Mitia Sapounov, de l'engeance de koulak. Y a qu'à le flanquer carrément dans le camion. Même qu'il soit plein à craquer, il y tiendra toujours un petit salaud de plus. À petit logement point d'offense, pas vrai, les femmes ?

— Où sont ses parents ? demanda Kirill.

— Ils ont tous cramé. Voyons, vous avez vu l'incendie vous-même, camarade Gradov ! Fédka, le père de Mitia, ça fait longtemps qu'il a dit : « Plutôt que d'entrer au kolkhoze, j'aime mieux brûler tout mon bien, et moi, et ma famille avec. » C'est juste quand les camarades allaient venir lui présenter les ordres de ré-qui-si-tion qu'il a commis son acte de sabotage. Je vous donne un coup de main et on le débarrasse dans le camion, le Mitia, camarade Gradov.

— Bas les pattes ! articula Kirill d'un air si terrible qu'il s'en étonna lui-même. Oubliez cet enfant, Ptakhine. Il ira à Moscou avec la camarade Rosenblum et moi-même.

Le komsomol en blêmit et, d'un mouvement gauche, sortit de sous sa ceinture son petit dossier fermé par des attaches de caleçon.

— Ben, comment ça, camarade Gradov ? J'ai là les dernières instructions d'après lesquelles tous les éléments koulak doivent être éliminés d'ici quel que soit leur âge. On les expédie tous au Kazakhstan en vue d'une do-mi-ci-lia-tion plus utile. Alors, pourquoi que vous parlez contre les instructions, camarade Gradov ? J'peux tolérer aucun arbitraire. Je vais devoir vous si-gna-ler.

Il chercha des yeux le commandant du détachement, mais il n'était pas en vue ; il craignit, s'il partait à sa recherche, que le camarade Gradov ne prenne la poudre d'escampette avec son engeance de koulak. De son côté, Kirill sentit monter une vague de panique. Sans bien savoir pourquoi, il ne pouvait plus se figurer qu'il abandonnerait ce petit corps qui pendait entre ses bras, geignant doucement, poussant de petits cris, à demi évanoui. Et pourtant, si le commandant arrivait, tout serait fini.

C'est alors que Tsilia entra en action : elle prit le responsable komsomol sous le coude, l'emmena à l'écart, répandit sur lui sa chaleur féminine.

— Il ne t'est jamais venu à l'esprit, camarade Ptakhine, que tu n'as pas toujours raison dans ton interprétation de la politique de classe du Parti ? N'as-tu jamais souffert du manque d'instruction ? Je pourrais te prêter quelques ouvrages de nos plus grands théoriciens. — Elle sortit plusieurs brochures de son gros sac et les fourra dans la ceinture du secrétaire. — Voilà Zinoviev, Kalinine, Boukharine, Staline... Prends-les, camarade Ptakhine, et instruis-toi. Il faut s'instruire, s'instruire et s'instruire, comme nous l'a enseigné Vladimir Ilyitch.

Ébahi, plein de vénération, Ptakhine se cramponnait à sa ceinture. Tsilia le libéra de sa demi-étreinte politique, le poussa gentiment, comme de dire : « Va t'instruire ! » Pendant ce temps, Kirill s'était éloigné avec son fardeau. Tsilia s'en fut le rattraper à grands pas bien politiques.

Dix minutes plus tard, ils entendaient, puis apercevaient, cahotant sur les nids de poules et faisant gicler la boue, la colonne militaire. De chaque camion montaient des sanglots et des cris bien peu différents du meuglement des vaches.

## CHAPITRE ONZE

# *Tennis, chirurgie et mesures préventives*

L'automne 1930 n'était pas pressé de s'en aller. Certains matins, cela sentait assurément la neige et même des mites blanches, presque imperceptibles, semblaient descendre du ciel, et puis, tout à coup, comme pour les besoins de notre narration, l'été des bonnes femmes revenait et, dans une incertaine bleuison, le Bois d'Argent apparaissait comme le palais de la Nature le plus luxuriant, de la gamme la plus éblouissante.

Par l'un de ces matins-là, Nikita, toujours en uniforme impeccable et muni du porte-documents qu'il ne manquait jamais de prendre lorsqu'il allait au Commissariat du peuple, Véronika en tenue de tennis, la raquette sous le bras, et aussi leur fils Boris IV à présent âgé de quatre ans, en costume marin, mais le sabre sur l'épaule, émergèrent du portillon de la datcha des Gradov.

— Bon, n'oublie pas, je t'en prie, Nikita ! disait Véronika d'un ton capricieux, boudeur, ce qui signifiait en clair : « Je ne me dispose sous aucun prétexte à retourner en Biélorussie ! J'en ai par-dessus la tête ! Je suis une Moscovite de Moscou, tout de même ! Je n'ai aucune envie d'enterrer mes jeunes années dans un trou perdu. Tu dois carrément dire au Commissariat que tu veux être muté ici. Tes articles paraissent en revue, on te considère comme un théoricien. Rassemble ton courage, à la fin ! »

Nikita, nerveux, consultait sa montre.

— C'est bon, c'est bon, calme-toi, je te prie. Je suis certain que nous allons rester à Moscou. Ouborévitch m'a dit sans équivoque qu'il me voyait à l'état-major général. Je suis presque certain... enfin je veux dire...

Déjà sa voiture se montrait au tournant. Des sentiments contradictoires s'emparèrent de Boris IV : devait-il courir vers le chauffeur ou rester près de sa mère ? Ce fut le chevaleresque qui l'emporta.

— Maman a raison, dit-il à son père, ici c'est mieux. Moi aussi, je veux habiter ici avec Pythagore.

— Tu crois que je ne le comprends pas, traîna le divisionnaire d'un air fautif. Ma famille peut m'en croire, moi aussi, je le veux...

Véronika sourit enfin.

— J'en suis absolument sûr, ajouta-t-il reprenant courage, je suis presque absolument sûr qu'on ne manquera pas de me muter dans la capitale.

Il embrassa sa femme, son fils, et prit place dans la voiture.

— Pourquoi tu ne joues pas au tennis, papa ? demanda sévèrement Boris IV.

La vie est pleine de mystères, songea Nikita. Hier encore, mon mouflet ne savait que clapper des lèvres et souffler du nez, et aujourd'hui, il me pose des questions sur l'existence.

La voiture démarra.

Le partenaire de Véronika, un bel homme d'un certain âge, ainsi que deux autres athlètes plutôt mûrs, l'attendaient déjà sur le court. Tous trois étaient du genre « avocat célèbre et distingué » qui avait survécu à la révolution et repris vie et, soit dit en passant, s'occupait par les temps qui couraient de tout ce que l'on voudra sauf de la défense d'un accusé.

Une partie animée s'engagea et, quelques minutes plus tard, Véronika bondissait à travers le court, impétueuse, toute rouge, parfaitement consciente d'être tout simplement charmante, enfin, irrésistible !

— Bon, vous êtes battus, les gars ! cria-t-elle à ses adversaires tout rayonnants d'être appelés des « gars », rajeunissant à vue d'œil sous les coups de la stupéfiante « générale rouge ».

— Ô Véronika, tu es la déesse du tennis !

Boris IV participait aussi, il courait autour du court et ramassait les balles. La casquette sur les yeux, un militaire se trouvait parmi les rares spectateurs de la tribune. Véronika s'était déjà aperçue que c'était ni plus ni moins que le colonel Vouïnovitch.

Pendant ce temps, une réunion du haut commandement de l'Armée Rouge se tenait dans l'un des grands cabinets du Commissariat du peuple à la Guerre. L'un des murs était entièrement occupé par une carte de l'URSS et des pays limitrophes. Une baguette à la main, le général d'armée Vassili Blucher, commandant de l'armée d'Extrême-Orient, vivante incarnation de la force contenue, allait et venait devant elle. Son rapport sur la situation stratégique ne passionnait pas moins Nikita Gradov que sa partie de tennis ne passionnait sa femme.

— Le centre des activités militaires et politiques déployées contre notre pays se déplace actuellement vers l'Extrême-Orient, disait Blucher. Les plans du Japon qui veut créer un gouvernement de Mandchourie fantoche à notre frontière acquièrent une signification particulière. Je vous prie de reporter votre attention sur la carte, camarades. Vous y voyez en flèches bleues les récents mouvements des forces terrestres et maritimes du Japon. — Les flèches bleues pointaient comme de grands poissons contre les pis et sous la queue de l'immense vache de l'URSS. Blucher les corrigeait de sa baguette. Les commandants, captivés, prenaient des notes. — Nous devons, dans les mois qui viennent, nous tenir prêts à une confrontation sérieuse, poursuivit Blucher, et peut-être à un conflit ouvert avec un ennemi très puissant. Les Japonais savent faire la guerre... — il sourit — et ils aiment cela.

Le sourire du général disait clairement : « tout comme nous », et l'assistance le comprit fort bien.

Blucher traversa la pièce, s'arrêta près de Nikita, posa un pied chaussé d'une botte étincelante sur le barreau de sa chaise et dit :

— C'est précisément chez nous, camarade Gradov, en Extrême-Orient, que vous trouverez à utiliser vos talents stratégiques. Je vous offre le poste de chef d'état-major à Khabarovsk[1].

Suffoqué, au lieu de le regarder en face, Nikita fixait la botte étincelante. Tous les autres se tournèrent vers lui, le sourire aux lèvres. L'offre était de celles auxquelles un jeune divisionnaire ne peut que rêver. N'était-ce pas le tremplin d'une ascension grandiose ?

— C'est très inattendu, camarade Blucher, bafouilla Nikita. Moi, chef d'état-major... ? À Khabarovsk... ?

Blucher lui tendit la main.

— Alors, tu es d'accord ?

— Comment refuserais-je une proposition pareille ?

Il se leva d'un mouvement déterminé, retendit sa tunique, serra la main qu'on lui offrait. Il se dit soudain qu'il avait quelque chose en commun avec Frounzé. L'assistance applaudit gaiement : des guerriers rouges, la fraternité des armes.

Son rapport terminé, Blucher gagna le couloir en compagnie de Nikita et de quelques autres de ses subordonnés de Khabarovsk. Tout en avançant, il donnait déjà des ordres précis.

— Vous aurez pour adjoint le colonel Strelnikov. Je vous le présente. Pour premier aide de camp, le major Sétanykh. Vous choisirez vous-même les autres membres de votre état-major. C'est tout pour l'instant. Vous êtes tous libres jusqu'à quatorze heures trente-cinq.

Ils se dispersèrent aussitôt. Nikita suivit le couloir à pas lents et s'arrêta devant une autre carte de l'URSS, le Commissariat du peuple en était riche. Plaines vertes, échine brune de l'Oural, puis nouvelle étendue de prairies de la Sibérie occidentale, appui, au sud, des collines de l'Altaï... et ainsi de suite... Khabarovsk... huit

1. Au confluent de l'Amour et de l'Oussouri (extrême sud-est de la Sibérie, aux confins de la Chine).

mille kilomètres de Moscou... Véronika va me quitter... Quelqu'un, par-derrière, lui envoya une grande claque dans le dos. Il sursauta. Ce style de rapports avait largement vécu ; pour ce qui est de Nikita, même du temps de la guerre civile, il avait difficilement toléré les familiarités, aujourd'hui d'autant moins. Et particulièrement si, après ce rude coup, la gueule radieuse et vaguement connue d'un major du NKVD venait se planter droit devant lui. Il mit quelque temps à reconnaître Sémione Stroïlo. Depuis que Nina était partie pour Tiflis, non seulement il ne l'avait pas revu, mais il avait complètement disparu de ses pensées.

Stroïlo braillait :

— Mes félicitations, divisionnaire ! Quelle réussite ! Alors, nous allons travailler ensemble ! On vient de me nommer à la section spéciale de ton état-major.

— Excusez-moi, je n'ai pas l'honneur de vous connaître, feignit Nikita avec rage.

Stroïlo saisit la nuance et se piqua au jeu — perfidement :

— Allons, Nikita, qu'est-ce que c'est, ces façons d'officier de la Garde ? Nous avons failli devenir parents, avant que Nina ne prenne la tangente à Tiflis, loin de ses copains trotskistes...

Nikita le repoussa brusquement, une pensée fulgurante lui souffla qu'il n'était pas si puissant que cela, et il s'éloigna à grands pas. Stroïlo le suivit des yeux avec un regard de biais. Le prolétaire imaginaire qu'il avait été et qu'il avait depuis longtemps oublié venait de se réveiller et était ulcéré.

Nikita se rendit directement au bureau provisoire de Blucher. Celui-ci était occupé à écrire, assis sous le portrait de Staline. Nikita s'approcha de lui d'une allure décidée.

— Pardonnez-moi de me présenter sans ordres, mais je suis contraint de refuser le poste que vous m'avez proposé.

Blucher termina sa phrase et, seulement alors, leva un regard maussade. Comme tous ceux qui commandent à des milliers d'hommes, il changeait instantanément de sentiments envers ceux qui contrariaient ses visées.

— Pour quelle raison ?

— Le personnage qui a été nommé à la section spéciale. C'est quelqu'un en qui je n'ai catégoriquement aucune confiance, dit Nikita en s'avisant qu'il était en train de se faire un puissant et invincible ennemi.

Cependant, le déplaisir avait disparu du front du commandant en chef aussi vite qu'il était venu. Ainsi posée, il comprenait la question. Qu'un homme qu'il avait choisi voulût choisir à son tour, cela se concevait, c'était militaire, sans hypocrisie. Il sortit la liste des dernières nominations. Sa plume en or allemande s'arrêta sur le nom de Stroïlo.

— Celui-ci ?

Nikita hocha légèrement la tête.

— Oui. Le major du NKVD Sémione Stroïlo.

La plume en or biffa d'un geste brusque le nom indésirable. Blucher dévisagea attentivement Gradov : avait-il apprécié cet acte de confiance ? Et il vit qu'il l'avait apprécié.

Peut-être qu'au même moment, Véronika, lasse de gambader sur son court de tennis, s'était arrêtée de jouer. C'est là qu'elle aperçut Vouïnovitch.

— Vadim, par quel hasard ! Aïe, j'imagine que je dois être affreuse. Cela fait des années que vous aviez disparu. Pourquoi donc ? Vous vous êtes purement et simplement volatilisé !

Vouïnovitch, horriblement gêné, se maudissait de n'être pas parti cinq minutes plus tôt : que faire ? il n'avait pas pu arracher les yeux des bonds de la grâce, et tournant entre ses mains sa casquette qui ne l'avait pas protégé à temps, il bafouillait quelque chose d'invraisemblable.

— ... le hasard aveugle... une coïncidence étonnante... je passais devant, j'ai entendu frapper les balles... le tennis... je ne l'avais encore jamais vu... je suis entré, et tout à coup... vous en personne... vraiment, je ne m'y attendais pas...

Loin de lui couper la parole, elle le regarda en souriant, comme pour lui donner à entendre que sa passion n'était pas faite pour lui déplaire à condition qu'elle conserve ces aimables dimensions romantiques. Il se tut. Alors, elle intervint dans le ton qu'elle trouvait parfaitement approprié :

— Ah, c'est donc ça ? Donc, vous ne pensez jamais à moi ? Il est joli, l'ami. Allons, bon, je vous mets aux arrêts, colonel. Venez à la datcha, tout le monde sera content de vous voir.

À cette invite, le visage de Vadim frémit. Le plus content sera le professeur, se dit-il. Il remit sa casquette et salua.

— Excusez-moi, je ne peux pas. Je vais à la gare. Je pars aujourd'hui même pour le Tadjikistan.

— Pour longtemps ? s'exclama-t-elle d'un air déçu cependant qu'elle pensait : Ça se passe comme dans un roman.

— Peut-être pour toujours, dit Vadim en gagnant rapidement la sortie.

Quelle vigoureuse, quelle belle silhouette ! songea Véronika en le suivant des yeux. J'imagine sans peine comment il m'aurait prise. Là-dessus survint Boris IV, complètement étourdi d'avoir tourné en rond pendant deux heures.

Profitant de la douceur de l'été des bonnes femmes, les Gradov avaient dressé le samovar sur la véranda. Et l'on prit le thé, comme c'était de tradition en cette saison, avec toutes sortes de confitures maison et craquelins de l'État. Ce soir-là, il y avait à la table Boris Nikitovitch et son assistant Savva Kitaïgorodski, Mary Vakhtangovna, Agacha la servante ou, selon la terminologie de l'époque, l'aide ménagère, Véronika, la déesse du tennis, son fils Boris IV fort conscient de sa dignité, ainsi qu'un nouveau membre de la famille, l'engeance de koulak Mitia Sapounov.

Cela faisait un peu plus d'une semaine que l'on avait amené à Moscou et introduit au Bois d'Argent le gamin à moitié mort, provoquant l'affolement de toute la famille. Aujourd'hui, il était méconnaissable : bien nourri, bien lavé, les cheveux coupés, vêtu d'un sweater bien ajusté. Seul son regard conservait quelque chose d'effrayant, on aurait dit d'un louveteau aux abois s'il n'y était passé, par moments, quelque chose d'inconcevable, d'horrible, qui en faisait un regard non-regard. D'ailleurs, cela se produisait de plus en plus rarement, parfois même, Mitia souriait, comme lorsque maman Mary lui caressait la tête et déposait un morceau de fromage et de jambon de plus sur son assiette. Ce sourire devenait tout à fait tendre lorsque Pythagore, l'ami de la maison, l'enveloppait de son souffle chaud et posait son museau au creux de son coude.

Pendant ce temps, Boris Nikitovitch et Savva discutaient de leurs affaires professionnelles.

— Le collège du Commissariat du peuple a approuvé notre proposition. Ce qui fait que vous pouvez vous préparer, Savva, dit Gradov.

— Pas possible ! fit Savva, tout heureux. Alors, on peut vraiment passer à l'application pratique ? Alors, l'anesthésie selon la méthode Gradov est pour bientôt ?

— Pour bientôt, sourit le professeur. Et plus précisément, nous opérons après-demain.

Juste à ce moment, venant du jardin, le jeune couple marxiste gravit les marches du perron. Les deux jeunes gens se tenaient par la main et dardaient l'un sur l'autre les rayons de leurs quatre verres de lunettes. Tout le monde les regardait et ils ne faisaient attention à personne. Agacha leur versa du thé, ils s'assirent près du samovar bouillant dont l'ardeur fit encore plus ressortir les taches de rousseur de Tsilia. Ni le thé ni les confitures n'intéressaient Kirill. Rien que ces taches de rousseur.

— Kirill, qu'as-tu ? demanda sévèrement Mary Vakhtangovna. On n'aurait pu dire qu'elle était enchantée du choix de son cadet.

— Nous revenons du bureau des mariages, Rosenblum et moi, dit Kirill.

Agacha leva les bras au ciel.

— Comment, seigneur ? Sans fêter la noce ?

Véronika pouffa.

— Je me demande si, même au lit, vous vous appelez par vos noms de famille.

— Véronika ! fit sa belle-mère, la remettant à sa place.

Kirill se borna à ricaner, il hochait la tête en direction des siens comme un imbécile heureux et serrait sous la table la main de Tsilia. Le sombre doctrinaire avait fait place à un potache amoureux. Il alla jusqu'à plaisanter !

— Si nous nous sommes débrouillés pour accoucher d'un fils de huit ans, il fallait bien que nous nous mariions.

Aussitôt, Mary Vakhtangovna s'inquiéta :

— Vous ne croyez pas qu'il vaudrait mieux pour Mitia que ce soit Bo et moi qui l'adoptions ?

Alors, Tsilia, renonçant aux demi-teintes amoureuses, déclara catégoriquement :

— Permettez, Mary Vakhtangovna, un enfant doit demeurer avec ses parents, c'est-à-dire avec nous.

— Bon, me voilà grand-père encore une fois ! s'exclama gaiement Boris Nikitovitch. J'ai failli être père une quatrième fois, mais non, c'est deux fois grand-père.

— Et toi, qu'est-ce que tu en dis, mon petit Mitia ? demanda Mary Vakhtangovna.

La bouche pleine, celui-ci sursauta, puis baissa les yeux et grommela :

— Moi, je bois mon thé.

— Une réponse digne de Socrate ! s'écria le professeur.

Tout le monde applaudit.

Mary demeurait extraordinairement grave, sa voix tremblait légèrement :

— J'insiste, j'exige même que Mitia demeure avec nous au moins jusqu'à ce qu'on vous attribue un appartement convenable.

Relevant le menton d'un air de dignité offensée, elle quitta la véranda. Presque aussitôt, le grondement houleux du piano monta.

— Tu entends ? dit Boris Nikitovitch à Kirill d'un air terrible. — Sur quoi il se tourna vers son assistant et s'isola des complexes affaires de sa famille. — Prenez un jour de repos demain, Savva, ne faites rien. Détendez-vous, reposez-vous. L'intervention doit être impeccable, brillante, mon petit père.

Savva se disposa à rentrer chez lui, bien qu'il n'eût aucune envie de partir. Chaque fois qu'il allait au Bois d'Argent, il croyait revoir Nina. Agacha, qui comprenait parfaitement les souffrances du jeune spécialiste, lui apporta un petit paquet de ses fameux pâtés. En allant à la cuisine, elle regarda par la fenêtre et chantonna d'une voix suave :

— Et voilà mon petit Nikita qui revient du Commissariat. Voyez s'il a l'air gai, mon cœur.

Véronika, voyant avancer son mari, alluma une cigarette d'un geste pittoresque. « Je lui trouve l'air bien trop gai. »

L'intervention associée à la nouvelle méthode d'anesthésie de Gradov, si longuement attendue, eut lieu un jour plus tard à la clinique chirurgicale du Premier Institut de médecine de Moscou. L'amphithéâtre qui jouxtait le bloc opératoire était comble. On avait dû limiter l'assistance aux seuls médecins et aspirants[1]. Les étudiants de dernière année se pressaient dans la rotonde vitrée, sous le plafond.

Tout se déroula avec une facilité extraordinaire. Le mélange anesthésique récemment mis au point agit à la perfection tout au long des trajets nerveux. Le patient était calme, plaisantait avec les infirmières.

— Comment vous sentez-vous ? lui demandait Gradov toutes les cinq minutes, et à chaque fois, l'honorable accordeur de pianos répondait gaillardement :

— Parfaitement bien.

Savva Kitaïgorodski posait les derniers fils. On ne tarda pas à emmener le malade. Les chirurgiens abandonnèrent la table d'opération et ôtèrent leur masque. L'amphithéâtre se déchaîna en applaudissements.

— Donc, camarades, il est permis de considérer qu'à dater d'aujourd'hui, la méthode anesthésique Gradov-Kitaïgorodski est entrée dans l'application courante.

Savva considéra son patron d'un air ahuri, et d'ailleurs toute l'assistance était plongée dans l'étonnement : des professeurs qui partageaient aussi simplement leur gloire avec leurs jeunes assistants, cela ne courait pas les rues.

Lorsqu'ils se furent retrouvés seuls dans le cabinet de Gradov, une infirmière leur apporta deux grandes éprouvettes d'alcool dilué. Ils trinquèrent.

— Ouf ! dit Savva en se frottant le visage à deux mains. Mais voyons, Boris Nikitovitch, le « système Gradov-Kitaïgorodski » ? Ma parole, je n'ai pas mérité cela.

— Mais si, largement, répliqua le professeur. Vous avez été à mes côtés dès le début, Savva, vous avez travaillé comme une brute et au laboratoire et en clinique, vous avez fait une quantité de propositions brillantes. Et puis, en général... — Il avait failli dire : « Vous m'êtes comme un fils. » Au lieu de cela, il posa la main sur l'épaule du jeune homme : — Dites-moi, Savva, comment se fait-il que vous n'ayez pas épousé Nina, en 1927 ?

Savva était complètement renversé. Une douce angoisse, par-

1. Équivalent approximatif d'« internes ».

faitement incongrue entre les murs d'une clinique, le saisit à la gorge.

— Eh bien... vraiment, je ne sais pas... il y a d'abord eu Sémione, puis Stépane... Sémione l'a déçue, Stépane l'a emballée... C'est qu'ils sont tous les deux, Nina et Stépane, des poètes, n'est-ce pas... Et moi, je ne suis qu'un modeste docteur de rien du tout... Mon Dieu, j'aime votre fille plus que tout au monde... Je ne pense qu'à elle, sauf... sauf quand j'opère...

— Elle revient bientôt, mon ami, dit Gradov.

Il éprouvait pour son assistant une vive sympathie et de la pitié. Un modeste docteur de rien du tout... Au moment où il faisait lui-même la cour à Mary, à la fin du siècle dernier, un diplôme de médecin était considéré comme la chose la plus prestigieuse du monde. Les pouvoirs actuels réduisent les prestiges légitimes à des niveaux humiliants.

— Nina revient ! s'écria Savva, sur quoi il demeura court, s'en fut voguer dans une direction qui lui était à lui-même inconnue.

## CHAPITRE DOUZE

# *Orgue de Barbarie-De charlatanerie*

Une lointaine chaîne de montagnes se découpe à travers l'air transparent au nord de la capitale de la Géorgie. Des pics bien plus impressionnants scintillent sur le panneau de contreplaqué qui se dresse tout de suite après l'entrée du zoo. Contre ces sommets-ci se découpe la silhouette d'un Caucasien de belle allure, taille de guêpe, tunique tcherkesse, cartouchières barrant la poitrine, poignard à la ceinture. À l'endroit de la figure, un trou ovale par où passe la physionomie ronde et tellement russe d'un compagnon de route dissolu, Stépane Kalistratov. *Et voilà* !* Séance tenante il devient un romantique bandit des montagnes. Un photographe moustachu à la Guillaume de Prusse (ou à la Sémione Boudionny, commandant de la Première Armée de cavalerie) lève sa plaque de magnésium et plonge sous son drap noir.

— Un petit sourire, s'il vous plaît, *batono*.

L'éclair de magnésium jaillit. Le photographe émerge.

— Bravo, vous êtes mon meilleur modèle de l'année. Où devrai-je vous envoyer la photographie ? À Moscou, à Paris, à Monte-Carlo ?

— Aux Solovki, *monsieur**. Toutes les personnes comme il faut prennent actuellement leurs vacances aux Solovki. Ce sera probablement mon adresse dans un proche avenir.

Il faisait nettement un numéro, mais, examinant les alentours, il constata avec déception qu'il n'avait pas d'autre public que son fidèle Otari, chevalier à la triste figure. L'auditoire qu'il visait, un groupe de jeunes gens rieurs, et parmi eux sa propre femme Nina, se tenait non loin de là, mais ne lui prêtait aucune attention.

Toute la bande, Nina, son cousin Nougzar, le jeune poète Mimino, la danseuse Chaliko et le peintre Sandro Pevsner[1], dansait devant une cage d'où, dressé sur ses pattes de derrière, un ours brun énorme les observait. Qui était spectateur et qui interprète, difficile à dire. Tous, y compris l'ours, ma foi, débordaient de cette curieuse fausse ironie et de ces airs frimeurs qui surgissent parfois parmi la jeunesse après un grand festin de nuit et une vodka — *khachi*[2] du matin.

1. Personnage fictif, mais largement inspiré d'Antoine Pevsner (1886-1962), peintre et sculpteur, auteur du manifeste du constructivisme, émigré en France par la suite.
2. Remède contre les lendemains de cuite.

Nina se dépensait plus que personne, elle tendait les bras et invoquait ainsi l'ours :

— Mon cher ours russe ! Mon compatriote ! Mon pays ! Compagnon de ma vie ! Mon pauvre ami ! Qu'as-tu ressenti en te réveillant, après ton doux sommeil d'hiver, dans cette horrible cage ? Mon enfant ! Toi, mon Lermontov abandonné au Caucase ! Comme j'ai envie de t'embrasser.

On aurait cru qu'elle ne distinguait personne autour d'elle, mais du coin de l'œil, elle guignait tout de même son mari et son Otari et, à travers le désordre de l'ivresse, une ombre de rage se levait en elle. Tout à coup, inconsciente de ce qu'elle faisait, elle bondit par-dessus le grillage, courut à la cage et tira sur la porte. Le cadenas n'était pas fermé, il tomba, et la porte s'ouvrit. Nina entra. L'ours se tourna lentement vers elle, comme s'il interprétait sur scène le rôle de Sobakiévitch du grandiose poème[1]. Sans hésiter, Nina se dressa sur la pointe des pieds et lui appliqua sur le museau un magnifique baiser. Toujours du coin de l'œil, elle aperçut Stépane qui accourait à toutes jambes sur le lieu de l'action, suivi d'Otari qui se tordait les bras. Elle entendit son mari lui crier :

— Tu es complètement cinglée, Nina !

Devant l'entrée de la cage, Nougzar intercepta Stépane, lui bâillonna la bouche et lui enjoignit d'une voix cassante :

— Arrête de gueuler.

Cependant, l'ours avait posé les pattes de devant sur les épaules de la jeune femme et se dandinait près d'elle, toujours pareil à Sobakiévitch au salon, comme s'il avait peur de lui marcher sur les pieds. De sa gueule entrouverte s'échappait une puanteur fétide. Plus personne ne riait. Qui peut prévoir ce que fera un ours accablé d'ennui ? Seule Nina bravait le péril, s'efforçait de conserver le ton.

— Mon pauvre ours ! Mon Lermontov ! Mon enfant !

En réalité, elle n'osait pas broncher. Elle se dit même : Quelle fin impossible ! Quant à l'ours, il n'avait manifestement pas l'intention de laisser passer cette occasion sans précédent de s'amuser.

Stépane repoussa Nougzar, se mit à brailler comme un fou :

— Appelez le gardien ! Avec sa lance d'incendie !

Sandro Pevsner, pâle, surmontant un vertige, fit mine d'escalader le grillage sans même savoir pourquoi. Que pouvait-on faire ? Si on effrayait l'animal, il la réduirait en bouillie, la bien-aimée, notre Demoiselle, l'étoile de Tiflis. D'une main de fer, Nougzar le fit redescendre, après quoi, avec un parfait sang-froid, il refit le trajet qu'avait suivi Nina. À ce moment, l'ours lui tournait le dos. Il ouvrit la porte et lui envoya un grand coup de pied. Ahuri, l'animal

1. *Les Âmes mortes*, de Gogol.

se remit sur ses quatre pattes. En un clin d'œil, Nougzar sortit Nina et claqua la porte. L'ours hurla d'un désappointement sauvage. Les employés du zoo accouraient.

— C'est une honte ! criait le gardien-chef. Voyous ! Je vous arrête tous ! — Il saisit Sandro aux revers. — Qui es-tu, parasite ?

— Je suis Sandro Pevsner, artiste.

Une nausée de honte et d'après-boire envahit le jeune avant-gardiste auquel des camarades bien particuliers venaient de recommander dans les termes les plus rigoureux de passer sur les rails de l'art prolétarien réaliste.

— C'est lui, le meneur, c'est Pevsner, le meneur !

Ce fut Nougzar qui tira tout le monde d'affaire. Avec un ascendant exceptionnel, il emmena le gardien-chef à quelques pas, lui montra à l'insu des autres son livret rouge du NKVD et lui dit d'un ton autoritaire :

— Du calme, du calme, cher camarade ! Il n'y a pas de victimes, votre élève est sain et sauf. La jeune fille a voulu plaisanter, *batono*. Une légère licence poétique. Mais vos cages, vous devez les verrouiller, *batono*, afin d'éviter la sortie de l'ennemi...

L'employé se calma instantanément et oublia ses griefs. La bande des bohèmes se dirigea vers la sortie. Leur ivresse s'était volatilisée. Nougzar excepté, ils se sentaient tous affreusement mal d'avoir à ce point manqué de courage. Nina se maudissait de sa bravade, de ses grimaces déplacées. Nougzar jeta un coup d'œil à sa montre.

— *Pardon, pardon**, il est temps que je me sauve. Nous nous verrons ce soir chez Papa Niko.

Il embrassa Nina sur la joue, en proche parent, et s'éloigna aussitôt de sa démarche impétueuse, disparut au premier coin de rue. La bande ne tarda pas à se disperser.

Ce même jour, au soir tombant, Nina et Stépane montaient lentement une ruelle en pente de la vieille ville en direction du petit restaurant où, par-dessus la vieille enseigne de *La Taverne de Papa Niko*, l'on avait peinturluré en lettres blanches, tel un tableau cubiste primitif : *Restaurant n*° 7 *de l'Alimpopulmunicip*. Par moments, Stépane s'attardait à quelques pas en arrière de sa femme. Une fois, elle se retourna et le vit renifler une poudre blanche posée sur sa main. Elle haussa l'épaule avec mépris.

— Arrête, Stépane ! Tu ne peux plus faire un pas sans *ça* ! Dis-moi, tu as fait tes bagages, à la fin ? Ou aurais-tu oublié que nous partons pour Moscou demain ?

Stépane lui jeta un regard étrange et bafouilla :

— Attends, Nina, nous avons à parler. Mais allons d'abord chez Papa Niko.

En dépit du quinquennat stalinien, l'ambiance qui régnait à la taverne était encore spécifiquement tiflissienne. Le petit restaurant était le lieu favori des cochers et de la bohème. Les murs étaient ornés de tableaux naïfs aux tons vifs, dans le style de Pirosman[1]. Seul Papa Niko, « le roi des taverniers », comme on l'appelait en ville, demeurait sombre. Au lieu d'accueillir ses hôtes comme d'habitude, à bras ouverts, il restait assis à son comptoir avec son ami l'auteur des toiles de ses murs, auquel il se plaignait de ne plus être maître chez lui, mais directeur adjoint.

— Ils m'ont tout pris, ils ont nationalisé toutes les casseroles, tout sauf tes tableaux. Je ne suis plus personne. On m'a envoyé un membre du Parti. C'est toute une époque qui s'achève, mon ami !

— Attends, mon cher Niko. Le temps viendra où l'on t'offrira des millions pour mes toiles.

Nina et Stépane s'installèrent dans un coin et commandèrent une bouteille de vin.

— Une grande, dit Stépane dans le dos du serveur qui s'éloignait.

— Mettez-en deux tout de suite, ajouta Nina. Stépane, que se passe-t-il ? demanda-t-elle en posant sur le poing tremblant de son mari sa main au poignet cerclé des deux anneaux que lui avaient offerts Paolo et Titsian.

Pris d'une sorte de flottement, Stépane gémit comme d'un mal de dents, comme pour lui dire : « Vois si je souffre », puis il s'ébroua, renvoya à deux mains ses cheveux en arrière et dit :

— Je ne vais pas à Moscou.

À la même heure, le centre de la ville était en proie au bruit et à l'agitation. Des tramways bondés y affluaient de toutes parts. Des automobiles cornaient. Des cochers s'injuriaient. Pareil à une vedette lance-torpilles, Nougzar fendit la foule, s'approcha d'un vendeur de limonade. En même temps qu'un verre de boisson, celui-ci lui remit un lourd paquet. Nougzar le glissa dans sa poche et vida son verre avec délice. Puis il disparut sous la voûte d'une cour traversière.

Nina et Stépane buvaient leur vin sans se regarder.

— Quelque chose a crevé entre nous, Nina, dit tristement Stépane.

— « Crevé » est le mot qui convient, dit Nina encore plus tristement. Comme un ballon rouge.

1. Niko Pirosmanachvili (1862-1918), peintre naïf géorgien dont les œuvres devinrent extrêmement célèbres et recherchées.

— À toi le succès, à moi le fiasco.

— Que dis-tu ? Quel succès ? dit-elle d'un air chagrin.

Stépane prit feu :

— Ce maudit ours, après lui, j'ai tout compris ! Cela a été une épreuve que le destin me glissait en douce et d'où je suis sorti en merde absolue.

— Quelle sottise ! dit-elle, accablée, agacée, traînant sur les mots.

À la même heure, Lado Kakhabidzé, président de la Commission de contrôle du Parti, était assis dans son vaste cabinet sous un tableau où son chef bien-aimé lisait la *Pravda*[1]. On remarquait — ou plutôt cela vous sautait aux yeux — que le portrait de Staline faisait défaut. Le visiteur se trouvait en quelque sorte incité à s'imprégner de gravité, de l'efficace pureté du Parti, car que peut-il y avoir de plus pur et de plus grave au monde que Lénine lisant la *Pravda* ? Après une journée entière d'entrevues et de réunions, Lado Kakhabidzé jouissait de sa solitude, parcourait des papiers, les annotait.

Quelque part au fond de la maison, une porte grinça. Des pas légers, rapides, montèrent. Ils approchaient. La porte du cabinet s'ouvrit. Kakhabidzé leva la tête. Celui qui venait d'entrer le visait de son pistolet. Avant d'avoir pu ouvrir la bouche, il était tué net.

Cependant, le joueur d'orgue aux perroquets connu de toute la ville venait de faire son entrée à *La Taverne de Papa Niko*. Cette trinité ainsi que le vieil instrument de musique étaient, ce jour-là, en pleine forme, leur vieille mélodie montait distinctement, le joueur d'orgue chantonnait, les oiseaux voletaient au-dessus des tables. On se demandait souvent, à Tiflis, pourquoi les perroquets ne quittaient pas le joueur d'orgue, peut-être leur attachait-il les pattes avec de petits fils invisibles ? Seuls de rares ivrognes comprenaient que, pour les perroquets, il représentait l'idée de « patrie ».

Stépane disait avec ardeur à sa femme :

— Je t'aime autant qu'autrefois, Nina, mais je ne peux pas partir avec toi. J'ai peur du Nord. Le Nord me dévorera comme les mammouths ont autrefois dévoré les chèvres.

— Les mammouths étaient herbivores, ignorant. Que feras-tu tout seul ici, Stépane ? Tu ne sauras même pas gagner ton pain.

L'ardeur de Stépane n'avait duré que le temps d'une phrase. Redevenu flasque, il psalmodia :

1. Portrait de Lénine reproduit à des milliers d'exemplaires.

— J'inventerai bien quelque chose... Le vin ne coûte pas cher, ici... Le fromage... Les légumes... Et puis n'oublie pas que j'ai toujours mon fidèle Otari.

En voilà un qu'elle oubliait toujours, comme on oublie l'ombre des gens, or, il suivait vraiment son mari comme son ombre. Elle se tourna vers l'endroit vers lequel Stépane pointait le menton. Langoureux comme un cygne, Otari se tenait à un guéridon solitaire. Il attendait la fin de leur conversation. Soudain, Nina comprit, devina enfin la raison du magnétisme qui rendait inséparables ces deux personnes du sexe masculin. « Ah ! C'est donc ça ! Et moi qui ne me doutais de rien, idiote ! » Elle éclata de rire, elle rit, elle rit tant qu'elle en laissa tomber sa tête sur ses mains.

Un gros homme serré dans un ceinturon militaire émergea d'une porte intérieure : le directeur frais émoulu du *Restaurant de l'Alimpopulmunicip*. Il passa entre les clients d'une allure décidée et poussa à deux mains le joueur d'orgue vers la sortie.

— Fous le camp, malheureux faquin. Les petits métiers privés sont interdits.

Les deux perroquets se posèrent en même temps sur chacune des épaules du directeur, un billet rose dans le bec. Le directeur porta instinctivement la main à sa ceinture à laquelle, tout récemment encore, était accrochée son arme de service de la Sécurité. Papa Niko poussa un soupir amer : une époque était morte, vive l'autre époque ! « Ça aussi, ça aura une fin, soupira le philosophe évincé, la Providence aussi a ses petits métiers ! »

Le désordre le plus complet, le désarroi régnaient cette nuit-là chez le pharmacien Galaktion Goudiachvili. Les femmes entraient en courant, sortaient en courant, aux cris de « Malheur ! », « Horreur ! » Le maître des lieux, à demi conscient, gisait sur un divan et ne faisait que répéter : « Non, non, je n'en crois rien, mon Lado est vivant ! » Nougzar, son neveu préféré, la figure figée en une expression tragique, assis sur un traversin, tenait entre les siennes la main abandonnée de l'oncle. C'est à ce moment que Nina fit irruption et se précipita vers ce dernier.

— Qu'est-ce qui se passe, tonton Galaktion ?

L'oncle se couvrit les yeux et articula :

— Nougzar nous a apporté une terrible nouvelle, Lado a été tué chez lui, tué net... Ses voisins sont venus en toute hâte... ils le confirment, toute la ville... Non, non, je ne le crois pas, mon Lado est vivant.

Nina se prit la tête à deux mains, puis se tordit les poignets d'un geste tout à fait géorgien. Nougzar s'approcha et l'emmena à l'écart.

— Courage, Nina.

— Qui a pu faire ça ? demanda-t-elle à mi-voix.

— J'ai entendu dire que c'étaient les trotskistes. Ils règlent leurs comptes.

Elle repoussa l'idée de la main :

— Sottises, les trotskistes ne pratiquent pas la terreur individuelle.

Il la dévisagea avec quelque chose comme de la malice :

— D'où le sais-tu, Nina ?

Nina se frappa du poing gauche dans la paume droite, attrapa une cigarette dans un paquet posé sur la table, la rejeta.

— C'est la boîte de Pandore qui vient de s'ouvrir ! s'exclama-t-elle.

— Qu'arrive-t-il encore ? demanda vivement Nougzar.

— Rien, mais demain, je prends le train... tu comprends ? Demain matin, je pars pour Moscou... ma valise n'est pas faite... c'est le chaos... ces nouvelles...

Elle se démenait comme une folle.

— Les bagages, ce n'est pas une affaire, dit posément Nougzar. Je vais t'aider. Fais confiance à ton cousin.

Comme saisie par cette phrase, Nina s'arrêta, le dos à lui, puis le regarda lentement par-dessus l'épaule. Une vague de joie sauvage déferla en lui. « C'est mon jour, aujourd'hui. » Elle monta sans ajouter un mot. Il la suivit.

Dans sa chambre, tout était éparpillé, les valises vides étaient grandes ouvertes. Nina y lança tout ce qui lui tombait sous la main : linge, souliers, livres. Nougzar vint la prendre aux épaules et la tourna vers lui. Elle n'était pas en état de résister. Au contraire, elle se sentit le besoin d'avouer à quelqu'un quelque chose, jusqu'au bout, un bout qu'elle ne connaissait pas, un bout plus loin que le bout, celui des aveux définitifs. Il le sentit, et dit d'une voix rauque :

— Tu es une fille au poil, tu n'as pas peur des ours.

— Je n'ai pas peur de bêtes encore pires, murmura-t-elle avec un sombre sourire en déboutonnant la chemise de son cousin.

Il fit glisser sa jaquette de ses épaules. Leurs gestes étaient lents, comme s'ils s'étaient efforcés de ne pas perdre un instant de ce rendez-vous avec la tristesse.

Après que le cortège de ces secondes fut tout de même passé, Nina fut longue à retrouver son calme. Les yeux fermés, elle baisait les épaules et le cou de son homme. Soudain, la voix infiniment abjecte de celui-ci parvint jusqu'à elle :

— Je vois que tu as pris goût au bandit des montagnes.

Tout était fini. Elle ouvrit les yeux.

— C'est toi, le bandit des montagnes ?

Nougzar éclata de rire :

— Évidemment, un bandit des montagnes, un hardi brigand.

Nina recula. Soudain, leur nudité lui parut honteuse.

— Les bandits des montagnes n'exerçaient pas leur chantage sur les femmes — dit-elle, bien qu'elle se rendît parfaitement compte qu'après tant de confidences et d'aveux passionnés, elle finassait avec elle-même, se jouait à elle-même la comédie de la proie timide. Et tout à coup, la vérité fulgura dans son esprit, elle s'assit d'un jet : — Ah ! J'ai tout compris ! C'est toi qui as tué tonton Lado Kakhabidzé !

Nougzar se précipita sur elle, lui plaqua les mains sur la poitrine, la renversa, puis lui bâillonna la bouche de la paume et lui chuchota fiévreusement à l'oreille :

— Ne répète jamais ces sornettes, idiote, où on nous tuera tous, toi, moi, et tous ceux qui les entendraient. Compris ?

Et tout recommença. Détournant la tête, les yeux pleins de peur et d'angoisse, Nina fixait la fenêtre obscure.

CHAPITRE TREIZE

# *Des bacilles facteurs de vie*

L'idylle familiale se renouvelait au Bois d'Argent ce matin-là, les Gradov étaient réunis autour du petit déjeuner : le professeur lui-même, son épouse, leur fils aîné le divisionnaire, sa charmante épouse, leur grave fils Boris IV, leur second fils le marxiste et son épouse également marxiste, leur fils Mitia venu au monde à l'âge de huit ans, Agacha l'intendante aux petits soins et, bien sûr, le principal idéologue de cette harmonie, le jeune berger allemand Pythagore.

— Il faut consommer un yaourt tous les matins. — Boris Nikitovitch faisait la leçon à sa maisonnée. — Le grand Metchnikov y a découvert des bacilles facteurs de vie, le secret de la longévité. Tout le monde en consomme, tout le monde sans exception. Cela te concerne aussi, Nikita.

Le chef d'état-major de l'Armée d'Extrême-Orient sursauta :

— Comment, moi aussi ?

Puis il s'empressa d'en consommer sa part. « Gentil petit », lui dit le regard de Mary.

— Longévité, mon cul ! défia la *tenniswoman*. Pour pourrir dans les marais toungouzes en Extrême-Orient ?

Nikita baissa les yeux. Mary saisit la balle au bond :

— Véronika, qu'est-ce que c'est que ces expressions ? Devant les petits !

Mitia, qui était devenu le chouchou de la maison, s'étrangla de rire.

— Longévité, mon cul, mon cul !

Boris IV, perdant sa gravité, en bondit sur place :

— Mon cul ! Mon cul !

Les deux garçons avaient, malgré la différence d'âge, fait amitié, et d'ailleurs l'engeance de koulak était devenue méconnaissable. Agacha lui faisait même une raie de côté, afin qu'il ressemblât à un enfant de bonne famille. Il n'y avait que la nuit : il se levait parfois les yeux fermés et cherchait à courir on ne sait où en mugissant, mais de plus en plus rarement.

Boris Nikitovitch menaça Véronika du doigt, parcourut toute

sa tribu avec une sévérité de commande, puis, fort satisfait de son rôle, consulta sa montre et se leva. Quelque chose l'empêchait de jouir pleinement du bien-être matinal. Soudain, il s'en avisa : l'Opéra ! Le terrible et juste maître à penser disparut d'un coup, le professeur se fit engageant :

— Ma petite Mary, tu as une minute ?

Sentant que quelque chose clochait, elle le suivit dans son cabinet.

— Que se passe-t-il, Bo ?

— Il va falloir renoncer à notre expédition à l'Opéra, ma petite Mary.

— Voilà ! J'en étais sûre ! Jamais nous n'y arriverons, à l'Opéra !

Il débita très vite :

— Tu comprends, la Direction générale de la Médecine aux Armées nous prie de présenter dans les délais les plus brefs un rapport sur notre méthode d'anesthésie locale. J'ai donc dû convoquer tout notre groupe de recherche. Nous n'aurons sûrement pas fini pour le lever du rideau.

Mary était ulcérée. L'« expédition » à une présentation nouvelle de *Carmen* au Bolchoï était à ses yeux un grand événement, elle s'était réveillée en savourant d'avance son plaisir ; pour lui, ce n'était qu'une contrariété, l'obligation de se hâter, un empêchement sur la voie du succès. Elle avait imaginé cela bien autrement, dans sa jeunesse. Tout lui apparaissait alors à travers l'opéra, le conservatoire, la musique. Certes, le travail, la vie, la lutte. Mais tout cela à côté de la musique, de l'inspiration pure, sinon nous perdrons notre liberté spirituelle.

— Je vois, Boris. Tu n'es plus capable de refuser à tes supérieurs. Tu portes des décorations, tu as atteint aux postes les plus élevés, mais tu as perdu ta liberté spirituelle.

Gradov l'implora du geste :

— Tu n'as pas raison, ma chérie.

À ce moment, un long coup de sonnette retentit à la porte. Agacha, trottinant comme une souris, alla ouvrir. L'imposante silhouette qui se dressa sur le seuil était celle de l'ex-sous-officier des forces armées du prolétariat, aujourd'hui surveillant d'îlot, Slabopétoukhovski. Il dit quelques mots à Agacha à voix basse. Celle-ci leva les bras au ciel, l'attrapa par la manche, l'emmena au cabinet de Gradov par des voies détournées, afin qu'on ne le voie pas de la salle à manger. Là, trépignant de ses gambettes, brandissant ses menottes, elle cria de sa petite voix flûtée en le montrant à ses maîtres :

— Mon petit Boria ! Ma petite Mary ! Non, mais pensez donc ! Slabopétoukhovski est venu chercher Mitia ! Puissé-je ne t'avoir jamais vu ! Dehors ! Sans-vergogne !

Le surveillant d'îlot rougit d'indignation, les bouts de sa moustache retombèrent, ses pommettes saillirent tel un tertre scythe.

— Qu'est-ce que Slabopétoukhovski a à voir, Agafia Ermolaïevna ? Slabopétoukhovski, on l'a convoqué où vous savez, on l'a fait mettre au garde-à-vous et on lui a donné les ordres. La Région de Tambov signale qu'un mineur koulak a été emmené et placé illégalement dans la famille du professeur Gradov. En attendant les ordres ultérieurs, soustraire immédiatement ledit mineur de ladite famille et le placer dans un foyer d'enfants. Alors, pourquoi que vous m'envoyez ce « sans-vergogne », Agafia Ermolaïevna ? Gardez-vous-le pour vous, votre « sans-vergogne » !

Profondément blessé, il releva la tête et aperçut, par l'enfilade des portes, la vitre moulée du buffet de cuisine derrière laquelle — il le savait mieux que personne — il y avait toujours une carafe de boisson forte.

— Ces misérables sont complètement fous ! s'écria Mary dont le tempérament géorgien avait tôt fait d'affleurer.

— Cela passe les bornes du bien et du mal, s'emporta Gradov. « Soustraire ledit mineur », voyez-vous ça !

Il se contenait à peine pour ne pas s'associer aux cris de sa femme : « Misérables ! Misérables ! Votre impunité vous rend fous, suppôts d'enfer ! »

— J'espère que tu ne laisseras pas faire, Bo ? lui dit Mary, toujours sur le ton pathétique.

Soudain, aussi tranchant que s'il était lui-même un représentant de la bureaucratie bolchevik, il ordonna :

— Mary, reste ici ! Slabopétoukhovski et Agacha, vous pouvez disposer. Allez attendre ! Et ne dites rien à personne !

Rendu à la cuisine, le surveillant d'îlot serra Agacha d'une main et tendit l'autre d'un geste familier vers la carafe. Dans sa demi-étreinte, Agacha faiblissait.

— Comment as-tu pu, Slabopétoukhovski ? Où sont tes serments ? C'est qu'à eux tous, ils sont ma famille, Mitia plus que les autres, pauvre orphelin. — Et repoussant d'un geste décidé la puissante pogne, elle commanda : — Va immédiatement dire à tes chefs que Mitia n'est pas là. Dis-leur qu'il est parti avec sa mère Tsilia dans une maison de repos du Parti.

Ravi de l'esprit d'à-propos de sa compagne, Slabopétoukhovski retrouva sa gaieté.

— À vos ordres, Agafia Ermolaïevna. Mais permettez-moi, pour me remonter le moral, comme en honneur de la cavalerie, d'obtenir de vous un baiser et deux cents grammes de boisson.

Pendant ce temps, dans son cabinet, Boris Nikitovitch se dirigeait d'un pas décidé vers le téléphone. Mais la sonnerie retentit avant même qu'il ait eu le temps de poser la main sur le récepteur. Mary serra les mains sur la poitrine dans un élan tragique.

— Savva ? fit Gradov, surpris. Vous téléphonez au bon moment. Avisez, je vous prie, tous les intéressés que je remets à plus tard l'intervention et tous mes engagements d'aujourd'hui. Quoi ? Vous êtes bien content ? Comment dois-je l'entendre ? Ah ! c'est donc ça ! Eh bien, nous nous verrons ce soir. — Il raccrocha et, se tournant vers sa femme : — Figure-toi que Nina et Stépane rentrent aujourd'hui. Nina a envoyé un télégramme à Savva, et il est au septième ciel, le malheureux.

Mais même cette nouvelle ne produisit aucun effet à Mary :

— Je t'en prie, Bo, Nina passe après. Pour l'instant, il n'y a que Mitia, Mitia, Mitia. Il faut sauver l'enfant !

Le professeur s'assit à son bureau, ouvrit son carnet en maroquin, trouva le numéro du standard du Kremlin. Dieu, qu'il avait peu envie de l'appeler ! Chaque minute différée lui apparaissait comme un cadeau.

— Mary, apporte-moi mon complet... tu sais, celui où j'ai leurs décorations imbéciles. — Dès qu'elle fut sortie, il décrocha. — Le secrétariat du camarade Kalinine au Comité Central, s'il vous plaît.

Déjà Mary accourait avec un complet sombre portant deux décorations du Drapeau Rouge au revers. À présent, on le décorait presque à chaque fête ; il convenait de porter tous ces insignes, des plaques larges comme ça, sur sa « grande tenue ». Il commença à se changer sans lâcher le téléphone. Il ôta son veston. À ce moment, le secrétariat se manifesta à l'autre bout du fil par la voix alerte d'un promu de fraîche date. Gradov dit d'un ton important :

— Bonjour. À l'appareil le professeur Boris Nikitovitch Gradov, chirurgien, deux fois titulaire de l'ordre du Drapeau Rouge. J'ai absolument besoin de parler au camarade Kalinine. Excusez-moi, mais c'est une affaire d'extrême urgence... Oui, oui... Qu'allez-vous faire, camarade ? Ventiler la situation ? À votre gré, ventilez, ventilez... Oui, j'attendrai.

Il avait ôté ses souliers et son pantalon et pris son costume officiel des mains de sa femme lorsqu'il entendit dans l'écouteur le débit rapide d'un petit marchand de Tver : Kalinine.

Pourquoi n'avais-je pas remarqué plus tôt cette veine bleue sur sa jambe droite ? songea Mary devant son époux déculotté. Ça doit être les longues stations debout devant la table d'opération.

Gradov parlait avec assurance, avec ce qu'il fallait de déférence, bref, ainsi qu'il convenait avec le « staroste de toutes les Russies » à la barbiche de bouc dont l'on disait à Moscou qu'en somme, ce n'était pas une crapule, rien qu'un arrogant en même temps qu'un froussard.

— J'ai absolument besoin de vous parler, Mikhaïl Ivanovitch. Je vous prie instamment de me recevoir aujourd'hui même. Je ne vous prendrai pas plus d'un quart d'heure. — L'écouteur coincé entre l'oreille et l'épaule, il nouait sa cravate avec dextérité. — Oui ? Je vous suis infiniment reconnaissant. Je me mets immédiatement en route.

Il raccrocha et se dressa devant sa femme dans toute sa splendeur. Mary l'embrassa, recula d'un pas, le contempla. Tout lui allait, même ces décorations barbares.

— J'ai eu tort, Bo. Tu n'as pas perdu ta liberté spirituelle.

Au soir, tout était résolu, et de la façon la plus heureuse. La phrase clé des puissants du Kremlin avait été prononcée : « Vous pouvez travailler en paix, camarade Gradov. » La gaieté régnait à la datcha. Mitia poursuivait Boris IV dans toutes les pièces sans soupçonner qu'il avait failli être « soustrait », uniquement sensible à l'excitation joyeuse qui s'emparait toujours de la maison quand « tout le monde était là ». Dans la salle à manger où montaient les sons du gramophone, en prélude au repas, on débouchait des bouteilles. Le plus heureux, certes, était Pythagore qui savait tout. En outre, et c'était peut-être le principal, Nina, la sœur chérie, était arrivée. Mary, toute rouge, gratifiait tant et plus celui qui avait remporté sa ferme et spirituelle victoire, c'est-à-dire son mari, de ses baisers.

— Notre papa est le héros du jour ! Notre papa est le héros du jour !

Celui-ci faisait, d'un air important, mais non sans un humour contenu, le récit de l'audience.

— Voilà ce que c'est que d'être un médecin russe, mes amis ! Un membre du gouvernement... eh, oui... hum... et de quel gouvernement !... vous parle d'égal à égal.

Il examina attentivement Nina. Sa fille était pâle, à croire qu'elle n'arrivait pas du Midi, mais des brumes de Pétrograd. Puis il s'avisa qu'elle était seule :

— Voyons, mais où est Stépane ?

Elle ne répondit rien, mais par contre, Savva Kitaïgorodski, surexcité à l'extrême, pour ne pas dire rayonnant de bonheur, prit la parole :

— Figurez-vous, *ladies and gentlemen*, que le train arrive, Nina saute à bas de son wagon, et je vois qu'elle est seule... seule, *ladies and gentlemen*. Je scrute les alentours : hélas, pas de Stépane, il ne se détache pas de l'espace environnant. Je vais même inspecter le wagon, mais il n'y est pas... Une dramatique disparition, *ladies and gentlemen* !

Il se tourna vers Nina qui lui dédia un sourire, à lui, personnellement à lui, assistant de la chaire de chirurgie générale. Un sourire à peine, à peine distrait, mais à lui destiné, pas un sourire aux anges.

Le professeur adressa à Savva un autre sourire — compréhensif :

— Et cette disparition vous a diablement contrarié, mon ami, n'est-ce pas ? Aller accueillir deux personnes et n'en trouver qu'une, voilà qui est éprouvant. — C'était peut-être la première fois depuis l'affaire Frounzé que Boris Nikitovitch était si animé. Il attrapa au vol son petit-fils Boris IV et l'assit sur ses genoux. — J'espère qu'au moins ce rejeton-ci, Boris IV, suivra les traces de son grand-père et deviendra un grand médecin russe.

— Je les suivrai, grand-père, je les suivrai ! Où elles sont, tes traces ? s'écria Boris.

Depuis la cuisine, le surveillant d'îlot Slabopétoukhovski levait son verre en direction de l'assistance. Agacha faisait la navette de là à la salle à manger, portant des plats de *pirojki* et de viande en gelée. Nikita, Véronika, Tsilia, Kirill, Nina et Savva, soit toute la génération montante des Gradov qui en ces jours de 1930 avait grandi au milieu du grand remaniement, allèrent fumer une cigarette sur la véranda.

— Quand on pense... — Nikita tira sur sa cigarette. — Le paternel n'a rien dit à personne et a tout arrangé lui-même. Moi aussi, par Blucher, j'aurais pu... il est membre du Comité Central.

— Plus bas, camarades, Mitia ne sait rien, avertit Tsilia. Et il n'a pas besoin de connaître son passé. Qu'il grandisse en digne citoyen soviétique.

Nina darda sur elle un regard nettement géorgien, mais ne dit rien.

Nikita laissa fuser un petit rire :

— Tout de même, Tsilia et Kirill, cet événement ne colle pas très bien avec notre catégorie historique, hein ?

— Les exceptions ne démentent pas le phénomène en tant que tel, objecta Kirill avec une bégninité académique qui lui ressemblait bien peu.

— Bon, je préfère tomber sous le coup de l'exception plutôt que sous celui du phénomène, fit Véronika avec un rire superbe.

Le *happy end* de notre narration approchait. Agacha conviait tout le monde à passer à table. Malgré toutes les émotions, et peut-être grâce à elles, malgré les frictions idéologiques, un vent d'amour joyeux soufflait sur la maisonnée.

— Pourquoi ne pouvons-nous pas habiter tous ensemble, pourquoi ? s'exclamait maman Mary.

Seule Nina arborait un sourire forcé. Elle n'était pas encore arrivée. Lentement, comme un train franchissant une gare d'embranchement, les événements de ces jours derniers la traversaient : son explication avec Stépane, l'assassinat de Lado Kakhabidzé, la nuit passée avec son meurtrier et, enfin, bref intermède de la route, les impressions ferroviaires de notre moderne Anna Karénine.

... Le train roulait lentement entre les aiguillages de la gare méridionale de Rostov-Nakhitchévan. Nina fumait dans le couloir de son wagon international. Elle ne parvenait pas à détacher les yeux de la vitre. À la lumière nauséeuse des lanternes, elle voyait passer d'interminables files de wagons à bestiaux, chevaux en long — huit, hommes — quarante, dans lesquels on emmenait à l'Est, en déportation à perpétuité, des familles koulak d'Ukraine et du Kouban.

Sous le toit de ces wagons, les minuscules lucarnes étaient complètement bouchées par un agglutinement d'yeux et de lèvres, par un unique et blême visage commun. Ici et là, et sans doute contrairement aux ordres, des portes avaient été entrouvertes afin de laisser passer un filet d'air. Il en montait des malédictions, des sanglots, des pleurs d'enfants. Puis retentit l'accord aigu, hystérique, d'un accordéon. Combien il y avait de chevaux, l'histoire ne le dit pas, mais les hommes étaient assurément en surnombre. Sur les rails, entre les convois, on avait posté une garde, des soldats rouges courtauds, l'arme au bras. Parfois, des spécialistes passaient, leur chien en laisse : les hommes du NKVD.

Nina ne pouvait détacher les yeux de ces wagons de la mort. Soudain, quelqu'un répondit à son regard. Par l'une des lucarnes, un horrible visage, tuméfié, sans sexe, ce « visage unique aux yeux innombrables » la fixait, elle, la jeune et belle femme du wagon international. La fixait avec haine et mépris.

*Cinquième entracte*

## LES JOURNAUX

*... Le XVI*^e^ *congrès du PC (b) a adopté pour mot d'ordre : « Finissons-en avec l'opposition. » Le Parti s'est efforcé et s'efforce encore avec beaucoup de patience de redresser la ligne des camarades qui se sont écartés de la voie léninienne. Mais les leaders de la droite*[1] *ne manifestent aucun désir de mettre en lumière toutes leurs erreurs, pas plus que de rompre inconditionnellement avec elles sans ménager la moindre porte de sortie à leurs atermoiements opportunistes. Dans son article, non seulement le camarade Boukharine ne parle pas de reconnaître ses erreurs mais il donne à penser qu'il se maintient sur ses positions d'opportuniste de droite. Les propos tenus au congrès par les chefs de la droite, les camarades Ouglanov, Tomski et Rykov, contraignent le congrès à rester sur ses gardes. Le Parti est en droit d'attendre du camarade Rykov des réponses plus claires et plus directes. La propagande et la défense de considérations de droite sont incompatibles avec l'appartenance au PC (b). Les anciens partisans de ces théories doivent prouver dans les faits qu'ils luttent contre la droite. Le Parti n'est pas une arche de Noé, mais l'union combattante d'hommes qui partagent les mêmes idées. Seule l'identité d'opinion nous permettra de vaincre les ennemis du communisme.*

*... La souscription anticipée à l'emprunt* Le Quinquennat en quatre ans *s'est déroulée dans les usines et fabriques de Léningrad. La vague des initiatives s'est étendue jusqu'à l'Oural.*

*... Les services du ravitaillement communiquent que les tickets de viande de la troisième décade de juin n*^os^ *13, 14, 15 sont validés jusqu'au 3 juillet inclusivement. La validité des tickets de textiles des catégories « Enfants » et « Travailleurs » du deuxième trimestre est prorogée au troisième trimestre.*

1. L'« opposition de droite » en cause ici est l'opposition interne du Parti qui se fit jour durant le premier quinquennat.

*... Pour le vingt-cinquième anniversaire de la révolte : le film mondial* Le Cuirassé Potemkine.

*... Moissonnons les champs des kolkhozes jusqu'au bout ! Par notre exemple bolchevik, entraînons les exploitants privés.*

*... Le relais auto-vélo-moto d'URSS arrive à Moscou. Les rapports d'arrivée seront transmis au stade Dynamo.*

*... Effectuons notre récupération de papier en un mois.*

*... Des pêcheurs de crabes japonais piratent les eaux soviétiques...*

*... Du discours de clôture du camarade Staline, le 3 juillet 1930 : « ... Les leaders de la droite doivent définitivement rompre avec leur passé, se réarmer et fusionner entièrement avec le Comité Central de notre Parti dans sa lutte pour les cadences bolchevik de développement, sa lutte contre le déviationnisme de droite. Il n'y a pas d'autre moyen. Si les ex-leaders de l'opposition de droite réussissent à faire mieux, tant mieux. S'ils n'y réussissent pas, qu'ils ne s'en prennent qu'à eux-mêmes. » (Applaudissements prolongés de toute la salle. Tous se lèvent et chantent* L'Internationale.*)*

*... À tous les constructeurs du dirigeable* Pravda, *toutes les collectivités prêtant leur concours, les rédactions des journaux : nous vous prions de nous informer des sommes réunies et de reverser celles-ci au compte courant du dirigeable* Pravda *n° 564.*

*Ivanov, ouvrier du textile, a versé 25 roubles or. « Je vous envoie 25 r.o. pour le trésor prolétarien. Je les ai gardés longtemps, je voulais me faire faire des couronnes, mais je vois que ce n'est pas le moment. Je vous suggère d'ouvrir une collecte d'objets en or. Chacun trouvera bien un petit quelque chose. Salut fraternel. Ivanov. »*

*Les journalistes et travailleurs de la presse en vacances à la maison de repos de Sotchi versent 420 roubles au fonds du dirigeable à la place d'une couronne mortuaire sur la tombe de Tarass Kostrov.*

*Au 27 septembre, le total des sommes collectées se montait à : 193 452 roubles 97 kopek, 3 000 lires italiennes, 150 roupies, 7 marks allemands ; 4 anneaux d'or et divers objets précieux. Le* Pravda *voguera au-dessus de la terre soviétique.*

*... Les convois de blé de choc doivent couvrir les retards de septembre.*

*Feu nourri contre les koulak et opportunistes de droite qui freinent la collectivisation.*

*Pour un appui plus large et plus fort aux initiatives des masses en lutte pour les nouveaux millions des kolkhoziens.*

*Nous,* dekkhanè[1] *individuels du* kichlak[2] *du district de Zarient-Marguilan, nous sommes convaincus de la supériorité des kolkhozes et nous entrons au kolkhoze Staline.*

*... L'intérêt porté au dirigeable est immense.*

*... De province. Sous le masque de l'anonymat. La discussion du rapport sur le bilan du congrès de l'Institut Plekhanov semble avoir mis en évidence un accord avec la ligne générale... et cependant la quantité considérable de billets* anonymes *envoyés à la présidence témoigne que, parmi les participants, nombre de camarades ne sont pas d'accord avec les décisions du congrès ou doutent de leur bien-fondé. Quelques-uns de ces auteurs anonymes indiquent d'un ton railleur que la collectivisation est un échec.*

*... Lors de l'étude approfondie des décisions du XVI*e *Congrès, il sera indispensable que l'Institut moscovite de l'Économie nationale Plekhanov concentre son attention sur le fait qu'une partie des camarades témoigne d'une certaine propension au laxisme auquel il devra catégoriquement s'opposer.*

*... Moissonnons et stockons hardiment :*

*Poursuivons avec la plus grande sévérité les coupables de la dégradation de la production maraîchère.*

*Les prévenus sont là, pourquoi ne les juge-t-on pas ?*

*Mobilisons en quinze jours trente écrivains qui seront inclus dans des brigades de choc. Liquidons le retard de la littérature sur les exigences de l'édification socialiste.*

*... Nouvelles du jour. Anapa : début du procès des coopérateurs-saboteurs. Leningrad : premières répartitions du circuit réservé. Découverte d'importants invendus de plomb. Stalinabad : procès Koubitski, employé de l'industrie automobile, coupable de voies de*

1. Paysans ouzbek.
2. Village.

*fait contre un chauffeur tadjik. L'opinion publique condamne avec indignation ce cas patent de nationalisme grand-russien.*

*... La liquidation de la classe koulak atteint une étape décisive.*

*La question de savoir « qui est qui » n'est pas résolue et la lutte des classes continue de s'aggraver dans le pays. Les productions du petit commerce entraînent de jour en jour, d'heure en heure, la renaissance du capitalisme... Nous fondant sur la collectivisation totale, nous portons un coup violent au monde koulak, particulièrement dans les régions productrices de blé. À l'ombre du char du socialisme triomphant, il bande désespérément ses dernières forces et tente d'entraîner à sa suite le paysan moyen, le paysan pauvre, et même certaines couches du prolétariat urbain. Notre objectif central est celui de la liquidation des koulak en tant que classe.*

*... La Guépéou de Moscou a liquidé deux nouveaux groupes de « ci-devant ». L'un d'eux avait à sa tête un idéologue koulak typique, le professeur Kondratiev. À côté, s'était formé un groupe d'intellectuels menchevik ou menchevisants : Groman, Bazarov, Soukhanov et autres.*

*... De l'étranger. Déplacements suspects d'avions polonais. Révolte d'indigènes en Indochine. Reprise d'activité des Gardes Blancs à Kharbine. Hitler, leader des fascistes allemands, mène des pourparlers avec les magnats de l'industrie de la Ruhr.*

*... La Guépéou met au jour une organisation de sabotage et d'espionnage du ravitaillement de la population en denrées de première nécessité ayant pour but d'instaurer la famine dans le pays et de provoquer le mécontentement des masses ouvrières, contribuant ainsi au renversement de la dictature du prolétariat. Le sabotage concerne les Unions de la Viande, du Poisson, de la Conserve, des Fruits et Légumes et les services correspondants du Commissariat du peuple au Commerce.*

*... De la déposition du professeur Riazantsev (ex-propriétaire terrien et général d'intendance) : « Je considérais que la classe principalement porteuse de culture était la bourgeoisie. »*

*Le professeur Karatyguine (ex-rédacteur en chef d'un journal KD* [1]*) : « Nos traits caractéristiques étaient de ne pas croire au rétablissement de l'économie du pays par le pouvoir soviétique, de*

1. Constitutionnel-démocrate.

*nier la collectivisation, de nous fonder sur l'exploitation individuelle, la nécessité de conserver des rapports de propriété privée capitaliste. (...) Pour mon action de sabotage des entrepôts frigorifiques, j'ai touché de Riazantsev 2 500 roubles en tout et pour tout. »*

*Levandovski, directeur de l'écoulement de la répartition de l'Union de la Viande : « Nous voulions que l'État disparaisse du marché de la viande et que celui-ci repasse au capital privé. »*

*... Échos du pays après que les saboteurs aient été démasqués : Écrasons sans pitié ces canailles de saboteurs ! Salut à la Guépéou, gardienne de la révolution ! Plus de vigilance !*

*Les travailleurs répondent au sabotage de l'industrie alimentaire en resserrant encore plus les rangs autour du Parti bolchevik, en s'engageant à aborder avec honneur la troisième et décisive année du quinquennat. À la place des saboteurs individuels, la classe ouvrière proposera à l'appareil des centaines et des milliers d'organisateurs de l'édification socialiste.*

*Les ouvriers métallurgistes de l'usine électrique exigent une condamnation impitoyable. Ceux de la construction automobile saluent en la Guépéou le glaive de la dictature prolétarienne. Nous exigeons pour les saboteurs le châtiment suprême : qu'on les passe par les armes !*

*Démian Bédny :*

Hier la Guépéou dans sa publication
A démasqué la machination.
Les saboteurs ont perdu la guerre,
Leur clique est prisonnière.
La contre-révolution bouge, bouge,
Mais le pouvoir est aux Rouges,
Hop-là !
Déjà vers le pouvoir tendaient les bras
Les youpins de l'intelligentsia,
Les morveux Kondratiev-Groman, les salauds,
Mais leurs calculs étaient faux :
Sur la viande en conserve ils ont pris la gamelle.

*Qu'on les colle au mur ! Nous exigeons le châtiment des agents de la bourgeoisie internationale !*

*... Le Collège de la Guépéou, après avoir, sur mandat du Comité Central des députés des Soviets ouvriers, paysans, de l'Armée Rouge et du Conseil des Commissaires du peuple, étudié l'affaire de l'organisation contre-révolutionnaire du ravitaillement, ordonne : Riazantsev, Korotyguine, Karpenko, Estrine, Dardyk, Lévandovski, Voïlochtchikov, Kouptchine, Guinzbourg, Bykovski, Sokolov...*

*(quarante-huit personnes en tout), membres actifs d'une organisation de sabotage et ennemis irréductibles du pouvoir soviétique, seront* FUSILLÉS.

*La sentence a été exécutée.*

*Le président de la Guépéou : Menjinski.*

*... Lutter pour la qualité de la production, c'est lutter socialiste ! (de l'intervention du cam. Kouïbychev à la conférence de la Qualité à la production).*

*... Au rédacteur en chef de la* Pravda *:*

*Cher camarade rédacteur en chef,*

*Je vous prie de publier ma déclaration :*

*Vous avez, dans le courrier des lecteurs n° 9, publié mon article intitulé : « À l'occasion du XVI*e *Congrès. » Aujourd'hui, j'en arrive à conclure que j'avais profondément tort et que c'étaient les camarades qui m'ont apporté la contradiction qui avaient raison. Mon point de vue à propos de la collectivisation correspondait non à la ligne du Parti, mais à celle de l'opportunisme de droite. Je reconnais que mon intervention était néfaste et erronée et je partage entièrement les vues du Parti en matière de collectivisation. J'essaierai de réparer dans l'action les fautes que j'ai commises.*

*Avec mon salut communiste*

*Mamaïev*

*Sixième entracte*

## LE BRUISSEMENT DU CHÊNE

Parmi les nombreux arbres du Jardin Neskoutchny[1] qui surplombe la Moskova, un peu à l'écart, sur la pente d'une douce colline, il y avait un chêne vieux de quatre-vingts ans. À sa cime, ses branches disaient : « Boutachévitch, Boutachévitch ! », celles du milieu et du bas chantonnaient : « Pétrachevski ! » et dans son feuillage, les passereaux sifflaient : « Dost ! Dost[2] ! »

À la différence des autres arbres du parc, celui-ci avait germé à une distance considérable, à mille cinq cents verstes vers le nord, à l'embouchure d'un fleuve court, mais abondant. C'était après que le Cercle Pétrachevski eut été dispersé : la pousse à peine germée avait longtemps voleté au-dessus de l'estuaire, des bras du fleuve où se reflétaient palais et ponts, et flèches, et nuages, et même ce chêne presque inexistant encore, absolument invisible, qui incarnait l'idée du cercle dispersé. Mais une fois, une tempête se leva, des éclairs fulgurèrent, et de puissantes turbulences enlevèrent le germe, ou plutôt l'idée du chêne, vers des courants aériens qui fuyaient au sud, il s'envola parmi d'autres idées, d'autres particules, d'autres spores ainsi que de petites grenouilles aspirées de leurs mares, jusqu'au moment où il tomba sur cette pente douce de la vieille capitale, au Jardin Neskoutchny.

C'était advenu par une nuit tiède et humide, le principe méridional et le principe septentrional luttaient dans le ciel, soudain, tout s'éclairait, les colonnes d'une rotonde où un couple insolent s'adonnait à l'amour, de même que les troncs des arbres, les risées du lac, les mottes d'eau du fleuve se détachaient. Le germe du chêne, ou plus simplement l'idée du chêne, s'accrochait à un élément familier qu'un autre élément familier venait d'alléger, un élément odorant, noir de pluie, meuble, collant, et saisi d'une peur pathétique, se demandait : se peut-il que je ne prenne pas ? Il a pris.

1. Ce qui signifie « Jardin Sans-souci », aménagé à la fin du XVIII^e siècle, aujourd'hui intégré au Parc Gorki.

2. Pétrachevski-Boutachévitch (1821-1866), organisateur d'un cercle féru des idées du socialisme occidental auquel Dostoïevski adhéra. Arrêté avec ses compagnons, Dostoïevski fut condamné à mort et gracié à la dernière minute.

Il a pris, et voilà que quatre-vingts ans plus tard, en 1930, il se dresse de toute sa hauteur, brave le vent, occupé, comme tous ceux qui l'entourent, à son ordinaire besogne d'arbre, pour l'essentiel, de photosynthèse d'où, selon les récentes recherches, tout le reste ; mais dans ses branches ou entre ses branches survit le souvenir du cercle, ou plus exactement la vague idée du cercle, les caoutchoucs dont on se défait bruyamment dans l'entrée, les œuvres, les opinions que l'on se communique, la *Lettre de Biélinski à Gogol*[1], Fédor, mon âme, lisez-nous cela à voix haute, le casse-tête des interrogatoires, le roulement de tambour de la fausse exécution.

En cette fin d'après-midi, un couple occupait la rotonde : un homme proche de la quarantaine et une jeune vierge. Tout comme son adversaire blanc l'amiral Koltchak, Blucher, commandant en chef de l'Armée Est était amoureux d'une aide de camp de son état-major dont la tête charmante reposait sur son épaule tendue de cuir, et dont le touchant petit nez avoisinait son étoile de maréchal, cependant qu'il contemplait les branches du chêne et se disait : il faut agir, tout de suite peut-être, peut-être bientôt sera-t-il trop tard, peut-être faut-il risquer, entrer dans l'Histoire comme le sauveur de la révolution... Bien pensé, songeait le chêne en lui envoyant des ondes encourageantes. Continue à penser. Techniquement, ce n'est pas compliqué, continuait Blucher poursuivant sa réflexion. Revenir de Khabarovsk avec une garde grossie, entrer au Kremlin, arrêter ces crapules et surtout le principal d'entre elles, le cancrelat roux, parler à la radio, demander à chacun de rester à son poste, abroger la collectivisation, rétablir la NEP, conjurer la famine menaçante.

Une humidité traîtresse montait de la rivière. La peur, dense nuage venu du centre de la ville, s'avançait lentement, on aurait dit l'échappement d'une centrale thermique. Le chêne s'efforçait de détourner l'attention du commandant en chef de ces accablants détails et chantait sa chanson : « Bouta-ché-évitch, Pétra-a-achevski ! », et ses étourneaux sifflaient : « Dost, Dost ! » Des rigoles de découragement s'infiltraient pourtant sous le vêtement de cuir, suscitaient l'inquiétude de l'étoile et du touchant petit nez. Les chances de succès étaient minces, tout de même des plus minces. Entreprendre l'opération sans alliés au centre était aberrant, chercher ces alliés, c'était courir à sa perte : les espions de Menjinski étaient partout. Peu importait de mourir, ce qui importait, c'était de ne pas entrer dans l'histoire en traître, mais en sauveur de la révolution.

Cependant, par l'allée déserte du Jardin Neskoutchny, un autre sauveur de la révolution, le bourreau de Cronstadt et de Tambov,

1. Vissarion Biélinski (1811-1848), fondateur de la critique littéraire russe. D'abord défenseur du talent de Gogol, puis découvrant en lui un réactionnaire mystique, il lui adressa cette *Lettre* critique demeurée célèbre (1847).

le commandant en chef de l'Armée Ouest Mikhaïl Toukhatchevski, chef de l'État-Major général de l'Armée Rouge, se dirigeait aussi vers la rotonde du chêne. Une autre vierge des forces armées, la coiffeuse du Commissariat du peuple à la Guerre, inclinait sa petite tête sur son épaule. C'était une véritable épidémie : les hommes de fer du régime recherchaient les consolations romantiques.

Le chêne s'émut de tout son être. Rapprochez-vous, mes enfants, exhortait-il, soyez amis, ne partagez-vous pas la même idée ?

Mais en s'apercevant l'un l'autre, les deux commandants en chef mirent pied à terre de leurs futurs monuments équestres et leurs cœurs pantelèrent de peur. Toukhatchevski se dégagea brusquement de sa dame et s'évanouit dans les ténèbres des pins. En même temps, Blucher empoignait la vierge au petit nez, descendait en courant les marches de la rotonde ; ses bottes martelèrent bruyamment l'asphalte du sentier, puis leur bruit s'estompa. En plus du reste, les deux commandants n'étaient pas certains que leurs amies ne travaillaient pas pour Menjinski.

« Des pleutres », chuchota le chêne du bord de son feuillage, sur quoi il se tendit de toute son âme vers le couchant qui se déployait sur Moscou.

## CHAPITRE QUATORZE

# *L'hôtel des comtes Olsoufiev*[1]

Dans la journée, Moscou arborait son allure coutumière : une fourmilière grouillante coupée de lignes de tramways. Tous les moyens de transport : tramways, autobus, trolleybus nouvellement mis en service, les fourmis s'y collaient comme à un morceau de sucre. Les fiacres avaient presque disparu, remplacés par des taxis automobiles d'ailleurs si peu nombreux qu'ils relevaient plus de la légende urbaine que de la circulation. En 1935, l'on avait, en grande pompe, inauguré la première ligne du métropolitain, avec ses stations en marbre, ses plafonds en mosaïque et ses escaliers roulants. Deux ans avaient passé, mais le concert de propagande avec jeux de fontaines dédié à cet ouvrage ne s'était pas tu un seul jour. En fait, cette ligne, qui allait du parc de Sokolniki au Parc de Culture de la Moskova, avait moins de sens que celle du projet établi avant la Première Guerre mondiale qui proposait la construction d'un tunnel allant de l'Outre-Moskova à la porte de Tver, c'est-à-dire réunissant les deux moitiés de la ville. Mais la valeur de propagande l'avait emporté sur toutes les considérations pratiques. Le plus beau du monde ! Des palais souterrains ! L'exploit des constructeurs komsomol ! Le cœur des travailleurs déborde de fierté ! L'objet des soins du Parti et du gouvernement, du souci personnel du camarade Staline !

Au lieu des réclames de la NEP, dans toute la ville, parfois dans les endroits les plus inattendus, s'offrait la « propagande directe » : slogans, portraits de Staline et de quelques dirigeants qui avaient survécu aux exécutions, sculptures, diagrammes. S'il examinait les alentours, et désormais sans trop remarquer les instruments publicitaires ci-dessus, sentant seulement qu'ils le cernaient de toutes parts et pour toujours, le Moscovite captait le message essentiel venu de derrière la muraille crénelée : « Surtout, tiens-toi tranquille ! »

Pour le reste, tout allait comme à l'ordinaire, des flots de

1. Construit en 1802 pour le prince Dolgorouki, il servit de modèle à Tolstoï pour la maison des Rostov dans *Guerre et Paix*. Après avoir appartenu aux comtes Olsoufiev, il est devenu le siège de l'Union des Écrivains.

population organisée se rendaient à leur travail ou en revenaient, s'épuisaient à faire la queue, passaient leur dimanche aux matches de football Spartak-Dynamo ou au cinéma où l'on donnait les pétillantes comédies de Grigori Alexandrov : *Le Cirque* et *Les Joyeux Garçons*. C'était le temps des grands procès contre les dirigeants de la veille : Rykov, Boukharine, Zinoviev, Kamenev, mais ces procès ne se reflétaient nullement sur la vie diurne de la ville, sinon peut-être qu'un tout petit peu plus d'hommes se pressaient devant les journaux muraux. On lisait en silence les discours du procureur Vychinski, parfois — rarement — quelqu'un lançait : « Ça, c'est un orateur ! » et quelqu'un d'autre, très homme du monde, reprenait : « Un orateur brillant ! » ; et aussitôt après cet échange de vues, ils couraient chacun vers son moyen de transport. Autre chose était d'accueillir les explorateurs polaires, les héros de l'aviation et ceux du Grand Nord ! Là, des milliers d'habitants se déversaient dans les rues. Sourires, exclamations, orchestres, confettis... Et puis, pour l'essentiel, Moscou suivait sa petite routine.

Mais la nuit, la terreur envahissait les rues. Des dizaines de fourgons cellulaires émergeaient du portail de fer de la Loubianka et partaient en mission. À leur vue, le Moscovite ne manquait pas de détourner les yeux, comme tout homme qui chasse la pensée d'une mort inévitable. Mon Dieu, pourvu que ce ne soit pas pour moi, pas pour les miens, voilà, Dieu merci, ils sont passés. Où il y avait lieu, à l'adresse figurant sur le mandat, les fourgons s'arrêtaient et les hommes de la Tchéka pénétraient sans hâte dans les maisons. Le bruit de leurs bottes dans l'escalier ou celui de l'ascenseur montant en pleine nuit étaient devenus le fond ordinaire des terreurs moscovites. Les gens se collaient à leurs portes palières, tremblaient dans leurs chambres. Ils ne viennent pas à notre étage, tout de même ? Non, ils montent plus haut. Bien sûr, chez Kolebanski ; on pouvait s'y attendre ; j'en étais sûr ; vous aussi ? pas possible ! oui, oui, vous savez, ils ne se trompent pas... Parfois, de chez celui qu'on venait d'arrêter, montaient des sanglots sourds, bien sûr, étouffés, éclatait une crise de nerfs tout à fait déplacée dans le monde soviétique, mais ça se faisait encore, que venaient interrompre les cris des « chevaliers de la révolution » : Moscou ne croit pas aux larmes[1]. Alors, les sanglots s'éteignaient pour de bon et l'on chuchotait d'un air contrit : « Excusez-moi... les nerfs... » Mais la plupart du temps, tout se passait normalement, avec d'excellents indices de discipline. Allez, allez ! Ils sauront bien tirer ça au clair !

La littérature réaliste socialiste prospérait. Le formalisme était totalement éliminé. Rassemblés en une Union seule et unique, les poètes, dramaturges et romanciers élaboraient gaillardement des œuvres utiles au peuple.

1. Slogan de la guerre de Pologne de 1920, devenu cliché.

Ils ne se tenaient pas à l'écart de la vie publique non plus. Tenez, par exemple, hier dans la *Pravda* et dans d'autres journaux, étaient parues les premières lettres des travailleurs exigeant l'exécution des inculpés du procès des ennemis du peuple, eh bien, dès aujourd'hui, les écrivains s'étaient réunis dans leur bel hôtel de la rue Vorovski, ex-rue Povarski : ils avaient rédigé une adresse au très humain gouvernement soviétique. Il y a des moments où il faut savoir contenir son humanité, cher camarade gouvernement, il faut châtier nos ennemis sans pitié.

La réunion se déroulait dans la grande salle du restaurant d'où l'on avait déménagé les tables, où l'on avait installé des sièges supplémentaires et une tribune. « *En guise de festin se dresse le cercueil*[1] », voilà ce que plus d'un avait pensé et, forcément, gardé pour soi. Au poteau, au poteau ! Le mot d'ordre du Parti avait retenti sous le haut plafond, tournoyé autour du lustre grandiose, s'était étalé sur les vitraux des hautes fenêtres en ogive, avait lourdement grincé sur le parquet où seuls, vingt ans plus tôt, glissaient, avec leurs gouvernantes, les rejetons des Olsoufiev. Le poète Vitia Goussev avait décidé d'associer la poésie à l'intransigeance générale. Bondissant sur la tribune et rejetant sa chevelure en arrière d'un geste bref, il avait déclaré :

— Je suis poète, camarades ! J'exprime mes sentiments par la rime.

Et le palais comtal avait retenti de vers prolétariens frappés au fer rouge :

*Le courroux du pays ne connaît qu'un seul mot*
*Et je vais vous le dire, ce mot : « Au poteau ! »*
*Au poteau tous les traîtres à la Patrie*
*Résolus à ruiner notre URSS*
*Au poteau, les traîtres au nom de notre vie*
*Et du bonheur des masses, Au poteau, sans faiblesse !*

Le crâne Goussev avait recueilli les applaudissements de toute la salle. Les représentants des services culturels du Comité Central du PC (b) arboraient des sourires paternels : un talent hors du commun, un petit gars, un simple travailleur ; n'empêche, camarades, nous saurons nous passer des décadents.

Nina était assise à l'entresol, derrière une colonne de bois torse. Elle avait les yeux fermés. La tristesse et la honte se lisaient sans peine sur ses traits. Son voisin, un critique qui lui avait jadis fait la cour, étoile repentie de l'école formaliste qui, détournant les yeux au plafond, ne cessait d'applaudir « avec enthousiasme », lui murmurait :

1. Pouchkine. Allusion à la coutume selon laquelle les morts sont exposés non dans leur lit, mais sur une table.

— Arrêtez, Nina ! On vous surveille. Applaudissez, applaudissez donc !

Elle ouvrit les yeux et aperçut effectivement quelques regards tournés vers elle. Ses frères écrivains, âmes de lièvre, lisaient un évident défi sur son visage fermé et ses mains immobiles. La plupart de ces regards de lièvre se détournaient dès qu'ils l'effleuraient, deux ou trois s'arrêtèrent quelques instants comme pour l'inviter à se reprendre, puis de deux côtés opposés percèrent deux autres regards : pénétrants, attentifs, observateurs. Ceux-là jaugeaient sans aucun doute les degrés d'« enthousiasme » de chacun. Tête basse, visage en feu, telle la jeune comtesse Macha Olsoufieva à son premier bal, Nina s'associa aux applaudissements.

Une voix s'éleva du præsidium :

— Projet de résolution : demander au gouvernement soviétique d'appliquer le châtiment suprême à la bande des vendus trotskistes ; les fusiller comme des chiens enragés. Passons au vote ; qui est pour, camarades ? Qui est contre ? Qui s'abstient ? Adopté à l'unanimité.

Nouvelle tempête d'applaudissements, cris divers, et de nouveau, avec les autres, Nina applaudit, applaudit... soudain, pleine d'horreur, elle s'aperçut qu'elle applaudissait plus vaillamment, avec plus d'assurance, pour ainsi dire à l'unisson des autres. Les écrivains, avec tout le peuple — mineurs, métallurgistes, vachères, porchères, couturières, conducteurs de tracteurs, garde-frontières, cheminots, cotonniers, et aussi médecins, instituteurs, acteurs, peintres, vulcanologues, paléontologues, et encore bergers, pêcheurs, ornithologues, horlogers, peseurs, lexicographes, tailleurs de cristaux, pharmaciens, marins et aviateurs — exigeaient du gouvernement qu'il fasse exécuter sur-le-champ cette bande de félons.

On se sépara dans la gaieté, ragaillardis par un sentiment partagé, un élan d'ardeur pour le gouvernement, oubliant pour l'heure les querelles d'école, les inimitiés personnelles, les rivalités. Nombreux étaient ceux qui s'arrêtaient au buffet, commandaient « un bon verre de cognac », mangeaient un excellent canapé d'esturgeon, demandaient à un collègue comment marchait son roman ou sa pièce, quand il comptait aller à la mer, etc.

Le critique ex-formaliste, plein d'animation, parlait à Nina d'un papier imbécile paru dans la *Gazette littéraire*, semblait l'encourager à oublier tout de suite ce qui venait de se passer, une formalité, rien qui sollicitât l'âme, une chose extérieure, enfin, indispensable comme un parapluie un jour d'averse, qui moralement ne vous implique en rien, une bagatelle ridicule. Ils suivaient lentement la rue Vorovski en direction de l'Arbat, passé les ambassades étrangères. Devant celle d'Afghanistan, un marmoréen Afghan les dévisagea ; devant celle de Suède, un Suédois indéterminé ; derrière la vitre de celle de Norvège, passa le regard étonné d'une tendre et jeune *friken*.

Nina coupa soudain son élégant compagnon :

— Alors, Casimir, on a bien applaudi ? Joliment applaudi, n'est-ce pas ? Clac-clac-clac avec les mains, pan-pan-pan avec les pieds, hein ? Les écrivains de Russie exigent la peine de mort, c'est parfait !

Le critique fit quelques pas en silence, puis, perdant espoir, haussa les épaules et repartit en sens inverse.

Nina traversa la place de l'Arbat, prit le boulevard Gogol et se dirigea vers le métro Palais des Soviets, soit vers l'endroit où, derrière une palissade maculée, l'on apercevait encore les ruines de l'église du Christ-Sauveur qui avait été dynamitée. La vie du boulevard, paisible, encore épargnée par la décomposition stalinienne, la tiède soirée de l'été tardif, loin de lui apporter la paix la plongèrent dans un désarroi encore plus vif, plus insupportable. Elle accueillait d'un regard sauvage celui, intéressé, des hommes qu'elle croisait. Mais dans le fond, y avait-il des hommes dans cette ville ? Et en quoi les femmes valaient-elles mieux ? Restait-il des bonnes femmes dignes de ce nom ? Qui sommes-nous, tous tant que nous sommes ? Un diable majeur mène la danse et nous le suivons comme autant de diables mineurs.

Savva l'attendait déjà près du métro, Savva, dont tout l'être niait les ténèbres et le pessimisme. Grand, l'œil clair, en complet gris et cravate bleu marine, l'épaule appuyée contre un réverbère, il lisait paisiblement un merveilleux petit livre relié en cuir souple, à la tranche dorée ternie par le temps. Il se passionne pour la bibliophilie, voyez-vous, à ses moments de loisir, il recherche les livres rares, il lit des romans étrangers, de la philosophie, perfectionne son français. Rien qu'à son allure, on pourrait l'arrêter, là, tout de suite. Nina s'élança vers son mari, enfouit le nez dans son vieux *cover-coat* gris et l'entoura de ses bras.

— Savva, Savva, rends-toi compte, ils ont tous voté la mort, exigé la mort, l'infâme Vitia Goussev l'a fait en vers, ils ont tous applaudi, et moi, et moi aussi, Savva, j'ai applaudi, autrement dit, j'ai exigé la mort ! Au lieu de me lever et de m'en aller, j'ai applaudi avec les autres, comme une ignoble poupée mécanique.

Il l'embrassa, sortit son mouchoir, l'appliqua sur son nez, son front, se gardant de lui mouiller les yeux : son fard risquait de s'étaler.

— T'en aller ? Ç'eût été un suicide, marmonna-t-il.

Que pouvait-il dire d'autre ?

— Des écrivains russes ! poursuivit-elle. Ils n'ont pas voté la charité, la grâce, ils ont exigé la mort !

Ils remontèrent le boulevard. Il fallait passer prendre la petite Eléna au jardin d'enfants sur le chemin du retour (à présent ils habitaient l'appartement de Savva, grand-rue Gnezdikovski, près de la rue Gorki).

— Nous aussi, aujourd'hui, nous avons eu le même genre de réunion, articula-t-il. Il y en a partout. Partout, tu comprends, sans la moindre exception.

— Toi aussi, tu as voté la mort ? fit-elle dans un élan de frayeur.

Il haussa les épaules d'un air contrit :

— Par bonheur, à ce moment, j'étais en train d'opérer.

Ils franchirent quelques arrêts en « Annouchka » et descendirent près de leur rue. Le jardin d'enfants se trouvait en face de leur immeuble dont un homme sortit.

— Regarde, dit Savva, Rogalski qui sort, qui se traîne vers la lumière. Il y a deux jours, on l'a exclu du Parti et chassé de l'Académie à l'unanimité des voix, tu comprends à l'unanimité, privé de tous ses titres. Regarde, ses voisins le fuient. Regarde, Anna Stépanovna est passée sur le trottoir d'en face pour ne pas le saluer.

L'historien, académicien de naguère, toujours alerte et ostentoirement indifférent à la vie courante de ses petits concitoyens, vacillait à présent comme un grand malade. Le sceau d'infamie l'écrasait contre terre, sa présence dans la rue elle-même lui semblait déplacée. Pour la première fois de tous les temps, ils lui virent à la main un filet à provisions contenant deux bouteilles à lait vides.

— Bonjour, Iakov Mironovitch, dit Savva.

— Bonsoir, Iakov Mironovitch, dit Nina d'une voix intentionnellement forte. — Sur quoi cette intention même lui fit honte : « C'est bête de faire semblant de me payer d'audace, comme si je voulais compenser ma lâcheté, mon indignité. »

— Bonjour, répondit Rogalski en poursuivant sa route d'un air absent.

Il n'avait même pas cherché à voir qui le saluait.

— Il n'est plus avec nous. Sa vie est finie, il attend d'être arrêté. On dit qu'il a déjà fait son balluchon et voilà, il attend, dit Savva sans le quitter des yeux.

Consternée, Nina baissa les bras.

— Mais pourquoi est-ce qu'il se contente d'attendre, Savva ? Pourquoi n'essaie-t-il pas au moins de leur échapper ? Fuir le danger, n'est-ce pas instinctif ? Pourquoi ne part-il pas ? Il irait dans le Midi, il profiterait du Midi comme dernier plaisir ! Pourquoi restent-ils tous paralysés après qu'on les a désavoués, exclus ?

— Excuse-moi, Nina chérie, mais pourquoi as-tu, aujourd'hui, applaudi l'infâme Goussev ?

— J'ai eu peur.

— Pas seulement. Il y a là-dessous quelque chose de plus grave que la peur.

— Une hypnose collective, tu veux dire ?

— Exactement. Et cette hypnose, c'est vous tous qui l'avez créée.

— Et toi ? fit-elle avec un regard vif.

Elle sentit le bras de Savva se raidir. Sa voix se durcit.

— Je n'ai jamais pris part à cette sale mascarade.

— Que veux-tu dire ?

Elle rapprocha le visage tout contre le sien. De loin, ils avaient l'air de deux amoureux occupés à se chuchoter des mots doux.

— Tu veux dire tout ça ? La révolution, oui ?

— Oui.

— Tais-toi ! chuchota-t-elle en hâte en fermant de sa main la bouche de son mari.

Cette main, il l'embrassa.

# CHAPITRE QUINZE

## *L'Invincible et légendaire*[1]

C'est à cette époque que prit naissance le genre puissant du chœur soviétique. Solistes et choristes avaient en quelque sorte appris à faire corps avec la grandeur et l'enthousiasme. L'extension massive de la radio emportait leurs voix sur les noires soucoupes des émetteurs au plus profond des entrailles du pays.

*De Moscou aux lointaines frontières*
*Des monts méridionaux au nordique océan*
*L'homme aujourd'hui parcourt en bon propriétaire*
*La Patrie infinie dont il est le tenant.*
*Partout libre et ample la vie à jamais*
*Roule ses flots puissants comme fait la Volga*
*Partout à la jeunesse nous ouvrons la voie*
*Partout à la vieillesse nous rendons respect.*
*Bouillonnant, formidable,*
*Toujours indomptable,*
*Mon rêve, mon pays,*
*Tu es plus que ma vie.*

Cela courait à travers les onze fuseaux horaires, cela tonnait jusqu'en Extrême-Orient, cela coulait du haut-parleur juché sur son poteau au-dessus de la barrière d'une petite gare de l'Amour.

Il faisait mauvais, une pluie lente ne cessait de s'égoutter, les flaques d'eau faisaient des bulles qui ne présageaient rien de bon dans l'avenir immédiat.

*Ils devront aujourd'hui revêtir leur manteau*
*Tandis que des buissons ils frôleront les gouttes*
*Pas un d'eux ne verra, mes amis si loyaux,*
*Combien du mauvais temps l'âpre boisson m'envoûte...*

ânonnait Nikita. Des vers de son poète préféré, lequel était plutôt

1. Surnom de l'Armée Rouge.

sous le boisseau... seul de l'autre côté du fleuve immense, autrement dit parmi les lointains de la Chine, s'esquissait dans la masse des nuages un semblant d'allusion à la tardive victoire de l'été.

La « M » de tourisme du général de corps d'armée Gradov s'était arrêtée sur une petite route devant le feu clignotant d'un passage à niveau. Un train de marchandises interminable défilait, aussi lent que la pluie de cette journée. Nikita ne pouvait détacher les yeux de cette sombre procession qui, à chaque joint, faisait un bruit de chaînes. Comme tout le monde ici, il savait quelle sorte de chargement ce convoi transportait : un chargement humain, des prisonniers que l'on emmenait à Vladivostok et au port de Vanino pour les expédier ensuite à la Kolyma. Cela n'était pas non plus un secret pour son chauffeur. Il soupirait, soupirait, suivait le train des yeux, avait manifestement envie de parler.

— Allons, qu'y a-t-il, Vasskov ? Qu'as-tu à soupirer comme ça ? lui demanda Nikita.

— Ben, camarade général, c'est que je n'aurais jamais cru qu'il se cachait autant d'ennemis du peuple dans le pays, dit le chauffeur sans regarder son chef. — Son visage simplet reflétait une peu commune matoiserie populaire.

— Laisse ça, Vasskov, dit Nikita. Tiens ta langue, c'est compris ?

Le sergent renifla, avala son « à vos ordres, camarade général ». À force de sillonner interminablement la région militaire, il s'était habitué à des rapports assez familiers avec ce haut gradé, commandant du bureau des opérations, et voilà qu'on lui rabattait durement le caquet, à lui qui aurait plutôt cru qu'un passage à niveau fermé était le lieu tout indiqué d'une petite conversation.

Soudain, tous les tampons s'entrechoquèrent et le train stoppa. Des gens se précipitèrent en tête, quelques portes de wagon s'entrouvrirent, les hommes de la Sécurité sortirent la tête, des cris retentirent au loin. Il se passait quelque chose.

Cependant, une sérieuse quantité de charrettes kolkhoziennes et de voitures militaires qui rentraient de manœuvres s'étirait à présent derrière la « M ».

— Voilà le patron, dit, en montrant du doigt son rétroviseur latéral, Vasskov qui faisait grise mine.

Nikita se retourna et aperçut la célèbre voiture blindée de Blucher, peinte aux couleurs du camouflage. Le maréchal, qui venait d'en sortir, approchait de sa démarche habituelle, plus qu'assurée, offensive pour ainsi dire. Nikita se porta au-devant de lui. Ils échangèrent une poignée de main.

— Que se passe-t-il, Nikita Borissovitch ?

— Un convoi exceptionnel, Vassili Constantinovitch.

Blucher eut un sombre sourire : « exceptionnel »... Il releva le pan de son manteau de cuir, sortit son porte-cigarettes, en offrit une à Gradov. Toutes ces années, l'échange de cigarettes avait été le seul signe informel de leurs rapports. Ils ne se tutoyaient pas, s'appelaient par leur nom patronymique, respectaient la distance qu'ils étaient censés observer selon le code écrit ou tacite des mœurs militaires. Depuis quelques mois, cette distance s'était même accrue. Nikita n'avait fait part à personne, pas même à Véronika, de l'agacement qu'il éprouvait envers Blucher, il ne s'avouait même pas trop à lui-même qu'il ne faisait plus confiance à son chef. En mai, des hommes du NKVD avaient été jusqu'à emmener, sous les yeux de tout l'état-major, l'un des commandants les plus respectés de l'Armée d'Extrême-Orient, Albert Lapine, chef de l'aviation. Blucher n'avait pas levé le petit doigt pour tenter de le sauver. Puis des arrestations avaient eu lieu à tous les échelons, ensuite avait éclaté l'affaire du « complot des militaires fascistes » qui avait ébranlé toute l'Armée Rouge : plusieurs idoles de la révolution — Toukhatchevski, Ouborévitch, Iakir, Gamarnik, Eideman — s'étaient retrouvées du jour au lendemain et irrévocablement couvertes de boue. Ce qui avait encore plus ébranlé Nikita, c'était la composition du tribunal qui avait envoyé ces gens à la mort : Blucher, Dybenko, Bélov, Kachirine... C'est comme si j'avais jugé Kirill et Nina, s'était dit Nikita. À des instants pareils, il se sentait devenir de plomb et voyait se dresser devant ses yeux le mur du fort de Cronstadt éclaboussé de sang.

Il se passait dans le train quelque chose de pas ordinaire. Blucher et Gradov se tenaient à une vingtaine de mètres d'un wagon d'où montait le bruit d'un lourd remue-ménage, le sourd entrecoupement de voix nombreuses. Un hurlement à vous glacer les os monta soudain de la mêlée :

— Camarades ! Officiers rouges ! Ne croyez pas les fausses accusations. Nous ne sommes pas des ennemis du peuple ! Nous sommes communistes ! Nous sommes fidèles à la cause de Lénine et Staline !

Après cela, des voix d'homme s'élevèrent en un inconcevable meuglement. Bientôt, militaires et paysans rassemblés sur la route discernèrent, poussé par un chœur inhumain, l'hymne du PC (b), le chant français de *L'Internationale*. L'une des planches du haut du wagon s'écarta, une main lança vers la barrière un paquet de lettres pliées en triangle. — Envoyez nos lettres, au nom du ciel ! — coupa une voix à travers *L'Internationale*. Prière. Rugissement de l'hymne athée. Une partie des triangles était tombée sur la voie, un courant d'air emporta l'autre vers le village, une lettre vint se poser en vol plané contre les bottes de Gradov. Il la ramassa et la mit dans sa poche. Blucher le regarda de travers, mais fit semblant de ne rien voir. Il se rendait bien compte de ce que, désormais, son état-major pensait de lui. Chaque commandant se disait, c'est sûr : Eh quoi ? c'est moi que vous expédierez la prochaine fois, camarade maréchal ? S'ils savaient...

Quelques gardes accoururent pistolet au poing vers le wagon en révolte, repoussèrent la porte, se firent la courte échelle, pénétrèrent à l'intérieur, dans le noir, où les figures des chanteurs posaient des taches blanches.

— Vos gueules, nom de foutre ! On vous apprendra à chanter, putains !

En même temps, sur une voie parallèle, arriva une draisine d'où déboulèrent les autorités ferroviaires. Deux d'entre elles, mortes de peur, se précipitèrent vers Blucher dans le dessein évident de lui expliquer ce qui s'était passé. Le maréchal ne voulut pas les entendre. Sans sortir les mains de ses poches, il aboya :

— Dégagez immédiatement le passage. Dételez les wagons si nécessaire. Je vous donne dix minutes, pas une seconde de plus.

Il pivota brusquement sur ses talons et retourna à son blindé. Nikita baissait les yeux et se taisait. Le wagon chantant s'était tu. Une fois de plus — et combien y en avait-il eu ! — il revit la glace de Cronstadt et le mur du fort devant lequel se tiennent trois parlementaires de l'Armée Rouge. L'un d'eux crie dans un mégaphone : « Marins, nous sommes porteurs de l'ultimatum du chef suprême, de Trotski. Rendez-vous, et vous aurez la vie sauve ! » Contre le mur, les marins éclatent de rire. Il est parmi eux, Nikita, l'éclaireur-saboteur. C'est justement de là qu'il est parti vers la place Iakornaïa.

Le général secoua la tête afin de chasser ces lourds souvenirs, et cette fois encore, il y parvint, sauf à effacer l'instant où resurgissait le fort, devenu le décor de l'exécution des mutins. Lui, le jeune Nikita, il était dans les rangs des vainqueurs.

La vie de la générale Véronika s'avéra moins déplorable qu'elle ne l'avait craint. Leur vaste appartement, d'abord, qui se trouvait dans une maison de style constructiviste de la rue principale. Trois pièces, une grande cuisine, une salle de bains, le gaz. Elle avait réuni des meubles ravissants. Bon, Nikita disait que tout ça était extravagant, mais qu'est-ce qu'il y entendait ? Et puis, la ville possédait un théâtre musical et même un club de tennis de l'Armée Rouge. Et d'assez bons partenaires : le médecin militaire Berg, par exemple, le lieutenant Véréssaïev de l'état-major de l'air, bon, avec ses yeux véritablement fous. C'est amusant de voir ces deux-là rivaliser, bon, avec les autres. Il faut entretenir une maison hospitalière. Nikita part souvent en mission, mais débarque aussi souvent avec une foule de commandants, et tous ceux-là, il faut les nourrir, plaisanter avec chacun. Préserver une forme sportive idéale. On sort, on va aux premières. Il n'y a pas longtemps, il y a eu un concert de jazz de Léonid Outiossov. Ça rappelait un peu les tréteaux d'Odessa mélangés de morceaux de propagande, avec quelques blues originaux, cependant. À trente-huit ans, Véronika a une allure, ah, nom de nom, bon, tout simplement inouïe ! Dommage seulement que les années passent si vite, ah, qu'elles s'enfuient.

Ils allaient souvent à Vladivostok, ou Vladik, comme on appelait cette ville dans le peuple. Là, sur la promenade de la Corne d'Or, sous le regard émoustillant des marins, Véronika tombait dans un état particulier, on aurait dit le retour de sa prime jeunesse. Elle repensait à Alexandre Blok[1] :

*Par hasard sur la pointe d'un petit canif*
*Tu verras la poussière d'un lointain pays*
*Et de nouveau la vie te semblera étrange*
*Emmitouflée de brume et de couleurs en frange.*

Contemplant les navires dans la rade, elle s'abandonnait à ses fantasmes. Bon, tenez, imaginons que les forces armées soviétiques ont été anéanties pour toujours, entièrement. Le pauvre Nikita est fait prisonnier, mais, bien sûr, par la suite, il reviendra sain et sauf. En attendant, debout sur une colline, nous scrutons l'horizon, nous attendons. Comme dans Blok : nous attendons des navires. Déjà l'on aperçoit leur fumée, l'escadre des vainqueurs approche. Qui sont-ils ? Des Japonais ? Non, ça c'est trop — avec un Japonais ? Dans le fond, on dit qu'ils sont exceptionnellement propres. Non, non, ce seront des Américains, cow-boys aux dents blanches, voilà qui ce sera, bon, parmi eux un Ronald californien d'humeur chevaleresque ; doux sons d'un blues ; de quoi s'en souvenir toute la vie... Ah, sottises !

Elle n'avait pas beaucoup le temps de lire, mais elle le faisait cependant, surtout la revue *L'Internationale*, la littérature soviétique devenait insupportable, du social sur commande, un point c'est tout. Ils étaient allés trois fois à Moscou, chaque voyage avait été un vrai tourbillon. Une superbe voiture du Commissariat, on bondit dehors, on bondit dedans les bras chargés de paquets, tout le monde autour est ébloui par le flamboiement de ses yeux d'azur, comme l'aurait exprimé le poète. On se dit parfois qu'il vaut mieux faire des incursions à Moscou que de vivre dans sa routine. Voilà tout, en somme. Ah, oui, et puis, il lui est né une fille. Elle a donc un fils de neuf ans et une fille de trois ans, et nous nous arrêterons là, cela suffit, sa mission de perpétuation de la race est largement remplie.

Un soir, un événement invraisemblable survint. Leur vieil ami, le colonel Vadim Vouïnovitch, débarqua chez eux, et cela après douze ans d'absence, si l'on néglige leurs rencontres « fortuites » à

1. Alexandre Blok (1880-1921), mondialement célèbre, considéré comme le plus grand poète symboliste russe.

la gare et sur le court de tennis. C'est tout simple, il tombait du ciel ! Il arrivait en Extrême-Orient de son lointain Turkestan quasiment digne de Kipling ! Se pouvait-il que ce fut exprès pour...

Elle servit le thé au salon — son service en porcelaine avait été acquis dans un magasin à la commission[1] de Moscou, un connaisseur en aurait tout de suite reconnu la facture, celle de Kouznetsov[2], mais Vadim n'était vraiment pas connaisseur en services de porcelaine et n'y prêta aucune attention, pas plus, ma foi, qu'il ne vit le liquide qu'il avalait. Puis elle s'assit en face de lui, dardant sur lui le flamboiement contenu de ses yeux bleus, souriant avec une douce ironie.

— Je n'en crois pas mes yeux ! Vadim, est-ce bien vous ? Voyez-moi ça, ces tempes argentées, cette moustache à l'anglaise... Vous savez, vous êtes devenu plus séduisant, en tout cas, vous avez acquis de la classe avec les années. Bon, racontez-moi votre vie, cher Eugène Onéguine. Vous êtes marié ?

Chaque fois qu'elle le voyait, il lui semblait qu'une seconde encore, et une tempête érotique l'emporterait dans son tourbillon. Seulement, cette seconde durait depuis plus de douze ans.

Il parlait avec calme et tristesse, et pourtant, il était absolument évident que lui aussi... mais voyons, lui le premier, tout partait de lui, il ne l'oubliait pas un instant...

— Oui, je suis marié. J'ai trente-sept ans et je suis toujours colonel. Nous vivons dans un trou oublié du bon Dieu près de la frontière afghane. Ma femme est une petite bête sauvage. Nous avons trois enfants. Je les aime. Voilà tout, en somme...

Il sourit, sans doute sous l'empire du bonheur de la contempler. Cela aussi, elle s'en rendait compte. Un sentiment étrange vint la visiter, il lui sembla qu'elle perdrait toute sa beauté sans cet adorateur qu'elle avait à des milliers de verstes.

— Vous êtes toujours aussi romantique, à ce que je vois. Avouez-le, Vadim !

Le champ électrique, entre eux, était devenu trop intense, il fallait patienter au moins une minute, permettre ne serait-ce qu'à une partie de ces électrons dodus et à leurs petites flèches de se disperser. Après un silence plein de gêne, il dit :

— Romantique ? L'ai-je jamais été ? Au fait... Vous savez, Véronika, vous, vous ne vous en souvenez évidemment pas, mais moi, je n'oublie pas un bref instant, il y a douze ans... Oui, un instant, pas plus d'une seconde... Bien sûr, vous ne vous en souvenez pas, mais... ce fut la chaleur et la lumière, le son et le souffle... le cœur de notre jeunesse... et c'est vous qui me l'avez donné, et cela est toujours vivant...

1. Magasin où les particuliers déposent à condition les objets qu'ils veulent vendre. Les prix sont établis par le responsable.
2. Grande manufacture de faïences et porcelaines du XIX^e^ et du début du XX^e^ siècle.

Sidérée par cette déclaration, par un flot de sentiments vagues, elle crut qu'elle pourrait se rappeler ce dont il parlait, que dans une seconde... encore une... mais tout fuyait. Et à la seconde suivante, la porte claqua et son fidèle époux, le général Gradov, fit son entrée. Vadim ! Nika ! Enfin, on se retrouve ! Par quel hasard ? Puissantes claques dans le dos, sur les épaules, assaut de boxe bouffon, comme s'il n'y avait pas eu cette un peu longue brouille. Allons-y, tu me raconteras tout à table. Ça tombe bien, demain je suis en permission.

Ils s'attardèrent longtemps après minuit, à la cuisine comme il se doit entre amis. Le couvert que Véronika avait dressé avec son goût coutumier s'était bien vite trouvé bouleversé. Le maître de maison était même allé jusqu'à piquer sa fourchette directement dans un bocal de sprats. Trois bouteilles de vodka supérieure avaient déjà été expédiées, une quatrième ouverte pour le coup de l'étrier. La conversation ne faisait que dévier du cher passé à la situation présente, politique et militaire. À la fin, Véronika n'y tint plus :

— Allez au diable, les gars ! Remâchez vos graves problèmes sans moi. Au lit ! Au lit !

Elle se leva, chancela adorablement et quitta la cuisine. Vadim la suivit des yeux, sortit une cigarette, l'écrasa entre ses doigts, la jeta, s'ébroua comme s'il s'enjoignait à lui-même de reprendre ses esprits, scruta les traits de l'ami, en face de lui, le col dégrafé, avec ses insignes de général. Il y avait entre eux une curieuse relation de dépendance. Bien qu'ils fussent de même âge, Nikita avait toujours considéré Vadim comme son aîné. Aujourd'hui, malgré leur considérable différence de grade, ce sentiment était encore accru.

— Appelons les choses par leur nom, Nikita, proposa Vadim. Tu connais, bien sûr, les raisons pour lesquelles j'ai cessé de fréquenter chez vous, il y a douze ans ?

— J'en connais une, dit Nikita.

— Tu connais aussi la seconde.

— Seulement je ne sais pas laquelle est la première et laquelle la seconde.

Vadim se rejeta en arrière, la chaise grinça sous son corps puissant.

— C'est bon, peu importe. Ce qui importe, c'est qu'à présent, j'ai deux raisons pour revenir.

Nikita quitta la table et s'assit sur l'appui de la fenêtre. Dehors, seule brillait dans la nuit noire l'étoile électrique de la Maison de l'Armée Rouge.

— Cite-moi l'une de tes deux raisons, dit-il. — Sur quoi, après une hésitation, reprenant courage, il ajouta : — La seconde, je la connais.

Un lourd silence suivit. Se pouvait-il qu'il veuille vider son sac, épancher sa flamme, se déboutonner devant le mari de son idéal ? Un officier de garnison de province un peu éméché peut en dire, des choses ! Il releva les yeux sur Vadim et vit aussitôt qu'il se trompait, que sa condescendance était déplacée, que son camarade remontait en première ligne.

— J'ai fait le voyage pour te demander ce que tu pensais de ce qui se passe actuellement dans les forces armées.

« Tu veux dire... » allait commencer Nikita, mais y avait-il lieu de lui faire répéter ? De quoi auraient pu, en ces temps-là, parler deux amis, à condition de renverser toutes les barrières et de renoncer à toute réticence ? Justement de ce dont personne ne parlait, ni les amis ni les époux : de la peste.

— Tu connais l'ampleur des arrestations ?

— Je la devine. Infernale.

— Et que penses-tu des extraordinaires aveux de nos chefs militaires, du fait qu'ils reconnaissent avoir pris part à un complot fasciste ?

— Il n'y a qu'une réponse.

— Qu'ils ont été torturés ? Mais ce ne sont pas des enfants, ce sont des héros. Tu les imagines, tu t'imagines toi-même en espion de Wrangel ?

— Ce serait plus facile.

— Tu as peut-être raison. On souffre plus des siens. Quand cela vient des siens, c'est simple, évident, tout à fait insupportable.

— Ou peut-être est-ce plus douloureux, trop simple, plus cruel, un plus grand cauchemar...

— Mais pourquoi, pourquoi ? Que veut-il de plus ? Il est déjà un dieu, une idole sans péché. Il craint peut-être l'Armée malgré cela ? Un complot fasciste ? C'est idiot ! Et tout cela sert Hitler. On décapite l'Armée alors que la guerre est imminente. Toukhatchevski...

— Chut !

— Qu'y a-t-il ? Tes murs ne sont-ils pas assez épais, divisionnaire ? Il y a deux ans déjà, Toukhatchevski prédisait que le conflit avec l'Allemagne serait inévitable, mais à l'état-major général, on échange des propos prudents sur une possible alliance avec les puissances de l'Axe contre l'Entente. Les fous !

L'aube les trouva sur le balcon. Ils en étaient à leur sixième boîte de Kazbek. Nikita se disait avec un vague regret qu'il perdait ses cajoleries du matin avec Véronika, sa demi-heure d'haltères, sa douche froide, sa friction, son salubre petit déjeuner à la Metchnikov. Vadim, ses lèvres frémissaient, parfois un léger spasme le parcourait des épaules au talon, la conversation l'avait contracté au-delà de toute mesure.

— Écoute, Nikita, on dit que Blucher, non content d'être juré au tribunal, a fait contre Toukhatchevski une déposition des plus calomnieuses. C'est vrai ?

— Les autres maréchaux l'ont incité à aider l'enquête, bafouilla Nikita.

Vadim eut un sourire caustique.

— Eh bien, c'est probablement son tour de déménager à la Loubianka. Je parierais que la cellule du héros est déjà prête.

Nikita ne répondit pas. Toute cette conversation lui apparaissait maintenant comme un long cauchemar. Il les payait, les emballements des jeunes années !

*Sabre au clair, nous menait la jeunesse...*

— Or, s'il veut, il peut l'empêcher, dit doucement Vadim, les yeux fixés sur la silhouette des arbres qui émergeaient du brouillard.

Au-delà du parc, on ne voyait pas encore, mais on devinait l'Amour.

— Par quel moyen ? demanda Nikita en baissant instinctivement la voix. — Soudain, l'idée que Vadim avait repris les rênes de la conversation s'empara de lui.

— Tu dois le savoir, laissa filtrer le colonel entre ses dents. Un militaire doit savoir prévenir l'action de l'ennemi.

Le coup fut rude. Nikita s'agrippa au balcon.

Khariton, le portier, traînant son balai, s'extirpait de son sous-sol.

— Ça, tu sais, Vadim... marmonna Nikita. Comment peux-tu penser des choses pareilles ? C'est mettre la révolution en cause.

— Quelle révolution ! fit Vadim, la bouche largement ouverte, mais d'une voix presque éteinte. Il y a longtemps qu'elle est morte, la révolution. Tu ne le comprends donc pas ?

Il se tut. Il attendait. Le divisionnaire le regardait par en dessous comme un gamin. Il ne pouvait pas dire un mot. Certes, il comprenait que la révolution était morte, et depuis longtemps, mais il s'était borné à le comprendre, il ne l'avait jamais formulé ni en pensée ni à voix haute, pas plus que personne dans son entourage, et voilà que son frère d'armes le faisait pour la première fois. Suffoqué par cet aveu déclaré et par l'appel à l'action qu'il impliquait, il garda le silence. Comprenant qu'il n'obtiendrait pas de réponse, Vadim envoya un grand coup de poing sur la balustrade.

— Tout tombe en ruine, s'en va au diable, dans le cul, mes couilles ! Nous sommes tous condamnés. Bon, ainsi soit-il ! Veux-tu que je te dise la deuxième raison qui m'a fait venir, mon vieux ?

Nikita haussa les épaules.

— Ne le prends pas en mal, je t'ai déjà dit que je connais ta deuxième raison.

— Mais moi, j'ai quand même envie de t'en parler. De ce que tu sais si merveilleusement bien. Alors, tu le sauras encore mieux. J'aime ta femme et sans cesse, tous les jours et toutes les nuits, je rêve d'elle. Cela fait quatre mille trois cent quatre-vingts jours que je rêve d'elle.

Nikita le prit aux épaules et lui imprima une légère secousse. C'est bon, c'est bon, ne nous emballons pas. Nous sommes des hommes, des soldats, nous en avons vu de toutes les couleurs. Allons, allons, tu as vidé ton sac, maintenant, cela suffit. Tu m'as parlé, je t'ai entendu. Le reste s'envole avec la vie. Tout d'un coup, il se rappela quelque chose d'important qui, Dieu merci, n'avait rien à voir avec la première ni avec la deuxième raison de Vadim, sortit de sa poche la lettre triangulaire qu'il avait eu l'intention de mettre à la boîte, puis il avait oublié.

— Écoute, Vadim, tu vas à Moscou ? C'est justement là qu'est adressée cette lettre.

— Je la déposerai, grogna Vadim. Je sais ce que c'est, cette lettre, ce sont les prisonniers qui les plient comme ça. Je la déposerai en arrivant — il ricana —, ce sera au moins ça de fait — il ricana encore —, tu connais ces vers :

*Feuilles rouillées de chênes rouillés nous sommes...*

Le train-train quotidien de l'état-major de l'Armée d'Extrême-Orient dissipait d'ordinaire les sombres pressentiments et les états dépressifs de Nikita. Tout se déroulait avec tant de promptitude et même de précision : de jeunes aides de camp allaient et venaient, des sentinelles se mettaient au garde-à-vous en claquant des talons, des secrétaires faisaient crépiter leur machine, des commandants d'unités mixtes débarquaient, de même que de crânes garçons des groupes de reconnaissance, le téléphone sonnait, on était en liaison radio avec toutes les troupes répandues à travers la gigantesque région militaire qui s'étendait de l'Alaska à la Corée.

Là, dans la partie méridionale, la situation devenait de mois en mois plus explosive. Les Japonais sondaient l'Armée Rouge, tentaient de déterminer sa force de frappe. Il n'était pas difficile de deviner leur but lointain : si la guerre éclatait à l'Ouest, ils attaqueraient et occuperaient la côte, de Vladivostok à Khabarovsk, pousseraient peut-être même plus loin, jusqu'au Baïkal.

Gradov, en tant que chef du bureau opérationnel, tenait souvent conseil avec les chefs de groupements. Le maréchal Blucher assistait presque toujours.

— Dans ses grands traits, leur stratégie nous apparaît clairement, camarades, mais leur tactique quotidienne demeure parfois obscure, malgré, dirais-je sans fausse modestie, les qualités de notre reconnaissance.

Il se pencha vers l'angle sud-est de l'immense carte et indiqua les mouvements de l'armée du général Togushi, leur bizarre concentration près du lac Khassan. Le déplacement de sa baguette évoquait le travail des graveurs sur bois. Blucher regardait l'harmonieuse silhouette de son meilleur compagnon d'armes, un personnage toujours bienvenu qui lui inspirait la certitude que quelque chose demeurait adéquat dans le jeu insensé de ces imbéciles perfides. « J'espère que lui au moins, ils ne... » Et sur ce « ne », il coupait court à ses supputations. Après l'arrestation de Lapine, et surtout après l'épuration de Toukhatchevski, cette pensée, appliquée à chacun de ses compagnons, le visitait constamment, le poursuivait pour ainsi dire, oui, le poursuivait, le tourmentait, le desséchait plus que tout, peut-être par ce qui l'empêchait d'aller jusqu'au bout, par cette rupture pusillanime. Jusqu'au bout, elle n'y allait que la nuit, en rêve, et alors, cette saloperie prenait l'aspect d'un vieux ruban de télégraphe en morse : « Espère-que-moi-au-moins-froussard-qui-ai-trahi-Micha-on-ne-m'arrêtera-pas. » Après quoi, le puissant maréchal, horrifié, bondissait hors de son lit comme un gamin de dix ans.

Le conseil fut interrompu par l'entrée du chef du centre radio. Il apportait un message chiffré de Vorochilov. Le commandant en chef était appelé d'urgence à Moscou. Le message en main, Blucher se déconnecta une fraction de seconde des problèmes militaires : « N'est-ce pas la conclusion de ma pensée inachevée... ? » Tout de suite après, il se leva, tira brusquement, comme toujours, sa vareuse, « Poursuivez, camarades », et quitta la salle de réunion. Les commandants avaient compris que le message était grave : ils se plongèrent dans leurs notes. Naguère, ils auraient échangé quelques coups d'œil, aujourd'hui, le moindre regard risquait d'être interprété comme une manœuvre ennemie.

Le conseil terminé, Nikita se rendit, à son habitude, dans le bureau de Blucher. Celui-ci lui confia le contenu du télégramme. Quelque chose d'insolite régnait dans l'atmosphère du cabinet. L'odeur du tabac, s'avisa Nikita, sur quoi il aperçut un cendrier et trois cigarettes écrasées aussitôt qu'allumées. Or, Blucher s'était tout récemment arrêté de fumer. Ils examinèrent le mouvement secret de deux brigades motorisées.

— Il devra être mis en œuvre avant mon retour de Moscou, dit Blucher.

Il y eut un silence après lequel Nikita leva la tête qu'il avait penchée sur son bloc-notes, et regarda le maréchal bien en face.

— Vous avez vraiment l'intention de vous rendre à Moscou ?

Quelque chose d'obscur stagnait dans les yeux du maréchal : terreur ou menace, impossible de le dire.

— Quelle étrange question... articula-t-il lentement. Comment puis-je m'y soustraire si c'est le Commissaire du peuple qui me convoque ? Je partirai dès que l'avion sera prêt.

Nikita le fixait toujours bien en face.

— Oui, je comprends, mais... allez-vous partir seul, sans votre garde ?

Le regard du maréchal était comme voilé ; il vint s'y ajouter une lourdeur de plomb.

— Encore une question de ce genre, général, et je vous fais mettre aux arrêts.

Une seconde encore, leurs yeux demeurèrent rivés l'un à l'autre. Voilà ce qui nous ronge, se dit Nikita. La peur et le rigorisme. Après quoi, ils se séparèrent.

Il ne se passe rien de particulier. Rien que le complot de millions de gens qui sont tombés tacitement d'accord qu'il ne pouvait rien leur arriver. Il n'arrive quelque chose qu'aux coupables, nous, nous sommes parfaitement en règle, comme toujours.

*Avec des chants et des rires d'enfants*
*Nous poursuivrons la lutte et le labeur ardents...*

Cependant, on ne torture pas seulement les prisonniers, nous sommes tous voués à la torture.

Voilà à quelles affreuses petites pensées s'adonnait le général Nikita Gradov en feuilletant des journaux militaires étrangers dans le silence et le confort de son appartement « véronikisé », comme ils avaient coutume de dire en plaisantant. Un tintement de sonnette et des coups terribles, fracassants, à la porte. Voilà, c'était tout ! Sa femme éclata aussitôt en sanglots. Là, sur-le-champ, instantanément. Pas une exclamation de surprise, les sanglots tout de suite. C'est donc qu'elle s'y attendait.

La pièce s'est aussitôt remplie de tchékistes, pas moins de sept hommes dont trois armés de pistolets : c'était quand même un militaire qu'on venait arrêter, et s'il faisait l'imbécile ? Nikita ne le fit pas. Leur chef s'approcha de lui avec un sourire mauvais.

— Suivez-nous, Gradov. Voici votre mandat d'arrêt.

Nikita reconnut le jeune major. Il s'était plusieurs fois retourné sur Véronika et lui à un concert de la Maison de l'Armée Rouge. Le concert de jazz de Léonid Outiossov, peut-être. Il aurait pu ne pas le remarquer, tous les hommes se retournaient sur Véronika, mais cette binette blondasse aux yeux clairs — dans le genre d'Abrikossov, l'acteur de cinéma — il ne l'avait pas oubliée. Nikita tenait entre ses mains l'infect chiffon de papier, le mandat d'arrêt. Une vieille blague de gamins resurgit soudain dans sa mémoire. On vous tend un papier. Tu veux que je te montre un tour ? Oui, oui ! Chiffonne ce papier. Voilà ! Bien, merci, rends-le-moi. Et le papier chiffonné en main, le sournois blagueur file aux cabinets.

— Pour quoi m'arrête-t-on, major ? demanda Nikita.

Le chef souleva les sourcils d'étonnement : on ne voyait pas les insignes de son grade sous son manteau de ville. Puis il ricana :

— Vous ne vous en doutez pas, Gradov ? Nous n'allons pas tarder à vous éclairer.

D'où leur venaient cette mimique et ces rictus de gouapes ? On avait l'impression que c'était une bande de truands qui chamboulait l'appartement. Les tchékistes ouvraient les armoires, déménageaient les bibliothèques. Surtout, ne pas regarder Véronika déchirée de sanglots. Surtout ne pas fondre en larmes lui-même. Ils m'appellent ostensiblement par mon nom sans me donner du « camarade » et sans énoncer mon grade ; ils auraient pu se contenter de l'impersonnel ; ils veulent que je me pénètre de ce qui se passe : c'est fini, tu n'es plus divisionnaire ni camarade.

— J'exige...

— Oublie ce mot, Gradov.

Et ils me tutoient, à présent. Mais il faut croire que le règlement l'interdit, ils reviennent au « vous ».

— Réfléchissez plutôt à vos rapports avec l'ex-maréchal Blucher, ennemi du Parti et du peuple.

Le passage à tabac commença dès le fourgon cellulaire. L'un le frappa à la mâchoire, l'autre à l'œil, le troisième à l'oreille. Le major tira sur sa vareuse de beau drap et la déchira tout d'un trait. Au bout d'une minute, Nikita, abruti, ne cherchait plus à échapper aux coups. D'ailleurs, il ne les ressentait plus comme des coups. C'était comme si une brillante bataille rangée se fût déroulée sur une surface portée au rouge. Des explosions dans tout le ciel. Nous résistons. Des forces supérieures en nombre nous écrasent. C'est la fin.

## CHAPITRE SEIZE

## *Allez, les filles !*
## *Allez, les belles !*

Véronika, accompagnée de ses enfants, atteignit Moscou quinze jours après l'arrestation de son mari. Jamais de sa vie elle n'avait connu quelque chose de plus humiliant que les derniers jours à Khabarovsk. Exactement le lendemain de la catastrophe, la gérance lui avait intimé l'ordre de libérer l'appartement dans les délais les plus brefs. Les voisins la fuyaient comme une pestiférée. Dans la cour, les compagnons de jeu de ses enfants de la veille leur criaient : « Trotskistes-fascistes ! » Boris IV se battit avec son ami, le fils du procureur régional. Il rentra le nez en bouillie. Et puis, le procureur ne tarda pas à être arrêté et, avant leur départ, les gamins trouvèrent le temps de se réconcilier. Au NKVD où elle était allée se renseigner sur le sort de Nikita, on s'était montré grossier ou, ce qui était encore plus mortifiant, indifférent. À l'accueil, il y avait des sergents horriblement gras, aux gueules suifeuses d'eunuques, et des bonnes femmes asexuées, au cul énorme, la vareuse barrée de ceinturons, qui passaient et repassaient, martelant le sol de leurs grosses bottes. Nous ne disposons d'aucun renseignement sur le citoyen Gradov, Nikita Borissovitch. Comment, vous n'en disposez pas ? On ne l'a arrêté qu'hier, voyons ! Qu'avant-hier ! Après, ils se mirent à dire : Nous n'en disposons pas pour le moment, repassez dans quelques jours, dans deux jours, après-demain, demain. Assise dans le bureau de ces misérables sous la photo du très sage Lénine, en face de celle de Dzerjinski avec son clair sourire de sadique, totalement impuissante, elle pleurait toutes les larmes de son corps. Enfin, un scélérat aux yeux bleus et aux insignes de major descendit de leurs scélérats étages par leur scélérat escalier et lui dit que Gradov avait été expédié à Moscou aux fins d'instruction. Après quoi, il l'examina d'un regard pas très masculin non plus et ajouta qu'il ne saurait trop lui recommander de penser un peu moins à ce traître à la Patrie et un peu plus à sa propre vie.

Elle se précipita à la gare où elle fit la queue aux billets, puis à l'école où elle prit le carnet de classe de Boris, ensuite, elle fit ses paquets, descendit certains objets au magasin à la commission.

Des commissaires-priseurs arrivèrent dans l'appartement dévasté, évaluèrent les meubles à des prix qui étaient du vol pur et simple, elle accepta. Tout autour d'elle n'était plus que désert, comme si elle n'avait pas passé sept ans dans cette ville, comme si elle n'y avait jamais été la reine du bal, en somme, puisse-t-il aller au diable ! Ni Berg, le médecin militaire, ni le lieutenant Véréssaïev de l'état-major d'aviation, ne se montrèrent à l'horizon, pour ne rien dire des tennismen de moindre calibre. Mais qui sait ? Eux aussi, peut-être considéraient-ils désormais de tout autres superficies que celle d'un court de tennis ? Dans les bureaux du divisionnaire, cela avait été un véritable pillage. Seul le sergent Vasskov, le chauffeur, s'était porté volontaire pour aider aux préparatifs de voyage. Il allait de chambre en chambre, le regard fouineur, soit qu'il espionnât, soit qu'il cherchât à faucher quelque chose. Après tout, peut-être avait-il vraiment pitié des enfants. Laissons-le faire, ce sera au moins une présence.

Elle télégraphia au Bois d'Argent à la dernière minute, depuis la gare : « Rentre Moscou avec enfants. Nikita peut-être Moscou. Embrasse. Pleure. Véronika. » Ils devront comprendre ce qui s'est passé, s'ils ne le savent pas encore. Dans le fond, comment pourraient-ils le savoir ? Les journaux avaient, croyait-elle, parlé de l'arrestation de Blucher, et il y avait gros à parier que le nom de Nikita avait été cité à ce propos : « Un nouveau groupe de conjurés fascistes a été démasqué et neutralisé... » Puis ce fut l'interminable traversée de la Sibérie d'Est en Ouest. Dans le wagon, on étouffait, les vitres ne s'ouvraient pas, cela puait la sueur et les aliments pourris, tout le monde se grattait, l'ennui rendait les enfants intenables, partout montaient des ronflements, des pets, mais surtout des bruits de mâchoire, aux abords du Baïkal on mastiqua du saumon, avant Omsk du lard paraît-il célèbre, partout craquait le seul emballage alimentaire qui existât : les coquilles d'œuf. De temps à autre, les conducteurs saupoudraient les wagons de chaux chlorée afin que les gens ne se contaminent pas les uns les autres de toute sorte de saletés. Ici ou là, un verre dans le nez, des gueules plutôt rances tenaient d'interminables propos plutôt rances. À vrai dire, c'était la première fois que Véronika voyageait en wagon ordinaire. Sa seule consolation était son petit volume de Pouchkine. Rencognée à sa place, elle répétait interminablement, des lèvres ou en pensée :

*Adieu, lettre d'amour !*
*Adieu, elle l'ordonne...*
*Mais c'est assez, l'heure est venue.*
*Brûle, lettre d'amour... C'en est fait !*
*Les feuillets noircis se sont enroulés.*
*Sur leur cendre, les chers contours de son écriture*

*Blanchissent... Mon sein se serre.*
*Cendre bien-aimée*
*Pauvre consolation de mon triste destin*
*Demeure près de moi toute une éternité...*

Ces lignes amères la consolaient. Nous ne sommes pas les seuls pour qui tout est brisé, détruit, pour lui de même, tout avait roulé en bas de la pente ; l'amertume des destinées humaines possède aussi un rythme berceur... c'est peut-être tout ce qui vous reste, mais ce n'est pas si peu.

Épuisés, grattés jusqu'au sang, hébétés, « les Nikita », comme on appelait cette partie de la famille au Bois d'Argent, déboulèrent de leur wagon en gare de Iaroslavl droit dans les bras de Boris Nikitovitch et de Mary Vakhtangovna. Les femmes, y compris la petite Véra — cinq ans —, fondirent en sanglots. Les deux Boris gardaient le silence. Le professeur nota que son bien-aimé rejeton avait un regard en dessous qui rappelait celui de Mitia, lorsqu'on l'avait amené de Gorelovo.

Toute la journée, jusqu'au soir, « les Nikita » se lavèrent, se séchèrent, firent leur lessive. Puis ils se coulèrent entre des draps impeccablement propres, sous les vieilles — quasi éternelles — couettes des Gradov. Les enfants s'endormirent aussitôt. Pelotonnée en chien de fusil dans le lit si familier où, selon toute vraisemblance, Boris IV avait été conçu, Véronika tendait l'oreille vers la grande vieille maison : le parquet qui craquait en bas, le vent qui soufflait confortablement au grenier, la petite voix affairée d'Agacha, les pas, les exclamations, les coups de gueule interrogateurs de Pythagore. Chose curieuse, elle ne pensait pas à Nikita. En somme, elle ne pensait à rien, elle éprouvait seulement la joie d'être au port. Lors de l'un de ces bienheureux moments, il lui parvint du rez-de-chaussée qu'était arrivé un télégramme de ses parents, en vacances dans une colonie d'écrivains de Crimée d'où ils envoyaient d'ardents baisers à leur chère fille et leurs charmants petits-enfants. Elle se refusa à abandonner sa couette, afin de ne pas perdre la joie d'être au port.

Tous les Gradov se retrouvèrent au complet au dîner. Autour de la table, il y avait Boris Nikitovitch, Mary, Kirill et sa femme Tsilia, Mitia qui avait à présent quinze ans et qui, quoique leur fils adoptif à eux, considérait le Bois d'Argent comme sa véritable maison, Nina et Savva et leur petite Eléna-Iolka[1], deux ans et demi, l'ami de la famille, le célibataire endurci Poulkovo, Pythagore qui, malgré son âge tout ce qu'il y a de mûr pour un chien,

1. Iolka : diminutif d'Eléna.

était en pleine forme et se prenait encore pour un chiot, Agacha qui n'arrêtait pas de courir de la salle à manger à la cuisine et son ami, presque son légitime, le très populaire camarade Slabopétoukhovski, anciennement surveillant d'îlot, actuellement inspecteur au contrôle économique et par voie de cumul adjoint au district forestier attenant, lequel, dans l'ensemble, passait plus de temps à la cuisine près du buffet vitré qu'à la grande table où il s'asseyait parfois pour réjouir l'assistance de quelque nouvelle déclaration sur les menées mussoliniennes en Abyssinie, plus, bien entendu, les principaux héros de la réunion, « les Nikita » : Véronika, Véra-Véroulia et Boris IV ; seul manquait leur favori à tous, leur « général rouge » qui s'était toujours tenu à cette table un peu comme un gamin, plutôt le compagnon de Nina ou même de Pythagore qu'austère frère aîné ; c'est pourquoi l'air de fête de jadis manquait, pourquoi dominaient le silence, les yeux baissés, les soupirs ; pour un peu, cela aurait eu l'allure d'un repas funéraire.

Mary, assise près de Véronika, lui caressait les cheveux, l'embrassait tantôt sur la joue, tantôt dans le cou. Pour la première fois, la belle-mère et la bru se sentaient véritablement intimes. Boris Nikitovitch, qui fourrageait d'une main dans la chevelure de son petit-fils, leva de l'autre son verre de liqueur et s'adressa à la ronde :

— Buvons à Nikita. Je suis certain qu'il se tirera avec honneur de cette terrible épreuve. Ma petite Mary, ma petite Véronika, j'espère, j'espère que bientôt tout cela ne sera plus qu'un mauvais souvenir. Un très important personnage m'a glissé hier : « Tenez bon, professeur, les erreurs, cela arrive... » Il a bien dit : les « erreurs ».

Tout le monde se rappelait que, sept ans plus tôt, Boris Nikitovitch avait prouvé de façon fort convaincante qu'il avait des relations au Kremlin, c'est pourquoi ce susurrement des hautes sphères fut pris au sérieux : tout le monde reprit courage, espoir, Mary fit un large signe de croix, cependant que le chef de famille hochait la tête, suscitant l'apaisement. Kirill affirma avec certitude :

— Je suis sûr que Nikita sera acquitté. Cela demandera peut-être un mois ou deux, l'affaire Blucher est très compliquée, extrêmement complexe, elle a probablement entraîné dans son tourbillon beaucoup d'innocents, mais je suis sûr que, dès que tout ça sera démêlé, Nikita retrouvera la liberté.

— S'il n'est pas coupable, bien sûr, proféra Tsilia tout à trac.

Stupéfaite, toute l'assistance se tourna vers elle et remarqua soudain qu'elle ne participait pas, en quelque sorte, qu'elle était un élément étranger, que son attitude sévère semblait proclamer qu'elle appartenait à une fraternité autrement plus sérieuse que la famille Gradov.

Nina s'emporta, fixa sur Tsilia un regard de braise :

— Tu dis « si » ? Qu'est-ce que ça veut dire ? Que signifie « pas coupable » dans ta bouche ? Tu perds l'esprit, ma chère amie ?

Tsilia se borna à tourner légèrement la tête vers son ancienne camarade des *Blouses bleues* devenue sa belle-sœur. Avec un certain dédain, pas excessif cependant, et le sentiment de sa supériorité idéologique, elle éclaircit son point de vue à l'usage de tout un chacun :

— En principe, les organes de la dictature du prolétariat ne peuvent commettre ni erreur ni injustice. Bien sûr, à mesure que la lutte des classes s'intensifie, des fautes peuvent se produire, mais elles sont excessivement rares. Voyez-vous, camarade... — C'était évident, elle se sentait dans sa peau de conférencière, elle avait oublié que Nina l'avait prise à partie, sa grosse poitrine levée, ses taches de rousseur resplendissant, elle s'adressait aux masses, leur portait son savoir. — Comprenez-vous, camarades, le seul fait qu'il ait été arrêté prouve que quelque chose n'allait pas dans la conduite politique ou idéologique du détenu. Par ces temps complexes où un nouveau et colossal complot géopolitique contre l'Union Soviétique s'est, de toute évidence formé, avec ses inévitables annexes largement implantées à l'intérieur du pays, par ces temps complexes, camarades, on ne répond même pas de soi-même, autre chose que de ses amis ou de ses proches. Les organes connaissent la situation mieux que chacun de nous, ils mettront chaque chose à sa place, ils débrouilleront tout. La confiance illimitée qu'on leur porte est l'élément indissociable du véritable esprit de Parti.

Kirill baissait les yeux. Un mince rayon de soleil couchant, qui se glissait par une fente entre deux losanges bleu et rouge de la fenêtre, éclairait son visage d'une tache cubiste. Abstraction faite de ses convictions idéologiques, ce que sa femme était en train de débiter était tout simplement monstrueux, mais du point de vue politique, de celui du Parti, elle avait tout à fait raison. N'avait-il pas remarqué lui-même chez son frère, et constamment, une certaine insuffisance conceptuelle ?

— Qu'est-ce qu'elle dit ! s'exclama Nina. Mes amis, écoutez ce qu'elle raconte !

Là, Tsilia lui envoya directement son coup de dent :

— Qu'est-ce qu'un membre de l'Union des Écrivains peut trouver de bizarre à mes paroles ?

— Selon ta logique, tu admettrais même que l'on arrête ton propre père, c'est ça ? Tu places les organes au-dessus de ton père, c'est exact ?

Bouillante, sarcastique, Nina sifflait presque.

— Oui, lui cria la belliqueuse Tsilia au visage.

Ce « oui » fut pour Kirill comme un coup de matraque.

— Rosenblum ! s'écria-t-il.

— Gradov ! — Tsilia abattit le poing sur la table. — J'aime mon père, mais en tant que communiste, j'aime encore plus mon Parti et ses organes.

« Nina ! » Mary Vakhtangovna posa la main sur celle, tremblante, de sa fille. Un silence plein de gêne s'instaura. On découvrait soudain que même ici, à la table familiale, on ne pouvait pas tout dire en clair. Véronika pleurait sans bruit dans son mouchoir.

— Chère Mary, chuchota-t-elle, si tu avais vu ces figures, ces gueules abominables...

Mary se leva et l'entraîna :

— Viens, ma colombe, je vais te jouer du Chopin.

Poulkovo se leva à son tour :

— Je peux vous suivre ?

— Et moi aussi, s'associa Boris Nikitovitch.

Une fois dans le cabinet, les mélomanes s'installèrent comme s'ils obéissaient à quelque mise en scène : Mary au piano, Lio accoudé à l'instrument, Gradov dans son fauteuil préféré, celui où il faisait autrefois ses cures de musique, Véronika sur le tapis à ses pieds, accoudée à ses genoux, la douce petite Véra se serrait la joue contre elle, Eléna Kitaïgorodskaïa, la marmousette qui avait suivi cahin-caha, assise de même sur le tapis, regardait « mémé ». Mary se lança dans une vigoureuse, brillante polonaise qui, dès les premières mesures, mit un terme à la discussion de la salle à manger et désavoua le NKVD en général. Et puis, tout à coup, la pianiste bondit, se précipita vers la porte en criant :

— Où sont les garçons ? Quelqu'un a-t-il vu Mitia et Boris ?

Ce fut la panique : on avait oublié les garçons ! On les retrouva au jardin. Dans le crépuscule épais, Boris IV agile, rapide, et Mitia Sapounov, adolescent pataud, jouaient au football avec un ballon quasi invisible. La cime des pins était éclairée en rose, au-dessus d'eux, dans un vert de plus en plus dense, on apercevait déjà l'étoile des Gradov. Une étoile qui pleurait. Un peu.

Dans ce temps-là, la vie ne lésinait pas en pieds-de-nez : quelques jours après le branle-bas général que nous venons de décrire, Tsilia travaillait, selon son habitude, à la bibliothèque de l'Institut du Mouvement international ouvrier, un endroit où il était bien agréable d'enrichir son bagage théorique et où l'information actuelle ne faisait pas défaut non plus, l'Institut était abonné à une bonne douzaine de journaux étrangers, organes de pointe du Komintern.

On imagine avec quelle nostalgie et quel espoir les prolétaires d'Angleterre, de France, des États-Unis d'Amérique regardent à l'Est, vers Moscou, du sein de leurs piquets de grève bloquant l'accès de leurs usines, barrant la route aux jaunes. Le cynisme des hitlériens est stupéfiant : ils se désignent eux aussi comme un parti de travailleurs socialistes ! Et pendant ce temps-là, ils envoient des aéroplanes ultra-modernes bombarder les républicains espagnols ! La table de Tsilia était surchargée de piles de classiques du marxisme-léninisme, puissant barrage contre les absurdités quotidiennes. À l'intérieur de ce rempart, elle feuilletait les journaux communistes. La voilà, l'harmonie, rien qu'ici, malgré les contradictions internes du mouvement ouvrier, oui, la voilà rien qu'ici ; nous sommes nous-mêmes les auteurs de notre harmonie.

Un collègue qui passait l'appela au téléphone. « Je crois que c'est Gradov pour une affaire pressante », dit-il en souriant. Les rapports amoureux de l'austère jeune homme (que Kirill demeurait à ce jour en dépit de ses trente-cinq ans) et de « la Rosenblum » peu soignée, distraite, assez ridicule, étaient le sujet permanent des gais propos des « cercles théoriques » de Moscou.

Le téléphone était fixé au mur non loin du poste de distribution des livres. Il surplombait un petit guéridon et une chaise de style. Le combiné était accroché la tête en bas. En l'apercevant, Tsilia se sentit un point sous le foie. Une émotion secrète la saisit, l'écho d'un très vieil atavisme. La voix chérie du camarade Gradov eut tôt fait de ravauder cette mince déchirure du matérialisme.

— Salut, Rosenblum ! Gradov à l'appareil.

Elle soupira de plaisir.

— Salut, Gradov ! Pourquoi me téléphones-tu ? Tu rentres tard, ce soir ?

— Non, dit Kirill dont la voix, ou plutôt la présence au bout du fil disparut quelque part au loin, puis revint. Ce n'est pas ça. C'est simplement... simplement, ne m'attends pas.

— Qu'est-ce que ça veut dire : « ne m'attends pas » ? Tu pars en banlieue ? Où ça ? Pour combien de temps ? — Au cours de ses perpétuels séminaires, elle avait pris l'habitude de souligner chaque mot des phrases les plus simples.

— Écoute, Tsilia — pour la première fois depuis tant d'années, il l'appelait par son prénom —, je t'appelle du cabinet d'un inspecteur du NKVD où j'ai été convoqué. J'ai d'abord cru qu'il s'agissait de Nikita, mais je me trompais. C'est de moi qu'il s'agit. Ils ont un mandat d'arrêt contre moi.

— Kirill ! ! ! hurla Tsilia et toute la salle retentit. — Déjà le récepteur sonnait « pas libre ». Elle poussa une clameur basse, animale, qui semblait venir des tréfonds de son corps, et se laissa glisser de la chaise jusqu'au sol. L'appareil abandonné la tête en bas dansa quelques secondes, puis s'immobilisa. Dans toute la salle, assis à leur table, les collègues de Tsilia poursuivirent avec application, sans lever la tête, leurs études littéraires. Personne n'osa venir en aide à « la Rosenblum », ils comprenaient tous ce qui était arrivé. Le sujet des amours comiques était clos, évanoui.

Revenue à elle, Tsilia se leva et quitta à toutes jambes l'Institut du Mouvement international ouvrier. Dans une succession incroyable, un chevauchement, un glissement, filèrent devant cette femme en pleine course, déjà un peu alourdie au cours de ces dernières années, comme dans un film futuriste, des plans de freux perchés sur des arbres, le portail de l'Institut, la gueule granuleuse, flasque, du portier, le capot relevé d'un autobus, la fumée d'un moteur qui chauffait, la mise en application de la théorie dans la pratique et le contraire, le contraire, le contraire, la pratique, pareille à un aspirateur, pressant la tendre surface de la théorie... C'est ainsi qu'un beau jour du troisième quinquennat, deux bolchevik convaincus passèrent à des apostrophes plus intimes.

Quelques jours plus tard, une assemblée générale se tenait à l'Institut. On avait installé Tsilia au premier rang : personne ne doutait qu'elle allait prendre la parole pour se désolidariser de l'ennemi du peuple K.B. Gradov. La majorité des collaborateurs de l'Institut, même s'ils s'employaient à une belle saloperie, n'étaient pas des salauds, c'est pourquoi ils plaignaient la pauvre Tsilia : répudier son mari n'est pas chose facile, même s'il s'agit de la grande cause commune. En outre, chacun, inconsciemment et peut-être presque consciemment, se mettait à sa place : demain, ce sera peut-être mon tour de me désolidariser, la roue des purges tourne de plus en plus vite. Au nombre des sentiments humains qui animaient la salle, on pouvait aussi rapporter l'inévitable excitation, l'attente du spectacle, qui s'en étaient emparées.

Au mur, au-dessus du præsidium, quatre profils appliqués l'un contre l'autre contemplaient avec une altière impassibilité la troupe sonore des oiseaux ; seul clignait de l'œil Fritz Engels, serré entre Marx et Lénine, cependant que Joseph Vissarionovitch Staline, le plus proche de l'auditoire, lui présentait une joue format complet, image à cent pour cent de l'absolu. Le président Répa, secrétaire du comité de Parti (un tirailleur letton rouge), ouvrit la séance.

— Camarades, nous sommes réunis aujourd'hui pour approuver l'arrestation par le NKVD de l'ex-membre de notre conseil scientifique Gradov et pour réprouver l'activité de cet homme qui, chargé de sa mission par les centres d'activité subversive antisoviétique, s'est infiltré... — Là, il y eut une hésitation. Répa allait dire « dans notre collectivité », mais il se mordit la langue à temps : qu'avait-elle de solide, cette collectivité, si en deux mois, ils en étaient au septième « bout de conduite » ? Tu diras « solide », et après, on te le resservira comme si tu avais tenté de protéger d'autres conspirateurs. Il acheva sa phrase sur une petite toux sévère : — ... dans notre collectivité.

Pour certains, son hésitation n'était pas passée inaperçue, mais personne n'échangea le moindre coup d'œil. À de telles suppositions, aujourd'hui, on ne se regardait pas, on baissait les yeux.

Ce genre d'assemblées était devenu quelque chose comme un rituel, quelque chose comme un « pot » de retraite célébré, il est vrai, en l'absence de l'intéressé. Les orateurs parlaient de lui avec une ardeur qui atteignait à la haine. Le public était quasiment habitué à l'ensemble de la procédure. Voilà un bonhomme, collaborateur supérieur ou subalterne, qui collecte les cotisations, installe le journal mural, demande à envoyer ses gamins dans un camp de pionniers, et puis, on ne le voit plus : ou bien il est en congé de maladie, ou bien on l'a arrêté. Le second est le plus probable. Alors, on organise obligatoirement une réunion réprobatoire et de désolidarisation. Se désolidarisent : ses collègues, ses maîtresses et sa parenté. Bien que ce soit chose courante, c'est assez intéressant. Et s'il vous vient à l'esprit une idée folle du genre de : « Et si ça m'arrivait aussi ? », elle est aussitôt balayée par un raisonnable : « Non, moi, il n'y a vraiment pas de raison. » Ou encore, si la Providence vous pose tout de même cette terrible, cette pétrifiante question : « Et Gradov, pourquoi l'a-t-on arrêté, le petit salaud ? », on élude les questions de la Providence d'un brusque mouvement de tête.

Ce jour-là, tout alla donc comme à l'ordinaire. Plusieurs collègues de Kirill prirent la parole. Ils dirent que, dès ses anciens écrits, on aurait pu déceler les prémices soigneusement camouflées du bloc trotskiste-droite. Ils dirent qu'il avait peut-être été en rapport avec l'opposition dès les années vingt, ils parlèrent de ses sympathies pour les koulak. Ils déclarèrent qu'il était temps d'en finir pour de bon avec toutes les formes camouflées de la contre-révolution. On attendait la déclaration de la diplômée ès sciences historiques Tsilia Rosenblum, à ce jour épouse légitime de cet ennemi du peuple. Quelques femmes, en particulier certaines bibliothécaires qui collectionnaient en cachette les vers d'Anna Akhmatova[1], le lui reprochaient au fond de leur cœur : non, mais vraiment, elle aurait pu rester chez elle, ne pas venir, tomber malade, sombrer dans la prostration. Donc, le camarade Répa donna la parole à la camarade Rosenblum. Et celle-ci se rendit à la tribune, accompagnée de l'image du père, de ce père abstrait qui avait engendré une si vive discussion à la datcha des Gradov. Son père concret, le très doux, très modeste Naoum ne lui avait-il pas dit, lui aussi : « Ne va pas à cette réunion, Tsilia, garde quelque chose d'humain. » Elle se rendit donc à la tribune, mais agitée d'un tel frisson, tellement incapable de se reprendre en main, qu'au

1. Anna Akhmatova (1889-1966), poète acméiste, une des figures les plus marquantes de son époque tant par la puissance de son talent que par la fermeté de son attitude. Mainte fois censurée, murée dans le silence, elle échappa cependant au pire.

moindre contact avec son corps, la tribune boiteuse s'ébranlait, le verre et la carafe tintaient l'un contre l'autre.

— Camarades, commença-t-elle, de toute ma vie je n'ai connu d'aussi terribles instants. Il m'aurait été mille fois plus facile de mourir pour le Parti et le socialisme. J'ai toujours connu Gradov comme un adepte intransigeant de la ligne générale, comme un léninien fidèle, un stalinien inébranlable. Il a toujours repoussé la moindre déviation de la voie adoptée par le Bureau Politique de Staline. Camarades, malgré tout le respect que je porte aux glorieux organes de la dictature prolétarienne, je dois dire que, dans le cas présent, ils ont commis une erreur. Je demande avec insistance à la direction du NKVD de réviser l'affaire et, si cette affaire n'apporte pas les résultats que je souhaite... bon... alors... — Elle renversa la tête comme si elle étouffait, s'attrapa à la gorge comme pour retenir un hurlement. — ... Alors qu'on m'emmène aussi ! Je vous en prie, aussi ! Nous ne faisons qu'un. Gradov et Rosenblum, c'est la même chose. Je ne peux pas vivre sans lui, camarades !

Profondément ému, l'auditoire se taisait : personne ne s'était attendu à cette scène. Tsilia s'arracha à la tribune en s'agrippant aux dossiers des chaises vides, atteignit le mur, glissa du podium dans la salle et s'abattit, presque sans connaissance, à sa place. L'une des bibliothécaires admiratrices d'Akhmatova courut chercher de l'eau. Le camarade Répa que la peur jetait dans une colère noire frappa du poing sur la table et rugit :

— Qu'est-ce que c'est que cette déclaration scandaleuse ! Rosenblum n'a aucun respect pour ses camarades, pour son Parti. Au lieu de reconnaître son manque de vigilance envers un ennemi du peuple soigneusement camouflé, elle lâche complètement la vapeur et s'abandonne à la voie du sexe. C'est indigne d'un membre du Parti ! C'est une honte ! Je propose qu'on lui porte un blâme sévère et qu'on soumette son cas à l'examen du Comité de district.

Cependant, au-dessus de toutes les places et dans tous les appartements du pays, les haut-parleurs déversaient la même chanson de marche :

*Allons les filles, allons les belles,*
*Que nous chante tout le pays,*
*Que nos noms glorieux il rappelle*
*À ceux de nos héros unis.*

Et des millions de gens « dans tout le pays », y compris les tchékistes et les accusés de demain, se rappelaient non sans plaisir les girondes filles qu'ils avaient vues défiler à l'écran ; *en avant, joyeuses compagnes* !... oui, oui, quelque chose dans ce genre... *le pays offre asile à tous les cœurs*..., je crois que c'est ça, partout il faut des mains de femmes... ha, ha, ha... *et la gaillarde voix de nos sœurs !*

On avait vu naître le culte de la blonde soviétique. Bâtis sur l'ex-Mont aux Moineaux, aujourd'hui Mont Lénine, le Hollywood soviétique, les énormes studios Mosfilm avaient créé ce mirage, la diva des quinquennats heureux. Dents blanches, boucles d'or et mêmes jambes passablement longues, Lioubov Orlova, Marina Ladynina, Lydia Smirnova défilaient au pas dans les rangs des « enthousiastes », accompagnaient tendrement vers leur route lointaine d'héroïques garçons, aviateurs, tankistes, membres d'expéditions polaires, collaborateurs du Commissariat du peuple à l'Intérieur. À la fin de chaque film se déployaient des apothéoses d'apparence hollywoodienne, mais débordantes d'un contenu profondément socialiste, d'originales fontaines de drapeaux, de triomphants degrés qui soit montaient vers un avenir resplendissant, soit descendaient vers les masses jubilantes. L'apothéose allait de conserve avec une comédie légère, des couplets lyriques, des robes de crêpe de Chine volaient au vent, on apercevait des chemises apaches ; soit dit en passant, ici, dans les histoires d'amour aussi, en contrepoids à l'immoralité et l'absence de principes de la bourgeoisie, on exposait des relations essentiellement neuves, pleines d'un haut humanisme, entre des êtres voués à l'édification du socialisme. C'était la première fois dans l'histoire, sur une aussi énorme superficie de la planète, et plus précisément sur le sixième des terres émergées, que l'optimisme fleurissait avec une telle force.

Dans les écoles, les enfants caviardaient les noms et les photos des héros de la veille — aujourd'hui ennemis du peuple — dans leurs manuels d'histoire de l'URSS. Un an plus tard, ils remettaient ces manuels à la promotion suivante et plus personne ne se souvenait de ceux qui avaient disparu sous leur encre épaisse. D'ailleurs, ce n'étaient pas les héros qui manquaient. La vie en engendrait pratiquement chaque semaine. Les glorieux « aigles » de Staline ont sauvé l'hivernage de ceux du *Tchéliouskine*[1]. Tenez, voilà les premiers Héros de l'Union Soviétique, les aviateurs Liapidevski et Vodopianov, voici le glorieux, héroïque, barbu Otto Schmidt. La station scientifique en dérive a franchi le pôle Nord. Le brise-glaces *Léonid-Krassine* se porte à sa rescousse. Le mineur Alexandre Stakhanov a battu le record d'extraction du charbon. Tchkalov, Baïdoukov et Béliakov ont relié l'Amérique sans escale

1. En 1933, ce navire, non équipé en brise-glaces, tenta la navigation en zone polaire et fut écrasé. Son équipage se réfugia sur les glaces et fut sauvé par les aviateurs nommés ici qui furent les premiers à porter le titre de Héros de l'Union Soviétique, récemment créé.

par le pôle Nord. Des milliers de personnes ont envahi les rues afin de saluer les glorieux fils de la Patrie. Ils descendent en voiture découverte en plein milieu de la rue Gorki récemment élargie, leurs sourires tout dents blanches étincellent à travers une averse de confettis et de serpentins. Élèves du Komsomol ! Soldats du Parti ! Les compositeurs soviétiques produisent de plus en plus de chansons formidables. « *Il n'est pas d'autre pays où le souffle soit si libre* », rugissent les haut-parleurs. Les enfants courent au Mausolée de Lénine, des fleurs plein les bras. Les pères de la nation qui survivent encore, les bandits de Koba Djougachvili, leur tendent leurs nobles, leurs honnêtes bras. La fillette ouzbek Mamlakat, qui a pulvérisé les records de ramassage du coton, serre ses joues couleur de pêche contre la joue grêlée du grand caïd.

*Et le soleil brille plus fort*
*Et tous les cœurs battent plus vite*
*Et Staline sourit alors,*
*Lui, un simple homme soviétique.*

Ah ! Comme Moscou embellit ! On a donné à la Milice des casques blancs et des gants de fil. On soulève et on transporte des maisons entières pour élargir les rues. Les voitures soviétiques, « M » et ZIS, roulent à pleins tubes. L'Espagne républicaine qui, avec notre aide, repousse l'attaque fasciste, nous envoie des oranges, chacune emballée dans un beau papier de soie. La vie sportive bouillonne. Au football, nous affrontons l'équipe basque, la meilleure du monde. L'incomparable Nina Doumbadzé, la puissante discobole, compatriote de notre chef, tourne d'un élan puissant les colonnes de ses jambes. L'incomparable Nicolaï Ozoline sidère tout le monde par ses exploits au saut à la perche. Et que de lyrisme autour de tout cela ! *Sacha, souviens-toi de nos rendez-vous au parc, près de la mer. Sacha, souviens-toi de ce soir de printemps et des marronniers en fleur*. Dans le crépuscule enchanté de l'imagination voguent des escaliers de marbre, des vases, des statues, et tout cela appartient au peuple ; dans les maisons de repos des Commissariats du peuple ce sont les vaguelettes des rires de jeunes filles, leur pur et tendre enjouement, ce sont des poursuites aux intentions magnanimes, comme de révéler : « Véra, je prends l'avion demain, je ne peux pas te dire pour où. Tu comprends ? — Oui, je comprends. Reviens vite ! » C'est donc qu'elle l'aime.

*Adieu notre ami, le jeune soldat,*
*Défends bien notre chère contrée.*
*Lorsque tu reviendras, avec toi dansera*
*La fière fille de tes pensées.*

Sans empêcher personne d'exister, d'aimer, de travailler, les « corbeaux noirs[1] » sillonnaient les rues plongées dans l'obscurité. Les amoureux ne les voyaient même pas. Chacun pensait à ses propres affaires, à la fin des fins. Comme toujours, sursautant au bruit de l'ascenseur, la nuit, le Moscovite tendait l'oreille quelques minutes, puis s'étirait voluptueusement : je crois que ce n'est pas pour cette fois, et puis en général, ça se tasse, avec un peu de chance, cette coupe de désolation me sera épargnée, et alors, demain, je suis de repos, j'irai au foot, au ciné, au cirque, à la soirée de Smirnov-Sokolski, l'humoriste !

Les échos d'une nouvelle fête résonnaient sur l'aérodrome de Touchino. Les tribunes et une partie du terrain étaient remplis d'une foule surexcitée. L'attention générale était fixée sur un grand trimoteur en duralumin posé à quelque distance qu'on aurait pris pour la carcasse d'un monstre, n'eussent été les grosses lettres URSS qu'il portait au côté. Des orchestres jouaient, des drapeaux flottaient, des détachements de pionniers défilaient, cors et tambours en tête. C'était un meeting consacré à la future liaison sans escale avec l'Extrême-Orient par l'équipage féminin de Valentina Grizodoubova, Pauline Ossipenko et Marina Raskova. Au-dessus du club central de l'aviation, se dressait un énorme portrait de Staline en casquette bolchevik — dure comme pierre. Le terrain était parsemé d'autres effigies plus petites, en casquette ou sans elle. On y voyait, ici et là, récemment adopté, le portrait bicéphale du félin Staline serrant dans ses bras l'heureux souriceau Mamlakat aux larges pommettes.

Le public n'était pas admis près de l'appareil, tout se jouait autour de la tribune sur laquelle se tenaient les trois aviatrices, de vigoureuses filles en combinaison de vol et casque de cuir. De cette même tribune on proclamait des slogans accueillis par des explosions d'enthousiasme. Des éclairs de magnésium fulguraient, les photographes étaient à l'œuvre.

Nina Gradova, qui avait raté le début de la cérémonie, fendait à présent la foule avec énergie. La carcasse de l'avion, la casquette de Staline, le portrait bicéphale... chassant de son esprit les idées antisoviétiques qui s'y insinuaient, elle brandissait à droite et à gauche son livret rouge de journaliste à *La Travailleuse*. Elle finit par arriver tout contre la tribune et cria alors à Grizodoubova :

— Salut, Valentina ! Je suis correspondante à *La Travailleuse*. Commandant de bord de cette liaison sans précédent dans l'Histoire, adressez, je vous prie, quelques mots à nos lectrices.

Grizodoubova la remarqua, lui tendit la main, l'aida à grimper

1. Fourgons cellulaires des diverses polices.

jusqu'à elle. Nina sortit son bloc-notes de la poche de sa veste, ainsi qu'un luxueux stylo Montblanc que lui avait offert Ilya Ehrenbourg[1], récemment rentré de l'étranger. Criant par-dessus tout le bruit, Grizodoubova lui pétarada droit dans l'oreille, tel un moteur à plein régime :

— Femmes ! Jeunes filles ! Nous vivons des temps fabuleux ! Qui aurait pu prédire que des paysannes de Russie rejetteraient les chaînes de leur éternel esclavage et iraient piloter des avions, commander des navires, conduire des tracteurs et des tanks ? Personne, jamais n'aurait pu le prédire, tout comme ne peut se le représenter l'actuelle bourgeoisie d'Occident, elle aussi réduite en esclavage. Nous dédions notre vol à la grande constitution stalinienne, la plus démocratique du monde, et à son fondateur, le soleil de la Patrie, Joseph Vissarionovitch Staline.

Cela dit, Grizodoubova sortit une boîte de Kazbek et en offrit une à Nina : « Tu fumes, amie ? » Elles allumèrent leur cigarette et échangèrent des rires non dénués de sympathie. Le sentiment délicieux et traître de participer à tout ce spectacle visita soudain Nina. Elle sauta à bas de la tribune et repartit au journal.

S'il faut travailler quelque part, pourquoi pas à *La Travailleuse* ? Il n'est pas de refuge contre la propagande et le mensonge, ici, au moins, à la rubrique des reportages, je suis avec des femmes compréhensives, non dépourvues du sens de l'ironie, actuelles, et qui de plus, apprécient mes vers. Voilà ce que pensait Nina chaque fois qu'elle approchait de sa revue, place Pouchkine, cherchant d'un œil accoutumé les signes de vie de la cité sans rapport avec « eux » : le poète de fonte, les réverbères de fonte, « les dizaines de freux charbonnés », les toits intacts de la Nativité de la Vierge des Poutinki... C'est moi, une *Blouse bleue*, une futuriste, qui regrette à présent l'ancien temps, qui recherche dans ma mémoire des lambeaux d'enfance, du monde où cette peste ne régnait pas encore...

Elle tambourina à toute vitesse son article sur le meeting de Touchino et le remit à Irina, le chef de rubrique, pour laquelle, malgré la dizaine d'années qui les séparait, elle avait beaucoup d'amitié. Irina, une célibataire, accompagnait souvent Nina et Savva au Conservatoire ou au MKHAT. Il n'y avait plus d'autre ressource à Moscou ; les expositions n'étaient plus rien qu'une porcherie, toute l'avant-garde se planquait, les *Valets de carreau*[2] se cantonnaient dans des pastiches qui tiraient leur sujet vers l'enthousiasme et l'édification. Cependant, quelques miracles se

1. Ilya Ehrenbourg (1891-1967), journaliste international et romancier. Il fit beaucoup pour resserrer les liens intellectuels entre son pays et d'autres nations, la France notamment.

2. *Valets de carreau* (1910-1926), école de peinture qui se réclamait du droit à la recherche, principalement dans la lignée de Matisse et de Cézanne, à l'opposé du réalisme socialiste. Elle tomba sous le coup de la répression.

produisaient encore. Tenez, *L'Internationale* avait publié des morceaux de prose renversants d'un certain Joyce, un Proust en deux volumes venait de paraître. Pour notre bonheur, Ernest Hemingway, l'écrivain américain de la « génération perdue », avait adhéré aux forces progressistes, avait adopté en Espagne une attitude résolument antifasciste, c'est donc qu'on allait peut-être le publier, lui aussi. Déjà *L'Internationale* en avait fait paraître quelques nouvelles, et parmi elles, l'étonnant *Chat sous la pluie* ; un style tout à fait neuf, quand on pense à ce que l'on pouvait lire entre les lignes du plus simple dialogue ! Bref, il y avait de quoi parler, et ils parlaient durant des heures à la cuisine, ou le long d'un boulevard, de la littérature occidentale. Ses écrivains à soi, ceux de jadis ou de naguère, mieux valait les oublier, ils n'apporteraient rien de bon. Nombreux étaient ceux qu'il valait mieux ne pas nommer, comme s'ils n'avaient jamais existé.

La bouilloire siffla dans un coin du bureau. « L'heure du thé, les filles ! » Le personnel déballa ses tartines, quelqu'un déposa un panier de biscuits maison, ce fut une joyeuse pause. Tout le monde savait que les deux frères de Nina avaient été arrêtés, mais personne ne demandait jamais de leurs nouvelles. On ne parlait jamais des prisonniers dans les lieux publics, cela ne se faisait pas. Nina se surprenait parfois à se dire qu'il était même malséant de *penser* à ces choses dans les lieux publics, comme si le monde des prisons et celui des bureaux eussent été complètement distincts, sans rapport les uns avec les autres. Est-ce la peur qui dictait cet étrange comportement, est-ce l'espoir informulé qu'un beau jour tout cela prendrait fin et que, par conséquent, en ce moment, mieux valait se taire ? Ou peut-être valait-il mieux crier, clamer, hurler, se disait-elle d'autres fois, sur quoi elle s'objectait à elle-même : tu ne crierais pas longtemps, personne n'aurait le temps de t'entendre.

Quoi qu'il en soit, pour l'instant, l'on prenait le thé et l'on riait. Nina raconta son récent reportage en Crimée où elle avait interviewé un important personnage du Comité exécutif, le camarade Ibraguimov. Il avait ainsi défini la situation actuelle de la femme tatar : « Avant, la femme tatar était enréjumentée sous le joug, maintenant, nous en avons fait une femme publique. » Elles rirent aux larmes. Nina était en pleine excitation :

— N'est-ce pas un merveilleux néologisme dans le style futuriste, l'« enréjumentement » ? Ne croyez-vous pas, les filles, que chacune de nous en possède sa dose, d'« enréjumentement » ?

Après le thé, Irina l'emmena dans son petit bureau pour discuter de son reportage. Le crayon rouge s'était joliment promené à travers toutes les lignes.

— Excuse-moi, Nina, mais je me suis permis de nettoyer un peu tout ça, dit le chef de rubrique. Ton reportage est excellent, mais ton éternelle ironie...

Nina gloussa.

— Tu y as trouvé mon éternelle ironie ?

Irina répondit par le même gloussement.

— Disons, les traces de ton éternelle ironie.

— Irina !

— Nina !

Elles se regardèrent dans les yeux. Irina avait un drôle de nez, pas en trompette, mais les narines en dehors, ce qui, avec ses cheveux courts, lui donnait un air assez féroce. En réalité, Nina le savait bien, c'était une âme très tendre, solitaire. Irina tendit le bras par-dessus la table et posa la main sur celle de la jeune femme.

— Le temps de l'ironie est passé, Nina. Le sort a voulu que celui que nous vivons soit héroïque.

— Mais sans l'ironie, il n'est point de salut.

— Ça, c'est un sophisme.

Cette fois, leur rire à toutes deux fut triste.

## CHAPITRE DIX-SEPT

## *L'éternel repos*

Comme toutes celles du pays, la terrible prison de Lefortovo était surpeuplée, mais ici il était rare qu'on se battît pour une place sur les châlits, car les cellules étaient, pour l'essentiel, peuplées de prisonniers politiques, des prisonniers très différents des autres, des droits communs : des gens souvent bien élevés et même portés à un esprit de solidarité digne de l'ancien régime. Dans de nombreuses cellules, on était allé jusqu'à imaginer d'occuper les châlits à tour de rôle : vous passiez une heure à l'horizontale, dormiez si vous vouliez ou rêviez d'une femme, puis vous cédiez votre place à votre collègue en procès historique. En attendant leur tour, les détenus s'accotaient au mur ou s'asseyaient tête à tête sur le sol gluant. Dans cette position, ils étaient nombreux à croire qu'ils roulaient vers une destination inconnue dans un incroyable tramway. Naturellement, il y avait des exceptions à ces règles, en particulier pour ceux qui revenaient de l'interrogatoire. Celui qu'on rapportait inanimé avait un droit de priorité absolu. Celui qui revenait tant bien que mal sur ses deux jambes obéissait à la règle commune. Il y avait également un ordre d'attente pour la tinette sur laquelle trônait toujours quelqu'un qui lâchait des gaz au milieu de l'affluence.

Cependant, parmi tant d'accablants inconvénients, il y avait aussi d'encourageants avantages. « Voyez, se soufflaient à l'oreille deux professeurs à l'Université de Moscou, un philologue et un ethnologue, qui s'étaient retrouvés dans la même cellule, malgré tous les inconvénients matériels tels qu'air vicié, puanteur, absence de places couchées, il y a certains avantages psychologiques. D'abord, quand on vous pousse dans une cellule comme celle-ci, vous ne manquez pas de vous dire : "Oho, y en a-t-il du monde ! je ne suis pas seul, je ne suis pas seul !" Et cela — l'avez-vous remarqué ? — vous redonne courage. Et puis ce tour de rôle aux châlits et aux chiottes, n'est-ce pas une manifestation d'humanité ? Malheur aux yeux du monde n'est malheur qu'à demi, mais même dans cet état confus, le "monde", c'est-à-dire la "communauté", vous encourage, enfin vous empêche de capituler jusqu'au bout. Il se trouve toujours un plaisantin pour vous remonter le moral. Tenez, voyez comment Michanine interroge les nouveaux venus. Non, nos classiques savaient ce qu'est la force d'une communauté. Et savaient aussi en faire un objet de spéculation, les misérables ! Qui sont les misérables ? Oui, les classiques ! »

Le courtaud Michanine, un chauffeur moscovite, un dégourdi, s'amusait vraiment et amusait les autres. Il s'amenait derrière le nouveau venu et, d'un petit air pratique, comme si l'on n'était que dans une gare, lui demandait :

— Et vous, camarade, c'est pour quelle affaire ?

Et ce dernier, devant ce petit air pratique, comprenait soudain que son affaire n'était pas la fin de la civilisation humaine. Il haussait les épaules et répondait :

— Rapports avec l'espionnage polonais. Je ne sais pas au juste pourquoi c'est le polonais et pas un autre, un peu plus sérieux. Peut-être parce que je porte un nom en « ski » ? Bref, c'est « suspicion d'espionnage ».

Michanine hochait la tête d'un air compréhensif, lui serrait la main, passait au suivant :

— Et toi, mon ami, c'est pour quoi ?

— Sabotage, répondait l'autre de bon gré. Tu comprends, j'étais cuistot au « Roulement à billes », et alors, voilà, ça va de soi, on y a découvert un complot en vue d'empoisonner les ouvriers. C'est ça.

Ici aussi, Michanine acquiesçait d'un hochement de tête : « Quand il y a de la bouffe, la condamnation n'est pas loin », et il s'amenait près d'un paysan nanti d'une musette qui, parmi les autres, les citadins, faisait figure d'étranger :

— Et toi, la cambrousse, c'est pour quoi ?

Digne de Platon Karataïev[1], le paysan le regardait d'un air bonasse :

— À cause de Marx, mon bon. Ils ont fait une conférence, au club : « Y a-t-il une vie sur Marx ? » Moi, j'ai demandé si on recrutait du monde pour y aller, sur cette planète Marx. Ils m'ont arrêté le jour même : tu as saboté l'édification du kolkhoze, ils m'ont dit, affiché ton trotskisme à la Boukharine.

Michanine éclatait de rire, l'attrapait aux épaules, fourrait le nez dans sa musette. « Tu n'y aurais pas un bout de lard, le marxiste ? Au poil, le renfort du jour, camarades : un espion polonais, un saboteur-empoisonneur, un trotskiste-boukharinien-marxiste. »

Les verrous claquèrent, la porte s'ouvrit, deux tchékistes entrèrent dans la cellule, un troisième, dans le couloir, brailla :

— Gradov, à l'interrogatoire !

1. Héros de *Guerre et Paix* de Tolstoï, symbole de la résignation paysanne.

Nikita se détacha du mur. Il tenait à peine debout : il avait été interrogé tous les jours, sinon deux fois par jour. « Tiens bon, divisionnaire », lui glissa Michanine qui lui-même, aux interrogatoires, ne tenait plus du tout et signait gaiement toutes les foutaises que lui refilait l'enquêteur. N'empêche : « Tiens bon, divisionnaire », cela sonnait clair, on y sentait probablement quelque chose comme la poésie des prisons politiques ; c'est pour cela qu'il marmonnait derrière le spectre qui se traînait vers un nouveau passage à tabac : « Tiens bon, divisionnaire ! »

Un glapissement retentit soudain dans la cage d'escalier : « Nikita ! » Celui-ci, que traînaient les deux tchékistes, marqua un temps d'arrêt. Grossi par la résonance du lieu, le cri qui monta de l'étage inférieur atteignit ses oreilles à travers une ouate d'années absurdes et muettes, compressées par le temps, et dévoila un bref instant une image d'enfance : il rame dans un canot en compagnie de son ami Kholmski, en direction d'une boucle de la Moskova, tandis que le petit Kirill pousse, sur le rivage, des cris désespérés : on l'a oublié !

Kirill, qu'emmenaient deux casse-trogne, perdant la notion des choses se précipita vers la rampe. Il venait d'apercevoir sur le palier, à deux marches au-dessus de lui, un être qu'il aimait profondément, son frère aîné. Celui-ci n'était déjà plus en vue, que Kirill agitait encore la main et criait :

— Nikita ! Je t'ai vu ! Nikita, mon frère ! — Les archers, d'abord pris de court, l'arrachèrent à la rampe. Il se tourna vers eux sans perdre son expression de surprise heureuse, à croire qu'il avait aperçu son frère pour le moins sur le pont d'un bateau de croisière : — Camarades, je viens d'apercevoir mon frère !

L'un des archers lui envoya un coup de crosse entre les omoplates, l'autre un coup de genou dans l'aine. Il tomba, ils s'employèrent activement à le travailler de leurs grosses bottes. Ils grognaient :

— Ton camarade ? Le loup de Tambov est ton camarade ! Ton frère ? Un porc. — Puis ils traînèrent au sol ce détenu qui avait enfreint le règlement, jusqu'aux latrines du personnel militaire :

— Fous-lui la gueule dans les chiottes, fais-lui bouffer de la merde, à ce trotskiste !

Une heure plus tard, on jetait Nikita à moitié mort dans sa cellule. Il avait la figure, le cou et la poitrine en sang, ses yeux étaient deux globes exorbités, son entrejambe était noire, humide : sang ou urine, va savoir.

On lui libéra aussitôt un châlit du bas, on l'allongea sur le dos, essuya le sang, donna à boire. Il ne gémissait pas, impossible de savoir s'il sentait même la douleur. Quelques minutes plus tard, il bredouilla quelque chose. Michanine se pencha et entendit ces propos absurdes : « ... de-Zavgorodine-deux-rations-pain-paquet-tabac-d'Ivanov-chauffeur-capote-de-Zimmerman-cigarettes-de-Poutiline-paire-de-bottes... » Michanine se gratta le crâne : ce n'est pas cela qu'on attend d'un général qui délire.

Le philologue souffla à l'ethnologue : « Ça, vraiment, vous savez, cela dépasse l'entendement. Je n'aurais jamais cru que les nôtres recourraient ainsi à la torture. » L'ethnologue le regarda et sourit. Avoir atteint la quarantaine, se retrouver à Lefortovo, et s'étonner encore des « nôtres » ! « Mais ce n'est pas du tout ça, la torture, mon cher, ce ne sont que les "vingt-deux méthodes d'enquête active", comme me l'a expliqué mon propre enquêteur. "La bride haute", m'a-t-il fait. À l'heure qu'il est, on les expérimente sur les plus têtus, après on les emploiera sur nous autres, pauvres pécheurs. » Le philologue frémit. « Je ne sais pas ce que vous en dites, mais moi, je ne résisterais pas une seule minute, je signerais tout ce qu'ils me présenteraient, qu'ils me fusillent ! » L'ethnologue regarda avec peine son collègue du corps enseignant de l'Université de Moscou : « Il y a des choses plus terribles encore que d'être fusillé soi-même, mon cher. » Le philologue répondit par un meuglement à peine audible et pourtant effrayant, comme si une épouvantable douleur des racines dentaires lui avait taraudé la mâchoire. « Non, non, qu'on me colle au mur, je l'espère, rien qu'au mur, rien d'autre. »

Un rire monta à l'autre bout de la cellule. L'omniprésent Michanine y racontait comment il s'était retrouvé ici.

— Rien que par flemme, camarades, je suis victime de ma propre flemme. C'est la faute à personne, rien qu'à mon propre cul, chers camarades. Comment c'est arrivé, la cambrousse ? Parce que toi, la flemme, tu connais pas ? Bon, d'accord, je vais te raconter un truc aussi simple que du Shakespeare. J'ai un pote, Vassia Lechtinski qu'il s'appelle. Un jour, on s'amène au garage avec une douzaine de Jigouli[1], trois petits quarts plus deux demi-quarts de vodka « Spéciale de Moscou ». On est restés tard. De quoi on a déconné, je ne me rappelle pas au juste, ben, des filles, du foot Spartak-Dynamo, sauf qu'à un moment, on s'est mis à discuter de savoir qui de nos dirigeants nous revient le mieux. Moi, j'en tiens pour Vorochilov, lui, pour Kaganovitch, le Commissaire de Fer. On s'est terriblement emballés, on s'est empoignés, on a invoqué Staline, pour ce que ça sert ! La nuit, dans mon lit, je me dis : « Faut que j'aille le dénoncer, ce Vassia Lechtinski. » Mais me tirer de dessous ma couverture, je n'en ai aucune envie : je suis au

1. Marque de bière.

chaud, je suis schlass, j'ai ma bonne femme. Je me dis comme ça que je passerai aux Services le lendemain matin, avant d'aller prendre la relève. Mais le lendemain matin, c'est moi qu'ils sont venus chercher. Vassia Lechtinski avait été moins flemmard que moi...

Racontait-il des craques ? Son ami, qu'il avait lui-même l'intention de donner, l'avait-il vraiment mouchardé ? Cela n'intéressait personne. Ce qui importait, c'est que ce dégourdi apportait au cauchemar de la Tchéka une touche de banalité, et par conséquent de comique. La tension retombait, on commençait à croire que les autorités cherchaient la petite bête comme un gérant d'immeuble un peu ivre, mais ça ne fait rien, ces chercheurs-là aussi, on leur ferait voir ! Qui ? Il y a bien des chances, le Maître. Il rétablirait l'ordre

Sombrant dans l'évanouissement ou le délire, puis émergeant dans la réalité si vivifiante, Nikita entendit la fin de la joyeuse histoire de Michanine, et revint définitivement à lui. Peut-être que là-bas, à Khabarovsk, c'est Vadim Vouïnovitch qui avait été « moins flemmard que lui » ? À vrai dire, cette pensée l'avait tourmenté dès la première minute qui avait suivi son arrestation. Vadim ? Était-ce possible ? Avait-il pris peur et était-il allé rapporter des propos qu'il avait lui-même provoqués ? Et peut-être l'avait-on envoyé précisément pour cela ? Non, c'était impossible. Vadim, avec son code chevaleresque de l'honneur, un provocateur ? un mouchard ? On se soupçonnerait plutôt soi-même de tout et de n'importe quoi, mais pas un homme comme lui. Et pourtant...

Le nom de Vouïnovitch n'avait pas surgi une seule fois lors des interrogatoires. Exacerbés par leur propre cruauté, les enquêteurs débitaient les pires sottises, inventaient l'une après l'autre les histoires de trahison et d'espionnage les plus idiotes, mais le seul point sérieux, l'unique raison pour laquelle on aurait pu l'accuser, le fusiller, cette conversation sur le balcon, à une heure lointaine du petit jour, une conversation où il avait vraiment été question de rébellion, échappait à l'enquête. Ou alors... ? Ou alors, ils en sont encore aux travaux d'approche, ils veulent le confondre en brandissant la dénonciation de Vadim et briser ainsi sa résistance ?

Aujourd'hui, ils s'étaient jetés sur lui tous en bloc. L'un d'eux avait ôté son ceinturon et l'avait frappé de la boucle au visage, aux épaules, à la poitrine. Puis, ils avaient mis en œuvre les « méthodes d'enquête active », dont leur procédé favori de serrer les parties sexuelles dans une pince en bois. La douleur, plus qu'insupportable, en devenait presque inexistante. Le divisionnaire, pour ainsi dire inconscient, avait ri et pleuré d'une voix de gamin. Soudain, par une étroite déchirure de l'air chauffé au rouge, il avait aperçu Véronika à l'instant où elle passait les doigts sur ce membre enflé, étranglé. Ensuite, le médecin, leur médecin, lui avait pris le pouls et dit qu'ils pouvaient continuer. Ils lui avaient mis la tête en bas dans une caisse étroite et étaient sortis. Tout avait disparu, il avait perdu la notion de l'espace, s'était disposé à mourir, et puis ils étaient revenus et la voix du docteur avait dit :

— Cela suffit pour aujourd'hui.

Voilà, elle est enfin venue, l'expiation de Cronstadt, de Tambov... J'expie ma lâcheté, bon Dieu, j'expie d'avoir eu peur de penser aux choses jusqu'au bout, d'avoir subi l'hypnose de la révolution. Nous n'étions braves que tous ensemble, saisis de l'instinct grégaire de la guerre, d'un romantisme grégaire ; seul à seul avec ses pensées, chacun de nous était un lâche. C'est ainsi qu'est née l'hypnose stalinienne. Vadim s'est montré plus audacieux que moi, il l'a surmontée par ses propres moyens. En le repoussant, je savais qu'il ne me restait plus aucune chance, mais j'espérais quand même sauver ma peau : et si je passais au travers ? La honte de mourir entre les mains de ces ordures de la Tchéka. Mieux aurait valu recevoir la balle d'un marin de Cronstadt.

Si curieux que cela paraisse la solution de Vadim n'était pas sans espoir. Plusieurs cas de figure étaient envisageables. L'un consistait à envoyer une compagnie de reconnaissance par le train. Les transports de troupes se passaient dans la plus grande confusion, personne n'aurait vu de quelle sorte d'unité il s'agissait ni compris où elle se rendait. La compagnie arrivait à Moscou juste avant la session du Conseil suprême, s'emparait du Kremlin et arrêtait Staline. Selon un autre cas de figure, une formation de choc arrivait à Moscou en trois avions. Si tous deux échouaient, on pouvait quand même tenter de prendre la fuite, de provoquer un grand soulèvement, de libérer les prisonniers de la Kolyma et du Grand Nord et de reconstituer la république d'Extrême-Orient. On proposerait la présidence à Blucher et s'il refusait, Nikita s'y risquerait lui-même ou proposerait Vadim. Toutes les grandes mutations commencent au degré zéro. Bref, il aurait fallu risquer et non pas attendre le massacre...

Voilà ce que se disait parfois le général Gradov entre deux interrogatoires et, chaque fois, ces pensées hardies le menaient au point où surgissait la traîtreuse supputation : « Et tout de même, si Vadim m'a été envoyé par la Tchéka ? » Et alors, tout s'écroulait.

— Nikita Borissovitch, vous dormez ? articula contre son oreille une voix discrète.

Il tourna péniblement la tête et aperçut Kolbassiev. Ce marin-signaleur de la Baltique dirigeait aussi les liaisons de sa cellule à Lefortovo. La place qu'il occupait contre les tuyaux du chauffage était inviolable. Il était de garde vingt-quatre heures sur vingt-quatre, recevait et faisait suivre les messages du télégraphe des prisons que l'on pianotait sur les tuyaux de tous les tréfonds des geôles. Nikita était encore en liberté quand il avait entendu parler de lui, un intellectuel de Saint-Pétersbourg, collectionneur de jazz. Un tel homme ne pouvait échapper à l'attention des gorets de la Tchéka. Effectivement, il n'y avait pas échappé. D'une part, on est épouvanté de voir le pays dépouillé de toutes ses richesses humaines, de l'autre, c'est tout de même un sujet de fierté que de se dire que l'on partage la destinée de cette sorte d'hommes et non des autres fumiers.

— Un télégramme à votre nom, Nikita Borissovitch. — Le visage de Kolbassiev portait aussi des ecchymoses, traces d'interrogatoires, mais ce qui dominait, c'étaient ses grands yeux clairs pleins d'une curiosité bien scientifique. — Selon toute vraisemblance, il vient du troisième étage par le bloc sanitaire. Écoutez. — Il baissa la voix au minimum et lui chuchota tout contre l'oreille : — « À Nikita Gradov de son frère Kirill. T'ai vu escalier. Suis troisième étage. Famille va bien. Véronika arrivée avec enfants. Mon enquête terminée. Me suis reconnu coupable. Te laisse pas torturer. Signe tous papiers. T'embrasse. T'aime. »

C'était trop, Nikita éclata en sanglots. Donc, ils avaient pris Kirill aussi. Peut-être même Nina ? On aurait peine à imaginer qu'on lui passerait ses relations avec l'opposition, sa participation à la manifestation trotskiste. Ils pouvaient aussi arrêter le père. L'idée que l'on infligerait à ses proches ce qu'on lui infligeait à lui-même était absolument insupportable. C'était la fin. Le monde croulait. C'était l'anéantissement total, sûr et certain. Voilà que lui revint ce vers de ce blasphémateur de Maïakovski :

*Seigneur, si Tu existes, si Tu as tissé le tapis des étoiles...*

La cellule était plongée dans le silence, elle entendait pour la première fois ce dont se délectaient les enquêteurs à chaque interrogatoire : les sanglots enfantins, irrépressibles de l'inflexible général. Kolbassiev lui serra la main. Nikita lui répondit, murmura « merci ». Il s'arrêta enfin de pleurer, se souleva même un peu, s'appuya le dos au mur. « Voulez-vous que je vous chante du Sydney Bechet ? » demanda le marin-signaleur. Il chanta dans un souffle quelque chose d'épicé, de syncopé, avec de brèves envolées de batterie qu'il traduisait en s'envoyant des claques sur les cuisses. Quelque chose que Nikita trouvait étonnemment familier. « Qu'est-ce que c'est ? — *The yellow bonnet* », répondit Kolbassiev sans s'arrêter de chanter. Mais oui, c'était la petite chanson qu'avait débitée le gramophone toute la soirée, il y a treize ans, était-ce bien ça ? Bien sûr, à l'anniversaire de sa mère, quand Vadim avait emmené son père à l'hôpital Soldatenkov, la nuit de la mort de Frounzé. *Momma, buy me a yellow bonnet*, chantait Kolbassiev en meublant les breaks de claquements de langue et de mains.

Le glorieux marin-signaleur disparaîtra à tout jamais avec cette mélodie, sans laisser de traces, dans le bagne d'une Russie glaireuse, dans un froid qui vous brûle jusqu'à l'os.

Sémione Stroïlo avait récemment eu un bel avancement et une non moins belle promotion, il était devenu enquêteur principal et colonel du NKVD, et avait déménagé dans un imposant bureau du saint des saints, à la Loubianka même, dont le nom inspire la terreur aux ennemis de la révolution dans le monde entier et à tous les salauds du dedans.

Un bureau comme ça ! Haut plafond à décor de stuc avec un superbe lustre d'aristocrates, deux grandes fenêtres découvrant la vue sur la vaste étendue de la place avec sa nouvelle station de métro, jusqu'aux tours du Kremlin qui pointent entre les toits serrés de Kitaï-Gorod ; ces murs-là — des papiers peints bordeaux qui vous laissent sans réplique, des portraits qui n'en attendent aucune, ceux de Lénine, de Dzerjinski, du grand Staline, le tableau de Lévitan : *L'Éternel Repos*[1], allégorie grandiose de l'élévation d'esprit populaire ; à cette table — lourde, couverte d'un drap vert, avec des coins de cuivre, qui a survécu à toutes les tempêtes ; ici, dans ce décor, il ferait bon recevoir des visiteurs, écouter leurs sollicitations, entrer dans leurs considérations, hélas, conditions d'un cruel durcissement de la lutte des classes, à mesure que l'on progresse vers le socialisme, l'on est contraint de se livrer à un travail ingrat, à vérifier l'efficacité des nouvelles méthodes d'enquête, entre autres.

Le colonel Stroïlo frisait la quarantaine, c'était un commandant de la Tchéka de belle stature, sûr de lui, depuis longtemps le tintouin komsomol que nous ont révélé les premiers chapitres de ce roman et les zézaiements et ricanements de papa d'autant plus, s'étaient évanouis. En ce moment, nous le retrouvons près d'une fenêtre avec trois de ses subalternes. Tout au plaisir d'une brève pause dans le travail, ils fument, se racontent des histoires juives, rigolent.

— On vient trouver Abram : « Abram, Abram, ta femme te trompe avec notre comptable. — Quel comptable ? s'écrie furieusement Abram en attrapant un objet très lourd. — Un grand type brun à lunettes. » Abram pousse un soupir de soulagement : « Ah ! ce n'est pas notre comptable à nous ! »

Cependant, sur une chaise au milieu du bureau, il y avait un ennemi du peuple, les lambeaux d'un uniforme pendant à ses épaules et sa poitrine. Un jeune lieutenant s'occupait de lui : il lui saisit le menton et lui renvoya la tête en arrière. Alors, dans son

1. Isaac Lévitan (1861-1900), principalement paysagiste, mais auteur de quelques sujets sociaux dont celui-ci, qui a donné naissance à d'innombrables copies et chromos.

visage meurtri, tuméfié, on put reconnaître le colonel Vouïnovitch. Le lieutenant se pencha tout contre lui et murmura avec une note de souffrance dans la voix :

— Finissons-en avec ton entêtement imbécile, Vouïnovitch ! Avoue, et tu pourras te reposer. Tu ne comprends vraiment pas que nous allons t'écorcher comme un chat ?

— Va te faire voir, petit salaud, articula Vouïnovitch, remuant péniblement la langue et les lèvres.

Une fureur subite anéantit tout signe de compassion sur les traits du lieutenant qui envoya un coup de manchette à son prisonnier. Au bruit que cela fit, Stroïlo se retourna, consulta sa montre. « La pause est terminée, les gars. On se remet au travail. » Il s'assit dans un fauteuil qui répondait au luxe du bureau — avoir une fillette sur les genoux dans un fauteuil comme ça ! — et se plongea dans ses papiers. En même temps qu'il supervisait l'enquête, il fallait qu'il prenne connaissance d'un grand nombre d'affaires classées : avait-on observé toutes les instructions ? disposait-on de toutes les signatures ? la légalité socialiste se devait d'être à la hauteur. Les autres officiers (ce mot, qui passait naguère pour un honteux apanage des Blancs, revenait de plus en plus souvent) rejoignirent Vouïnovitch à pas lents. Quatre costauds entourèrent l'ennemi du peuple à moitié mort. Pourquoi en si grand nombre ? Parce que son dossier, communiqué par la région du Turkestan, portait en note : « Sujet à la violence. »

Un major promena sa cigarette près des yeux de l'accusé et proféra paresseusement :

— Bien, continuons, Vouïnovitch. Allons, allons, ne fais pas la tête, causons. Parle-nous de tes entrevues avec l'attaché militaire français. Qui vous a mis en contact ? Où cela s'est-il passé ? Y a-t-il longtemps qu'ils t'ont recruté ?... Alors, quoi, tu as tout oublié ? Ta mémoire te joue de nouveau des tours ? Quel malheur, nous allons encore devoir la réveiller...

Vadim avait été arrêté au lieu même de stationnement de son unité peu de temps après son retour, de sorte qu'il n'avait pas pu voir dans les journaux l'information selon laquelle on avait découvert et incarcéré un groupe d'ennemis du peuple qui s'étaient infiltrés au commandement de l'Armée d'Extrême-Orient : le maréchal Blucher, le général de division Gradov, et d'autres. Quelques restes de naïveté l'avaient incité à penser qu'on l'avait peut-être arrêté lui-même à juste titre : n'avait-il pas, au cours de ces derniers mois, revu d'anciens camarades de régiment, ne leur avait-il pas parlé presque ouvertement d'une intervention contre le NKVD ? Il n'était pas exclu qu'il eût été dénoncé : les guerriers les plus braves avaient aujourd'hui peur d'un grincement de charrette.

Il pécha même contre Nikita : le silence que le divisionnaire avait opposé à son appel sans ambiguïté était vraiment très lourd. En plus du reste, Nikita avait de bonnes raisons d'en vouloir à son ancien ami, coupable d'avoir insulté son père et convoité sa femme. Certes, Nikita était exceptionnellement probe et fier, et jamais, autrefois, une idée aussi ignoble ne serait venue à l'esprit de Vadim, mais aujourd'hui n'était pas autrefois, aujourd'hui se guidait sur le principe de « Toi aujourd'hui, moi demain ». Qui parle de révolte si un minable bon à rien de la Tchéka peut se présenter en plein jour à l'état-major général et emmener sous les yeux de son effectif au grand complet son chef bien-aimé ?

L'enquête lui révéla aussitôt que le NKVD ne savait rien des récents déplacements qu'il avait effectués pour sonder l'état d'esprit de l'Armée. Ils avaient leur propre, lamentable scénario de son activité criminelle. D'impensables rencontres avec des attachés militaires étrangers, des pourparlers avec les agents des *bassmatch*[1] de l'autre côté de la frontière afghane, dans l'ensemble, la dislocation du Turkestan de la grande famille des peuples et la création sur son territoire d'un émirat de la Garde Blanche. Dans l'esprit de Vadim, il était insensé, maladroit, humiliant de résister à ce délire, mais il ne pouvait pas s'empêcher de le faire. Heureusement qu'ils se fichaient dedans, que ces imbéciles ne s'étaient pas avisés de mener une véritable enquête, mais tout de même, si au moins c'était pour sa cause qu'il avait souffert ce martyre !

À Tachkent, on l'avait battu à l'ancienne. Ils l'entouraient à trois ou quatre, entreprenaient un interrogatoire persifleur et menaçant, ensuite, ils se mettaient à gueuler, puis l'un d'eux, comme excédé de la perfidie et de l'insolence du prisonnier, lui envoyait un coup de pied ou un coup de poing, puis le deuxième, puis le troisième, et enfin, la meute entière se jetait sur lui... Il connaissait ces procédés depuis la guerre civile, et puis, soyons francs, il les avait appliqués lui-même une fois ou deux lorsque, commandant d'une compagnie d'éclaireurs à cheval, il avait ramené des espions blancs. À présent, Vadim, tu éprouvais sur ta propre carcasse ce que tu leur avais infligé.

Les « vingt-deux méthodes d'enquête active », lors de la guerre civile, on ne les avait pas encore inventées : le colonel avait commencé à se familiariser avec elles lorsqu'on l'avait transféré de Tachkent à la Loubianka. Ici aussi, il s'était obstiné. Aujourd'hui survenait apparemment un tournant décisif, ce n'est pas pour rien que l'interrogatoire se déroulait non dans la pièce habituelle, mais dans cet imposant bureau à la grande table duquel était assis un galonné dont la gueule lui disait vaguement quelque chose. Il faut croire qu'ils avaient décidé d'arriver à leurs fins par n'importe quel

1. Éléments contre-révolutionnaires en Asie centrale.

moyen, même le plus bestial, et s'ils ne parvenaient toujours pas à le briser, à lui faire signer leur papier, de l'expédier tout bonnement à la cave. Ses compagnons de cellule lui avaient dit que ceux qui s'entêtaient, on finissait toujours par les abattre et qu'on établissait leur dossier ensuite, selon les besoins de l'heure.

Le plus petit mouvement le mettait à la torture. Il leva la tête et parcourut les quatre enquêteurs des yeux. Deux d'entre eux, le major et le capitaine, il les connaissait déjà d'interrogatoires précédents, c'était sûr, ils se sentaient en quelque sorte ses intimes, un peu comme des parents... sadiques. Les deux autres, des lieutenants, n'étaient apparus qu'aujourd'hui dans son champ visuel. Quant à l'autre, celui de la grande table, le chef, il ne prenait pas directement part à l'action, il était plongé dans des affaires plus importantes, sauf que, de temps à autre, il levait sur lui un regard lourd, tel que dès qu'on l'effleure on comprend que tout est fini.

La première partie de l'interrogatoire s'était déroulée comme à l'ordinaire : répétition des questions idiotes sur les Français et les *bassmatch*, coups sporadiques sur le ventre ou la tête qui vous laissent sonné. Puis les bourreaux avaient décidé de griller une cigarette. À présent, ils abordaient la seconde partie de la « conversation », la plus grave. Le major claqua des doigts, l'un des lieutenants amena une petite table métallique à roulettes qui avait quelque chose de chirurgical, sauf qu'elle n'était sûrement pas stérile. Elle portait les instruments d'enquête. En l'apercevant, Vadim frémit. Il avait déjà goûté à deux ou trois de ces méthodes, mais le plus terrible était encore à venir. Je ne capitulerai pas. Je ne capitulerai pas. Qu'ils me tuent au combat, les fausses couches ! Peut-être que l'un d'eux n'y résistera pas, tirera, peut-être que j'arriverai à m'emparer d'un pistolet, à atteindre une fenêtre, à arracher la grille... Un ouragan traversa sa conscience, l'instant d'après il bondit, envoya promener la table chirurgicale d'un coup de pied, brandit sa chaise au-dessus de sa tête et la fit tournoyer en élevant le hurlement sauvage, insensé, d'un animal aux abois.

Le colonel Stroïlo contemplait la scène avec une grimace. À tout hasard, il avait dégagé l'étui de son revolver. Quelle bête féroce il nous est tombée, quel animal ! Je l'ai déjà vu quelque part, ce — il consulta ses papiers — Vouïnovitch. Ah ! mais dis donc, ne serait-ce pas à la datcha des Gradov, en 1920 ? Un copain de Nikita, je crois bien, alors tout est clair : ils puaient tous les Garde Blanche, dans ce temps-là.

L'un des lieutenants sauta par-derrière sur l'échine de Vadim qui, avant de tomber, trouva le moyen d'abattre sa chaise sur la tronche du major. Au bout du compte, les quatre tchékistes se rendirent maîtres d'un révolté à moitié mort. Leur acharnement ne connut pas de fin. Ils s'escrimèrent de tous leurs membres et firent même entrer leur tête dans la danse.

— Doucement, camarades ! les avertit Stroïlo.

Il comprenait ses collègues et compatissait. Malgré soi, on devient comme des bêtes, dans ce secteur. Qu'y faire ? Par moments, le contact avec cette lie humaine éveille en vous des impulsions paradoxales. Il lui est arrivé récemment à lui-même un incident, à tout prendre peu agréable. Comme aujourd'hui, une autre équipe interrogeait une soi-disant « vieille bolchevik », en réalité une salope juive depuis bien longtemps vendue aux fascistes italiens. Tout a suivi son cours jusqu'au moment où cette ordure sénile a explosé. Elle y est allée de tout un discours : « J'ai été interrogée par les gendarmes du tsar, mais jamais... jamais les gendarmes n'ont levé la main sur une femme ! Jamais les Blancs n'ont fait ce que vous faites... Personne, jamais !... » Soudain, elle s'est ravisée : « Si, la Gestapo ! Agents de la Gestapo ! De la Gestapo ! » Là, il est arrivé quelque chose au colonel Stroïlo, il n'a pas pu garder la tête froide comme l'avait prêché Dzerjinski, son cœur ardent a battu trop fort et il a un peu sali ses mains immaculées. Il a bondi, repoussé les camarades qui entouraient la criminelle, jeté la vieille sur un divan, brusquement relevé sa jupe, dévoilé son derrière, dégrafé son solide et lourd ceinturon à la boucle ornée d'une étoile et s'en est donné à cœur joie sur les fesses flétries, ravagées, de la bique : « Tiens, chienne, voilà pour tes entretiens avec Lénine, voilà, vieille sorcière, pour Marx et Engels, et le programme de Gotha ! » Il s'en est donné comme ça jusqu'à ce que la carne ait même cessé de gueuler et qu'il ait, lui, été pris de convulsions surpuissantes avec éjaculation en fontaine, comme jadis, aux temps immémoriaux de sa jeunesse, cela se produisait parfois avec la fille du professeur ; il en avait même été gêné, après, devant les camarades. En plus de ça, une odeur insupportable s'était répandue dans le bureau, venant de la vieille et du colonel lui-même. Non, ça ne va pas, ça, les amis, nous devons apprendre à nous modérer, quoique tout ça se comprenne, évidemment : nous avons affaire à la lie de l'humanité, les débordements sont inévitables.

Les tchékistes passèrent les menottes à Vouïnovitch et lui lièrent les pieds. Le colonel gisait, la tête renversée, sur le parquet, au-dessus de lui s'étalait *L'Éternel Repos* de Lévitan. Il comprit soudain de la façon la plus aiguë, la plus pénétrante, ce qu'avait tenté de traduire sans succès le peintre avec ses couleurs, ce qu'aucune couleur, aucun mot, ni même aucune musique ne sauraient exprimer. Bouleversé par cette révélation, il oublia ses souffrances, les tchékistes, il oublia tout ce qui faisait sa vie, aussi bien Véronika qu'il n'oubliait même pas lorsqu'il ne pensait pas à elle, la seule chose qu'il souhaita de toute son ardeur, c'est de préserver cette illumination d'un instant, mais elle s'évanouit aussitôt. Les tchékistes déboutonnaient son pantalon, sortaient son arsenal, y adaptaient des tenailles afin de lui appliquer une autre méthode d'enquête active. Ils n'étaient plus que trois. Le quatrième, un jeune lieutenant, vomissait dans un lavabo, dans le coin de la pièce. Stroïlo plaça ses dossiers dans un tiroir et le ferma à clé. Seul restait sur le dessus celui de Vouïnovitch, ouvert sur un feuillet dactylographié portant en bas une ligne isolée : « Je reconnais comme exactes les conclusions de l'enquête. » Il n'y manquait qu'un petit rien, la signature de l'accusé, et c'est pour ce rien que se déroulait tout ce cirque avec ses hurlements, sa lutte, l'odeur acide du repas que le lieutenant n'avait pas encore prédigéré.

En sortant, Stroïlo dit aux officiers : « Poursuivez, camarades, ne vous arrêtez que quand ce salaud aura signé. » En réponse de quoi le major leva sur lui un regard totalement dépourvu d'aménité.

Le colonel avait, ce jour-là, une autre affaire importante à régler : l'inspection du bloc où s'accomplissait l'acte de répression suprême. Il descendit jusqu'à l'un des sous-sols, gagna, par un système de couloirs, une porte que rien ne distinguait des autres, derrière laquelle se trouvait le bloc des exécutions. Bien entendu, les condamnés arrivaient par un autre chemin, cette porte-ci était réservée au personnel. Derrière elle, tout luisait de peinture et de propreté. Dans la salle de garde, deux sergents faisaient une partie de dames. La radio jouait doucement des airs de *Mam'zelle Nitouche*. Le colonel franchit une quinzaine de mètres dans le couloir et se trouva dans le local de production proprement dit. Tout y était traité au niveau supérieur. Voici la vaste salle d'attente des condamnés. De là, ils seront dirigés un par un vers la cellule des exécutions et placés face au mur, la nuque vers le tireur qui se trouve dans une cabine isolée. Cela a quelque chose d'un processus médical, d'une radioscopie. Derrière une vitre se tient un assistant qui actionne le démarreur d'un moteur de voiture destiné à couvrir le bruit des coups de feu et autres sons superflus, en particulier les cris de propagande que certains ennemis du peuple n'hésitent pas à lancer même à leur dernière heure. Les produits des travaux, c'est-à-dire les corps, seront déposés dans la salle des transports à basse température, où ils seront emmagasinés jusqu'à l'arrivée d'un véhicule *ad hoc*. Celui-ci se placera en marche arrière vers la fenêtre d'une cour intérieure, par laquelle les corps glisseront au moyen d'un plan incliné, tout droit dans le fourgon.

Quand il eut inspecté tous ces locaux et installations, le colonel Stroïlo se déclara satisfait, car même ici, il convient de se conformer aux normes humanitaires de son époque.

Il avait déjà quitté le bloc des exécutions remis à neuf lorsqu'on y amena la première fournée de clients, une douzaine d'hommes ramassés dans diverses prisons de Moscou. Notre vieille connaissance, le malicieux Michanine, se trouvait parmi eux. Jusqu'au dernier moment, il n'avait pas compris la gravité de son aventure. « Ils sont chouettes, les bains, les gars ! disait-il encore dans la salle d'attente, pour se donner du cœur au ventre. Faut se déshabiller ? — Défense de bouger ! » brailla l'homme d'escorte. L'officier de service arriva. Les sergents abandonnèrent leur partie de dames et s'en furent s'occuper du boulot.

## CHAPITRE DIX-HUIT

# *Je vous conseille de ne pas pleurer*

L'été des bonnes femmes triomphait au Bois d'Argent. Ciel heureux, d'un bleu profond, au-dessus des feuillus dorés, pourpres, ocre, au-dessus des résineux qui semblaient avoir retrouvé une nouvelle jeunesse. Une brise légère passait sur les bosquets comme pour vous tranquilliser : tout est en ordre, tout est parfait, quelques feuilles ont été arrachées, mais c'est seulement dans un dessein esthétique, seulement pour que leur danse apporte une harmonie complémentaire au tableau général. Quelques toiles d'araignée se balancent doucement, entre lesquelles volettent sans but, eux aussi au nom de l'harmonie, des papillons frais éclos des cocons dont ils viennent de s'évader. Beauté des choses précaires.

— À moins que ce ne soit le contraire, songea Léonid Valentinovitch Poulkovo à voix haute.

— À quoi penses-tu, Lio ? lui demanda Boris Nikitovitch Gradov.

— À la beauté, proféra le physicien. La beauté est-elle durable ?

— Cette question, il faut l'adresser à notre poétesse, dit Gradov avec un sourire vite effacé, car il venait de se rappeler que, de ses trois enfants, deux étaient en prison et seule sa fille était libre, seule Nina à qui il recommandait à Poulkovo d'adresser sa question sur la beauté.

Les deux vieux amis — cette fois pas seulement au sens de leur longue amitié, mais à celui de deux vieux hommes, passé la soixantaine — se tenaient sur la berge haute de la Moskova. Un petit remorqueur tirait une péniche chargée de tonneaux. Très haut dans le ciel, chimériques, comme aveugles, deux planeurs aux larges ailes les surplombaient.

— Quand on pense qu'ils planent comme ça, sans moteur... — Poulkovo les regardait, la main en visière au-dessus des yeux. — Tu as remarqué que la jeunesse d'aujourd'hui souffre d'une sorte de folie pour l'air. Planeurs, aérostats, parachutes... Où prennent-ils ce courage ?

— Le courage a déménagé au ciel, remarqua Gradov, sur terre, il n'y en a plus trace.

— Peut-être que le vieux courage a fait son temps et qu'il en est né un nouveau que nous ignorons ? émit le physicien.

— S'il en est ainsi, c'est que la lâcheté, elle aussi, a subi une métamorphose radicale, dit le chirurgien.

Ils rirent sans gaieté.

— Nous philosophons beaucoup, aujourd'hui. — Gradov tourna le dos à la rivière. — Allons, en route !

La lisière du bois était depuis longtemps le lieu favori des pique-niqueurs. On voyait ici et là les reliefs des festins du dimanche : bouteilles vides de porto, de vodka, de bière, boîtes de conserve, coquilles d'œuf, papiers de chocolat, et même écorces d'oranges d'Espagne ; la famine avait pris fin d'un coup, les magasins offraient chaque année un peu plus de ce que, selon la vieille habitude des années de disette, on appelait encore « la bouffe ». Sur l'herbe et dans les buissons on voyait des morceaux de journaux, leurs lettres éparses ne se rassemblaient qu'ici et là pour former un texte intelligible, presque toujours effrayant : « Honte aux traî... », « ... les sales pat... », « Verdict du peu... ».

— La pollution, dit Poulkovo. Un jour, cela deviendra un problème colossal.

— Ce l'est déjà au Bois d'Argent, grommela Gradov.

Ils avançaient à grands pas sur le sentier qui longeait les datcha. Comme au bon vieux temps, ils prenaient de l'exercice avant déjeuner, avec une énergie qui frisait la fatigue. « Dans le fond, il y a des problèmes encore plus colossaux. » Gradov jeta un coup d'œil par-dessus son épaule : personne. Alors, du bout de sa canne, il désigna l'une des datcha dont les vitres paisibles reflétaient le ciel bleu et les pins, et aussi le sillage des écureuils qui pullulaient dans le secteur.

— Tu vois cette datcha, Lio ? Tu te souviens d'un certain Volkov, du Commissariat du peuple à l'Industrie lourde ? Il a été arrêté la semaine dernière, la maison mise sous scellés, on suppose qu'elle va être confisquée. Et celle-ci, la troisième du rang, elle était occupée par Iartchenko, tu t'en souviens nettement, c'était un haut responsable du Commissariat du peuple aux Finances, certes parvenu à coups de piston, mais spécialiste très appréciable, il nous rendait souvent visite. Aussitôt après son arrestation, on a flanqué sa famille dehors et condamné portes et fenêtres. Et là-bas, dans le fond, celle de Trifonov, un membre éminent du Parti, leur petit Ioura[1] a souvent joué au tennis et au foot avec Mitia... Chaque nuit, on passe le Bois d'Argent au peigne fin. J'ai comme une idée que mon tour approche. Que puis-je attendre d'autre, si mes garçons sont sous les verrous ?

Il avait articulé les deux dernières phrases avec une légèreté qui

1. Iouri Trifonov (1925-1981) deviendra un romancier à la pensée riche, très apprécié en Occident comme dans son propre pays.

ne laissait aucun doute : Boris Nikitovitch ne pensait plus à rien d'autre qu'à son arrestation. Et qui n'y pense pas, à part moi ? se dit Poulkovo. Seulement moi, il m'arrive quelque chose de bizarre, je n'y pense jamais en ce qui me concerne, comme si je ne risquais pas d'être pris quand on voudra, et d'autant plus avec mon bagage de 1920, la perquisition, la visite à la Loubianka... On ne saurait appeler cela du fatalisme, les fatalistes ne font que penser au *fatum*, moi, je n'ai que le quotidien en tête, que mes expériences, rapports, projets de voyage, plans *principaux*, comme si rien n'y faisait, ne pouvait y faire obstacle. Je mène avec moi-même un jeu étrange, et peut-être même indigne.

Des brindilles sèches craquaient sous ses pieds, alternant avec de souples tapis d'aiguilles. Encore et encore, des écureuils traversaient le chemin. Un gros mâle était assis sur une branche au-dessus de la datcha des Iartchenko. « Mister Squirrel », le baptisa Poulkovo. Quand il l'eût dépassé, il se retourna. « Mister Squirrel » tenait sa pomme de pin dans une pose classique et rappelait Lénine plongé dans la lecture de la *Pravda*. Le savant s'aperçut que son compagnon regardait aussi le petit animal. « Voyez-moi ça ! » marmonna-t-il. Ils s'entre-regardèrent et se mirent à rire.

— Écoute, Bo, essaie de ne pas penser aux arrestations, dit Poulkovo.

— Bon Dieu ! j'ai parfois l'impression qu'ils prennent les gens au hasard, sans système. On ne peut rien prévoir à l'avance. C'est comme un essaim de balles perdues. Il n'est pas du tout obligatoire que l'une d'elles m'atteigne. Que j'essaie de penser à autre chose ? Ce ne sont pas les sujets de préoccupation qui me manquent. Quant aux arrestations, je ne songe qu'à mes garçons, comment leur venir en aide, aux voisins, à tous sauf à moi-même. Tu saisis ? Je ne sais pas pourquoi, je n'y arrive pas. — Tout en parlant, Gradov regardait pensivement à terre, puis tranquillement, sans le moindre effort, il articula : — Tu crois peut-être que je recommence à avoir la frousse ? Comme en 1925 ? Non, aujourd'hui, ce n'est pas cela.

Poulkovo jeta un coup d'œil par-dessus son épaule. Il n'y avait personne, sauf le gros écureuil tout à son affaire :

— Bon, à part tout le reste, nos dirigeants vieillissent, ils ont besoin de médecins, or, tu as la réputation que tu mérites, celle d'un très grand chirurgien et, en général, celle d'un guérisseur, d'un faiseur de miracles. Ils ont tout bonnement besoin de toi.

Gradov haussa les épaules :

— Ce n'est pas une garantie. Le professeur Pletniov aussi, ils le considéraient comme un guérisseur et un faiseur de miracles, ça ne les a pas empêchés de dire qu'il avait empoisonné Gorki. Ma position de médecin du Kremlin n'a été d'aucun secours à mes garçons. Tu sais, Lio, il se passe là-haut quelque chose de monstrueux, une aberration critique, une leucémie maligne... Il y a deux jours, Alexandre Nicolaïevitch, tu vois de qui je veux parler, m'a raconté une histoire sinistre. À vrai dire, il ne me l'aurait jamais racontée sans la carafe à liqueur d'Agacha qu'à nous deux nous avons rectifiée. À un moment, il a fondu en larmes et il a vidé son sac. Tu te souviens de la mort subite d'Ordjonikidzé [1] ? Quand c'est arrivé, on a convoqué Alexandre Nicolaïevitch pour lui faire signer le protocole. Il a examiné le corps avec six autres sommités de la médecine, vraiment d'excellents médecins quelle que soit l'opinion que l'on ait de chacun d'eux en particulier ; ils ont tous vu, de leurs propres yeux vu, une blessure par balle dans sa tempe, ils ont tous signé une conclusion selon laquelle la mort était due à un infarctus du myocarde. C'est-à-dire que, sans un mot de protestation, ils ont fait ce que l'on exigeait d'eux. Il n'a surgi aucune question complémentaire. Après quoi, on les a ramenés chacun chez soi, non sans les avertir que l'affaire constituait un secret d'État de la plus extrême gravité. À présent, permets-moi de te demander ce que c'est : un secret d'État ou... — Il arrêta son ami et lui chuchota tout contre l'oreille : — Celui d'une bande de criminels ?

Poulkovo en eut la chair de poule.

— Comment as-tu fait pour y couper, Bo ? J'avoue que j'ai été surpris de ne pas trouver ton nom parmi ceux de cet aréopage.

Gradov baissa la tête, croisa les mains derrière le dos et repartit :

— Je vois ce que tu veux dire. C'est comme ça, en 1925, je n'y ai pas coupé, cette fois, j'y ai coupé. À vrai dire, c'est Mary qui m'a sauvé. Elle a tiré les stores, fermé mon cabinet à triple tour et affirmé à tout le monde, que ce soit au téléphone ou de vive voix : Boris Nikitovitch est absent, il est à Léningrad ou à Mourmansk, on ne sait pas au juste. Évidemment, si j'avais pris part au concile, j'aurais signé comme les autres, il n'y a aucun doute, mais... mais ce n'est pas de cela que je veux parler, Lio, pas de nous, faibles pécheurs que nous sommes... D'ailleurs, à quoi bon... personne n'y peut rien.

Ils poursuivirent leur route quelque temps en silence. À travers les voiles tansparents de l'été des bonnes femmes, un courant d'air glacial, de véritable vent, souffla soudain. Il fit voler les petits débris du sentier et ébouriffa la végétation légère du crâne des deux amis.

— Ah, Bo, mon cher Bo ! s'exclama soudain Poulkovo. — Et Gradov en trébucha un peu d'étonnement : cette sorte d'épithète n'avait jamais été de mise au cours de leur demi-siècle d'amitié pudique. Léonid Valentinovitch se rendit bien vite compte qu'il avait dérogé à leur style, changea gauchement de pied et adopta un

1. Disciple de Lénine, Grigori Ordjonikidzé (1886-1937) fut président du Comité Central.

ton d'insouciance quasi puérile. Cela n'avait pas l'air très naturel, mais enfin, il se sortit peu à peu de sa gaffe sentimentale. — Tu sais, je t'ai toujours envié d'être médecin, d'être aussi vachement... — oui, il employa même ce vieux mot de collégien —, aussi vachement à ton affaire, une affaire vraiment utile, pratique, tandis que moi, je m'enlise dans d'interminables expériences abstraites.

— Et à présent, tu ne m'envies plus ?

— À présent, je voudrais que tu sois physicien, et à mon Institut.

— Pourquoi cela ?

— Parce qu'il me semble parfois qu'au sein de la peste actuelle, ma science offre une étrange garantie tout de même. Tu te rappelles ce que nous nous sommes dit avec Menjinski, il y a dix ans ? Eh bien, la question de l'arme absolue les préoccupe cent fois plus. Le reste, qu'on en pense ce qu'on voudra, mais leur espionnage, ils l'ont campé sur un vaste pied.

— Qui ça, « ils » ?

— « Nous », rectifia Poulkovo en poursuivant : Et nos services d'espionnage nous rapportent de plus en plus d'information sur la recherche atomique en Grande-Bretagne, en Allemagne et aux États-Unis. Ils ont terriblement peur de se trouver à la traîne de l'Occident. À mon avis, il n'y a pour l'instant rien à craindre : pour produire l'arme atomique, il faut maîtriser la réaction en chaîne de la fission, pour cela, il faut rassembler une quantité colossale de composantes, il faut disposer de cette chose fantastique qu'est l'eau lourde, bref, on pourrait en parler des heures durant, mais si, en Occident, la recherche débouche sur un tournant décisif, ce qui n'est pas exclu, parce que l'Occident possède des génies de la physique comme Einstein, comme Bohr, ou encore ce jeune gars américain, Bob Oppenheimer, alors, l'URSS pourrait se trouver désarmée et ne plus pouvoir rien faire d'autre que capituler.

— C'est terrible ! s'écria Gradov. Que dis-tu là, Lio ? Quelle horreur !

Poulkovo coula un étrange regard à son ami horrifié à l'idée que l'URSS pourrait capituler, puis poursuivit d'un air détaché :

— Tout ça, c'est de la théorie, tu le comprends bien. Qui capitule devant qui ?... Le diable lui-même perdrait son latin devant la situation politique actuelle. Ce que je voulais dire surtout, c'est que nous autres, physiciens atomistes, nous sommes l'objet de fantastiques « soins paternels » du Parti. On a quintuplé notre traitement, on nous comble de privilèges. On vient nous rendre visite du Comité Central, du NKVD, on se balade dans nos laboratoires, on nous susurre : « Travaillez en paix, camarades », c'est tout juste si on ne nous gratte pas derrière l'oreille. « Si vous avez une demande, un souhait à formuler, faites-le sans attendre... » On m'a même accordé un ordre de mission de deux mois pour Cambridge.

Là, Gradov trébucha pour de bon, car il avait eu un éblouissement.

— À Cambridge, Lio ? Tu veux dire que tu pars pour l'étranger ? En Angleterre ?

Poulkovo lui saisit vigoureusement le coude :

— Oui, je m'en vais dans deux jours, c'est la chose la plus importante que j'avais à te dire aujourd'hui. Je n'arrive pas à me le figurer, j'ai honte de partir à un moment aussi affreux, mais cela faisait douze ans que je n'osais pas en rêver. Les voir tous les deux !

— Tous les deux ? — Pris de stupeur, Gradov avançait à peine. — Qui ça, « tous les deux » ?

Ils s'assirent sur des piles de bois prêtes pour l'expédition et Lio confia à Bo son grand secret. Lorsqu'il était à Cambridge en 1925, il avait eu une aventure avec une jeune Allemande du nom de Claudia, une assistante de Rutherford. Une jeune fille étonnante, d'un niveau scientifique égal à celui de Marie Curie, d'un physique qui ne le cédait en rien à celui de Mary Pickford.

— Elle avait alors vingt-cinq ans, et le vieux pécheur que je suis, comme tu le sais évidemment, mon vertueux conscrit et père de famille, avait déjà atteint le demi-siècle. Dans toute ma vie, je n'ai rien connu de plus beau que cette aventure. La différence d'âge lui donnait une tournure qui nous rendait fous tous les deux. Nous sommes allés à Paris et y avons vécu dans un petit hôtel à bon marché du Quartier latin. Nous buvions, nous dansions, c'était merveilleux. Nous communiquions grâce à un mélange de charabias, une « profanation lexicologique », comme elle disait, mais le résultat était superbe. Après, à l'automne, nous sommes allés à Brighton, nous nous sommes baladés des heures durant sur des plages désertes, nous avons tracé des formules sur le sable... Ah ! Que veux-tu que je te dise... ?

Il est parti, la tristesse au cœur, et s'est employé à l'oublier, imaginant qu'elle l'oubliait aussi avec la même tristesse. Mais il lui avait laissé un souvenir pondérable, et même de plus en plus pesant. En 1926, elle mit un petit garçon au monde. Il l'apprit par hasard par un ami commun qui ignorait d'ailleurs tout de leur histoire. Il écrivit à Claudia (tu te souviens, dans ce temps-là, on pouvait encore correspondre avec l'étranger) et lui demanda, à mots couverts, bien sûr, indirectement, s'il ne devait pas se considérer comme le père de l'enfant. Elle lui répondit que si, mais que cela ne l'obligeait en rien, il n'avait pas à s'inquiéter, elle élèverait Alexandre (si je comprends bien, elle avait choisi exprès ce nom international) avec l'aide de ses parents. Une femme d'une étonnante délicatesse, d'une étonnante dignité.

En 1927, ils échangèrent quelques lettres, il songea à demander une seconde mission en Angleterre, mais c'est alors qu'on commença à le filer. Ce qu'il craignit le plus, c'est qu'à la Guépéou il fût question de sa bien-aimée et de son fils.

— On ne pouvait pas encore m'accuser de relations avec une étrangère, c'était encore la NEP, tout de même, mais le seul fait qu'on évoquât leur nom dans cette institution me terrifiait. Je m'aperçus que les tchékistes ignoraient tout, sinon Menjinski n'aurait pas laissé passer l'occasion de me faire un peu de chantage. Ils ne savent toujours rien, c'est évident. Auraient-ils donné le feu vert à ce voyage s'ils avaient su que j'ai une famille en Angleterre ? Personne au monde n'en savait rien jusqu'à présent. Désormais, toi, tu le sais, Bo. Dès 1927, je lui avais envoyé une dernière lettre où je lui donnais à entendre qu'il fallait mettre un terme à notre correspondance. La connaissant comme je la connaissais, j'imaginais qu'elle suivait la situation en Russie et comprenait vers quoi nous allions. C'est ainsi que toutes ces années ont passé. Parfois arrivait un de nos amis communs qui jouit ici de la réputation d'un étranger progressiste et qui est non seulement notre ami à nous, mais celui de l'URSS tout entière. Il me transmettait son bon souvenir. Il m'a appris que les parents de Claudia avaient émigré d'Allemagne (ils ont des juifs dans leur généalogie) et qu'ils vivaient ensemble dans la banlieue londonienne, somme toute que l'enfance d'Alexandre se déroulait en famille, parmi des gens qui l'aiment. L'année dernière, cet ami m'a apporté une revue contenant le texte d'un exposé fait par Claudia à un séminaire sur les particules élémentaires, mais le principal n'était pas son exposé, c'était... tiens, Bo, regarde...

Au comble de l'émotion, Poulkovo sortit de la poche de son imperméable un tiré à part de revue scientifique où figurait, au milieu d'un texte serré de formules et de diagrammes, une petite photographie : *Un groupe de participants au séminaire dans la villa de Grace Fonteyn*. Une dizaine de scientifiques étaient installés dans des fauteuils en rotin sur un gazon typiquement anglais. Parmi eux, il y avait une femme. Boris Nikitovitch ne lui trouva aucune ressemblance avec Mary Pickford, mais paradoxalement, avec sa Mary à lui dans son jeune temps. Le plus sensationnel, c'est qu'à l'arrière-plan on distinguait un garçonnet d'une dizaine d'années et même un ballon de football qu'il bloquait du pied.

— C'est lui, murmura Léonid Valentinovitch, suffoquant presque. Je suis sûr que c'est Alexandre. Il a le même âge que Boris IV. Bien sûr, elle m'a envoyé cette revue pour que je voie mon fils. Tu vois ce gamin, Bo ? La raie de côté, le nez rond, toute la silhouette... Qu'est-ce que tu dis de ça ?

— C'est vrai qu'il te ressemble. — Gradov venait de dire ce que l'autre avait une si folle envie d'entendre. Le vieux physicien rayonna. Même dans les romantiques années de leur vie d'étudiants, Gradov n'avait jamais vu son ami dans un tel tourbillon d'émotions. Il était bouleversé. Ce Poulkovo, on en attend toujours des surprises, mais ça, alors ! Aller fonder une famille en Angleterre, vous vous rendez compte ! — Tu sais, j'ai une excellente loupe dans mon cabinet. Nous allons l'examiner, ton Alexandre.

Ils se levèrent. Marchèrent quelque temps en silence. Déjà l'on apercevait le toit et la mansarde de la datcha des Gradov. C'est alors que Boris Nikitovitch s'arrêta et dit, sans regarder Poulkovo :

— Si je comprends bien, nous ne nous reverrons plus jamais... dans cette vie en tout cas. Alors, j'ai quelque chose à te dire, peut-être la chose la plus grave de toute mon existence. Nous n'avons jamais parlé clairement des événements de 1925, de l'opération de Frounzé. Alors, voilà : en dépit de tout, je suis resté, je reste encore un médecin honnête. Tu comprends ? Le même médecin que furent mon père et mon grand-père...

À ces mots, l'impeccable, le réservé, le raffiné professeur de physique le serra brusquement dans ses bras et éclata en sanglots. Il bafouillait :

— Bo, mon cher ami... mon unique ami... mon plus proche ami...

Trop friande du pronom personnel « nous », l'intelligentsia soviétique s'est souvent retrouvée dans une impasse. On ne peut tout de même pas dire : « nous procédons à des purges » si l'on est soi-même purgé, « nous luttons contre les ci-dénommés "ennemis du peuple" » si l'on est soi-même un ci-dénommé. Depuis quelques jours, Boris Nikitovitch s'était quelque peu coincé dans l'emploi du « nous-eux ». Il se considérait à juste titre comme un homme de l'ancien régime et, parlant du pouvoir, employait d'ordinaire le pronom « ils », pourtant quand Poulkovo avait dit : « ... qu'on en pense ce qu'on voudra, mais leur espionnage... », quelque chose l'avait égratigné... Une pure confusion logique, à qui « leur » se rapportait-il ? À l'Occident ou à l'URSS ? Ah, ce n'est pas une simple affaire de logique, tu t'identifies à présent avec cet État. Déjà tu reflètes leur sidérant totalitarisme. Tu grommelles, tu t'enflammes même de colère contre « nous » et non plus contre « eux ». Permettez, quand je dis « nous », je ne pense pas au régime ni même à l'État, mais à la société, à la Russie, à la fin des fins ! Tout de même, rappelle tes souvenirs, aurais-tu parlé ainsi sous l'ancien régime, sous ce « libéral pourri de Nicolas Romanov » ? Tu « les » avais toujours tenus à part, le tsar, sa police politique, ses fonctionnaires. Tandis qu'ici, avoue-le, quand tu dis « nous », tu y inclus inconsciemment tout, et peut-être en premier lieu Staline, le Bureau Politique et la Tchéka, bien que tu ne puisses pas les souffrir.

Consterné, il songea : Voyons, comment puis-je dire « nous » en y incluant ceux qui ont arrêté mes garçons ? Il imaginait avec horreur ses fils dans la prison de la Tchéka. Le bruit court en ville qu'on y recourt à d'abominables tortures. Non, ça c'est trop, c'est impossible chez nous... chez « nous »...

Lui, il était prêt depuis longtemps. Il avait fait, en cachette de Mary, sa valise « pour le départ » (un rechange de linge, un chandail, des objets de toilette) et l'avait dissimulée derrière l'*Encyclopédie médicale* dans son cabinet. Il y avait déjà eu une série d'arrestations à l'Institut de Médecine où il avait sa chaire. Pour le moment, on arrêtait les assistants. Il en allait de même à l'Académie de Médecine militaire. Les titulaires étaient encore en place, mais s'attendaient à ce que ce soit bientôt leur tour.

— Vous attendez, mon petit père ? lui avait récemment demandé le vieux Lang. En ce qui me concerne, je cherche seulement à deviner où je partirai d'abord : à la Loubianka ou vers des régions plus lointaines auxquelles ils n'auront pas accès.

Le plus pénible était de voir Mary. Elle avait vieilli de dix ans en quelques mois, oublié ses fières attitudes, ses sorties orageuses, le staccato des émotions, depuis longtemps, elle ne touchait plus à son piano. On voyait qu'à chaque heure, chaque minute, elle pensait à Nikita, à Kirill, à ses petits-enfants, à son foyer qui s'en allait en miettes, ce foyer dont elle avait été si fière. Un reflet de détermination passait parfois sur son visage, vite remplacé par celui de la faiblesse, de l'innocence, que Boris Nikitovitch aimait tant.

La maison était plongée dans l'engourdissement. Même le vieux — bien que toujours puissant — Pythagore suivait plus rarement les gamins au jardin, préférait demeurer près de Mary ou au moins à la cuisine près d'Agacha. Celle-ci ne pétrissait plus la pâte de ses irrésistibles *pirojki* qui s'attiraient jadis toutes les faveurs, et même les pots de confitures et de salaisons, elle les mettait en route sans son ardeur de jadis. Slabopétoukhovski qui, entre-temps avait épousé la fille d'un chef de la Milice et même en avait eu des enfants, n'avait pas pour autant renoncé à son amitié avec Agacha et à son verre à facettes. Mais souvent il arrivait la mine sombre, s'attardait à la cuisine et confiait à son amie que « dans les hautes sphères » on disait de vilaines choses de la datcha des Gradov, qu'on tirait des plans pour en disposer dans un proche avenir.

— Qu'est-ce que tu nous conseilles, Slabopétoukhovski, qu'est-ce que tu nous conseilles ? demandait Agacha au désespoir.

— Il n'y a rien à conseiller. Les informations que je leur donne ne leur font plus aucun effet, répondait-il d'un air sinistre. Allez à l'église et mettez-y un cierge, voilà mon conseil.

Véronika était restée quelques semaines à moitié prostrée,

puis, peu à peu, elle était revenue à elle. Tous les deux jours, elle allait demander des nouvelles de son mari à la Loubianka. Chaque fois, c'était la même réponse : « L'enquête suit son cours. Colis et visites interdits. » La queue à ces guichets derrière lesquels trônaient les robots du NKVD était insupportable. Des robots de large carrure, au visage couleur de savon, au sexe indéterminé. On ne savait jamais s'ils avaient des renseignements précis ou s'ils vous balançaient ça comme ça. Les sourires n'avaient aucune prise sur eux, à croire que c'étaient tous des eunuques.

Pour ce qui est des couches plus larges de la population masculine de Moscou, elles ne demeuraient, comme par le passé, pas indifférentes aux apparitions de Véronika. Certains de ses représentants en frémissaient comme s'ils voyaient approcher l'incarnation de leur rêve. Et puis, si tragique que fût la situation, Véronika jouissait encore du plaisir d'être dans sa chère capitale. Faire un tour au Pont-aux-Maréchaux, aux lignes Pétrovski, « faire son numéro », il y avait toujours eu « quelque chose là-dedans », aujourd'hui encore, ce quelque chose subsistait. Nikita l'avait toujours et parfaitement compris, n'avait jamais laissé passer une occasion d'emmener son épouse chérie en mission à Moscou. Si quelqu'un était persuadé qu'elle n'était pas la femme des commerces faciles et que, si elle se permettait parfois quelque coquetterie avec les hommes de son milieu, elle ne consentirait jamais à des voltiges de bas étage, c'était bien lui. Les hommes de son milieu, elle les dépistait sans erreur aujourd'hui encore dans la foule moscovite et permettait même à certains d'entre eux de l'approcher. Hélas, dès qu'ils apprenaient qu'elle était la femme du fameux général Gradov, ils disparaissaient comme par enchantement. Un jour, le célèbre, l'intrépide pilote Valéri Tchkalov lui-même lui avait proposé de la reconduire en voiture jusqu'au Bois d'Argent ; cependant, ayant appris qui elle était, il avait pris un air honteusement affairé, s'était dit pressé d'aller on ne sait où, et l'avait installée dans un tramway. Il en allait de même au tennis. Dès qu'elle se montrait, tous ses anciens partenaires se découvraient des affaires terriblement urgentes.

Les hommes de ce pays dégénèrent, il n'y aura plus personne pour faire la guerre.

Mais peut-être était-il vraiment risqué d'échanger quelques balles avec elle au tennis du Bois d'Argent ? Tenez, par exemple, Morkoviev, membre du Collège de Droit international, s'est payé d'audace, a eu l'élégance de perdre un set contre elle, eh bien, le lendemain, il avait disparu. Tout de même, un certain nombre de ses partenaires étaient partis pour des lieux pas si lointains sans qu'elle y fût pour rien.

Et alors ? Quand ils auront arrêté tous les hommes honnêtes et braves, qui luttera contre l'impérialisme ?

Véronika consacrait plus de temps à ses enfants, à la petite Véra surtout, la plus tendre des créatures du bon Dieu, dessinatrice infatigable et herborisatrice. Avec Boris IV, c'était plus difficile, car ce temps, il ne le lui accordait pas, après la classe, il s'attardait toujours à l'école dans des cercles de modèles réduits d'avions, ou bien allait au stade en compagnie de Mitia.

À l'école, il avait d'abord eu des ennuis. Un jour, le prof de math, une affreuse bonne femme, l'avait enguirlandé devant toute la classe, comme quoi ses devoirs étaient mal faits, il avait copié son problème sur son voisin, et soudain, elle avait clamé, l'index vengeur, pointé sur ce gamin de onze ans : « À présent, c'est clair : tel père, tel fils ! Le fruit ne tombe pas loin de l'arbre ! »

Boris était rentré suffoquant de larmes de colère. Véronika avait bondi à l'école pour y reprendre son dossier. Cependant, le directeur l'avait convaincue de n'en rien faire : Boris est aimé de tout le monde, c'est un très bon joueur de football, oublions ce regrettable incident, notre collaboratrice a fait du zèle, le camarade Staline lui-même n'a-t-il pas dit : « Le fils ne répond pas du père » ? Transférons plutôt Boris dans une classe parallèle. Pour la première fois, Véronika avait lu dans les yeux d'un étranger une sympathie à peine voilée. Elle avait eu du mal à contenir ses larmes.

Bref, Boris continua à fréquenter la classe de sixième à l'école de la chaussée de Khorochévo où allait en troisième son meilleur ami et cousin d'adoption, Mitia ex-Sapounov qui, dans le clan des Gradov, avait presque oublié son patronyme primitif. Malgré leur différence d'âge, les deux petits étaient inséparables, ensemble aux modèles réduits, aux échecs, ensemble à vélo, ensemble au tennis, à attendre le coucher du soleil où les grandes personnes s'en iraient et où ils trouveraient le temps d'échanger une maigre dizaine de balles presque invisibles. « Les joueurs du crépuscule » les avait baptisés, ironiquement (et lui aussi, par la même occasion), leur ami et ex-voisin, Iouri Trifonov.

« Attends un peu, quand on sera grands, on leur fera voir, les salauds », avait dit Mitia, un beau jour, coupant court à un gambit de Capablanca. Boris IV en avait conçu quelque dépit : il croyait qu'il était en train de gagner, or, c'est tout simplement que Mitia pensait à autre chose. « À qui ? — Aux communistes et aux tchékistes, avait répondu Mitia d'un ton ferme. Ceux qui ont fait tout ce mal à nos paternels. Pouah ! Si je les déteste ! — Et Staline ? avait demandé Boris à mi-voix. Staline n'a rien à voir, il ne sait rien de ce qu'ils font, avait tranché Mitia. C'est un grand chef, le maître du monde entier, tu comprends ? Il ne peut pas tout savoir. On le trompe. »

Leur école participa au défilé du 7 novembre, ensemble, dans les rangs du cercle de modélisme, ils portèrent leurs maquettes au-dessus de leur tête. À mesure qu'ils approchaient de la place Rouge, les deux gamins furent saisis d'une émotion croissante, presque sidérante, et lorsque apparut le Mausolée et sur son toit la tache très distincte de Staline vêtu de sa capote gris clair, un incroyable sentiment de triomphe, de joie, un bonheur sans bornes s'empara d'eux et les fondit dans la foule innombrable et jubilante. Il est là, à sa place, au point le plus important du pays, donc tout ira bien, leurs pères reviendront et la justice sera rétablie. Qu'il m'ordonne de mourir sur-le-champ, se dit Boris IV, je n'hésiterais pas : sus à des mitrailleuses, sus à des barbelés, sus à un cuirassé fasciste à coups de torpille. Mitia, l'engeance de koulak de naguère, était en proie à quelque chose d'analogue. « Attends, attends, Boris, murmurait-il, quand on sera grands, on lui montrera, à Staline, qui est son vrai ami et son vrai ennemi. »

Depuis longtemps, Mitia se considérait comme un membre indissociable de la famille Gradov et, au fond du cœur, il estimait que sa mère était Mary Vakhtangovna et non sa mère « légitime » si l'on peut dire, la fantasque, la négligente Tsilia. Après l'arrestation de Kirill, celle-ci s'était soudainement laissée aller, elle ne se coiffait plus, ne lavait plus ses chemises, dégageait par moments une odeur rance, repoussante, l'odeur du malheur, d'un chagrin inépuisable, de la déchéance. Chaque fois qu'il se retrouvait « chez lui », Mitia souffrait le martyre. Chez lui, c'est-à-dire dans la petite chambre, le trou communautaire qu'ils occupaient au quatrième étage de la Maison du peuple de la Solianka, où cette femme passait des heures à ses livres sans articuler un mot, puis se mettait à sangloter doucement, à couiner en dédiant un regard aveugle à son cher buste de Karl Marx posé contre le mur sous une carte du monde, sa tête bouclée soutenant la calotte glaciaire de l'Antarctique. Et tout à coup, elle bondissait : « Pourquoi veux-tu aller là-bas ? Tu es mon fils, tu dois rester avec moi. Tu veux manger ? Tu veux que je te fasse une soupe ? » Elle se précipitait à la cuisine commune, allumait un réchaud à pétrole, cassait les allumettes, actionnait maladroitement la pompe, n'arrivait à rien, se brûlait. Les voisins accueillaient avec des rires grossiers les grimaces de la « juive ». Mitia la suppliait : « La soupe, ce n'est pas la peine. Donne-moi plutôt de quoi m'acheter un petit pain et du saucisson d'abats. » Les soupes de Tsilia étaient le chef-d'œuvre de l'absurde. Naoum, son père, disait en haussant les épaules : « Notre Tsilia a un grand garçon ? C'est le paradoxe du siècle. » Finalement, Mary arrivait, seule ou avec grand-père Bo, et Mitia regagnait ses pénates, la grande maison au-dessus de laquelle, la nuit, se balançaient et gémissaient les branches des pins, où errait le cher ami Pythagore, où, le matin, montait une si joyeuse odeur de gâteaux au fromage blanc et, enfin, où se trouvait Boris IV, venu au monde, comme l'on disait ici, pour renouveler la dynastie.

Il semble bien que c'est justement Mitia qui, le premier, vit arriver la « M » aux rideaux hermétiquement tirés sur les vitres de côté. Il ne savait pas lui-même ce qui l'avait réveillé au milieu de la nuit. Le vent était déchaîné, les arbres craquaient, il est peu probable que le bruit du moteur ait percé leur tumulte. Il jeta un coup d'œil par la fenêtre et vit le noir carrosse s'arrêter juste devant le portail dans la tache de lumière oscillante du réverbère.

Dans le fond, ce ne fut peut-être pas Mitia qui l'avait vu le premier, mais grand-père Bo qui, depuis plusieurs nuits, souffrait d'insomnie. « Les voilà, ils sont là », murmura-t-il avec quelque chose qui, par la suite, lui sembla être du soulagement, en enfilant sa robe de chambre afin d'ouvrir à ces visiteurs si longtemps prévus. Mary se tenait derrière son dos, comme si, elle aussi, elle n'avait pas dormi, mais attendu.

L'équipe de nuit sortit sans hâte de la voiture : un homme en casquette militaire et pardessus civil enfilé sur un uniforme, une femme en manteau de cuir et casquette d'homme, cependant campée à sa façon, un sous-officier tenant un chien policier en laisse. « Mon Dieu, à quoi bon ce chien ? Qu'y a-t-il à flairer ? » balbutia Gradov.

Le sous-officier passa la main entre les planches du portillon d'un mouvement familier, tira le verrou, lâcha le chien et le suivit. L'homme et la femme lui emboîtèrent le pas.

Ils avançaient sans hâte, comme des personnages de cauchemar. Le chien ne se laissait pas distraire par les odeurs de la forêt qui eussent tourné la tête à toute bête normale.

Dans leur chambre du haut, Boris Nikitovitch serrait sa femme dans ses bras.

— Tu vois, moi aussi, ils sont venus me chercher.

Mary, née Goudiachvili, se laissa emporter, secouer, par une dernière flambée de colère :

— Je ne les laisserai pas entrer chez moi ! Va téléphoner à Kalinine, à Staline, à tout le diable et son train !

Boris Nikitovitch déposa un baiser sur sa joue, lui flatta la nuque.

— Arrête, ma chérie ! On ne trompe pas le destin. Après tout, là-bas aussi, ils ont besoin de médecins. Avec un peu de chance, nous nous en sortirons. S'ils ne la confisquent pas, dépêche-toi de vendre la datcha et déménage chez Galaktion, à Tiflis. À présent... dans mon cabinet, derrière l'*Encyclopédie médicale*... il y a une mallette... je l'ai préparée à tout hasard...

Mary s'arrêta de trembler. Ses épaules fléchirent, elle se détacha de son mari et laissa filtrer :

— Je le savais depuis longtemps. J'y ai ajouté des chaussettes de laine.

En bas, déjà l'on sonnait à la porte, une fois, une autre, une troisième, puis montèrent des coups de poing, des coups de botte, brutaux, scandaleux, et des cris : « Ouvrez ! Ouvrez immédiatement cette porte ! » La maison Gradov s'éveilla en pleine panique. Pythagore aboya, Agacha froufrouta, les garçons y allèrent de leur fracas. Boris Nikitovitch descendit d'un pas ferme vers la porte, en robe de chambre, mais déjà chaussé et en pantalon. « Qui c'est-il, à une heure pareille, mon petit Boria ? chuchota Agacha. Sont-ils venus te traîner à une opération ? »

Il ouvrit et fut frappé de l'éloquence des visages qu'il découvrait. Tout ce que l'on voudra, sauf impassibles. On aurait dit que ces gens se contenaient pour ne pas hurler de l'enchantement de la vie. Ce n'étaient pas simplement des spécialistes des tâches nocturnes, c'étaient des exaltés qui appréciaient à sa plus haute valeur leur pouvoir rigoureux, inexorable. Le seul membre professionnellement impénétrable du groupe était la chienne, de même race que le vieux Pythagore, mais en l'apercevant, celui-ci couina de tristesse et rampa à reculons jusqu'à la cuisine où il se réfugia sous le lit d'Agacha.

— Nous sommes du NKVD, dit le chef en pardessus. Nous avons un mandat d'arrêt.

— Entrez, je suis prêt, articula aussitôt Gradov.

Il avait bien des fois répété cette scène en imagination et était décidé à réfréner toute émotion, comme s'il n'avait pas affaire à des hommes. Ils ne verraient rien de lui, même pas son mépris. Comme s'ils étaient des robots-fossoyeurs et non des êtres humains.

Le chef ricana. Des stoïques, il en avait vraisemblablement rencontré aussi. Celui-là n'était pas un robot, c'est sûr. Il aimait voir grimacer ces sujets égarés que l'on soupçonnait de la pire des véroles : la haute trahison.

Le groupe pénétra à l'intérieur. Le chef parcourut toute l'assistance d'un coup d'œil rapide. Il se tourna vers Boris Nikitovitch, ricana de nouveau avec un mépris révoltant.

— Tranquillisez-vous, professeur Gradov, ce n'est pas vous que nous venons chercher. Notre mandat d'arrêt vise votre bru, la citoyenne Gradova, Véronika.

— Ma petite maman ! Ma petite maman ! s'écria Boris IV comme un bébé.

Véronika, qui n'en était qu'à descendre l'escalier en nouant la ceinture de sa robe de chambre, s'assit d'un coup sur les marches, laissa tomber les bras et la tête.

— *Vaï !* s'écria Mary à la géorgienne, en s'élançant vers elle.

Véroulia s'éveilla dans la chambre de sa maman et fondit en larmes. Agacha se mit à se lamenter. Les épaules de Véronika frémirent. On l'entendit sangloter d'une voix profonde qui ne semblait pas lui appartenir.

La femme au manteau de cuir s'avança et proclama d'une voix de metteur en scène habitué à ce genre de représentation :

— Tous les habitants du présent local doivent se réunir en bas, dans la salle à manger. Je vous conseille de ne pas pleurer. Moscou ne croit pas aux larmes. Les témoins vont arriver et nous commencerons la perquisition.

Le tchékiste au chien dédia à Agacha un sourire de biais :

— Vous vivez comme des bourgeois, je veux voir ça. — Il regarda sous le lit où Pythagore s'était recroquevillé : — Enfermez votre animal dans un cagibi, il pourrait lui arriver des ennuis. — Sur quoi il tapota d'un air significatif l'étui de son revolver.

Boris Nikitovitch était bouleversé, suffoqué. Il ne ressentait aucune joie, même tout à fait subconsciente, de voir que ce n'était pas pour lui, que c'était pour quelqu'un d'autre, qu'il demeurait libre. À la différence de Mary, il faut bien le dire, qui par la suite s'était interminablement repentie d'avoir laissé percer dans son *vaï* une joie involontaire, oui, tout de même, l'épreuve avait été épargnée à celui qu'elle aimait le plus au monde. Oui, à la différence de Mary, il était anéanti par la tournure des événements. Le coup qu'il avait tant attendu et auquel il était prêt à faire face comme un homme, un scientifique, de la ferme démarche d'un médecin russe sur le sentier du martyre — jusqu'à ce que je tombe —, ce coup, voilà qu'on le destinait à un être tendre et sans défense, à une femme qui n'était coupable en rien (comme s'il l'était, lui, coupable !). Il était bien question de retenue, même envers ces infâmes robots.

— Pour quel motif, au lieu de m'arrêter, moi, vous emmenez cette femme sans défense ? hurla-t-il au chef.

Celui-ci s'assit à la table, y étala des papiers, avec un regard mauvais pour le vieil homme tremblant de rage.

— Vous feriez mieux de ne pas élever la voix contre nous, professeur. Votre bru est accusée de complicité dans l'affaire de votre fils, Gradov, Nikita. Depuis combien de temps demeure-t-elle avec vous ?

Les témoins arrivèrent, conduits par des miliciens. C'étaient la marchande du kiosque des tramways et... personne d'autre que le camarade Slabopétoukhovski. Le visage sombre de ce dernier reflétait toutes les vicissitudes de son existence. Tant que dura la perquisition, il demeura assis dans un coin, comme une statue de l'île de Pâques.

Les formalités d'arrestation prirent deux ou trois heures. Comme la citoyenne Gradova, Véronika n'occupait pas un local à part, mais disposait de toute la maison, c'est toute la maison qu'il y avait lieu de fouiller, mais la perquisition imbécile ne fut menée que pour la forme. Le sergent promena son chien policier dans toutes les chambres, on se demande bien pourquoi. Le chien ne comprenait pas ce que l'on attendait de lui, s'impatientait, s'accroupissait, résistait sans raison ou filait on ne sait où. La bonne femme de la Tchéka farfouilla dans la bibliothèque, n'y trouva rien qui concernât l'affaire, sauf quelques albums de photos où l'on voyait le jeune Nikita en compagnie d'autres commandants de l'Armée Rouge.

— Pas touche ! s'écria Mary Vakhtangovna. C'est à nous ! Ce n'est pas à elle ! Ces albums sont à nous ! À moi, à mon mari, médecin émérite de la République de Russie, trois fois décoré des plus hautes distinctions. Bas les pattes !

La tchékiste lui renvoya les albums avec une grimace de dégoût, puis se remit sérieusement à son affaire : elle dressait l'inventaire des affaires personnelles de Véronika, soit de ses toilettes qui avaient tant voyagé sur les routes du XXe siècle, des magasins parisiens aux magasins à la commission de Moscou, de là aux lointaines frontières de l'État socialiste, puis retour à Moscou, prêtes à retrouver les cintres du commerce d'occasion. C'était plein de choses qui provoquaient la fureur de la bonne femme : mousselines, crêpe de Chine, manteau de fourrure, raquettes de tennis, flacons de parfums français. S'il ne tenait qu'à elle, elle aurait collé cette petite dame au mur rien que pour ça, et bien sûr, après l'avoir fait passer entre les mains des gars et des filles de chez nous. En plus des fripes, il y avait des albums de photos, ceux de Véronika, cette fois, des liasses de lettres — pourquoi avait-elle gardé ces vieilles lettres, nom de Dieu, et avec des petites fleurs séchées du Caucase, par-dessus le marché ? — bon, et puis le principal : un carnet de caisse d'épargne et des lettres de crédit pour une somme coquette.

Le chef prit soigneusement note de tous ces avoirs.

— La question des biens personnels sera réglée par la suite, en attendant, nous concentrons tout dans la chambre de la prévenue et y mettons les scellés.

Au mot de « scellés », Boris IV ouvrit de grands yeux. Il se surprit à penser que l'opération qui consistait à faire fondre la cire et à y appliquer des plombs marqués provoquait sa vive curiosité. En général, il convient de dire que les événements de ces temps derniers, l'arrestation de son père et de son oncle, et maintenant de sa mère, c'est-à-dire la dislocation catastrophique de sa famille, ne faisaient pas qu'accabler l'enfant, ils suscitaient en lui le sentiment très fort que sa vie allait se renouveler. Il s'imaginait parfois sous les traits d'un vagabond endurci, d'un gars à la redresse, quelque chose comme ce héros de Jack London qui avait rejoint les pirates huîtriers et œuvrait avec eux dans la baie de San Francisco.

Soudain, il sursauta : le chef, le gardien du cachet, venait de prononcer son nom d'une manière invraisemblable.

— Gradov, Boris, onze ans, et sa sœur Véra, six ans, sont

placés provisoirement, en attendant les ordres ultérieurs, sous la garde de grand-papa et grand-maman. Signez ici, professeur.

— Comment ça, provisoirement ? s'écria Mary comme une aigle blessée. Comment ça, en attendant les ordres ultérieurs ? Ils resteront avec nous. Jusqu'à la fin de nos jours !

— Cette question sera mise à l'étude, dit le chef. Il n'est pas exclu que l'État les place sous sa tutelle.

— En passant sur mon cadavre ! clama Mary.

— Hum, dit le chef en la regardant attentivement, comme pour lui donner à entendre qu'avec des nerfs pareils, cette citoyenne-là pourrait bien affronter ladite hypothèse.

— Calme-toi, ma petite Mary, dit le professeur. En aucun cas nous ne leur abandonnerons les enfants. Dès demain, nous entreprendrons les formalités d'adoption.

— Hi, hi, hi ! fit soudain le maître-chien en découvrant les dents.

— Qu'y a-t-il, Epifanov ? demanda le chef d'un air sévère.

— Rien, camarade major. C'est seulement que je me suis dit que les gosses allaient changer de patronyme.

— Allons, c'est tout, dit le chef. Faites vos adieux, Véronika Gradova.

Il se leva et intercepta le regard que l'adolescent Dmitri[1] Gradov, ex-Sapounov, année de naissance : 1923, posait sur lui, un regard plein de haine implacable, irrévocable. « C'est ceux-là qu'on devrait arrêter, songea le chef. C'est ceux-là qui nous tueront si jamais... C'est ceux-là qui nous crèveront jusqu'au plus petit gradé. »

Mary et Véronika se confondirent dans un dernier embrassement et donnèrent libre cours à leurs larmes. Eût-on cru qu'une rivalité avait jadis séparé les deux femmes ? « Véronika, mon hirondelle, ma colombe... »

— Allons, assez de chichis, dit la bonne femme tchékiste. Les saloperies, elles les font sans chichis, et maintenant, c'est tout chichis et chichis !

Véronika essuya ses larmes et se montra soudain à toute l'assistance sous un aspect inattendu, strict, contenu.

— Au revoir, les enfants, ne craignez rien. Le monde n'est pas fait que de bêtes, il y a aussi des hommes. Boris, surveille ta sœur. Mitia, occupe-toi de mes enfants, je te prie. Les enfants, écoutez et ménagez grand-mère et grand-père. Au revoir, Mary, ma chérie. Au revoir, mon cher Bo. Embrassez pour moi Nina, Savva et Léna. Préparez mes parents à la nouvelle. Au revoir, Agacha, je ne t'oublierai jamais. Portez-vous bien, vous aussi, Slabopétoukhovski.

— Portez-vous bien, chère et bien-aimée Véronika Evguénievna, répondit celui-ci d'une voix ferme.

Et une grimace zébra son visage, telle une pierre qui se fissure.

1. Dont Mitia est le diminutif.

## CHAPITRE DIX-NEUF

# *Je rêve de Tiflis la Bossue*

Le Bois d'Argent était encore plongé dans la stupeur et la perturbation lorsque, dans le centre de Moscou, le réveil sonna tout contre l'oreille d'un chef de famille heureux. Ledit chef, le professeur Savva Kitaïgorodski, étendit son bras musclé d'un geste coutumier et arrêta la sonnerie afin de ne pas la laisser réveiller sa femme et sa fille avant l'heure. Il s'aperçut alors qu'il était seul dans son lit et vit, par la porte entrouverte, Nina qui s'affairait à la cuisine en chemisette du Spartak et pantalon molletonné. Il s'étira avec bonheur, en faisant craquer ses articulations. « Je vais paresser dix minutes de plus, si je prends une demi-heure de retard, ce ne sera pas bien grave : un professeur peut se le permettre. Nina est certainement occupée à sa "presse murale", elle invente des "astuces" ». L'« astuce » était à Moscou le mot le plus à la mode, tout récemment arrivé dans la capitale depuis « notre mère Odessa » sous le pavillon de Léonid Outiossov et de l'« école de prose méridionale ». Tout le monde disait « astuce ». Alors, y a-t-il de nouvelles « astuces » ? Fameuse, l'« astuce » ! Arrête tes « astuces » !

La famille Kitaïgorodski appartenait au très petit nombre des bienheureux Moscovites qui disposaient d'un logement individuel et non d'une chambre dans un appartement communautaire. L'un des patients de Savva, un employé du Conseil municipal, même pas très important, du calibre moyen, avait, pour le remercier d'une opération réussie, si bien engagé la chose, dirigé sa demande sur une telle filière que, deux ans plus tôt, il s'était vu attribuer un studio dans une maison de style « russe moderne » de neuf étages, grand-rue Gnezdikovski. C'était un exemplaire unique. Construite peu de temps avant la Première Guerre mondiale, elle ressemblait plutôt à un hôtel qu'à un immeuble d'habitation. C'est qu'elle avait été destinée à des célibataires, à de jeunes intellectuels de profession libérale ou presque : juristes, dentistes, employés de banque, et ainsi de suite. Chaque appartement, ou studio, se composait d'une assez vaste pièce, avec une large baie, d'une cuisine et d'une salle de bains (*sic !*). Aujourd'hui, il était bien question de célibataires ! Tous les appartements étaient bondés de familles, parfois nombreuses et ramifiées, mais jamais plus d'une à la fois, et puis tout le monde était fier et heureux : nous avons un logement individuel ! Les ascenseurs fonctionnaient régulièrement et il y avait un immense toit en terrasse, très beau, dallé de grands carreaux, qui avait été destiné aux promenades des jeunes célibataires plongés dans leurs méditations sur leur métier, sur la poésie symboliste, les dividendes de la Bourse d'effets publics, et principalement sur leurs demoiselles. Aujourd'hui, bien sûr, c'étaient les enfants qui y jouaient. Les hautes grilles d'acier qui avaient garanti les célibataires d'avant la révolution contre les excès du symbolisme garantissaient aujourd'hui en toute sécurité les enfants contre les excès de leurs velléités de se prendre pour des oiseaux d'acier[1].

Les appartements n'avaient pas le téléphone, mais par suite d'une heureuse ironie du sort, tout le neuvième étage, dûment aménagé, était occupé par cette infâme maison d'édition qu'était *L'Écrivain soviétique*, si bien que Nina pouvait à tout moment faire un saut au bureau d'une copine et y donner un coup de grelot.

Sans compter qu'elle n'était qu'à deux minutes de *La Travailleuse*, on prend la rue Gorki à droite, on la traverse, on reprend à droite, derrière le coin de la place Pouchkine, et c'est tout. Nina collaborait toujours à *La Travailleuse*, bien que son chef de rubrique et amie Irina ait disparu depuis plusieurs mois. Disparu, et c'est tout. Corps et biens. Mais où est Irina ? Nous avons un nouveau chef de rubrique, ma petite Nina, faites connaissance : Angélina Dormidontovna, une travailleuse de choc de Gjatsk... Enchantée, mais où est Irina ? Elle ne fait plus partie du personnel. Alors, où travaille-t-elle ? Non, vraiment, ne posez pas de questions aussi naïves. Ah, c'est donc ça, ça recommence, c'est toujours la même chanson, voilà une femme qui disparaît et ne posez pas de questions aussi naïves — elle est jolie, l'« astuce » !

Dans certains cercles de l'intelligentsia moscovite, l'interminable, l'omniprésente menace du NKVD n'inspirait plus la terreur, mais un humour noir, un humour de pendu. Par exemple, Nina avait, dans sa cuisine, affiché un écriteau à l'usage de son légitime époux : « Si on t'emmène le premier et en mon absence, assure-toi que tu as bien coupé le gaz et l'électricité. » Comme ça, la vie était un peu moins dure. Irina avait eu tort, quelques vestiges d'humour vous aidaient, et s'en garder n'améliorait rien. Pour tout le reste, si l'on peut dire « le reste » à propos de ce reste, la vie de

1. Exemple typique de l'intertextualité pratiquée par Axionov (allusion non dite à d'autres œuvres) : *L'Oiseau d'acier* est l'un de ses propres romans qui dénonce l'absurdité de la vie quotidienne et de l'habitat soviétiques et propose de nombreux autres et riches symboles.

Nina et de Savva était presque heureuse. Iolka avait fêté ses deux ans, tous deux en étaient fous. En ce qui concerne le romantisme, Nina avait, comme l'on dit, jeté sa gourme. Avant tout, elle avait découvert que son soupirant de longue date, Savva, cet intellectuel type, était exceptionnellement bel homme. Dans le temps, elle n'avait pas pris garde à sa silhouette et ce n'est qu'après avoir partagé sa couche qu'elle lui avait trouvé des épaules larges et musclées, la taille souple, les hanches longues et étroites. Lorsqu'il se penchait et que ses cheveux clairs retombaient sur elle, il lui apparaissait comme un véritable chevalier nordique, une réelle « bête aux cheveux de lin ». Amant vigoureux et doux, mari fidèle, irréprochable gentleman, merveilleux ami — qu'est-ce qu'une femme pouvait vouloir de plus, même si elle passait pour une poétesse aux convictions contestables ?

Quant à Savva, il ne pensait à rien de plus, se gardait d'analyser l'harmonie familiale, ne pouvait tout simplement pas s'imaginer en compagnie d'une autre femme. Certes, il lui arrivait parfois de souffrir. Je ne peux pas donner à Nina tout ce qu'il lui faut pour son œuvre. C'est un poète, elle a parfois besoin de virages sur l'aile, d'envols et de retombées, de sensations en montagnes russes, sinon ses Muses la fuiront, et moi, je ne lui offre que mon amour, qu'un uniforme mouvement quotidien. Eh quoi...

Nina s'imaginait même parfois qu'il lui donnait carte blanche pour effectuer quelques éphémères vrilles. Ainsi, elle était presque sûre que ses rares rencontres avec Ehrenbourg, récemment de retour d'Europe, ne lui avaient point échappé. Le célèbre « Parisien de Moscou », poète, journaliste de réputation mondiale, elle l'avait vu au *National*, assis tout seul à une fenêtre, la pipe entre les dents, au-dessus d'un verre de cognac... Elle avait bronché comme une cavale dont on saisit les rênes. « C'est Ehrenbourg, là-bas, il rentre à peine d'Espagne, par Paris, bien sûr. Vous voulez faire sa connaissance ? » avait dit quelqu'un. Dès la première minute, les choses avaient été claires. Ils s'étaient revus plusieurs fois à l'appartement d'un ami de l'écrivain. Assis sur l'appui de la fenêtre, détournant les yeux comme toujours, il lui avait lu quelques-unes de ses notes :

— *Pardonne-moi d'avoir vécu dans cette forêt, d'avoir tout vécu et à tout survécu, d'emporter jusqu'au tombeau le Grand Crépuscule de Paris...*

Comme jadis à d'autres poètes, et parfois à des salauds, elle lui avait elle-même déboutonné la chemise. Elle avait cru retrouver l'ivresse et les brumes d'antan, absorber avec avidité une sorte de quintessence existentielle. Quelqu'un lui avait donné à entendre que les Services suivaient Ehrenbourg littéralement à la trace et donc avaient aussi l'œil sur elle, mais il est peu probable qu'elle l'ait entendu, elle avait moins que tout la tête aux considérations des Services. Puis un beau jour, elle avait découvert avec amertume que tout s'était volatilisé et qu'ils n'avaient plus lieu de se revoir. Ce secret avait finalement abouti à un cycle poétique dont les initiés avaient parlé avec un sourire équivoque, tandis que la poétesse, après avoir respiré à pleine poitrine face à la mer livrée aux saines tempêtes, revenait à son idéal masculin, le professeur Kitaïgorodski.

Eh quoi, je savais qui j'épouse, se dit Savva. Je la connais depuis très longtemps, mille fois mieux qu'elle ne me connaît. Au bout du compte, elle est mon bonheur précisément telle qu'elle existe.

Il s'étira encore une fois et bondit d'un coup de sous les couvertures. Il tendit ses extrémités gauches, puis ses extrémités droites. Dix flexions. Équilibre sur les mains. Puis il s'en fut sortir Iolka du lit. « Lève-toi, ma petite crème, c'est l'heure d'aller au travail », lui dit-il. Cela faisait longtemps que la fillette appelait « travail » son jardin d'enfants.

Sa fille dans les bras, il passa à la cuisine et vit que Nina accrochait au mur un nouveau placard où il figurait, recouvert de rimes, sous les traits d'une caricature flatteuse :

*Le jeune professeur Savva*
*Gloire de notre chirurgie*
*Séduisant et nec plus ultra*
*Ignore la mélancolie.*
*Hier il a d'un phono*
*Enrichi son patrimoine*
*Et reçu un télégramme*
*Je t'aime — Greta Garbo.*

Sur quoi ils s'abandonnèrent à un rire formidable, Iolka plus que les deux autres. Elle n'avait pas encore appris à lire et elle exigea que l'on relise les vers afin de les apprendre et de les réciter « au travail ».

— Mais ne dis rien de Greta Garbo, Iolka, dit Nina, sinon tu dénoncerais nos relations avec l'étranger. Au lieu de : « Je t'aime — Greta Garbo », tu diras : « Approuvé — Docteur Karpov. »

— Bien, dit l'enfant, c'est même plus joli.

— Qu'est-ce que c'est que ce docteur Karpov, s'indigna Savva. Ta mère est une incorrigible *Blouse bleue*, Iolka. C'est une opportuniste. Pour les beaux yeux de Greta Garbo, je suis prêt à risquer ma peau.

Il emmena sa fille dans la salle de bains où il prit aussi sa douche. Une salle de bains privée, n'était-ce pas un luxe, un bonheur ? Ensuite, il prépara la bouillie de l'enfant, tandis que Nina faisait frire une omelette. Finalement, ils se mirent tous trois à table.

— Tu as une peau de pachyderme, professeur, dit Nina. L'ascenseur est monté et descendu trois fois cette nuit, et lui ça ne le trouble pas, il souffle du nez dans son oreiller.

— Pourquoi n'aurais-je pas le droit de dormir, si ce n'est pas mon tour ? Ils viennent en chercher un autre, et moi, je devrais m'arracher à mes toiles ?

— La belle logique ! admira Nina.

— Bon, alors, qui ils ont emmené ? demanda-t-il d'un ton désinvolte, blasé, mondain.

En réponse, Nina se donna des airs de lady morfondue. Du grand art :

— Quand je suis descendue chercher le journal, le portier m'a dit que c'étaient trois personnes. Rien de bien surprenant. Bon, ils ont emmené Golenpolski, Margarita Nazarova, Chapiro... celui-là avec sa femme.

— Alors, ça ne fait pas trois, mais quatre, dit Savva.

— Quoi ? demanda Nina en cherchant le programme radio du jour.

— Si on a emmené Chapiro avec sa femme, cela fait quatre et non trois.

— Bien sûr. Ils ont arrêté Golenpolski tout seul, Margarita Nazarova toute seule, mais Chapiro avec sa femme. Pour aujourd'hui, ça fait quatre en tout.

Déjà la petite s'étouffait avec sa bouillie dans l'attente d'une prochaine explosion de rire. Savva hocha la tête d'un air satisfait :

— La pêche a été bonne.

Incapable de se contenir, Nina éclata de rire. Iolka, toute à son bonheur, l'imita. C'est à ce moment précis que l'on sonna à la porte.

— Voilà, ils viennent chercher le cinquième, s'exclama Savva d'un air hilare.

— À moins que ce ne soit la sixième ? supputa malicieusement la poétesse.

Savva s'en fut ouvrir. Cela ne tenait pas en l'air, bien sûr, les Services ne se présentaient jamais le matin, nul n'a jamais prétendu qu'ils soient venus à une heure aussi précoce, alors que les gens s'en vont au travail et qu'eux, il se pourrait bien qu'ils prennent leur récréation. C'était peut-être un télégramme de Greta Garbo, rien de plus ? Il faut dire que la passion de la lointaine beauté hollywoodienne pour le moscovite docteur Savva Kitaïgorodski défrayait, depuis longtemps, les conversations de sa famille et de ses amis.

Et si nous avions quand même attiré le malheur avec nos plaisanteries ? se dit Savva en ouvrant la porte derrière laquelle, effectivement, se tenait le malheur, sous les traits d'une vieille femme du Proche-Orient aux lèvres tragiquement serrées et aux yeux creux. Dans cette silhouette affligée, il eut peine, au premier abord, à reconnaître sa belle-mère, et lorsqu'il l'eut reconnue, il s'exclama :

— Ils ont pris le père ?

C'était la première fois qu'il appelait ainsi son vieux maître.

Mary aspira une bouffée d'air, porta la main à son cœur, chancela, s'agrippa au chambranle :

— Pire, Savva : ils ont emmené Véronika.

À ce moment, Nina accourut, aperçut sa mère qui faiblissait, devenait de plus en plus livide.

— Que fais-tu là, planté comme un imbécile ?

Elle s'empara de Mary et l'entraîna à l'intérieur.

Après une nuit sans sommeil, Mary Vakhtangovna avait pris le premier tramway afin de trouver ses enfants de la grand-rue Gnezdikovski avant qu'ils ne partent au travail. Cahotée près d'une heure dans la presse et l'air confiné, elle avait eu peur de mourir. C'étaient peut-être ses amères pensées qui l'avaient sauvée, empêchée de glisser dans l'abîme. Mais, par moments, l'esprit vide, livrée au seul chagrin, au malheur complet, elle y glissait tout de même. Au point qu'une voyageuse lui avait demandé non sans compassion : « Qu'avez-vous, citoyenne ? D'où êtes-vous ? », mais elle arrivait à son arrêt et s'était faufilée vers la sortie.

Savva et Nina installèrent leur mère sur le lit de la cuisine, ouvrirent le vasistas, apportèrent des coussins et des couvertures. Mary prit une forte dose de gouttes de Zélénine et revint peu à peu à la vie. Ses traits se détendirent, la lividité fit place à son teint habituel.

Elle venait les voir pour leur demander leur avis. On ne peut plus attendre, nous allons tous y passer. De tous nos enfants, il ne nous reste que vous et Tsilia, mais Tsilia, il n'y a pas grand-chose à en tirer : tout ce qu'elle sait faire, c'est envoyer note sur note au Comité Central pour expliquer à quel point les commentaires de Kirill sur les directives de la ligne générale sont justes. En résumé, j'ai décidé d'agir. Je ne peux tout de même pas rester les bras croisés pendant que mes enfants disparaissent l'un après l'autre dans ces geôles. Qu'est-ce que je peux faire ? Peut-être rien, peut-être beaucoup. Je suis quand même géorgienne et Staline est quand même géorgien. J'arriverai jusqu'à lui ! Elle avait complètement oublié sa faiblesse. Ses yeux étincelaient comme au finale d'une ouverture brillante de Rossini. Elle irait à Tiflis, ferait appel à toutes ses vieilles relations, tous ses parents, tous ses amis, elle établirait une chaîne qui lui permettrait d'atteindre la porte du Maître et d'y frapper. Alors, qu'en dis-tu, Nina ? Qu'en dis-tu, Savva ?

Stupéfait, Savva se taisait. Pour lui, « aller chercher la chaîne géorgienne qui mènerait vers le Maître », c'était tout comme vouloir établir des liens de parenté avec un dragon vomissant des flammes. Jamais encore il n'avait pensé à Staline comme à un Géorgien ni même comme à un *homo sapiens*. Il était, par exemple, incapable de se le représenter comme un de ses patients, nanti d'une constitution anatomique ordinaire.

Nina demeura d'abord pensive — si quelqu'un connaissait le mieux Tiflis, dans ce trio, c'était bien elle —, puis elle dit :

— Tu sais, maman, il y a de l'idée. Évidemment, il y a peu d'espoir, mais tout de même, un peu. Ce n'est pas que la bestialité manque en Géorgie, mais parfois, et même assez souvent, dans les circonstances les plus inattendues, les gens retrouvent leur vraie nature. Tandis qu'ici, Moloch règne sans partage...

Mary s'anima. Bien sûr ! Prends seulement mon frère Galaktion, il connaît toute la ville et tout le monde le connaît. Il ira à un festin, parlera à l'un, soufflera quelque chose à l'autre. Je suis presque sûre qu'il me trouvera accès auprès de Béria, et par lui... Il y a encore d'autres moyens. Je me suis laissé dire que mon neveu Nougzar avait fait une grande carrière...

Nina lui saisit la main :

— Garde-t'en bien, ma petite maman. C'est un affreux, il... — Elle demeura court.

Mary la regarda attentivement :

— C'était seulement à titre d'exemple. On peut s'en passer.

Iolka arriva en courant. Elle tenait au-dessus de sa tête une poupée à laquelle elle avait dessiné une barbe et des moustaches, et criait triomphalement :

— Maman, mémé, regardez ! C'était Greta Garbo, maintenant, c'est le docteur Karpov.

Mary n'était plus revenue dans sa ville natale depuis plus de dix, onze, douze ans, en un mot, depuis 1927, lorsqu'elle y avait accompagné sa dévergondée de gauchiste — elle n'avait pas le courage de dire « sa téméraire trotskiste » — au havre pharmaceutique et protecteur de tonton Galaktion. Depuis, on avait changé le nom de la ville en Tbilissi, afin d'écarter définitivement toute nuance de colonialisme. Tbilissi, Tbilisso, cela fait plus géorgien, c'est vrai, elle n'avait rien à objecter, sauf qu'elle préférait nommer la ville à l'ancienne mode. Pour elle, « Tiflis » avait une tonalité non pas colonisatrice, mais cosmopolite ; c'était une ville-bazar, une ville-carnaval, la porte de l'Orient.

Aux approches de la cité, elle remit de l'ordre dans sa toilette, se coiffa, noua sa natte grisonnante en chignon bas, passa sur ses lèvres un rouge de bonne qualité, posa sur sa tête un petit chapeau de Véronika qui avait échappé à l'inventaire du NKVD. Elle se regarda dans la glace — le wagon international en était riche — et demeura satisfaite : une digne, imposante dame, d'âge moyen, en chapeau et veste de fourrure achetée chez Muir and Maryliz en 1913 ; les fourreurs de la vieille Russie connaissaient leur métier !

Elle demeura ainsi, en veste et chapeau, regardant en silence par la fenêtre jusqu'au moment où Tiflis émergea de ses douces collines automnales. Brusquement, le souvenir de ses brèves années d'indépendance remonta à la surface. Au tout début de la guerre civile, elle avait réussi à quitter Moscou en proie à la famine pour le Midi, avec la petite Nina. Kirill, qui avait alors seize ans, avait catégoriquement refusé de les accompagner. Fuir la révolution, ça alors, vous savez ! La seule chose qu'il avait promise, c'était de ne pas s'engager dans le régiment de Nikita tant qu'il n'aurait pas son baccalauréat.

La guerre civile qui faisait rage sur des milliers de verstes avait complètement coupé Tiflis de Moscou. La Géorgie était gouvernée par un menchevik-libéral, Noé Jordanïa, une république indépendante était née. Partout se déchaînait le crime, régnaient la peste et la famine, mais par-delà la crête du Caucase, les libres Géorgiens, en compagnie d'Arméniens, de Perses, de Russes, de Grecs et de juifs, installés sous leurs marronniers, dégustaient du vin et une liqueur d'impérial privilège dénommée *laghidzé*, mangeaient du *lavach* frais, des radis, des fines herbes, des *chachlyk* qui, pour l'époque, étaient très honorables, du *satsivi* aux noix toujours exquis, du *lobio* et un poisson du nom de *tskhvali*.

La vie artistique était particulièrement florissante. Dès la Grande Guerre, de nombreux peintres et poètes avaient décampé dans le Midi pour échapper à la mobilisation, et puis après, pour échapper aux Rouges, aux Blancs, aux Verts, somme toute à tous ceux qui ne comprenaient pas que c'était la révolution de l'art qui sauverait le monde, et non de banals canons, de vulgaires sabres, de très triviales mitrailleuses, meurtrières de masse.

Partout s'étaient ouverts de petits théâtres et cafés de la bohème. Le poète futuriste Vassili Kamenski récitait son *Stenka Razine* en galopant autour d'une piste de cirque sur un étalon blanc. Serguéi Gorodetski se payait à cœur joie la tête du gouvernement dans sa revue symboliste dont un numéro avait, en couverture, représenté Noé Jordanïa sous les traits répugnantissimes d'un bouc. En réponse, le Premier ministre avait souri : « Ah, ces bardes ! » Un autre jour, Titsian Tabidzé, le poète, membre des *Cornes bleues*[1], s'étant trouvé nez à nez, boulevard Golovine, avec le maire de Tiflis, s'était entendu demander : « Écoute, Titsian, pourquoi te promènes-tu dans ma ville au bras d'une jeune épouse, mais d'une mine aussi sombre ? — Nous sommes sans logis, monsieur le maire, s'était plaint Titsian, nous n'avons pas de quoi payer

1. Groupe symboliste dont Tabidzé fut, en 1915, l'un des cofondateurs.

notre appartement. — Je viens de réquisitionner le Club du commerce. Va t'y installer avec ta jeune femme, va y écrire. Le principal, c'est que tu ne prives pas la Géorgie de tes poèmes. »

Ce qui fait que, même la nuit, il y avait eu bal et festin au Club du commerce, que toute la bohème y avait été rassemblée. Mary s'y était aussi retrouvée, amenée par son parent, un jeune peintre fougueux du nom de Lado Goudiachvili. Il lui avait présenté tout le monde, les *Cornes bleues*, c'est-à-dire Titsian en personne, ses amis Paolo et Grigol, des jeunes Moscovites et Pétersbourgeois, des futuristes qui venaient de s'unir dans le groupe des *41 degrés*[1], les frères Zdanévitch[2], Igor Térentiev et le célèbre faiseur de scandales Aliocha Kroutchénykh[3]. Cette même nuit, on avait accueilli le célèbre vagabond *boudetliane*[4], le génial « président de la Terre », Vélimir Khlebnikov[5]. Il était à moitié mort, en guenilles, les chaussures qui bâillaient, des chaussettes russes aux jambes. Il arrivait d'Astrakhan, avait traversé l'une après l'autre les lignes d'armées adverses. On avait aussitôt décidé de faire une collecte en sa faveur. Mary avait ôté une bague. Il avait levé les yeux sur elle et était resté le souffle coupé : elle avait les épaules nues.

Oui, oui, dans ce temps-là, cela arrivait encore aux hommes qui la regardaient : ils avaient le souffle coupé — oh, Mary ! Et cela, bien que Tiflis fût plein de jeunes beautés, poétesses ou peintres, et qu'elle eût déjà trente-neuf ans.

Kara-Darvich, un futuriste arménien, lui avait fait une cour effrénée. Il l'avait invitée à une lecture à *La Taverne fantastique* et à *La Queue de paon*, à des représentations de « dra » absurdes d'Ilya Zdanévitch au Théâtre de miniatures. Il était plus près d'elle par l'âge, parmi toute cette jeunesse, mais il avait des façons qui enfonçaient les plus jeunes : tantôt il se dessinait une cigale sur la joue, tantôt un énorme troisième œil. Ces soirées, elle y emmenait toujours Nina qui avait alors douze ans, avant toute chose, bien sûr, pour souligner soit la nature essentiellement amicale de ses rapports avec Kara-Darvich, soit l'absence de la moindre nature intime — messieurs, messieurs ! — leur nature essentiellement fraternelle.

Ah, ces soirées ! Elle gardait un souvenir très fort du petit Zdanévitch, un dandy toujours tiré à quatre épingles, tout pâle d'amour fou pour Melnikova. Futuriste fervent, ennemi de la « clique à Blok », il expérimentait au sein de son transmental des incongruités avec sujet anal, mais il levait sur Melnikova des yeux pleins d'adoration qui étaient ceux des héros de ce même Blok

1. Latitude de Tiflis où s'était créé le groupe (1919).
2. Dont l'un au moins, Ilya, dit Iliazd (1894-1975), poète d'avant-garde dans son pays, sera connu à Paris comme éditeur.
3. Alexéi Kroutchénykh (1886-1968), poète futuriste.
4. Étymologiquement : « futurien », courant d'avant-garde.
5. Tous ces noms sont ceux de poètes russes ou géorgiens plus ou moins connus.

pour sa *Belle Dame*. Comment s'appelaient ses « dra » ? L'un *Ianko, roi d'Albanie*, il me semble, l'autre *Cul à louer*... on y collait à quelqu'un les fesses à sa chaise et il n'arrivait pas à s'en arracher. Un petit rien superbe.

Nina ouvrait sur tout ce monde ses grands yeux pareils à des lacs, surtout sur les demoiselles de la poésie, Tania Vétchorka, Lali Gaprindachvili. Peut-être était-ce à ces soirées qu'elle devait sa vocation.

Voilà Khlebnikov, les gars, voilà Vélimir qui revient toujours en haillons lisant son prophétique :

*Graka khata tchroro,*
*Linli, edi, liap, liap, biom.*
*Libibibi niraro*
*Sinoakho tsetsetserets*[1] *!*

On avait prié Mary de se mettre au piano. « Joue-nous quelque chose d'atonal, Mary. Joue-nous *Victoire sur le soleil*, tiens, voilà la partition. » Mary s'était mise au piano, si l'on peut attribuer ce fier vocable à l'instrument de *La Taverne fantastique*, et au lieu de la musique atonale à la Matiouchine[2] qu'on lui demandait, elle leur avait joué du Beethoven. La houle des voix avait déhoulé, le crissement des semelles décrissé, les éternuements déternué, comme aurait dit le poète. Les jeunes gens n'étaient pas pressés de « précipiter Beethoven à bas du navire de l'actualité ». Mary avait surpris sur certains visages les traces d'une émotion sincère.

Tout était si beau et si précaire dans Tiflis à son troisième printemps, la ville voguait tel un resplendissant, un marmoréen iceberg dans une mer de sang et de morve, la mer typhique de la guerre civile, arche de Noé qui allait sombrer ou se briser ; peut-être était-ce beau parce que c'était précaire ; le vertige s'emparait de toutes les têtes.

Et voilà que Mary, à son tour, avait senti la tête lui tourner en croisant *son* regard. Non, ce n'était pas Kara-Darvich et que *son* nom demeure à jamais célé, le nom de celui qui avait quinze ans de moins qu'elle et qui, bien sûr, faisait des vers, celui, le seul, avec lequel elle avait trompé son Bo. Il avait réussi à fuir à l'étranger en 1921, quand tout était fini, et il avait disparu. L'étranger, ni les gens ni leur nom n'en reviennent. Et qu'avait-elle à faire de cela aujourd'hui qu'elle était presque vieille ? Elle ne devait plus évoquer ce nom, même en sa mémoire, appelons-le tout simplement : Tiflis. Et d'autant moins vaut-il la peine d'évoquer les aspects tragi-comiques de son élan romantique, les petites anicroches de

1. Sur Khlebnikov, voir note p. 11.
2. Compositeur d'avant-garde, auteur de *La Victoire sur le Soleil*, premier spectacle cubiste du monde (1913).

Vénus qu'il lui avait transmises : à l'époque, c'était difficile à éviter. Tout était passé, tout avait été blanchi, tout avait murmuré, source très pure dans la nuit d'un bleu profond ; pianissimo.

À la fin de 1920, le *Siècle d'Argent*, après avoir déménagé dans le Midi, s'était volatilisé, s'était envolé on ne sait où, peut-être vers ses origines, les îles grecques. La république de Géorgie agonisait. En 1921, l'Armée Rouge y faisait intrusion, c'était la fin de la liberté et Mary la pécheresse, accompagnée de sa fille, rentrait à Moscou où il lui semblait qu'il lui restait un dernier lopin d'indépendance, la datcha, son piano, et Bo qui l'aimait.

Du reste, Tiflis n'avait pas tardé à reprendre du poil de la bête, sous la NEP elle avait de nouveau résonné de ses *sazandariami* [1], il était tout de même difficile de transformer cette antique demeure humaine en caserne pouilleuse. « Quoi qu'il en soit, dix ans plus tard, je crois que ma fille y a, à son tour, trouvé sa part de *Siècle d'Argent*. » Voilà ce que se disait Mary Vakhtangovna Gradova, née Goudiachvili, aux approches de sa ville natale.

Personne n'était venu l'accueillir à la descente du train. Son télégramme n'avait sans doute pas été distribué, c'étaient des choses qui arrivaient, sinon elle aurait entendu retentir la voix de son frère, on aurait amené des brassées de fleurs, entendu monter des toasts anticipés.

Il n'y avait plus de fiacres et il était impossible de trouver un taxi. Elle était désemparée : elle n'allait tout de même pas traîner sa lourde valise dans un tramway ! Elle découvrit enfin la consigne, y laissa ses bagages et repartit les mains vides. Par les fenêtres du tramway, elle dévora des yeux les rues grondantes qui défilaient. Dans l'ensemble, la ville n'avait pas changé, sinon qu'à ses toits bleutés, ses façades roses et ses ombres outremer, s'était ajoutée une énorme quantité de raies rouges : les calicots du socialisme.

Elle descendit dans le centre et suivit à pied l'ancienne avenue Golovine, à présent perspective Roustavéli. Qu'elle ait été ainsi débaptisée, il n'y avait rien à dire : pourquoi l'artère principale de la capitale géorgienne porterait-elle le nom d'un général russe et non celui, vieux de huit siècles, du chevalier de la reine Tamar, son trésorier et poète ?

Hélas, outre Roustavéli, deux autres personnalités géorgiennes illustraient chaque carrefour : Staline et Béria... « Vive le grand guide des travailleurs du monde entier, le camarade Staline ! », « Vive le guide des travailleurs de Transcaucasie, le camarade Béria ! », voilà ce qui était tracé un peu partout en géorgiens filigranes ou en suprématiste cyrillique du Parti. Mais qui parle de suprématisme ? Tous les *boudetlianes* ont depuis longtemps été

1. Instrument de musique proche de la balalaïka.

repoussés dans les coins les plus sombres, où ils demeurent tapis sans oser bouger le petit doigt, sans compter tous ceux qui ont quitté ce bas monde si peu hospitalier à leur expérimentation cosmique. L'art appartient au peuple et doit être compris du peuple. Le pionnier au planeur, le garde-frontière au fusil, la jeune fille à l'aviron, voilà quelle iconographie le réalisme socialiste expose aux fenêtres, quelles sculptures il érige partout.

Mary dévorait le spectacle des yeux. Les gens étaient toujours les mêmes : des femmes soucieuses, graves, des enfants armés de cartons à musique et d'étuis à violon (chaque famille convenable de la ville estimait de son devoir de faire donner des leçons de musique à ses enfants), des hommes grosso modo partageables en paresseux et en malins. Les costumes nationaux étaient devenus plus rares, presque pas de capes de feutre, mais par contre, beaucoup d'uniformes de miliciens. Les chevaux avaient presque disparu, des trolleybus faisaient la navette, des autos roulaient, des gamins faisaient les fous à bicyclette. Quelque chose d'autre encore, manquait... Quoi ? Ah, voilà : le bruit des voix, l'éternel, l'étrange cornement de notre langue qui, autrefois, vous entourait de toutes parts dès qu'on mettait le pied dehors. Sont-ce les moteurs qui l'étouffent, ou les gens parlent-ils plus bas ?

Et puis, les innombrables petits restaurants, petites tavernes, cafés, caves, terrasses à guéridons, sont moins nombreux, ils ont quasiment disparu. Il subsiste pourtant quelques petites choses. Voici, par exemple, *Les Eaux de Laghidzé* qui, bien qu'elles ne portent plus le nom de ce méprisable exploiteur, exposent toujours les cônes de sirop qui y trônent depuis des temps immémoriaux : rouge vif, jaune vif, vert vif.

Mary, descendue du tram, pénétra dans la grande salle et se fit servir un verre de boisson. Dans un coin, l'on vendait des *khatchapouri*[1] frais. Il en montait un tel arôme que Mary en eut l'eau à la bouche. Un peu confuse, elle en commanda une paire dans sa langue maternelle.

Le vendeur la regarda d'une façon bizarre et lui répondit en mauvais russe. Ses *khatchapouri* avalés, elle poursuivit sa route.

C'est ici qu'elle tournait d'habitude lorsqu'elle allait chez son frère. Les rues étaient de plus en plus raides, bientôt, elle atteignit la vieille ville où, alors là, plus rien ne semblait changé : balcons couverts, volets grinçants, gros pavés sous vos pieds. Un chant encore indistinct lui parvenait de loin. Bientôt elle se retrouverait chez elle, sur la petite place, devant la pharmacie avec ses deux grands globes mats au-dessus de l'entrée. Encore quelques instants, et elle verrait son frère, son bouillant Galaktion qui, naturellement, trouverait une solution, un moyen de venir en aide à sa famille dévastée, à tout le moins, adoucirait sa peine.

1. Sorte de saucisses.

Le chant se rapprochait, elle discernait à présent un chœur de *kremantchouli*[1]. Une chanson étrange, lugubre, angoissante, qui remontait peut-être au temps de l'invasion persane. Des voix séniles. Elle pénétra dans une courette et aperçut quatre vieillards assis autour d'une table sous un platane. Ils avaient joué aux *nardy* avant de se mettre à chanter. Ils avaient fermé les yeux et étaient partis vers des mondes lointains, vers leur polyphonie séculaire.

Tout émue, elle sentit soudain qu'elle payait la montée, que son cœur battait à grands coups irréguliers, que ses jambes étaient lourdes. Enfin, elle aperçut les globes. L'enseigne « Pharmacie Goudiachvili » était à présent si bien barbouillée qu'on ne discernait plus rien. Mais qu'est-ce qui se passait ? Les vitres étaient, elles aussi, passées au lait de chaux, on ne voyait pas l'intérieur, la porte était condamnée par deux planches clouées en croix. L'établissement semblait fermé. Travaux ? Inventaire ? Alors, pourquoi condamner la porte ? Intriguée, pour ne pas dire en proie à une terreur panique, Mary passa devant l'entrée du magasin et gagna celle qui donnait sur l'escalier, l'appartement. Elle tira sur la sonnette familière et aperçut alors deux autres sonnettes, à pression, électriques. Près de l'une d'elles, tracé au crayon à encre sur une planchette, on lisait : « Deux coups : Bagramian, trois coups : Kanaris. » Près de l'autre, un bref « Bobko ». On les avait « regroupés » ? Impossible ! Se pouvait-il que les autorités aient « regroupé » le célèbre pharmacien que tout le monde à la ronde appelait « le noble Galaktion » ? Elle tira une fois de plus sur la sonnette. On entendit des pas, un store se souleva, quelqu'un regarda par le judas. Une voix de femme, désagréable, monta, on aurait dit des pois de métal qui s'égrenaient.

— Qu'est-ce que vous voulez, citoyenne ?

— Je viens chez les Goudiachvili, dit Mary d'une voix forte, mais très digne, s'adressant à la porte fermée.

— Il n'y a personne de ce nom ici, répondit la voix.

Une ou deux minutes s'écoulèrent en silence. « Personne de ce nom », c'était absurde, terrible. Autant, au Caucase, demander où est l'Elbrouz et s'entendre dire : « Il n'y a personne de ce nom. »

— Permettez, comment cela ? — Déjà la voix de Mary tremblait, échappait à son contrôle, craquait, des larmes, une boule qui remontait de sa glotte l'étouffaient. — Je suis sa sœur. J'arrive de Moscou pour voir mon frère, sa femme Ghiouli, mes neveux...

En réponse, les pois métalliques égrenèrent un rire. Puis une grasse voix d'homme dit :

— Ils n'habitent plus ici, citoyenne. Allez-vous-en et renseignez-vous à la cinquième section de la Milice.

La porte ne s'était pas ouverte. Le store était retombé, le judas s'était refermé.

1. Chœur polyphonique ancien, parfois jusqu'à onze voix.

Penchée en avant, s'efforçant de ne pas tomber, Mary se traîna vers le milieu de la place et là, elle chancela, bloquée, détruite par une impression effarante, celle de ne plus reconnaître l'espace. Elle serait tombée si quelqu'un ne l'avait vigoureusement saisie par le bras et ne l'avait aidée à quitter les pavés de la petite place en dôme pour une rue adjacente plongée dans l'ombre. Alors, elle releva le visage et aperçut quelqu'un qu'elle connaissait depuis son enfance, le gros Avessalom.

— Ma chère Mary, chuchota-t-il, tu n'aurais pas dû venir. Je vais t'emmener chez nous, tu y passeras la nuit et demain, le plus tôt sera le mieux, tu t'en retourneras. Tu n'as rien à faire à Tbilissi en ce moment, rien à faire du tout, ma chère Mary.

Le lieutenant-colonel du NKVD Nougzar Lamadzé avait, moins que tout au monde, envie d'être chargé de l'enquête contre son propre oncle. Ce ne pouvait être qu'une vision de cauchemar : se trouver dans la peau d'un enquêteur inflexible en face d'un Galaktion tuméfié, à bout de forces, et lui envoyer des coups de projecteur aveuglants dans la figure. Parfois, toute l'affaire du pharmacien Goudiachvili et du groupe clandestin trotskiste qui se camouflait sous l'enseigne de la « Pharmacie n° 18 » lui apparaissait comme un coup monté contre lui-même, une manœuvre destinée à faire choir dans son ascension sa fulgurante étoile. Dès le début, dès qu'il avait entendu dire dans son service qu'on allait arrêter Galaktion, il s'était efforcé de se tenir à l'écart, le plus loin possible, de détourner son attention, d'autant plus que des autres affaires, il y en avait par-dessus la tête. Mais un beau jour, après un festin qui suivait la remise à la république géorgienne du Drapeau rouge du challenge, son vieil ami, aujourd'hui quasi-divinité, maître des peuples de Transcaucasie, l'avait emmené à part au jardin et lui avait demandé ce qu'il savait de l'affaire du pharmacien Goudiachvili.

— Je sais qu'il est ton oncle, Nougzar, je comprends combien cela t'est pénible, mais je veux tout de même t'avertir : certains de nos camarades sont en proie au doute. Et c'est naturel, tu l'admettras : tu es son neveu, il est ton oncle. Tout le monde sait que Galaktion s'est toujours moqué de notre Parti, de nos idées même, et sous ce rapport... — Là, il observa une pause, se dirigea vers une fontaine aux sirènes, plaça sa main en creux sous l'un des jets, on disait que le Maître des peuples de Transcaucasie avait emprunté son art de la pause à Staline lui-même, il joua longtemps avec le jet d'eau, un paisible sourire aux lèvres, il semblait même avoir oublié Nougzar qui se tenait derrière lui à une distance protocolaire, puis il revint à son sujet : — ... et sous ce rapport, qu'il ait rejoint les fausses couches trotskistes, les épigones de Lado Kakhabidzé, n'a étonné personne. C'est pourquoi, parce que je suis ton vieux camarade, ton compagnon de bouteille et ton complice des frasques de jeunesse... — Il eut un sourire espiègle. — En un mot, je te conseillerais de te charger de cette affaire, de mener l'enquête en personne, de nous prouver à tous que tu es un véritable chevalier de la révolution, sans peur et sans reproche.

Il se moque de moi, songea Nougzar, sur quoi il se dit qu'il pourrait assommer Béria, là, tout de suite, d'un coup à la nuque et le jeter tête la première dans la fontaine. Ou il se moque de moi, ce qui est tout de même peu probable, ou il me met à l'épreuve. Peut-être qu'il est en train de faire de moi son compagnon le plus dévoué, et pour cela, ce compagnon, il faut d'abord le briser.

Quoi qu'il en soit, le lieutenant-colonel Nougzar Lamadzé, qui était déjà chef d'une section et étoile montante du Commissariat du peuple à l'échelle de l'URSS, fut chargé de l'affaire du simple pharmacien Goudiachvili. Tout au long de l'enquête, il ne se permit aucune familiarité, ne nomma jamais Galaktion « mon oncle », s'en tint au règlement et le vouvoya, puis, devant sa résistance, ordonna le « grand jeu » : on priverait le prisonnier de sommeil et d'eau vingt-quatre heures sur vingt-quatre, autant que cela durerait. La seule chose qu'il se permit, à l'encontre du règlement, consista à sortir de la pièce lorsque les deux sergents qu'il avait fait appeler pour enseigner la raison à ce sale vieillard arrivaient.

S'il ne signe pas aujourd'hui, j'appelle les sergents et je m'en vais *pour une demi-heure*, se dit Nougzar dans son coin d'ombre, en observant le sac de merde qui s'étalait sous la lumière crue du projecteur et qui avait naguère été son tonitruant, son jovial oncle Galaktion. Que ce sac de merde ne s'en prenne qu'à lui-même.

— Alors, prévenu Goudiachvili, nous allons encore jouer à la muette ? Je vous conseille d'en finir avec ce jeu imbécile, car nous savons pratiquement tout de la façon dont vous avez fait de votre maison, un établissement soviétique, la Pharmacie nº 18, une planque trotskiste. Nous savons quand cela a commencé, et plus précisément en ce jour de 1930 où l'espion Lado Kakhabidzé, un proche ami de Trotski, s'est présenté chez vous. Alors, Goudiachvili, on joue toujours à la muette ?

Tonton Galaktion décolla avec peine ses lèvres fendues sous sa moustache autrefois somptueuse, aujourd'hui collée et jaunie :

— Non, aujourd'hui, on va parler, mon cher neveu, aujourd'hui, j'ai certaines choses à te dire.

Nougzar asséna un coup de poing sur la table :

— Je vous interdis de m'appeler votre neveu ! Un sous-fifre trotskiste ne peut pas être mon oncle.

— C'est de ça que je voudrais te parler, Nougzar, ou, excusez-moi, citoyen enquêteur, poursuivit Galaktion comme s'il n'avait pas entendu l'autre crier. — On aurait cru qu'il avait pris une décision et n'en démordrait pas. — Vous soutenez que je me suis acoquiné avec les trotskistes, comme si vous oubliiez que le trotskisme est une fraction communiste. Comme si tu oubliais que votre maudit communisme m'a toujours donné la nausée dans toutes ses fractions. Toute votre sale cause ! Tu m'as compris, chacal ?

Galaktion redressait le buste, regardait Nougzar bien en face, des éclairs de triomphe s'étaient figés dans ses yeux. Une vague de fureur précipita Nougzar hors de son fauteuil. Complètement inconscient, il attrapa sur son bureau un lourd presse-papiers de marbre et frappa Galaktion à toute volée en plein front. Celui-ci s'effondra au sol, ses éclairs de triomphe toujours figés dans les prunelles. Deux, trois spasmes agitèrent ses bras et ses jambes, sa bouche vomit un liquide étrange, après quoi il s'immobilisa, c'est-à-dire qu'il redevint un sac de merde. Nougzar demeurait penché au-dessus de lui. Maudite brute, se dit-il enfin, tu t'es toujours payé ma tête. Cet enculé d'Otari, tu le prenais au sérieux — ah, quel poète ! — mais moi, je n'étais qu'un chiot, qu'un bouffon ! Vous les Goudiachvili, vous nous avez toujours méprisés, nous autres, les Lamadzé. Ordures, sang bleu, vous nous teniez pour des inférieurs. Vieil idiot, tu ne comprends même pas que je cherche à t'épargner la peine de mort, que je t'impute la complicité et non la participation active.

La porte du bureau s'ouvrit. Usant de ses droits particuliers, sa secrétaire, le sous-lieutenant Bridasko, s'introduisit en trombe sans frapper, telle une chevrette, martela le parquet de ses petits talons, contourna sans un regard le corps qui gisait à terre — la belle affaire ! — et murmura avec flamme à son merveilleux, son bel homme de chef :

— Ah, camarade colonel, vous venez de recevoir un de ces coups de fil, de ces coups de fil ! De chez lui en personne, Nougzar : Béria ! Ils ont dit qu'il t'attendait immédiatement. Tu te rends compte !

Nougzar leva un regard lourd sur l'enthousiaste komsomol. Cette petite idiote ne sait pas quel bordel m'unit à cet « en personne », ce Béria, ce Maître des peuples de Transcaucasie. Il envoya un coup de pied au corps allongé par terre. Le corps ne réagit aucunement, vraiment comme si c'était un sac de n'importe quoi. Nougzar se couvrit de sueur froide, dissimula non sans peine l'horreur qui s'emparait de lui. D'un geste de la main, il arrêta le mouvement de hanches quelque peu déplacé, trop intime, du sous-lieutenant Bridasko.

— Appelez le médecin, lui dit-il, je crois que le prévenu Goudiachvili souffre de troubles cardiaques.

Après quoi, il franchit le sac de n'importe quoi et sortit à grands pas.

Il avait toujours eu peur de Lavrenti Béria. À chacune de ses entrevues avec ce misérable — c'est bien ce mot qui lui venait à l'esprit à son sujet — il avait l'impression d'entrer dans la cage d'un fauve, et autre chose que ce grand sot d'ours que Nina avait autrefois, autrefois, *ce jour-là*, ce jour étoilé dès sa matinée, embrassé, mais un fauve véritable, répugnant, exterminateur, un jaguar. Il est vrai qu'après quelques minutes de contact l'image d'un danger insensé, inéluctable, se dissipait. Il voyait surgir des métaphores plus indulgentes : cochon, gorille, ou simplement salaud. Et avec un coup dans l'aile, Lavrik devenait un aimable copain, pas plus salaud que toi-même, cochon et gorille comme toi.

Béria avait un nouveau cabinet au siège du Comité Central. Nougzar n'y était encore jamais venu. Ce n'était, à vrai dire, pas un cabinet, mais une enfilade de pièces qui commençait par celle d'accueil, se poursuivait par le bureau et se terminait sans doute par une chambre à coucher, à moins que ce ne fût par la cage du jaguar. Partout, il y avait des fauteuils rococo, des lustres luxueux, des stores de lourde soie ; et les invariables portraits de Lénine, Staline et Dzerjinski.

On introduisit Nougzar directement dans le cabinet et on le laissa seul. Béria entra quelques instants plus tard, échangea avec le lieutenant-colonel une fraternelle poignée de main, après quoi, il jeta un coup d'œil derrière lui comme pour s'assurer qu'il n'y avait pas de personne étrangère, et serra fortement son ami dans ses bras. Une ondée de chaleur parcourut Nougzar, le lava de toute la crasse qui s'était accumulée dans son âme, y compris le presse-papiers de marbre et le corps immobile de son oncle autrefois tant aimé. Il répondit à l'étreinte de son chef avec une confiance qui l'étonna lui-même : ça, c'est un ami, avec lui, je ne serai jamais perdu.

Béria sortit une superbe carafe de cognac et deux verres de cristal d'une petite armoire en bois précieux. Après la première gorgée, une chaleur accrue se coula dans l'âme de Nougzar.

— Assieds-toi, dit Béria en lui désignant un sofa aux pieds ornés de griffons et en prenant place à côté de lui.

Il avait peu changé au cours de ces dernières années, les gars comme lui, qui perdent leurs cheveux de bonne heure, ne changent guère ; bien sûr, il s'était un peu étoffé ou plutôt, comme on dit, il avait pris de l'importance. La courbure de son pince-nez au reflet mystérieux rappelait à Nougzar leur archi-ennemi commun, Trotski.

*De ses lunettes l'éclat*
*Épouvante les bourgeois.*

— Oh, là, là ! soupira Béria, plus on a de pouvoir, moins on a de liberté. Te rappelles-tu, Nougzar, autrefois, les fillettes : hop ! dans la Packard et à la datcha jusqu'au matin ! C'était le bon temps. Les problèmes politiques aussi, on les tranchait en moins de deux, en vrais révolutionnaires... tu te rappelles comme on les tranchait, les problèmes révolutionnaires ? — Il ôta son pince-nez et posa sur son ami un regard nullement myope qui rappela aussitôt à celui-ci le moment où, le pistolet à la main, il avait ouvert une porte à la volée, aperçu deux lecteurs, Lénine au mur et Kakhabidzé dessous, à son bureau. — ... et nos histoires de jupons, on les réglait dans la joie, hein, Nougzar ? poursuivit Béria en poussant son genou rond contre la jambe de l'autre. D'ailleurs, aujourd'hui encore, nous sommes de fameux baiseurs, hein, Nougzar ? Écoute, nom de nom, oublions nos affaires cinq minutes, parlons de notre faible commun, des femmes, hein ? Tu sais, je dois t'avouer quelque chose : j'aime les poulettes *russes* plus que tout au monde. Les poulettes russes bien plus que les princesses géorgiennes. Quand on baise une poulette russe, on se sent dans la peau d'un conquérant, hein ? Sûr et certain, on croit baiser une esclave, ou une pute à gages, pas vrai ? D'accord ? Un phénomène digne d'intérêt, c'est juste ? Je me demande ce que ça donne avec les demi-sang. À mon vif regret, je n'ai jamais essayé, je veux dire les métisses russo-géorgiennes. Et toi, tu n'aurais pas essayé, par hasard ? Tu ne confierais pas le fruit de tes expériences à ton camarade ? Qu'est-ce qui te prend ? Si tu ne veux pas, ne me dis rien, personne ne t'oblige.

Le chef adjoint du Service des enquêtes suprêmes, le lieutenant-colonel du NKVD Nougzar Lamadzé, se sentait comme si on l'avait en même temps précipité dans un chaudron bouillant et dans un trou de glace. Des ondes brûlantes et glaciales lui parcouraient le corps non pas l'une après l'autre, mais en même temps, et son corps n'était plus que pierre. Mais ses nerfs et ses vaisseaux dansaient une sarabande infernale. Au bord de l'évanouissement, il glissa sur le cuir du divan et tomba sur un genou devant Béria.

— Je t'en prie, Lavrenti ! Depuis l'unique nuit de 1930 que tu sais, je ne l'ai pas revue une seule fois, je n'ai plus entendu parler d'elle.

Béria se leva, s'en fut au fond de la pièce, s'employa à remplir les verres. Toujours à genoux, Nougzar fixait son dos et attendait de connaître son sort.

Naturellement, il venait de mentir. Il était allé à Moscou en 1934 et avait revu Nina. Il savait tout d'elle : cela faisait plus de deux ans qu'elle était mariée avec un médecin, elle-même membre de l'Union des Écrivains, poétesse célèbre. « Mais tout de même, je doute qu'elle ait oublié *cette nuit-là* », se disait-il. Ce terme : *cette nuit-là* englobait quasiment à ses yeux toute sa jeunesse et en tout cas, la fameuse journée de l'automne 1930, le summum des aventures du jeune bandit d'honneur : le sauvetage de Nina d'entre les pattes de la bête énorme, l'attentat, le meurtre de l'importun « lecteur », le mensonge, le théâtre, le jeu, le chantage, et enfin Nina qu'il avait possédée totalement et sans partage, bref, *cette nuit-là*.

Arrivé à Moscou, négligeant toutes ses affaires, il avait, deux jours de suite, guetté sa proie. Il l'avait vue sortir de la maison paternelle en compagnie de son mari, il les avait vus tous deux se diriger vers l'arrêt du tramway, riant et s'embrassant, se quitter une fois arrivés au centre, il avait vu Nina marcher toute seule, comme plongée dans ses pensées, comme ignorant le regard des hommes, s'asseoir sur un banc du boulevard de Tver, remuer les lèvres, sans doute occupée à rimailler, puis faire soudain un geste de triomphe et partir d'un rire muet, faire la queue à une caisse de théâtre, passer à la revue *Znamia*, au même boulevard, tomber sur une connaissance et se mettre à jacasser comme une écolière, déjeuner joyeusement à la Maison des Écrivains où il s'était introduit sans peine grâce à son livret rouge et où il avait poursuivi sa filature sans qu'elle le remarquât, d'autant plus qu'elle ne prêtait guère attention aux alentours.

Elle était toujours aussi belle, et même peut-être plus belle qu'à Tiflis et il se consumait de désir, comme on dit, ou « bandait comme un dingue », ainsi que l'aurait grossièrement formulé Lavrenti.

Une fois, au cours de ces deux jours de filature, d'assiduité ou, disons de langueur sentimentale, il s'était dit : « Peut-être vaut-il mieux ne pas l'aborder, tout laisser comme c'est, cet immense amour de loin, ce romantisme ? » Il en avait même ri de lui-même. Il était beau, le bandit d'honneur ! *Cette nuit-là* avait resurgi par fragments dans sa mémoire. Le deuxième jour, il l'avait quand même abordée : devant un étalage de livres, passage du Théâtre. Elle y avait acheté quelques volumes et allait traverser la rue en direction de son autobus, mais là, quelque chose s'était glissé dans son soulier. Elle était en train de le secouer, appuyée à un réverbère, quand il avait toussoté dans son dos et dit :

— Les organes de la dictature du prolétariat saluent la poésie soviétique.

Avouons-le, il ne s'attendait pas à une réaction aussi violente à sa plaisanterie simplette. Un frisson, pour ne pas dire une convulsion, avait parcouru le corps de la jeune femme. Elle s'était retournée et il avait vu un visage déformé par la peur. Mais le frisson avait disparu et la grimace de terreur s'était effacée avant qu'elle ait réalisé qui était devant elle. La hardiesse, sans doute, avait pris le dessus. Alors, voilà qui c'était ! Maintenant, elle riait. Il faut croire qu'elle aussi, elle avait d'un coup retrouvé bien des souvenirs.

— C'est toi, mon vieux Nougzar ! Tu as de ces plaisanteries ! De quoi vous envoyer chez les fous.

Il la serra amicalement dans ses bras. Cette façon de lui dire « mon vieux Nougzar » lui avait fait un tel plaisir ! C'était comme s'ils étaient juste des copains qui, dans le temps, avaient traînassé ensemble.

— Ma vieille Nina, je sais tout de toi : avec qui tu manges, avec qui tu couches, les vigilantes sentinelles de la Patrie sont au courant de tout.

— C'est donc ça, que depuis deux jours j'ai l'impression d'être suivie.

Tout en bavardant, ils descendirent le passage du Théâtre vers le *Métropole* où il occupait une suite de demi-luxe. Elle le congratula de son nouveau complet. Les épaules larges, le pantalon étroit, le grand chic d'Oxford ! Arrivé à l'hôtel, il lui prit la main et l'arrêta.

Comme *cette nuit-là*, elle le regarda par en dessous et demanda :

— Alors ?

— Viens chez moi, dit-il avec un peu trop de gravité, avec une note dramatique superflue.

Elle éclata de rire, haussa les épaules : « Allons-y ! » Et elle partit devant, balançant avec insouciance le paquet de livres qu'elle venait d'acheter. Voilà, tout est simple, enfant des années vingt, fruit de l'anthroposophie révolutionnaire.

Après, cela ne se passa pas du tout comme il l'avait imaginé dans sa lointaine Transcaucasie. Tout avait changé, *cette nuit-là* ne reviendrait jamais. Il n'était plus le jeune bandit d'alors, elle n'était plus la même, ni ivre, ni désespérée, ni aux abois, en d'autres termes, plus la proie du héros, mais épouse heureuse, écrivain heureux, sûre d'elle, se permettant simplement d'ajouter un peu de sel à sa provende quotidienne.

Tout aurait pu tourner autrement, du côté de *cette nuit-là*, si elle avait commencé par refuser et n'avait cédé que par peur, sous la menace qu'il révélât son passé trotskiste. Il avait tout gâché lui-même en adoptant le ton de la plaisanterie qu'elle avait aussitôt repris avec une adresse extraordinaire et lui — mon vieux Nougzar ! — il en avait été pour ses frais. *Cette nuit-là* était ratée, le viol voluptueux d'une brûlante victime, ainsi qu'il se l'était maintes fois répété, n'avait pas eu lieu.

Et puis, il y avait autre chose, une chose qu'il ne parvenait pas à formuler, mais qui faisait d'elle un être absolument indépendant et invulnérable. Ce que c'était, il ne le comprit que six mois plus tard, lorsque la nouvelle parvint à Tiflis qu'elle avait donné le jour à une petite fille. Lorsqu'ils s'étaient revus, elle était sérieusement enceinte. *Mademoiselle** Kitaïgorodskaïa faisait déjà valoir ses droits dans son sein.

Le lieutenant-colonel était furieux et effrayé d'être ainsi obsédé par sa cousine. On arrête par milliers des gens qui n'ont jamais rien eu à voir avec le trotskisme, mais c'est qu'elle, Nina la poison, c'est qu'elle l'a justement été, une véritable trotskiste, il était payé pour le savoir : elle avait été reconnue comme membre du groupe clandestin d'Albov, aujourd'hui en émigration.

Connaissant les particularités de ses bien-aimés Services, Nougzar se rendait compte qu'il n'était nul besoin d'une accusation fondée pour envoyer les gens à la Kolyma ou les coller au mur. Alors, il se sentait un vide au creux de l'estomac : et si tout remontait à la surface, et si elle, son rêve, la jeune fille de *cette nuit-là* dévalait la pente (l'imaginer dans la baraque d'un camp, non, c'était impossible !) et lui-même, si pour la plus grande joie de salauds envieux, on le chassait des rangs, on l'écrasait, on le supprimait ?

1937 arrivé, la situation était devenue pire. Une fois ses frères arrêtés, Nina risquait d'être emmenée tout simplement à titre de parente. Si aveugle la machine de la répression soit-elle, elle avait du flair et elle dépistait fort bien les éléments étrangers.

C'est ce qui se produisit. Cela faisait six mois que Moscou avait envoyé son dossier à Tiflis pour complément d'enquête. Oui, la direction du NKVD de la capitale instruisait le cas de Gradova, Nina, parente de deux ennemis du peuple et actuellement accusée de relation avec Ilya Ehrenbourg, espion à la solde de la France et de l'Amérique. Pas la moindre allusion au cercle trotskiste. La vieille affaire consécutive à la dénonciation de Stroïlo avait dû passer par une autre section, en ce sens qu'elle avait dû être enterrée à tout jamais dans l'un des placards où gisaient des millions d'autres affaires. La nouvelle enquête, demandée en Géorgie, visait à élucider certains renseignements sur les rapports de Nina Gradova avec deux ennemis du peuple récemment démasqués : Paolo Iachvili et Titsian Tabidzé. Le plus formidable, c'est qu'à l'époque, l'« espion », Ehrenbourg faisait de fréquents séjours à l'étranger et que la *Pravda* publiait ses émouvants reportages sur la guerre d'Espagne.

Cette circonstance redonna courage à Nougzar, il se dit qu'un petit stratagème lui permettrait de tenter de sauver Nina et sa famille. Voyons, tout de même, ne serait-ce qu'en souvenir de leur jeunesse. Voyons, tout de même, chacun porte dans son cœur une nuit comme *cette nuit-là*, un nuage doré accroché au flanc d'un roc géant, et lui, il avait cette maudite Nina avec sa foisonnante crinière de cheveux châtains et le temps toujours à l'orage de ses yeux bleu profond.

Il transmit son dossier parmi toute une brassée d'autres au plus paresseux de ses collaborateurs et fit en sorte qu'il semble des plus anodins. Quelques semaines plus tard, il s'en prit au paresseux, lui passa un savon de première, le rétrograda et le muta à Koutaïssi. Il distribua la brassée négligée à de plus expéditifs que lui, quant à la précieuse chemise, il la planqua tout bonnement au fond d'un carton qui partait aux archives. Elle y demeurerait jusqu'à la consommation des siècles, à moins, bien sûr, que Moscou ne se secoue, et alors, adieu belle nuit, yeux bleus, nuage ! on pourrait faire endosser tout ce désordre au paresseux. À part ça que, dans la fièvre de la terreur révolutionnaire de masse, régnait un bordel tout pareil, et peut-être même que c'est justement de là que venait le courant le plus bordélique. Cependant, Nougzar suivait les articles d'Ehrenbourg, les lisait tous attentivement avec des hochements approbateurs : un publiciste de première force, une plume puissante, un véritable antifasciste.

Et voilà qu'aujourd'hui, le coup le plus terrible me vient du côté le plus inattendu. Béria lui-même est au courant de mon histoire avec Nina ! Si ça se trouve, ils l'ont déjà arrêtée et ils vont me confier l'enquête, justement à moi, « pour couper court aux commentaires des camarades ». Ou alors, il va m'accuser d'avoir menti, entrer en fureur, sortir le parabellum laqué qu'il porte toujours dans sa poche intérieure, juste au-dessus de la rate, et m'abattre sur place, là où je me suis agenouillé comme un catholique à l'église. Ça lui est déjà arrivé. Eh, oui ! Tout le monde sait qu'ils sont plusieurs à être tombés tout droit sur le tapis de son cabinet. Après ça, il sonnait son personnel et disait : « Une fin inattendue, le cœur malade. Emmenez-le et changez-moi ce tapis. » Je n'aurai que ce que je mérite. Dommage, ce sera une balle et non un presse-papiers de marbre, mais en tout cas, ici au moins, je me montrerai digne à tous égards de tonton Galaktion et n'aurai pas à mener l'enquête contre ma nuit, mon nuage.

Béria le rejoignit, portant deux verres de *grémi* d'une couleur étonnante, chêne foncé à reflets cerise.

— Lève-toi, Nougzar, arrête de faire le clown ! — Nougzar bondit sur ses jambes, prit son verre des mains du Maître des travailleurs de Transcaucasie, trinqua et fit cul sec. Béria éclata de rire : — Je t'aime, salaud ! — Puis il déposa son verre, appuya les deux mains sur les épaules de son compagnon, le fit asseoir sur le sofa et le regarda tout au fond des yeux, le vrilla du regard. — Je suis content de voir que tu me comprends toujours. À présent, écoute les nouvelles : les jours du maréchal Iéjov sont comptés. On me mute à Moscou, tu devines à quel poste. À la droite du Maître lui-même. Tu viens avec moi.

## CHAPITRE VINGT

# *Les degrés de marbre*

La nuit et la stupeur régnaient chez les Gradov, comme si ce qui restait des membres de la famille eût craint de faire un geste de trop qui aurait dispersé ce qu'elle gardait encore de chaleur. Cela rappelait le communisme de guerre, l'époque où le combustible manquait, même si, aujourd'hui, d'excellents poêles hollandais « de l'ancien régime » chauffaient toutes les pièces et si, bien des fois, un excellent fumet montait de la cuisine. De tous les habitants de la maison du Bois d'Argent, ma foi, seule Agacha déployait une activité accrue : elle allait et venait sans arrêt avec des piles de linge propre, déplaçait ses pots de confitures et salaisons, pétrissait de la pâte quatre fois par jour, reprisait de vieilles couvertures, des stores, donnait ses ordres au chauffeur de Boris Nikitovitch chargé également de l'entretien des poêles, allait chercher des provisions fraîches au marché des Invalides : ainsi s'écoulaient ses journées, et le soir, c'étaient de nouveaux soucis — rameuter les enfants pour le dîner, jeter un coup d'œil à leur lit, débarrasser la table, et seulement après cela, se trouver un coin dans le cabinet près de sa petite Mary et dodeliner au son de la musique des merveilleux compositeurs du passé.

De la petite citoyenne d'Outre-Moskova d'âge indéterminé qu'elle était autrefois, Agacha s'était transformée en une mémé d'âge indéterminé, de celles qui suscitent en tout point l'émerveillement : comment arrivent-elles à tout faire, à tirer leur charrette autant d'années et sans arrêt ? Il y a très, très longtemps, alors qu'elle était une demoiselle de la guilde des petits marchands, à la foire du Mardi gras, elle avait pris terriblement froid et s'était retrouvée avec une double congestion des ovaires. Elle était restée sans enfants, sans mari (qui en aurait voulu ?), si bien que la maison des Gradov était devenue sa famille, son seul havre parmi le « chaïos » mondial, comme elle disait. Et maintenant, sentant que la maison s'en allait en ruine, luttant contre ses frissons intérieurs, elle ne faisait que courir, briquer, gratter, « mettre en règle », toujours comme elle disait. Il lui semblait qu'une maison aussi soignée, aussi accueillante, aussi bien nourrie, aussi « en règle », ne pouvait pas s'écrouler. Alors, que faire, qu'inventer pour que ceux qui restaient perdent cet air perpétuellement frigorifié ? Et pourtant, ils l'étaient, frigorifiés, écorchés, mal dans leur peau. Mary était rentrée de Tbilissi méconnaissable, ses idées si hardies ne la visitaient plus du tout. Accordée à un mode profondément tragique, elle ne se demandait qu'une chose : qui serait le suivant ? Tsilia, Bo, ou le seul enfant qui lui restait, Nina. À moins que des misérables sans pitié et sûrs de leur infaillibilité ne viennent chercher ses petits-enfants ?

Nina, lorsqu'elle venait prendre un bol d'air avec Savva et Iolka, incapable de supporter le regard tragiquement inerte de sa mère, se mettait à crier : « Arrête de me regarder *comme ça !* » Et Mary, accablée, balbutiait : « Nina, j'ai si peur... avec ton passé, tu... » Nina partait d'un rire forcé, puis venait s'asseoir près d'elle, l'embrassait.

— Petite mère, nous ne pouvons tout de même pas rester là à attendre... Nous voulons vivre ! Et le passé... quoi, le passé ? Tu ne comprends donc pas qu'on ne vous arrête plus pour ça ? Avant, oui, on vous arrêtait pour ça, maintenant, on vous arrête pour rien.

En la voyant si sûre d'elle et même intrépide, pleine d'humour et de défi, Mary se tranquillisait un peu : c'était peut-être vrai, les gens aussi audacieux qu'elle, peut-être que maintenant on ne les arrêtait pas. Tsilia Rosenblum, par contre, incohérente, négligée, obsédée par le marxisme-léninisme comme elle était, lui semblait absolument condamnée. Chaque fois qu'elle arrivait au Bois d'Argent, Mary croyait à un miracle : comment, ils ne l'avaient pas encore emmenée ? Elle rédige toujours ses appels en cassation et notes diverses aux instances supérieures du Parti, elle démontre toujours l'innocence de Kirill, sa fidélité à la ligne générale, à Staline ? Tsilia, elle aussi, s'employait à la tranquilliser :

— Vous ne comprenez pas, Mary Vakhtangovna, nous traversons un cycle historique inévitable, indispensable. Lors de l'édification du socialisme, dans tel ou tel pays pris à part, surgissent périodiquement des circonstances qui entraînent l'aggravation de la lutte des classes. À l'heure actuelle, ce cycle touche à sa fin, le temps du bilan, de la totalisation des résultats, des réajustements, approche, vous comprenez, je le souligne : des réajustements des mesures adoptées. L'un des résultats de ces réajustements, j'en suis certaine, sera le retour de Kirill Gradov à un travail normal, fécond. Nous ne pouvons pas nous permettre de nous démunir de cadres aussi précieux.

— Qui cela, « nous », ma petite Tsilia ? demandait tristement Mary.

— Nous, c'est le Parti, répondait sa belle-fille avec assurance.

Le diable vous emporte ! se disait sa belle-mère en se dirigeant vers son unique refuge, le piano, sur lequel elle égrenait des harmonies en mineur.

Les rares cas où quelque chose qui ressemblait à un accord majeur montait étaient ceux où Boris Nikitovitch venait d'effectuer une intervention particulièrement délicate et réussie. Alors, on ouvrait une bouteille de ce que l'on appelait « la collection moscovite de tonton Galaktion ». Agacha sortait incontinent une tourte du four, à croire qu'elle n'attendait que l'occasion, on s'animait, les enfants bavardaient gaiement, oubliant leurs parents absents, après le dîner, le professeur priait sa femme de lui jouer quelque chose de l'ancien répertoire et, faisant contre mauvaise fortune bon cœur, elle s'exécutait.

Rien ne semblait avoir changé dans la vie de Boris Nikitovitch. Comme autrefois, il faisait son cours, opérait, dirigeait son laboratoire expérimental, recevait ses malades, y compris ceux de la clinique du Kremlin. Comme autrefois, il lui arrivait d'interrompre son repas ou même de se lever au milieu de la nuit pour une urgence. Il faut dire qu'il ne protestait jamais contre ces branlebas, qu'il allait toujours où on l'attendait, car ces moments critiques faisaient partie de la « philosophie du médecin russe ». À présent, il semblait qu'il répondait à ces appels avec une précipitation exagérée, il se campait devant le portail avant que la voiture n'arrive, comme si la maison lui pesait, si toutes les occasions lui étaient bonnes de s'en aller.

Le vieux Pythagore jugeait toujours de son devoir d'accompagner son maître jusqu'à la sortie. En ce moment même, assis à côté de Bo, il attendait la voiture. Le col relevé, le bonnet enfoncé, le professeur guettait le bout de la rue, baissait parfois la main sur la tête du chien en disant : « Et voilà, Pythagore, et voilà », ce qui n'avait aucun sens. Le chien levait sur lui un regard plein d'adoration, mais tout de même surpris : il avait beau être intelligent, il ne comprenait pas tout à fait ce qui se passait dans la maison.

Le travail de nuit exaltait toujours Gradov, venir au secours de gens la nuit était une tâche doublement généreuse. Sans qu'il sache pourquoi, le patient de nuit lui était doublement précieux, n'importe quel patient de nuit, même s'il se trouvait à présent parmi eux de drôles de numéros. L'un d'eux, par exemple, avait récemment plongé le professeur dans la stupéfaction la plus profonde, dans les affres d'une réflexion d'ordre tant pratique que philosophique, d'ailleurs... d'ailleurs, si vous le voulez bien, nous en reparlerons plus tard, pour l'instant, répétons que du côté professionnel, la vie de Boris Nikitovitch n'avait nullement changé.

Il en allait tout autrement de la vie sociale de cette lumière de la médecine soviétique. Autrefois, il ne savait comment éviter les présidences, les interviews, les réceptions des étrangers amis de l'URSS. À présent, il en était exclu. Mauvais signe que d'être tenu à l'écart de la soi-disant vie de la société soviétique, parfaitement fausse et idiote. Il y avait d'autres signes de l'aggravation du danger, avant toute chose, les regards de ses collaborateurs à l'institut, à la clinique, au laboratoire. Le plus souvent, il surprenait des coups d'œil furtifs et curieux — comment, il est toujours ici ? et pas là-bas ? — assez souvent, ce qu'il remarquait était l'absence du regard, on le détournait, on le déplaçait bien vite sur un autre objet, parfois, une pensée imprévue rendait même ce regard aveugle — que faire ? tous ces gens-là sont des savants, des rêveurs — parfois, Gradov y lisait une sympathie muette bien vite envolée, ces gens-là, il les appelait en lui-même des « gazelles craintives ».

Le sentiment de l'aggravation constante du danger avait fini par l'épuiser. Il se sentait pris au piège. S'il avait été seul, il aurait, faisant face à ce monde, renoncé à tous ses titres et postes et serait parti dans un hôpital des fins fonds, ou même en Asie centrale dans un *aoul*[1] des montagnes. Hélas, il ne pouvait pas se le permettre : je ne serais pas seul à le payer, mais aussi tous les miens, tous ceux qui dépendent de moi, ma chère famille, et puis ceux qu'ils détiennent dans leurs geôles n'y gagneront rien non plus.

L'un de ses patients du Kremlin lui avait conseillé d'envoyer une lettre bien sentie en très, très haut lieu, et lui avait même donné à entendre qu'il en surveillerait l'acheminement. Boris Nikitovitch suivit le conseil, entreprit de composer ce texte, se mit au martyre, le biffa et rebiffa, cherchant des phrases convaincantes, à la fois déférentes et dignes, songea même à recourir à une littérature reconnue, celle de la poétesse Nina Gradova, mais juste à ce moment, il découvrit que son patient de bonne volonté venait de disparaître, venait de sombrer en catastrophe en dessous du niveau de la vie, lequel niveau était aussitôt redevenu étale.

Tout se poursuivit ainsi dans l'horreur et la stupeur, le pas plus bref, les phrases assourdies, jusqu'au jour où, dans son cabinet de la clinique, le téléphone sonna et une voix de femme, fanfare sonore d'un enthousiasme qui éclatait dans tout l'être, articula :

— Cher professeur Gradov, ici le Comité de district de la Presnia Rouge. Nos ouvrières du textile viennent d'avancer votre candidature à la députation au Soviet Suprême. Nous voulons savoir si vous accepteriez de postuler à l'organisme suprême du pays pour y représenter notre superbe science médicale.

— Permettez, cela a l'air d'une plaisanterie tout à fait déplacée, bafouilla Gradov.

Gentiment, gaiement, bien dans le style du film *Volga-Volga*, la voix se mit à rire. Voyez-moi s'il est distrait, ce professeur, si c'est un sage détaché de la vie. Il ne sait pas que la campagne des candidatures se déroule dans tout le pays.

1. Kazakh : village.

— Qui parle de plaisanter, cher professeur ! Nous arrivons tout de suite — du Comité de district, du Comité exécutif, les ouvrières du textile et les journalistes. C'est un événement heureux, unique : que des ouvrières du textile présentent un professeur de médecine !

Gradov raccrocha, se mit à tourner en rond, fut à deux doigts de rugir. Un pays d'imbéciles ! Ils jettent les enfants en prison et élisent leur père au Soviet Suprême ! Au secours ! Sans se rendre compte de ce qu'il faisait, il enfila son pardessus : à la maison, à la maison ! Seul l'instinct le guidait encore et l'entraînait vers le toit familier, mais déjà le secrétaire du Comité du Parti de l'Institut s'introduisait par la porte, un sinistre personnage, un ramassis des élans les plus bas qui, à présent, se répandait comme une omelette dans une poêle.

— Cher Boris Nikitovitch, quel honneur pour tout notre Institut !

La journée se passa dans un tourbillon insensé, véritablement absurde. Les « craintives gazelles » accoururent, les yeux pleins d'admiration, de vénération : allons, c'est donc que tout est fini, passé, qu'on y a coupé. Les curieux se pressaient aussi, l'air interrogateur : cela veut-il dire que les fils Gradov vont être libérés ? Puis ce furent les journalistes de *La Pravda de Moscou*, du *Journal de Médecine*, des *Izvestia* qui se pointèrent, le crayon à la main. Quelle a été votre réaction devant une si surprenante nouvelle, professeur ? Enfoncé dans son fauteuil qu'il ne quittait pas, il grommelait : « Je suis très flatté, mais je doute d'être digne d'un pareil honneur. » Et tous à la ronde de rire avec des airs ravis : voyez-moi ce bougon, un véritable homme de science, il n'y a pas à dire.

Le premier instant de stupéfaction passé, il songea que cette promotion inattendue avait sans aucun doute été ordonnée en haut lieu, et même en très, très haut lieu, et sombra dans une consternation de plus en plus noire : tout ça était forcément pétri de merde. Il fallait y réfléchir à deux fois avant d'accepter une telle bouée de sauvetage.

Le soir venu, Mary réagit à la nouvelle tout à fait sans équivoque :

— Se peut-il que tu te joignes à ces crétins, Bo ? Se peut-il que tu participes à leur comédie électorale ? Que tu offres ton nom à des bourreaux ?

Il s'abstint de répondre et se retira dans la chambre à coucher en faisant, au passage, claquer toutes les portes. La voiture qui devait l'emmener au meeting des ouvrières du textile délirantes d'enthousiasme l'attendait dehors. Il émergea de la chambre en tenue de parade : complet bleu marine, cravate rayée, un gentleman irréprochable, n'eussent été les trois décorations imbéciles qui lui barraient la poitrine.

— Certaines personnes peuvent se permettre des exclamations de colère ampoulées, pas moi, dit-il, s'adressant, comme toujours lors de leurs disputes, au buste d'Hippocrate. Contrairement à certaines personnes irresponsables, écervelées, je ne puis repousser cette humiliation, cette honte. Je suis tenu de penser à ceux qui sont dans le malheur, aux familles que mon déshonneur sauvera peut-être. Je suis également tenu de penser à mon Institut et à mes étudiants ! — Il chercha des yeux l'objectif le plus adéquat, leva le poing avec une colère mesurée, l'abattit sur la table du dîner qui tinta fort joliment, et s'écria : — Et à mes malades, à la fin des fins, nom de nom ! — Sur quoi, il sortit.

Au dernier moment, juste avant de claquer une dernière porte, il vit qu'Agacha se signait et Mary aussi, après elle. « Elles sont contentes toutes les deux, se dit-il. Très contentes, pour ne pas dire heureuses. Même si c'est provisoire, la pire catastrophe s'éloigne, le rempart tient toujours debout. »

« La vie est plus belle, la vie est plus gaie », proclamait laconiquement une sentence, ou plus exactement une assertion, ou encore plus exactement une observation subtile étalée en lettres rouges d'un mètre de haut le long des fenêtres du Télégraphe Central et encadrée d'ampoules électriques. À la suite de quoi venait le nom de l'observateur subtil : J.V. Staline, et son portrait géant. Et c'est à lui que l'on attribuait tout : l'amélioration, puis le plaisir croissant de la vie. Cela concernait en particulier les vitrines des magasins de la rue Gorki. Comme le disaient les journaux : « Les magasins d'alimentation de Moscou ont, avant les fêtes du Jour de l'An, de quoi être fiers. » Il y avait des guirlandes de saucisson et des forteresses de fromage, des pyramides d'anchois en boîte, un généreux semis de bonbons, des goulots de bouteille chemisés de papier d'argent, tels des cuirassés de l'Empire à la revue navale, pas plus mal, ma parole. Alors, le rose des joues devenait plus vif parmi les moelleux flocons de neige, le rire plus savoureux, les yeux plus élargis.

*Violons soviétiques et vous, nos violoncelles,*
*remportez les concours mondiaux,*
*Sourire de nos filles, partout tu étincelles,*
*de plus en plus radieux et beau.*

Hélas ! il reste encore dans notre famille des monstres que rien ne réjouit. Trois d'entre eux remontaient la principale rue de la capitale : deux hommes d'aspect convenable et une femme séduisante, même. Tous les trois fumaient en pleine rue. La voilà, l'intelligentsia ! C'étaient Savva Kitaïgorodski, Nina Gradova et son vieil ami du temps de Tiflis, le peintre Sandro Pevsner.

Ce dernier arrivait tout juste d'au-delà des montagnes et s'était aussitôt pointé chez Nina qu'il avait depuis tant d'années souhaité revoir autrement qu'en rêve, dont ni l'alcool, ni les aventures, ni la peinture, n'avaient voilé le souvenir. Il était très inquiet de l'accueil qu'elle lui réserverait, ainsi que son médecin d'époux, mais cet accueil avait été excellent, presque chaleureux, ils lui avaient tout de suite donné à entendre qu'il était des leurs, un homme de leur milieu à qui l'on faisait confiance et dont on attendait qu'il en fît autant. Savva s'était disposé à aller chercher du « carburant » pour le dîner ; en véritable Géorgien, Sandro ne l'avait pas laissé partir seul pour cette noble expédition, là, Nina l'avait suivi, de sorte qu'ils avaient décidé d'aller se promener, de montrer au Méridional le nouveau centre de Moscou.

Il y eut, au magasin, une scène pas très convenable. Sandro ne voulut pas les laisser payer. Dès qu'il voyait Nina à une caisse, il se précipitait vers elle, une liasse de billets à la main, dès qu'il voyait Savva sur le point de régler ses comptes, il le repoussait d'une bourrade et lançait l'argent aux caissières en criant : « Gardez la monnaie. » Bref, un Géorgien, un hôte riche et généreux, un marchand oriental. Or, sa peinture ne lui rapportait pour ainsi dire pas un kopek et il gagnait un salaire minable au Fonds Artistique, répartissant les portraits et les bustes des grands Maîtres dans les entreprises. C'était un Géorgien typique, ce Pevsner, et il en avait bien l'air, avec sa petite moustache, sa grande casquette et son raglan de demi-saison. Les juifs possèdent à un degré étonnant l'art de s'approprier les traits des populations au milieu desquelles ils se trouvent vivre. Vous reconnaîtrez d'emblée un Pevsner russe d'un Pevsner polonais, quant aux Pevsner géorgiens et turcs, ils n'ont rien de commun. Toujours est-il que le trio quitta le *Gastronome* les poches alourdies de bouteilles, et remonta lentement en direction de la grand-rue Gnezdikovski. Il tombait une neige molle, ininterrompue, régulière, qui ne tourbillonnait qu'au coin des rues. Des gens passaient, un sapin sur l'épaule. Dans les vitrines, les pères Noël voisinaient avec le père des travailleurs de tous les pays qui rappelait immuablement à ces mêmes travailleurs que l'idylle annuelle était éphémère et le quinquennat éternel. Sandro racontait à Nina et Savva les terribles nouvelles de Tbilissi :

— Titsian a été arrêté et a disparu, Paolo a été arrêté et a disparu, les *Cornes bleues* ont été déclarées organisation menchevik subversive. Stépane Kalistratov a été arrêté et jugé comme trotskiste. Je crois qu'il en a écopé pour dix ans et cinq ans de privation de droits. Quant à Otari, à ce qu'on dit, il est mort sous la torture au NKVD, c'est tout.

Nina ôta son gant et posa un instant la main sur la joue de Sandro. Cela faisait longtemps que le bruit des abominables arrestations de l'intelligentsia géorgienne parvenait jusqu'à Moscou. Sandro confirmait les pires d'entre eux. Là, l'« humour de pendu » n'était plus d'aucun secours : on immolait non seulement les prisonniers, mais des hommes restés en liberté, d'immenses cubes de vide béaient dans le passé et le plus terrible, c'est que ces volumes vacants, on essayait de les masquer aussitôt d'un trompe-l'œil bicolore.

— Tu n'es pas marié, Sandro ? demanda-t-elle.

— Penses-tu, soupira-t-il. Mes amis disparaissent, je m'attends à tout moment à en faire autant, il est bien question de se marier ! Même une maîtresse, dans des conditions pareilles, ça pose problème.

— Ah, une maîtresse ! dit Savva.

— Oui, oui, fit Sandro hochant la tête. Mon éternel bourreau. Nina la connaît.

— Il veut parler de sa peinture, expliqua Nina. Que fais-tu en ce moment, Sandro ?

— Des poissons, des oiseaux, des cerfs petit format, des bouts de paysage, des reliefs de repas, tout ça dans des associations assez fantastiques, tu comprends. En somme, suffisamment pour qu'on m'accuse de formalisme. De temps à autre — et tu sais comment — j'emmène deux ou trois toiles chez ma tante à Bakou. Peut-être qu'on sauvera au moins quelque chose.

— Je crois quand même que la vague reflue, dit Savva. Quand on habite un grand immeuble, on s'en rend compte.

— Écoutez, mes amis ! — Lorsque Sandro parlait, avec force gestes, il lui échappait parfois des mouvements bizarres, comme d'un théâtre de marionnettes. Ainsi, en ce moment, il s'adressait à droite, à gauche, c'est-à-dire à Nina et Savva, les coudes pliés, les mains en l'air. — Écoutez, tous les peintres souffrent d'arriération mentale. Moi aussi. Je ne comprends pas ce qui se passe. Ces choses, je ne leur trouve aucune explication, ni historique ni philosophique. Pouvez-vous m'éclairer ?

— Savva le peut, il a sa théorie, dit Nina.

Et Savva s'appliqua à la tâche :

— Toute l'histoire actuelle de la Russie ressemble à une succession de ressacs. Ce qui déferle, c'est le châtiment. La révolution de Février est le châtiment de notre haute noblesse pour son immobilisme borné et son mépris du peuple. Celle d'Octobre et la guerre civile, c'est le châtiment de la bourgeoisie et de l'intelligentsia pour leur appel démentiel à la révolution, leur excitation des masses. La collectivisation et la dékoulakisation sont le châtiment des paysans pour la cruauté dont ils ont fait preuve durant la guerre civile, le massacre du clergé, l'anarchie débondée, quoi. Les purges actuelles sont le châtiment des révolutionnaires pour leurs violences contre les paysans. Ce que l'avenir nous réserve, impossible de le deviner, mais, logiquement, on peut s'attendre à quelques autres vagues jusqu'au jour où s'achèvera ce cycle de fausses aspirations.

Sandro fit pensivement quelques pas, puis, se tournant vers Savva :

— Vous savez, je suis prêt à faire mienne votre théorie, dit-il.

— Mais voyons, c'est de la métaphysique, ça, dit Nina sans malice.

— Justement ! s'exclama Sandro.

Quelques passants se retournèrent. Un homme qui se tenait près d'un panneau d'affichage, la canne à la main et la pipe à la bouche, évidemment un étranger — ils étaient rares à Moscou et pour cela même tranchaient au premier coup d'œil sur des milliers de passants — ôta ladite pipe de ladite bouche et l'examina attentivement.

— Je crois que nous parlons un peu trop fort, fit Nina, nous oublions que :

*Nous vivons sans sentir le galop du pays*
*À dix pas nos discours ont lieu d'être amortis*
*On parle à demi-mot, de loin le plus malin*
*Erre l'ombre du noir montagnard du Kremlin.*

— Ces vers ne sont-ils pas d'Ossip ? demanda Sandro.

— Oui, on dit qu'ils lui ont coûté la vie, répondit Nina.

— Ossip ? Se peut-il...

— On ne sait pas au juste, mais en tout cas, il est là-bas.

Sandro fit un rapide signe de croix.

— Tu te signes, Sandro ? demanda Nina à mi-voix.

Confus, il ne répondit pas.

L'étranger — c'était le journaliste américain Townsend Reston — suivit le trio des yeux jusqu'au moment où les trois dos se fondirent dans les flocons de neige et la foule toute blanche des passants. Il venait d'arriver, de déposer sa valise au *National* et de ressortir pour faire une première promenade du soir. Ces promenades lui fournissaient d'ordinaire la clé de ses très remarquables articles. L'ambiance de mensonge à laquelle il s'attendait le frappait tout de même, car elle avait pris un caractère de stabilité, de solidité telles qu'à part lui, plus personne ne la trouvait mensongère. Il n'en était que plus renversé de voir, au milieu de ce cirque sinistre, trois personnes relativement jeunes avancer lentement dans le courant de la foule, plongées dans une conversation sérieuse, triste, à laquelle tout faux-semblant était totalement étranger. Reston n'avait toujours pas appris le russe, de sorte qu'il ne saisit pas un gramme de ce qu'ils disaient, mais l'apparence du trio à elle seule se posa comme une épigraphe en haut de sa page blanche.

Une session du Soviet Suprême frais émoulu avait été fixée au palais du Kremlin à quelques jours du Nouvel An. Reston avait presque dû faire un scandale à la VOX pour obtenir un laissez-passer à la séance inaugurale. Il savait qu'il ne verrait rien des balcons de la presse étrangère, sauf le præsidium, les applaudissements feutrés des dirigeants et les députés en liesse. D'ailleurs, lui avait dit son collègue le correspondant permanent du *Times*, il n'y aura rien d'autre à voir que les applaudissements feutrés et les députés en liesse. Oui, se dit Reston, tous les boulons sont serrés à mort. Ceux qui traitent parfois les bolchevik de « fascistes rouges » ont tout à fait tort, ils sont bien plus fermes sur leurs positions que les coquins d'opérette italiens. On pourrait plutôt, au hasard d'une discussion, traiter Mussolini de « bolchevik noir ». Joseph n'a qu'un égal au monde : Adolf. Le XXe siècle fleurit sous deux formes admirables du socialisme : celui de classe et celui de race.

Ces pensées, Reston n'osait les exprimer crûment dans ses articles. Ses avis sur le régime soviétique lui avaient depuis longtemps valu, dans les milieux libéraux de gauche, une réputation de réactionnaire. Ces mêmes milieux libéraux de gauche auxquels il se rattachait lui-même naguère. L'intelligentsia occidentale refuse l'appât racial, mais par contre, elle gobe sans peine l'appât de classe. Il s'efforce d'exposer l'idée de la quasi-identité des deux régimes, ne serait-ce que par allusion, par le tracé de parallèles. Hélas ! cette pensée pourtant simple, les libéraux ne la déchiffrent pas. Feuchtwanger[1] lui-même, qui s'est enfui de chez les nazis, applaudit les bolchevik. Il se laisse berner par les procès « publics ». Certes, Staline ne s'en prend pas encore aux juifs, mais cela viendra. À de rares exceptions près, les écrivains ne nient pas de quoi il retourne, et cependant des événements effroyables menacent. Il est hors de doute que même s'ils se vouent réciproquement aux gémonies pour l'instant, les deux régimes vont se rapprocher. C'est imminent. Encore un peu et ils s'abattront sur l'Occident. L'industrie allemande plus les ressources russes, voilà un coup que la civilisation atlantique ne supportera pas. On verra s'instaurer dans le monde un régime où il n'y aura plus de libéraux ni de gauche ni de droite. Le mot « libéral » servira aux gestapo-tchékistes à se torcher le cul.

Pourquoi diable suis-je venu ici, comme si je ne savais pas tout

1. Lion Feuchtwanger (1884-1958), romancier allemand, notamment auteur du *Juif Süss*, description louable de la condition juive, qui fut détournée de son sens par les nazis.

ça sans me taper le voyage de Moscou ? Pourquoi diable me traîné-je à tout bout de champ dans ce pays ? Je n'y ai même pas de maîtresse. Dès qu'elles apprennent que je suis américain, les femmes d'ici me fuient. Les purges, les exécutions et les camps m'ont tout l'air d'avoir achevé tout ce qui était vivant ici. Les arbres eux-mêmes semblent morts de peur. Autrefois, on pouvait causer avec les gens dans la rue, on pouvait partiellement compter sur son interprète. Aujourd'hui, les interprètes de la VOX sont placés sous la surveillance toujours vigilante de la Tchéka. Les gens du commun ne cachent pas qu'ils les considèrent tout bonnement comme des officiers de cet organisme. Que traduiraient-ils et quelles en seraient les conséquences pour leur interlocuteur ? *Dammit*, au bout de tant d'années, je n'ai pas trouvé le moyen d'apprendre le russe, je ne suis qu'un paresseux et un ivrogne. Pour quel diable suis-je revenu ici à me balader dans ces rues comme un sourd-muet, et qui plus est, jamais seul, toujours en laisse. Il n'y a que là, tout de suite, il me semble, que dans l'espace dilaté ils ont décroché.

Ces pensées en tête, l'observateur politique Townsend Reston, fort célèbre en Europe, aborda le pavé de bois de la place Rouge où nous l'avons déjà vu se promener au début de notre récit en compagnie du professeur Oustrialov, du *Changement de Jalons*, aujourd'hui disparu sans trace parmi des jalons qui n'avaient nullement changé. La place était briquée, débarrassée du plus petit débris, balayée, à croire qu'il ne venait pas de neiger. Les tours et les murs du Kremlin, éclairés par de violents projecteurs, se découpaient nettement contre le ciel d'un bleu profond et transparent, et les drapeaux chatoyaient de tous leurs reflets. Les portraits colossaux des dirigeants inspiraient comme toujours à Reston une sensation de sur-réalité.

Seuls ou par petits groupes, des gens avançaient sans hâte sur toute la largeur de la place. Ils se dirigeaient tous vers le même point : la porte de la tour du Sauveur. Autrefois, cette place, on y faisait timidement la queue, la queue pour voir le corps embaumé de Lénine, se rappela Reston, à présent, près du Mausolée, il n'y avait personne d'autre que la garde. Qu'est-ce qui se passe ? Ah, oui ! s'avisa-t-il, ils vont à la session inaugurale du Parlement. Ce sont les députés, « les maîtres de leur pays et de son destin », comme on le lui avait expliqué à la VOX.

Ces gens-là avançaient gaiement, forts personnages chaudement et même trop chaudement vêtus. Il y avait pas mal d'Asiatiques, c'étaient eux justement qui allaient par petits groupes. Parmi tant de silhouettes et de visages qui reflétaient la nature fruste des élus du peuple, Reston remarqua soudain un intellectuel. Un homme d'un certain âge en chapeau mou, portant un vieux pardessus du bon faiseur, des lunettes, une courte barbe, une canne à la main. « Pourquoi ne bavarderais-je pas avec ce monsieur, se dit Reston. Il connaît peut-être les langues étrangères. »

Cet homme était Boris Nikitovitch Gradov, député des travailleurs de la Presnia Rouge de Moscou au Soviet Suprême d'URSS. Il se dirigeait vers la session solennelle et se remémorait sa conversation du matin avec son épouse.

Les garçons étaient à l'école, la petite Véroulia au jardin d'enfants. Mary et Agacha leur préparaient une surprise, décoraient un arbre de Noël. Slabopétoukhovski avait, comme toujours, apporté un très beau sapin. Il y avait, bien sûr, une profusion de jouets. Les enfants rentreraient, pousseraient des « oh » et des « ah » et se mettraient à danser. Orphelins de parents vivants, ils avaient particulièrement besoin de ces fêtes.

Et voilà que Mary avait attrapé son mari par un bouton et l'avait entraîné dans son cabinet.

— Écoute, Bo, peut-être qu'il faudrait expliquer aux enfants ce que c'est que le sapin de Noël[1], ce que c'est que cette fête, d'où elle vient, et puis, en général, *tout ça* ?

À cette proposition, Boris Nikitovitch avait répondu, comme cela lui arrivait à présent, en se vexant jusqu'aux larmes. En se vexant et en se fâchant.

— Excuse-moi, Mary, mais j'ai l'impression que tu ne cesses de me mettre à l'épreuve. Qu'est-ce que cela signifie ? Tu veux démontrer une fois de plus que je suis de la merde, que je ne sais pas dire « non » à ce que je déteste et « oui » à ce que j'aime ? C'est ça que tu veux dire ?

Mary avait croisé les bras sur la poitrine d'un air suppliant.

— Comment peux-tu parler ainsi, Bo, mon chéri ? Qui, mieux que moi, sait quelle croix tu portes ? Comment te mettrais-je à l'épreuve ? Je t'ai posé cette question parce que tu es ce que je chéris le plus au monde, le plus sage des hommes. Je ne sais que penser moi-même. C'est que j'ai peur : ne risquons-nous pas de nuire aux enfants en leur parlant du Christ ?

Boris Nikitovitch avait soudain compris et eu honte d'avoir pris la mouche. Il avait serré sa vieille compagne sur son cœur et s'était senti fondre de tendresse.

— Je me suis emballé, excuse-moi, ma petite Mary. C'est la tension dans laquelle nous vivons tous... Tu sais, je crois que ce n'est pas le moment d'initier les petits à la religion, il vaut mieux remettre à plus tard. Ils sont terriblement ouverts, impulsifs, dans leur situation, cela pourrait entraîner un malheur. Je sais que tu t'es rapprochée de la religion et que cela t'aide. Moi aussi, crois-moi, il m'arrive de me sentir attiré vers un temple mystérieux.

Aujourd'hui, tous les temples étaient mystérieux et il se trou-

1. À cette époque, en URSS, on dressait le sapin pour le Nouvel An. C'était une fête civile, toute idée de religion et de Nativité était exclue.

vait devant l'un d'eux : la cathédrale du Bienheureux-Basile était, en cette soirée solennelle de la session inaugurale du Parlement stalinien, également illuminée et avait acquis comme un volume nouveau dans la nuit diaphane. Comme ils le disent dans les journaux : « Elle fait partie de "l'ensemble historique" de la place Rouge. » Il faut croire qu'ils ont renoncé à la jeter bas. On avait déjà fait sauter et canonné l'église du Christ-Sauveur, et le cas du Bienheureux-Basile était déjà tranché quand, à ce qu'on dit, l'architecte en chef de la ville s'était soudain révolté. Il aurait déclaré : « Si vous voulez faire sauter le Bienheureux-Basile, faites-moi sauter avec. » À ce qu'on dit, l'aréopage avait été troublé, la décision différée, puis on avait modifié les directives dans le sens de la conservation des « ensembles historiques ».

Boris Nikitovitch se sentit une irrépressible envie de se signer devant la cathédrale. Là, comme cet architecte, les braver tous tant qu'ils étaient, ôter son chapeau et faire un signe de croix. Il se décoiffa comme s'il avait un peu trop chaud, et se signa sous son manteau, à tout petits gestes, mais trois fois. Qu'il se dissimulât ainsi n'était pas seulement le signe de la terreur endémique qui régnait alors, mais aussi celui de l'éducation positiviste qu'il tenait de son père Nikita avec l'approbation de son grand-père Boris. Apparemment, le sens de cette éducation touchait à sa fin. Le sabbat rouge qui s'élevait derrière ces murs crénelés sapait toute foi dans la raison, dans le triomphe de l'intelligence humaine, et même dans la théorie de l'évolution qui n'y était pourtant pour rien. La philosophie chancelait, on se sentait une folle envie de se frayer la voie vers d'autres, de secrets rivages.

C'est alors qu'un homme le dépassa d'un ou deux pas, souleva son chapeau et lui dit en anglais :

— *Excuse me, sir ! Do you speak English by any chance ?*

Boris Nikitovitch en resta pantois. C'était tellement inattendu qu'il tituba presque et s'appuya du bout de sa canne contre le pavé. De l'anglais, ici, au pied de ces murs, près de... Staline ? Il aurait semblé que l'air lui-même ne devait pas laisser passer de tels sons en ces lieux.

— *Yes, I do,* balbutia-t-il comme un écolier.

L'inconnu lui adressa un sourire amical. Gradov répondit par un sourire confus. Mon Dieu, qu'il était inconnu, cet inconnu qui se tenait devant lui, quel ahurissant étranger !

— *Would you be so kind, sir, as to give me a few minutes ? I am an American journalist*, dit Reston.

Il était très content : quelle veine que de parler avec un intellectuel russe de la vieille école sans l'aide des interprètes de la VOX.

Sans un mot de réponse, Boris Nikitovitch fit un écart et partit à grands pas, presque en courant, c'est cela, il partit au pas de course. Un journaliste américain ! Mais qu'est-ce que c'est que ça ?

On me met encore à l'épreuve ? À une si épouvantable épreuve ? Parler sans intermédiaire avec un étranger, et qui plus est un journaliste, quand tes fils sont en prison, que tu vas être toi-même livré aux jeux du cirque, quand tu es à deux pas de *Staline*... non, c'est vraiment trop !

Il avançait à toute allure vers le sas de la porte du Sauveur, comme s'il y eût cherché refuge. Mais arrivé devant elle, il dut ralentir, des soldats rouges y vérifiaient les coupe-file des députés. Ici, il se reprit, contrôla sa respiration, essuya son front en sueur. « Un couard, un esclave, se dit-il. C'est honteux. » Derrière lui, juste contre son épaule, une grasse voix d'homme articula : « Bravo, professeur. Bien fait pour lui. Il rôde toute espèce de gens, ici, ils reniflent. » Gradov pénétra sous l'arche sans se retourner. L'ombre d'une chouette passa au-dessus de lui dans le tunnel court et sonore.

Les députés gravissaient lentement — c'est ainsi qu'on le leur avait recommandé : lentement, solennellement, camarades ! — les degrés de marbre à l'intérieur du Grand Palais du Kremlin. Tout au long de la première volée d'escalier, de même que sur le premier palier, se tenaient reporters, photographes et opérateurs des actualités cinématographiques. Un violent éclairage régnait. Les visages des députés reflétaient la joie et l'emphase. Elles étaient particulièrement réussies chez ceux qui portaient des calottes d'Orient, ceux d'Asie centrale, leur face luisait de vénération sincère pour ceux qui les attendaient là-haut. Là, au sommet de l'escalier, avec des applaudissements feutrés et des sourires, ceux qui les attendaient étaient les membres du Bureau Politique, les messagers du peuple. Staline au centre, vêtu d'une tunique gris clair et en hautes bottes de chevreau. Il applaudissait tout le monde ensemble et chacun en particulier, et certains députés, il les retenait auprès de sa personne afin de leur dire et d'en entendre quelques mots.

Gradov montait en compagnie d'un jeune ingénieur de l'aéronautique qu'il avait rencontré dans le vestibule. Ils avaient fait connaissance à la Maison des Sciences, on parlait du jeune homme comme d'un génie de l'aérodynamique, en outre, il avait peut-être fait la cour à Nina un certain temps. Contrairement aux hôtes de l'Ouzbékistan ensoleillé, l'ingénieur n'arrêtait pas de consulter sa montre et de parler à Boris Nikitovitch du sondage par fusées des couches supérieures de l'atmosphère. Gradov ne l'écoutait pas, il fixait les bottes au reflet mat, d'une parfaite teinte noire dont il se rapprochait à chaque pas, et revoyait avec un frémissement intérieur les pieds nus qu'elles gainaient, son terrible secret. Un secret si profond, si nauséabond, qu'il eût été heureux de l'oublier à tout jamais.

— Ça, Joseph Vissarionovitch, c'est le célèbre chirurgien, le professeur Gradov, dit Molotov sans interrompre ses applaudissements feutrés.

À présent, en public, tous ses vieux amis appelaient Staline par son patronyme, tandis que lui, il s'en tenait comme autrefois à leur prénom : Viatcheslav, Klim...

— Lequel ? Le jeune ou le vieux ? fit Staline en plissant les paupières.

Koba joue la comédie, se dit Molotov. Il les connaît parfaitement tous les deux. Et toi, pourquoi joues-tu la comédie, Scriabine[1], se dit Staline. Tu sais parfaitement que je connais Gradov.

— Le vieux qui a trois décorations, dit Molotov.

Staline loucha vers lui non sans humour.

— Présente-le-moi, Viatcheslav.

Oui, Staline connaissait Gradov, mais il n'avait pas la moindre envie de trahir son secret d'État même auprès du petit nombre de ceux qui le connaissaient, Molotov en particulier.

Il y avait de cela trois mois, au milieu de la nuit, dans sa proche datcha de Kountsevo, le Secrétaire général avait été pris de convulsions. « Ne suis-je pas en train de mourir ? » lui avait-il même traversé l'esprit. Il n'avait pas peur pour lui-même, mais pour la cause. Certes, on n'arrête pas l'histoire, mais on peut la freiner, et pour longtemps : il n'en vient pas chaque année, des dirigeants aussi conséquents, aussi opiniâtres, des esprits aussi larges que ce pauvre petit Sosso[2] torturé par les convulsions ; déjà les choses se mélangeaient un peu dans sa tête. Les convulsions n'étaient pas nées de rien. Cela avait commencé par un grand banquet en l'honneur des vainqueurs de l'Arctique où, lui semblait-il, il avait trop mangé. De là, on était allés à la datcha chez le nouveau Commissaire du peuple à l'Intérieur, son compatriote Lavrenti. Et dans un cercle plus intime, on avait beaucoup bu, dansé avec de fines compagnes. Après cela, il n'était pas allé à la selle, et pourtant l'appétit lui était revenu. Au matin, Béria avait dressé une table avec de tels petits plats caucasiens qu'il n'avait pu résister à un nouvel accès de goinfrerie. Le mariage d'un *satsivi* aux noix et d'un *chachlyk* de Karsk à la sauce *tkémali* avait toujours un effet astringent, mais avant, Staline réussissait à régler ce contretemps fâcheux, *ridicule**, comme l'on disait autrefois au séminaire, sans le concours de l'aide extérieure, selon la recette de son grand-père, à deux doigts. Cette fois-ci, la recette du grand-père n'avait été d'aucun secours. Les jours avaient passé sans apporter de soulagement. Staline se faisait de plus en plus lourd, de plus en plus

1. Véritable nom de Molotov.
2. Surnom géorgien et enfantin de Staline.

sombre, entrait dans des fureurs noires, exigeait que l'on débarrassât immédiatement le pays de *tous* les ennemis du peuple. Il ne se décidait pas à dire ce qui le tourmentait aux médecins du NKVD qui assuraient auprès de lui une garde permanente : il n'avait aucune envie d'articuler le mot de « constipation » devant ces bourriques, de présenter le guide du prolétariat mondial dans une situation aussi grotesque. Quant aux médecins, de leur côté, ils tremblaient de peur, craignaient d'évoquer, à l'endroit du grand homme, une idée aussi infâme. Jour après jour, Staline luttait contre l'épreuve qui lui était impartie. Il se retirait dans ses appartements où nul n'avait accès, restait des heures sur la cuvette, parcourait de vieux journaux et les articles de frères d'armes aujourd'hui sous les verrous, se convainquait qu'il avait eu raison — j'ai eu raison de vous faire arrêter, camarades ! — et attendait le bienheureux instant. Mais le bienheureux instant ne venait pas, son ventre lui semblait plein de plomb ou plutôt n'être lui-même qu'un morceau de plomb. Déjà ses idées s'embrouillaient, il pensait à sa mère, et ça, c'était signe que ça s'enchevêtrait dans sa tête, le plomb lui remontait jusqu'à la gorge, si seulement il pouvait le diviser en pruneaux de neuf grammes et les décharger par salves de par le monde, c'est-à-dire qu'il n'y a aucun doute, camarades, nous sommes en présence d'évidents symptômes d'empoisonnement par le plomb contre lequel les bolchevik nous ont souvent mis en garde. C'est à ce moment qu'il ouvrit sa porte, cria : « Un médecin ! » et s'abattit sur son divan. Les docteurs du NKVD se précipitèrent : « Qu'avez-vous, camarade Staline ? — Un empoisonnement par le plomb », fut la réponse. Les médecins se mirent à s'agiter comme des imbéciles. L'un d'eux roulait des pilules purgatives entre ses paumes. « Si on lui donnait... ça ? demanda-t-il à un autre. — Qu'est-ce que c'est ? — Vous le savez bien. — C'est bon, donnez-lui ça, donnez-lui ça, sinon... » Les pilules auraient peut-être fait leur effet si Staline les avait prises cinq jours plus tôt, à présent, elles se bornèrent à provoquer de très douloureuses convulsions. Il émit quelques gouttes de liquide, mais le mur de plomb demeura tenace. C'est lors d'une de ces convulsions que le Maître du Kremlin éructa le nom de Gradov. « Amenez-moi Gradov, salauds ! Un véritable médecin, le professeur Gradov ! » Le nom de Gradov s'était inscrit dans sa mémoire dès les années vingt, dès avant cette importante mesure adoptée par le Parti à laquelle Gradov avait partiellement participé, Staline connaissait le nom du célèbre professeur moscovite et quelque part dans les replis de sa mémoire, il tenait en réserve ce beau nom purement russe — autre chose que ces patronymes juifs à la noix —, le nom d'un clinicien, d'un véritable médecin. Depuis, la vie n'avait fait que se compliquer, la lutte des classes s'aggraver, toutes sortes de choses étaient arrivées aux gens, on ne peut pas s'intéresser à tout le monde, mais à l'heure fatale des convulsions, soudain, ce nom avait surgi dans ses replis : Gradov ! Gradov !

Boris Nikitovitch revenait d'une intervention par une nuit déchaînée, déchirante, à l'heure humide et houleuse des sorcières, quand, chaussée de Khorochévo, deux voitures de la Tchéka l'interceptèrent. Il comprit aussitôt que ce n'était pas une banale arrestation, mais quelque chose de plus grave. Le chef de groupe lui dit d'une voix métallique :

— Passez dans notre voiture, professeur. C'est une affaire d'État de la plus haute importance. — Et une fois dans la voiture, du même ton qui excluait toute possibilité de dialogue, il ajouta : — Tenez compte qu'elle est ultra-secrète. La moindre indiscrétion entraînerait les sanctions les plus sévères.

Il trouva son patient, Staline, couché sur son divan. Une odeur pestilentielle régnait. Le patient était à demi inconscient et marmonnait quelque chose en géorgien. Personne n'osait l'approcher, pas même déboutonner sa tunique qui s'était tassée sous les bras. Les médecins du NKVD tremblaient dans leur coin.

— Déshabillez-le ! ordonna Gradov en commençant à déboutonner lui-même la tunique. — Les gardes s'empressèrent de tirer les bottes du Maître. — Ôtez-lui sa culotte. — La culotte glissa. Il s'étonna de la médiocre qualité du caleçon. — De la gaze ! Du coton ! De l'eau chaude ! Une toile cirée ! Des bassins ! — Le professeur envoya ses ordres, puis se tournant vers ceux du NKVD : — Approchez, les médicastres !

Il contempla non sans intérêt les deux thérapeutes du front invisible. Ils ne semblaient pas très experts dans l'exercice de la médecine, leur pratique semblait avoir trait à d'autres domaines.

— Histoire de la maladie ? dit-il.

Les thérapeutes se troublèrent, bégayèrent :

— Péristaltisme nul... sténose du côlon... nous n'avons pas osé prendre des mesures quelconques sans vous, professeur... Le tableau est atypique... le camarade Staline n'a pas demandé...

— Ôtez-lui aussi son caleçon, gronda Boris Nikitovitch aux gardes.

Staline gisait tout nu devant lui. Il palpa le ventre dur comme pierre sous sa couche de graisse. Juste à ce moment, une nouvelle convulsion saisit le malade. Un méchant petit filet s'écoula sous lui, le long de la toile cirée. Sur le pied droit, un sixième orteil, indépendant du reste du corps, se mit à frétiller. Gradov détacha le regard de ce phénomène rare et le reporta sur le visage du malade. Noyés dans les rides et les marques de petite vérole, deux yeux auxquels la douleur redonnait tout leur sens le regardaient. Staline râla :

— Soulage-moi, *katso*[1], et demande-moi ce que tu voudras.

— Depuis combien de jours n'êtes-vous pas allé à la selle, camarade Staline ? demanda doucement Boris Nikitovitch. — Il savait que le son de sa voix à lui seul avait sur ses malades une influence bienfaisante.

Staline soupira avec un évident espoir :

— Dix jours, gémit-il, peut-être plus... quinze jours, non ?

— Nous allons vous soulager, camarade Staline, encore un peu de patience.

Gradov lui tapota le bras d'un geste encourageant et se surprit à penser que celui qu'il avait devant lui n'était pas du tout le Maître du Kremlin, mais un malade comme un autre. Cette tape sur le bras, il l'aurait envoyée à n'importe quel patient. Puis il demanda qu'on le conduise au téléphone, appela la clinique de Kountsevo, une clinique de la Nomenclatura, et donna ses ordres. Plantés près de lui, trois hommes aux gueules de chien de garde ne perdaient pas une de ses paroles. Vingt minutes plus tard, une voiture amenait deux infirmières et tout le nécessaire. Boris Nikitovitch mit en place le lavement, fit plusieurs piqûres : euphiline intraveineuse, camphre sous-cutané, magnésie intramusculaire. La combinaison agit immédiatement, supprima la crispation, relâcha les muscles lisses, réduisit l'hypertension, régularisa le pouls et le rythme respiratoire. Le lavement faisait aussi son effet, au bout de quelques minutes, les lignes de défense se trouvèrent enfoncées, les murs de Babylone renversés, appelez cela comme vous voudrez, mais non l'évacuation des merdes staliniennes. Cependant, celles-ci débordaient, débordaient, les infirmières trouvaient tout juste le temps de changer et d'emporter les bassins, les bulles de gaz crevaient victorieusement, et le péristaltisme intestinal se ranimait avec des grondements pareils à une lointaine avalanche de pierres. La puanteur allait par vagues diverses, car chaque couche expulsée avait la sienne. Impossible de s'y habituer, il ne restait qu'à se dire que c'était comme ça.

Staline gisait, un bienheureux sourire sur son visage chafouin aux traits tirés. Jamais, jamais, jamais de la vie il n'avait ressenti une si bouleversante impression de libération de la chair et de l'esprit las. Même lorsqu'il s'était évadé de déportation, sans parler de la révolution de 17. Après chacune de ses libérations d'antan, il avait aussitôt été saisi de tremblote, d'une soif d'action immédiate, mais maintenant, après cette « percée » — c'est ainsi qu'il appelait la chose dans son for intérieur : une « percée » —, l'autre tremblote, celle de la maladie, avait disparu et ce qui s'était découvert c'étaient les douces pentes et les lointains aux mille bleus, le septembre paradisiaque de Karthlie, ses bruits légers, et au sein de

1. Géorgien : ami.

cette félicité, *lui*, presque dilué, presque moléculaire, comme si ce n'était pas lui qui avait commis et allait encore commettre toutes ces horreurs révolutionnaires. Parfois, parmi ces vagues de tiédeur et de renoncement se profilait un visage à la courte barbiche, aux yeux qui reflétaient une âme vraiment pure. « Comment vous sentez-vous ? » demandait le visage. Il s'intéressait à un malade, il s'intéressait à quelqu'un si humainement, si simplement, à qui ? Laissons là ces astuces : il s'intéressait à Sosso. « Merci, professeur, je me sens bien, bien... » Ce visage humain qui émergeait, frémissait tout près de lui... Demande-moi ce que tu veux, professeur, je te donnerai tout. Demande-moi de libérer tes fils, dans deux jours, ils seront près de toi. Demande-le tout de suite, professeur, tant que j'ai envie de te remercier, après, il sera trop tard. *Souliko-o-o, Souliko-o-o*[1]...

Non, tyran, je ne peux rien te demander, se disait Gradov. Un médecin ne peut rien demander à son patient au moment des soins, et tu es mon patient, à cette heure, et non un sale tyran, un tyran...

Molotov descendit une marche et tendit la main à Gradov :

— Mes félicitations pour votre élection au Soviet Suprême, professeur Gradov. Je veux vous présenter au camarade Staline.

Et Staline lui serra la main. Il était en parfaite santé. Sa moustache et sa chevelure passées à l'eau de Cologne avaient des reflets roux foncé.

— Mes félicitations, professeur. C'est très bien que siègent au Parlement, à côté des travailleurs et des kolkhoziens, des représentants de la science soviétique et notamment de notre médecine d'avant-garde.

Ils se regardèrent quelques instants les yeux dans les yeux. S'il me parle de ses fils, je l'écrase, se disait Staline.

— Je vous remercie, camarade Staline, dit Gradov en s'écartant avec discrétion vers le flot des députés.

Staline le suivit d'un coup d'œil approbateur. Tout de suite après, il lui sembla que la fenêtre qui surplombait les degrés de marbre était bouchée par l'œil énorme d'un hibou. Puis tout passa.

1. Célèbre chanson géorgienne.

*Septième entracte*

## LES JOURNAUX

*... Les héros soviétiques à Washington. Cela faisait longtemps qu'un événement de l'aviation avait suscité dans la presse un écho aussi retentissant que le raid grandiose de Tchkalov, Baïdoukov et Béliakov. « Les héros de l'air ». « Les vainqueurs des jungles magnétiques des sommets du monde ». « La capitale soviétique s'est rapprochée de nous bien plus que nous le pensions. » Voici en quels termes la presse américaine apprécie l'exploit de nos héros. Le président des USA, F.D. Roosevelt, va recevoir les aviateurs à la Maison Blanche.*

*... La milice de Moscou a arrêté la nommée Bourtseva, coupable d'avoir pratiqué des avortements au domicile de ses clientes ou dans les cabines des établissements de bains.*

*... Par radio. Du Pôle Nord :*

*Au camarade Staline, au camarade Molotov. Comité Central du PC (b). Moscou.*

*Chers Joseph Vissarionovitch et Viatcheslav Mikhaïlovitch,*

*Notre quatuor apprend avec joie qu'on lui a décerné la plus haute distinction de la Patrie. Un dur travail nous attend, mais nous avons la ferme assurance d'être entourés de votre amour et du souci et de l'attention de tout le pays.*

*Nous ferons tous nos efforts pour justifier votre confiance et pour sauvegarder en toute circonstance l'honneur de notre Patrie.*

*Papanine, Krenkel, Chirchov, Fiodorov.*

*... Les travailleurs répondent par de très nombreuses souscriptions à l'émission de l'emprunt pour le renforcement de la Défense d'URSS.*

*... Après un long silence, l'Union des Écrivains soviétiques de Carélie a enfin décidé d'examiner la question de la déviation averbakhovienne dans le domaine des lettres. La discussion a montré quel tort immense les séquelles du RAPP*[1] *avaient apporté à la littérature carélienne. Des nationalistes bourgeois, tels que Luoto, Onnanen, Raïtunaïnen, ont orienté leurs confrères vers l'instauration d'une littérature finnoise commune, manifestement bourgeoise. Ces minables idées trotskistes-fascistes ont abouti à ceci, que l'on a attribué le* Kalévala, *épopée populaire carélienne, au peuple finnois. Les nationalistes ont été exclus de l'Union des Écrivains.*

*... Le CC du PC (b) annonce avec une profonde affliction la mort, après une longue maladie, de Joseph Vikentievitch Kossior, bolchévik de longue date, travailleur de l'industrie lourde célèbre, membre du CC du PC (b).*

*... Discours de Danila Onichtchenko, kolkhozien. Je salue ardemment le Parti et le gouvernement à l'occasion de l'emprunt tant attendu. Trois de mes fils sont des combattants de l'Armée Rouge, Ivan est chef de batterie, Mikhaïl aviateur, Pavel aux transmissions. J'ai deux autres fils conducteurs de tracteur. Si l'ennemi ose venir se fourrer près de notre frontière, ces salauds-là, mes fils et moi, nous irons les massacrer. Chacun des membres de ma famille a souscrit pour cent roubles de bons.*

*... Ces jours-ci, en Allemagne, plusieurs prisonniers politiques sont morts sous les tortures féroces de la Gestapo. Les journaux avancent les noms du célèbre sportif Willy Grossein, de Valentin Schmetzer, et autres.*

*... Le plus grand chantier du second quinquennat s'achève : le canal Moscou-Volga entrepris sur l'initiative du camarade Staline est ouvert. Salut aux bâtisseurs de ce remarquable ouvrage de l'ère stalinienne.*

*... Selon les premières indications, Irina Vichnevskaïa (premier pilote) et Katia Mednikova (copilote) ont battu le record d'altitude féminin (6 115 mètres).*

1. Association des Écrivains prolétariens.

*... Le premier vol transatlantique de l'hydravion anglais* Caledonia *a eu lieu en même temps que celui de l'hydravion américain* Sikorski 42 B, *prélude à l'ouverture de lignes transatlantiques régulières destinées au transport de la poste et des passagers.*

*... Les maîtres fascistes de la bande fasciste de Toukhatchevski and C° ne se remettent pas de leur défaite, aussi lourde qu'inattendue. Ils portent jusqu'à présent le deuil de leurs fidèles agents. Pensez donc ! L'un des plus importants nids d'espions du fascisme a été mis hors de combat. L'échec colossal de leurs services secrets a éclaté aux yeux du monde entier.*

*... L'auteur d'un article du journal militaire la* Deutsche Wehr *tente, avec une indignation feinte, de dédouaner Toukhatchevski de l'accusation d'espionnage dont il est l'objet, mais en même temps est contraint de reconnaître qu'il fut l'organisateur d'un complot contre-révolutionnaire. « Toukhatchevski voulait être le Napoléon russe, mais il a découvert son jeu trop tôt ou bien, comme c'est ordinairement le cas, il aura été, au dernier moment, victime d'une trahison. »*

*« Parmi les juges, poursuit la* Deutsche Wehr, *figuraient les militaires prolétaires Blucher et Boudienny. » Ces « militaires prolétaires », notre pays en est fier, les travailleurs de tous les pays en sont fiers. La déclaration de la* Deutsche Wehr *livre l'espionnage fasciste pieds et poings liés.*

*... Clients ! Exigez de vos coiffeurs qu'ils se lavent les mains !*

*... Du discours d'Andréi Vychinski, procureur général d'URSS.*

*... Nous nous rappelons tous les paroles du grand Staline selon lesquelles la nouvelle constitution d'URSS sera le soutien moral et le réel appui de tous ceux qui mènent aujourd'hui le combat contre la barbarie fasciste. C'est pourquoi nos ennemis se démènent à ce point.*

*En URSS, où le socialisme a vaincu, où se sont indéfectiblement affirmées la véritable culture et la démocratie, la légitimité est l'arme la plus puissante des progrès à venir, de la lutte pour le socialisme à venir.*

*Le camarade Staline a dénoncé le danger de la « maladie imbécile » de l'insouciance, montré qu'il était indispensable de surmonter cette maladie afin de dépister et de vaincre l'ennemi. En ce moment même, la propagande de la contre-révolution recourt aux procédés les plus divers et camoufle fort bien ses déclarations antisoviétiques.*

*C'est ainsi, par exemple, qu'au marché de la ville de Kouïbychev, on a récemment arrêté un sourd-muet sur la poitrine duquel une planchette disait : « Secourez un pauvre sourd-muet, on m'a privé de travail, privé de mes vêtements et privé de manger. » Une fois au poste, il s'est avéré que le sourd n'était pas sourd, le muet n'était pas muet, mais que c'était un koulak dékoulakisé qui avait choisi ce moyen précis de lutter contre le pouvoir des Soviets.*

*... Importante victoire du Spartak contre les footballeurs du Pays basque par six à deux.*

*... Quarante mille athlètes de onze républiques démontrent sur la place Rouge leur force, leur vaillance, leur audace, leur ardent amour de la Patrie et leur fidélité sans bornes au meilleur ami des athlètes soviétiques, au camarade Staline. Danses, pyramides, tanks et fleurs !*

Notre jeunesse a connu la faim, les brimades,
Notre âge mûr connaît d'innombrables trésors.
Staline nous offre toujours et encore
Un siècle de beauté, des légendes d'Hellade.

Le ciel dessus nos têtes est pur aujourd'hui,
Le soleil nous éclaire avec joie et tendresse,
Les enfants d'Octobre, la belle jeunesse,
Ont fleuri de fleurs vivantes le pays.

*Alexéi Sourkov*[1]

*... Nous avons vu Staline, avons vu son sourire gentil, paternel... À son premier appel, tout notre pays passera devant lui, son peuple intrépide de montagnards, de cavaliers, de cotonniers. Nous rentrons chez nous inspirés par Staline.*

*Kornienko, directeur de la délégation des athlètes de la RSS du Tadjikistan — Aslan Choukourov, Amito Ioudacheva, Vali Malakhov, athlètes.*

*... Résolution du Comité Central d'URSS : l'ordre de Lénine est conféré au camarade N.I. Iéjov pour ses exceptionnels succès en tant que directeur du NKVD dans l'accomplissement des missions que lui a confiées le gouvernement.*

1. Alexéi Sourkov (1899-1938), poète officiel, président de l'Union des Écrivains redoutable.

*... Le camarade Iéjov est l'incarnation du bolchevik dont les paroles ne divergent jamais d'avec les actes. L'histoire a désigné le NKVD pour être, selon les paroles de Staline, « La menace de la bourgeoisie, le gardien vigilant de la révolution, le glaive dénudé du prolétariat ». Iagoda*[1]*, traître infâme et ennemis du socialisme, a voulu émousser la lame de notre glaive. La main de fer du camarade Iéjov, envoyé de Staline et du Comité Central, a rétabli l'ordre bolchevik.*

*... Ce glaive, le peuple entier le tient dans sa main. C'est pourquoi le NKVD possède — et possédera encore plus — des millions d'yeux, des millions d'oreilles, des millions de mains travailleuses guidées par le Parti bolchevik et le Comité Central de Staline. Une telle force est invincible.*

*... Une bande d'ennemis du peuple installée à la direction freinait le développement de l'organisation kolkhozienne du Tadjikistan, tous sous l'aile du président du Commissariat du peuple Rakhimbaïev. Sous la houlette de Rakhimbaïev, Achourov, Frolov, les nationalistes bourgeois du Tadjikistan ont passé toutes les mesures. Il est temps de les mettre au pas !*

*... Quand on calomnie la réalité ukrainienne.*

*Odessa. L'exposition des tableaux et esquisses de l'Ukraine soviétique et de la Moldavie s'est ouverte au Musée d'État de peinture d'Odessa.*

*Tableaux et esquisses sont choisis et disposés de telle sorte que l'Ukraine et la Moldavie sont présentées dans une lumière complètement fausse. Voici trois mendiantes à l'air terrorisé qui se traînent sur une route. Et voici un autre tableau : une vache étique, deux coqs, une auge renversée, une femme maigre, laide... Cela s'appelle* La Trayeuse kolkhozienne.

*... Et où sont les kolkhozes d'Ukraine, les rues joliment décorées, les maisons pimpantes ? Où sont les cossus kolkhoziens d'Ukraine ? Où sont passés les si beaux chants et danses moldaves ? Où sont les stakhanovistes ? Rien de cela dans cette exposition.*

*On ne saurait la considérer autrement que comme une sortie éhontée des nationalistes ukrainiens. Des ennemis du peuple trotskistes-boukhariniens, des saboteurs agissant au sein de la Direction des Arts près le Conseil des Commissaires du peuple d'Ukraine ont volontairement guidé le pinceau de certains peintres dans une voie hostile.*

1. Henri Iagoda (1891-1937), chef de la Guépéou, puis du NKVD.

*... Le Comité Central du Parti Communiste d'Arménie a longtemps été conduit par un ennemi du peuple arménien, un méprisable traître : Khodjian. Après qu'il a été démasqué, son poste a échu à Amatouni. Le nouveau directeur s'est souvent vanté d'avoir démasqué son prédécesseur. Or, on vient de découvrir qu'il était au contraire son acolyte fervent, le continuateur de son activité contre-révolutionnaire.*

*Depuis longtemps, Amatouni trahissait les intérêts du peuple, avait adhéré à l'opposition trotskiste. Il avait rapproché de sa personne un agent* dachnak[1] *du nom d'Akopov, l'avait fait nommer au poste de deuxième secrétaire. La présidence du Conseil était assurée par Goulaïan, l'écuyer de l'ennemi du peuple Kamenev, fusillé.*

*Une assemblée plénière récemment réunie a adressé au camarade Staline le serment de neutraliser jusqu'au dernier les ennemis du peuple arménien.*

*... Buvez du cacao* Extra. *C'est bon et nourrissant.*

*... Le cercle théâtral de l'usine L'Aviachimie a présenté* Roméo et Juliette *de W. Shakespeare. Roméo : le camarade Drozdenko, régulateur ; Juliette : la camarade Krioutchkova, comptable.*

*... Frontière occidentale de la RSS de Biélorussie. Il fait nuit noire. Les gardes-frontières Vassili Nikichkine et Nicolaï Osskine, de service de nuit, remarquent un homme en train de s'introduire en territoire soviétique. Nikichkine crie : « Halte ! » Un coup de feu lui répond. Les gardes-frontières abattent l'homme. La fouille a révélé qu'il était porteur d'un revolver d'ordonnance chargé de cinq balles, trois cents roubles en argent soviétique, une boîte en bois contenant un poison en poudre et une bouteille de liquide. Le mort était l'agent d'un pays limitrophe.*

*... Encore une sortie. Une main hostile agit au Conseil municipal de Kemerovo. Des attestations autorisant l'établissement de listes électorales remplies de mentions contre-révolutionnaires crapuleuses ont paru sous la signature du vice-président Guérassimov et du secrétaire Volokhov.*

1. Parti d'opposition arménien.

*... TEJE, les meilleurs savons de toilette, cold cream, lotion.*

*... Les lecteurs du dernier numéro de la revue* L'Océan Pacifique *ont constaté avec stupéfaction que la rédaction passait sous silence les décisions du plénum de février-mars du Comité Central du PC (b). Rien ne permet de supposer que la rédaction ait tiré ses conclusions du rapport du camarade Staline.*

*Des mains hostiles ont, dans cette revue, glissé plus d'une information tendancieuse. Par exemple, l'auteur d'un article sur le Japon écrit : « Pour l'instant ( !) au Japon, le fascisme ne possède pas de force attractive notable aux yeux des masses ( !)... » Que signifie ce « pour l'instant » ? Serait-ce que le fascisme aura un jour une « force attractive notable » aux yeux des masses japonaises ?*

*Les ennemis du peuple occupent des places si fortes dans cette revue qu'ils reproduisent dans ses pages les articles réactionnaires de la presse japonaise. Quels intérêts défend son rédacteur en chef, G. Voïtinski ? Il ne publie pratiquement pas un numéro sans propagande ennemie.*

*... Les ennemis du peuple démasqués qui occupaient des postes de direction à l'Académie des Sciences agricoles et à la Direction céréalière du Commissariat du peuple à l'Agriculture d'URSS se sont donné bien du mal pour embrouiller l'exploitation céréalière. Ce serait un laisser-aller impardonnable que de croire qu'après que l'on a dénoncé les fautes commises sur le front de la production végétale, tout va au mieux. Les racines du sabotage demeurent incontestablement.*

*... Des enfants espagnols arrivent à Léningrad. Le* Coopération *a rejoint le bateau-phare avec, à bord, plus de six cents enfants des héroïques combattants des Asturies, de Bilbao et de Santander. Quelques heures plus tard, le* Félix-Dzerjinski *arrivait, amenant quelques centaines d'enfants de plus. Les claires voix enfantines ont résonné :* « Viva Rusía ! Viva Stalín ! »

Le nom de nos héros
Au siècle d'acier s'inscrit,
Le pays soviétique si beau
En jardin printanier fleurit.
Jours lumineux de la Patrie,
Mil neuf cent vingt chante la gloire
De Staline en ses victoires
Qui à sa suite nous conduit.

*Alexéi Sourkov*

*... Selon les informations du Comité régional de Bachkirie, les communistes de cette république ont perdu 377 cartes du Parti nouveau modèle. Elles servent aux ennemis du peuple, aux espions et aux saboteurs. Un bon nombre de cartes sont aux mains de l'ennemi.*

*... Rassemblement des stakhanovistes et mineurs de choc du bassin du Donetz. Dans son discours, le cam. Nikita Izotov a dit : « Essouchons les saboteurs jusqu'au bout ! »*

*... L'écrivain Vsevolod Vichnevski*[1] *assure le reportage de la réunion électorale des ouvriers du textile. Le nom de Staline est sur toutes les lèvres. Presque chaque orateur parle avec chaleur et en même temps profondément, intimement, de ses sentiments personnels envers lui. S'exprimant au nom des travailleurs qui ont avancé la candidature de Staline au Soviet Suprême d'URSS, Zvériov, un ouvrier du textile, a dit : « Le camarade Staline entre dans tous les détails de la vie, du travail et du salaire des ouvriers. Et que d'améliorations il a apportées dans la production du textile ! »*

*Quatre mille mains se dressent d'un seul élan pour la candidature du camarade Staline.*

1. Vsevolod Vichnevski (1899-1951), auteur, entre autres, de la célèbre pièce *La Tragédie optimiste* et du scénario des *Marins de Cronstadt*.

*Huitième entracte*

## LE BOND DE L'ÉCUREUIL

Il n'aurait pu imaginer qu'il se retrouverait aussi vite là où il avait régné et même qu'il y reconnaîtrait certaines choses. Au moment, pas si lointain, où les Gorki[1], avec leur confortable petit palais et leur parc, se sont enfuis à une si vertigineuse allure, Oulianov a eu la certitude de dégringoler dans l'abîme, bien qu'au début, il aurait plutôt cru que les Gorki restaient en bas et qu'il s'envolait vers le haut. L'abîme, l'abîme, c'était en somme le seul mot qui lui restait de son vocabulaire jadis suffisamment riche. L'abîme, bientôt toutes ces sottises de sens haut-bas, droite-gauche, ont disparu et l'abîme s'est ouvert pour de bon devant lui. Une part de lui-même s'est rendu compte qu'il y avait eu quelque chose jadis — du café et des petits pains chauds, par exemple —, qu'il restait encore quelque chose à présent, juste une joie égale, une musique désormais inaccessible, mais il a compris qu'un instant encore, et il n'y aurait plus jamais autre chose que l'abîme. Bien sûr, à ce moment, il a pensé moins qu'à toute chose qu'il avait mérité son sort, disons par sa cruauté ou sa duplicité, car une conception telle que le « châtiment » avait disparu de son esprit de même que ses préoccupations favorites du genre de : « Comment réorganiser l'Inspection ouvrière et paysanne », soit ce qui avait frémi presque jusqu'au bout à l'horizon, s'était englouti dans l'abîme de plus en plus proche. Soudain, il y a eu une saccade, comme un coup de frein, une espèce de parachute, et l'abîme inexorable, la métamorphose de son essence oulianovienne en une essence de douleur s'est arrêtée d'abord, puis s'est mise à s'éloigner, tandis qu'avec son parachute, Oulianov commençait une lente descente, à moins que ce ne fût une remontée, traversant d'immenses espaces où filaient parfois des lambeaux d'Inspection ouvrière et paysanne, bien plus, des notes éparses de cette « musique inhumaine » qui l'avait, autrefois, forcé à oublier un instant sa vocation révolutionnaire.

Il re-perçut la présence de l'air et de l'humidité qui y était en

1. Nom complet : Les Gorki-Lénine, localité à trente-cinq kilomètres de Moscou où Lénine eut sa dernière résidence et où il mourut.

suspension en se retrouvant au creux d'un arbre, dans le remuement de petits êtres duveteux comme lui-même. Il sortit le museau de sous le ventre de maman et les senteurs de la terre lui montèrent à la tête. L'écorce, la sécrétion de maman, une fumée légère, de petits os en décomposition, les feuilles, les boutons, les bourgeons, les fourmis, les vermisseaux, l'odeur forte, enivrante, de la terre en dégel, toutes ces choses qu'il ignorait encore, non identifiées, mais à venir, qui lui avaient fait pousser un petit cri de joie, faire un petit bond à la manière de ce léger sursaut vraiment stupéfiant d'autrefois, ce petit rire, les doigts dans les emmanchures du gilet à l'appui : « Hé-hé, mes petits pères ! »

Il grandit très vite et, au milieu des années trente, certains connaisseurs de la nature du Bois d'Argent distinguèrent, parmi la nombreuse population sciuridée, un mâle d'une taille extraordinaire, si extraordinaire que la plume de l'écrivain se refuse à le désigner autrement qu'avec une majuscule : l'Écureuil.

Il convient de dire que, même sous ces dehors, Oulianov joua, parmi ses congénères, le rôle d'une autorité incontestée. Naturellement, il ne jouissait plus des qualités hypnotiques de l'intellect, mais par contre, en vertu de jeux mystérieux de la nature, il avait acquis de phénoménales aptitudes à la reproduction. C'est à cela qu'il s'adonnait. C'est à cela qu'il se sentait prédestiné. Des premières lueurs de l'aurore jusqu'à la toute dernière extinction du couchant, il s'envolait le long du tronc des pins, exécutait des sauts gigantesques de branche en branche, fonçait sur les matelas d'aiguilles, sur les sentiers, sur les toits, sur le faîte des palissades, à la poursuite de ses séductrices à la queue en panache, lesquelles ne souhaitaient que d'être rattrapées et dans ce dessein, filaient à fond de train. Une fois sa proie atteinte, il la soumettait à une copulation superbe.

Il ne se permettait quelque repos que la nuit, se balançait dans un demi-sommeil sur quelque branche solide, se sentait au sein du confort et de la sécurité parmi le jeu des ombres et des lueurs de lune. Parfois, mais de plus en plus rarement, il lui venait des visions de nulle part — et parmi elles, le plus souvent, celles de murs crénelés en queues-d'aronde — mais il les chassait d'un puissant mouvement de son panache.

Il y a lieu de dire que les mâles de la population du Bois d'Argent admettaient sans barguigner sa supériorité, mais au lieu de se grouper autour de lui comme dans sa vie antérieure, ils se tenaient à distance, rôdaient, tels des chacals indécis, à la périphérie de son harem. Généreux comme sont les forts, il ne prêtait pas attention à ces timides, pour la peine, ceux — ils étaient rares — qui s'enhardissaient jusqu'à l'affronter si peu que ce soit, il leur réglait leur compte sur l'heure : il les guettait, se jetait sur eux et, d'une prompte morsure à la gorge, rompait le fil de leurs jours. Dans ces victoires, il croyait retrouver l'ombre du passé.

D'ailleurs, au bout de quelques années, ayant fécondé plusieurs générations de compagnes, c'est-à-dire de ses filles, petites-filles et arrière-petites-filles, il s'était calmé. Là, il avait été visité par une certaine sensation d'harmonie, et s'était même permis, de temps en temps, de s'attarder sur de rares visions de l'*autrefois*, du passé désormais quasi impénétrable, et même s'était posé la question de savoir si une grosse noix ne se cachait pas derrière les murs crénelés.

Un jour, à l'heure du crépuscule, alors qu'il se reposait de son dernier accouplement sur la cime d'un majestueux sapin, il jeta un coup d'œil en bas et aperçut une femme assise sur un banc dans une attitude tristement pensive. Il avait déjà remarqué cette femelle humaine aux reflets choisis plutôt dans les couleurs claires du spectre. Avant, elle n'était pas aussi silencieuse, au contraire, elle parlait fort, riait souvent, se disputait à grands cris, se livrait à des jeux amoureux, presque toujours avec le même homme. À présent, elle était mélancolique, distraite en sa tristesse, son spectre s'était embrumé et l'odeur de fleurs qui l'accompagnait toujours s'était quelque peu flétrie. L'imaginer ainsi, assise solitaire au milieu des bois ? Une idée invraisemblable s'empara d'Oulianov : « Avec une femelle pareille, je n'aurais pas permis au Parti de se fractionner, je n'aurais pas déchu jusqu'à la dictature. »

Il glissa jusqu'en bas, bondit sur le banc et se figea dans sa pose royale, les yeux fixés sur la femme. Elle sentit sa présence, leva la tête, se retourna.

— Grands dieux, qu'il est grand ! articula Véronika en éclatant de rire presque comme avant. Il faut te montrer aux enfants des écoles, grand-père Lénine !

Elle tendit la main avec précaution vers l'étonnant petit animal. Oulianov ne broncha pas. Il aperçut au-dessus de lui un petit filet pulsatile au rythme mélancolique et doux. Le trancher d'un coup de dents eût été chose facile. La main s'abaissa sur sa tête et suivit son dos. « Il n'a pas peur, s'étonna Véronika. Allons, viens avec moi, viens chez nous, je te donnerai des noix. »

Elle s'éloigna le long du sentier. Assis sous son pin, Oulianov s'abandonna aux frémissements d'un orgasme. Il passa la nuit dans la maison où demeurait cette femme. La maison était pleine de lumière, derrière les fentes des stores, des ombres se profilaient, parfois, c'était la sienne à elle. Oulianov, béat, sommeillait.

C'est cette nuit-là qu'on emmena Véronika. Bien qu'il ne comprît pas le sens de ce qui se passait, Oulianov sentit que c'était pour toujours. Au dernier moment, alors qu'elle montait en voiture, il franchit la cour d'un bond et se dressa devant elle tout en haut d'un poteau de la palissade. Le regard de Véronika, qui errait au firmament, tomba sur lui et une horreur subite lui crispa le visage. La portière de la voiture claqua. Depuis lors, il arriva parfois à Oulianov de songer à elle, toujours en rapport avec la courbe imprécise d'un mur crénelé, comme si à ce moment de l'espace, l'irrémédiable avait coïncidé avec l'odeur d'un café frais.

Et puis, un autre jour, par une journée exceptionnellement claire, d'un bleu infini, Oulianov-l'Écureuil remarqua un point noir très haut au-dessus de lui. Avant que le point ne s'abatte, il connut une illumination, il comprit que sa brève existence d'écureuil lui avait été uniquement donnée pour qu'il puisse se rafraîchir de son infernale fièvre de jadis.

# II

# GUERRE ET PRISON

*L'intelligence humaine*
*ne peut concevoir*
*la continuité absolue du mouvement.*

LÉON TOLSTOÏ
*Guerre et Paix*

Parfois, un écrivain place une épigraphe au seuil de son récit, puis, au bout d'une page ou deux, l'oublie du tout au tout. Dans ce cas, la citation accrochée au-dessus de l'entrée cesse d'éclairer l'intérieur du roman et ne joue plus que le rôle d'une plaque en laiton, d'un jeton garantissant la valeur intellectuelle de l'auteur et son appartenance au club des grands esprits. Puis, à la longue, ce rôle aussi se dégrade et si, le livre achevé, le lecteur prend le temps de rejeter un coup d'œil au début, il se peut que l'épigraphe lui apparaisse comme un petit appoint ridicule, un emblème de Jaguar soudé à un vieux tacot. Exprimant ces considérations, nous comprenons que nous nous offrons nous-même aux coups de la critique adverse. Cet être venimeux s'emparera de notre superbe citation tolstoïenne, et aussitôt, de découvrir les dents : c'est bien ça, un jaguar sur un vieux tacot. Prévoyant cet épisode de notre lutte littéraire, nous devons le démentir d'entrée et déclarer, sans fausse modestie aucune, qu'au cours de notre longue pratique, nous avons toujours eu sujet d'être fier du lien harmonieux qui unissait nos épigraphes au texte consécutif.

En premier lieu, nous n'en avons jamais abusé, en second lieu, nous ne les avons jamais utilisées en guise d'ornement, et si jamais nous avons recouru à quelque nébuleuse formule de sagesse populaire comme :

*Les champignons de Riazan*
*Quand on les mange des yeux*
*Ça rend bigleux*

c'est uniquement en vue de renforcer notre flou artistique à venir. Il en va de même de l'épigraphe que nous venons d'abandonner, mais oui, derrière nous, cette idée, mais oui, marquée au burin de Léon Tolstoï lui-même, mais oui, voyons, l'idée que la « continuité du mouvement » est, mais oui, inconcevable, nous l'avons adoptée non seulement pour nous associer à la « grande Pléiade » (pourvu, là, tout de même, que nous ne soyons pas en train de donner le change), mais surtout afin d'entreprendre notre périple à travers la

Seconde Guerre mondiale. Cette épigraphe jouera en quelque sorte le rôle du grand poêle de Iasnaïa Poliana d'où nous avons l'intention de prendre le départ ; de développer, et parfois d'avoir l'audace de réfuter la grande pensée, mais aussi l'impasse, de notre génie national. Poursuivons donc notre route vers la guerre où parmi ceux de millions d'êtres souffrants, nous allons découvrir les chers visages des membres de la famille du professeur Gradov. Leur apport dans cette foudroyante dévastation des temps n'est pas si faible, si l'on s'en tient au point de vue de Tolstoï selon lequel « C'est une somme d'arbitraires qui a fait la révolution et Napoléon ; c'est cette somme, et elle seule, qui les a tolérés, puis anéantis. »

Par conséquent, et le vieux médecin Boris Gradov, et sa femme Mary si férue de Chopin et de Brahms, et leur domestique Agacha, et même le surveillant d'îlot Slabopétoukhovski, ont exercé dans le gigantesque pandémonium des arbitraires humains pas moins d'influence que de Gaulle, Churchill, Roosevelt, Hitler, Staline, l'empereur Hiro-Hito et Mussolini. Relisant récemment *Guerre et Paix* — pour la première fois depuis notre enfance, reconnaissons-le, et pas du tout parce que nous allions entreprendre *Guerre et Prison*, mais par pur plaisir de la lecture —, nous nous sommes heurté à une série de considérations de Tolstoï sur les mystères de l'histoire qui, parfois, nous emplissent de bienheureux attendrissement tant ils ressemblent aux nôtres, mais parfois aussi, nous laissent confondu.

Tolstoï, qui nie le rôle des grands hommes au tournant des événements, s'appuie sur quelques exemples tirés de la vie pratique. Tenez, dit-il, lorsque les aiguilles de votre pendule approchent des dix heures, l'angélus se met à sonner à l'église voisine, mais cela ne signifie pas que « la position des aiguilles est la cause de l'ébranlement des cloches ». Comment cela ? s'étonnera un bel esprit actuel nourri d'histoires drôles. Ce n'est tout de même pas le contraire ! Ce ne sont pas les cloches qui entraînent les aiguilles. Car le sonneur aussi, s'il a empoigné sa corde, c'est après avoir consulté sa montre. Oui, mais en proposant son exemple, c'est autre chose que Tolstoï avait en vue.

Observant une locomotive en marche, l'entendant siffler, voyant ses roues tourner, Tolstoï s'interdit de conclure que « le sifflet et le mouvement des roues sont les causes du mouvement de la locomotive ». Certes, le sifflet n'en est point cause, mais quant aux roues, permettez-nous d'en douter : ce sont bien elles qui, par leur course en avant ou en arrière, entraînent le mouvement de tout le fourbi qu'on a accumulé dessus. Ici, nous n'avons pas d'autre issue que de supposer que Tolstoï avait, pour illustrer les phénomènes de l'histoire, autre chose en vue.

Le dernier exemple qu'il propose, dans la troisième partie du troisième volume de *Guerre et Paix*, embrouille définitivement le tout, à moins que l'on ne décide de faire porter le chapeau aux éditions de la Pravda, *Œuvres en douze volumes, 1984*. Tolstoï écrit qu'à en croire les paysans, si le vent qui souffle à la fin du printemps est froid, c'est parce que les bourgeons des chênes éclatent. Nous le citons avec un petit signe de tête à l'adresse de notre brillante épigraphe : « ... Bien qu'ignorant la cause du vent froid qui souffle lorsque s'ouvre le feuillage des chênes, je ne saurais tomber d'accord avec les paysans (...) ne serait-ce que parce que la force du vent échappe à l'influence du bourgeon. »

Ici, l'on est en quelque sorte tenté de présupposer aux événements un cours inverse, et de dire que si les bourgeons s'ouvrent, c'est sous l'effet du vent ; or, Tolstoï ne le fait pas et nous présumons qu'il a tout autre chose en vue que l'image de surface, que sa pensée, son très profond sentiment religieux, se démarquent absolument des théories positivistes du XIXe siècle et rejoignent les sphères métaphysiques. C'est-à-dire que sa pensée ouvre tout grand la porte vers des vides sans fond, vers l'innominé et l'inconnu où nous découvrons les bouleversantes « choses en soi ».

Hélas, quelques lignes plus bas, le comte rétablit la liaison avec son siècle, celui des grandes découvertes scientifiques, pour déclarer : « ... je dois complètement changer de poste d'observation et étudier les lois du mouvement de la vapeur, des cloches et du vent. L'histoire doit faire de même. De telles tentatives ont déjà eu lieu. »

En somme, ayant exposé ces problèmes abstraits et (comme il l'estime pour l'instant) insolubles, Tolstoï en arrive à penser que « pour étudier les lois de l'histoire, il nous faut choisir d'autres sujets d'observation, laisser en paix les rois, les ministres et les généraux et concentrer notre attention sur les éléments infiniment petits, analogues, qui dirigent les masses ».

Presque du marxisme. C'est sans doute à cette soif de connaissance que Lénine songeait en conférant au comte le titre nouveau de « miroir de la révolution russe ». Notre maître à tous aurait, soit dit en passant, dû savoir qu'avec Tolstoï les choses n'étaient jamais si simples, qu'il ne s'était pas contenté de se pencher sur « la somme des reflets des arbitraires humains », mais qu'il y avait ajouté pas mal de son propre arbitraire et, avant toute chose, qu'il avait posé que le mouvement de cette infinité de subordonnées était réglé par En-haut, non par les théories d'économistes ou d'anthropologues refoulés, mais par la Providence.

Pourtant, il advient quand même que certains théoriciens et praticiens se détachent de la somme des arbitraires et envoient des millions d'hommes à la mort, des milliards d'hommes en esclavage, il y a donc arbitraire et arbitraire, et malgré le vif désir que nous en avons, nous ne saurions adhérer à l'image de la ruche, si frappante soit-elle, et exclure le rôle de l'individu dans l'histoire.

Cette réflexion sur les thèmes de Tolstoï, qui confirme pour ainsi dire pleinement notre épigraphe, nous a été nécessaire pour aborder le début des années quarante et observer à travers un cristal magique les lointains d'un nouveau pan de ce « roman libre » unique au monde dont nous souhaiterions que notre récit constituât aussi une partie, lointains d'où nous passerions en revue les prodiges de l'arbitraire humain connus dans l'histoire sous le nom de Seconde Guerre mondiale.

## CHAPITRE PREMIER

# *Entendez-vous ce bruit de bottes ?*

Une colonne de nouvelles recrues, quelques centaines de « bleus » moscovites, se dirigeait au pas de route le long de la rue Métrostroïevskaïa (ex-Ostojenka) vers la caserne des Khamovniki. Malgré les ordres — Défense de fumer dans les rangs — de minuscules lueurs perçaient ici et là dans la masse sombre des hommes, éclairaient des lèvres, un bout de nez, une main. Ce n'était pas la première fois que les potaches d'hier fumaient en douce dans leur poing. Et c'est aussi d'une école qu'ils venaient, celle de Sivtsev Vrajek où se trouvait le point de rassemblement, c'est-à-dire d'une ambiance familière. Des bottines civiles effleuraient le sol, d'élégantes chaussures blanches hier encore passées à la pâte dentifrice Priboï papillotaient, des pantoufles de feutre glissaient sans bruit.

On ne leur avait pas communiqué leur destination, mais ils la connaissaient tous : la caserne des Khamovniki — la douche, la boule à zéro, la visite médicale et l'incorporation. Moscou était déserte, les réverbères étaient éteints, les fenêtres occultées par les stores épais du black-out, mais le ciel était clair, c'était la pleine lune ; cependant, celle-ci n'était pas la principale source de lumière, non, c'étaient les projecteurs qui zébraient en tous sens la voûte céleste, tour à tour s'entrecroisant ou formant des gigantesques chevrons de lieutenant. Ils ne happaient que les saucisses de la défense antiaérienne, mais tout le monde savait qu'autre chose pouvait surgir à tout moment. Le bruit courait sous cape que plus d'une fois déjà la reconnaissance allemande avait tourné au-dessus de la ville.

Dans le gros de la troupe, parmi ses conscrits, avançait Mitia Gradov (Sapounov) — dix-neuf ans. C'était un assez solide gaillard, les épaules larges, le torse bombé, bien développé, les bras un peu trop longs, les jambes un peu trop courtes, la mèche avantageuse, les pommettes et la mâchoire fortes, le regard puissant, plein d'une lumière étrange ; bref, un beau gars. Il avait passé son bac exactement trois jours avant le début de la guerre et se préparait à entrer à la fac de médecine — bien entendu, sur les conseils de et protégé par grand-père Boris —, mais les choses avaient tourné tout autrement : moins de six semaines plus tard, il était appelé sous les drapeaux.

Déjà quelqu'un entonnait :

*Voici le saint combat,*
*La guerre populaire,*
*Comme un raz de marée*
*S'abat notre colère.*

Cette chanson avait tout récemment pris son essor depuis les haut-parleurs publics et avait tout de suite connu la vogue. Elle avait quelque chose d'entraînant, elle ne laissait pas place au doute. Même Mitia, qui s'était toujours senti étranger dans la société soviétique, le pesant rythme de marche et les cauchemardesques paroles :

*D'une balle en plein front,*
*Aveugle ordure nazie*
*Lie de l'humanité,*
*Horribles avortons,*
*Pour toujours au cercueil*
*Nous vous enfermerons.*

l'emplissaient d'une fureur intense dont l'objet d'ailleurs n'était pas très clair. En fait, là, dans cette colonne, dans cette nuit, en cette première marche vers la guerre, ce qui l'inquiétait, ce n'était pas la chanson, mais la présence de Tsilia Rosenblum. Car la colonne était accompagnée d'un groupe de mamans, parmi lesquelles trottinait Tsilia. Qui lui avait dit de venir ? Qui avait besoin de ces tendresses de génisse ? La « maman » s'était éveillée en elle, voyez-vous ça ! « Quel manque de tact ! » — voici quels mots — qui bien entendu n'étaient pas à lui, mais relevaient du vocabulaire de grand-père Boris — tournaient dans la tête de Mitia. Quel manque de tact ! Jamais son fils adoptif n'avait appelé Tsilia Rosenblum « maman ». Le père de celle-ci, non seulement il lui disait volontiers « grand-père », mais il le considérait presque comme son vrai grand-père, presque pareil à « grand-père Boris ». Kirill, son père adoptif qui avait depuis longtemps disparu dans la toundra de la Kolyma, il s'en souvenait quand même comme de son père, plus peut-être, car son véritable père, Fiodor Sapounov, moujik cruel et sauvage, ne s'était pas encore effacé de sa mémoire. Il s'était souvent rappelé, aux moments les plus intimes de sa jeunesse, qu'un jour, un an avant d'être arrêté, Kirill s'était assis près de son lit et, croyant qu'il dormait, l'avait contemplé avec tant d'amour, de bonté... Il avait fait semblant de dormir, il l'avait observé à travers ses cils comme à travers une branche de sapin et s'était dit :

Quel beau visage a mon père, comme ses yeux sont humains ! Aujourd'hui encore, pensant à Kirill, il l'appelait toujours « mon père » : Comment va mon père ? Est-il encore en vie ? Ces monstres ne l'ont-ils pas tué ? Il ne se rappelait pas très bien s'il l'avait jamais appelé « père » à haute et intelligible voix ou s'il s'en était tenu jusqu'au bout au « tonton Kirill » des premiers temps, mais il avait plus d'une fois cherché à se convaincre — et avait fini par y arriver — qu'il avait appelé celui qui l'avait sauvé de la déportation au Kazakhstan, où étaient morts les trois quarts des gens de son village, non pas « mon oncle », mais « père ». Seulement, la femme de son père, qui avait pourtant elle aussi participé au sauvetage, même dans ses pensées les plus lointaines, il ne pouvait l'appeler « maman ». Pourtant, elle n'était pas méchante, cette femme, et même parfois extraordinairement bonne, mais elle n'avait rien d'une mère. Distraite, toujours ridiculement vêtue, d'une propreté souvent douteuse (il lui arrivait, le matin, de la voir, grommelant, pestant, cherchant des livres ou ses cigarettes, oublier de se laver), non, la savante marxiste qui n'embaumait pas toujours la rose, elle n'avait pu chasser de la mémoire de Mitia son étique maman de Gorelovo, avec ses torgnoles, sa manie de lui tirer les oreilles pour un oui et pour un non, unique méthode pédagogique à sa disposition. Ses pinçons humiliants et douloureux, Mitia ne s'en souvenait guère, il se souvenait d'autre chose : parfois maman l'attrapait par l'oreille pour le corriger, pour lui faire mal, mais au lieu de cela, elle lui recouvrait cette même oreille de la main et le serrait contre elle comme un petit oiseau. Voilà ce qui lui en restait, de sa maman qui avait péri dans l'incendie de sa maison.

Naturellement, l'ordre d'appel était arrivé chez Tsilia chez qui Mitia était domicilié, et non au Bois d'Argent. C'est pourquoi il s'était retrouvé en bordure du point de rassemblement et non au centre, sur le boulevard circulaire. C'était une école où on les garda près de vingt-quatre heures et où on leur dépêcha même la roulante de la caserne ; et chaque fois qu'il mit le nez à la fenêtre, il aperçut de l'autre côté de la grille, parmi l'attroupement des autres mamans, maman Tsilia. Non mais, vraiment ! celle-là aussi, la maman s'était réveillée en elle ! À présent, elle défilait à toute allure, de conserve avec la colonne, se mettait par moments au trot. Par-derrière, sa jupe traînait presque au sol, par-devant, elle était remontée en biais jusqu'au genou gauche, découvrant un bas en accordéon. Soudain, il se rappela quelque chose de tout à fait honteux : les tétons de Tsilia, comme Kirill les avait attrapés, caressés, lors de leur première aventure dans la grange. Cette scène que, gamin mourant de faim, Mitia avait surprise à travers les fentes d'un tonneau pourri, il s'était efforcé de l'oublier et semblait y être parvenu, et pourtant, à présent, il s'en souvenait. Il avait du mal à imaginer que la jeune rouquine à la peau si blanche semée de taches de son et cette vieille juive étaient une seule et même personne. Comment peut-on être une si horrible juive, si scandaleusement juive, peut-on dire ? songea Mitia avec un frisson de dégoût. De dégoût non pour « tante Tsilia », mais pour lui-même. Pour la première fois, il lui venait à l'esprit que s'il ne l'appelait pas « maman », c'était peut-être parce qu'elle était trop juive, peut-être même parce qu'il avait honte d'elle. On n'exécrait rien tant que l'antisémitisme chez les Gradov et c'est dans cet esprit que Mitia avait été élevé, et voilà qu'au fond de lui un écran se levait soudain et qu'il comprenait qu'il avait, en ce moment, terriblement honte de Tsilia, honte devant ses nouveaux camarades, les jeunes recrues, honte qu'ils pensent qu'elle était sa mère.

Au moment où la colonne traversait un boulevard, Tsilia, remarquant que le sergent d'encadrement était parti en avant, se faufila carrément dans les rangs et tenta de lui fourrer un colis de victuailles entre les mains.

— Prends ça, mon petit Mitia. Il y a un paquet de biscuits à la fraise, une livre de bonbons l'Écureuil que tu as toujours aimés, une demi-douzaine d'œufs, un pot d'huile de foie de morue, n'oublie surtout pas de la prendre !

Cela faisait sûrement un bon moment que l'huile de foie de morue avait coulé par le bouchon, des taches jaunes marquaient le balluchon que Mitia repoussait du coude. Ça puait.

— Je n'en veux pas. Mais je n'en veux pas, tante Tsilia !

Ce qu'il craignait, bien sûr, ce n'était pas l'odeur, mais d'être associé à cette juive qui, par-dessus le marché, lui fourguait ce colis comme exprès pour que l'histoire fût encore plus grotesque. Et pourquoi y avait-elle flanqué de l'huile de foie de morue, bon Dieu ! Elle avait dû se rappeler qu'on en donnait aux enfants... Je dois être un fameux salaud ! songea-t-il encore, furieux.

— Si on t'envoie tout de suite au loin, mon petit Mitia, écris-nous dès ton arrivée, sinon, nous serions fous d'inquiétude, marmonnait Tsilia en rapprochant son visage — sa lèvre supérieure agrémentée d'une grosse verrue sous l'aile gauche du nez s'avança, on aurait dit qu'elle voulait l'embrasser.

Les gars les regardaient en douce, ricanaient. Mitia suait de gêne.

— Bon, bon, tante Tsilia. J'écrirai, tante Tsilia. Rentrez chez vous, tante Tsilia !

Elle mit fin à son bafouillage d'une exclamation quasi désespérée :

— Quelle « tante Tsilia » ! Je suis ta maman, mon petit Mitia !

Le sergent revenu au milieu de la colonne s'avisa de la présence dans les rangs d'un corps étranger. Il empoigna Tsilia par la manche :

— Tu n'es pas folle, citoyenne ! C'est une colonne militaire ! Tu veux aller en prison ?

Son tricot était en viscose, la manche s'étira démesurément, en aile de chauve-souris. Tsilia trébucha. Elle laissa tomber son balluchon et, de surcroît, ses livres dégringolèrent de son sac de paille. Elle resta en arrière de la colonne. Aux derniers rangs, des rires montèrent :

— Regardez-la ramper, la juive !

Gochka Kroutkine, un gringalet des chantiers du Palais des Soviets, poussa Mitia du coude et lui demanda d'un air détaché :

— Tu serais-t-il vraiment juif, Mitia ?

L'autre explosa :

— Je suis russe[1], russe à cent pour cent ! Tu ne le vois donc pas ? Je n'ai rien à voir avec ces... avec ces... Et cette... cette... c'est une voisine, c'est tout !

Déjà ils passaient sous l'arche de la longue caserne jaune, lorsque les sirènes se mirent à hurler et qu'un canon antiaérien gronda. Les nouvelles recrues étaient déjà à l'intérieur et regardaient par la fenêtre quand elles aperçurent la lueur d'incendie qui montait de l'Outre-Moskova.

L'alerte dura quelques heures. Le jour s'était levé que les sirènes hurlaient encore et que les canons tiraient çà et là dans un ciel visiblement désert. Les Allemands avaient voulu atteindre la tour de la radio, l'avaient ratée, n'avaient incendié que quelques immeubles d'habitation.

Ce matin-là, les tramways partirent avec deux heures de retard. Ils furent pris d'assaut par des foules si énormes que Tsilia n'eut même pas le courage d'en approcher et partit vers la prison de Lefortovo à pied. Mais lorsqu'elle y parvint, elle découvrit une queue aux colis absolument démesurée. On lui passa un bout de crayon à encre, elle le mouilla de sa salive et inscrivit un numéro de cinq chiffres au dos de sa main : son numéro d'ordre dans la file d'attente. Il signifiait qu'elle devrait rester là toute la journée jusqu'à la nuit, et peut-être repartir bredouille. « Comptez bien qu'il y en a pour toute la journée, citoyenne », lui dit sa voisine qui avait, pour ce cas, emporté son tricot. Le public savait que la prison de Lefortovo ne possédait que trois guichets pour la transmission des colis, sur lesquels, parfois, deux seulement étaient ouverts, ou même un seul, et qu'au moment du déjeuner ils fermaient tous les trois pour deux heures.

1. C'est ainsi que l'on a, de tout temps en Russie, signifié « non-juif ». On ne disait jamais « chrétien », a fortiori sous le régime soviétique.

Tsilia avait déjà une grande expérience des stations devant les prisons politiques. D'ordinaire, elle emportait un livre, *Des Principes du léninisme*, de J. Staline, disons, ou quelque autre écrit fondamental, marquait les pages, copiait des citations, cela lui était d'un grand secours, plus tard, pour ses conférences. Les livres, ses amis de toujours, les solides livres marxistes, l'aidaient aussi à combattre l'odieuse, l'insurmontable angoisse qu'elle éprouvait à chaque fois. Car l'on n'acceptait pas toujours les colis destinés à Kirill. Il y avait apparemment dans son affaire quelque chose qui clochait, une erreur administrative. Parfois, après une journée entière de queue, le guichet lui renvoyait son paquet avec la mention : « Ne figure pas sur les listes autorisées à colis ». Cela pouvait signifier le pire... non, non, pas cela, pas le pire, il avait pu se produire quelque chose de moins affreux, disons la suppression provisoire des colis pour quelque faute commise *à l'intérieur*. Rigoureux ou, disons le mot : têtu comme il était, il avait pu fâcher tel ou tel camarade de l'administration, n'est-ce pas ? Car parfois, l'on acceptait le colis sans plus d'embarras, on lui faisait simplement signer un bordereau, c'est tout, ce qui signifiait à l'évidence qu'il figurait sur la liste. Logique, non ?

La queue aux guichets de la prison se déroulait dans les paisibles ruelles de Lefortovo où ne se sentaient ni la guerre ni le XXe siècle en général. De petites barrières, des pigeonniers au-dessus des toitures basses, du réséda aux fenêtres, des boissons *Au Champignon*, des minous, le marchand de pétrole du coin, une époque perdue, 1880 pour ainsi dire, des mœurs figées. L'ordre contemporain ne se faisait jour que lorsque l'on se rapprochait du but, du mur de béton interminable et sans visage sur lequel était parfois collé un journal ou une affiche de propagande.

Les rares passants qui demeuraient dans ces paisibles ruelles détournaient les yeux de l'éternelle et bourdonnante file des familles des ennemis du peuple. Peut-être étaient-ils eux-mêmes de ces familles et revenaient-ils aussi d'une autre queue semblable, mais aucun d'eux ne témoignait la moindre sympathie aux « porteurs de colis » à bout de forces, d'autant que, par-ci, par-là, dans des coins retirés, on apercevait des femmes accroupies ou de rares hommes tête basse : qu'on le veuille ou non, il fallait bien quitter les rangs pour aller pisser et troubler ainsi l'idylle des ruelles et des cours du quartier.

Les livres aidaient Tsilia non seulement à tuer le temps, mais aussi à s'isoler de l'entourage, c'est-à-dire à s'en démarquer. Tout de même, savait-on qui étaient ces gens ? Car il n'était pas possible que nos « organes » aient commis autant d'erreurs que dans le cas de Kirill, et toutes ces femmes pouvaient soit par suite des vicissitudes du sort s'être trouvées les épouses, sœurs ou mères de condamnés politiques, soit être des complices méconnues. On ne pouvait jurer de rien.

Il fallait aussi s'isoler de conversations bien souvent irresponsables à l'extrême et même à la limite de la provocation. Et c'est ce qui lui coûtait le plus. Certes, elle ne disait rien, mais bon gré mal gré, elle écoutait les autres, car bien souvent il passait dans leurs propos quelque chose qui concernait Kirill. Tenez, en ce moment même, deux femmes derrière elle murmurent quelque chose à propos d'une affaire de condamnation « sans droit à la correspondance ».

— Mon mari est condamné à dix ans sans droit à la correspondance, mais j'espère tout de même... marmonne une voix pleurarde qui semble solliciter des apaisements.

— N'y comptez pas, ma chère, répond une autre voix, assourdie et pourtant provocante. Cherchez-vous plutôt un autre mari. Vous ne comprenez donc pas ce que signifie ce « sans droit à la correspondance » ? On les a tous fusillés, tous sans exception !

À travers des sanglots étouffés, la première femme articule d'une voix à peine audible :

— Pourtant, les colis, ils les acceptent parfois... ils les acceptent parfois.

— Laissez donc ! À quoi bon vous leurrer ? rétorque impitoyablement la seconde.

Le sang au visage, incapable de se contenir, Tsilia se retourna. Les deux femmes étaient appuyées à un réverbère, l'une jeune, maigrelette, pleurait sans bruit, l'autre, d'âge moyen, la face ronde, les cheveux courts, fumait une cigarette. Oubliant sa règle, Tsilia fondit sur elle :

— Qu'est-ce que vous débitez ? Qu'est-ce que c'est que ces saloperies que vous allez chercher ? Qui vous fournit ces informations dégueulasses ? Quand quelqu'un est condamné sans droit à la correspondance, cela signifie qu'il n'a pas droit à la correspondance et rien de plus ! Et vous citoyenne, n'écoutez personne. Si l'on accepte vos colis, c'est que votre mari est vivant.

La jeune femme s'arrêta de pleurer, ponctuant le discours de Tsilia de coups de tête effarouchés, comme de dire :

— Oui, oui, il est vivant, il est vivant, mais parlez bas, s'il vous plaît.

La seconde, celle à la face ronde, serrait sa cigarette entre ses dents d'un air de défi et détournait les yeux en silence ; en elle, on sentait une ennemie du peuple.

Quelques autres femmes les rejoignirent, échangèrent des coups d'œil entendus. Une brave vieille prit Tsilia par le coude.

— Ne te désespère pas, mignonne, s'il est vivant, il est vivant, tout est entre les mains de Dieu. — Elle se tourna vers les autres qui zyeutaient la savante juive en train de fulminer, et commenta : — Ce qui se passe, c'est qu'on ne lui accepte plus ses colis.

Tsilia se libéra violemment, tandis que son indignation croissait : alors, les habituées de la queue savaient déjà que... Ah ! quelle honte ! Se retrouver en compagnie de ces petites-bourgeoises ! Quelle honte !

— Tant qu'on ne vous a pas informée du décès de votre parent, il est encore en vie, s'écria-t-elle, feignant de ne rien perdre de son aplomb. Il existe des choses comme la loi et l'ordre, et il n'y a pas lieu de répandre des propos calomnieux.

Au bout de quelques heures, ayant passé tous les zigzags des ruelles, elle se retrouva au pied du mur de la prison long d'un kilomètre, au tout début duquel était collée une affiche représentant un poing énorme brandi au-dessus d'un casque nazi. De grandes lettres noires portaient jusqu'au peuple une sentence de Staline pleine de fermeté : « Notre cause est juste, l'ennemi sera écrasé, à nous la victoire ! »

Quelle force perce toujours dans ses paroles, songeait Tsilia, quel poids ! Quel bonheur ce serait si l'affaire de Kirill parvenait un jour jusqu'à lui et s'il cassait cette condamnation honteuse ; et alors, avec mon bien-aimé, nous partirions au front où notre Mitia chéri se bat déjà, et nous défendrions la Patrie et le socialisme !

Le haut-parleur qui surplombait le mur chantait comme en temps de paix :

*Aux tendres contours de l'aurore*
*S'éveille l'antique Kremlin*
*S'éveille à un nouveau matin*
*La terre des Soviets toute nouvelle encore.*

Cependant, l'on s'acheminait non point vers l'aurore, mais vers le crépuscule ; le long du mur, il faisait nuit noire, les femmes n'en pouvaient plus. Tsilia avait la nausée tant elle avait faim : comme toujours, elle avait oublié d'emporter un en-cas et, comme toujours, il se trouva une bonne âme pour lui offrir des biscuits. Cette fois, ce fut la malfaisante bonne femme à la face ronde coiffée d'un béret. Elle déballa des Fraise, les favoris de Tsilia, et lui en tendit sur sa paume ouverte : « Servez-vous. »

Tsilia prit l'un après l'autre trois merveilleux sablés et regarda la femme d'un air reconnaissant et confus.

— Excusez-moi, je me suis peut-être emballée, mais...

La femme repoussa les excuses.

— Je comprends, nous sommes toutes énervées... Prenez encore des biscuits. Voulez-vous une cigarette ?

Tsilia réalisa soudain qu'elle connaissait cette personne et même qu'elle appartenait à son milieu.

— Je vous demande pardon... C'est votre mari qui est ici ?

— Évidemment, je suis Nadia Roumiantseva, vous me connaissez, Tsilia.

Tsilia poussa un « ah ! » d'étonnement. Mais oui, c'était Nadia Roumiantseva, de l'Institut dissous des Enseignants Rouges. Et son mari était un théoricien renommé, Piotr Roumiantsev... N'était-ce pas Piotr Vassiliévitch, « le Bouillant Piotr », comme on l'appelait dans les milieux du Parti ? Tout en mâchant ses restes de Fraise, Tsilia se prit au moins trois fois en faute : *primo*, elle était entrée en contact avec la queue, bien qu'elle se fût juré de ne jamais le faire, *secundo*, elle avait pensé à Piotr Roumiantsev autrement que comme à un ennemi du peuple, simplement comme à un très convenable théoricien du marxisme-léninisme, *tertio*, elle l'avait situé dans un passé infiniment lointain, le plus-que-parfait, comme si quiconque pénétrait sous ces voûtes n'existait plus tout à fait, et alors lui aussi, son bien-aimé, son unique lumière, son « gamin » comme elle l'appelait toujours en pensée, n'existait plus tout à fait non plus, s'il ne...

Elle atteignit le guichet très peu de temps avant la fermeture. Elle y trouva une personne du sexe féminin portant un blouson et des insignes de lieutenant : « Nom ! Prénom ! Patronyme ! Article ! Durée de la peine ! » gueula-t-elle comme un automate. « Gradov, Kirill Borissovitch, 58 /8 et 11, dix ans », bafouilla Tsilia en tremblant et poussant son balluchon par le guichet.

— Plus fort ! gueula la tchékiste.

Elle réitéra le cher nom avec son odieuse excroissance d'article contre-révolutionnaire. La tchékiste ferma son guichet : c'était l'usage, pour que l'on ne vît pas comment on procédait à la vérification. Des secondes d'agonie s'égrenèrent. Moins d'une minute plus tard, le guichet se rouvrit et le balluchon fut renvoyé.

— Refusé !

— Comment cela ? s'écria Tsilia. — Sa peau blanche s'enflamma, ses taches de rousseur ajoutèrent à l'incendie un feu supplémentaire, comme pétillant. — Pourquoi ? Qu'est-il arrivé à mon mari ? Je vous en supplie, camarade !

— Je ne dispose d'aucune information. Allez vous renseigner où il convient. Circulez, citoyenne ! Au suivant ! gueula la tchékiste d'un ton indifférent, habituel.

Tsilia perdit complètement la tête et continua à crier des choses parfaitement incongrues.

— Comment cela ? Mon mari est totalement innocent ! Il sera bientôt libéré ! Il partira au front ! Je proteste ! Formalistes ! Sans cœur !

— Circulez, citoyenne ! Vous retardez tout le monde ! cria soudain derrière elle la voix brutale, furieuse de la jeune femme qui sanglotait ce matin à cause des condamnations « sans droit à la correspondance ».

La file se fit bruyante, on poussait par-derrière. Tsilia, tout à fait égarée, avait saisi la tablette du guichet, s'accrochait, hurlait.

— Il est vivant ! Vivant ! Quand même vivant ! Rien que pour vous embêter !

Attiré par le bruit, l'un des deux gros sergents qui montaient la garde près de la porte survint, prit la scandaleuse juive par les deux épaules, l'attira brusquement et la dégagea du guichet.

Il faisait tout à fait nuit lorsque Nadia Roumiantseva quitta le parloir de la prison, elle aussi les mains vides, ou plutôt les mains pleines de ce qu'elle avait apporté : un colis de ravitaillement pour son mari.

Maudissant la « racaille communiste » (hier encore komsomol, aujourd'hui victime du régime, elle n'avait même pas remarqué comme elle avait vite fait d'en venir à la terminologie des Blancs), elle se traînait vers l'arrêt du tramway, lorsqu'elle aperçut, assise sur le banc d'un petit square, Tsilia Rosenblum affalée, en pleine prostration. Des feuillets où se diluaient des lignes tracées au crayon à encre — l'unique lettre reçue de Kirill de tout ce temps — reposaient sur ses genoux.

Nadia s'assit à côté d'elle. Curieusement, elle compatissait à cette « marxiste enragée » (encore une expression anticommuniste qui émergeait on ne sait d'où), même si elle était vexée de ce que l'autre ne l'ait pas reconnue à trois pas les autres fois, dans la queue de Lefortovo.

— Tu as encore de la chance, soupira-t-elle, on t'écrit.

Tsilia tressaillit, leva les yeux sur Nadia et, soudain, s'enterra la face dans l'épaule de cette femme qu'elle connaissait à peine.

— C'était en 1939, bredouilla-t-elle. Sa seule lettre. Rien que des lieux communs.

Nadia répéta : « Tu as encore de la chance », alors qu'en fait elle feintait : en trois ans, « le sien » lui avait envoyé trois lettres. À son propre étonnement, elle caressa les cheveux de Tsilia. D'où lui venaient ces attendrissements ? Dans les bras l'une de l'autre, les deux femmes donnèrent libre cours à leurs sanglots.

— Pourquoi refusent-ils les colis, Nadia ? demanda Tsilia un peu plus tard.

Nadia inspecta les alentours d'un mouvement machinal, c'est ce que faisait tout Soviétique, dans ce temps-là, avant de proférer une phrase un peu forte.

— Ah, Tsilia ! Ils ne savent peut-être tout bêtement pas où ils sont. Je ne serais pas étonnée que ce soit le même bordel que partout ailleurs.

Elles se levèrent et s'en furent d'un pas lourd vers le tramway : on aurait dit deux vieilles, et pourtant, c'étaient deux jeunes femmes en pleine sève. En plus du reste, le système avait ruiné leur sexualité.

— La guerre changera tout, dit Nadia. Elle les contraindra à réviser leur rapport au peuple.

— Tu as peut-être raison, dit Tsilia. Et la première chose que nous devons réviser, c'est notre rapport aux cadres du Parti.

Elles parlaient à présent en vieilles amies, sans remarquer que l'une *les* appelait « ils » et l'autre « nous ».

— N'empêche, les « interdits de correspondance », ils les ont tous descendus.

— Pas possible ? murmura Tsilia d'une voix à peine audible, puis, plus fort : Excuse-moi, Nadia, je me suis emballée tout à l'heure. J'ai les nerfs à bout. L'interdiction de courrier ne figurait pourtant pas dans la sentence de Kirill, et puis tout de même, tu vois... cette lettre...

— Oui, oui, tout va s'arranger, Tsilia, approuva sa nouvelle amie.

Elles tournèrent au coin de la rue, et là, s'abattant tout d'un coup sur leur tête par une fenêtre ouverte, la radio vociféra : « Du Bureau d'information soviétique : De violents combats se déroulent aux accès de Smolensk. Les pertes de l'ennemi en hommes et en matériel augmentent d'heure en heure... »

— Tu entends ? s'exclama Tsilia, prise de panique. Les accès de Smolensk ! Ils se rapprochent ! Qu'allons-nous devenir ?

Le nouveau ciel de Moscou, avec ses aérostats et les feux de ses projecteurs, formait un contraste inouï avec ce trou perdu qu'était la banlieue de Lefortovo. Le vieux Koukouï se recroquevilla d'horreur devant l'avance de sa tribu.

## CHAPITRE DEUX

# *Pyrotechnie nocturne*

Dix ans et quelque après que nous y avons, pour la première fois, fait notre apparition, la gare de Biélorussie avait considérablement changé, bien entendu pas en ce sens que son architecture pseudo-russo-prussienne aurait disparu quelque part ou que la verrière pleine de suie qui l'apparentait à la famille des grandes gares européennes se serait volatilisée, mais en celui qu'au lieu de la paisible — bien que sérieusement militarisée — ambiance de 1930 où nous avions même réussi à glisser une frisette d'intrigue amoureuse, nous nous retrouvions, en août 1941, à une plaque tournante de la guerre, base de départ des militaires vers le front ou de repli des civils loin de l'Occident en feu.

Juste au moment où ce qui restait des Gradov s'y trouvait réuni, accompagnant le cher Savva qui embarquait pour une destination lointaine, le train de Smolensk, dont quelques wagons n'étaient plus que carcasses calcinées, entrait en gare. Aucun doute : c'était un train de réfugiés et il avait été bombardé par l'aviation allemande. Les faces pâles des civils ou des soldats blessés qui occupaient les fenêtres des voitures intactes défilèrent lentement le long du quai telle une exposition de peinture ancienne, tandis que dans les wagons calcinés, sur les plates-formes ou parmi les débris des coupés, les gens qui grouillaient prenaient des allures tout à fait fantomatiques.

Les quais et les salles d'attente étaient le siège d'un mouvement incessant et confus, comme si un cuisinier armé de sa louche avait remué cette bouillie humaine ; les gens se poussaient à coups de sacs, se répandaient sur le carrelage avec le contenu desdits sacs, bondissaient, cavalaient, se faufilaient une théière bouillante à la main, urinaient dans les coins parce qu'il était impossible à tous les amateurs d'atteindre les toilettes. Les patrouilles s'ouvraient la voie en brandissant leurs crosses. Chahut, clameurs de femmes, sanglots, hurlements d'enfants, ordres indistincts des haut-parleurs...

Après le silence et la solitude du Bois d'Argent, les Gradov étaient comme étourdis. Seule Nina ne semblait s'apercevoir de rien et raillait gaiement, en femme amoureuse, son mari revêtu d'un uniforme trop large aux insignes de major tout frais.

— Regardez-moi Savva ! apostrophait-elle. Qu'en dites-vous ? Quel chic, quelle désinvolture dans cet uniforme raffiné. Je ne soupçonnais pas que j'avais épousé un cavalier de la Garde.

Le médecin major Kitaïgorodski s'efforçait de répondre à l'humeur enjouée de sa femme : la poitrine bombée, frisant une moustache imaginaire, faisant les cent pas devant son wagon d'une démarche élastique, secouant ses longues jambes, faisant tinter des éperons fictifs. Iolka — sept ans — riait comme une folle de son éternel pitre de papa. Les autres, saisis d'étonnement, se taisaient.

Nina, toujours vive, très jeune pour ses trente-quatre ans — à une certaine distance, disons quinze mètres, on la prenait tout à fait pour une gamine —, sautillait autour de son époux, tiraillait son blouson trop court :

— Et tout de même, il y manque quelque chose, ils n'ont pas pensé à tout. Une fourragère, par exemple.

— « *Vos fourragères, ça fait longtemps, longtemps, longtemps qu'on les a flanquées au carcan* », chanta Savva en retour de sa voix grave. — C'était une réplique d'une chanson à succès, il avait sans doute la mort dans l'âme, mais il se rendait compte que derrière sa bouffonnerie, Nina était encore plus mal dans sa peau et il poursuivait le jeu. Il la prenait par le bras, lui chuchotait ardemment à l'oreille : — Vous faites fausse route, ma mignonne, vous prenez un hussard pour un cavalier de la Garde, et un cheval de bataille pour un bourrin de gros trait.

Ils finirent par dérider tout le monde. Jusqu'à Mary Vakhtangovna sur le visage de laquelle se figeaient de plus en plus souvent des airs de tragédie. De pareilles singeries au moment des adieux, pensa-t-elle en souriant. Bizarre. Non, je ne les comprends pas. Mais peut-être est-ce plus facile ainsi ?

Elle ne s'était pas encore remise du départ de Mitia, que Savva téléphonait pour dire qu'il s'en allait au front : il était nommé chirurgien principal d'un hôpital divisionnaire, c'est-à-dire d'un hôpital de campagne. Même le chef de famille, Boris Nikitovitch, en dépit de son âge — c'est qu'il avait soixante-six ans révolus —, avait partie liée avec la guerre, on l'avait de nouveau, comme en 1920, promu aux cadres supérieurs des Services de Santé avec le grade de général major. Sans cesse en réunion ou en tournée, il inspectait les installations médicales des Armées. Mary ne le voyait pour ainsi dire plus, personne ne le voyait pour ainsi dire plus. Là encore, il avait promis de venir dire au revoir à Savva, mais il se faisait attendre alors que le train était sur le point de partir.

C'est vrai, le train était sur le point de partir, cependant, tout portait à croire qu'il était sur le point de ne pas partir du tout ou de partir dans quelques heures... Déjà Savva renvoyait les siens chez eux, mais ils s'obstinaient, piétinaient sur le quai, résistaient aux élans de la foule. Ses propres parents, sa vieille mère et son vieux beau-père, débris miraculeusement intacts — si toutefois l'on peut dire que des débris sont demeurés intacts — du passé littéraire, spécialistes du *Siècle d'argent*, et Mary, et Agacha, cet insubmersible dreadnought du confort familial, et Boris IV, robuste adolescent qui fixait sur lui son pur regard — assurément celui de son père et de son grand-père, le regard des Gradov —, dont la petite silhouette extraordinairement vigoureuse, harmonieuse, exprimait un intense désir de le suivre, mais qui, cependant, ne lâchait pas la main de sa petite sœur Véroulia dans les yeux de laquelle la douce nuit de Transcaucasie avait trouvé refuge, touchante, ma foi, paire d'« orphelins » de parents vivants enfermés dans les camps et enfin, tout à fait impossible, répondant absolument à l'emploi de la « vieille ridicule », bien qu'elle n'ait que trente-sept ans, sa belle-sœur, Tsilia Rosenblum, avec son très positif papa Naoum, ils restaient tous à tourner autour de lui. Mon Dieu, comme Savva les aimait, comme il avait peur pour eux, pour ce pitoyable et touchant groupe d'humains ! Ils s'attardaient, épuisés, sur ce quai de gare, ne sachant plus que dire, comment exprimer leurs sentiments à celui qui partait, seule Nina tarabustait encore son Savva, l'emmenait à l'écart où ils faisaient des messes basses en riant, le rendait à la société et continuait à plaisanter son « cavalier de la Garde ». Mais plus cela allait, plus des filets de désespoir se glissaient dans ses plaisanteries.

— Allons, partez, sauvez-vous, à la fin ! implorait Savva. Je suis fatigué, je vais aller me coucher dans mon compartiment. Les obsèques sont terminées.

Mais personne ne s'en allait. Et d'autant plus Mary Vakhtangovna, laquelle soutenait que Boris Nikitovitch allait arriver sur l'heure.

Le chef de famille arriva en effet, très animé, en capote de général à revers, accompagné d'un officier d'ordonnance. Il avançait d'un pas ferme et alerte, la foule s'écartait devant sa silhouette pleine d'autorité. Mary Vakhtangovna ne reconnaissait pas son mari : depuis le début de la guerre, il avait changé du tout au tout, le professeur vieillissant, un peu triste, enclin à philosopher, avait fait place à un responsable militaire énergique, le regard brillant, légèrement survolté.

— Alors, où est notre major ? s'exclama Gradov.

— Mes hommages, Votre Haute Excellence ! débita Savva en rectifiant la position.

Ils se donnèrent l'accolade, puis s'éloignèrent l'un de l'autre pour se considérer avec affection.

— À la charge ! À nous les hauts faits ! admira Nina.

Soudain, quelques soldats coururent lourdement le long du train et un cheminot surgit, la bouche en biais :

— Le départ dans cinq minutes ! Attention au départ !

Nina s'élança vers son mari, le prit par le cou, se colla à lui de tout le corps comme si elle exigeait qu'il l'aimât sur l'heure. Gênés, les autres se détournèrent. Cette fois, c'était l'adieu.

L'austère jeune homme Boris IV était fort contrarié : il n'avait pu poser à Savva les quelques graves questions qu'il lui destinait. Les nouvelles formations parviendraient-elles à stopper les groupes d'armées Centre ? Pourquoi nos parachutistes ne faisaient-ils rien ? Est-il vrai que le char T-34 n'a pas son pareil au monde, et quand Savva croit-il qu'on peut s'attendre qu'il se déploie sur le théâtre des opérations ? Et le principal : pourquoi battons-nous si vite en retraite et rendons-nous ville sur ville ? Peut-être appliquons-nous une stratégie analogue à celle de Koutouzov en 1812 : attirer l'envahisseur au cœur du pays, étirer ses communications, puis le prendre à revers d'une masse puissante ? Toutes ces questions, c'est son père qui leur eût le mieux répondu, mais il n'était pas là, il « se les roulait dans les camps », comme disaient les gamins du rond-point des tramways, au lieu de se trouver à la tête de ses troupes. Au fait, tonton Savva était aussi un interlocuteur parfaitement valable, ils avaient plus d'une fois débattu des problèmes de la stratégie mondiale, mais Nina ne le laissait même pas l'approcher.

Le train s'ébranla subitement, sans avertissement, sans un coup de cloche ou de sifflet. Pris de panique, Savva s'arracha à sa femme, s'élança vers son wagon, parvint à grand-peine, au milieu d'une grappe d'autres commandants, à attraper la poignée, à sauter, à s'accrocher, jambes pendantes, crac, à se cramponner au premier pied qu'il trouva, à se rétablir. Par chance, une partie des autres s'était enfournée à l'intérieure : campé sur le marchepied, il put encore une fois, une dernière fois, les revoir tous, les chers visages, celui de son aimée ; il avait l'impression très vive de pénétrer juste en ce moment dans un autre univers, un instant encore, et un couvercle de fer se refermerait sur sa jeunesse... pouvoir en saisir encore quelques lueurs... Il se retourna. Déjà son wagon atteignait le bout du quai, quelqu'un le suivait en courant avec de grands signes de main... — une haleine avinée soufflait contre sa joue... — il reconnut le jeune garçon aux yeux brillants qui courait ainsi : mais c'est Boris !... qui traîne-t-il donc par la main, oui, c'est elle, comme je te suis reconnaissant pour tout, tes cheveux te retombent sur les yeux, je me souviendrai jusqu'à la fin de chaque seconde que nous avons vécue ensemble, à commencer par les petites flaques du Bois d'Argent et leur pellicule de glace, ta main froide, la première fois que je l'ai effleurée, elle court toujours, on ne voit pas ses yeux, le pli amer de sa bouche, la tache que fait son visage disparaît et reparaît entre les têtes, sa bouche sensuelle et cette grimace amère... adieu !

— Venez dans notre compartiment, major, lui dit un capitaine artilleur. Nous avons six bouteilles de vodka, offrons-nous une dernière détente.

Boris Nikitovitch et Mary Vakhtangovna traversaient non sans peine la salle d'attente en direction de la place où était garée leur voiture. L'officier d'ordonnance les précédait comme pour ouvrir la voie. Derrière eux, Agacha traînait Boris IV et la petite Véra par la main. Le gamin murmurait des malédictions, cherchait à se libérer, mais la nounou demeurait inflexible, même si elle cherchait à lui faire croire que ce n'était pas elle qui le traînait — elle, vieille et faible comme elle était, et de plus chargée de la petite —, mais l'inverse, qu'il était le premier de cordée, un homme. Boris finit par se résigner et concentra son attention sur le caravansérail environnant. La plupart des vieux et des vieilles grignotaient comme s'ils avaient eu peur de ne plus pouvoir le faire dans l'incertain « là-bas » où ils se rendaient. Une femme au fort accent de Smolensk racontait quelque chose de terrible, les yeux arrondis, les joues tremblotantes :

— V'là que ça hurle et que ça tombe en plein sur nous, qu'on n'en avait plus ni bras ni jambes, Seigneur Jésus, que ça crève en plein le toit, ça fume, ça brûle, mais lui, il est remonté en l'air comme une chandelle...

Boris IV devina qu'il s'agissait d'une attaque de *stukas*. Non loin de là, quelqu'un avait mis un samovar en route à même le sol, on baignait dans la sérénité. Deux fillettes de son âge remontaient un phonographe. Une petite chanson montait :

*Ah, Andrioucha, à quoi bon la tristesse ?*
*Joue mon accordéon, joue donc sur tous les tons,*
*Regarde, au ciel les étoiles paraissent*
*Et dans le vert jardin le vent dit sa chanson.*

Boris fit la grimace : cette chanson fadasse, mais étrangement émouvante, arrivait à tire-d'aile d'hier, du « temps de paix », comme l'on disait, des pastorales au NKVD où personne ne se battait contre les salopards, mais se soumettait à eux sans murmure. Au diable un « temps de paix » pareil ! Soudain la guerre déployait devant le garçon un monde nouveau, immense, dans lequel le personnage du « salopard » s'incarnait dans le nazi contre lequel l'on pouvait et l'on devait se battre comme il convient à un homme. Bien entendu, il enviait follement son cousin et meilleur ami Mitia qui était déjà parti pour le front (c'est curieux, sans enthousiasme particulier), alors que lui, il serait encore si longtemps obligé de fréquenter cette école insupportable où tous les professeurs savaient qu'il était le fils d'ennemis du peuple et le considéraient soit d'un air sombre et soupçonneux, soit, ce qui était pire, en dissimulant mal des mines éplorées. Plus que tout, il craignait de voir la guerre finir trop vite, de laisser passer sa chance.

Tout en traversant la gare, son grand-père et sa grand-mère devisaient à mi-voix :

— Ah, Bo, je n'en peux plus de ces interminables accompagnements, adieux, arrestations... Tant d'êtres aimés ont disparu de notre vie : Nikita, Kirill, Vika, Galaktion, Mitia, et à présent Savva... À qui le tour demain ? Que restera-t-il de notre famille ?

Boris Nikitovitch embrassa sa vieille compagne sur la joue et la regarda non sans malice :

— Et que dirais-tu si, histoire de changer, je te proposais d'organiser des retrouvailles et non un adieu ?

Stupéfaite, elle s'arrêta et porta les mains à ses joues :

— Qu'est-ce que tu veux dire ? Qu'est-ce que ces étranges accents de plaisanterie que je te trouve depuis quelque temps ?

Sans rien perdre de sa très joyeuse mine, Boris Nikitovitch se mit d'abord un doigt sur les lèvres, puis serra ses deux poings sous son menton comme pour retenir un secret et haussa les épaules d'un air enjoué.

— Je ne te dirai rien, non, non, c'est prématuré !

— Qu'est-ce que cela signifie ? s'écria-t-elle. Tu as appris quelque chose d'important ? Où es-tu allé ? Au CC ? Au Commissariat du peuple ?

— Non, non, c'est prématuré...

— Mon Dieu, mon Dieu, marmonna-t-elle. Peut-être relâcheront-ils au moins Vika ?... Tu as raison, Bo, ne parle pas avant l'heure.

Ses fils, elle avait même peur d'y penser, elle ne s'était permis d'évoquer que Véronika et, là-dessus, elle se surprit à se dire que si elle avait avancé son nom, c'est que c'est là qu'elle craignait le moins de se tromper parce qu'elle tenait moins à elle qu'aux enfants de son sang, qu'elle l'avait expédiée en avant comme une troupe de couverture, comme l'otage de son espoir. Alors, elle eut honte et se tut.

Ils avaient déjà atteint la route du Bois d'Argent lorsque, derrière eux, de formidables éclairs fendirent le ciel et que des roulements de tonnerre couvrirent le bruit du moteur ; c'est donc qu'un nouveau groupe de bombardiers avait percé au-dessus de la capitale.

Le colonel Kevin Tagliafero, attaché militaire adjoint de l'ambassade des États-Unis, observait le Kremlin à travers une fente du store de camouflage. L'ambassade était située dans un imposant bâtiment de six étages de style « empire » soviétique, juste en face de la forteresse, sur l'immense place du Manège, côte à côte avec l'hôtel *National*, lequel, au cours de son existence, en avait vu de toutes les couleurs.

Comme toutes les nuits, le Kremlin était plongé dans une obscurité totale ; cependant, de temps à autre, des fusées éclairantes lancées par des bombardiers diffusaient dans le ciel leur lueur spectrale et alors, les créneaux des murs, les ouvertures des meurtrières et des fenêtres se découpaient, et les tours projetaient sur les coupoles des ombres oscillantes et crues. Puis le barrage de la DCA se dressait contre le ciel et ses obus éclataient parmi les nuages. Quelque part au loin, fendant la nuit, une bombe lourde lâchée au hasard tombait. Les avions allemands tournaient à haute altitude, la DCA ne les atteignait pas, mais les empêchait de descendre et d'encadrer leur but. De toute évidence, les Allemands cherchaient à neutraliser les principaux bâtiments gouvernementaux, et jusqu'au centre idéologique de l'empire communiste, le Kremlin. Pour l'instant, ils n'y parvenaient pas, ils se délestaient de leurs bombes à l'aveuglette, elles s'abattaient sur les quartiers habités. Il y a deux jours, selon des bruits tout à fait dignes de foi, l'une d'elles était tombée juste à côté du siège du PC(b) et avait tué le célèbre auteur dramatique Alexandre Afinoguénov qui se trouvait alors dans la rue et qui était marié, si curieux que cela paraisse, à une citoyenne américaine.

Tagliafero alluma sa pipe. Une fusée éclairante achevait de se consumer au-dessus de Kitaï-Gorod. Le Kremlin retombait dans la nuit. Où donc est Staline ? Installé dans sa forteresse, observe-t-il comme moi le bombardement à travers une fente de store ? Selon certaines informations, voilà longtemps qu'il a quitté Moscou. S'il en est ainsi, c'est qu'ils ont perdu tout espoir de repousser les autres de la capitale. Se peut-il que 1812 recommence ?

— Écoutez, Tagliafero, éloignez-vous de la fenêtre, avec votre pipe, dit du fond de la pièce Jeffry Penn, le conseiller politique.

— Vous craignez qu'un as de la Luftwaffe repère mon fourneau ? ironisa le colonel.

— J'ai peur que ce soit une patrouille, dehors, et qu'elle nous oblige à descendre nos triques dans l'abri, ricana Penn.

Quelques diplomates et leur invité, le célèbre journaliste Townsend Reston, tuaient le temps au salon plongé dans la pénombre. L'unique lampe allumée dans un coin sous son abat-jour crème conférait à la pièce l'intimité particulière d'un hôtel assiégé. Y concouraient aussi une armada de bouteilles de whisky, des siphons d'eau de Seltz, un seau de glaçons, bref, ce sans quoi une conversation entre gentlemen sur la situation politique ne saurait s'engager.

— Alors, Staline t'a fait signe depuis le Kremlin, Kevin ? demanda Reston tandis que la longue silhouette de Tagliafero s'éloignait de la fenêtre et s'approchait du petit bar pour se servir un nouveau drink.

Leur amitié datait d'Harvard, ils s'étaient plus d'une fois croisés durant l'autre guerre, qui récemment encore s'appelait la Grande, avaient fait ensemble les quatre cents coups à Paris durant les Années folles. Puis leurs chemins avaient divergé et Reston, qui avait réussi à gagner Moscou aussitôt après l'ouverture du second front, avait été très étonné de retrouver parmi le personnel de l'ambassade Kevin Tagliafero, et qui plus est, avec les galons de colonel. Il avait alors découvert que depuis des années celui-ci appartenait à des services essentiellement théoriques du Pentagone et, de plus, grand spécialiste de l'Europe orientale et de la Russie, avait soutenu une thèse d'histoire de la Russie, maîtrisant la langue russe avec ses terribles déclinaisons et ses modes. Cette dernière circonstance emplissait Reston de noire envie : que de fois il était venu dans ce pays qui lui avait valu, en somme, sa renommée, mais il ne pouvait jusqu'à présent aligner dix mots en une phrase convenable. Tagliafero, ses cubes de glace tintant dans son verre, se rapprocha de la compagnie, s'incrusta dans un fauteuil club d'où ses genoux à la don Quichotte pointèrent.

— Staline a disparu, dit-il. Après son discours du 3 juillet, son adresse... heu... biblique au peuple : « mes frères, mes sœurs »... voyez-vous, depuis ce jour, on n'en a plus entendu parler, plus personne ne l'a vu dans le monde extérieur. C'est terrible.

— Qu'est-ce que cela a de terrible, Kevin, si je puis te le demander ? fit Reston avec un petit rire. Le peuple ne voit plus son dragon ? Ne peut plus lui offrir de sacrifices ?

— Ce n'est pas de cela qu'il s'agit, rétorqua Tagliafero. Qu'on le veuille ou non, ce dragon est le leader de ce grand pays, de toute la civilisation russe. Pour des millions d'hommes, il était le symbole d'une nation puissante, et à présent que cette nation s'effondre, il a disparu. À vrai dire, j'ai l'impression qu'il a tout bonnement la trouille, qu'il craint pour sa peau. C'est tragique !

— Pour moi, nazis et bolshies sont de la même farine. Je ne les plains absolument pas, ces bolshies, grinça Reston. Bien sûr, le peuple souffre, mais si au bout du compte ces deux ramassis de criminels se cassent la gueule, je ne pleurerai pas.

— Excuse-moi, Rest — c'est ainsi qu'on l'appelait à Harvard pour ne pas s'embarrasser du gênant Townsend qui, abrégé, donnait soit Town (ville) soit Sand (sable) — excuse-moi, mais il y a tout de même une différence entre les nazis et les bolshies. Ils ne s'écrouleront pas, hélas ! en même temps, ce sont les nazis qui sont sous Moscou et non le contraire. C'est là la différence.

Du fond de leurs fauteuils, pendant ce temps, les autres diplomates commentaient la situation catastrophique du front. Jeffry Penn résumait le contenu des derniers communiqués reçus par l'ambassadeur. Le corps d'armée Centre placé sous le commandement du général von Bock avait concentré ses forces pour donner l'assaut final contre Moscou. Il comptait près de deux millions d'hommes, deux mille chars, une artillerie colossale. Il avait en face de lui des troupes russes démantelées, démoralisées par une retraite panique, auxquelles la moitié de leurs effectifs manquait. La ligne de front n'existait pratiquement plus, de nombreuses divisions étaient tombées dans des poches. Les Allemands ne savaient plus que faire de leurs énormes quantités de prisonniers. Le bruit courait que des corps d'armée au complet, général en tête, avaient capitulé en rase campagne. La Luftwaffe avait la pleine suprématie aérienne. Les chars des Rouges ne soutenaient pas le moindre contact avec les blindés adverses. Les Allemands les incendiaient par milliers. L'incapacité stratégique de l'état-major soviétique était stupéfiante. Bref, la déroute était totale. « Nous pourrions bien, gentlemen, assister à une parade de la Wehrmacht sous nos fenêtres. »

Reston s'abstint de répondre. À l'affût de l'information la plus importante, il suivait aussi du coin de l'oreille ce que disait Penn. Cependant, Kevin était à l'évidence d'humeur à développer des considérations générales.

— Dans le fond, Rest, je dois te dire que je ne serais pas fou de joie si, au lieu du drapeau entièrement rouge, un autre drapeau, également rouge, mais avec un cercle blanc et son araignée noire au milieu, se levait au-dessus du Kremlin, poursuivit Tagliafero. En plus du reste, je n'ai jamais fait mystère, tu le sais, de mon amour pour la Russie, pour sa littérature, son histoire, et je n'ai pas du tout envie de voir son peuple se transformer en un troupeau d'*Untermenschen* [1], comme le veut la doctrine nazie.

— Kevin ! intervint brusquement Jeffry Penn. Est-il vrai que, quelques années avant la guerre, Staline a exterminé toute une fournée de généraux ?

— Absolument vrai, répondit Tagliafero. — Mais là-dessus, Reston, ravi de voir que la conversation reprenait son cours général, se leva.

— Je peux vous en parler mieux que Kevin. En 1937, j'ai couvert les grands procès de Moscou.

Et il parla de ces événements, vieux de quatre ans seulement, il raconta comment, à son arrivée dans la capitale, il avait

1. Allemand : sous-hommes.

commencé par ne rien comprendre, puis comment il avait trouvé une réponse élémentaire, l'avait appliquée aux situations les plus complexes et, chaque fois, cela avait collé. La réponse consistait en ceci que si le pays est gouverné par une clique de bandits, toutes les énigmes qu'il pose s'expliquent par la logique de la pègre. Il tenait son auditoire en main, lorsque Mrs. Sanson, la secrétaire de l'ambassadeur Lawrence Steinhardt, entra à pas pressés, presque en courant. Elle apportait une nouvelle sensationnelle :

— Figurez-vous, gentlemen, que le Commissariat du peuple aux Affaires étrangères a téléphoné à l'ambassadeur au « Refuge » à près de neuf heures du soir, pour lui dire qu'en raison de l'aggravation de la situation, certains organismes gouvernementaux et certaines ambassades étrangères pourraient être évacués à Kouïbychev, gentlemen, c'est à huit cents miles à l'ouest, dans les steppes de la Volga, quelque chose comme le Nebraska, et j'imagine que jusqu'à présent des nomades le sillonnent encore. Bref, le Commissariat nous invite à nous préparer d'urgence au départ. En outre, pardonnez-moi si je trouble votre si aimable « gentlemen's club », mais cette personne du Commissariat, du nom de Mr. Tsarap, je crois, vous prie avec insistance, et si vous le voulez, exige, que vous gagniez les abris lors des alertes. En fonction de quoi, l'ambassadeur souhaiterait souligner que les ordres qu'il a déjà donnés à ce sujet sont impératifs.

— En fonction de quoi, puis-je vous servir un verre, Lizz ? demanda Jeffry Penn.

Mais, à ce moment, la DCA se remit à tonner, cette fois tout près, comme si c'était du toit du *National* ou de la cour de l'Université, si bien que même à travers les stores épais du camouflage on vit ses éclairs de mauvais augure illuminer le ciel.

Les diplomates quittèrent à regret leurs confortables fauteuils. On allait passer plusieurs heures à la cave, alors qu'il n'y avait pratiquement aucune chance, *guys* [1], qu'une bombe nous tombe dessus. Pas plus que de voir des parachutistes descendre sur le gazon du « Refuge », supputa Jeffry Penn. Comme beaucoup d'autres membres de l'ambassade, il se moquait presque ouvertement de l'exceptionnelle prévoyance de « notre avocat », comme ils appelaient Steinhardt, diplomate non professionnel. À peine la guerre entre l'Allemagne et la Russie avait-elle commencé que l'ambassadeur avait mis en chantier un confortable refuge à quarante kilomètres de Moscou, sur la Kliazma. L'activité de l'ambassade était pratiquement arrêtée. L'ambassadeur semblait avoir décidé de passer ces temps incertains derrière sa haute palissade dans le style des forts du Far West. À moins qu'il n'y descende des parachutistes, plaisantaient les diplomates. Ou que des Peaux-

1. Américain : les gars.

Rouges y fassent irruption, ajoutait l'un d'eux particulièrement fielleux. Quoi qu'il en soit, il fallait se soumettre. L'un des interlocuteurs, bien avisé, fourra une bouteille de Johnnie Walker dans sa poche. Kevin Tagliafero fit un saut à son bureau pour y prendre de la lecture. Reston l'attendit dans le couloir. Tagliafero ressortit, un paquet de vieux bouquins sous le bras. Ils s'entre-regardèrent et pensèrent en même temps la même chose : « Ce gars-là a encore fort bonne allure. »

Reston jeta un coup d'œil aux livres que son camarade emportait dans l'abri : pour l'essentiel, de la poésie, Pouchkine, Tioutt-chev, T.S. Eliot...

— Tu es le plus étrange colonel que j'aie jamais vu de ma vie, sourit Reston.

— « *Heureux qui visita ce monde à l'heure du destin*[1] », fit Tagliafero en russe, non sans ostentation.

De toute la phrase, Reston n'avait saisi que les mots de « monde » et « heure ». Diable de langue !

Ils rattrapèrent les autres dans l'escalier. Le règlement interdisait que l'on se servît de l'ascenseur pendant les alertes. Au rez-de-chaussée, Reston remarqua une petite porte portant l'inscription « Sortie ». Il recula de quelques pas, et lorsque toute la troupe eut disparu à un coude de couloir, il tourna la poignée. Elle céda sans la moindre résistance et, un instant plus tard, le vieil aventurier se retrouva dehors, ou plutôt sous l'arche qui faisait communiquer la cour de l'ambassade et la place du Manège.

Il lui sembla d'abord qu'il se trouvait non pas à Moscou, mais dans une ville carnavalesque, pas tout à fait réelle. Le ciel frémissait de fulgurances. Magnésium et TNT. Deux éléments, l'air et le feu, se mêlaient. Dans l'obscurité totale, les tours du Kremlin émergeaient, comme sur un papier-photo subitement révélé, un ouragan de sons, où l'on discernait la basse et les aigus des engins de destruction, se déchaînait ; par moments, au milieu de cette tourmente survenaient des pauses totales, sortes de vide absolu plus sidérant que le vacarme.

Reston s'efforça de faire coïncider le bruit de ses pas sur celui d'une vague d'assaut, et le moment où il passait devant la guérite du milicien de garde avec une plage d'obscurité. Il parvint à sortir inaperçu de sous l'arche, à passer devant le *National* plongé dans son black-out, et à tourner rue Gorki, cette rue à laquelle il avait longtemps et obstinément donné son ancien nom de « rue de Tver » jusqu'au moment où il avait traduit celui de Gorki en anglais. Depuis, il désignait la principale artère de la capitale du socialisme triomphant à sa manière : « *Bitter Street* », ce qui, de son point de vue, était tout à fait adéquat[2].

1. Tioutchev.

2. Gorki, pseudonyme d'Alexis Péchkov, signifie étymologiquement « l'Amer », ce qui, en anglais, se dit : *Bitter*.

Reston aimait à s'arracher ainsi à son emploi du temps de journaliste en renom, avec ses réceptions, cocktails, interviews planifiées et conférences de presse. Ce sont justement ces incartades, ces petites flambées d'impressions spontanées, qui faisaient de ses reportages un phénomène insolite dans le monde du journalisme. Il était aux anges de s'être éclipsé *tout à coup** comme il venait de le faire. C'est donc que je n'ai pas encore vieilli, nom de nom, si je me permets encore des trucs pareils, se disait-il en remontant d'un pas vif la fameuse rue. Il avait des ailes aux pieds, ses muscles tintaient quasiment de joie, on aurait dit qu'il attendait une rencontre miraculeuse dont il aurait rêvé toute la vie et dont il se rapprocherait à chaque pas. Alors qu'il passait devant le Télégraphe, un culot d'obus de DCA fumant tomba à ses pieds.

Soudain, un coup de sifflet retentit, puis un cri : « Halte ! », une motocyclette approcha et un phare s'alluma. Décidé à ne pas tomber entre les mains de la Milice, il se mit à courir. Sinon, ils me fourreraient dans un abri, se dit-il, ignorant que, dans ces circonstances — la nuit, l'alerte, l'attaque aérienne, une patrouille, un homme qui fuit —, il risquait de s'agir de bien autre chose, et plus précisément d'une balle dans le dos. Il ignorait que depuis plusieurs jours, dans tout Moscou, tout le monde, même les écoliers, guettait les espions allemands qui, disait-on, envoyaient au moment des attaques aériennes des signaux aux bombardiers avec leurs lampes de poche. Oui, il l'ignorait, il galopait, il se sentait même un peu espiègle. Il plongea dans une cour, s'abrita dans une entrée sombre, puis, constatant que la motocyclette avait poursuivi sa route, reprit la rue Gorki. Plus personne ne le dérangea, il marcha tranquillement quelques minutes, alla jusqu'à s'arrêter quelques instants place Pouchkine pour mieux observer l'ange du socialisme, la sculpture pompeuse, qui trônait sur la ville au faîte d'un grand immeuble d'angle.

Le tir de DCA s'intensifiait, les rayons des projecteurs zébraient toute la voûte céleste. Place Maïakovski, très haut dans le ciel, à l'intersection de deux rayons, il aperçut, se déplaçant lentement, les croix de bombardiers nazis. Il était impossible d'en discerner le modèle, mais il se dit que c'étaient des Heinkel et des Dornier. Puis, quelque part tout près, il y eut un fracas épouvantable qui se mua aussitôt en grondement : un éboulement. Les petites croix paisibles commençaient à se délester de leur chargement.

Il savait que le métro servait d'abri public et s'empressa de gagner la station Maïakovski.

Des gamins en tenue semi-militaire qui montaient la garde dans l'entrée, l'apercevant, se jetèrent sur lui en criant :

— Dis donc, petit père, t'es pas louf ? — et l'entraînèrent à l'intérieur. Ces maudits mots d'« abri antiaérien » que Reston ne parvenait pas à prononcer, il finit quand même par les articuler.

— Y a un Anglais complètement louf qui branle ici, cria l'un des gardes à la cantonade, sur quoi il poussa Reston vers l'escalier mécanique. Allez, grouille, descends !

Naturellement, l'escalier mécanique était hors service, il mit longtemps à descendre, s'étonnant de la profondeur de la fouille. Il n'est pas exclu que lors de la construction, au début des années trente, quelqu'un ait déjà pensé aux bombardements futurs, supputa Reston.

Comme tous les étrangers, le métro de Moscou impressionnait Reston par la recherche de sa décoration où, à travers le faste socialiste, transparaissait encore ici et là le « moderne » russe aujourd'hui banni. Pourquoi avait-on décidé d'orner avec tant de luxe ce très ordinaire moyen de transport urbain ? Gros à parier que c'était une idée de Staline en personne, rien ne se faisait sans lui, mais quand même, qu'avait-il en vue ? Peut-être, par ces palais, voulait-il montrer au peuple ce que serait le communisme en devenir ? Remarquable, tout de même, que ce modèle du communisme ait d'abord surgi sous terre.

L'escalier avait pris fin, deux rangées de colonnes d'acier inoxydable luisantes se détachaient dans la pénombre, de même que le revêtement de marbre des murs, les coupoles et leurs mosaïques à travers le joyeux contenu socialiste desquelles transparaissait un certain formalisme. Le sol de la station dont Reston se rappelait le dessin géométrique demeurait invisible, car il était, jusqu'au dernier centimètre carré, occupé par des gens assis, couchés, tassés.

Reston, d'abord ahuri, s'arrêta, puis, s'efforçant de maintenir son équilibre, il tenta d'avancer. Je doute qu'il y ait une place pour mes fesses dans ce temple du socialisme, songea-t-il. Je ne vais tout de même pas m'asseoir sur les gens ! C'est alors qu'on l'interpella : « Hep ! asseyez-vous, citoyen ! » Il se retourna et s'aperçut que quelqu'un avait trouvé le moyen de se pousser, de libérer un petit espace qui suffirait à l'atterrissage d'une fesse et demie. Il se laissa choir et se dit qu'il ne couperait sans doute pas à une bonne sciatique. L'instant d'après, il se sentit horriblement gêné, car il venait de s'affaler comme un ours, le flanc contre celui d'une femme. Encore un instant s'écoula, et il réalisa qu'il avait une veine de pendu : la femme était ravissante. Elle avait d'épais cheveux sombres et des yeux bleus limpides, un mélange que l'on rencontre parfois, rarement, en Italie du Nord. N'est-ce pas là qu'il l'avait croisée ? L'impression de l'avoir déjà vue ne le quittait pas. Elle semblait assise non par terre dans un abri antiaérien, pressée de tous côtés sauf de dos — qu'elle avait réussi à appuyer contre une colonne —, mais dans un confortable fauteuil près d'une cheminée. Ses jambes étaient couvertes d'un plaid. Il n'échappa pas à Reston que leur contour était des plus charmants. Elle tenait un bloc sur ses genoux et y prenait, de temps à autre, quelques notes. Vieux forban de la plume, ne serait-il pas tombé sur une journaliste ? Une fillette d'environ sept ans, acagnardée à sa gauche, dormait d'un sommeil serein en soufflant du nez. Mais à sa droite, hélas, c'était un solide Américain qui puait la pipe à tabac et le whisky d'Écosse. Elle lui adressa un sourire d'encouragement, comme de dire : mettez-vous à l'aise.

— *I am awfully sorry for such an inconvenience, madam*[1], balbutia-t-il.

Elle leva les sourcils d'étonnement, sinon d'ahurissement. Un étranger ? Ici ?

— Pas bien en russe, dit Reston. *Est-ce que vous parlez français, madame** ?

Elle le parlait, et pas mal du tout, même si elle riait sans cesse de buter sur les mots et d'avoir un si mauvais accent. Le manque de pratique, ou plutôt l'absence totale de pratique. Ils bavardaient parfois en français avec son mari, pour rire, mais cela faisait près d'un mois qu'il était parti pour le front. Il est militaire, votre mari, madame ? Non, médecin, chirurgien, mais comme vous vous en doutez, il y a une forte demande de chirurgiens en ce moment. Votre français est à peine plus mauvais que le mien, madame, or, j'ai passé plus de vingt ans à Paris. Vous êtes russe ? Elle sourit : À moitié russe, à moitié géorgienne.

En posant cette question, Reston, comme tous les Américains, songeait plus à la citoyenneté qu'à l'origine. Mais son interlocutrice avait répondu sur un mode typique du lieu : la citoyenneté soviétique multinationale allait de soi. Les Géorgiens, c'est dans le Sud, s'avisa-t-il, à la frontière turque. D'où ce merveilleux mélange, la Méditerranée et le Nord, un écho de Scandinavie toujours présente dans cette plaine, à en croire l'histoire.

Pardonnez-moi, *madame**, mais je ne cesse de me dire que nous nous sommes déjà vus, proféra-t-il. Serrés comme ils étaient, elle lui parlait un peu par-dessus l'épaule, une pose qui commençait à tourner la tête de Townsend Reston. C'est curieux, dit-elle, j'ai moi aussi l'impression de vous avoir déjà vu quelque part, mais c'est impossible, car vous êtes... américain. Mais je viens souvent à Moscou. Permettez-moi de me présenter : Townsend Reston. À peine s'était-il nommé qu'il regretta de l'avoir mise dans une situation gênante, pour ne pas dire terrible. Après toutes ces horreurs des années trente, les Soviétiques avaient peur d'entrer en relation avec des étrangers et, ma foi, on les comprenait. Elle aussi, à ce qui lui sembla, elle broncha. Soyez sans inquiétude, *madame**, je comprends tout. Elle rit : S'il en est ainsi, je vous envie. Moi, par exemple, je ne comprends rien. Je m'appelle Nina, Nina Gradova.

Le hasard de cette rencontre étonna prodigieusement Nina.

1. Anglais : Je suis tout à fait navré de vous déranger ainsi, madame.

Sur les milliers et les milliers de gens qui se réfugiaient dans les abris, comme par le caprice d'un romancier, c'est précisément vers elle qu'avait été poussé cet étranger, le seul de cette foule peut-être, et de plus cette espèce d'Hemingway, ce gentleman international, un Américain de Paris ! Et qui plus est encore, un journaliste, le commentateur des événements européens du *Chicago Tribune* et du *New York Times*, parvenu jusqu'ici via Téhéran dans un avion anglais pour parler de la bataille de Moscou. Elle était presque sûre d'avoir vu ce nom dans des journaux soviétiques, dans un contexte de furieuses contre-attaques idéologiques. « ... le célèbre Townsend Reston, avec son habituel esprit de clocher antisoviétique... », quelque chose de ce genre. C'est fini, se dit-elle, je vais être arrêtée dès la sortie de ce refuge. Mais, dans le fond, personne ici ne semblait prêter attention à lui. C'était tout de même la guerre, les bombes pleuvaient sur Moscou, des maisons s'abattaient, des hommes mouraient, il était temps, non ?, que le NKVD cesse de donner la chasse aux siens, et puis l'Amérique allait peut-être devenir notre alliée.

L'attention générale du souterrain fut attirée par un brouhaha qui s'éleva près des escaliers roulants. On criait, on brandissait les bras, on cherchait à s'échapper, on vous retenait. L'affolement avait gagné le gigantesque abri à une allure fulgurante. Nous sommes peut-être ensevelis, se dit Reston sans rien perdre de son flegme. Il s'était déjà trouvé dans la même situation en Espagne, mais, bien sûr, pas à la même profondeur. Entre-temps, l'inquiétude avait gagné son interlocutrice, d'un geste impulsif, elle porta les mains à ses yeux et murmura rapidement quelque chose, une courte prière, aurait-on dit. Reston ne comprenait rien aux cris qui s'élevaient alentour, sauf : « Du calme, camarades ! » Tout le reste, du genre de : « Va te faire mettre ! », « Laisse passer, putain ! », se diluait dans le chaos du chorus général.

— Qu'est-ce qui se passe, Nina ? demanda-t-il.

— Ils sont épouvantés. Le bruit court que des parachutistes allemands ont débarqué à Moscou, qu'une partie de la ville est occupée.

— Ils ont si peur que ça des Allemands ? demanda-t-il.

Cette question le préoccupait depuis que la guerre à l'Est avait commencé : le Russe moyen craignait-il l'arrivée des Allemands ?

— Mais bien sûr, s'exclama-t-elle en le regardant avec étonnement. Comment en serait-il autrement ?

— Vous aussi, Nina ? demanda-t-il prudemment. Vous aussi, vous croyez que les Allemands vont... — Il n'osa pourtant pas achever sa question.

— Ah ah, traîna-t-elle, je vois ce que vous voulez dire...

Elle réfléchit un instant, puis tenta tant bien que mal de lui traduire un quatrain qu'elle avait entendu de son auteur légèrement éméché :

*Seigneur, prends le parti du Parti*
*Défends-nous de la race suprême*
*Car tes commandements le nazi*
*Les enfreint plus souvent que nous-mêmes.*

— Plus souvent que nous-mêmes, reprit-elle.

« En êtes-vous certaine ? » faillit demander Reston, mais il se retint. Il contemplait le profil de Nina et était la proie de pensées qu'il avait repoussées toute sa vie avec dédain dès l'âge d'étudiant où il avait dit adieu aux illusions d'amour, des pensées somme toute totalement déplacées, à une profondeur d'un kilomètre sous la capitale soviétique soumise à un bombardement allemand. J'ai enfin rencontré la femme de ma vie, se disait-il. Voilà enfin, à cinquante-deux ans, j'ai rencontré la femme de ma vie. Toute mon existence avant elle, avec mon égoïsme de vieux garçon, avec la masse de mes habitudes, avec ma soi-disant liberté, ma soi-disant sexualité, n'a été qu'une saloperie, parce que cette femme n'y était pas. Il faut que je vive avec elle, et pas pour le sexe d'abord, mais pour prendre soin d'elle. Il faut qu'il y ait dans ma vie quelqu'un dont je prenne soin et précisément, oui, précisément cette femme. Nina et sa fille. Non, non, tant qu'il n'est pas trop tard, malgré cette guerre qui fait de plus en plus rage, ou plutôt parce qu'elle fait de plus en plus rage, je dois tout retourner dans ma vie rance et vaine. C'est elle qui jettera aux ordures toutes mes habitudes imbéciles de caste et de club, mes fétiches, qui enverra son courant frais dans tout ce vide, le remplira d'évidence de son art, de sa démarche légère que je n'ai pas encore vue, mais que je puis imaginer à la forme de ses hanches et de ses jambes sous son plaid à carreaux. Nous fuirons quelque part avec sa fille, disons au Portugal, sur cette partie de la côte qui se trouve au nord de Lisbonne, je partirai parfois dans les pays en guerre, puis je reviendrai vers elle.

Ces pensées qui ne lui étaient guère coutumières tournoyèrent dans l'imagination de Townsend Reston jusqu'au moment où il se rendit compte que, dans sa navigation féerique, il s'approchait d'un gros écueil. Le mari, nom de Dieu ! Car elle avait un mari, chirurgien de l'active. Pourquoi ai-je été si prompt à décider qu'elle m'était destinée, alors qu'elle était destinée à son mari ? Alors, son imagination se laissa visiter par certaines infamies. Le mari était au front, exposé au feu ennemi, il avait bien des chances de devenir la proie d'un tireur allemand. Et puis après, qu'est-ce que c'est qu'un petit docteur russe en comparaison d'un célèbre journaliste international ? Qu'est-ce que c'est que leur misérable appartement communautaire comparé à la demeure familiale des Reston, au Cap Cod, sans rien dire des possibilités que lui ouvrirait mon compte en banque ? Ça, alors, c'est dégoûtant ! se coupa-t-il lui-même. Tout cela ne compte pas pour elle, sinon elle ne serait pas la femme de *ma* vie, or elle est précisément ce dont j'ai rêvé dès ma jeunesse, cet âge honteusement romantique, ce que, toute la vie, je me suis efforcé d'oublier.

Tandis qu'il s'adonnait à ces inconvenantes pensées, dans la station souterraine, la panique croissait. Tout à coup, le bruit courut que des chars allemands avaient effectué leur percée, que Touchino était occupé, que le Kremlin était rasé jusqu'à la dernière brique, que toute la ville était en feu, que des brigands saccageaient les magasins et pillaient les maisons et que des sections non identifiées — allemandes ? nôtres ? — lançaient des gaz dans les abris. Soudain, des cris assourdissants montèrent :

— À la sortie ! Sauve qui peut !

Tous bondirent sur leurs jambes, la foule ondoya en désordre, se poussant vers les escaliers ou s'arrêtant devant un infranchissable bouchon. Des gamins tentaient de se faufiler entre les jambes ou de passer par-dessus les têtes. On leur envoyait des coups de pied, on les débarrassait de ses épaules. Le hurlement était assourdissant, de vieilles femmes pleuraient, çà et là, des bagarres s'engageaient. Les gens semblaient saisis par l'horreur de la claustrophobie, ils n'étaient plus guidés que par la terreur, le désir aveugle de sortir de ce sac de terre.

Nina grelottait comme de fièvre, elle avait pris Eléna par les épaules, la serrait contre elle et ne songeait plus qu'à une chose : pourvu qu'on ne lui arrache pas sa fille, pourvu qu'elle ne la perde pas dans la foule. Elle ne pensait plus du tout à son affable voisin, et lorsque Reston lui cria de se cramponner à lui, elle lui lança un regard si sauvage, si égaré, qu'il en sursauta. Soudain, à croire que l'on avait extirpé le bouchon, la foule s'ébranla. Malgré tous ses efforts pour rester près de la jeune femme, Reston fut emporté vers un autre escalier. Pendant quelque temps, il vit encore parmi les têtes dressées vers le haut sa jolie crinière en désordre, puis elle disparut. Il espéra encore la retrouver en haut, et quand il fut dans l'entrée, il se mit à crier : « *Nina, où vous êtes ? Répondre s'il vous plaît ! Répondre donc* ! », mais il ne reçut aucune réponse. Bientôt, après l'abominable presse de l'entrée, il fut entraîné dans la rue où il ne vit rien d'autre non plus que la nuit et les silhouettes qui s'égaillaient, et n'entendit rien d'autre que des malédictions, le hurlement des sirènes, ne sentit rien d'autre que la pluie froide sous son col, et cela l'emplit de tristesse, de découragement et de honte pour ses conjectures souterraines incontestablement liées à une virilité déclinante.

L'attaque semblait toucher à sa fin, les explosions s'étaient tues, les éclairs dans le ciel se faisaient rares et les rayons des projecteurs qui balayaient les nuages accusaient quelque langueur.

Il releva son col et descendit la « rue Amère » en direction de l'ambassade. « *Nina, Nina,* murmurait-il, *she is an interesting person, isn't she ? Should I try to find her ? Nina... Gosh ! lost her last name... Nina who*[1] ? »

1. Anglais : C'est quelqu'un d'intéressant, non ? Dois-je essayer de la retrouver ? Nina... Zut ! J'ai oublié son nom de famille... Nina qui ?

## CHAPITRE TROIS

# *Bivouac souterrain*

La première vague de panique qui s'était emparée de Moscou avait reflué, mais il en approchait une seconde, aussi destructrice qu'un raz de marée de dix étages, dont la date, le 16 octobre 1941, devait pour longtemps marquer les mémoires. Entre ces deux vagues, par une nuit relativement calme, notre récit nous ramène vers la station de métro Maïakovski.

Cette fois-ci, tous ses accès étaient barrés par des patrouilles militaires. Les Moscovites qui s'y rendaient comme à l'accoutumée pour y passer la nuit, on les faisait circuler : « Citoyens, la station est fermée. Utilisez les autres abris. » Il y a sûrement eu une explosion, pensaient les Moscovites, une conduite d'eau ou un égout qui fuit.

Or, la station était en parfait ordre de marche, qui plus est, elle étincelait cette nuit-là d'une propreté assez effrayante. L'un des escaliers roulants descendait lentement, sûrement, éclairé par des lanternes dont la lueur tamisée et égale faisait penser aux coupes de quelque temple païen. Comme en temps de paix, des plaques brillantes disaient : « Stationnez à droite, circulez à gauche », « Tenez la main courante », et annonçaient le nom des stations desservies : « Biélorussie — Dynamo — Aéroport — Sokol » et dans l'autre sens : « Place Sverdlov — Travée des Chasseurs — Bibliothèque Lénine — Palais des Soviets — Parc Gorki. »

Peu après minuit, on vit arriver plusieurs voitures blindées, trapues, celles des commandants des divers fronts et de leur état-major, d'où sortirent Joukov, commandant en chef du front Ouest, Eremenko, commandant en chef du front de Briansk, les généraux Koniev, Leliouchenko, Govorov, Akimov.

Ils se dirigèrent immédiatement vers l'intérieur. Joukov allait devant, petit, les jambes arquées, son manteau de cuir enserrant un dos puissant et des épaules tombantes ; la porte vitrée du métro refléta la morose forteresse de son visage. Ils descendirent. Dans le silence complet, seul s'élevait le bruit léger et rythmé de l'escalier roulant.

Tout le décor du sol de granit cette fois était propre et renvoyait un reflet mat sous les plafonniers dépolis. On distinguait vaguement, tout au fond du quai, le buste blanc du poète dont la station portait le nom. Avait-il jamais pensé, lui, « beau et à vingt-deux ans », dans sa blouse jaune et son monocle à l'œil, qu'il se retrouverait à l'état d'idole dans le temple souterrain du peuple ?

Les généraux faisaient lentement les cent pas entre les colonnes d'acier. Ils n'échangeaient pas un mot. Joukov se tenait toujours un peu à l'avant du groupe. De temps à autre, il levait le bras gauche, repliait de la main droite la manche de son cuir et consultait sa montre lumineuse. Alors, les autres généraux en faisaient autant. Dix minutes au moins s'écoulèrent avant que, venant du centre, ne retentit le bruit modéré d'une rame. On la vit émerger lentement du tunnel et s'arrêter le long du quai. C'était une rame de voyageurs ordinaire, aux wagons vides ou presque. Dans l'un d'eux se trouvaient les membres du Bureau Politique du PC(b) : Molotov, Kaganovitch, Vorochilov, Béria, Khrouchtchev... Le Commissaire du peuple à la Défense, robuste comme un charretier, le maréchal Sémione Constantinovitch Timochenko, était du nombre. Les généraux, qui depuis longtemps n'utilisaient plus les transports en commun, ne trouvèrent pas trop extravagant le moyen par lequel les dirigeants arrivaient au lieu de rencontre, mais leurs aides de camp furent sidérés par la non-concordance de ces deux conceptions : un ordinaire métro et, dedans, de mythiques « effigies ».

Les portes pneumatiques du wagon s'ouvrirent. Joukov observa d'une mine sombre ceux qui en descendirent. Staline manquait *cette fois encore*. Incapable de se contenir, il dit à voix haute : « Le camarade Staline est encore absent... » Eremenko loucha vers lui en silence. Si Staline s'était montré, Joukov aurait lancé le « garde-à-vous ! » réglementaire, puis, au nom de tous les présents, marqué le pas et fait rapport dans les formes. Il n'en fit rien et les généraux demeurèrent au repos, car ils tenaient tous Joukov, récemment nommé commandant en chef du front Ouest, pour leur supérieur.

Leurs visages vont s'éclairer d'un paternel sourire, songea Joukov avec dégoût. Voilà ce que je ne peux pas souffrir, leur paternel sourire. Des crapules, se dit-il soudain, et il fut le premier surpris. Là-dessus, il salua. Bien négligemment, pas du tout dans les formes.

— L'état-major du front Ouest et de celui de Briansk, présent sur l'ordre du Bureau Politique du PC(b), énonça-t-il sans particulière chaleur pour les idoles du peuple. — En temps de paix, rien que pour ce ton, je me serais fait envoyer à dache, songea-t-il. Seulement, c'est la guerre. Et ils ont plus besoin de moi que moi d'eux.

Cette fois, les sourires paternels firent défaut. Molotov lui serra la main. Mettons-nous tout de suite au travail, camarades. Il se dirigea vers le fond de la salle où avaient mystérieusement surgi une longue table des délibérations, deux douzaines de chaises, des lampes portatives et des panneaux supportant des cartes d'état-major.

Ils prirent place. Molotov et Joukov se dévisageaient en travers de la table, deux visages de pierre fortement blindés, aucun sentiment ne filtrait entre leurs paupières.

— Le camarade Staline me prie de vous transmettre son chaleureux salut, camarades généraux, dit Molotov. Il suit chaque moment de l'évolution de la situation et prépare une entrevue décisive du Soviet de la Défense avec le commandement des Fronts et des Armées[1]. En attendant, il nous incombe de définir les missions stratégiques courantes.

Il ment, le salaud, se dit Joukov. Pas un pli de sa face ne modifia son aspect de granit. Pourquoi ne nous dit-on même pas à nous ce qui arrive à Staline ? Peut-être qu'il est depuis longtemps planqué à Kouïbychev ? Les missions stratégiques courantes, une paille ! Alors, pourquoi fixer la réunion dans le métro ? Pourquoi faire des mystères avec ceux avec qui il n'y a pas lieu d'en faire ? À l'heure actuelle, nos missions stratégiques courantes décident de tout. Personne n'y échappera.

— Camarade Joukov, les membres du Bureau Politique souhaiteraient que vous leur exposiez la situation, dit Vorochilov.

Joukov tourna légèrement la tête vers lui. Ce crétin, lui aussi, fait le malin, songea-t-il. Il se donne l'air de dire : Expose-la-leur toi-même, moi, je n'ai pas besoin de toi pour ça. Mais qui t'a jamais vu au front, « premier officier rouge » ? Il fit un signe d'assentiment et, martelant le sol, s'approcha de l'une des cartes. Il lui sembla qu'un bruissement, comme d'une feuille d'aluminium, passait sur le Bureau Politique : la carte dont il s'était approché représentait non pas les régions du Centre, mais tout droit les environs de Moscou, ses accès les plus proches. Le lorgnon de Béria et ses carreaux mats suivaient sa baguette. Laquelle demeurait pointée sur Mojaïsk.

— Après avoir pris Kalouga, les chars de Guderian[2] marchent sur Mojaïsk, commença Joukov, totalement impassible, comme s'il eût fait une conférence à l'Académie Militaire. Dans le district de Maloiaroslavets, nous avons pu rassembler une formation composée d'éléments de la 43e Armée. Elle comprend : la 110e division

1. Le mot « front » a acquis, en URSS, durant la Seconde Guerre mondiale deux acceptions différentes : « front » au sens courant du terme, ligne des combats, et « Front », groupe d'armées, d'abord utilisé dans un lieu défini, puis déplacé selon les besoins de la cause : le Front d'Ukraine a combattu en Moldavie, par exemple. Pour distinguer ces formations particulières, nous emploierons la majuscule : Front pour « groupe d'armées ».

2. Général, créateur de l'armée blindée allemande.

d'infanterie, la 17e brigade de chars, les Écoles d'Infanterie et d'Artillerie de Podolsk, deux bataillons d'un régiment de réserve. Nous tenons encore, même si le moral des soldats laisse à désirer. Les incessantes attaques en piqué des stukas achèvent de le saper.

À ces mots, Kaganovitch souleva les sourcils, avança à peine sa petite moustache-soutache tellement à la mode dans les années trente parmi les dirigeants des États européens. Le mouvement des parties pileuses de ce visage aurait même exprimé un étonnement comique sans le regard du « Commissaire de Fer » lourd comme une barre de mine. Qu'est-ce qui l'indisposait ? Les *stukas* hurlants qui se laissaient tomber à la verticale sur nos Ivans abandonnés par les « Faucons de Staline », puis remontaient brusquement en laissant derrière eux une meurtrière traîne d'explosifs et de plomb, ou ce mot de « soldats » aux couleurs d'ancien régime que le commandant en chef avait utilisé au lieu de « soldats rouges » cher au cœur du communiste avec son auréole de gloire révolutionnaire ?

Joukov ajouta quelques mots sur l'écrasante supériorité aérienne des Allemands. Peut-être le savaient-ils déjà, tout comme le savaient chaque combattant et des milliers de civils de la zone occupée, peut-être ne le savaient-ils pas, et alors, il leur serait utile de l'apprendre.

Il continua à infliger aux dirigeants des révélations, certains détails qui, parmi leurs tâches grandioses, leur avaient échappé. Nos tanks ne résistent à aucun accrochage avec les Mark III allemands, sans parler des Mark IV. Nous avons pour l'instant très peu de T-34, les KV flambent comme des maquettes aux manœuvres. Cette remarque était un franc coup de pied aux fesses de Vorochilov : le tank KV (Klim Vorochilov) était, cela va de soi, son enfant chéri. Le plus terrible était le manque considérable de cadres. L'impréparation, l'absence totale d'expérience au feu entraînaient de nombreux commandants à d'innombrables erreurs à l'échelle du régiment et au-dessus, ce qui, associé à d'autres facteurs, aboutissait à l'effondrement du front, la formation de poches, la reddition en masse, la trahison pure et simple.

Il parle beaucoup, cet homme, se disait pendant ce temps-là Béria en dévisageant l'antipathique moujik russe en uniforme de général. Il parle vraiment beaucoup. Ce que c'est que la guerre : les gens se mettent à parler.

— Si je vous comprends bien, camarade Joukov, notre principal problème est d'arrêter les chars de Guderian ? demanda-t-il.

Joukov se tourna vers l'étincelant lorgnon. Il eut envie de ricaner tout droit à l'adresse de ces terribles carreaux, mais tout compte fait, il ne savait pas très bien ricaner. Ce n'est pas à nous que se pose le problème le plus grave, mais à Guderian, se dit-il.

Aura-t-il assez de carburant pour quinze jours de plus, le temps de prendre Moscou ? Le militaire qu'il était comprenait qu'en principe seul un concours de circonstances malheureux, un échec qui ne viendrait que d'eux-mêmes, pourrait arrêter les Allemands sous Moscou, mais en aucun cas la résistance de l'Armée Rouge. Pourtant, il s'abstint de le dire, sans quoi il eût été séance tenante classé comme « défaitiste » et en aurait pris pour son grade, comme en 37.

— Pour ce qui est du dispositif tactique, camarade Béria, dit-il, il faut savoir nous mettre dans la peau de l'adversaire et imaginer les difficultés qui se dressent devant lui. Et des difficultés, il en a, en particulier l'extrême distension de ses communications... — Il parla encore un certain temps en promenant sa baguette sur la carte comme du point de vue du maréchal von Bock, jusqu'à ce qu'il se rendît compte qu'il n'avait ainsi fait qu'accroître la frayeur des dirigeants. — En résumé, camarades, la situation est très grave, sinon désespérée. — Il reposa sa baguette, ses bottes marquèrent six fois le dallage, il revint à la table, s'assit, et ajouta : — Mais tout de même, pas encore désespérée.

Pendant une minute ou deux, le silence régna. Comme toujours, les membres du Bureau Politique avaient peur les uns des autres. Le Commissaire du peuple semblait avoir avalé sa langue, il avait tout d'un Sobakiévitch. Les généraux, quant à eux, s'ils ne faisaient que se méfier les uns des autres, avaient franchement peur des politiques. Mais chacun sentait que cette peur « du dedans » faiblissait devant la peur « du dehors », l'approche inexorable de l'ennemi « extérieur » qui se moquait bien des intrigues byzantines et des finesses de cour du Kremlin, et se disposait tout simplement à les terrasser tous à la fois, eux et leur soviétique Byzance.

— Et la levée en masse ? demanda Kaganovitch. Ne pourrait-elle jouer un rôle ?

Les généraux s'entre-regardèrent. La levée en masse, des milliers de péquins et un fusil pour dix : mieux valait épargner les hommes et ne pas faire rire les Allemands.

— Ce n'est pas sérieux, trancha soudain le général Koniev en bon militaire. Cette fois-ci, nous ne referons pas la bataille de Borodino[1].

Les politiques faisaient la tête. Même si l'on rééditait un nouveau Borodino, malgré toute sa gloire historique, cela ne les arrangerait pas, car, qu'on le veuille ou non, Borodino avait entraîné la chute de Moscou, ce qui, en 1812, n'était pas si terrible car le gouvernement se trouvait à Pétersbourg et rien ne le menaçait, tandis qu'à présent, la menace était dirigée droit sur eux, le gouvernement suprême.

1. Qu'en France, on appelle bataille de la Moscova.

Joukov se sentit saisi d'une sombre inspiration. Peut-être était-ce le souvenir de Borodino, peut-être était-ce tout ce qui s'était accumulé au cours des dernières semaines d'humiliations devant l'envahisseur et l'envie folle de parer l'imparable, mais soudain, renonçant à tous les préambules de mise avec les hauts dignitaires du Parti, il décida de prendre la réunion en main et dit, d'un ton quasi dictatorial :

— Il nous reste très peu de temps. Nous subissons un incessant ouragan de feu sous lequel il est impossible de regrouper nos forces. Le seul moyen d'arrêter réellement les désertions et les redditions, c'est de poster des bataillons de barrage en arrière de nos lignes. Et qu'ils soient impitoyables. — À ce point de son discours, Béria inclina la tête en signe d'approbation. — Il est indispensable d'assurer au plus vite l'arrivée de groupements frais de l'Oural et de Sibérie. Mais pour en faire des unités combattantes, comme d'ailleurs pour assurer toute la campagne subséquente, nous devons sans délai, je le souligne : sur l'heure, augmenter le nombre des cadres supérieurs et moyens. Et je demande qu'on en informe immédiatement le camarade Staline.

Les politiques comprirent où gîtait le lièvre et se plongèrent aussitôt dans leurs petits dossiers, leurs petits papiers, seul Vorochilov s'exclama, en cabotin qu'il était :

— Mais comment y arriverons-nous, « sur l'heure » ?

Joukov le regarda sans sourire. Impossible de le déchiffrer, cet homme : joue-t-il les bouffons ou les imbéciles ? Est-ce cela qui l'avait sauvé, ces dernières années ?

— Alors, ça, vous devez le savoir mieux que moi, camarade Vorochilov.

Vorochilov sembla comprendre, il entrouvrit la bouche comme d'étonnement, comme si ce curieux facteur des stupéfiantes défaites de l'Armée Rouge n'avait jamais pu lui venir à l'esprit, mais il la referma aussitôt, et se plongea dans un petit dossier vierge.

Puis ce fut Molotov qui descella ses lèvres de glaise :

— Eh bien, camarade Joukov, nous ne manquerons pas d'informer le camarade Staline de vos considérations. Pour ma part, je voudrais dire qu'en des circonstances aussi exceptionnelles on peut envisager les mesures les plus extraordinaires. C'est le sort du socialisme tout entier qui se décide.

Joukov acquiesça. Pas de sentiment, rien qu'une détermination en béton armé, la dernière ligne de défense.

— Je suis heureux que vous m'ayez compris, camarades. C'est le sort de la Patrie tout entière qui se décide.

La réunion dura encore deux heures, si toutefois il était possible de compter le déroulement des minutes dans cet espace clos qui flottait dans les profonds tunnels de la terre de Russie. Un observateur étranger, disons l'auteur, se serait étonné de la confusion des époques qui se manifestait au sein de cette tache noire dans sa mer de ténèbres. Les formes rondes de l'Antiquité aux yeux aveugles se présentaient en la tête et les épaules de Lavrenti Béria. Le corps des généraux constituait le bivouac de l'éternelle soldatesque russe aux manières d'adjudant. Molotov et Vorochilov étaient des types de la comédie gogolienne. Le « Commissaire de fer », on le voyait tout de go, en tablier de cuir des premiers temps du capitalisme, émerger des coulisses une masse à la main. Au-dessus de tout ce monde, se dressait la tête du poète futuriste sur son socle et s'élançaient les colonnes d'acier de l'utopie soviétique. Seulement voilà, par instants, l'on aurait dit que, franchissant tant d'épaisseurs de terre et de béton, les Walkyries du socialisme allemand venaient voguer en silence au-dessus de la table. Sentant leur présence, les maîtres du Bureau Politique verdissaient d'horreur.

*Premier entracte*

## LES JOURNAUX

*Le* New York Times. *De Londres. 12 juin 1941 :*

*... Les gouvernements du Royaume-Uni de Grande-Bretagne et d'Irlande du Nord, du Canada, d'Australie, de Nouvelle-Zélande, d'Afrique du Sud, le gouvernement de Belgique, le gouvernement provisoire de Tchécoslovaquie, les gouvernements de Grèce, du Luxembourg, des Pays-Bas, de Norvège, de Pologne et de Yougoslavie, les représentants du général de Gaulle, chef de la France Libre, engagés ensemble dans la lutte contre l'envahisseur, ont décidé de résister contre l'agression allemande et italienne jusqu'à la victoire finale.*

*20 juin 1941 :*

*... L'ex-ambassadeur John Cooday a déclaré, à l'issue de son entrevue avec Hitler, que le dictateur présentait un faciès dyspeptique trahissant une tension et une fatigue extrêmes. Ses cheveux ont rapidement grisonné. On est frappé par la pâleur du teint et l'inertie des mains.*

*Le* Time. *20 juin 1941 :*

*... Les journaux italiens reproduisent ces paroles de Benito Mussolini : « Cette guerre prend le caractère d'une guerre de deux mondes. »*

*Nous voyons que le monde totalitaire s'organise en vue d'une bataille décisive. La Russie en sera partie intégrante en dépit des informations selon lesquelles Hitler tiendrait Staline à sa merci.*

*30 juin 1941 :*

*... Tandis que la Russie, collée à ses canons, attendait l'envahisseur de l'Ouest, à l'Est, à Samarcande, des savants ont pénétré dans le tombeau du plus puissant conquérant de tous les temps, Tamerlan*

*le Grand. Sous un bloc de marbre de trois tonnes, plus deux autres blocs de granit brut, ils ont découvert un cercueil d'ébène où l'empereur gisait dans des vêtements brodés d'or. À l'exception de la tête, le squelette était bien conservé. Les savants ont confirmé la thèse des philologues : la jambe droite du conquérant était plus courte que la gauche*[1].

*7 juillet 1941 :*

*... Les Finlandais se plaignent que les bombes au phosphore des Russes ont brûlé les forêts de sapin de Hanka où ils aimaient à jouer, l'été...*

*... Bien que ravis de la perspective de dérober quelque chose à la Russie, les Roumains sont très inquiets du raid des parachutistes soviétiques contre les champs pétrolifères de Ploesti. La « Garde de fer » a répondu à ce raid par l'exécution de cinquante « communistes juifs »...*

*... Aucun des deux partis n'est regardant quant au chiffre des pertes de l'autre. Les Allemands annonçant qu'ils avaient anéanti six cent mille hommes, dès le lendemain, afin de ne pas être en reste, les Russes annoncent scpt cent mille morts allemands. Aussitôt les Allemands enchérissent à huit cent mille. Les Russes répondent par neuf cent mille.*

*... Une statue de Neptune au trident se dresse au Prado, au centre de Madrid. Un Espagnol, gens au ventre éternellement creux, y a accroché la pancarte suivante : « Donnez-nous à manger ou ôtez-nous cette fourchette. »*

*Le* Daily Mirror, *de notre commentateur Cassandra. 20 juillet 1941 :*

*... Si jamais il s'est trouvé un homme pour lever son pistolet et donner le départ d'une nouvelle guerre mondiale, cet homme est J. Staline... Et si nous envoyions promener cet hypocrite ?*

*... L'Albanie a déclaré la guerre à l'Union Soviétique. À ce propos, le Commissaire du peuple adjoint aux Affaires étrangères, le vieux bolchevik Solomon Lazovski, a ressorti cette blague : « Le chasseur crie : J'ai capturé un ours, mais il ne me laisse pas partir. »*

Il Telegrafo. *Italie. Août 1941 :*

*Les pantalons pour dames viennent de faire leur apparition dans la Russie bolchevik. Les snobs des stations estivales de Grande-Bretagne et des USA ont trouvé cette mode attrayante et lui ont*

1. Dans les langues turciques, Timur-Lang, signifie Timour le Boiteux.

*donné de l'éclat... Encore un exemple des nombreux points communs entre le communisme et la ploutocratie.*

*L'Agence de presse allemande DNB :*

*... La ligne Staline est enfoncée en plusieurs points. Les troupes soviétiques en pleine déroute reculent, leur commandement est incapable de rétablir l'ordre.*

*Le Bureau d'information soviétique :*

*... Le bilan des trois premières semaines de guerre témoigne de l'incontestable échec des projets de guerre éclair de Hitler...*

*Le* Time Magazine *:*

*... Bien des choses attestent que les Russes mentent et les Allemands aussi...*

*... Staline a confié Léningrad à Klement Vorochilov, Moscou à Sémione Timochenko, Kiev à Sémione Boudionny.*

*... Les troupes allemandes ont fièrement annoncé la capture du tank mastodonte de 120 tonnes* Gloire de Staline. *Le géant développait une vitesse de six kilomètres-heure.*

*Deuxième entracte*

# UN MAGNOLIA D'INTÉRIEUR

Le ficus (on peut aussi bien dire « la » ficus) était plein de mépris pour le pot de « le ou la » géranium installé près de lui. Oui, bien sûr, pas pour le pot, mais pour la plante qui y prospérait. La (le) géranium lui apparaissait comme un être sans esprit et sans âme. Elle (il) ne lui envoyait aucun message. Parfois, il tournait carrément ses feuilles vernissées vers elle. En vain, pas de réponse. La commode aux broderies en offrait davantage. Les deux plantes étaient placées près de la fenêtre chez le tirailleur Kolymaguine, lequel habite faubourg de Pétrovsk. Sur l'appui de la fenêtre, elles avaient en outre pour voisin un répugnantissime glaviot déposé dans un pot de trois litres et dénommé « champignon ». Celui-là n'était occupé à produire qu'une chose : un jus douteux pour les lendemains de cuite de Kolymaguine. Le ficus niait l'existence du « champignon » tout comme les Paléologue chers à son cœur niaient celle des mouches venues du bazar turc qui franchissaient les fenêtres de leur palais.

Le ficus avait pris le coup pour regarder par la vitre par-dessus le champignon où il apercevait, presque toujours pour son vif plaisir, le chemin de brique qui menait au portillon, en deuil d'une de ses lattes, deux seaux posés à l'envers sur la barrière, une bassine en zinc et ses hardes pourries, un tonneau de sable, affligeant moyen de lutte anti-incendie, des tomates vertes qui, sans jamais parvenir à maturité, voyaient leurs feuilles se ratatiner, des souriceaux crottés qui se faufilaient là — toute cette atmosphère de misère, d'abandon de la Russie moyenne sur laquelle, en des siècles anciens, on ne sait pourquoi, s'est élevée une flamme superbe et s'est effectuée la fusion de ses deux principes, le principe subtropical et le principe sous-polaire, c'est-à-dire celle des Grecs et des Varègues.

Il repensait aux premiers par les soirs couleur de feu où, phénomène rare à Moscou, l'horizon, à l'ouest, était pur. Alors, quelque chose de très lointain émergeait lentement : la sombre fierté d'une princesse abandonnée de tous, à la fenêtre d'un couvent et attendant le poignard, puis des pas sur le pavé de l'entrée, le couchant reflété par la cuirasse du bien-aimé revenant victorieux de la bataille d'Azov. Ou vaincu... la belle affaire ! Ce qui importe, c'est que cela vous serre sous les tétons, que l'on oublie son royaume, pourvu seulement que l'on s'ouvre toute au descendant de Riourik[1] et que l'on prolonge la lignée. Ô prince, délivre-moi ! Que ne se dessèchent pas mes reins byzantins dans cette cellule de couvent, que je ne me change pas, vivante, en stérile magnolia d'intérieur aux allures de ficus !

Quant au principe varègue de la plante, il va de soi qu'il entrait en liesse à la première neige qui se posait sur le chemin et la barrière, et le toit plat du Palais des Amuseurs[2] que l'on découvrait après la chute des feuilles.

« Ouais ! » s'exclamait d'ordinaire à ces moments-là le tirailleur Kolymaguine que l'on aimait bien, même s'il fourrait ses mégots dans le pot, au pied de l'ex-magnolia, car son œil bridé, et parfois même comme d'un hardi clignement tatar, rappelait des pères ou des oncles inconnus issus de sous les neiges.

— Arrêtez de fourrer vos sales mégots de Priboï dans cette plante, dit la propriétaire, et l'on aurait cru un bruissement de sauterelles sèches.

— Dommage qu'on nous interdise de sortir les armes réglementaires, répondait le tirailleur Kolymaguine. Nom d'une pute, je t'aurais descendue, pouffiasse !

— Avec vous, on peut s'attendre à tout, monstre, ivrogne ! sifflait la sauterelle.

— Nom d'une pute, je vais foutre le feu à ta baraque ! rugissait Kolymaguine en poussant la propriétaire dans un coin et en lui tordant bras et jambes. Je rendrai ma carte, mais j'en finirai avec ton clandé.

Puis un beau jour la maison prit feu pour de bon, et le magnolia d'intérieur avec elle. La combinaison subtropicale-sous-polaire l'avait privé de fécondité, mais il (elle) était merveilleusement inflammable.

La maison tout entière craquait, les chats hurlaient, la sauterelle tintait au suraigu, c'est-à-dire comme une scie électrique et le tirailleur Kolymaguine, plein d'allégresse, vrombissait comme un maréchal Tchoïbasan[3].

Les feuilles du ficus commencèrent par jaunir, puis se recroquevillèrent, et enfin prirent feu. À côté de lui, l'incendie du géranium monta en fine colonne vers le plafond. C'est là que le ficus entendit son message :

1. Prince varègue, fondateur du premier État de Russie (IXe siècle).
2. Résidence du « régiment des Amuseurs » qui partagèrent les jeux du jeune Pierre le Grand avant de constituer des régiments réels.
3. Tchoïbasan (1895-1952), célèbre chef militaire mongol.

— Se peut-il que même maintenant tu n'entendes pas, n'entendes pas, n'entendes pas ? clamait-il (elle) désespérément.

— Ah, c'est toi ! s'avisa enfin le ficus en s'enflammant définitivement.

## CHAPITRE QUATRE

# *La ration de survie*

À deux cents kilomètres de Magadan en remontant la route de la Kolyma, c'était déjà l'hiver. Nikita Gradov qui sortait pour la troisième fois de la matinée sa brouette de la galerie de mine fut surpris par la violente lumière du soleil. Le réveil et le départ au travail en pleine nuit n'avaient rien présagé d'autre qu'une habituelle journée de la Kolyma, trouble, balayée par la tempête de neige, un froid pénétrant, une typique journée de bagne, et soudain, à sa troisième sortie du niveau supérieur de la carrière, voilà que se découvraient les lointains de sucre candi de la « merveilleuse planète[1] », des ombres épaisses et bleues comme du papier d'emballage, le hérissement des éboulis de la taïga, le ciel immense d'une terre des premiers âges. Sous un tel ciel, si l'on faisait abstraction de l'odieux spectacle de la carrière pénitentiaire, l'on pouvait oublier l'histoire des hommes, c'est-à-dire que l'on pouvait se sentir libre. Nikita s'arrêta un instant au sommet de son monticule comme pour changer de main et aspira profondément l'air glacial. Si de telles pensées me visitent, c'est que je tiens encore, se dit-il. Depuis quelque temps, il s'observait comme du dehors et à chaque manifestation de sa personnalité, de son corps, il appliquait la formule : « si... encore... c'est... qu'encore ». L'expérience des camps lui avait appris à craindre plus que tout le moment où cet « encore » se rompt et où l'homme se transforme tout d'un coup en « y a plus mèche ». Un jour de douche, il avait surpris dans la glace embuée du petit couloir de la baraque d'hygiène le reflet d'une silhouette juvénile au ventre creux, aux épaules droites et anguleuses, au bassin étroit et saillant, et n'avait compris qu'avec un certain retard que c'était lui, si étrangement rajeuni. À quarante et un ans, l'ex-général de corps d'armée avait l'air d'un appelé de vingt ans, le moindre souvenir de « capiton socialiste » avait disparu et son corps se découpait, tel qu'il avait été si harmonieusement voulu à sa naissance. Loin de le réjouir, cela l'épouvanta. Il savait déjà que cette jeunesse imprévue ne se profile que du fond d'une glace crasseuse, qu'elle est fragile comme une brindille sèche et glacée, que la faim perpétuelle, épuisante, et la

1. Surnom du bagne de la Kolyma.

fatigue sans fin le conduiraient, à un moment ou à un autre, à s'effondrer, à rouler très vite en bas de cette pente où deviendrait réalité le souhait favori des inspecteurs de la Tchéka : « Puisses-tu tourner en poussière des camps. » C'est pour cela qu'il se surveillait en s'appliquant à chaque fois la formule des ZEK[1] : « si... encore... c'est... qu'encore ». Si parfois, par hasard, sur son châlit, des rêves érotiques, les caresses de Véronika, revenaient le visiter, et s'il se réveillait à l'apogée d'une tension et d'une éjaculation magiques, c'est qu'il était encore vivant. S'il avait assez de volonté pour bondir le matin hors de sa baraque, balancer sa veste et se frictionner avec de la neige, c'est qu'il était encore vivant. Si après la relève, au lieu de s'affaler n'importe où et de se déconnecter, il se mêlait, autour de leur pauvre poêle, à la discussion des philosophailleurs sur la crise du positivisme, c'est qu'il était vraiment vivant et qu'il fallait s'obstiner à faire tout cela : rêver de Véronika et même se masturber, se branler, se frictionner à la neige, s'étirer et même faire quelques rétablissements, défendre le positivisme héréditaire des Gradov. Mais, bien souvent, il devenait la proie de sa pensée « finale », ainsi qu'il l'appelait : à quoi bon traîner, on ne sort pas d'ici, arrête une bonne fois de faire le mariolle, il n'y en a pas pour bien longtemps, de ta jeunesse. Ça, c'était le commencement de la fin. Pris d'une sainte horreur, il se secouait, faisait des exercices respiratoires en gonflant le ventre, se bouchant l'une et l'autre narine tour à tour, introduisant dans son corps par d'invisibles canalicules de petits courants d'énergie cosmique selon la méthode bouddhiste indienne. C'était son voisin de grabat qui lui avait enseigné cela, un professeur de Kharkov qui avait précisément écopé de dix ans en raison de son attachement à « l'enseignement idéaliste de l'Orient et pour avoir tenté de semer le trouble dans l'esprit de la jeunesse soviétique ». Nikita était certain que le système était bon et se disait : « Si je respire selon la prâmanâ Nyâya, c'est que je suis encore vivant. »

Se confiant ainsi à son instinct de conservation, Nikita était devenu étrangement indifférent à sa famille. Il faisait tout pour chasser loin de lui la douceur du Bois d'Argent, le visage de ses parents, de sa sœur, de ses enfants, de sa nounou... Il s'efforçait de chasser jusque dans ses rêves le souvenir de cette chaleur à jamais perdue et il y parvenait, le Bois d'Argent disparaissait, seul allait et venait un bondissant et rustique écureuil.

Il savait, ou plutôt savait presque, que sa femme avait été arrêtée. Dans l'une des lettres qui lui étaient parvenues il y a deux ans, alors qu'il était déjà ici, au camp de la Kolyma, Mary écrivait : « Véronika a dû nous quitter subitement pour une destination inconnue. Babotchka[2] et Véroulia sont avec nous et se portent

1. Prisonniers des camps soviétiques.
2. Papillon, surnom de Boris IV.

bien. » Évidemment qu'elle lui apprenait son arrestation, mais au lieu de réaliser pleinement l'horreur de savoir sa « tendre petite fille » livrée à l'enfer de la Tchéka dans une baraque comme celle-ci, dans une carrière, derrière une brouette, il repoussait soigneusement ces pensées et en admettait d'autres, presque absurdes : peut-être s'est-elle tout bonnement trouvé un bonhomme, un artiste qui l'aurait enlevée, ou un aviateur polaire... Alors, la jalousie le secouait avec force et il remarquait non sans plaisir : « Bon, si je suis jaloux, c'est que je tiens encore. »

On savait dans la baraque qu'il y avait la guerre, mais on ne se représentait ni son caractère ni son envergure. Au début, alors que les bruits n'avaient fait que filtrer, on avait souvent demandé à Nikita, en tant que spécialiste militaire, si la chute de Berlin était pour bientôt. Il levait les bras au ciel : « Si pendant que je croupissais dans cette geôle, ils n'ont pas trouvé le moyen de relever de façon radicale notre armement technique, il ne saurait être question de s'emparer de Berlin. La ligne de front passe, selon toute vraisemblance, quelque part au milieu de la Pologne, et l'Armée Rouge doit avoir bien de la peine à la tenir. La guerre entre l'Allemagne et l'URSS peut durer un temps indéterminé selon ce que seront les rapports avec les pays de l'Entente[1]. Le plus probable, c'est que Hitler et Staline mettront un terme à toute cette affaire grâce à un armistice, de longs pourparlers, puis, peut-être, même si cela paraît paradoxal, camarades, par un traité de collaboration. » Le contingent spécial des « criminels d'État hautement dangereux » auquel Nikita appartenait depuis deux ans, quand on l'avait transféré du cachot au bagne, était totalement isolé du monde extérieur. Dans ce petit système clos dont on ne prononçait le nom terrifiant : « Zelenlag » qu'à voix basse, on n'introduisait jamais de nouveaux, c'est pourquoi l'on n'y savait rien du pacte conclu entre Hitler et Staline dès 1939, du partage de la Pologne aussitôt effectué par les nouveaux alliés, de la guerre qui avait éclaté à l'Ouest, de l'effondrement de la France et, enfin, seules quelques paroles échappées aux sentinelles avaient révélé aux ZEK que l'on se battait à la frontière même du pays.

Tout récemment, pourtant, il s'était produit un événement sensationnel. Le voisin de châlit, en dessous de lui, de Nikita, naguère grand responsable du Komintern, Zem-Tedecki, avait, lors d'un passage à l'infirmerie, réussi à cacher sous son tricot et à introduire dans la baraque un morceau de journal tout maculé. L'intrépide juif polonais avait littéralement risqué sa vie au nom de sa curiosité politique. Le bruit courait qu'Aristov, le commandant du Zelenlag, s'occupait personnellement de quiconque enfreignait

1. En fait, la Petite Entente qui avait servi d'appui au système diplomatique français était morte en 1939. Mais devenue un terme de la langue de bois, elle désigne souvent les forces hostiles à l'URSS.

le règlement, qu'il venait d'emmener en dehors du territoire du camp un ZEK coupable d'avoir volé un journal à la mine, qu'il avait sorti son browning et l'avait descendu comme aux très glorieux jours de la guerre civile. Quoi qu'il en soit, près du poêle après la relève, entre compagnons éprouvés, ils avaient nettoyé, défroissé le journal et découvert soudain, à la lueur rougeâtre et vacillante du foyer, un communiqué du Bureau d'information soviétique sur « les combats en direction de Smolensk ». Était-ce Dieu possible ? L'« invincible et légendaire » reculerait ? « *Chère Biélorussie, Ukraine bien-aimée — Votre jeune bonheur, nous le défendrons — Baïonnette au canon...* », alors, c'est cela que signifiait la bribe de chanson qui avait volé un jour jusqu'à eux depuis un haut-parleur du secteur général !

Nikita avait quitté le poêle et s'était allongé à sa place, face au plafond où s'étaient infiltrées de la neige et de la glace sales, curieusement jaunes, comme si, là-haut aussi, on pissait dessus. Le nom des chefs militaires qui émaillaient le communiqué ne lui disaient rien, à l'exception peut-être de celui du général de brigade Kolesnik, commandant une division d'infanterie motorisée, qu'il croyait avoir rencontré à des manœuvres d'état-major, il était l'aide de camp d'il ne savait qui, n'était-ce pas Gamarnik ? Cela voulait dire que ce à quoi il avait consacré tant d'années, alors qu'il était à la région militaire Ouest, avait volé en l'air, était pulvérisé, si les Allemands étaient déjà sous Smolensk et peut-être même, si ça se trouve — c'est que le journal était vieux —, l'avaient dépassé. Il chercha longtemps à réveiller son instinct combatif, à imaginer ce qu'aurait été sa propre conduite aux jours de cette invasion effroyable, à se voir dans un état-major du front ou en première ligne à la tête d'une division, d'un régiment, d'une compagnie, ou même simple soldat sous le feu allemand, mais cela ne donna rien. Tout s'encotonnait d'une fatigue monstrueuse de chaque cellule de son corps eût-on dit, d'indifférence, et surtout d'une faim dévastatrice, de la pensée de quelques croûtons de pain qu'il avait réussi à dissimuler sous la doublure de son caban. Son seul rêve, son rêve fou, était de se couvrir la tête de ce même caban et d'engloutir, là, tout de suite, ces croûtons délicieux, ces croûtons qui lui semblaient même croustillants ; mais il s'était juré de faire preuve de volonté et de les conserver jusqu'au matin, de ne les manger qu'avant de partir pour la carrière. Pourtant, à quoi bon, à quoi bon faire preuve de volonté, à quoi bon s'éterniser, à quoi bon conserver son « visage humain », à quoi bon, à la fin des fins, ne pas lécher son assiette comme le faisaient les « y a plus mèche » ? Qu'est-ce que la guerre changera à notre vie ? Quoi qu'il advienne, les Allemands n'atteindront pas la Kolyma, nous n'aurons pas l'occasion de mourir héroïquement au champ d'honneur pour la Patrie.

Autour de lui, au long et en large des châlits, chuchotant avec ardeur, les experts en politique mondiale, les ex-théoriciens et praticiens du communisme débattaient. Nikita se taisait, on ne l'interpellait pas par une sorte de délicatesse dramaturgique, comme si l'on eût compris les souffrances d'un commandant de l'Armée Rouge en cette heure fatale. Tous ces gens, autour de lui, étaient de véritables « trompe-la-mort » comme il les appelait en lui-même. Tromper la mort était leur but essentiel, ne pas laisser passer la moindre possibilité de sauvegarder leur corps et leur esprit qui leur seraient si utiles pour d'imprécises missions à venir. S'ils mettaient par hasard le pied sur une brindille de genévrier, ils la mâchaient jusqu'à la dernière fibre, aiguilles et écorce comprises, introduisant ainsi des vitamines B-quelque chose dans leur organisme. Les pelures de pommes de terre sur lesquelles ils arrivaient parfois à mettre la main derrière la baraque du réfectoire passaient pour très salutaires. Un petit tubercule de patate crue à moitié pourri était considéré comme un cadeau de la fortune, il rechargeait les accus, comptez pour une semaine entière. Quelqu'un avait inventé de boire sa propre urine : non seulement elle entretenait le tonus, mais elle guérissait de nombreuses maladies des camps. Certains y avaient tellement cru, qu'ils estimaient désormais être à l'abri de tout. Lorsque des ulcères étaient apparus sur ses jambes, Nikita en avait fait autant et, effectivement, cela avait eu l'air de marcher, les ulcères avaient disparu. Dans l'ordre du « trompe-la-mort » et de la préservation du « visage humain » entraient aussi d'interminables discussions politiques, le remâchage de tous les congrès du Parti du passé, oppositions, groupes et plates-formes, traités internationaux et intrigues, l'élaboration de toutes les hypothèses géopolitiques ou de politique intérieure possibles et imaginables. En ce moment même, il en était certain, l'ardeur avec laquelle on commentait le bout de journal répondait essentiellement à la formule « si... encore... c'est... qu'encore ».

Cependant, allongé sur sa couche, il songeait avec consternation non à la guerre, mais à son indifférence envers la guerre. Et tout de même, à la fin, de l'impasse de sa conscience émergea le secourable « si je songe encore avec consternation à mon indifférence, c'est que je ne suis pas indifférent, c'est que je suis vivant ». Il tira son caban sur sa tête, mastiqua ses croûtons de ses dents scorbutiques et s'abîma dans un sommeil de plomb. Aucun rêve ne le visita, toutes ses glandes demeurèrent muettes, comme si la glaciation éternelle de la Kolyma l'avait investi, s'était incrustée dans son corps.

Ce jour-là, alors qu'il allait faire son troisième voyage, il se sentait désespérément fatigué, brisé, presque évincé de la face de la terre, même de cette face-ci, brute, défigurée par la taille de la carrière. L'un après l'autre, les ZEK poussaient leur brouette de minerai hors de la galerie, remontaient le monticule en haut duquel le monde environnant miroitait à leur vue, puis enchaînaient immédiatement sur leur pénible descente au fond de la carrière où, écartelée sur ses quatre pattes, se dressait une sorte de drague qui, bizarrement, n'extrayait rien, mais dans un hurlement sauvage, dans le grondement, les sifflements, rebroyait le minerai. C'est elle qu'avec leurs brouettes devaient alimenter les ZEK de Zelenlag.

Si je suis si fatigué au troisième voyage... se dit avec abattement Nikita. Mais il n'alla pas au bout de sa pensée : soudain, le soleil lui illumina le visage, l'air pénétra dans sa poitrine et secoua un instant tout son être qu'allait sidérer le froid. Sa fatigue s'envola. « Si... encore... c'est... qu'encore. » Il ne pouvait pas s'attarder en haut du monticule, les autres le poussaient, il commença à descendre, mais son humeur avait changé, il espérait revoir le soleil en retournant à la galerie, puis encore et encore jusqu'au crépuscule, et lorsque la nuit viendrait, elle ne serait pas la même, pas aussi noire que de coutume, mais étoilée, peut-être même éclairée par la lune, et ainsi passerait toute la relève, les trente-quatre voyages, peut-être que je tiendrai, peut-être que... Et si je pense encore « peut-être que », c'est que je suis encore...

À un tournant du chemin, au plus fort de la courbe où il fallait maintenir la brouette de toutes ses forces, empêcher qu'elle vous échappe et se renverse afin de ne pas perdre son droit à la ration de pain, se tenaient deux surveillants mafflus en pelisse de mouton. Ils repéraient les numéros que les ZEK portaient sur la poitrine et consultaient une liste.

— Le contrôle des cadres, dit Zem-Tedecki derrière lui. En période de reconstruction, les cadres, c'est décisif.

— Gradov ! Halte ! hurlèrent à ce moment les gardes-chiourme. Lâche ta brouette ! Demi-tour ! En avant, marche !

L'un deux descendit la pente, l'autre mit l'arme à la bretelle et partit à la suite du ZEK Gradov, matricule L 148395.

Déconcerté par ce changement inattendu, par cette suspension de son rythme vital ou, en termes plus simples, par la rupture des cadences des voyages, Nikita croisa des brouettes pleines, longea des brouettes vides... mais lui n'en poussait plus. Certains ZEK lui lançaient des regards étonnés, la majorité ne lui prêtaient pas attention, absorbés par leur propre « processus de survie ».

— Plus vite ! Grouille-toi ! aboya le cerbère derrière lui.

Ils arrivèrent en haut de la butte. Le soleil le frappa au visage si violemment qu'il en chancela. Ses jambes se dirigèrent d'elles-mêmes vers le trou noir de la galerie.

— À gauche ! cria l'homme d'escorte.

— Où m'emmènes-tu, chef ? demanda Nikita dans le langage des prisonniers.

— Ta gueule, putain de mes deux ! À gauche ! éructa le cerbère.

Nikita sentit qu'il avait pris l'arme à la main et la tenait croisée dans son dos. Tout cela était bien dans le style de Zelenlag, excepté cette promenade inattendue sur l'étroit sentier, parmi les congères étincelantes.

Au bout d'un quart d'heure, ils arrivèrent devant l'administration du camp, une baraque crépie, munie de vraies fenêtres derrière les vitres desquelles, merveille des merveilles, on apercevait les visages du personnel féminin, des ZEK aussi, bien entendu. Près du perron, sur la rampe duquel deux commandants de l'armée régulière se doraient béatement au soleil, deux tout-terrain militaires stationnaient. Le maître du camp, oui, oui, le tout-puissant major Aristov en personne, causait avec eux en souriant, en riant, cherchant à plaire. Les deux officiers l'écoutaient à peine, et même s'ils le regardaient de temps à autre, c'était avec un mépris non dissimulé, eux, de simples lieutenants.

— C'est celui-là ? — L'un d'eux pointa le pouce vers Nikita qui approchait. Le second, sans doute impressionné par l'aspect de l'« ennemi du peuple hautement dangereux », se borna à émettre un long sifflement.

Puis, à côté de la botte du major, Nikita aperçut son sac, complet et bouclé.

Ils vont m'emmener. Sans doute pour la révision de mon procès et pour me condamner à mort, se dit-il, et il n'en éprouva aucune peur. Mais pourquoi sont-ils de l'armée régulière et pas de la Tchéka ? Eh quoi, c'est parfaitement logique. J'ai été jugé par un tribunal militaire, ce sont des militaires qui vont conduire au poteau le dangereux ennemi du peuple que fait de moi l'état de guerre. Soudain, singulièrement, sous l'influence de ces pensées, son humeur s'illumina, il ressentit même une sorte d'inspiration : le soleil, la neige scintillante, ces militaires, le peloton d'exécution, tout valait mieux que ce lent écoulement de la vie, jour après jour, cette fusion avec les glaces éternelles.

— En voiture ! lui ordonna l'un des lieutenants.

— Où m'emmène-t-on ? demanda-t-il.

La perspective de l'exécution lui redonnait, pour la première fois depuis son entrée à Zelenlag, quelque chose qui ressemblait à son ancienne fierté.

— Monte, monte, Gradov ! Regretterais-tu de quitter notre villégiature ? ricana Aristov.

— On vous l'expliquera, dit le second lieutenant d'un ton indifférent, un ton de soudard, mais nullement tchékiste.

Il s'assit à l'avant avec le chauffeur, et Nikita derrière, à côté du premier lieutenant. Tandis qu'ils roulaient, Nikita s'aperçut que son voisin fronçait le nez, s'efforçait de lui tourner le dos. Hostilité de classe, crut-il d'abord, puis il devina : il puait, c'est tout, il puait abominablement la baraque, et le lieutenant de l'Armée Rouge qui s'était, ce matin, inondé d'eau de Cologne, avait du mal à le supporter.

La voiture suivit longtemps une route étroite et sinueuse ; à un endroit, un col où le vent avait amoncelé des masses de neige, elle patina. Les lieutenants sortirent et la poussèrent, Nikita offrit son aide, on le rembarra brutalement. Bientôt après cet épisode, ils atteignirent la grande route où défilaient des colonnes de camions. C'était la célèbre route de la Kolyma construite presque littéralement sur les os des ZEK, qui s'étendait à près de mille kilomètres au nord de Magadan.

Pris de vertige, Nikita ouvrait et refermait les yeux : voir une route prétendument libre était une impression trop forte. Mais ils tournèrent bientôt sur une voie latérale qui descendait au fond d'une gorge, entre des buttes sans vue, à peine couvertes de genévriers nains. Puis la gorge s'élargit, ils dépassèrent une zone jalonnée de miradors et bordée de barbelés, puis quelques baraques disséminées en désordre et un modeste groupe de maisons de bois, et débouchèrent enfin sur un petit terrain d'aviation où ils s'arrêtèrent.

L'unique avion qui s'y trouvait, un TV-2, mit ses trois hélices en route dès qu'il les aperçut. On fit descendre Nikita du tout-terrain et on le conduisit vers l'appareil. Le sac accroché à son épaule lui paraissait plus lourd que sa brouette. La joie de l'incroyable changement en cours l'avait presque privé de ses forces. Il ne pensait à rien, simplement, il happait avidement de la bouche — quoi ? peut-être l'air, peut-être les minutes de ce changement, comme pour les boire jusqu'au bout et ne rien oublier.

Quand il fut dans l'avion, le pilote, bardé de cuir et de fourrure, chaussé de hauts mocassins, lui lança une énorme culotte matelassée, deux tricots, un touloupe, des bottes de feutre et une chapka.

— Habillez-vous, cria-t-il et, avec un petit rire : Sinon, on ne vous amènera pas vivant.

Les moteurs hurlaient déjà à plein régime. L'avion gagna la piste d'envol. Nikita était assis dans un coin sur des sacs, tout seul dans le spacieux fuselage à deux petits hublots carrés. Il connaissait ces coucous que, déjà de son temps, l'on avait réformés du corps des bombardiers pour en faire des cargos. Au bout de quelques minutes, le pilote ressortit de sa cabine et lui tendit un gros paquet :

— J'ai ordre de vous remettre cette ration de survie. — Il lui tendit un ouvre-boîte et une cuiller à part. — Et vous, vous avez ordre de manger. — Sur ce, il sortit un bordereau et un bout de crayon. — Veuillez émarger.

Après cela, il laissa Nikita en tête à tête avec sa « ration sèche », rentra dans sa cabine, et aussitôt l'avion bondit en avant, passa les maisonnettes et les collines déchiquetées de la gorge, puis quitta le sol. C'est là que devant le ZEK L 148395 s'ouvrirent les trésors de la fameuse ration : un saucisson fumé, une boîte de corned-beef, une boîte de sprats, un morceau de hollande, une plaque de beurre, une boîte de lait condensé, une boîte de compote de poire, deux plaques de chocolat Séver, une grosse boule de pain rassis, trois paquets de biscuits à la vanille. Tous les mystères de l'amour, de la guerre et de la prison étaient oubliés, la plus forte impression de sa vie venait de l'assaillir devant ce sac de toile dénommé « ration sèche du cadre des commandants des Forces Armées Soviétiques ».

Pris de vertige, il attrapa le chocolat, le brisa, le fourra dans sa bouche avec des bouts d'emballage en même temps qu'il plongeait sa cuiller dans le beurre qu'il enfournait aussitôt après le chocolat. Puis il déchira à belles dents le saucisson sec, incroyablement, follement savoureux , détacha et bourra encore dans sa bouche des morceaux de fromage, de pain, revenant au chocolat, au beurre, jusqu'à ce que tout se fondît entre ses dents en une masse sucrée-salée, grasse-caséinée, qui descendit par saccades le long de son œsophage ébranlé vers son estomac sidéré qui sécrétait en même temps son suc et des mini-hémorragies gastriques. Il eut tôt fait d'engloutir le tout, sauf les conserves. Il allait prendre l'ouvre-boîte et poursuivre son festin, mais il n'en eut pas la force : les fumées d'une replétion extrême s'emparèrent de lui. L'avion dégringolait dans des trous d'air et l'ex-général de corps d'armée Nikita Gradov sombrait dans l'inconscience, revenait parfois, rarement, dans sa sphère de métal qui trépidait sous l'impulsion de ses trois moteurs hurlants. Alors, il s'évertuait à fourrer dans son sac ses boîtes de corned-beef, de sprats et de compote, en se répétant sous le nez : « Là-bas, il n'y en aura pas, là-bas, on ne t'en donnera pas. » Il dénouait et renouait les cordons du sac, fourrageait vaguement à l'intérieur, jurait, geignait, luttait contre la nausée. Puis il disjoncta complètement des contingences aériennes.

Quand le pilote, qui était retourné le voir, revint au cockpit, ce fut la plaisanterie aux lèvres : « Nous voilà avec un quatrième moteur. Notre passager ronfle à faire pâlir un Junkers d'envie. » L'équipage ignorait qui il convoyait vers le « continent », mais il se doutait évidemment que c'était une personnalité importante, ennemi du peuple ou héros, mais quand même, plutôt un salaud. À en juger par son aspect, sûr que c'est un fasciste que nous ramenons au tribunal du peuple. Un type comme ça, on n'aimerait pas le voir en rêve ; en réalité, passe encore, mais en rêve, non. Une heure avant d'atterrir, Nikita fut réveillé par d'atroces douleurs d'estomac. On aurait dit qu'on lui déchirait les entrailles avec une pelote de barbelés. Il tenta de se lever, s'abattit de ses sacs sur le plancher d'aluminium et roula vers la queue de l'appareil en hurlant. Un flot de suc gastrique mêlé de sang et de friandises non digérées lui jaillit de la bouche.

Quand on le sortit de l'avion — à la base militaire de Nicolaïevsk-sur-Amour — il était dans le coma.

— Quelle affaire ! disaient les aviateurs en se grattant la nuque. Et on prétend que la bouffe n'a jamais tué personne !

— Imbéciles ! leur dit le médecin major, est-ce qu'on donne autant à manger à un famélique, si on ne veut pas le tuer ?

— Ben nous, repartirent-ils, on avait des ordres.

Et ils s'en furent chez eux fort contrariés : ils avaient eu le temps de se prendre de sympathie pour leur assez terrible chargement.

Cependant, loin de mourir, en une semaine d'hôpital avec bouillon de poule, riz au blanc, piqûres de glucose vitaminé, il revint complètement à lui et reprit des forces.

Il avait un box individuel et des draps propres. Il apercevait par la fenêtre des corbeaux qui se balançaient sur les branches de sapins couverts de givre, au gré du vent mauvais de novembre. Pourquoi prennent-ils tant soin de moi ? se demandait-il. Peut-être préparent-ils un grand procès des saboteurs militaires aux fins de propagande, pour justifier la déroute de nos troupes ? Un crevard, un spectre des camps, on ne le condamne pas à mort, mais un ennemi du peuple bien sain et florissant, c'est logique.

Chaque matin, l'infirmier lui apportait les *Izvestia* et *L'Étoile Rouge*. Parfois, il lui semblait que quelqu'un veillait avec soin à ce qu'il fût informé des événements. Sachant parfaitement lire les journaux avec leur cortège de préambules, réticences, ambiguïtés et lieux communs, Nikita comprit sans peine que la situation du front était désespérée, qu'aujourd'hui ou demain, la catastrophe, la chute de Moscou, risquait de se produire. Pour la première fois, il s'inquiéta de la disposition de l'Armée. Il demanda un crayon et annota les marges des journaux d'estimations tactiques. Les efforts du commandement soviétique avaient tout d'un remède pire que le mal. L'idée que Hitler pouvait entrer dans Moscou lui parut soudain insupportable. Chose bizarre, il ne repensait presque jamais à Zelenlag, quelquefois seulement, dans le cauchemardesque fouillis de ses nuits où semblaient s'être donné rendez-vous toutes les terreurs de sa vie, marins de Cronstadt compris, s'imposait le mouvement uniforme de sa brouette, la piste interminable, la descente vers la carrière, et encore, et encore, et encore, comme si la vie n'avait pas d'autre sens que cet « encore », comme s'il avait déjà vécu des millions de vies et que dans chacune d'elles, aussi lourdement, la roue de sa brouette avait tourné.

Et voilà qu'il s'avisa que ses yeux s'attardaient sur la courbe du dos de Tassia, l'infirmière, serrée dans sa blouse blanche. Une fois, elle sembla le sentir et l'observa d'un œil attentif par-dessus son épaule. À ce moment, il fut ébranlé par une vague de désir irrépressible, sans « si... encore... c'est... qu'encore », simplement par la soif de passer immédiatement à l'action, et plus précisément de lui arracher tous ses vêtements, de lui relever les jambes, d'écarter sa boutonnière, de la pénétrer, de se livrer à quelques va-et-vient, d'éjaculer... Après cet échange de regards, Tassia n'entra plus dans son box qu'avec une aide-soignante.

Le médecin major Gourévitch, chaque fois qu'il avait terminé sa ronde, venait s'asseoir sur le bout de son lit et entamait des discours philosophiques en lui donnant du « Nikita Borissovitch ».

— J'ai parfois de drôles d'idées, Nikita Borissovitch. Vous savez, je suis un matérialiste convaincu, mais lorsque nous appelons un homme à faire le sacrifice de sa vie, cela n'a-t-il pas un relent d'idéalisme ?

— Qu'est-ce qui m'attend, Mikhaïl Iakovlévitch ? demandait Nikita.

Le major haussait les épaules :

— Ceci n'est pas de notre compétence.

Puis un beau matin, il arriva, l'air très soucieux, contrôla rapidement la température de son patient, sa tension artérielle, relut de récentes analyses et dit :

— Mes félicitations, Nikita Borissovitch, vous êtes en excellente forme. Nous prenons congé l'un de l'autre aujourd'hui, et même tout de suite.

Déjà une casquette de commandant allait et venait dans le couloir, derrière la porte vitrée. Et voilà, c'est fini, pensa Nikita, mon histoire s'achève. Je ne me laisserai plus torturer, je signerai n'importe quoi et je dirai à mon procès tout ce qu'il convient de dire. Notre résistance est pour eux sans valeur, strictement sans valeur.

On lui jeta sur les épaules, à même son pyjama d'hôpital, le touloupe de l'avion et on l'installa dans un « M » dont les vitres n'étaient pas occultées : il aperçut une petite cité, des collines alentour. La taïga, ici, était bien différente de celle de la Kolyma, de gigantesques sapins et mélèzes s'en allaient en fabuleuse armée jusque dans les airs et le brouillard.

La course fut brève ; en quinze minutes, ils atteignirent un petit chalet qui, n'était son crépi humide et d'un rose écœurant, aurait pu apparaître comme l'élément de quelque idylle alpestre. À l'intérieur, qui était fortement chauffé, régnait un confort hôtelier : passages en moquette, doubles rideaux de peluche, sempiternel *Sous-bois* au mur, volumineux poste de radio. Le lieutenant qui l'avait accompagné claqua des talons, salua et s'en alla. La porte de la pièce voisine s'ouvrit pour livrer passage ni plus ni moins qu'à Tassia, l'infirmière. Cette fois, elle portait non sa blouse blanche, mais un corsage de soie qui moulait de façon charmante sa poitrine et ses épaules.

— Il faut vous habiller, camarade général, articula-t-elle de la voix la plus féminine, la plus tendre.

Il aperçut derrière elle une chambre avec un grand lit sur lequel s'étalait un uniforme portant les insignes de général et trois de *ses* décorations ; et de même, posées près du lit, de hautes bottes de box.

Sans bien comprendre ce qui se passait et sans poser la moindre question, il attrapa Tassia, se précipita dans la chambre, entreprit de la dévêtir, perdit patience et la renversa sur le lit la jupe relevée.

Cette fois, le festin de chair ne lui valut pas les mêmes souffrances que la ration sèche, sinon qu'en raison de sa soif persistante et sans cesse renouvelée, son membre se retrouva passablement à vif.

Il passa le reste de la journée dans les délicieuses chaînes des soins de Tassia. Elle lui coupa les cheveux, lui rasa les joues, lui passa de superbes sous-vêtements en maille de luxe, des culottes de cheval, une tunique de drap fin, lui chanta quelques mélodieuses chansons d'Ukraine. La jeune femme possédait tous les talents nécessaires à l'entretien courant d'un homme.

— Nous avons un invité à dîner, camarade général, finit-elle par dire d'un air malicieux. Non, non, ne me demandez rien, ce sera une surprise.

L'invité était le général Constantin Cherchavy que Nikita avait connu sous le nom de « Coco-de-l'EM » du temps où il servait en Biélorussie. C'était alors un bon bougre, compagnon infaillible des ribouldingues entre commandants, joueur de guitare, fin connaisseur du contingent féminin de Minsk et de Vitebsk, bref type classique du « hussard de Russie » qui, parti de l'armée prolétarienne, avait atteint les plus hauts grades. À présent, il s'était étoffé, il avait des bajoues, ce qui roulait sous sa tunique, ce n'étaient pas seulement ses épaules, mais aussi des bourrelets de graisse, des fesses d'officier supérieur ; cependant, ses yeux étaient restés les mêmes, amicaux, gais, égrillards ; en somme : « malgré mon grade élevé, je suis toujours le même Coco-de-l'EM ».

Dès le seuil de la porte, il s'élança vers Nikita, les bras grands ouverts, serra à deux mains son dos maigre de ZEK de Zelenlag, parsema son visage de baisers humides : les joues, les oreilles, les yeux et enfin droit sur les lèvres au nom de la Garde Impériale du Drapeau Rouge des hussards communistes !

— Mon cher Nikita, tu es de nouveau des nôtres ! Quel bonheur, quelle joie pour toute l'Armée ! Tu as toujours été notre joyau, l'enfant chéri du corps des généraux ! Nous avons tous grincé des dents lorsque l'on t'a... Oui, moi, personnellement, j'ai grincé des dents : alors, je me suis dit, ça c'est une pure erreur, mes chers amis ! Et puis on m'a coffré, moi aussi.

— Parce que, toi aussi... ? demanda Nikita.

Qui l'on voudra, mais Coco Cherchavy, il ne pouvait pas l'imaginer en caban de forçat.

— Mais comment donc ! fit l'autre d'un ton guilleret. Ils m'ont coffré en 39, j'avais été muté au Caucase. Ils y ont nettoyé tout le monde à étage des colonels. Penses-tu, Nikita ! Ça ne fait que six mois qu'ils m'ont tiré d'Inta-Ougol !

Lors du dîner, levant presque jusqu'au lustre un immense verre de cognac, Cherchavy y alla de son toast :

— Au retour de Nikita Gradov, commandant légendaire, dans les rangs de l'Armée Rouge d'active ! — Et le cognac lui descendit à l'intérieur avec autant de facilité que s'il avait eu, au lieu de viscères, une vaste cavité destinée à collecter les eaux-de-vie. — L'Extrême-Orient... et un soutien... solide ! vociféra-t-il, — puis il se rassit, vraiment heureux, gavé, pompette, et comme éternel, de cette catégorie de fainéants sans lesquels rien ne bouge de place.

— Qui crois-tu que j'ai rencontré, au GQG, il y a deux jours, Nikita ? Constantin Rokossovski, mon homonyme ! Oui, oui, lui aussi, on l'a libéré, on lui a rendu toutes ses décorations, il a déjà reçu une affectation fantastique.

Il se tourna vers Tassia qui rajoutait périodiquement des hors-d'œuvre dans leurs assiettes et rayonnait de maternel bonheur.

— Ma petite fille, va faire un tour d'une demi-heure quelque part, ma mignonne, hein ? Nous avons à parler en secret, le général et moi, avant d'être trop schlass.

Tassia ne se le fit pas dire deux fois, enfila son manteau et alla faire un tour au Magasin militaire et en profiter pour acheter à son général un pull léger à porter sous sa tunique, des chaussettes et un nécessaire de rasage digne de son rang. Elle n'avait aucun besoin d'épier les secrets, ce n'est pas cela qu'on lui demandait.

— Je suis chargé d'une mission auprès de toi, Nikita, dit Cherchavy, mais surtout ne va pas croire que c'est de la part... — Il loucha à droite, à gauche, jeta derrière son dos un coup d'œil au *Sous-bois*, inspecta même le plafond — ... de ceux-là, je te le jure : c'est de la part du commandant en chef Ouest, oui, oui, directement de Joukov. Tu sais déjà où en sont les choses, il suffit de lire les journaux, mais en réalité, c'est cinq fois pire. Joukov a beaucoup d'estime pour toi en tout, du point de vue professionnel, et il m'a prié de te dire que ce qui était en jeu, c'était pu-re-ment et sim-ple-ment le sort de la Patrie. Si Moscou tombe, tout s'écroule et nous deviendrons pour des dizaines et des dizaines d'années une colonie allemande.

À ce moment, Nikita, qui tournait un verre entre ses doigts, les yeux fixés sur la nappe, releva brusquement la tête et considéra l'émissaire du haut commandement. Cherchavy hocha dramatiquement le crâne.

— Et là, excuse-moi, Nikita, j'ajouterai pour ma part qu'à des moments pareils il faut oublier ses griefs personnels, la Patrie, c'est plus que... tu sais de quoi je parle... Bref, on te propose le commandement de l'Armée Spéciale de Choc actuellement en formation à partir d'unités fraîches de l'Oural et de Sibérie. Inutile de préciser que ton affaire Blucher est classée et que tu es entièrement réhabilité. Bien plus, le décret t'élevant à l'échelon supérieur de général d'armée est déjà prêt. Alors ?

— Tout ça avec l'accord de Staline ? demanda doucement Nikita. — Quelque chose qui rappelait de loin sa nausée de l'avion se leva du fond de son âme, ou de son estomac, ou de l'excès de cognac, ou de l'avalanche des bienfaits d'en haut.

— Directement ! s'exclama Cherchavy. Je vais même te livrer un secret : c'est Staline lui-même qui t'a promu.

Nikita regarda l'envoyé au fond des yeux : il y clapotait déjà l'euphorie stalinienne, l'enthousiasme à la Djougachvili, le bonheur hypnotique d'avoir communié avec le caïd. Se battre pour la Patrie en défendant par là même les criminels du Kremlin, quel sort terrible et répété sans cesse ! Lutter contre l'hégémonie raciale de Hitler pour l'hégémonie de caste de Staline, pour une clique !

Voyant que Gradov ne manifestait aucun enthousiasme en réponse au sien, Cherchavy s'inquiéta, s'empara de la bouteille de *grémi* de première qualité qui trônait sur la table.

— Je comprends, bien sûr, que tu as besoin de digérer tout ça, que c'est très inattendu, que tu as besoin de tirer les choses au clair pour toi-même et pour la cause, je le comprends, Nikita. Si tu veux, nous reprendrons cette conversation demain. D'accord ? — Il s'envoya un nouveau verre de liquide couleur d'ambre foncé et accrocha de la fourchette un morceau de saumon fumé. — Mais demain, il faudra prendre ta décision. Chaque heure compte. Guderian peut à tout moment enfoncer notre front et s'il ne l'a pas encore fait, d'après les renseignements de notre reconnaissance, c'est uniquement par manque de carburant.

Ayant dit cela, le général se retrouva d'un coup rond comme une grive. Dans les meilleures traditions des bamboches de garnison, il voulait à tout prix embrasser Nikita, braillait qu'il avait au GQG des relations colossales, se vantait de sa bravoure, de sa perspicacité stratégique, de son astuce tactique, jurait qu'il mourrait comme un seul homme sur les « redoutes du socialisme », prononçait à la chaîne des toasts à la victoire, aux armes russes, aux femmes « qui font en fait de notre vie une aventure plaisante »... C'est là justement que Tassia revint et Cherchavy, à croire qu'il la voyait pour la première fois, s'extasia avec fougue devant les charmes de cette — comme il s'exprima — « compagne de guerre idéale », offrit de boire à sa santé, envia la chance de Nikita, insinua sans équivoque qu'il n'était pas étranger à ladite chance — « hélas, je sais par moi-même ce que c'est que l'absence d'une compagnie féminine » —, réclama une guitare — et voyez-vous cela, il s'en trouva une dans cette merveilleuse maisonnette —, se mit à chanter d'une voix de baryton agréable, bien qu'avinée, *Mon cœur tu fuis le repos*, puis, cette fois complètement parti, demanda à Nikita la permission de s'isoler une petite heure avec Tassia dans l'autre pièce, rien que pour qu'elle connaisse au moins une fois dans sa vie son véritable bonheur de femme. Après cela, balayant de sa joue gauche une petite assiette d'œufs d'esturgeon, il se débrancha définitivement.

Alors, la guitare passa entre les mains véloces de Tassia qui roucoula romantiquement *Mon feu de bois dans la brume...* Cette bonne femme qu'ils m'ont inventée, non, mais cette bonne femme ! songea Nikita à travers les fumées de l'ivresse. Puis il lui dédia une caresse appuyée le long de l'échine et sortit sur le balcon afin de reprendre ses esprits dans la brise glaciale.

Il y retrouva son ancien chauffeur de l'Armée d'Extrême-Orient, le sergent Vasskov, évidemment promu au rang d'adjudant, la gueule encore plus roublarde et flicarde à ne pas l'approcher à trois pas. Vasskov s'empressa de saluer et d'aboyer :

— À vos ordres, camarade général d'armée !

Tiens ! il est déjà au courant de ma troisième étoile ! Nikita trébucha un tantinet et trouva aussitôt le soutien de la fidèle épaule de Vasskov. La chanson de Tassia montait par la porte ouverte, l'envoyé du très haut lieu gargouillait on ne sait quoi, le nez dans son caviar.

Il s'agissait de faire le point sur tout, sur cela aussi. Nikita se frotta énergiquement le visage, une fois, deux fois, trois fois ; à la troisième, lorsqu'il releva la tête d'entre ses paumes, il était le commandant en chef de l'Armée Spéciale de Choc. Nous étudierons cela dès demain, inflexiblement et dans les moindres détails. Et c'est là qu'il comprit qu'il avait atteint l'âge de sa vérité, de sa force, un âge sans concessions.

Au matin, il présenta à Cherchavy une liste de vingt-quatre commandants. Grimaçant de migraine, l'envoyé la lut, arrêtant sur chaque nom son doigt avachi par la biture de la veille.

— Colonel Vouïnovitch, lieutenant-colonel Bakhmut, major Korbout... Je connais chacun d'eux, des officiers de premier ordre.

Il sortit de sa poche un mouchoir malpropre, y souffla un nez qui en avait vu autant comme autant, « j'ai pris froid dans l'avion, nom de nom ! », dédia un regard reconnaissant et polisson à Tassia qui posait devant lui son rince-cochon du matin, tellement indispensable.

— Autant que je sache, ils sont tous en vie, dit Nikita d'une voix dure. Sortez-les immédiatement de leurs camps. Sans eux, je ne prendrai pas mon commandement.

— Merci, Nikita, articula Cherchavy, l'œil larmoyant et plein de gratitude — le rince-cochon était descendu. — C'est exactement ce qu'il faut. Rassembler tes cadres. Merci, général. Il faut te dire que j'ai les pleins pouvoirs pour satisfaire toutes tes demandes.

Nikita, surmontant à grands efforts, mais sans défaillance, les vagues d'émotion qui lui donnaient envie d'éclater en sanglots, traversa la pièce, renvoya doucement et tendrement Tassia à la cuisine et revint s'arrêter devant la table, en face de son visiteur.

— Dans ce cas, tu imagines sûrement ma principale demande : où est ma femme ?

Cherchavy s'illumina : rien, apparemment, ne lui était plus facile.

— Elle va bien. Elle se trouvait dans un camp de régime général au nord de l'Oural. À l'heure actuelle, elle doit savoir qu'elle est réhabilitée. De sorte que tu vas bientôt revoir ta belle, à Moscou. Ah, qu'elle était jolie, ta Vika ! Toute la garnison en était amoureuse. Être à la fois coquette et inabordable, c'est un mélange rare. Et quelle joueuse de tennis ! Ce n'est pas une femme, c'est l'incarnation du XX$^{e}$ siècle.

— Allons, attends, assez bavardé, l'interrompit Nikita. Et mon frère ?

La face rose où perlait la sueur s'assombrit.

— Ça, c'est pire. Nous n'avons pas encore réussi à retrouver sa trace. Il a été condamné sans droit à la correspondance, et tu sais que...

Sans attendre la suite, Nikita gagna le coin de la pièce, appuyé des deux mains à chacun des murs. Les salauds ! Ils ont tué mon Kirill, mon « austère jeune homme », mon marxiste-utopiste, ils lui ont envoyé dans la nuque leur sale pruneau pourri de tchékistes, les porcs ! dans-le-cul-aux-chiottes-toute-votre-race ! Enfin, soit, si Dieu le veut, si nous tenons tête à Hilter, nous leur revaudrons ça !

Le général Cherchavy regardait d'un air soucieux le dos tendu de drap vert foncé, amaigri, de Gradov où les vertèbres saillaient comme une ligne Maginot. Pourvu qu'il ne change pas d'avis, pourvu que ma mission n'échoue pas ! Il se remit à gargouiller d'obscurs propos sur les chars de Guderian, sur la volonté de l'histoire, et que tout espoir de retrouver Kirill n'était pas perdu, et qu'il était lui-même passé par tout cela et qu'il savait à quoi s'en tenir, et qu'il n'y a pas longtemps, avec son homonyme Constantin Rokossovski, ils avaient vidé un verre et s'étaient redit qu'avant tout, nous sommes des soldats, qui donc défendra la Patrie, si ce n'est nous ? Pas ceux-là... ceux du NKVD tout de même... Il lui semblait que Nikita ne l'écoutait pas et cela se confirma : celui-ci se tourna brusquement, passa devant lui, ouvrit toutes les portes, appela Tassia et Vasskov, prit personnellement le téléphone pour demander au terrain d'aviation quand l'avion du général Gradov serait prêt. Il l'était depuis longtemps et l'attendait.

Il serra dans ses bras Tassia qui appuya sur son épaule une tête reconnaissante.

— Adieu, petite ménagère de la grande maison, fit-il avec une tendre ironie.

— Non, pas adieu, balbutia-t-elle, disons-nous au revoir.

Tous trois passèrent sur le perron : deux généraux, l'un lourd, bouffi d'alcool à la soviétique, l'autre sec comme venu de la Garde Blanche, puis une femme qui reniflait de son petit nez sentimental. Vasskov mettait sa ZIS en route à la manivelle.

— Oui, une chose que j'ai oublié de te dire, articula Cherchavy. Je serai proposé comme ton chef d'état-major. Tu n'as pas d'objection, j'espère ?

— Si, j'en ai, répondit Nikita sur-le-champ d'un ton incroyablement net et même assez terrible.

Là, la ZIS hurla avec une force inattendue.

CHAPITRE CINQ

# La *bémol*

Un matin de novembre 1941, le Bureau d'information soviétique apprit aux lecteurs des journaux et aux auditeurs de la radio que l'escadrille d'avions de combat placée sous le commandement du major Delnov avait anéanti quatre-vingts camions allemands, plus de vingt voitures blindées, quatre chars et vingt canons antiaériens. Par ailleurs, le groupe du major Komarov avait, au cours des dix derniers jours, anéanti soixante chars allemands, quatre cent vingt camions et infligé de lourdes pertes à trois régiments d'infanterie et à un escadron de cavalerie.

Le même jour, le GQG de Hitler informait que les opérations offensives en Ukraine se déroulaient avec succès. Aux approches de Kharkov, les groupes de chars s'étaient heurtés à une colonne blindée russe. Sur les quatre-vingt-quatre chars ennemis, trente-quatre avaient été détruits, les autres s'étaient débandés.

Les bombardiers allemands continuaient à pilonner les objectifs militaires de Moscou.

Les sous-marins allemands avaient envoyé par le fond cinq transports anglais d'un tonnage total de vingt-cinq mille tonnes.

Le commandement finlandais communiquait ce même jour que des combats victorieux se déroulaient au sud de Pétrozavodsk. On achevait l'encerclement d'un important groupe d'armées ennemi.

Le ministère de l'Aviation britannique informait que des attaques aériennes répétées avaient eu lieu sur Hambourg et Stettin. Dans les deux villes, docks et objectifs industriels étaient en flammes. On déplorait la perte d'un bombardier.

En Libye, la tempête de sable avait interrompu toutes les communications par voie de terre. La situation demeurait inchangée.

Le même jour, le haut commandement italien portait à la connaissance des curieux qu'après avoir été attaqué avec succès par l'aviation italienne un convoi britannique en route pour Gibraltar avait servi de cible aux sous-marins italiens. Deux navires étaient torpillés. Trois Hurricane détruits en combat aérien. En somme, sur tous les fronts de la fraîche et joyeuse guerre mondiale, ce jour-là, l'accalmie régnait. C'est ce que n'importe qui aurait déduit de la lecture de ces communiqués, mais certainement pas le médecin-major Savva Kitaïgorodski. Pour lui, ce jour n'était que le prolongement de l'interminable, du calcinant cauchemar dans lequel il s'était trouvé plongé dès qu'il avait pris son service au front : là, on ne connaissait pas d'accalmie. L'hôpital de campagne qu'il commandait ne trouvait de salut que de retraite en retraite. À peine avait-on eu le temps d'installer le bloc opératoire que, soit arrivait l'ordre de repli, soit le toit prenait feu, un mur s'écroulait, un escalier s'effondrait : les installations dites « de l'arrière » passaient dans la « zone des opérations ». Pas plus tard que la semaine dernière, le personnel sanitaire avait dû se défendre les armes à la main contre une section de motocyclistes qui avait percé jusqu'à lui. Le plus terrible pour un chirurgien de grande classe tel que Savva qui, dans sa clinique, s'occupait d'anastomoses complexes, était d'avoir à se livrer sans arrêt, et même de plus en plus, à un grossier « travail de boucher ». Il arrivait trois fois plus de blessés que l'hôpital ne pouvait en traiter. Le chef du Service de Santé de la division, le colonel Nazarenko, exigeait, conformément à ses instructions secrètes, qu'on opérât en priorité les hommes susceptibles de retourner dans les rangs. Savva s'accrochait à une éthique médicale démodée, opérait les blessés dans leur ordre d'arrivée, sa statistique de retours éventuels sous les armes était, en raison d'innombrables amputations, tout à fait lamentable. Ajoutez à cela la perpétuelle carence en moyens de désinfection élémentaires, les instruments, l'équipement, le matériel que l'on perdait dans la hâte des retraites, ajoutez à cela, la très relative — pour ne pas dire plus — asepsie du bloc opératoire, l'épuisement total du personnel et le fait que, des dix chirurgiens placés sous ses ordres, trois avaient été blessés eux-mêmes, ajoutez encore le pillage des infirmiers qui non seulement dépouillaient les blessés, mais ne cessaient, même sous la menace d'une exécution sommaire, de soutirer les réserves d'alcool... à présent, imaginez la statistique de l'hôpital divisionnaire confié au chirurgien en chef major Kitaïgorodski, une statistique qui reflète le véritable état des choses et non celui que le colonel Nazarenko voudrait voir sur son bureau.

Quelques jours plus tôt, on avait transféré l'hôpital à Kline, une petite ville des environs de Moscou, à la charnière des 16e et 30e Armées, et on lui avait affecté ni plus ni moins que le bâtiment absolument intact d'un lycée. Les médecins et les infirmières espéraient, ici au moins, connaître quelque répit dans des conditions d'hospitalisation acceptables : c'est qu'après Kline on ne voyait pas très bien où l'on pourrait reculer. Savva se rappelait qu'il y était venu autrefois pour un concert en hommage à Tchaïkovski,

Kline était la patrie de ce génie national, c'est là que se trouvait son piano personnel. Quelle belle humeur avait alors régné dans le car, ils avaient jacassé, tant jacassé qu'ils ne s'étaient pas aperçus qu'ils y étaient arrivés, à ce Kline.

Sur les trois étages du lycée, on avait installé des salles tout à fait acceptables pour les blessés, et dans le gymnase, le « triage » — c'est-à-dire ce que le vocabulaire médical normal appelle les « admissions » — et la « boucherie » comme, avec leur humour particulier, les jeunes chirurgiens subalternes de Savva nommaient le bloc opératoire. Ils y travaillaient nuit et jour sans relâche, incisaient des peaux et des muscles, sciaient des os, coagulaient des vaisseaux, réséquaient des membres atteints de gangrène et des lambeaux de tissus en bouillie, et encore, et encore... ainsi et encore, et encore, comme si toute l'humanité avait décidé de se débarrasser de ses excédents de chair.

On appliquait partout la méthode d'anesthésie locale « en gaine », jadis mise au point par le professeur Gradov et son assistant Savva Kitaïgorodski. Cette méthode s'était trouvée on ne peut mieux venue ici où il était impossible de recourir à l'anesthésie générale. Les jeunes médecins étaient flattés d'avoir pour chef ce même Kitaïgorodski dont ils étudiaient, tout récemment encore, la méthode à la Faculté.

Cependant, les blessés ne cessaient d'affluer, tandis que le perpétuel hurlement de la guerre ne faisait que se rapprocher. De plus en plus souvent, au-dessus de Kline, on voyait fulgurer des fragments de métal incandescent.

— Voilà les patients qui s'agitent, disait d'ordinaire David-Dod Tychler, l'élève favori de Savva, en lorgnant les Messerschmitt et les Iastrebki[1] qui filaient de nuage en nuage.

Et puis voilà, tantôt l'un, tantôt l'autre — le plus souvent, bien sûr, les Iastrebki démodés au nez plat — semblait trébucher en l'air, boiter sur une aile, puis se mettait à fumer et, gonflant de plus en plus sa traîne noire dans des langues de feu, se ruait au sol, à croire qu'il n'avait été créé que pour cela. Parfois, un point noir se détachait du métal en feu, et alors, la coupole d'un parachute se déployait au-dessus de lui.

— En voilà un qui sait lutter pour la vie ! Un bon sportif ! disait Dod Tychler qui, tout récemment encore, faisait partie lui-même de l'équipe de volley du Premier Institut de Médecine de Moscou. Bienvenue, les parachutistes de l'ennemi ! poursuivait-il, sur quoi il fallait le rappeler à l'ordre de crainte, ne parlons pas de malheur !, que sa plaisanterie ne tombe dans l'oreille des Services Spéciaux.

Chose curieuse, pas une fois ils n'avaient reçu de pilote de

1. Éperviers, avion soviétique.

Messerschmitt. Ou bien on les achevait sur place, ou bien on les amenait dans quelque hôpital spécial.

Le troisième patient de Savva, ce jour-là, était le capitaine Ostachev, un as célèbre qui, selon les communiqués, avait abattu pas moins d'une dizaine d'appareils ennemis. Il avait été descendu alors qu'il tentait d'intercepter un groupe de bombardiers allemands qui se dirigeaient sur Moscou. Certes, l'on ne peut imaginer le prince André Bolkonski[1] dans les rangs de l'Armée Rouge, pourtant, le capitaine Ostachev en était fort proche par l'apparence, d'autant plus que la souffrance, d'interminables et terribles douleurs et la volonté de résister à la douleur, le refus catégorique de s'abaisser jusqu'à gémir, crier, maudire, conféraient à ses traits une sorte de noblesse austère.

Franchement, Savva ne comprenait pas au compte de quelles réserves l'aviateur parvenait à ne pas perdre connaissance, et même à répondre à ses questions. Il tint encore lorsque l'on défit son pansement, il se borna à grincer des dents, comme s'il broyait du verre pilé. Il ne sombra dans l'inconscience qu'après une injection de morphine et alors le masque princier, héroïque, quitta sa face pour céder la place, comme une décalcomanie, à l'image simplette d'un gamin de banlieue. « Tantine, balbutiait-il à présent... Lydia Vassilievna... mais c'est moi, Nicolas... Maman m'envoie... vous demander du savon... du... sa... von... »

On avait sorti le capitaine le matin même des débris de son avion tombé à cinq cents mètres d'un terrain en forêt. Le temps qu'on l'amène à l'hôpital, malgré des pansements bien faits, il avait perdu beaucoup de sang. La première chose dont se préoccupa Savva fut le goutte-à-goutte de sérum glucosé. Le glucose synthétique que l'on venait de mettre au point passait quasiment pour une panacée. Il n'examina les blessures qu'ensuite, des blessures dont la vue aurait plongé n'importe qui dans les ténèbres, mais pas le chirurgien en chef d'un hôpital divisionnaire qui, depuis trois mois, n'arrêtait pas de battre en retraite. La jambe droite et le bras gauche du blessé étaient broyés, il présentait de nombreuses blessures mineures sur le thorax et les épaules, le plus grave était une plaie anfractueuse de l'abdomen qui, bien qu'étroitement tamponnée, suintait encore et puait assez salement. « Curieux, que même sa blessure rappelle la fin d'André Bolkonski », s'avisa Savva. Il examina, palpa la tête du capitaine. Le crâne semblait intact, mais des hématomes sur les tempes plaidaient en faveur d'une contusion très grave qui expliquerait son étrange résistance à la douleur.

— Celui-là, je crois qu'on peut encore le sauver, dit Savva.

— Mais rien ne dit qu'il vous en sera reconnaissant, grommela Dod Tychler.

1. L'un des trois personnages principaux de *Guerre et Paix*, de Tolstoï, blessé à la bataille d'Austerlitz.

— Nous allons quand même nous y mettre, dit Savva.

Il donna ses instructions de grande intervention, après quoi Tychler et lui quittèrent le gymnase pour le préau afin de griller une cigarette avant leur long travail.

Une fois dehors, ils se rendirent compte que le bruit de la guerre s'était brusquement rapproché. De petits nuages froids passaient dans le ciel bleu pâle et, s'associant à eux, les arbres nus surplombant des taches de neige offraient un paysage russe classique, patriarcal, auquel une horrible sculpture de plâtre, *Le Pionnier au clairon*, ajoutait aussitôt le genre soviétique péquenot ; mais le tonnerre, le grondement, le hurlement, le grincement, le glapissement de la terrible bataille toute proche, de plus en plus proche, conféraient à ce paisible tableau les allures d'un ironique cauchemar.

— Vous ne croyez pas qu'il est temps de ramasser nos cannes à pêche, chef ? demanda Dod Tychler en écrasant son mégot.

— Nous n'avons pas d'ordres, Dod, donc nous devons continuer, dit Savva.

— Très juste, articula le jeune médecin. — Puis il s'étira, fit un ou deux mouvements d'assouplissement, siffla quelques mesures d'un fox à la mode : *Dans le Nord lointain*.

Subitement, très bas, accrochant presque la cime des arbres, trois vagues de bombardiers portant l'étoile rouge sur les ailes passèrent en direction de l'ouest et leur fracas recouvrit tout.

— Ah, des IL blindés ! s'exclama Dod. Vous voyez, le nouvel armement est arrivé !

Savva leva les yeux sur lui et, pour la première fois, songea que Dod était juif. S'ils étaient encerclés...

— Écoutez voir, Dod, si vous ne voulez pas m'assister, pour ce capitaine, allez faire autre chose, j'y mettrai Stépanov, proféra-t-il, aussitôt effrayé de son manque de tact.

Tychler joua l'indignation comique :

— Pour quelle raison ? Refuser d'opérer avec Kitaïgorodski en personne ? Mais hier encore, je n'aurais pas osé en rêver.

Par bonheur, je crois qu'il ne m'a pas compris, se dit Savva, il n'a pas compris que je voulais lui donner une chance de rompre le contact parce qu'il est juif. Bon, allons-y ! On ne va tout de même pas rester là à attendre l'ordre de décaniller. D'accord, ça ne tonne pas loin, mais ça ne ressemble pas à une percée non plus. D'habitude, leurs percées sont précédées d'un bombardement, d'un violent tir d'artillerie, de colonnes russes en retraite ou le plus souvent en débandade ; je ne vois rien de semblable.

Comme pour répondre à ses pensées, un bois, au loin, s'illumina d'un éclair fantastique. Deux infirmiers qui traversaient la cour, des blessés légers, se retournèrent : « Tiens, une de perdue ! » dit l'un d'eux en riant.

— À eux ou à nous ? leur demanda Dod Tychler.

— Qui sait, camarade médecin, si c'est à eux ou à nous ? répondirent les hommes.

Pourquoi disent-ils « une » au féminin ? se demanda Savva. C'est très probablement un obus, ça devrait être « un », eux, ils disent « une »... peut-être, dans leur inconscient, y a-t-il un autre mot : la « mort »... à eux ou à nous ?

Lorsqu'ils pénétrèrent dans la salle d'opération au plafond de laquelle pendaient encore, heureux souvenir, les anneaux et les cordes à nœuds des lycéens, le capitaine Ostachev ronflait déjà sous le masque d'anesthésie.

— On ne peut pas le garder longtemps sous chloroforme après une pareille hémorragie, dit Savva. Commencez l'anesthésie en gaine, Dod.

Il fallait s'occuper de l'abdomen en priorité, sinon ce serait une péritonite irréversible, la nécrose de l'intestin. Les membres étaient pour après.

L'intervention commença et, comme toujours, Savva se plongea dans son élément. Il agissait presque machinalement, suivant d'un œil les mouvements adroits, un peu ramenards même, de Tychler, de l'autre, il réussissait à saisir ce qui se passait sur les cinq autres tables d'opération. On avait ôté le masque du capitaine. Il était profondément endormi, sa respiration était lourde et régulière, on aurait dit une vieille machine à vapeur. Par moments, il marmonnait quelque chose de presque indistinct où seule repassait cette tantine Lydia à laquelle un petit garçon nommé Nicolas, c'est-à-dire le capitaine Ostachev lui-même, demandait quelque chose, du savon pour sa maman ou une caresse pour lui, le sait-on ?

Tout en ouvrant la cavité abdominale, en la drainant, en clampant les vaisseaux, Savva se surprit à répéter inconsciemment les derniers vers que Nina lui avait envoyés non par la Poste aux Armées, mais par porteur, par un photographe de presse des *Izvestia*.

*Je descends aux sombres abîmes, murs brillants, glace occultée par du contreplaqué, renvois de sprats d'avant guerre, milliers d'analogues perséphones, trois ou quatre seaux puants, ô mon triste peuple à l'échine courbée, adieu, tous les soirs cours de géométrie, de tous côtés des files convergent vers le métro, le carré de l'hypoténuse et ses trois côtés brisés par les shrapnells, combien reste-t-il de tourments dans ces souterrains ?*

*Le siècle s'est éteint, les cierges d'argent, longue litanie des tickets B de l'île d'Evacua, fondent en monstrueux petits dieux païens, toi, grand maître des hautes œuvres joyeuses quels animaux domestiques sinon les chats noirs et secs, bats-tu à toute volée, sans tergiverser, n'ouvrez pas les portières, tirez immédiatement le signal d'alarme.*

*Adieu ma littérature, donnez-moi votre main, au crayon sur le mont de Vénus, Lancelot, Onéguine, don Quichotte, jamais vous n'entendrez l'appel des phalanstères, le cubage souffre lourdement, une sale couleuvre m'entre dans la bouche, ils se dressent, bas-reliefs musclés aux épaules chargées de grappes de fausseté, la banane du leurre dans la main droite.*

*Toi seul demeures dans le vaste espace tant que ne passera pas le bombardement final, soulevant un insolent* la *bémol, chute ralentie des façades, achèvement des photosynthèses élémentaires, toi seul en mes faveurs, centrifugation accélérée, roi du Nord aux yeux clairs, des Varègues aux Grecs sans arrêts intermédiaires...*

« Tu vois à quelle simplicité je suis parvenue. Retire de cela la prose modernisante, et il restera des vers presque normaux. »

C'est ce qu'il avait fait, et depuis, il psalmodiait sous son nez ces « vers presque normaux ». Le hic était seulement le la bémol, il ne comprenait pas ce qu'il faisait là, pas pour la rime, tout de même ! Et puis, il s'était brusquement rappelé une vieille plaisanterie à usage interne. Un jour, peu ferré en musique, il avait employé ce « la bémol » tout à fait hors de propos, ce qui avait provoqué le bruyant enthousiasme de Nina. Et cela avait duré longtemps : plusieurs mois de suite, elle l'avait bassiné avec ce la bémol. Comment va votre la bémol, ce jour, professeur ? Savva, tu as tout ce qu'il te faut ? tu n'as pas oublié ton la bémol ? Mon ami, je t'aime, mais plus que tout j'aime ton la bémol.

Cette sotte, cette cramponnante plaisanterie qui se retrouvait dans les strophes de Nina, graves, sans doute, tragiques, orienta ses pensées dans un sens inattendu. Il lui sembla qu'en s'accrochant à elle il déviderait toute la pelote de ses sentiments et s'expliquerait à lui-même pourquoi, professeur titulaire d'une chaire, il s'était retrouvé au front, pratiquement en première ligne.

Ce ton d'infiniment tendre moquerie réciproque qu'ils avaient si heureusement découvert au début de leur mariage avait depuis bien des jours fait son temps, mais elle ne s'en rendait pas compte, elle n'avait pas pensé à changer de disque et chantait toujours le même air. Dans le fond, il ne comprenait pas lui-même pourquoi il s'irritait ainsi contre sa bien-aimée, son unique, d'où venait cet agacement très léger, passager, que non seulement il ne manifestait jamais, mais sur lequel il s'interdisait d'achopper, et pourtant il achoppait et s'en irritait. Derrière ces sempiternelles plaisanteries, il venait de le réaliser, il y avait quelque chose d'autre : de l'ironie, de la condescendance. Elle, la poétesse, un être somme toute bohème, lui, le chirurgien, l'homme d'ordre, l'athlète, il lui était sans doute toujours apparu comme l'incarnation d'un bon sens qu'elle méprisait et par conséquent le fauteur d'une mésalliance. Il n'y a pas de doute, Nina était folle de lui, au lit, elle oubliait tout au monde, leurs orgasmes lui apportaient sans nul doute de romantiques essors. Outre ce genre de choses, il était pour elle un appui solide, dans son for intérieur, un indompté. Un jour, elle lui avait avoué qu'il la sauvait de la dépression et peut-être de l'alcoolisme. Et pourtant, elle se réservait toujours cette issue de secours, cette éventuelle possibilité de se débiner devant le conjugo : l'ironie. Hélas, il le savait bien, les éventuelles possibilités devenaient parfois réalité. Il arrivait à Nina de perdre la tête. Alors, elle s'attardait on ne sait où, partait pour des « missions poétiques » réelles ou inventées, revenait le regard vague, attrapait la grippe, une angine, une fois même une très réelle pneumonie, s'entortillait dans des chandails et des plaids, se tassait dans un coin, gribouillait dans son bloc-notes, plaisantait d'un air coupable, mais plaisantait, plaisantait toujours. Résultat de ces crises, naturellement : des poèmes. Tout fait ventre, comme l'on dit. Il croyait voir partout les responsables de sa « haute maladie[1] ». Dans les pelotons d'écrivains comme aux soirées poétiques, il surprenait des regards moqueurs. Une fois, l'une de ces créatures dépravées, saisissant le bon moment, lui avait demandé : « Savva, vous tenez tant que cela à cette Nina Gradova ? » Qu'elle ait voulu insinuer que Nina était infidèle ou qu'elle ait cherché à l'entraîner dans son lit, en tout cas, elle lui avait demandé ça comme s'il n'était pas le mari de « cette Nina Gradova », mais seulement l'un de ses... disons : héros lyriques.

Au fait, parlons lyrisme. Il avait lu ses vers attentivement, ligne à ligne, et il ne s'y était pas vu. Qu'y faire ? tel est mon lot, je n'ai droit qu'à l'ironie ordinaire et je dois y répondre en toute conformité. Iolka, alors elle, sous l'influence de sa mère, elle ne me considère pas autrement que comme un bouffon domestique. Et c'est ainsi que je me présente : « Bonsoir, mesdames, voici votre bouffon domestique. Que puis-je encore pour vous amuser ? Faut-il que papa s'accroche au lustre ? *Pas de problème, mesdames**. » Seulement il ne s'abaisserait jamais à faire des scènes de jalousie. C'est exclu. Je ne l'interrogerai jamais sur ses « héros lyriques », encore que je serais curieux de savoir ce qui exalte si fort son inspiration poétique. Serait-ce l'un de ces hemingways soviétiques à la nouvelle mode en compagnie desquels elle s'affiche

1. Cette expression, qui désigne la vocation poétique, est de Pasternak.

depuis quelque temps ? Ils ont tous une petite moustache sous le nez et une Espagne dans le genre de Khalkine-Gol[1] dans leur giberne. Leurs ordres du Drapeau Rouge sont vissés à leur veston style Oxford, ils ont des voitures et des appartements dans les nouveaux blocs d'immeubles. Jeunes voyageurs adeptes de boissons fortes, dès les premiers jours de la guerre ils ont revêtu des blousons de pilote et se sont pointés au Club des Écrivains avec des sacs à dos de soldats... Qu'est-ce donc, sinon du mauvais goût, chère petite komsomol décadente, que de consacrer des vers à des initiales transparentes, d'écrire :

*Il est reparti sur tes ailes*
*À l'image de la Patrie*
*Ombre que le devoir appelle*
*Entre les froids nuages gris.*

À la réunion des médecins enseignants, le représentant du Commissariat du peuple à la Santé avait porté à la connaissance de son auditoire que tous, professeurs titulaires et agrégés de médecine, étaient requis. Le Parti et le gouvernement étaient certains que, spécialistes hautement qualifiés, ils apporteraient leur contribution à la victoire en assurant consultations et interventions dans les hôpitaux de l'arrière. En outre, le problème de la formation du personnel médical se présentait avec une acuité particulière. Nous devons assurer l'assistance médicale à l'armée combattante, tant horizontale que verticale. Alors, le professeur Kitaïgorodski avait grimpé à la tribune et dit que, précisément en vue de l'assistance horizontale et surtout verticale à l'armée, il avait l'intention de partir pour le front. Il avait également souligné que, dès ses débuts sous la direction de Boris Gradov, ses recherches avaient exposé un aspect « médecine de guerre » et qu'il serait illogique de laisser passer l'occasion de le mettre à l'épreuve en temps de campagne.

Plusieurs personnes avaient suivi son exemple et l'on avait même proclamé Kitaïgorodski instigateur de cette heureuse initiative. Les esprits bienveillants de l'Institut de Médecine disaient de lui : « Savva a fait preuve d'un réel patriotisme, prenez exemple sur lui : pas une parole ronflante, pas même un peu d'ironie. La voilà, la véritable intelligentsia russe. »

On entendait de plus en plus souvent des expressions foncièrement non marxistes, non révolutionnaires, tout récemment encore péjoratives, telles que le « pays de nos pères », l'« État souverain », et voilà qu'on en arrivait à l'« intelligentsia russe » !

Savva ne comprenait pas lui-même ce qui l'avait poussé à grimper à cette tribune et à annoncer une décision dont il ne

1. En 1939, bataille contre les Japonais, en Mongolie.

soupçonnait pas l'existence une minute plus tôt. Un transport de donquichottisme absurde ? Ou n'était-ce pas un pur élan de patriotisme inconscient qui l'avait poussé à cet acte pas très rationnel ? Car il souffrait pour de bon de l'invasion étrangère sur son sol. Que ce soient Staline, Hitler, les bolchevik, les nazis, c'est l'ignominie étrangère qui s'abat sur votre infortuné pays et votre âme exige que vous alliez vers votre peuple. Et pourtant, même si je rends des services au front, ils seront moins grands que ceux que j'aurais rendus à l'arrière.

Nina ne lui avait pas demandé d'explications. Elle s'était simplement assise sur ses genoux, l'avait embrassé, lui avait caressé la tête, mordillé l'ourlet ces dernières années un peu racorni de ses oreilles. Ils avaient tous deux senti que quelque chose d'inexprimé se glissait entre eux. Il venait d'accomplir ce qu'elle attendait le moins de lui et il lui apparaissait presque comme un poète.

C'est justement cette nuit-là, était-il en train de se dire en marmonnant le « poème presque normal » sur la descente aux sombres abîmes, c'est cette nuit-là qu'elle avait semblé découvrir en moi son égal, et c'était la première fois, et c'était la cause principale, véritable de mon engagement : lui prouver que je n'étais pas celui pour lequel elle m'avait pris toute la vie.

Raison de plus pour se demander ce que faisait ici cette imbécillité de la bémol qui ramenait la dernière strophe quasiment au niveau d'un vers de mirliton, et tout cela lié à cette habituelle ironie, désormais éculée, à l'endroit du seul — cela va de soi — homme de sa vie, bien que si familier, si peu hemingwayen... Voilà quelles pensées il remuait tandis que, précis, habile, il s'appliquait sans perdre une seconde à la cavité abdominale du glorieux aviateur Ostachev.

Cependant, la situation devenait plus que tangente. Le lycée était à présent soumis à des tirs d'artillerie étrangement anarchiques. Par les grandes baies du gymnase, on voyait éclater des obus qui projetaient vers le ciel des mottes de terre gelée et des branches déchiquetées. Des chars battaient en retraite les uns à la suite des autres entre les arbres du parc, leur tourelle tournée vers l'arrière, en direction de l'ennemi. L'un d'eux traînait une écharpe de fumée tandis que les flammeroles dansaient sur son blindage. Il buta contre un arbre et s'arrêta. Deux tankistes bondirent hors de la tourelle, le troisième ne parvint à s'extraire qu'à moitié, s'affala sur le côté comme une grande marionnette noire. Un instant plus tard, le réservoir explosait.

Des compagnies d'infanterie isolées passaient. Une section de mortiers grimpa à fond de train sur la butte au petit clairon en plâtre, mit en batterie en un clin d'œil ses armes ridicules, lesquelles commencèrent incontinent à cracher. Ils tiraient à courte portée, c'est donc que l'ennemi n'était pas loin, sans quoi, il n'y aurait eu aucun sens à employer ces tubes. Moins de dix minutes plus tard, un ouragan de feu balayait pièces et servants.

Savva n'avait rien vu de cela parce qu'il tournait le dos aux fenêtres, mais le grondement et le hurlement qui se déchaînaient autour d'eux ne lui laissaient aucun doute : l'hôpital se trouvait dans l'axe de la percée allemande et il était peut-être trop tard pour évacuer.

Les vitres des quatre baies avaient depuis longtemps volé en éclats. Un obus avait traversé le mur et arraché le panneau de basket. Les scialytiques étaient tous éteints. Par la brèche du mur, on apercevait un transformateur embouti.

— Chaque intervention close, repli immédiat ! cria Savva à ses équipes.

— Mais nous n'avons pas d'ordres, la division ne nous a pas envoyé d'ordres, camarade Kitaïgorodski ! clama d'une voix hystérique, depuis la salle d'admission, le commissaire politique Snégoroutchko.

— Parce qu'il n'y a plus personne pour les envoyer, rétorqua Savva.

Snégoroutchko bondit dans le saint des saints, la salle d'opération, la main sur l'étui de son pistolet. Ses yeux luisaient comme des pièces de cuivre.

— Pas de panique, ou je vous descends !

— Emmenez-moi cet idiot ! ordonna Savva aux infirmiers.

Une nouvelle explosion, plus proche que les autres, ébranla le bâtiment.

— Repliez-vous aussi, Tychler, fit Savva d'une voix sans réplique. Nous finirons l'abdomen sans vous. Merci.

— Et les jambes ? chuchota Dod avec une sorte d'acharnement pas très normal non plus. Les jambes, les jambes, qu'est-ce qu'on en fait ?

— On les prendra en main, fit Savva un peu moqueur. Si on a le temps de filer, les jambes, on s'en occupera demain.

Il était étrangement calme, d'un calme sans feinte, comme si, venant de penser à Nina, il avait banni tout danger.

— Je sais à quoi vous pensez, poursuivit Dod toujours chuchotant, toujours acharné. — Et ses mains ne tremblaient pas du tout, elles continuaient à poser des points réguliers sur l'intestin et à ligaturer son catgut. — Je ne partirai pas ! lança-t-il.

— Ne faites pas l'imbécile, dit Savva. Exécutez les ordres. Je vous désigne comme adjoint chargé du repli des malades et du matériel.

Soudain, tonnerre, hurlement, rugissement, sifflement, glapissement, craquement, tout se tut. Seul monta, tout près, un murmure de moteurs qui, après la symphonie qui l'avait précédé, parut quasi idyllique.

On les a repoussés ? Parfait ! Vous allez pouvoir y aller d'une nouvelle dénonciation, camarade Snégoroutchko, se dit Savva. Il fit signe à Dod : « C'est bon, terminons. » Par-dessus l'épaule de Savva, Dod regardait la fenêtre. Il frémit, ne dit rien, et retourna à sa besogne sur le ventre du capitaine Ostachev. Ce dernier était revenu des voyages de son enfance chez tantine Lydia et gisait, les dents serrées ; il avait repris le masque d'un prince Bolkonski trempé dans l'acier de l'aviation soviétique. Déjà les chirurgiens le refermaient, posaient les derniers fils, laissaient la place d'un drain. Savva opéra sans relever la tête jusqu'au moment où il se rendit compte qu'il venait de se produire quelque chose de tout à fait insolite. Il parcourut le gymnase — c'est-à-dire la salle d'opération — du regard et s'aperçut que tout ce qui restait de médecins et d'infirmières avait les yeux tournés vers lui, mais pas sur lui : derrière lui. Et alors, il comprit qu'il devait se retourner afin d'apprendre la dernière nouvelle de cette guerre, sa nouvelle à lui.

Il se retourna donc et aperçut tout contre lui trois étrangers terriblement étrangers, à croire qu'ils arrivaient d'une autre planète. Il lui fallut près d'une minute pour réaliser que c'étaient des tankistes allemands et qu'il y avait dans la cour une section de Mark ennemis.

Ceux qui se tenaient derrière son dos étaient son commandant et deux officiers subalternes. Il fut surpris de voir braquées sur lui trois paires d'yeux clairs, chacun d'un bleu différent. Ils ressemblaient aux siens propres. Le commandant leva sa main gantée d'une lourde moufle de cuir et proféra quelques paroles rauques auxquelles Savva comprit tout de suite qu'il pouvait achever l'intervention. Aidé de Dod, il retourna à sa couture. Ils voulaient se dire quelque chose, mais furent incapables d'articuler un mot. Dans leurs dos, les Allemands continuaient à parler à voix haute. Savva s'avisa soudain qu'il les comprenait, alors qu'il avait toujours traité son allemand scolaire avec le plus profond mépris, à la différence du français qu'il avait acquis plus tard et dont il faisait volontiers parade. Les tankistes semblaient dire que tous ceux qui étaient restés au lycée, *Scheise*[1], il fallait les foutre dehors, *Quatsch und Scheise*[2], en leur disant de se tirer où ils voudraient, de rejoindre les leurs s'ils le voulaient ou de filer tout droit dans le cul de Staline avec toutes ses toiles d'araignée. On ne pouvait pas faire de prisonniers, on n'avait pas de temps à perdre avec eux, il y en a trop, de cette merde, des prisonniers, on ne sait où se fourrer, tant il y en a, de cette *Scheise*. Ces fausses couches, ils vous pompent vos vivres. On ferait mieux de les descendre, mais ce n'est pas à nous de le faire, nous, nous sommes des tankistes, que ce soient ceux dont c'est le métier qui les descendent, nous, nous avons assez à faire comme ça.

1. Allemand : merde.
2. Allemand : merde et chierie de merde.

Qu'il finisse de ravauder son Ivan, ce médecin. *Er ist sehr gut. Seh-er gut. Ein sehr guter Artz*[1]. Laissons-le finir, après on les enverra tous se faire foutre. Dans le cul ! Ha, ha, ha ! Tout droit dans la rondelle à Staline ! Eh, vous avez fini, *Herr Artz ? Wunderbar*[2] *!* Foutez-moi le camp tout de suite ! Tous ! *Raus ! Los, los ! Zum Stalin ! Quatsch und Scheise*[3] ! Le personnel sanitaire ne comprenait pas encore qu'on lui laissait la liberté. Le commissaire Snégoroutchko demeurait figé les bras en l'air. Un jeune tankiste lui envoya un coup de genou aux fesses, découvrit l'étui à pistolet accroché à sa ceinture, lui arracha l'un et l'autre, jeta la ceinture par-dessus son épaule et oublia son propriétaire.

Au milieu de la pagaille la plus complète, Savva continuait à envoyer ses ordres :

— Tous ceux qui peuvent marcher s'en vont par leurs propres moyens. Les blessés graves seront portés à bras. En marche ! Vite ! Avant qu'ils ne changent d'avis.

Il se pencha au-dessus du capitaine Ostachev :

— Comment ça va ?

Celui-ci murmura avec un clin d'œil plein de fausse malice :

— Donne-moi du poison, docteur ! Du poison !

— Nous boirons encore de la vodka ensemble, capitaine ! dit Savva. — Une phrase banale dans ce genre de cas.

Dod Tychler avait amené un brancard. À deux, ils y placèrent le capitaine. Les deux Allemands suivaient attentivement la scène. L'aspect typiquement juif de Tychler ne semblait pas les intéresser. D'ailleurs, Dod pouvait parfaitement passer pour un Caucasien et même pour un allié de l'Axe, une Chemise Noire. Non, ce n'est pas lui qui les intéressait, mais le foncièrement slave major Kitaïgorodski. Le commandant lui fit signe d'approcher et lui demanda s'il parlait allemand.

— Vous restez avec nous, monsieur le major, lui dit-il sans rudesse. Tout le monde s'en va sauf vous.

— Je ne peux pas ! s'écria Savva. *Ich kann nicht !* Je suis leur chirurgien principal ! *Ich bin Hauptdoktor !*

— D'autant plus, sourit amicalement l'Allemand. C'est justement d'un médecin principal que nous avons besoin. Mon ami est blessé, je veux que vous lui apportiez votre aide. Vous êtes un bon médecin, vous servirez l'Allemagne.

Désespéré, Savva bondit. Le jeune tankiste lui appuya le canon de son *Schmeisser*[4] sur la poitrine. Le personnel et les blessés quittaient le gymnase. Savva saisit une dernière fois le regard de Tychler posé sur lui. Avant de disparaître, ce dernier haussa les

1. Allemand : Il est très bien. Trè-ès bien. Un très bon médecin.
2. Allemand : Monsieur le médecin ? Merveilleux !
3. Allemand : Dehors ! Filez, filez ! Chez Staline ! Chierie de merde !
4. Allemand : pétard.

épaules. Personne n'aurait pu prévoir que les choses tourneraient ainsi. Savva ne put articuler une parole. Il s'assit sur un tas de vitres brisées, dans un coin, et se prit la tête à deux mains.

La ligne de feu, cette métaphore d'un naufrage biologique et idéologique, définitif, irrévocable, se refermait sur lui pour toujours. Et les deux seuls êtres qu'il aimait, deux femmes, Nina et Eléna, ce qui, dix minutes plus tôt, était encore sa famille, se laissait entraîner dans un maelström hurlant... la bémol, la bémol... à jamais.

## CHAPITRE SIX

# *Pauvres petits*

La gigantesque armée des prisonniers russes constituait effectivement un effroyable casse-tête pour le commandement allemand. Au début de la guerre, la doctrine avait été assez simple : il s'agissait d'anéantir au plus vite l'Armée Rouge, forte de sept millions d'hommes. Mettant à profit leur fantastique mobilité et leur suprématie aérienne, les Allemands s'enfonçaient en coin dans les lourdes, les gourdes formations russes, les prenaient en tenaille, les enfermaient dans des poches où ils les exterminaient. Cependant, les Russes évitaient de plus en plus le contact direct et s'enfonçaient au cœur de leur immense territoire, transposant, bon gré, mal gré, la théorie foncièrement militaire de Keitel en une entité géopolitique. Les régiments, les divisions, les armées prises au piège des poches se transformaient en d'innombrables troupeaux de prisonniers dont le lourd balast freinait l'envahisseur. Qui sait pourquoi les Ivans refusaient de se battre : étaient-ils terrorisés par les stukas qui piquaient du ciel en hurlant ? avaient-ils cru d'emblée que Staline serait abattu et refusaient-ils de donner leur vie pour son maudit « kolkhoze [1] ». L'adversaire qui refuse le combat peut troubler une stratégie parfaitement élaborée tout aussi bien qu'une défense puissante. Un journaliste allemand qui avait obtenu de prendre place dans le cockpit d'un bombardier notait dans son bloc : « Je ne vois rien d'autre, en bas, que la confusion la plus totale. » Cela dura quelques mois, presque jusqu'au commencement de la bataille de Moscou. Importune, humiliante pour une armée motorisée du XX^e siècle, l'analogie avec la campagne de Napoléon s'imposait. Les communications étirées étaient coupées tant et plus par les sections de bandits fanatisés qui avaient surgi à l'arrière à l'appel de Staline. Plusieurs fois déjà, l'avance massive des blindés avait été stoppée par manque de carburant.

Et voilà que s'ajoutait ce gigantesque ramassis de prisonniers qu'il fallait non seulement garder, mais encore nourrir. En

1. Pris comme symbole de désordre, impéritie, désorganisation.

novembre 1941, ils étaient un million. Impossible de les relâcher : ce serait, en bien des points, ouvrir la voie à l'anarchie et au banditisme. Exterminer une telle masse d'hommes ne serait pas non plus une mince affaire et, de plus, serait désastreux pour la propagande. La meilleure solution eût été de les envoyer à l'arrière et de les utiliser comme main-d'œuvre, mais une fois encore, cela demandait du temps, un plan détaillé, d'énormes moyens de transport, et cela troublait la stratégie de la guerre éclair.

Pour le moment, les camps se trouvaient au milieu des plaines déjà touchées par les froids. Heureux encore si l'on réussissait à installer quelque chose comme un auvent ou un hangar qui vous abritait de la pluie ou de la neige ; le plus souvent, les hommes demeuraient couchés en tas à ciel ouvert, au milieu de terrains dont un fil barbelé unique ne constituait qu'une enceinte fictive. Beaucoup mouraient de faim et de froid, mais la cadence des décès demeurait tout de même décevante pour le commandement allemand.

Le soldat Mitia Sapounov se trouvait dans l'un de ces camps, près du Pripet. Cela faisait plus d'un mois qu'il était prisonnier et il souffrait d'une faim interminable qui lui brûlait les entrailles. Parfois, mais pas plus qu'un jour sur deux, une roulante passait au camp et les veinards qui avaient conservé leur gamelle touchaient une louchée de soi-disant « soupe », une lavasse à peine tiède où flottaient des feuilles de chou et des bouts de pommes de terre non pelées. Les autres jours, les gardes se contentaient de lancer dans la foule des prisonniers des paquets de galettes dures comme pierre et de jouir du cirque qu'offraient les Russes qui, oubliant toute dignité, se battaient, se roulaient dans la boue et qui, à peine leur galette attrapée, se l'enfournaient dans la bouche, pourvu seulement qu'ils n'aient pas à la partager avec un camarade. La meilleure preuve de l'infériorité de ces pires des Slaves.

Mitia n'avait pratiquement pas combattu. Quand, après un mois d'instruction, son régiment, composé pour deux tiers de bleus, était arrivé au front, une nouvelle offensive allemande, écrasante, paralysante, avait commencé. D'abord, l'une après l'autre, trois vagues d'avions les avaient attaqués en piqué. Dans un hurlement de sirènes et de leur fuselage spécialement aménagé, leurs puissantes pattes de lion écartées, ils tombaient du ciel tout droit sur Mitia et Gochka, compostaient les tenues de treillis, écrasaient les blindages trapus, débris de la ligne de défense. Essaie donc, dans un parc d'attractions pareil, de creuser un boyau, alors que tu te tords de pétoche. Ils n'avaient eu que le temps d'ouvrir à la va-vite quelques tranchées de merde quand toute la colline d'en face s'était couverte de chars allemands avançant comme à la parade. Et leur infanterie suivait sans broncher. De fréquentes salves d'armes automatiques partaient du ventre de chaque soldat. Les commissaires rouges disaient à leurs hommes que les Allemands montaient à l'attaque ivres ou encore sous l'effet de mystérieuses « pastilles d'éther ». Ces curieuses informations ne diminuaient en rien la terreur, au contraire, provoquaient une angoisse croissante devant le conquérant drogué à l'éther qui, par des salves venues de son ventre, abattait toutes les armées du monde, alors que dire de nous, pauvres petits...

Eh bien, voilà, un char était passé au-dessus de la tranchée où se trouvaient Mitia et son inséparable copain, le chétif « Morpiot » Gochka, et les avait à leur tour enterrés jusqu'à la ceinture. Derrière lui, des soldats avaient bondi par-dessus ladite tranchée en exposant le drap solide de leur entrejambe. L'un des Allemands qui portait sur son dos une sorte de bidon avait lancé le long de la tranchée une terrifiante langue de feu, et alors, tous ceux de la section qui avaient survécu avaient levé les bras en l'air.

Telle avait été la fin lamentable du baptême du feu de Mitia. À dater de ce jour, il n'avait fait qu'errer par les routes parmi des colonnes de prisonniers dans sa capote pleine de boue qui pesait des tonnes, ou que traîner par terre pelotonné contre son Morpiot, afin de ne pas crever de froid. Au matin, lors de la formation des colonnes, le Morpiot faisait tout pour ne pas le perdre, à croire qu'il voyait, dans la présence de Mitia, une chance de salut. Et de son côté, Mitia se retournait à tout bout de champ pour s'assurer qu'il suivait.

Une nuit, le Morpiot fourra sa petite patte dans l'entrejambe de Mitia, s'empara de son membre, et Mitia, au lieu de lui envoyer un gnon dans la gueule, serra à son tour sa quéquette dans son poing. C'est ainsi que, jeunes gens en uniforme, ils rêvèrent sous les étoiles glacées de filles inconnues, fantastiques, de ciné-fantômes en robe du soir.

Dans le camp du Pripet, il y avait dix mille soldats de l'Armée Rouge qui se demandaient ce qui les attendait. Les bruits les plus invraisemblables circulaient. On disait, par exemple, que Hitler et Staline avaient décidé de faire la paix et d'échanger des hommes contre du pétrole. Alors, mes enfants, nous serons tous foutus, expliquait un commandant débraillé au-delà du possible et qui, poussé par la faim, avait bouffé son baudrier jusqu'aux coulissants. Pour Staline, il n'y a pas pire traître que le soldat qui capitule.

Et puis, un jour, on vit arriver dans le secteur de Mitia non pas une, mais trois roulantes, et pas de « soupe » : de vrai goulash à la viande. Puis les « salauds », comme on appelait ici la garde, avaient procédé à une généreuse distribution de sucre et de pain frais. Qu'est-ce que cela pouvait bien vouloir dire ? On va peut-être nous expédier dans les « mines d'acier » de Norvège. Là, on est sûrs et certains d'y rester, tous autant qu'on est, mais au moins, en route, on se tapera la cloche.

Une grande Mercedes militaire véhiculant deux grands chefs, le *Hauptsturmführer SS* Johann-Erasmus Dürenhoffer et le *Standartenführer SS* Hübner Krausz, se dirigeait vers le Pripet. Les excellents amortisseurs de la voiture protégeaient les officiers contre les nids-de-poule de l'exécrable route et leur permettaient de tenir une conversation idéologique de la plus haute portée. Blondasse, plutôt fluet bien que légèrement bouffi, avec sa face de lapin, Dürenhoffer proposait une variante assez libérale de la solution du problème posé par les territoires de l'Est, tandis que, très large de carrure et du bas du visage, Krausz insistait sur une approche radicale fondée sur la théorie raciale du Parti. Tenez, par exemple, Dürenhoffer disait :

— De très fortes masses humaines, vaincues et réduites en esclavage, menacent toujours de faire explosion. Or, nous pouvons convertir ces gens en alliés et même, dans l'avenir, en une certaine catégorie de citoyens du Reich, peut-être même de premier ordre. Pour la majorité d'entre eux — les Slaves de l'Est — je vous assure, mon cher Hübner, le plus grand mal est le communisme, l'éternelle misère, la vie sans but, absurde. Pensez donc, ils payaient les œufs trente kopek aux paysans et les leur revendaient un rouble ! Je vous assure, mon cher Hübner, que si nous associons le moujik russe au système commercial d'Europe centrale, si nous lui offrons la possibilité d'acheter des chemises, des vélos, des lampes de poche et des chaussures, nous n'aurons pas de problème avec eux. Le principal est de leur faire comprendre que le communisme, c'est fini.

Il souriait. Sa maman, jadis, ne s'était pas rendu compte que ses quenottes poussaient trop vite et ne les lui avait pas fait redresser, de sorte qu'elles dépassaient à chaque sourire, ce qui, d'ailleurs, ne lui donnait l'air ni moins séduisant ni moins intellectuel. Or, il était généralement souriant et laissait pointer sans vergogne un libéralisme modéré qui, tout de même, demeurait au service de l'empire.

Le *Standartenführer* Hübner Krausz, au contraire, n'était pas d'un naturel affable. Cela ne signifie pas qu'il était sauvage, simplement, il était très sérieux et se maintenait constamment au sein d'idées réalistes et graves.

Voici, par exemple, comment il relevait les considérations de son habituel contradicteur :

— Oh, mon cher Johann-Erasmus — disait-il en étalant des deux côtés son large menton, ce qui, soit dit en passant, ne le rendait pas gros, mais faisait de lui un large, encore plus large, extraordinairement large officier SS —, pourquoi croyez-vous que tous les aspects du communisme stalinien doivent être immédiatement éliminés ? Votre exemple des œufs n'est pas très bien choisi, cher Johann-Erasmus. Les kolkhozes, par exemple, sont une très heureuse trouvaille eu égard à ce genre de population, il faut absolument les conserver. L'exploitation agricole individuelle n'est pas pour eux, mon cher Johann-Erasmus.

Dürenhoffer sortait de leur nécessaire de campagne une bouteille de chartreuse. La Mercedes ralentissait afin de permettre aux officiers de vider leur petit verre de fin cristal.

— Il me semble qu'il n'est pas nécessaire de rappeler constamment à ces gens qu'ils sont du deuxième choix, mon cher Hübner, poursuivait Dürenhoffer. Ils comprendront tout seuls où est leur place.

— Vous croyez ? faisait Krausz, pince-sans-rire. Oh ! mon cher Johann-Erasmus... — puis il levait un sourcil interrogateur en direction du siège avant où, à côté du chauffeur, était assis un Russe en tunique du Parti, casquette de gabardine grise à la Molotov.

— Non, non, nc vous inquiétez pas, cher Hübner, notre compagnon ne comprend rien quand on parle vite.— Et les quenottes de lapin s'avançaient gracieusement.

Ce Russe, on n'aurait pu que très relativement l'appeler « compagnon » des brillants officiers. C'était, ma foi, le contraire : c'était lui, le personnage principal du voyage au camp du Pripet, alors que Dürenhoffer et Krausz n'étaient là que pour donner plus de poids à l'affaire. L'ex-colonel de l'Armée Rouge Bondartchouk se rendait auprès des prisonniers de guerre en tant que représentant du Comité de Libération de Russie récemment institué à Smolensk. Ancien prisonnier lui-même, Bondartchouk était auparavant, mais il n'y a pas longtemps du tout, membre du PC(b) et édificateur zélé du socialisme. Lors de l'investissement de la ligne Staline, en juillet, il avait été encerclé dans son blockhaus par une section de parachutistes fous furieux. Il allait déjà, dans les meilleures traditions rouges, porter son pistolet à sa tempe pour ne pas tomber vivant aux mains de l'ennemi, quand une grenade était venue ébranler son abri, et en proie à une violente nausée, il s'était affalé entre les bras des assaillants.

Par la suite, c'est-à-dire lors des premières semaines de sa captivité chez les fascistes, Bondartchouk subit des métamorphoses radicales. Certains des replis les plus secrets de son cœur s'ouvrirent au grand jour, vu qu'il n'avait plus aucune raison de les cacher. En particulier, on découvrit son profond mécontentement du système communiste et son rapport, critique à l'extrême, au génie de J. Staline. Les officiers SS qui l'interrogeaient découvrirent aussi, avec une satisfaction non dissimulée, qu'il n'était rien moins qu'un *Volksdeutsch*[1], car le nom de jeune fille de sa mère, occulté par deux mariages successifs, était Krause : elle descendait de colons allemands.

Cette dernière circonstance conféra à Bondartchouk une supériorité incontestée, l'occasion de se faire valoir comme officier prisonnier « patriote », vu qu'il pouvait couci-couça s'expliquer sans interprète.

Les commandants rouges « patriotes », c'est-à-dire partisans d'une Russie antibolchevik, accueillirent la création du Comité de Libération avec une exaltation extraordinaire. Bondartchouk et quelques-uns de ses camarades effectuèrent le voyage de Smolensk pour y adhérer ; puis ils s'en furent dans la formidable capitale du Reich elle-même, la ville de l'aigle de pierre, Berlin, où l'on convint de certains points. Une idée supérieurement grandiose, supérieurement paradoxale, camarades, je veux dire, pardon, messieurs, présidait à l'entreprise : prévenir l'inévitable catastrophe nationale par la création d'une armée russe pro-allemande et néanmoins patriotique. L'affaire n'était pas si simple, et pour commencer, on se bornerait à organiser des sections auxiliaires formées de volontaires. Voyant que l'on pouvait compter sur nous, les Allemands mettraient ensuite toute l'entreprise en branle. Après cela, les officiers s'étaient acheminés vers les divers lieux de rassemblement des prisonniers afin d'y répandre l'information et de recruter des volontaires.

Bondartchouk s'était, pour cela, habillé à la soviétique : tunique, casquette, un secrétaire de Comité de district tout craché. Il lui semblait qu'ainsi il serait mieux accepté des hommes que sous un uniforme allemand bien coupé, même sans signes distinctifs. Ils verraient tout de suite que c'était un Russe et non quelque Garde Blanc au sang bleu ramené d'Europe. Le sang bleu, dans le fond, on l'eût difficilement soupçonné chez Bondartchouk, avec ses dehors de responsable plébéien que l'âge moyen rendait encore plus raboteux. Installé dans la Mercedes devant les deux officiers SS d'élite, il réfléchissait pour la centième fois à la situation. Certes, Dürenhoffer avait raison : leur compagnon ne comprenait pas l'allemand courant, cependant, il saisissait certaines choses dont l'essentiel consistait en ceci, qu'au cours de toutes ces heures de route depuis Kiev, les officiers ne lui avaient pas adressé la moindre question et que toutes ses tentatives de contact s'étaient heurtées à des froncements de sourcils étonnés et à un silence plein de morgue. Ils n'avaient même pas songé à lui offrir un petit verre, ces enculés d'*Übermenschen*[2]. Ça ne fait rien, quand nous

1. Allemands historiquement implantés dans d'autres pays. Par exemple, les Allemands de la Volga.
2. Allemand : surhommes.

aurons notre armée, vous nous respecterez un peu plus. Nous n'aurons plus à penser sans cesse à ces peigne-culs de Krausz. Pour le moment, exécutons ponctuellement leurs ordres, après, on verra. Après, on verra à qui le peuple russe dira merci. Est-ce qu'Alexandre Nevski et même Dimitri Donskoï n'ont pas payé tribut à la Horde d'Or ?

Au début, l'immense camp n'avait été gardé que par une section de *Volksdeutsch* assez pouilleux : personne n'avait l'intention de s'évader — pour aller où ? retourner chez les siens tout droit au tribunal ? Mais ce jour-là, il était arrivé une demi-compagnie de renfort qui s'était affairée autour des prisonniers, les avait répartis en colonnes. On avait failli séparer le Morpiot de Mitia, on l'avait fourgué aux cons de la 18e division, mais il s'était habilement faufilé, provoquant un sacré raffut en tête de colonne, la garde était accourue, pendant ce temps, il s'était glissé comme un petit chien entre les jambes des hommes et était revenu se pelotonner contre Sapounov. « Tu as vu, Mitia, si je les ai baisés ! »

On démonta les séparations entre les divers secteurs, cela fit une grande place au bord de laquelle des charpentiers achevaient d'assembler un machin en bois.

— Ils se préparent à nous pendre, plaisanta Mitia d'un air sombre.

— Pour sûr, pour sûr, fit Gochka avec un rire nerveux. Ça, c'est la grande classe, hein, Mitia ? C'est de là qu'on va s'offrir une partie de balançoire ensemble, hein, Mitia ?

Mitia lui envoya un petit coup dans le plexus.

— Oui, va même pour la corde, pourvu que je me débarrasse de toi, Morpiot !

Mais ce n'était pas un gibet, c'était une tribune, ils y avaient même campé un formidable micro, on aurait dit une mine explosive. Empiffrés de goulash, le moral en hausse, les Rouges attendaient un miracle. Peut-être que Hitler est en train de nous vendre aux Turcs ou qu'il veut nous expédier en Afrique chez les Italiens ? Peut-être que cette pute de Staline s'est sauvé en Géorgie et qu'ils nous ramènent un tsar ?

Enfin, des hommes armés de mitraillettes entourèrent la tribune sur laquelle quatre personnages vinrent prendre place : deux officiers allemands, l'un tout en longueur, l'autre tout en largeur, un caporal à lunettes, et enfin un bonhomme plutôt gras en tenue semi-militaire, un vrai de vrai bolchevik, que ton Kirov, à côté... Ils se seraient pas rabibochés pour de bon ?

Le premier à parler fut le tout-en-long. Il disait une phrase, il reculait, alors le caporal traduisait.

— Soldats russes ! Vous avez bravement combattu et ce n'est

pas votre faute si vous vous êtes retrouvés prisonniers ! La faute en est à vos chefs bolchevik criminels qui ont osé prendre les armes contre l'Allemagne victorieuse, contre le tout-puissant national-socialisme.

Le *Hauptsturmführer* Johann-Erasmus Dürenhoffer aimait beaucoup cet instant, il avait plaisir à entendre sa belle voix porter en allemand littéraire la forte et noble vérité à cette énorme formation de têtes russes. Par chance, le *Hauptsturmführer* ne soupçonnait pas que toute la splendeur de son discours se perdait dans la traduction du caporal à lunettes, un *Volksdeutsch* dont le russe présentait un mélange de provincialismes et de méridionalismes qui nuisait à l'effet de l'ensemble. Il poursuivit :

— Notre Führer, le Chancelier du Reich Adolf Hitler, voudrait voir en vous non des ennemis, mais de dignes travailleurs apportant leur contribution à son ordre nouveau. Tout le reste ne dépend que de vous. L'écrasement total du bolchevisme approche de jour en jour ! Vive l'ordre nouveau ! Vive l'Allemagne ! *Heil Hitler !*

Les quatre personnages de la tribune y compris le chef bolchevik claquèrent des talons et levèrent le bras droit en salut hitlérien. Puis le chef bolchevik s'approcha du micro, tira sa tunique qui remontait sur le ventre et les côtés, et parla, presque à la manière de chez nous, à la soviétique, l'enculé !

— Chers combattants, commandants et commissaires politiques russes ! Moi, colonel Bondartchouk, je m'adresse à vous de la part du Comité de Libération de Russie. Commandants patriotes et antibolchevik qui nous sommes retrouvés à l'arrière des troupes allemandes victorieuses, nous rompons résolument avec le passé et défions la tyrannie stalinienne. Nous exprimons notre profonde reconnaissance au commandement allemand et personnellement au maréchal du Reich Adolf Hitler qui nous a donné la possibilité de nous associer à leur noble combat. Soldats, mes frères ! Le Comité de Libération vous appelle à rejoindre les rangs de ceux qui combattent le régime détesté des youpins et des communistes. Vous êtes à bout de forces, mes frères, mais que pouvez-vous attendre du commandement allemand, si Staline ne reconnaît pas la Convention de Genève sur les prisonniers de guerre ? Pour lui, vous êtes tous des traîtres. Hommes de Russie, je vous le demande : que pensez-vous de ces bolchevik sanguinaires, de ceux qui ont ruiné vos maisons, qui vous ont chassés comme du bétail dans leurs sales kolkhozes, qui ont banni des centaines de milliers, des millions de vos frères en Sibérie et au Kazakhstan, de ceux qui n'ont cessé de violer notre mère la Russie martyre avec leur maudite théorie judéo-marxiste-léniniste ? Écoutez la voix de votre cœur, et vous répondrez : « Nous les haïssons ! »

Mitia Sapounov, qui se trouvait à une bonne centaine de

mètres, ne voyait ce visage que comme une masse à peu près indistincte où s'ouvrait et se fermait une bouche. Parfois, la masse se figeait, l'orifice buccal bien ouvert, dans l'attente évidente de cris d'approbation et d'applaudissements. Ces cris, et quelque bruit, montaient tantôt d'un bout de la place, tantôt de l'autre, mais pas aussi fournis que l'avait escompté l'orateur. Mitia tourna les yeux vers ses camarades. La plupart étaient indifférents, beaucoup avaient manifestement peur, on ne sait de quoi en l'occurrence, baissaient les paupières. Peu à peu, cependant, surtout à l'évocation des kolkhozes et des youpins, les prisonniers s'animèrent.

— À bas les bâtards rouges ! parvint-il de la tribune.

— À bas ! rugirent soudain quelques voix autour de Mitia. Buveurs de sang ! Salauds ! À bas les youpins ! À bas le kolkhoze !

Ce qu'il avait presque oublié au cours de ces années vécues à l'abri de la citadelle gradovienne, soudain remué, se souleva en Mitia : son père devenu forcené, une poignée de paille enflammée à la main, sa maman aperçue la dernière, la toute dernière fois de sa vie, son cri déchirant, et lui-même se sauvant comme un fou dans le noir, vers la forêt, pour échapper aux hommes, devenir un loup, puis pour observer quasiment comme un loup Gorelovo du haut de la colline, l'arrivée de la troupe au village, les lamentations des bonnes femmes parvenant à ses oreilles de loup, le mugissement du bétail, puis cette poule qu'il avait attrapée, à laquelle il avait tordu le cou, qu'il avait dévorée crue. Toutes ces choses terribles, sales, campagnardes, à cause desquelles, plus tard, le petit garçon se réveillait le cœur battant, le ventre chutant dans un abîme sans fond, la bouche happant l'air, et se découvrait les doigts crispés, assis dans l'escalier éclairé par un rayon de lune, regardant comme un sauvage les jolis tableaux accrochés au mur sans comprendre ce qu'ils signifiaient, jusqu'à ce que survienne grand-mère Mary qui l'apaisait de ses mains chaudes qui savaient si bien remettre ensemble tout ce qui s'enfuyait.

De nouveau, les exclamations de l'orateur parvinrent à ses oreilles :

— ... Soldats russes, mes frères ! Le monstrueux empire bolchevik s'écroule sous les coups de boutoir des armées allemandes, tel un colosse aux pieds d'argile. L'histoire se tourne enfin dans le sens d'un juste châtiment. Mais tout de même, nous devons voir plus loin, nous efforcer d'envisager les lendemains de notre Patrie, la Russie. Au nom de cet avenir, le Comité de Libération vous invite à vous fondre dans les rangs des formations auxiliaires qui constitueront, avec le temps, l'ossature de la nouvelle armée russe !

Le colonel Bondartchouk était content : *primo*, il n'avait pas entièrement suivi les ordres des Allemands, ou plutôt, pas tout à fait obéi à leurs instructions, il avait parlé non pas dix minutes comme on le lui avait dit, mais quinze ; *secundo*, et c'est le principal, il avait balancé quelques phrases qui n'avaient pas été convenues, comme par exemple celle des kolkhozes ou, tenez, celle sur l'avenir de la Russie. Ainsi, pas à pas, nous nous raffermirions nous-mêmes.

L'interprète qui se tenait entre Krausz et Dürenhoffer leur bafouillait dans un allemand invraisemblable le contenu des éclats de voix de Bondartchouk et ils applaudissaient, comme pour montrer que ce militant n'était pas une marionnette, mais une valeur indépendante. Après cela, tout de même, Krausz lui envoya une bourrade pas très délicate, comme quoi il est temps de te tirer, et s'avança à son tour. Le discours du *Standartenführer* ne dura pas plus de trois minutes et ne contint pas un gramme de rhétorique. Il dit que ceux qui, après les vérifications idoines, seraient enrôlés dans les formations auxiliaires — aucun des deux Allemands n'avait, fût-ce une fois, dit : « l'armée russe, les détachements russes » — auraient droit à une tenue neuve, deux changes de linge, un bain par semaine, un ordinaire tout à fait satisfaisant, du tabac, et trente-cinq marks allemands par mois pour le plaisir. Mais ils ne devaient pas oublier qu'ils auraient à répondre du moindre manquement à la discipline et que le règlement allemand serait appliqué dans toute sa rigueur.

Là-dessus, le meeting s'acheva. Aussitôt après, installés à des tables-tréteaux, des types en uniforme allemand sans signes distinctifs commencèrent à inscrire les volontaires. Il y en eut beaucoup. Impossible de dire ce qui les avait le plus convaincu : la haine du bolchevisme, les adjurations de Bondartchouk quant à l'avenir de la Russie ou les trente-cinq marks du *Standartenführer* Krausz.

— Pour trente-cinq marks, Mitia, on pourrait se payer la pute qu'on voudra et se soûler la gueule vite fait, dit Gochka, l'air de ne pas y toucher.

— Bon, allons nous inscrire, le Morpiot, répondit Mitia mine de rien, à la légère, comme s'il s'agissait de s'engager dans une équipe de foot.

— T'es pas louf ? s'effraya l'autre. T'engager contre les nôtres ? On est des komsomol, quand même, non ?

— Moi ? Quel komsomol ? — Avec un petit rire, Mitia se dirigea vers la queue aux inscriptions. — Un komsomol ! — Avec une fureur subite, il se tourna vers Gochka qui trottait à côté de lui, attrapa ses revers racornis, l'attira à lui tel un preux de légende quelque piètre caudataire. — Mais je les ai détestés toute ma vie, ta Komsomolie, les « nôtres », toute ta clique rouge !

— Ben, qu'est-ce qui te prend, Mitia, qu'est-ce que t'as ? pleurnicha Kroutkine. Tu penses, la belle affaire ! Ben, on y va, s'inscrire.

Mitia le repoussa brutalement.

— Qu'est-ce que tu irais y faire, le Morpiot ? Tu es un komsomol, non ? Un morpion, c'est tout dire !

Gochka en pleura presque, en tout cas, il étala quelque chose d'humide sur sa figure et, de sous son poing, lui dédia un regard haineux. Une haine feinte. Mitia eut soudain le sentiment que tout, autour de lui, était irréel, feint, et que Gochka et lui ne faisaient rien d'autre que jouer une scène de comédie à deux personnages.

— Allons, l'artiste ! lui dit-il, conciliant. Sur quoi Kroutkine se mit à renifler pour de bon.

— T'as pas la moindre estime pour moi, Mitia, pine au cul. T'as commencé par m'appeler « le morpion », après, c'est devenu « le Morpiot », tu me considères pas comme un homme.

Ils se placèrent au bout de la file. On y disait que les inscrits étaient aussitôt chargés dans des camions, envoyés au bain, au service sanitaire, puis dans des casernes bien chaudes.

— Mitia, eh, Mitia ! l'appela paisiblement Gochka. Et tante Tsilia, alors ? Hein ? Tu as bien entendu çui qui causait gueuler le « judéo-communisme » ? Les youpins, dis donc, Mitia ! Alors, ta mère adoptive, ça fait quoi ? Tsilia Naoumovna ? Te fâche pas, Mitia, je te dis ça en ami.

Il me fait un nouveau cinéma, quoi, le Morpiot ? se demanda Mitia. Ou c'est de la provocation ? Le Morpiot le regardait avec des yeux fidèles. Il avait vraiment l'air de se faire du souci. Pourquoi n'y ai-je pas pensé moi-même, à tante Tsilia ? Pas une seule fois ? Là, il aperçut l'orateur principal qui avançait le long de la file, serrait les mains des volontaires, répondait aux questions. Je vais poser la question au chef lui-même, il n'a pas l'air trop vache.

— Camarade chef, puis-je vous poser une question qui, en ces circonstances, pourra paraître bizarre ?

Le colonel Bondartchouk leva un regard stupéfait — de quel point de cette masse sans visage montait une formule si typiquement intellectuelle ? — et distingua un grand prisonnier à la figure commune, spécifiquement russe, mais avec des dehors romantiques, presque esséniniens.

— Qu'est-ce que c'est que cette question, mon cher ?

— Eh bien, je suis d'une famille de dékoulakisés, mes parents se sont immolés par le feu pour ne pas aller au kolkhoze, seulement après, ma mère adoptive, ça a été une juive. Dans ce cas, comment serai-je accueilli ?

Mitia empestait comme les autres, mais Bondartchouk le prit quand même sous le bras, l'emmena un peu à l'écart, lui tapota l'épaule :

— En égal, mon cher, tu seras accueilli tout à fait en égal. Premièrement, si je comprends bien, tu es un pur Russe, fils de paysans martyrs ; deuxièmement, nous ne sommes pas contre les juifs en tant que personnes humaines. Moi-même — il baissa à peine, à peine la voix — j'ai des amis aussi parmi eux. Nous sommes seulement contre les idées étrangères que l'on a imposées au peuple russe, nommément contre le judéo-communisme, et non pas contre les juifs. Toi, qu'est-ce que tu penses des communistes ?

— Je les ai toujours détestés, s'exclama Mitia avec sincérité.

— Voilà ! C'est donc que tu es un véritable combattant de l'Armée de Libération Russe.

Bondartchouk repoussa amicalement Mitia dans la queue, le suivit des yeux en notant à part soi que, voilà, ce garçon-là, il fallait s'en souvenir, peut-être le distinguer par la suite, intéressant, ce jeune homme.

Là-dessus, l'interprète du Pripet accourut :

— S'il vous plaît, comment dois-je vous appeler ? Le *Standartenführer* Krausz vous envoie chercher, il est temps de partir.

Ils étaient déjà sur la butte, passé le camp, lorsque Bondartchouk aperçut les deux Allemands : l'« aristocrate », long comme un jour sans pain avec ses fesses en goutte d'huile, Dürenhoffer, souriant, sûr de lui, débitait quelque chose à Krausz qui, les mains croisées sur le croupion, en digne adjudant, se tenait à son côté, pétrifié dans ses pensées.

Après de bienheureuses douches et mesures sanitaires, vêtus de linge militaire propre et de l'uniforme de drap des Fritz, Mitia et Gochka passèrent la moitié de la nuit sur l'escalier du grenier d'un dortoir de fabrique transformé en caserne. La plus que douce sensation de replétion et de propreté, plus cette volupté supplémentaire, alors là, tout à fait inimaginable, de la prestation de tabac, empêchaient de dormir, excitaient ces jeunes êtres, leur rouvraient en quelque sorte les horizons d'une vie qui leur semblait condamnée. Gochka Kroutkine allumait l'une après l'autre de grosses cigarettes allemandes tout en récitant de l'Essénine. Mitia écoutait. Soudain, cela le transperça :

*Ma parole aux couleurs du bleuet*
*Je t'aime et toujours t'aimerai.*
*Comment va à présent notre vache*
*Qui sa pailleuse tristesse remâche ?*

Ainsi donc, cela avait eu son heure, l'adresse à la sœur inconnue, à l'éternelle vache de Russie, les bleuets dans les seigles, tout cela animé, intact, non pas carcasses équarries... Bien sûr, cela ne reviendrait plus, mais cela avait existé, donc cela était à jamais. Essénine en est témoin.

Gochka Kroutkine, le Morpiot, continuait à déclamer avec des modulations de bazar :

*Alors, dans les brumes du soir*
*Souvent tu revis cette image fugace :*
*Dans une rixe d'assommoir*
*On me perce le cœur d'une lame de chasse.*

Le petit était extrêmement fier de son amitié avec Essénine, laquelle avait commencé il y a un an au foyer des bâtisseurs du métro où quelqu'un lui avait prêté pour trois jours un petit bouquin à demi interdit, plutôt crasseux, édition de 1927. Gochka avait alors transbordé les « pouèmes » les plus connus au crayon dans un cahier de moleskine, puis, découvrant que ça avait un effet percutant sur les filles, il en avait emmagasiné des tas, dans ce cahier, et les avait appris par cœur. En fait, c'est grâce à Essénine qu'il s'était lié d'amitié avec son Mitia Sapounov chéri. Avant, ce dernier, grand et beau gars, répondait de sa grosse voix à toutes ses tentatives de rapprochement : « Fous-moi la paix ou je te pisse dans la poche pour de bon », mais le jour où il lui avait offert le cahier de moleskine en lui disant : « T'as envie de lire des vers, Mitia ? », Mitia l'avait considéré, lui, le Morpiot, d'un regard neuf.

Grâce à tante Nina, Mitia disposait, dans le domaine de la poésie, d'une préparation plus substantielle. Nina, qu'il n'appelait jamais « tante », bien entendu, et à la pensée de laquelle, à vrai dire, il se masturbait un tantisoit, comme jadis à celle de tante Véronika, entraînait souvent toute la famille du Bois d'Argent à des lectures poétiques ; en outre, il avait souvent assisté à des discussions littéraires, de sorte qu'il s'était forgé une opinion des plus dédaigneuses sur l'idole de tous les peuples de Toutes les Russies : « Bah, Essénine, la meute des moujikisants... Ridicule ! Une vache en gants de beurre frais... Une fois qu'on l'a vu — un choriste, un joueur de balalaïka[1]... »

Ce n'est qu'à l'armée, par ces temps de sueur et de cruauté, qu'il avait compris à quel point ces vers « du pays à la percale des bouleaux » étaient chers à son cœur. Et maintenant qu'il était dans les lignes étrangères, dans son uniforme de drap vert-de-gris, chaque vers, tel un rayon X, traversait ce qui lui était étranger, s'imprimait sur sa peau, lui brûlait le cœur, faisait sourdre une larme que son visage aux larges pommettes retenait à peine.

*La Russie s'est perdue chez les Mordves et les Tchoudes*
*Elle ne craint plus rien*
*Des hommes enchaînés suivent la longue route*
*Chassés dans le matin.*

1. Maïakovski sur Essénine dont il raille la slavophilie.

*... Moi aussi sur la route où s'engouffre le vent*
*Et par les mêmes pistes,*
*On me mènera, corde au cou, cœur fervent*
*D'amour d'être si triste.*

## CHAPITRE SEPT

# *La Spéciale de Choc*

Au PC de l'Armée Spéciale de Choc installé au sommet d'un grand mamelon sauvage qui semblait sortir d'une épopée, parmi un système d'abris blindés soigneusement camouflés, une vive activité régnait : on procédait à la préparation décisive d'un mouvement offensif de l'Armée Rouge, le premier de la honteuse campagne de l'été-automne 1941.

Même à la lumière du jour, on évitait d'allumer les poêles afin de ne pas être repérés, c'est pourquoi dans toutes les sections un froid terrible dominait. Au demeurant, personne ne le remarquait, ou plutôt tous faisaient semblant de ne pas le remarquer, copiant, comme c'est toujours le cas dans les grands états-majors, la conduite du chef, le général Nikita Borissovitch Gradov.

Il convient cependant de dire que l'on disposait également d'un moyen de chauffage d'appoint que l'on extrayait fréquemment de la poche de sa pelisse ou de la tige de sa botte. À proprement parler, l'état-major imitait, là aussi, l'exemple de son chef auquel, de temps à autre, le sergent Vasskov, le conducteur de son auto blindée personnelle, servait « une bonne rasade de cognac ».

Récemment constitué, l'état-major de l'Armée Spéciale de Choc n'était pas encore dévoré par les intrigues et adorait son jeune général. Les bruits les plus insensés circulaient à son sujet parmi ses non moins jeunes subordonnés. On disait, par exemple, que durant des années, il avait déployé une activité occulte à l'étranger, dirigé tout un réseau d'agents secrets, qu'il se serait introduit dans les plus hautes sphères de l'état-major général allemand. Selon d'autres informations, il n'était pas parti du tout, mais avait tout de même appartenu au groupe ultra-secret des plus proches conseillers militaires de Staline. Les commandants les plus âgés, anciens d'active, se bornaient à sourire : la véritable histoire du commandant en chef de la Spéciale de Choc était encore plus invraisemblable que toutes ces fantaisies.

Cela faisait près d'une demi-heure que la suite du général piétinait derrière lui en attendant les ordres et une nouvelle action. Le dos sanglé dans son baudrier, il semblait avoir oublié l'existence de son prolongement, c'est-à-dire de sa suite. Gradov passait d'un télémètre à un autre, réglait lui-même les oculaires, observait les positions de l'ennemi et ne disait rien. Que pouvait-il bien voir sur les collines enneigées, au-delà de l'Istra ? Lui seul le savait, mais il voyait certainement quelque chose, sans quoi il n'aurait pas permis aux autres de rester désœuvrés derrière lui.

L'ennemi prenait bien garde de ne pas se découvrir. Une seule fois, Nikita avait remarqué la lente progression de quelques silhouettes à tête ronde au fond d'un ravin, parmi des racines qui pendaient en vilains écheveaux et dans d'exécrables taillis, et s'était dit que ce devaient être des agents de transmission qui installaient une ligne de position du 4e groupe de chars de l'état-major du général Busch. Si nous avions une liaison comme celle des Allemands ! Analysant l'action de la Wehrmacht au cours des premiers mois de la guerre, Nikita n'avait pu retenir son admiration : cette accumulation de millions d'hommes se déplaçant avec une aisance de ballerine ! Et cela, elle y parvenait en premier lieu grâce à la perfection de ses liaisons.

Pour le reste, de l'autre côté de l'Istra, les collines conservaient leur aspect idyllique, si toutefois on peut le dire de l'espace hideux où dominait une couleur blanc trouble déchirée de taches marron-gris. Mais l'absence de tout mouvement, qui durait depuis une demi-heure, pouvait vouloir dire bien des choses. Pas un signe de vie, seules trois tourelles rampent lentement, presque insensiblement, dans le fond du ravin parmi les souches. Pas la moindre fumée, c'est, bien sûr, qu'eux aussi ils pèlent de froid et se réchauffent à grand-peine à coups de schnaps. C'est donc qu'ils se terrent, qu'ils sont informés de nos préparatifs, qu'ils attendent et, pour la première fois de tout le temps de la guerre, qu'ils prennent au sérieux l'éventualité d'une contre-attaque russe. Avant, ces chars eussent déjà été en train de progresser, brisant notre défense, empêchant toute concentration. C'est donc qu'ils n'ont pas de carburant.

Étonnant à quel point la campagne de Moscou des hitlériens reproduit celle de Napoléon, ils ont même commencé presque le même jour : 24 juin 1812, 22 juin 1941. Elles reproduisent les mêmes erreurs, surtout en matière de communications. Comment pouvait-on entreprendre une guerre aussi motorisée sans avoir réfléchi au problème des voies ferrées, sans s'être préparé à passer de l'écartement européen à celui de Russie, plus large. C'est donc qu'ils ont leurs incapables, leurs Vorochilov, leurs Boudionny, et que Wilhelm Keitel n'a pas inventé la poudre.

Nikita appela le colonel Skakounov, le commandant de son artillerie :

— Avisez Drozine : pilonnage immédiat du vallon. Cinq minutes. Feu à volonté.

Toujours en observation, il pressa le chronomètre du modèle « Commandement spécial » des usines Kirov qu'il avait au bras : son tic-tac sembla accélérer son pouls. La batterie Drozine entra en action sans délai. Durant le court laps de temps qui leur était imparti, les obus labourèrent le vallon, soulevant des colonnes de boue et des troncs déchiquetés. Puis tout se tut. Dix minutes plus tard, trois Messerschmitt attaquaient à leur tour la batterie Drozine. Alors, Nikita envoya une formation de Iastrebki leur livrer combat. Tout se passa parfaitement, les Allemands avaient mordu à la fausse préparation d'artillerie, s'étaient laissé berlurer pour pas cher, comme on disait au camp.

Depuis plusieurs jours, il s'efforçait de leur donner l'impression que son objectif majeur, lorsqu'il passerait à l'attaque, serait précisément ce 4e groupe de chars qu'immobilisait le manque de carburant, qu'il chercherait à le couper de l'Armée, à l'anéantir, afin d'écarter le danger d'un assaut décisif contre Moscou. Or, son plan allait exactement à l'inverse : ignorer absolument les chars et passer bien plus au nord, atteindre Kline en vingt-quatre heures, y faire jonction avec les unités de la 30e Armée et s'emparer de la ville. Si Busch parvenait quand même à mettre en route vingt ou trente chars, ce n'est pas eux qui y changeraient quelque chose, nos chasseurs s'en occuperaient. En d'autres termes, les Allemands considéraient que les Russes attaqueraient dans l'optique d'un combat défensif, alors que se développerait brusquement devant eux un mouvement tout à fait nouveau : le début d'une offensive générale, la fin de la guerre éclair. Très satisfait, Nikita Borissovitch observait toujours la vallée blanc trouble dont de fréquentes salves d'artillerie éclairaient à présent les abords : les Allemands avaient ouvert le feu sur l'état-major fictif monté et exposé cinq cents mètres plus loin derrière la ligne de défense. Les obus passaient par-dessus le véritable PC sans l'endommager.

Quelques membres de sa suite comprirent enfin à quel jeu, leur chef se livrait depuis une demi-heure, et certains d'entre eux l'apprécièrent grandement, non du point de vue de la tactique, mais à la lumière de la grande stratégie ; et parmi ceux-là, le plus admiratif était son vieil ami et responsable des liaisons, Vadim Vouïnovitch.

Certes, Vadim comprenait parfaitement, bien qu'ils ne s'en soient jamais dit un mot, qu'il devait sa libération du Karaganda à Nikita. Ils n'avaient pas réussi à faire renaître leur vieille amitié, pas même à « s'expliquer entre hommes », comme l'on dit. Nikita avait donné à entendre à Vadim que sa nomination à la Spéciale de Choc était provisoire et qu'à la fin de la présente campagne il serait libre de rejoindre une autre formation, ne serait-ce que pour ne pas avoir à souffrir d'être placé sous les ordres directs de son ancien ami et mari de la dame de ses rêves. Bien sûr, ça aurait été formidable de déboucher une bouteille de vodka, d'étaler quelques amuse-gueules sur une cantine et ainsi, dans l'attitude des saints Cyrille et Méthode[1], de mettre tous les points sur la drue palissade des « i », de se raconter les interrogatoires, la prison et les camps, mais ce rapprochement, qui autrefois leur eût semblé si naturel, était aujourd'hui presque impensable — la distance entre leurs grades, ce n'est pas rien, de colonel à général trois étoiles, jouait probablement là un rôle important — et il y avait entre eux comme l'accord tacite que ce n'était pas le moment, qu'ils n'auraient même pas le temps de faire cette pause ; quand on aura repoussé les Fritz... alors, là... Le principal, c'est que nous pouvons nous regarder dans les yeux sans rougir et sans ciller, c'est ça, le principal. Une fois seulement, à l'un de ces rarissimes moments où les autres étaient tous sortis à l'exception de Vasskov installé près de la porte avec son accordéon, Nikita avait relevé la tête de ses cartes et demandé :

— Tu sais que Véronika a aussi été *là-bas*.

Vadim l'ignorait, il avait été bouleversé. Imaginer Véronika, l'étoile de toute sa vie, *là-bas*, parmi les filles perdues, était au-dessus de ses forces. Ils se regardèrent quelques instants et, soudain, ils reconnurent l'un et l'autre, derrière leur masque de vaillants hommes de guerre, de tremblants semi-crevards des camps. Ce fut un moment si douloureux qu'ils faillirent se jeter sur la poitrine l'un de l'autre et éclater en sanglots. Là, par bonheur, le subtil Vasskov brisa net son petit air, *Mon Gourbi* ; ils remuèrent leurs cartes, prirent des voix rudes et forcées, à chaque minute s'éloignant l'un de l'autre, le non-ami du non-ami, et de leur honteuse non-réalité des camps, revenant de plus en plus vite vers leur prétendue vraie réalité d'officier supérieur à général, vers la prétendue réalité de cette guerre vers laquelle ils avaient marché toute leur vie. À la fin de l'audience, le général dit à son chef des liaisons, parmi des considérations techniques. « À présent, elle est tirée d'affaire. » Il vit que Vadim lui était reconnaissant de ces mots et lui fut lui-même reconnaissant de ne pas poser d'autres questions.

Le général abandonna ses télémètres, se frotta les mains et, satisfait, décocha un clin d'œil à son état-major. Chacun prit ce signe amical à son compte, le colonel Vouïnovitch parmi les autres. Le général exhalait un puissant courant d'énergie, il semblait ne pas douter de ce à quoi, hier encore, personne ne croyait

1. Alphabétiseurs de la Russie.

— la victoire ; moyennant quoi, la notion de « victoire » n'avait pour lui rien d'ésotérique, rien de commun avec les exhortations des journaux, de la radio, de la Propagande, la « victoire » était une notion essentiellement militaire, professionnelle, presque sportive ; et c'était peut-être là le plus encourageant.

— Tout le monde à son poste ! commanda Nikita. Réunion d'état-major à sept heures à Khimki. Plus de vodka, messieurs les officiers ! — À ces mots, le commissaire politique Golovnia haussa les sourcils comme de dire : « comment dois-je l'entendre ? », une si étrange formule dans l'armée prolétarienne, mais aussitôt le général insista sur la plaisanterie : — De même, pas de cartes à jouer, pas de romances et ne pas danser le quadrille. Que chacun pense à sa mission particulière, préparez vos rapports poste par poste. — Là, Golovnia se fendit, comme les autres, d'un grand sourire : il savait — rien de tel qu'une blague pour stimuler l'ardeur au combat.

— En route, Vasskov ! — Il se dirigea à grands pas vers la sortie.

Quelques minutes plus tard, son auto blindée camouflée sous une gerbe de foin quitta son abri et, suivant une piste à peine visible, en plein champ, peut-on dire, une piste qui eût pleinement convenu à Ilya Mouromets[1], se dirigea vers les positions du 8e régiment d'aviation. Derrière la voiture du général, cahotait un transport de troupes qui véhiculait sa garde personnelle immanquablement renforcée du capitaine Erès, de la Sécurité.

Cet Erès a des yeux de crapaud, se dit Nikita Borissovitch. Il les cache. Pourquoi diable traîne-t-il constamment à ma suite ? Qui l'a détaché ? Ne cherchons pas, c'est évident.

Tout d'un coup, il découvrit des silhouettes de femmes armées de pelles, entre lesquelles un bonnet duveteux d'un blanc éclatant parmi la neige maculée, avec de longues pattes à nouer autour du cou, tranchait sur le reste. C'était la levée en masse, le peuple de Moscou et des environs creusait des tranchées, grattait gauchement la terre gelée avec de méchantes pelles. Les femmes suivirent la voiture des yeux. Leur allure était lamentable. Des étudiantes et des ménagères en petits manteaux de demi-saison, certaines même en chapeau. Elles en abattraient de la besogne ! Une entreprise absolument vaine du point de vue militaire, mais on lui donnait une grande portée de propagande. « Le peuple entier résiste d'un seul élan... » Au fait, moi aussi, sur mon aile gauche, j'ai une brigade de requis civils : dentistes et avocats, puissante cohorte dotée d'un fusil pour trois et encore, pas tous en état. Il faut que je pense à les évacuer de la zone du casse-pipe, demain.

Bien qu'il n'eût avisé personne de son arrivée, on attendait déjà

1. Héros de légendes populaires.

le général au terrain d'aviation. Déjà le colonel Blagogovéiny, son état-major et les chefs d'escadrille venaient au-devant de lui. Ce spectacle-là était vraiment encourageant : un groupe de solides gaillards en blouson de pilote qui se donnaient mutuellement du cœur au ventre par leur démarche ferme, la verdeur de leurs propos, leurs airs de militaires balèzes.

Les éléments principaux du régiment, Iastrebki et IL, étaient tant bien que mal dissimulés dans un bosquet voisin, mais les moyens de camouflage avaient manqué pour les appareils de liaison, de petits biplans U-2[1] deux places, posés en désordre au milieu du terrain. Tout en échangeant avec Blagogovéiny de brefs propos concernant son plan de combat, le général se dirigea vers l'un d'eux, auxquels il trouva tout l'air de pièces de musée pour l'histoire de l'aviation.

Le pilote se mit au garde-à-vous. Lieutenant Boudorajine. Dans le coin à gauche de la bouche, une couronne en or.

— Eh bien, lieutenant, tu m'offres une balade ? demanda Nikita à la surprise générale — et sans attendre la réponse, il grimpa sur le siège du passager.

Tout le monde en fut soufflé, particulièrement ceux de sa garde. Vasskov s'élança :

— Mais comment ça, camarade général ?

Boudorajine bondit sur l'aile, sortit un gros touloupe de cuir doublé de fourrure et le tendit à Nikita. Il sera bien noté pour sa rapidité d'exécution. Quelques minutes plus tard, dans un bruit de crécelle, l'« épi de maïs » gagnait la piste d'envol. Les paupières plissées, Nikita observait le groupe de la Sécurité. Le capitaine Erès semblait avoir perdu la tête, se jetait tantôt sur Vasskov, tantôt sur le colonel Blagogovéiny, hurlait comme un forcené, portait même la main à son pistolet. Vasskov se serait pour un peu mis à genoux, serrait ses deux mains implorantes contre sa poitrine grasse à lard sous sa veste de mouton. C'est clair, Vasskov. Le colonel ne fit même pas l'honneur d'un regard au roussin. Quant aux mitrailleurs de sa garde, hilares, ils levaient le pouce. Des fidèles.

Cet Erès pourrait se faire sauter la cervelle de désespoir : une telle défaillance ! Franchir les lignes en U-2 était l'affaire de dix minutes. Avant d'avoir eu le temps de faire ouf !, il aurait un transfuge du commandement suprême sur les bras ! Or, Gradov a de bonnes raisons de nous détester, c'est un fils de chienne, un ennemi du peuple, il ne peut pas oublier le savoir-faire de la Tchéka. Et là, ce sera la fin du capitaine Erès et de ses brillants projets d'avenir.

Cet Erès est trop émotif, songeait froidement le général en voyant sa silhouette dégingandée se démener parmi les officiers.

1. Connus de l'Europe entière sous le surnom d'« Épis de maïs ».

Dans son métier, c'est superfétatoire. Un tchékiste doit avoir, ainsi qu'on le sait, la tête froide et le cœur chaud. En l'occurrence, il y a surchauffe.

Avant qu'il ait pris de la vitesse, Nikita indiqua sa destination au pilote, se serra dans sa grosse peau de mouton et se laissa aller contre le dossier de son siège.

À trois cents mètres d'altitude, la terre semblait plongée dans un demi-sommeil sans joie, comme cela se produit dans les environs de Moscou par les ternes journées du cœur de l'hiver. Le ciel aussi était vide, pas d'escarmouche aérienne, plus un éclair de canon. On aurait dit que la paix était revenue sur la Rous' soviétique. Mais, au fait, avait-elle jamais connu la paix, la Rous' soviétique ? Là-bas, après Iakhroma, il n'y a pas longtemps, il y avait des camps immenses. Une main-d'œuvre d'esclaves avait édifié des écluses décorées de statues[1]. Et même sans cela, elles n'avaient jamais manqué, depuis le jour de la grande révolution, la peur, la lâcheté, la violence. Mais aussi il y avait eu autre chose : la jeunesse, l'amour, les songeries du soir... Elle était sortie un jour d'un lac un peu semblable à celui qui vient de passer en dessous, la *Princesse de rêve*, dans son maillot de bain collant, et l'eau avait coulé le long des courbes bienheureuses de son corps, d'abord, un instant, à flots, puis en filets, puis longtemps, en gouttes qui flamboyaient sous un ciel grandiose et symbolique.

Après quatre ans de séparation, et quelle séparation !, ils s'étaient retrouvés sous le toit paternel comme si de rien n'était, comme s'il rentrait d'une longue mission, comme en 1933 où il avait passé quelques mois à un travail secret en Chine.

Au Bois d'Argent, on savait qu'il avait été libéré et pouvait être là d'un moment à l'autre, si bien que l'on ne prévoyait pas d'évanouissements. D'autant plus que Véronika était déjà rentrée depuis trois jours. Comme autrefois, il était arrivé en voiture militaire, avait ouvert le portillon, s'était acheminé sous les sapins vers la maison. Une paire de skis était plantée dans la neige, près du perron. À une fenêtre du premier étage, on voyait toujours la même lampe avec son corps de porcelaine chinoise. Nikita avait été saisi d'un furtif sentiment de refus de tout cela, de toutes ces choses auxquelles il s'était même interdit de rêver, de ce qu'il avait constamment repoussé loin de lui, comme un bien ultime, un mirage aux limites de la mort. Le toit paternel, le « sein de la famille »... brusquement, cela lui était apparu comme un regrettable non-sens, un indécent supplément à sa vie plutôt dépourvue de sentiment, pour ne rien dire de plus, comme par exemple ce filet gonflé de provisions qui pendait à l'espagnolette dans la

1. Il s'agit des grands travaux de Pierre le Grand.

cuisine. Encore un pas, et l'odieuse sensation se volatilisa, il ouvrit la porte et plongea dans la chaleur familière, dans cette bulle de paix et de bonté conservée par miracle.

Cela n'alla tout de même pas sans quelques gouttes de valériane : Mary Vakhtangovna pas plus qu'Agacha n'arrivaient à retrouver leurs esprits. Un vigoureux adolescent, presque un jeune homme — mais voyons, Boris IV, son propre rejeton ! —, criait au téléphone : « Arrive vite, grand-père, papa est rentré ! » Il s'étonna de voir de lourdes valises rassemblées dans la bibliothèque. Qu'est-ce que c'est que ça ? Mais, mon petit Nikita, on nous évacue ! Véroulia s'accrochait à son bras, refusait de le lâcher, tripotait ses insignes. C'est alors que, comme surgie du passé, chassant de sa mémoire ces quatre terribles années, l'éblouissante Véronika descendit l'escalier en courant.

Quelques heures plus tard, quand tout se fut apaisé et qu'ils se furent retrouvés seuls, il lui demanda :

— Dis donc ! Comment se fait-il que tu sois restée si scandaleusement belle, que tu sois la Véronika de jadis ?

Elle frémit à peine, regarda son visage où elle lut alors quelque chose d'effrayant, de méconnaissable.

— Tu trouves ? Merci du compliment. Mais toi, tu as quelque chose de changé, Kit. Non, non, à voir, tu es encore mieux, alors là, ha, ha ! tout à fait jeune homme, bel homme, seulement tu as quelque chose de changé... d'ailleurs, bien sûr, cela passera.

Difficile de ne pas comprendre à quoi elle pensait. Autrefois, après une seule semaine d'absence, son premier soin était de l'entraîner en haut et, tant qu'il n'avait pas reçu satisfaction, il demeurait littéralement incapable de parler à quiconque, il errait comme un somnambule dévoré par le sexe, c'en était ridicule, mais attends au moins dix minutes par politesse, espèce de fou ! Et voilà qu'après quatre ans d'absence... C'est en bas qu'il avait erré plusieurs heures de suite, il avait même refusé de passer à la salle de bains, il s'était déjà lavé aujourd'hui, voyez-vous, il attendait son père, au déjeuner il avait bu de la vodka, offert un visage radieux à tous, à elle aussi, mais pas comme jadis : il rayonnait, mais ses traits étaient totalement dénués de désir.

Il l'avait assise sur ses genoux et commençait à déboutonner sa robe. « Toujours le même parfum », mugit-il comme pris de passion soudaine, mais d'un ton absolument faux. À travers les senteurs de Madame Rochas, il détectait l'ignominie du camp, le remugle des hardes humides des baraques, la soupe glaireuse, le chlorure des tinettes. Il se leva du lit si brutalement que Véronika rebondit de côté.

— Bon, mon chéri, cela va bien, nous allons simplement dormir, tu es fatigué, mon chéri...

Elle le considérait d'un regard tout neuf, justement d'un regard de camp, d'un regard plein de chiennerie.

— Non, attends ! Dis-moi d'abord comment tu as fait pour rester si belle. Tu es formidable, et même pas maquillée !

Elle repoussa l'idée :

— Maquillée, tu penses ! J'ai trouvé un pot de crème hier, par miracle ; le parfum me restait de ma vie d'avant... Et puis j'ai acheté du rouge à lèvres à la sauvette près de la gare... en l'honneur de votre retour, mon conquérant... une ordure : Les Feux de Moscou.

— Alors, pourquoi... pourquoi n'en as-tu pas mis ? demanda-t-il, et le passé remonta en lui comme une vague puissante.

Elle le sentit et le regarda exactement comme il le voulait à cet instant : en franche putain.

— J'ai essayé, tu sais, mais ça fait terriblement vulgaire. Tu veux que j'en mette ?

— Je vais te le mettre moi-même.

Il prit le bâton de rouge qui sentait le savon à la fraise et coloria son visage docile. Elle se conduisait parfaitement, en professionnelle expérimentée.

— Tu n'as même pas maigri. Ils t'ont suralimentée ?

— Imagine-toi que je faisais partie d'une troupe de théâtre, dit-elle avec un rire tel qu'il en perdit la tête. — Il la tourna brusquement de dos. Elle s'offrit ainsi en toute bonne volonté. — Figure-toi que j'ai frimé au théâtre d'amateurs du camp, j'ai joué *Lioubov Iarovaïa*[1]. Un grand succès, imagine-toi.

— J'imagine ! laissa-t-il filtrer d'une voix rauque — sur quoi il aperçut dans la vitre noire le reflet d'un officier avec une fille à demi nue, scène hautement pornographique qui acheva de le chavirer. — J'imagine, répéta-t-il, j'imagine... une cabotine, oui, oui ? Et tu t'es fait sauter par les gars de la Sécurité, oui, oui ?

Elle poussait de petits gémissements, ce qui autrefois ne lui arrivait jamais.

Après, ils furent longtemps sans bouger, lui sur le côté, elle le visage enterré dans sa couverture. L'angoisse et l'amertume les brûlaient jusqu'à l'os. Plus jamais ne reviendrait ce qu'il y avait eu entre eux toute la vie, ces choses si pures, si violentes, si tendres, ces balbutiements puérils et drôles, ces tourbillons de ferveur et de douceur ; tout cela était passé, il ne restait que la prostitution. Non seulement en elle, mais en moi aussi, la prostitution partout, se dit-il. Non seulement en moi, mais en lui aussi, la prostitution partout, se dit-elle.

— Tu vois, mon petit Nikita, susurra-t-elle, je t'ai même joué les prostituées pour te faire plaisir.

Il ne répondit pas. Il semblait dormir. Il s'était endormi sans ôter ses bottes, comme tout officier au bordel.

1. Pièce de Plétniov qui connut un immense succès dans toute l'Union Soviétique.

Elle quitta le lit, se débarrassa de ses escarpins, se mit à aller et venir sans bruit et sans but dans la chambre, effleurant de la main les rideaux, les livres, puis, comme pour y chercher refuge, elle s'élança vers le placard, l'ouvrit, remua un à un tous les cintres, il y avait encore de belles choses, le peu qui était resté après la razzia des tchékistes, plus ce que Nina avait apporté hier : du crêpe georgette, du crêpe de Chine, du cachemire... Assaillie de chagrin, de honte, du sentiment de l'irréparable, elle éclata en sanglots, se laissa tomber au sol devant le placard, se prit la tête à deux mains et repartit dans sa vie d'hier, le camp au nord de Syktykvar.

Dans la grande baraque des femmes, tous les soirs après la relève, la démence régnait. Les « truandes », c'est-à-dire la moitié de la population, déboulaient entre les châlits, s'expliquaient, renaudaient, se foutaient en rogne. Tant et tant, des scènes de jalousie éclataient entre les « poufiasses » et les « gouinasses », à l'issue desquelles on hurlait, on se roulait par terre. Puis, la gueule zébrée de coups de griffe, on faisait la paix, on s'asseyait enlacées, soit pour pousser une goualante :

*D'un coup d'aile la mouette survole le flot d'argent...*

soit pour bonir des salades, des histoires de marquis et de leurs filles illégitimes qui se sont faites voleuses ou putains. Pour ces romans, bien sûr, on utilisait les « politiques » aux chefs d'accusation légers, principalement des « apparentées de criminels » dont Véronika était. Un troisième grand groupe était formé par les « occidentales », paysannes catholiques de Galicie. Elles se tenaient toujours entre elles, chuchotaient des prières dans leur langue presque incompréhensible, ou brodaient. Les « truandes » avaient beau essayer de rompre cette unité, leurs tentatives se brisaient contre la détermination étrange, un peu bébête, des Galiciennes.

Véronika observait la vie de la baraque et se disait que chacune ici, à sa manière, défendait sa dignité : les Galiciennes par leur activité, leur détermination un peu bébête, les membres du Parti, les « apparentées » en évoquant leurs souvenirs de villégiature, et même les « truandes », plus que les autres peut-être, qui hurlaient, se balafraient, se jalousaient comme pour défendre leur droit au cri et à la bagarre, à la jalousie et à la vie sexuelle, au refus de devenir des bêtes de somme.

Alors, elle aussi, un jour de désespoir, elle s'était élancée vers une lueur de salut, la Maison de la Culture du SCE (ici aussi, il y avait un Secteur culturel-éducatif, élément imprescriptible du communisme), s'était inscrite au théâtre d'amateurs. Son directeur était un professionnel de très haut niveau, un metteur en scène moscovite de l'école de Vakhtangov, Tartakovski, que l'on avait récemment tiré à moitié mort de la mine, ayant tout à coup décidé d'utiliser ses compétences. Telles étaient, pour lors, les prescriptions du Centre : relever les SCE. On l'avait donc tiré de là et on ne l'avait pas regretté, tous les notables des camps de la Pétchora accoururent à ses spectacles. Tartakovski poussa Véronika, il voyait en elle quelqu'un de son milieu et, de fait, ils avaient à Moscou beaucoup de connaissances communes. Un jour, le major Koltsov, commandant du camp, vint assister à une répétition de *Lioubov Iarovaïa*. Quelqu'un l'avait informé qu'il était arrivé parmi les artistes ZEK une générale d'une grande beauté. Venez donc passer une petite heure chez moi pour parler des choses de l'art, Gradova. Koltsov était l'homme de toutes les lubies. De ce jour, Véronika connut d'ignobles privilèges. Favorite du commandant des camps, quelle honte ! Pas moins d'une fois par semaine, on voyait arriver dans la baraque un certain Chevtchouk, l'ordonnance de Koltsov, une sorte de cosaque en haut bonnet, la mèche avantageuse, sa face aux larges pommettes marquée d'insolence et d'ennui. « Gradova à la promenade ! » Elle se glissait entre les châlits. Les « truandes » sifflaient sur son passage : « Tu vas répéter, l'artiste ? — Ils répètent à deux, Koltsov et elle ! — Grimpe ici, la belle, avec nous, tu répéteras mieux qu'avec le chef ! » Kappelbaum, une vieille Pétersbourgeoise, ne manquait jamais de lui saisir la main : « Apportez-moi quelque chose, ma petite Vika, s'il vous plaît. Un petit morceau de quelque chose, s'il vous plaît, ma chère ! Quelque chose de nourrissant, je vous en supplie ! »

Cela dura près d'un an, puis on lui attribua une petite chambre au club et elle se dégagea complètement de la masse pénitentiaire, elle devint une « planquée » de haute volée. Parfois, après une brouille ou avant une inspection, on la renvoyait à sa baraque où les « truandes » l'accueillaient par un concert de miaulements. Ensuite, les faveurs revenaient.

Koltsov était un grand escogriffe, faible et hystérique. Outre ces attraits, il souffrait d'incontinence urinaire, portait toutes les cinq minutes la main à son entrejambe et filait dans le couloir jusqu'aux cabinets dans un grand bruit de bottes. Le plus grand plaisir du major était de métamorphoser sa ZEK en dame. Il aimait réellement à jouer la comédie, mais on ne voyait pas très bien quel rôle étrange il interprétait dans l'intimité avec Véronika, quelque chose comme celui du « marquis » des « romans » de baraque. Pas celui de Pygmalion, tout de même, merde !

— Ah, ma chère, je ne peux pas vous voir dans cet affreux caban ! Envoyez promener ces terribles chaussettes ! S'il vous plaît, mon petit cœur, ôtez vos épouvantables (articuler ce mot lui était un véritable bonheur), vos épouvantables culottes molletonnées ! Regardez ce que je vous ai apporté ! Voilà du linge, des bas, une robe de soie, des souliers !

Il la revêtait de cette camelote des Magasins militaires de Syktykvar, et ce n'est qu'après avoir achevé cette fabuleuse métamorphose qu'il se jetait sur elle en éructant quelques rugissements, soit qu'il s'emparât de son trophée, soit qu'il s'appropriât la récompense de ses bienfaits.

Dans le désespoir et dans l'angoisse, pleine de dégoût envers son protecteur, mais plus encore envers elle-même, Véronika acceptait ce cirque puant, tout comme les cadeaux alimentaires. Hier encore, lorsque le télégraphe sans fil des camps lui avait rapporté les bruits selon lesquels Nikita avait été fusillé, il lui avait semblé qu'il n'y avait plus à s'accrocher à la vie, que tout était fini. Et puis voilà, elle se débattait comme la grenouille tombée dans une baratte et elle émergeait sur une motte de beurre. C'est pour mes enfants, se disait-elle. Survivre, retourner à eux.

Koltsov lui donnait quasiment la nausée : une petite bouche humide et rouge, un bec d'oiseau, une frange noire en étoupe, des membres à la fois avides et mous. Un jour, dans un élan de haine contre lui, elle avait fait de l'œil à Chevtchouk, son ordonnance :

— Pourquoi ne passes-tu pas me voir, cosaque ?

Ce petit couillon n'avait pas tardé à obtempérer et Véronika s'était consolée avec lui comme pour se venger de ce qui lui avait arraché son passé pur et sonore comme un coup de raquette sur une balle, tout son « tennis » d'autrefois.

Mon « tennis »... il ne reviendra plus jamais. Elle pleurnichait, assise par terre, débraillée, près de l'armoire à vêtements. Dès qu'elle relevait la tête, elle apercevait dans la glace sa gueule barbouillée de rouge à lèvres, des coulées de rimmel sous ses cils ; rouge et noir, gâchis stendhalien, odieux pied de nez aux victimes d'une époque. Tout a une fin, Nikita ne me reviendra jamais, il ne se reviendra jamais à lui-même... c'est la fin, la fin...

Tout a une fin, se disait, feignant de dormir, son mari, le général d'armée Nikita Borissovitch Gradov, un homme qui avait à présent quarante et un ans, Véronika n'est pas revenue, elle n'existe plus, cela vaut-il la peine de se battre contre les Allemands sur les ruines de ma famille ?

Le lendemain matin, ils eurent fort à faire. On leur avait attribué un immense appartement de cinq pièces dont on venait de lever les scellés, auparavant sans doute occupé par quelque important ennemi du peuple. L'appartement était situé dans le quartier le plus « aristocratique » de Moscou, rue Gorki, en face du Télégraphe central. Véronika oublia toutes les peines et indignités de la nuit : qu'elle le veuille ou non, que ce soit ou non la guerre, il fallait installer les lieux, inscrire les enfants dans une nouvelle école, se faire attribuer la ration alimentaire spéciale du corps des généraux, *et caeteri, et caetera*.

Eh quoi, songea Nikita, installé au poste d'observation du coucou antédiluvien qui vibrait à tous les souffles du vent, eh quoi, comme l'on dit dans le peuple : « La guerre effacera tout... » Le pilote se retourna, ses jeunes dents étincelèrent : Tout va bien, camarade général ? Nikita lui indiqua d'un geste du bras la direction où étaient massées ses unités de chars.

Au sol, le capitaine Erès commençait à se sentir soulagé : le biplan s'éloignait de la ligne du front.

— Quand même, major, envoyez-leur une escadrille de couverture, dit-il à Blagogovéiny. Des fois qu'ils fassent fausse route. — Le grand aviateur se borna à loucher sur lui. — Vous entendez ce que je vous dis ? fit l'officier de la Sécurité en élevant la voix.

— Arrête de déconner, capitaine, lui répondit rudement l'autre en s'éloignant.

Depuis qu'il y a la guerre, ils croient que c'est arrivé, se dit Erès. Il faut prendre les mesures qui s'imposent. Dès qu'ils tiennent une arme, les gens croient que c'est arrivé.

La percée des chars en fer de lance devait tout décider. Trois cents T-34 flambant neufs venus tout droit de l'Oural passeraient la première ligne allemande avec environ dix pour cent de pertes, la deuxième ligne avec, mettons, cinq pour cent de pertes, le gros de la formation détruisant tout sur son passage et semant la panique, parviendrait dans la journée jusqu'à Kline. Nikita observait d'en haut une nouvelle colonne qui approchait d'un boqueteau de bouleaux. Un bel engin, ce T-34, il semble battre les Mark IV allemands sur tous les points, on verra demain comment il se comportera sur le terrain, lors de l'attaque en masse. Par la tourelle du char de tête, le commandant fit un signe de main au biplan qui le survolait. Dans un vallon, derrière une colline de sapins, il y avait une douzaine de monstres, fierté de l'Armée Rouge d'avant guerre, des IS et des Cent vingt tonnes. Aucun camouflage ne les dissimulerait, et à quoi bon d'ailleurs, ça vraiment, c'était le secret de Polichinelle... Ces lents dinosaures — pas plus de douze kilomètres à l'heure sur une bonne route — avaient été durant tout le début de la guerre, à commencer par les combats de la « ligne Staline » (c'est ainsi que les Allemands appelaient le système de fortifications de l'ancienne frontière occidentale), la cible favorite de l'ennemi. Les Messerschmitt ne les jugeaient même pas dignes de leur tableau de chasse, quant aux fantassins fritz, terreur invétérée du front, experts de tous les armements de toutes les nations, ils avaient tout de suite repéré les angles morts des mitrailleuses, ils s'approchaient à bonne distance, et là seulement sortaient leur grenade de la tige de leur botte. Malgré cela, le haut commandement considérait ce qui lui restait de tanks lourds comme une réserve de la plus haute importance. Sans doute n'avait-on pas informé Staline du sort de son gros filleul. Et Nikita avait eu beau faire, on en avait imposé une division à la Spéciale de Choc.

C'est eux que nous lancerons sur Sosniaki pour faire croire à l'ennemi que c'est le point d'attaque principal. Cette nuit, il faudra les amener au contact du front. Bien sûr, ils seront incendiés dès la première heure, mais c'est justement cette heure qui pourrait être décisive. Une pensée imprévue se glissa dans sa poitrine comme un filet glacial : Donc, on peut rédiger l'avis de décès de tous ces hommes ? Eh quoi, se reprit-il sévèrement, j'en sacrifie cent pour en sauver mille. Et savoir qui se trouve dans tel ou tel dispositif de combat, cela n'est pas de notre compétence.

Il survola une MTS[1] à demi détruite par les tirs d'artillerie. Partie jadis des bâtiments profanés d'une église, elle s'était considérablement étendue. Au milieu des moissonneuses tordues, stationnaient des camions en apparence inoffensifs, des Trois tonnes de la caisse desquels dépassaient à l'oblique des rails pointés vers le ciel : c'étaient en fait des porteurs d'artillerie à fusées jumelées, une arme vraiment sérieuse qui produisait un tir exceptionnellement intense et serré. On dit que les hommes appellent ces étranges canons des « Katioucha ». De quoi rigoler en vérité, tout à fait dans le style de cette guerre : on rigole, ma parole, on en roule une, on pétune, puis tout fout le camp au diable, dans les flammes et les explosions. Seulement, cette Katioucha qui vomit si joliment la mort, si on ne l'installe pas sur le train de roues qu'il faut, elle ne sert pas à grand-chose. Sur ces Trois tonnes-là, elle n'ira pas loin, or, elle est précisément destinée à foncer en tous sens le long des lignes, à demeurer insaisissable en terrain accidenté et à s'infiltrer dans les percées ennemies. L'armée a besoin d'un tracteur à chenilles puissant et rapide, il en faut beaucoup, mais il n'y en a pas et on ne les prévoit guère. Cet engin, déjà Toukhatchevski, en son temps, en avait parlé, mais on n'avait pas voulu l'entendre, or, sans lui, nous ne pourrons entreprendre aucune contre-attaque sérieuse. Il faut soulever encore et encore cette question presque vaine, nous n'avons pas d'issue, les Américains ne nous construiront pas un véhicule de cette sorte.

Les « katiouchistes » savaient déjà, il faut croire, que le général les survolait. Quelques pelotons se mirent en rangs parmi les débris du matériel agricole et saluèrent.

1. Station d'entretien de matériel agricole.

Boudorajine exécutait ponctuellement les ordres : après la MTS, il mit le cap au nord-est. Nikita Borissovitch parcourait des yeux l'immense espace figé dans une tranquillité d'avant l'orage. Il s'y trouvait sous ses ordres près de trois cent mille hommes dont chacun espérait se sortir indemne non seulement de la bataille du lendemain, mais de toute la guerre, rentrer chez lui, dans la chaleur d'un foyer qui, pour chacun, était unique. Une armée presque égale à l'armée entière de Napoléon, fantassins, artilleurs, tankistes, aviateurs, deux brigades de cavalerie et même une brigade d'infanterie de marine (les garder en réserve jusqu'à l'assaut contre Kline), des sapeurs, des agents de transmission, des parachutistes, chacun convaincu que ce n'était pas lui qui serait tué, que ce serait l'autre. Tel est le mystère des masses humaines, le mien aussi, se disait-il, nous comptons tous en réchapper, mais en même temps nous calculons de sang-froid le pourcentage des pertes sans nous arrêter au fait que, s'il a été évalué par un spécialiste compétent, ce pourcentage à peu près exact représente une multitude de conversions instantanées d'êtres dotés de raison, de mouvement, d'espoir, en lambeaux de chair déchiquetée. Oui, mais nous n'avons pas le choix, se dit-il encore, soudain rempli d'une sorte de désespoir inspiré, symphonique.

Tout à coup, le paisible paysage de neige s'embrasa. Quelques batteries de DCA allemandes entrèrent en action. Le pilote se retourna. Un futé, ce petit gars. Nikita lui fit signe : on retourne et on descend. Que signifiait ce tir inattendu ? Prépareraient-ils une offensive ? Aurais-je laissé échapper quelque chose ? Le tir prit fin aussi vite qu'il avait commencé, comme s'il n'avait pas été commandé de main humaine, mais n'était qu'un phénomène naturel, une brusque projection de magma, c'est tout. Tandis qu'ils amorçaient leur descente vers le terrain, ils virent se profiler dans le ciel blafard et vide, apparemment sans nuages, simplement passé du bleu au blanc, à très haute altitude du côté de Moscou, une formation de bombardiers Dornier que les Anglais nomment à juste titre des « crayons volants ». Ils s'éloignaient vers l'est où un combat aérien s'engageait, mais c'était au-delà du secteur de Gradov.

*Troisième entracte*

## LES JOURNAUX

*Radio-Moscou :*

*... Travailleurs allemands ! On vous impose des cadences terribles. Travaillez lentement pour que Hitler s'écroule plus vite.*

*La BBC :*

*... Un chauffeur de taxi londonien a dit hier :* « 'E's bitten off more 'n 'e can chew » *(Il a mordu un morceau plus gros qu'il ne peut le mâcher).*

*... Le célèbre écrivain Bernard Shaw a déclaré : « Ou Hitler est un plus grand imbécile que je ne pensais, ou il est complètement fou. »*

Las Noticias graficas *Argentine :*

*... Le putsch fasciste a été écrasé dans le plus grand secret avec la participation des hauts gradés de l'Armée et celle du gouvernement.*

*Le* Time Magazine *:*

*... Volte-face des Rouges. Il y a vingt-deux mois, lorsque la Russie soviétique a signé son pacte avec Hitler, le PC américain a brusquement changé d'orientation dans le sens du pronazisme et porté ledit pacte aux nues, le qualifiant de « magnifique apport à la cause de la paix ».*
*À présent, William Foster, président de ce parti, déclare que la nouvelle guerre est une « attaque contre les peuples d'Allemagne, des États-Unis et du monder entier... que le gouvernement soviétique se bat pour les intérêts vitaux des peuples de tous les pays... de toute l'humanité d'avant-garde et progressiste.*

*Le* Time Magazine *13 octobre 1941 :*

*... La semaine dernière, Adolf Hitler a déclaré qu'il avait battu la Russie. Il voulait sans doute dire qu'il avait dépêché quelques coups à la Russie... Il aura encore bien des victoires à remporter avant d'étaler la peau de l'Ours dans les salons de l'Allemagne... Il faudra encore qu'il brise l'armée ukrainienne de Sémione Boudionny, le cavalier à la belle moustache.*

*Pourparlers prêt-bail... Les demandeurs disent : il nous faut des bombardiers légers pour telle date... Les bailleurs répondent : c'est impossible. Les demandeurs : alors, Moscou tombera. Les bailleurs : nous ferons tout notre possible.*

*20 octobre 1941 :*

*... Les dernières troupes intactes du maréchal Timochenko ont été encerclées dans la région de Briansk et celle de Viazma... Les troupes Sud du maréchal Boudionny sont anéanties... Les meilleurs éléments du maréchal Vorochilov sont enfermés dans Léningrad.*

*Le* New York Times *:*

*... Novgorod offre un spectacle épouvantable. C'est un cimetière de morts-vivants.*

*Au* XIII*e siècle, cette ville s'intitulait « Monseigneur Novgorod ». À cette époque, son Kremlin était déjà beaucoup plus ancien que le plus ancien building des États-Unis. Mais les* stukas *n'ont aucun respect pour les vestiges du passé. Il ne reste debout dans la ville que cinquante-six maisons.*

*Le* Time *27 octobre 1941 :*

*... La vie de Staline si jalousement placée sous la sauvegarde des terribles sigles de la Guépéou et du NKVD est à présent soumise à la menace du TNT (trinitrotoluène). Les trois pièces qu'il occupe au Kremlin sont directement visées. La semaine dernière, des bombes sont par sept fois tombées sur l'antique forteresse.*

*... Le mausolée de Nicolas* (sic) *Lénine sur la place Rouge est fermé. On suppose que ses restes ont été emmenés loin de la ville.*

*17 novembre 1941 :*

*... De Winston Churchill : « ... Nous nous jurons à nous-mêmes, à nos alliés russes, au peuple des États-Unis... de ne jamais entrer en pourparlers avec Hitler. »*

*Du généralissime Tchang Kaï-chek : « C'est un moment très important de notre lutte commune. »*

*Du général Charles de Gaulle : « Nous avons atteint le moment où l'afflux des victoires joue en notre faveur... »*

*Le choix du* Time *:*

*L'Homme de l'année 1942 : Joseph Staline, dont le nom en russe signifie « l'acier ».*

*Hommes de bonne volonté : William Temple, archevêque de Canterbury ; Henry Jay Kayser, industriel, constructeur des liberty-ships ; Wendell Wilkie, qui a fait le tour du monde en politicien indépendant.*

*Hommes de guerre : Erwin Rommel, immense virtuose de la guerre de mouvement ; Fedor von Bock, qui a atteint la rive droite de la Volga ; Tomoyouki Yamashita qui, avec ses jambes de grenouille, a chassé les Anglais de Singapour ; le général yougoslave Draja Mihailovic, artisan de la Résistance alors que toute résistance semblait impossible ; le général Eisenhower, initiateur du débarquement en Afrique du Nord ; Douglas MacArthur, héros de l'art militaire et de l'audace.*

*Le* Guardian *de Londres :*

*... Le major Valentina Grizodoubova, ravissante « aigle » de l'aviation rouge, a un fils de cinq ans qu'elle appelle « Iastrebok »... Les escadrilles féminines pilotent des Hurricane et même des bombardiers... Nina Lomako a abattu un avion allemand un mois avant la naissance de sa fille...* Christmas crakers[1] *! s'exclame un pilote de la Royal Air Force. Elles sont à présent capables de supplanter les hommes dans tous les métiers ! On aimerait bien faire leur connaissance, à ces filles-là !*

*Le* Time *:*

*... Les ouvriers des usines de l'Oural attendent des semaines leur tour de prendre un bain.*

1. Pétards de Noël.

*Quatrième entracte*

## LA COLOMBE-ROSSET[1]

Revenue en ce bas monde, Alexandra aurait voulu être une « colombe de paix », autrement dit survoler, planante et virevoltante, les terrasses de marbre de la bibliothèque d'Alexandrie, roucouler tendrement sur ses corniches, au plus près de tant de sages et de poètes, autrement dit, vivre dans un lointain passé. Au lieu de cela, derechef, comme l'avait fort spirituellement formulé le cher Alexandre Pouchkine, « le diable s'était avisé » qu'elle renaquît dans ce même pays des Russiens, et de plus, dans ce prétendu avenir, à la limite de froids terrifiants, par de terrifiantes et troubles journées de guerre et de prison, où l'on n'avait que faire d'un talent d'amour et d'élégance.

Et pourtant, son petit cœur se remettait à palpiter chaque fois qu'elle revoyait, familières à verser ses larmes de colombe, la façade du grand théâtre et, à côté, celle du petit[2], le quadrige sur le toit, la colonnade, les marches que grimpaient autrefois, en visite de Pétersbourg, ses chers amis les jeunes gens des premiers temps de Nicolas Ier, pleins de vie, d'idées, de poésie. Au lieu de cela, on y voyait foncer en désordre des types des temps nouveaux : boule à zéro, mâchoire saillante, bouche en étroit sillon, regard étrange, plein de menace ou de terreur mortelle ? Non, ce n'est pas vers eux que les Delaunay, Rosset, Amalrik avaient fui la sanglante canaille parisienne. Ces gens étaient loin, bien loin du bucolisme russe dont s'étaient investis les royalistes.

Collée à la corniche d'un énorme immeuble inconnu à la fresque violacée et déteinte qui ne cadrait pas du tout avec les binettes rondes de l'heure, la colombe rêvait donc de la bibliothèque d'Alexandrie, des jeunes hommes de l'Arzamas, aux longs favoris frémissants, imposants, du Souverain, des parquets cirés, des essaims de demoiselles d'honneur qui dévalaient les majestueux escaliers dans des froissements de soie... Quelqu'un avait,

1. Alexandra O. Rosset (1809-1882) : descendante d'une famille d'émigrés français, correspondante de Pouchkine à qui celui-ci envoya un fascicule sur la répression du soulèvement de Pologne. Favorite de Nicolas Ier, elle protégea Gogol.

2. Ce que signifient les noms des célèbres théâtres Bolchoï et Maly.

par le vasistas, répandu quelques miettes de pain, elle les picora d'un cœur reconnaissant, jeta un coup d'œil au fond de la chambre par la vitre poussiéreuse. Un homme y était assis, le regard fixe, les cheveux en brosse, le nez long, vêtu de drap vert. Alors, elle se souvint : un balcon au-dessus de Nice sur lequel se tient, dos à la mer, le même homme au long nez et au dos voûté, seulement avec de longues mèches d'une propreté autre qu'idéale. Qui est-ce ? « Ne seriez-vous pas amoureux de moi, Nicolas Vassiliévitch[1] ? » Elle aurait cru que, pris de terreur, il battrait des basques de sa redingote et prendrait son essor vers les bleues collines de Provence pour s'y tapir parmi les pierres, bref, lèverait le pied dans sa chaussette autre qu'idéale. Au lieu de cela, il se précipita loin d'elle, traversa toutes les pièces en flèche, atteignit la sortie, martela les marches de l'escalier et disparut pendant quinze jours. Les amours du héron et de la colombe semblaient incompatibles.

La colombe-Rosset ronronna sa gratitude à l'humaniste au long nez pour les miettes de baguette blanche qu'il avait touchée au titre de la catégorie A du fonds interservices. Leur amitié data de ce jour. La colombe-Rosset s'était solidement installée sur la corniche où l'on trouvait même, dans la bouche d'aération, à s'abriter de la bise. Trois fois par jour, sans y manquer, le long nez répandait les merveilleuses miettes par son vasistas. Il souriait de ses dents inégales, avançait les lèvres d'une façon comique, pensant qu'il n'y avait pas à se gêner de ses manifestations de tendresse devant cette créature muette.

La colombe-Rosset prit en affection cet homme solitaire, ce qui ne l'empêcha pas de se donner maintes fois au roi des pigeons qui régnait sur la vaste place des Théâtres. D'ailleurs, il ne lui était jamais venu à l'esprit que l'un et l'autre pussent avoir le moindre rapport. Le roi des pigeons traversait la place, atterrissait sur sa corniche, commençait par picorer tous les restes des miettes blanches, et ne se mettait qu'alors à lui faire une cour remarquable par sa durée et par sa courtoisie. Il fallait attendre la fin de la parade pour qu'il la coinçât derrière un potelet où il la possédait pour leur plus grand plaisir à tous deux. De même, autrefois, on l'avait menée à travers la pénombre des salles du palais qui se dressait au bord du Golfe afin de la coincer entre deux pans de velours et de lui conférer les faveurs souveraines. Un jour, alors qu'elle était au comble du plaisir, elle aperçut le long nez qui pointait par le vasistas et l'œil rond figé de terreur de son père nourricier.

Plusieurs semaines s'écoulèrent ainsi, jusqu'au matin où la colombe-Rosset, sortant de sa bouche d'aération, ne trouva plus de miettes sur la corniche. Et de même à midi et le soir. Très étonnée,

1. Gogol.

elle piétinait près de la fenêtre quand, tout à coup, elle sursauta : le vasistas avait grincé, s'était ouvert tout seul. Elle alla s'y percher et examina la chambre. Le long nez, assis en travers du lit, appuyé au mur, râlait. Deux sangsues pleines de son sang lui pendaient aux narines. « Une échelle ! demandait-il d'une voix à peine audible à travers son râle d'agonie. Une échelle ! »

Soulevée par les turbulences de la symphonie qui se jouait ici, la colombe-Rosset s'éleva dans le ciel crépusculaire où s'attardaient des fusées éclairantes lancées du sol au-devant d'escadrilles de bombardement.

M'envoler pour toujours et mourir au loin, songea-t-elle avec force. Quelques mois plus tard, elle avait traversé l'Europe en guerre et venait de se poser sur les tuiles d'un toit, près de la fenêtre d'une mansarde par laquelle on apercevait un homme chauve en maillot de marin. Elle examina de plus près la pente des toits et pleura de les reconnaître. Cependant, le chauve à l'œil perçant l'avait, d'un seul trait de crayon, portée dans son album, avec son plumage hérissé.

Encore quelques années et ce dessin deviendrait le symbole de paix dont les profiteurs de la guerre froide devaient assez joliment faire leur beurre.

## CHAPITRE HUIT

# *Le professeur et l'étudiant*

On était en mars 1942. Après cinq mois d'activité ininterrompue à l'hôpital divisionnaire, Dod Tychler arrivait en mission à Moscou : il devait, en une semaine, se pourvoir de nouveaux équipements chirurgicaux. Avouons-le, jamais il n'aurait cru qu'un banal trajet en trolleybus aurait pu lui procurer un tel plaisir. À peine avait-il aperçu ce moyen de transport à impériale rue Gorki, qu'il s'était précipité, s'était frayé la voie dans la foule des piétons qui aspiraient tant au titre de voyageurs, s'était laissé encaquer à l'intérieur avec délices et propulser jusqu'au pont supérieur.

Le trolley se dirigeait vers le centre. La calamiteuse Moscou du temps de guerre parut aux yeux de Dod comme l'incarnation des notions de métropole, de paix et de carnaval. Des bouffées absolument magiques du précoce printemps des villes pénétraient dans le wagon par une vitre brisée. Elles glissaient sur la joue mal rasée de Tychler, plongeaient derrière le dos de la machiniste — une si typique, si moscovite, si « d'avant guerre » machiniste — dans la porte faussée et s'empressaient de retourner par la même vitre brisée sur la même joue. Béatitude, lyrisme, souvenir de Milka Zaïtseva.

Ils traversèrent lentement le boulevard de Tver, voilà le poète[1], et s'il se cache dans sa caisse de bois, il est tout de même là, c'est donc que les bombes incendiaires n'ont pas prise sur les œuvres des dieux ! Et voici la nymphe du socialisme qui vogue dans son apothéose de naguère au-dessus de l'immeuble d'angle, or, elle aurait dû faire le grand saut la toute première devant un tel embrasement du Vésuve. Il y a même des flics, non pas une patrouille militaire, mais d'ordinaires flics moscovites en bottes de feutre et caoutchoucs. Quoique plus vieux d'une trentaine d'années, mais pourtant bien de chez nous, des argousins moscovites ! On aperçoit même, entre les avis militaires, des lambeaux de vieilles affiches, nom de Dieu de mes deux ! une course-relais d'avant guerre sur les boulevards circulaires, dans ce temps-là, il

1. La statue de Pouchkine.

courait les cinq cents mètres pour l'équipe du « Médecin », il avait réussi à semer trois gus et à transmettre, mais oui... le témoin — à qui ? À qui voulez-vous que ce soit sinon à cette même inoubliable Milka Zaïtseva.

On aurait dit qu'il ne voyait ni le complet épuisement que trahissait le visage de ses concitoyens, ni les planches qui condamnaient les entrées d'immeubles, ou, au contraire, les entrées d'immeubles béantes sur des trous noirs, dont les portes avaient cet hiver été débitées en bois de chauffe, ni les interminables, désespérantes queues de vieilles qui attendaient pendant des heures, des jours, qu'on « honore » par hasard tel ticket d'alimentation, ni les affreux ivrognes-invalides de guerre agglutinés autour du cinéma *Le Central*, ni les petits merdeux à la gueule de chacal qui y vendaient des cigarettes à un rouble pièce, ni les fillettes au nez bleu de froid, aux godasses éculées, qui s'efforçaient vaille que vaille de ne pas laisser passer leur lamentable jeunesse... Notre Dod Tychler était bien peu observateur ou, au contraire, super-observateur ; il ne remarquait pas le dénuement général, mais, par contre, discernait ce qui dans la foule faisait contraste : un regard hardi, par exemple, ou de superbes bottes polaires, ou trois officiers français qui déambulaient tranquillement dans la cohue moscovite, ou une renversante beauté en veste de renard qui sortait d'une ZIS de l'autre côté de la rue... Celle-ci, Dod Tychler ne put en arracher les yeux, hélas, cela ne dura qu'une minute : elle fut dissimulée par une colonne de camions militaires. Naturellement, le médecin lieutenant Tychler ne pouvait pas savoir qu'il venait d'apercevoir la femme du général Gradov, commandant en chef du Front Ouest et belle-sœur de son patron disparu, le professeur Kitaïgorodski, médecin major. Il descendit à la travée des Chasseurs, partit à pied vers la Direction générale des Services de Santé, et toujours baignant dans les mêmes incroyables délices, passa devant l'hôtel *Moskva*, le Conseil des Commissaires du peuple, le *Métropole*, le théâtre Maly, le théâtre Bolchoï et le TSOUM[1]... Cette promenade dans la capitale l'enchanta encore plus que son voyage dans le trolleybus à impériale. Un sol ferme et uni sous vos pieds, rien que cela n'avait pas de prix. Ne pas avoir, à chaque instant, à repérer l'endroit où l'on va se mettre en boule ou s'aplatir au sol, mais c'était le comble du bonheur ! Maintenant que l'envahisseur était repoussé, Moscou semblait revenir peu à peu à elle.

Arrivé dans la nuit, Dod avait trouvé sa mère, Dora, en compagnie de son amant. Géniale, éternellement jeune Dora ! Elle lui avait écrit au front qu'elle refusait de partir en évacuation à Sverdlovsk, surtout pour empêcher ces salauds de voisins de mettre en

1. Grand magasin.

son absence la main sur leur chambre au large bow-window qui donnait directement au coin de l'Arbat et de la rue des Vieilles-Écuries. « Je n'ai pas peur des bombes et si nous en sortons vivants et libres, Dod aura tout de même où poser son sac plein de décorations », voilà ce que se disait Dora. C'était peut-être cela sa raison essentielle, mais sa raison secondaire, comme il le devinait à présent, était incarnée par un respectable personnage du nom impossible de Parouïr Vagrichévitch qui, lui non plus, ne pouvait pas ou ne voulait pas partir.

En apercevant la longue et maigre silhouette de son fils, Dora avait élevé des clameurs tout à fait dignes de Faïna Ranevskaïa[1] : « Pince-moi, Parouïr ! Je rêve ! » Quant à son amant, sans dire un mot, il avait enfilé sa riche pelisse sur son pyjama de soie pas minable non plus, et avait disparu dans les ténèbres de l'Arbat. D'ailleurs, il était revenu presque aussitôt avec trois bouteilles de cahors.

Moscou n'est pas morte, se disait Tychler en tournant du Pont-aux-Maréchaux dans la rue Néglinnaïa. Puis il aperçut à travers la vitrine d'une pharmacie, et n'en crut pas ses yeux, une dense queue de gens à qui l'on distribuait des dragées vitaminées jaunes. Eh oui, Moscou reprend très vite du poil de la bête, même s'il survient encore quelques vagues de bombardiers et si les saucisses anti-aériennes sont toujours là. Près de la vitrine, une mémère giflait une petite fille coupable d'avoir avalé trois dragées sans demander la permission, mais Dod n'en vit rien. Par contre, il colla le nez sur une nouveauté, une affiche anti-allemande affreuse, féroce, l'« Encadré de l'Agence TASS » :

*À midi, le nazi a dit aux paysans*
*À genoux, chapeau bas devant vos conquérants.*
*La nuit, le nazi a laissé aux partisans*
*Son casque vert-de-gris et sa tête dedans.*

Le nazi avait l'air d'un rhinocéros furieux, le partisan d'un requin. Il ne faudrait pas oublier ça. Car, voyons un peu, c'était histoire de rire.

Aux Services de Santé, même les vieilles femmes de ménage portaient l'uniforme. Le contrôle des papiers à l'entrée était rigoureux. Dod pénétra dans un couloir du rez-de-chaussée d'où montait un tel crépitement de machines à écrire qu'on aurait cru un peloton de mitrailleurs se défendant contre un commando de parachutistes. Presque tout de suite, parmi les médecins qui allaient et venaient entre les bureaux, il tomba sur deux camarades de promotion. Voilà, à votre service, Genka Mazine et Valka Polo-

1. Actrice célèbre.

vodiev en personne, avec des épaulettes de lieutenant et même un baudrier en travers de l'épaule. Ravis, ils lui donnèrent l'accolade : D'où sors-tu, Dod ? — Moi ? Comment ça, d'où ? Du 30e, *natürlich* ! — Du 30e quoi ? Du 30e hôpital municipal, non ? — De la 30e Armée, les cracks, tas de couillons !

Ces garçons-là étaient affectés aux hôpitaux de Moscou et enviaient son « expérience au feu ». S'ils savaient de quoi elle est assaisonnée, cette expérience ! Ils semblaient être ici chez eux, surtout Valka Polovodiev. Ils le traînèrent de cabinet en cabinet, le présentèrent à de très charmantes jeunes filles en bottillons de l'armée qui rendaient leurs membres inférieurs encore plus séduisants. « Les affaires importantes, il faut toujours les amorcer auprès d'une secrétaire, d'une expéditionnaire », explicitait Polovodiev. « Et la parachever avec elle », blaguait Mazine. Tychler sembla faire impression. Ses demandes voletèrent allégrement entre les doigts aux ongles laqués de ravissantes lieutenantes.

— Nous n'avons plus qu'à aller fumer une cigarette dans le couloir et à attendre, dit Polovodiev.

Ils allèrent s'asseoir sur un appui de fenêtre sous l'escalier de marbre.

— Et les copains ? demanda Tychler. Où sont-ils, les uns et les autres ?

— À qui penses-tu précisément, Dod ? demanda Mazine. À Milka Zaïtseva, par hasard ?

— Elle, par exemple. Elle est mariée ? Elle a été évacuée ?

— Tu veux lui téléphoner ?

— Comment ça, lui téléphoner ?

— Comme ça : tu files dix kopek dans cette boîte en fer, là, et c'est tout. Après, tu demandes le docteur Zaïtseva. Et Milka est à toi.

Dissimulant sa gêne, Tychler étira ses longs membres, fit craquer ses articulations.

— Ah, les gars ! je ferais bien une partie de volley.

Là-dessus accourut de l'étage supérieur un ravissant petit officier en jupon.

— C'est vous le lieutenant Tychler ? Boris Nikitovitch veut vous voir.

Elle avait l'air si important que Dod bondit sur ses pieds et tira sa vareuse. Boris Nikitovitch veut me voir ! Vous entendez, les gars, on m'appelle chez Boris Nikitovitch ! Mais qui c'est, ce Boris Nikitovitch, les gars ? Mazine et Polovodiev se tenaient au garde-à-vous, le menton en l'air et les yeux blancs, expression du plus complet ahurissement, soit d'une telle nouvelle, soit d'une telle messagère. Ah, oui, et puis c'étaient des artistes, le célèbre couple satirique des petites fêtes de l'Institut. La messagère pouffa. Cessez de faire les ânes, les gars. C'est dans ses manuels que vous avez appris la chirurgie.

Celui qui voulait voir Dod n'était ni plus ni moins que le professeur Gradov, général major, chirurgien en chef adjoint de l'Armée Rouge. Pour Dod, c'était vraiment à vous laisser pantois. Gradov était depuis des lustres la légende du monde médical et aussi de celui des malades, autrement dit de la population de Moscou tout entière. Il était de ces gens au sujet desquels il se trouve infailliblement quelqu'un pour demander : « Pourquoi ? Il est encore en vie ? » Dod n'avait pas seulement étudié ses manuels, il avait assisté à quelques-unes de ses conférences, lesquelles étaient chaque fois, à leur manière, des événements de la vie culturelle auxquels affluaient pas mal de gens des humanités ; Dod avait même réussi à voir l'une de ses interventions : une série d'anastomoses très complexes sous anesthésie locale. Inoubliable ! Comment se fait-il qu'un tel homme veuille me voir ?

À son entrée, Gradov se leva et lui désigna un fauteuil de cuir devant son bureau :

— Je vous en prie, asseyez-vous, camarade lieutenant.

Dod ouvrait de grands yeux. Il ne faut rien oublier, je raconterai peut-être cette entrevue plus tard à mes enfants. Boris Nikitovitch avait à présent les cheveux tout blancs, mais sa silhouette serrée dans sa tunique débordait encore de vigueur. Tout en parlant, il lui arrivait d'avancer la lèvre inférieure de façon comique, moyennant quoi, il troquait son masque de général contre celui d'un intellectuel distrait. Cette mimique rappela quelqu'un à Dod, mais qui ?, il ne s'en avisa pas tout de suite. Tout de même pas l'ancêtre de l'homme ?

— Donc, camarade Tychler, vous êtes de la 30^e^ Armée, cinquième hôpital divisionnaire, n'est-ce pas ?

— Oui, camarade général.

Tous deux sourirent comme pour se donner mutuellement à entendre qu'il y avait entre eux des rapports bien plus naturels que la subordination militaire et, pour être précis, les rapports universitaires de maître à élève.

— Et vous y avez rempli les fonctions de chirurgien-chef ? — Les yeux gris clair de Gradov se plantèrent dans le visage de Dod avec une intensité étrange.

— Très peu de temps, camarade général, rien qu'un mois environ, après la disparition de mon chef. Je ne suis diplômé que de l'année dernière.

— Votre chef était le major Kitaïgorodski, n'est-ce pas ?

Tychler remarqua alors que la main droite du professeur frémissait légèrement sur le drap vert du bureau. Et il comprit qui sa mimique lui avait rappelé : Savva avançait parfois la lèvre ainsi. Une mine à la fois bizarrement simiesque et foncièrement « intellectuel russe ». Soudain, tout lui revint : l'anesthésie en gaine de Gradov-Kitaïgorodski. Ils avaient jadis travaillé ensemble.

— Dites-moi, David, vous avez été témoin de sa fin ? demanda Gradov. — Il avait de la peine à se contenir, une souffrance nullement généralesque marquait ses traits. — Racontez-moi tout ce que vous savez, je vous prie.

Son émotion se communiqua à Dod qui, achoppant sur les mots, évoqua la scène : ils opèrent un aviateur sous un tir nourri, les tankistes allemands font irruption dans la salle et donnent à tout le monde l'ordre de débarrasser le plancher. Tout le monde, sauf Savva. Lui, ils le gardent. Il a crié : « Repli immédiat ! Emmenez les blessés ! » et s'est assis dans un coin, la tête entre les mains.

— Tel je l'ai vu pour la dernière fois, Boris Nikitovitch. Par terre. Désespéré.

— Mais tout de même vivant ! s'exclama Gradov. Oui, à ce moment-là, vivant, mais... après...

— Après ? Après avoir décroché, nous nous sommes rassemblés sur une butte à environ un kilomètre du lieu de l'action. Nous pensions avoir quitté la zone des combats, être dans une sorte de *no man's land*, si l'on peut dire quand une armée se débande... mais là, les nôtres ont contre-attaqué et, d'abord, nos IL sont arrivés vague après vague parce que c'était plein de chars allemands et cela a été un véritable enfer, professeur, pardon, Boris Nikitovitch, pardon, général... Les chars sautaient, les IL brûlaient et l'école a été complètement rasée. Pour couronner le tout, un IL est venu s'écraser sur elle. Puis il y a eu contre-attaque et le parc est repassé entre nos mains. Alors, avec quelques gars, nous avons couru au lycée, pensant récupérer au moins quelque chose du matériel chirurgical, mais... pensez-vous, ce n'était plus qu'une bouillie de briques et de... vous devinez... Une demi-heure après, ça a recommencé... un tir d'artillerie furieux, on ne savait plus si c'était des nôtres ou des autres... plus les Junkers qui se sont mis à piquer... les nôtres se sont repliés... bref... jolie journée... — À ces souvenirs, les muscles de son visage tressaillirent comme ceux d'une grenouille sous le scalpel. — ... Excusez-moi, après cela, j'y ai rêvé tant et tant de fois... ce Guernica... cette bouillie... — Il glissa la main dans la poche de sa vareuse et en sortit une paire de lunettes. — J'ai trouvé ça parmi les gravats... ce sont ses lunettes, je m'en souviens bien... il opérait avec... trois dioptries et demie... je les ai gardées en souvenir, je m'en sers parfois quand j'ai la vue fatiguée... mais bien sûr, j'ai les miennes, ce qui fait que si vous voulez...

Gradov tenait entre ses mains les lourdes lunettes à gros verre avec leur monture de corne qui couronnaient si joliment, naguère, le fort nez de Savva Kitaïgorodski. Le professeur s'efforçait de chasser ce qu'il craignait le plus, ce qu'en lui-même il appelait « une faiblesse de vieillard », cet état où l'on ne veut plus rien voir, plus rien faire, mais seulement se couvrir le visage de ses mains et fondre, fondre d'angoisse pour l'humanité entière.

— Merci, David, dit-il. Je les remettrai à ma fille.

— Pourquoi votre fille ? demanda Tychler, surpris.

— C'est sa femme. Vous ne le saviez pas ? Oui, c'est comme ça... c'est comme ça... — Gradov balbutiait, lançait à Dod des regards étranges, pleins de pudeur, demeurait amolli, ratatiné dans son fauteuil, des rigoles de sueur lui coulaient du front, s'accumulaient dans les sourcils et ses yeux s'étaient remplis de larmes. Dod était gêné de voir le vieil homme lutter contre les sanglots. Mais ensuite, Gradov se redressa, attira quelques dossiers, démontrant par ces gestes qu'il s'était repris en main. — Merci beaucoup de vos informations, camarade Tychler. Toutes vos demandes ont été signées, de sorte que vous pouvez aller toucher votre matériel. Bourdenko, Vovsi et moi allons bientôt nous rendre au front, nous passerons aussi à la 30e Armée, si bien que j'espère vous revoir. Je me suis laissé dire que vous étiez un chirurgien habile et doué d'initiative.

Dod se leva de son fauteuil profond et se redressa à son tour. Il se sentait moche. Entre tous les chefs-d'œuvre de la guerre, la boucherie de Kline s'était gravée dans sa mémoire avec une acuité particulière. Chaque fois qu'elle se dressait devant lui, il avait envie de tout envoyer au diable, de fuir, de disparaître.

— Pardon, Boris Nikitovitch, pardon de vous avoir apporté cette maudite information, bafouilla-t-il d'une voix brisée, comme pour montrer au professeur que, devant lui, il n'était pas du tout obligé de se cantonner dans son rôle de général.

Gradov le comprit et, plein de chaleur, le prit sous le bras et le raccompagna jusqu'à la porte.

— Je n'aurais jamais cru que je devrais pleurer Savva, lui dit-il en guise d'adieu — et malgré sa jeunesse, Dod comprit ce que cette phrase cachait.

Dod passa le reste de la journée avec ses condisciples. Ils avaient déniché un filet et un ballon et sillonnaient Moscou à la recherche d'un terrain. Toutes les salles de sport étaient soit fermées, soit converties en hôpitaux, dépôts ou casernes. Enfin, aux Ailes Soviétiques, ils trouvèrent un local tout à fait intact, bien que sans chauffage. Ils échangèrent quelques passes, puis, successivement, d'autres cracks s'amenèrent et au soir, une fine équipe, reliquat de la communauté de volley-ball de la capitale, se trouva réunie. On vit même se pointer le vice-président de la fédération, un personnage au museau pointu du nom de Slava Pérétiaguine. Il observa le jeu de Dod, alla le trouver :

— Tu manques d'entraînement, Tychler. Après la guerre, tu entreras dans la sélection. Si tu le veux, je te dégotte une affectation spéciale.

Dod ricana, lui tourna le dos et s'en fut marquer quelques buts de plus. Personne n'avait de chaussures *ad hoc*, ils jouaient pied nu. « Ça ne fait rien, se consolait Polovodiev, quand on en aura marre de jouer, on ira se taper une de ces bouteilles ! »

Tout d'un coup, la porte s'ouvre et sur le seuil se dresse ni plus ni moins que — presque — « Inga Zaionts, compagne de mon enfance[1] » : Milka Zaïtseva en personne. Bien entendu, de bonnes âmes l'ont appelée aux Ailes Soviétiques, vois-tu, Dod Tychler meurt d'envie de te voir. Elle jette du jus, la fille, il n'y a pas à dire, le rêve de l'armée combattante ! La capote sur les épaules, le calot planté sur la crête d'une crinière magique, les petites bottes de cuir au genou, la jupette à peine, à peine — un demi-centimètre — plus haut. L'œil moqueur, cela va de soi : ha, ha, ha ! Qui vois-je ? Mais c'est Dod Tychler !

Dod venait de prendre son élan pour monter au filet, eh bien, il alla jusqu'au bout, maîtrisa le ballon, perça le barrage et seulement alors s'en fut vers les mains qui l'applaudissaient.

— Ha, ha ! Qui vois-je ? dit-il. Les mêmes et Zaïtseva en personne, ouais !

— Arrête de faire le mariolle, Dod, dit-elle. Enquille-toi dans tes pompes et en route !

— Eh ! s'écrièrent les volleyeurs, on te le lâche pas, le Dod. Où l'emmènes-tu, Milka ?

— Du calme, les gars ! dit l'étoile des trois Instituts de Médecine de Moscou. Vous vous cuiterez demain, à la noce ! *Adieu** !

Le lendemain, ils régularisèrent. À tout hasard, au cas où ils te descendraient et où j'accoucherais, pour que notre fille porte le nom de son père, enfin, pour des considérations purement pratiques, Dod, mon unique, mon bien-aimé, sans qui je ne pourrais pas vivre...

1. Ilf et Pétrov, *Les Douze Chaises*.

## CHAPITRE NEUF

# *Nuages dans le bleu*

Après avoir reconduit Tychler, Boris Nikitovitch demeura quelque temps devant la fenêtre de son bureau. Cette pièce colossale lui avait plus d'une fois donné le sentiment que sa présence y était illégitime. Un célèbre millionnaire avait fait construire cette maison quelques années avant la révolution pour son usage personnel et sans doute que là où se tenait le général s'étaient déroulés les conseils d'administration de sa société où l'on avait fumé des cigares coûteux et bu du brandy de vieille réserve.

Dans les branchages du petit parc, c'était le branle-bas : les freux venaient d'arriver, ils criaient, battaient des ailes, à croire qu'ils ne reconnaissaient pas la ville. Les moineaux, qui y avaient passé l'hiver, voltigeaient parmi eux comme pour leur raconter ce qui s'était passé pendant leur absence. Le plus triste, c'est que les ordures de Moscou étaient devenues beaucoup moins nourrissantes.

Boris Nikitovitch tenait les lunettes de son gendre entre ses mains. Il se rappela que Savva en avait été très fier et que Nina l'avait, comme toujours, taquiné, alors que c'est elle, justement, qui s'était procuré leur monture, une monture française, par des voies connues d'elle seule. Les verres n'étaient même pas fêlés.

— Avec ces lunettes, Savva, tu fais ennemi du peuple et espion bourgeois à part entière. Pour des lunettes pareilles, on t'arrêtera en pleine rue, à la fin des fins, et on aura raison : qu'est-ce que ce serait, si tout le monde se mettait à porter des lunettes pareilles ?

Il semblait parfois à Boris Nikitovitch que Savva Kitaïgorodski lui était plus proche que ses propres fils ; en tout cas, il comptait beaucoup plus qu'un élève ou même qu'un gendre, le mari de sa chère Nina. En dépit de tout son amour pour Nikita et Kirill, ne les jugeant que de son propre point de vue, il les trouvait imparfaits, fourvoyés, dévalorisés, ce qu'on appelait autrefois des « ratés ». C'était dans la famille un beau sujet de plaisanterie auquel il parait lui aussi de manière badine, sans pouvoir toutefois tirer un trait sur sa déception : ils n'avaient pas suivi la voie gradovienne, ils avaient dédaigné la médecine, s'en étaient écartés... Même après la

« tragédie », comme il appelait toujours l'arrestation de ses fils, cette pensée ne l'avait pas quitté, prenant parfois un caractère pas très moral, comme de dire : ils se sont soustraits à notre prédestination, à nous les Gradov, eh bien, ils le paient... Inutile de dire que cette pensée, il la laissait toujours en suspens.

Savva, il voyait en lui la perfection absolue, l'incarnation idéale, l'indépendance. Roturier, intellectuel héréditaire comme eux, les Gradov, en outre médecin, c'est-à-dire initiateur d'une dynastie de médecins à venir et continuateur indirect, à la troisième génération, de la dynastie existante. Boris Nikitovitch ne voyait pas, dans l'histoire de la civilisation, de tâche plus naturelle que l'exercice de la médecine.

Il se rappelait Kostia, le père de Savva, du temps où ils étaient étudiants. Ils n'étaient pas amis, sympathisaient seulement. Gradov et sa Mary Goudiachvili avaient même été invités au mariage de Kostia Kitaïgorodski avec Olia Pléchtchéieva. Tout le monde avait été enchanté de ce mariage plutôt précoce. Comme les mariés étaient charmants et comme ils se convenaient ! Quelques années plus tard, alors que Savva avait quelque chose comme sept ans, vers 1910-1911, le bruit avait couru que Kostia et Olia avaient divorcé, et même avec une sorte d'acharnement, d'intransigeance, après quoi Kostia n'avait pas tardé à disparaître, était parti exercer à l'étranger, en Abyssinie, peut-être. Savva n'avait jamais évoqué son père : dans la grande famille des Pléchtchéiev, c'était un sujet tabou, puis cela le devint dans la grande famille du peuple soviétique, puisque l'existence de parents à l'étranger était à présent un chef d'accusation criminelle. Il se peut qu'il ne l'ait jamais mentionné dans ses *curriculum vitae* et qu'à l'alinéa « père », il ait écrit : « décédé en 1911 ». Allez donc vérifier, après le chaos rouge. Les mœurs d'avant la révolution s'étaient perdues très, très loin, à croire qu'un siècle s'était écoulé depuis le temps où un sujet de l'empire des tsars pouvait en toute quiétude s'expatrier en Abyssinie via Paris et Marseille. Personne, même dans son entourage le plus proche, ne se souvenait du père de Savva, sauf Boris Nikitovitch et Mary Vakhtangovna. Apparemment, Savva lui-même n'était pas très au courant de l'« Abyssinie ». Parler de son père en présence de sa mère était tenu pour parfaitement déplacé. Aussitôt, la petite bouche jadis charmante d'Olia Pléchtchéieva s'étirait en figue sèche. Elle était grande, très grande, la vieille, la mystérieuse offense.

C'est certain, il voit en moi « le père », se disait Boris Nikitovitch. Dès le début, quand encore étudiant il s'est timidement rapproché de moi, il a vu en moi non seulement le maître, mais comme le modèle de son père. Après, il est tombé amoureux de Nina, et toutes ses souffrances, notre amitié grandissante et enfin leur mariage et son statut désormais légitime de gendre, presque de fils... D'ailleurs, pour moi aussi, il était quelque chose comme le modèle du fils, du continuateur de la dynastie, presque... Et à présent, tout est fini, il s'est volatilisé dans ce pandémonium infernal... des tourbillons de feu engloutissent tout et le feu de nos jours lui-même s'engloutit dans le feu du temps du désastre... Mais il faut continuer tout de même et nous battre tous ensemble contre les Allemands.

Il voulut téléphoner à Nina, s'entendre avec elle pour la voir, mais ne se décida pas. Au lieu de cela, il revêtit son vieux pardessus sur son uniforme, sortit de son bureau, dit à sa secrétaire ahurie qu'il serait là dans une heure et qu'il ne fallait surtout pas lui envoyer de voiture.

Il suivit les vieilles rues de Moscou presque selon le trajet de Dod Tychler. La rue Néglinnaïa, le Pont-aux-Maréchaux, les Gentilshommes de la Chambre, la rue de Tver... Il utilisait rarement les nouvelles appellations des chers endroits de son enfance, cet esprit frondeur-là, il pouvait encore se le permettre, et puis, dites-moi, au nom de quoi la rue Triomphale-des-Jardins devenait-elle rue Maïakovski, le Razgouliaï, rue Bauman, par exemple ? Les grands immeubles du début du siècle jadis pleins de lumière, de confort, de conceptions libérales, aujourd'hui grouillants d'êtres végétatifs et communautaires, tour à tour se serraient en mur dense, tantôt découvraient des pans de ciel proches de la fin du jour. Une fois, sur le même fond de ciel, il avait vu tomber une silhouette humaine, un petit nuage de jupette aux couleurs vives autour des reins. Il passait en tramway, la silhouette s'était jetée d'un balcon du sixième étage et abattue sur le toit du trolley. Celui-ci avait poursuivi sa route. Personne n'avait rien vu, lui, il avait bondi, ouvert la bouche, voulu crier, puis il avait réalisé qu'on le comprendrait mal et s'était rassis en silence à sa place. Il s'était gravé dans la mémoire rien que cela : les derniers instants d'une vie inconnue. Le reste est silence. Vous descendez à la prochaine ?

Il traversa la rue de Tver, autrement dit la rue Gorki, et passa sous l'arche de la récente maison construite juste avant la guerre grand-rue Gnezdikovski qui, pour l'heure, abstraction faite des panneaux de protection des entrées, gardait son allure d'antan, il s'y promenait même une dame au petit chien : l'une et l'autre, d'ailleurs, concordaient en vétusté et en délabrement. Mais il y avait aussi, collé justement sur la maison des Kitaïgorodski, un signe des temps, une affiche satirique, l'« Encadré de l'agence TASS. » À gauche, un Allemand en casque d'acier, mastoc, mafflu et insolent fonçait sur de malheureux paysans russes :

*À midi, le nazi a dit aux paysans*
*À genoux, chapeau bas devant vos conquérants.*

À droite, ces mêmes paysans faisaient voler d'un coup de sabre la tête mafflue du corps mastoc :

*La nuit, le nazi a laissé aux partisans*
*Son casque vert-de-gris et sa tête dedans.*

Sans savoir pourquoi, Boris Nikitovitch piétina longtemps devant cette affiche. Il trouvait déplaisante la disparité entre le châtiment et la faute. Tout de même, celui-là leur avait seulement demandé d'ôter leur chapeau, et il le payait de sa tête. D'un seul coup d'un seul, tous les muscles, vaisseaux, ligaments et vertèbres, quelle chirurgie ! Je doute que nos alliés les Anglais dessinent sur leurs affiches de propagande de telles ignominies. Mais nous, messieurs, nous en avions déjà fait autant, je m'en souviens : dès la Première Guerre mondiale, le vaillant cosaque Kouzma Krioutchkov tranchait aux Allemands leurs tentacules immondes. Il finit par comprendre pourquoi il s'attardait tant devant cette affiche : il n'avait pas la force de sonner chez Nina et Iolka, de leur apporter la nouvelle à monture de corne qui gisait dans la poche de son manteau. Tout de même, Savva n'était encore qu'un « disparu », Nina attendait tous les jours que son « disparu » donne de ses nouvelles, toute la ville venait lui raconter des cas de « disparus » qui donnaient subitement de leurs nouvelles, puis arrivaient en personne. Un jour qu'il lui téléphonait, il s'était un peu emmêlé dans le fil, et aussitôt il avait entendu sa voix joyeuse : « Savva, te voilà ! Enfin ! » Il fallait lui répéter tout ce qu'avait dit Tychler. Ne pas lui dire brutalement que Savva n'était plus, mais lui raconter toutes les circonstances de sa disparition. Et lui remettre les lunettes. Mais le fallait-il vraiment ? C'est que ces lunettes le lui diraient sans ambages, que Savva n'était plus. Eh quoi, sa femme et sa fille devaient savoir que leur mari et père était mort, à la fin des fins, nous autres, les Gradov, nous n'avons jamais fui la réalité. Il serait amoral de lui cacher ce que tu sais, de lui dissimuler ce dernier souvenir, ces lunettes dont elle s'était si triomphalement procuré la monture chez les trafiquants de Moscou. Ce serait péché que de lui cacher ce que tu sais... Péché ? Mais oui, justement, péché.

C'est là que la porte enlaidie par sa protection de planches s'ouvrit et que Nina sortit. Boris Nikitovitch se détourna brusquement vers l'affiche imbécile. Elle passa sans le voir. Elle consultait sa montre, elle était sans doute en retard à sa *Travailleuse*. Sous l'arche, il y avait une plaque de verglas. Elle glissa. Se rétablit non sans grâce. Il la suivit, courant presque. Rue Gorki, au milieu de la foule, elle se retourna, elle avait sans doute senti qu'on la suivait. À un coin de rue, elle s'arrêta même, regardant autour d'elle. Alors, Boris Nikitovitch lui fit signe de ses mains gantées.

— Bah ! La poétesse Gradova en personne ! Et moi qui me demandais qui était cette jolie femme qui trottait ainsi. Quelqu'un que je connaissais.

Elle l'embrassa sur la joue, puis, les yeux dans les yeux, avec inquiétude :

— Tu me suivais, Bo ? Il est arrivé quelque chose ? Il y a des nouvelles de Savva ?

— Non, non, je t'ai aperçue tout à fait par hasard, c'est seulement... bon... j'étais à une réunion du Conseil municipal... bon... à propos du transit des blessés... et après, j'ai voulu faire un tour, quelle belle journée, la première après ce terrible hiver...

— Tu es drôlement habillé, fit-elle d'un air soupçonneux.

— Oui, tu sais, je ne sais pas moi-même... j'en ai assez de ma capote militaire, on me salue sans arrêt... bafouilla-t-il.

— Et Savva... ? Toujours rien de nouveau ? Allons, parle ! Père ! Tu n'as pas le droit de te taire !

Il flancha de nouveau :

— Non, non, je voulais seulement dire que, malheureusement, la liaison avec de nombreux groupes d'armées n'est pas encore rétablie... L'avance ennemie est stoppée, il est rejeté, mais, depuis l'automne, de nombreuses unités restent enfermées dans des poches... il n'est pas exclu que Savva se trouve dans l'une d'elles, que tout s'arrange, cependant, je te l'ai déjà dit, tu dois aussi envisager l'éventualité la plus triste... C'est que c'est la guerre, une guerre colossale, cruelle... — Cela, c'étaient des propos courants dans la maison des Gradov.

Ils se tenaient à l'angle de la place Pouchkine, au-dessus d'eux, dans les rayons du couchant, la vierge du socialisme triomphant planait. Nina se tranquillisa un peu, son père n'avait vraiment pas l'air d'avoir de nouvelles. Depuis longtemps, elle avait compris que Savva était mort, mais elle s'obstinait avec rage, vis-à-vis d'elle-même comme vis-à-vis de ses parents, à affirmer que si l'on ne savait rien, c'est qu'il était en vie.

— Tu vas à ta revue ? lui demanda son père. Allons, je t'accompagne.

Elle le prit sous le bras et ils s'acheminèrent dans la foule piteuse et triste du premier printemps de guerre : capotes, molletons, combinaisons grotesques de vêtements civils de tout poil.

— Comment vas-tu, Bo ? demanda Nina.

— Moi ? fit-il avec étonnement. En somme, pas mal pour mes soixante-sept ans. Pourquoi me demandes-tu ça ?

— Je ne pense pas à ta santé physique, dit-elle. Il me semble que depuis le début de la guerre, tu as joliment repris du poil de la bête. J'ai l'impression qu'elle a dissipé une tristesse qui était profondément ancrée en toi, qu'elle a chassé l'éternelle brume de ton ciel. Je me trompe peut-être ?

Il la regarda avec gratitude : qu'elle était intelligente, fine ! Il en était vraiment ainsi. Il avait affronté la vieillesse juste avant la guerre, comme la gueule ouverte de la plus sombre des cavernes. Il arrivait à peine à surmonter ses crises de dépression. Ce n'étaient certes pas les raisons qui manquaient : sa position équivoque dans la hiérarchie médicale, le départ définitif de son meilleur ami, l'arrestation de ses fils, des craintes perpétuelles pour ses petits-enfants, mais la cause essentielle était sans doute son âge même, l'approche de l'inévitable, la crise de la philosophie naturaliste, positiviste, familière à toute une vie, apparemment destinée à lui donner courage et qui, en réalité, ne lui laissait rien d'autre qu'un squelette grimaçant. Et puis, voilà...

— Oui, Nina. Je l'avoue... Tu sais, je ne me suis jamais senti aussi bien depuis... bon, depuis une certaine date. Crois-moi si tu veux, mais je ressens un afflux de jeunesse, quelque chose qui me rappelle ma fin d'études, l'inspiration. Je sais que ces propos peuvent paraître sacrilèges, mais il me semble que cette terrible guerre est advenue à notre peuple comme une sorte de communion, d'eucharistie, de rachat, ce que tu voudras.

Nina avançait bras dessus, bras dessous avec lui, faisant de grands pas à l'égal de son père, regardant à terre, hochant la tête. Au ras de son bonnet à oreilles, ses cheveux bien shampooinés allaient et venaient. Il y remarqua un fil d'argent.

— Je crois que je comprends de quoi tu parles, dit-elle.

Il poursuivit :

— Il me semble que je ne suis pas le seul à ressentir cela, chacun, plus ou moins... Pour la première fois, depuis la date que tu sais, nous avons cessé d'avoir peur les uns des autres. Pour la première fois, nous sommes véritablement unis devant l'ennemi. Un ennemi qui n'est pas seulement celui de ces... — malgré son état de communion avec le peuple, il baissa sensiblement la voix — bon, des hommes au pouvoir, mais de toute notre histoire, de toute la civilisation de la Russie... Toutes nos vieilles peurs, remords, soupçons, bassesses et même nos cruautés sont passées au second plan. Et aujourd'hui, si nous nous sacrifions, nous savons au moins que ce n'est pas pour des formules creuses, mais au nom de notre essence même.

— Tu as raison, Bo. Moi aussi, je ressens quelque chose du même ordre. Et cela va de pair avec mes continuelles craintes pour Savva. C'est un parallèle étrange. Ici, Savva, là, la guerre — une sorte de symphonie. Parfois, ces parallèles se rencontrent, et alors je me sens mieux, Savva rejoint la musique universelle. Tu comprends ? Et maintenant, dis-moi pour de bon tout ce que tu sais. Courage, Bo ! Tu es un chirurgien, tout de même !

Ils avaient depuis longtemps dépassé l'entrée de *La Travailleuse* et longeaient le boulevard Strastnoï sur les bancs duquel les petites vieilles, ces angelots de la vallée des larmes de Russie, mâchonnaient leurs gencives molles. À la recherche d'un appui, Boris Nikitovitch se rapprocha d'un réverbère, soupira, secoua la tête sur laquelle sa casquette à une étoile gîtait quelque peu de travers, et finit par tendre les lunettes de Savva à sa fille, sans un mot.

Alors, ce fut elle qui chercha un appui, puis se dirigea comme une aveugle vers un banc. Elle s'assit près d'une mère-grand et éclata en sanglots. La vieille femme la considéra avec une sympathie distinguée. Les larmes de Nina ruisselaient, la libéraient enfin de leur présence. Boris Nikitovitch s'assit près d'elle, s'empara de ses épaules frémissantes. « C'est ma fille », crut-il bon d'expliquer à la petite vieille. Celle-ci hocha la tête d'un air strict. Il sortit de sa poche un grand mouchoir idéalement repassé par Agacha, l'approcha de la figure de Nina qui enfouit dans sa main ses lèvres et son nez menu, ce minois d'enfant auquel, autrefois, il adressait un si tendre charabia.

Puis elle s'empara du mouchoir, se sécha les joues et lui demanda de lui raconter ce qu'il savait, sans rien dissimuler. À travers ses larmes, elle avait cru voir la mort de Savva, le sang qui coulait de ses blessures, le froid qui le gagnait lentement dans un hangar bombardé, démoli, par les brèches duquel on apercevait le ciel béant et d'inexorables petites étoiles semblables à de la limaille d'acier. Elle fut étonnée d'apprendre à quel point la réalité ne correspondait pas à ce qu'elle imaginait. Elle interrogea son père en détail sur Dod Tychler, sur toutes les circonstances de la bataille du parc sous Kline, sur la fin où le personnel sanitaire indemne était revenu dans les ruines et où le lieutenant Tychler, assistant titulaire de Savva, avait retrouvé ses lunettes.

— C'est donc que personne n'a vu le corps ? demanda-t-elle.

Son père comprit qu'un nouvel espoir naissait en elle.

— Non, personne.

Il garda le silence, il ne voulait pas avoir à ajouter : « Dieu merci, personne. » Nina se leva :

— Merci de m'avoir tout dit, papa. Allons, au revoir, il faut que je file à la revue.

— La revue ! dit-il. Je vais appeler la voiture, tu passeras prendre Iolka et tu iras au Bois d'Argent, tu y resteras un jour ou deux avec maman.

— Une autre fois, papa, pas maintenant. Nous bouclons notre numéro, il y a conseil... Demain, j'irai à l'église et je prierai toute la journée.

Ils revinrent sur leurs pas, place Strastnaïa. La démarche de Nina était ferme. Boris Nikitovitch trébuchait un peu.

— À quelle église iras-tu ? demanda-t-il après un effort.

— Qu'importe ? répondit-elle. À celle d'Elokhovo. On dit qu'elle a récemment été rouverte. Pourquoi n'aurais-je pas le droit d'aller à l'église ? Je suis baptisée, non ? Dis-moi, papa, vous m'avez bien fait baptiser, non ?

— Bien sûr, dans ce temps-là, on baptisait tout le monde.

— J'y serais quand même allée, même si je n'étais pas baptisée ! proféra-t-elle fièrement — et il la regarda avec une certaine crainte. La pâleur de ses joues avait fait place à un carmin éclatant. Elle était jeune, hardie, comme au temps des *Blouses bleues*. — Où aller, sinon à l'église ? poursuivit-elle. Si aujourd'hui, après tout ça, les Russes ne vont pas à l'église, quelle sorte de peuple sont-ils, Bo ?

— Bon, bon, marmonna-t-il, si tu veux aller à l'église, vas-y, seulement ne t'affiche pas.

Ils se séparèrent à l'entrée de la revue. Boris Nikitovitch partit à grands pas vers sa Direction, Nina monta l'escalier délabré. Et rien ne sera changé, se disait-elle, des épreuves, de la correction, de la mise en page, des titres imbéciles, des successions de poncifs, optimisme, foi en la victoire, haine sacrée de l'ennemi... peut-on vraiment associer ces deux mots : « haine » et « sacrée » ?

Elle entra à la rédaction et retrouva aussitôt un peu de calme. C'était toujours comme ça, dès qu'elle mettait le pied dans ces bureaux imbéciles. Faux-semblant de stabilité, illusion d'activité, aberration volontaire... C'est d'ici qu'en 1937 l'on avait emmené Irina, et tout de même, ces bureaux semblaient être une assise fondamentale, l'incarnation de la sécurité.

Dans le grand bureau, il y avait six personnes, des femmes principalement de l'âge de Nina, autrement dit, d'âge « balzacien ». Une bouilloire, « chantre des communes », chuintait en permanence dans un coin. Toutes les six se tournèrent vers la nouvelle venue et la fixèrent comme si elles la voyaient pour la première fois. « Eh bien, les filles ? » demanda-t-elle d'un air las en se dirigeant vers sa table sur laquelle, comme d'ordinaire, trônait la chatte maison, Nastassia Filipovna. Nina s'assit, se donna un rapide coup de peigne, attira son paquet d'épreuves à corriger. Nastassia Filipovna, prête à se frotter contre elle, aperçut sa cigarette et, la queue droite, lui tourna le dos : elle désapprouvait le tabac.

Les autres continuaient à zyeuter Nina.

— Qu'y a-t-il, les filles ? demanda-t-elle d'un air las. Du nouveau ? Alors, allez-y, accouchez !

— Quelle artiste ! couina d'admiration la candide Glacha Nikonenko au milieu de ses bouclettes.

Tout le monde rit. Nina les parcourut des yeux : leur visage reflétait une béatitude imbécile.

— Tu ne sais vraiment rien ? demanda Tamara Dorsalia. — L'étonnement, tel un demi-masque, n'occupait qu'une partie de son visage gonflé d'importance.

— Vous finirez par me pousser à la crise de nerfs, explosa soudain Nina. J'en sais, des choses ! Et vous, d'où savez-vous tout ?

— La *Pravda Komsomol* a publié tes *Nuages dans le bleu* avec la musique de Sacha Polker, dit la rédactrice en chef, Macha Tolkounova, qui appelait toutes les célébrités par leur prénom d'un petit air de rien, comme des amis. — Qu'est-ce qu'il y a, ma vieille, tu n'écoutes donc pas la radio ?

Elles se précipitèrent sur elle, tout cajoleries. Elle ne savait vraiment rien ! Mais, voyons, Chouljenko les chantait déjà ! On n'entend plus que ça partout, *Nuages dans le bleu*. Le pays tout entier, le front tout entier les chantent. C'est la gloire, Nina ! Regarde ! Elles lui fourrèrent la *Komsomol* entre les mains : en plein milieu, sous le titre de « Le secret de la réussite », il y avait trois photos : la sienne, celle de la célèbre chanteuse de restaurant, Klavdia Chouljenko, et aussi du compositeur Alexandre Polker, joyeux butor, joueur de billard et chicard de première. Suivaient le texte et la musique, puis un choix de lettres « des combattants du front et des travailleurs de l'arrière » qui, pleins d'admiration, disaient que la nouvelle chanson les aiderait à « écraser la canaille allemande » et à « forger les armes de la victoire ».

— Aïe, les filles, on transmet justement *Le Concert des auditeurs*, pépiait Glacha. Dis, Macha, on peut mettre la radio ? Hein ? Il y aura sûrement *Nuages dans le bleu*. Ah, Nina, c'est une merveille ! Et en plus, ce que ça peut être dansant !

On brancha la radio. Et en effet, aussitôt après le chœur de Piatnitski, on annonça qu'à la demande de nombreux auditeurs on transmettait *Nuages dans le bleu* d'Alexandre Polker et Nina Gradova, interprété par Klavdia Chouljenko.

Ce fut d'abord l'orchestre, moelleuse trompette en sourdine, saxophone pensif, modulations du piano — Sacha jouait lui-même, c'était un virtuose du piano-jazz — puis monta la voix grave de la chanteuse adulée de tout le pays.

*Nuages dans le bleu,*
*Souvenir d'un toit et de la mer,*
*Mouettes à la croisée,*
*Valse en la mineur...*
*Depuis trois jours déjà,*
*Traversant les nuages*
*Les Junkers volent bas*
*Vers nos tirs de barrage.*
*Depuis trois jours déjà,*
*Occupé au pointage*
*Je vois cette armada*
*Se livrer au carnage.*

*Nuages dans le bleu,*
*Souvenir d'un toit et de la mer,*
*Mouettes à la croisée,*
*Valse en la mineur...*
*Ils ne passeront pas,*
*Je saurai te défendre,*
*Mon tir de DCA*
*Les réduira en cendres.*
*Nuages dans le bleu,*
*Ma valse ce jour-là*
*Sera en la majeur.*
*Tu me retrouveras*
*Dans la paix, le bonheur,*
*Nuages dans le bleu,*
*Nuages dans le bleu...*

Nina l'entendait pour la première fois. Il y avait une semaine ou quelque chose comme ça, après une lecture à la Maison des Compositeurs, Sacha Polker l'avait bassinée : « Donne-moi un texte, qu'est-ce que ça te coûte ? » Il avait exigé que là, tout de suite, tambour battant, elle écrive les paroles ou au moins le « monstre » d'une nouvelle chanson lyrique qu'il devait remettre dans les trois jours. Elle était destinée aux combattants du front. Pour la peine, il jouerait du piano toute la soirée. Alors, ils s'étaient retirés en chœur dans un salon à l'écart du public, il y avait un piano, quelqu'un avait amené des bouteilles de la vieille réserve, ça avait fait un cénacle tout à fait digne de l'avant-guerre. Nina, assise dans un coin, avait « bricolé » son texte en vingt minutes, l'avait remis à Sacha qui avait aussitôt esquissé un air au piano, fredonné...

La valse en mineur était, bien entendu, devenue une valse en majeur, l'air était vraiment entraînant, tout à fait infectieux, épidémique, peut-on dire. Le second vers, plus long, de chaque refrain donnait naissance à une prudente syncope et c'est peut-être cela qui rendait cette chanson différente de centaines d'autres du même genre, avait donné naissance à un mystérieux slow-fox, tandis que les Junkers et la DCA conféraient tout de même un certain dessin au reste de la tartine bleue. Et puis, enfin, la chaleureuse, romantique, soviétique *femme fatale** Klavdia Chouljenko parachevait victorieusement cet appel aux sentiments du pays martyr : nous surmonterons, nous passerons, nous reviendrons... Les nuages dans le bleu sont encore à la portée de tout un chacun, du plus affamé, du plus misérable, blessé, mourant même... Du mourant plus que des autres, peut-être.

Tout le personnel regardait Nina. Elle était assise au bout de la table, d'une main elle tenait une cigarette fumante, de l'autre —

pourquoi ? — elle se cachait les yeux. Soudain, un spasme lui contracta la gorge. Elle jeta sa cigarette et tenta de dissimuler à deux mains la convulsion, mais sa gorge hoquetait, lui désobéissait. Glacha Nikonenko, interdite, ne la quittait pas des yeux. Les gens sont drôles, tout de même, elle devrait se réjouir, sauter au plafond, au lieu de ça, elle hoquète.

## CHAPITRE DIX
# *L'hôte du Kremlin*

Une foule brillante de militaires en bottes astiquées, boutons et décorations étincelants, déambulait dans les couloirs et les salles du Grand Palais du Kremlin. Le parquet impeccable reflétait ses mouvements et elle, à son tour, reflétait de toutes ses bottes, boutons et crânes chauves, les panneaux de marbre, les reliefs sculptés et aussi les lustres splendides. Convoqués de divers fronts, les commandants avaient sans doute peine à imaginer qu'un tel paradis pût encore exister dans la Russie de 1942.

Eh bien, oui, ce paradis existait. Il était comme l'incarnation de cette assise encore inébranlée pour laquelle on s'était battu là, tout près, dans les environs, battu désespérément, sans plus croire à la victoire, mais jusqu'à son dernier souffle. Et tout de même, on avait tenu, on n'avait pas laissé des bottes étrangères fouler ces parquets, on avait repoussé la menace directe. Pour l'instant, diront les esprits circonspects. Soit, pour l'instant : ce n'est déjà pas si mal. À la guerre, on vit justement de l'instant qui passe. On vient d'y couper, on y a coupé l'autre fois et encore une fois, eh quoi, ce n'est déjà pas mal du tout. En tout cas, dans la foule des brillants officiers, l'humeur était au beau fixe. On allait assister à la remise des décorations des généraux qui s'étaient distingués lors de la dernière campagne d'hiver. Certains n'avaient certes pas de quoi se vanter, leur seul mérite était d'en avoir réchappé et de ne pas s'être rendus, cependant à eux aussi, à toute l'Armée, la réception du Kremlin devait signifier que le temps des châtiments exemplaires était révolu et qu'advenait celui de tous les encouragements de l'homme armé. Le général Nikita Borissovitch Gradov se faisait, même dans cette foule, remarquer par son pas ferme et son expression décidée. Quant au sourire qui, telle une sentinelle, passait et repassait sur ses traits, il n'était pas moins riche de sens divers que celui de la Joconde. Avant la guerre, il aurait mieux valu ne pas se présenter au Kremlin avec un sourire comme ça, aujourd'hui, son principal message provoquait peut-être une estime particulière. Ce message consistait en l'assurance du succès et l'absence de toute crainte. Le reste de ce que recelait ce sourire demeurait ignoré : le temps n'était pas aux nuances. De toute façon, le commandant en chef de l'Armée Spéciale de Choc qui avait réalisé en janvier une si brillante contre-attaque, repris Kline et coupé la 16e Armée ennemie de ses bases pouvait se permettre d'arpenter le Kremlin avec ce sourire équivoque aux yeux, aux lèvres et aux sillons des joues.

Les généraux pénétrèrent dans la salle Saint-Georges et se campèrent le long d'un mur. Un groupe imposant d'hommes forts. Comme toujours, les dominait la tête de chameau compassé d'Andréi Vlassov. En face, sur une table de marquetterie datant des tsars, on apercevait les écrins tout prêts des décorations.

— Que préfères-tu, Nikita Borissovitch, « Anne-au-cou » ou « Georges-à-l'écusson » ? glissa Méretskov.

— Les deux ne seraient pas de trop, chuchota Gradov en réponse. Et toi, je parierais que tu aspires au « Stanislas-feuilles-de-chêne[1] » ?

— Tout juste, Votre Excellence, soupira Méretskov.

Voici quelles plaisanteries se permettaient à présent les généraux rouges au lieu de panteler de vénération. La guerre dictait sa mode, l'Armée avait la prééminence, le Parti et la Tchéka lui faisaient modestement place... pour l'instant.

Les portes s'ouvrirent et les dirigeants entrèrent avec des applaudissements feutrés et paternels ; devant, incarnation de l'indécence absolue, le « doyen de l'Union des Républiques Socialistes Soviétiques », M.I. Kalinine, à la barbe mitée. Derrière lui, discret, le Maître. En uniforme de maréchal. Suivaient les autres « effigies » parmi lesquelles on remarquait l'absence de Molotov. Ce dernier se trouvait à ce moment même à Londres où il était arrivé incognito en bombardier quadrimoteur sous le nom de « Mr. Smith de l'étranger ». Il y signait un traité avec Eden et Churchill, un traité de vingt ans (20 ans !) de coopération de l'Union des Républiques Socialistes Soviétiques avec l'Empire britannique. Quand on pense à toute l'énergie dans les termes que l'on avait dépensée depuis l'« ultimatum Curzon[2] » pour maudire l'impérialisme anglais ! La Providence ne se moquait-elle pas des bolchevik, et dès lors d'Albion avec eux ? Derrière les rondes épaules du premier rang des chefs, étincelait le pince-nez de Béria : un pharmacien de la vieille école tout craché. Ne serait-ce pas lui qui aurait tué tonton Galaktion de ses propres mains ? Avec les autres généraux, Nikita répondait par de bruyants applaudissements à ceux des politiques. Les spots des actualités cinématographiques s'allumèrent.

1. Désignations plaisantes de décorations de l'ancien régime.

2. Lord Curzon (1859-1925), secrétaire d'État aux Affaires étrangères de Grande-Bretagne, il fut un adversaire très ferme de la politique étrangère de l'URSS et est surtout célèbre pour avoir défini, sans l'accord de cette dernière, une frontière orientale de la Pologne dite « ligne Curzon ».

Staline avait l'air de Staline. Que pourrait-on en dire de plus ? Les catégories humaines comme « il a grossi », « il a maigri », ne lui allaient pas. Il n'avait l'air que de l'incarnation de Staline, ce qui signifiait qu'il était en parfait état. J'aurais voulu voir à quoi il ressemblait quand il a piqué sa panique, se dit Nikita. N'était-ce pas à la réincarnation d'un cafard à moitié écrabouillé poursuivi par une chouette du Kremlin ?

Le Maître poussa tout doucement Kalinine par l'épaule vers le micro. Celui-ci, jouant comme toujours le rôle de doyen qu'il avait adopté dès l'âge de quarante ans, mâchouilla le texte qu'il avait sous les yeux :

— Chers camarades ! Pour marquer l'écrasement du centre des armées fascistes allemandes, le Præsidium du Soviet Central d'URSS a pris la décision de distinguer un certain nombre de chefs militaires éminents...

Le général Nikita Borissovitch fut soudain pris d'une idée extrêmement originale : « Je me demande, si je donnais à mes mitrailleurs l'ordre de descendre toute cette clique, si les gars m'obéiraient. » À quelques pas de lui, après quelques autres personnes, se tenait le beau Rokossovski. « Je me demande si Kostia ne se pose pas la même question. Il n'y a pas si longtemps qu'il poussait sa brouette tout comme moi. Au nom et de la part de tous les ZEK de la Kolyma et de la Pétchora ? » Alors, il lui sembla que son regard et sa pensée n'avaient pas échappé à l'éclat aveugle des carreaux de Béria. Un filet froid lui descendit le long de l'échine, mais juste à ce moment, on proclama son nom.

Il lui échoyait la plus haute récompense, l'étoile en or de Héros de l'Union Soviétique avec le lourd rondibet de l'Ordre de Lénine. Il martela d'un pas ferme le parquet sonore et prit les précieux écrins des mains du « doyen »... une autre idée pernicieuse fusa dans son esprit : « ce con-là ne s'est-il pas trompé de boîtes... » et, béni par les sourires des politiques « ... ils sont bien, ces gens, ils sont bons, ces gens, quelle aimable compagnie, en vérité... », il se tourna vers le micro.

— Je remercie le gouvernement de l'Union Soviétique et personnellement le camarade Staline pour cette haute récompense et je promets de consacrer tous mes efforts au but commun. Au nom des combattants de l'Armée Spéciale de Choc, je tiens à exprimer la certitude absolue que nous remporterons sur l'ennemi une victoire définitive.

Et une ondée d'exaltation sincère, véritable, du bonheur subit d'une communion sans mélange, même avec ce — justement avec ce — groupe de personnages qu'il imaginait il y a quelques instants devant le peloton de ses fidèles mitrailleurs, déferla en lui.

Après la cérémonie, tous les nouveaux décorés furent invités dans la pièce voisine à un frugal buffet. La guerre est la guerre, mais je dois une invitation à ces camarades, devait se dire Staline. Sinon, ils me prendraient pour un avare. Le buffet était composé comme venant de lui, c'est-à-dire un peu à la géorgienne : excellents vins du Caucase, fromages, cornichons, radis des serres du Kremlin. On n'avait pas négligé non plus la tradition russe : présence de caviar et dos d'esturgeon étoilé. Il n'y eut pas de vodka, ce qui ne laissa pas de surprendre les généraux dont c'était la boisson coutumière.

— Nous avons tous beaucoup à faire, camarades, dit Staline à la fin du « banquet », cependant, je voudrais partager certaines considérations avec vous. Nous venons d'entreprendre des pourparlers de prêt-bail avec nos alliés américains... — Il avait articulé ces derniers mots en plissant les paupières d'une façon particulière, une touche d'humour avait semblé d'une part signifier une réalisation grandiose, voyez donc quels alliés nous avons, mais d'autre part, mettre en doute la véridicité d'un tel « associationnisme » : quelle association voulez-vous qu'il y ait entre le communisme et un capitalisme invétéré ? — Alors, voilà, poursuivit-il, ils vont nous livrer d'importants moyens de combat. Nous devons établir très soigneusement la liste de nos besoins essentiels. C'est d'elle que dépendront les commandes de Roosevelt aux usines américaines. Tenez, vous, camarade Gradov, de quoi estimez-vous que votre Armée a besoin en priorité en vue des prochains combats ?

Cette question, ou plus exactement son destinataire, étonna tout le monde. Gradov était assez loin du chef suprême et du même côté de la table, donc pas dans son champ visuel direct ; pour le voir, Staline devait tenir compte de l'écran que formaient à sa dextre des personnages peut-être plus importants que le général commandant l'Armée Spéciale de Choc Nikita Gradov, qui tenait une coupe de *rkatséli* dans sa main droite et une fourchette dans sa main gauche.

L'assistance se tourna vers lui d'un bloc, mais cela ne le troubla en rien, comme s'il eût été absolument naturel que Staline l'interrogeât lui le premier sur le prêt-bail. Il déposa sa fourchette sur son assiette, sa coupe sur la table, et dit :

— Camarade Staline, avant tout, il nous faut des camions. De grands camions dotés de moteurs puissants et robustes, capables de rouler sur n'importe quelle piste, de transporter troupes et munitions, de remorquer des pièces d'artillerie de moyen calibre et de véhiculer des lance-fusées multiples. À parler net, je me représente mal comment nous pourrions passer, sans un tel camion, à la seconde phase de la guerre, la phase offensive, or, elle n'est pas loin, camarade Staline. Notre production de chars augmente, mais notre industrie n'est pas en mesure de fournir aussi en masse ce camion rapide, maniable, et en même temps puissant. Or, autant que je puisse en juger, les usines Ford et General Motors pourraient déployer très vite cette production d'importance vitale.

Dans le silence qui suivit, les visages se tournèrent lentement vers le Maître du Kremlin. Staline demeura pensif, bourrant sa pipe du pouce sans rien dire, mais tous avaient compris que son silence était bienveillant, qu'il avait apprécié la déclaration du général d'autant plus qu'on y avait entendu l'assurance toute professionnelle que l'on passerait bientôt à la seconde phase de la guerre.

— L'idée est intéressante, articula Staline. Je souhaiterais que vous m'établissiez un rapport détaillé, camarade Gradov, en vue de la prochaine réunion du Conseil supérieur de la guerre. À présent, camarades, permettez-moi de porter un toast à notre héroïque armée et à ses chefs !

« Hourra ! » tonnèrent les généraux. Les coupes s'élevèrent et tintèrent. Ce fut le début d'échanges très animés. Joukov, Méretskov et Koniev vinrent trouver Nikita. Ils parlèrent des camions.

— Tu as raison, bien sûr, Nikita Borissovitch, sans eux, nous ne nous en sortirons pas. Il faudrait aussi qu'on leur commande des bottes, aux Américains. En chaussons de teille, Vassili Tiorkine[1] lui-même n'arriverait pas à Berlin.

Le haut commandement démontrait à son nouveau membre, à l'ennemi public de la veille, qu'il était des leurs, qu'il était l'un d'eux, que personne ne le prenait pour un parvenu du galon.

— Ce n'est pas moi qui l'ai inventé, dit Gradov tout à fait dans le ton. Quel a été le secret de la percée de Broussilov ? En ce qu'il a, le premier, fait monter son infanterie dans des camions.

— Vraiment ? s'étonna — c'est-à-dire qu'il rida son crâne tendu de peau — le général d'armée Koniev. Alors, dès 1916...

— Dans toutes les grandes armées du monde, la motorisation de l'infanterie a commencé au début des années trente, dit Méretskov. La nôtre aussi.

— Très juste, acquiesça Nikita. Mais c'est là que l'on a allégué que nous ne possédions pas le camion adéquat. Vous vous rappelez... — Il s'arrêta net, il avait failli dire : « Toukhatchevski le soutenait déjà. » Koniev et Méretskov détournèrent aussitôt les yeux. Joukov le regardait bien en face. Tous trois avaient compris, bien sûr, quel nom avait failli lui échapper. On murmurait dans les camps que Toukhatchevski, on lui avait crevé les yeux à l'interrogatoire. C'était peut-être un bobard, peut-être pas. Et puis, Joukov n'avait-il pas témoigné contre lui ? Tout comme Blucher dont le nom était, lui aussi, tabou. En outre, qu'est-ce que c'était que Toukhatchevski ? Le bourreau de Tambov et de Cronstadt ? Et toi-même, éclaireur de Cronstadt, des opérations punitives, assassin des marins, tu bouffes du saumon fumé dans l'antre de la bête immonde ! Nous sommes tous souillés, couverts des écailles du crime, de la lèpre rouge... Il combla le silence en avalant une

1. Héros créé par l'écrivain Alexandre Tvardovski, « bidasse » russe si l'on veut.

grande gorgée de *rkatséli*, s'essuya les lèvres de sa serviette amidonnée et acheva la phrase : — Naturellement, camarades, vous vous souvenez de ce que l'on disait alors au Commissariat du peuple et à l'État-Major général.

Joukov hocha la tête d'un air grave, sombre. Il se souvenait. La conversation se ranima. La deuxième phase de la guerre, le prêt-bail, la coalition de trois puissances colossales, tout ça, c'est très bien, les gars (quelqu'un, Koniev, peut-être, avait vraiment dit « les gars »), mais les Allemands sont toujours à trois cents kilomètres de Moscou et nul ne sait encore ce que nous vaudra la campagne d'été. Le plus probable, c'est qu'ils déclencheront l'offensive plus au sud, en direction de Kharkov, ou même encore plus au sud, dans celle de Rostov, plus loin encore, celle du Caucase... ce qui fait qu'avant que la coalition tourne à plein régime, Vassili Tiorkine devra se démerder tout seul. Ce qui fait, les gars, que je vous propose de boire à sa santé, à notre principal espoir, au soldat russe !

Et Nikita, soulevé comme lors de la remise des décorations par un flot d'héroïsme symphonique, leva son verre et trinqua avec tous les frères d'armes qui l'entouraient. Les lave-pont de l'histoire ont repoussé les gluantes saloperies dans le passé, aujourd'hui nous sommes tous unis, l'histoire nous offre une chance unique de nous blanchir !

Lorsqu'ils se séparèrent, le soir tombait. Déjà les projecteurs palpaient le firmament moscovite. Déjà le personnel de la DCA était à son poste autour des églises et des palais du Kremlin.

— Où allons-nous, camarade général ? demanda Vasskov.

Comme presque toutes les questions du rusé moujik, celle-ci était à double sens. Cela voulait dire : allons-nous rue Gorki, autrement dit à la maison, voir les enfants et surtout Véronika ?

Certes, il avait envie de les revoir, Boris, Véra... mais Véronika était déjà au courant, c'est certain, de l'existence de Tassia, la petite infirmière d'Extrême-Orient, la « compagne de campagne », la « CC » comme elle se qualifiait elle-même de façon si charmante. Avec sa literie complète, son buffet, tout un essaim d'ordonnances à sa botte, jeune paysanne sans complexes, animée du seul et honorable désir de satisfaire son prince-général. Il avait peine à croire que Véronika n'était pas au courant, il s'était sûrement trouvé une générale bien intentionnée pour compatir. Non, il ne pouvait pas aller la voir, détourner les yeux, surmonter le ton faux des mots qu'il dirait, tout avait volé en éclats, impossible de le recoller. C'était cela, la principale victime de 1937 : notre amour.

— Tu ne sais donc pas, Vasskov ? Au front ! La bataille est pour demain, nous serons en première ligne.

— À vos ordres ! répondit l'autre sur un ton d'obéissance aveugle, abolissant tout souvenir de rapports personnels.

La voiture blindée du général et le convoi de deux camions bâchés transportant sa garde personnelle sortirent par la porte du Sauveur, franchirent les pavés de la place Rouge. Le moteur du général cognait de façon suspecte. « Tu entends, Vasskov ? — Oui, camarade général, je m'en occupe. » Ils passent la malle ventrue aux tours gothiques, le Musée Historique, gagnent la place du Manège — à droite, « joie de vivre » de la fin des années trente, l'hôtel *Moskva* et la maison du Conseil des Commissaires du peuple, au fond, embrumées par le crépuscule, les colonnes de l'ambassade de notre nouvel et puissant allié les USA aux fenêtres occultées, pourtant là-haut, à travers une fente, un mince rai de lumière filtre. Qui est-ce ? Un diplomate, un espion, un officier de liaison ? Nous remontons la rue Gorki entre deux rangs d'immeubles massifs plongés dans le black-out, et voici ma maison actuelle que j'évite, et voici l'étage du haut, les sept fenêtres de mon appartement ; Boris IV y fait des haltères, développe sa musculature, la douce Véroulia est assise dans un fauteuil, tenant un livre. Véronika, devant son miroir et peut-être un cognac à la main, endure les affres de l'âge balzacien. Remontons toujours plus vite, plus loin, du « cœur de la Patrie » vers les champs et les collines des combats de demain.

Nikita observa le profil de son chauffeur. Vasskov réagit par un léger mouvement, comme si, tout de suite en alerte, il demandait : Quelles sont vos précisions, camarade général ? Suis ta route, Vasskov, je n'ai rien à préciser, c'est seulement que je t'étudie. Qu'est-ce qu'il y a à étudier ? Vous me voyez au-dedans comme le nez au milieu de la figure. À vos ordres, camarade général !

Après la honteuse scène du 8$^{e}$ d'Aviation, en décembre dernier, un jour, resté seul à seul avec Vasskov dans son blockhaus, Nikita lui avait arraché son harmonica des mains et l'avait littéralement acculé au mur, son pistolet sur la gorge. Allez, Vasskov, raconte-moi dans l'ordre toutes tes petites affaires avec les Services Spéciaux. Que me restait-il à faire si toute ma vie était liée à cet homme peu ordinaire, tout mon modeste bien-être matériel, si je puis dire ? Pas la peine de me menacer avec votre pistolet, camarade général, c'est pas un pruneau qui me fera peur, demandez-moi plutôt recta comment, depuis tant d'années, je vous prouve mon exceptionnel dévouement.

— Oui, on était encore à Khabarovsk qu'ils m'ont obligé à moucharder, mais je me suis toujours arrangé pour ne pas vous faire tort. Ils m'ont aussi envoyé à votre femme après votre arrestation abusive, mais là encore, je me suis arrangé pour lui être rien qu'utile, seule qu'elle était avec deux enfants, et non seulement je n'y ai jamais touché, mais j'ai fait l'épouvantail contre les amateurs. Je le reconnais, camarade général, la Tchéka m'a mis en piste aussitôt après votre libération, mais je me suis arrangé pour brouiller complètement leur stratégie. Par exemple, j'ai fait suivre à qui de droit vos prétendus propos comme quoi Staline, on n'avait rien de plus précieux.

— Et ce que j'ai dit du camarade Vorochilov, que c'était un incapable, tu le leur as rapporté ? avait demandé Nikita en perçant du regard, entre ses paupières plissées, son irremplaçable mouchard. — Il avait ôté son pistolet de sa gorge, mais il ne l'avait pas rengainé, il l'avait laissé sur la table.

— Pensez-vous, camarade général, comment serait-ce possible ! s'était exclamé Vasskov sur un ton distingué qu'il avait sans doute glané au Bois d'Argent.

— Tu as eu tort, avait fait Nikita avec un petit rire. Je l'avais dit pour que tu le répètes.

Les babines de Vasskov avaient frémi, une admiration de jeune chiot avait étincelé dans ses yeux.

— Alors, ça fait longtemps que vous m'avez repéré ? Et vous vous êtes amusé de moi, oui ?

— Oui, mais c'est fini de jouer, avait dit Nikita de ce ton nouveau, ce ton de chef qu'il avait pris récemment et qui laissait l'adversaire sans réplique. Désormais, on prend tout au sérieux, Vasskov !

Vasskov, frémissant, s'était incliné, il avait compris qu'on ne le chassait pas, qu'on ne l'enverrait pas nourrir les poux dans les tranchées.

— Je ferais n'importe quoi pour vous, camarade général !

— On verra. — Nikita avait allumé une cigarette, fait quelques pas dans le cabinet directorial (l'état-major était installé dans un sovkhoze), puis s'était approché de Vasskov, figé comme une statue près du bureau, avait plongé les yeux au fond de ses yeux pareils à une eau trouble : — Le capitaine Erès est de trop ici. Il fait trop de zèle, et c'est tant pis pour son cul.

— Compris, avait murmuré le chauffeur. Compris, je sais ce qui me reste à faire.

— Bien. Tu le feras quand je te le dirai.

Trois jours après le début de l'offensive, le général s'était rendu avec toute son escorte sur les positions du 24^e^ d'Infanterie. Cette unité, ou plutôt ce qui en restait, essayait de se remettre, parmi les cendres refroidies d'un village autrefois largement étalé au milieu des champs. Apprenant que l'un des bataillons avait perdu son commissaire et que, sans renforts, il ne pourrait en aucun cas faire face à sa mission, Nikita avait serré dans ses bras son commandant, un homme aux sourcils velus, des touffes de poils lui sortant du nez et des oreilles, et dit :

— Avant demain, tu auras touché deux blindés et une compagnie d'infanterie de marine, quant à ton commissaire... je te l'enverrai... — Il s'était retourné vers sa suite avec cette expression pensive qui lui venait d'un coup, que suivaient généralement les décisions « gradoviennes » désormais célèbres, immédiates et irrévocables. — Tiens, en voilà un ! Capitaine Erès, en attendant les ordres ultérieurs, vous êtes détaché auprès du major Doukhovitchny en qualité de commissaire de bataillon.

Les officiers de la suite étaient demeurés figés en un fort joli tableau vivant. Un tchékiste, un indépendant qui, en principe, échappait à la subordination classique, dont, de façon ou d'autre, tout le monde se méfiait, le général l'envoyait d'un seul coup d'un seul en première ligne, à l'attaque du lendemain, une attaque qui serait mortelle. Nikita s'était payé le luxe de contempler pendant quelques instants le jeu des afflux de sang sur la face de son espion en titre. Le capitaine Erès chancelait, plongeait d'une indignation inouïe dans une terreur glaciale et de là dérivait vers la cyanose homogène du désespoir et de la mort. Tiens ! Ça, c'est pour tous ceux que tu as interrogés et peut-être abattus, de la part de ceux que tu as mouchardés, avec le salut de tous ceux que tu as racolés de force et dont tu as détruit l'âme ! À présent, à ton tour de donner l'exemple, le pistolet à la main : « Pour la Patrie ! Pour Staline ! », fils de chienne.

Sur le chemin du retour, l'adjudant Vasskov, clignant de tout ce qui pouvait cligner, c'est-à-dire du nez, des sourcils et de son menton plus rond qu'un caillou de l'Oural, chuchotait imperceptiblement :

— Je n'oublierai jamais, camarade général ! Permettez-moi seulement de demeurer votre valet d'armes fidèle et vous ne le regretterez pas.

— Pas d'attendrissement, Vasskov ! fit Nikita d'un ton rogue.

— À vos ordres, camarade général ! brailla le valet d'armes fidèle dans un élan joyeux.

Avec celui-là, à présent, le problème était réglé. Il restait encore à placer des hommes à lui dans tout l'état-major, les bureaux, le groupe de sécurité et de liaisons. L'un des siens était déjà posté comme « adjoint à l'échelon arrière », rien autre que le général Constantin Cherchavy. Il lui avait d'abord fallu faire face à une difficile explication, à la sortie de laquelle le « messager merveilleux » avait rallié la catégorie des gradoviens les plus dévoués. Les hommes à lui — et parfois il les qualifiait ainsi à vue de nez, tout à fait convaincu que son « nez » ne le tromperait jamais — les hommes à lui, il les avait poussés à la tête de ses corps d'armée, de ses divisions, s'était efforcé de les infiltrer dans tout son commandement, jusqu'au niveau des régiments.

À vrai dire, tous les grands patrons de la guerre, commandants d'Armées ou de Fronts, en faisaient autant. On trouvait parfaitement naturel qu'un chef militaire élaborât lui-même la charpente de ses troupes. Le pouvoir central, sans encourager la chose, laissait faire sans rien dire. Ce que l'on ignore, c'est si les autres généraux poursuivaient le même but que Nikita : réduire le mouchardage au minimum, éliminer la plaie tchékiste de son entourage le plus proche.

Quoi qu'il en soit, au bout de ses six premiers mois à la tête de la 1re Armée Spéciale de Choc, Nikita était parvenu à ses fins : il était entouré de fidèles (ou du moins, ils lui semblaient tels), « solides gaillards » et « de bonne compagnie ». Cela sous-entendait que ce n'étaient pas des mouchards, non, mais comme l'Armée Rouge ne pouvait en aucun cas s'en passer, de ces mouchards, on faisait en sorte que les confessions de ces indispensables personnages ne sortent pas de la famille.

Les « hommes de Gradov » considéraient leur jeune chef — Nikita n'avait pas quarante-deux ans — avec admiration, mais sans états d'âme, ils étaient fidèles — ou une fois encore, ils lui semblaient tels —, résolus, gonflés à bloc. Ils savaient tous que Gradov était voué à des promotions nouvelles, qu'on lui destinait le Front de Réserve, ce qui signifiait qu'à sa suite ils prendraient du galon et décrocheraient peut-être des étoiles nouvelles, car on parlait déjà de remplacer les cubes et les losanges en vigueur par les insignes de grade d'avant la révolution, c'est-à-dire de la reconversion du corps des commandants rouges en la « galonnaille dorée » qu'on avait un million de fois conchiée.

Aux rares jours d'accalmie, le général s'offrait une randonnée à skis sur la piste préparée par son escorte. Il renvoyait sa suite et n'emmenait que son chien favori, un labrador à la tête ronde et à l'esprit lent qui répondait au nom de Polk. Un nom bien militaire[1], bon Dieu ! On n'allait tout de même pas donner à un chien combattant un nom de quelconque corniaud ! Levant les bras de plus en plus haut, glissant de plus en plus vite à la lisière de la forêt, Nikita ignorait volontairement les molosses de sa garde qui se profilaient à quelque distance. Il avait envie, ne serait-ce qu'en ces rares instants, de se sentir seul. Son état-major s'imaginait peut-être que, prenant ainsi du champ, il supputait les nouveaux coups qu'il porterait à von Bock et von Rundstedt, alors que le maître tout-puissant d'un effectif de trois cent mille hommes rassemblés dans la Spéciale de Choc cherchait seulement à propulser son sang dans ses veines, à sentir vive chacun de ses muscles, ses doigts, son cou, sa poitrine, les faisceaux longs du dos, la carapace de tortue du ventre, les puissants lionceaux sous la peau des épaules, le jeu rythmé des dauphins dans le glissement, dans l'envol de ses jambes. En d'autres termes, lors de cet entraînement

1. *Polk* signifie : régiment.

solitaire, il s'efforçait, ne serait-ce que d'éphémères instants, de quitter sa peau de chef, de renoncer à l'importance politique et militaire de sa personne, de retrouver son moi profond ou, tout au moins, cette surprenante machine faite de téguments, de muscles et d'os, dans laquelle ce moi profond voyageait.

Ce sentiment confus, et pourtant tellement indispensable à la conscience de soi, était tout le temps détourné par les bruits de la guerre toute proche : tantôt des moteurs de chars que l'on chauffait derrière un bosquet de bouleaux, tantôt des duels d'artillerie qui éclataient en première ligne, tantôt le hurlement croissant, décroissant, résurgent d'avions aux prises dans le ciel... La guerre : des milliers de moi profonds emballés dans des téguments, des muscles, des os, chacun pris dans l'écheveau de ses propres réflexes, de ses peurs, ses espoirs, qui se lèvent et se précipitent au-devant de millions de fragments de métal soigneusement usinés, sans autre moi profond que des explosifs, qui filent sur eux. À chaque minute, se produisent des « concours de circonstance » tragiques — ou élémentaires ? — qui associent vitesse et arrêt, déplacement à droite ou à gauche, chute ou redressement, coïncidence avec les inégalités du sol, addition des secondes, des fractions de secondes ; et le vivant achoppe contre l'inerte, la chair contre l'acier, à moins que ce ne soit l'acier qui la rattrape, qui en sifflant ou en silence, la déchire en lambeaux et alors, par ces trous déchiquetés, à la suite de son sang qui se volatilise, elle expulse son moi unique qui disparaît aussitôt dans les noires volutes de l'incendie dont s'embrase l'horizon. « Le reste est silence », oui, si l'on compte pour nulles et non avenues la pourriture et la puanteur qui hurlent au ciel. Pour qui ? Pour quoi ? Chose curieuse, moi qui ai tant fait de moulinets avec mon sabre, qui ai tiré de toutes les armes à feu possibles et imaginables dans toutes les directions, moi qui ai failli claquer dans les camps du gang des fascistes rouges, moi qui ai consacré toute ma vie à la guerre, aujourd'hui encore, dans le déchaînement de la Seconde Guerre mondiale, de cette honteuse guerre stalino-hitlérienne, je n'ai pas entièrement compris le sens de cette activité-là. Peut-être la faute en est-elle aux tonnes de littérature théorique que j'ai si passionnément dévorée dans les années trente, soldat de plomb jouant à l'art de la guerre ?

Des officiers de liaison alliés qui étaient récemment passés par là, apprenant qu'il lisait l'anglais, lui avaient laissé une pile de *Time* et de *Life*. Il avait feuilleté avec curiosité leur papier glacé plein de photos de tous les théâtres des opérations. À l'extérieur de la Russie, ce qui prédominait était l'élément aérien et l'élément naval. Dans les immenses espaces de l'océan Pacifique, l'infanterie de marine américaine débarquait sur des miettes de terre dont le nom sonnait comme les rêves du petit lycéen de douze ans Nika

Gradov : les Salomon, les Marshall, la Papouasie, la Nouvelle-Guinée... Tigres volants, Tomahawks, Éperviers du ciel, Cobras, bombardiers aux fuselages peints de gueules de requin, attaquaient les positions japonaises des Philippines. Des kamikaze s'abattaient sur des porte-avions géants. Dans l'Atlantique, c'étaient les Anglais qui défendaient leurs convois contre les agresseurs allemands. Il y avait beaucoup de photos d'opérations de sauvetage en mer. Ils sauvetaient les leurs, ils sauvetaient l'ennemi. Au milieu des vagues, l'équipage d'un sous-marin allemand nageait en gilet de liège vers un contre-torpilleur anglais. Le visage de ces hommes était étonnant de tranquillité, certains même souriaient, pour ainsi dire assurés que les Anglais les sortiraient de l'eau et ne leur enverraient pas, au lieu de cela, une dégelée de mitraillette sur la tronche. Une guerre passionnante, presque sportive, presque une guerre de gosses. Quel rapport avec notre interminable boue, la pourriture, la purulence, l'implacabilité, la destruction de la chair à cette incroyable échelle ? La guerre sur terre en Afrique semblait aussi assez jolie. On y avait les coudées larges, pour sûr. D'immenses horizons désertiques y faisaient ressortir l'attaque de quelques rares blindés et de fantassins en casques qui ressemblaient à des assiettes et en shorts aux genoux. Les servants des canons étaient nus jusqu'à la ceinture, donc on pouvait simultanément bronzer et faire la guerre. Des patrouilles entraient en véhicules découverts dans d'antiques cités arabes ; derrière les murs crénelés, on devinait de ravissants minois dissimulés jusqu'aux yeux sous des tchadors.

*Life* proposait une série de photos sur la victorieuse campagne d'Abyssinie de l'an dernier : « La capitulation du duc d'Aoste a été le point culminant des opérations d'Afrique orientale. Le 21 mai à Amba-Alaghi, l'armée italienne forte de dix-neuf mille hommes a déposé les armes. Le vice-roi d'Abyssinie et le commandant en chef des armées italiennes d'Afrique orientale, ainsi que cinq généraux et leur état-major se sont rendus les derniers. On voit sur cette photo le duc d'Aoste encadré par des officiers anglais sortir de la grotte où se trouvait son quartier général. Les honneurs de la guerre ont été rendus aux vaincus sur le front du régiment écossais "Transvaal". »

Le duc d'Aoste faisait plus grande asperge que les plus grands Anglais et avait l'air bien godiche dans ses leggings de cuir fin. Il avançait au côté d'un général britannique souriant et lui expliquait quelque chose d'un air convaincu, sans doute la raison de sa défaite. Officiers anglais et italiens les suivaient en vrac. Les uns et les autres vêtus d'uniformes légers, clairs. De nombreux Anglais portaient le short. Un colonel se tenait dans une pose classique, le stick sous le bras. Les Italiens, en leur qualité de perdants, se montraient plus compassés que les gagnants, quoique l'on eût pu croire que, dans ce pays, c'était à eux de jouer le rôle d'hôtes, les Britanniques étant là en invités. Le duc d'Aoste serrait ses gants dans sa main gauche. Il n'est pas exclu qu'il n'ait pas été tellement déçu de la situation : après tout, mieux valait être prisonnier des Anglais que des sauvages d'Abyssinie. Cependant, ses troupes défilaient devant la Garde écossaise. Puis ce furent les Écossais qui défilèrent devant ses troupes. La différence consistait en ceci que les premiers avaient des fusils à la main et que les mains des autres étaient au repos. La musique était celle des bag pipes écossais et des clairons italiens. Nikita montra ces photos à ses officiers, ce qui les fit bien rire. La convention de Genève, mes couilles aux petits pois ! Nikita souriait aussi. Et pourtant, c'est bien ainsi que doivent se conclure les guerres civilisées, sacré bon Dieu, qu'ils aillent au diable ! La partie est terminée, les grands maîtres arrêtent le chrono, échangent des poignées de main.

Guerres civilisées, élégantes boucheries. Le propre de la guerre à laquelle, fils d'une dynastie de médecins russes, j'ai dévoué toute ma vie, c'est quand même ici qu'il se révèle, ici où l'on chasse les prisonniers comme un bétail immonde et où l'on s'en débarrasse à la première occasion nous savons tous comment, où la population civile est maintenue sous la terreur, où, lorsqu'on bat en retraite, on pratique la tactique de la terre brûlée, on fait tout sauter sans penser à ceux qui restent, puis lorsqu'on revient, on voit les fruits de sa férocité et de l'infernale férocité de l'ennemi, toujours cette pourriture, cette puanteur, cette monstrueuse destruction de la chair... au nom de quoi ? du salut de la Patrie ou de la victoire de Staline sur Hitler ?... et maintenant que ces guerriers superbes, ces Teutons, entreprennent l'extermination massive des vieilles femmes et des enfants juifs, vous insistez sur la courtoisie, fondateurs de cette Convention ?

Il contrôlait sa course, la freinait et finissait par s'arrêter parmi les pins et les bouleaux couverts de neige, échauffé, les joues rouges. Et comme toujours, depuis qu'il avait été libéré des camps, un peu crispé. Cet état de crispation particulier aux camps, presque imperceptible, lui semblait-il, il faut croire que son entourage l'avait quand même remarqué. Plus d'une fois, il s'était heurté à des regards à la fois compréhensifs et craintifs. Alors, Polk revenait, lui posait la patte sur le bras, lui offrait sa grosse tête ronde. Nikita l'encourageait, lui grattait les oreilles. « Bon toutou, bon toutou, pas très malin, mais ça arrive chez les militaires. »

Ce n'est pas à cela que j'étais destiné. J'aurais dû être médecin comme mon père, mon grand-père et mon arrière-grand-père, j'aurais dû prendre soin des créatures humaines et non les envoyer par milliers à l'abattoir. Pourtant, si je fais ce que je fais, c'est que telle est quand même ma destinée, n'est-ce pas ?

Mes compliments ! Tu t'es brillamment enfermé dans la

« poche » d'une logique traîtresse. À toi d'en sortir, maintenant. Il consulta sa montre, puis, retournant d'abord son ski gauche, puis son ski droit, prit le chemin du retour. Aussitôt, entre les troncs et derrière la butte voisine, il vit apparaître son escorte, ses molosses fidèles, mitraillette au poing. Évidemment, ils étaient toujours là. Le prince de la guerre regagna ses domaines.

Ici, il convient d'ajouter qu'à ses brillants quarante-deux ans, le général d'armée Nikita Gradov faisait preuve d'un appétit sexuel exceptionnel. Il ne manquait pas de jeunesses autour de lui, infirmières, agents de liaison, secrétaires, aviatrices des bombardiers de nuit, elles étaient toutes au courant du péché mignon de leur cher général et même plus d'une le savait, ah ! mieux que par ouï-dire. Cependant, ses impressions d'Extrême-Orient étaient restées inoubliables. Le mois dernier, il avait envoyé Vasskov chercher Tassia, laquelle, bien entendu, était aussitôt accourue et s'était très vite adaptée au rôle de principale « compagne de campagne » du héros, mais avait continué, même aux moments les plus intimes, à le voussoyer et à lui donner du Boris Nikitovitch avec une prévenance à nulle autre pareille. Et ce n'est qu'aux moments alors là plus-plus-qu'intimes qu'elle se permettait des « Ah ah ah, mon petit Nikita-a-a Bo-o-orissovitch ! » qui vous remuaient les entrailles.

Ainsi vivait le héros rouge, ancien ZEK, jeune général de cette Seconde Guerre mondiale qui s'embrasait chaque jour un peu plus. À chaque instant, il devait avoir présents à l'esprit l'ensemble de ses positions, leurs ailes, leurs arrières, ainsi que l'espace aérien au-dessus de sa tête et, de même qu'un chauffeur au volant fait corps avec sa voiture, de même Nikita absorbait dans son « moi » les milliers d'hommes placés sous ses ordres, le matériel, la réserve, et souvent en pensée, parfois même à voix haute, il employait des expressions à peu près telles que : « mon aile gauche débouche sur Rjev, tandis que mon aile droite déborde Viazma ».

Seul un tout petit détachement échappait complètement à l'emprise de ses « ailes » : sa propre famille. On aurait cru que ces trois-là, dans le grand appartement de la rue Gorki, la générale Véronika, Boris IV et Véroulia, n'avaient aucun rapport avec sa vie présente, appartenaient à un passé où un fantôme nommé Nikita Gradov avait bien existé, mais n'était pas encore le vrai Nikita, le commandant en chef de l'Armée Spéciale de Choc.

Le crépuscule allait s'épaississant à l'arrière de l'auto blindée qui se dirigeait vers le front, la barre de fer rougi du couchant posée à l'oblique sur les toits de Moscou s'éteignait. Moscou se plongeait dans les mystères du black-out. La vierge du socialisme qui planait au-dessus de la place Strastnaïa évitait de poser les yeux sur les confins de l'ouest.

## CHAPITRE ONZE

# *Le Maître du Kremlin*

La réception des généraux terminée, Staline regagna son cabinet où un dîner lui fut servi. Ce soir-là, un seul homme avait été convié à sa table : le Commissaire du peuple ou, comme l'on disait de plus en plus souvent dans la capitale, le « ministre » de la Sécurité de l'État, Lavrenti Béria. Selon la tradition géorgienne, l'adjoint de Béria, un jeune colonel, ainsi que les trois gardes du corps de Staline, étaient également invités. Selon cette même tradition, les gars se firent un peu prier : voyons, comment nous, menu fretin, pourrions-nous prendre place à côté du Maître, mais après, au comble de la félicité, ils s'installèrent au bas bout de la longue table de conférence.

Le dîner était de ceux qu'aimait Staline, dans le simple style géorgien. On rompit des *tchoureki*[1] bien chauds, on trempa directement les crudités dans le sel, on mangea le poulet avec les doigts, chacun se servit le vin rouge lui-même. Staline s'était découvert une passion pour une collection de *kindzmaréouli*, il lui semblait que toute la force vivifiante des vallées de Kakhétie ruisselait avec ce vin dans ses veines de soixante-trois ans. Il avalait ses deux premiers verres d'un trait, retrouvait aussitôt son humeur martiale, son optimisme historique, après, il sirotait, s'imaginait par moments qu'il était un berger au flanc d'une colline, quelque part près de Télavi, je suis assis, ma pipe à la main, à l'aise sur une grosse pierre, les jambes dans des chaussettes de laine, les pieds dans des caoutchoucs, et je me fous pas mal des guerres et des complots ; et son sourire chafouin reparaissait sur ses lèvres.

Depuis deux mois, il s'était presque rassuré. Je crois que nous nous en tirerons. Adolf ne m'emmènera pas à Berlin la corde au cou. La conjoncture historique converge en faveur des peuples épris de liberté. Les nouveaux cadres de l'Armée ne se débrouillent pas mal du tout. Les historiens de l'avenir me reprocheront peut-être d'avoir écarté les traîtres potentiels ou peut-être m'en féliciteront. Peut-être me reprocheront-ils de ne pas les avoir tous démas-

1. Galettes de pain frais à l'orientale.

qués. Et des chefs militaires loyaux, sûrs, il en reste assez. Rien que Joukov, Koniev, Vlassov... Évidemment, il y a eu des erreurs en sens contraire, c'est inévitable, seul ne se trompe pas celui qui n'a pas la moindre notion de la marche de l'histoire. Ce qui est bien, c'est que certaines de ces erreurs peuvent être réparées, comme dans le cas de Constantin Rokossovski ou de ce Nikita Gradov... Je crois qu'il est le fils de ce médecin... — Il ricana. — Mon médecin. Un bon médecin, contrairement à cette brute de Bekhterev qu'on a expédié dès 1927, la sale année... — Il ricana encore.

Béria, contracté à l'extrême, s'efforçait de déchiffrer les rires entendus du « Tyran » comme il nommait dans son for intérieur le Maître bien-aimé. Son adjoint, le colonel Nougzar Lamadzé, tout en croquant un coquelet à la broche bien croustillant, suivait, lui aussi, les moindres fluctuations des ombres et de la lumière sur le visage de ses maîtres. Théoriquement, se disait-il, je pourrais en une fraction de seconde changer le cours de l'histoire. Je peux gagner en deux bonds le haut bout de la table, attraper un litre de *kindzmaréouli* et l'abattre sur le crâne du camarade Staline. Les camarades gardes du corps n'auront sans doute pas le temps de réagir. Après cela, de grandes perspectives s'ouvrent à l'imagination politique.

— Ce Gradov, articula Staline, qu'en dis-tu, Lavrenti ?

Béria opéra une reconversion intérieure immédiate. C'est en cela que résidait le secret de ses rapports de plus en plus favorables avec le Père des peuples : une série infinie de reconversions intérieures. Pour l'heure, celui qui se tenait devant Staline était le gardien vigilant de la Sécurité des peuples et de celle de leur Maître.

— À vrai dire, camarade Staline, il y a dans son regard quelque chose qui ne me plaît pas, remarqua-t-il prudemment.

Fallait-il ajouter que Gradov avait été « signalé » et même très sérieusement ? Non, en ce moment, ce serait mal venu. Tout à fait mal venu aussitôt après la remise des décorations. Mais plus tard, si l'on rassemble suffisamment d'indices, on pourrait rappeler au camarade Staline sa remarque sur le « regard », c'est-à-dire souligner sa perspicacité.

— C'est un bon soldat, dit Staline.

— Bien sûr ! — Nouvelle reconversion. — Un excellent soldat !

— Son regard... grommela Staline. Dans tous les regards, il passe des choses auxquelles on ne s'attend pas. Dans le tien aussi, Lavrenti, il m'arrive de saisir des choses déplaisantes. — Comme pour confirmer cette idée, Staline parcourut la pièce des yeux et s'arrêta sur Nougzar Lamadzé. — Ce colonel aussi, quelque chose pourrait passer dans son regard. Qu'est-ce que tu veux dire par ce mot de « regard », Lavrenti ?

Une marée de reconversions souleva Béria. Tâtonnant après la solution, il finit par s'arrêter sur quelque chose qui avait l'air de faire l'affaire :

— Je veux dire les séquelles de Iéjov[1], camarade Staline, dit-il.

— Ce n'est pas facile à oublier.

Je crois que je suis tombé dans le mille ! les séquelles de Iéjov avaient manifestement plu à Staline. Depuis longtemps, Béria avait remarqué que toute la machination autour de l'impitoyable nain avait été selon le cœur de Staline. Il est même probable qu'il en était fier. Tant faire par les mains de cet homme, puis l'envoyer se faire foutre dans le cul de l'histoire, et avec quelle gracieuseté, non, mais des fois !

Malheur à moi, se disait pendant ce temps-là Nougzar en géorgien. Rentrerai-je chez moi aujourd'hui ?

— C'est bon, Lavrenti, quelles sont les nouvelles d'Amérique ?

Autre reconversion immédiate : Béria passe du drôle de gardien vigilant de la Sécurité de l'Intérieur à celui d'homme d'État d'envergure internationale aux larges vues stratégiques qui dirige d'une main sûre tous les services de renseignements à l'étranger.

— La Maison-Blanche étudie déjà les plans d'un colossal débarquement. Nos agents d'Angleterre nous en avaient d'ailleurs informés. Des centaines de navires, des milliers d'avions...

— Un débarquement en Europe ? — D'un geste vif de sa main valide, Staline rapprocha une boîte de Herzegovina Flor, sortit sa pipe de sa poche. — Tu en es sûr ?

— C'est une question de semaines, camarade Staline, affirma Béria avec assurance. Simplement, on ignore où il aura lieu. En tous les cas, au sud, pas au nord. Peut-être en France, peut-être en Italie, afin d'isoler du même coup l'armée de Rommel. Tout porte à croire que le commandement unique de l'opération est déjà constitué. À la tête, il y a un général américain : Eichen... Eichenbaum, je crois... un nom juif. — Le lorgnon au regard aveugle se tourna vers le colonel Lamadzé.

— Le général Dwight Eisenhower, camarade Staline, dit le colonel d'un ton modeste.

Tous les reliefs du repas avaient été repoussés. Sur la table devant Lamadzé, il y avait un fin portefeuille de maroquin contenant les derniers rapports. Staline lui jeta un rapide coup d'œil. Comme s'il m'envoyait un coup de poignard dans les côtes, songea Nougzar. Un petit nuage de fumée aromatique s'éleva au-dessus de la chevelure drue, comme feutrée, du Maître.

— Tu ne te fiches pas dedans une fois de plus, Lavrenti ? demanda-t-il avec une trace d'humour débonnaire.

À ce moment terrible, Béria n'eut pas le temps de se reconver-

1. Nicolaï Iéjov (1895-1939), chef du NKVD, instigateur des grandes purges, successeur de Iagoda et prédécesseur de Béria.

tir, ses carreaux embués, une goutte de sueur au sillon de la joue le trahirent. L'assommer d'un coup de bouteille, annoncer à la radio sa fin tragique, conclure une paix séparée avec l'Allemagne, livrer à Adolf tout ce qu'il exigera, m'agrandir au Proche-Orient sur le compte des colonies britanniques, prendre l'Iran... Comment Nougzar va-t-il se comporter ? Pouah ! Ces idées qui vous viennent en tête, non, c'est de la couille, *tchatokhléïboulo*[1] !

— Pourquoi « une fois de plus », camarade Staline ? demanda-t-il d'un ton quasiment plaintif. Que voulez-vous dire par ce « une fois de plus », camarade Staline ?

— Aurais-tu oublié tes petites erreurs, Lavrenti ? lui reprocha Staline, toujours débonnaire, comme à un élève négligent. Aurais-tu oublié que tu as refusé de tenir compte des renseignements sur l'invasion allemande ? Que tu as fait exécuter nos agents, les accusant de semer la panique ? Tu as la mémoire courte, camarade Commissaire du peuple ! Faut-il te rappeler autre chose ? Que dis-tu des quatorze mille officiers polonais qui nous auraient été si utiles aujourd'hui pour combattre la bête féroce ?

Et voilà, se dit Béria, je ne couperai pas au sort de Iéjov. Mais c'est lui-même qui m'a soufflé tout ça, lui-même, et les paniquards, et les Polonais... J'ai passé ma vie à deviner les désirs de Koba, quelle destinée !... et toute ma vie, j'ai vécu sous la menace d'en être accusé ! Ces antisoviétiques polonais, à présent ! Tôt ou tard, cette affaire remontera à la surface, d'autant plus qu'on les a inhumés en territoire occupé. Alors, à tout hasard, on garde un bouc émissaire : Béria.

Il trouva la force de se contenir et de ne plus rien objecter au « Tyran », il se borna à faire signe à son adjoint. L'élégant colonel prit son maroquin et longea la table jusqu'à la hauteur de Staline. Les gardes du corps épièrent son déplacement d'un regard *ad hoc*. Staline ouvrit le portefeuille, renvoya le colonel à sa place du geste, souffla un dernier nuage d'Herzegovina. Des filtres traînaient devant lui sur la table. Quelle drôle d'habitude que de défaire des cigarettes pour bourrer sa pipe ! Qu'est-ce qui l'empêche de commander le meilleur tabac du monde ?

— L'Amérique, articula-t-il lentement, avec gourmandise, comme s'il sortait une cuillerée d'un pot de miel.

Béria respira : donc, il n'insisterait pas sur le sujet des « petites erreurs » et il n'avait fait que céder à un mouvement d'humeur passager. Effectivement, Staline avait éprouvé un vif mécontentement lorsqu'il avait été question des plans de débarquement. Pourquoi les Alliés ne les avaient-ils pas portés à sa connaissance ? Ils continuaient à se méfier ? Ou bien, les valets du capitalisme le

1. Géorgien : enculé.

prenaient-ils pour un inférieur ? Dans le fond, se reprit-il, ces plans sont à ce point secrets qu'on ne peut les communiquer ni par messager ni par radio. Pour l'instant, nous avons décliné l'idée d'une rencontre des Trois Grands. Nous rencontrer dans je ne sais quel douteux archipel, souffrir de la peur et de la nausée, de grâce ! le chef de l'Union Soviétique estime que c'est prématuré. Churchill se dispose à se rendre à Moscou, c'est son affaire. Ça doit être pour nous apporter ces nouvelles, et là, nous l'épaterons plutôt par la qualité de nos informations. À cette idée, Staline retrouva sa belle humeur et oublia les « petites erreurs » de son ministre. L'Amérique ! se disait-il avec satisfaction en feuilletant les rapports. Quel pays ! Quelle productivité ! Pourquoi est-ce cette pouillerie de Russie qui m'a été donnée pour incarner mes grandes idées ? En Amérique, voilà longtemps que nous aurions édifié un communisme sur lequel le monde entier aurait pris exemple... pas de veine ! Comme l'a dit Pouchkine : « Quel diable a eu l'idée de me faire naître en Russie avec une âme et du talent ? « L'Amérique, voilà un pays ! Des ressources naturelles, une industrie, la masse populaire, c'est-à-dire la productivité du travail !

S'étant ainsi livré à ce petit déploiement de coquetterie avec lui-même, Staline transperça soudain le colonel Lamadzé d'un regard puissant. « D'où es-tu, djighite ?« lui demanda-t-il en géorgien. Ce fut si inattendu que Nougzar bondit dans un grand bruit de chaise et de bottes et que ce n'est qu'après avoir compris que cette question était informelle et posée dans une langue informelle, la langue du foyer natal pour ainsi dire, qu'il regagna sa position initiale sous le regard souriant de la garde.

— Nous sommes de Signakhi, camarade Staline. Les Lamadzé de Signakhi, camarade Staline, dit-il comme pour s'excuser de sa réaction excessive à la simple question d'un supérieur et pour la bourgade de Signakhi si joliment suspendue au-dessus de la vallée de l'Alazani.

— Lamadzé... Lamadzé de Signakhi, s'efforçait de se rappeler Staline. Dis donc, vous n'êtes pas parents des Lamadzé de Borjomi qui sont alliés aux Mjavanadzé de Koutaïssi ?

Nougzar s'illumina :

— Vous avez absolument raison, camarade Staline. Ma tante Lavinia de Borjomi était la femme de Bagration Mjavanadzé, le directeur du kolkhoze vinicole d'Akhaltsikhi.

— Ah ! triompha Staline, donc les Kiknadzé, les armateurs de Batoum, sont aussi vos parents ?

— Bien entendu ! — Nougzar, aux anges, s'abandonnait à son nouveau rôle de lèche-bottes. Il avait compris que sa parenté imaginaire avec des capitalistes de Batoum ne lui nuirait en rien et que ce serait pire s'il la reniait. — La branche des Kiknadzé de Signakhi nous est très proche, camarade Staline. Nous avons vécu porte à porte avec mon oncle Nicolo Kiknadzé jusqu'au moment où nous avons déménagé à Tiflis.

— Et moi qui n'en savais rien ! articula Béria avec un étonnement feint.

— Ah ! dit Staline ravi, je vois que ma mémoire ne me trahit pas. Alors, djighite, tu dois être parent des Goudiachvili de Tiflis, hein ? Tu te rappelles, Lavrenti, de la fameuse pharmacie de Galaktion Goudiachvili ?

— Je suis son neveu direct, camarade Staline ! proféra Nougzar tout à l'allégresse de rechercher leur parenté géorgienne commune. — Ce n'est qu'après qu'il sentit souffler le froid du tombeau et peser un presse-papiers de marbre sur un crâne. Et il revit le dernier, le majestueux regard de tonton Galaktion en train de succomber sous sa main.

Par bonheur, à ce moment précis, Staline, entièrement tourné vers Béria, ne le regardait pas :

— Je me rappelle très bien cette excellente pharmacie. C'est là que j'achetais mes... — il pouffa comme un chat qui crache — ... des machins à dix kopek, deux par boîte. Malheureusement, ils n'avaient pas toujours ma taille.

Il rit et Béria fit de même presque en même temps. À la bonne franquette. Entre hommes. Après tout, nous sommes de la même bande, moi, Klim, Viatcheslav, Lazare, Lavrenti... en un mot, la bande qui détient le pouvoir. Nougzar porta la main à son front. La sueur froide passa de l'un à l'autre. C'était parfait.

Staline se tourna vers lui :

— Et un pareil djighite n'est encore que colonel ? Ça ne va pas ça, Lavrenti ! Moi, ce Lamadzé de Signakhi, je le vois avec des épaulettes de général, même si le nouveau modèle n'existe pas encore dans notre armée.

Toute l'assistance sourit, sachant que le chef suprême caressait le doux rêve de revenir aux insignes de grade d'autrefois. Staline était, c'est certain, d'un excellent tour. Et comment donc ! Il avait galvanisé son grand état-major, reçu de bonnes nouvelles d'Amérique, bien dîné en compagnie de sympathiques Géorgiens. Et son hibou s'était tenu tranquille, était resté perché sur le lustre tout contre le plafond, modeste, lamentable, gris, tel un oiseau empaillé. Il se leva, tout le monde suivit son exemple. Il serra la main du loyal Lavrenti et du général Lamadzé frais émoulu. Le bon vin suscite toujours des idées justes. À présent, ce djighite a le contact direct avec moi, si jamais le Commissaire du peuple à l'Intérieur veut faire le malin, je penserai à lui.

Devant la porte, il arrêta Béria.

— Au fait, qui est le chef de la Section politique, chez Gradov, à la Spéciale de Choc ?

— Le général Solomon Golovnia

Staline fit une petite grimace. Il ne sonnait pas très bien, ce nom, oui, il était loin d'être idéal.

— C'est un secteur à renforcer, articula-t-il. Il faut aider Gradov à surmonter les « séquelles de Iéjov ». Réfléchis à un candidat et fais-moi ton rapport.

En descendant la moquette de l'escalier de marbre, Béria songeait, comme chaque fois qu'il sortait de chez le « Tyran », à ses exceptionnelles capacités. Quel joueur d'échecs ! quel psychologue ! il saisissait tout au vol, n'oubliait rien. Même Nougzar, il ne l'avait pas oublié.

Il s'arrêta. Nougzar, radieux, faillit l'emboutir.

— Tu as bien fait de ne pas tout raconter à propos de ta parenté, laissa-t-il filtrer à voix très basse et très nette.

*Cinquième entracte*

## LES JOURNAUX

*Le* Time. *22 juin 1942 :*

*... L'ambassadeur des États-Unis à Vichy, le grand et chauve amiral Leehy, a été reçu par le maréchal Pétain. Voici ses impressions :*

*1. Le vieux maréchal ne croit plus que les puissances de l'Axe puissent gagner la guerre.*

*2. Pétain souhaite la victoire des Alliés.*

*3. Pétain s'oppose obstinément à la pression nazie qui s'exerce par l'entremise de Laval, y compris la menace de faire mourir de faim un million et demi de prisonniers de guerre français.*

*4. À titre personnel, l'amiral Leehy éprouve un profond respect envers le maréchal Pétain.*

*Molotov est à Londres en visite incognito. Il est sorti de son avion en complet molletonné et casque d'aviateur. L'énorme bombardier quadrimoteur a été une surprise pour les officiers de l'armée britannique. L'équipage était si nombreux que les Anglais ont fini par se demander quand s'arrêterait la file des hommes qui sautaient à bas de l'appareil.*

*Le photographe du* Daily Mirror *a été arrêté par la police.*

*Officiellement, on appelle Molotov : « Mr. Smith de l'étranger ».*

*... Mr. Wendell Wilkie a atterri à Moscou en forteresse volante, que les Russes appellent « Monstre »... Le lendemain, en compagnie de l'ambassadeur Stanley, il est allé entendre la septième symphonie de Chostakovitch. Il a également assisté à un concert de Léonid Outiossov et de son jazz russe...*

*Tous les Russes demandaient à Wilkie pour quand serait l'ouverture du second front. Mr. Wilkie a déjeuné avec Staline au Kremlin. « Faites savoir aux Américains, a dit le dirigeant soviétique, que nous avons besoin de toutes les denrées qu'ils pourront nous envoyer. »*

*Le* Time. *17 mai 1943 :*

*... Un nouveau film,* Mission à Moscou, *est sorti à Manhattan. Ce film contestable a soulevé une véritable tempête dans l'intelligentsia. Et l'enthousiasme absolu des communistes. Un collaborateur du* Daily Worker, *Mike Gold, l'a qualifié de « patriotique et intrépide »... de « meilleur film de propagande qu'il ait vu de sa vie ». Les personnes moins enclines aux réflexes staliniens ont réagi de façons diverses. Enn Mackormick, du* New York Times, *estime que ce film est « tout à fait injuste envers la Russie et donne une image fausse de l'Amérique ».*

*Le critique littéraire Edmund Wilson, un ancien marxiste, affirme que c'est « tromper le peuple américain »... Le philosophe John Dewey déclare que* Mission à Moscou *est le premier exemple de propagande totalitaire qui se fait jour dans notre pays.*

*Entre autres choses, le film montre le maréchal Toukhatchevski devant un tribunal, alors qu'il a été abattu sommairement.*

*Les journaux soviétiques débordent de fierté pour leur armée, et de haine indomptable. « Mort aux Allemands ! » proclament solennellement les* Izvestia. *« Tuer le plus possible de soldats et d'officiers allemands, c'est le devoir sacré de chaque soldat rouge, de chaque partisan, de chaque habitant des territoires occupés... »*

*Les enfants demandent à leur père : « Papa, combien t'as tué d'Allemands aujourd'hui ? »*

Newsweek. *Mars 1943 :*

*... Après quinze mois de ce que Hitler a appelé la « colonisation aryenne », Kharkov a l'air d'avoir traversé à la fois un tremblement de terre, la peste noire et l'incendie de Chicago... Dès que les Allemands sont entrés dans la ville, tout au long de la rue Soumskaïa, de chaque côté, des grappes de pendus russes ont chargé les balcons... Les belles Ukrainiennes ont été expédiées en Allemagne comme produits de consommation courante.*

*Mai 1943 :*

*Les endurantes familles moscovites sont enfin à même de goûter le jambon américain. Les magasins ont distribué ce mets rare à raison de deux livres par personne.*

*À la question de Ralf Parker, correspondant du* New York Times, *qui lui demandait si la Russie voulait voir une Pologne indépendante et forte, Staline a répondu : « Cela va de soi, elle le veut. »*

*L'ambassadeur Joseph Davies est arrivé à Moscou où il a été accueilli par le représentant de Molotov, Dékhanozov, lequel ressemble à l'un des sept nains, mais pas à Simplet, car c'est l'un des esprits les plus sensés d'URSS. « Si vous voyez quelque chose qui va, dites-le au monde entier », telle a été sa demande. Une photo : Davies et Staline. Les deux « Joe » offrent à l'objectif un sourire rayonnant.*

*Le* Time *de Londres. 8 mai 1943 :*

*Les résistants français ont attaqué le casino de Lille à la grenade, tuant vingt-trois officiers allemands.*

Newsweek. *Août 1943 :*

*Le général de division Piotr Sabennikoff, six pieds quatre pouces, raconte sous sa tente : « ... Sous Koursk, nous n'avons pas affronté de "Fritz d'été", c'est-à-dire de "Fritz total"*[1]*. Les unités qui y étaient concentrées étaient des unités de choc, des gars de moins de trente ans bien entraînés, endurcis... Cependant, même eux ont commencé à se rendre... ceux avec qui j'ai parlé m'ont dit qu'ils avaient été très impressionnés par la chute de Mussolini... » Les bombardiers hurlent. Une mine à retardement éclate. Dans la cagna, quelqu'un joue une valse de Chopin à l'accordéon.*

*... Des vieilles tiges russes ont invité le capitaine d'aviation Rickenbaker afin de voir comment il tenait la vodka. Rentrant par les rues désertes de Moscou, il proclamait : « J'en ai descendu trois, six hors homologation. Plus tout un tas que j'ai endommagées. » Au matin, il a observé : « Les nouvelles épaulettes de l'armée soviétique, issues de celles des tsars, la désinence des grades militaires et la réduction du rôle des commissaires ouvrent la voie au capitalisme et à la démocratie. »*

*Le* New York Times. *Février 1943 :*

*... Voronèje. Les civils sont à la recherche de leurs maisons, les militaires des mines ennemies.*

1. On appelait, en Russie, « Fritz d'été » les territoriaux mal préparés que Hitler avait mobilisés pour compléter les effectifs de la guerre totale.

*... À la suite de la déclaration de l'ambassadeur Stanley selon laquelle l'Union Soviétique ferait insuffisamment part à la population de l'aide des États-Unis, notre correspondant s'est empressé d'opérer une vérification dans l'un des magasins que l'on appelle ici des « gastronomes ». « Voici du fromage, de l'excellent saindoux, du sucre, de l'huile... » Les vendeurs ont témoigné d'une satisfaction tranquille, mais non d'une gratitude éperdue.*

*... La moitié des chars livrés au titre de la loi prêt-bail et quarante pour cent des avions tactiques vont à la Russie.*

*... L'ambassadeur d'URSS aux USA, Maxime Litvinov, a répondu à l'amiral Stanley que le peuple soviétique appréciait grandement l'aide américaine.*

*Le* Time *de Londres. Avril 1943 :*

*L'évêque de Saint Albans ayant posé au gouvernement, à la Chambre des lords, la question de savoir si la production de moyens anticonceptionnels était une affaire d'État, s'est entendu répondre par lord Manster :* « No, sir... »

*Sixième entracte*

## UN CHEVAL À PLUMET

Grichka, vieux cheval de cirque, finissait de couler ses jours à l'écurie du boulevard Tsvetnoï. Cela faisait longtemps qu'on ne l'exhibait plus au manège, alors qu'il était certain de pouvoir encore exécuter sans difficulté tous les points du programme : tour de piste durant lequel le voltigeur te saute sur le dos, puis se tient debout sur la selle en saluant largement le public. Courbette en secouant ton superbe plumet. Et même valse sur les sabots postérieurs aux sons cuivrés des *Vagues de l'Amour*. Ce cérémonial lui manquait. Lorsqu'il était impératrice de Russie, il aimait aussi la parade, la pompe, l'éclat, l'attention de centaines d'yeux rivés sur ses grasses et majestueuses épaules de Petite Mère Souveraine, il aimait à défiler sur le front de la Garde — taille : six pieds —, à choisir attentivement la meilleure banane, la grappe de raisin la plus impressionnante. On disait qu'elle ne tenait compte que de la taille, c'était inexact. Ce qui comptait le plus, monsieur Voltaire, était le développement harmonieux de ces « naïfs » à la russe : nez fort, moustache bien frisée, poitrine large — mais pas trop —, ventre plat, nature morte frémissante de vie saillant sous la culotte de peau, j'espère que ce jeu de mots à l'envers ne vous choque pas. Donc, le troisième, le septième et le onzième dans ma chambre à coucher aussitôt après l'audience à l'ambassadeur d'Autriche !

La suite, Grichka ne s'en souvenait jamais, et même si quelque chose lui revenait des astrales abysses où se trouvait maintenant l'empire de jadis, ce n'était que le hochement des hautes coiffures poudrées, le scintillement des diadèmes en brillants, le tintement des armes, la musique, toujours le même cirque, voyez-vous.

Un jour, son vieux maître et ami, le palefrenier que l'on appelait aussi Grichka, est venu le voir. Ce soir-là, il sentait moins la gnôle que d'habitude. Grichka le cheval ignorait que, dans la ville assiégée, la vente d'alcool avait pratiquement cessé.

Grichka le moujik harnacha le cheval, serra sa joue râpeuse contre ses naseaux et versa une larme. « Ah, mon frère, bredouilla-t-il, ces honteuses charognes m'ont dit de t'emmener aux abattoirs de Tcherkizovo pour cause de pénurie de fourrage. Un tel artiste, et pas mauvais cheval, le livrer au merlin ! Nous aurions mieux fait de filer ensemble, en 1937, au libre Caucase. »

Qu'est-ce que c'est que ces sornettes qu'il débite aujourd'hui, le moujik, se dit Grichka le cheval en extrayant de sa stalle son corps blanc pommelé. Le palefrenier le suivait, cramponné au harnais. Ils gagnèrent le boulevard plongé dans la nuit au-dessus duquel planait de biais une énorme saucisse. Et il prétend qu'il n'y a rien à manger en ville, se dit Grichka le cheval. Qu'est-ce que c'est que ces sornettes qu'il débite, le moujik ? « À quoi servira ta peau, ça, je n'en sais rien, bredouillait toujours le palefrenier. Ça fera peut-être une paire de bottes. Et tes os, on en tirera peut-être de la colle, une denrée utile ça aussi... Dire que tu étais si beau, Grichka ! s'enflamma Grichka le moujik comme sur une lampée de gnôle. Sous ta housse dorée, tu venais te pavaner comme la princesse Cygne, la reine des reines ! Si tu étais un étalon, je t'aurais envoyé au haras, tu y aurais fait tes gâteries aux pouliches jusqu'à la fin de tes jours, tu aurais eu de l'avoine ! »

Ils débouchèrent ainsi à la Samotioka et croisèrent les unités d'artillerie qui traversaient la ville. De nombreux canons étaient tractés par des chevaux. Alors, les soldats réquisitionnèrent Grichka le cheval au vieillard en larmes. C'est ainsi que connut sa fin la nouvelle réincarnation d'une grande entité femme-cheval. Tout comme l'impératrice, Grichka le cheval mourut le nom de Russie, c'est-à-dire d'un cirque éblouissant, aux lèvres. Et les corbeaux déchiquetèrent son cadavre, et les corbeaux déchiquetèrent son cadavre.

# CHAPITRE DOUZE

## *L'été, la jeunesse*

Ce jour de juillet 1943, le détachement auxiliaire Aurore caserné dans la banlieue de Tchernigov fut réveillé avant l'aube pour l'accomplissement d'une mission spéciale. Il était composé d'anciens prisonniers de guerre russes et était en fait un détachement de l'Armée de Libération Russe en voie de formation sous l'autorité du général Andréi Vlassov, passé à l'ennemi l'an dernier. Les hommes portaient l'uniforme vert-de-gris et, à la manche, un badge au sigle de ALR.

C'était l'été, bien des garçons, imitant les Allemands, roulaient leurs manches jusqu'au coude et dégrafaient leur col. Mais Mitia Sapounov, les élégances étrangères ne lui convenaient pas, ressembler à un conquérant aryen était à ses yeux la dernière des choses, alors que Gochka Kroutkine, au contraire, se mettait en quatre pour que les putes du coin le prennent, au moins de loin, pour un homme supérieur, un *Herrenmensch*[1] : il collait sa cigarette à sa lèvre à la manière des Allemands, lançait par-ci, par-là, des *Scheise, Schwein, Quatsch*[2], sifflotait tour à tour *Lili Marlene* et *Rosamonde*.

Durant les dix-huit mois qu'il avait passés à l'arrière des lignes allemandes, il avait beaucoup grandi, presque rattrapé la haute taille de Mitia Sapounov et s'appliquait à refléter l'allure de Johann-Erasmus Dürenhoffer, l'officier des services idéologiques qui rendait fréquemment visite aux transfuges russes afin de leur débiter ses discours. Sauf que Gochka, toujours aussi excité, continuait à jouer auprès de Mitia le personnage de petit mec toujours à votre service. Le plus fantastique, c'est qu'il s'était démerdé, malgré de perpétuels regroupements d'effectifs, pour ne jamais se laisser séparer de son ami. Il s'arrangeait toujours pour se retrouver dans la même compagnie, la même section, la même escouade. D'ailleurs, Mitia, lui aussi, passait son temps à le chercher des yeux : il est là, Gochka ? Qu'on le veuille ou non, il s'était habitué. Il éprouvait pour le Morpiot un sentiment quasi familial.

1. Allemand : homme de la race des seigneurs.
2. Allemand : merde, cochon, connerie.

Une seule fois, en dix-huit mois, à cause d'une salope, une petite communiste, Mitia s'était mis en pétard contre son valet d'armes fidèle, mais il ne voulait plus y penser. Ça avait été un coup dégueulasse, du boulot de maraudeurs, à qui la faute ? impossible de le dire. Il n'avait pas tardé à tirer un trait ; ça se perd et ça s'oublie : la guerre efface tout.

Ces dix-huit mois-là, les volontaires russes du camp du Pripet, on n'avait fait que les balader d'un bout à l'autre du Reich. On aurait dit que le commandement allemand ne savait pas à quoi les affecter. Tantôt on les soumettait à un entraînement intensif, tantôt on leur lâchait la bride plusieurs semaines de suite. On ne leur confiait pas d'armes convenables. Par exemple, pas un d'entre eux n'avait touché un *Schmeisser*. Ils coltinaient de lourds fusils modèle 1914 et, même pour ceux-là, on ne leur distribuait de munitions que sur ordre exprès. On leur avait appris le maniement de la grenade allemande, mais la séance d'instruction terminée, on la leur reprenait aussitôt.

On ne comprenait pas très bien qui commandait. Les instructeurs allemands changeaient tout le temps. Les gens du Comité russe, dans le genre du colonel Bondartchouk, se pointaient, dégoisaient leur laïus et se taillaient de même. On utilisait les volontaires à des corvées tout ce qu'il y a de nase : décharger des wagons, monter la garde autour des gares. Une fois, on les avait amenés au stade de Vinnitsa afin de le mettre en état pour une fête nazie. Ils avaient installé des bancs, dressé des mâts pour les drapeaux. Un immense portrait du Führer en manteau de cuir à col relevé et le slogan en ukrainien : *Hitler-Libérateur* leur avait donné beaucoup de tintouin. Mitia et Gochka n'avaient pas participé plus de deux ou trois fois à des actions armées, et encore, quelles actions ? De quoi se branler. Une fois, on avait amené leur bataillon à peine refondu quelque part en Pologne, on leur avait distribué des munitions et on les avait lâchés dans une grande plaine. Devant eux, un petit village avec son église, derrière lui, des collines bleues et boisées. Une couple de bombardiers pilonnaient sans arrêt les bois des alentours. Après ça, une demi-douzaine de blindés s'étaient portés vers le village, cependant qu'on lâchait le bataillon russe à pied à travers champs. Ils avaient tiraillé de leur vieille carabine tout en marchant, impossible de dire où leurs balles étaient allées. Mais, dans le bois, ils avaient trouvé pas mal de tués en bonnet carré. On y fusillait les prisonniers, en lisière. Par bonheur, ni Mitia ni Gochka n'avaient été affectés au peloton d'exécution, ils étaient passés à côté d'un air de rien.

Ils avaient encore canardé à une ou deux reprises, cette fois sous Bobrouïsk. Là aussi, il s'était agi de déloger des partisans, mais cette fois des compatriotes, des Soviétiques. C'est justement là, sous Bobrouïsk, que s'était produite avec la fille l'histoire dégueulasse qu'il valait mieux oublier. Puis on les avait emmenés à un nouveau regroupement, cette fois en Allemagne, dans la petite ville de Dabendorff. Alors là, ils avaient vraiment eu de la veine, ils avaient vu l'Europe, la vraie de vraie. Ça, c'est la belle vie ! C'est propre, calme, on ne comprend même pas comment on peut vivre comme ça. Dans le fond, la petite ville ressemblait à un lotissement de datcha dans le genre du Bois d'Argent, mais en mieux. Les maisons étaient plus solides, en dur, certaines à colonnes avec des grilles en fer forgé. Non loin de là, il y avait une usine de guerre que venaient bombarder quasiment tous les deux jours les ploutocrates anglo-américains complices des bolchevik. Le bruit des bombardements parvenait jusqu'à Dabendorff, l'horizon s'embrasait d'éclairs, mais ici, tout était calme et l'on aurait dit que ce n'était qu'un orage. On s'étonnait même un peu de voir que l'asphalte était sec.

Dabendorff, Andréi Vlassov y était venu en personne. Un bonhomme d'une taille imposante, il n'y a pas à dire. Il avait vraiment fait une forte impression aux hommes lorsqu'il avait dit : « Soldats, telle est notre vocation historique. Nous traverserons toutes les batailles, les souffrances, les humiliations, afin d'ouvrir une nouvelle page de l'histoire de Russie ! » Ce n'était pas mal dit. Cela vous donnait des ailes.

Mitia fut repris de noire inspiration, bien qu'à vrai dire il ne vît nulle trace de vocation historique dans les environs. C'était plutôt Gochka qui avait raison de dire que, des fois, ça valait mieux que de pourrir vivant dans un camp. Ici, au moins, on pouvait se payer un cinéma de temps à autre. On prenait six bières, un paquet de saucisses en caoutchouc, on s'installait au dernier rang et l'on matait les mirifiques cinévierges allemandes : Marika Rökk, Leni Riefenthal et Sara Leandra. Dès que ces beautés paraissaient à l'écran, la blonde Marika ou la brune Sara, les gars fourraient les mains à la culotte et complétaient l'œuvre cinématographique par le jeu de leur imagination puissante bien que quelque peu monotone.

— On est bons pour le peloton tous les deux, disait Mitia à Gochka après avoir descendu sa bière.

— Qu'ils aillent se faire foutre, répondait Gochka. Un jour ou l'autre, tout le monde les récoltera, leur douze balles dans la peau à la con, c'est pour ça que c'est la guerre.

— Tu parles d'une vie ! disait Mitia le lendemain devant le lavabo. — Il s'aspergeait sous les bras et songeait : Quel *curriculum* de merde je suis en train de me faire !

Gochka, qui se reflétait dans la glace embuée derrière lui, tordait la bouche d'amertume, exprimant une extraordinaire sympathie, pleurant presque : « Je comprends, Mitia, je comprends ce que tu voudrais, mais qu'y faire, Mitia, c'est la guerre, cette saloperie de guerre nous relance, nous autres, les jeunes, comme une troupe de chevaux, un truc à la Essénine, quoi. »

Le fidèle Gochka allait jusqu'à se chatouiller pour dérider son cafardeux ami. En réponse, Mitia lui boxait l'estom d'un air rude, mais on voyait qu'il appréciait la sympathie et même qu'il débordait de sentiments : c'était quand même un pote, et un pote, comme on le sait, ce n'est pas une vieille chaussette, on arpente les chemins de la guerre ensemble, quand même.

Bien sûr, sans la guerre, Mitia aurait eu d'autres amis. Il serait allé à l'Institut de Médecine comme le voulait grand-père Boris, aurait porté une casquette blanche, une chemisette et des chaussures blanches, aurait appris le plus humain des métiers, serait allé aux concerts du Conservatoire avec ses condisciples ainsi qu'il convient à un homme civilisé. Il aurait trouvé une jeune fille d'excellente famille comme sa famille à lui, celle des Gradov, une jeune fille dans le genre de tante Nina, seulement en plus jeune, bien sûr. Ils se seraient promenés ensemble au Jardin Sans-Souci, auraient parlé de science et d'art et, plus tard, leur amitié serait devenue amour. Mais ici, à la guerre, toutes ces choses humaines se changent en hideuse grimace, une sorte de singerie : tu caressais des rêves, tiens ! encaisse-les dans leur *réalité*, le pillage et la dégueulasserie, comme si l'on t'avait une fois pour toutes inscrit dans un sale registre, comme s'il était décidé que tu ne serais jamais un homme. C'est ce qui était arrivé sous Bobrouïsk, dans le village où le bataillon avait stationné avant son opération de ratissage contre les partisans. Pas moyen de chasser cet ignoble souvenir, il revient comme un chien perdu qui te demande ta protection. Un soir, Mitia et Gochka s'enquiquinaient sur un banc près de l'isba où ils étaient cantonnés, quand la jeune Larissa, la bibliothécaire, le rêve des forces armées de part et d'autre du front, était sortie sur le perron de la maisonnette qui abritait le club. À vrai dire, son nom et sa profession, ils ne les avaient appris que cinq minutes plus tard, au premier instant, Mitia avait cru se trouver devant un mirage cinématographique : une coiffure en grosses boucles, des yeux comme des lacs, une bouche rouge vif, un corps ondulant sous une robe de voile, des chaussures à talons hauts.

— Eh bien, les gars, entrez !

Une voix... la sensualité même, la grimpette immédiate. Gochka hennit de contentement et lui murmura avec flamme à l'oreille :

— Mon vieux, aujourd'hui, on va améliorer notre expérience du feu tous les deux !

La table de Larissa offrait une curieuse image du triomphe de l'humanisme : une bouteille de schnaps fritz, un pot de gnôle, une cruche de *braga*[1]. Ce qui ne tarda pas à leur monter à la tête.

1. Sorte de bière maison.

— Alors, comment va la vie, traîtres à la Patrie ? coquetait la bibliothécaire à l'intimidante beauté. — Elle sortit de sous son lit un phono, une poignée d'aiguilles en acier de l'Oural, des disques de chansons de films.

*La chanson nous aide à vivre et à bâtir*
*Comme une amie elle ouvre l'avenir.*

— Aïe, Mitia, ma tête à couper qu'elle va nous livrer aux partisans, chuchota Gochka.

Larissa tourbillonnait dans la pièce, la tête renversée de bonheur cinématographique, sa robe de voile volait, révélant l'absence de toute culotte. Le phono grinçait une marche, mais elle, voyez-vous, elle valsait au rythme de sa musique intérieure.

— Alors ? Qui me baise le premier, les gars ? demanda-t-elle.

— Mitia ! Mitia le premier ! s'écria Gochka Kroutkine. Allez, Mitia, enfile-la ! Moi, je fais le pet, des fois que les partisans se pointent.

Larissa ébouriffa les cheveux de Mitia.

— Allons-y, le frisé ! — Et pan ! elle s'assit sur ses genoux, la figure contre la sienne, colla sa bouche rouge et acide contre ses lèvres. — Allons-y, fourgonne-moi comme la chèvre à Sidor, faut pas te gêner !

Mais Mitia se gênait, et beaucoup-beaucoup. Côté « expérience du feu » (en ce qui concerne les organes féminins), il souffrait d'évidentes lacunes, pour ne pas dire de défaut complet. Oui, il avait débité par mal de blagues à Gochka, mais en réalité, il n'avait touché à une femme, pour la première fois de sa vie, qu'un mois avant Larissa, en Pologne, quand, avec des gars passablement schlass, ils avaient attrapé une petite boulotte, une gamine, et se l'étaient offerte en chœur dans le bassin d'une fontaine à sec. Quand le tour de Mitia était arrivé, il n'avait rien ressenti d'autre qu'une violente nausée. Heureux encore qu'il ait fait noir, il n'avait pas perdu la face devant les copains. Il avait fourré son machin où il pouvait, probablement dans un simple repli de la peau où ça clapotait, et avait simulé un violent effort. La gamine se bornait à pleurcaqueter, c'est-à-dire qu'elle pleurait et caquetait à la fois, à n'y rien comprendre. C'était honteux, ignoble, mais il n'y avait rien à faire, c'était la guerre, l'esprit d'équipe du combattant, quand tous les autres deviennent des chacals, on le devient soi-même.

Avec Larissa, il en était allé tout autrement, tout était vrai, l'authentique naissance d'une virilité. Il ne se serait jamais cru de telles capacités. La fille chantait, gémissait, mordait. « Mitia, mon chéri, que tu es beau ! Vas-y ! Vas-y ! Encore ! Encore ! » Et tout d'un coup, il s'était senti follement amoureux de ce corps ondulant et cambré, de ce visage tendu, de cette image vivante du romantisme.

Assis sur le perron, sa carabine à la main, Gochka faisait mine de monter la garde, mais il avait laissé la porte entrouverte et jouissait du spectacle. Je vais l'envoyer au diable, se disait Mitia tout en poursuivant sa douce besogne, je ne lui permettrai pas de toucher à cette jeune fille. Je vais fermer la porte et rester là jusqu'à demain matin, et puis après, peut-être que nous nous enfuirons ensemble pour toujours. En Argentine « où le ciel de midi est si bleu ».

Puis ils étaient arrivés en Argentine et peut-être même mieux. Plus aucune pensée, cela avait été un flot de ravissements réciproques, un bouleversant tango. Et ce n'est que lorsque la marée des ravissements s'était mise à baisser que Mitia avait entendu de gros rires, un martèlement de bottes dans la chambre de sa jeune fille et la voix kharkovienne de Kravtchouk :

— S'il y va, le Sapounov !

*Sans rien payer au syndicat*
*Il bouche tous les trou-lala.*

C'étaient six hommes d'une escouade d'inséparables qui se baladait tous les soirs dans les environs à la recherche d'un carambolage collectif. Ces gars complètement dingues avaient tout l'air de ne plus savoir qu'on peut courir une fille tout seul ou mettons à deux, ou mettons pas du tout. Ils se suivaient à la queue leu leu, furetaient partout avec leurs yeux de chacal, voilà ce que c'était que ces mecs.

— Allez, Mitia, du vent ! Va te promener, passe la main aux copains.

Dans la cohue, il aperçut la face obscène de son ami intime, du traître Gochka.

Et Mitia s'arracha aux méridionales et argentines caresses. La dernière chose qu'il remarqua fut une tache de lune sur le visage de sa chérie.

— Dégagez, bande de chacals ! J'ai une grenade dans ma poche !

Deux des gars le neutralisèrent, l'entraînèrent. Kravtchouk se jeta aussitôt sur le corps étalé sur le sofa. Mitia, qui n'avait pas eu le temps d'enfiler sa culotte et avait perdu un bouton, se démenait comme un cheval entravé. On le précipita du perron dans la boue, ses bottes suivirent, ainsi que sa culotte qui s'envola dans le ciel nocturne comme une ombre humaine. Des rires de brutes montaient de la maison, un piétinement de bottes, les cris aigus de Larissa : « Vas-y ! Vas-y ! mon chéri ! », un quick-step, *Rio-Rita*, quelqu'un remontait le phono en attendant son tour.

Mitia rassembla ses affaires, s'attarda longuement dans le noir, il claquait des dents. S'il l'avait vraiment eue, cette grenade, il l'aurait sûrement lancée par la fenêtre pour leur arracher les couilles, à toute cette clique. Une vieille traversa la cour en clapotant, jeta un œil par-dessus la barrière : « Hé, mais les gars font la noce chez la nouvelle bibliothécaire. » À la fin, Gochka fit son apparition deux carabines à l'épaule, celle de Mitia et la sienne. Désarmer ce salaud fut l'affaire d'un instant. Mitia lui dépêcha une longue grêle de coups de pied, de coups de poing, de coups de coude sous le menton, au ventre, lui balaya la gueule, lui cramponna la gueule, le traîna au sol. Il ne rencontra aucune résistance, c'était même bizarre. La binette de Gochka se laissait aller sans forces, un sourire rêveur aux lèvres.

— Avoue, saloperie, toi aussi, tu t'en es payé une tranche ?

— Ben, pour sûr, Mitia ! Après Borovkov et avant Khriakov, en famille, quoi...

— Et elle ?

— Qui, elle ?

— Larissa, qui d'autre, fausse couche !

— Ben quoi, elle, ça va. Elle a pris son pied, cette femme ! Arrête de me taper, mon vieux. Je ne suis pas allé les chercher, ils sont venus par leurs propres moyens.

Voilà quelle sale affaire avait assombri pour un temps « x » les rapports des deux inséparables Moscovites. Et longtemps encore, Mitia ne put, sans frémir, se rappeler son « aventure d'Argentine », malgré les détails du passé certes composite de Larissa qui lui étaient parvenus. Par exemple, que le viol, en principe, on ne pouvait guère l'appeler « viol » car, chaque fois, la demoiselle y avait invité d'elle-même. On disait que, dès 1941, les cosaques de Dovator s'y étaient mis à un peloton au complet, après, ça avait été tout le toutim : les Allemands, les Macaronis, et des cochons bien de chez nous — des partisans, bref, elle avait été atteinte de délire hystérique ». Ce qui fait, mon cher Mitia, que des conclusions s'imposent, dans le meilleur des cas, nous avons chopé une bonne chaude-lance dans notre puits de science, dans le pire, cette victime de la guerre nous a filé la vérole. Dans ce cas, nous y perdrons le nez, mon petit Sapounov. Nous irons sans nez. Deux amis sans-nez. Ha, ha, ha ! Ha, ha, ha ! C'est vrai que c'était assez drôle : deux copains sans-nez ! Là, on ne nous laissera même pas entrer en Argentine, Gochka Kroutkine. Et merde pour l'Argentine ! On ira en Afrique, la moitié de la population y pourrit sur pied. Tu me feras mourir ! Tu dis que la moitié de la population est sans-nez ?
— *Natürlich !*

Cependant, l'affaire se borna à la première hypothèse, un simple « catarrhe ». Ensemble, les deux gars se cramponnèrent la queue et se tordirent, ensemble on leur administra de la streptomycine dans les fesses. Une douleur à ne pas la souhaiter à un bolchevik ! Mais ça n'arrange pas mal les fâcheries. Mitia cessa d'en vouloir à Gochka, quant à Larissa, mes couilles ! elle lui était sortie de l'esprit. Elle n'en aurait pas pour longtemps à faire la fête, faut croire, cette bonne femme-là. La seule chose qu'il n'oubliait pas était leur ravissement l'un de l'autre, ce tourbillon, ce rêve. Lorsqu'il évoquait ces souvenirs, la honte et l'angoisse le dévoraient. Alors, mon amour est à jamais souillé par cette maudite vie, il est passé par la clique de ces boucs à la chtouille, alors, je ne connaîtrai jamais l'amour vrai, si j'ai pu éprouver *cela* avec même pas une femme, mais un spectre de la guerre ? Une marmite à soldats ?

Bien sûr que ces états d'âme, il ne les partageait même pas avec Grichka, il se tordait de désespoir tout seul, devenait de plus en plus enragé. Et il voyait s'éloigner chaque jour davantage dans le monde irréel son foyer, la maison des Gradov, le Bois d'Argent : Agacha qui passait, quasi silencieuse, dans ses chaussettes de laine, son murmure léger qui s'égrenait comme une source dans sa tête d'adolescent, les arpèges du piano, tout se diluait, s'échevelait comme ces nuages qui fuyaient au ciel, et la voix de Mary qui tenait encore dans une phrase clé forte comme du Beethoven : « À table, les enfants ! », le vigoureux grincement du parquet sous les pas de grand-père Bo plongé dans ses réflexions, arpentant son cabinet, une petite pierre dans un coin du terrain, sous les sapins et les fougères, et l'hiver sous son bonnet de neige, pareille à un gros champignon, la sépulture du cher Pythagore, tout ce monde d'amour et de fermes usages où le sort l'avait placé après l'avoir fortuitement sorti d'un brasier, tout cela n'avait été qu'une pause, c'était clair à présent, ensuite, reprenait sa destinée bien russe.

— Où allons-nous, Herr Lintz ? *Wohin fahren wir ?* demanda Gochka au sous-officier qui, ce matin-là, leur distribuait des munitions, une cartouchière par tête. Quatre camions bâchés les attendaient au portail.

Le vieux sous-off qui ressemblait à un cordonnier et qui, malgré l'heure matinale, dégageait une forte odeur de spiritueux, grogna quelque chose que Mitia ne comprit absolument pas et Gochka à la perfection, car ce petit gars-là savait extraire d'un inintelligible fatras une seule et unique chose qui lui permettait de saisir d'un coup le pourquoi du comment.

— Il nous envoie tous dans le cul, dans un cul très profond et que c'est là que ça se trouve, l'endroit où on va, et que ça s'appelle quelque chose comme Garny-Iar.

Mitia en était encore à bâiller, à s'étirer, mais la connerie générale étouffait à chaque pas sa jeune joie de vivre. Bon, dans le cul, va pour le cul, et où veux-tu qu'ils nous envoient d'autre ? À Garny-Iar, va pour Garny-Iar ! Ratisser les partisans encore une fois, ou réparer des rails déboulonnés...

— Garny-Iar ! Ben, tu parles ! hoqueta Gochka comme si ce nom lui rappelait soudain quelque chose.

— À quelle sauce ça se mange, ce Garny-Iar ? demanda Mitia. Sans attendre la réponse, il grimpa dans le camion, s'installa dans un coin, se cala contre l'épaule osseuse de son ami et sombra dans un demi-sommeil. Deux heures plus tard, les heurts et les cahots prirent fin, l'ordre de débarquer monta et les soldats aperçurent une terre déserte, apparemment épargnée par la civilisation et sa réalisation la plus brillante, la guerre motorisée. Tout alentour, à perte de vue, il n'y avait que la rude écorce terrestre, des collines nues, des creux boisés, ni poteaux télégraphiques, ni maisons brûlées, ni cratères de bombe. Seul le chemin de terre par lequel ils étaient arrivés rappelait l'heure présente, damé qu'il était par les chenilles des blindés et les pneus des transports de troupes qui le sillonnaient constamment. Cette route, le détachement Aurore avait été amené là pour la garder.

Deux soldats armés de carabine furent placés toutes les quelques centaines de mètres, à portée de vue les uns des autres. Ils avaient ordre de ne laisser approcher personne et surtout de ne laisser s'éloigner personne. En cas de besoin, ils devaient tirer sans sommation. Et qui attendons-nous, monsieur le lieutenant ?

— Une colonne.

— Quelle colonne ?

— Une colonne à pied. Des gens. C'est tout. Répétez les ordres.

Naturellement, Mitia faisait équipe avec Kroutkine. Ils s'étaient assis sur une butte. Le libre vent des plaines soufflait. Dans le vaste espace du ciel et, eût-on dit en tous sens, d'impétueux nuages couraient. L'antique Russie manifestait en tout sa présence.

— Ah, Gochka ! Gochka ! soupira Mitia Sapounov.

— Ah, Mitia ! Mitia ! fit l'amitié en écho.

— Quelle connerie d'être nés à une époque aussi dégueulasse, proféra Mitia.

— Toutes les époques sont dégueulasses, rétorqua allégrement Gochka. À toutes les époques, c'est tout truands et compagnie.

— Tu me contredis un peu trop depuis quelques temps, petit merdeux, dit paisiblement Mitia à son vassal.

— « Fumons-en une, fumons, mon camarade ! » chanta Gochka. — Un disque d'Outiossov.

— Je me demande où ils prennent leur tabac, les Allemands. C'est qu'il ne pousse pas chez eux, fit Mitia, pensif.

— D'Italie, je parie, émit Gochka. Parce qu'en Italie, ça pousse.

— À propos d'Italie, on dirait que ça sent le roussi. Il paraît que les Anglais et les Américains y ont débarqué.

— L'Allemagne est invincible, Mitia. T'as pas vu les nouveaux tanks qu'ils envoient au front ? Mon vieux, ces tanks, c'est terrible !

— Et si elle ne tenait pas le choc, ton Allemagne, qu'est-ce que ça ferait après ?

— Si elle ne tenait pas le choc, bien fait pour elle !

— Oui, mais nous, qu'est-ce qu'on va devenir ? Nous laisser réduire en cendre et mêler à la terre ?

— Où t'as pris ça, Mitia ? C'est beau, ces paroles, je veux les noter.

Ils bavardèrent et fumèrent ainsi jusqu'au moment où, à travers le souffle du libre vent des plaines, une houle de voix parvint jusqu'à eux. La colonne approchait.

— Dis donc, Gochka, tu sais ce que c'est que cette colonne ? demanda Mitia.

— Ça doit être des youpins qu'on amène à Garny-Iar, répondit Kroutkine, toujours allègre.

— Quoi ? Quoi ? s'écria Sapounov, suffoqué. Qu'est-ce que tu débites ?

Kroutkine rigola :

— Tu ne le savais donc pas. C'est la route de Garny-Iar. T'as pas entendu parler de Garny-Iar, à Tchernigov ? Ils y liquident les youpins, enfin, je veux dire la population juive. À la mitrailleuse et au fond du ravin. Après, ils les enterrent au bulldozer et ils en entassent une nouvelle couche. On dit que ça fait quinze jours que ça dure. Terrible ! Dis donc, qu'est-ce qui te prend ? Qu'est-ce que t'as à trembler, l'ami ?

Sapounov saisit Kroutkine aux revers.

— Tu mens, crapule !

Kroutkine eut un rictus féroce :

— Ne joue pas les vierges effarouchées, Mitia ! Comme si tu ne savais pas ce que les Allemands font des youpins ! Comme si tu n'avais jamais entendu parler de Garny-Iar ! Si tu veux savoir, on a encore de la veine d'avoir été postés sur la route et pas au ravin.

Mitia ne le lâchait pas, tiraillait son uniforme comme si par ce geste il avait voulu lui arracher le démenti de ce qu'il venait de dire. Alors, Kroutkine lui envoya une manchette sur l'oreille, si violente que tous deux en restèrent effarés. La tempe de Mitia bourdonna. Juste à ce moment, la tête de colonne émergea du bois, elle était précédée de blindés. Un impeccable transport de troupes de la Wehrmacht avec ses deux rangées de casques d'acier, suivi d'une douzaine de motocyclistes armés de mitraillettes. Après cet inexorable prologue seulement, commençait un défilé sans fin de gens qui n'avaient aucun rapport avec la guerre, abstraction faite de l'étoile jaune cousue à leurs vêtements. La garde avançait sur les flancs, l'arme au bras, très échelonnée. Probablement des Russes comme ceux du détachement Aurore ou peut-être des gars d'Ukraine. Parfois, on apercevait des SS avec leurs chiens. On devinait ce qu'ils gueulaient : « *Schnell !* » Ils faisaient des signes de bras : « En avant, droit au but ! » La colonne bourdonnait sur une seule note : le bruit des moteurs, le raclement des semelles, le murmure des voix confluaient en un uniforme vrombissement de frelons. À mesure qu'elle approchait, on commença à distinguer des sons isolés, et d'abord des cris d'enfants. Mon Dieu, il y avait aussi des enfants ! Les plus petits, on les portait, un peu plus grands, on les tirait par la main. Puis montèrent des aboiements de chiens.

Mitia avait oublié Gochka. La colonne approcha. La matérialisation de cette chose la plus terrible qui avait toujours été présente, innommée et méconnue, dans sa vie. À présent, elle émerge de tout notre espace environnant, elle se concrétise. Elle se rapproche. Encore. Des vieillards en manteaux d'hiver. Des trousses de sages-femmes. Des fichus d'angora. Des ballots bien personnels. Des chapeaux de feutre. Des jeunes filles, beaucoup de jeunes filles, beaucoup de frais minois. Il y en a même qui rient. Il y en a une qui se met du rouge à lèvres. Des mamas juives, certaines se démenant encore, s'efforçant de ne pas perdre leur smala, d'autres comme libérées de leurs soucis quotidiens, soudain éveillées à un autre sens de la vie. Peu d'hommes d'âge moyen, ils ont tous l'air d'avoir compris, l'impuissance et le deuil sont posés sur leurs traits. Beaucoup fument. L'un d'eux lève le bras contre un petit Ukrainien qui lui envoie des coups de crosse dans le dos. Le troufion bondit en arrière, actionne sa culasse. L'homme crache et poursuit son chemin. Et l'interminable flot coule toujours, juifs d'Ukraine, peuple d'artisans, femmes folles de leurs enfants, enfants encore animés de quelque caprice, vieillards auxquels il ne reste plus rien que leur physionomie biblique, c'est-à-dire l'apothéose de la tragédie, jeunes filles qui tremblent pour leur corps, qui craignent les bites impudentes des soldats, mais pas du tout leurs dragées de plomb, ne s'attendant vraiment pas à un massacre collectif, à une hécatombe. Non, il y a quelque chose qui ne va pas. Il n'est pas possible qu'ils s'acheminent tous si tranquillement vers la fosse commune. Il y a certainement une gare, là-bas, à Garny-Iar, d'où on va les déporter, ce n'est pas plus compliqué que ça. Qu'est-ce qu'ils en ont à foutre, les Allemands, de tuer une pareille masse de civils, ils n'ont donc pas assez à faire au front ? Et puis, en général, comment est-il possible de tirer sur ces gens gentils, malheureux, mais le cœur du fusilleur se fendrait ! Tirer sur une frimousse d'enfant, sur son petit ventre ? Traînant un nuage de poussière, une mitrailleuse dans sa nacelle, une grosse motocyclette passa sur le bas-côté entre Mitia et la colonne. Trois SS y étaient installés et parlaient entre eux. Parfois, ils tournaient la tête vers la colonne et faisaient alors une légère grimace de dégoût. Mitia se rappela que les tchékistes avaient eu la même, la nuit où ils étaient venus chercher tante Véronika. Alors, c'était clair : la mission serait accomplie.

— Sales youpins... si c'est pas marrant, on les emmène au bain !

C'était la voix de Gochka qui montait juste derrière son dos. Mitia braqua sur lui un regard fou. Son copain plissait les paupières, se donnait des airs cyniques, mais le mégot qu'il avait aux lèvres tremblait et le canon de sa carabine dansait.

Mitia bondit, courut à un bouquet de noisetiers, à l'écart de la route. Gochka bondit à son tour, le rattrapa, le prit à l'épaule.

— Tu n'es pas fou, mon vieux ?

— Je ne peux pas voir ça. Je ne tiens pas le coup ! — Il jeta sa carabine au sol avec colère. — Les monstres !

— Tais-toi, Mitia, ta gueule ! Ils t'écraseront comme une mouche, le retenait Gochka, suppliant.

Mitia se laissa choir dans l'herbe et se couvrit la tête de ses mains. Son calot à cocarde de la Wehrmacht lui tomba sur les genoux. Ses épaules tremblaient comme d'un tir de mitraillette.

— Ben, qu'est-ce que t'as, Mitia ? Arrête ! l'exhortait Gochka. Ben voyons, t'es pas juif, toi, alors pourquoi tu t'en fais comme ça, hein ? Bon, tante Tsilia est ta mère adoptive, mais toi, t'es russe à cent pour cent. Écoute, c'est la guerre, oui ? C'est leur politique, t'en as rien à brosser !

Mitia s'essuya la figure de son calot, se leva. Gochka s'étonna de voir à quel point, en quelques minutes, ses traits s'étaient pétrifiés, ses boucles même semblaient de pierre.

— Terminé, c'est marre ! dit-il tranquillement.

Il ramassa sa carabine, la mit à la bretelle, partit le long de la route dans le même sens que la colonne. Gochka le rattrapa, sautilla, lui emboîta le pas. À eux deux, de loin, ils avaient l'air de patrouilleurs en route pour quelque mission.

— Qu'est-ce que tu veux faire, Mitia ?

— C'est marre, répéta Mitia. J'ai rejoint l'Armée de Libération pour me battre contre les bolchevik et pas pour aider les Allemands à massacrer des juifs. Demain, ils me forceraient à tirer sur des gosses ! Allez vous faire foutre, salauds !

— Mais où on peut aller ? murmura Gochka, désespéré. Où tu veux qu'on se taille ? Pas dans les bois chez les partisans, tout de même ?

Mitia hocha la tête sans un mot.

— T'es complètement dingue, l'ami ! s'écria Kroutkine. C'est tous des Rouges à cent pour cent, dis voir ! Les gars m'ont raconté qu'il n'y a pas longtemps qu'un type de la 3e compagnie a filé chez eux. Tu sais ce qui est arrivé ? Ils l'ont ficelé à une automotrice et envoyé la gomme. Le gars a été réduit en charpie.

— Je m'en fous, je ne peux pas rester avec ces mecs, dit Mitia. — Puis il s'arrêta et posa la main sur l'épaule de son compagnon, pour la première fois comme à un égal, à un ami. — Décide-toi tout seul, Gochka, moi, ma décision est prise.

Kroutkine en perdit le souffle d'amour et de reconnaissance :

— Mais moi... où j'irais, sans toi ?... Je me perdrais et rideau !

Ils poursuivirent leur route.

— Où c'est qu'on va ? demanda Gochka non sans précaution. Si c'est chez les partisans, faut prendre à gauche. Par les taillis jusqu'au bois, là-bas, et y rester planqués jusqu'à la nuit.

— C'est ce qu'on va faire, acquiesça Mitia, mais avant ça, je veux voir Garny-Iar de mes yeux. Pour ne jamais l'oublier.

Le crépitement ininterrompu de nombreuses mitrailleuses se rapprochait à chacun de leurs pas. Puis ce furent des cris. Mitia et Gochka s'étaient beaucoup écartés de la route, mais ils virent quand même la colonne ralentir, les gens, saisis d'horreur, se démenaient, tombaient dans la poussière, hurlaient. La garde s'abattait sur eux à coups de crosse. Debout dans un camion, un officier adressait à ces gens affolés un discours fort civil : voyons, mesdames-messieurs, vous avez mal compris.

Mitia et Gochka franchirent en rampant une butte découverte, puis s'enfoncèrent dans les taillis d'une aulnaie. Ils avancèrent près d'une heure en s'écorchant aux buissons, ils s'orientaient au bruit des mitrailleuses. Enfin, du haut d'un fort escarpement, ils découvrirent une partie du gigantesque ravin. Le long de la pente opposée, à mi-hauteur, s'étendait une grande terrasse taillée au bulldozer où, par plusieurs tranchées, l'on poussait des gens complètement nus. Presque tous les hommes cachaient leur sexe, les femmes dissimulaient leurs seins, les enfants s'accrochaient aux jambes des adultes. Pour tous, c'était la dernière chose qu'ils faisaient dans la vie. Les balles les fauchaient et ils tombaient au fond de la faille. D'où ils étaient, Mitia et Gochka ne pouvaient pas le voir, mais il n'était pas difficile d'imaginer ce qui s'y passait.

Par moments, les mitrailleuses cessaient le feu, et alors, la terrasse était occupée par un personnel de service armé de pelles, de râteaux et de gaffes qui tirait et jetait en bas les corps restés à la traîne. Pendant ce temps, les mitrailleurs, allongés sur le dos, grillaient une cigarette, bavardaient, offraient leur figure au ciel sans nuage.

Les mitrailleurs, deux hommes par pièce, étaient placés de ce côté-ci du ravin. C'étaient des auxiliaires, *Volksdeutsch*, des hommes d'âge mûr. Les deux plus proches étaient allongés près de leur arme, à cent cinquante mètres en dessous des jeunes gens. Tous deux l'épaule large et la fesse massive. Quand ils faisaient leur pause-cigarette, on voyait une couronne briller dans la bouche de l'un d'eux, le tireur. C'est celui-là que Mitia visa. Le bonhomme soignait la besogne, balayait un champ aussi large que possible, à chaque tour, pas moins d'une vingtaine de victimes s'abattaient au fond. Parfois, il baissait légèrement son arme : afin de ne pas négliger les enfants. Ses épaules tremblaient comme celles d'un bon ouvrier à son marteau-piqueur. C'est lui que visa Mitia Sapounov, juste à la limite du casque.

— Oh, là, là, Mitia, qu'est-que c'est-y qu'on fait, qu'est-que c'est-y qu'on fait, bredouillait Gochka en bavant de terreur.

Moyennant quoi, il visait le servant comme Mitia, juste à la limite du casque.

Mitia pressa la détente. La tête du tireur tomba, totalement inexpressive, la face contre terre, c'est tout, seules ses jambes s'attardèrent une seconde ou deux, comme sidérées. Le servant eut le temps de se tourner d'un quart de tour dans un geste instinctif d'alarme, mais le coup de feu de Gochka interrompit ce mouvement si naturel. Les deux gars, pressés de passer de l'autre côté de la colline, s'élancèrent à l'assaut de la pente sans voir qu'en face, vis-à-vis de la mitrailleuse muette, des hommes et des femmes nus s'accumulaient immédiatement. L'acte de vengeance inconsidéré de Mitia — plus tard, il est vrai, il devait lui sembler qu'il avait grondé : « Tiens, pour maman Tsilia, tiens, pour pépé Naoum ! » — n'avait fait qu'aggraver le martyre de quelques dizaines de gens, prolonger leur horreur de l'abîme qui s'ouvrait devant eux, jusqu'au moment où les mitrailleurs voisins, comprenant qu'il était arrivé quelque chose au caporal Bauer, élargirent leur rayon d'action.

Quelques heures plus tard, en bonds successifs, de bosquet en bosquet, les deux garçons atteignirent une forêt épaisse. Autour d'eux, au pied de chaque touffe de buissons, se déroulait une vie intense, et ma foi, non dénuée d'intérêt : des coccinelles rampaient, des fourmis s'affairaient, des chenilles veloutées se balançaient sur des brins d'herbe. Pour ce qui est de l'activité humaine, elle se bornait au passage, dans le ciel désert, de cette très étrange machine volante nommée Vokkewulf 190-Rama. Le soir tombait. Pas une habitation, pas de décombres d'incendie, une terre épargnée par la civilisation. Le Rama disparut derrière l'horizon, mais ne tarda pas à reparaître et à survoler la forêt.

— C'est tout de même pas nous qu'il cherche, ce Rama de mes deux ! dit Gochka.

— Peut-être que si, dit Mitia, mais c'est plutôt les partisans. Ils doivent croire que c'est eux qui ont descendu leurs mitrailleurs. Viens, Gochka, grouillons-nous de vider les lieux.

Gochka rechigna :

— Où tu veux qu'on aille ? On est baisés, pauvre de nous, complètement baisés.

Même s'il pressait le mouvement, Mitia ne relevait pas la tête. Comme on était bien, ici, dans cette herbe, à cette heure, la nuit, ça devait être pas mal du tout. S'il pouvait vivre dans cette herbe, se réduire aux dimensions de son œil afin que son dos et son cul cessent de dépasser ! Il revit le mitrailleur allemand tressaillant sous sa balle, son premier tué. À proprement parler, le premier qu'il ait visé. Avant, il avait tiré au petit bonheur, dans un espace imaginaire, mais ce salaud-là, c'était juste en dessous du casque, en plein cervelet. Angoisse et ténèbres, il envoya un coup de poing à la terre, sous son nez. Sur ses pattes tout en arêtes, une petite fourmi s'échappa et, dans sa soif insensée de survivre, se mit à tournoyer. Sur des milliards de petites fourmis, c'est justement sur celle-là que s'abattait cette chose meurtrière, au sein de l'univers qui sombrait dans la paix du soir. Mitia écrasa de l'ongle la petite bête gigotante. Son deuxième meurtre de la journée.

— Ôtons nos fringues, Gochka ! Si les partisans nous trouvent sous cet uniforme, ça ne fera pas un pli. Ils nous colleront illico au poteau.

Ils ôtèrent leur tenue au badge de l'Armée de Libération, leur calot, leurs bottes, leur culotte, en firent deux paquets qu'ils jetèrent dans une mare. Et en linge de corps — indemne de marque allemande — ils s'enfoncèrent dans la forêt. Ils avaient inventé une histoire bien simple : cela faisait un an qu'ils étaient prisonniers, ils s'étaient évadés au moment de la douche, avant d'être expédiés en Allemagne.

Trois jours et trois nuits, ou si ça se trouve une semaine, si ce n'est un mois, Mitia et Gochka errèrent dans la forêt sans rencontrer âme qui vive. Une seule fois, échangeant des appels de torche et des jurons, une battue allemande passa. C'était peut-être eux qu'ils cherchaient. Ils s'étaient cachés dans une mare ; lorsque les torches se rapprochaient, ils se remplissaient les poumons et plongeaient la tête dans le liquide nauséabond. Quand ils reprirent leur route, ils portaient le plus beau camouflage des marais. *Les soldats des marais*, rigolait Gochka, évoquant un film d'avant-guerre. À présent, ils étaient en pleine nature. Toute sorte de bestioles couraient par-ci, par-là, la nuit, on avait l'impression que des yeux attentifs vous observaient. Des yeux de loup, bien entendu, de calmes yeux de loup. Gochka essayait d'attraper des oiseaux qu'ils boufferaient. Ça ne marchait pas. « Nous sommes les fruits à la con de notre civilisation », plaisantait Mitia. Il plaisantait aussi sur leur ascendance simiesque. En général, ils plaisantaient beaucoup. En principe, c'était le paradis, à part la faim, les pieds enflés, les flancs écorchés. Les journées étaient chaudes, les pins tiédis exaltaient les sons et les senteurs de l'enfance. On se serait cru dans un camp de pionniers sur l'Istra, à jouer aux Indiens. Les nuits aussi étaient bénies, une brise frisquette venait par vagues, comme sur commande, rafraîchir les fugitifs. Ils engloutissaient tout ce qui se laissait mâcher : baies, champignons, herbe, noisettes vertes, jeunes écorces. Ils souffraient de diarrhée. Parfois, parvenus à une lisière, ils apercevaient un village de loin, et alors, leurs mâchoires claquaient. Les toits de bois tordus s'arrondissaient comme un chanteau de pain. Ils avaient des crampes au ventre. Descendre, demander la charité, voler, dévaliser... Et s'il y avait la police, ou pis encore, les Allemands ? Rien de bon n'y attendait les deux conscrits. S'ils se faisaient prendre, il n'y aurait pas de craques qui tiennent. Ils poursuivaient leur chemin. Pour où, ils l'ignoraient. Ils tournaient peut-être en rond. Et c'est vrai qu'une fois Gochka s'était exclamé :

— Mitia, la couille de mes yeux ! Sûr qu'on est déjà passés par ici ! Tu vois, là-bas, le Rama qui rôde ?

Ils débouchèrent dans une grande clairière que, c'est vrai, le sinistre avion de reconnaissance survolait. Mitia envoya un petit coup de pied au cul à Gochka et dit en riant : « Tu t'orientes sur le Rama, Morpiot ? » Mais il avait compris que c'était la faim qui lui montait à la tête. Leur fuite perdait de plus en plus son air de jeu de piste. Faut-il tout de même qu'il pousse sur la terre du socialisme une forêt qui n'a ni commencement ni fin et aucune trace humaine !

— C'est le diable qui nous conduit, Mitia, il va nous ramener au marais, mais cette fois, ça sera tête la première.

— Tais-toi, le Morpiot, tu es un homme, oui ou non ?

— Plus un homme du tout ! Une forêt comme ça, c'est fait sur mesure pour les partisans, jamais on les y découvrira. Mais où ils sont, tes fameux partisans à la con, les fi' de pute ? Moi, je me rendrais prisonnier à qui on voudra pour une gamelle de bouillie. Qu'ils me fusillent après, je m'en branle, pourvu que ça soit pas à jeun.

Et puis, merveille des merveilles, au milieu de ces fourrés de cauchemar, ils avaient débouché sur un sentier à peine visible. Où aller, à droite ou à gauche ? Ben à gauche, qu'est-ce que ça peut foutre à gauche ou à droite, et si ça mène nulle part, on se débinera à droite. Et si là non plus, ça mène nulle part, on se tirera chacun de son côté, parce que, ta gueule, je ne peux plus la voir. J'en ai autant à ton service. Par moments, le sentier disparaissait parmi les brindilles et les fougères, mais il reparaissait opiniâtrement. Il les conduisit à une minuscule clairière surplombée par une petite faille de trois mètres d'où pendaient de longues racines pareilles à des tresses de sorcière. À son pied, nom de Dieu de mille putes, on apercevait les restes d'une construction : planches éparses, deux ou trois petits poêles pleins de suie, et même des éclats de verre qui flamboyaient sous le soleil attentif. Un gros animal bondit hors du trou déchiqueté, loup ou glouton ou simplement *chouralé*[1], décou-

1. Diable des forêts chez les Tatar.

vrit des crocs féroces en direction des buissons où les garçons étaient planqués, et s'en fut d'un bond. Ce trou, Mitia, on dirait un entonnoir. On dirait que ça vient d'être bombardé. Tiens, ça fume encore. Oui, c'est peut-être un Rama qui aura lancé une ou deux pêches. Ou alors, un tir de mortier. Ou encore les deux. Ça m'a tout l'air qu'il n'y a plus personne de vivant. Ni de mort. Comment, ni de mort ? Et qu'est-ce que t'as devant les yeux, là, ces bottes qui dépassent et cette main à moitié bouffée ? On dirait qu'ils sont tombés sur un camp et qu'ils les ont tous zigouillés. Mitia ! il doit bien rester quelque chose à bouffer, ici ! Attention, Gochka, ça risque de péter !

Gochka ne l'écoutait pas, il filait à travers les buissons vers les cabanes détruites. Mitia le suivit. Il croyait voir un paquet de leur vacherie de biscuits, il ne pouvait rien imaginer de mieux ; rien qu'un paquet de biscuits, le dégoter, le tremper, et s'envoyer la pâtée...

Des armes, il en traînait des chiées, mitraillettes soviétiques et allemandes, grenades, baïonnettes, mais des biscuits, pas trace. Même de la vaisselle, il y en avait une foultitude, jattes, casseroles, c'est donc qu'ils s'en étaient foutu plein la lampe, les salauds, tiens, ils ont éparpillé des cuillers, mais la bouffe, bernique ; se peut-il qu'ils aient tout boulotté avant de mourir ? Et puis une époustouflante odeur de viande grillée monta aux narines de Mitia. Il bondit hors des décombres. Un paisible tableau se présenta à sa vue : Gochka rôtissait sur les braises un formidable morceau de barbaque, dans les trois livres, et avec du gras encore.

— J'ai trouvé un cheval qui traînait, Mitia ! rigolait le petit tout joyeux en brandissant vaguement les bras vers la forêt. Et pas pourri du tout. Puis, j'ai trouvé une baïonnette, alors je nous ai découpé des biftecks. Là, Mitia, c'est la belle vie ! Si seulement y avait du sel. Du sel.

Du sel, dans les ruines, il n'y en avait pas, et d'ailleurs, ils n'en cherchèrent pas, tant ils avaient les crocs. Pour la peine, une serviette traînait près de leur feu, un carré de coton aux bords déchiquetés portant un tampon en forme de losange : « Section d'intendance D-5 AKO-I. » Ils dévorèrent avec délices, déchirèrent leurs parts à belles dents, ils avalaient, s'étouffaient, se regardaient avec de grands rires, sans un mot. Chaque bouchée infusait force et optimisme dans les veines des jeunes Moscovites. Qu'est-ce que c'est que ce chiffon, le Morpiot ? Est-ce que je sais, moi ? Il traînait par là. Regarde, il a une marque soviétique. Et qu'est-ce que tu veux qu'elle soit ? Sûr qu'elle est soviétique ! Nous sommes tous soviétiques, ici, ha, ha, ha ! Ha, ha, ha ! Tout ça, c'est soviétique.

Ce n'est qu'après avoir mangé qu'ils remarquèrent l'odeur infecte qui régnait alentour. Les morts — il n'y en avait pas moins d'une dizaine — commençaient à puer. C'est naturel, dit Mitia.

Très naturel, admit Gochka. Ils se mirent à fouiner à la recherche d'un butin quelconque. Ils trouvèrent, par exemple, les débris d'une radio, une moto allemande. Ils ne touchèrent pas aux armes. Mes couilles ! S'ils nous voient avec des armes, ils commenceront par nous tuer et ils nous demanderont notre nom ensuite. Ils prirent deux capotes de l'armée soviétique. Il y en avait aussi des allemandes, mais ils les laissèrent, pour des raisons bien compréhensibles. Ils auraient de quoi se couvrir, à présent, dans la jungle. D'une paire de jambes qui dépassaient d'un buisson, Mitia tira une paire de bottes à sa pointure. Il aperçut alors des caleçons de coton portant le même tampon que le carré de tout à l'heure : « D-5 AKO-I ». Il s'efforça de ne pas regarder sous le buisson, et cependant, comme exprès, quelque chose lui sauta aux yeux : une étrange atrophie de la fesse gauche du cadavre. Soudain, Gochka Kroutkine jaillit hors de l'entonnoir, l'air éberlué. Il avait trouvé une caisse entière de biscuits de guerre des fabriques de Dresde. S'il les avait trouvés plus tôt... se dit bizarrement Mitia. Ils éventrèrent la caisse et s'empiffrèrent. Le kief, quoi ! La bonne pâtée de pain effaçait de leur bouche le goût de la chose qu'ils venaient de consommer. Tout en mâchant leurs biscuits, ils repartirent. Ils portaient la caisse à tour de rôle. Il fallait marcher, que faire, ils n'allaient pas s'éterniser parmi les macchabées, il y aurait eu de quoi tourner sauvage.

Un nouveau Rama se montra dans le ciel chauffé à blanc. Il volait très lentement, il était en observation, on n'entendait pas son moteur, on aurait juré un être vivant. Tout d'un coup, Mitia se rappela un asticot blanc et gras qu'il avait vu ramper *là-bas*. Il vomit abondamment. Il lança le carton de biscuits dans le dos de Gochka.

— Salaud, salaud, qu'est-ce que tu m'as filé ? Cette fesse, fausse couche des mauvais quartiers, Morpiot de merde ! — Un coup sur sa tête filasse, un coup sur les omoplates, un coup dans les côtes ! — Infâme putain, tu m'as plongé dans la chiasse !

Le poing de Gochka lui vola dans la face comme un pavé. On aurait dit un cheval qui lui ruait dans la mâchoire, un cheval qui n'existait pas dans une mâchoire qui n'existait pas. Mitia s'affala dans les brindilles et les fougères. Vivement que tout ça finisse ! Mais Kroutkine revenait à la charge, les poings serrés. — Charogne, tu étais avec moi, tu as fait comme moi, putain, espèce de cul ! Tu t'es fait blanc comme neige chez tes professeurs, peau de koulak ! Antilictuel ! Tu me dégoûtes, bouc puant ! Morpion toi-même, toi-même ! Il le bourrait de coups de pied dans les côtes, et dès qu'il faisait mine de relever la tête, il lui décochait des ruades dignes d'un canasson. Concentrant toutes ses forces dans sa culotte, Mitia gicla soudain les jambes en avant. Connard ! Kroutkine s'écroula et se vit aussitôt écrasé par une masse de muscles.

Aveuglé de fureur, ils s'étreignirent ensuite à la gréco-romaine, roulèrent au sol jusqu'à épuisement, se tordirent les membres, Kroutkine vomissait en plein dans la figure de Mitia. Tout d'un coup, il abandonna et se mit à rigoler. — Ah, Mitia, ce « Rigoletto » qu'on vient de se payer ! Quel cirque !

Au bout du compte, au comble du dégoût et de l'épuisement, ils se dégagèrent et s'en furent ronfler comme des sonneurs. Et les libellules de l'enfance les survolèrent en silence, palpitantes, scintillant aux rayons du soleil qui perçaient à travers la grosse toile des arbres. Parfois, parmi ces étincelles, de minuscules spectres, soit la diversité des couleurs terrestres, se faisaient jour. Quelques heures plus tard, les éclaireurs du groupe de partisans Dniepr découvrirent les deux affreux individus. Endormis.

## CHAPITRE TREIZE

# *Orientation sentimentale*

Au cours de l'automne 1943, on commença à dégager les monuments de Moscou de leur boisage protecteur : le front s'éloignait à bonne distance. Le triste nez de Gogol pendit de nouveau au-dessus du boulevard du même nom, autrefois Prétchistenski. Au stade actuel de la guerre, rien, ni au ciel ni sur terre, ne le menaçait. Le monument jouira d'une pleine sécurité jusqu'en 1951, où Staline renâclera avec dégoût à son endroit : « Quel sale nez antisoviétique il a, cet écrivain ! », sur quoi, séance tenante, on le déboulonnera et on le bouclera au violon où son nez, plongé dans de constants rêves d'évasion et dans les tourments du repentir, se couvrira de poussière ; ceci jusqu'en 1959, soit jusqu'aux temps de la renaissance. Sorti du violon, réhabilité, le monument découvrira avec étonnement que sa place est occupée par une silhouette à la large carrure, extraordinairement virile, c'est-à-dire par le rêve incarné de sa jeunesse, ce même *Nez* qui se promena avec tant d'assurance perspective Nevski en 1839, durant les quelques jours de son escapade.

En attendant, les habitués du boulevard Gogol aperçurent avec une joie immense leur misanthrope favori sorti de son boisage et renouvelèrent leurs rituelles promenades autour de lui, coupées de repos sur son piédestal. La joie des hôtes de passage n'était pas moindre, telle celle du colonel d'artillerie Vouïnovitch qui, regagnant les premières lignes après un long séjour à l'hôpital, venait de s'y arrêter.

Vadim en était à sa troisième cigarette à la file, il fumait avec avidité comme tous ceux du front, jouissant de chaque minute de paix, examinant le bas-relief où les personnages faisaient la ronde autour du socle, les Tchitchikov, les Korobotchka[1]. L'automne moscovite offrait à ses yeux un tableau particulièrement attrayant : les monuments, les tramways sous la chute des feuilles des boulevards, le centre de la civilisation russe, l'illusion de la normalité.

1. Personnages des *Âmes mortes*.

Il avait été blessé au tout début de la bataille de Koursk. Sa division avait été engagée en première ligne avec mission de repousser une attaque de Tigres. Ils avaient incendié une dizaine de ces puissants engins, mais les autres, manœuvrant à grande vitesse et vomissant un feu effroyable, avaient réussi à percer nos défenses et à nous prendre à revers. Cela n'avait pas inquiété Vouïnovitch outre mesure : malgré de lourdes pertes, il avait maintenu sa division sur ses positions, les engins qui avaient percé, c'était aux tankistes du colonel Tcherdak de s'en occuper, ce qu'attesta le téléphone qui grésilla à l'oreille de Vadim. Tcherdak, son compagnon de bouteille fréquent et très intime — pas plus tard qu'avant-avant-hier, au cours d'une partie de « préférence[1] », ils avaient descendu ensemble un litre d'alcool rectifié —, à présent, installé dans son char, lui sortait sa tirade favorite : « Pas une couille, Vad, pas à chier dans son froc ! Ces chiasses de putes, je m'en vais les écrabouiller vite fait, les renvoyer comme des crêpes au chaos originel ! À la prochaine ! » Sur ces mots, il referma son hublot et emmena la brigade à l'interception des Tigres.

Cependant, six monstres, des Ferdinand de 72 tonnes, canons géants autotractés de la société Porsche, nouvel espoir de Hitler, débouchaient sur les collines qui faisaient face au secteur de Vadim. Alors, celui-ci, saisi par l'ardeur des combats et encouragé par les crânes apostrophes de Tcherdak, prit une décision inattendue. On se porte au-devant d'eux, sortez les canons de 75, on les poussera à bras ! Mais les Ferdinand ouvraient un feu nourri sur ses arrières afin d'assurer un barrage de protection aux Tigres. Les canonniers de Vadim avaient beau ajuster le tir, peloton par peloton, avec des temps d'arrêt, leurs obus ne faisaient que s'écraser contre le blindage de tête des chars épais de deux cents millimètres.

Plus près ! Plus près ! Ils firent traverser à leurs pièces une rivière peu profonde. Vadim observait attentivement à travers ses jumelles l'action des Ferdinand. L'information des Renseignements qu'il avait vue passer se confirmait : les colosses étaient dépourvus de mitrailleuses. Donc, nous déplaçons le feu sur l'accompagnement, nous poursuivons notre progression jusqu'au corps à corps ! Préparez les grenades à main, les mitraillettes et les pistolets !

Une compagnie de commandos du 2e corps de blindés, probablement des SS de la division « Tête-de-Mort », était allongée en position couchée autour des Ferdinand. Supérieurement équipée, elle avait même des mortiers dont elle tirait sur l'artillerie des

1. Jeu de cartes voisin du bridge.

Russes qui avançaient de façon tellement inusitée. Un assaut d'artillerie ! Non, mais ce qu'ils allaient chercher, ces maudits *Untermenschen* !

Les canons de Vadim avaient cessé de tirer sur les blindages invulnérables des Ferdinand, mais s'employaient activement à exterminer l'accompagnement. Lui, il sortit son pistolet, fit signe à ses hommes et partit en courant à travers un champ de pommes de terre, sus aux colosses jaune-verdâtre qui approchaient. Tirer dans les fentes de visée, incendier les réservoirs, leur envoyer un déluge de grenades. À ce moment, quelqu'un, un sacré-peigne-cul-pour-sûr, le cingla en travers du ventre avec un tuyau de plomb.

La fin de la bataille se déroula en son absence, en ce sens qu'il ne vit pas ses artilleurs, se conformant consciencieusement aux ordres de leur chef hors de combat, neutraliser la nouvelle et désastreuse « arme miracle » de l'ennemi. Il séjournait pendant ce temps — si toutefois l'on pouvait encore parler de temps à son propos — dans les espaces intersidéraux, tantôt se débattant comme un moucheron en train de se noyer devant de gigantesques déferlements de rouge mêlé de violet, tantôt s'étendant jusqu'à embraser tout ce rouge et ce violet, se gonflant à l'extrême limite d'une explosion définitive.

Il coupa cependant à la noyade et à l'explosion, au lieu de cela, dans une échappée d'azur et de blanc, il aperçut le visage joyeux d'un jeune médecin — appelons-le David — qui lui dit : « Eh bien, colonel, écris à ta femme qu'elle peut aller mettre un cierge à l'église. » Il voulut repartir que sa femme était musulmane, mais il n'en eut pas le temps, il roula derechef vers des espaces certes intersidéraux, mais moins menaçants, moins infernaux, vers une contrée assez proche de sa jeunesse perdue où résonnait sans cesse la voix d'Alexandre Blok : *Le vent nous apporte de loin — D'une chanson l'allusion printanière... Le vent nous apporte de loin — D'une chanson l'allusion printanière... Le vent nous apporte...*

En un mot comme en mille, il avait été sauvé par l'art des chirurgiens et l'action miraculeuse d'un médicament d'au-delà des mers portant le nom de pénicilline dont une première livraison venait de parvenir aux hôpitaux militaires. Son extraordinaire attaque — canons contre blindés — avait suscité de nombreux commentaires. Pour son courage et son esprit d'initiative, il avait été proposé à l'ordre de Lénine. Le commandant en chef du Front de Réserve, le général d'armée Gradov, vérifiant les listes avait transformé l'ordre de Lénine en Héros de l'Union Soviétique. Il l'avait aussi proposé au grade de général de brigade, mais quelque part dans les bureaux du commandement suprême à Moscou, quelqu'un avait donné un sérieux coup de frein contre le presque Héros et presque général. Quoi qu'il en soit, hier ennemi du peuple, parcelle indistincte de la poussière des camps, il était quand même devenu chevalier de la plus haute distinction du pays.

Outre le fait de l'avoir mis en état de la recevoir, les médecins lui avaient rendu un autre, inappréciable service : ils l'avaient envoyé en convalescence à Samarcande où demeuraient Goulia, sa femme, et ses deux fils, Valéri et Rafik. Ces deux mois dans un hôpital de l'arrière avaient été une véritable bénédiction. D'abord, la famille s'était soudain ressoudée. Ensuite, et cela aussi était tout à fait inattendu, il avait vu disparaître le poids qui l'avait toujours accablé au sein de celle-ci, surgir des rapports nouveaux.

Lorsqu'il l'avait épousée, Goulia n'avait que dix-huit ans. D'une fantastique beauté orientale, elle était la fille d'un responsable local du Parti, un seigneur féodal de formation soviétique. Elle était sauvage, insolente et paresseuse. Sa paresse l'associait aux dociles femmes des harems, mais la ressemblance s'arrêtait là. Bourrée de stéréotypes doctrinaires, la donzelle s'efforçait sans trêve de dominer son pensif mari, lui faisait des scènes pour des raisons idiotes et même, assez souvent, y allait d'une paire de claques.

Et voilà qu'à la place de la mégère de naguère, il voit arriver à l'hôpital une jeune femme réservée, à la coiffure lisse, en modeste tailleur, même plus aussi belle, simplement jolie. Il apprend qu'au cours de ces dernières années, après son arrestation, elle a suivi les cours par correspondance de l'Institut pédagogique, section lettres, qu'elle enseigne, qu'elle a énormément lu. Tout d'un coup, elle enfouit le visage dans sa couverture grise et éclate en sanglots. Et il apprend encore qu'en 1937 elle l'a publiquement trahi, pris la parole contre lui en réunion publique, interdit à ses fils de prononcer son nom.

— Ah, Goulia, ne te désole pas comme ça, tu n'es ni la première ni la dernière.

— Ah, Vadim, je sais que tu ne m'aimes pas, que tu en aimes une autre, mais au moins, pardonne-moi, ne suis-je pas la mère de tes fils ?

Ses études littéraires lui avaient profité, elle manifestait une nette propension à l'orientation sentimentale.

Les gamins furent ravis de se trouver dotés d'un héroïque papa russe. Se rappelant leur première enfance, ils s'accrochaient à ses épaules, ce qui réveillait la douleur de son corps tailladé. Pourtant, ces jeux faisaient son bonheur. Quand on lui eut permis de sortir, les gamins prirent l'habitude de courir tout droit à l'hôpital dès qu'ils quittaient l'école et il les accompagna à la maison en boitant comme l'antique seigneur de ces lieux[1]. Le cousin-du-tambour-en-retraite du saillant de Koursk lui avait non seulement labouré le ventre, mais aussi la hanche droite. Ils passaient devant la mosquée de Bibi-Hanum, traversaient la torride place du Reghistan et

1. Tamerlan.

se dirigeaient vers les faubourgs d'où l'on apercevait déjà entre les toits les luxuriantes collines de la vallée du Zarevchan qu'on aurait dit couvertes d'un tapis. Il y avait partout des pyramides de pastèques et de melons, des grappes de raisin très doux pendaient par-dessus les barrières. La farine était rationnée, mais les merveilleux *tchouréki* n'étaient pas considérés comme un luxe. Même soviétisé, l'Orient dominait partout et, au milieu de l'histoire cruelle, faisait montre d'une inexplicable fraternité, se présentait comme une immense famille.

Seule à seul avec son mari, Goulia pleurait :

— Et quand même, tu ne m'aimes pas. Tu aimes Véronika Evguénievna Gradova.

Vadim l'embrassait sans rien dire. Dans le noir, les lèvres de Goulia s'ouvraient comme une tulipe.

Pour ce qui est de Véronika Evguénievna Gradova, mon Dieu, à présent, Goulia se trompait. Cette image obsédante avait été, au cours de tant d'années vécues au loin, singulièrement repoussée par des impressions plus neuves : les vingt-deux méthodes d'enquête active, la construction de la voie ferrée de Norilsk, la fracassante partie menée contre les Ferdinand, et enfin, ses fascinants voyages intersidéraux. Il est vrai qu'il lui avait écrit une lettre amicale, énergique, pleine d'humour viril, avec ce qui était de règle et à la mode : « une fine allusion à de gros attendus », et plus précisément : « Si en temps de paix le destin ne nous a pas réunis, en temps de guerre tout est possible. » Par bonheur, ce poulet, il ne l'avait pas envoyé. Et où l'aurait-il envoyé ? Il ne connaissait pas son adresse à Moscou. Il n'allait quand même pas l'expédier à l'état-major, « au commandant en chef pour son épouse » ! Cela aurait pu être au Bois d'Argent, mais cette éventualité, il l'avait sur l'heure repoussée très loin et fait comme si elle ne lui était jamais venue à l'esprit. Bref, la lettre de Samarcande était allée rejoindre la collection dispersée des épîtres en sommeil à partir desquelles un chercheur, s'il les eût assemblées, aurait pu rédiger un intéressant ouvrage sur la nature rêveuse des officiers supérieurs de l'Armée Rouge.

La convalescence du colonel Vouïnovitch fut rapide. On n'eut même pas lieu de recourir à une seconde intervention sur l'abdomen. Bientôt, sa jambe aussi se trouva complètement rétablie, repars à l'assaut, ton petit pétard à la main, contre les chars du IIIe Reich si tu veux. Il faut dire qu'à quarante-trois ans, Vadim, tout comme son prestigieux ami, avait atteint l'apogée de la virilité, mais à la différence de Nikita, qui était sec et voûté, il représentait en outre l'idéal de la beauté masculine : tempes argentées, épaules droites, démarche digne de tous les « dehors et prestance » des officiers de la Garde de Russie. Les femmes de l'arrière, dès qu'il se montrait dans leur champ visuel, s'envolaient loin de leur triste réalité, aspiraient de grandes goulées d'air, puis restaient longtemps à exhaler de tendres soupirs.

En ce moment, alors qu'il était assis sous le monument à Gogol, avançant une jambe, son porte-cartes posé sur le genou, les étudiantes qui allaient et venaient sur le boulevard trébuchaient, ralentissaient comme si elles attendaient que le beau colonel les interpellât et repartaient lentement avec des chuchotements, des petits rires, en se retournant sur lui. Le colonel tenait sur son porte-cartes une lettre pliée en triangle dont il encadrait l'adresse au crayon :

A.T. Strépétov<br>
Appartement 8<br>
7, rue Ordynka<br>
Moscou.

La lettre était pliée en triangle car les enveloppes avaient disparu de la vaste nature ; elle offrait une ressemblance banale avec les millions de missives qui s'envolaient du front et vers le front, pourtant, elle appartenait à une tout autre époque. C'était la lettre qui, l'été 1937, lancée d'un wagon-prison, était tombée aux pieds de Nikita Gradov. Le lecteur qui aurait oublié ces lointains événements devra reprendre la première partie de notre saga et revenir à la sombre causerie d'après-boire des deux commandants au bout de laquelle Nikita avait prié Vadim de faire parvenir cette lettre à Moscou. Mais avant Moscou, Vadim était passé chez lui à la frontière de l'Afghanistan où il avait reçu une affectation immédiate. Et voilà que maintenant, à Samarcande, examinant de vieilles photos de Goulia, il était tombé sur le petit triangle d'un captif :

A.T. Strépétov<br>
Appartement 8<br>
7, rue Ordynka<br>
Moscou.

La lettre avait six ans. Certes, il avait alors intensément souhaité s'acquitter de la commission du ZEK inconnu parce qu'il haïssait Staline et sa clique, mais à présent, après toutes les épreuves qu'il avait traversées lui-même, il comprenait, et cette fois en dehors de toute émotion annexe, politique, ce que signifiait cette lettre pour cet homme.

En cette journée d'automne, seul à seul avec lui-même, fût-ce en présence de Gogol, Vadim se décidait enfin à se rendre sans plus tarder Outre-Moskova et à y remettre le message. Sinon, il le reperdrait, il l'oublierait et il ne lui resterait plus qu'un vague sentiment de culpabilité dont il ne saurait finalement plus dire d'où il venait.

Il suivit le boulevard jusqu'au métro Palais des Soviets, prit la rue Volkhonka et, par sa droite, se dirigea vers le centre, admirant au passage le toit et la colonnade du Musée de Peinture. Presque partout s'étiraient les files d'attente au ravitaillement. Leur carte d'alimentation à la main, les gens se tenaient en rangée compacte, fermement campée, les grands-mères avaient apporté caisses ou tabourets et prenaient leurs aises, leur tricot à la main. Bien entendu, on notait aussi la présence de l'immuable membre de toute queue moscovite digne de ce nom, du vieil académicien avec son très épais volume de lecture classique et ses bésicles rondes. À chaque file qu'il dépassait, Vadim se disait : Combien de temps allez-vous encore souffrir, mes frères ? Que de misère nous vous avons apportée avec nos idées et nos armes ! À présent, la victoire approche, en tant que nation la Russie est sauvée, mais cette nation reste une nation d'esclaves, nom de nom ! Et comme toujours, le maudit cafard du Kremlin ne nous laisse aucune alternative, ne nous offre qu'une nouvelle impasse. Car on ne soulève pas une révolte après une guerre pareille. Qui nous suivrait, alors que tous les lauriers de la victoire couronneront le plus odieux, le plus criminel ? On inculque partout ce blasphème infâme : « Pour la Patrie, pour Staline ! » Et il trône en égal, que dis-je en égal : comme le principal parmi les leaders des pays démocratiques ! On croit rêver ! C'est infernal !

Pourtant, l'ambiance dans les queues moscovites de 1943 n'était pas désespérée, je dirais même qu'elle était animée. Pour la première fois depuis deux ans, les cartes d'alimentation étaient réellement « honorées » par d'assez fréquentes répartitions de gruau, d'huile de tournesol, parfois même de conserves américaines, corned-beef et œufs en poudre. Les tickets d'enfant donnaient quelquefois droit à un liquide nutritif dénommé « soufflé ». En général, on y voyait plus clair. Au lieu du black-out, chaque semaine, il y avait dans le ciel de Moscou de merveilleux feux d'artifice. Les visages des jeunes femmes redevenaient rêveurs. Même si c'était mutilés — ou plutôt à cause de cela — on revoyait de plus en plus d'hommes dans le civil. Tenez, par exemple, l'irremplaçable mutilé Andrioucha, de Sivtsev Vrajek. Il interprète irremplaçablement la valse-boston *Nuages dans le bleu* sur un accordéon récupéré chez les Allemands. Et il chante d'une voix absolument irremplaçable, on jurerait Mark Bernès. La file est tout oreilles, et les fillettes de la Volkhonka dansent sur le trottoir, deux par deux, les mignonnes. Eh, les filles ! Vous avez vu cet officier qui arrive ? Un homme comme ça et mourir ! Il est irremplaçable ! Nos respects, camarade colonel !

— Salut, les filles ! sourit Vadim.

— Qu'est-ce que vous diriez d'en danser une en vitesse ? demanda la plus dégourdie.

— Je sors de l'hôpital, dit-il en riant.

— Faut pas te gêner, colonel ! gueula Andrioucha le mutilé. Danse, amuse-toi, la guerre efface tout.

Ha, ha ! Vadim s'empara de la dégourdie et se mit à valser.

*Nuages dans le bleu,*
*Souvenir d'un toit et de la mer...*

Perdant toute retenue devant un tel bonheur, la fillette laissa aller sa tête contre la poitrine couverte de médailles de son cavalier. Autour d'eux, le bon peuple riait et applaudissait.

— À qui as-tu offert ta jambe, l'accordéoniste ? demanda Vadim. À Guderian ou à Mannstein ?

— J'ai débarqué à Kertch, colonel de la Garde, fit Andrioucha avec un clin d'œil familier. C'est là que j'ai abandonné ma pince pour servir d'engrais à la Patrie.

Vadim quitta les fillettes non sans regret. Il allait poursuivre sa route, lorsqu'il s'entendit héler d'une voix forte :

— Vadim Vouïnovitch ! Serait-il vrai ? Pas possible !

Avant d'avoir eu le temps de se retourner, il éprouva un bref instant le sentiment aigu que ce jour d'automne était le jour de sa vie, un jour où tout se rapportait à lui et où il était lui-même une partie de ce tout — la brise fraîche aux effluves de neige qui montait de la Moskova, les langoureuses dissonances de l'accordéon, les fillettes aux cheveux en bataille — et il comprit qu'il allait se produire un événement plus important que la guerre mondiale prise dans son ensemble, et qu'une fois de plus, la lettre en triangle ne serait pas remise.

Il se retourna. Le long du trottoir d'en face, au pas, comme dans un film au ralenti, avançait un autre accordéon, une autre prise de guerre, nous voulons dire une limousine Mercedes. Un chauffeur à la gueule de pierre le considérait avec hostilité pardessus ses pattes d'épaule de sous-lieutenant. Derrière lui, deux carrés noirs : les vitres. « Arrête ! » crie la même voix. Cette fois, c'est au chauffeur qu'elle s'adresse, non à lui. L'officier se fige un moment, puis, par la portière arrière brusquement ouverte se tendent une longue jambe gainée de soie, un pied emprisonné dans le réseau compliqué des lanières d'un soulier fin. La jambe est un peu plus lente que le rythme proposé par cet événement historique, mais pour la peine, après cela, c'est tout juste si l'élan rapide, audacieux, de la belle femme ne fait pas exploser la portière. Au milieu de l'indigence moscovite, cela ressemble vraiment à ce procédé cinématographique que l'on appelle montage-contraste. Une belle femme en trois-quarts de tweed, une fourrure sur les épaules, traverse la rue en courant, telle l'incarnation d'un rêve sur pellicule, les plus belles qualités de Lioubov Orlova et Deana Durbin frémissent et s'agrandissent à mesure qu'elle approche. « Vadim ! » Un pas, encore un pas, on voit à présent qu'elle n'est plus de première jeunesse. « Vadim ! » Mais comme elle est belle, mon amour ! Elle tend les bras. Il tend les bras. Leurs doigts se touchent. Joue contre joue, le baiser de l'amitié. Le cinéma s'arrête, une vie bouleversante commence.

— Je savais que nous nous reverrions !

— J'étais certain de te rencontrer aujourd'hui !

— Aujourd'hui ?

— Oui, aujourd'hui !

— Comment pouvais-tu être certain de me rencontrer aujourd'hui ?

— Je l'ignore, mais j'en étais certain.

C'était la première fois de leur vie qu'ils se tutoyaient. Elle riait, au coin de ses lèvres, parmi des perles, luisait comme un minuscule champignon une petite couronne en or. Elle se suspendit à son bras. Viens, viens ! Où ? Où tu voudras, zut ! Au bord de l'eau, j'ai besoin de reprendre haleine.

Chevtchouk, le chauffeur qui avait reçu l'ordre d'attendre, sortit de la limousine pour dégourdir ses jambes exaspérées. La mine sombre, il se rapprocha de la queue. « Qui c'est, ce morceau de roi ? » questionnèrent les grand-mères.

— L'épouse légitime du maréchal Gradov. Son Excellence Véronika, répondit Chevtchouk avec son habituel sourire canaille.

Puis sans rien dire il tendit vers le mutilé son poing d'où il écartait le pouce et le petit doigt, ce qui était une invitation à boire. On se demande pour quel nom de couille on a eu besoin de rappliquer du Nord dans la capitale, si le premier colonel venu peut être son « Vadim » et, en général, si on doit s'offrir des attractions pareilles, putain !

... Les risées qui passaient à la surface de la Moskova y gravaient d'éphémères plaques de vaguelettes. De l'autre côté de la rivière, à la façade de la Maison du Gouvernement, un immense portrait de Staline les regardait. Pour la première fois, Véronika effleurait Vadim de ses hanches et ses lèvres, tendues vers son oreille, murmuraient :

— Vous êtes mon prisonnier, colonel. Un pas hors du rang, et je vous abats sans sommation.

Tous ces quelques jours, il avait erré dans l'Arbat. Il lui semblait que c'était justement dans ses ruelles que devait demeurer Véronika. Son imagination lui montrait sa silhouette à la crinière éparse quelque part près du théâtre Vakhtangov ou sur le boulevard circulaire. L'appartement des Gradov devait être situé dans un immeuble moderne du début du siècle, autrement dit au plus près des sources de ce — disons ironiquement — petit roman qu'était le sien, aussi long que sa vie et — toujours ironiquement — platonique. Or, les Gradov s'étaient déplacés dans le centre le plus solennel de la capitale, dans une triomphale maison au soubassement de marbre, des statues de travailleurs sur le toit. Par les fenêtres du bureau, si l'on approchait tout contre la vitre, on apercevait le mur du Kremlin et les deux tours de l'Arsenal. Une photo du maréchal, la capote sur les épaules, n'arborant encore que ses étoiles de général, trônait sur les rayons de la bibliothèque. La photo était probablement l'œuvre d'un célèbre photographe de guerre, Baltermantz, par exemple, prise au moment où Gradov, à son PC, observait le déplacement des troupes. Ce visage aux paupières plissées, aux joues coupées de profondes rides verticales, n'exprimait rien d'autre que la concentration au combat.

Certes, Vadim savait depuis longtemps que Nikita et Véronika s'étaient détachés l'un de l'autre. Tout au début, alors qu'il venait à peine de quitter le camp pour l'armée, Nikita l'avait tout de même invité à dîner dans sa casemate. Ils avaient beaucoup bu, parlé de toute sorte de choses, mais chaque fois que la conversation allait effleurer Véronika, Nikita la détournait brusquement, presque ostensiblement. Quelque temps plus tard, l'état-major vit arriver une mignonne jeunesse, Tassia Pyjikova. Le commandant en chef ne fit jamais mystère de ses amours de campagne, au contraire, il témoignait quelque bienveillance à ceux qui, au hasard, nommaient Tassia « la patronne ».

Les cancans qui couraient sur les affaires d'en haut descendaient naturellement jusqu'à l'échelon de la division. On aimait, dans les tranchées, à se répandre en potins sur les histoires d'alcôve. Encore qu'« alcôve » fût une notion très relative. Mais tout de même, si peu que ce soit, cela les distrayait du cauchemar de l'« anéantissement des hommes et du matériel ».

Curieusement, la présence du « rêve du soldat », de Tassia Pyjikova, heurtait Vadim. Moi, ça ne me serait pas arrivé, disait-il. Si autrefois, dans les années vingt, je m'étais montré plus décidé et si j'avais enlevé Véronika à Nikita, jamais elle ne se serait trouvée dans une situation aussi équivoque. Jamais je ne l'aurais humiliée. Quoi qu'il soit arrivé, j'aurais tout compris, tout pardonné. Eux, leur romanesque craquait sur toutes les coutures, CQFD. Nous, cela aurait été différent. Lui qui avait cultivé toute sa vie, loin d'elle, l'image de son amour idéal, il avait oublié les émois qu'éveillait autrefois en lui la vivante, l'ardente Véronika, et comme cette étoile avait régné sur ses plaisirs solitaires.

Alors, voilà, ils sont seuls, Nikita n'est plus avec elle et le portrait, sur son rayon, n'est qu'un produit de l'art photographique.

Elle remplit deux grands verres d'un liquide transparent et foncé comme les lambris de chêne de la pièce. Du cognac. Du véritable cognac d'Erivan !

— À notre rencontre ! *Bottoms up*[1] !

— Pourquoi de l'anglais ? demanda-t-il.

Elle courut à la porte, tourna la clé dans la serrure et dit par-dessus son épaule, avec un petit rire :

— Je l'apprends. Pour pouvoir communiquer avec les Alliés.

Ensuite, tout se déroula de façon si naturelle qu'on l'eût volontiers qualifiée de banale. Mais, dans le fond, ce mot fut écarté dès les premières mesures de l'ouverture cognacquière. Il entreprit de déboutonner son corsage. Elle s'y prêta, leva les bras, lui tourna le dos. Les crochets de son soutien-gorge présentèrent trop de complication aux doigts tremblants de vénération de Vadim. Lorsqu'elle libéra ses seins, un autre petit rire fusa de ses lèvres fendillées. Alors il aperçut, vivants, ces deux créatures roses, ces tendres dugongs auxquels il avait tant rêvé, et tomba à genoux, enfouit la face entre ses jambes. Elle tremblait, lui emmêlait les cheveux, puis elle releva ses jupes, fit glisser quelque chose de fantastiquement soyeux bordé d'une dentelière écume d'Aphrodite. Hélas, ce qui suivit fut inepte. Vadim réalisa que, lui aussi, il devait se dévêtir : on n'approchait pas d'une déesse en uniforme de gros drap, en culotte de cheval de cheviotte passablement lustrée. Il se prit à ôter ses bottes. Ce maudit box le serrait trop aux chevilles, refusait de glisser. Il tirait furieusement sur le bout et le talon, sautait à cloche-pied. Toute nue, assise dans un coin, elle attendait, évitant de regarder son héros-de-Kipling-à-la-petite-semaine, mais quand même, levait sur lui un regard découragé. Enfin, l'une des bottes s'échappa, Dieu merci avec sa chaussette. La seconde chaussette tint bon sans apporter le moindre romanesque, compte tenu du fait que le trousseau du colonel n'en comportait que deux paires. Puis il voulut ôter sa culotte, mais il se rappela que, dessous, il y avait un caleçon à attaches pas très exaltant et déjà un peu jauni sur le devant. Glacé de désespoir, il tira cette pièce de linge en même temps que sa culotte. En somme, après ces instants de gêne, presque de honte, seul le cognac aurait pu les ramener à leur vertige magique, mais aller chercher la bouteille dans cet appareil aurait aussi été plus que gênant, honteux ; alors, comme pour lui montrer qu'il n'avait rien perdu de son ardeur, de sa passion, il se jeta sur elle, l'empoigna, lui renversa la tête en arrière, lui colla les lèvres sur la peau... et tout cela eut l'air d'être de la frime.

Il ne fait pas du tout ce qu'il faut, se disait Véronika. Il aurait pu me sauter comme ça, en passant, « à la hussarde » comme ils

1. Anglais : cul sec.

disent, ainsi que je me le suis toujours imaginé : je suis seule dans la pénombre, Vadim entre, dégrafe tranquillement son ceinturon... Ou alors, si tu as commencé par les bagatelles, il ne faut pas te jeter sur moi, il faut continuer lentement, infiniment, jusqu'à l'épuisement total... « Oh, quelle agonie de bonheur... ». Je crois que moi non plus, je ne fais pas ce qu'il faut : je n'ai pas tiré les rideaux, je n'ose pas prendre les choses en main. En bouche, à la fin...

Après, ils restèrent longtemps sans rien se dire. Le divan de cuir était un peu étroit, la jambe de Vadim plongeait jusqu'au plancher. Véronika caressa doucement les cicatrices de son ventre.

— C'est affreux, cette blessure, proféra-t-elle.

— On m'a pratiquement ramené de l'autre monde, dit-il — et il allait parler de sa blessure quand il s'arrêta net : il aurait eu l'air de vouloir excuser sa maladresse.

— Mon chéri, murmura-t-elle.

Ses lèvres errèrent tendrement sur le visage de Vadim dont les yeux s'embuèrent. Elle comprend tout, c'est une vraie femme, une femme de classe. Il me semble que quelque chose remonte. « Le feu sacré » comme disaient ces libertins de grands romantiques recommence à rôder dans les labyrinthes obscurs, il va éclater, et alors, cette fois, ce sera pour de bon. Mais là, elle se glissa par-dessus lui, foula le tapis, ramassa ses vêtements épars. Avant qu'il ait eu le temps de reprendre ses esprits, elle était assise, presque vêtue, sur le bout de la table, à côté de la bouteille de cognac.

— Habille-toi, Vadim, les enfants ne vont pas tarder.

Tandis qu'il se réintroduisait dans ses cheviotte, gros drap et box, elle descendit d'une goulée — *bottoms up !* — un demi-verre de cognac et alluma une Chesterfield de la riche attribution du maréchal.

— À propos, dit-elle avec une vivacité toute mondaine, tu sais, demain, j'aurai quarante ans. Tu t'imagines ? Moi, je ne peux pas.

Il leva son verre.

— Tu resteras jeune encore longtemps, Véronika.

— Tu crois ? demanda-t-elle avec un exceptionnel intérêt.

L'angoisse lui saignait l'âme entière et se coulait à sa place. Et cette âme éperdue flottait quand même contre le plafond comme les drapeaux de la coalition antihitlérienne.

— Où est ta famille ? demanda Véronika. Que fait Goulia ?

Je ne lui ai jamais nommé ma femme, il me semble, se dit-il. Sur quoi il lui raconta qu'après son arrestation, Goulia avait vécu deux ans à Tachkent avec un ami de son père, un *baï* du Parti local, et s'était disposée à régulariser son divorce d'avec l'ennemi du peuple qu'il était, puis quelque chose lui était arrivé, une crise morale, le croirais-tu ? Elle a lâché son *baï* et a déménagé à

Samarcande pour y occuper un modeste poste d'institutrice. C'est là qu'ils s'étaient retrouvés. Les autorités militaires l'avaient avisée que son mari se trouvait à l'hôpital.

— Et les retrouvailles se sont bien passées ?

Il prit un air gêné.

— Heu... tu sais... j'ai tout pardonné... et puis, à vrai dire, qu'y avait-il à pardonner ?... Tu sais... à présent... mon échelle des valeurs s'est renversée, embrouillée...

Elle hocha la tête.

— C'est la guerre. Elle nous a tous renversés, et même plus que les camps... Voilà. Tu sais, Vadim, nos retrouvailles à nous, Nikita et moi, ne se sont pas bien passées...

— Oui, je sais.

— D'où le sais-tu ? s'écria-t-elle.

Et à ce cri arraché comme par une brûlure, il comprit que c'était cela le problème le plus important de sa vie, à vrai dire l'unique problème de sa vie actuelle, à l'intérieur duquel il y avait, de plus, un sous- ou un sur-problème contenu dans ce cri : « D'où le sais-tu ? », d'où tenait-il ses informations.

Il haussa les épaules.

— De nulle part. Je l'ai simplement compris à ton ton, et au sien.

— Tu le vois... souvent ? — Sa main vidait fébrilement la bouteille d'Erivan.

Il n'eut pas le temps de répondre : une porte claqua, des pas bien marqués montèrent du fond de l'appartement.

— Boris ! s'exclama-t-elle en courant au-devant de son fils.

Vadim la suivit lentement. En cours de route, il prit le temps de se regarder dans la glace. Tout semblait en ordre, aucune attache ne dépassait.

Boris IV — dix-sept ans — portait un caban de marine flambant neuf. Ses cheveux courts, mouillés, étaient partagés par une raie bien droite. Tous les muscles de sa face étaient visiblement tendus afin de figurer une expression grave d'acquisition récente, pleine et définitive.

— Regarde, Boris ! Tu reconnais tonton Vadim ? demanda-t-elle avec un enjouement volontairement faux, comme s'il lui répugnait tout bonnement de jouer le rôle de la maman d'un si grand fiston.

— Non, je regrette, répondit gravement Boris et, gravement, il salua de la tête le colonel combattant qui portait le chevron rouge des grands blessés au-dessus de la poche gauche.

— C'est qu'avec ton papa... du temps de la guerre civile... ils ont guerroyé ensemble... je veux dire qu'ils sont partis « au galop devant les grands combats », poursuivit-elle sur le ton plaisant.

Le garçon, saisissant une trace d'ivresse dans la voix de sa mère, fit une légère grimace. Vadim lui tendit la main.

— Je suis très content de te voir presque adulte.

— Je suis très content aussi. Je comprends à présent : vous êtes Vouïnovitch. Pardonnez-moi de ne pas vous avoir reconnu. — Il ouvrit la porte de sa chambre. — Pardon.

— Tu as encore les cheveux mouillés ! lui cria Véronika dans le dos. Et ton bonnet ?

Le garçon referma sa porte derrière lui sans rien répondre.

— Il fréquente un club de judo, fit Véronika. Tu sais, je tremble pour lui. Tu vois comme il est sérieux ? Je crois qu'il a décidé d'abandonner le lycée et de se porter volontaire pour le front.

— Il n'a rien à y faire, dit sombrement Vadim. Les garçons comme lui n'ont pas à se plonger dans cette boue tant qu'on peut se passer d'eux.

Ils se tenaient chacun à un coin de la grande entrée et se regardaient. Une gêne croissante, la confusion les paralysaient comme si ce qui venait de se passer entre eux, non seulement ne les avait pas rapprochés, mais avait éparpillé le château des nuées qu'ils avaient quelque peu partagé.

— Eh bien, Vadim, dit Véronika. Eh bien...

C'était assez net, en somme : « Va-t'en, à présent, fiche le camp d'ici, la représentation est terminée. »

— Je pars pour le front cette nuit, dit-il.

Il avait articulé cela du ton le plus banal, mais quand même, tous deux en éprouvèrent un petit choc : la scène rappelait un film soviétique de la nouvelle école sentimentale. Elle soupira :

— Et Nikita arrive demain.

Toujours le même genre, il n'y avait pas à tortiller : les studios Mossfilm en évacuation.

— Pour ton anniversaire ?

— Pour un événement cent fois plus important qu'un petit anniversaire miteux. Eh bien, Vadim, eh bien, sauve-toi... — De loin, avec une certaine gêne, elle fit un signe de croix sur lui. — Dieu te garde, comme l'on dit. Ne m'oublie pas...

— Comme tout cela est déconcertant, bredouilla-t-il.

— La guerre, répliqua-t-elle avec tristesse.

Un tendre baiser en l'air traversa le vestibule maréchalesque. Autant dire que tout autre contact était exclu.

En sortant de l'ascenseur, il aperçut, appuyée au mur de marbre, la silhouette ramassée d'un sous-lieutenant. Gueule d'arsouille, une cibiche collée au coin des lèvres. Fumée prêt-bail. Vadim ne reconnut pas tout de suite le chauffeur de Véronika. Quand il s'en avisa, il se retourna. Sans quitter son mur, le chauffeur dardait sur lui un regard insolent. Plutôt un type de la Sécurité militaire qu'une arsouille. Exact : une tronche replète de la Sécurité.

Ces gens-là, à vrai dire, on les voit partout. D'un certain sens, un type ethnique très important. Il ne fait défaut que parmi les prisonniers allemands. Là, c'en est un autre : le type ethnique de la Gestapo. Ne sommes-nous pas pris dans une souricière, nous tous qui nous battons pour la Patrie ? Dès que l'on quitte le champ de bataille, on aperçoit ces gueules autour de soi, on retrouve ceux qui vous ont torturé sous *L'Éternel Repos*, qui vous ont envoyé à la mine à coups de crosse... Alors, c'est pour eux que l'on se bat ?

— Eh bien, on ne salue pas ? dit Vadim en contenant sa haine.

Le larbin ébaucha un geste vers sa visière vernie sans changer d'attitude, avec un petit sourire narquois. Ainsi exécuté, le salut militaire avait tout d'une offense. Il n'allait tout de même pas s'en prendre à cette merde pour couronner toutes ses maladresses. Vadim sortit et là, brusquement, un fort vent d'ouest — donc, venu du front — le saisit. Ces choses arrivent parfois. Vous sortez d'une maison où tout croupit, où vous-même vous vous êtes confit dans votre cafard et, d'un seul coup, la rue vous fait changer d'humeur. L'air nouveau vous apporte un entrain inexplicable. Il vous semble que vous avez l'avenir devant vous, tout de même.

Plus tard, la nuit, son sac à l'épaule, allant des bâtiments de l'aérodrome vers son Douglas, il sentait encore cet entrain inexplicable, ce sentiment de plénitude. Des nuages blancs couraient à vive allure contre le ciel profond et noir. Leur ombre traversait le terrain, les rangées de Douglas de transport dressaient vers la lune leurs gueules de dauphins. Puissant clair de lune sur tout le secteur. Un colonel d'artillerie retourne au front. La contre-offensive se poursuit.

Tant que dura le trajet, appuyé à la paroi trépidante de l'appareil, il se répéta deux vers. Il ne s'en rappelait ni l'auteur, ni le début, ni la fin. Il croyait seulement se souvenir qu'ils se trouvaient dans un roman d'Alexis Tolstoï, *Le Chemin des tourments* peut-être.

*... Ô mon amour inachevé*
*Tendresse en mon cœur glacée...*
*... Ô mon amour inachevé*
*Tendresse en mon cœur glacée...*
*... Ô mon amour inachevé*
*Tendresse en mon cœur glacée...*

## CHAPITRE QUATORZE

# *On valse au Kremlin*

Au cours des vingt-quatre heures qui suivirent, tandis que le colonel Vouïnovitch regagnait sa division, les préparatifs fiévreux d'un événement important et solennel se déroulaient dans la forteresse du Kremlin, située sur le mont Bronnitski, au centre de la capitale de la Russie. Si bien qu'au moment précis où, dans le blockhaus principal, les ordonnances débitaient du corned-beef américain à l'aide de coupe-choux allemands et où les officiers réunis pour accueillir leur chef bien-aimé se frottaient joyeusement les mains au-dessus d'un gallon d'alcool, les portes de la salle Saint-Georges s'ouvraient toutes grandes, la foule des invités se propulsait sous les lustres scintillants et se répartissait fébrilement le long de l'étincelante table en fer à cheval. C'était le fameux événement que Véronika avait placé au-dessus de sa propre, nom de nom pas très excitante, fête : un banquet donné par le Kremlin en l'honneur des délégations militaires alliées.

Celles des USA et de la France Libre étaient formées d'officiers de très haut rang, parmi lesquels se trouvaient les représentants personnels des généraux Eisenhower et de Gaulle ; quant aux Britanniques, ils étaient présidés par le maréchal Montgomery en personne, le célèbre Monty qui avait, dans les sables de Libye, damé le pion à Rommel, le Renard du désert. Lors des pourparlers, on l'avait tacitement considéré comme le chef des Occidentaux.

— Quel bel homme ! disaient les épouses des maréchaux en le montrant du coin de l'œil. N'est-ce pas qu'il est bel homme, Véronika Evguénievna ?

— Bah, un homme, fit la maréchale Gradova avec une moue comique. Rien d'un champion, mes filles.

— Et qui est votre champion, Véronika Evguénievna ? demanda la maréchale Vatoutina.

Véronika se tapota les flancs :

— Bon sang, pas moyen de s'y retrouver !

Merveille des merveilles, une nouvelle mode s'était fait jour à la cour du Kremlin : les membres du haut commandement avaient été invités avec leurs épouses. Les générales et les maréchales s'entre-regardaient. Elles semblaient s'intéresser à Véronika Gradova bien plus qu'aux Alliés.

Le Conseil interallié durait depuis deux jours au Grand Quartier Général. Y assistaient les commandants des fronts et de la flotte. Son objet principal était, naturellement, d'établir la date de l'ouverture du second front en Europe. Les Russes insistaient : faites le plus vite possible, combien de temps nos épaules devront-elles encore supporter tout le poids de la guerre ! Les Occidentaux souriaient : c'est évident, messieurs, les préparatifs se font à un rythme aussi accéléré que possible, mais en fait, le second front est déjà ouvert. L'Italie a été mise hors de combat. Les Russes balayaient l'air de la main : ils ne prenaient pas l'Italie au sérieux. Le commandement suprême déployait la plus fine manœuvre diplomatique : « Nous espérons que l'Allemagne hitlérienne ne tardera pas à partager le sort du présomptueux fascisme italien. »

— Mais quand même, ma petite Véronika, lequel trouves-tu le plus à ton goût ? s'enquérait la maréchale Konieva dans un murmure.

Nikita clignait de l'œil à son épouse au décolleté vertigineux : ne cède pas à la provocation.

— Celui-là, par exemple. — Véronika pointait le menton vers un commandant de belle prestance revêtu d'un uniforme inconnu : un Vadim Vouïnovitch étranger tout craché.

— Celui-là ? — Les maréchales désappointées désignaient l'élu. — Mais c'est un Français !

— Français de profession, rude gaillard de vocation, rétorquait Véronika.

On dit qu'elle dansait l'opérette, en Sibérie. Elles sont bien, les divettes de Sibérie ! chuchotaient les générales et les maréchales. En somme, toute l'assistance était d'excellente humeur. La même excellente humeur avait assurément régné aux bals de Berlin à l'automne 1941. Ce banquet marquait pour ainsi dire la fin d'une année entière de victoires : Stalingrad, le saillant de Koursk, le forçage du Dniepr, El-Alamein, le débarquement de Sicile, le déploiement de l'immense théâtre d'opérations du Pacifique. On disait que les Trois Grands allaient se réunir dans un très proche avenir pour faire le bilan de la situation et esquisser les plans de l'étape ultime (ultime, nom de Dieu, peuples du monde, réjouissez-vous !) de la guerre. Naturellement, personne ne savait où la réunion aurait lieu. On citait Le Caire, Casablanca, Téhéran, mais on n'excluait pas Moscou, vu que l'oncle Joe n'aimait pas sortir des frontières de son pays d'élection. Ce qui fait, si ça se trouve, que Roosevelt, dans sa « vache sacrée », et Churchill dans la fierté de la RAF, un bombardier Sterling, arriveraient tout droit à Moscou.

On s'installa enfin : les hôtes soviétiques à l'extérieur du fer à cheval, les visiteurs et les diplomates avec leurs dames (dans la mesure où elles existaient, il ne manquait pas de célibataires) à l'intérieur. Afin qu'ils se sentent mieux, au cœur même de l'hospitalité russe.

Les maréchaux rutilaient de décorations. Nous avons l'air de sapins de Noël, rageait Nikita Gradov, tandis que les Alliés se contentaient de modestes brochettes. C'est ça qu'il va falloir introduire dans l'Armée. Afin que nos officiers ne traînent pas sur eux ces batteries de cuisine imbéciles. Sa nouvelle étoile de maréchal en émeraude lui entrait dans le cou.

L'histoire de sa toute récente élévation au grade militaire suprême était assez curieuse. On était en train de discuter, au Grand État-Major, de l'opération massive destinée à forcer le passage du Dniepr, en présence de membres du Comité de défense de l'URSS, c'est-à-dire d'huiles du Parti et du gouvernement. Le coup décisif devait être porté aux Allemands par le Front de Réserve de Gradov. À un moment, Staline passa le tuyau de sa pipe sur la carte à l'endroit où la masse d'hommes et d'acier se déverserait sur l'ennemi. C'était un étroit couloir entre des forêts et des marais qu'aucun matériel n'aurait pu franchir. Il était évident que les Allemands transformeraient ce couloir en un véritable abattoir.

— Avez-vous préparé l'opération dans les détails, camarade Gradov ? demanda Staline. — Ses formulations abruptes, dues au fait qu'il gouvernait mal la langue du peuple qu'il gouvernait si bien, avaient depuis longtemps pris une force hypnotique, anéantissante.

Nikita Borissovitch déroula ses cartes. Il proposait de ne diriger sur ce couloir sinistre que la moitié des troupes ; l'autre moitié effectuerait un crochet de cent kilomètres au nord et fondrait sur l'adversaire par un autre couloir topographique.

— De la sorte, camarade Staline, nous ferons entrer en action des forces plus nombreuses et nous empêcherons l'ennemi de transférer ses renforts d'un secteur à l'autre.

Il y eut un grand silence. La proposition du général Gradov contredisait la doctrine tactique selon laquelle toute grande offensive devait commencer par une attaque unique, groupée, et surtout elle contredisait les considérations exprimées par le chef suprême.

Il économise ses hommes, il recherche la popularité, songea Joukov avec irritation, mais sans rien dire.

Cette fois, Staline appuya le tuyau de sa pipe sur la carte où une goutte de miel nicotinique vint poser une tache péremptoire.

— La défense ennemie devra être percée en un seul point.

— Nous tirerions de nombreux avantages à ce que ce soit dans deux secteurs, repartit Gradov.

Gradov objectait ! Objectait à qui ? Il enfreignait l'étiquette qui, depuis longtemps, régnait aux réunions du Grand État-Major. Depuis que son haut commandement avait réussi à stopper la honteuse débâcle de 1941, Staline s'était mis à le traiter avec plus de respect. La brute comprenait qu'en même temps que leur patrie, ces gens sauvaient sa chère confrérie. D'ordinaire, il laissait chacun s'exprimer, permettait les objections les plus vives, écoutait attentivement, posait des questions, mais une fois qu'il avait émis son avis, il n'y avait plus à discuter. Or, en l'occurrence, cet avis, il l'avait déjà émis et le plan de Gradov se présentait — ou plutôt pouvait à tout coup être interprété — comme une atteinte à l'autorité du grand chef.

— Je ne vois aucun avantage ! renâcla ce dernier avec colère.

Nikita vit Molotov et Malenkov échanger un coup d'œil et les carreaux opaques de Béria se tourner vers la lumière. C'est fini, se dit-il, j'ai peu de chance de rentrer à la base. Il faut croire que la mine s'ennuie fortement de moi.

— J'ai réfléchi trois jours à cette opération, camarade Staline, dit-il. — Et tout le monde fut frappé de la froideur avec laquelle il prononçait cela.

— C'est que ce n'est pas assez, Gradov ! — Le dictateur élevait légèrement la voix. — Ramassez vos cartes et allez réfléchir encore.

Ses rouleaux de cartes sous le bras, Nikita passa dans la pièce voisine au plafond de laquelle, au-dessus du lustre, un cupidon contemplait la scène avec perplexité. Des aides de camp passèrent en hâte dans le couloir. Aussitôt surgirent son adjoint et son chef d'état-major, trois généraux d'armée et un homme qu'il haïssait, qu'il méprisait du fond de l'âme, qu'on lui avait envoyé dès l'été 1942 comme chef de la section politique, le général Sémione Nikiforovitch Stroïlo.

Et chaque fois qu'il apercevait ce Stroïlo complètement chauve et d'apparence grave, respectable, Nikita ne parvenait décidément pas à tirer un trait sur le mépris qu'il lui avait inspiré dans sa jeunesse. Certes, il savait qu'en la personne du commissaire, il avait à son côté un espion auquel les autorités avaient donné les pleins pouvoirs, mais ce qui l'indignait plus que tout, c'était le souvenir de la liaison de sa chère Nina, si inspirée et si fantasque, avec ce « représentant du prolétariat ».

Naturellement, tout l'état-major savait que son plan avait été écarté, renvoyé aux fins de mise au point, mais il ignorait encore qu'il s'était produit du sensationnel, que le commandant du Front s'était permis des objections. L'ayant appris, tous avaient blêmi. Nikita examina attentivement ses compagnons d'armes. Ils se dégonflaient tous, sauf Pavel Rotmistrov peut-être. Qu'ont-ils, ces gens ? Au feu, ils ne se courbent pas sous les obus, et ici, un grincement de charrette suffit à les faire trembler. Devant l'étranger, ce sont des aigles, devant leurs compatriotes, des lièvres. Quelles sont ces ténèbres qui obscurcissent le subconscient des Russes ? Une effroyable idée de honte, des affronts qu'elle entraîne, peut-être l'horreur de la torture tapie en chacune d'eux ?

Cinq hommes se répandaient sous ses yeux comme autant de gros cierges. Seul Pavel Rotmistrov, commandant de la 5e Armée de blindés de la Garde, pinçait paisiblement sa petite moustache, essuyait ses lunettes d'intellectuel et même esquissait un sourire. Il avait été le premier à appuyer l'idée de l'attaque divisée et ne semblait pas vouloir renoncer à ses positions.

Stroïlo s'approcha de la fenêtre, sortit son porte-cigarettes :

— On en grille une, Nikita ?

En dépit de tout, ce crétin s'évertuait à souligner qu'il existait entre eux des liens particuliers. Comme s'il ne savait pas que je n'arrête pas de réclamer son rappel. Pas parce que c'est un mouchard, assurément, mais parce que c'est une nullité. Les mouchards sont à l'honneur comme ils l'ont toujours été en Russie, mais les nullités, pour l'instant, pour la durée de la guerre il faut croire, ils ne sont pas trop demandés. Cette andouille de Stroïlo, songea le général dans son vieux vocabulaire d'écolier, il s'imagine probable que nous allons nous retirer près de la fenêtre comme les plus intimes de ce groupe d'hommes, deux hommes revêtus de la confiance du Parti, le général et le commissaire.

— Pour quelle raison irais-je « en griller une » avec vous ? demanda-t-il avec une hostilité et une hauteur non dissimulées. Grillez-la tout seul, camarade Stroïlo.

Et il déploya ses cartes devant ses officiers en cachant sous sa main le maudit couloir où ses hommes devaient laisser la vie. Au bas mot trente pour cent de son personnel.

Puis on le reconvoqua au saint des saints et Staline lui demanda assez rudement :

— Alors, général, tu as réfléchi ?

— Oui, camarade Staline, fit-il allégrement, nettement.

Tout le monde sourit à la ronde, particulièrement les membres du Bureau Politique. Bon, il a un peu fait sa tête de mule, le gars, et il a compris qu'il avait eu tort. La logique du Parti et celle de son chef sont invincibles. Même Joukov, passant sa langue sur la mince fente de ses badigoinces, se dit : Il va se dégonfler, la saloperie.

— Donc, nous nous concentrons sur une attaque en masse, unique et foudroyante ? — Staline promena le tuyau de sa pipe le long du couloir. Son intonation était quand même interrogative.

— Deux attaques seraient tout de même préférables, camarade Staline, répondit Gradov en gardant sa gaieté de chouchou de la classe ; comme s'il conviait son prof favori à un duel stratégique.

L'assistance sidérée se renferma au sein de ses visages impénétrables. Staline s'attarda deux ou trois minutes, pensif, au-dessus de la carte. Nikita n'était pas très sûr qu'il y vît tout ce qu'il convenait d'y voir.

— Allez-vous-en, Gradov, dit le Maître d'une voix sépulcrale, terrible. — Puis comme s'il reprenait ses esprits, il releva la tête, regarda le jeune général tout pâle et, passant de la colère à la simple irritation, le renvoya d'un geste de sa main valide. — Partez et réfléchissez ! Il n'est pas bon de s'entêter.

Et derechef, Nikita roula ses impedimenta et se rendit dans la pièce au cupidon qu'il avait, dans son for intérieur, baptisée l'« avant-*bania* ». Molotov et Malenkov le suivirent. Ce dernier, un homme jeune aux allures d'eunuque, y alla aussitôt de son savon :

— Vous n'êtes pas fou, Gradov ? Avec qui osez-vous discuter, vous vous en rendez compte ? Vous contredisez le camarade Staline !

Molotov lui prit le bras et le conduisit près de la fenêtre. Sa figure, un tas de petits pavés, demeura plantée en face de lui quelque temps. Derrière la vitre, une compagnie d'oiseaux voltigeait avec insouciance sur un fond d'aquarelle crépusculaire. Les petits pavés s'entrouvrirent enfin :

— Comment va votre père, Nikita Borissovitch ?

Bizarre, ce tournant, on dirait qu'il veut me montrer qu'il n'est pas seulement Molotov, mais aussi Scriabine[1].

— Merci. Il va bien, il est à la Direction de la Médecine aux armées.

— Oui, oui, je le sais. J'ai beaucoup d'estime pour lui en tant que médecin et en tant que Soviétique, que véritable patriote. — Et du même ton pacifique, il ajouta : — Il va falloir admettre l'opinion du camarade Staline. Vous n'avez pas le choix.

En détournant les yeux des amicaux petits pavés de Molotov sur la sinistre et tremblotante gelée de Malenkov, Nikita songea que même ici, au cœur de l'institution suprême, le schéma favori du bon enquêteur et du méchant enquêteur venait, quoi qu'on en ait, de surgir. Et nous sommes tous les mêmes ZEK qu'auparavant, quel que soit le pouvoir dont nous disposons sur les autres ZEK.

Quinze minutes plus tard, on le rappelait à la *bania*.

— Alors, général Gradov, avez-vous compris qu'une attaque en masse vaut mieux que deux attaques plus faibles ? demanda Staline qui, paraissant d'un bon tour, rayonnait d'un humour insolite.

— Deux attaques en masse valent mieux qu'une, camarade Staline. — Gradov écarta les bras comme pour donner à entendre que rien ne le convaincrait du contraire. Comme de dire : Je serais ravi de vous faire plaisir, gentlemen, mais je ne peux pas.

1. Molotov était le neveu du grand compositeur.

— Et alors, laquelle de vos *deux* attaques — la voix de Staline s'enfla soudain jusqu'au plafond, comme s'il discutait dans un cabaret caucasien — laquelle de vos *deux* attaques en masse sera la principale ?

— Elles seront principales l'une et l'autre, camarade Staline.

Nikita posa la main sur la carte, aux points où se dérouleraient ces deux opérations. Principales. Staline s'éloigna de la table et se mit à faire les cent pas en tirant sur sa pipe comme s'il oubliait les autres présents. Nikita s'assit lentement. Autour de lui, on attendait non sans curiosité la conclusion du drame, soit de savoir de quelle façon volerait la tête du général, comment il se traînerait vers la sortie en tenant sa déraisonnable tête sous son bras.

Staline s'infiltra sur les arrières de Gradov et s'y maintint quelque temps. Un jour, lorsque Koba avait ainsi surgi derrière lui, Zinoviev avait eu l'impression que c'était un chat sauvage qui passait. Nikita crut que c'était un vrai tigre puant. Et voilà que la main du Maître se posa sur son épaulette dorée à triple galons.

— Eh quoi ! Faisons confiance à Gradov, camarades. C'est un chef éprouvé. L'expérience nous a montré qu'il connaissait à fond l'aptitude au combat de ses hommes, ainsi que le potentiel de l'ennemi. Qu'il nous prouve au cours de la bataille qu'il avait raison. Tout compte fait, j'aime les commandants qui savent défendre leur point de vue.

La fin inattendue d'une de ces pièces qui se jouaient au Kremlin donna un sentiment de catharsis, presque de bonheur, à l'assistance. En réalisateur-dramaturge averti, Staline avait compris qu'en cédant maintenant, non seulement il n'ébranlerait pas son autorité à la Tamerlan, mais, au contraire, ajouterait quelque chose d'important à son auréole de maître des fins de partie les plus éblouissantes. Il n'est pas exclu, d'ailleurs, qu'il ait admis le bien-fondé des vues d'un soldat de métier chevronné, qu'il ait cru à sa théorie du développement de l'opération Koutouzov. Il n'est pas exclu non plus qu'il ait cultivé un certain faible envers ledit général. Il se peut qu'il ait oublié qu'il avait devant lui un ennemi du peuple, membre d'un complot militaire qui, s'il n'avait jamais existé, avait néanmoins été découvert à temps, mais qu'il ait seulement entendu dans le nom de Gradov quelque chose d'agréable, de sûr, une énergie humanitaire libératrice, tout comme le nom de son père, un éminent professeur soviétique — j'insiste, camarades : soviétique, des nôtres.

Quoi qu'il en soit, après que le Front de Réserve, s'étant infiltré par surprise en deux points entre les Deuxième et Troisième Fronts de Biélorussie, avait isolé et dispersé les troupes du Feldmarschall Busch et du général Reinhardt et ouvert un territoire immense à une offensive pratiquement sans obstacle, Nikita reçut une récompense jusque-là inouïe ! Il passa d'emblée, sautant celui de général d'armée, au grade suprême de maréchal de l'Union Soviétique.

Et à présent, installé au banquet du Kremlin, Nikita sentait sa précieuse étoile peser continuellement contre sa gorge. On dirait qu'elle attire toutes les attentions. N'ai-je pas grimpé trop vite ? Que disait la sagesse d'Agacha, autrefois ? « Plus haut tu grimperas, plus dure sera la chute, mon petit Nikita. »

De l'autre côté de la table, il y avait quelques officiers alliés. Ils regardaient les deux Gradov et parlaient d'eux, c'était évident.

Le banquet fut inauguré comme il se doit par le chef suprême, l'égal en grade de Nikita, le maréchal d'URSS Joseph Staline.

À peine cette voix magnétique eut-elle percé à travers les conversations que tout se tut :

— Mesdames et messieurs, chers camarades ! Permettez-moi de dédier ce toast à nos valeureux alliés, aux forces armées de Grande-Bretagne, des États-Unis d'Amérique et de la France Libre.

On se leva avec bruit. Les officiers, dans un tintement de décorations, les dames dans un frou-frou de soie et un zézaiement de velours. Les verres, rapprochés par-dessus la table, carillonnèrent. « Le professeur Owstrelow, celui du *Changement de Jalons*, serait heureux », se dit Townsend Reston, le journaliste. Il venait d'arriver le matin même, non sans peine, à Moscou, cette fois via Mourmansk et, au sens propre, « quittait le bateau pour le bal[1] ». À présent, assis au bas bout de la table avec son vieux *buddy*[2] Kevin Tagliafero, il ricanait dans le style capitaliste et sarcastique qui lui était propre. Comme il est touchant, l'éclat impérial qui rayonne sur cette forteresse ! Il y a même des beautés aux épaules presque nues. Et la dictature du prolétariat, alors ? Quelle ineptie quand même que d'associer ainsi les démocrates et la tyrannie !

Kevin Tagliafero se pencha vers son voisin de droite, le commandant Jean-Paul Dumont, un aviateur de chez de Gaulle, à présent officier de la mission de liaison française, et je-sais-tout moscovite. Soit dit à propos, c'était ce fameux « gaillard de vocation » qu'avait distingué Véronika.

— Qui est-ce, Jean-Paul ? demanda Tagliafero en montrant les Gradov des yeux.

— L'étoile la plus brillante du corps des généraux rouges, fit Dumont, toujours prêt à étaler sa science. Le maréchal Gradov, commandant du Front de Réserve.

— Mais dites donc, elle est superbe ! s'exclama Tagliafero.

1. Vers de Pouchkine devenu proverbial pour signifier qu'à peine rentré de voyage on est « à la fête » au sens propre comme au sens figuré.

2. Anglais : copain, pote.

— La dame ? On dit en ville que c'est une véritable lionne.

— Taisez-vous, elle a l'air d'une romantique aristocrate russe.

— Surtout comparée aux autres dames, ne put s'empêcher de glisser Townsend.

Dans la salle voisine, le *big-band* de Léonid Outiossov attaqua *It's a long way to Tipperary* en l'honneur de Montgomery. Et tous d'applaudir, de rire : un orchestre russe jouait la marche des tirailleurs anglais ! Puis se déversèrent les sons langoureux de la célèbre valse lente russe *Nuages dans le bleu*.

— *Gosh !* Advienne que pourra, mais j'invite madame la maréchale Gradova à danser ! — Le colonel Tagliafero tira sa longue tunique à grandes poches et arrangea sa cravate.

— Kevin, Kevin... lui dit Reston.

Véronika s'était aperçue depuis longtemps qu'elle était le point de mire de toute l'assemblée. Les étrangers la *fusillaient* du regard, parlaient d'elle et, *en général*, ne semblaient pas en croire leurs yeux. Ils s'imaginent peut-être que le MVD m'envoie en mission de séduction comme Olia Lépéchinska[1] ? Par moments, de l'autre côté de Staline, se penchant au-dessus de la table et pivotant de sa calvitie criminelle, le ministre des Services secrets lui-même tournait ses carreaux vers elle. Du côté soviétique, à l'autre bout de la table, lui parvenaient les coups d'œil répétés et exotiques d'un jeune général au type géorgien qu'elle avait la vague impression d'avoir déjà vu quelque part. Naturellement, ses amies les générales et maréchales la dévoraient des yeux. Elles doivent se demander entre elles combien des hommes qui sont ici m'ont sautée. J'aimerais bien remplir cette liste moi-même.

Soudain, derrière elle, quelqu'un dit :

— Pardon, monsieur le maréchal, me permettez-vous d'inviter votre charmante épouse ?

C'était dit dans un russe parfait, mais les premières syllabes de cette phrase sans doute consciencieusement répétée trahirent aussitôt l'Américain. Elle le regarda par-dessus l'épaule. Derrière le dossier de leurs chaises, se tenait un grand et mince colonel. Pas tout jeune. Un grand front. Et bien sûr, quelque chose de puéril dans le visage. Tous les Américains ont quelque chose de gamin dans le visage, comme s'ils ne commençaient à vivre qu'à la cinquantaine. Elle se leva. Sa robe froufrouta. Bon sang, quel chic !

— Salut, maréchal ! Je pars outre-Atlantique.

Nikita suivit des yeux le couple élégant qui s'éloignait. Comme c'est triste. Comment tout ça s'est-il produit ? Pourquoi est-ce que je ne peux plus l'aimer ? Est-elle au courant, pour Tassia ?

1. Célèbre ballerine du Bolchoï.

*Depuis trois jours déjà*
*Traversant les nuages*
*Les Junkers volent bas*
*Vers nos tirs de barrage.*

Klavdia Chouljenko en personne en scène ! Mais au fait, comment n'y serait-elle pas en personne ? Tout le monde est ici on ne peut plus en personne. On ne peut plus sanglants et on ne peut plus glorieux. Bon, et on ne peut plus belle : la plus belle femme de Moscou. C'est moi, naturellement ! La plus belle, à laquelle son mari refuse de faire l'amour.

*Depuis trois jours déjà*
*Occupé au pointage*
*Je vois cette armada*
*Se livrer au carnage.*

Eh, mais c'est la chanson de Nina ! Chaque fois qu'on lui parle de ses *Nuages*, elle pique une crise, et pourtant tout le pays, tout le front les chante, une vraie folie. Bon sang, voilà même les Alliés qui les bourdonnent. *What a great tune*[1] *!*

Ce colonel de l'ambassade... comment s'est-il présenté ? Delawero ?.. minute ! minute ! il me regarde comme un môme amoureux... bon sang, il me regarde comme Vadim Vouïnovitch me regardait jusqu'à hier, avec la même adoration. Mes compliments, la ZEK IOU-5698791-014 !

— Vous venez souvent ici ? demanda Tagliafero dans son trouble.

Il tenait entre ses bras la séduction incarnée et glissait en souplesse avec elle sur le parquet encaustiqué. Parfois, la séduction effleurait de son séduisant genou ses jambes musclées, parfois, sur une pirouette, sa hanche séduisante se couchait tout du long sur sa hanche nerveuse. Il évitait de regarder le séduisant décolleté, mais néanmoins, il sentait son cerveau s'embrumer et il ne trouvait rien à dire. Une catastrophe !

— Où je viens souvent ? fit Véronika, interloquée.

— Au Kremlin, bégaya-t-il.

La séduction partit d'un rire inextinguible, non dénué d'une séduisante petite note de vulgarité :

— *Oh, yes ! We're quite frequent here ! The Kremlin dancing hall !... Oh, no, my colonel, I'm joking ! This is my first visit here, very first ! First Kremlin ball, ha, ha*[2] *!*

1. Anglais : Quelle fameuse chanson !

2. En assez mauvais anglais : Oh, oui ! Nous venons très souvent ! Au dancing du Kremlin !... Oh, non ! colonel, je plaisante ! C'est la première fois, la toute première fois. Mon premier bal au Kremlin, ah, ah !

— Le premier bal de Natacha Rostova[1] ? fit Tagliafero, ravi de savoir si bien faire de l'esprit en russe.

Véronika rit encore plus fort.

— Plutôt Katia Maslova[2].

Tagliafero était au comble de la joie : quel superbe échange de plaisanteries littéraires tolstoïennes avec cette romantique aristocrate russe !

— Vous aimez Tolstoï, il me semble, madame Gradova ?

La séductrice ne pouvait plus retenir sa gaieté.

— J'aime les fines allusions à de gros attendus.

Cette subtilité-là échappa un tantinet à Kevin Tagliafero, Ph.D.[3], mais réalisant que sa partenaire — et pourquoi ne pas dire d'entrée « son élue » — était dotée d'un solide sens de l'humour et d'un naturel léger, plein d'amour de la vie, il rayonna.

Autour d'eux, la fraternité des armes atlantiques dansait avec ivresse. On avait dressé la table des artistes dans la salle voisine et parmi eux s'étaient trouvées de toutes charmantes cavalières.

— Vous vous rendez compte de ces bals qu'il sait organiser, l'oncle Joe ! disait Jean-Paul Dumont à Reston.

— Avec un talent pareil, il serait à sa place au *Waldorf-Astoria*, grinça l'incorrigible antisoviétique. Ordonnateur d'une salle de bal, ne trouvez-vous pas ?

Horrifié, le Français fit un pas en arrière.

À ce moment, sur l'estrade, un petit juif soviétique du nom de Sacha Tsfasman faisait voler ses doigts féeriques le long du clavier. À côté de lui, un clarinettiste virtuose soufflait, s'égosillait. Leur morceau, un jitterbug, s'appelait *Concerto pour Benny* et était dédié à un juif américain du nom de Benny Goodman.

— Goebbels en serait crevé sur place, émit le colonel Tagliafero.

Lors de la pause, on vit se réunir autour de Véronika, fort essoufflée, une société hautement hybride, il y avait même un personnage en turban, un général de la perle de l'Empire britannique, l'Inde. C'était, ah oui ! son heure étoilée ! Aurait-elle pu imaginer cela jadis, dans sa baraque, cette fois surtout où trois putes l'avaient tirée par les cheveux — je m'en vas lui bouffer la tirelire, à c'te connasse ! C'était Chevtchouk qui l'avait sauvée. Il avait dispersé à coups de pied les morues qui se cramponnaient à elle. L'avait emmenée à l'infirmerie. Au retour, derrière le bouilleur, dans la neige, il avait tiré son coup. Le pied ! Se serait-elle imaginé alors qu'elle serait là à répandre à droite et à gauche des répliques en anglais et même qu'elle se rappellerait son français scolaire et tous, autour d'elle, de vrais gentlemen, s'empareraient

1. Jeune aristocrate, héroïne de *Guerre et Paix* de Tolstoï.
2. Femme légère, héroïne de *Résurrection* de Tolstoï.
3. Doctorat ès lettres aux États-Unis.

de ces répliques et, ravis, les comprendraient. Ce qui l'inquiétait un peu, c'était la présence dans les environs du jeune général soviétique d'aspect caucasien qu'elle avait déjà vu quelque part. Il n'avait pas l'air de beaucoup comprendre l'anglais, mais pour la peine, il était extrêmement attentif au russe. Et puis, dans le fond, qu'ils aillent se faire voir, tous ces « attentifs » : tout a changé, la guerre a brisé les vieilles lunes, la Russie va marcher vers la démocratie. Voilà quel changement peut subir l'amer dicton populaire : « À qui la guerre, à qui sa mère. »

— Dites-moi, gentlemen, fit Véronika très mondaine, est-il vrai qu'on a interdit les permanentes en Allemagne ?

L'assistance s'entre-regarda et se prit à rire.

— D'où avez-vous pris cela, Véronika ? demanda Tagliafero.

Elle haussa les épaules.

— C'est mon mari qui me l'a dit. Il l'a lu quelque part.

— Alors, le maréchal Gradov ne s'intéresse pas seulement aux blindés ? intervint finement un Anglais.

Tagliafero lui posa la main sur l'épaule.

— Soit dit en passant, mes amis, c'est très sérieux. Il n'y a pas longtemps, j'étais à Stockholm où j'ai pu lire des journaux nazis. Voilà où nous en sommes : après sa défaite de Koursk et le débarquement de nos troupes en Sicile, l'Allemagne a, comme on le sait, décrété la guerre totale. Dans le cadre de cette campagne on a vraiment, dans tout le Reich — Véronika a raison —, interdit le matériel de frisage. Tout pour le front, en somme, tout pour la victoire, économisons l'électricité. Ici, cependant, interviennent certains faits romantiques. Eva Braun, l'actrice de cinéma qui passe pour être l'amie intime du grand Führer, lui a adressé la requête de ne pas priver les femmes aryennes de l'équipement favori de sous lequel elles sortent en plus grandes patriotes encore. Le Führer, en romantique qu'il est — rappelez-vous ces photos en pardessus au col relevé —, n'a évidemment pas pu résister. Les permanentes ont été réintroduites, à cette réserve près que la réparation du matériel est strictement interdite.

— Quelle triste histoire ! dit inopinément l'Hindou.

— Comment fait-on la permanente en Russie ? demanda Jean-Paul à Véronika.

— Ce n'est pas mon problème, mon cher, répondit-elle vivement. J'ondule naturellement. Les vagues de l'Amour. Et je me demande pourquoi ce n'est pas le cas de tous les gens convenables.

Je crève, songea Tagliafero, je crève en sa présence.

— Allons, soupira-t-elle, il est temps que je rejoigne le dispositif du Front de Réserve.

Tagliafero la reconduisit vers le secteur des maréchaux.

— Véronika, me donnerez-vous ne serait-ce qu'une seule, ne serait-ce que la plus petite chance de vous revoir ? demanda-t-il à voix basse, gravement.

Elle le considéra cette fois sans aucune malice, sans trace de mondanité, et baissa également la voix :

— J'habite rue Gorki, à l'oblique du Télégraphe central, mais... mais comme vous le comprenez, je l'espère, je ne vous invite pas.

Il fut pris d'une folle envie de se plonger dans ses dictionnaires pour y chercher l'expression « à l'oblique ».

Le banquet avait pris fin et ils étaient sur l'escalier lorsqu'ils furent rejoints par le svelte général d'allure caucasienne.

— Nikita Borissovitch ! Véronika Evguénievna ! J'ai tourné autour de vous toute la soirée dans l'espoir que vous me reconnaîtriez, et vous ne me reconnaissez pas !

— Alors ? Qui êtes-vous, général ? demanda froidement Nikita.

En un clin d'œil, Véronika comprit que le maréchal était très surpris de ce fantastique manquement aux règles tacites de la hiérarchie : un petit général de division de rien du tout s'adressait directement à lui, et en l'appelant par son nom, par-dessus le marché, lui, de la poignée des plus éminents.

— Mais je suis Nougzar Lamadzé, ma maman Lamara est la sœur de la vôtre, de Mary.

— Nikita changea du tout au tout.

— Cousin ! s'écria-t-il en prenant l'autre aux épaules et le secouant. — Puis, avec un coup d'œil à ses pattes d'épaule : — Alors, tu es dans les chars ?

Nougzar riait de bonheur.

— Mais non, Nikita, ce n'est qu'un petit camouflage pour les Alliés, tu comprends. Je suis dans les Services, mais... — il ajouta fièrement : — avec le même rang.

Nikita changea de nouveau, plissa les paupières avec mépris.

— Ah, voilà quelle voie tu as prise...

Nougzar fit un geste de dénégation :

— Non, non, Nikita, ne crois pas, je ne suis pas de ceux-là... — baissant la voix, roulant des yeux — pas de la bande à Iéjov... Enfin, tu comprends, c'est tout simple, les choses ont tourné comme ça...

— Et pourquoi, nom de Dieu, Nougzar, moisis-tu dans les Services quand de tels événements se déroulent ? dit Nikita d'une voix sévère, comme s'il n'avait rien d'autre à faire que de se soucier du destin d'un Nougzar « qui moisissait dans les Services ». Ta place est en première ligne ! Bon, viens chez moi, au Front de Réserve ! Dans ta spécialité si tu veux, mais quand même en première ligne ! Si tu veux, je t'affecterai aux chars, tu les mènerais à l'attaque ! Ou encore, je te prendrai comme chef de la Section politique.

— Permets, permets, Nikita, mais il me semble que tu as déjà un commissaire : Sémione Stroïlo.

— Je n'ai rien à foutre de cette merde ! s'écria Nikita. Qui m'avez-vous balancé, à moi, dans l'active ? Les sacs de merde comme lui, je les envoyais déjà se faire foutre en 1930.

— Nous n'avons rien à voir, Nikita-*batono*. C'est la Direction Politique du CR[1] qui te l'a envoyé, ce n'est pas nous, dit-il avec un sourire avenant qui lui proposait presque ouvertement de ne pas croire à ses paroles.

— Ça va, ça va, le coupa Nikita. Je sais qui est Stroïlo. Je n'ai rien contre les organes, mais contre certains organistes. Ceux qui me servent une musique à la con.

— Depuis quand parlez-vous si mal, maréchal ? intervint Véronika.

Nougzar rayonnait, serrait le coude de son cousin d'un air de confidence. Il avait nettement apprécié la remarque politiquement adéquate du maréchal sur les organes.

— Réfléchis à ma proposition, Nougzar, dit Nikita en guise d'adieu. — Sur quoi il entreprit avec sa femme la descente de l'escalier historique. Nougzar les accompagna jusqu'à la porte non moins historique.

— Bon, de toute façon, venez nous voir, dit Véronika. Tant que vous n'êtes pas parti au Front de Réserve, quand vous rentrez des organes, faites un saut. Nous habitons...

— Je sais, dit modestement Nougzar.

— D'où ? s'écria-t-elle avec une surprise parfaitement théâtrale.

— Parfois, on en sait plus que l'on ne voudrait en savoir, répondit-il avec un geste évasif.

— Tu entends, Nikita ? Il en sait plus qu'il ne voudrait en savoir !

Un étrange sentiment de supériorité sur ces maudits et omniprésents organes qui avaient corrompu toute sa vie lui tournait la tête plus que le champagne qu'elle avait bu. Avec un petit rire rude, sûr de lui, Nikita dépêcha une claque sur l'épaule de son cousin.

— Chez moi, au Front de Réserve, tu en apprendras exactement autant que tu voudras.

La porte se referma. Nougzar demeurait bouche bée. Des idées vertigineuses sur la possibilité de changer de patron, de passer sous la protection d'une masse de millions d'hommes s'agitèrent dans sa tête.

Il était plus de deux heures du matin lorsque Nikita et Véronika sortirent de la porte du Sauveur et traversèrent la place Rouge en diagonale. Des nuages couraient au ciel, des étoiles scintillaient,

1. Comité Révolutionnaire.

parfois la lune émergeait, démasquant la ville plongée dans le black-out. Les bombardiers n'étaient pas seuls à emprunter les voies aériennes : l'hiver aussi était à l'approche. Mais en attendant, dans l'automne sec et froid, les souliers de bal de Véronika piquetaient le pavé, les talons du maréchal le frappaient.

Il doit être en train de s'imaginer comment il saluera le défilé, sur un cheval à la Vorochilov, se disait Véronika à propos de son mari, avec une rage inattendue. Nikita-le-Victorieux ! Tout va bien, ils sont tous à mes ordres, je n'ai peur de rien, à l'attaque ! Tes deux épouses assurent ponctuellement leurs fonctions : la CC (compagne de campagne) et celle des PM (parades mondaines). Alors là, tout de suite, Alexandre de Macédoine, je vais te dire que je demande le divorce.

Le vaste espace alentour était désert, les seules à ne pas dormir étaient les sentinelles du Kremlin, la DCA et les quelques voitures qui ramenaient certains invités chez eux. Des visages étonnés se retournaient, derrière les vitres, sur le couple maréchalesque.

— Tu sais, Nika, j'ai quelque chose qui ne va pas, proféra Nikita.

— À mon avis, tu n'as que des choses qui vont très bien, ces temps-ci, rétorqua froidement Véronika.

Il lui prit le bras dans un geste de confiance extraordinairement juvénile.

— Non, du point de vue humain. Je suis devenu une sorte de machine à commander. Je jette des divisions entières dans des percées, j'avance des corps d'armée en couverture et ainsi de suite. Les hommes ne sont plus pour moi qu'un immense assortiment de pions. Des pourcentages de pertes, des pourcentages de renforts. Il n'y a pas longtemps, au GQG, j'ai fait prévaloir un plan d'offensive qui a sauvé pour le moins trente mille vies... Tu me diras que c'est bien ? Oui, mais comprends qu'à mon échelon, on ne peut pas se comporter différemment dans cette guerre. Seulement, parfois, je me prends la tête à deux mains : pourquoi est-ce à moi d'être ainsi, pourquoi est-ce à moi que ce sort est échu ? Tout ce que j'avais d'humain était resté vivant en moi-même au camp. À présent, cela se dessèche...

Tout en marchant, Véronika ne quittait pas des yeux le profil du maréchal, lui, il formulait tout cela sans un coup d'œil vers elle, comme s'il l'eût fait pour la première fois en lui-même et à voix haute, comme s'il eût fiévreusement cherché à ne pas laisser échapper cette occasion de s'exprimer, c'est-à-dire de demeurer seul à seul avec l'unique interlocutrice possible de tels aveux. Et à qui d'autre eût-il ouvert son cœur, pas à cette pute perdue de Tassia, quand même !

Mon pauvre petit, se dit-elle soudain. Dégueulasses salopards de Rouges, qu'avez-vous fait de nous ?

— ... Tu comprends, Nika, c'est comme si mon cœur se couvrait de durillons... poursuivait-il.

Mon pauvre petit à qui, jadis, je rapportais des sacs entiers de flacons de bromure de la pharmacie Verrein. On disait que le bromure neutralise la virilité, mais il n'en donnait aucun signe. Au contraire, après le bromure, il me besognait sans fin. Mon pauvre petit, se rappelle-t-il ses cauchemars de Cronstadt ?

Nikita poursuivait, comme répondant à ses pensées :

— ... C'est une sensation terrible, Nika, que de réaliser que tout se cicatrise. J'ai perdu mes vieilles terreurs, mes remords... tu te souviens de mes cauchemars de Cronstadt ?... Ils ne me visitent plus...

— Mon pauvre petit, articula-t-elle.

Bouleversé, il s'arrêta. À ce moment, la lune sortit d'entre les nuages et éclaira la masse sombre toute en bosses du Musée Historique auquel elle donna des airs de ce Kara-Dag, en Crimée orientale, où autrefois il avait rencontré Véronika. Son père, un avocat moscovite de grand renom qui donnait dans la littérature, emmenait des ascensions l'alpenstock à la main et nanti de corbeilles à pique-nique. Ils s'attardaient dans les montagnes jusqu'à la nuit, jusqu'à la lune. C'est là que le jeune Nikita Gradov s'était laissé fasciner par un visage parfait éclairé par la lune. À présent aussi, la lune éclairait ce visage... et elle l'appelait « mon petit »... elle avait dit « mon pauvre petit » à un homme auquel obéit un million de braves armés, un homme dont on essaie de deviner les plans à l'*Oberkommando des Heeres* [1], au GQG des *Wehrwolf* [2] et de la Tanière du Loup... Ma pauvre petite... mère de mes enfants... Rien ne m'arrachera à toi.

Il ne prononça pas un mot, mais elle comprit qu'il venait de lui arriver quelque chose de très important, que s'était débourbée une dense motte de boue. Ils poursuivirent leur route encore plus lentement, ils se tenaient par la main comme des enfants. Ils descendirent vers la place du Manège, passèrent devant l'hôtel *Moskva* et se disposaient à traverser la travée des Chasseurs lorsque, surgi du néant, se présenta, dans un garde-à-vous impeccable, l'aide de camp Streltsov.

— Permettez-vous de vous faire rapport, camarade maréchal ? Quels sont les ordres ? Dois-je décommander l'avion ?

Véronika se retourna et aperçut un groupe d'officiers qui approchait lentement. Ils avaient apparemment suivi leur chef depuis les portes du Kremlin. Une Willis et deux Dodge pleins de molosses gradoviens vinrent aussi se ranger près d'eux. Bref, l'escorte avait ouvert l'œil pendant toute leur promenade au clair de lune.

1. Commandement suprême allemand.
2. Allemand : loups-garous. Désignation de groupes qui continuèrent à lutter contre les Alliés après la défaite et même après la reddition de l'Allemagne.

— Quelle suite discrète vous avez, Nikita Borissovitch ! s'exclama en riant la maréchale.

Les officiers ondulèrent du dos et sourirent. Ah, mais c'étaient tous des visages connus : l'adjoint à l'échelon arrière Cherchavy, et le chauffeur personnel Vasskov substantiellement monté en grade, plus deux ou trois officiers de l'Armée Spéciale d'Extrême-Orient, je crois Bakhmet, je crois Spritzer, et le plus formidable c'est de voir défiler parmi eux, l'emportant — par la taille, le buste plastronnant et les airs avantageux — sur le général Cherchavy, ni plus ni moins que l'ex-surveillant d'îlot du Bois d'Argent, aujourd'hui capitaine Slabopétoukhovski. Nikita s'entourait de ses propres « organes ».

— Vous ici, Slabopétoukhovski !

— Oui, Véronika Evguénievna. J'ai compris le sens de la vie sous les drapeaux du Front de Réserve et personnellement du maréchal Gradov, et plus exactement à l'intendance de l'état-major, à votre service !

Nikita avait l'air un peu gêné et cela se comprenait : qui ces gens-là devaient-ils appeler « la patronne » ? Pour la première fois peut-être, ils le voyaient indécis : fallait-il décommander le vol de nuit pour le front ?

Elle lui posa la main sur la joue :

— Ne crois pas à tes durillons, mon petit Nikita, tu es toujours le même. Quand dois-je t'attendre ?

Il poussa un soupir de soulagement et l'embrassa. Sur la joue. Sur l'autre. Sur le nez. Les lèvres fermées à triple tour, sinon il faudrait annuler le vol. Et puis, il faut commencer par remettre l'appartement en état, c'est ça, en état : repeindre les plafonds, cirer les parquets, nettoyer les tapis, bon, et... bon, et envoyer Chevtchouk, bon Dieu... l'envoyer pas au front, bien sûr, quelque part dans une planque, mais en finir avec ça...

— Pas avant un mois, je pense, dit-il.

— Bon, c'est bien, soupira-t-elle. Je t'attends dans un mois avec une autre étoile de maréchal afin que tu sois deux fois maréchal. Deux fois maréchal de l'Union Soviétique, ce n'est pas mal, hein ? Et qu'est-ce que je vais faire de Boris ?

— Dis-lui que je suis absolument opposé à ses projets militaires. Qu'il finisse le lycée, là, on verra. Embrasse Véra cent trente-trois fois. Allons, au revoir !

Il bondit dans la Willis. La cavalcade s'ébranla. Véronika, dans son court manteau de renard et sa longue robe de soie, traversa la travée des Chasseurs. Elle était à deux pas de chez elle. Voilà, le premier bal de Katia Maslova est fini, je suis de nouveau seule. Il ne s'est même pas rappelé mon anniversaire.

## CHAPITRE QUINZE

# *Entraînement d'officier*

Nous sommes amené à amorcer ce chapitre par une petite scène qui refusait de s'accrocher à la queue du chapitre précédent encore que se trouvant dans le droit fil avec lui. C'est que, après avoir fait ses adieux à sa femme à la travée des Chasseurs par cette nuit de novembre 1943, le maréchal Gradov ne s'était pas rendu directement à l'aérodrome de Vnoukovo où l'attendait un bombardier IL-4, mais avait opéré au préalable un large crochet par la capitale endormie. À l'heure profonde où la flore de Moscou, lasse de frémir au vent de l'Occident, ployait ses branches dans le style perdurable du servage russe, et où la faune pépiait à peine dans un demi-réveil, chassant ses rêves de bougeotte, le cortège du maréchal au grand complet s'était arrêté devant la vieille maison du Bois d'Argent. Laissant tout son monde dehors, le maréchal avait ouvert le portillon selon une méthode qu'il pratiquait depuis l'enfance : en attirant une planche de la palissade et en y introduisant une main recroquevillée. On avait admis une fois pour toutes qu'aucun cambrioleur ne saurait s'aviser du procédé. Bien souvent, d'ailleurs, on ne tirait même pas le verrou et ce tableau, celui d'un portillon apparemment fermé et, en fait, pas fermé du tout, aucune imagination criminelle n'aurait pu l'appréhender, à part celle des tchékistes venus chercher Véronika à l'automne 1937.

Nikita espérait voir de la lumière dans le cabinet de son père ou apercevoir la lampe de chevet de sa mère, alors, il serait entré dans la maison, mais cette nuit-là, ni Boris Nikitovitch ni Mary Vakhtangovna ne souffraient d'insomnie. D'ailleurs, son père pouvait être n'importe où sauf chez lui. Directeur adjoint des Services de Santé aux Armées, il ne se tenait pas tant dans son cabinet de Moscou qu'il se déplaçait tout au long de l'immense front qui allait de la mer de Barentz au Caucase. L'été dernier, à la fin de juillet, Nikita était tombé sur lui en pleine fournaise, sur le champ d'opérations de Lutèje.

La fameuse bataille de chars dite « bataille des tournesols » venait à peine de s'achever. On y avait grillé les graines à la bonne tienne ! Des dizaines sinon des centaines de Tigres, de Mark, de T-34, de Sherman, de Grant, de Churchill avaient flambé et enfumé la moitié du ciel, quasi au corps à corps. D'énormes volutes de fumée qui montaient derrière une colline voilaient la deuxième moitié de la voûte céleste : quelqu'un venait de faire sauter les réservoirs d'essence de quelqu'un d'autre. Le voilà, le paysage typique de la guerre totale : une interminable surrection noire, des langues de feu, des restes de nature vivante qui fuient.

Un hôpital de campagne s'installait sur la colline autour des ruines fumantes. Les soldats en étaient encore à monter les tentes, mais déjà, sous l'une d'elles, on opérait. Nikita qui passait dans sa voiture blindée y jeta un coup d'œil, remarqua « l'efficacité de l'installation » — je les proposerai pour des décorations — et se disposait à poursuivre sa route quand il avait aperçu son père qui sortait de l'une des tentes.

Il portait une blouse chirurgicale toute tachée de sang. Il était en train d'ôter ses gants avec la fière mine qu'il arborait toujours après une intervention réussie. Quelqu'un, sur sa demande sans doute, lui fourrait une cigarette allumée entre les lèvres.

Nikita faillit hurler : « Qu'est-ce que tu fous là, nom de Dieu, en pleine fournaise ? Tu as soixante-trois ans, Boris III. Tu es général, tu dois diriger ton service par voie de radio, par téléphone, qu'est-ce que tu fous sous les bombes, merde ? » Par bonheur, il réalisa à temps que c'était la dernière chose à faire. Il sortit paisiblement de son auto blindée, rejoignit le professeur et l'embrassa. Deux photographes militaires qui passaient par là fixèrent immédiatement la touchante scène.

— Je viens d'opérer le sergent Néfedov, dit le père. Tu sais, c'est un personnage de légende. Où les gens prennent-ils cette intrépidité ?

Nikita avait déjà entendu parler du peloton de Néfedov qui, vingt-quatre heures de suite, avait réussi à repousser toutes les attaques sur la rive haute de la Desna et avait tenu jusqu'à l'arrivée de la 18e division.

— Tu sais, dit-il, quand on se bat, on est gagné par une excitation particulière qui fait taire la peur. Tiens, les tankistes, tu vois, les nôtres et les Fritz, ils se sont tiré dessus à bout portant, pas un n'a reculé. Qu'est-ce qui se passe ? Ils étaient tous comme soûls. C'est ça qui nous sauve, tous tant que nous sommes, et c'est ça qui nous perd, si tu veux savoir.

— Tu as peut-être raison, dit pensivement le père. Tu as très probablement raison... Tu vois cela en professionnel...

À ce moment, par-dessus la colline, passèrent des obus de mortiers sextuples, dits « Vanioucha ». Ni le père ni le fils ne leur prêtèrent la moindre attention.

— Nous sommes tous ivres de guerre, dit Nikita. Et toi et moi.

Le père hocha la tête. Il semblait diantrement reconnaissant à son fils de cette conversation, de cette rencontre d'égal à égal sur le champ de bataille.

— Et dans l'ensemble, comment ça va ? demanda-t-il en embrassant l'horizon noir d'un geste du bras.

— On les écrase ! lui glissa Nikita.

Déjà des officiers de liaison et des aides de camp venaient l'accaparer. Ils s'étaient donné une dernière accolade et s'étaient séparés sans avoir dit un mot de Mary Vakhtangovna.

Là, dans la nuit profonde, assis sur une souche de pin en face du vieux nid familial, Nikita ne se rappela cette scène que fugitivement, et s'efforça aussitôt de s'en défaire. La guerre lui donnait à présent la nausée. Il avait soif de non-guerre. Et s'il était passé au Bois d'Argent, ce n'était pas pour des raisons sentimentales, à bien y penser, mais parce qu'il avait envie de toucher du doigt quelque chose d'immémorial, de non guerrier, non historique, quelque chose de bien plus important, une chose qui irradie et engloutit l'amour. Pas même son père et sa mère en personne : la paternité et la maternité.

Il repensa à celui qui avait fait construire cette maison, son grand-père Nikita, et à sa grand-mère Marie Nicolaïevna, née Iakoubovitch, des fameux Iakoubovitch[1].

Il se revoyait ici à partir de l'âge de sept ans. Ils y venaient avec les parents les dimanches et jours de fête. Grand-père les accueillait en claironnant à travers sa grosse moustache, corps professoral de 1880, voyageur invétéré à travers la Russie et explorateur. Explorateur, à une époque, il l'avait vraiment été, au fait, et c'est en Abyssinie qu'il avait rencontré Marie Iakoubovitch : ils étaient tous deux en mission auprès de la Croix-Rouge.

Grand-père adorait Nikita et rêvait de l'installer avec lui au Bois d'Argent. Les analyses atmosphériques révélaient en ville un degré de pollution grave, ici, c'était de l'oxygène très pur et du yaourt à l'état natif méthode Metchnikov. Afin de le tenter, il avait même fait l'achat d'un poney. Il installait le petit garçon sur le cheval miniature et proclamait triomphalement : « Voici le roi de Géorgie ! », faisant ainsi allusion à ses origines du côté de sa mère. En fait, poney ou non, Nikita rêvait de déménager ici, sous les pins de la rivière sinueuse, vers les ravins mystérieux et le lac au nom qui vous glaçait d'horreur : la Bezdonka[2].

Assis dans le froid et le silence devant cette maison encore solide, robuste, même si les angles de sa terrasse étaient quelque

1. Dékabriste.
2. Étymologiquement : sans fond.

peu affaissés, Nikita s'efforçait de rappeler à sa mémoire des souvenirs d'amour d'enfant et d'amour universel lointains, c'est peu dire : perdus à des distances cosmiques. Seul un reflet fugace en passait parfois, puis tout s'encotonnait d'une brume de paroles, de l'histoire mille fois racontée, éculée, de la famille. Me reviendront-ils, les autres reflets, s'assembleront-ils en tableau, ne serait-ce qu'à l'heure de ma mort ?

Les molosses, dans leur Dodge, observaient le dos voûté du chef. Ils étaient armés de Kalachnikov, de pistolets allemands Walter, de collections de grenades à main et de coupe-choux. Pas un des habitants qui dormaient dans la maison ne se douta qu'une telle cohorte avait, cette nuit-là, stationné si près. Sinon, deux des dormeurs ne se seraient pas pardonné leur jeune sommeil. L'un était Boris IV et l'autre son fidèle ami, compagnon d'idées, champion de poids mi-lourds juniors de Moscou, Alexandre Chérémétiev — pas des fameux Chérémétiev[1].

Boris et Alexandre inaugurèrent bien entendu la matinée par un cross de cinq kilomètres. C'est pour cela, à vrai dire, qu'ils venaient coucher à la datcha, pour se livrer dès le matin dans le parc à leur préparation militaire, catégorie officiers. Et puis, le fleuret aussi, il est plus agréable de le pratiquer sur un sentier sous les pins. Et alors, pour la course et la natation en eau glaciale, on ne trouverait pas meilleur endroit.

Tout en courant, ils parlèrent un peu escrime. On aurait pu croire qu'on ne la pratiquait plus que par pur atavisme en période de guerre moderne, motorisée, et pourtant, c'était un élément indispensable de l'éducation d'un jeune officier. Cela vous apporte beaucoup : la souplesse, la coordination des mouvements, la promptitude des décisions.

Au petit déjeuner — Boris IV avait fermement insisté là-dessus, on ne leur faisait qu'un solide porridge et on ne leur offrait que deux œufs durs, puissante source de protéines, aucun petit plat — on examinait la situation du front. En dépit de succès colossaux, il était trop tôt pour chanter victoire. L'ennemi était toujours aussi fort. Tenez, par exemple, la 3e Armée de chars de la Garde qui vient de prendre Jitomir a été contrainte de rendre la ville aux *Panzergrenadieren* du général Hermann Hoff et à battre en retraite, comme nous l'apprend le Bureau d'information soviétique « sur des positions préparées à l'avance ». Et voyez le théâtre des opérations atlantiques, Alexandre : l'Italie fasciste s'effondre et pourtant les nazis envoient de plus en plus de chars au-delà des Alpes dans l'intention évidente d'asséner leur poing blindé comme ça ! Ajoutez

1. Grande lignée de l'aristocratie russe remontant au XIVe siècle.

à cela la frénésie de leurs sous-marins qui interceptent de plus en plus audacieusement les convois dans le Nord. Autrement dit, « le féroce ennemi des peuples pacifiques du monde » n'a aucunement l'intention de se rendre.

— En somme, Boris, nous ne manquerons pas d'ouvrage, articula Alexandre Chérémétiev avec un clin d'œil, en baissant la voix.

— Et qu'est-ce que tu dis des Japonais, grand-père ? dit Boris IV en élevant la sienne, afin de couvrir la sotte allusion de Chérémétiev. « Les premiers à violer la Convention de Genève sur les prisonniers de guerre. » Et sous la table, il envoya un brutal coup de pied au boxeur.

Attablé devant son éternel kéfir « à la Metchnikov » — ils parvenaient quand même à préserver une qualité d'alimentation presque d'avant guerre — Boris Nikitovitch agitait son journal.

— Mes enfants, le point focal des événements se déplace vers la sphère diplomatique, dit-il, en soulignant de l'ongle le modeste communiqué relatant la rencontre de Molotov avec Cordell Hull et Anthony Eden. C'est ça le plus important, aujourd'hui. Cela annonce une prochaine rencontre au sommet. Il faut savoir lire les journaux.

Les deux vieilles femmes regardaient avec amour les hommes attablés à leur petit déjeuner, c'est-à-dire le vieil homme et les deux gamins. Si seulement ils avaient pu se retrouver ainsi autour de la table de cuisine chaque matin ! Hélas, de plus en plus souvent, Mary et Agacha demeuraient seules dans la maison pleine de craquements et parfois de grondements étranges, évoquant les absents : Kirill, Mitia, Savva, le bouillonnant Galaktion dont le cœur n'avait pas supporté la trahison et l'arrestation dans son Tiflis natal auquel il avait fait tant de bien. Elles évoquaient aussi, et très souvent, leur ange gardien sous sa forme de chien aux oreilles pointues, à la babine rusée, à la gueule pleine de dents, Pytha, Pythagore. Il avait vécu ses seize années auprès d'elles et sa mort, il y a quatre ans, les avait laissées ravagées et interdites : comment le monde, et surtout le Bois d'Argent de ce monde, pouvait-il exister sans Pythagore ? Mary avait été longtemps sans pouvoir rejouer du Chopin. En général, le chien aimait le piano, mais les sons de Chopin l'attiraient dans le cabinet comme un aimant. D'ordinaire, il se couchait derrière elle et posait le museau sur ses pattes. Il ronflottait doucement et offrait l'image de la délectation. Mary commençait par une improvisation, puis se retournait, s'attendant à apercevoir son favori. Et là, à sa place, son regard ne découvrait que le vide complet, et l'improvisation ravalait ses larmes.

Nina survenait parfois, morose et brusque, et priait sa mère de lui jouer du Chopin. Non, je t'en prie, tout ce que tu voudras, Rakhmaninov, Mozart, mais Chopin, je ne sais pas pourquoi, je ne peux pas. Elle avait honte d'avouer que c'était à cause de Pytha.

Tsilia venait aussi, fichue comme l'as de pique, pour ne pas changer, la jupe pendante, la pointe des escarpins de facture paternelle rebiquant, dégageant sa coutumière odeur de soupe aigre. Elle continuait à rechercher Kirill, mais avec moins d'ardeur : la guerre avait repoussé la prison au lointain, comme un décor de théâtre à présent inutile. Ses « lettres aux instances » ne recevaient même plus de réponse de pure forme, et un jour où elle avait réussi à pénétrer jusqu'à la Commission de contrôle du Parti, on lui avait dit : « Tout de même, camarade, nous ne comprenons pas, le pays perd tout son sang, lutte pour la vie, et vous, une communiste, vous vous inquiétez du sort d'un boukharinien ! Attendez la fin des hostilités, alors, nous tirerons les choses au clair. » Parfois, dans des phases d'excitation et, comme il semblait à Mary, de recours à l'alcool, Tsilia se démenait dans le cercle de famille, lançait des accusations plutôt abstraites à l'adresse de ceux qui ne se donnent pas la peine de penser au sort de leurs plus proches parents, pour qui rien ne compte plus que leur confort personnel. Bien sûr, il y a d'autres gens, criait-elle, des gens qui sacrifient tout à l'être cher, des femmes qui auraient pu refaire leur vie, à qui des hommes offrent ouvertement leur compagnie et même le mariage, mais elles, ces femmes, elles repoussent tout au nom d'une idée, d'une fiction, du mythe de la fidélité, elles perdent leurs plus belles années.

Mary supportait ces allusions imbéciles, s'efforçait de ne pas insister sur le sujet. Un jour où elle essayait de lui dire qu'à toutes les demandes d'information de Bo et même aux revendications du maréchal Gradov en personne, on répondait invariablement que Gradov Kirill ne figurait pas sur les listes des vivants et qu'il fallait, ma chérie, nous résigner à l'affreuse idée, Tsilia avait fait une véritable crise d'hystérie. Elle s'était précipitée à travers la datcha, avait arraché, on ne sait pourquoi, les stores des fenêtres, crié :

— Je ne vous crois pas ! Je ne vous crois pas ! Il est vivant ! La guerre finira et ils tireront les choses au clair, ils me l'ont promis !

— Tu as raison, tu as raison, ma petite fille, l'exhortait Mary. Peut-être que certains secrets se découvriront après la guerre. Peut-être que Mitia reviendra aussi. Après la Première Guerre mondiale, il est revenu beaucoup de « disparus ».

— Mitia, ça, c'est sûr, il reviendra, disait alors Tsilia, apaisée. Ça ne fait aucun doute, il reviendra avec une décoration, il rachètera ses origines koulak.

— Il les rachètera ? explosait alors Nina, bien entendu si elle était là. Qu'est-ce que tu débites dans ta langue de bois ? Peut-être que c'est nous tous qui aurons à racheter notre faute envers ces « origines », tu ne t'es jamais dit ça ?

— Tu n'es qu'une décadente ! Tu fais appel aux sentiments petits-bourgeois, avec tes chansons !

Là, Tsilia entrait de nouveau en ébullition, la singeait : *Nu-uages dans le bleu-eu-eu...* et les deux amies et *Blouses bleues* d'autrefois se réfugiaient aux deux angles opposés de la pièce.

Quand ses deux petites-filles, Iolka Kitaïgorodskaïa et Véroulia Gradova, se retrouvaient sous le toit du Bois d'Argent, Mary Vakhtangovna était au comble de la joie. Ces deux jolies blondinettes presque du même âge, Iolka, tout le portrait de son père, Véroulia tout celui de sa mère, pouvaient passer des heures à chuchoter ensemble, à regarder des livres d'art, à insister auprès de leur grand-mère : « Joue-nous un fox-trot de Dinky-jazz ! »

Mais pour ce qui est de Véronika, la confiance d'autrefois avait, une fois de plus, disparu. Guidée par son flair de femme, Mary devinait la discorde des époux et, c'est évident, prenait instinctivement le parti de son fils, quoique jamais, Dieu l'en préserve, elle n'aurait abordé le sujet. Quant à Véronika, naturellement, avec sa nature si fine, elle saisissait cet imperceptible antagonisme et, en chaque mot, chaque geste, lui répondait par un imperceptible défi. Les terribles avatars de sa vie, ces ascensions, ces chutes, ces nouvelles ascensions, l'ont beaucoup changée, se disait Mary. Aujourd'hui, sa vie n'est plus que défi. Un défi qu'elle lance à tout son entourage, à Moscou avec sa misère, à la guerre, à son passé : élégante, avec ses fourrures et ses pendants d'oreille, audacieuse, pour ne pas dire insolente. Et puis ce chauffeur qui ne décolle pas, quel personnage est-ce donc, j'ai peur d'y penser, qu'est-ce que c'est que ce personnage qui accompagne constamment la générale — présentement maréchale — Gradova ?

Mary Vakhtangovna, qui aurait pu — car cela durait depuis les années vingt — s'accoutumer à l'ascension continue de son fils dans la hiérarchie militaire, n'arrivait tout de même pas à bien réaliser qu'il était l'un des grands chefs de cette invraisemblable guerre. Un jour, dans le tramway, il lui était arrivé une drôle d'aventure. Elle se rendait une fois par mois aux concerts d'abonnés du Conservatoire. Elle montait au terminus, ce qui lui permettait d'occuper un coin fenêtre. En cours de route, le wagon se remplissait à craquer, mais elle restait près de la vitre et, tout au long du trajet jusqu'au centre, elle contemplait le triste spectacle qu'offrait Moscou. Pour la fin du concert, c'était d'ordinaire la voiture de la Direction des Services de Santé qui venait la chercher et elle ne voyait aucune raison de le refuser : tout de même, elle avait largement dépassé la soixantaine. Alors, un jour qu'elle se rendait dans le centre, qu'elle était dans le tramway, l'un des voyageurs avait soufflé :

— Dites donc, les gars, vous savez qui c'est, là-bas, près de la vitre ? La mère du maréchal Gradov !

Mary avait fait semblant de ne pas remarquer les regards curieux ou admiratifs, de ne pas entendre marmonner : « La mère du maréchal Gradov, non mais vous vous rendez compte, en tramway, la mère du maréchal Gradov, quelle dame, quelle modestie, non, c'est vraiment la mère du maréchal Gradov qui prend le tram avec nous ? » La nouvelle avait couru en flot continu, des voyageurs à la descente aux voyageurs à la montée, tandis que Mary Vakhtangovna, défaillant de fierté, ne montrait cependant en rien que c'était elle que ces propos concernaient, droite et sévère, modeste membre de l'intelligentsia russe, mère du défenseur de la Patrie, le maréchal Gradov. « Poussez pas, citoyens, non, mais poussez pas, y a la mère d'un maréchal ici. »

Nikita, mon petit garçon, je me rappelle comme si c'était hier comme il galopait en costume marin sur son poney, tandis que son grand-père lui criait en soufflant dans sa moustache : « Allez, le roi de Géorgie ! Irakli ! Bagration ! »

Les crises de nerfs de Tsilia n'allaient pas sans un certain contexte familial : Kirill n'avait jamais été le préféré. Pour une raison qu'absolument personne ne comprenait, il était à peine, à peine — non mais vraiment, un tout petit peu, une goutte, presque rien — frustré de l'amour parental : les parts du lion revenaient à l'aîné, Nikita, et à la cadette, Nina. Dans le fond, ce n'était peut-être qu'une bêtise, une idée qui ne leur venait peut-être qu'à présent, depuis la disparition de Kirill. Ils en avaient bien souffert, Bo et elle, et, naturellement, ils avaient été bourrelés de remords, encore qu'ils ne s'en soient jamais rien dit à voix haute.

C'est que tout cela est relatif, vague. Tenez, par exemple, cela veut-il dire que j'aime Iolka et Véroulia moins que Boris IV, même s'il est mon préféré ? Jusqu'à Mitia, qui n'était pourtant pas de mon sang, je ne l'aimais pas moins, et lui, il m'aimait comme sa vraie grand-mère. Mais il faut bien admettre qu'aucun de mes autres petits-enfants ne possède d'aussi grandes qualités. Quand on pense ! Quel jeune homme supérieurement positif il est devenu ! Quels exceptionnels gravité, discernement, netteté, sportivité, persévérance, indépendance d'esprit, aptitudes physiques ! Et il se choisit des camarades à son image : ce que vaut un Sacha Chérémétiev ! Une force de volonté exceptionnelle, une distinction évidente malgré l'horrible sport qu'il pratique, des manières irréprochables ; enfin, c'est tout simple, on dirait un élève de l'École Militaire, un cadet de l'ancien temps. Ce qui est étonnant, c'est cette façon qu'ont ces deux jeunes gens de se voussoyer. Ils ont l'un sur l'autre une excellente influence. Par exemple, rien que leur décision de ne récolter que des « très bien » dans toutes les matières. Ils disent que l'école est une telle bêtise, une telle blague, qu'y obtenir autre chose que la note maximale est en dessous de la dignité humaine. Un individu attentif, réfléchi, doit résoudre toutes les combines des profs vite, clairement, et sans accroc.

Il y a, dans cette aspiration à la perfection, un élément qui fait peur, une sorte de « rakhmetovisme[1] » moderne. Ces gamins ne pensent qu'à s'endurcir, à vivre dans les privations. Les pulls les plus rêches, par exemple, ils les portent à même la peau, ils dorment en hiver, par moins trente, la fenêtre ouverte, ils se frottent le corps à la neige, ne consomment que la nourriture la plus rustique et une fois, l'été dernier, ils se sont même complètement privés de manger, ils partaient en forêt dès le matin et revenaient à la nuit, déclarant avec la politesse la plus extrême : « Merci, nous n'avons pas faim. » Par la suite, ils avaient reconnu en riant qu'ils avaient fait une expérience de survie catégorie « commando isolé ».

Quelle drôle de manie il m'est venue avec l'âge, se disait Mary. Je me délecte de voir mes petits-enfants engloutir leur repas. Je me surprends à entrouvrir la bouche en même temps qu'eux comme une oie insensée, comme si je n'étais pas une Goudiachvili, mais une Lamadzé de rien du tout.

C'est ainsi que ce matin-là, elle se délectait de voir Boris IV et son ami Alexandre Chérémétiev ingurgiter leur porridge, sans savoir que ce spectacle magique se déroulait devant elle pour la dernière fois.

Il va de soi qu'Agacha, elle aussi, adorait observer les festins familiaux, mais, ces temps derniers, Boris IV la chagrinait beaucoup. Il se détournait de ses bien-aimés *pirojki*. Elle ne soupçonnait pas, elle non plus, c'est sûr, qu'elle avançait ainsi pour la dernière fois vers son Babotchka (comme elle nommait le IV à la différence de Boriouchka III) son appât farci à la viande et aux champignons, doré à point.

Cependant, nos parfaits jeunes gens se disposaient, le jour même, à abandonner le lycée et leurs maisons paternelles respectives et à déménager à la caserne ultra-secrète de l'École de la Direction Générale du Renseignement où on les attendait déjà. Tous leurs préparatifs s'étaient, bien entendu, déroulés dans le plus grand mystère, sinon la famille aurait fait un tel boucan qu'il serait parvenu jusqu'au maréchal, lequel aurait immédiatement sabré l'entreprise.

— Voilà, mes enfants, il faut savoir lire les journaux, répéta grand-père Bo, sur quoi il plia sa *Pravda* et se leva de table. Vous verrez, Staline va rencontrer Churchill et Roosevelt dans un mois tout au plus et, alors, la date de l'ouverture du second front sera définitivement fixée.

1. Rakhmetov, héros de *Que faire ?* de Tchernychevski, est le type du révolutionnaire fanatique

Le grand-père partit et les garçons se disposèrent bientôt à en faire autant. En leur disant au revoir, Boris embrassa sa grand-mère et sa nounou. Elles rayonnèrent : c'était un cadeau rare.

Les garçons firent cinq cents mètres en direction du tramway, puis quittèrent la route et revinrent à leur palissade côté forêt. Ils avaient caché une perche souple au pied du mur arrière de la remise. Ils tirèrent au sort celui qui sauterait. Ce fut Boris. Il prit son élan et s'enleva par-dessus la clôture. Quoique efficace, le saut fut loin d'être techniquement parfait. Il y avait encore beaucoup de travail à faire. Boris ouvrit la porte de la remise et en sortit deux sacs à dos contenant le paquetage du volontaire. Il les lança par-dessus la palissade qu'il escalada ensuite lui-même. De l'intérieur, l'on pouvait se passer de perche. De l'extérieur aussi, d'ailleurs.

Installés dans le tramway, ils envisagèrent les perspectives d'ouverture du second front.

— Si vous étiez Eisenhower, où préféreriez-vous débarquer ? demanda Boris IV à Alexandre Chérémétiev.

— Bien sûr en Normandie, répondit Alexandre. Les forces de débarquement n'auraient à traverser que l'étroit bras de mer de la Manche et auraient toutes les bases d'Angleterre à portée de main.

— Oui, mais elles se trouveraient devant les puissantes fortifications du mur de l'Atlantique, objecta Boris. Cela fait deux ans que les Allemands se préparent à y repousser le débarquement, justement en Normandie. À la place d'Eisenhower, je choisirais une solution surprise et je débarquerais au Danemark. Ses côtes ne sont pour ainsi dire pas gardées, le terrain est plat, la population sympathisante, c'est la ligne droite sur Berlin.

— Intéressant ! s'exclama Alexandre avec flamme, avec emphase, si bien que les voyageurs se retournèrent. Laissez-moi réfléchir.

Il réfléchit durant tout le trajet jusqu'au centre et réfléchissait encore aux abords du lycée, près de la place Maïakovski. Il fallut qu'il arrive près du portail pour que, simulant une grêle de gauche-droite, il s'écrie :

— Non, vous vous trompez, vous vous trompez, Boris IV Gradov !

Leur lycée, le n° 175, était sans nul doute un exemple unique à Moscou : il abritait les enfants des membres les plus importants du gouvernement et du corps des généraux. Les professeurs étaient terrorisés, intimidés par leurs élèves haut placés, sinon que pendant la récréation l'on entendait murmurer : « Mikoïan a séché mon cours... Je ne sais vraiment pas que faire avec la fille Boudionny. Vous savez, hier, la fille Molotov m'a fait un de ces coups... » Outre cette « aristocratie », il y avait aussi des élèves ordinaires. Alexandre Chérémétiev, « pas des fameux Chérémétiev », était du nombre.

Nos deux garçons pénétrèrent dans la cour au moment où la marmaille des petites classes y frétillait, se poursuivait, profitait de la première récré. Quelques élèves des grandes classes se promenaient au milieu de ce grouillement, et parmi eux une fillette morose au dos rond, en manteau à carreaux. Elle ne parlait à personne et se bornait à balancer contre ses gros genoux son cartable des plus communs. Ce n'était ni plus ni moins que Svétka[1], la fille du chef suprême, ainsi que Boris et Alexandre nommaient Staline. À quelques pas, sans la quitter des yeux, planté comme une bûche, se tenait son homme d'escorte, un lieutenant de la garde du Kremlin.

Les deux amis abandonnèrent leurs sacs à dos au vestiaire du gymnase et s'en furent voir le censeur. Il leur restait à accomplir la partie la plus importante de l'opération : s'approprier leur bulletin de notes afin de pouvoir le présenter à l'École secrète. On aurait pu croire que ce genre d'établissement se fichait pas mal de formalités superflues, qu'il lui fallait seulement de jeunes gaillards robustes auxquels il enseignerait l'art du sabotage, pourtant, même là, on exigeait un bulletin complet exposant des notes dans toutes les matières.

Boris et Alexandre avaient pressenti le censeur, un vieux et respectable renne qui, d'ordinaire, traversait les locaux scolaires avec une sage lenteur, comme ses congénères traversent la forêt. Ils avaient brouillé toutes les pistes, lui avaient bourré le crâne, dit qu'ils avaient l'intention d'entrer à cette école, sise à Vladivostok, après qu'ils auraient passé leurs examens, mais qu'ils devaient envoyer leur demande dès à présent, accompagnée du carnet scolaire.

— Mon père suit tout ça de près, avait ajouté Boris.

Les deux garçons estimaient qu'il y avait de fortes chances pour que cela suffise, et si jamais il se méfiait, il ne leur resterait plus qu'à persuader le géant des forêts par le biais de sévères moyens physiques.

Par bonheur, ils n'eurent aucun besoin de recourir à cette méthode inhumaine : les carnets étaient prêts et leur furent remis sans questions superflues. Ou bien l'autorité du maréchal Gradov avait écarté tout soupçon, ou bien le vieux renne faisait entièrement confiance aux premiers de la classe.

Heureux, les deux garçons giclèrent dehors, mais aussitôt ils s'assombrirent. « La partie la plus importante de l'opération » leur apparut comme une broutille en comparaison de ce qui les attendait. Ils longeaient la rue Gorki, regardaient les femmes qui faisaient la queue, sortaient des magasins avec leurs minables achats, les mémés qui balayaient les trottoirs, les mémés-miliciennes, et se

1. Diminutif péjoratif de Svétlana.

disaient que d'ici quelques heures, ils auraient définitivement quitté ce monde de femmes pour un monde d'hommes, mais qu'auparavant, ils devraient dire adieu (par téléphone, certes, pour ne pas faire capoter toute l'entreprise) à leurs femmes principales : la maréchale Gradova et la comptable Chérémétieva.

Ils firent la queue au Télégraphe central, puis s'introduisirent dans deux cabines contiguës.

— Qu'est-ce qui t'arrive ? s'écria Véronika de sa mauvaise voix, sa voix du matin.

Boris sentit la sueur l'inonder. Il eut envie de raccrocher, de tout laisser aller pourvu seulement qu'il évite cette conversation insupportable, mais les principes qu'il avait assimilés lors de son « autopréparation » lui disaient qu'il n'avait pas le droit de se dérober et qu'en sa qualité d'« homme de décision » il se devait de surmonter *tous* les obstacles qu'il rencontrerait sur son chemin.

— Rien de particulier, fit-il d'une voix ferme. Je t'en prie, ne t'inquiète pas, maman. C'est seulement que je pars. Pas pour longtemps.

— Où ? glapit Véronika encore plus fort.

— Dans l'armée d'active, dit-il en fermant les yeux.

Ils se parlaient d'un côté de la rue à l'autre. Tant qu'il avait gardé les yeux fermés, Boris avait même eu l'impression qu'ils se trouvaient dans la même pièce. D'ailleurs « se parlaient » n'était guère le terme qui convenait, car Véronika se contentait de crier comme une perdue : « Petit saligaud, tu veux donc ma mort ? Qu'est-ce que tu vas chercher, fripouille ? Tu n'es pas majeur, on te reconduira honteusement chez toi. J'appelle immédiatement ton père ! On te reprendra, sale con !... » Puis tout d'un coup, sa voix faiblit et elle murmura, au bord des larmes : « Mon petit Boris, mon petit Boris, comment as-tu pu ?... »

Il ouvrit les yeux.

— Petite mère, je t'en prie, non... Tu oublies, je crois, que je ne suis plus un enfant, et depuis longtemps. Je t'ai dit plus d'une fois comment je vivais le moment historique que nous traversons. Je ne peux pas me permettre de rester à l'écart des épreuves de mon pays et de l'humanité entière. Je n'admets pas que la guerre se termine sans que j'y aie participé, je te le dis tout net, en homme de décision que je suis.

— Comme tu es dur, murmura Véronika d'une voix à peine audible, puis reprenant de la force : — Où pars-tu ?

— Je te l'ai dit, maman, dans l'active.

— Chez ton père, j'espère ? Au Front de Réserve, j'espère ?

— Oui, oui, s'empressa-t-il de répondre. Au Front de Réserve.

Elle comprit qu'il mentait et se déchaîna en nouveaux cris :

— Où es-tu ? D'où m'appelles-tu ?

— Petite mère, ne me cherche pas, pas de panique. Des milliers de gars comme moi partent pour le front. Je ne veux pas être un fils à maman et encore moins un fils à papa, je ne veux pas déshonorer mon père. Je t'écrirai immédiatement et t'expliquerai tout. Tout ira bien. Je t'aime.

Il raccrocha, sortit de la cabine, et se retrouva dans la foule de capotes et de sacs à dos qui l'assiégeait. Un poids terrible, un sentiment d'inépuisable chagrin paralysaient le jeune homme. Il sentit que ce n'était pas nouveau, qu'il avait déjà éprouvé ce chagrin, le chagrin d'une séparation sans fin. Quand ? Cela ne lui revint pas tout de suite.

Il aperçut Alexandre Chérémétiev à travers la vitre de l'autre cabine. Il lui sembla qu'une larme coulait sur la joue de fer du champion. Il chuchotait quelque chose d'un ton suppliant à sa mère « célibataire ». Alexandre ne parlait jamais de son père. Personne ne savait s'il en avait un et, dans ce cas, où il faisait la guerre. Parfois, Boris croyait comprendre les raisons de son silence. Peut-être ne la faisait-il pas du tout, la guerre ? Un jour, Sacha demanda à Boris :

— C'est vrai que votre père a fait de la prison ?

En homme de décision, Boris avait répondu du tac au tac :

— Oui, ma mère aussi, sur dénonciation calomnieuse.

Le boxeur avait secoué la tête comme pour esquiver un direct à la face.

— Quoi, votre mère aussi ? Pas possible !

Ils finirent par arriver au bout de leurs peines, chargèrent leurs sacs et ressortirent rue Gorki. Tandis qu'ils piétinaient au Télégraphe, le ciel s'était obscurci. Oblique, comme tracée au tire-point, une neige de décision, piquante, s'était mise à cingler les visages.

*Septième entracte*

## LES JOURNAUX

*Le* New York Times *:*

*... Hamilton Fish, membre du Congrès, représentant républicain de l'État de New York déclare : « Staline continue à s'entourer des hommes qui ont accédé au pouvoir en même temps que lui ; leur but demeure la propagande du communisme. »*

*La* New Republic. *Avril 1943 :*

*... Dans toute l'Amérique du Nord — Canada et USA — on avance l'idée que la victoire de la Russie pourrait rapprocher le danger d'une révolution mondiale. Or, cette idée est l'arme principale de la propagande hitlérienne. Hitler s'obstine à prétendre « sauver le monde du bolchevisme », alors que celui-ci est, depuis longtemps en Russie, aussi mort qu'un clou dans une porte.*

*Le* Christian Science Monitor *:*

*... L'existence du Komintern de Moscou a constitué pendant de longues années un sérieux obstacle à une collaboration de bonne foi entre l'URSS et les autres pays... À présent, le Komintern est dissous...*

*Les* Izvestia *:*

*Combattants de la Garde de l'Armée Rouge et de la Flotte ! Portez vos drapeaux avec honneur ! Soyez un exemple de vaillance et de courage, de discipline et de ténacité dans la lutte contre l'ennemi. Vive la Garde Soviétique !*

*La* New Republic. *Novembre 1943 :*

*... Littérature du temps de guerre :*

*Nicolaï Tikhonov : « Ajuste bien ton tir, soldat de l'Armée Rouge ! Rappelle-toi qu'à chaque Hans que tu descends, tu sauves des vies soviétiques, tu libères ta terre natale ! »*

*Lev Slavine : « Ne crois en rien l'hitlérien ! Frappe-le sans pitié et sans délai, jusqu'au bout ! Frappe à la tête, au flanc, au dos, mais frappe ! »*

*La pièce de Kornéitchouk* Le Front *se joue à bureaux fermés dans tout le pays.*

*Le talentueux jeune poète Tvardovski a écrit une ballade des tranchées légèrement kiplingienne où il est question d'un bon soldat qui ne perd, en aucune circonstance, le goût de la plaisanterie.*

*L'inépuisable pisse-copie Démian Bédny publie un poème modeste et naïf qui se termine par ces mots : « Mort aux vampires et aux cannibales ! »*

*Dans l'ensemble, les écrivains soviétiques s'inspirent de la formule de J. Staline : « On ne vainc pas l'ennemi si l'on n'a pas appris à le haïr. »*

*La* Russian Review *:*

*... Parmi les interprètes affectés aux aviateurs soviétiques à Elizabeth City, on remarque le grand et beau lieutenant Gregory G. Gagarine. Les pilotes russes se sont d'abord méfiés, car sa mère était comtesse et son père appartenait à la cavalerie du tsar. Mais découvrant qu'il leur livrait plus de renseignements sur la radio et les radars que n'importe quel livre soviétique, ils ont changé d'attitude.*

*La* Nouvelle Parole russe. *New York, 1944 :*

*... À la date du 1er janvier de la présente année, il avait été envoyé en Russie : 780 avions, 4 700 blindés, 170 000 camions, 33 000 jeeps et 25 000 autres véhicules.*

*L'Armée Rouge a reçu six millions de paires de brodequins américains. On note l'expédition de 2 250 000 tonnes de denrées alimentaires.*

*William Randolf Hurst répond à la* Pravda *: « ... Le maréchal Staline me traite de gangster et d'ami de Hitler. De telles accusations émanant d'un homme qui se trouve à la tête de la presse la plus gangstérique du monde ont quelque chose de comique... Et qui était le plus proche, le meilleur ami de Hitler jusqu'à ce que... ? »*

*Radio Berlin. 28 février 1944 :*

*Discours de Goebbels : « Nos ennemis nous ont entraînés dans cette guerre parce que l'exemple de notre régime socialiste constituait une menace pour leur système politique rétrograde... Si nous perdons la guerre, l'Allemagne perdra le socialisme. Dès que le succès des armes sera assuré, nous ranimerons nos principaux projets socialistes... »*

Uusi Suomi. *Helsinki :*

*... Les unités russes du front d'Estonie placées sous le commandement du général Andréi Vlassov sont passées du côté de l'Armée Rouge avec laquelle elles ont collaboré à la prise de Narva.*

*Huitième entracte*

# LE BAL DES LUCIOLES

Juin est le mois des bals, des cérémonies de fin d'études, de toute sorte de *commencements*[1] avec remise de titres honorifiques à des hôtes et orateurs éminents, chapeaux envoyés en l'air, avalanche de jeunesse qui se précipite en bas des escaliers, attente passionnée d'un miracle, du bonheur, de l'amour, triomphe des lucioles dans les arbres obscurs et la nuit claire, interpellations et caquet des persifleurs, roulades des rossignols.

Ainsi, jadis, le jour de leur fin d'études, les élèves de l'Institut Smolny des jeunes filles de la noblesse tournoyaient par une nuit blanche, regardaient les lucioles voleter au-dessus du parc et se demandaient l'une à l'autre ce que c'était, quel était leur mystère, outre la poésie éternelle, sans deviner ou peut-être devinant vaguement que ces innombrables étincelles, semées sur tout le parc au-dessus des statues de marbre et des cimes des arbres qui scintillaient devant elles, étaient les joies des anciennes élèves du monde entier.

Quelqu'un, dans l'Allemagne en ruine, à moitié brûlée, dans les camps pour personnes déplacées, dans la zone d'occupation américaine, couché dans l'herbe les mains sous la nuque, verra naître au-dessus de lui, planant lentement et sans bruit, ces microscopiques et silencieux hélicoptères et se demandera d'où leur vient cette étincelle, quel est le sens de cette réaction, quelle est sa composition, si elle a un rapport quelconque avec les phénomènes de la photosynthèse.

Où est le sens de ces microscopiques étincelles, de cette féerie printanière, d'où lui vient une telle tristesse ? C'est cela que se demande déjà la femme-poète du Bois d'Argent. La maison dort encore, mais elle, elle est assise au bord de la terrasse, enserrant ses genoux entre ses bras. Que veulent dire ces signaux ? Le minuscule aéronef avec son projecteur énorme, hors de proportion, vient se poser sur sa main et se confond avec l'obscurité. C'est le bal de sortie de l'Institut des jeunes filles de la noblesse, se dit-elle ironiquement. Instants éphémères, funérailles de la tendresse, renaissance et trépas, juin 1945...

1. Américain : précisément la cérémonie de fin d'études dans les collèges

## CHAPITRE SEIZE

# *Concert aux armées*

Les camions américains, qui arrivaient en flot opiniâtre, incroyable, dans tous les ports accessibles d'URSS et traversaient aussi la frontière iranienne, ne servaient pas seulement à l'installation de mortiers, au transport des troupes et du matériel, mais aussi à supporter des pianos de concert. C'est ainsi qu'un soir de la fin mars 1944, à la charnière du 1^er^ Front de Biélorussie et du 1^er^ Front d'Ukraine, quelque part dans une clairière de l'ouest d'Ovroug, un Studebaker aux ridelles abaissées remplissait excellemment les fonctions de scène. Il servait de plateau à un piano et à Émile Guilels qui, pianiste inspiré, faisait résonner la forêt de variations de Liszt, puis accompagnait David Oïstrakh, violoniste inspiré qui, avec *La Campanella*, ajoutait des flammes aux pâles lueurs du couchant qui s'esquissait à travers les branches nues.

Cela dit, tout près, un autre accompagnement détonnait, un duel d'artillerie, sans compter que du haut du ciel redescendaient les échos de rafales de mitrailleuses — là-bas, les Messerschmitt allemands, les IAK-3, LA-5 soviétiques et les R-39 Cobra entretenaient un jeu plutôt périlleux — mais personne ne prêtait attention à ces détails quotidiens. Au-dessus du Studebaker, une banderole disait : « Les artistes de l'arrière aux héros du front », lesquels héros, assis en demi-cercle sur les pentes, formaient un amphithéâtre naturel.

Les spectateurs n'étaient pas moins de six ou sept mille. Les tubes des canons des chars et des automoteurs qui se dressaient au milieu de la foule en direction de la scène conféraient à l'événement quelque chose d'antique, c'était comme si l'armée d'Hannibal et ses éléphants eussent bivouaqué, histoire de s'offrir une distraction. Les premiers rangs, constitués par des bancs de bois et parfois par de véritables chaises, étaient occupés par les officiers des unités voisines, et, parmi eux, même le fameux général Roumiantsev. Des artistes, il s'en baladait à présent des flopées, aux armées, il n'y manquait pas d'amateurs plutôt rustiques, les équipes se constituaient au petit bonheur la chance, la bohème était partante pour distraire les intrépides guerriers et surtout pour se sustenter aux roulantes de l'Armée et se procurer quelques boîtes de corned-beef. De plus, il ne manquait pas de beautés de cabaret toujours disposées à vivre un roman éclair dans quelque casemate. Mais ce concert-ci était exceptionnel. Il affichait des étoiles de première grandeur : Émile Guilels, David Oïstrakh, Lioubov Orlova, Nina Gradova. Le présentateur était Garkavi, célèbre « rondeur » de Moscou, idole des jardins de l'*Ermitage*. Voilà pourquoi, dans les derniers rangs, c'est-à-dire les tourelles des chars, une excitation particulière, une forte soif d'admiration, régnaient.

Après les musiciens, Garkavi, vêtu d'un habit dont le plastron était déjà jauni du temps de la NEP débita l'un de ses interminables feuilletons. Tantôt il était pris d'une transe patriotique qui lui clouait bras et jambes : « Chassons leurs noires ailes — De la Patrie éternelle », tantôt il se figeait, la mâchoire un peu de travers, dans une monumentale majesté, tantôt il se ratatinait, s'agitait, s'empressait servilement, simulant l'attitude abjecte de l'ennemi.

*On a bomba-bomba-bombardé de nuit et puis de jour*
*La ville de Berlin et celle de Hambourg.*

chantait-il, la cuisse french-cancanière, sur un air des *Trois Mousquetaires*, un film américain.

*On a bomba-bomba-bombardé tant que ça peut*
*Hitler pendant ce temps s'arrachait les... cheveux.*

« Ben, mon vieux ! » rugissaient les soldats ravis en rigolant à gorge déployée, soit parce qu'on leur montrait un Hitler plutôt obscène qui s'arrachait les poils... vous voyez où, soit devant les grimaces alors là tout à fait obscènes du célèbre vieillard.

Son histoire terminée, Garkavi reprit son habituelle allure de grand seigneur et déclara avec des trémolos des plus nobles :

— Et maintenant, mes chers amis, je suis heureux de profiter de l'occasion rarissime de vous présenter notre merveilleuse poétesse soviétique, Nina Gradova !

Un petit officier lui offrit son aide, mais Nina grimpa toute seule avec aisance sur le plateau du Studebaker par un petit escalier de bois et s'arrêta près du piano. « Oh, oh, oh ! » grondèrent les monts et les plaines hérissés de canons. De loin, dans son manteau prêt-bail bleu et ses bottillons, Nina avait l'air d'une gamine. Les gens se figurent sans doute autre chose quand on leur dit « poétesse soviétique », songea-t-elle, l'esprit moqueur. Elle s'était rendue plus d'une fois aux armées avec des équipes d'artistes, et toujours elle avait ressenti une gêne fort pesante. Se trouvant cette fois dans un bloc de célébrités, elle ne savait comment se tenir. Toute sa vie, elle avait appartenu à un cercle étroit, à présent, c'étaient les « larges masses » qui faisaient valoir leurs droits sur elle. Esthète, moderniste, formaliste, elle incarnait soudain la grande idée patriotique, l'union et, en outre, l'inévitable nostalgie et le rêve des hommes du front — l'amour. Curieusement, seul son nom à elle s'était associé à cette chansonnette imbécile de *Nuages dans le bleu*, personne ne parlait jamais du compositeur : Sacha Polker. *Nuages dans le bleu*, Nina Gradova, ils en étaient dingues ! Les gens de son milieu lui faisaient compliment de sa popularité internationale tout en dissimulant, lui semblait-il, un sourire ironique. Et que voulez-vous que je fasse dans ces concerts aux armées ? Il me semble que ce que les soldats attendent de moi, ce sont des chansons et non de la poésie transmentale[1].

Ninotchka, ma petite enfant, la consolaient les connaisseurs, les administrateurs de variétés, il n'y a pas de quoi vous mettre martel en tête. Vous pouvez faire ce que vous voudrez, même leur lire du Pouchkine à livre ouvert. Les hommes sont heureux de vous voir, c'est tout, surtout que vous êtes si jeune et si jolie.

Bon, s'ils veulent vraiment me voir, il faut qu'ils me voient, songeait Nina. Ils méritent bien, à la fin des fins, de voir ce qu'ils veulent et pas ce que leur offre cette maudite guerre. Elle se mit à réciter d'abord des vers de son cycle *Avant-guerre*. Quelques-uns étaient dédiés à O.M., T.T., P.I. Elle y parlait de vin éblouissant et de poésie, de l'alternance précipitée de la peur et de l'amour, des bois d'oliviers qui frémissent sous la lune, des sous-sols noirs où, l'un après l'autre, disparaissent les forains errants. Si elle avait récité cela à la Maison des Écrivains, plusieurs mouchards eussent déjà été en train de rédiger un rapport selon lequel Nina Gradova chantait la gloire des ennemis du peuple O. Mandelstam, T. Tabidzé et P. Iachvili. Ici, les seuls à s'acheminer vers la sortie étaient ceux qui devaient regagner leur poste ou grimper dans leur avion. Les autres accompagnaient chaque vers d'applaudissements qui recouvraient la canonnade.

Encouragée, elle récita quelques quatrains complexes, à clé, de son nouveau poème, bâtis sur le souvenir érotique de ses nuits avec Savva et parlant de la disparition de l'Éternel amant ». Tempête d'enthousiasme. Les plus enragés étaient ceux des chars. Elle saluait, souriait, se rappelait que durant la Première Guerre mondiale, Bénédict Lifchitz avait récité des vers futuristes hermétiques dans les tranchées, à l'entière admiration des moujik de Pskov et de Voronèje.

1. En russe *zaoum*. Terme créé par Khlebnikov (voir note t. 1, p. 3) pour désigner un langage poétique dégagé de tout sens concret, succession de syllabes choisies par le poète. Méthode prônée par le LEF, les futuristes en particulier. Parfois traduit en français par « outre-entendement » et d'autres termes similaires.

Enfin retentit l'inévitable « *Nuages dans le bleu* ! Chantez-nous *Nuages dans le bleu* ! »

— Camarades ! supplia-t-elle. *Nuages dans le bleu* n'est pas mon véritable genre. Et puis, je ne suis pas compositrice, pas musicienne du tout ! Et surtout, je ne sais pas chanter.

L'amphithéâtre en armes gronda d'indignation. « *Nuages dans le bleu !* » La voix d'un Arménien qui avait enfourché un canon perça : « Chante, ma sœur, c'est ta chanson ! » Un millier de binettes épanouies. Puis un Ivan grimpe sur le Studebaker avec son accordéon et entraîne Nina vers le micro. L'accordéon rugit un prélude. Des larmes imbéciles montent aux yeux de Nina. Combien seront tués demain, et combien cette nuit ? Et elle se met à chanter d'une voix imbécile, étouffée par ses larmes imbéciles, et tout à fait comme une imbécile :

*Nuages dans le bleu,*
*Souvenir d'un toit et de la mer,*
*Mouettes à la croisée,*
*Valse en la mineur.*

Tout l'amphithéâtre reprit en chœur. Alors, elle passa au récitatif : c'était quand même moins bête que de chanter sans voix et sans oreille. Elle « chanta » ainsi jusqu'au bout et quand ce fut fini, les soldats hurlèrent : « Encore ! *Bis !* Chante encore, Nina ! » Ils étaient heureux, ils riaient, elle, la tête lui tournait. Elle capta l'expression défaite de Lioubov Orlova. La vedette des *Joyeux Garçons*, du *Cirque*, de *Volga-Volga* était le clou du programme et devait l'amener à sa conclusion triomphale et voilà qu'une poétesse de rien du tout suscitait un tel délire ! Il ne lui manquait plus que de se fâcher avec Liouba ! Nina supplia :

— Camarades, je ne sais pas chanter, je n'ai pas d'oreille. Et je n'ai plus de voix.

L'Arménien perché sur son canon lui cria :

— Eh bien, ne chante pas, ma sœur, reste seulement là !

Un rire frénétique secoua l'amphithéâtre, après quoi, enfin, ils lui rendirent sa liberté.

Elle sauta à bas de la « scène », on lui offrit aussitôt une chaise à côté de Rotmistrov lui-même. Sympathique, ressemblant, avec ses lunettes, à un intellectuel tchékhovien, le général lui baisa la main et entreprit de lui dire comme il aimait ses vers et aussi quels bons amis ils étaient, Nikita et lui. Elle s'étonna : alors, ici aussi, l'on savait qu'elle était la sœur du maréchal ? Elle allait répondre quand s'éleva un tel raffut qu'il aurait certainement recouvert le tonnerre du Vésuve. La clairière s'abandonnait à une éruption de joie. Celle qui venait de se montrer sur le camion, accompagnée d'un air de jazz, était le rêve de l'Union soviétique tout entière,

Lioubov Orlova en chair et en os. Dans la meilleure tradition hollywoodienne, elle soulevait un haut-de-forme au-dessus de sa tête, faisait tourbillonner une canne et rythmait des claquettes sur ses talons hauts.

*How do you do ! How do you do !*
*La femme-canon au ciel fait « coucou » !*

C'était la chanson immortelle du *Cirque*, un film qui enchantait petits et grands. Afin de briser le succès de Nina, la très expérimentée Lioubov avait commencé par son plus grand succès et la bataille avait aussitôt été gagnée. De sa place, Nina lui fit un signe de main et leva le pouce, comme de dire : je ne t'en veux pas du tout.

Puis elle aperçut, non loin de là, une Willis décapotée et à son bord trois jeunes officiers qui ne sortaient manifestement pas des tranchées, mais d'un état-major, tirés qu'ils étaient à quatre épingles et affichant une allure désinvolte. On ne sait pourquoi, tous trois la regardaient, elle, et non la scène, échangeaient des propos moqueurs. Mais pourquoi ? Ne comprends-tu donc pas pourquoi trois officiers, trois « marcheurs » insolents et gâtés par leurs conquêtes peuvent regarder une femme ? On imagine sans peine ce qu'ils se disent. Celui-ci, par exemple, à la petite moustache, qui paraît le plus intéressé :

— Elle est encore pas mal, les gars. Tout à fait baisable.

Un second, une mèche s'échappant de son calot :

— Tu veux tenter ta chance ?

— Pourquoi pas ?

Un troisième, mafflu :

— Cause toujours ! Qui elle est et qui tu es ? Une poétesse célèbre, sœur d'un maréchal, et toi un triste con en uniforme.

« La mèche » rigole :

— La guerre effacera tout.

« La moustache » :

— Vous pariez ? Je me l'aménage façon officier.

Et ils avancent leur mise : « La moustache », « La mèche », « Le mafflu ».

Au milieu du tohu-bohu qui suivit le concert, les trois godelureaux abandonnèrent leur Willis et approchèrent. Nina l'avait vu du coin de l'œil, elle ne se pressait pas de partir, elle répondait aux innombrables questions des soldats, mais... du coin de l'œil, elle observait le trio.

La principale question était, c'est évident :

— Vous êtes mariée ?

— Mon mari est médecin militaire, répondait-elle comme toujours.

— Et des enfants, vous en avez ?

— Une fille, Iolka, elle a dix ans.

— Dis donc ! faisaient-ils, admiratifs. Et vous, vous avez quel âge ?

— Trente-six ans.

Sur quoi, régulièrement, montaient des cris d'incrédulité. Un petit fantassin, un gamin, en ouvrit la bouche de stupéfaction.

— Mais comment c'est possible ? Ma maman à moi, elle les a, les trente-six ans !

Les trois officiers écartèrent les soldats : « Allez, allez, les gars, laissez passer ! », et la rejoignirent. L'un, « La moustache » presque serré contre elle, ce qui fait qu'il eut l'air de toiser la célèbre poétesse.

— Ne voulez-vous pas faire un tour dans notre « biquette » en attendant le banquet ?

Les franches inflexions de sa voix posaient, cela va de soi, une question plus substantielle. Quelle peau moche, pleine de boutons, il ferait mieux de se laisser pousser la barbe, plutôt que cette moustache de m'as-tu-vu. Enfin, qu'il aille au diable !

— En attendant le banquet ? s'étonna-t-elle. On ne m'a pas parlé de banquet.

Salope ! se dit-elle d'elle-même, tu lui parles de telle sorte qu'il comprend. Il comprend qu'une réponse positive à sa « question substantielle » n'est pas exclue.

— Mais comment donc ! — C'est « La mèche » qui met au point en annexe. — Le commandement offre un banquet à nos grands artistes. En attendant, on a deux à trois heures pour faire un tour. Respirer un peu d'air pur.

— Nous vous montrerons un bunker de commandement de la Luftwaffe que nous venons de prendre, dit « La moustache ». — Il offrit la main à Nina avec des élégances de hussard de la Garde.

Elle déclina, mais se dirigea quand même vers la Willis et, chemin faisant, se retourna, le sourire aux lèvres, vers les officiers. Elle vit « Le mafflu » s'envoyer une claque admirative sur la fesse.

Le soir tombait. Dans le ciel, au-dessus de la forêt, les chasseurs, tout en loopings et en feuilles mortes, étincelaient aux rayons du soleil. Les chars qui s'ébranlaient, balafraient la neige printanière, la faisaient gicler, en écrasaient des couches durcies. Les Studebaker allumèrent leurs phares et l'on vit remuer des centaines de têtes qui, peu à peu, formèrent une colonne et se mirent en marche. Les lueurs des cigarettes pullulaient comme autant de lucioles dans les replis du ravin. Le front avançait vers une zone déserte, la peuplait de son branle-bas, puis s'éloignait en laissant derrière lui d'innombrables tas d'immondices et de merde.

— Ça, c'est une voiture ! dit le galant à la petite moustache en tapotant le capot plat de la Willis que déjà, dans toute l'Armée, on avait baptisé « Le bouc ». Vous savez, lors du passage du Dniepr, nous les avons traînées contre le fond. On arrivait de l'autre côté, on se mettait au volant, on tournait la clé de contact, le moteur démarrait au quart de tour.

— Vous n'exagérez pas, capitaine ? sourit Nina.

Là encore, ce qu'ils se disaient signifiait tout autre chose. Nina n'en pouvait plus de ce langage codé. Mais on s'éternisait, on attendait « La mèche » parti chercher quelque chose d'essentiel, du carburant, probable, mais bien sûr, pas pour la Willis.

— Nina ! l'interpella soudain quelqu'un à mi-voix dans la foule.

Elle porta la main à son front, il lui sembla que cette voix venait du passé. Ou de l'avenir. Ou comme ça, de côté. Mais pas de cette cohue de soldats. Ni de l'équipe artistique. Ni d'une simple connaissance. Dans le crépuscule, on ne distinguait plus les visages.

— Qui m'appelle ? s'écria-t-elle d'un ton provocant en repoussant la mèche qui lui tombait sur la figure. — Elle était prête à tout, même à une déception.

Le phare d'un blindé éclaira quelques instants la Willis et les soldats qui l'entouraient. Elle découvrit à sa lueur le compagnon de sa jeunesse à Tiflis, Sandro Pevsner. Mon Dieu, déjà dans ce temps-là, il avait quelque chose d'émouvant, quelque chose qui vous fendait le cœur, et à présent, dans sa piètre capote toute déformée, avec ses pattes d'épaule de lieutenant torbigoisées, c'était un véritable Charlie Chaplin.

— C'est moi. Tu ne me reconnais pas, Nina ? — Son merveilleux accent de juif géorgien ! Oubliant aussitôt ses admirateurs, Nina fit le tour de la Willis et se dirigea vers lui, scrutant sous le coude des lointains d'un autre monde.

— Nom ! Prénom ! s'écria-t-elle.

— Alexandre Pevsner, marmonna ce grand sot comme pris d'horreur sacrée.

— Année de naissance ! Numéro de passeport ! cria-t-elle encore plus fort, puis, n'y tenant plus, hurlant d'une joie inouïe, elle se jeta à son cou.

— Pevsner ! rigolaient les officiers derrière eux. Il y a de quoi crever : Pevsner !

— Viens, viens, Sandro ! — Elle le saisit par les revers de sa capote, coupa brutalement la foule, remonta la boue pâteuse d'un talus. Avec de grands éclats de rire comme au temps de sa jeunesse, elle l'entraînait elle ne savait où elle-même, pourvu que ce fût le plus loin possible des petits officiers et de leur « bouc ». Parfois, s'entrecroisant, des phares de voiture les éblouissaient, alors, elle se retournait et apercevait son visage aveuglé — par quoi ? par les phares ou par la joie, oui, c'est cela, une joie de somnambule sur cette face qui ballottait comme celle d'une marionnette.

Quelques minutes plus tard, ils atteignirent un chemin caillouté et, tranquillisés, le suivirent la main dans la main comme des enfants. Par moments, des colonnes de camions ou de chars les dépassaient, alors, ils reculaient contre le bas-côté et Nina se serrait contre Sandro. Il lui raconta qu'il « travaillait » (sa langue se refusait apparemment à dire « je sers ») aux services de propagande du Ier Front d'Ukraine, dans son métier, comme peintre, qu'il dessinait des affiches galvanisantes et des caricatures de l'ennemi, qu'il collaborait aussi à un journal du front : *Pointage direct*. Il avait appris son malheur et en avait eu beaucoup de peine.

— Crois-moi, Nina, je n'ai pas tellement connu Savva, mais il était à mes yeux un modèle de courage et d'honneur, tu comprends, dans mon esprit, c'était tout simplement un chevalier.

— Pourquoi « c'était » ? dit Nina. Rien ne prouve qu'il soit mort. Et s'il était vivant ? Moi, en tout cas, je l'attends.

— Et tu fais bien, enchaîna Sandro avec chagrin, mais... — et il se tut.

— Quoi, « mais » ? — Elle lui pressa le coude, le regarda droit dans les yeux. — Parle !

— Eh bien, c'est simplement que j'ai entendu dire que l'hôpital où il se trouvait avait été complètement rasé, bredouilla-t-il.

Le bruit de centaines de pas s'approchait d'eux dans la nuit et, bientôt, les contours d'une colonne d'hommes à pied se dessina à la lueur des Pléiades, une colonne qu'escortaient des soldats, l'armée croisée. De temps à autre, ils éclairaient leur convoi à hauteur des têtes avec des lampes-torches.

— Des prisonniers, dit Sandro.

Ils s'écartèrent de la colonne, franchirent le fossé et se serrèrent contre le tronc d'un peuplier. Les torches découpaient dans l'obscurité des joues hâves, hirsutes, des yeux sans vie, presque des yeux de poisson, des uniformes dépareillés, des calots allemands, des capotes soviétiques, des insignes inconnus à moitié arrachés... Dans le sourd murmure de la colonne, on distingua des mots de russe.

— Ah, c'est pire que des prisonniers ! fit Sandro en claquant de la langue. Ce sont des transfuges, des traîtres !

— Quels traîtres ? — Nina en eut le souffle coupé. — Où les emmène-t-on ?

Sandro lui serra la main et lui murmura tout contre l'oreille :

— Derrière Kharitonovka, dans un bois de chêne où on les descend. Tous. On les fusille et on les entasse dans un ravin. Ils sont très nombreux, Nina, c'est ça qui est terrible. On dit qu'il n'y a que des Polizei, des valets du nazisme, des hommes de chez Vlassov, mais moi, il me semble qu'il y en a aussi qui se sont retrouvés prisonniers des Allemands sans plus. Tu sais bien que chez nous, on n'admet pas qu'un Russe soit fait prisonnier, ils sont tous considérés comme des traîtres... mais moi, il me semble... je dois être un mauvais officier, et puis quel officier je suis, tu le sais bien, je suis un artiste, rien d'autre qu'un artiste... alors, parfois, il me semble que c'est tout simplement une partie de la nation que l'on conduit sous nos yeux derrière Kharitonovka.

— Tu veux dire que ces maudits bourreaux poursuivent leur besogne même en temps de guerre ? murmura-t-elle.

— Et où crois-tu qu'ils sont passés ? Dans chaque unité, il y a des sections gonflées du contre-espionnage, le SMERCH, les hommes des Services Spéciaux vont et viennent partout... *Dezkhneri*[1] *!* jura-t-il en géorgien.

La colonne défilait toujours. Soudain, Nina eut le sentiment que quelqu'un qu'elle connaissait venait de la regarder du rang serré des condamnés. Juste un visage familier qui passait. Prise d'horreur, elle suffoqua : ce pouvait être Savva ! Ainsi confluent parfois d'incroyables coïncidences, le diable ourdit avec soin les mailles d'un cauchemar et finalement le résultat surgit : une pelote d'horreur ! Nina, qui refusait de croire à la mort de Savva, l'imaginait parfois en prisonnier de guerre, autrement dit, selon la doctrine stalinienne, en traître à la Patrie. Non, cela ne pouvait pas être lui. Le visage qui avait surgi dans le halo de la lampe n'était pas le sien, ce n'était qu'un inconnu, un très jeune homme que l'on allait, tout à l'heure, derrière Kharitonovka, précipiter dans le ravin, la nuque trouée.

La colonne passa, se confondit avec les sombres collines forestières, et, tout à coup, le silence et le vide s'instaurèrent, seules les Pléiades dominèrent fièrement la terre indigne. Ils revinrent sur la route et s'aperçurent qu'un croissant de lune ténu, rien de plus qu'un filament électrique, s'était associé aux étoiles.

— J'espère tout de même que nous respirerons plus librement après la guerre, dit Nina. Ce n'est pas possible que tout reste comme avant après une guerre pareille !

— J'en doute, grogna Sandro. Je doute que quoi que ce soit change. En se brouillant, Hitler et Staline nous ont tous poussés dans un piège.

Et là, on aurait dit qu'il prenait peur d'avoir exprimé ses pensées secrètes à voix haute. Il tendit la main, serra le poignet de Nina comme pour se convaincre que c'était bien elle et que rien ne le menaçait.

— Tu sais, Sandro, articula-t-elle, après le départ de Savva pour le front, je n'ai pas eu une seule aventure. — Elle avançait tête basse, ses cheveux retombaient et dissimulaient son visage. — Je ne sais pas ce qui m'arrive, poursuivit-elle d'une voix sourde. Je

1. Merde.

n'ai permis à personne de me toucher. J'entrais en rage. Mais, aujourd'hui, j'ai senti que je n'en pouvais plus. Tu sais, j'ai failli partir avec ceux-là, ceux de la Willis.

Il repoussa ses chers cheveux, leva un regard timide vers le cher visage un peu empâté, mais cher quand même.

— Non, c'est affreux, Nina ! Pas avec ces boucs !

— Tu as quelque chose, ici ? — Elle releva si brusquement la tête, que les Pléiades au grand complet et le croissant de lune fulgurèrent dans ses yeux.

— Quoi ? demanda, effaré, le peintre Pevsner qui, depuis seize ans qu'il était amoureux d'elle, n'avait jamais rêvé semblable moment.

— Une petite chambre, un placard, un débarras où l'on pourrait s'isoler, demanda-t-elle avec hauteur.

Incapable d'ajouter un mot, il l'entraîna par le bras. Ils repartirent sur la route d'un pas vif, tout à leur tâche, sans plus bondir par-dessus le fossé, se garant tout juste des voitures. Enfin, au bout d'une vingtaine de minutes de marche rapide, Nina aperçut le camp volant de l'état-major avec ses grandes tentes américaines, ses miradors assemblés à la hâte, ses projecteurs, ses remorques dételées. Sandro avait son atelier dans l'une d'elles. Les mains tremblantes, il ouvrit le cadenas, fit entrer la bien-aimée dans des ténèbres humides et froides qui sentaient les couleurs. La porte se referma et ils demeurèrent seuls.

— Attends, attends ! chuchota Nina. Je veux que nous nous mettions tout nus comme si nous étions à la plage, la nuit, près de Gulripcha.

Par la minuscule fenêtre maculée de boue, l'essaim des astres vit deux humains s'aimer dans leur nudité, debout ou assis sur un tabouret. Il n'y avait pas où se coucher.

— Quelle chance de t'avoir rencontré, chuchotait Nina. Quelle chance de n'être pas partie avec les autres.

Entre-temps, le personnage qui était apparu à Nina dans le faisceau de la lampe-torche approchait de sa destination dernière, un ravin situé derrière le village brûlé de Kharitonovka. Dans la forêt en bordure du ravin, de nombreuses lueurs erraient, des centaines d'ombres de race humaine se déplaçaient. Du ravin lui-même montaient tantôt des coups de feu isolés, tantôt le galop fiévreux d'une fusillade, comme si les premiers, vexés de se voir incompris et s'énervant, se fussent lancés dans des explications plus véhémentes. Ainsi, activement, non sans ardeur, travaillait la relève de nuit des exécuteurs du contre-espionnage, le SMERCH.

Une nouvelle colonne venait de pénétrer dans le bois. Fait curieux, ces moujik marchaient d'un pas relativement allègre, comme s'ils n'avaient pas encore compris ce qui les attendait. Le froid léger du printemps, les étoiles au-dessus des pins, les feux follets entre leurs troncs, faisaient peut-être lever dans l'âme de chacun quelque chose qui ressemblait à ces vers de Nabokov :

*... Russie, étoiles, nuit des fusillés*
*Et dans le ravin, des fleurs de merisier...*

Dans le fond, le plus probable, c'est que nous exagérons et qu'ils étaient simplement tous las de haïr, d'avoir peur, d'avoir mal, d'espérer fuir en douce et voulaient-ils que tout ça s'arrête. Peut-être est-ce cela qui animait le jeune visage que Nina Gradova avait aperçu dans le faisceau de la torche.

On poussa la colonne dans un abattis dégagé dans la forêt et, aussitôt, les hommes du SMERCH, l'haleine chargée d'alcool, coururent entre les rangs leur liste à la main, appelant des noms, faisant sortir les gens du rang l'un après l'autre, les bousculant à coups de crosse, à coups de pied. Le visage qu'avait aperçu Nina se couvrit soudain d'une affreuse sueur d'agonie. Il eut soudain une folle envie de repousser la fin, de ne pas être des premiers pelotons, de respirer une dernière fois, en guise d'adieu, notre étrange mélange d'oxygène et d'hydrogène.

D'autres voulaient humer de la nicotine. Son voisin, un garçon de haute taille, d'une trentaine d'années, en lambeaux d'uniforme d'officier de la Wehrmacht et, sur la manche, l'insigne intact de la ROA, tirait avidement sur une cigarette qu'il avait planquée dans cette perspective.

— Alors, c'est là qu'ils vont nous descendre, ces salauds de Rouges, disait-il entre deux bouffées. Alors, c'est là... en forêt... en plein air... et moi qui m'étais toujours imaginé les caves de la Tchéka... Tu en veux une bouffée ? — Recevant une réponse négative, il repartit à aspirer sa fumée à en perdre le souffle, rapprochant le petit feu rouge à chaque fois de ses doigts, jusqu'au moment où là, entre ces doigts, le petit feu rouge s'éteignit.

— Tout ça, c'est la faute à Hitler, le sale macaque, dit le fumeur avec force. — On disait que c'était un Parisien, le descendant d'une grande maison de la Garde Blanche. — Sans ce sale macaque, cette *merde**, nous aurions déjà une armée russe d'un million d'hommes, et nous serions en train de liquider ces salauds de Rouges nous-mêmes.

C'est justement là qu'on appela son nom :

— Tchardyntsev ! — Et on le traîna sous les bras parce que, subitement, les jambes du Parisien refusaient tout service. — Debout, chienne ! Debout, putain ! On va te pendre par les couilles, sale con de fasciste !

Les premiers appelés n'étaient pas destinés au poteau, mais à la corde. Non loin de la plate-forme de triage, à la lumière des phares, on apercevait une longue potence. Des Studebaker aux ridelles abaissées en approchaient lentement en marche arrière. C'est là que les hommes du SMERCH plaçaient le condamné. On lisait à chacun, individuellement, l'arrêt du tribunal :

« Au nom de l'Union des Républiques Socialistes Soviétiques pour crimes commis contre le peuple soviétique... à la peine de mort par pendaison... sans droit au recours en grâce... » On passait le nœud coulant au cou du coupable, après quoi le camion — un véhicule tous usages, vraiment — repartait en marche avant et le supplicié chutait, exécutait sa dernière danse accompagnée, comme l'affirment les experts, des visions érotiques les plus voluptueuses.

Entre deux exécutions, une cantinière versait aux bourreaux une rasade d'alcool tirée d'une bonbonne de trois litres. On pouvait, à son goût, soit l'étendre d'eau, soit le descendre comme ça, tout droit. Tous ceux qui étaient parqués dans l'abattis et, parmi eux, celui qu'avait aperçu Nina, avaient devant le châtiment suprême perdu toute contenance. L'un gémissait d'une voix profonde, l'autre vomissait, d'autres encore tombaient à genoux, imploraient leurs meurtriers : « Pitié, frères ! »

Soudain, comme un coup de feu droit dans l'oreille, il entendit son propre nom : « Sapounov, Dimitri ! » La tête lui tourna, partit dans une spirale folle, le bout de sa botte s'accrocha à une souche, il tomba, urina dans son froc et libéra une monstrueuse diarrhée, mais tout de même, il se leva et s'avança vers les hommes qui faisaient les cent pas devant la clairière, tout à leur affaire. Une voix autoritaire parvint à ses oreilles — elle énonçait l'appel :

— Rechetov, Rovnia, Sapounov, Svertchkov... Allez, ceux qui tiennent debout, emmenez-les au ravin, les autres, descendez-les sur place, sales cons ! Allez les gars, grouillez-vous, sinon on sera encore là demain matin.

Voilà, on le traîne encordé avec les autres, et quand il tombe, on lui tape sur le dos ou sur le crâne avec un gourdin, et il se relève. Il croit toujours qu'on l'emmène à la potence et il souffle : « Pendez-moi, salauds de Rouges ! », mais non, on le fait passer devant les camions, devant le gibet, dans une trouée noire de la forêt où l'on entend tantôt des coups de feu isolés, tantôt le galop fiévreux d'une rafale. Il n'a pas eu droit à l'honneur d'une condamnation personnelle, il relève de l'arrêt collectif.

Comment se faisait-il que Mitia Sapounov qui, en janvier 1943, avait rallié les partisans soviétiques de la formation Dniepr se trouvait dans un groupe de « traîtres à la Patrie », désarmé et condamné à mort ? Lorsqu'il l'avait rejointe, après avoir erré par une chaleur étouffante dans la forêt à la limite de la Biélorussie et de l'Ukraine, il avait eu, pour la première fois depuis le début de la guerre, l'impression de se retrouver pour de bon parmi les siens. Les gars qui les avaient découverts, Gochka et lui, ressemblaient plus à des francs-tireurs cosaques des temps de la guerre civile qu'à une unité soviétique soudée par la discipline militaire, et aussi par celle du Komsomol et du Parti. Casquettes de traviole, chemises ou cuirs d'aviation déboutonnés jusqu'au nombril et surtout ceintures de cuir de Fritz surchargées de cartouchières, de grenades, de poignards. Le grand chic consistait à porter son pistolet non pas derrière, sur la fesse, à la soviétique, mais devant ou sur la hanche : c'était plus pratique pour dégainer vite fait. Des manières à l'avenant : aucun respect hiérarchique, on appelle les chefs par leur nom — Loukitch ou Fomitch —, les gestes sont dégagés, agiles, le style général est au genre bandit : « Allez, pine au cul, on les baise et on se casse ! »

Mitia et Gochka Kroutkine, complètement épuisés, réduits à l'état de deux sacs gémissants, avaient été amenés au camp de base dont les abris étaient éparpillés dans les combes des alentours, au milieu d'une forêt épaisse. Les observateurs des Fokker-Wulf auraient eu de la peine à reconnaître des signes de civilisation parmi les cimes drues et vertes, seule régnait la nature majestueuse et pourtant, tenaces, observant sans discontinuer le quadrillage aérien, des canons de DCA pour l'instant silencieux pivotaient.

De fait, les frondaisons des chênes et des ormes, les lourdes jupes des sapins séculaires, abritaient toute l'intendance des partisans : écuries, garages, ateliers, dépôts, cabanes des gars avec leurs châlits, PC et sa radio et « usine à bouffe », c'est-à-dire grande cantine où on s'en fout plein la lampe, pas de rationnement qui tienne, encore qu'on ait dû quelquefois la sauter, et surtout quand les Fritz venaient nous ratisser, à ces moments-là, on enterre les réserves et le PC et toutes les annexes foutent le camp en quatrième. Alors, la cuistance se fait la nuit pour pas qu'on vous repère à la fumée, donc qu'on ne bouffe chaud que la nuit, bon, quoi, question d'habitude. C'est la nuit aussi qu'on chauffe la bania. C'est là, à la vapeur et à l'eau brûlante, que l'on décrassa Mitia et Gochka. Et c'est là que Lazare, dit Lazik, le coiffeur du camp, leur mit la boule à zéro.

Ce qui est curieux, c'est que personne ne leur posa de question. Prisonniers ? bon : prisonniers. Qu'y a-t-il de plus clair ? Ils se sont tirés de chez les Fritz, au poil, vous voulez rejoindre les rangs des vengeurs de la Patrie, soyez les bienvenus ! Le PC a noté leurs nom, prénom, année de naissance, adresse permanente, unité d'où ils ont été faits prisonniers, et c'est marre : jusque-là, ils ont pu garder leur baratin pour eux. Quand ils ont été requinqués, on les a affectés au groupe de reconnaissance qui les avait dégottés. On leur a remis, en toute confiance, un armement complet, dont une mitrailleuse à disque de fabrication soviétique. La plupart des gars étaient équipés de *Schmeisser*, mais eux, le chef, Gricha Pervoglazov, leur dit que s'ils voulaient améliorer leur panoplie, ils n'avaient qu'à se démerder tout seuls.

Gricha Pervoglazov était de Rostov-papa[1] et tout semble dire qu'il n'appartenait pas au gratin de la ville. En tout cas, son activité de partisan, il avait tout l'air de la considérer comme une partie de fric-frac collective.

Et c'est vrai qu'avec Gricha Pervoglazov, on rigolait bien. T'es camouflé dans les buissons à attendre : ou t'écoutes ton copain te raconter son passé amoureux ou tu roupilles. Tout à coup, Gricha Pervoglazov — ce flair qu'il a, ce mec ! — déclare : « Les voilà ! Faites gaffe ! Le premier qui tire sans ordres aura affaire à moi ! » La colonne se pointe : un blindé armé d'un canon sans recul à tir rapide, des camions de matériel, des Horch, plus l'accompagnement. Les casques des Fritz ont glissé de leur crâne sous le soleil d'automne, ils piquent de leur nez aryen, ils ne savent pas que leur *kaputt* est tapi derrière les buissons au sein de cette idylle. « Feu ! » cria Gricha Pervoglazov et, pour souligner son ordre, il envoie une fusée. Après, tout est réglé comme du papier à musique : le blindé atterrit sur une mine et reçoit en plus un obus antichar dans le cul, et l'on tire quasi à bout portant sur les Horch, les casques, les dos et les poitrines des envahisseurs germano-fascistes, au nom de la Patrie soviétique. Les camions s'emboutissent les uns dans les autres, percutent les arbres, les grenades éclatent. Les rescapés courent vers les fossés, les « vengeurs du peuple » leur bondissent dessus. C'est joyeux ! Et voilà ! la colonne est anéantie, la fumée du bref accrochage s'est dissipée. Les rares prisonniers sont interrogés sur le lieu de l'action. C'est là que les deux nouveaux de Moscou, Mitia et Gochka, se montrent très utiles. Ils ont fait de bonnes études au lycée, ils peuvent poser les questions en allemand.

Puis vient le meilleur moment de l'opération : nous nous intéressons au contenu des véhicules. Il est parfois curieux. Un jour, par exemple, on a sorti de sous un adjudant trois caisses de vodka danoise Akvavit. S'ils se sont excités, les gars ! Ils ont mis deux voitures en route, enfilé des uniformes fritz et ont foutu le camp chez les filles, à Ovroutch.

*La belle vie, mes frères, mes frères, la belle vie !*
*Avec notre ataman, Gricha Pervoglazov, nous vivons sans souci !*

1. Il s'agit de Rostov-sur-Don, baptisé ainsi pour faire pendant à sa voisine Odessa-maman.

Sous cette indépendance apparente, le groupe préservait d'excellents rapports de camaraderie et respectait l'autorité de son chef. La belle chorale ! c'est tout simple, c'est de cela qu'on rêvait dans l'enfance : de rassembler des gars comme ça, un pour tous, tous pour un,

*Dos à dos contre le mât*
*À deux nous affrontons le monde*[1].

— Sapounov, Mitia, je t'ai proposé pour la médaille du Mérite militaire, dit un jour Pervoglazov. — Ils venaient de mener à bien une opération planifiée par Moscou : faire sauter simultanément deux ponts sur le Pripet.

Ils ont rigolé, ça, ils ont bien rigolé, et puis voilà qu'en décembre 1943, en pleine tempête de neige, un Douglas en provenance de la « grande terre » arrive sur leur terrain d'atterrissage clandestin et se déleste d'un sac de médailles, et parmi elles, la Vaillance au feu de Mitia.

Il faut dire qu'à la fin de 1943 la liaison avec la « grande terre » était devenue presque régulière, si bien qu'un beau jour on leur balança même un général aux larges pommettes et à l'humeur féroce suivi de tout un état-major de parasites. Les « Loukitch » et les « Fomitch » furent aussitôt mutés dans de nouvelles compagnies et sections. Quant à l'ensemble du groupe, il prit le nom de 6e brigade de partisans Chtorss[2], et fut réorganisé. On construisit une casemate à part pour les Services Spéciaux dont les agents à l'œil brumeux et à la jambe torse s'empressèrent de « passer les effectifs au crible ». Mitia et Gochka furent convoqués à plusieurs reprises « aux fins de précision », à chaque fois l'un sans l'autre. Au cours de ces derniers mois, ils avaient tous deux pas mal oublié leur légende primordiale et, dans leurs entretiens avec le major Lapchov, ils débitèrent un bon tas de bourdes. Par exemple, il apparut que, s'ils s'étaient échappés ensemble de la baraque des douches, c'était à cent kilomètres l'un de l'autre, et puis question de dates aussi, leurs dépositions divergeaient d'une quinzaine de jours. Chose curieuse, Lapchov ne s'y arrêta pas, peut-être qu'à l'époque il avait d'autres chats à fouetter. Par exemple, le hardi chef de groupe franc Gricha Pervoglazov avait disparu de la brigade. Les hommes demandaient : « Où est passé notre grand homme ? » On leur répondait : « Il a été rappelé. — Où ça ? » demandaient encore les partisans qui avaient perdu l'habitude de l'étiquette militaire. « Où il convient, venait la réponse bouche-en-biais. Et pourquoi vous intéressez-vous tant que ça à lui ? » Là, toutes les questions tournaient court.

1. Stevenson, *L'Ile au trésor*.
2. Chtorss (1895-1919), héros de la lutte contre les nationalistes blancs d'Ukraine.

En janvier 1944, à en juger par tous les signes, le front se rapprocha du territoire des partisans. Des orages d'hiver zébrèrent sans arrêt l'est du ciel d'où montèrent des grondements de plus en plus forts. Ordre fut donné de se transporter à l'ouest, afin de poursuivre l'action contre les arrières de l'ennemi, de couper ses communications et de disloquer ses forces en hommes et en matériel.

Deux semaines s'écoulèrent en durs combats à travers une zone bourrée d'unités allemandes en retraite. Cependant, le front avançait plus vite que leur repli.

— Dis donc, Mitia, on dirait que l'Allemagne est en train de craquer, dit Gochka après un coup d'œil circonspect. Qu'est-ce qu'on fait ?

— Comment, qu'est-ce qu'on fait ? — Mitia faisait semblant de ne pas comprendre. — On se bat aux côtés des nôtres.

— « Les nôtres » ? le singea-t-il. Tu ne comprends donc pas que ça sent le soufre ? Il faut foutre le camp d'ici !

— Foutre le camp où ça ? bredouilla Mitia que l'odeur du soufre suffoquait.

— Je n'en sais foutre rien, murmura son pote fidèle, le regard furtif. — Rien que pour ce regard, on aurait pu l'emmener au SMERCH. — Si on se pointait chez les Ukrainiens ?

Le bruit courait que, dans les régions de l'ouest, des formations ukrainiennes, disposées à se battre sur deux fronts, contre les Allemands et contre les Russes, se concentraient.

— Mais qu'est-ce qu'ils en ont à branler de nous, les Ukrainiens ?

Un beau soir, au rassemblement, l'odeur de soufre se trouva mêlée d'une lourde et crémeuse senteur du parfum Moscou Rouge. Devant les partisans alignés, en même temps que le général Roudniak et que ses agents des Services, parut une belle fille aux galons de capitaine, ni plus ni moins que Larissa, la bibliothécaire, celle-là même. Mais oui, celle-là même avec laquelle Mitia Sapounov s'était envolé vers les sommets d'une passion argentine et qu'ensuite les chacals du détachement Aurore avaient soumise à une action de groupe.

En l'apercevant, Mitia et Gochka crurent se répandre sur place. Alors, ce n'étaient pas des bobards que c'était une espionne bolchevik ? De fait, voici ce qu'il en était : la première Larissa avait été tuée dès le temps des cosaques de Dovator et l'on avait envoyé à sa place cette Larissa-ci, une tchékiste expérimentée. À présent, elle n'était plus Larissa, mais le capitaine Elsa Fiodorovna Vatnikova et, chose curieuse, beaucoup plus âgée que l'été dernier.

D'abord, elle ne prêta attention ni à Mitia ni à Gochka, elle avait sans doute trop à faire : les partisans étaient convoqués aux Services Spéciaux dans l'ordre alphabétique et ne reprenaient pas tous leur place dans les rangs. Le tour de Kroutkine et de Sapounov n'était pas encore venu, ils faisaient tout pour se dissimuler loin des yeux du capitaine Vatnikova parmi la masse des trois mille hommes. Ils se laissèrent même pousser la barbe tout en se demandant désespérément où ils pourraient bien fuir, ce qu'ils pourraient bien faire. Ils en étaient à songer à proposer au capitaine Vatnikova un rendez-vous dans les bois quand, un beau jour, au rassemblement, elle s'approcha d'eux et sans même les regarder en face, leur dit d'un air dégoûté :

— Fini de faire semblant, crapule vlassovienne ! Rendez vos armes et suivez-moi ! — Et aussitôt on les attrapa sous les ailerons et on les traîna vers le terrible ravin où la Tchéka s'était débrouillée pour s'organiser sa Loubianka des bois. Là, on les sépara et l'on entreprit de les passer à tabac, de leur arracher la vérité à la mode tchékiste. Ensuite, on les jeta dans une fosse où grouillaient vaguement deux douzaines d'autres inculpés.

Le lendemain, on traîna Mitia dans la cabane forestière où le capitaine Elsa Fiodorovna Vatnikova allait personnellement mener son interrogatoire. Quand ils furent seuls, l'ex-bibliothécaire Larissa sortit son pistolet de son étui et le glissa sous son ceinturon. Ma dernière chance, se dit Mitia. Assommer cette grognasse, m'emparer de son pistolet, essayer de rejoindre les Ukrainiens. Seulement, après la séance de gymnastique de la veille, il n'avait même plus la force de lever la tête, autre chose que les bras.

Sans le quitter des yeux, Elsa sortit son bâton de rouge et en enduisit ses lèvres d'une couche épaisse, comme au cirque. Puis elle s'approcha, le pressa des seins et du ventre contre le mur de rondins, lui introduisit la main dans la culotte et saisit sa pièce maîtresse. Le cerveau embrumé, Mitia se sentit glisser. Elle éclata de rire, s'essuya la main à sa jupe ·

— Debout, espèce de merde ! Tu ne peux pas te lever ? Tu comptais me la faire au sentiment, lavement ? Ha, ha, ha ! ce ne sont pas les baiseurs qui me manquent. — Elle ouvrit la porte et appela de la voix polie d'un membre du Parti : — Entrez, camarades.

Deux exécuteurs des hautes œuvres entrèrent. On reprit l'entretien substantiel de la veille. Mitia reconnut qu'il s'était trouvé dans les services auxiliaires russes de la Wehrmacht. Ils l'avaient enrôlé de force. Il avait toujours haï l'envahisseur. Il avait songé à s'évader. Kroutkine et lui l'avaient fait dès que l'occasion s'était présentée.

— Tu mens, salope ! criaient les Services secrets. Dis-nous tout, sinon on te découpe en lanières ! — Ils ne savaient pas, c'était clair, quels renseignements ils pouvaient obtenir du jeune Sapounov, ils en voulaient encore, c'est tout. Mitia, qui ne comprenait plus grand-chose après les coups sans fin qu'il avait pris sur la tête, arrivait quand même à louvoyer, ne racontait que ce que la bibliothécaire Larissa était susceptible de savoir, le reste, il en esquissait un tableau confus.

Cela dura plusieurs jours. Aux coups s'était ajoutée une autre torture dénommée « la couveuse ». On l'introduisait, les mains liées et un bâillon sur la bouche, dans un petit poulailler. Privées des trois quarts de leur espace vital, les poules fientaient sur l'intrus, puis se mettaient à lui piquer furieusement toutes les parties découvertes.

Une nuit, après une journée entière d'entretiens et de « couveuse », alors que, délirant à moitié dans le bas-fond commun, il voyait tomber du ciel comme un blanc bienfait la semoule tiède et si sucrée de tante Agacha au son du Chopin de la chère Mary, il vit ramper jusqu'à lui Gochka qui, à moitié mort, secoué de sanglots, vint fourrer sa tête entre ses genoux et le ramener à la réalité.

— Pardon, Mitia, je n'ai pas tenu le coup, je me suis mis à table, je t'ai balancé, mon petit, mon seul ami, j'ai dit que tu t'étais porté volontaire chez les Allemands et que tu m'avais entraîné.

— Eh bien merci, Gochka, ricana Mitia. Je n'attendais rien d'autre de toi. Porte-toi bien et tâche de survivre, moi, j'en ai classe, de tout ça...

Maintenant, il était certain qu'on le descendrait là où l'on descendait les autres, derrière le tas d'ordures, pourtant, aussitôt après la trahison de Gochka, tout changea étrangement. En premier lieu, on les ramena tous deux de leur fosse dans une remise où il y avait tout de même un toit, même médiocre. Ensuite, on les réalimenta un peu : quelques bouchées de barbotage à vache, ou du gruau de soldat, autre chose que le trou où on leur avait lancé tous les trois jours juste un seau de pommes de terre pourries. Les interrogatoires se firent plus sérieux, moins de jurons, moins de crachats, moins de crises de nerfs, même si, question de les tabasser, ça y allait autant qu'avant.

Puis il arriva deux types qui, alors là, ne rigolaient plus du tout, selon toute vraisemblance, ils venaient de la « grande terre ». Ceux-là ne se livraient à aucune fantaisie, pas du tout, ils ne sentaient même pas la gnôle. Ce qui les intéressait surtout, c'était le centre d'entraînement de Dabendorff où les deux garçons avaient passé quatre mois avant d'être expédiés en Ukraine.

— Qui y avez-vous vu et que pouvez-vous dire de Boïarski, Malychkine, Blagovechtchenski, Jilenko, et surtout de Zykov ? Avez-vous vu Andréi Andréitch lui-même ?

— Pardon, quel Andréi Andréitch ? demanda Gochka, jouant au plus malin.

— Comment vous ne connaissez pas le patronyme de Vlassov, votre chef ? dirent en riant les graves camarades. Bon, et vos moniteurs allemands ? Avez-vous vu un certain Wilfried Karlovitch ? Et un certain von Treskau ?

Là, Gochka afficha un grand sourire :

— Tu te rappelles, Mitia, on l'avait baptisé Très-Kon ? On le faisait bisquer, camarades, on l'appelait Très-Kon.

— Cessez de faire les pitres, sales traîtres, firent les graves camarades, se renfrognant soudain. — Sur quoi, réalisant qu'il ne couperait sans doute pas au poteau, Gochka fit la pâle gueule.

Ensuite, les événements prirent une tournure encore plus bizarre. Au cours de l'interrogatoire, Mitia eut à exposer son *curriculum vitae* et, naturellement, à dire qu'à partir de l'âge de huit ans il avait été élevé chez le professeur Gradov. Avec un peu de chance, ils oublieront ses fils, les ennemis du peuple, espérait-il, ignorant que son oncle adoptif Nikita avait cessé depuis longtemps de l'être, ennemi du peuple, pour devenir un grandissime héros de la guerre patriotique, commandant en chef du légendaire Front de Réserve, maréchal de l'URSS. Ayant appris qu'il était des fameux Gradov, les graves camarades avaient échangé un coup d'œil sans rien dire, puis on avait transféré Mitia dans une cagna chauffée devant laquelle une sentinelle avait été placée en faction.

La zone des combats avait déjà dépassé leur secteur, leur camp se trouvait désormais sur les proches arrières des troupes. Un jour, un étrange visiteur vint s'intéresser à la personne de Mitia. Il introduisit son gros crâne chauve et ridé dans sa cagna, suivi du commandant de la brigade qui portait une lampe-tempête. Le visiteur avait revêtu une pelisse par-dessus son uniforme, de sorte que l'on ne voyait pas ses épaulettes, mais il était évident que c'était un haut gradé. Il s'attarda plus d'une heure dans la cagna puante à poser des questions sur sa vie dans la famille Gradov au jeune gars que la maigreur et les coups avaient rendu terrible à voir. C'était surprenant ce qu'il était bien informé.

— Quand votre père adoptif Kirill Borissovitch a-t-il été arrêté ? Quand Véronika Evguénievna est-elle revenue de Khabarovsk ? Que pouvez-vous me dire d'elle en général ? Les parents Gradov recevaient-ils des lettres de leurs enfants détenus et comment y réagissaient-ils ? N'avez-vous pas remarqué... heu... des idées préconçues sur le problème des nationalités envers votre mère adoptive Tsilia Naoumovna Rosenblum ? Et Nina Borissovna, comment est-elle ? Enfin, je veux dire, comment vivait-elle, venait-elle souvent chez ses parents, se disputait-elle avec son mari, comment était-elle avec sa fille, en général, que disait-elle ? J'aimerais savoir en quoi la vie de la famille a changé après l'arrestation de son fils aîné, Nikita Borissovitch. Les anciens amis venaient-ils en visite ou bien se sont-ils tous détournés d'elle ? Et comment tous les Gradov étaient-ils avec vous, un fils adoptif d'extraction paysanne ? n'ont-ils jamais blessé votre dignité ?

Mitia trouva cette dernière question tellement ahurissante qu'il se mit à tousser, avala sa salive, ce qui aurait pu passer pour une suffocation de rire. Après cela, l'étrange visiteur sortit sans prendre congé.

Quelques jours de plus s'écoulèrent dans l'inconnu. On ajouta à son gruau deux, trois bouts de viande de conserve. Mitia se dit qu'on n'allait pas le descendre tout de suite : on avait besoin de lui on ne sait trop pour quoi, l'étrange visiteur n'était pas venu sans raison.

Puis tout culbuta encore et, cette fois, parut fichu. On le sortit de sa cabane, on lui tomba dessus à bras raccourcis, on le poussa sur la route à coups de crosse jusqu'à rejoindre une colonne d'autres traîtres à la Patrie, et là commença sa marche finale : il serait liquidé derrière Kharitonovka, dans le fameux ravin. D'où aurait-il su qu'un ordre supérieur intimait de liquider sans délai tous les traîtres et collaborateurs du secteur où il avait le malheur de se trouver. Cette opération était effectuée *primo* en tant que justes représailles pour le récent assassinat du général Vatoutine par les partisans ukrainiens, *secundo* à titre préventif, car le général Hübbe avait entrepris une contre-offensive efficiente dans le même secteur à la tête de trois divisions de chars.

Alors voilà, on le traîne au bord du ravin éclairé par des projecteurs d'où monte une épouvantable odeur de mort. Des ombres humaines chancelantes se dressent, pareilles à des silhouettes de tir. D'autres ombres passent très vite de l'une à l'autre, leur tirent un coup de pistolet dans la tête — la nuque. Les ombres-cibles disparaissent, les ombres-gâchettes se torchent la gueule : comme ils tirent à bout portant, ils récoltent des éclaboussures, probable.

On amène l'un après l'autre des paquets d'hommes titubants ligotés ensemble. Lorsqu'on délie leur corde et que retentit l'ordre : « Prenez vos distances », il se produit parfois un certain désordre, un dingue fait l'imbécile, tombe à genoux, déploie son cinéma : « Pitié, frères ! Pitié, frères ! » Il y en a même un qui fait rigoler tout le monde : « Je suis venu par mes propres moyens ! Mais puisque je suis venu conformément aux ordres ! » Comme si d'être allé au-devant de la mort par ses propres moyens le dispensait d'être tué. « Tu es venu par tes propres moyens ? Eh bien, debout par tes propres moyens ! Conformément aux ordres, charogne ! Allons, les gars, pressons ! Arrêtez-moi ce cinéma, sinon on n'aura pas fini d'ici demain matin ! » Parfois, au galop, au galop, comme la cavalerie de Boudionny, c'étaient les Maxim qui fauchaient les traîtres en tas, et alors, les choses allaient plus allégrement, au détriment du pourcentage de précision, c'est certain. Aucune importance, au fond de la fosse, les pourcentages se nivelleraient.

Mitia voulut se redresser de toute sa taille, espéra clamer

quelque chose droit dans les projecteurs aveuglants, dans ce courant rouge affamé de cadavres, oui, crier, aboyer, l'échine hérissée, montrer ses dents de cadavre afin qu'on se souvienne de lui, mais lâché sans précaution, le diagramme général du communisme le mordit au flanc et poursuivit sa route, coupant toute une couche de terre et mettant au jour un matelas d'époques révolues, d'os, de foies pétrifiés.

Au retour vers Moscou, Nina partagea le wagon de Lioubov Orlova. Elle était très gaie, elle riait, racontait à la star des anecdotes du front, Lioubov riait à son tour, comprenant parfaitement que Gradova avait amorcé une aventure. Sans doute un pilote de chasse, un as de l'aviation, la poitrine barrée de décorations, quelqu'un comme le colonel Pokrykhine. Certes, il ressemblait moins que tout à un héros, ce maigre personnage au dos rond dans sa capote râpée et re-râpée, qui avait tourné autour du car des artistes jusqu'à ce qu'il démarre en direction de la gare.

Puis elles éteignirent et Nina sombra dans un heureux demi-sommeil. Son corps tout entier gardait le souvenir de Sandro et, devant les yeux, elle avait ses yeux à lui, pleins d'adoration, de quelque chose de cérémoniel. Un païen, songea-t-elle à moitié endormie, un païen qui, d'une chatte maigre, s'est fait une idole. Elle savait qu'il pouvait être beau. Quand il quitterait cet affreux uniforme, rien ne l'empêcherait d'être beau, même sa petite calvitie.

Elle tenta d'imaginer leur avenir, le couchant de cuivre ancien au-dessus de l'éternelle Tbilissi, mais au lieu de cela, elle aperçut les têtes d'une colonne en marche dans la nuit, une houle de têtes, et soudain, très nettement, elle reconnut le visage qui était passé devant elle dans le faisceau d'une lampe-torche. Toute la peau horripilée, elle fut saisie d'un spasme subit, inoubliable.

Mitia Sapounov vivait sa dernière heure : tout ce qui s'écoulait des corps qui gisaient sur lui ruisselait sur lui. Lorsque cette heure fut passée, il commença à s'extraire du tas, repoussa les membres à tout jamais alourdis des autres qui le recouvraient. « Un pruneau ne fait pas notre compte, marmonnait-il comme un insensé. Un pruneau, une praline — la coquine — ne fait pas notre ruine... » Il rampa des ténèbres noires vers les ténèbres grises. Les épaisses couches de brume du petit matin recouvraient les choses de la nuit. Les troncs de ces innocentes créatures que sont les arbres commencèrent à se détacher. Les sentinelles s'interpellaient, fantômes ployant sous le poids de pralines-coquines. Gloire des combats, l'aviation vrombissait là-haut dans le ciel. Il poursuivait sa route, le coude serré contre son flanc droit zébré par une balle perdue. Il boitilla presque à découvert passé les cheminées noircies par l'incendie de Kharitonovka. De l'autre côté du village, on apercevait des prairies étalées à l'infini au milieu de plaques de neige fondue. Les premiers rayons qui jaillirent derrière une butte éclairèrent de petites mares où le ciel se refléta comme au bon vieux temps. Alors, Mitia s'affala sur un lit de feuilles mortes au milieu des buissons, aspira l'odeur de moisi du printemps et s'endormit, suscitant le grave intérêt de deux corbeaux posés non loin de là. Moisissure innocente, moisissure du péché, qu'est-ce qui vous distingue dans les prairies cosmiques ? semblaient penser les corbeaux.

Il se réveilla en entendant siffler. C'était un air connu, *Nuages dans le bleu*. Un petit soldat s'en allait tout seul sur le chemin qui serpentait à travers la plaine et se perdait à l'horizon. Il bondissait gaiement par-dessus les flaques d'eau, son sac à l'épaule. Il n'est pas armé, ça, c'est intéressant, souffla l'un des corbeaux à Mitia. Le petit soldat rentrait de l'hôpital à son unité, il faut croire.

Étouffant une plainte, Sapounov se leva et courut lourdement derrière lui. Il s'abattit sur le dos frêle du garçon et, de ses doigts de fer, peut-être encore ses doigts de cadavre, il lui serra la gorge, lui broya les cartilages d'un geste implacable. Puis il traîna dans les buissons le corps si aisément occis. Le visage que l'asphyxie avait d'abord bleui avait repris ses couleurs : les joues roses, le petit soldat semblait pioncer. Sapounov glissa la main dans sa poche poitrine et en sortit un paquet écrasé de cigarettes Nord, il y en avait une dizaine, exactement onze ; il y avait aussi un briquet fabriqué dans une douille antichar.

Sapounov en alluma une, puis une autre, puis une autre jusqu'à ce que les onze y passent. Il était bien, allongé à côté d'un militaire, comme qui dirait d'un copain, il fumait ; dans le ciel au-dessus de lui, très haut, l'aviation internationale passait. Puis il s'avisa que s'il avait étranglé le gars, ce n'était pas pour des cibiches. Il glissa la main dans son autre poche poitrine et en sortit son livret militaire. C'est pour cela qu'il l'avait étranglé. Pour ses fafs. Fafs-feuillets-livret — je m'en vais !

# CHAPITRE DIX-SEPT

## *Virtuti Militari*[1]

Neuf grandes oies sauvages se présentaient à l'atterrissage en triangle parfait. Le lent et haut couchant baltique se reflétait sur toute la surface du lac municipal. C'est justement cette aire que visait l'escadrille des oies. L'oie de tête réduisait régulièrement la vitesse, exigeait d'une voix forte le synchronisme des autres : « Imite-moi ! Imite-moi ! Imite-moi ! » Ce qui comptait pour elle, ce n'était pas tant d'atterrir que d'atterrir dans un style parfait, parfaitement synchrone. Les autres oies se taisaient, s'efforçant de reproduire rythmiquement, avec précision, ses coups d'aile. Elles se posèrent toutes en même temps en projetant un minimum d'éclaboussures. Elles se posèrent, et c'est là seulement qu'elles se mirent à cacarder et à chanter les louanges de leur pilote. Lui aussi, il cacardait à gorge déployée, heureux et fier, s'ébrouait, plongeait la tête dans le lac allemand, émergeait plein de gouttelettes dorées par le couchant. On est arrivés ! J'ai amené toute ma famille, et dans le meilleur des styles.

Le maréchal Gradov se promenait au bord du lac et observait avec intérêt les joies des volatiles. Ils arrivaient sans doute d'Afrique du Nord, de Tobrouk et d'El-Alamein. De la vallée du Nil ? Tout droit, comme l'exige leur tradition millénaire en dépit des tirs de DCA et des combats aériens, suivant ponctuellement leur pilote, se posant sur ce lac du couloir de Dantzig sans rien savoir, d'ailleurs, de ce « couloir », mais très contents que la forme de la petite ville n'ait pas changé.

Or, elle aurait pu changer, énormément, comme par exemple Koenigsberg. Si von dem Bode n'avait pas capitulé, il y a gros à parier que le château y aurait perdu ses tours. Des vagues de « tanks volants », les IL-2, plus les mortiers et l'artillerie de tous calibres auraient réduit l'architecture gothique au plus-que-parfait. Telles sont, hélas, les circonstances d'une fin de partie, Votre Excellence « sombre génie germanique ».

C'était curieux, cette transformation du général de corps

1. Très haute distinction militaire polonaise.

d'armée von dem Bode abstrait, chiffré en nombre de divisions, en un prisonnier de guerre concret. Ce n'était pas la première fois que Nikita constatait ce phénomène. L'été dernier, à la conclusion de l'opération Bagration. D'abord, tu vois une carte, une énorme poche où suent les soixante mille grenadiers de Hitter qui y sont encerclés. Cette poche a plutôt l'air d'une amibe qui tour à tour se dilate au nord et se contracte au sud. Autour de l'amibe, jour après jour, se resserrent les doigts d'acier de trois fronts, de trois notions abstraites qui ont nom « Méretskov », « Gradov » et « Rokossovski ». Ce qui se déroule, c'est un *Kriegspiel*, le déplacement des colonnes, l'interception des communications, le calcul des pourcentages de pertes. Hitter n'a qu'un seul avantage : l'immense marécage qui s'étend sous le ventre de l'amibe. S'il lui reste un espoir, c'est de demeurer planqué derrière lui jusqu'à l'arrivée de très hypothétiques renforts. Or, c'est le « Zakharov » qui survient le premier, après quoi la stratégie se mue à forte allure en sang, en sueur et en larmes, en la résistance forcenée des autres. Des milliers de soldats se tressent des raquettes en osier et se forcent un passage à travers les bourbiers. Hitter fait mettre baïonnette au canon et ordonne la contre-attaque. Deux jours passent et tout est fini, l'amibe est écrasée, l'armée invincible d'il y a deux ans encore est devenue un ramassis d'hommes qui se démènent en pleine panique dans les bois. Les vainqueurs se servent aux roulantes encore chaudes de la Wehrmacht abandonnées sur la route, ramassent dans ses caisses des Croix de fer préparées à l'avance qui sont devenues parmi les soldats une sorte de numéraire. La notion stratégique de « poche de Bobrouïsk » finit par aboutir à la silhouette somnambulique et solitaire d'un général allemand qui erre sur une route en marmonnant quelque chose sous son nez.

J'avais alors dans ma Willis Ilya Ehrenbourg et Reston, le journaliste américain. Nous nous sommes arrêtés et sommes allés au-devant du général égaré. Il ne savait ni le russe ni l'anglais, et moi, j'avais oublié mon allemand scolaire. Ehrenbourg fabriqua tant bien que mal une phrase : « Qui êtes-vous ? » et éclata de rire en recevant la réponse : « Je suis un Allemand, je ne suis pas une puce. » On aurait presque dit du Zochtchenko. Mais dans le fond, à Ehrenbourg d'en répondre, il n'y avait personne pour vérifier la traduction.

Plus tard, alors qu'ils dînaient à Bobrouïsk, autrement dit, à un moment où les notions stratégiques ayant nom « Rokossovski », « Méretskov », « Zakharov » s'étaient transformées en compagnons de bouteille Kostia, Kirill et Jora, ils devaient aborder ce sujet, celui de la métamorphose de notions militaires, stratégiques, historiques en le destin singulier du petit homme, mais aussitôt, ils étaient demeurés court, car ils s'étaient rendu compte que le terrain devenait périlleux. Les puissants maréchaux avaient peur d'effleurer des questions trop brûlantes.

Nikita se rappelait von Paulus sortant de son bunker, frigorifié, à bout de forces, vraiment très sale, à l'encontre de toutes les traditions du Reich. La pelote est dévidée, on en tire le dernier fil, il ne reste plus sur la neige maculée de Stalingrad qu'un homme qui rêve d'un bain chaud et d'un change de linge propre.

La même chose aurait pu m'arriver à moi, selon la tournure qu'auraient pris les événements, comme ça a été le cas d'Andréi Vlassov qui, ayant perdu son armée, a été traqué jusque dans une dernière grange avec sa Maria Ignatievna. Tous les personnages historiques risquent le même sort. Imaginez Staline chassé du Kremlin et se traînant à pied à Gori. Et que va-t-il arriver, dans un très proche avenir, à cette abstraction historique qui a nom « Hitler » ? Les généraux allemands comme ce von dem Bode se concrétisent de zones hachurées sur la carte en prisonniers de guerre, bon, et moi, d'un crevard des camps avec son accablant « si... encore... c'est... qu'encore », je suis devenu l'abstraction « Gradov », si menaçante pour le Grand État-Major allemand. Mais que je n'oublie pas les retours de bâton, que je n'oublie jamais les dessous tragi-comiques des destinées humaines.

La capitulation du groupe d'armées de von dem Bode eut lieu au château de Schlossbourg. Nikita échangea une poignée de main avec le général prisonnier et l'invita même à prendre le thé dans le cabinet du bourgmestre. L'Allemand, loin d'afficher quelque inflexible grandeur prussienne, se montra reconnaissant de cette réception, dissert, comme en quête d'amitié.

— Vous nous avez vaincus grâce à notre propre stratégie du fer de lance, de l'attaque en profondeur des blindés, des fortes concentrations de feu et des mouvements massifs d'infanterie. Laissez-nous au moins cette consolation, maréchal Gradov.

Nikita hochait la tête avec bienveillance, laissait à l'ennemi vaincu au moins cette petite consolation, notait à part soi avec quel plaisir le grand général suçait sa tranche de citron.

— Maréchal Gradov, me ferez-vous fusiller si je vous pose une question personnelle ? demanda von dem Bode.

Nikita comprit qu'il s'agissait du camp. Naturellement, les Allemands savent que j'y ai passé quatre ans. Un type intéressant, ce von dem Bode. À sa question, on peut déjà juger de ce que sera sa conduite dans son camp à lui.

À ce moment précis, on vint les informer que les représentants du Renseignement militaire venaient chercher le général, et les deux gentlemen, le soviétique et le nazi, durent prendre congé l'un de l'autre. Avant de sortir, von dem Bode parcourut les murs de son clair regard : adieu, tables de la loi teutonique ! En guise de congé, Nikita le salua, puis, tandis que l'Allemand franchissait l'enfilade des portes, il constata avec satisfaction que ses hommes portaient aussi la main à la visière.

Une armée ne doit rien perdre de sa dignité non seulement en cas de défaite, mais dans les débordements de la victoire. Ce qui se passe est un monstrueux avilissement. De l'armée. De la nation. Notre honte à tous, les Russes. Une foule de maraudeurs suit nos chars, de grands sacs à la main. La honte de notre civilisation ! À nous qui nous sommes défendus comme des champions. L'Agit-prop[1] déprave de nouveau notre peuple. D'abord, cela a été la « vigilance », l'appel aux dénonciations partout, aujourd'hui, c'est la sale idée d'un irrépressible besoin de vengeance. De toutes parts, de la moindre fissure, des journaux, de la radio, des instructeurs politiques, cette infamie assaille le soldat abruti par quatre années de bombardements. Nous en sommes tous responsables, moi compris. N'ai-je pas gueulé : « Ne laissez pas souffler ces salauds ! » Et c'est que l'on ne pouvait vraiment pas les laisser souffler Or, c'est justement de cette ruée et du besoin de la maintenir que sont nés ces mots : « Vengeance ! Colère et soif — soif de vengeance ! Réduisons-les en poussière ! Frappe, viole, à toi les prises de guerre — autrement dit, détrousse ! » Une « commande sociale » cynique et parfaitement claire. Lâcher les rênes au pillard qui gîte dans le soldat, c'est faire de lui un barbare intrépide, féroce, et c'est, à ce prix, se rapprocher du but : écraser définitivement l'ennemi en déroute. Mais à creuser plus profond, on découvre quelque chose d'encore plus abject et de plus sinistre, produit peut-être inconsciemment, mais avec le très sûr instinct de cette meute de bandits. Pour la première fois, après tant d'années d'une vie d'humiliations, d'une vie passée à ramper, notre peuple a accompli un colossal exploit moral, a conquis une dignité nouvelle. Ces gens, il faut les rechanger en cochons, les enduire de la seule et même merde. Sinon, pas de salut ! Et si l'on approfondit encore, combien de cercles d'Enfer devrons-nous franchir pour... Mais là, les pensées de Nikita Gradov étaient coupées par l'ordre laconique du maréchal Gradov : « Pas de métaphysique ! »

Quoi qu'il en soit, ils cavalent derrière les chars et attrapent tout ce qui leur tombe sous la main : machines à coudre, postes de radio, bicyclettes, lampes, stores, linge, coussins, services de porcelaine, tas de montres, ils emmènent par brassées les vêtements des placards, arrachent les rideaux, traînent les meubles... Les convois débordent de ces soi-disant « prises de guerre ». Le plus terrible, c'est qu'ils font leur gibier des femmes et des petites filles. « Ils ont baisé nos femmes, à nous de baiser les leurs ! » Toutes

1. Services de propagande du Parti.

celles qui n'ont pas eu le temps de fuir hors de Prusse marchent les jambes écartées. Mais où donc nos gentils Vassili Tiorkine prennent-ils la rage de forcer les jambes des vieilles et des écolières ?

Il y avait deux jours, Nikita n'avait pas pu s'empêcher de se mêler personnellement de cette turpitude. Il avait saisi par hasard les propos de ses officiers parlant d'un capitaine qui s'était emparé non loin de là d'un hameau allemand et y faisait des choses dont n'aurait pas rêvé Gengis Khan lui-même. Incroyable branle-bas à l'état-major : le commandant en chef boucle le ceinturon où est accrochée son arme, emmène une escouade de molosses et file au hameau.

La « vengeance sacrée » y battait son plein. Complètement soûls, le capitaine et une douzaine de ses sous-verge, tout nus dans des lingeries roses et bleues, sautillaient à travers la pièce comme de véritables singes. Le fermier avait été tué en tentant d'empêcher le viol de ses trois fillettes, ainsi que ses deux ouvriers yougoslaves. Les Russes avaient visé les hommes à l'entrejambe afin de leur broyer le sexe. Les fillettes, dont l'aînée avait onze ans, s'étaient traînées à l'étage supérieur dans des flaques de sang. Leur mère s'était pendue — ou avait été pendue — dans un débarras.

Traîné aux pieds du maréchal, le capitaine bafouillait avec un sourire insensé :

— *Schmerz*, tu dis ? Tu mens, chienne ! *Nicht Schmerz*[1] !

Le lendemain, par arrêt de la cour martiale, soit tout uniment sur ordre du maréchal, tout ce joli monde était passé par les armes. La sentence d'exécution immédiate pour actions criminelles ayant entraîné la mort fut lue dans toutes les unités, batteries et escadrilles du Front de Réserve.

Les désordres s'arrêtèrent presque immédiatement, ce qui prouva une fois de plus, comme Nikita se le dit avec deuil et chagrin, que ce n'était pas un mystérieux feu de vengeance qui brûlait l'âme des soldats, mais que tout venait de l'indulgence criminelle et même des encouragements d'en haut.

— Au plus haut niveau — comprenez-vous ce que je veux dire, Nikita Borissovitch — on a manifesté sa compréhension de la soif de juste vengeance qui flambe dans la poitrine du soldat soviétique, criait presque Stroïlo, le chef politique parvenu au grade de général trois étoiles. — Ayant appris l'affaire, il avait fait irruption à l'état-major, flambant d'une colère tout aussi juste que la soif de vengeance du soldat. Un grand crâne chauve couvert d'une peau aux plis pachydermiques, des lèvres fines qui ne cessent de grimacer un sourire qui dissimule une masse de rancœurs prêtes à exploser ; si Nina voyait en ce moment celui qui fut son cher héros

1. En mauvais allemand : Douleur (...) Pas douleur

prolétarien ! — N'outrepassez-vous pas vos droits, camarade maréchal ? s'écria-t-il. Je crains qu'au GQG on ne vous comprenne plus.

Ses rugissements de malabar tournaient toutes les cinq minutes à des piaillements de cuisine communautaire.

— En attendant, cessez de brailler, articula le maréchal avec son plus beau calme, un calme glacial. Sinon, je vous fais mettre dehors.

Aussitôt, Stroïlo baissa pavillon, changea de vitesse.

— Je te demande pardon, Nikita, les nerfs... quand j'ai imaginé que ces gars... à cause de quelques Allemands... Ils étaient presque arrivés à Berlin.

— De telles brutes n'ont pas de place parmi le genre humain, dit le maréchal. Voici mon rapport au GQG. En fermant les yeux sur ces crimes, nous ne faisons qu'augmenter le nombre de nos propres victimes. Les Allemands ne se battent plus pour Hitler, mais pour leur propre vie, ils n'ont plus d'issue, ils défendent leurs femmes et leurs enfants de la mort sans phrase. La population refoule en masse vers l'ouest. Avez-vous réfléchi au tableau de l'après-guerre ? Tenez, prenez connaissance !

Il tendit à Stroïlo quelques feuillets dactylographiés. Avant de les avoir lus, le commissaire comprit que Nikita avait une fois de plus gagné. Une morale bourgeoise, pseudo-humanitaire, un atavisme vraiment étrange, admettez-le, pour un chef militaire soviétique, est ici occultée par les lourds galets des formules d'intérêt direct, de plus il étale de perspicaces visées sur l'avenir, et Staline aime ça. Le front ridé par un simulacre de réflexion profonde, Stroïlo entreprit la lecture du rapport. Il haïssait Nikita Gradov.

Le maréchal s'assit à l'immense bureau de chêne sculpté du bourgmestre de Schlossbourg. Il ne quittait pas des yeux son principal inspecteur politique. L'incarnation de la vulgarité des hauts personnages du jour. Il n'avait pas réussi à s'en débarrasser malgré tous ses efforts. Il était évident que c'était le Maître lui-même qui avait entériné sa nomination. En somme, exceptionnellement bête comme il était, il n'avait pas fait tant de mal que ça. C'est ridicule, mais il continue à prétendre à des rapports de confiance, d'ailleurs, au jour d'aujourd'hui, tous les commissaires offrent leur amitié personnelle au commandement. En même temps, il réunit des indices contre moi, il me fait des crasses à chaque pas. Sait-il que je suis au courant ? Que j'ai ma propre Tchéka ? Et si je me trompais sur son compte ? Si j'étais loin de tout savoir de son activité ? À cette pensée, le maréchal se contracta.

Quelques mois plus tôt, à Vilnius, il était arrivé à Stroïlo une étrange histoire. Un colonel d'artillerie lui avait envoyé, dans l'escalier de l'état-major, un retentissant soufflet. Sans un mot, de but en blanc, de sa main d'artilleur, il avait cogné sur un général politique ! Ça avait eu une allure comique, les ordonnances présents sur les marches se roulaient de rire, mais le colonel avait tout de même été arrêté.

— Tu es fou, Vadim, lui avait dit le maréchal venu le voir au poste de garde. Tu ne comprends pas ce que tu risques ? Pourquoi as-tu fait ça ?

— Il le sait, avait répondu Vouïnovitch qui fumait paisiblement près de la fenêtre.

Quel personnage romantique, quelle réponse digne d'un héros de roman ! Nikita savait qu'il pouvait sauver Vadim, c'est pourquoi il s'était permis cette petite comédie. Puis il l'avait expédié à Tolboukhine, commandant du 4^e^ Front d'Ukraine avec une lettre personnelle, de sorte qu'à présent son ami d'autrefois libérait la terre de ses ancêtres, la Yougoslavie. Pour ce qui concerne la victime, le chef de la Section politique du Front, elle ne connaissait évidemment pas la raison de cette offense inattendue. Vadim exagérait, un tchékiste si chevronné fût-il ne pouvait pas se rappeler tous ceux que l'on avait interrogés en sa présence. Le commissaire n'insista pas sur le châtiment du colonel fou. Malgré tant de bassesse professionnelle, ce n'était pas un mauvais bougre...

— Je comprends tes raisons, Nikita, dit Stroïlo en rendant son rapport à ce dernier, mais tu admettras que l'on peut aussi comprendre nos soldats. Pense un peu à tout ce que les Allemands ont commis sur notre sol et partout ailleurs. Toi-même, rappelle-toi, tu t'es mis à tourner en rond, à grincer des dents, je m'en souviens, quand nous avons découvert cette chose, à Majdanek, des millions de paires de chaussures de gens passés par les chambres à gaz et les fours crématoires.

— Bien sûr, la crapule nazie ne mérite que vengeance, dit Nikita en sentant que sa trachée, ses bronches, son diaphragme se contractaient. Il faut juger et châtier tous les criminels, mais qu'est-ce que la population civile a à voir ? La plupart ignoraient l'existence des camps de la mort. Nos hommes à nous, aussi, sont loin de tout savoir.

Il s'était trahi. Il s'était presque trahi. Comme pour lui laisser le temps de rengainer ce qu'il avait presque dit, Stroïlo s'éloigna vers la fenêtre.

Bien, c'est clair. Un bon, un excellent complément aux indices qu'il a accumulés, se disait Nikita en allant et venant sur le sentier de sable rouge et dur qui longeait le lac municipal de la bourgade de Schlossbourg abandonnée par les habitants, en l'arpentant en vrai Frédéric de Prusse, et même deux doigts sous le revers de son uniforme, sur fond de tours du château, soit tel que le voyaient les oies sauvages qui venaient d'amerrir — sur fond de gothique flamboyant de la cathédrale et tel qu'on le voyait du château à une fenêtre en ogive duquel, le rideau à peine tiré, se tient le chef de la Section politique — et sur fond du vaste couchant d'Europe centrale — tel qu'on peut le voir de toute part et même de l'Ouest, car les rayons ardents incendient les croix et les coupoles de l'Est. Se tient en grand ami et grand chef, tel que le voit le chien nommé Polk, complètement stupide de fidélité.

Le maréchal était de très méchante humeur, très mal vissé. On aurait pu penser que c'était la fin de la guerre, jubile, prépare-toi à la liesse définitive de la victoire, mais tout l'inquiétait, l'irritait : l'état des troupes, le tour d'esprit de « ceux d'en haut », ses affaires personnelles. Les nouveaux rapports esquissés avec Véronika, harmonieux, vraiment amicaux, étaient repartis de travers aussitôt après l'escapade de Boris IV. Sa légitime le bombarde de lettres, de radiogrammes, lorsqu'ils se voient, elle se déclenche d'abominables crises de nerfs, lui rappelle tous ses péchés, l'accuse de dureté et d'indifférence envers son fils, se précipite vers lui les yeux hors des orbites, un doigt vengeur braqué droit entre ses sourcils : « Tu es un homme abominable ! »

Qu'est-ce qu'elle veut ? Que je lance tout le Renseignement et les Services à la recherche d'un gars de dix-huit ans ? Mais moi aussi, à son âge, j'ai fichu le camp sans prévenir personne et j'ai rejoint Frounzé. Il est au front, c'est sûr, mais où le trouver dans cette masse de vingt millions d'hommes ? Je me suis déjà adressé à tous les commandants des Fronts et ils m'ont tous promis de le faire rechercher, donc ils le font — on ne prend pas la demande d'un Gradov à la légère — mais jusqu'à présent, cela n'a rien donné. Elle s'imagine qu'il m'est moins cher qu'à elle, mon petit garçon, mon Boris IV à qui je pense toujours avec une si douloureuse tendresse, avec pitié, avec un sentiment de culpabilité qu'il ne me pardonnerait jamais. Qu'y faire, s'il a voulu que cette guerre s'inscrive dans l'histoire de sa vie ? Elle ne veut rien entendre, elle se rend ridicule, elle s'adresse à toutes les instances, à ce cousin qu'elle a, ce Lamadzé douteux, et même à Stroïlo. Et ce salaud vient me trouver avec ses remontrances : ta femme fréquente un Américain de l'ambassade !

Comme elle a changé durant notre absence à tous deux ! Elle ne se lavera jamais des camps. C'est là-bas, il faut croire, qu'elle a appris à se monter, à « battre la dingue », comme ils disaient. Un jour, elle a hurlé : « Tu ne penses à rien d'autre qu'à baiser ! » Vika, la tendre jeune fille de la Crimée de Volochine, des maisons modernistes de Moscou ! Là-dessus, les communications avaient été totalement interrompues.

Et celle qu'elle avait appelée un jour sans équivoque, en vraie truande, « la Tassia », la fidèle compagne qui, aujourd'hui encore, même au lit, me dit « vous », elle aussi, elle s'est assombrie, alourdie : « Vous n'avez pas la moindre estime pour moi, Nikita Borissovitch, pas une fois vous ne m'avez emmenée à Moscou dans votre avion. » Et pour couronner toutes ces joies, en dépit de leurs précautions, Tassia s'est trouvée enceinte.

Par l'entrebâillement de son rideau, Stroïlo voit le maréchal briser la ramille d'un pommier bien taillé, en cingler machinalement l'air autour de lui comme pour chasser ses démons, s'asseoir au bord de l'eau qui, pourtant, ne lui a rien fait et abattre sur elle une grêle de coups. Vous, les Gradov au sang bleu, insolents aristocrates, pourquoi vous sentez-vous toujours comme des héros de roman et nous repoussez-vous, nous les Stroïlo, nous repoussez-vous en banlieue, toute notre famille ? Nous approchons, je crois, d'une révision des valeurs. Il pense que j'ignore qui a été mon offenseur et où il en est à présent, et tout ce que cela cache d'antisoviétisme rampant. Dommage que ces idiots aient fusillé l'autre gamin, en Ukraine, il aurait pu être utile.

Le soir était tombé. Les omoplates cessèrent de saillir au dos du maréchal. Polk, qui était assis à côté de lui, lui posa la patte sur l'épaule : C'est l'heure ! Trois silhouettes emmitouflées de toiles de tente individuelles approchèrent. Sa garde personnelle.

Stroïlo rassemble des informations contre moi, songeait le maréchal. Il prépare un rapport, c'est évident. Et tout aussi évident qu'il y est poussé par quelqu'un de Moscou, Béria peut-être. On imagine sans peine les points de l'ordre du jour : Gradov s'oppose à la ligne du Parti, recherche une popularité à bon marché au sein de ses troupes, a fait du Front de Réserve son territoire personnel, s'est entouré d'hommes à lui et de lèche-bottes, entretient un harem, s'enrichit (le harem, ils le prouveront peut-être, l'enrichissement c'est peu probable, mais cela n'a aucune importance : s'ils décident de le bouffer, ils le feront en un rien de temps, sans recracher les boutons) ; bon, quoi encore, si cela ne suffit pas ? Tenez, il ne cesse d'exprimer des idées suspectes, d'établir des parallèles entre le fascisme allemand et le communisme soviétique, il applique une politique de terreur à l'encontre de militaires émérites... Et enfin, la question de Pologne...

Et enfin, le principal, la question de Pologne, ponctua de son côté le général Stroïlo, mettant ainsi un terme à une réflexion qui s'éternisait. Au total, camarades, on peut conclure que le maréchal Gradov soigne sa popularité à l'Ouest et fait preuve de tendances bonapartistes[1]. Ce sera sa fin. Ou la mienne.

Stroïlo s'écarta de sa fenêtre sans savoir que quelqu'un, par-dessus le parc, par une lucarne de la cathédrale, l'avait durant tout ce temps tenu au bout de sa jumelle.

Enfin, cette maudite question de Pologne. Cette maudite question et la Pologne en général étaient devenues le cauchemar de Nikita, un peu comme ceux de sa jeunesse, de Cronstadt. Dès la Biélorussie, les bois de Katyn, quand il avait vu ces crânes tous percés à la nuque d'un trou identique, il avait compris qu'en l'occurrence les Allemands ne mentaient pas, que ce « crime de sang » était l'affaire des chevaliers de la révolution.

Puis, après la bataille de Vilnius où les unités de l'AK[2] s'étaient battues en alliées des Soviétiques, l'AK parfaitement équipée, en bonnets carrés et longues tenues de camouflage, une véritable armée régulière... La première affaire honteuse, une trahison infâme ! Nous nous étions tenus autour de la même table avec les officiers polonais, puis les hommes de la Sécurité les avaient emmenés et ils avaient disparu sans laisser de trace.

Le Cafard avait, cela en avait tout l'air, arrêté son scénario polonais depuis longtemps. Ce n'est pas pour rien qu'un jour, au GQG, il avait posé sa grosse patte sur la carte, recouvert Varsovie du creux de la main, Cracovie et Dantzig des doigts, et proféré un seul mot : « De l'or ! »

Ce n'est pas pour rien que l'on avait créé cette indigne « Troupe polonaise » où l'on n'avait réuni que des soldats dont le nom se terminait en « ski ». Et après : en juillet 1944, l'appel du Comité de Libération nationale de Lublin présidé par cet Obsobka-Morawski ! L'idée maîtresse était d'opposer des forces polonaises imaginaires au gouvernement Mikolajczyk de Londres. Or, les détachements communistes de la Gwardia Ludowa[3] ne comptaient au total pas plus de cinq cents hommes. Et l'AK placée sous les ordres du général Bor était forte de trois cent quatre-vingt mille fusils. Rien qu'à Varsovie, au début de l'insurrection, le colonel Monter avait disposé de quarante mille combattants. C'était clair comme le jour : on avait décidé de démanteler le véritable mouvement de

1. Ce mot, tel quel en russe, désigne l'ambition à la dictature militaire.
2. *Armija Krajowa*, Armée nationale de l'Intérieur, en liaison avec Londres.
3. *Gwardia Ludowa*, Garde populaire de l'Intérieur, en liaison avec Moscou.

résistance et de lui en substituer un faux, communiste. On assistait à une série ininterrompue de provocations. « Radio Tadeusz Kosciuszko[1] » de Moscou appelait les Varsoviens à l'insurrection. « L'heure de la Libération est proche ! Aux armes, Polonais ! Ne perdez pas un instant ! » En août, l'insurrection éclate et nos troupes s'arrêtent sur la rive orientale de la Vistule, puis regardent tranquillement la division Hermann Goering pénétrer dans la capitale suivie de sections spéciales presque uniquement composée de droit commun, les brigades Dierlevanger et von Kaminski. Nous voyons des mortiers géants anéantir systématiquement la ville, les chenillettes Goliath renverser les barricades, et des hommes exécuter de paisibles habitants, violer, piller...

Au Front de Réserve, sur ordre de Nikita, quelques jeunes officiers à l'esprit bien fait écoutaient depuis longtemps les émissions de la BBC et lui préparaient un bulletin d'information quotidien. Ça, comptez-y, Stroïlo ne manquera pas de le rappeler dans son rapport. Quoi qu'il en soit, grâce à ces bulletins, Nikita savait que l'insurrection était à bout de souffle, que Churchill et Mikolajczyk demandaient son aide à Staline et ne recevaient pas de réponse. Les unités du Front de Réserve se trouvaient à deux cents kilomètres au nord-est du lieu de la tragédie. Nikita avait téléphoné au GQG. Il suffirait d'un ordre, et son groupe d'armées passerait la Vistule, abattrait toutes ses forces sur Bach-Zalewski et libérerait en trois jours la capitale alliée. Chtemenko lui avait répondu par le dicton favori des Soviétiques : « Ne jouons pas avec le feu. » Staline faisait comme si l'insurrection de Varsovie n'avait pas eu lieu. Une poignée d'aventuriers s'y profile peut-être, mais cela ne signifie pas que nous devons leur prêter main-forte. Il interdit même qu'on fasse le plein des bombardiers-navettes à Poltava sous prétexte qu'ils effectuaient des parachutages d'armes et de médicaments sur Varsovie.

Et ça recommence : aussitôt après l'écrasement de la révolte, le Comité de Lublin lance un étrange appel : « L'heure de la Libération de l'héroïque Varsovie approche ! Les Allemands paieront chèrement ses ruines et son sang ! Poursuivez la lutte ! » On a l'impression que Staline veut éliminer par les mains des Allemands tout ce qui contrarie son scénario polonais.

Ses victoires ont considérablement changé le Cafard. Contrairement à 1942, il n'écoute plus tellement ses grenadiers. Une sombre majesté, le sentiment de son infaillibilité pleine et entière, voilà sa nouvelle attitude. Parfois, lorsqu'il a bu, il s'amuse avec les gens, les place dans des situations imbéciles, les met à l'épreuve. Bizarrement, d'autres fois, il paraît las du pouvoir. Plutôt, de

1. Kosciuszko (1746-1817), très célèbre patriote polonais qui s'illustra d'abord dans la guerre d'Indépendance de l'Amérique, puis, toute sa vie, dans sa lutte pour l'indépendance de la Pologne.

l'esthétique et de l'éthique qui se sont définies autour de son pouvoir. L'éthique du pouvoir stalinien ! Il aurait fallu dire une étiquette immonde. Quand il est à jeun, n'empêche, il est irritable et grossier. Il a soixante-cinq ans. Serait-ce quelque mal qui le ronge ? Combien de temps lui reste-t-il à vivre ? Cent ans, deux cents ans ?

En février, le maréchal Gradov avait, en sa qualité d'expert militaire, assisté à la réunion des Trois Grands. Il avait accueilli Roosevelt à l'aérodrome de Saki en compagnie du *top brass*[1] allié. On avait sorti le président de sa « Vache sacrée », son avion, dans son fauteuil roulant. Pâle, les yeux cernés. Un pied dans la tombe, c'est certain. On affirmait à Yalta, parmi les militaires et les journalistes, que Staline ne tenait plus aucun compte de l'Américain malade. Et qu'il criait même après l'Anglais bien-portant. Il formule des exigences indécentes. Par exemple, il insiste pour que l'Union Soviétique soit représentée à l'ONU par seize délégations, autant que de républiques socialistes soviétiques. C'est sur la question de Pologne qu'il fait preuve de l'indécence la plus folle et la plus intransigeante. Probablement parce qu'il considère depuis longtemps ce pays comme sa propriété personnelle. Il affiche un mépris insultant pour ses « petits émigrés », pour Stanislas Mikolajczyk, pour les combattants de l'AK, les nomme les fourriers de l'occupant, repousse tous les compromis timidement proposés par Roosevelt.

Ce qui s'annonce à présent, songeait Nikita, c'est le viol complet de la Pologne par Staline. On disperse partout les comités du gouvernement de Londres. Les agents des Services fouinent. On désarme les groupes de résistants. Ceux qui restent n'ont plus d'autre choix que de se battre contre les Allemands en repli et les Russes à l'offensive.

Nom de Dieu, pourquoi suis-je revenu au bord de cette mer traîtresse ? Me voilà une fois de plus devant une alternative effrayante, mais dépourvue du terme sans équivoque de 1921.

Une division de l'AK s'était trouvée, lors de sa récente progression à travers le couloir de Dantzig, dans la zone tenue par le Front de Réserve. Ses unités disparates et très amoindries — dans l'ensemble, pas plus de trois mille hommes — se dirigeaient vers la mer pour gagner la Suède, pays neutre. Se retrouvant à l'arrière des Soviétiques, les Polonais avaient furieusement attaqué leurs alliés de la veille. À Nikita qui demandait des ordres, le GQG avait suggéré de résoudre la question « en affaire courante », entendez : d'anéantir cette malencontreuse division et de l'oublier séance

1. Américain : officiers supérieurs (mot à mot : quincaillerie d'en haut).

tenante. Au lieu de cela, Nikita était entré en pourparlers avec les Polonais.

Ceux-ci exigeaient le libre passage vers la mer dans la région d'Elblag et d'Osterode. Là, après Frisches Haor, une lagune de cinq milles de large, s'étendait Frisches Nehrung, un long banc de sable d'où ils se disposaient à « se replier », comme ils disaient, à « évacuer » dans le pays neutre susvisé, comme disaient les représentants du Front de Réserve.

Plus que tout au monde, peut-être même plus qu'investir Berlin, Nikita souhaitait ne pas verser le sang. La question de Pologne le mettait hors de lui par tout ce qu'elle véhiculait de forfaiture, de domination cynique des forts sur les faibles. On aurait pourtant pu croire qu'avec son expérience il était blindé contre les élans sentimentaux de cette sorte. La Pologne est la honte de la Russie, se disait-il. Depuis Souvorov, l'odieux vieillard !, nous martyrisons ce pays. Mais qui martyrisons-nous le plus ? eux ou nous ? Patriotes russes, nous n'avons pas encore commencé notre noble histoire. Une toute petite chance vient seulement de s'ouvrir devant nous et nous ne serions que des enfoirés si nous n'en profitions pas. Articulant *in petto* ces mots de « petite chance », il repoussait aussitôt, le plus loin possible, toute autre pensée les concernant. Dans le fond, il ne savait pas lui-même ce qu'il voulait dire par cette « petite chance ». Ou plutôt, il ne voulait pas le savoir. Pas encore.

Les négociations avec les Polonais duraient depuis plusieurs jours. Le GQG insistait pour que la division fût désarmée et évitait de parler d'un éventuel débouché sur la mer. Nikita proposa au général Vigor (c'était naturellement un pseudonyme, son vrai nom était tenu secret) le libre passage à Frisches Nehrung, mais sans armes. Vigor commença par repousser catégoriquement cette offre, la jugeant humiliante.

— L'armée polonaise se replie en armes ! — Il se tenait comme un fier gentilhomme, malgré ses allures de professeur de dessin au trait.

— Épargnez vos hommes, général, lui dit Nikita à mi-voix alors qu'ils se retiraient près de la fenêtre pour griller une cigarette, sous l'œil vigilant de Stroïlo, bien entendu. — Encore deux ou trois jours, et je recevrai l'ordre pur et simple de vous exterminer.

Finalement, ils avaient trouvé un terrain d'entente : la division laisserait ses armes à la disposition du Front de Réserve, à l'exception des officiers qui garderaient la leur. On lui garantissait la libre évacuation (dans le texte russe), c'est-à-dire le repli (dans le texte polonais) à travers la Baltique en pays neutre. Le passage des Polonais vers la mer était fixé au lendemain, soit au matin de la nuit tombante qui nous avait surpris en compagnie du maréchal

Gradov au bord du lac municipal de Schlossbourg, bourgade prussienne aussi vide qu'un décor de théâtre.

Les oies y nageaient d'un air pratique, en bonnes propriétaires. Certaines allaient jeter un coup de leur œil rond à cet homme qui, du bout de sa brindille, dérangeait la surface de l'eau sans rime ni raison, et à sa bête dénommée Polk.

« L'existence égale la résistance, marmonnait Nikita. Une formule. On peut la retourner devant derrière, mais personne ne te dira carrément si la résistance égale l'existence. »

Cela pourra paraître étrange et même du domaine de la fiction, mais le fils fugitif du maréchal, Boris IV, se préoccupait lui aussi, ce soir-là, de la question de Pologne. À vrai dire, elle le préoccupait depuis longtemps, car cela faisait un an qu'il se trouvait sur le territoire de ce pays si tristement planté entre l'Allemagne et la Russie, et pourtant, en cette heure crépusculaire où son père s'adonnait à ses lourdes pensées schlossbourgeoises, Boris — ou Babotchka, comme l'appelait grand-mère Mary — abordait la question pour la énième fois avec une exceptionnelle acuité.

Cela se passait dans la ville de Telgte, voïvodie de Cracovie. À huit heures du soir, place du marché où, sous un fort vent de sud-ouest, se balançaient trois réverbères encore intacts et où un invalide de l'une ou l'autre armée, pan Talouba, jouait sur son accordéon *La Valse de la rue Puante*, assis au pied d'un mur ébréché par les balles et portant le signe de la Gotwitza, c'est-à-dire l'ancre de l'AK, sur cette place, donc, qui semblait avoir absorbé toute l'anémie de l'Europe centrale éreintée sous les coups, six jeunes gens avaient fait leur apparition. Ils laissaient derrière les étals du marché quatre puissantes motos allemandes.

Ils portaient des imperméables noirs et des bonnets carrés sur lesquels les insignes de l'AK avaient été épinglés à la hâte. En l'un d'eux, l'on aurait sans peine reconnu notre Babotchka. Sa forte et juvénile mâchoire était recouverte de poils roussâtres comme celle de papa. Les jeunes gens traversèrent la place d'un pas vif et s'approchèrent de l'hôtel de ville éclairé *a giorno* sur le perron duquel une vive animation régnait. Des hommes un peu gris entraient, sortaient, s'assemblaient, discutaient. C'était la première réunion des *Zjazdy miejskie*[1] multiparti. Des maquisards montaient la garde.

Les six hommes ne passèrent pas inaperçus : « *Czago chcecie, chlopaky*[2] ?, les interpella d'une des sentinelles. Que voulez-vous, les gars ? — *Mamy list od generala Bora*, répondit le chef de la sizaine. *Osobiscie dla pana Wetuszinskiego*[3]. »

1. Polonais : Conseils municipaux.
2. Polonais : Que voulez-vous, les gars ?
3. Polonais : Nous avons un pli du général Bor. — Personnellement pour monsieur W.

La sentinelle allait leur faire signe, « Allez ! », mais non, les mots lui restèrent dans la glotte. Quel drôle d'accent ! *Psia krew*[1], ils ne sont pas des nôtres !

— Marek, cria-t-elle à une autre qui se trouvait à quelques marches au-dessus d'elle. Les gars en imper, là... Halte !... Enfant de salaud ! Eh...

Ce fut le dernier « Eh ! » de sa vie. Sous l'imper de l'un des « pas des nôtres », un pistolet-mitrailleur cracha son feu brûlant. En un clin d'œil, comme si cela avait été maintes fois répété, les six hommes se dispersèrent dans le bâtiment. Deux d'entre eux, derrière l'escalier d'honneur, accueillirent la garde qui fonçait sur eux d'une rafale à bout portant. Deux autres se précipitèrent par ce même escalier dans la salle des délibérations. Presque aussitôt, on entendit monter des explosions de grenades et les hurlements de l'assistance. Les deux derniers parcoururent le vestibule, arrosèrent les rideaux de velours avec de l'essence — ils avaient dissimulé les bidons sous leurs imperméables —, allumant, répandant des flammes dévastatrices.

L'ensemble du raid n'avait pas pris plus de dix minutes au cours desquelles tous les membres du *Zjazd*, assis sur le podium, toute la garde, avaient été massacrés ainsi qu'une bonne partie du public qui se trouvait dans la trajectoire des balles ou des éclats de grenade.

Quelqu'un avait entendu le groupe franc parler et à présent, parmi les hurlements de terreur et de désespoir, montait :

— Des Russes ! Les Russiens nous *mordujen*[2]. Les bandits russes !

— On décroche ! cria enfin Stanislav Troubtchenko, le chef de l'expédition.

C'était réglé comme du papier à musique : deux hommes assuraient la couverture, puis deux autres à tour de rôle pendant que les quatre autres couraient. Du travail d'horlogerie.

Ensuite, deux hommes, dont notre Babotchka, planqués au coin des travées arrosèrent la place de leur sauce d'acier. Pan Talouba, couché sur le flanc, râlait, son accordéon était percé. Les quatre autres, derrière les étals, mettaient leur moto en route.

Les moteurs hurlèrent. Boris sauta sur le tan-sad de Troubtchenko. On attachait son équipier, Sérioja Krassovski, à son siège avec une sangle : une balle de Polonais Blanc lui avait traversé le bras. Ils s'élancèrent, rompirent le contact en tirant du *Schmeisser* et du Walter et en lançant des grenades tous azimuts. Un char de feu. Tout allait bien, mission accomplie. Ils ne risquaient guère d'être interceptés au retour : ils avaient fait sauter le standard dès le début.

1. Polonais : Sang de chienne.
2. Polonais : massacrent.

Ils filaient sous la lune comme une paisible bande de copains. Il ne leur manquait que des filles. À tout hasard, pour ne pas nous faire allumer par les nôtres, nous échangeons nos bonnets carrés contre les chers calots soviétiques. En ce moment, en Pologne, on ne sait jamais qui on croisera sur sa route : l'Armée Nationale, l'Armée Populaire, une unité régulière de l'Armée Rouge, à moins qu'on ne tombe sur un Fritz égaré ou un groupe franc comme le nôtre, Dieu nous en préserve !

En attendant, ils filaient comme dans un rêve du temps de paix. Ils voyaient fuir les taches des lacs, les cimes des forêts éclairées par la lune, des montées et des descentes, des pentes où se blottissaient des hameaux endormis, des églises. Des motos de première, la jeunesse, des bolides à l'assaut de buttes argentées. Parfois un trait de sang de Sérioja Krassovski s'écrasait sur l'asphalte.

Ce n'est qu'après une soixantaine de kilomètres qu'ils tournèrent vers leur repaire forestier. Et c'est là seulement, derrière les larges jupes des sapins que Boris se remit du feu de l'action. Putain de ma mère, quelle action de mes deux, un raid de bandits contre un Conseil municipal ! Si j'avais su qu'on nous destinait à la Pologne, jamais je ne me serais engagé dans les groupes francs. Dès le premier jour, à Moscou, Alexandre Chérémétiev et lui s'étaient étonnés qu'on leur fasse faire plus de polonais que d'allemand. On leur avait expliqué que de nombreux détachements de réactionnaires polonais équipés par les Allemands infestaient la Pologne alliée ; jusqu'à l'arrivée de l'Armée Rouge, vous aurez à assurer la protection des militants progressistes de la république polonaise, de la population pacifique, à agir en accord avec les forces de la Résistance ; voilà à quoi vous servira la connaissance élémentaire de la langue polonaise. Répétons : Haut les mains ! Bas les armes ! À plat ventre !

Si nous avions su, Sacha et moi, ce qui se passe en réalité dans ce pays, comme la population entière hait tout ce qui est soviétique, jamais nous ne serions entrés à cette École, nous serions plutôt allés à l'Institut des Scaphandriers de Mourmansk. Je ne sais même plus ce qui est arrivé à mon meilleur ami, le champion de boxe de Moscou Alexandre Chérémétiev. Quand je demande ce qu'il est devenu, on ne me répond même pas. « Auriez-vous oublié, Gradov, que jusqu'à la fin de la guerre, on ne pose pas de questions ? »

Au début, au printemps 1944, les deux garçons avaient cru que, loin d'atterrir sur la terre pécheresse, ils étaient montés en parachute au septième ciel. Tout était si formidable ! Leur détachement comprenait cinquante hommes de tout âge : des gars de trente ans très expérimentés, artificiers, escaladeurs, judokas, et des gars de leur genre à eux, Boris et Alexandre, de la jeunesse solide. Et ils avaient fait du bon travail : neutralisé des convois allemands, attaqué des gares et des aérodromes, fait sauter des dépôts d'explosifs. Mais après, tout était allé de travers, on s'était trouvé au sein du chaos. Plus la Libération approchait, plus la question de Pologne se compliquait. On ne voyait pas toujours de quel côté était le bon droit. Néanmoins, on accomplissait les missions sans poser de questions. Les accrochages avec l'AK devenaient de plus en plus nombreux. C'étaient des gens hardis, acharnés, mais, bien sûr, pas aussi bien entraînés que les élèves de l'École des groupes francs.

— Comme vous voyez, camarades, ils ne nous aiment pas beaucoup, disait le commissaire qui, dans leur détachement, exerçait aussi par voie de cumul les fonctions de popotier.

— Et pourquoi ils nous aimeraient ? glissait Alexandre à Boris en douce. Quand on pense à certains épisodes de leur histoire....

En tout état de cause, ils se battaient sans poser de questions. Mais l'exaltation d'antan avait disparu. Et parfois même, le détachement s'abandonnait, *prosze pani*[1], à l'humeur la plus détestable, surtout lorsque, en vertu de considérations politiques ou tactiques, il était amené à liquider des prisonniers ou à débarrasser du plancher des civils incomplètement identifiés.

Une fois, il leur était même arrivé un truc sacrément chiant. Ils étaient en embuscade, la mission était d'intercepter un parachutage. Un parachutage de qui ? D'Allemands, c'était évident ! Les derniers soubresauts de la sale bête blessée à mort. Le parachutage d'un *Himmelsfahrtkommando*[2] qu'il convenait de réexpédier au ciel.

Résultat : la pire des conneries. Un avion sans signes distinctifs avait décrit dans la nuit noire plusieurs cercles au-dessus de la clairière, puis l'un après l'autre, un stick de dix hommes en était descendu. On avait lancé des fusées éclairantes et supprimé les dix types au fur et à mesure. Or, ce n'étaient pas des Allemands, mais des Anglais qui venaient faire liaison avec l'AK. Vous vous rendez compte, les gars, de la provocation ? Non, camarade capitaine, nous ne nous rendons pas compte. Pourquoi descendre nos alliés de la coalition antihitlérienne ? Vos gueules, espèce de cons ! Ces parachutistes sont les victimes d'une provocation, d'une des multiples provocations de la réaction polonaise. Compris ? Et plus aucune question.

— Ne croyez-vous pas, Boris, que toute cette connerie n'est pas tout à fait ce dont nous rêvions ? demanda une fois Alexandre Chérémétiev. — Ils continuaient à se voussoyer.

1. Polonais : s'il vous plaît.
2. Allemand : Commando du ciel, mais aussi Commando de la mort.

Mais une fois, à la fin de l'été 1944, il s'était passé quelque chose de vraiment exaltant, d'historique. Ils savaient déjà que l'insurrection battait son plein à Varsovie, que la jeunesse de la ville, y compris de jolies fillettes polonaises, installée sur des barricades, y repoussait les attaques des divisions SS. Et soudain, on leur annonce qu'ils prennent l'air cette nuit et qu'ils seront parachutés à Varsovie. Mission générale : aider les héroïques défenseurs de la ville ; la mission concrète leur sera précisée sur place. « Hourra ! » s'exclamèrent d'une seule voix Alexandre Chérémétiev et Boris Gradov. Les commandos, ahuris, éclatèrent de rire, tandis que le chef de groupe et le popotier échangeaient un coup d'œil entendu.

— Qu'est-ce que ça veut dire, ce hourra ? leur demanda plus tard le capitaine Smougliany.

— Ben, en général, répondit Alexandre.

— Ben, en somme, en général, camarade capitaine, dit Boris sur le ton confidentiel.

— Alors, vous avez vraiment envie d'aller en pleine fournaise ? demanda Smougliany.

— Exact, camarade capitaine, dit Boris encore plus confiant. Nous sommes comme *La Voile*[1] de Lermontov. Vous êtes d'accord, Alexandre ?

— Et qu'est-ce que c'est que cette connerie de vous dire « vous » ? demanda Smougliany.

— Oh, c'est simplement que nous n'avons pas encore décidé de nous dire « tu », explicita Alexandre.

À mon avis, on les a mal contrôlés, ces gars-là, se dit le capitaine Smougliany. On leur a fait trop vite confiance.

Enfin, tout de même ! il est difficile de refréner un hourra quand on vous annonce que vous prendrez part dès demain à l'insurrection de Varsovie, à l'un des événements clés de la Seconde Guerre mondiale, que vous vous battrez au coude à coude avec tous les peuples épris de liberté du monde ! Ce n'est pas pour la rescousse des Allemands qu'on nous envoie au feu !

Le lendemain matin, deux Douglas arrivèrent de la « grande terre » sur leur terrain clandestin et, le soir, ils embarquèrent.

— Varsovie est en flammes, les avertit le major, prenez garde de ne pas y rôtir, les gars !

1. De ce poème archi-célèbre, voici quatre vers :

*Voile blanche et solitaire*
*Dans la brume bleutée des mers...*
*(...)*
*Du fond de sa révolte, elle attend la tempête*
*Comme si la tempête était gage de paix.*

Une heure et demie plus tard, ils apercevaient dans la nuit quelque chose qui rappelait l'éruption d'un volcan japonais qu'on leur avait montrée aux actualités avant la guerre. Des ruisseaux de feu coulaient, ici et là, des buissons de feu s'embrasaient puis retombaient, des boules de feu roulaient. Sombrement éclairés, les trous des fenêtres émergeaient entre des lambeaux de fumée.

Le lâcher devait avoir lieu dans la banlieue de Varsovie. Première mission : regroupement de tous ceux qui auraient atterri indemnes. On disposait de trois émetteurs. Tenez-vous au plus près des radios. Utilisez la signalisation par torches, à la rigueur notre système de fusées. Allons, en route, connards !

Très vite, à tour de rôle, ils sautèrent dans le vide infernal, rougeâtre. Boris se posa avec une souplesse étonnante après avoir rasé des ruines béantes d'où pointaient dangereusement des poutres métalliques. Il ôta et roula rapidement son parachute, releva la sécurité de sa mitraillette, et s'infiltra avec précaution entre les murs. Tout près de lui, derrière des charpentes de toits calcinés, deux coupoles de parachutes descendirent. C'est donc que le parachutage était bien groupé. Par chance, il n'y avait pas de vent, cela ne chassait pas. Mais il faisait une chaleur d'enfer. Et cela puait. Des cadavres d'Allemands ou de Polonais qui pourrissaient. Les voilà éparpillés en petits tas. Un car renversé, des sacs de sable, un blindé fumant, les restes d'un combat de barricade. Il régnait un silence étrange, uniquement meublé par les craquements de l'incendie. Il courut là où, selon lui, avaient dû atterrir les deux autres ; périodiquement, il se plaquait contre les murs, se roulait, rampait à travers les aires dégagées. Soudain un grondement, long, terrible, répété, retentit. Un immeuble qui s'abattait ou un feu roulant de mortiers. Il tourna au coin d'une maison et aperçut au-dessus de sa tête un spectacle comme, ainsi qu'on disait, on n'en aurait pas souhaité à Himmler lui-même. Deux parachutes, froissés comme une nappe après une beuverie, brûlaient. Au balcon du deuxième étage, l'un des parachutistes, Ravil Charafoutdinov, embroché sur ses barreaux, rôtissait. Il semblait mort ou sans connaissance. Un peu plus haut, emmêlé dans ses suspentes, tête en bas, Alexandre Chérémétiev pendait. Quelque chose coinçait sa jambe droite, c'est à elle qu'il pendait. À sa jambe droite.

— Alexandre, vous n'êtes pas mort ? lui cria Boris. Tenez bon, putain de votre mère, je vais vous sortir de là.

Il grimpa l'escalier quatre à quatre, traversant des paliers en feu, entendant les marches s'écrouler derrière lui.

La jambe de Chérémétiev semblait fichue, écrasée qu'elle était par une poutrelle d'acier et les restes d'une naïade de pierre. Boris réussit à ramener son ami à l'intérieur en tirant sur les suspentes. Alexandre était évanoui. Un sourire dédaigneux, supérieur, s'était figé sur son visage. À présent, il fallait libérer sa jambe, il n'allait pas la trancher au coupe-choux, quand même ! Il repoussa les morceaux de la naïade — un sein et son bout, une couronne de raisins et autres — et empoigna la poutrelle. Pas question de la bouger si peu que ce fût : cette ferraille rouillée mesurait plus de cinq bons mètres. La seule solution consistait à la faire sauter à mi-longueur, de diminuer son poids de moitié et donc la portée du levier de même. Il courut au fond de ce qui fut un appartement — par une brèche, il aperçut une vieille *pani*[1] étalée par terre à côté d'un petit pâtre des Alpes en faïence —, plaça sa charge, raccourcit la mèche, l'alluma, bondit en arrière, tomba sur le corps d'Alexandre en murmurant : « Seigneur, Dieu de justice et de miséricorde, viens à notre secours ! » comme il l'avait plus d'une fois entendu dire à Agacha. La charge explosa, tout trembla, puis s'immobilisa. Alexandre Chérémétiev poussa un rugissement affreux. Ce qui restait de sa jambe droite flotta en l'air. La poutrelle avait dégagé.

Le rugissement tourna au rire hystérique :

— Boris, espèce de cul, vous m'avez sauvé la vie, à quoi bon, nom de foutre ? Vous avez vu s'il grille, Ravil Charafoutdinov ? Un vrai *chachlyk* ! Ha, ha, ha ! Ha, ha, ha !

Absolument indemne, mais tremblant comme un marteau-piqueur, Boris traîna son ami en bas. Le porta par-dessus les brèches de l'escalier. Chérémétiev tour à tour tombait en prostration ou hurlait : « Vous n'avez pas une balle pour votre ami ? Vous en faites des conserves ? » — et alors, il se mettait à rire comme un fou. Boris atteignit enfin le rez-de-chaussée, chargea Alexandre sur ses épaules et courut au milieu de la rue. Il était temps : tout le pan de mur, y compris le corps de Charafoutdinov accroché à son balcon, s'écroula lentement, solennellement.

L'instant suivant, il vit accourir ses compagnons, tout le groupe s'était rallié. Des Polonais accouraient avec eux : ils sortirent un brancard de sous les pierres, y déposèrent Chérémétiev, garrottèrent sa jambe écrasée tout en haut de la cuisse à l'aide d'une suspente. Le groupe avait sa pharmacie, on lui fit une piqûre de morphine. Puis ils repartirent au pas de course, mitraillette au bras. C'étaient les Polonais qui les guidaient.

En cours de route, le chef leur précisa leur mission. À la vive déception de Boris et de quelques autres, ce n'était qu'un raid contre l'état-major des unités de répression allemandes, mais non la capture de Bach-Zalewski, non, rien qu'un important communiste polonais, le général de la Gwardia Ludowa Stykharski, qu'il s'agissait de faire évader et de faire sortir de la zone dangereuse.

Les parachutistes coururent derrière leurs guides polonais,

1. Polonais : dame.

parmi lesquels ils crurent reconnaître une femme en salopette ; par moments, ils se mettaient en position de combat et prenaient la rue suspecte sous leur feu. C'est ainsi qu'ils mitraillèrent, puis achevèrent à la grenade, un camion gonio allemand. Après, ils plongèrent dans un dédale de ruines, descendirent dans un souterrain et enfin émergèrent dans un sous-sol inondé de lumière électrique au mur duquel, aussi paisible dans son cadre que dans un coin d'honneur, Lénine lisait son journal. Stykharski et sa suite, très agités, y attendaient déjà le départ. En apercevant la garde stalinienne, ils retrouvèrent le sourire. « Merci camarades, nous savions que nos frères de classe ne nous oublieraient pas. »

La troupe ainsi formée descendit dans les égouts par une bouche puante. Elle erra une heure entière dans un merdier liquide. Puis elle atteignit une grille et, derrière elle, un monde serein, l'Ouest : des frondaisons, une rivière qui coule au loin, la seule chose, c'est que ce qui s'y reflétait était l'incendie de la ville que l'on venait de quitter. Ils firent sauter la grille et gagnèrent l'air libre. Tout le reste de la nuit, ils cheminèrent vers la Vistule. Le bruit des combats de la Vieille Ville s'était amorti. Tapis dans les buissons, ils aperçurent à plusieurs reprises des colonnes allemandes qui roulaient sur la route. Cependant, ils évitèrent le contact. À l'aube, ils parvinrent exactement au point désigné où des canots à moteur les attendaient. Sa mitraillette à la main, Boris entra dans l'eau jusqu'à la ceinture, face à la grande cité. Au moins, la rapide Vistule débarrasserait la merde de ses jambes. La fille à la salopette se tenait à côté de lui. Un beau visage triste.

— Qu'est-ce que tu attends ? lui dit-il. Embarque ! — Elle ne bougea pas. — Allons !

Alors, elle se tourna vers lui :

— Embarque toi-même, lui cria-t-elle en pleine face, la bouche tordue de mépris. — Traîtres de Russes ! Nous avons cru en vous et vous, tout ce que vous faites, c'est de regarder de loin les autres nous tuer ! Va-t'en ! Moi, je vais là où meurent tous les miens !

Et elle partit le long du fleuve.

— Gradov ! appela le chef, furieux.

Boris lança sa mitraillette dans le canot et y grimpa lui-même. Quelques minutes plus tard, ils atteignaient la rive droite où se tenait, inactive, notre puissante armée. Il y régnait une atmosphère d'idylle. À l'écurie, deux artilleurs montés, en liquette et caleçon, étrennaient à force rasades les harnais tout neufs qu'ils venaient de toucher.

« Assassins, traîtres, envahisseurs », nous n'entendons que cela de la population, songeait Boris IV en regagnant lentement, au bruit assourdi de sa moto, sa base secrète. Jusqu'à cette communiste de la Gwardia Ludowa, qui a préféré retourner aux barricades plutôt que de se tirer avec nous et avec son Stykharski. Nous ne faisons pas ce qu'il faut, il y a quelque chose qui cloche. Alexandre avait raison, ce n'est pas de cette guerre-là que nous avions rêvé. S'en est-il tiré ? Ni vu ni connu, on ne pose pas de questions. On l'a envoyé à l'arrière et nous de l'autre côté du front, nous ne sommes pas des hommes mais des ombres, comme le veulent les instructions. Défense d'écrire chez soi. Vous n'avez pas d'autre « chez vous » que votre détachement, d'autres papa-maman que votre chef, compris ?

Tant qu'il avait été à l'École, il s'était quand même débrouillé pour envoyer des « triangles » dont chacun commençait par : « Chère petite mère, je me trouve au front, secteur X. Je suis en bonne santé, bien chaussé, bien vêtu, selon la formule du soldat. Cette lettre sera mise à la boîte par un camarade en mission à Moscou... » Par moments, il s'ennuyait terriblement de sa mère, mais pas de celle qui était revenue de lieux pas si lointains, sa mère d'autrefois, jeune et belle, qui l'attrapait, lui, Boris IV, pour rire, tantôt par les cheveux, tantôt par l'oreille, le secouait, l'avait chahuté presque jusqu'à l'âge de douze ans. C'est celle-là qui remontait dans sa mémoire comme le symbole de la chaleur, du foyer, de l'enfance ; après, après la noire rupture, survenait une autre mère qui n'était pas tout à fait à lui. La Véronika actuelle lui faisait de la peine, mais un peu comme à un étranger, elle ne faisait pas partie de la vie du jeune homme réfléchi qu'il était devenu. Il se rendait compte que cela n'allait pas entre son père et elle, même si son père lui aussi depuis son retour n'était plus le même, et puis en général qu'est-ce que notre génération a à voir avec leurs lamentables drames de vieux ?

Mais, le matin, en voyant Chevtchouk passer de la chambre de maman à la salle de bains en culotte de cheval et les bretelles pendantes, il était saisi d'un sentiment térébrant qui le calcinait au plus noir de ses racines, un sentiment presque insupportable, et pourtant qu'il ne comprenait pas.

Peut-être est-ce cela que j'ai fui ? se demandait-il parfois. Les airs schlass et le sourire impudent de ma mère ?

Ils passèrent le premier poste : Akouliev et Ryss sortirent d'un arbre creux comme deux diables des bois. Au deuxième poste, ce furent Véréchtiaguine et Dossaïev qui se laissèrent pendre aux branches comme deux pythons en tenue de camouflage. Enfin, ils découvrirent leur clairière secrète et la maisonnette où la base était installée depuis bientôt deux semaines. Elle semblait abandonnée et totalement délabrée, mais à l'intérieur, tout obéissait à la règle ; il y avait même un « coin Lénine » pourvu de la littérature idoine qui étaierait les bobards du capitaine Smougliany.

Le chef, le Loup Solitaire, un quadragénaire tout en nerfs, vint les accueillir. Il félicita la sizaine de l'accomplissement de sa mission (une « autorité compétente » lui avait déjà fait savoir par radio que tout s'était passé au quart de tour), donna des ordres pour que l'on porte les premiers secours à Sérioja Krassovski et que les radios se mettent en rapport avec ces mêmes « autorités compétentes » aux fins de remettre le blessé à l'hôpital divisionnaire le plus proche. « Toi, Boris Gradov, passe me voir après dîner », dit-il brusquement en remontant dans la mansarde où, à ses heures de loisir, il s'occupait à ses innombrables cartes : il était très amateur de jeux topographiques.

Qu'est-ce que cela voulait dire ? Il veut peut-être me donner de mauvaises nouvelles d'Alexandre Chérémétiev ? Déjà que la tambouille de Smougliany avait toujours quelque chose d'écœurant, là, elle ne descendit pas du tout. Il avala en hâte un café, des biscuits et de la confiture « prise de guerre » et, dans un grand bruit de brodequins, grimpa au grenier. « Présent sur votre ordre, camarade major. »

Le major Grozdiov (il savait que ses hommes l'appelaient « le Loup Solitaire » et cela lui plaisait) était assis à sa table comme s'il l'eût attendu.

— Assieds-toi, l'ami. Il n'y a pas de siège ? Eh bien, assieds-toi sur le lit, couillon ! En premier lieu, permets-moi de te féliciter. Vous serez tous proposés à l'Ordre de l'Étoile Rouge et promus à l'échelon supérieur pour l'opération d'aujourd'hui. En outre, pour Varsovie, le gouvernement polonais nous a tous décorés de la « Virtuti Militari ».

— Lequel des gouvernements polonais ? demanda Boris sans manifester une joie particulière.

Le Loup Solitaire laissa fuser un petit rire.

— Celui que nous reconnaissons, c'est-à-dire le seul gouvernement de la Pologne. Mais ce n'est pas pour cela que je t'ai fait venir.

— Je m'en doute, grommela Boris. — De longs mois de groupe franc lui avaient appris à ne pas se perdre en égards avec ses chefs. — Parlez, camarade major !

— Je voulais te demander, Boris... en camarade... — Grozdiov hésitait et ce n'était pas du tout son genre. — Pourquoi, lorsque tu es entré à l'École, n'as-tu pas mentionné que tu étais le fils du maréchal ?

Boris IV ne put qu'avaler sa salive sans savoir que dire, c'était un coup direct, il ne l'avait pas prévu.

— Tu crois que nous ne le savions pas ? dit une voix derrière lui. — Il se retourna : le capitaine Smougliany se tenait accoté à la porte. — Nous le savions dès le début. Rien ne nous échappe.

— Ne lui bourre pas le mou, rugit le Loup Solitaire en retrouvant ses manières habituelles. On a merdé, bon, alors inutile de lui bourrer le mou. N'empêche, Boris, que tu as offert un beau sac de nœuds à tout notre commandement, voilà ce qu'il y a. Tu sais que notre unité est ultra-secrète parmi les ultra-secrètes, nous ne rendons compte à personne. Bon, et voilà que Rokossovski lui-même s'informe ! Que faire ? Je n'en sais rien moi-même, mon ami. Il n'est pas exclu que je doive te renvoyer, alors que tu es un si bon camarade, un excellent camarade, un gars qui en a ! Qu'est-ce que tu en dis, toi, de cette connerie ?

— Si vous me renvoyez, vous aiderez ma maternelle à faire de moi un parasite, dit Boris d'un air sombre et indépendant, tout en pensant, et il en fut le premier étonné : Bon, renvoyez-moi, j'en ai classe de toute cette chiasse !

— Ça, ça dépend de toi, Boris... commença Smougliany avec un semblant de solennité. De toi que tu deviennes un homme, un communiste ou un pique-assiette comme...

— Minute, Casimir ! le coupa Grozdiov. Tu sais bien, Boris, que je t'aime comme un jeune frère, presque comme un fils...

— Je ne l'avais pas remarqué, grogna Boris en se disant que leur décision était déjà prise et qu'ils étaient en train de lui dorer la pilule. — Le Loup Solitaire allait comprendre que ça ne servait à rien et réintégrer son rôle ordinaire : « Compris ? Rompez ! » Pourtant, le chef continuait à faire du sentiment. Que se passait-il ? Il voulait donc vraiment le garder ?

— Comprends donc, Boris, que nous n'existons pas. Tu as toi-même prêté serment de renoncer à ton existence pour toute la durée de la guerre, non ? On va jusqu'à nous proposer à nos décorations sous de faux noms, et voilà qu'on nous informe que le fils de Gradov est parmi nous ! Cela ne saurait être, nous n'existons pas. Personne ne sait que nous existons en chair et en os.

Pourtant, il y en avait qui le savaient, qu'ils existaient en chair et en os, seulement, voyez-vous, ceux-là, ils voulaient qu'ils n'existent plus. L'explosion se produisit presque contre la maison, sous la terrasse. Elle secoua la bâtisse et lézarda l'un de ses murs déjà délabrés. La lumière s'éteignit et, à travers la fente, la forêt sombre d'où jaillissaient les langues de feu pressées d'une mitrailleuse se rapprocha d'un seul coup. Grozdiov, Smougliany et Gradov dévalèrent l'escalier et s'armèrent. Tous les commandos, qui par les portes, qui par les fenêtres, bondissaient dehors et occupaient leur position de défense. Les ordres étaient inutiles, le cas avait été vu et revu à l'entraînement.

L'obus suivant emporta la mansarde et donna au reste de la construction une gîte définitive. Une fusée éclairante monta : les agresseurs comptaient sans doute leurs survivants. Tandis que leur loupiote se balançait au ciel, les agressés envoyèrent la leur. Pour un peu, ç'aurait été un décor de fête, comme sur la patinoire du Parc Gorki. De petites silhouettes bondirent de buisson en buisson dans la lumière verte. CQFD : l'AK avait décidé de se venger de Teltsy.

J'en aurais fait autant à leur place, songeait Boris. À leur place, je nous aurais tous descendus, les fumiers que nous sommes.

Ça tirait de tous les côtés. Ils n'étaient pas moins d'un bataillon. Je crois que nous sommes foutus. Bien fait pour nos poires !

Pendant ce temps, le capitaine Smougliany s'occupait d'un cœur joyeux à l'abri d'un tas de bois.

— Où sont nos mortiers ? Allons, amenez-les, putain de votre mère !

La voix du chef tonna :

— Le détachement Zoubov avec moi, les autres aux motos ! Forcez le passage ! Regroupement selon le plan 1 !

— Je reste ! lui cria Boris.

Un vol d'oiseaux d'acier coupa le haut de la butte derrière laquelle il était posté.

— Tu n'as pas entendu les ordres, mon salaud ? — Le gros canon d'un TT d'officier lui entra dans l'oreille. Là, le Loup Solitaire était dans son répertoire.

Les gars de Zoubov avaient déjà amené deux mortiers de 50 et arrosaient la lisière de la forêt. Tout à coup, ledit Zoubov roula parmi les chicots des arbres, comprimant une plaie au ventre. Le gros de son détachement, une trentaine d'hommes, filait déjà vers la forêt à bord de trois Dodge, à toute vitesse. Allongés au fond de l'un d'eux, dos à dos, Boris et Troubtchenko arrosaient au juger. Ils lancèrent quelques grenades. « Ça gaze ! » s'écria gaiement l'ex-alpiniste médaillé vainqueur du Pamir, Stassik Troubtchenko, sur quoi Boris le sentit se contracter, puis se recroqueviller complètement : il venait, en un clin d'œil, de partir pour son passé d'outre-nuages, vers les monts Staline et de la Constitution Soviétique.

Toute la question était de savoir si les trois camions pourraient, tous feux éteints, déboucher en pleine vitesse sur la route plongée dans le noir, s'ils n'iraient pas s'écraser contre un arbre sous une grêle de balles. Mais, sous la grêle ci-dessus, d'autres questions venaient maintenant à l'esprit des gars. Alors, après Troubtchenko, ce sera mon tour, oui ? C'est sans doute ce que se demanda chacun durant la longue minute où ils foncèrent dans le hurlement des moteurs, se défendant de toutes leurs forces, par l'aboiement de leurs armes, contre l'aboiement fracassant de la forêt.

« Bon, alors, je *leur* en envoie, ha, ha ! une dégelée, oui ? » répétait comme une machine Boris Gradov que sa grand-mère Mary et sa nounou Agacha aimaient à appeler Babotchka, que sa mère Véronika aimait tellement, même si au moment des adieux elle l'avait traité de salaud, dont son papa le maréchal Gradov et son grand-père le professeur Gradov étaient fous et en qui ils voyaient le continuateur de la lignée, que sa tanta Nina, une poétesse célèbre, et son oncle Kirill disparu au bagne... que tout son Bois d'Argent, ses hauts sapins et ses étoiles et ses gelées... « Alors, à présent, c'est, ha, ha ! mon tour, oui ? » Il n'arrivait pas à se débarrasser de ce ha, ha ! imbécile. « Alors, à présent, c'est, ha, ha !... » Je crois que je parle tout seul. Il intercepta un regard ahuri. Puis la forêt disparut et ses aboiements se turent d'un coup. Les Dodge qui emportaient les morts, les blessés et les commandos indemnes qui braillaient ha, ha !, la gueule grande ouverte, bondirent sur la route.

Il y avait sur la façade de la cathédrale de Schlossbourg (Prusse) pas moins de deux douzaines de suppôts de Satan : dragons griffus à la forte crinière et souvent à face humaine. Certains d'entre eux jouaient un rôle utilitaire, celui de gouttière : par exemple, la pluie de l'aube se déversait de la gueule allongée de deux autres monstres qui surplombaient le petit balcon où s'était installé le *Hauptsturmführer* Siegel, mais la plupart d'entre eux n'assuraient aucune fonction, sinon celle d'incarner les esprits du mal chassés du Temple. La chimère la plus importante, de l'avis de Siegel, et la plus proche de son essence, c'est-à-dire de celle qu'avaient produite à son origine Typhon et Échidna, se trouvait sur le petit balcon lui-même ; sa crinière de lion, son corps de bique aux gambettes malingres, sa puissante queue draconnière, dissimulaient la partie orientale du ciel baltique.

Siegel aimait bien placer sa bouteille sur la queue recourbée de cette créature. En général, elle lui plaisait. Il lui semblait que ses traits présentaient une certaine ressemblance avec sa propre gueule : la même lippe, le même nez aux narines retroussées, les mêmes yeux éternellement rieurs sous leurs paupières bouffies. Une chimère majuscule sous le bedon de laquelle on aurait pu installer une mitrailleuse. Dans l'ensemble, c'était une bonne chose que l'on se soit, sur le petit balcon, dispensé des blabutiements infantiles du christianisme.

Des soldats russes passaient en bas : parfois, leurs voix montaient jusqu'à Siegel et ses garçons. Les soldats pillaient les biens de l'église, appliqués à sortir sans fin des choses de la cathédrale. Que contenait-elle donc que l'on puisse si interminablement le sortir ? Étaient-ce les reliques de catacombes sans fond ? Les cons ! Le plus précieux, c'était lui en personne, le *Hauptsturmführer* Siegel qui l'avait ramené des appartements du prélat dans sa cellule aérienne. Trois caisses de forte et odorante Bénédictine. Une bonne goulée, c'est une demi-heure de vie. En somme, il devrait en avoir assez jusqu'à la fin. Et ces cons de Russes, je parie qu'en bas ils s'enfilent du vin de messe, du vrai vinaigre. Autant ne pas penser à ces *Untermenschen*. Reste sous le ventre de ta sœur la chimère et attends ton heure. Elle ne saurait tarder. Penser à ces sous-hommes qui survenaient par un détour imprévu des forces élémentaires, avaient formé sur terre la *Yuga*[1] principale, était insupportable. Si au moins ils avaient été juifs, on aurait compris, mais les juifs, nous avons tout de même eu le temps de les expédier dans les astres, tous autant qu'ils étaient. Toute leur *Yuga*, nous l'avons expédiée là où leur heure était venue d'aller. Hünter ? Nous les avons bien tous expédiés ? *Jawohl, Herr Hauptsturmführer*. Parfait, avance-moi ton popotin que je le pince. Ne bondis pas comme ça, s'il te plaît. Cela s'est toujours pratiqué dans la brigade d'Oskar Dierlewanger, un homme que ni la Patrie ni l'histoire n'ont apprécié à sa juste valeur : vous pincer le popotin à titre d'encouragement.

Les trois gamins étaient allongés fesses en l'air sur le balcon de granit nettoyé par un vent quatre fois séculaire et observaient le château à travers leurs jumelles. Quelle chance de mettre un terme à cette histoire en compagnie de trois gamins de quatorze ans ! Trois des plus jeunes *Volksturmer*[2] et un vieux chacal d'une brigade méprisée par toutes les forces armées de l'empire écroulé, que l'on envoyait toujours chercher quand les autres chiaient dans leur froc. Un *Himmelsfahrtkommando* idéal. Oskar et moi, nous avons, de toute éternité, préféré les gamins, même si nous étions obligés de le cacher, sous l'autorité que nous étions de ce plébéien de Schicklgrüber[3]. Nous avons même possédé des filles en nous imaginant que c'étaient des gamins.

— Qu'est-ce que tu en penses, Hans ? Qui a été le premier de notre mouvement ?

— Je ne comprends pas très bien ce que vous voulez dire, *Herr Hauptsturmführer* Siegel.

— Je te demande qui est le premier de notre grand mouvement symphonique. Tu vas me dire : Adolf Hitler et ce sera une erreur, mon enfant.

— Et qui sinon notre grand Führer, *Herr* Siegel ?

— Ça, je ne te le dirai pas, parce que je n'en sais rien moi-même, mais Adi Schicklgrüber est la cent vingt-septième roue du carrosse, le sale *Arschloch*[4].

— Ce que vous dites ne me plaît pas beaucoup, *Herr Hauptsturmführer* Siegel, proféra en tournant vers lui son pur œil vert le troisième et principal gamin, Hugo. — Une santé idéale, une éducation aryenne idéale, un idéal esclave de la force plébéienne qui déferle sur notre mouvement. — Il me semble, *Herr Hauptsturmführer*, que vous devriez un peu réduire votre consommation

1. Chacun des âges du monde dans la cosmologie hindoue.
2. Allemand : membre d'une troupe d'assaut.
3. Véritable nom d'Adolf Hitler.
4. Allemand : Trou du cul.

de bénédictine, poursuivit le garçon aux yeux verts. Le moment décisif approche, *Herr Hauptsturmführer*.

Il a raison, ce jeune homme aux yeux verts. Le moment est tout proche. Brahma s'éloigne, Vichnou verse des larmes amères, le grand Shiva redresse les épaules et rit d'un rire sonore.

« La légalité s'écroule et l'illégalité triomphe. » Le *Hauptsturmführer* Siegel est prêt au retour de tous les cycles. Il voudrait, oui, si c'était nécessaire, revenir justement sous cette apparence, avec ces gambettes de bique, cette queue de dragon, et sa propre gueule de chimère ; hélas, pour l'instant, cela n'existe pas sur terre.

Il sortit avec peine de son coin, avala au goulot une demi-bouteille du bienfaisant et sirupeux liquide, puis abattit ses reins puissants sur les fesses musclées de Hugo et simula un témoignage de faveurs accessible à tout un chacun. Le gamin, d'abord pris de court, redevint vite un ressort d'acier, se dégagea, le renvoya dans son coin à coups de bottes des *Hitlerjugend*[1] dans son ventre avachi et leva son pistolet.

— *Herr Hauptsturmführer*, il va falloir qu'on se débarrasse de vous. Vous gênez notre opération.

— Bonne idée, mon petit gars, mais qui, à part moi, vous montrera ce qu'on fait de ces péquenauds réactionnaires ?

Les Polonais traversaient Schlossbourg en foule dépareillée ; le visage fatigué, indifférent. Ils évitaient du regard la grande entrée du château devant laquelle se tenait le commandement soviétique, comme s'ils eussent voulu passer inaperçus. Si l'un d'eux y jetait un coup d'œil par hasard, il le détournait aussitôt, façon de montrer que, pour des maquisards comme eux, il n'y avait pas à s'étonner que le commandant en chef du Front de Réserve vienne saluer leur départ pour leur exil suédois.

Le colonel Vigor et ses adjoints arrivèrent en Willis. Conformément aux accords, les officiers étaient en possession de leur arme personnelle, un pistolet dans un étui écharpé. Nikita porta la main à la visière. Loucha sur son entourage : qui suivait son exemple ? Eh bien, tous, même son pire adversaire, le chef de la Section politique Stroïlo. Soudain, un détail bizarre lui sauta aux yeux : Stroïlo avait raccroché, parmi les décorations qui s'étalaient sur sa poitrine, la médaille ronde des « Vingt ans dans l'Armée Rouge ». Il la portait déjà au début, lorsqu'il était arrivé à l'état-major. Nikita l'avait alors fixée d'un air lourd de sous-entendus. Stroïlo gigotait, il avait continué à la fixer. Puis il avait pris le commissaire par le bras et l'avait emmené à l'écart.

— Écoutez, Sémione Nikiforovitch, ce n'est guère convenable.

1. Allemand : jeunesses hitlériennes.

Ils sont nombreux, ici, à savoir que vous n'avez pas servi vingt ans dans l'Armée Rouge. Pourquoi vous ridiculiser ? Ôtez-moi ça !

Stroïlo était passé par toutes les teintes de la betterave cuite et n'avait plus jamais exhibé cette médaille très prisée de tout le commandement. Qu'est-ce que cela voulait dire ? Pourquoi la raccrochait-il aujourd'hui ?

Les Polonais se dressèrent dans leur Willis et saluèrent à leur tour. Cette cérémonie courtoise ne dura pas plus d'une minute. « Ce Gradov ne ressemble pas aux autres salauds de Rouges, se dit le colonel Vigor, autrefois architecte varsovien. Ils ne vont pas nous trahir, quand même ? À voir ce Gradov, on ne douterait pas de sa parole... »

On resta la main à la visière quelques secondes de plus qu'il ne fallait peut-être. Ces quelques secondes de gêne tenaient au problème du serrement de main. Fallait-il quitter la voiture et aller à lui la main tendue ? Non, ça c'est trop, se disait Vigor. Vais-je descendre jusqu'à eux et leur serrer la main ? Non, ça c'est trop, même pour moi, songeait le maréchal. On fera aussitôt savoir au Kremlin que j'ai souhaité bon voyage à des « antisoviétiques ».

Finalement, il fit un signe de main aux Polonais, comme de dire : « À bientôt, les Polonais ! », se tourna et rentra au château. Tout le monde le suivit au bureau de l'état-major, une grande salle munie de portes-fenêtres qui donnaient sur une terrasse, puis sur le lac au-dessus duquel, dans un lacis de branches, se dressait la cathédrale Saint-Augustin. Nikita se fit la remarque que les ambassadeurs d'El-Alamein voguaient sur ce lac tout à fait comme chez eux.

Ils entourèrent une table où s'étalait une carte d'Allemagne et, par-dessus, une carte de Poméranie. Ils attendaient l'ordre imminent de donner l'assaut final à Berlin. La coordination des armées et de certaines divisions isolées demandait encore bien des efforts.

— Qu'allons-nous faire, pour Vigor ? demanda Stroïlo.

— Quelle drôle de question, fit Nikita, se rembrunissant. Nous lui avons dit adieu, nous n'avons plus rien à faire.

— Vous plaisantez, Nikita Borissovitch ? — La voix de Stroïlo monta à l'aigu et prit la force d'une étrange menace, inattendue chez ce commissaire qui n'avait jusque-là cessé d'avaler en silence toutes les humiliations. — Vous allez laisser partir toute une division d'« antisoviétiques » ? Les laisser poursuivre leurs provocations à l'étranger ?

Nikita comprit qu'il s'était, dans la nuit, produit quelque chose de grave, s'appuya des deux mains contre la carte d'Allemagne et planta les yeux dans la figure de son général-espion qui se pétrifiait à chaque instant davantage.

Oui, il s'était, dans la nuit, produit quelque chose. Stroïlo avait parlé à trois reprises par le fil du SMERCH avec le cabinet de Béria. Au matin, il avait reçu un groupe de commandos dont la mission parfaitement claire était de surprendre la garde personnelle du maréchal. Parmi eux se trouvait un certain major Erès à qui l'on avait confié l'exécution, le cas échéant, d'une mission particulière de la plus haute importance. Une lettre arrivée sous pli au cachet personnel de Béria contenait les instructions définitives concernant les Polonais : la division Vigor, qui était désarmée, devait être internée ; en cas de résistance, on appliquerait les mesures qui s'imposaient ; de même, il y avait lieu de prendre immédiatement les dispositions nécessaires à l'assainissement de l'atmosphère qui régnait à l'état-major du Front de Réserve ; tenir compte de la spécificité d'une action armée qui se poursuivait encore et de la possibilité d'une reprise soudaine des opérations.

— Vous semblez oublier, camarade général, dit lentement Nikita sans quitter des yeux le chef des Services politiques, que j'ai signé un accord avec le général Vigor, que je lui ai donné ma parole d'honneur, autrement dit celle du Front de Réserve, donc aussi celle...

— Vous vous identifiez à toute l'Armée Soviétique, Gradov, ce me semble ? hurla Stroïlo comme un sauvage, presque comme au théâtre, en même temps qu'il faisait signe à l'un de ses acolytes, lequel ouvrit aussitôt la porte à deux battants. Les commandos, et parmi eux le major Erès, entrèrent à grands pas.

— Alerte ! s'écria l'un des molosses du maréchal en s'élançant non pas sur les commandos, mais vers la sortie. Tous se retournèrent, et au dernier instant de leur vie, aperçurent trois gamins qui bondissaient sur la terrasse, chacun pointant un bazooka vers la salle. Un grand aux yeux vert vif... La rafale de mitraillette qui lui coupa la poitrine arriva trop tard pour arrêter son doigt... Les trois explosions se confondirent en une seule, puissante, apocalyptique. Les corps tombèrent au milieu de tourbillons de fumée, cependant que l'essence immatérielle de ces hommes quittait ce terrible tableau et que s'effilochaient leurs dernières pensées.

« ... elle, que je voulais embellir... » voici ce qu'eut le temps de se rappeler Sémione Stroïlo.

« ... je passe comme un souffle par les buissons, sous les fenêtres de ma mère... » voici ce qu'eut le temps de réaliser Nikita Gradov.

## CHAPITRE DIX-HUIT

# *Attirance littéraire*

La procession funèbre, qui prenait toute la largeur de la grande rue Pirogov, se dirigeait vers le cimetière de Novodévitchi. Devant, lentement, une compagnie de soldats de la Garde relevait et abaissait ses bottes étincelantes. Le soleil luisait sur les larges baïonnettes. Après l'éclat du cuir et de l'acier, venait celui du cuivre, la musique du Front de Réserve remplissait toute la rue de la *Marche funèbre* de Chopin, ce qui était plus que jamais justice : le Front de Réserve n'avait pas trahi les Polonais.

Le corps du plus jeune maréchal de l'Union Soviétique reposait sur l'affût d'un canon. Un important détachement d'officiers allait devant, portant ses décorations sur des coussins de velours. Suivait le cortège nerveux des proches, au milieu desquels on reconnaissait Véronika et, la soutenant par le bras, Véroulia — douze ans, sa petite figure toute gonflée de larmes. De l'autre côté, Véronika était soutenue par le maréchal Rokossovski. Au premier rang, défilaient tous ceux des plus grands chefs militaires qui avaient pu, sautant dans un avion, se rendre à Moscou pour la journée. Mêlée à eux, il y avait la famille de l'héroïque maréchal, sa mère, le visage douloureux mais encore très fier ; son père, dont l'aspect rappelait les meilleurs personnages de l'histoire de Russie ; sa sœur Nina Gradova, oui, oui, celle-là... Puis venaient les généraux du GQG et du Grand État-Major, des amiraux, des aviateurs célèbres, des hommes de science, de lettres, des artistes, toute une colonne de personnalités éminentes, au bout de laquelle se trouvaient le chauffeur-lieutenant Vasskov, le lieutenant d'intendance de l'état-major du Front de Réserve Slabopétoukhovski, une jeune femme éplorée, lieutenant des Services de Santé : Taïssia Pyjikova portant dans son sein un enfant de ce maréchal que l'on accompagnait à sa dernière demeure. Isolée de la masse des Moscovites par un service d'ordre, une autre foule de personnalités, parmi lesquelles des diplomates et des représentants des missions étrangères alliées, attendait la procession devant le portail du cimetière. En particulier, le colonel Kevin Tagliafero. La compagnie de la Garde, la musique, les porteurs de décorations, les chevaux en chabraque de deuil, le catafalque et son cercueil scellé, le convoi tout entier s'introduisirent dans le cimetière.

Durant la cérémonie des condoléances, Tagliafero réussit à se placer de façon à voir Véronika. L'importance du triste événement — et cette importance ne faisait aucun doute, c'est que bien des experts voyaient en le maréchal Gradov l'avenir de la Russie — avait reculé comme tout au monde reculait ou s'écartait dès qu'il apercevait Véronika. Quelle élégance, quelle noblesse dans chacun de ses gestes, l'inclinaison de sa tête, quelle poésie pénètre l'air à chaque, à la moindre étincelle de ses yeux ! Que serais-je devenu si je ne l'avais pas rencontrée ? Kremlin aux briques rouges, symbole de ténèbres mondiales, tu es devenu mon Italie, Padoue et Vérone, Rome et Venise de mon amour !

On prononça des discours, on tira des salves d'artillerie, l'orchestre joua *crescendo* au moment où l'on descendait le cercueil dans la fosse, puis, selon le rituel russe, chacun y jeta une poignée de terre. « Que la terre lui soit légère », je crois que c'est ce qu'ils disent. Dès qu'ils s'éloignaient de la tombe, grands dignitaires civils et militaires se plongeaient dans des conversations des plus animées. Des lambeaux de phrases parvenaient jusqu'à Kevin Tagliafero. Il découvrit qu'on avait attendu le Maître en personne, mais il n'était pas venu. Pourquoi ? Cependant, Béria était là, il avait même essuyé son pince-nez avec son mouchoir. Il y avait Malenkov, Khrouchtchev et Mikoïan. Un niveau très convenable. Ils parlent tout le temps de « niveaux » en y accolant le mot « convenable ». En somme, nous avons devant les yeux rien moins qu'une grave manifestation de vie mondaine, quelque chose comme les rassemblements new-yorkais *of anybody who's somebody*[1]. Il est très important d'être là, de paraître ne serait-ce qu'un instant devant la Nomenclatura. Il n'existe pas de chronique mondaine dans ce pays, les journaux se bornent à dire en une ligne : « en la présence des principaux membres du Parti et du gouvernement, de personnalités des arts et des lettres », mais quelque part « chez les gens », « dans les bureaux » de cette ville fumeuse et sans joie, on doit dire : « Celui-ci était à l'enterrement du maréchal Gradov, celui-là n'était pas à l'enterrement du maréchal Gradov », et cela doit être lourd de sens. Une nouvelle classe est née, c'est certain, une hiérarchie quasi héréditaire. Très curieux, ces développements du marxisme. Une nouvelle classe et son Anna Karénine, n'est-ce pas ?

Le tertre grandit, se couvrit de fleurs et de rubans, la compagnie de la Garde dépêcha une triple salve dans le ciel d'avril gris,

1. Anglais : de tout un chacun qui est quelqu'un.

banal, et tout fut fini. La masse du public s'ébranla vers la sortie, lentement, « convenablement ». Tagliafero aperçut la nuque de Véronika, ses cheveux dorés relevés sous son petit chapeau noir, quelques boucles follettes, jeunes, touchantes. *Princesse de rêve*, désir impossible d'un slaviste du Connecticut.

Leur fils n'était pas aux funérailles. Elle ne parle jamais de lui, se borne à hausser les épaules, « il est quelque part au front », et à se détourner, les larmes aux yeux. Il serait indélicat de poser des questions.

Ce que le chef des Services politiques Stroïlo rapportait au commandant en chef Gradov toujours comme en passant, en ami, entre hommes, avec des modulations secrètes dans la voix, correspondait à la réalité, mais seulement au sens strict du terme : Véronika Gradova et Kevin Tagliafero « se voyaient » effectivement. Ils se voyaient dans la rue et prenaient congé dans la rue.

D'ordinaire, cela se passait devant le Télégraphe. Par exemple, Véronika, pensive, traversait la rue Gorki. Cela fait, elle levait la tête : un grand dandy militaire en capote de poil de chameau descendait les marches. « Mrs. Gradova ! Quelle surprise ! » Elle s'étonnait à son tour, bien entendu : « Bah, qui vois-je ? Le colonel Tagliafero, *I assume*[1] *?* » Ou, autre exemple : elle descend les marches du Télégraphe et, justement, le colonel Tagliafero traverse la rue Gorki. « Bah, qui vois-je ? prononce-t-il à toute allure ces mots de russe bien assimilés. *Mrs. Marshall Gradova, I assume ?* » Elle rit, un petit champignon d'or luit à peine dans sa bouche. « Ha, ha, je crois que je suis tombée aux mains de l'espionnage capitaliste ! » Ils font une promenade au vu et au su de tout le monde pour éviter les commentaires fâcheux. Ils causent théâtre : le Maly et le Bolchoï ont repris leur pleine activité à Moscou, et surtout le Mkhat, le Mkhat ! Ils causent littérature. Vous vous rendez compte ? Une nouvelle publication d'Akhmatova, un cycle de Pasternak... Vous êtes en pleine Renaissance, on dirait ? Vous devriez faire la connaissance de ma *sister-in-law*[2], c'est une poétesse célèbre. Oh ! je serais ravi. Allons, au revoir, il est temps que je me sauve.

Parfois, il la voyait de loin sortir de sa maison avec un officier mafflu qui ne répondait en rien au modèle du soldat-combattant. Au cours de ses nombreuses visites en première ligne, Tagliafero avait appris à reconnaître ce qu'on appelait le « chic du front » dont l'absence trahissait immédiatement les planqués. Cet officier-là, il lui errait toujours un sourire de biais, un peu crapuleux, sur les lèvres, une mèche bien fournie s'échappait toujours de sa visière sur ses sourcils. Il ouvrait la portière d'une grande voiture allemande devant Véronika, puis se mettait au volant. Le chauf-

1. Anglais : si je ne me trompe.
2. Anglais : belle-sœur.

feur, sans doute. Probablement un chauffeur militaire affecté à la famille du maréchal. Voilà comment vit l'élite soviétique : elle se balade en limousine conduite par des chauffeurs vicieux, odieux.

Un jour, sans la remarquer, il remarqua qu'elle souriait sans le remarquer. Son cœur tambourina comme un cheval au galop. Elle sourit non seulement de ne pas le remarquer, et l'on comprend ainsi qu'en réalité elle a remarqué qu'on le voit bien souvent dans cette vaste rue si fréquentée, vaquant tout simplement à ses affaires sans la remarquer, et elle, par son sourire, sans le remarquer, elle donne à entendre qu'elle ne le remarque pas non plus, car il serait curieux qu'elle le remarque aussi souvent, alors qu'il passe ici pour la bonne raison que son bureau est au coin de la rue.

Disons-le tout net, l'expérience amoureuse de Kevin Tagliafero était modeste, bien que, dans les années trente, à Paris, son ami Rest ait beaucoup fait pour son indispensable éducation d'homme moderne. Mais la tempête de l'époque était passée et Kevin s'était desséché, s'était préparé avec résignation à un confortable célibat dans le style épiscopal. La faute de son actuelle *Fontaine de Bakhtchissaraï*[1], il l'imputait entièrement à la littérature russe. Voilà à quoi mène le sujet d'un innocent hobby, voilà la pure incarnation d'une attirance littéraire. Le plus triste, c'est que notre aventure — aventure, ha, ha ! quelques promenades dans la rue ! — est sans avenir. Même théoriquement, elle est sans issue. Même dans l'Allemagne nazie, avant guerre, si j'avais rencontré une femme, nous aurions pu partir ensemble. Dans la Russie Rouge, quoique nous soyons alliés, c'est impossible. Les bolchevik ont créé un tel climat que, même du point de vue psychologique, c'est impossible. Pour eux, un étranger n'appartient pas tout à fait à la race humaine. Même moi, je vois quelque chose de contre-nature à l'idée de fréquenter une femme russe. Et Véronika Gradova d'autant plus ! Ça prend des allures de révolte contre Staline lui-même !

En dépit de cela, Kevin Tagliafero ne pouvait s'empêcher d'arpenter la rue Gorki et demeurait saisi comme un écolier dès que la porte de Véronika s'ouvrait. Même l'odieux chauffeur qui promenait son chien — un loulou toiletté dans la Moscou misérable ! — lui inspirait des sentiments violents qui n'étaient plus de son âge.

Il la revit deux jours après l'enterrement. Elle portait un tailleur de printemps. Veste courte, épaules rembourrées. J'ignore ce qu'est devenue la mode dans Paris occupé, mais à Piccadilly, elle serait passée pour une Anglaise.

Près du Télégraphe, enfin, bien sûr, près du Télégraphe... « ... ils se retrouvaient près de leur rocher favori au bord de l'Océan », c'est-à-dire près du Télégraphe... Il alla l'aborder et dit :

1. Poème de Pouchkine où l'on voit un khan tatar (Guiréi) enlever une princesse polonaise (Marie).

— Mrs. Gradova, permettez-moi de vous exprimer mes condoléances les plus vives. Le maréchal Gradov m'est toujours apparu comme l'incarnation de toutes les qualités qui font un héros.

Elle lui serra la main et ils remontèrent la rue. Par moments, ils surprenaient des regards effarouchés. L'officier américain et la belle femme vêtue à la dernière mode avaient l'air, dans cette foule, de visiteurs d'une autre planète.

D'ailleurs, la fin de la guerre approchant, ces visiteurs se faisaient de plus en plus nombreux : les missions de liaison prenaient de l'ampleur, on voyait circuler sans arrêt des personnalités civiles et militaires, dans les kiosques les Anglais vendaient leur journal, le *British Ally* et les Américains diffusaient leur revue sur papier glacé, l'*America*. Jamais encore, depuis la révolution bolchevik, la Russie n'avait eu de liens aussi vivants avec l'Occident. Y contribuaient aussi les goûts pro-occidentaux des élégantes moscovites. Peut-être en serait-il de même à l'avenir ? Peut-être la Russie veut-elle nous revenir ? Dans ce cas, mon amour ne paraît plus aussi désespéré.

Puis Véronika lui parla de son fils. Il s'était sauvé au front à la fin de 1943, à dix-sept ans. Nous avons mis plus d'un an à le retrouver. Imaginez-vous ça, le commandant en chef du Front de Réserve ne pouvait plus retrouver son fils ! Nous étions presque sûrs qu'il était mort. Enfin, tout récemment, on l'a découvert : pendant tout ce temps, il avait été en mission secrète derrière les lignes allemandes. J'en avais froid dans le dos, Kevin (oui, oui, tout simplement Kevin, elle en avait simplement froid dans le dos, Kevin), lorsque j'imaginais mon petit garçon en mission secrète derrière les lignes ennemies. Bref, je triomphais : il était vivant, la guerre touchait à sa fin, on me promettait qu'il rentrerait bientôt. Et soudain, il s'est produit quelque chose d'affreux, on ne m'a rien dit, mais Boris a de nouveau disparu... Qu'est-ce que vous dites de ça ? N'est-ce pas trop pour une seule femme plus très jeune. Tagliafero, débordant de sentiments de sympathie, de pitié, d'admiration, de passages de cordes de Mozart qui planaient dans l'air, proposa soudain :

— Écoutez, Véronika, c'est le printemps ! Et si nous allions à Sokolniki ? C'est si plein de bouleaux, c'est tellement la Russie !

Elle le regarda avec un sourire triste. Elle aime Blok, c'est certain, elle ne peut pas ne pas l'aimer. Elle doit penser en ce moment, presque par ces mots de lui : « En voilà un de plus qui m'aime. » Après quoi, il passa dans l'esprit de Tagliafero quelque chose de sa propre culture : « Les souliers n'étaient pas même usés qu'elle avait mis pour suivre le cercueil[1]... » Mais c'est tout autre chose, il ne s'agit pas de... C'est un simple accord spirituel, une

1. *Hamlet*.

sympathie bien humaine, le désir de distraire des ténèbres de la guerre celle que l'on adore, de la rendre ne serait-ce que pour une heure à sa propre beauté, à la nature, à la Russie idéale.

— D'accord, allons-y ! — Elle sourit plus gaiement. — Alors, on prend le métro ?

— Non, attendez, j'ai une voiture.

Il la laissa boulevard Pouchkine et fila chercher sa Buick au garage de l'ambassade. Au retour, il trépidait autant que son vieux moteur : et si elle avait perdu patience et était partie ? Pourtant, sa belle, assise sur un banc, feuilletait le *British Ally*. À côté d'elle, une petite vieille russe idéale, véritable rempart de la culture de son pays, Arina Rodionovna[1], était installée, son tricot entre les mains.

Quand ils arrivèrent au parc de Sokolniki, le soleil se couchait. Il se reflétait dans les multiples flaques d'eau de l'allée principale, teintait modestement les troncs des bouleaux, pur symbole de la Russie. L'endroit était désert. Kevin et Véronika contournaient lentement les flaques. Parfois, elle lui tendait la main et il la soutenait, tandis qu'elle bondissait par-dessus. On aurait pu aspirer à pleins poumons cet air merveilleux, entendez l'air de la merveille, si elle n'avait pas tant fumé. Elle fumait sans arrêt. Elle fume des Chesterfield, c'est intéressant, ça. Une odeur qui évoque un bar, une ambiance de cohue entre deux vins, de comptoir où l'on échange des regards éloquents. Bien entendu, aux yeux de ceux qui ont fréquenté cette sorte de bars, pas chez nous, voyons !

Elle lui parla de feu le maréchal. N'est-il pas étrange d'entendre appeler une entité stratégique de la Seconde Guerre mondiale par son prénom : Nikita ? Et de s'apercevoir que cette entité stratégique qui vient d'être confiée à la terre au bruit des salves et au son des cuivres, alors qu'il était l'héroïque jeune Nikita, en 1922, avait rencontré une nuit en montagne une jeune rêveuse nommée Véronika auprès d'un feu de bois dont la flamme palpitait sur le rocher qui dominait la mer immense, au souffle d'un vent qu'elle disait « purement homérique, le vent de l'*Odyssée*... ». Puis comme ils avaient vécu, bon sang ! gaiement en somme, même si les cauchemars de la guerre civile empoisonnaient ses nuits. Croyez-moi si vous voulez, mais j'étais une excellente joueuse de tennis, ha, ha ! championne de la région militaire Ouest. Croyez-moi si vous voulez, Véronika, mais moi aussi, j'ai été champion du *country-club* « Newhaven ». Ah, vous aussi, vous jouez au tennis, c'est parfait. Alors, nous nous mesurerons cet été, à moins... À moins que quoi ?... Oh, rien... Nous nous mesurerons.

Parlez-moi de votre famille. Ma famille était la sienne. Elle lui parla des Gradov, des soirées du Bois d'Argent où il semblait parfois que rien n'était arrivé à la Russie... Qu'avez-vous dit, Véronika ? Pourquoi ne dites-vous plus rien ?

1. Nourrice de Pouchkine dont il reporta les contes, en vers admirables.

Après un lourd silence, elle ajouta que c'est de là qu'on l'avait emmenée. Qu'est-ce que cela veut dire « emmenée », chère Véronika ? Arrêtée. Pardon, je crois que je vous ai mal comprise, vous voulez dire : qu'on a arrêté votre mari ? J'ai entendu dire qu'il y avait eu, dans le passé du maréchal Gradov, quatre années de prison militaire, mais vous, madame, on ne pouvait pas vous arrêter ?

Elle se retournait à chaque pas. D'abord, il crut qu'elle le faisait pour se graver dans la mémoire toute la beauté du lent crépuscule, puis il y sentit de la nervosité. Quand vous parlez de prison militaire, j'espère que vous ne voyez pas quelque chose dans le genre du château de Monte-Cristo, monsieur le colonel ? Il était dans une mine où il a failli crever de faim. En ce qui concerne « Mrs. marshall », elle avait passé quatre ans dans une exploitation forestière, une infâme petite fabrique de feutre, des baraques répugnantes, et...

Elle ne se retournait plus, elle le regardait droit dans les yeux comme pour lui demander : « Alors, Kevin, elle s'est effondrée, ton image de l'Anna Karénine soviétique ? » Sa main qui tenait sa cigarette, et ses lèvres, tremblaient. Presser ces lèvres, rien qu'un instant !

— Cela suffit !

Elle jeta sa cigarette et marcha en plein dans l'eau. Il se précipita à sa suite.

— J'espère que vous m'en raconterez encore davantage sur ce temps-là ?

— N'y comptez pas, lança-t-elle durement. La nuit tombe, rentrons.

Durant quelques minutes, ils avancèrent d'un pas vif et en silence tandis que les flaques giclaient sous leurs pas. Ses petits souliers à semelle crêpe et ses fins bas de soie étaient pleins de boue, mais le frou-frou de sa jupe, le frou-frou de sa jupe... eh, mais ! ça, c'est du Dostoïevski : Pauline et Alexéi.

Deux moujik bien russes venaient à leur rencontre. Tagliafero tenta de distraire sa compagne de ses sombres souvenirs.

— Regardez ces moujik, Véronika ! De vrais personnages de Tourguéniev, non ? N'est-ce pas vraiment Khor et Kalinytch, hein ?

Véronika sursauta et lança aux moujik un coup d'œil fou. Ils se croisèrent. Ils firent encore une cinquantaine de mètres en silence, puis elle s'empara du bras de Tagliafero.

— Kevin, j'ai peur des personnages de Tourguéniev. Retournez-vous !

Il obéit et vit que les moujik s'étaient arrêtés et les observaient. Dans la pénombre, on ne distinguait plus leur figure, mais ceux qui les regardaient ainsi pouvaient aussi bien être des policiers que de simples forestiers mus par la curiosité. Il faut à chaque instant avoir en mémoire les particularités de ce pays, sa toujours florissante paranoïa.

— Vous ne comprenez donc pas qu'ils sont partout, murmurait Véronika. Chaque fois que nous nous voyons rue Gorki, ils surgissent autour de nous. Aujourd'hui, quand vous m'avez laissée sur le boulevard, ils m'ont aussitôt fourré entre les pattes une sale vieille et son tricot. Et pendant que nous roulions, vous n'avez pas remarqué l'ambulance ? Vous croyez que c'était vraiment une ambulance ?

La nuit était tombée. Il n'y avait plus personne. Rien que la nuit commencée, la lune naissante qui promettait d'aller croissant ; la nuit de la dernière semaine de la Seconde (déjà) Guerre mondiale, excepté, bien sûr, le Japon qu'il n'y avait pas lieu d'excepter. Mais ils n'avaient plus la tête au Japon. Déjà entre les bouleaux, seuls brillaient leurs yeux, voilà ce qu'il en était.

Elle le prit par la main et l'entraîna entre les arbres. « Bon sang, murmura-t-elle, qu'ils aillent tous au diable, voilà, poursuivit-elle. Brutes, salauds ! — Elle pleurait presque. — Je n'ai plus personne », poursuivit-elle.

Lui, oubliant son expérience parisienne, il lui posa la main sur l'épaule comme à un ami fidèle. Ne pleure plus d'être seule, voulut-il dire, tu n'es plus seule, voulut-il poursuivre, mais il n'en fit rien. Elle déboutonna sa capote. « Alors, embrassez-moi ! » dit-elle. Il effleura ses lèvres si tendres, même si elles étaient imprégnées de tabac. Elle déboutonna sa propre veste, son gilet de laine, son chemisier. Il s'empara de ses seins. « Alors ! Venez ici ! Alors ! Là ! ne voyez-vous donc pas ? » Il vit une souche fraîchement sciée. Sûrement Khor et Kalinytch qui en avaient pris soin. Il s'assit. « Alors quoi, où sont-ils ? Où sont vos boutons ? — Il n'y en a pas, c'est une fermeture éclair. — Ha, ha, je n'en avais jamais vu. — Permettez maintenant, c'est moi... »

Il se remémora très vite son expérience parisienne. Elle gémissait, tour à tour rejetait la tête en arrière ou la posait sur son épaule. « Brutes, salauds, voilà pour vous, voilà pour vous ! bredouillait-elle. Je vous hais, je vous hais ! »

— Oubliez la haine, l'exhortait-il. Oubliez tout, chère Véronika, je ne vous laisserai plus à personne.

— Sacrée bonne femme, dit Lavrenti Pavlovitch Béria avec une certaine admiration, après que Nougzar Lamadzé lui eut rapporté le morceau de bravoure de la maréchale Gradova. — Au fait, avec lui, on ne savait jamais si c'était de l'admiration ou une ironie sinistre. — Sacrée bonne femme russe ! poursuivit Béria comme s'il s'approfondissait en méditation. Tu sais, Nougzar :

*Capable d'arrêter un cheval dans sa course*
*Et se précipiter dans une isba en feu.*

Citant ces vers de Nekrassov depuis longtemps devenus un lieu commun, Béria parlait comme s'il n'eût voulu dire ni « cheval » ni « isba », mais quelque chose d'autre, d'assonance lointaine[1].

Puis il claqua des mains, regarda Nougzar par-dessus son lorgnon et sourit comme s'il s'imaginait à la place de l'attaché militaire des USA.

— Sur une souche, tu dis ? Pas mal !

Comme toujours, Lamadzé, obséquieux, s'efforçait de deviner le cours des pensées du patron, mais ne disait rien. Béria se leva, fit quelques pas dans la pièce ; arrivé à l'autre bout, il éclata de rire et claqua derechef des mains. « Et on dit que l'expérience des camps n'est d'aucun profit ! » Puis en quelques pas vifs, il rejoignit Nougzar assis dans un fauteuil et lui secoua l'épaule.

— Pourquoi ne dis-tu rien, Nougzar ? Pourquoi m'obliges-tu toujours à décider seul ? Tu ne comprends donc pas la situation : la nuit, dans les bois, sur une souche, avec un A-mé-ri-cain, un espion, quoi ! Allons, parle, *chéni dédé tovtkhan*[2], que suggères-tu ?

— Je pense qu'il ne faut pas laisser échapper une telle occasion, Lavrenti Pavlovitch. À mon avis, elle veut partir avec lui, mais ça, nous ne pouvons pas le laisser passer.

— Alors, à toi de jouer ! dit Béria en passant aussitôt à autre chose. — C'est-à-dire à d'autres crimes, comme diront des descendants ingrats.

Déjà les salves de la victoire finale s'étaient tues, déjà les drapeaux de la Wehrmacht et des Waffen-SS avaient été jetés au pied du mausolée de Lénine, ou si l'on veut sous les semelles de Staline, quand, au début de juin 1945, au domicile de feu le maréchal Gradov, un dîner mémorable eut lieu.

Pas du tout un dîner d'apparat : à trois seulement. Pourtant pour assurer la cuisine et le service, Véronika avait amené du Bois d'Argent Agacha en personne.

Le premier invité à se présenter fut le général Nougzar Lamadzé. Il avait, pour l'occasion, revêtu un petit complet gris flambant neuf qui soulignait très avantageusement sa taille svelte. Il y avait assez bien assorti une cravate à motifs et une pochette analogue qui dépassait à peine, afin que nul n'eût envie de la prendre pour se moucher. Personne, bien entendu, ne devait s'aviser que cet agréable jeune Caucasien était un haut gradé de terrifiants Services secrets.

1. En russe, l'allusion facile à deviner est parfaitement obscène et intraduisible.
2. Géorgien : sale con merdeux.

La maîtresse de maison l'accueillit dans une robe cerise foncé dont on aurait cru qu'elle venait à peine de glisser de ses épaules et ne s'attarderait guère, non plus, sur sa poitrine.

— Véronika, mon âme, je le jure par la vallée d'Alazari, tu es irrésistible ! éprouva-t-il le besoin de s'exclamer, ce qu'il fit non sans plaisir. Si ce n'étaient les devoirs du service, ha, ha ! Au fait, qu'est-ce que je dis ? tu ne me reconnaîtrais pas, Véronika, mon âme. Ce chenapan de Nougzar est devenu un père de famille modèle. Tu devrais prendre ma fille Lamar sous ta protection, elle a beau vivre dans la capitale, c'est une sauvageonne.

Le service était superbe : cristaux, porcelaine, serviettes dans des ronds d'argent. Selon l'usage russe, toutes les boissons trônaient déjà sur la table. Les vodkas — l'une nature, l'autre au zeste de citron — dans de lourds flacons, les bouteilles de vin et de cognac voisinaient avec les *zakouski* qui provenaient pour partie de l'approvisionnement près le haut commandement du ministère de la Défense, pour partie des amples réserves d'Agacha au Bois d'Argent. Le principal invité que l'on attendait avait, quoique étranger, et justement pour cela, le goût de la tradition russe.

Nougzar foula quelque temps les tapis turkmènes, puis se mit à table et se versa un fin petit verre de vodka. Véronika s'assit près de lui, tenant son éternelle cigarette. Ils allaient reprendre une de ces conversations pénibles qui troublaient, ou plus, bouleversaient Véronika jusqu'au fond de l'être, lorsque Chevtchouk, le chauffeur, entra. Mèche pommadée, godillots étincelants avec lesquels rivalisaient les boutons de sa tenue de parade et ses tout nouveaux insignes de lieutenant. Il était évident qu'il voulait s'inviter à dîner.

Peinard, la bouche comme toujours canaille, il repoussa une chaise, s'installa, et seulement alors, demanda protocolairement :

— J'espère que vous n'y voyez pas d'inconvénient, Véronika Evguénievna ?

Depuis quelque temps, Léonid Chevtchouk était anxieux. La maréchale, que derrière son dos il n'appelait pas autrement que sa « bonne amie », ne lui accordait plus ses faveurs et, au lieu de ça, se baladait avec un officier étranger, peut-être bien un Yougoslave, il a déjà remis un ou deux rapports à qui de droit là-dessus. Et voilà ce *katso*[1], ce godelureau merdeux qui se pointe à l'horizon ! Une bonne femme en folie ! Une fois même, ils avaient eu une fameuse explication. Tu veux donc que tout le monde sache quelle minette j'ai fait de toi, Véronika ? Tu veux que je leur parle de ton théâtre d'amateurs au camp, à tes camarades yougoslaves ? Au lieu du résultat escompté, il avait eu droit à une crise de nerfs en règle, à la projection d'objets inadéquats, en particulier d'un livre non russe.

1. Géorgien : ami.

Aujourd'hui, après avoir, dans sa résidence, entendez dans son sous-sol, avalé un quart de vodka et briqué sa tenue, Chevtchouk était monté mettre les points sur les « i ».

À peine s'était-il assis, que Véronika se leva et, dans sa robe de pute, se rendit à la cuisine comme pour y donner des ordres. À présent, le *katso* me vrille avec des yeux mauvais. Eh bien, jouons à nous faire baisser les yeux l'un l'autre, camarade *katso*. On va bien voir qui l'emportera.

— Léonid, se présenta-t-il en tendant la main vers l'un des flacons.

— Fous le camp, Léonid ! dit d'un ton égal l'invité posé de biais sur sa chaise.

— Comment ça ? fit Léonid, interloqué.

— Prends tes cliques et tes claques et disparais, Léonid Ilitch Chevtchouk, année de naissance : 1915, dit l'invité d'une telle voix que l'ex-sous-off de la Sécurité militaire comprit tout de suite qui, quelles voix avait, de toute éternité, singé le commandement des camps ; celle-ci était l'une d'elles.

— Comment ça, heu, camarade, où que j'irais ? tenta-t-il de frétiller comme une fourmi à demi écrasée, mais déjà debout et tendant sa tunique.

L'invité sortit de sa poche un bloc-notes au terrible en-tête, griffonna quelque chose, arracha le feuillet et le lui tendit.

— Rends-toi demain au 8, Pont-aux-Maréchaux. Tu présenteras ça au bureau des laissez-passer. C'est tout. Rompez !

Quand Véronika revint de la cuisine, son importun chauffeur avait débarrassé son espace vital.

— Tout va bien, Véronika, dit Nougzar en souriant gaiement. Il ne viendra plus jamais te faire chanter.

Elle s'approcha de lui et posa sa jambe presque entièrement dégagée par la fente de sa jupe sur sa chaise.

— Dis donc, sacré démon, comment sais-tu qu'il me faisait chanter ? Vous avez donc truffé nos murs de micros ?

Il eut un sourire débonnaire.

— Et qu'est-ce que tu crois ? Qu'est-ce que tu crois que c'était, le maréchal Gradov ? C'était une affaire d'État de la plus haute importance.

— Alors ? — Elle éclata de rire avec, semblait-il, son insolence de naguère, mais il vit bien qu'il y avait aussi de l'appréhension. — Alors, vous avez tout entendu ?

— Du calme, du calme. — Il balaya l'air d'un geste lénifiant. — Nous en avons entendu beaucoup, mais pas tout, bien sûr. De là-bas, nous avons presque tout entendu, il faudra nous excuser. D'ici, moins bien. Mais ça ne fait rien, Véronika, ne t'inquiète pas. Cela n'a rien à voir avec l'affaire actuelle. Et puis, ne me traite pas de diable. Je ne suis pas un ange, mais tout de même pas le Diable.

Nougzar s'était pointé dans les environs presque aussitôt après les Sokolniki. Une fois ou deux, il s'était profilé sans faire mystère de ce que son profil ne se découpait pas ici par hasard. Et puis, il était arrivé avec une gerbe de fleurs qui ne venaient certes pas d'un jardin de banlieue, mais d'une serre privilégiée.

— Avez-vous l'intention de me faire la cour, mon cousin ? demanda Véronika avec une coquetterie machinale, bien que sachant parfaitement à quoi s'en tenir sur la nature de cette cour.

— Si c'était vrai ! soupira-t-il. Hélas ! je suis en service commandé. Je crois, Véronika, que tu vas devoir me présenter au colonel Tagliafero.

— Pour quelle raison ? demanda-t-elle d'un ton tranchant, comme si elle ne craignait rien et était, au contraire, indignée.

Il rit : il voyait très bien qu'elle tremblait de peur.

— Le service, ma chère, les intérêts de l'État. Vos affaires personnelles n'y ont qu'un rapport indirect.

— Mais le rapport indirect, elles l'ont ? fit-elle, reprenant le mors aux dents. Pour quelle raison ?

— Pour cette raison, dit-il, haussant le ton, que tu es la veuve du maréchal de l'Union Soviétique Nikita Gradov, deux fois Héros de l'Union Soviétique, chevalier de l'Ordre de Souvorov de première classe, sans compter une cinquantaine d'autres décorations. Tu ne comprends donc pas que tes affaires personnelles ne sont pas tout à fait personnelles ?

De cette conversation datait l'« offensive psychologique » des organes contre la belle Véronika. Il y avait partout des types — ou comme elle les appelait depuis Sokolniki, des « personnages à la Tourguéniev » — qui la guettaient : ils la filaient à la trace, montaient la garde dans son escalier, la pistaient en voiture avec des sourires effrontés. À Sokolniki, maintenant, on aurait dit que derrière chaque bouleau débordait une gueule concernée par la cause nationale. Un jour, au moment précis où ils s'embrassaient, ils furent aveuglés par trois puissants projecteurs. Le diplomate perdit la tête et se jeta sur eux les poings en avant, mais aussitôt ils disparurent et seul roula entre les arbres le rire sauvage des forestiers. Ce soir-là, ils trouvèrent un pneu de la Buick crevé. Tagliafero était fou. Véronika ne pouvait pas aller chez lui et n'osait pas le recevoir chez elle. Dans la ville immense, ils n'avaient pas un coin à eux. Il ne pouvait pas non plus protester par les voies officielles : pour éviter le scandale, le Département d'État et le Pentagone ne manqueraient pas de le rappeler.

— Marions-nous le plus vite possible, insistait-il. Passons à votre... comment l'appelez-vous... Bureau des mariages.

Elle ne disait rien, elle ne disait pas non, non plus.

Après l'une de ces sorties de l'Américain, Nougzar lui tint des propos des plus singuliers :

— Tu sais, malgré ses mérites, la réputation de Nikita est loin d'être irréprochable. Les bazookas l'ont sauvé d'une fin d'une autre nature, même si, évidemment, ses funérailles de maréchal lui eussent été, en toute circonstance, assurées. Ce que je veux dire par là ? Pourquoi ces airs sinistres ? N'exagère pas, ma belle : comment prouveras-tu que j'ai insinué quoi que ce soit ? C'est ridicule. Je veux simplement dire que les opinions de mon cousin étaient, hélas ! loin d'être parfaites. Excuse-moi, mais bien des camarades ont eu l'impression que le maréchal Gradov caressait des projets à longue échéance. Dis-moi, Véronika, il n'a rien laissé ? Pourquoi « des sottises » ? Pourquoi « mon sourire de biais » ? Tu exagères, ma chère, ça ne va pas. Certains camarades pensent qu'il a laissé des notes. Tu ne caches rien, Véronika ?

Là, il vit qu'elle prenait peur pour de bon. Il posa sur son bras une main apaisante.

— Allons, allons, du calme ! Pense à ta fille. Il peut en arriver des choses à une enfant sans mère.

Elle suffoquait. Il lui versa un verre de vin.

— Le bon vin soulage toujours. Laisse là ce cinéma, Lioubov Iarovaïa. Il ne lui est encore rien arrivé, à ta fille, pas vrai ? C'est seulement qu'il faut toujours penser aux enfants. Moi, je pense toujours aux miens, Chota et Tsissana. Toi non plus, tu n'as pas le droit d'oublier Véra, Boris. Quoi, Boris ? Comment, quoi Boris ? Bien sûr que je suis informé. Nous l'avons toujours été. Tu n'es pas encore convaincue que nous savons toujours tout sur tout ? Tu aurais dû te dire que c'était à nous qu'il fallait demander de ses nouvelles. Donc, Boris. Les camarades ne sont pas tous certains que ses opinions, à lui aussi, soient parfaites. Bien sûr, c'est un héros, un courageux jeune homme, mais d'aucuns se demandent s'il n'a pas hérité de son père des idées préjudiciables. Non, non, il ne rentre pas encore. Oui, la guerre est finie, mais nous avons encore besoin de lui. Si tout va bien, j'espère qu'il rentrera bientôt. Comment « si tout va bien » ? On risque toujours quelque chose. Qu'est-ce que ça change que la guerre soit finie ? Hors la guerre, le risque demeure le même. Au sens philosophique du terme, bien sûr.

Terriblement ébranlée par cette conversation, Véronika resta plusieurs jours sans voir Kevin. Lorsqu'elle l'entendait au téléphone, elle raccrochait. Elle s'interdisait de regarder par la fenêtre pour ne pas voir la chère et ridicule silhouette du garçonnet vieillissant faire les cent pas près du Télégraphe. Le Connecticut... son poste de professeur à Yale, un poste fixe... sa tanière new-yorkaise de Riverside aux fenêtres donnant, bien sûr, sur l'Hudson... c'est là que nous passerons la nuit lorsque nous irons au concert à Carnegie Hall... elle voit cela dans une transparente lumière d'automne, des feuilles rouges et violettes... En hiver, nous irons aux Bermudes... parce que là-bas, en hiver, on va aux Bermudes... Tout est fini, rien de cela ne sera, ils vont me détruire, pensait-elle. Dès qu'il sera parti, ce sera la fin. La mienne et celle de tous les miens. Ils ne nous lâcheront plus.

Affolée, elle ramena Véroulia au Bois d'Argent, chez sa grand-mère. Mary sentit qu'il se passait quelque chose. Et si Véronika partait pour Tiflis avec la fillette ? Nina y avait trouvé refuge, autrefois. Bo prendrait une permission. Non, non, ah ! je n'en sais rien moi-même, chère Mary, je ne peux rien te dire, ne quitte pas Véroulia des yeux... Elle était partie en courant. Dehors, deux grands moujik fumaient. Ils sont déjà là ? Pas possible ! Les « personnages à la Tourguéniev » sont déjà là ?

Puis tout changea. Nougzar refit son apparition, le sourire mielleux, le geste prévenant. Il craint qu'elle l'ait mal compris. Pourquoi s'affoler ? Quelqu'un a-t-il jamais dit quelque chose contre le colonel Tagliafero ? Jamais les rapports de nos deux pays n'ont été aussi bons, ils vont devenir meilleurs encore. Avoir renversé ensemble un pareil ennemi ! Le colonel Tagliafero est un homme bien, un savant honnête. De plus, russophile. Parlons de tout cela tranquillement, sans crises de nerfs, pesons les choses. Bien sûr, je suis au service de l'État, mais je n'en suis pas moins un homme, et même un parent.

C'est au milieu de tout cela que l'étrange trio Véronika-Nougzar-Tagliafero en était arrivé à son dîner d'apparat.

Kevin aussi était en civil : veston à chevrons, cravate au crochet.

— Excusez-moi de ne pas vous avoir averti que j'aurais un autre invité, monsieur Tagliafero, faisait Véronika très mondaine. C'est le cousin de feu mon mari, Nougzar Lamadzé. Il a surgi impromptu, comme... — elle rit — comme un diable hors d'une boîte.

— Aïe, aïe, aïe ! Véronika, fit avec affectation Nougzar qui, avec son complet à la mode, sa cravate voyante et son ardente facture caucasienne ressemblait selon la classification américaine à quelque chose comme l'« amant latin », Aïe, aïe, aïe ! Revoilà le Diable ?

Véronika était très étonnée de voir que le tout-puissant membre du NKVD était, devant l'étranger, dans ses petits souliers.

— Je ne suis pas un ange, mais quand même pas le Diable ! — Nougzar répétait sa plaisanterie favorite.

— Je vois, dit Kevin.

— Quoi ? fit Nougzar sursautant légèrement.

— Que vous n'êtes pas un ange, sourit Kevin.

— Et vous, monsieur Tagliafero ? — Pour dominer son étrange gêne, Nougzar fixa l'Américain. — À mon avis, vous n'êtes pas un ange non plus.

— Alors, à table, les diables ! fit Véronika, amusée.

À peine le premier verre de vodka avalé, Kevin se pencha vers son voisin et lui demanda :

— Vous êtes du NKVD, Nougzar ?

De surprise, l'« amant latin » laissa tomber sur la nappe le champignon qu'il guignait depuis longtemps.

— Qu'est-ce qui vous permet de le croire, monsieur Tagliafero ?

— Ça se voit au premier coup d'œil, expliqua aimablement l'Américain. Dès que je vous ai aperçu, je me suis dit : « Aujourd'hui, madame Gradova reçoit quelqu'un de la police secrète. »

Ils éclatèrent tous trois d'un bon rire, mais lorsque les deux autres se turent, Nougzar fut incapable de s'arrêter. Il riait, riait, de plus en plus, s'essuyait la figure de son joli mouchoir, puis se remettait à glousser. Tant et si bien que Véronika et Kevin échangèrent un regard inquiet.

— Vous me ferez mourir, Kevin, dit enfin Nougzar. Quand je raconterai ça à mes collègues, ils se tiendront les côtes. Buvons au regard perçant de l'Amérique !

— Ne croyez pas que tous les Américains sont comme ça. Je vous assure que n'importe lequel de mes collègues vous aurait cru sur parole si vous vous étiez présenté, par exemple, comme un charmeur de pythons. Moi, c'est d'avoir étudié la littérature russe.

— Parfait ! s'exclama Nougzar. Buvons à la littérature russe ! Ce pays n'a rien produit de bon, sauf sa littérature et sa police secrète, comme vous dites. Nous, nous disons autrement : « les organes de la dictature du prolétariat ». Cela vous fait rire ? Pourquoi ne riez-vous pas ? Maintenant que vous m'avez démasqué, parlons net. Dis voir, Kevin, quels sont les projets de l'Amérique dans le Pacifique ?

Et ils repartirent tous trois à rire bien qu'en apparence personne n'eût rien dit de drôle. C'était à croire que la Tchéka envoyait des gaz hilarants par ses orifices secrets. Tout le dîner se passa ainsi. Du coup, Agacha vint voir plusieurs fois ce qu'il y avait. Ça rit, les verres tintent, on pourrait croire qu'ils sont un tas à festoyer, or, il n'y a que sa petite Véronika, son petit Nougzar (Agacha se rappelle comme il dansait en 1925) et un très convenable citoyen pas des nôtres.

Deux heures plus tard, Nougzar prenait congé. Naturellement, il ne manqua pas d'embrasser son allié atlantique et lui fit promettre de venir à une chasse au sanglier en Géorgie. Titubant à peine, avec élégance, il prit son imperméable au portemanteau, décrocha en passant l'appareil téléphonique, y grogna : « Lamadzé » et se dirigea vers la sortie. Près de la porte, il s'empara de l'oreille de Véronika et y glissa : « Il est bien, ce gars-là », puis disparut.

À présent, l'appartement baignait dans le silence. Véronika éteignit l'entrée, quitta ses souliers. Puis elle se dit : Je vais me présenter à lui toute nue, et elle quitta sa robe. La salle à manger était plongée dans le noir, seuls, de l'autre côté de la rue, sur le mur du Télégraphe, les lampadaires éclairaient un énorme portrait de Staline. Le colonel Tagliafero, qui avait éteint la lumière, s'était lui aussi fortement démasqué : il avait ôté sa veste et desserré sa cravate. L'apparition de la nymphe le bouleversa. La voilà, la récompense du supplice de Tantale ! Attends, attends, murmura-t-elle. Attends ! Laisse faire ! Oh, là, là, c'est drôle qu'il n'y ait que des boutons !

Ils s'adonnèrent toute la nuit à l'amour comme des enfants de vingt ans ; au matin, elle posa le doigt sur ses lèvres et écrivit au crayon dans un bloc : « C'est notre première et dernière nuit, Kevin. Ils exigent que je collabore avec eux, que je t'espionne. Sinon, ils ne me laisseront pas quitter la Russie. »

Ce qu'ayant lu, il tourna le feuillet et nota un seul mot sur le feuillet suivant : « Accepte. » Tout bien réfléchi, il ajouta un point d'exclamation. Puis il arracha les deux feuillets, les froissa et les brûla à la flamme de son briquet. Il jongla avec eux jusqu'à ce qu'ils soient complètement consumés.

Au Bois d'Argent, dès avant la nuit, les rossignols déployaient leurs filigranes. Assise sur les marches de la terrasse, Nina citait Zochtchenko : « Ils veulent bouffer, alors ils chantent. » Mary Vakhtangovna l'épiait de loin et voyait que les choses n'étaient pas si simples : sa fille, croyait-elle, était de nouveau amoureuse. Une fois de plus, elle n'était plus de trop dans le « jardin aux rossignols ». Nina suivait des yeux le vol des lucioles. Certaines surgissaient en plein sous son nez, allumaient leur petite lanterne, s'attardaient une fraction de seconde dans une méditation à la Diogène, puis se confondaient avec l'obscurité. Leurs petits éclairs jaillissaient dans tout le jardin, montaient jusqu'aux cimes des arbres. Imitatrices fugaces des planètes. Je lui dirai de dessiner un paysage naïf de cette sorte : « Nuit de l'été naissant avec lucioles ». Qu'il fasse un effort. Moi, j'y ajouterai un chant de rossignol. Ce sera quelque chose de primitif, la pitoyable pitié humaine, l'adieu à la guerre.

Mary et Véronika se tenaient non loin d'elle sur un banc, suivaient des yeux les fillettes qui allaient et venaient, causaient à mi-voix. La mort de Nikita les avait de nouveau rapprochées.

— Regarde, ma chérie, dit Mary avec de très tendres aspirations à la géorgienne, tu vois ces buissons sous ma fenêtre ? Ce jour-là, juste à ce moment-là, j'en suis certaine, quelque chose m'a poussée vers la croisée. Nous venions de déposer les doubles fenêtres[1], nous avions tout ouvert... l'air, l'odeur du printemps... il m'a semblé que Nikita passait, ou plus exactement, non, il ne passait pas, il voguait, oui, voguait, posé sur le côté, à travers les buissons... Je suis certaine qu'il venait me dire adieu.

Véronika l'embrassait sur la joue, lui caressait l'épaule.

— Chère Mary, je ne veux encore le dire à personne, mais je vais peut-être bientôt partir pour l'Amérique.

— Et Babotchka ? Tu n'attendras pas son retour ? demanda la vieille dame que l'Amérique ne paraissait pas étonner.

— Il faut que je parte au plus vite, chuchota Véronika. C'est très important. Pour tout le monde. Boris aussi. Crois-moi, Mary, je ne me sauve pas seulement moi-même.

— Et qui croirais-je, sinon toi ? Tu es la mère de mes petits-enfants.

Elles s'embrassèrent et se pressèrent l'une contre l'autre. Jalouse, Nina vint les rejoindre. « Faites-moi une petite place au milieu ! » À présent, elles s'étreignaient à trois.

— Il y avait à l'enterrement une femme qu'il a aimée. J'ai voulu la retrouver, mais je n'y suis pas parvenue.

— Il faut la retrouver, dit Mary.

— Pourquoi ? — Nina haussa les épaules. — Il l'a aimée, il est parti. Il a brillé, il s'est éteint. Ainsi scintille toute la terre.

1. Dans toutes les maisons de Russie, on pose pour l'hiver des doubles fenêtres que l'on dépose au printemps.

## CHAPITRE DIX-NEUF

# *La couche d'ozone*

— Tsilia Naoumovna au téléphone ! — La voix de Marina, la fille des voisins, une élève de troisième parfaitement bien élevée, monta du couloir. Pendant ce temps, à la cuisine communautaire, les femmes continuaient, tableau banal, à se chamailler, à faire du boucan. L'immense appartement de la rue Fourman où logeaient douze familles plus une personne seule, Tsilia, poursuivait son remue-ménage de cuisine-toilette-couloir.

— Eh, Tsilia ! gueula de sa voix éraillée la principale virago de la communauté, Choura. — Dès le matin, elle était à son poste près de sa rondelle de gaz, toujours à remuer on ne sait quoi et à orchestrer la vie des autres. — Frappe à sa porte, Marina, je parie qu'elle n'entend pas.

Tsilia Rosenblum avait emménagé dans cet appartement, chez son père, en 1939. Avant cela, Kirill et elle avaient coulé quelques années heureuses dans la célèbre « Maison des Affaires » qui faisait l'ornement de la place Noguine, ex-Solianka. Cette maison, jadis port d'attache du grand commerce moscovite, asile des grandes firmes capitalistes d'avant la révolution, offrait alors son toit à une multitude d'organismes de la bureaucratie soviétique, des ministères, des services. Dans les années trente, plusieurs de ses couloirs qui conservaient du passé de grandes glaces d'hôtel et des portes d'ascenseur grillagées, appartenaient à l'agence du logement de la Fédération centrale des syndicats. Elle abritait dans ses chambres des permanents de moyenne importance. Et même la légende vivante de la Révolution, la célèbre Annka la Mitrailleuse sur le compte de laquelle courait le bruit affreux qu'elle avait eu sa fille, Zinaïda, d'un étranger ! Durant les nuits de 1937, les chemins en moquette des négociants d'autrefois, quoique passablement usés en vingt ans, avaient amorti bien des pas des organes *ad hoc*. Une nuit — c'était après l'arrestation de Kirill —, Tsilia avait été réveillée par le grincement ininterrompu d'une porte. Elle était sortie dans le couloir, plusieurs voisins s'y trouvaient déjà. Ils regardaient en silence Raïetchka Keller — huit ans, qui, avec un sourire figé eût-on dit non sur la bouche, mais sur la joue, se roulait contre la lourde porte de la chambre où elle demeurait avec son père, Ilya Keller, professeur de sciences sociales à l'Institut Pédagogique de Moscou. Cela faisait déjà plusieurs mois que Nioucha, la maman de Raïetchka, n'était pas rentrée de son travail, à ce même Institut. La chambre était plongée dans l'obscurité, on distinguait seulement les rideaux de cotonnette de la grande fenêtre qui se gonflaient au vent.

— Quelle idée de te rouler comme ça au milieu de la nuit, intervint Tsilia qui n'avait pas encore compris qu'il était survenu quelque chose de terrible.

— Je me roule... comme ça... répondit Raïetchka d'une voix triste et douce.

L'un des voisins voulut lui faire quitter sa porte, elle résista. Tsilia, qui ne comprenait toujours rien, pénétra dans la pièce. « Ilya ! Ilya ! » Pas de réponse. Elle aperçut alors, sur l'appui de la fenêtre, la trace d'une semelle en caoutchouc. Elle regarda en bas. Bras et jambes désarticulés, Ilya gisait sur le trottoir. À côté de lui, un chariot d'eau gazeuse, laissé là pour la nuit, fuyait.

Bref, on vivait. Mais en 1939, les chambres réservées au logement furent occupées par le Commissariat du peuple à la Sidérurgie. Tsilia reçut, sans plus de cérémonie, l'ordre de ramasser son barda.

— Retournez chez votre père, Rosenblum.

C'est ainsi qu'elle s'était retrouvée dans l'appartement de la rue Fourman, qu'elle s'était installée chez son très modeste « père Naoum », depuis vingt ans comptable à la direction d'arrondissement du logement, lequel consacrait tous ses loisirs à son occupation favorite, la confection de bottes — matière première fournie par le client —, ce qui lui rapportait quand même, que voulez-vous, quelques ressources supplémentaires. Et puis, un beau jour, toujours rue Fourman, Tsilia était restée complètement seule, si l'on omet, bien sûr, les douze familles voisines, parce que, ce jour-là, sans causer de souci à personne, le père Naoum avait déménagé vers des contrées inconnues où, peut-être, l'on n'a plus à baisser les yeux ni à traîner la savate avec de faux airs de vieillard.

Après la mort de son paternel, les voisins guignèrent la chambre de Tsilia, certains disant déjà haut et clair qu'elle disposait d'une superficie disproportionnée. « Quatorze mètres carrés pour une seule souillon, c'est un peu trop, ne trouvez-vous pas, camarades ? » Ainsi, par exemple, s'élevait la voix de la notairesse Narychkina. Si étrange que cela paraisse, ce fut la mère Choura qui tira Tsilia d'affaire. Elle s'amena un soir avec un demi-litre de vodka. « Buvons au repos de son âme, ma fille. » Les larmes coulaient sur la figure pleine de verrues de la voisine pas encore si vieille. « Ah, Naoum, Naoum ! ne faisait-elle que répéter en reniflant. Ah, Naoum, Naoum ! Crois-moi si tu veux, Tsilia, je n'ai jamais dit à personne qu'il fabriquait des bottes en douce. » Elles vidèrent leur demi-litre dans les bras l'une de l'autre et, à partir de ce jour-là, plus personne ne parla de superficie. Nul n'était plus puissant que la mère Choura dans l'appartement.

« J'arrive, j'arrive ! » Tsilia se précipita dans le couloir sans sa jupe, s'en aperçut, se re-précipita d'où elle venait, tortilla un drap autour de son gros popotin, ce qui reforma, comme disait Staline, « un typique ça-ne-va-pas », ressortit, revint, se démena au milieu de ses innombrables bouquins jusqu'au moment où lui vint l'idée salvatrice d'enfiler son manteau.

Un rire grossier s'élevait dans le couloir. Près de la porte palière, ce petit voyou de Sranine ajustait des rayons à son vélo piraté. Chaque fois qu'il apercevait Tsilia, ce petit con curieusement fier de son nom dégueulasse[1], entamait avec un accent juif à couper au couteau une chansonnette antisémite alors à la mode :

*La petite vieille a traversé*
*La rue sans se presser,*
*Mais voilà que s'est pointé*
*Un malabar de policier.*

La mère Choura avait beau le tancer et même le menacer de son balai, il menait imperturbablement son chant admirable jusqu'à sa conclusion :

*Vous m'avez entendu siffler*
*Vous n'avez pas obtempéré*
*Il va donc falloir payer*
*Trois roubles, le prix du PV.*
*Ah ! Mon Dieu, mon Dieu !*
*Moi qui suis si pressée !*
*C'est le congé de mon vieux,*
*Alors moi, je lui ai acheté :*
*Un poulet de grain,*
*Un petit pain,*
*Un peu de beurre et de cumin*
*Je n'en donnerai à personne,*
*Tout ça, c'est pour mon homme !*
*... Il n'y a que le poulet de grain*
*Dont je goûterai un brin.*

1. Sranine : étymologiquement Le Chieur.

— Un artiste, disait avec un secret orgueil le père Sranine, garçon de bains de son état, s'il se trouvait à proximité au terme de ces couplets.

L'adolescent Sranine, sa chanson achevée, oubliait aussitôt la « juive Tsilia » et se mettait à supputer son prochain vol à l'arraché rue Srétenka. C'est à ça que lui servait son vélo.

Entre-temps, la voix de rogomme de Nadia Roumiantseva, qui appelait d'une cabine téléphonique, montait :

— Dis donc, Tsilia, si tu me fais poireauter ! Y a de quoi crever ! Je parie que tu t'es encore pointée dans le couloir sans rien sur les fesses !

Après s'être découvertes, devant la porte de la prison de Lefortovo, tout au début de la guerre, Tsilia et Nadia étaient, malgré les énormes différences de leurs conceptions politiques et philosophiques, devenues inséparables. Nadia tirait constamment d'affaire la pagayeuse marxiste. Un jour, elle arrive et la trouve près de sa rondelle de gaz. Cette idiote lit comme toujours un ouvrage du « crétin de Simbirsk[1] » tout en préparant, voyez-vous ça, son dîner, et plus précisément « huilant » sa poêle avec la stéarine d'une bougie et y déposant des pelures de pommes de terre qu'elle a trouvé à emprunter. Elle ne s'est inscrite dans aucun magasin et ne sait même pas comment ça se pratique : ses cartes d'alimentation se périment pour rien. Concrètement, sa situation est des plus paradoxales : on l'a mise à la porte de l'Institut des Syndicats dès avant la guerre en tant qu'épouse non repentie d'un ennemi du peuple et, bien entendu, on ne l'accepte plus nulle part. Libre de toute attache, elle vit des vacations que lui procurent les Conférences communistes, lesquelles, bien entendu, les charognes marxistes, ne veulent pas entendre parler d'inclure une isolée comme elle dans leur système. Bref, tu peux crever, on ne veut pas le savoir.

Nadia Roumiantseva, de son côté, étant depuis de nombreuses années correctrice à la *Pravda*, touche une paie microscopique, mais aussi une bonne carte B qui lui permet de se ravitailler à gogo.

Bon, en somme, tant bien que mal, elle avait au moins réussi à faire inscrire son amie à la boulangerie où celle-ci percevait ses quatre cents grammes de pain noir. Elle les avait tout simplement pris à la gorge, au Comité exécutif d'arrondissement, leur avait fait le coup de la démagogie. Voilà une femme qui sème la bonne parole du Parti, et vous la faites mourir de faim ? Puis elle avait

1. Ville natale de Lénine.

mis cette bêtasse en rapport avec une princesse locale qui dirigeait la cantine de l'Enseignement supérieur de la Morosséika, Goudial Lioubomirovna Mégapolis : voilà, Goudial Lioubomirovna, cette camarade pourra rédiger les devoirs de votre fille Ossanna dans le ton du patriotisme le plus ardent. Goudial Lioubomirovna avait chantonné : « Cu-ri-eux... », longuement examiné le paquet de cartes d'alimentation sans objet de Tsilia, l'avait secoué comme une volaille abattue, puis avait proféré avec un sourire inattendu, large, clair :

— Venez avec votre bidon par la porte de derrière en énonçant votre prénom. Mais pas votre nom de famille, je vous en supplie.

Et Tsilia recueillit presque régulièrement dans son bidon de la soupe de lentilles, et parfois même ce liquide fort nourrissant dénommé « soufflé ». La soupe de lentilles, il fallait, bien sûr, la laisser reposer. Au bout de trois heures, toutes les saletés se déposaient au fond et les graines alimentaires faisaient surface. Le « soufflé », on le consommait séance tenante, parfois même avant d'arriver chez soi. À propos, la même Nadia Roumiantseva, fouinant dans les coffres à grain de feu Naoum, avait découvert un carnet de caisse d'épargne d'un montant assez coquet, résultat des activités clandestines du titulaire, puis elle avait insisté pour que Tsilia régularisât ses titres à l'héritage.

Et à propos, toujours la même Nadia Roumiantseva, avant tout ce tralala des cartes d'alimentation, avait réussi à sortir Tsilia d'un bref, mais presque catastrophique départ en évacuation où elle avait été à deux pas de dire adieu à sa « vie protéique », dans la maudite gare de Rouzaïevka, mais ceci est une autre histoire qui n'entre pas dans notre présent roman.

Nous voulons seulement indiquer ici que, dans le monde des réalités objectives, Tsilia avait eu beaucoup de chance. Elle avait trouvé une amie forte et pure qui lui apportait tout ces bienfaits. Elle les lui apportait et elle en recevait, souhaitons-nous ajouter, car bien que Tsilia ne fût pas d'une grande utilité pratique, la générosité de Nadia lui apportait à elle-même ses bienfaits en sa vie solitaire. Celui qui donne reçoit toujours quelque chose en échange, même si, bien souvent, il ne s'en aperçoit pas. Elle, elle s'en apercevait.

Elle avait depuis longtemps renoncé à retrouver son mari, s'était résignée à la perte du « bouillant Piotr », mais jamais elle ne rembarrait son amie lorsque celle-ci reprenait l'énumération de ses innombrables déclarations et appels en faveur du sien. La vie privée de Nadia ne s'était pas arrangée du tout. Et tout semblait dire qu'elle pouvait faire une croix dessus, tirer un trait, la mettre dans sa poche et son mouchoir par-dessus, comme vous voudrez. « Qu'est-ce que tu veux qu'on espère, nous deux, Tsilia ? disait-elle. Déjà que les minettes ont le diable au corps, se jettent sur les béquilleux et les hommes-troncs, alors, à qui veux-tu que fassent envie de vieilles peaux comme nous ? » En disant cela, c'est à elle-même qu'elle pensait. Tsilia n'avait même pas l'air de trop comprendre de quoi il s'agissait. Sa vie sexuelle avait pris fin comme un argument épuisé avec le départ de Kirill. Parfois, pourtant, les jambes ramenées sur leur lit, elles fumaient dans le noir et parlaient de leurs maris, leur allure, leurs vêtements, leur voix, leurs mots favoris, les instants romantiques qu'ils avaient vécus et même certains détails intimes, parfois même très intimes. Alors, lui... Alors moi aussi... Et toi ? Alors ?... Alors moi, je l'avoue, j'ai été étonnée...

C'était, ma foi, les instants les plus sacrés de Nadia Roumiantseva. À ces moments-là, c'est tout simple, elle adorait sa Tsilia. Elle en oubliait même sa petite odeur fétide, son éternelle vulvo-vaginite.

— Et alors, et alors, et alors, et alors ? craqueta Tsilia. — Depuis quelque temps, elle faisait ainsi des crises d'hébétude : elle s'accrochait à un mot et s'en servait pour craqueter à l'infini comme une insensée. — Et alors, et alors, et alors, et alors ?

— Ma petite Tsilia, tu ne vas pas me croire, mais il vient de se produire un événement sensationnel ! — La voix de Nadia trahissait une émotion violente qui ne lui était guère habituelle. — Nous avons une visite ! Le zootechnicien Lvov. Ce qui compte, ce n'est pas qui est ce zootechnicien Lvov, c'est qu'il revient de là-bas. D'où, là-bas ? Tu ne comprends pas, bécasse ? Bref, il vient, il sera là à six heures et nous racontera tout. Nous racontera quoi ? Tsilia, pas au téléphone. Viens et tu sauras tout. Habille-toi convenablement. Mets la jupe bleue que je t'ai donnée. Sans faute, la bleue ! Et des bas blancs. Compris ? Et puis, lave-toi comme il faut, compris ? Fais chauffer de l'eau et lave-toi des pieds à la tête, compris ?

Tsilia qui, bien entendu, n'avait rien compris du tout, fit quand même ce qu'on lui disait : alla à la salle de bains, frotta tous les replis de son corps et caressa même un instant sa lourde poitrine. Une petite flaque d'eau coula jusque dans le couloir de sous la porte de la salle de bains abandonnée que, depuis belle lurette, les locataires n'utilisaient plus que pour leur lessive. La notairesse Narychkina y tempêtait déjà : voyez-moi ça, je vous prie, ne serait-il pas temps de penser à certains qui enfreignent les règles de l'hygiène ?

À six heures, en jupe bleue, chaussettes blanches, et aussi veston en velours côtelé de son père, Tsilia arrivait rue Zoulov où, dans un sous-sol avec entrée privée ( !), demeurait son amie Nadia Roumiantseva.

Le zootechnicien Lvov occupait de sa personne tout un côté de la table, il était invraisemblablement large, mais non pas gros. En voyant entrer une nouvelle dame, il se leva et emplit aussitôt la moitié de la piaule : il était formidablement grand, bien que nanti d'une toute petite tête, de mains menues, féminines, et de pieds délicats chaussés de bottillons élégants (presque du « père Rosenblum », se dit Tsilia). Dans l'ensemble, un très bel homme, imposant, parfait représentant de l'ingénierie technique de notre pays. Le cheveu blond, court, l'œil slave déjà un peu embrumé par un alcool pur et sain, mais là aussi de manière convenable.

« Ça doit être un sans-parti », pensa Tsilia au moment où il lui baisait la main. Elle ne se trompait pas. Le zootechnicien Lvov avait tiré cinq ans pour un délit de droit commun, avait été libéré avant la guerre (chef d'accusation rapporté faute de preuves) et était à présent volontaire, fana du Grand Nord, directeur adjoint du sovkhoze d'élevage « La Voie d'Octobre » qui se trouve près de Séimtchan, zibelines et renards argentés. Il racontait des merveilles sur ce pays d'où il arrivait en permission. Vadim Kozine lui-même vient y chanter, les filles ! *Rappelle-toi, Sachka, nos rendez-vous au parc du bord de mer...*

La Kolyma, les filles, c'est l'or, la forêt, la fourrure, des salaires colossaux avec prime polaire ! Vous savez combien je ramène d'argent ? Je n'en sais rien moi-même. Servez-vous, je vous prie ! D'un gros sac posé derrière sa chaise, il déversa des tablettes de chocolat américain de toutes les dimensions. L'Amérique est à deux pas de chez nous, mes mignonnes. Le prêt-bail passe par chez nous par avions, par bateaux entiers !

Et vraiment, une merveilleuse odeur de confort américain montait de la minuscule cuisine où Nadia faisait frire le jambon *made in USA* que Lvov avait apporté avec des pommes de terre et des oignons de Moscou. On parle de vitamines, poursuivait le visiteur. Certains affirment qu'à la Kolyma l'avitaminose fait des ravages. N'en croyez rien, les filles ! Regardez mes dents : quarante ans et pas une carie ! Je n'ai jamais souffert du scorbut même au c... enfin, en somme, même dans des conditions difficiles. Et pourquoi ? Parce qu'en été la Kolyma devient un inépuisable réservoir de vitamines. Les collines sont toutes rouges d'airelles, il y a des monceaux de noix de cèdre. On en engloutit tellement que ça vous fait des réserves pour tout l'hiver. Et notre hiver, vous savez ce que c'est ?

*Eh, Kolyma, ma Kolyma !*
*Merveilleuse planète*
*L'hiver y dure douze mois*
*Puis de l'été c'est la fête !*

Enfin, ça, c'est du folklore. En hiver, il faut boire du genièvre, un truc au poil ! Nous en mettons même dans l'alimentation des animaux, et qu'est-ce que vous croyez ? Leur fourrure est plus fournie, et aux enchères internationales en livres sterling, en des tas de livres sterling, les filles, en livres, livres, kilos, quintaux sterling, sterling, sterling...

Par instants, ses yeux bleus devenaient vitreux et sa main dansait toute seule sur la table à la recherche du flacon de la limpide boisson. Dès qu'il avait bu, le zootechnicien se mettait à manger avec une certaine fébrilité, à déchirer de ces dents dont il était si fier le saumon salé généreusement amoncelé sur la table. Et le poisson, le poisson ! Celui-ci, je l'ai pêché moi-même. Tu entres dans le ruisseau jusqu'au genou et tu le sors à la main. C'est ça, la Kolyma !

— Camarade Lvov, ne pourriez-vous pas... commençait Tsilia (dans la poche de laquelle il y avait une lettre toute prête, sans adresse, mais avec le nom du bien-aimé sur l'enveloppe)... ne pourriez-vous pas... Mais là, Nadia arrivait avec des suppléments culinaires tout frais.

— Allons, allons, les filles, ça ne va pas, ça ! — Tout en riant, Lvov remplissait les petits verres d'alcool qu'il teintait de « Trois Sept[1] » — Moi, je bois, vous, vous vous contentez de manger. Tant qu'à goûter au poison, il faut que ce soit ensemble ! Buvons à l'amitié ! Au bonheur futur des présents et des absents !

Nadia Roumiantseva était méconnaissable : toute rouge, rajeunie, on aurait dit une komsomol du premier quinquennat. Les joues en feu, de vraies petites pommes, un pur Déneika[2].

— Regarde, regarde ce qu'il m'a apporté, Tsilia ! s'écria-t-elle en la sortant de son tablier. Une lettre de Piotr. Il est sain et sauf et travaille à son élevage. Je ne sais pas, je ne sais vraiment pas ce que je peux faire pour toi, zootechnicien Lvov ! — Et elle s'asseyait sur le long genou de son invité et lui ébouriffait les cheveux. — Allez, oh, là, là, Tsilia, demande-lui de se renseigner sur le tien, il connaît tout le monde à la Kolyma.

Tsilia sortit sa précieuse lettre de sa poche en velours :

— Je voulais justement vous demander, camarade, si cela ne vous dérange pas, si vous en trouviez par hasard l'occasion... Mon mari qui est sans aucun doute victime d'une grave erreur... bref, on dit qu'il est sans droit à la correspondance, mais cela ne figure pas à son dossier, donc, officiellement, il y a droit, quoique...

— Allons, allons, ma petite Tsilia ! — D'une main, le zootechnicien caressait le dos de Nadia Roumiantseva, l'autre, presque amicalement, presque en guérisseur, il la passa sur toute l'épine dorsale de Tsilia, de la nuque à la croupe. — Allons, allons les filles, ne pleurnichez pas ! — Il s'empara de la lettre de Tsilia, jeta

1. Marque de porto.
2. Alexandre Déneika (1899- ?), graphiste, peintre et caricaturiste, inspiré par les sujets sociaux et d'actualité, très prisé par le pouvoir.

un coup d'œil au nom et, hochant le menton : — Ça gaze ! On la lui fera passer, à Kirill Gradov !

— Quoi ! s'écria Tsilia en bondissant et se prenant le cœur par-dessus, au-dessus des seins et par-dessous, au-dessous des seins. Vous le connaissez ?

— Si curieux que ça paraisse, figurez-vous que oui ! fit l'autre, éclatant de rire. Et il connaît Piotr, ils sont même inséparables. Mais ces jours-ci, il a été détaché en mission libre à Soussouman. C'est moi qui l'y ai provisoirement expédié pour empêcher les autorités de lui chercher la petite bête. Il y sera très bien, ne t'en fais pas, ma petite Tsilia. Il est intéressant, ton Kirill, un homme très bien.

Pour échapper à un vertige croissant, Tsilia avala cul sec un verre de liquide ambré, brûlant. Un souffle de bravoure, quelque chose comme une marche d'enfance de plus en plus sonore, s'était emparé d'elle. Il est vivant ! Mon gamin est vivant !

— Zootechnicien Lvov, vous êtes un ambassadeur inouï, tout simplement fabuleux, si ce que vous dites est vrai, disait Nadia Roumiantseva, fondant sous la main masculine de son invité qui l'entraînait déjà derrière le rideau où se dressait sa couche solitaire et plus ou moins défoncée. — Ils tirèrent le rideau, le lit s'en fut à la dérive.

« Et voilà le travail », ponctuait en s'échinant le zootechnicien Lvov. « Et voilà le travail ! » s'égosillait Nadia Roumiantseva, tel un rossignol. « Ne t'en va pas, Tsilia ! » s'écria-t-elle entre deux roulades.

Tsilia ne songeait nullement à s'en aller. Sans le moindre intérêt pour la partie de bascule qui se déroulait derrière le rideau, elle faisait les cent pas dans le sous-sol, la cigarette entre les dents, puis la cigarette éloignée, la fumée montant de la bouche comme d'un haut fourneau porté au rouge. De l'autre côté de la fenêtre passaient parfois, à la lueur du réverbère, des sandales éculées et leur collection complète d'orteils engourdis.

Alors, tu es vivant, se disait Tsilia. Alors, c'est moi qui avais raison et pas ceux du Bois d'Argent. Alors, nous nous reverrons, nous nous enguirlanderons encore à propos du programme d'Ehrfurt, et nous démolirons ensemble le relativisme de Spengler !

« Plus haut, plus haut, plus haut ! » psalmodia-t-on à deux voix derrière le rideau. Plus haut ? Ce n'était pas possible. Le triomphe de l'aéronautique !

Qu'y a-t-il ? Nadia Roumiantseva venait de sortir, le museau radieux, on aurait dit sa propre et inexistante fille. Elle s'introduisit les pattes dans une petite culotte rouge qu'auparavant on ne lui connaissait pas.

— À toi, Tsilia ! Allez, allez, bêtasse, ça ne sera pas une infidélité ! Voyons, c'est un ami, un grand ami qui vient nous voir.

— Ça non, très peu pour moi ! Qu'est-ce qui vous prend, camarade ? Camarades, camarades !

Tsilia résistait, mais la petite main du grand ami tendue derrière le rideau à renoncules cramponnait déjà l'ourlet de sa robe. « Ah, Tsilia, tu ne comprends donc pas ? La guerre est finie et la prison aussi. »

Un peu calmés, tous trois faisaient la navette le long de la rue Kropotkine plongée dans la nuit : jusqu'au Palais des Soviets et retour.

— Isadora Duncan a habité ici, fit Tsilia en vraie Moscovite, désignant une maison au zootechnicien Lvov. Avez-vous entendu parler de cette célèbre animatrice de la révolution esthétique ?

— Par rapport à Serguéi Essénine seulement, dit l'homme de la Kolyma en citant, à la surprise des dames :

*Même si un autre t'a bue*
*J'aurai connu, j'aurai connu*
*La fumée automnale de tes cheveux*
*La fatigue automnale de tes yeux.*

Tous trois avaient les cheveux mouillés et lisses. Pour la première fois depuis des années, il y avait autour d'eux une couche d'ozone de fraîcheur et d'espoir.

— Dites-moi, Lvov, fit Nadia Roumiantseva en tenant, en mondaine consommée, sa cigarette dans sa main à demi ployée, ça ne vous fait pas peur de transmettre les messages des ennemis du peuple à leurs femmes ?

— Si, dit le zootechnicien Lvov. Mais il n'y a pas que la peur au monde.

## CHAPITRE VINGT

# *La Voie d'Octobre*

C'était en octobre 1945. Dans la cathédrale d'Elokhovo, on disait un *Te Deum* pour la fin des hostilités, l'écrasement du féroce ennemi allemand et la victoire sur le Japon. L'officiant était monseigneur Nicolas, métropolite de Moscou en personne. Le chœur était celui du Bolchoï, il y avait aussi des solistes, artistes du peuple d'URSS.

— Mes frères, élevons vers le Seigneur qui nous a octroyé la victoire en cette grande guerre, notre action de grâce ! Chantons la gloire de notre héroïque Armée et de son chef, le grand Staline !

Superbe entrée du chœur :

*Gloire, gloire, terre bien-aimée*
*Gloire, gloire ô Patrie sacrée !*

— Tu te souviens d'où ça vient ? murmura Kevin à Véronika.

— Bien sûr : d'*Ivan Soussanine*, de Glinka.

— Avant, cet opéra s'appelait *La Vie pour le tsar*, lui rappela-t-il, et les paroles n'étaient pas les mêmes :

*Gloire, gloire, tsar de Russie*
*Par le Seigneur trois fois béni !*

Elle lui sourit par-dessus son épaule sur laquelle reposait un renard argenté surchoix.

Kevin avait récemment pris sa retraite et s'était transféré de la tenue du Pentagone dans ses longs complets marron ou gris et, de même, dans un souple pardessus d'alpaga. Ils passaient des jours entiers à quitter l'URSS. D'abord à Stockholm, puis à Londres, et ensuite vers les gazons tondus du Connecticut.

Je devrais m'abandonner à l'émotion et y aller de ma larme, se disait Véronika, car je suis en train de dire adieu à ma Patrie. Non, je ne peux pas, pas moyen d'exprimer un pleur, je ne sens pas la Patrie. Prier pour le gros Cafard ? Pardon, ce sera sans moi.

L'office se déroulait superbement, mais le clergé avait la mort dans l'âme. Seul y assistait le corps diplomatique et quelques rares hommes de science et des arts et lettres. Aucun des hauts dignitaires que l'on attendait ne s'était présenté. On rappelait à l'Église qu'elle était séparée de l'État.

À l'automne 1945, à la Kolyma, l'embâcle fut précoce. Dès octobre, aux endroits exposés, une puissante bise vint balayer la neige déjà durcie et tourbillonner contre les roches tel le ressac contre un parapet. Dans certaines gorges, toutefois, la verdure demeurait intacte, les pentes des mamelons étaient bleues ou pourpres de baies trop mûres, la neige qui tombait tout uniment, comme à l'Opéra, fondait aussitôt contre les sources chaudes. C'est là qu'affluaient les ZEK « libres » pour s'y « bourrer » de vitamines pour tout l'hiver. Ils ingurgitaient aussi de l'eau des ruisseaux qui y serpentaient : on disait qu'elle avait un effet miraculeux.

Parfois, le même bienfait échoyait à la main-d'œuvre ordinaire, c'est-à-dire sous escorte, ceci, lorsqu'elle tombait sur des gardiens humains. Par exemple, Vania Notchkine, un « péquenot de Riazan », comme il s'appelait parfois lui-même avec complaisance. Quand il convoyait quelques « anti » à la relève de nuit du sovkhoze d'élevage, il lui arrivait souvent de s'arrêter dans cette sorte d'oasis sous prétexte de pisser ou de s'accroupir un brin, et de laisser sa main-d'œuvre brouter des baies. Accroupi et gémissant, il contemplait les rayons du couchant sur la terre sauvage, imaginait son retour chez lui après la « classe » et les craques qu'il monterait au village comme quoi il s'était battu contre les Japonais.

Mais, ce soir-là, on passa au-dessus du défilé droit à travers la tempête de neige vers les lumières du sovkhoze. Pas un seul des « anti » ne vint souffler à Vania que ça ne leur ferait pas de mal de se soulager. La douzaine d'hommes jambonnait gaillardement, presque sans parler, comme si elle avait eu peur d'être en retard au boulot. Dans l'ensemble, ils ne souffraient pas de la faim, ils étaient aptes au travail, ils s'étaient suralimentés et réchauffés à fond auprès des animaux.

Parmi cette douzaine-ci, cheminait Kirill Gradov — quarante-trois ans. Avec son bonnet à oreilles, sa veste, son pantalon matelassé et ses robustes bottes de fourrure, il avait l'allure d'un petit gibier des tribunaux de droit commun et certainement pas d'un meurtrier. Il en était arrivé là à la fin de la huitième année de sa peine, mais que d'émotions avaient précédé, que d'agonies et que de renaissances, de pourriture abominable !

Quand il s'était retrouvé aux camps de la Kolyma, ce que l'on appelait le « règne de Garanine » touchait à sa fin. Le colonel de ce nom, un désaxé, se baladait dans la mine le pistolet à la main et chaque soir, lors du rassemblement, les gueules de porc de la garde braillaient les noms des prétendus saboteurs que l'on descendait séance tenante, sans tortiller, au coin de leur baraque. « Nous deux, Gradov, avec la peine de réclusion que nous avons purgée, nous n'avons aucune chance, lui disait Piotr Roumiantsev, sa connaissance de Moscou et voisin de châlit. Ne comptez pas sur une vieillesse dorée et des soirées au coin du feu, un Aristote sur les genoux. »

Mais soudain, au début du 1940, un autre vent souffla sur le Sevlag : il fallait préserver la main-d'œuvre. Garanine disparut et Gradov et Roumiantsev réchappèrent provisoirement. Au cours des tris perpétuels du camp, ils se perdirent de vue et s'oublièrent, sans soupçonner, c'est sûr, qu'un an et demi plus tard, leurs femmes, ou comme les prisonniers disaient souvent non sans humour, leurs « veuves », se rencontreraient dans la queue à la prison de Lefortovo et deviendraient amies intimes.

Kirill fut affecté à la mine d'or Zolotisty située à cent ou deux cents kilomètres à peine du marécage infernal de Zelenlag, le camp spécial pour criminels d'État particulièrement dangereux où, au même moment, s'efforçait de survivre son frère Nikita, l'orgueil de la famille.

On aurait peine à dire quels avantages avaient les prisonniers ordinaires du Sevlag par rapport aux prisonniers sans espoir du Zelenlag. Au Zolotisty, Kirill devint très vite un « crevard », déjà le brouillard régnait dans sa tête, mais, peu avant la guerre, une brise un peu moins coruscante souffla, et au lieu de la morgue il se trouva dans un « centre de convalescence » où on lui fit manger une graisse d'animal marin horriblement puante, mais assurément bénéfique.

À peine s'était-il requinqué, que la guerre commença et qu'un colossal balai de fer vint racler la Kolyma, un furieux ouragan d'instructions sans cesse renouvelées sur le régime et la vigilance à renforcer envers les traîtres, terroristes, opposants, valets du fascisme et trotskistes, allez vous y retrouver. Soulevé par ce balai de fer, Kirill fut projeté à la Serpentinka, un lieu qui, déjà sous le « règne » de Garanine, vous glaçait le sang. On y respectait saintement les traditions du tchékisme le plus martial, même si l'ordre d'exécuter les gens au coin des baraques n'était pas encore arrivé. De nouveau et très vite, Kirill fila un mauvais coton, de nouveau le hasard le sortit de la masse dépérissante qui ne mâchait plus que faiblement de ses bouches mortes. Cette fois, ce fut l'infirmier Stasis : il le prit comme aide.

C'est ainsi que Kirill Gradov, licencié ès sciences marxistes, avait été trimbalé huit ans de suite par les chemins du marxisme appliqué. Tantôt le couvercle de la canalisation se refermait sur lui et il filait vers la dissolution définitive dans la chaux chlorée, tantôt il revenait faire surface en petite bulle insignifiante. De la mine, il passait au paradis terrestre, une tiède vallée, manœuvre à l'atelier de salaison. Des choux ! Des navets ! Ou voilà qu'au cœur de la famine de 1943, il recevait des mains d'une cuisinière compatissante une timbale d'un demi-litre pleine à ras bord de levure ! C'est que ses yeux plaisaient aux bonnes femmes repues de ce mitan de cauchemar. « Ces yeux que tu as, bonhomme ! Qu'est-ce que tu fous planté là comme un étranger ? Ne refroidis pas la crèche. »

Il y avait, dans la destinée carcérale de Kirill, un curieux détail, un détail dont il n'avait lui-même pas très bien conscience et, pour son bonheur ou son malheur, la direction du camp non plus. En 1937, après que les tchékistes se furent acharnés sur lui deux semaines de suite, on l'avait traîné au tribunal dit « de la troïka[1] » et débité sa condamnation en un tournemain : dix ans de travaux de rééducation sans droit à la correspondance. Ensuite, tout avait suivi comme pour un ZEK ordinaire : les prisons de transit, les convois, l'arrivée à la Kolyma. À l'époque, il savait parfaitement ce que signifiait la formule : *sans droit à la correspondance*, cependant, plus cela allait, plus il s'enfonçait à l'est, plus il lui semblait que cette sinistre « notule » s'était perdue quelque part.

Lorsque, devant les portes de Lefortovo, Nadia Roumiantseva avait dit : « Je ne serais pas étonnée que ce soit le même bordel que partout ailleurs », elle n'était pas loin de la vérité. Le plus probable, c'est que la « notule » avait été oubliée dans une des sous-chemises du dossier de Kirill et n'avait pas été déménagée dans les suivantes. Sur certaines listes, il figurait sans doute comme « liquidé », sur d'autres, il touchait l'ordinaire du camp à titre d'élément de main-d'œuvre courant. Un jour, il décida de tenter sa chance, il écrivit une lettre à Tsilia. Il ne reçut pas de réponse, mais deux ans plus tard, alors qu'il était à l'abattage de Soudar, le camion-poste lui balança droit dans les mains un colis qui lui produisit — nous mesurons nos termes — l'effet d'une météorite en or. Le colis contenait un mot tracé de l'écriture « pseudo-gothique » de Tsilia, comme ils disaient en plaisantant, duquel il conclut que sa lettre à lui était parvenue sans encombre, mais que ses précédents envois à elle, soit s'étaient évanouis dans l'inconnu, soit avaient été refoulés.

Cela vaut-il la peine de courir le risque, se demandait-il, de la tracasser, de ramener au jour la sinistre « notule » ? Qu'elle vive comme si j'étais mort, qu'elle se trouve un mari, après tout, je ne suis plus tout à fait vivant, même si je me suis habitué à cette non-vie et si la « notule » m'effraie encore.

1. De trois instances : généralement du Parti, du ministère et de la police.

Un beau jour, il s'avoua que ses fréquents recours à la masturbation avaient repoussé Tsilia aux confins de sa mémoire. Les jeunes hommes en pleine sève enfermés au camp réglaient leur problème sexuel d'une façon simple et fervente. Cela s'appelait « faire un tour derrière le bouilleur ». La nuit, une demi-heure avant l'extinction des feux, derrière le réduit où se trouvaient deux grands ballons d'eau chaude toujours gargouillants, on était sûr de trouver un groupe, parfois une foule de ZEK, le regard rêveusement fixé au ciel. On entendait des plaintes, parfois des rugissements ; chacun plongeait dans son imaginaire. Chose curieuse, Kirill ne voyait jamais sa femme, mais pour la peine, dans ces voyages, surgissait une fillette mince et bronzée qui ressemblait à sa sœur, à moins que ce ne fût vraiment elle.

Certains ZEK, plus marles que les autres, se débrouillaient pour se faire des connaissances dans le secteur libre et, grâce à elles, pour organiser leur correspondance. Kirill ne l'avait pas tenté une seule fois. Il lui arrivait de s'avouer à lui-même qu'il n'avait plus envie qu'on le comptât pour vivant là-bas, dans ce monde où se trouvait son père et les lueurs de bonté de ses yeux, debout au milieu de la maison qui lui ressemblait et à laquelle il ressemblait aussi, où sa mère le traîne en commentant : « Kirill-Petite bille ! Non, mais quelle petite bille ! » Mon frère est sûrement mort, qu'est-ce que j'irais faire chez les vivants ? Pourquoi m'humilier *une fois de plus*, me glorifier d'être resté vivant à sa place, leur dire : hé, hé, ne vous laissez pas abattre, Nikita-Kita est mort, mais moi, Kirill-Petite bille, je vis encore ! Voilà quelles étranges pensées lui passaient parfois par la tête, mais aussitôt il se reprenait et les imputait à l'avitaminose.

D'ailleurs, bien souvent, il lui semblait que, vivant, il ne l'était plus. Il était tout à fait possible que la « notule » ait été suivie d'effet dès 1937 et que je ne m'en sois pas aperçu, abruti que j'étais par les coups. Peut-être qu'on m'a jeté dans la fosse commune et couvert de chaux vive et que ce qui m'arrive maintenant n'est que l'abolition progressive de la conscience ou le contraire... Quoi, le contraire ? Que peut être le contraire ?

Eh bien, qu'au contraire, mon existence actuelle ne soit que le début de quelque chose de grandiose, le passage douloureux vers la féerie de la vraie vie et vers le règne immatériel de la liberté et de la beauté ?

Dans les deux cas, que signifie notre chemin ici-bas, avec ses triomphes et ses échecs, avec son champagne et sa chaux vive ? Qu'est-ce que cela veut dire ? Tout le marxisme ne revient-il pas simplement à éluder la question ? Tout l'élan révolutionnaire que j'ai vécu avec une telle passion, une telle fidélité, ne serait-il qu'un faux-fuyant ?

— Qu'en dis-tu, cela a-t-il un sens ? demanda-t-il un jour à l'infirmier Stasis. Le robuste Lituanien de Memel semblait, de tout son aspect, démentir l'irréalité de la vie des camps. Chaussé de skis de sa fabrication, il glissait sur la neige, traçait sa route d'une tournée à l'autre. Et les « crevards », voyant émerger de la tempête de neige le skieur à la large carrure, aux longs bras, aux sourcils couverts de la mousse blanche du givre, aux yeux rayonnants et gris, aux couleurs qui leur rappelaient les bouvreuils de leur enfance, s'ébrouaient, afin de vivre un jour de plus, afin de connaître un rêve vivant de plus.

— Pardon ? — Stasis n'a pas compris la question et a brusquement pivoté vers son aide. Ils se trouvaient dans le vieux gourbi tout de guingois de l'infirmerie sous le toit duquel le vent s'infiltrait opiniâtrement dans tous les coins, gémissait. La neige se précipitait contre les vitres troubles. Dans un coin, sur le poêle, des seringues bouillaient. « Si tu écouter et aller faculté, disait souvent Stasis, tu être médecin, médecin ! Tu comprends, même au camp, médecin est médecin, pas ZEK ! » L'infirmier vouait à la médecine un véritable culte ; parmi le viatique qu'il traînait de tournée en tournée, il y avait le traité de chirurgie générale que le professeur B.N. Gradov avait écrit aux temps lointains où, récemment nommé à sa chaire, il avait découvert les lacunes méthodologiques de l'enseignement. C'est justement ce traité qui avait sauvé la vie à Kirill. Occupé à panser des gelures, l'infirmier Stasis était tombé sur un malade du nom de Gradov et lui avait demandé en riant s'il n'était pas parent du célèbre professeur. En apprenant que c'était son propre fils, il s'était jeté à son secours. Depuis, près d'une année avant que ne ressouffle l'« épidémie de la Kolyma », inséparables, ils avaient fait la tournée des exploitations forestières et des missions les plus lointaines, c'est-à-dire « imparti l'assistance médicale et les mesures d'hygiène » non pour la forme, mais pour de bon, pour faire quelque chose pour la population de ces « exploitations », de ces « missions » fantômes.

— La vie a-t-elle un sens ? poursuivait Kirill cette nuit-là au milieu de la taïga qui sifflait et hurlait à tous les échos. Nous avons toujours appelé cela des « questions maudites », Stasis, et nous avons pris l'habitude de les traiter par le sourire. « Les questions maudites des gamins de Russie », et ainsi de suite. Tout cela avec indulgence, jamais avec sérieux. Particulièrement dans ma famille, avec son positivisme XIX^e^ siècle, sa foi en le « génie humain », en la science... Tu comprends tout ce que je dis, Stasis ? Sinon, préviens-moi, je le répéterai, je peux même le faire un peu en allemand.

— Je comprends tout, dit brièvement l'infirmier Stasis.

À présent, il était assis le dos à Kirill et regardait droit devant lui, du côté du stérilisateur qui luisait faiblement sous l'ampoule.

— Tu comprends, on pourrait croire que cela pose un problème moral absurde que de devoir se battre pour ses idées, pour l'avenir, pour une société nouvelle, quand à la vie se substitue presque entièrement une littérature sur la vie, quand tu es assis autour d'une tasse de thé non seulement avec ta famille, mais avec le chœur des hommes qui forment le monde intérieur de l'intellectuel russe, d'hommes qui se sont mille fois posé la même question et lui ont répondu par le fait même de vivre dans un espace purement spéculatif. Même à la guerre, au sein de la mort, de la profanation continuelle, ordinaire, faite à la chair, cette question paraît déplacée, parce que la guerre est le lieu de passions, de sentiments homériques, d'une rituelle théâtralité. « Pour la Patrie ! » voilà le sens insensé de ces vies instantanément détruites. « Pour la liberté ! » et ainsi de suite, toute la musique, quoi ! La musique, Stasis ! Il n'y a qu'ici qu'il n'y en a pas, au bagne, aux camps, derrière sa brouette, dans sa baraque, devant son rata... Ici, plus de mensonges, rien que la décomposition des protéines, la mort de la littérature, la disparition de toutes les attitudes héroïques ou antihéroïques, on s'en va au trou, c'est tout.

— Ici aussi il y a, il doit y avoir musique, le coupa Stasis avec feu, mais aussitôt il se reprit, se tut.

D'une chiquenaude, Kirill envoya promener dans le poêle le mégot qui lui brûlait presque les doigts.

— Je sais à quoi tu penses, l'infirmier Stasis. La foi ? Les mythes du christianisme ? Je sais que tu es croyant, je t'ai vu prier. N'aie pas peur, je ne moucharderai pas.

— Je pas peur. Et ça pas histoires, Kirill.

Il s'était tourné vers lui et se tenait là, voûté, soulevant ses grandes épaules qu'on aurait dit chargées d'un sac, abaissant ses grandes mains où s'entrecroisaient de grosses veines, penchant sa figure chevaline.

— Eh bien, apprends-moi à croire, Stasis, demanda Kirill avec une passion qui l'étonna lui-même. Je sais que Marx est crevé, mais qui me prouve que Dieu est vivant, alors que tout dit le contraire ? Allons, ta leçon, l'infirmier !

— Tu veux boire un coup ? demanda Stasis en désignant d'un hochement de tête un flacon bouché à l'émeri qu'il tenait sous le coude.

— Non, refusa Kirill. Quand on boit, c'est facile, mais ça ne dure pas. Je voudrais essayer de croire... pour de bon... Allez... allez... raconte-moi ton histoire. Qui es-tu ?

Le vent avait dû casser une branche et la projeter contre les fils. La loupiote s'était éteinte. La petite lueur rouge, tremblotante, qui subsistait au poêle convenait on ne peut mieux à des confidences nocturnes.

Stasis descendait de la tribu baltique des Kurš établie sur les dunes éternellement ourlées par la mer entre Memel et Koenigsberg. Son père avait perdu une jambe à la Première Guerre mondiale et avait été contraint d'abandonner sa ferme et sa barque et à se trouver un autre gagne-pain, celui de gardien dans un couvent de franciscains. C'est là que s'était écoulée toute l'enfance de Stasis. Il avait été enfant de chœur, les moines lui avaient appris à lire et à écrire, lui avaient aussi enseigné la géographie, l'histoire et la biologie. Évidemment, il avait lu les Écritures en allemand et en latin. En outre, il avait fait du sport. Pardon ? Mais oui, du sport. À dix-sept ans, il faisait partie de l'équipe d'aviron du couvent. De sorte qu'il lui avait paru tout naturel de se faire moine. Se faire moine ? Merci ! Pas naturel, dis-tu ? Pardon ? Non, non, je voulais servir Dieu et j'étais heureux. J'étudiais la médecine. Mais oui, tout en étant moine, Stasis avait étudié la médecine. À l'École d'infirmiers. Cela, c'était déjà à Palanga, en Lituanie. Là, après la catastrophe, il avait été pris dans une rafle de l'Armée Rouge. Lors de l'établissement des listes, il avait dit qu'il était infirmier, mais pas qu'il était moine. C'est tout. Personne en Russie soviétique ne savait qu'il était moine. À présent, seul Kirill le savait, mais il lui faisait confiance. Si jamais ils apprennent qu'il est franciscain, ce sera la fin, car pour eux, ça doit être pire que trotskiste. À part ça, il est très content qu'on l'appelle l'infirmier Stasis, cela sonne presque à ses oreilles comme « frère Stasis », sinon mieux.

— Tu m'as dit que tu es très heureux ? Peut-on être heureux à la Kolyma ? demanda Kirill.

L'infirmier Stasis en était convaincu. Les soins médicaux apportent beaucoup non seulement au patient, mais aussi à celui qui les prodigue. Surtout si l'on croit en Dieu et si on le prie régulièrement. Dans les camps, ce n'est pas de temps à autre qu'il faut prier, dire ses prières, c'est à chaque instant. Lui, l'infirmier Stasis, il a appris à respirer Dieu et cela ne le quittera jamais, personne ne saura le lui reprendre jusqu'à la fin de cette geôle terrestre. Oui, geôle, Kirill, mais après tu veux liberté, c'est ton volonté, tu fais tout seul tout de suite liberté pour tous, excuse mon mauvais russe. Ça, malheureusement, ne s'enseigne pas, c'est ni sport ni médecine. La foi et la vie, c'est même chose, quand on l'a conçu, on a vaincu.

— Tout de même, apprends-moi au moins quelques prières, fit Kirill soudain larmoyant et reniflant comme un enfant.

— Malheureusement, je ne sais pas en russe, dit Stasis. — Il ne cherchait pas à arrêter les larmes de Kirill qui coulaient de plus en plus abondamment sur son visage sombre et ridé, mais au contraire, il les considérait avec une joie croissante.

— Dis-les-moi en latin, je m'en souviendrai, suppliait Kirill.

Ainsi commença leur amitié, ce qui ne signifiait nullement que

Kirill assimila sur-le-champ la mystérieuse aptitude de l'infirmier à « respirer Dieu ». Ils passèrent quelques mois ensemble en qualité d'infirmier et d'aide-infirmier, puis les turbulences de la Kolyma les projetèrent dans des camps différents. Parfois, leurs chemins se croisaient et alors ils se jetaient dans les bras l'un de l'autre, s'envoyaient de grandes claques sur toutes les coutures, comme pour s'assurer que le « copain » était bien vivant, parlaient le plus souvent des petites choses du camp, de ces choses qui faisaient la vie du monde à demi mort de ce royaume féroce, et ne murmuraient que par bribes les mots latins de la prière. Parfois, ils restaient des mois sans se voir, mais tout au long de ces années et même après, tout au long de ce qui lui resta de vie, jamais ne s'effaça de la mémoire de Kirill la noire nuit de la baraque d'outillage transformée en poste de secours provisoire où il s'était inondé de larmes enfantines.

En 1945, il avait eu un coup de veine inouï : il s'était retrouvé sous le toit solide du sovkhoze d'élevage « La Voie d'Octobre » que dirigeait un homme surprenant, le zootechnicien Lvov. Le sovkhoze dépendait directement de la puissante Direction des Fourrures de Moscou, c'est pourquoi les bonzes de la Direction des camps du Sud-Est ne lui montraient les dents que de loin : leur pouvoir ne s'étendait pas à lui. Quelqu'un avait calculé que les animaux à fourrure se reproduisaient mieux que partout ailleurs dans les batteries de la Kolyma et l'on avait donné au zootechnicien Lvov des pouvoirs très étendus en vue du développement de son exploitation et de l'embauche de la main-d'œuvre. Ce fantaisiste de Lvov se conduisait comme s'il n'eût pas compris qu'il vivait au sein d'un bagne gigantesque. Il chassait, pêchait, buvait, écoutait des disques d'opérette. Cela ne l'empêchait pas de faire, en bon esclavagiste, la tournée des camps pour y choisir ses ouvriers. Mais une fois son choix fait, il prenait son monde sous sa protection, n'humiliait jamais un ZEK, au contraire, certains, il leur serrait même la main, entretenait avec eux des relations quasi amicales. Tenez, il était allé en congé sur le « Continent » et en ramenait les messages vivants des femmes de Piotr Roumiantsev et Kirill Gradov. Alors, les ZEK le payaient de retour par leur fidélité, par leur zèle au travail. Le sovkhoze était florissant. Nous encaissons des livres sterling, les gars, disait le zootechnicien Lvov, des devises lourdes. Plus lourdes que l'or !

Ce jour-là, l'équipe de nuit se rendait du camp au sovkhoze à travers une tempête de neige de plus en plus forte, d'un pas particulièrement vif, autre chose que les *Douze* de Blok.

*Marchez au pas révolutionnaire*
*L'ennemi indomptable garde l'œil ouvert.*

S'ils se pressaient autant, ce n'était pas seulement par zèle, mais aussi parce que cette nuit-là on attendait la venue de l'infirmier Stasis.

Tandis qu'ils marchaient, l'obscurité était complètement tombée, on n'y voyait goutte, mais déjà l'on entendait le bruit caractéristique du sovkhoze, le glapissement ininterrompu des renards. Des centaines d'animaux à la peau précieuse tournaient en rond dans leur cage autour de leur mangeoire, se battaient, réclamaient leur pitance. Une pitance dont les « demeurés » des camps n'auraient même pas rêvé. L'État savait comment il convenait d'alimenter les uns et les autres. Si nous, les ZEK, nous avions eu une peau aussi belle, aussi duveteuse, nous aussi, on nous aurait alimentés à gogo, et après, on nous aurait abattus, dépouillés et tannés comme nous abattons, dépouillons et tannons ces renards. La seule chose que je me demande, c'est si le personnel aurait bouffé de nos boulettes comme nous bouffons parfois celles de nos animaux. Un camp de concentration effrayant, voilà ce que c'est, se disait Kirill à ses heures de « noir ». Une usine de mort, le sanctuaire du péché originel.

Il travaillait à la tannerie où les peaux fraîches étaient soumises à un premier traitement. De là, on les envoyait à l'emballage, puis au Continent, à un combinat de la fourrure où elles se transformaient en élégante marchandise. Parfois, il parvenait à s'arracher à la réalité et à ne considérer les peaux que comme une matière première. Il écharnait les dépouilles sanguinolentes et arrivait même à penser à autre chose, à parler avec ses camarades. D'autre fois, cette réalité le lancinait et il se voyait comme un infect, un vicieux massacreur de vies, de ces créatures du bon Dieu si souples et adroites avec leur queue remuante, leur fourrure parcourue d'étincelles, leurs petits yeux pleins de ruse, si prompts à tout saisir dans la taïga. Et pourtant, ces créatures-là, à leur tour, doivent tuer pour vivre ou, comme ici, dans leur camp de concentration, manger de la chair morte et tout va ainsi dans le monde en création, cercle sans fin de cruauté qui au bout du compte se déverse dans la mer de la terreur humaine. Où donc est l'issue ?

Ils tapèrent de la semelle de leurs bottes de feutre, de fourrure ou même de leurs galoches véritables, ils secouèrent leurs bonnets, leur écharpe, leurs moufles à l'entrée, et aussitôt, le balai à la main, ils renvoyèrent la neige dehors. Vania Notchkine déposa son flingue : il n'était pas chargé, une bonne chose, il ne risquait pas de partir. « Alors, il est arrivé, l'infirmier, aujourd'hui ? — Ben, comment donc, allez, allez, les gars, tout le monde à la vaccination au coin d'honneur ! » La douzaine d'hommes suivit le long plancher du couloir, c'étaient tous des amis, ils espéraient qu'aucun n'était un mouchard.

Ils croisèrent Roumiantsev Piotr en fin de relève, déjà plongé, tout en marchant, dans une lecture fondamentale. Il envoya un coup de coude pour rire à Gradov Kirill et lui glissa : « Cléricaux ! Obscurantistes ! »

Le crâne de marbre noir de l'« éternellement vivant[1] » luisait faiblement dans la petite pièce. Les « Dix coups décisifs[2] » de Staline traversaient en froide lance bleue l'espace de l'inoubliable Continent. Une carte sous laquelle l'infirmier Stasis sortit sa trousse d'accouchement et disposa sur un rayon ses impedimenta : un crucifix, un minuscule triptyque — une *Madonna Lita*, œuvre d'un artiste des camps —, des burettes d'alcool dilué et du pain de mie américain coupé en petits morceaux pour la communion. Vania Notchkine, qui avait repris son flingue, était posté dans un coin. « Grouillez-vous de prier, les gars, ou ils nous descendront aussi sec. »

L'infirmier Stasis se tourna vers la douzaine de ZEK et éleva les bras :

— En ce jour de la Toussaint, mes frères, prions notre Seigneur Jésus-Christ.

Il s'agenouilla, les douze hommes s'empressèrent de l'imiter et Vania Notchkine, après un coup d'œil perçant aux alentours, suivit l'exemple des aînés.

L'infirmier Stasis chanta alors d'une voix assourdie sa propre traduction de la mère de toutes les langues, la langue latine sacrée :

*Nous croyons en un Dieu unique,*
*Père Tout-Puissant,*
*Créateur des Cieux et de la Terre,*
*Du visible et de l'invisible.*
*Nous croyons en notre Seigneur Jésus-Christ,*
*Fils du Dieu unique,*
*Né pour l'éternité du Tout-Puissant,*
*Dieu de Dieu, Lumière de la Lumière...*

La tempête de neige hurlait. Dans tous les coins, les renards glapissaient sans fin.

1. Nom donné à Lénine dans la langue de bois.
2. L'histoire militaire soviétique désigne ainsi dix grandes opérations qui, en 1944, parachevèrent la défaite de l'Allemagne.

*Neuvième entracte*

## LES JOURNAUX

*Bureau télégraphique scandinave :*

*... Riga. Lors d'une tournée de propagande, le général Vlassov a été arrêté par la Gestapo pour avoir trop parlé de la Russie. Il aurait été conduit dans un camp de concentration.*

*L'*Obnova, *Belgrade :*

*... Le chef de l'Armée de Libération Russe, le général Vlassov, a déclaré que sa politique intérieure était basée « sur l'amitié solide et sincère du peuple russe et du peuple allemand ».*

*« Notre principal ennemi, a-t-il poursuivi, a toujours été et demeure l'Angleterre dont les intérêts politiques et économiques ont toujours été opposés à ceux de la Russie. Après la guerre, il conviendra d'instaurer en Russie un système totalitaire. »*

*Le* New York Times. *29 mai 1945 :*

*... On découvre que Hitler était opposé à ce que les volontaires étrangers portent l'uniforme allemand. « Le premier gueux venu prétend s'affubler de l'uniforme allemand !... Que ces cosaques revêtent le leur ! »*

*27 juin 1945 :*

*Le général Vlassov est aux mains des Soviets, nous dit le correspondant de CBS à Moscou.*

*Les hitlériens ont utilisé les unités de l'armée Vlassov contre les partisans yougoslaves et les maquis français.*

*2 août 1946 :*

*La radio de Moscou nous informe que, condamnés par le Tribunal Militaire Suprême, le général Vlassov et dix de ses officiers ont été exécutés par pendaison.*

Newsweek. *Janvier 1944 :*

*... Nous apprenons de Téhéran que, lors d'une cérémonie qui s'est déroulée à l'ambassade soviétique à l'occasion de la Conférence, Winston Churchill a remis au maréchal Staline, de la part du roi George VI, une épée dite « de Stalingrad », œuvre de Tom Beezley, un forgeron de quatre-vingt-trois ans. Profondément ému, Staline a baisé l'épée, puis l'a remise au maréchal Vorochilov. Vorochilov a laissé chuter le royal cadeau.*

*Averell Harriman :*

*« Mener des pourparlers avec les Russes, c'est acheter deux fois le même cheval. »*

*Dixième entracte*

# LES OIES DE LA GARDE

Parvenus à la fin de notre deuxième volume, nous voyons le professeur Boris Nikitovitch Gradov sur le bord du lac de la Bezdonka. Au crépuscule. En solitude. Toutes mes heures, à présent, sont crépusculaires, se dit-il. La guerre est finie. J'ai soixante-dix ans. Ma famille est détruite. Tout ce qui m'a inspiré est faux. Même la médecine. C'est le crépuscule. Ma vie peut se rompre à tout moment. Comme celle de tout *homo sapiens* jeune ou vieux. En somme, chaque jour rappelle la bataille de tanks dans les tournesols après laquelle j'ai rencontré mon Nikita. Comme c'était juste, ce qu'il m'a dit alors de l'intoxication de la guerre, de l'ivresse qui seule permet de monter en ligne, c'est-à-dire de vivre sans penser à la mort. Aujourd'hui, mon ivresse s'est complètement dissipée et les reflets du couchant sur le miroir des eaux ne m'inspirent plus rien, pas une seconde, pas une fraction de seconde, sauf si...

Sauf si les oies sauvages arrivent. Elles arrivent. Neuf puissants oiseaux qui ont retrempé leurs forces dans les marais polaires reprennent leur éternel trajet vers le delta du Nil. Le lac de la Bezdonka est l'une de leurs étapes, leur terrain d'atterrissage. Le triangle amorce sa descente, le pilote cherche à faire poser toute son équipe d'un coup, d'un seul effleurement. « Imite-moi ! Imite-moi ! Imite-moi ! » crie-t-il. Un instant, l'escadrille reste suspendue en l'air, puis amerrit. De la haute école !

Le vieux professeur se sent soudain pris de joie d'avoir ainsi communié avec le triomphe des oiseaux, avec l'ensemble de l'étrange féerie qui se joue sur la planète Terre. Peut-être jadis une part de mon être a-t-elle été un oiseau de passage ? Qui sait de quelles métamorphoses nous sommes le lieu, au-delà de l'agitation du monde ? Qu'est-ce qui nous empêche de voir en ces neuf créatures un détachement de la Garde de Paul Ier entraîné à marcher au pas de l'oie au son du fifre russo-prussien et au roulement du tambour du Préobrajenski ? Qu'est-ce qui nous empêche de les imaginer tirant leurs bottes pour passer du martèlement du pas de l'oie à la démarche silencieuse des chats par les couloirs du Château des Ingénieurs ? Au nom de la liberté, pour délivrer la Patrie du tyran, au nom de l'histoire libérale — au bond silencieux vers une affaire de sang, de boue...

Il semble au vieux professeur qu'en même temps que lui quelqu'un d'autre, assis au bord de l'eau noire et froide, quelqu'un de tout petit qu'il aime infiniment passe par ces pensées. Il se retourne et remonte le sentier de sa maison.

*1991*
*Washington-Moscou.*

# III

# PRISON ET PAIX

*Nous étions tous entre les mains d'un dieu*
*Nous étions tous à la portée d'un dieu*
*Je faisais sur l'Arbat ma course citadine*
*Et le dieu défilait dans ses cinq limousines...*

Tranchant par le talent parmi les poètes de l'époque soviétique à son apogée, l'auteur des vers que nous citons en épigraphe n'a tout de même pas atteint à la clarté de Khlebnikov, c'est pourquoi, tout comme l'auteur de l'épigraphe précédent, il nécessite quelques explications.

En qualifiant Staline de dieu, naturellement, Boris Sloutski[1], élevé dans l'idéal du collectivisme, du matérialisme, de l'internationalisme et autres communeries, n'emploie ce mot que dans un sens rigoureusement négatif. Bien sûr que ce n'est pas à Dieu, Créateur Omniprésent qu'il pense, mais à une plus-qu'idole, l'usurpateur des lumineuses idées de la révolution, le plus-que-tyran qui bafoua les étudiants de l'IFLI[2], qui imposa son culte à une démocratie populaire profanée. C'est pourquoi il pourvoit son dieu d'une représentation paradoxale du point de vue du matérialisme : il le fait défiler simultanément dans cinq limousines ! Le tableau qui se dresse devant nous est à vous donner la chair de poule : la nuit, l'Arbat, multipliée en cinq voitures, l'idole roule vers cinq destinations inconnues. On ne saurait dire qu'elle file. Je crois qu'elle n'aime pas voyager vite. Comme elle n'est pas russe, on ne lui en demande pas tant[3].

Dans les années soixante, au garage de Mosfilm, l'on pouvait voir l'une des cinq voitures, la principale peut-être, celle où se déplaçait sa partie essentielle, son corps. C'était une Buick blindée aux vitres très épaisses, construite sur commande. Même dotée d'un moteur surpuissant, on aurait eu peine à imaginer une masse pareille en train de « filer ». Une allure régulière, sans hâte, qui provoquait une terreur insensée. Par-devant et par-derrière, roulaient quatre autres monstres noirs. Ensemble, ils constituaient un tout, le dieu des communistes.

1. Boris Sloutski (1919-1986) dénonça ouvertement dans ses vers les tares du régime. Ne fut pas publié, mais circula sous le manteau.

2. Institut d'élite de Lettres et de Philosophie.

3. Allusion à un mot de Gogol devenu proverbial : « Et quel Russe n'aime pas voyager vite ? » et au fait que Staline était géorgien et non pas russe.

L'écrivain pourrait être tenté de juxtaposer deux sentiments contraires, la peur et le courage, et de dire que ce sont deux phénomènes du même ordre. Cependant, on comprend mieux la peur, elle est plus complexe. C'est tout au moins ce qu'il nous en semble au moment où s'ouvre notre troisième livre, à la fin des années quarante où le pays qui avait fait des miracles de courage se trouvait prisonnier de la stupéfiante terreur de la pentaphore stalinienne.

## CHAPITRE PREMIER

# *Douceurs moscovites*

Le *Félix-Dzerjinski* entrait dans la baie de Nagaïevo, fier oiseau des mers, véritable « Annonciateur de la tempête révolutionnaire », on peut bien le dire. Un tel profil, ma foi, la mer d'Okhotsk n'en avait aucun souvenir, avec ses bateaux négriers, rafiots au nez camus, dans le genre de cette *Djourma* si délabrée.

Le *Félix* avait fait son apparition sous ces latitudes après la guerre, pour prendre la tête de la flottille du Dalstroï[1]. Des bruits divers circulaient au sujet de ce géant étranger parmi les travailleurs affranchis. On avançait même que le navire avait appartenu à Hitler en personne et qu'en 1939 le désastreux Führer l'avait offert à notre Maître à nous pour renforcer les liens socialistes. Pour ce qui est de l'offrir il l'avait offert, mais après, ce grippe-sou l'avait repris et même failli, dans sa lancée, nous chouraver Moscou. Naturellement, l'histoire l'avait puni d'une telle perfidie et le joli bateau nous était revenu, raffermi du fier nom du Chevalier de la Révolution. À en croire ce bobard, c'est quasiment à cause de ce mouille-cul que la Grande Guerre Patriotique avait éclaté, seulement, ce que peuvent raconter d'anciens ZEK bourrés de *tchifir*[2], dans leur baraque par une nuit de tempête... Et naturellement, à toutes les histoires de ce genre, ils ne manquaient jamais d'associer leur héros favori, Ivan Et Demi, de son surnom.

Ivan Et Demi était un ZEK pareil à une bête, puissant et beau comme une statue, jeune et pourtant très mûr. Il avait écopé au total de quatre cent quatre-vingt-cinq ans, plus quatre condamnations à mort rapportées à la dernière minute par Staline en personne. C'est justement lui, et pas un amiral quelconque, que le Maître avait chargé de conduire le *Félix* à la Kolyma avec son chargement vivant. Comment ça ? Il a confié à un ZEK le commandement d'un convoi ? Ben justement, à un ZEK, mais pas à un empoté comme toi ou moi, à Ivan Et Demi lui-même ! Le fin mot de la chose, c'est qu'à l'époque, dans les cales du *Félix*, il y avait mille cent quinze ex-Héros de l'Union Soviétique, du monde

1. Chantiers d'Extrême-Orient.
2. Drogue obtenue par la concentration de l'extrait de thé.

pas de tout repos. Si tu m'amènes ces salauds jusqu'à la Kolyma, lui avait dit Staline, tu deviendras un héros à ton tour, tu inscriras ton nom dans les annales en lettres d'or... Où ? Les annales, espèce de cul, les annales ! Sinon, je te descends moi-même ou j'en charge Lavrenti Béria. Camarade Staline, votre mission sera remplie, a dit Ivan Et Demi et il est parti pour l'Extrême-Orient dans un avion piloté par Pokrychkine en personne. Et alors ? À la place de Nagaïevo, le *Félix* a accosté dans un port américain, Santé-Francisco. Là, ils ont été accueillis par le président Henry Truman. Tous les héros, on leur a rendu leur titre et donné un million chacun. Ils ont la belle vie, là-bas, en Amérique : bien nourris, chaussés, habillés. Et Ivan Et Demi, Henry Truman lui a fourgué dix millions pour avoir trahi l'URSS, plus une datcha en Argentine. Alors là, non, a dit Ivan Et Demi, je n'ai pas trahi la Patrie, j'ai sauvé mes frères d'armes, je ne veux pas de votre argent, citoyen Truman. Et il a ramené le *Félix* vers ses côtes natales. Pendant qu'il naviguait, on a tout rapporté à Staline qui en a été inconditionnellement enchanté : voilà de quels hommes nous avons besoin, et pas de pourris comme vous, Viatcheslav Molotov !

Puis on a envoyé en Extrême-Orient un régiment du MGB chargé de fusiller le héros de notre roman. Un opérateur a tourné sur sa mort un film qui a été projeté à tout le Bureau Politique en bloc et individuellement. Mais bien sûr, en réalité, c'est un sosie qui avait été exécuté, tandis qu'Ivan Et Demi et Staline se retrouvaient pour manger à eux deux un mouton à la broche et vider un samovar entier de vodka, après quoi, en uniforme de colonel du MGB, Ivan Et Demi est parti pour le Dalstroï et a disparu un temps dans un camp des extrêmes confins.

Ces bobards parvenaient quelquefois jusqu'aux oreilles du capitaine du *Félix*, lequel ne s'intéressait nullement au folklore. D'une manière générale, on ne savait pas trop ce qui l'intéressait. Campé sur la passerelle de son navire — un ancien poseur de câbles atlantique récupéré par les nazis sur une compagnie hollandaise, puis apparu en URSS à titre de prise de guerre — le capitaine scrutait sans intérêt, mais attentivement, les rochers abrupts de la Kolyma qui descendaient à pic au fond de la baie, laquelle dansait sous un vent de noroît de toutes ses vaguelettes à la fois, comme une foule de ZEK cherchant à se réchauffer. Le mariage de couleurs violentes, profondes, le pourpre de certaines pentes, les reflets de plomb des nuages qui passaient, par exemple, avec la transparence des effrayants lointains, n'intéressaient pas le capitaine, mais la météo, cela va de soi, il y était attentif. Nous sommes arrivés à temps, se disait-il, il serait bon de repartir de même. Il est déjà arrivé que cette baie soit prise en glace en une seule nuit.

Tout en envoyant à mi-voix ses ordres aux machines et en

mettant son colossal bâtiment à quai au « pays des chacals », comme il appelait toujours la Kolyma dans son for intérieur, le capitaine s'efforçait de ne pas penser à son chargement, ou, ainsi que ce chargement s'appelait dans les innombrables connaissements qui l'accompagnaient : au « contingent ». Pendant toute la guerre, il avait fait traverser le Pacifique à des cargos jusqu'à Seattle où il embarquait les marchandises du prêt-bail, très heureux de son sort, ne redoutant pas les sous-marins nippons. Notre capitaine, pas vieux du tout, était à l'époque un tout autre homme. À l'époque, justement, tout l'intéressait dans le pays allié d'outre-Atlantique. Il parvenait sans peine à s'entendre avec les Yankees parce qu'il connaissait pas mal leur langue, entendez qu'il speakait couramment l'anglais. À l'époque, la vie en mer, si on la prenait avec intelligence, était absolument exquise. Ah, si j'avais su..., se disait-il souvent, à présent dans la solitude de sa cabine, mais aussitôt après ce « si j'avais su... » il trébuchait contre le caillou du conditionnel et ne poursuivait pas le cours de ses pensées. Au bout du compte, ce dont je m'occupais, je m'en occupe toujours : de navigation. Ce qu'on charge dans mes cales à Vanino, des bulldozers ou des forces vives, ce n'est pas mon affaire. Il y a d'autres gens dans les obligations desquels il entre de s'en occuper, de cette force vive. Qu'on les appelle des « porte-ZEK » si l'on veut, mais pas moi, capitaine de cette unité qui déplace vingt-trois mille tonneaux. Je ne suis pas obligé du tout d'approfondir l'autre sens, non navigationnel, de ces traversées, et puis ce sens, je m'en tamponne.

La seule chose qui intéressait pour de bon le capitaine était la Studebaker de tourisme qui le suivait toujours dans un compartiment spécialement aménagé de la cale. Il l'avait achetée pour pas cher à Seattle, la dernière année de la guerre et, pour l'heure, à chaque escale, à Vanino comme à Nagaïevo, une grue la descendait sur le quai et le capitaine se mettait au volant. Ni dans l'un ni dans l'autre port le capitaine n'avait où aller, mais il roulait quand même, comme pour affirmer son image de navigateur international et non de méprisable « porte-ZEK ». Il aimait sa Stud plus que sa propre femme, laquelle, apparemment, avait perdu jusqu'à son souvenir et vivait à Vladivostok parmi une grande quantité de marins. Cela dit, une fameuse saloperie semblait aussi se profiler du côté de la voiture : plus d'une fois, déjà, au Parti, on avait soulevé la question, comme quoi le capitaine abusait de son poste, se faisait remarquer, s'entichait de produits étrangers. On était en 1949, et un machin comme une bagnole américaine utilisée à titre privé risquait de vous attirer bien des ennuis. Bref, le capitaine du « porte-ZEK » *Félix-Dzerjinski* souffrait de dépression chronique, ce que son entourage commençait à prendre pour un trait de caractère. Ce qui ne l'empêchait pas, d'ailleurs, de faire preuve de qualités professionnelles exceptionnelles et, en l'occurrence, ne l'empêcha pas d'accoster à la muraille de Nagaïevo sans la moindre anicroche.

On envoya les amarres, on descendit les passerelles, l'une du pont supérieur pour l'équipage, l'autre des cales, à peine au-dessus de la ligne de flottaison, pour le « contingent ». Autour de ce dernier se tenaient déjà des officiers de la Sécurité militaire et un cordon de convoyeurs, flingues et chiens à l'appui, derrière lequel piétinaient l'équipe des travailleurs libres des Services de l'Hygiène, dont le magasinier Kirill Gradov, année de naissance 1903, qui avait purgé sa peine du premier jour au dernier, plus six mois « dans l'attente des ordres ultérieurs », et venait de se fixer à Magadan, affecté de cinq ans de privation de droits civiques. Son petit boulot aux magasins de l'Hygiène lui avait été procuré par un de ses « potes » du kolkhoze d'élevage. Après ses aventures de la Kolyma, ce petit boulot lui était apparu comme une sinécure. La paie suffisait amplement à ses dépenses en nourriture et en tabac. Il avait même réussi à mettre de côté de quoi s'acheter un pardessus noir retaillé dans une capote de marine de seconde main, mais ce qui comptait le plus, c'est que le magasinier avait droit, dans l'une des baraques, à une chose à quoi Kirill ne rêvait même plus et qu'il nommait à chaque fois avec un souffle de bonheur « une chambre particulière ».

Il venait d'avoir quarante-six ans. Ses yeux n'avaient pas terni, mais avaient légèrement changé de couleur dans le sens du bleu glacial de la Kolyma. Ses sourcils, curieusement épaissis, présentaient des fils d'aluminium. Des rides verticales lui coupaient les joues et allongeaient son visage. Avec ses vêtements étriqués et ses bottes de feutre agrémentées de caoutchoucs, il avait la dégaine d'un quelconque « vieux con de la Kolyma » et ne s'étonnait plus depuis longtemps si, dans la rue, quelqu'un le hélait d'un : « Eh, pépère ! »

En théorie, il pouvait à tout moment acheter un billet et partir pour le Continent. Certes, en sa qualité de « défaitiste », on ne l'aurait autorisé à résidence ni à Moscou ni dans les environs, mais, toujours en théorie, il aurait pu s'installer au-delà du kilomètre 101[1]. Pourtant, dans la pratique, il en était incapable, non seulement parce que le prix du billet lui semblait astronomique (son père et sa sœur lui en auraient aussitôt envoyé le montant, trois mille cinq cents roubles), bien sûr, mais parce que le retour au passé lui apparaissait comme une chose totalement contre-nature, comme si on lui avait demandé de s'introduire dans la pastorale d'une tapisserie des Gobelins.

Il avait écrit à Nina et à ses parents que oui, bien sûr, il

1. Distance limite en deçà de laquelle les interdits de séjour n'ont pas le droit de se rapprocher de la capitale.

reviendrait, mais pas tout de suite, car ce n'était pas encore le moment. Il n'avait pas fixé de date, et à Moscou, cela avait jeté l'alarme : il n'allait tout de même pas attendre la fin de ses cinq ans de privation de droits ? Cependant, Magadan vivait ce que l'on appelait sa « deuxième vague ». On arrêtait les récents « libérés » — si l'on peut dire — et Kirill attendait patiemment son tour. Désormais ancré dans le christianisme, il trouvait plus naturelle la souffrance générale que les joies de quelques « vernis ». Avec sa chambre particulière, il se considérait d'ailleurs lui-même comme un verni. Il jouissait de chaque instant de ce qui s'appelait sa « liberté » qu'il ne considérait pas *in petto* comme une liberté, mais comme une simple suppression d'escorte, et il était aux anges dès qu'il entrait dans un magasin ou chez le coiffeur ; cependant, dix-huit mois s'étaient écoulés depuis qu'il était « libre » et il continuait presque inconsciemment à se reprocher d'avoir si insolemment réussi à « tirer au cul », « dégoter la fine planque », car au fond du cœur et surtout dans ses rêves, il considérait que la vraie place de l'homme souffrant n'était pas devant les friandises de la liberté, mais dans les convois qui cheminent vers la mort lente. Il savait que le riche entre difficilement au Royaume des Cieux, or, il se tenait pour riche.

Il n'y avait, dans toute la Kolyma, dans ce pays de millions de bagnards, certainement pas un seul exemplaire de la Bible. Un tel objet de sédition aurait inévitablement valu à un travailleur « libre » d'être chassé du Dalstroï ou même mis sous les verrous, et pour ce qui est d'un ZEK, on l'aurait aussitôt expédié dans les mines de la Première Direction, celles d'uranium.

Malgré cela, ici et là dans les baraques, parmi les amis de Kirill, circulaient, fruits de l'art pénitentiaire, des volumes minuscules, grands comme la moitié de la main, brochés à l'aide d'un fil et d'une aiguille, couverts de toile de sac ou d'un bout de couverture, dans lesquels des chrétiens de fraîche date inscrivaient au crayon tout ce qu'ils avaient pu se rappeler des Saintes Écritures, des fragments de prières, ou leur propre version des actes de Jésus, tout ce que leur mémoire avait pu sauver de leur enfance d'avant le bolchevisme ou de la littérature, tout ce qui avait pu cahin-caha traverser trente années de vie sans Dieu et de ce qu'ils considéraient aujourd'hui comme un délire athée.

Un jour, dans une rue de Magadan, sur le trottoir de bois grinçant, quelqu'un avait interpellé Kirill. Il en avait eu un étourdissement : la voix arrivait à tire-d'aile de la « tapisserie », c'est-à-dire d'un pays irréel, du Bois d'Argent. Deux épaisses silhouettes d'anciens ZEK en pantalon matelassé s'étaient croisées en courant, s'étaient arrêtées net, puis, stupéfaites, s'étaient lentement retournées l'une vers l'autre. Celui qui regardait Kirill au milieu de ses mèches et de sa barbe grisonnante, des plis tannés de son visage, était Stépane Kalistratov, l'imaginiste, le mari infortuné de sa sœur Nina.

— Stépane, mon vieux, tu n'es pas mort ?

Eh bien, non seulement le bohème d'autrefois avait survécu, mais il s'était adapté. Il était sorti du camp bien avant Kirill, vu qu'il s'y était trouvé avant lui. Il était portier à l'usine d'entretien automobile, c'est-à-dire qu'il ne foutait rien, comme de tout temps, rien d'autre que d'écrire des vers. Alors, même au camp, tu en as écrit ? Stépane s'assombrit. Pas une ligne. Imagine ça, pas une ligne en dix ans. Mais ici, c'est un véritable « été de Boldino[1] ». Tu ne crains pas qu'ils te recoffrent ? Non, je n'ai plus peur de rien, l'essentiel est passé, j'ai vécu ma vie.

Stépane introduisit Kirill auprès de ses amis. Une fois par semaine, l'on se réunissait chez deux femmes de lettres pétersbourgeoises, actuellement nurses dans un établissement d'enfants. Assis jambes croisées sur des tabourets boiteux, on se serait cru dans un salon de la Maison des Écrivains. On parlait des premiers symbolistes, de Vladimir Soloviov[2], du culte de sainte Sophie[3].

*... Mais ce n'est point Isis à la triple couronne*
*Qui nous apporte le salut,*
*C'est celle qui sur nous, éternelle, rayonne,*
*La Vierge des splendeurs...*

récitait quelqu'un, un ex-collaborateur de l'Institut de Littérature mondiale à la mémoire phénoménale, aujourd'hui garçon de bains aux bains municipaux.

Que faut-il de plus à un homme qui a abandonné sa foi marxiste telle une mue de serpent dans les terriers du bagne de la Kolyma ? pourrait-on se demander. Plus d'escorte, le pain quotidien assuré, les joies et les timidités d'une foi nouvelle, des vers mystiques au sein d'une intelligentsia raffinée, mais c'était la renaissance du *Siècle d'argent* camouflé en Dalstroï ! Pourtant, Kirill continuait à ne pas se sentir à sa place au paradis de Magadan, presque comme un voleur, comme s'il — pour employer l'argot des camps — « s'était dégoté une planque au riffle des OS ». Accueillant les convois qui affluaient sans discontinuer et les remettant en route après la douche et ce qui s'ensuit, vers le nord, vers la mine, il se voyait dans leurs rangs. Lui, Kirill Gradov, il était né pour cela et pour rien d'autre. Partir avec ceux qui souffraient et disparaître avec eux.

En ce moment encore, devant la fournée qui sortait des

1. Par référence à Pouchkine, dont l'été d'exil à Boldino fut très fécond.
2. Soloviov (1853-1900), poète et philosophe religieux dont l'influence, notamment sur les symbolistes, fut considérable.
3. Qui fut pour ces poètes l'incarnation de l'éternel féminin qui guide le monde.

entrailles du *Félix*, il éprouvait une violente envie de franchir le cordon armé et de se confondre avec cette foule nauséabonde, épuisée par la puanteur des cales. Il n'avait pas pu s'habituer à considérer ces « déchargements » comme un travail ordinaire, banal. Chaque fois qu'il voyait cette masse humaine sortir de son emballage d'acier et s'acheminer vers les vastes étendues du bagne, il croyait entendre une sorte de symphonie avec orgue, la voix tragique d'un temple inconnu.

Les voilà qui sortent et qui happent avidement la généreuse atmosphère du bon Dieu et aperçoivent le ciel clair et leur nouvelle terre sombre, la prison dans laquelle les deux tiers pour ne pas dire les trois quarts sont destinés à disparaître à tout jamais. Tout de même, les jours de semi-asphyxie, de tangage, de nausée, sont révolus. Le temps qu'on les forme en colonne, ils peuvent jouir de doses d'oxygène non rationné. Ils remuent, chancellent, se soutiennent mutuellement et inspectent les nouveaux rivages. Peut-être que pour les soldats et pour la galonnaille de la Sécurité, ces instants ne sont rien d'autre que pure routine, pour les ZEK, pour chaque homme de ce nouveau contingent, chaque fraction de seconde est riche de signification. N'est-ce pas pour cela que Kirill croit entendre sa musique tragique et pourtant porteuse de réconfort ? Moi aussi, il y a onze ans, je me suis ainsi extrait des cales du *Volotchaïevsk*, assommé d'air pur et d'espace, et j'ai ressenti cette inspiration inconnue et terrible. J'ai refusé de penser alors que je commençais à me rapprocher de Dieu.

Le convoi et ses besaces, ballots, valises serrées par des cordes, s'attroupait sur le quai au pied des ponts roulants. Ici et là, l'on apercevait les vestiges d'uniformes étrangers, une capote de coupe différente, une coiffe où se reconnaissait le fond carré des bonnets polonais, les pattes d'oreilles de l'armée finlandaise. Et au milieu des fringues civiles, soudain passaient des oripeaux venus tout droit d'une boutique à la mode d'Europe : galurin de feutre fin, écharpe d'alpaga écossaise, bottines incongrues dans cette boue glacée... À travers le murmure égal de la foule, perçait parfois un mot non russe ou une exclamation danubienne... Un étrange transport illuminait alors ces visages indécents de fatigue, pas nécessairement étrangers, d'ailleurs, les yeux russes n'avaient peut-être pas tous perdu la faculté de s'éclairer.

Les soldats repoussèrent le convoi des hommes au-delà des rails, au bout du *Félix*. Ce fut au tour du chargement féminin de se déverser. Aussitôt, la gamme des sons changea. C'étaient, cette fois, les paysannes galiciennes qui dominaient nettement. Le fait d'être ensemble rendait leurs voix plus hardies, elles s'égosillaient comme à la foire. Elles aussi, on les repoussa au-delà des rails, tout droit au pied d'une butte moussue et dentue où commença le tri.

Kirill et les autres auxiliaires de l'Hygiène attendaient les ordres. Le type de désinfection des vêtements était déterminé par le degré d'infestation par les poux et la quantité de maladies contagieuses. Comme les vêtements de travail étaient constamment déficitaires, il fallait décider du principe selon lequel on distribuerait cabans, pantalons, *tchouni*[1] et aussi quel serait le degré de vétusté des vêtements distribués : la plupart de ces cabans, pantalons et *tchouni* cent fois rapiécés n'étaient plus que haillons, ils repassaient aux nouveaux venus de ceux qui ne réclameraient plus jamais leurs cabans, pantalons et *tchouni*. On décidait s'il fallait donner des vêtements à l'un, si ceux de l'autre tiendraient encore jusqu'au camp et à la mine. Bien qu'il lui fût interdit de parler avec les prisonniers, Kirill expliquait à nombre d'entre eux qu'on risquait, au camp, de leur donner quelque chose de plus solide. Mais si tu as touché tes fringues à l'Hygiène, n'espère plus avoir de change. Il disait aussi souvent aux nouveaux qu'hier encore, il était comme eux, et puis voilà, il avait accompli ses dix ans et il avait survécu, il s'en était sorti. Alors, les nouveaux le considéraient avec une curiosité extrême. Nombreux étaient ceux à qui cela rendait l'espoir : quand même, petit bonhomme n'est pas mort, il s'en est tiré, alors, nous aussi, nous avons notre chance, alors, ce trou n'est pas aussi fatal que ça, *la Kolyma, la Kolyma, merveilleuse planète*... Mais d'autres, pourtant, le considéraient avec horreur : dix ans de bout en bout, comme ce pépère ! Est-il possible que nos dix, quinze, vingt ans passent ainsi sans que survienne aucun miracle, sans que notre geôle soit détruite ?

Ce n'étaient pas les soucis qui manquaient. La Sécurité cavalait, des papiers à la main, appelait des noms, des matricules, des articles du Code. Du gros du convoi, il fallait isoler les « résidents spéciaux » et parmi eux le « contingent spécial » au sein duquel il fallait reconnaître les SN (socialement nuisibles) et les SD (socialement dangereux). Les auxiliaires libres s'excitaient autour de la Sécurité, captaient les ordres au vol. Et Kirill de même, avec son bloc-notes et son trousseau de clés dont l'une, soit dit en passant, était celle des chaînes de pieds des détenus les plus considérables. Somme toute, on témoignait à l'évidence du souci de préserver la vie du contingent, sinon quel sens y aurait-il eu à l'emmener aussi loin ? La rentabilité est l'un des principes majeurs de l'édification du socialisme.

Ce jour-là, le convoi offrait aux autorités un cassement de tête particulier. Il consistait pour moitié en « socialement inoffensifs », c'est-à-dire en prisonniers de droit commun. Parmi eux, à en croire la rumeur, ainsi que les rapports de divers moutons, il arrivait dans l'immense camp de la Quarantaine de Magadan une bande armée de « purs », l'une des deux fractions qui se livraient la

1. Chaussons d'écorce grossière particuliers à la Sibérie.

guerre à travers tout le gigantesque système du Goulag. Il y avait longtemps, peut-être encore du temps de Lénine, le monde du crime s'était partagé en deux camps. Les « purs » étaient fidèles à la loi du milieu, refusaient de travailler, tiraient au flanc, ne finassaient pas avec les autorités, piquaient des crises, se révoltaient. Les « putes » manœuvraient, dénonçaient, transigeaient, s'abaissaient même à se livrer aux travaux en commun, bref, « putassaient ». Donc, l'hostilité avait pris naissance sur des bases idéologiques, mais par la suite, tous les codes avaient été oubliés et la raison d'être de l'hostilité ne résidait plus que dans l'hostilité elle-même. Six mois plus tôt, c'est l'un des camps du Kazakhstan qui avait été choisi pour champ de bataille. C'est là qu'au terme d'une migration intra-concentrationnaire complexe[1] avaient conflué les forces capitales des « putes » et des « purs ». Ce sont ces derniers qui, au cours d'une bataille sanglante, l'avaient emporté. Ce qui restait des « putes » s'était mêlé aux détenus réguliers par voie de corruption, chantage et menace, avaient migré à la Kolyma où, à ce que l'on disait, ils avaient solidement pris position, surtout dans l'immense camp de Magadan-Nagaïevo. La Direction des Camps du Nord-Est venait d'apprendre qu'en groupes disparates ou en isolés il y arrivait des « purs » animés d'un seul but, celui d'exterminer définitivement les « putes ». Il va de soi que l'affaire n'alla pas sans Ivan Et Demi, qui était naturellement pur entre les « purs » et peut-être même leur maréchal clandestin. À en croire les bruits qui couraient, il était arrivé avec un convoi de ZEK ordinaires, ou bien il était arrivé en avion — un IL-14 — sous l'apparence d'un ami personnel du général Vodopianov, ou bien il avait été amené les chaînes aux pieds, ou encore, il avait été accueilli par le général Nikichov, chef du Dalstroï en personne, et sa femme, le sous-lieutenant du MVD Gridassova, avait fait elle-même son lit dans leur hôtel particulier de l'avenue Staline. Ce qui est certain, c'est qu'Ivan Et Demi était là.

En tout état de cause, la Direction des Camps prit les chuchotements, cafardages et bavardages à ce sujet assez au sérieux, le carnage risquait de détériorer singulièrement l'équilibre de la main-d'œuvre ; c'est pourquoi la Sécurité de la Quarantaine vit, ce jour-là, s'accroître son mal de tête : outre les politiques, il fallait sérieusement trier les droits-communs.

Et tout à coup, au plus fort de ce ramdam, un petit matelot bondit par-dessus les caisses de fret et cria à Kirill qui faisait diligence de l'autre côté des barbelés :

— Eh, mon pote, tu ne connaîtrais pas un Gradov Kirill, par hasard ?

1. Sorte d'État dans l'État, les droits-communs exerçaient, par voie de chantage ou de menace sur le petit personnel des camps, un véritable pouvoir. Notamment, ils se faisaient affecter et transférer où ils voulaient.

Kirill en trébucha.

— Ben, à vrai dire... c'est moi, Gradov Kirill.

— « À vrai dire... », le singea le matelot qui ajouta avec une grimace pleine d'humour : Alors, tonton, y a une passagère pour toi, va l'accueillir.

— Quelle passagère ? fit Kirill, étonné.

Le matelot avait prononcé le mot « passagère » d'un air particulièrement narquois. Cela le gênait sans doute devant lui-même de rendre service à une « passagère » inconnue, d'avoir cherché ce Gradov en qui il découvrait un sale vieux casse-couilles, un trotskiste, probable. Kirill avait saisi la nuance et éprouva une forte émotion, comme le jour, douze ans plus tôt, où l'inspection du NKVD lui avait téléphoné et demandé de venir « tailler une bavette ».

— Les passagers sont tous sur le terre-plein, dit-il bêtement avec un geste vers les barbelés derrière lesquels les ZEK étaient massés.

Le matelot éclata de rire :

— Je t'ai dit « une passagère », pépère, pas une ZEK.

Il pointa le pouce par-dessus son épaule vers la muraille de tribord rebondie du *Félix* et poursuivit son chemin.

Comprenant presque ce qui se passait et refusant d'y croire, Kirill s'en fut à pas prudents — comme si cette prudence pouvait encore changer quelque chose — vers le débarcadère. Il contournait prudemment les pieds des grues et les piles de fret quand il aperçut à dix mètres, descendant de la passerelle principale, une vieille dont la tête lui disait quelque chose.

Au premier instant, il poussa un ouf ! de soulagement : ce n'était tout de même pas ce dont il était presque certain, ce n'était rien qu'une relation de sa vie antérieure, une reléguée peut-être, tout de même pas Tsilia, ce n'était pas possible... À l'instant suivant, il réalisa que c'était pourtant elle, sa légitime épouse, Tsilia Naoumovna Rosenblum !, et pas une vieille connaissance quelconque.

Voûtée, ou bien ployant sous une invraisemblable quantité de sacs et de cabas pleins à craquer, elle descendait la passerelle en clopinant, la jupe pendante comme toujours, ses jambes maigres enfilées dans des bottines invraisemblables, sur la tête un béret de velours encore plus invraisemblable — on aurait dit un Rembrandt — d'où dégringolaient des mèches rousses semées de fils blancs, les seins pesants s'échappant d'un manteau trop étroit pour eux. On aurait dit qu'elle allait s'effondrer, là, tout de suite, sous le poids de ses sacs, de ses seins, de tout cet instant extraordinaire. De fait, dès son premier pas sur la terre de la Kolyma, elle trébucha contre un madrier, s'accrocha à un câble et s'étala à genoux dans une flaque de boue. Et l'on vit du même élan s'ébranler dans son dos un buste de Karl Marx grand comme une tête de chou dont les traits dépassaient des mailles d'un vieux filet à provisions, pareils à ceux d'un ZEK derrière ses barbelés. Bien entendu, les salauds de quart à bord du *Félix* éclatèrent de rire, tandis que, sur le quai, ceux de la Sécurité se poilaient de bon cœur. Kirill s'élança, attrapa sa femme sous le bras par-derrière, elle jeta un coup d'œil par-dessus son épaule, le reconnut aussitôt, sa bouche aux lèvres maladroitement peintes s'ouvrit toute grande sur un cri prolongé, déchirant comme un sifflet de locomotive : « Kiri-i-ill, mon chéri-i-i ! — Tsilia, ma Tsilia, voilà mon petit soleil... » marmonnait-il en embrassant ce qu'il pouvait dans la position malcommode où il était, c'est-à-dire sa jeune oreille et sa joue ravagée qui fleurait fortement les croquettes à l'oignon.

On aurait pu croire que c'était, pour la jeunesse, l'occasion de rigoler un brin, cette scène d'amour de deux épouvantails des potagers, pourtant les matelots de garde, comme l'escouade de flics, retournèrent séance tenante à leurs occupations, laissant les deux épouvantails s'enivrer seul à seul de leurs retrouvailles. Pour que cela vaille la peine de se payer la tête des gens, il faut que la cible des quolibets réagisse, qu'elle se fâche ou qu'elle meure de honte, mais la présente cible, c'est-à-dire ce couple retrouvé, était si loin de ce qui l'entourait que la plaisanterie perdait tout intérêt. Il n'est pas exclu d'ailleurs que cette pitoyable scène ait fait vibrer une corde dans le cœur de quelques jeunes représentants de la garde, leur ait vaguement rappelé l'éternel, l'indéfectible malheur de la Russie qu'était en réalité ce bagne qu'ils surveillaient. En tout cas, ils retournèrent tous à leurs occupations, tandis que deux plantons descendaient à quai, posément, sans se marrer, la principale fortune de Tsilia : deux valises en tapisserie héritées du temps de papa et une caisse contenant les classiques du marxisme.

Ils n'arrivaient pas à bouger de place. Les yeux illuminés, les mains sur les épaules de Kirill, Tsilia proférait comme à la scène :

— Kirill, mon chéri, si tu savais ce que j'ai souffert en ces douze ans ! Ne crois pas à ce qu'on a pu te raconter. Je te suis restée fidèle. J'ai repoussé tous les hommes, tous ! Et il n'en a pas manqué, Kirill, tu sais, il n'en a pas manqué !

Kirill ne parvenait pas à reprendre ses esprits.

— Qu'est-ce que tu dis, ma petite Tsilia, je ne comprends pas. Comment se fait-il que tu sois là, sur ce... *Félix-Dzerjinski* ?

Elle éclata d'un rire vainqueur. Ça n'était pas si compliqué que cela. Elle avait un ordre de mission de la Formation Politique. Je vais être affectée au personnel enseignant des cours du soir de marxisme-léninisme, voilà, mon cher ! À cœur vaillant rien d'impossible, voilà ! Elle est allée chez Nikiforov en personne, à la section du CC et, après un long entretien, il a donné le feu vert. Non, non, il ne s'est rien passé entre nous de ce que tu crois, à part, bon, quelques coups d'œil éloquents de sa part. Bon, il avait quand même compris qu'elle n'était pas de celles qu'il pensait et il avait abordé cette affaire grave en véritable communiste.

Le pire avait été ici, en Extrême-Orient. Tu sais, tout y pousse à de telles cadences, partout ce sont des chantiers nouveaux, des flots de jeunes travailleurs, les transports sont surchargés. Elle s'était démenée une semaine entière à Nakhodka, s'efforçant d'obtenir un passage sur n'importe quel bateau du Dalstroï, tout cela en vain. Puis on lui avait dit que le *Félix-Dzerjinski* appareillait de Vanino pour Magadan, et elle s'était précipitée à ce Vanino. Là, personne n'avait voulu l'entendre. Alors, je me suis carrément jetée à la tête du capitaine, sur quoi d'autre pouvais-je compter que mon charme ? Rien ! Et voilà le résultat, elle a pris place à bord du *Félix* et le capitaine, un austère gentleman des mers, l'invite à déjeuner au carré des officiers. Non, bien sûr, j'ai mis les choses au point et nos rapports n'ont pas une seule fois dépassé le permis...

Elle marmonnait toutes ces absurdités ou bien s'égosillait tour à tour sans rien voir autour d'elle, se bornait à poser un regard rayonnant sur son cher « gamin ». On aurait dit qu'elle ne remarquait même pas les changements considérables que l'aspect de son gamin avait subis. Les lecteurs des deux premiers livres de notre saga ont évidemment remarqué que Tsilia Rosenblum était du nombre relativement faible des gens qui ne voient pas les détails, car ils ne vivent que dans un monde d'idées fondamentales.

Cependant, de l'autre côté des barbelés, à deux pas, montait jusqu'à Kirill son propre nom accompagné d'exclamations vigoureuses. « Gradov, putain ! Qu'est-ce qu'il fout, cet enculé ? Où il a disparu, bordel, ce Gradov à la con ? »

Non, je ne peux plus rester parmi ces brutes et ces débiles de la Sécurité, se dit Kirill comme si son travail à l'Hygiène avait depuis longtemps dépassé ses forces. Maintenant que ma femme est ici, je ne peux plus y rester. Avec l'aide de Dieu, je vais me faire garçon de chauffe au lycée ou à la Maison de la Culture, ou à n'importe quelle autre chaufferie.

Devant lui, déambulait son équipier, Filip Boulkine, une rare crapule. Il n'avait rien à faire au port ce jour-là, mais bien entendu, il ne pouvait pas, dans l'espoir de quelque aubaine, laisser passer l'arrivée du navire et de son convoi. Kirill lui promit une bouteille d'alcool rectifié s'il le remplaçait. « Tu vois, ma femme vient d'arriver, dit-il, cela fait douze ans que nous ne nous sommes pas vus. »

— Elle est bien, ta femme, dit Boulkine avec un coup d'œil rapide à la toilette disparate de Tsilia et aussi avec une attention particulière aux bagages éparpillés autour d'elle. — Il faut croire que Filip Boulkine était du nombre des gens qui, justement, se concentrent sur les détails, sans remarquer les idées fondamentales. — Dis voir, elle n'aurait pas amené des aiguilles de phono ?

— Il apprit avec étonnement que la femme de Gradov n'amenait pas ce produit rare qui valait, à la Kolyma, un rouble pièce, un rouble pour cet objet microscopique, et il partit faire son remplacement. Naturellement, cela l'arrangeait.

Kirill alla fureter dans le bric-à-brac du port et découvrit une brouette abandonnée sur laquelle il chargea les biens de Tsilia. L'un des filets bourrés à craquer tomba dans le champ visuel de la « passagère » : elle se jeta dessus comme sur un poulet rôti et prêt à consommer. Des lambeaux de journal d'emballage s'envolèrent comme duvet de ce même poulet le jour où on l'avait plumé. « Regarde ce que je t'ai apporté, mon petit Kirill, des bonnes petites choses de Moscou ! » Lesquelles bonnes petites choses de Moscou s'étaient, au cours de ses quinze jours de voyage, sérieusement écrasées, graissées, étalées ou pétrifiées selon leur consistance. Néanmoins, elle n'arrêtait pas de déchiqueter ses petits cornets de papier, d'en détacher des bouts d'aliments qu'elle lui fourrait dans la bouche. « Te voilà des sablés, des pralines, des *oïla* soviétiques, des *fein-kuchen*, du *strudel*, des *eier-kuchen*[1], si c'est bon, tout ça ! C'est que tu t'en régalais autrefois, Gradov ! »

Il la regarda avec tendresse. Par ces bouts de sucreries incroyablement délicieuses, c'est vrai, même si elles étaient un tantisoit moisies, comme par cette adresse politique de « Gradov » qui refaisait surface dans sa mémoire, sa grotesque épouse essayait probablement de lui dire que tout pouvait s'arranger dans le meilleur des mondes matérialistes.

Ils s'acheminèrent vers la grille du port. Kirill avait la bouche encombrée d'un énorme mélange de sucreries. « Merci, Rosenblum », meugla-t-il, et tous deux pouffèrent de rire.

Devant la sortie, ils durent ralentir. La première division du nouveau convoi passait. Les ZEK avaient sorti tous leurs trésors de leur sac et, les tenant par brassées, allaient faire rôtir leurs poux.

— Qui sont ces gens ? demanda Tsilia, stupéfaite.

Encore plus stupéfait, Kirill avala d'un seul coup sa boule de sucreries.

— Comment, qui ils sont ? Mais tu as fait la traversée avec eux !

— Allons donc, Gradov ! Allons donc, Gradov ! Comment, j'ai fait la traversée avec eux ? Je suis arrivée sur le *Félix-Dzerjinski*.

— Eux aussi, Rosenblum.

— Je n'en ai pas vu un seul.

— D'accord, mais ne savais-tu pas... ne savais-tu pas... ce que transportait le *Félix*, l'oiseau de bon augure ?

— Qu'est-ce que tu racontes, Gradov ? s'exclama-t-elle. Un

1. Pâtisseries juives.

bateau si beau, si propre ! J'avais une cabine minuscule, mais idéale. Les douches dans le couloir, du linge propre...

— Nous, ce bateau, nous l'appelons un porte-ZEK, dit Kirill les yeux fichés en terre, ce qui allait de soi, car ils montaient une pente et la brouette était lourde.

— Qu'est-ce que c'est que ces expressions, Gradov ? questionna-t-elle d'un ton sévère. — Puis très vite elle ajouta, lui caressant la nuque et lui pinçant la joue : — Arrête, arrête, Gradov chéri, bien-aimé, merveilleux, n'exagérons pas, ne généralisons pas...

Il marqua un temps d'arrêt et dit d'une voix ferme : — Ce bateau transporte des détenus. — Il fallait bien qu'elle sache où en étaient les choses, à la fin des fins. On ne pouvait tout de même pas vivre à Magadan et ne pas en connaître la règle.

Cette courte polémique s'évanouit sans assombrir leurs retrouvailles. Ils remontaient un chemin défoncé, à peine remblayé de gravier, y poussaient le saint-frusquin de Tsilia avec des sourires radieux, on aurait dit Hänsel et Gretel[1]. Cependant, la nuit tombait, çà et là parmi les piètres isbas, les remblais tordus et les baraques de la cité de Nagaïevo où dominait curieusement une teinte rose sale, des lumières s'allumèrent. Tsilia commença enfin à prendre conscience des réalités :

— Alors, c'est ça, Magadan ? demanda-t-elle avec une alacrité de commande. Et où est-ce qu'on va coucher ?

— J'ai une chambre particulière. — En disant cela, il ne put réprimer un mouvement de fierté.

— Dis donc ! s'écria-t-elle. Je te promets une nuit de flamme, mon cher Gradov !

— Hélas, Rosenblum, je ne saurais t'en promettre autant, dit-il en se ratatinant d'un air coupable et en songeant : Si au moins la chère petite vieille ne dégageait pas cette odeur de croquettes à l'oignon !

— Tu vas voir, tu vas voir, je réveillerai la bête qui sommeille en toi ! — Elle secoua la tête avec un sourire malicieux. Sa bouche, c'est-à-dire ses dents étaient dans un état déplorable.

Ils grimpèrent encore un certain temps et s'arrêtèrent en haut de la butte. Ils découvrirent la ville de Magadan étalée dans une large dépression entre les collines, ses deux grandes rues qui se coupaient — la perspective Staline et la chaussée de la Kolyma — avec leurs rangées de maisons de pierre à quatre étages et leurs entassements de petites bâtisses.

— C'est cela, Magadan, dit Kirill.

À ce moment, les réverbères de la perspective Staline s'allumèrent. Avant de se coucher définitivement, le soleil darda entre

1. Petits héros de l'opéra enfantin du compositeur allemand Humperdinck.

les nuages quelques rayons sur les fenêtres des grandes maisons où demeuraient les familles de la Direction du Dalstroï et des Camps. La ville apparut alors comme une incarnation de la prospérité et du confort.

— C'est joli ! dit Tsilia non sans étonnement. — Et pour la première fois, Kirill se sentit en quelque sorte fier de sa « bourgade aux osselets », de ce caillot de honte et d'angoisse.

— Ça, c'est la ville de Magadan, l'endroit dont nous venons n'était que la cité de Nagaïevo, commenta-t-il.

Une voiture de tourisme passa, grondant à basse vitesse et brillant de tous ses phares d'outre-Atlantique. Des gants de cuir fin agrémentés de cinq trous ronds aux articulations reposaient sur le volant. Serein, austère, le nez britannique du capitaine fila devant eux.

Plus ils marchaient, plus ils s'éloignaient de l'élégante Magadan, plus les dédales de la cité criminelle terrifiaient Tsilia Rosenblum : murs de bois fléchis des baraques, étais des miradors, barbelés, fosses de détritus, cauchemardesques flots d'eaux usées, nuages de vapeur des chaufferies. Parfois, quelque chose de plus encourageant se profilait : un terrain de jeu d'enfants avec statue de guerrier soviétique, une banderole « Honte aux fauteurs de guerre ! », le portrait de Staline au-dessus des Entrepôts des matériaux de construction ; pourtant, Kirill poussait toujours sa brouette, ils abandonnaient les rares fanaux du socialisme et s'enfonçaient dans l'inextricable broussaille de la vie des ZEK affranchis. Et là, sans crier gare, instantanément, sans entrée en matière, des tourbillons de neige se déversèrent du ciel noir. « C'est toujours comme ça, expliqua Kirill. La première tempête de neige se déclenche sans avertissement. Mais nous sommes arrivés. »

On apercevait, sous la danse folle de la lanterne, un mur bas, couleur de sucre rose zébré d'une lézarde en buisson d'où dégringolaient toute sorte de saletés. Les tourbillons de neige frappaient la porte de plein fouet. Kirill l'attira non sans peine et y entra les affaires.

Le plancher du long couloir où se retrouva Tsilia semblait avoir supporté un sérieux tremblement de terre. Ici et là, les lattes formaient des bosses, ailleurs, elles s'étaient effondrées ou elles se dressaient en l'air. Ce que l'on appelait les « parties communes » se trouvait au bout du couloir qui dégageait une odeur mêlée de déjections, d'eau de Javel et de graisse de veau marin grillée. Pas moins de trente portes s'alignaient le long du mur cintré, ventru à sa façon. Le spectre des sons qui en montaient allait du pet timide à la sublime voix de la cantatrice Pantofel-Netchestka interprétant un air de *Natalka-Poltavka* [1] sur le Premier Programme de la radio

1. Opéra ukrainien de Lyssenko (1889).

d'URSS. Quelque part, avec une monotonie étrange, une voix menaçante répétait : « D'un coup de dents ! J'te la coup'rai ! » Était-ce un homme ? Une femme ? Impossible de le dire. Lugubre, sinistre, la voix abusait des premières syllabes paires, abrégeait les deux dernières, ce qui donnait quelque chose comme : « D'un cou-ou-oup d'den-en-ents, j'te la coup'rai ! »

Un corps inerte contre lequel, comme de juste, Tsilia buta, gisait au milieu du couloir.

— Tu comprends bien que nous ne sommes pas à Moscou, articula Kirill, confus. — Puis il ôta le cadenas et ouvrit la porte de contre-plaqué de sa « chambre particulière ». La petite ampoule « à la Lénine » qui pendait au bout d'un long fil, d'ailleurs raccourci au moyen de quelques nœuds, éclaira un espace de cinq mètres carrés où se logeaient à grand-peine un châlit recouvert d'une couverture en patchwork, une petite étagère de livres, une petite table, deux chaises et un seau.

Eh bien, assieds-toi. Où ? Ici. Bon, voilà, je suis assise, maintenant, je me couche. Éteins. Comme ça, tout de suite, Rosenblum ? Ça fait douze ans que j'attends, Gradov. Que j'ai éloigné tous mes soupirants, et combien il y en a eu ! Mais, ma petite Tsilia, moi, je suis tout à fait... Non, non, ça n'existe pas, ça, qu'on soit tout à fait... tiens, presse-le, presse-le, et tu ne t'apercevras même pas que... voilà, voilà, ça, c'est un bon petit, ça, c'est un bon petit...

Heureusement qu'il fait noir, se disait Kirill, on ne voit pas que je copule avec une vieille pareille. Puis, dans le rai de lumière trouble qui passait par sa fenêtre minuscule, il aperçut, posé sur la table, le filet et le buste de Marx. Les traits arrondis du père du communisme scientifique étaient tournés vers le plafond de la baraque croulante. La présence du fondateur politique augmenta curieusement son ardeur. L'odeur de croquette mal digérée se volatilisa. Le spectre complet des sons s'éteignit, y compris le monotone « D'un coup de dents... ». La *Blouse bleue*, la komsomol 1930 du grand tournant, du colossal chambardement : « Électrification, Conjonction des Forces, Entraînement[1] ! » Tsilia poussa un hurlement de triomphe. Ma pauvre petite fille, qu'es-tu devenue !

Dans le silence qui suivit cette scène pathétique, quelqu'un gloussa tout près, à croire qu'il reposait là contre :

— Dis donc, pan-pan ! le Kirill a ramené une bonne femme, dit une voix paresseuse.

— Pas possible ! Kirill Borissovitch, se dégoter une radasse ? fit, étonnée, une voix de femme.

— Comme si t'avais rien entendu, tordue ! fit le paresseux d'une voix profonde en se retournant.

1. L'un des nombreux mots d'ordre de l'époque qui répondait à ce qui s'appelait l'« algèbre de la révolution ».

Sur quoi la paroi bougea et, au pied du lit, à travers le contreplaqué effeuillé, l'on aperçut le pied noir de l'occupant de la « chambre particulière » d'à côté.

— C'est ma femme qui arrive du Continent, Pakhomytch, dit Kirill à mi-voix. Mon épouse légitime, Tsilia Naoumovna Rosenblum.

— Mes félicitations, Borissovitch ! dit Pakhomytch qui, à présent, c'était certain, reposait le dos au mur. La bienvenue, Tsilia Rosenblumovna !

— Je te promets que nous aurons bientôt une vraie chambre particulière, murmura Tsilia à Kirill droit dans l'oreille.

Passant par le canal auditif, son murmure vint chatouiller Kirill dans le nez. Il éternua.

— Tu veux un coup de vodka ? demanda Pakhomytch.

— Demain, répondit Kirill.

— Sans faute, soupira Pakhomytch.

Kirill commenta dans la jeune oreille rosenblumienne :

— Il est justement de notre région de Tambov à nous. Un excellent bonhomme. Il a été condamné pour révolte armée...

— Qu'est-ce que c'est que ces plaisanteries idiotes, Gradov ? éluda Tsilia en bayadère lasse.

Cependant, il fallait défaire les bagages. Kirill s'employa à les déballer, tout en s'efforçant d'éviter les regards directs de la vieille qui s'agitait à son côté. Pas vieille du tout. Elle a trois ans de moins que moi, elle n'a que quarante-quatre ans. « Quarante ans, l'épanouissement — Quarante-cinq, on se requinque. » Avec un peu de veine, elle rajeunira, ma Rosenblum.

— Qu'est-ce que c'est que ça ! s'exclama soudain Tsilia. — Elle se tenait les mains aux hanches devant l'étagère en haut de laquelle trônaient un petit triptyque, des images du Sauveur, de la Vierge et de saint François, une chevrette des bois sous la main. Ces œuvres des camps de la Soussouman, c'est l'infirmer Stasis, auquel il restait encore trois ans à tirer, qui les avait offertes à Kirill.

— Ça, Tsilia, c'est ce que j'ai de plus cher au monde, dit-il doucement. Tu ne sais pas encore que, durant ma détention, je suis devenu chrétien.

Il s'attendait à un éclat, des propos enflammés, de violentes professions de foi marxiste, mais, au lieu de cela, il n'entendit qu'un caquètement étrange. Mon Dieu, Rosenblum pleurait. Elle tendait la main comme une aveugle, la lui posait sur la tête tel saint François d'Assise sur celle de son frère le loup, et murmurait : « Mon pauvre, pauvre gamin, que t'est-il arrivé... »

— Ça ne fait rien, dit-elle en s'ébrouant, cela te passera.

En quelques gestes vifs, elle désharnacha Marx et l'installa sur l'étagère à côté des saintes images. Et maintenant, on verra bien qui l'emportera ! Tous deux éclatèrent de rire, avec soulagement.

Voyons, n'était-ce pas une idylle que cela ? Une bouilloire électrique modèle de Moscou est en train de bouillir. Un paquet de thé de Géorgie surchoix est ouvert. Des bouts de friandises agglutinées sont éparpillés sur la table. La première tempête de neige de l'automne 1949 siffle au-dehors. La baraque croulante tombe peu à peu dans le silence, seule monte quelque part la voix de Serguéi Léméchev : « Un trait viendra-t-il percer mon cœur[1] ? », tandis qu'entraînés par l'exemple Pakhomytch et Mordekha Botchkova, sa bonne femme, se carambolent dans la pièce à côté. Tsilia sort une grande photo vieille de dix-neuf ans. La véranda du Bois d'Argent après leur repas de mariage : Bo et Mary, et Poulkovo, et Agacha, et, âgé de huit ans, leur petit loup koulak Mitia, et Nina avec Savva, et Boris IV — quatre ans, et riant plus que tous les autres, un jeune général de division, et, irrésistible dans sa robe blanche avec d'immenses fleurs sur les épaules, Véronika, ah, Véronika...

— Cette salope, siffla soudain Tsilia. Tu aurais pu être libéré et réhabilité dès 1945 comme frère du maréchal Gradov, Héros de l'URSS, mais cette salope, cette prostituée, elle s'est mise avec un Américain, un espion, elle a fichu le camp en Amérique avant même d'avoir reçu des nouvelles de son fils ! Ne me dis rien, c'est une chienne et une salope.

— Non, non, ma petite Tsilia, bredouillait-il en lui caressant la tête. Nous nous aimions tous, dans ce temps-là, regarde comme nous nous aimons et comme nous sommes heureux. Cet instant a existé, en voilà la preuve, il ne s'est pas envolé, il survit pour toujours parmi nous.

Quand elle se met en colère, sa figure, son nez et ses lèvres s'allongent, on dirait une ratonne du plus haut comique. Mais voilà que ses traits se détendent, à croire qu'elle n'en veut plus à Véronika.

— Tu dis que nous nous aimions tous, et moi, je ne les voyais tout simplement pas, je ne voyais que toi...

1. Ténor célèbre et phrase de l'opéra *Eugène Onéguine* de Tchaïkovski.

## CHAPITRE DEUX

# *Shoot*

De la misère de la Kolyma, cher lecteur qui nous suivez si fidèlement depuis quelques centaines de pages déjà, ma plume de fabrication étrangère que j'ai acquise au coin de la rue pour un dollar et sept kopek, et qui est chargée sur le côté de la mystérieuse inscription *Paper-mate Flexgrip Rollen-Micro*, vous emmènera dans une ville immense encline, au cours des siècles, à tomber d'un coup dans l'indigence la plus absolue, la plus haillonneuse, et avec une vitesse tout aussi surprenante, à étaler sa propension à la goinfrerie, la fornication et à un goût du luxe étrange, presque toujours factice, mais tout de même conséquent. Nous voilà donc dans la ville qui a donné son nom à la présente œuvre en ses trois degrés, à Moscou, c.e.h.l. — c'est-à-dire : cher et honorable lecteur.

Comme devant, dans les cuisines des appartements communautaires, les ménagères se lançaient des casseroles de soupe au chou à la tête, et les jeunes mariés dormaient sur des lits de camp sous la table, dans la même pièce que trois générations d'une famille qui leur sortait par les yeux. Comme devant, l'achat d'exécrables croquenots de marche absorbait la moitié d'une paie et la confection d'un manteau d'hiver équivalait à la construction d'un cuirassé d'escadre. Comme devant, on faisait la queue dès le matin pour prendre un bain le soir et l'installation dans un autobus rappelait un match de lutte libre. Comme devant, aux abords des gares, des mutilés de la GGP (Grande Guerre Patriotique) complètement ivres traînaient sur le trottoir, tandis que, dans les trains, aveugles et faux aveugles chantaient *J'étais éclaireur à mon bataillon*, une romance interminable et cruelle. Comme devant, le citoyen moyen frémissait la nuit à la vue des « corbeaux noirs » et comme devant, chacun se gardait d'ouvrir sa porte à des miaulements de chat, craignant de laisser entrer la bande du « Chat noir » à la tête de laquelle se trouvait, à ce que l'on disait, le puissant et mystérieux bandit Ivan Et Demi.

En fait, la famine avait pris fin. D'ailleurs, à proprement parler, à Moscou, elle n'avait jamais commencé. Tant bien que mal, l'approvisionnement de la population de la capitale sur cartes d'alimentation avait été assuré durant toute la guerre, et après la réforme monétaire et l'abrogation du système des cartes, on avait vu apparaître dans les boulangeries des baguettes, des galettes, des petits pains français (débaptisés au bout de deux ans en « citadins » pour éviter la contagion cosmopolite), des bretzels, des *saïka*, des craquelins, des brioches, des viennoiseries de toute sorte, et puis au moins une demi-douzaine de noms de pain de seigle : pain de Borodino, de Moscou, pain de son... au rayon pâtisserie, au milieu d'un généreux semis de bonbons, se dressaient de crémeux remparts renforcés d'imposantes formations de chocolat en carré ou en ovale ; quant aux magasins d'alimentation, on y trouvait non seulement des gens pressés de bouffer, mais aussi des connaisseurs, tenez, un Moscovite corpulent qui explique avec bienveillance à une voisine plus ingénue : « Ma chère, un bon fromage doit sentir la chaussette. »

La gastronomie carnée n'était pas en reste, oh ! oh ! jambons et carbonnades réjouissaient la vue, voisinaient avec des roulades fumées, des saucissons de tout calibre, jusqu'à ces tranches de pâté subtiles qui découvraient une véritable mosaïque de farce succulente. Les saucisses descendaient du carrelage des murs en guirlandes tropicales. Des harengs gras ou maigres baignaient dans des récipients divers et traçaient au-dessus des têtes des chalands des trajectoires invisibles, mais perceptibles, qui les menaient tout droit au rayon des spiritueux. Et là, ce qui s'offrait aux yeux du patriote était une véritable parade des unités de la Garde, depuis la vodka en bouteille ordinaire jusqu'aux liqueurs en flacon. Le caviar ne manquait jamais, dans ses petits plats d'émail il jetait le trouble dans l'esprit du citoyen ordinaire et réjouissait le lauréat du prix Staline. Il y avait partout du crabe en boîte et à un prix abordable, mais personne n'en voulait, malgré la réclame au néon qui grésillait dans la nuit. On pouvait en dire autant du foie de morue, ce que peuvent confirmer tous ceux dont la jeunesse s'est déroulée sous le flamboiement statique et éternel de la stabilisation stalinienne : « Le foie de morue ! C'est bon et nourrissant ! »

Les gens du peuple avaient leurs propres joies : croquettes Mikoïan à six kopek et gelée de veau partout exposée sur des plateaux à un prix quasi symbolique, c'est-à-dire rapproché au maximum du communisme.

Les célèbres brasseries moscovites survivaient encore çà et là dans leurs caves voûtées. Tiens, par exemple, tu descends dans celle d'Essénine, sous le passage de la Loubianka. Le camarade serveur pose aussitôt devant toi une assiette d'amuse-gueules obligés : biscuits salés, pois marinés, tranchette de jambon, poitrinette fumée, oh, tendres diminutifs comestibles de la Russie ! Et de la bière, la bonne bière ! À la pression, en bouteille, à votre service ! Jigouli, Ostankino, Moscovite en demi-litres, Dorée Double en flacons torsadés de verre foncé.

D'où venait-elle, cette abondance alimentaire stalinienne, aussi vite après les destructions de la guerre ? On nous expliquera par la suite qu'elle est née dans les villes grâce au pillage des campagnes, et nous opinerons, bien que nous laissant aller à supposer que cette explication ne recouvre pas le problème dans son entier.

L'ordre régnait alors, nous brailleront en réponse les anciens combattants de la Sécurité militaire. La fauche n'existait pas ! Oui, c'est la vérité ou disons, une part de la vérité. Vraiment, notre peuple avait été à ce point conditionné par la Tchéka qu'il avait même peur de faucher. Pour un petit sac de glanes, pour quelques patates à moitié pourries, on vous expédiait d'autorité piocher la merzlota pendant dix ans. Peu importait ce que vous aviez pris, un collier de saucisses ou cent mille roubles de lingots, pour la « dilapidation des biens socialistes », on était toujours condamné à des peines de bagne effrayantes, et parfois même au châtiment suprême, si quelque circonstance venait aggraver l'affaire. On envoyait aussi aux camps les empotés qui arrivaient en retard au boulot, autrement dit, se rendaient coupables d'un délit proche du sabotage de la grande reconstruction. Au total, on ne saurait le nier, l'ordre régnait.

Mais tout de même, pour expliquer complètement la grandiose stabilisation et l'extension de la puissance qui s'étaient établies à la fin des années quarante et étendues à la première moitié des années cinquante, nous allons devoir abandonner les rails standardisés de la réalité pour bondir dans les marécages de la métaphysique. Ne vous semble-t-il pas, bon sang de bonsoir !, qu'à l'époque, l'organisme du socialisme qu'à l'heure actuelle, eu égard à certains événements, nous ne pouvons pas ne pas comparer à un organisme humain ordinaire, ne serait-ce qu'en fonction de sa durée de vie, qu'à l'époque, l'organisme socialiste avait atteint son apogée, cela ne nous semble-t-il pas ? Nous voulons dire en ce sens que... oui, précisément en ce sens que le socialisme, si on le considère comme un corps biologique, et pourquoi ne le considérerions-nous pas comme un corps biologique, a atteint les sommets de son développement, et c'est bien pour cela qu'il a pu fonctionner un certain temps sans à-coups.

Effectivement, il avait à l'époque à peine dépassé la trentaine, âge de l'épanouissement de tout corps singulier. Oui, summum du développement de tout corps quel qu'il soit et de celui-ci, celui du socialisme, en particulier. On atteignit ainsi la perfection équilibrée d'une société : vingt-cinq millions d'hommes dans les camps, dix millions aux armées, autant au KGB et à la Sécurité. Le reste de la population laborieuse s'adonnait avec abnégation à ses tâches diverses, son état d'esprit et son système réflexe étaient parfaits. On assista à un élargissement géopolitique maximal, ainsi qu'on le découvrit plus tard. Le camp socialiste dont les éléments avaient surgi tout près comme un feston de ballonnets gonflables s'alignait diligemment sur la métropole, faisait le ménage dans ses cellules. Au moment où débute notre troisième livre, à l'automne 1949, les grandes purges avaient déjà eu lieu dans les démocraties populaires : en Tchécoslovaquie, le procès de la « bande de Slanski », en Hongrie celui de la « bande de Laszlo Rajk », en Bulgarie celui de la « bande de Trajco Kostov »... Une seule bande des ex-amis avait réussi à échapper aux embrassades staliniennes, la « bande de Josep Broz Tito et de ses odieux satrapes, une bande d'espions américains, d'assassins et de traîtres de la cause communiste », la haine manifestée contre la Yougoslavie était si vive qu'elle témoignait incontestablement non seulement de l'état de la vésicule biliaire du caïd vieillissant, mais aussi de l'efficacité, entendez : de la perfection, des procès socialistes. La presse, la radio, les déclarations officielles démasquaient sans relâche les traîtres. Les Koukrynix[1] et autres Boris Efimov faisaient assaut des caricatures les plus obscènes. Tantôt ils représentaient le rétif maréchal sous les traits d'une blondasse au gros cul tenue par un oncle Sam dégingandé — des griffes duquel s'égoutte évidemment le sang des patriotes —, tantôt sous l'apparence d'un pouf épanoui de volupté et d'obséquiosité sur lequel le même oncle Sam étale ses fesses pointues. Les allusions aux grosses cuisses du chef des communistes yougoslaves et au caractère vaguement féminin de sa sale gueule étaient monnaie courante. Quels que soient les crimes et les desseins malfaisants dont on l'accusait, il en était un, le plus abominable peut-être, que l'on n'évoquait jamais. Ce qu'il y a, c'est que le chef des Slaves du Sud n'avait pas seulement tendance à se disjoindre du camp de la paix et du socialisme, mais aussi à fusionner avec celui-ci. Dès 1946, la « clique de Tito » avait proposé à Staline l'entrée totale de la Yougoslavie dans l'URSS avec le statut de république fédérée, et puis, cela allait de soi, l'entrée de toute la « clique » au Kremlin avec le statut de membre du Bureau Politique. Et Staline s'était dégonflé pire qu'en 1941. Que le « fidèle ami de l'URSS » se présente au Kremlin avec ses haïdouks, et la nuit même, il étranglera tous ses occupants dans leur chambre ou leur bureau. La voilà la raison de son obstination : cette fripouille veut devenir le chef de tous les Slaves, pas seulement ceux du Sud. Chose étrange, ce complot contre le progrès, le plus terrible de tous, en somme, n'a jamais été évoqué dans la presse soviétique. L'idée même de porter atteinte à la personne de l'auguste Père des peuples et à son œuvre la plus importante, l'Union Soviétique, était trop sacrilège.

En général, bien des crimes n'étaient jamais formulés concrètement, surtout s'il s'agissait de propos calomnieux à l'encontre de

1. Groupe de trois caricaturistes : Kouprianov, Krylov et Nicolaïev.

l'URSS. Tenez, par exemple, Iouri Joukov, l'un des meilleurs combattants de la plume, peut-on dire — Iouri Joukov parle depuis Paris d'un débordement de calomnies de la presse impérialiste, mais en quoi ces calomnies consistent il ne le dit pas, ce sont simplement « d'odieuses calomnies pleines de haine viscérale contre le rempart de la paix et du progrès ». Cette discrétion, cette réserve mettent en lumière aussi le summum du socialisme, son plein épanouissement : le nouvel homme soviétique n'a pas besoin de détails pour s'emplir d'une noble colère.

Les principaux écrivains soviétiques eux aussi, surtout ceux qui luttaient pour la paix, visaient les aires internationales, du genre de Fadéiev, Polévoï, Simonov, Tikhonov, Toursoun-Zadé, Gribatchov, Sofronov, Ehrenbourg, Sourkov, savaient parfaitement qu'il ne faut pas mettre de points sur les « i » lorsqu'il s'agit de « calomnies haineuses ». En fait, à l'époque, le Parti avait atteint le summum de la compréhension mutuelle avec les écrivains. La communauté littéraire avait aussi bien renié la décadence cosmopolite que cette invention montée de toutes pièces, un prétendu conflit intérieur à la société soviétique. Quelque temps plus tard, des esprits déraisonnables ont rejeté la « non-conflictualité » en tant que représentation dénaturée, or, ce qui s'y exprimait était pourtant la jeune maturité, la pleine apothéose de l'organisme soviétique.

Tout organisme parvenu à maturité doit être parfait au-dedans. mais au-dehors, il faut absolument qu'il ait un vigoureux ennemi. Cet ennemi, nous aussi, nous l'avions, et pas une quelconque Yougoslavie, mais le plus odieux, le plus perfide et, bien entendu, le plus irrémédiablement condamné : l'Amérique ! Tous nos autres ennemis, même l'Angleterre, étaient moins odieux, moins perfides et même moins irrémédiablement perdus, parce qu'ils étaient plus faibles que l'Amérique. C'est dans cette opposition avec l'Amérique que notre organisme a atteint ses succès les plus significatifs. *Primo*, il a détruit son monopole atomique, *secundo*, il a dressé un indestructible écran en Allemagne sous la forme d'une République des ouvriers et paysans, *tertio*, il a déclenché une puissante attaque contre les satrapes américains de Corée,

*Mais en ces temps accélérés*
*Et par la terre labourée*
*Les vaillants chars de Nord-Corée*
*Portent partout la liberté*[1]

*quarto*, par son vaste mouvement pour la paix, il a mis le holà aux prétentions de la réaction en Europe occidentale, *quinto*, chez lui,

1. S. Smirnov.

il en a définitivement et irrévocablement fini avec la délétère influence atlantique.

Et voilà que devant nous, étalée en travers de ces fières années, gît l'immense ville glorifiée par des chorals sataniques et pourtant, à l'étonnement général, toujours vivante, qui bouge et crache, galope, défile, titube comme un ivrogne, et nous la regardons avec les yeux d'un petit gars de seize ans qui arrive boulevard de la Stretenka de son patelin tatar et avec ceux d'un homme de vingt-trois ans qui revient rue Gorki de la taïga polonaise.

Où sont passés les invalides de la Grande Guerre Patriotique ? Un beau jour, ils ont tous disparu, ceux qu'on plaisantait si gentiment dans le peuple ! « Ni bras ni fesse, saute ta gonzesse ! » L'administration s'en était préoccupée : la population tronquée n'avait rien à faire dans les belles rues de la capitale et les salles de marbre du métro. Voilà comme s'appliquaient, ces années-là, les décisions de l'administration — instantanément, à cent stupéfiants pour cent ! Les invalides de la GGP peuvent parfaitement finir de couler leurs jours dans des lieux dont la valeur symbolique n'est pas aussi haute pour le peuple soviétique et toute l'humanité progressiste. Cela concernait particulièrement ceux qui étaient abrégés de moitié et se déplaçaient sur de petites plates-formes ficelées à leur corps déjambé, montées sur roulement à billes. Ces camarades abrégés avaient tendance à s'enivrer à mort, à gueuler des paroles outrancières, à traîner sur le flanc, leurs roulettes de biais, et ne contribuaient nullement à répandre l'optimisme.

Dans l'ensemble, on ne blâmait pas trop l'ivrognerie quand ses adeptes étaient des hommes sains, réfléchis, qui s'y livraient à leurs heures de loisir ou de congé. Les alcools étaient de bonne qualité et se trouvaient partout, y compris dans les modestes cantines. Même au cœur de la nuit, au *Gastronome* de garde, travée des Chasseurs, l'on pouvait se procurer de la vodka, du vin, des amuse-gueules. Au début des années soixante, les immenses restaurants de Moscou étaient ressuscités et étaient tous ouverts jusqu'à quatre heures du matin. Nombre d'entre eux possédaient de merveilleux orchestres. Après minuit, la lutte contre la musique occidentale faiblissait et les émouvantes cascades de *Gulf Stream* et de *Caravan* résonnaient sous leurs luxueux lustres d'avant la révolution. Les effets lumineux avaient la grande vogue : on éteignait toutes les lampes du plafond et seuls quelques projecteurs multicolores envoyaient leurs rayons vers le haut où tournait une grosse boule de verre à facettes. La jeunesse rescapée du front et la génération montante dansaient sous les reflets qui en pleuvaient. À ces moments-là, tous les danseurs croyaient que le charme de la vie ne ferait que croître et ne dégénérerait jamais en un ignoble et impécunieux mal aux cheveux.

Le corps des portiers moscovites faisait florès : le torse avantageux, le ventre proéminent, la barbe en éventail, une bande au pantalon et des galons partout. Ils n'étaient pas tous des rapaces et des salauds, loin de là, certains portaient fièrement leur tradition et notaient avec satisfaction le tournant esthétique qui se dessinait vers les valeurs impériales. La réintroduction de l'uniforme dans diverses couches de la population leur faisait particulièrement plaisir : tunique noire du personnel des mines et des cheminots, vestes grises à appliques de velours des juristes de catégories diverses... À mesure que l'industrie légère progressera, tout le pays portera l'uniforme, et alors, on évaluera mieux le client.

En attendant, règne évidemment une anarchie partielle. Par exemple, les jeunes de Moscou aiment à porter le col relevé, des casquettes de tweed à huit pans. La prédilection des élégants va aux longs cirés en provenance d'Allemagne au titre des réparations de guerre. Très prisés aussi, les blousons tchécoslovaques en velours côtelé avec fermeture éclair et empiècement, et de même les mallettes de fabrication nationale à angles arrondis. Voici le portrait du jeune Moscovite de 1948-49 : casquette de tweed, blouson à fermeture éclair, ciré, mallette à la main. Ajoutez à votre gré quelques pièces détachées telles que le nez, les yeux et le menton.

L'idéal de la jeunesse d'alors était le Sportif. Le terme « gymnaste » employé avant guerre ne l'était plus que par ironie, pour désigner l'amateurisme. L'être de classe supérieure affecté du nom de Sportif était un professionnel ou un semi-professionnel, bien que, contrairement à l'Occident pourri, le sport professionnel n'existât pas au pays des Soviets. Le Sportif recevait de l'État une bourse dont personne ne connaissait le montant, vu qu'elle portait le cachet « ultra-secret ». À la rigueur, s'il n'avait pas encore atteint le niveau de la bourse, il avait droit à des tickets de suralimentation. Le Sportif était lent et peu disert, au milieu des gens, il filtrait ses paroles, se déplaçait avec une certaine indolence qui dissimulait sa force colossale toujours prête à éclater. Il va de soi que les cirés au titre des réparations, ça n'était plus sa pointure. Il offrait à la société les flots argentés de la gabardine ou le riche cuir des blousons d'aviateur. Seule la casquette de tweed se maintenait sur son crâne, parfois la visière coupée, par allusion à son adolescence de voyou.

Les plus grands héros du sport étaient les footballeurs de première division, particulièrement ceux de l'équipe de l'Armée Rouge et du club frais émoulu des Forces Aériennes, dont, à ce que l'on disait, le parrain était le général d'aviation Vassili Iossifovitch Staline. On avait aussi vu naître un nouveau sport qui s'était d'abord appelé « hockey canadien », puis avait été rebaptisé « hockey au palet », dont les joueurs jouissaient d'une grande popularité. C'étaient d'ailleurs souvent les footballeurs ci-dessus. En hiver, quand les terrains étaient pris par les glaces, les seigneurs du ballon rond chaussaient des patins, arboraient des casques cyclistes à boudins gonflés le long du crâne, voire des casques de tankistes, et vogue la galère ! Le palet siffle, les patins crissent, les corps robustes des officiers s'entrechoquent, projetant au passage quelques mots un peu forts.

Le plus grand favori des foules était le lieutenant Siova Bobrov qui, au football, pouvait, sur une pirouette, marquer un but à vingt mètres, et au hockey, opérant un inimitable virage derrière les buts, expédier le palet sous le cul du gardien. Et aussi, l'aspect du jeune homme prédisposait en sa faveur : nuque rasée, toupet sur le front, bobine carrée bien de chez nous, sourire à la fois timide et effronté, Siova était comme ça.

Bataille rangée de hockey au stade Dynamo par vingt-cinq en dessous de zéro. Volutes de buée au-dessus de la foule toute en muscles, que votre centrale électrique à la tourbe, c'est rien en comparaison. Des supporters expérimentés en touloupe par-dessus leur manteau, tout un stock de quarts et de demi-vodkas dans les poches. Quel Russe n'est pas amateur de jeux sur glace ?

La population de Moscou avait un incroyable engouement pour les patins. Rien de pareil à Kazan, par exemple, ou à Varsovie. Le soir, des foules de jeunes gens allaient du métro Parc Gorki par-dessus le pont de Crimée, à ce même Parc, le plus submergé de glace, portant leurs Lame, Norvégienne ou Snégourotchka. Là, dans les allées verglacées, sous les arcs électriques, l'on se donnait rendez-vous, l'on se faisait un doigt de cour à la glisse, et parfois, le « raisin » coulait. « J'te doublerai, j'te doublerai, tu ne m'échapperas plus » — c'était la voix de fillette d'une chanteuse à la mode qui se déversait des haut-parleurs.

Le basket était également populaire, mais dans des milieux moins étendus. C'étaient les élèves de terminale et les étudiants qui se passionnaient le plus pour ce jeu américain que l'on n'avait pas réussi à rebaptiser du nom patriotique de « balle au panier ». Notre provincial de Kazan, qui s'était récemment mis à ce jeu et savait déjà se déplacer la balle à la main et la « parachuter », était complètement médusé par l'ampleur de la vie basket-ballienne de la capitale. Rien que ceux des pays baltes, quelle classe ! L'équipe d'Estonie, de vrais athlètes européens, se présentait sur le terrain en genouillères de cuir, cheveux soigneusement gominés partagés par une raie, tout souriants, saluant les juges, sans gros mots, sans se racler la gorge, sans cracher, et ils gagnaient, comme le disait si bien le journal, « avec élégance et légèreté ». Ou les géants de Lituanie défilant des « huit » devant les joueurs de Kirghizie stupéfaits. Score : 115 à 15 en faveur des grands hommes du petit pays.

Pour autant, l'image idéale qu'il se faisait de la Moscovite était très éloignée des champs clos du sport. Cet idéal associait les traits de la chanteuse Klavdia Chouljenko et de l'actrice de cinéma Valentina Sérova. L'idéal déambulait dans Moscou en cothurnes lacés à la cheville et en trois-quarts de feutre blanc. Le regard de cet idéal promettait aux hommes rescapés et à la génération montante de surprenantes incarnations de tous les rêves romantiques que l'on voudra. Notre Polonais, si réservé tant qu'avait duré sa complexe mission à l'étranger, fut pris de vertige. Un jour, à la Srétenka, il était en train d'acheter ses Ducat (dix cigarettes dans un petit paquet orange), quand il vit tous les bonshommes attroupés autour du kiosque à tabac tourner la tête dans la même direction. Parmi les « M » pataudes et les grenouilles BMW-prise de guerre, glissaient une immense Lincoln verte décapotable et, sur son siège arrière, une rêveuse tête blonde. « Sérova qu'on emmène baiser au Kremlin », commenta l'un des fumeurs d'une profonde voix d'après-boire. Était-ce Sérova, l'emmenait-on au Kremlin, était-ce vraiment en vue d'une mission patriotique, cela, personne ne le savait, mais notre Polonais chercha encore longtemps la Lincoln verte dans les guimbardes de transport moscovites, sérieusement disposé, la prochaine fois, à bondir sur son marchepied et à arracher à la créature de rêve son numéro de téléphone. Mais il ne la revit plus jamais et finit par s'interroger sur la réalité de cet instant, à la Srétenka, près du kiosque à tabac : n'était-ce pas un songe aberrant qui s'était transporté là ?

Cette petite scène offrait encore un trait curieux : l'évocation désinvolte, sans manières, du Kremlin au sein de la putasserie moscovite. Le mec entre deux vins du kiosque ne représentait pas, cela va de soi, la majorité de la population, mais seulement ce que l'on appelait le « club des hommes », dépareillé, lamentable, pourtant pas encore hors de combat, où l'on jouait au billard, aux courses, où l'on sifflait force vodka et force bière accompagnées de cervelas et de choucroute, ou au contraire, sur les nappes amidonnées du *National* où l'on consommait du cognac de marque avec du saumon fumé, après quoi on allait se livrer à des parties de pince-cul dans des piaules diverses.

Pour ce qui est du Kremlin, on avait peine à imaginer qu'une si légère et gentille beauté se fût dirigée vers cette sombre citadelle. À la rigueur, sous le couvert de la nuit, dans un « corbeau noir », un bâillon sur la bouche, on l'avait traînée vers la profanation... Car, à ce qu'on dit, c'est la nuit qu'il réfléchit aux destinées du monde et du progrès...

Une fois, à minuit, passant quai Sainte-Sophie, notre Varsovien demeura le regard rivé sur la butte du Kremlin. Les étoiles de rubis brillaient clairement et semblaient tourner au sombre vent d'automne ; tout ce qui était en dessous des toits des tours était invisible et effrayant. Soudain, un feu parut, glissa. C'était probablement le phare d'une moto de patrouille, mais cependant, notre Varsovien frémit : il ne pouvait pas s'empêcher de penser que c'était l'œil d'un dragon qui perçait les ténèbres.

Personne, apparemment, n'avait vu frémir cet homme chevronné qui en avait pourtant vu de toutes les couleurs. Le quai était désert, pas une âme, excepté un jeunot qui s'appuyait contre une voûte à une dizaine de pas, mais lui non plus n'avait pas eu l'air de s'en apercevoir, parce qu'il avait, lui aussi, frémi en voyant l'œil lumineux passer sur la butte.

Qu'est-ce que c'est que ce drôle de jeunot, que fait-il ici tout seul, pourquoi ne quitte-t-il pas des yeux la résidence du chef du gouvernement ? En Pologne, il l'aurait mis face au mur et fouillé...

— Tu as du feu ? demanda le Varsovien.

— Je ne fume pas, répondit celui de Kazan.

Il est marrant, ricana le premier, comme si je lui demandais s'il fume ou non ! Mais il ne me demande pas si je fume, il me demande du feu, se dit le second en rougissant. Quelle honte, je rougis devant ce type ! Pourquoi est-ce qu'il rougit, ce petit gars ?

Tu n'as pas froid ? Le type faisait allusion aux piètres vêtements du petit gars. Le vent se coulait sous sa chemise de satin. Il est vrai qu'il portait quelque chose d'autre en dessous, mais quoi que ce soit, ce n'était pas assez pour une nuit d'octobre. Le type ne savait évidemment pas que ce « quelque chose d'autre » était le tourment secret du petit gars. Pour des raisons inconnues, il estimait que sa chemise était juste ce qu'il fallait à un jeune homme des années quarante pour sa promenade, mais que ce « quelque chose d'autre » n'était pas du tout du même tabac : le tricot de corps de sa grand-mère. Cette protection contre le froid avachie, douteuse de forme et de couleur, il la portait sous sa chemise et la rentrait bien droit sous son pantalon afin de ne pas déformer sa silhouette vue par-derrière. Mais lorsqu'il marchait, le tricot se mettait en boule sur ses fesses et ses hanches, privant la population de la capitale de la possibilité d'admirer ses formes juvéniles, impeccables. Bien sûr, il possédait en plus un gilet de laine, une veste molletonnée seyante fort apte à résoudre le problème, mais à la différence de Kazan, cette pièce d'habillement n'avait nettement pas cours parmi la jeunesse de la fin des années quarante et se rapportait davantage à la gent des concierges. Voilà pourquoi le petit gars descendait en dessous de zéro dans sa chemise adéquate sous laquelle se dissimulait l'inadéquat, le honteux tricot. Non, merci, je n'ai pas froid, répondit-il à l'inconnu.

Ils allaient se séparer lorsque, une fraction de seconde, ils s'immobilisèrent, comme pour mieux se souvenir l'un de l'autre. Le type en manteau noir au col relevé, cheveux roux foncé, yeux gris clair et durs, fit l'admiration du petit gars de province. La voilà, l'incarnation du jeune Moscovite d'aujourd'hui, quelle assurance ! Sûrement un maître ès sports, se dit-il. Si j'offrais mon chandail à ce petit romantique morveux ? songea le type non sans ironie. Il avait ramené une demi-douzaine de gros chandails de Pologne. Tout de même, ce serait bizarre de faire cadeau d'un chandail à un minet inconnu.

Ils se quittèrent. Le petit gars gagna le coin de la rue d'une démarche nonchalante, évitant de se hâter de crainte que l'autre se retourne et pense qu'il avait froid. Arrivé à l'angle, c'est lui qui se retourna : le type s'installait sur une moto. Ses cheveux flottaient au vent. Il les contint sous un bonnet de ski sorti de son porte-bagage. Si j'avais un frère aîné comme ça ! se dit le petit gars, sur quoi il contourna le coin de la rue et partit comme un dératé, oubliant ses semelles douteuses que pourtant, avouons-le, il n'oubliait jamais, il fila pour échapper au vent, mais, parfois confondu avec lui, s'éleva dans un élan d'enthousiasme jusqu'à la station Novokouznetskaïa et les chaudes entrailles du métro.

Son frère aîné était mort lors du blocus de Léningrad. Son père avait tiré ses quinze ans au camp de la Vorkouta. Sa mère venait d'être libérée de la Kolyma et s'était fixée à Magadan, c'est-à-dire là où nous avons commencé le troisième livre de la saga gradovienne. Mais se considérant comme un représentant de la jeunesse des années quarante, notre petit gars ne pensait pas aux millions de ses égaux en âge qui figuraient sur les listes des « enfants d'ennemis du peuple », non : à ceux qui jouaient au basket, au foot et au hockey, qui filochaient sur des motos récupérées sur l'ennemi ou fabriquées au pays, dansaient la rumba et le fox, faisant pirouetter d'une main sûre et adroite leurs partenaires, de bouleversantes fillettes de Moscou.

À vrai dire, Moscou était pour ce petit gars une simple étape sur la route de Magadan. Avant cela, jamais il n'avait quitté Kazan où sa jeune âme s'envolait sur les ailes d'un romantisme urbaniste. Aveugle à une indigence partout visible, il ne contemplait que les silhouettes crépusculaires des tours et des toits, les fontaines à sec et les fenêtres gauchies de la Belle Époque. Et soudain, il se trouvait dans le vaste monde, le tourbillon de la vie de la capitale, la voilà, la Ville ! Qui donc parle de Kazan dont le chantre de la Ville, Vladimir Maïakovski, n'a rien trouvé de mieux à dire que :

*Vieille, penchant,*
*voici Kazan...*

Il devait prendre l'avion de Moscou à Magadan avec la protectrice de sa mère, une citoyenne libre de la Kolyma qui revenait de vacances. La protectrice retardait son départ pour des raisons de famille et en attendant, il errait dans les rues de Moscou, la cohue de ses travaux, le désert de ses nuits, dix fois par jour il s'amourachait des frimousses qui passaient, rimaillait sur des bouts du *Sport Soviétique* :

*Les profondes ténèbres des nuits sans trembler*
*Ont frappé en silence à la porte des peuples*
*Alors, passé la barricade des immeubles*
*Le dernier communard de l'aurore est tombé...*

et en général, il se conduisait comme s'il avait oublié pour de bon qui il était, comme si personne ne pouvait lui voler sa jeunesse, comme s'il ne lui était jamais venu à l'esprit — bon, peut-être à l'exception du moment où l'œil du dragon avait glissé sur le Kremlin plongé dans la nuit — que cette ville était, jusqu'à la dernière brique, pétrie de cruauté et de mensonge.

Et cependant Moscou...

# CHAPITRE TROIS

## *Un héros solitaire*

*« Pourquoi, comme ivre de l'été, de l'été des bonnes femmes... »* chantait un barde moscovite des années soixante. L'été des bonnes femmes de 1949, au début d'octobre, la même humeur s'était emparée de ce motard de vingt-trois ans qui ne connaissait pas la chanson, mais semblait la pressentir. Il tournait à l'heure de pointe du soir par les rues encombrées des boulevards circulaires sur sa moto allemande Zuntag et le ciel du couchant qui commençait à prendre des nuances de cuivre patiné que l'on découvrait, disons, en descendant la Srétenka, lui procurait une émotion intense, comme s'il lui eût promis au prochain tournant une rencontre magique, comme s'il ne se fût pas découvert devant un commando éprouvé des forêts polonaises, mais rien que devant un naïf mouflet de province. Tout ça, c'est question de nénettes, se disait Boris IV Gradov. À vrai dire, cela faisait une année entière qu'il était foncièrement amoureux de toutes les nénettes de Moscou.

Au même instant, sur les boulevards circulaires, rasant les trottoirs, une limousine noire aux vitres blindées roulait lentement. Deux hommes étaient installés sur le siège arrière. L'un d'eux, le général Nougzar Lamadzé, avait un peu dépassé la quarantaine, l'autre, le maréchal Lavrenti Béria, Vice-Président du Conseil des ministres responsable de l'énergie atomique et membre du Bureau Politique responsable des Affaires étrangères et de la Sécurité, avait un peu dépassé la cinquantaine. De ce dernier aussi, on peut dire qu'il était amoureux de toutes les nénettes de Moscou, mais pas exactement comme le motard. Le maréchal avait légèrement écarté les stores de couleur crème de sa limousine, laissait filtrer par la fente son regard perçant et vitré et suivait des yeux les travailleuses de la ville, pour la plupart fort soucieuses. Pour ce faire, son corps alourdi se tirebouchonnait d'une façon bizarre et sa nuque nue faisait penser à une cuisse de centaure. Sa main gauche pianotait dans la poche de son pantalon.

Un vrai porc, il ne se gêne plus du tout pour moi, se disait pendant ce temps Nougzar. Ce qu'il a fait de moi, le sale chacal ! Quelle honte ! Le deuxième personnage d'une grande puissance, et à quoi il s'occupe !

Il faisait semblant de se désintéresser de son chef, tenait un dossier sur ses genoux et triait les urgences et ce qui pouvait attendre. Là, la main du maréchal sortait de son pantalon dont il extrayait un mouchoir à carreaux par endroits fortement croûteux, essuyait son crâne chauve et son échine où perlait la sueur.

— Aïe, aïe, aïe, marmonnait le chef, regarde, Nougzar, ce que nous offre la nouvelle génération. Ô fillettes de Moscou ! Où encore trouverais-tu de telles cerisettes, de telles pommelettes, de telles melonnettes... On peut être fier d'une telle jeunesse, qu'en dis-tu ? Regarde celle-là, comme elle saute les flaques, hein ? On peut se figurer comment elle sauterait si... heu... Mais regarde, Nougzar ! Arrête de faire semblant, à la fin des fins !

Le général mit son dossier de côté, soupira d'un faux air de reproche et regarda le maréchal comme si c'était un gamin espiègle, il savait que ce dernier aimait qu'il le regarde ainsi.

— Qu'est-ce qui t'épate comme ça, Lavrenti ?

À ces moments-là, il était exclu d'appeler le tout-puissant satrape par son patronyme et d'autant plus de lui donner son titre : un simple, un amical « Lavrenti » rappelait le bon vieux temps, la ville sur la Koura, les bienheureuses bacch-anales.

— La voilà qui s'arrête ! s'écria Béria. Qui consulte sa montre ! Ha, ha, ha, sûrement qu'elle attend un mec. Arrête Chevtchouk ! cria-t-il à son chauffeur, commandant de la Sécurité.

La lourde Packard blindée qui faisait la terreur de tous les factionnaires de Moscou s'arrêta non loin du métro Parc Gorki.

La ZIS d'escorte vint se ranger derrière elle contre le bord du trottoir. Béria sortit la jumelle Zeiss qu'il conservait spécialement dans la Packard aux fins d'observation des meilleures représentantes des masses du lieu.

— Allons, Nougzar ! Apprécie-moi ça de l'œil du connaisseur !

Le général passa sur le strapontin et jeta un coup d'œil par la fente du store, d'abord sans l'aide de la jumelle : une mince jeune fille portant une veste assez élégante, les épaules matelassées se tenait à une quarantaine de mètres, près d'un kiosque à journaux. Elle en lisait un en dégustant une glace, autrement dit, comme tout Soviétique moderne, elle cherchait à se procurer au moins deux plaisirs à la fois. Dans la nuit tombante, elle semblait avoir vingt ans, mais l'on était un peu dérouté par le carton à musique dont elle battait son genou d'un mouvement assez infantile.

— Pourquoi mettent-ils si longtemps à allumer les réverbères ? demanda Béria, furieux. C'est scandaleux ! Les gens piétinent dans le noir !

Le métro se trouvait à dix mètres derrière l'épaule droite de la jeune fille. Des flots de voyageurs tourbillonnaient à l'entrée et à la sortie. Il ne lui faudra pas plus de deux secondes pour disparaître, se dit Nougzar. Qu'elle fasse demi-tour et disparaisse, et ce porc n'aura plus qu'à se branler, ce qui, bien sûr, ne lui suffira pas, il s'en cherchera une autre et il la trouvera, c'est sûr, mais au moins, ce ne sera pas cette beauté. Hélas, elle reste là plantée comme une idiote avec sa glace comme si elle attendait qu'il lui envoie Chevtchouk ou... ou... même moi, le général de brigade Lamadzé... Le plus probable, c'est que ce sera moi, « fais-moi donc l'amitié de... » Pourquoi donc personne ne me demande-t-il de le tuer ?

Au cours de cette dernière année, la haine de Nougzar pour son chef avait atteint l'extrême limite. Il se rendait compte que le temps passait et que Béria ne lui permettrait jamais de gravir un échelon de plus et d'aller occuper un poste plus indépendant dans le système. L'étoile de général que lui avait inopinément offerte Staline lors d'une difficile année de guerre avait continué à briller toute seule. Mais était-ce une question d'avancement ? Il est, dans le système, des généraux de brigade qui commandent des Directions entières, travaillent sur une grande échelle, en conçoivent un plaisir d'artiste, s'y forgent une grande autorité. Mais Béria lui a barré toutes les voies de la promotion. Il a dû le décider dès 1942, après le mémorable dîner chez Staline. Avec son flair de rat, il sent le danger. Arrêtons le jeune Lamadzé ! Certes, il aurait pu tout simplement le faire disparaître, comme des dizaines d'autres de son entourage. Si quelqu'un le savait, c'était bien Nougzar, que Lavrenti affectionnait de liquider lui-même les arrivistes trop dangereux, dans son cabinet, d'une balle dans la tempe, au cours d'une conversation amicale. À l'époque, pourtant, il n'avait pas osé recourir à sa méthode favorite pour se débarrasser du poulain de Staline lui-même, et à présent, il croyait que ça n'était plus indispensable du tout. Il avait neutralisé Lamadzé en le rapprochant au maximum de sa personne. Qu'est-ce que c'était que cette fonction d'« adjoint au vice-président du Conseil » ? Peut-être celle d'un homme d'une influence inouïe, peut-être celle d'un simple aide de camp, d'un laquais que l'on envoie chercher des filles ?

Cette crapule n'oublie jamais les taches de ses états de services. Mine de rien, il évoque ses « relations trotkistes », et qu'il a protégé des « organes » cette trotskiste, sa chère Nina Gradova, camouflé son dossier de placard en placard. Les rapports sexuels avec une ennemie du Parti entraînent bien souvent des rapports idéologiques, cher Lamadzé. Mais voyons, je plaisante, rigole-t-il. Tu n'as donc aucun sens de l'humour ?

Plus cette histoire avec la maréchale Gradova — encore cette famille, une vraie fatalité ! — une histoire dont les organes ne sont vraiment pas sortis vainqueurs. En tout cas, c'est l'avis de ce fumier. Mais, voyons, Lavrenti Pavlovitch, voici sa signature en bas de son document, elle est entre nos mains, nous pouvons agir à tout moment. Nougzar, mon vieux, laisse ce ton officiel ! Raconte plutôt à ton vieux copain comment tu l'as baisée, comment avec ta queue, tu es peut-on dire entré dans la famille du Renseignement américain. Pouah ! tu me donnes des sueurs froides avec tes plaisanteries, Lavrenti. Pouah ! on ne peut plus plaisanter, Nougzar ? Depuis quelque temps, côté humour, tu as comme un défaut.

Nougzar s'avouait quelquefois à lui-même que les choses n'étaient pas claires, côté Véronika et Tagliafero en 1945. Le profil psychologique de l'opération avait été impeccable, il n'y manquait qu'une chose : la crise de nerfs des bonnes femmes russes. Deux ou trois jours après qu'il le lui eut proposé, Véronika avait signé sa promesse de collaborer avec les Services, sans la moindre jérémiade et même avec dédain. La belle ne se serait-elle pas confessée à son fiancé ? Ne mènerait-elle pas un double jeu ? s'était-il demandé, sans toutefois faire part de ses doutes à son supérieur. Premièrement, il ne voulait pas embrouiller, dévaluer une affaire aussi brillante que l'introduction d'un agent à soi dans le lit d'un important expert militaire américain. Deuxièmement, il avait quelque part pitié de Véronika qui, sur le plan humain, enfin, en gros, lui plaisait. Elle, elle n'aurait certainement pas supporté une deuxième arrestation. Et si l'on s'était contenté de « fermer la frontière », cela aurait été encore pire : la belle de Moscou aurait sombré dans l'alcool.

Tout s'était déroulé avec une facilité inattendue. Premièrement, Lavrenti, qui au début avait personnellement supervisé l'opération, s'en était subitement désintéressé. Deuxièmement, tout semblait dire que les plus hautes autorités s'en étaient mêlées et même qu'Eisenhower en personne, depuis l'Allemagne, par le biais de la commission de contrôle ou directement par Joukov, avait demandé à Staline de ne pas s'opposer au mariage du colonel Tagliafero et de la veuve d'un Deux fois Héros de l'Union Soviétique. Quoi qu'il en soit, Béria ne l'avait plus jamais interrogé sur cette affaire et, s'il lui demandait des instructions, il se dérobait : fais ce que tu voudras, ça n'a pas grande importance. Et ce n'est qu'après que les tourtereaux se sont envolés outre-Atlantique — aux dernières nouvelles, ils coulent des jours heureux à New Haven et n'ont rien à branler des secrets d'État — ce n'est qu'après cela que le maréchal s'était livré à des plaisanteries tordues sur ses rapports sexuels avec le Renseignement américain. Une fois de plus, ce salaud le prenait en fourchette : d'un côté, faisait-il entendre, cette affaire ne vaut pas un pet de lapin, de l'autre, faisait-il entendre, ça sent légèrement ce qu'il y a de pire, de sorte que, faisait-il entendre, si tu ne te sers pas de ta tête, cette odeur, on pourrait la raviver.

Question d'odeur, on ne parle pas de corde dans la maison d'un pendu. Ces dernières années, il arrivait souvent au grand dirigeant de puer. Sa femme, qui en avait marre de ses innombrables accouplements extraconjugaux, ne surveillait pas ses caleçons. Livré à lui-même, il ne brillait pas par la propreté, il ne se débarbouillait à fond qu'avant les réunions du Bureau Politique... En général, le monstre commençait à présenter quelques bizarreries. Tout d'un coup il s'était découvert une violente passion pour le sport, pour son très cher Dynamo. Dès la guerre, il avait expédié dans les camps les quatre frères Starostine, des footballeurs du Spartak, afin qu'ils ne contrecarrent pas les succès de l'équipe des organes, et à présent, il déraillait complètement : il fait la chasse aux sportifs, les débauche des clubs de l'Armée, et parfois même les fait enlever. Ce qui l'embête le plus, c'est la nouvelle association de l'Armée de l'Air placée sous l'égide de Vassili, du général Staline. Il pique sans raison des colères subites. Vous croyez que c'est le Renseignement qui est tombé sur un bec, ou que ça ne va pas en Iran ou à Berlin, ou qu'il y a eu maldonne dans le développement de l'« affaire de Léningrad », mais pas du tout : tout le malheur, c'est que Vasska[1] lui a encore fauché on ne sait quels hockeyeurs

Ou alors, il se produit quelque chose de pas tout à fait rationnel, pour ne pas dire d'irrationnel. Il n'y a pas si longtemps, entrant dans son cabinet, Nougzar a trouvé Lavrenti Pavlovitch occupé à lire *Le Sport Soviétique*. Il a tout de suite compris que cette feuille de chou avait mécontenté le grand homme, l'avait agacé. Il y a quelque chose qui cloche, camarade maréchal ?

Qui cloche, tu peux le dire. Admire ce qu'ils ont écrit, les salauds ! Un doigt qui ressemble à une bite en miniature dans sa capote ratatinée se plante sur un poème — *Sur la place Rouge*. Nougzar ânonne :

*Le maréchal salue la parade*
*Le flot des colonnes sur la place*
*Et au son d'une marche martiale*
*La rouge aurore des étendards*
*Le grondement métallique des armes*
*La sonore battue des chevaux*
*Et dans la pourpre soie du soleil*
*Les bouillonnantes*
    *rafales*
      *d'Octobre*
*Puis, suivant les corps des fantassins*
*Défilent les corps des travailleurs*

1. Diminutif péjoratif de Vassili.

*Passent les usines comme des régiments*
*Et les chansons*
*montent*
*dans les rangs*

— Lis tout haut ! gueula soudain Béria. — Nougzar sursauta : un coup de gueule pareil vous truciderait pire qu'un coup de pistolet. Cependant, rassemblant tout son courage, il se permit un geste d'étonnement : un tchékiste doit savoir parfois tenir bon. — Je ne comprends pas ce que ça a de particulier, Lavrenti Pavlovitch. — Béria lui arracha le journal des mains avec un rire nerveux. — Tu ne comprends pas ? Alors, je vais te le lire moi-même, avec du sentiment. — Et il se mit à lire avec de nombreux arrêts, pointant le doigt sur un vers, levant les yeux sur Nougzar, puis poursuivant, s'emballant avec une fureur étrange, accentuant les mots en pur géorgien :

*Aujourd'hui sous les murs du Kremlin*
*Je reconnais*
*les sportifs*
*Hardiesse*
*jeunesse*
*adresse*
*Défilent*
*en rangs serrés.*
*Au-dessus de la place*
*le soleil flamboie*
*Inondant*
*Ses dalles d'or,*
*Les Moscovites saluent*
*Ses enfants chéris*
*ses célébrités*
*Et marchent les colonnes,*
*Et la place s'éclaire,*
*Notre grand chef séculaire*
*Se tient debout*
*sur le mausolée*
*de marbre.*
*Impuissante colère*
*outre-Atlantique*
*Les churchills*
*se tordent*
*de rage*
*Mais lui*
*occupé*
*à édifier le monde,*

*Ce qu'il trace,*
*c'est l'avenir.*
*Dans notre immense Patrie*
*Le cap fixé*
*sur*
*le Kremlin*
*Le communisme s'édifie*
*selon les plans staliniens.*
*Des zones forestières*
*se dressent dans la taïga,*
*Assiégée de potagers*
*la toundra*
*Docile*
*recule*
*vers le pôle.*
*Des villes s'élèvent,*
*les sables fleurissent,*
*De clairs horizons*
*s'ouvrent tout grand*
*Aussi chers*
*que celui de Patrie*
*Deux noms résonnent :*
*Lénine et Staline !*

— Voilà ! — Il avait achevé sa lecture dans une sorte d'épuisement. — Qu'as-tu à dire, à présent ?

— Je ne comprends rien, Lavrenti Pavlovitch, répondit son adjoint sans la moindre chaleur. — Il ne comprenait vraiment pas au nom de quoi l'autre se livrait à cette pantalonnade à propos de ces vers, alors qu'ils étaient en tête à tête.

— Ah, tu ne comprends pas, Nougzar ? C'est triste. Si même toi tu ne comprends pas, sur qui puis-je compter ? Sur quoi ? Rien que sur mon flair ?

— Je vous demande pardon, Lavrenti Pavlovitch, qu'y a-t-il là-dedans ? Tout y est comme il se doit...

— Ah, Nougzar, Nougzar, tu ne te conduis pas en ami... Combien de fois t'ai-je demandé de ne pas m'appeler par mon patronyme quand nous sommes seuls, Nougzar-*batono*. Je n'ai que dix ans de plus que toi, nous avons travaillé toute notre vie ensemble... — Il envoya promener *Le Sport Soviétique* et se mit à arpenter la pièce, et d'un tel pas qu'on se serait attendu à le voir incontinent sortir son pistolet. — Personne ne me comprend dans ce putain de bureau, excepté Maximilianitch ! — Il s'agissait de Malenkov. — Tu ne sais donc pas lire entre les lignes ? Tu ne vois pas qu'il se moque du monde ? De nous, de nous tous, le salaud ! Comment s'appelle-t-il déjà ? Regarde, vois comment il signe, Eug.

Evtouchenko[1]. Qu'est-ce que c'est que ce nom-là, Eug. Evtouchenko ? On n'a pas le droit de figurer dans la presse soviétique avec un nom pareil.

— Mon cher Lavrenti, qu'est-ce que tu lui trouves, à ce nom ? rétorqua Nougzar dans le même style, ce qu'apparemment on attendait de lui. Un banal nom d'Ukraine. Quant à « Eug. » c'est probablement une abréviation d'Eugène.

— Et cet Eugène, je ne lui fais pas confiance ! piaula Béria. Mon flair ne m'a jamais trompé. J'ai confiance en Sourkov, en Maxime Tank, même en Simonov, même en Antanas Venclova, mais celui-là, non ! D'où il sort, cet Eug. ?

Soudain, il mit *Le Sport Soviétique* en boule, lui envoya un coup de pied digne d'un goal interceptant un but.

— Vérifiez-moi ça et faites-moi rapport, camarade Lamadzé.

Il retendit son veston et, la mine sombre, alla lire les comptes rendus d'interrogatoires aux procès de Léningrad.

Nougzar se dit qu'il jouait au chat et à la souris avec lui-même, le sinistre bandit. Il essaie de se distraire de ses interminables assassinats. Certes, il n'est pas facile d'oublier que dans ce même cabinet de la Loubianka, Nicolaï Voznessenski, hier encore membre du Bureau Politique, hurlait comme un pourceau qu'on égorge sous les coups de l'interrogatoire. Et combien en a-t-il sur la conscience, de ces pourceaux ! Et nous tous avec lui ! Nous sommes tous des esprits du diable, des démons, il n'y a pas d'autre nom. Mais celui-ci, il cherche à se distraire : les fillettes, le sport... Le voilà qui lit cette feuille de chou comme un supporter ordinaire et tout à coup, les ténèbres le reprennent, il reveut du sang, celui d'un certain Eug. Evtouchenko, à présent.

Or, l'infortuné ne soupçonne même pas de qui il a suscité l'intérêt. Il s'applique à tirer à la ligne pour gagner son pain, à se la faire à la Maïakovski. Ça doit être un ancien du LEF, un vieux raté moisi.

Nougzar enfila un mackintosh civil, un chapeau mou, et partit pour *Le Sport Soviétique* où le rédacteur en chef pissa aussitôt dans son froc de terreur. Il bondit sur ses jambes, chancela, partit en courant et cria dans le couloir : « Tarassov chez le patron ! » Un chef de rubrique se pointa. Les camarades des organes s'intéressent à votre auteur. Du calme, du calme, camarade rédacteur en chef, pourquoi ce pluriel ? Ce ne sont pas « les » camarades qui s'intéressent, mais moi personnellement qui voudrais savoir pourquoi vous publiez cet Eug. Evtouchenko. Vous dites que ses vers sonnent clair ? Qu'ils sont jeunes ? Curieux, curieux. Vous dites qu'il est ici ? Où ça ? Sur le palier, camarade général, en train de fumer. Faut-il l'appeler ? Inutile. Montrez-le-moi, c'est tout. Le

1. Né en 1933, il allait devenir un véritable tribun de la poésie, tour à tour enfant chéri du pouvoir, puis en disgrâce. Il est traduit dans le monde entier.

rédacteur en chef ouvrit en personne la porte de l'escalier. Un jeune échalas en blouson de velours et casquette de tweed se tenait là, le nez bleu de fumée, exhibant fièrement des souliers à triple semelle. « C'est ça, Eug. Evtouchenko ? — Oui, camarade. — Quel âge a-t-il donc, votre Eug. Evtouchenko ? » Le rédacteur en chef fit mine de se relever de son siège, puis, stoppé net par un geste du redoutable visiteur, s'y rabattit aussitôt. Il n'était pas facile de recevoir un tel hôte en directeur assis à son bureau, on avait envie de rectifier la position comme un étudiant. « Tarassov, quel âge a-t-il, votre auteur ? » Le visage de Tarassov était impénétrable et même méprisant : la peur, sans doute, qui chassait tout air de servilité. « Seize, bredouilla-t-il, ou dix-huit... En tout cas, pas plus de vingt. — Encore écolier, sans doute ? Je crois, nasilla Tarassov avec quelque chose qui était même de la hauteur. Je crois qu'il est en septième[1]. »

Par le couloir, ils virent quelqu'un descendre d'une autre revue, de *Novy Mir* apparemment[2], passer devant Eug. Evtouchenko qui tendit son long cou, tandis que sa prunelle claire pétillait d'une sorte de malice contenue. L'autre émit un petit rire et dit quelque chose d'encourageant, après quoi Eug. Evtouchenko se mit à danser un petit trépak-claquettes : les affaires marchent, la boutique tourne.

— Qu'est-ce que vous avez trouvé à ces vers ? demanda Nougzar à Tarassov. — Il ne tenait plus aucun compte du rédacteur, quant à Tarassov, il semblait détaché de toute contingence autant qu'un bouddha. Cependant, il desserra les lèvres : « Une telle sonorité... puis une telle jeunesse... »

À ce moment, Eug. Evtouchenko écrabouilla sa cigarette du talon de sa triple semelle et remarqua que la porte du rédacteur était ouverte. Aussitôt, il enfila le couloir pour aller aux toilettes, lançant au passage un coup d'œil d'intense, d'infini intérêt au saint des saints. Drôle de gars, se dit Nougzar tout à coup frappé par une idée insolite : non, un gars comme celui-ci n'a assurément rien à faire en prison.

À ce moment, Tarassov sortit un feuillet de sa poche.

— Tenez, il nous a apporté un autre poème. Des rimes inattendues... une idéologie irréprochable...

Le dernier poème d'Eug. Evtouchenko s'appelait *Le Sort d'un boxeur* et racontait le dur destin d'un athlète américain dénommé Gene.

1. Équivalent de notre troisième.
2. *Le Monde nouveau*, la revue littéraire la plus cotée, découvreuse de nombreux et authentiques talents, et ayant protégé autant que faire se pouvait les œuvres les plus libérales. Le même immeuble abritait plusieurs périodiques.

*... Il s'est rappelé la guerre*
*le soldat de Russie*
*Enfant de la lointaine Sibérie*
*Qui à Gene, son ami*
*d'un esprit martial*
*de sympathie en gage*
*A offert de Staline*
*l'effigie,*
*noble image*
*Gene n'a plus aujourd'hui*
*Que*
*ce*
*précieux portrait !*
*Jadis dix fois champion*
*aujourd'hui oublié*
*Il erre seul*
*dans les squares muets*
*Cependant*
*qu'à Moscou*
*le carillon résonne*
*Là-bas la liberté*
*est comme l'air qu'on respire*
*Sous le clair étendard*
*des pensées de Staline,*
*Là-bas le sport*
*est le bienfait de tous*
*et élève les hommes*
*au digne nom d'homme.*

— Où sont les rimes inattendues là-dedans ? demanda Nougzar. — Soudain, la situation lui sembla extraordinairement comique. Un étrange désengagement lui apparut dans ce semis de paroles engagées. Se pouvait-il que Béria s'en fût avisé ? « Sibérie-ami, gage-image..., des rimes simples, marmonna Tarassov. — Comment ? — Square-étendard, une rime interne. — Ah, oui. » Cette génération-ci n'a nettement pas envie de prendre le chemin des camps. Sur quoi compte-t-elle ? Sur les rimes internes ?

— Abstenez-vous de publier ça pour l'instant, conseilla-t-il d'un ton affable. D'accord ?

— Comme vous l'entendrez.

— Attendez simplement mon coup de fil, mais rien pour l'instant. Ces vers ne s'abîmeront pas en deux, trois semaines. Vous savez ce que dit le poète : « Tel un vin précieux, mes vers auront leur heure. »

Tarassov avala sa salive et détourna les yeux : il ne fallait pas avoir l'air de reconnaître Tsvétaïeva[1] l'interdite. Il doit se dire :

1. Marina Tsvétaïeva (1892-1941), un très grand nom de la poésie russe. Totalement indépendante, sans concessions ni dans la vie courante ni dans l'écriture, elle avait, à l'époque, émigré en France.

comment ils sont, les nouveaux tchékistes, de tels vers aux lèvres ! Ce Tarassov-là ignore que j'ai grandi parmi les poètes. Et parmi ces poètes, je suis devenu un assassin. Une version de noble crapule.

En quinze jours, Béria avait complètement oublié l'auteur de *Sur la place Rouge*, c'était tout vu. Le principal événement de 1949, les essais des « installations » de Sémipalatinsk[1], approchait. On avait réuni à plusieurs reprises les savants assermentés, on leur avait secoué les tripes et les boyaux. On avait effectué la tournée des bases. On avait vérifié le schéma de l'agence d'influence sur les médias occidentaux. Si l'expérience était un succès, il fallait d'un côté que personne ne le sache, de l'autre que tout le monde le sache. Le Maître du Kremlin avait plus d'une fois donné à entendre que de ces essais dépendait un nouvel équilibre des forces de l'arène mondiale. Ce serait peut-être l'occasion d'une attaque généralisée.

*Le Sport Soviétique* figurait au courrier du matin de Béria. Il lui arrivait de l'extraire de la pile des journaux, de jeter un rapide coup d'œil aux résultats des championnats de foot, de voir comment son cher Dynamo s'en sortait, d'envoyer une grande claque sur le bord de son bureau, tantôt de contrariété, tantôt de satisfaction, sur quoi il repoussait l'organe du Comité d'État à la Culture Physique. Un jour, histoire de ménager ses arrières, Nougzar parla de sa visite à la rédaction — il avait choisi un moment où son chef était moins que jamais disposé à parler d'autre chose que des « installations » — mais Lavrenti Pavlovitch lui coupa aussi sec la parole : « De quoi parles-tu, général ? Eh, qu'il aille se faire voir, ce *gamokhléboulo* de Chevkounenko ! » D'où l'on pouvait déduire que son inexplicable accès de colère contre le poète relevait plutôt des caprices de l'âge mûr, qu'il fallait oublier tout cela, de même que les autres escapades du satrape, et qu'en tout cas, le jeune Eug. Evtouchenko pouvait pour l'instant mener à bien ses « rimes internes » pour la plus grande gloire des conquêtes de la révolution.

Il faut bien l'avouer, il a fait de moi son larbin, songeait Nougzar en surveillant par la fente du store la frêle silhouette aux épaules matelassées, le soutien de ses ignobles lubies, même si chaque fois il me demande mon assistance « d'homme à homme ». À ce moment, les réverbères s'allumèrent. « Tiens ! dit Béria. Mais quelle beauté ! J'en suis amoureux pour de bon ! »

— Tiens quoi ? demanda Nougzar. — Le chef lui tendait sa jumelle de chasseur. Il était amoureux, voyez-vous ça ! Ce sagouin était amoureux. Il ferait bon lui expédier un pruneau dans la

1. Polygone d'essais et expérimentations nucléaires.

cafetière, que ses lorgnons volent en éclats. Nougzar tourna la molette. Il n'y a pas à dire, une bonne optique, la Zeiss. Un ravissant minois se détachait parmi la foule : yeux clairs d'enfant gâtée, front droit qui plaidait en faveur d'une lignée sans mélange, petit nez fin et un peu, si peu, trop long, lèvres bien rouges entre lesquelles va et vient, telle une petite flamme, la ravageuse des crèmes glacées. Tout cela couronné, sous le vent grandissant, par l'onde frémissante de ses cheveux châtains.

— Jolie fille ! articula le général Lamadzé.

— Qu'est-ce que j'avais dit ! s'exclama le maréchal Béria. — Une odeur des tréfonds monta de sa bouche. Il ne se brosse pas les dents, le martyr de l'idée !

— Ce sera une jolie fille ! fit Lamadzé, parachevant sa pensée.

— Qu'est-ce que ça veut dire « ce sera » ? clama Béria sur le mode aigu, comme un sale gamin à qui l'on veut enlever son os. Il y a quelque chose qui ne va pas, là. Salaud ! Connard !

— D'ici deux ou trois ans, ce sera une belle fille, fit Nougzar avec un sourire doucereux. — Il ne parvenait pas à imaginer qu'il irait trouver cette mignonne, puis qu'il la traînerait dans la limousine. Qui l'on voudra, mais pas celle-ci ! Qu'il me crève les yeux, s'il veut, je n'irai pas !

— Tu ne parles pas comme un Caucasien, continuait à maugréer Béria, hautain, en avançant le menton. Tu oublies à quel âge on met les fillettes dans son lit, en Azerbaïdjan.

En Azerbaïdjan peut-être, songeait Lamadzé, dans les pays chétiens civilisés, jamais ! À ce propos, sa propre fille, Ophélie, approchait déjà de l'« âge », il me semble qu'elle est formée, elle a beau se cramponner aux jupes de sa maman, et si... dans une courte année, elle allait attirer l'attention d'un, passez-moi l'expression, maréchal putride ? À cette pensée, il eut un éblouissement. Ma droite ne manque pas de punch, un coup de cette jumelle à toute volée dans la mâchoire et je lui brise la base du crâne.

— Je vous amène la petite, camarade maréchal ? s'informa allégrement le fidèle Chevtchouk, depuis le siège avant.

— Pourquoi toi ? Pourquoi pas Nougzar aller ? couina Béria d'une voix aiguë. — Lorsqu'il se mettait en colère, il faisait des fautes de russe.

Nougzar rit gaiement. Je me disais seulement, Lavrenti, que selon la loi de la République Fédérative de Russie... ha, ha, ha !... car nous sommes sur son territoire, nous... ha, ha, ha ! pourrions être inculpés de détournement de mineure.

L'idée d'être inculpé en vertu des lois de la République de Russie parut si amusante à Béria qu'il en oublia un moment la fillette. Ha, ha, ha ! Nougzar, ce que tu peux me faire rire... tout de même, tu ne prends pas trop au sérieux... Tu as entendu, Chevtchouk ? Selon les lois de la République Fédérative de Russie !

À ce moment, devant le métro Parc Gorki, le dispositif changea du tout au tout. La fillette fut rejointe par un jeune costaud en court blouson de drap de coupe étrangère. Protecteur et sûr le lui, il lui dépêcha une tape sur les fesses. La fillette se retourna et se jeta à son cou d'un élan joyeux, toutefois sans lâcher sa glace inachevée. Fâché, le costaud en chassa les gouttes sucrées. Il attrapa la fillette par le bras et la traîna sans plus de cérémonie à travers la foule jusqu'à une puissante moto arrimée à un réverbère. Quelques secondes plus tard, la moto déhalait et faisait demi-tour en direction du boulevard circulaire. La petite était sur le tan-sad et tenait le gaillard par la taille selon toutes les règles du romantisme moscovite d'après-guerre.

— On les suit, camarade maréchal ? s'écria Chevtchouk. — Par cette exclamation, il ne faisait preuve, c'est certain, que d'un dévouement à cent pour cent et d'un zèle à deux cents pour cent. Mais pouvait-on imaginer spectacle plus incongru que la Packard blindée du deuxième personnage de l'État poursuivant un frivole petit couple sur sa moto ? Repasser les ordres à la voiture d'escorte était tout aussi absurde : cela prendrait quelques secondes durant lesquelles la moto filerait bien loin, tu peux toujours la chercher dans la Moscou immense. Et puis en général, le style des chasses lubriques de Béria ne prévoyait pas l'agitation, la hâte, la poursuite. Au contraire, tout devait se dérouler sur un rythme lent, fascinant, inéluctable, comme le pouvoir actuel. En un mot comme en mille, l'antilope avait pris la fuite.

— Tout ça, c'est de ta faute, Nougzar, articula Lavrenti Pavlovitch avec dépit, mais heureusement, sans rage particulière. Une mineure... Il a voulu l'épargner... et là-dessus, son caramboleur est arrivé ! — Il éclata de rire. — Une histoire de fous : il me brandit la menace du détournement de mineure, et là-dessus qui se pointe ? le gars qui se la tape !

Réalisant que le danger avait fui au gré des capricieux méandres d'une psychologie tyrannique, Nougzar rit, lui aussi de bon cœur, et hocha sa tête aux tempes noblement argentées.

— Je me suis planté, je me suis planté, Lavrenti. Je ne suis plus dans le coup, je vieillis, il faut croire.

— Alors, pour la peine, occupe-toi de me trouver un nouveau gibier, riota joyeusement Béria. Je te donne cinq minutes. Il faut encore que nous passions chez le Maître vers le soir. — Il appuya sur un bouton. Un plateau chargé de cognac, d'eau minérale, de deux verres et d'un citron sortit d'un petit bahut fixé au dossier du siège avant. Il fallait bien vite noyer l'échec et mâcher du citron par-dessus.

Le gibier ne se fit pas attendre. Des entrailles du métro surgit comme sur commande une aphrodite moscovite à la bonne margoulette plébéienne, parfait modèle de l'hétaïre. Béria hocha la tête, sans un mot, Nougzar sortit de la voiture et se dirigea droit sur la fille.

Selon le protocole établi, il devait être extrêmement poli, ce qui ne lui était pas difficile, compte tenu de l'éducation, bonne en somme, qu'il avait reçue à Tiflis. Il lui convenait de porter les doigts à la visière — et s'il était en civil au bord de son chapeau mou — puis de sortir, hélas, cher lecteur, pas ce que vous pensez, mais cette carte du KGB qui répandait sur tous la terreur, et de ne proférer qu'ensuite, d'une douce voix de baryton : « Excusez-moi de vous déranger, mais une haute personnalité gouvernementale désire vous parler. » Ce protocole, Nougzar s'y conformait avec la plus extrême rigueur, à l'exception de la phrase sacrementelle qu'il servait à sa façon : « Excusez-moi de vous déranger, mais l'un des hauts personnages du gouvernement de l'Union Soviétique désire vous parler. » Quelle différence ? direz-vous. Lui, il lui semblait qu'il conférait à la chose une ironie cinglante. Par ce « haut personnage du gouvernement de l'Union Soviétique », il trucidait pour ainsi dire la crapule et se sauvait lui-même de la plus basse des humiliations. Nul ne sait comment le chef aurait réagi s'il avait appris la « version Nougzar » de l'invite : il n'y a pas si longtemps, il attendait de lui, son écuyer fidèle, et peut-être lui particulièrement, quelque mauvais coup. Maintenant, je crois qu'il n'attend plus rien d'autre de moi que la servilité la plus ignoble ; quant à ses victimes, elles n'ont pas la tête aux jeux du vocabulaire, elles sont mortes de terreur.

La petite plébéienne qui, tout à l'heure, propulsait fièrement ses formes divines sous le regard des hommes, voyant le beau général quitter la limousine et se diriger droit sur elle, se recroquevilla. Le moment le plus dramatique de sa courte existence approchait. « Je m'en souviens, j'étais encore jeunette... », chantera-t-elle plus tard, aux approches de la vieillesse. Il salua et sortit de sa poche intérieure — non, non cher lecteur... — la carte au sigle funeste MGB, GBM, Gérontocrates Baiseurs de Moscou, ou quelque chose d'approchant.

Un semis de taches de rousseur surgit sur le visage de la petite, et quelques marques de variole. Qu'importe, ça ira pour aujourd'hui.

— Excusez-moi de vous déranger, mais l'un des hauts personnages du gouvernement de l'Union Soviétique désire vous parler.

Elle fut prise d'une telle frayeur qu'elle ne put ni articuler un mot ni bouger une jambe. Nougzar la prit gentiment sous le bras. Il imaginait au même moment son chef en train de mettre le contact dans la poche de son pantalon.

— Vous n'avez pas à vous inquiéter. Comment vous appelez-vous ?

— L-l-liouda, bredouilla la victime d'une voix à peine audible.

Nougzar s'aperçut que le milicien en faction et la marchande de journaux observaient attentivement la scène.

— Ne vous inquiétez pas, camarade Liouda, croyez-moi, vous n'avez aucune raison de vous inquiéter. C'est simplement qu'un très haut... personnage (il avait failli dire « criminel »)... d'État veut faire votre connaissance... (il mit l'accent sur ce mot lourd de sens, afin que cette gourdasse comprenne qu'on ne voulait que la baiser et non la fusiller... tu as compris ?... bon voyons, tu n'es pas pucelle, tout de même... mais non, elle ne comprend rien, elle a le trac, l'idiote...).

Il la conduisit avec précaution, comme une malade, non pas vers la voiture principale, mais vers celle d'escorte dont la portière s'ouvrit. Chevtchouk avait trouvé le moyen de bondir et de donner aux gorilles l'ordre d'accompagner la personne à tel numéro de la rue Katchalov. Il faut croire que le salaud avait décidé d'aller d'abord faire son rapport au Maître, et ensuite seulement, de se rendre au royaume d'harmonie, comme il disait.

Arrivée tout contre la voiture, Liouda se rebiffa soudain, se tendit comme une corde et résista de telle sorte que Nougzar sentit, lui aussi, frémir la virilité en son âme assoupie, mais là, le commandant Galoubik bondit et, d'un petit coup habile à l'arrière-train, aida la demoiselle à monter en voiture. La portière claqua. Le rôle de Nougzar dans l'opération s'achevait sur un succès.

Pendant ce temps, le motard et sa passagère filaient. Moscou, si laide du point de vue d'un Parisien, leur paraissait, à lui à vingt-trois ans, à elle à seize ans, plus belle et plus mystérieuse que tous vos Paris de cinéma. Ah, si à la place de Iolka, j'avais à l'arrière une fille adulte ! songeait Boris IV. Si c'était, supposons, Véra Gorda qui me serrait les abdominaux ! Et si, au lieu de notre Babotchka, celui qui m'emporte ainsi était un sportif célèbre, un champion de saut en hauteur, par exemple, le marin Iliassov, songeait Eléna Kitaïgorodskaïa, la fille de la poétesse Nina Gradova, c'est-à-dire la cousine germaine de notre motard. Serrer d'aussi près le dos d'un sportif, est-ce possible ? Quand nous encerclons de nos bras superbes le ventre musclé d'un étranger à notre famille, sommes-nous encore susceptibles de pensée ?

Ils avaient ce jour-là promis tous deux à grand-père et grand-mère de venir dîner au Bois d'Argent. Iolka avait une leçon de piano chez un professeur particulier, à la station Métrostroïevskaïa ; après la leçon, Boris devait, ainsi qu'ils en étaient convenus, la rejoindre devant le métro Parc Gorki. Ni l'un ni l'autre ne soupçonnait qu'il avait été pris dans le collimateur de la bande des Belzébuth de l'auto blindée.

Ils passèrent devant le premier gratte-ciel de Moscou, l'hôtel

*Pékin*, haut de seize étages. Il était encore sous les échafaudages mais déjà un immense portrait de Staline occultait les fenêtres de sa partie supérieure, sa tour. Dans le fond, ce même personnage était présent à tous les horizons de la ville où que vous braquiez les yeux. Ici, c'était, au-dessus des toits, son profil en tubes de néon, là son pendant — héros portant l'uniforme du grade suprême enfin conquis, celui de généralissime — promène un regard paternel sur les peuples qui jubilent sous ses auspices : « Staline, porte-étendard de la paix dans le monde ! » Une quinzaine de jours plus tard, pour le trente-deuxième anniversaire de la révolution d'Octobre, sa place apparaîtrait au zénith du firmament, parmi les fontaines d'un feu d'artifice de fête.

L'an dernier, lorsque Boris Gradov était revenu de Pologne, le pouls de Moscou battait justement en épanchements lumineux. Le guide des peuples voguait au-dessus de la place du Manège, accroché par-delà les nuages à d'invisibles dirigeables. D'innombrables pétards s'allumaient et explosaient autour de lui, pas tellement joyeux, en ces solennités grandioses, on leur avait ôté jusqu'à leur nom. Celui de « feu d'artifice » ne s'appliquait plus au spectacle. On n'employait que le terme imposant d'« illuminations » associées à leurs « salves » puissantes.

Après quatre ans passés dans les bois ou à la lisière de villes en partie incendiées, le lieutenant Gradov avait un peu perdu la tête devant la splendide capitale. Des milliers de visages renversés contemplaient avec des sourires figés la face de César étalée dans le ciel. César, c'est le moins qu'on puisse dire, songea Boris qui était, à ce moment, sérieusement ivre. Les taches multicolores qui couraient sur son front et ses joues, les nuées roses et bleues qui voguaient là-devant en flots légers, évoquaient sans conteste la nature céleste de cette face.

— Ah ! Comme nous avons su rendre nos fêtes pittoresques ! soupira une dame imposante à côté de lui. — Une moustache noire de bonne mesure, comme postiche, ombrait sa lèvre supérieure. Boris sirotait son schnaps à une flasque d'officier gainée de drap. — Il nous regarde tel Zeus, de là-haut, pas vrai ? dit-il à la dame. — Que dites-vous, jeune homme, chuchota celle-ci épouvantée, indignée, en s'éloignant dare-dare au sein de la foule.

— Et alors, qu'est-ce que j'ai dit ? fit Boris en haussant les épaules. Je l'ai seulement comparé à Zeus, le père de tous les dieux de l'Olympe, cela ne vous suffit pas ?

Sans cesser de téter sa flasque, il passa de la place du Manège à la rue Gorki, droit vers sa maison où l'attendait à toute heure du jour et de la nuit l'appartement immense et vide du maréchal. Du maréchal ! Le maréchal n'y avait même pas passé une semaine au total. Il avait abrité des grades subalternes. Un jour, revenant de l'entraînement plus tôt que de coutume, Boris était passé dans la bibliothèque (c'est ainsi que l'on continuait à appeler le bureau de son père) quand des gémissements l'avaient cloué sur place. Sa mère gisait sur un divan, les membres épars, le nez dans un coussin, ses cheveux d'or en désordre. Agenouillé derrière elle, la tunique déboutonnée, Chevtchouk s'activait. Un sourire canaille avait figé ses traits. En apercevant Boris, il simula une horreur sacrée, puis le chassa du geste : fous le camp, n'empêche pas ta mère de jouir.

À présent, ou plutôt alors, en mai 1948, le lieutenant ivre qui rentrait à peine de la République Populaire de Pologne où il avait contribué à édifier le socialisme fraternel par le fer et par le feu, assis dans le noir sur ce même divan, sirotait son schnaps et pleurait.

Il n'y a personne. Personne ne m'attendait. Elle est partie en emmenant Véroulia, ma petite sœur. À présent, elle vit dans le camp des fauteurs de guerre. Je ne sais si l'on peut l'accuser d'avoir trahi la Patrie, mais moi, oui, elle m'a trahi.

Les reflets des « illuminations » qui s'étaient prolongées jusqu'à minuit erraient toujours sur les murs et le plafond. Les pétards éteints retombaient sur les corniches. Un lance-fusées de l'artillerie pyrotechnique tirait tout près, apparemment du Conseil des ministres. Le niveau de la gnôle baissait, celui de l'apitoiement sur soi-même montait.

Au cours de sa dernière année de Pologne, Boris ne s'était plus battu. Excepté deux ou trois alertes de nuit où toute l'école des abords de Poznan où ils étaient casernés avait connu un « aux armes ! » suivi sans explication d'un « fin d'alerte ! », les détachements de l'AK, ceux qu'au cours des séances d'instruction politique on appelait les « forces de la réaction », soit étaient déjà anéantis, soit avaient réussi à franchir la frontière, soit s'étaient fondus dans la masse de la population pacifiée où c'étaient les organes locaux qui leur donnaient la chasse. Boris et quelques autres guerriers des bois du MGB et du GROU[1] avaient été affectés comme instructeurs dans cette école de Poznan où, une année durant, il avait transmis sa très appréciable expérience meurtrière à ses élèves des Services polonais auxquels il avait quelquefois fallu non seulement montrer telle ou telle prise de close-combat, mais l'appliquer jusqu'au bout.

En un an, il avait envoyé pas moins d'une douzaine de demandes de mise en disponibilité en vue de poursuivre ses études. Chaque fois, la réponse avait été exhaustive et péremptoire : « La question de votre mise en disponibilité est résolue par la négative. » Il se demandait déjà s'il n'allait pas accepter d'entrer, comme on l'y conviait, à l'École secrète des cadres supérieurs, afin

1. Direction générale du Renseignement.

de déménager à Moscou, fût-ce à ce prix, plus près de son grand-père et de ses relations, quand il avait été appelé auprès de la Direction conjointe polono-soviétique où on lui avait déclaré que son ordre de mise en disponibilité était arrivé.

Il devait découvrir par la suite que son grand-père, Boris III, était effectivement et directement mêlé à cette affaire. Ayant appris par des voies inconnues sous les ordres de quelle instance était immédiatement placé son mystérieux petit-fils, Boris Nikitovitch s'était livré à un siège organisé, s'efforçant de faire comprendre aux camarades que chaque chose en son temps, que le gamin, poussé par des sentiments romantiques et patriotiques, ou plutôt le contraire : patriotiques et romantiques, oui, c'est cela, dans cet ordre précis, avait consacré à la Patrie et aux forces armées quatre importantes années de sa vie, or, qu'il était indispensable qu'il poursuive ses études afin de prendre la relève des médecins russes, les Gradov. À la fin, il avait paru difficile de le lui refuser, général émérite des Services de Santé, professeur et membre actif de l'Académie de Médecine, père du légendaire maréchal Gradov qu'il était. L'instance invisible avait fait machine arrière et, avec des grincements de dents, rendu à son grand-père le petit-fils officier des groupes francs si précieux à la cause de la paix dans le monde.

Et survient le jour béni. Boris va fourrer son uniforme et ses galons au fond de son sac. Il va au marché à la brocante de Poznan et s'achète un tas de frusques civiles polonaises. Il offre à boire au directeur de l'Intendance, lui graisse la patte et se voit attribuer pour son usage personnel une énorme Horch de SS décapotable. Il a une masse d'argent, des roubles et des zloty : le Parti uni des travailleurs polonais remercie généreusement l'aide à l'édification des fondements de l'État prolétarien. Après Poznan, à Varsovie, à Minsk et à Moscou, des camarades idoines lui accordent des entretiens à vous glacer les os. Tu es du GROU, Gradov, et tu as beau nous quitter, tu ne cesseras jamais d'en être. Nous pouvons à tout moment avoir besoin de toi et alors, il faudra bien que tu rappliques, sinon tu es foutu. Si jamais tu nous trahis, où que tu sois, en n'importe quel point de la terre, ça sera la fin des couilles. Tu saisis ? Tant mieux. Si tu nous restes fidèle, alors, à toi le feu vert.

On lui fit des allusions assez transparentes au fait qu'en aucune circonstance il ne devait accepter les propositions de la Tchéka. Ils ont leur bande, nous la nôtre. S'ils cherchent à te coincer, file chez nous.

Officiellement, on lui déclara qu'il continuait à figurer aux effectifs ultra-secrets en disponibilité du GROU. Bien entendu on lui fit signer pas moins d'une douzaine d'« instructions de non-divulgation » de ce qu'il savait, de ce à quoi il avait participé lors des opérations spéciales en territoire provisoirement occupé de l'Union Soviétique et de son État limitrophe, la république-sœur de Pologne. Au cas où il y contreviendrait, on lui appliquerait les sanctions les plus sévères conformes au règlement intérieur, c'est-à-dire, cette fois aussi, la fin des couilles.

Quoi qu'il en soit, il était arrivé sur sa lourde Horch (principalement chargée de pièces détachées) dans ses pénates natales du Bois d'Argent (nous laissons à ceux qui ont lu nos deux premiers livres le soin d'imaginer ce que fut l'émotion des habitants du nid gradovien) où on lui avait remis les clés de l'appartement désert de la rue Gorki. Il savait déjà, par de vagues allusions contenues dans les lettres de sa grand-mère, que sa mère était partie pour une destination pas très lointaine, il supposait que c'était quelque part en Extrême-Orient, en compagnie de quelque nouveau général ou de quelque ingénieur haut placé, ou encore, sait-on jamais ?, avec le même démon mesquin de ses nuits juvéniles, Chevtchouk, l'homme de la Sécurité, mais une telle distance, la distance américaine, il ne l'aurait même pas imaginée en plein délire. À l'époque, c'est-à-dire au printemps 1948, la nouvelle amusette de l'humanité, c'est-à-dire la guerre froide, se développait à plein tube. Les copains d'hier, les Yankees, étaient devenus les spectres pleins de rage d'un monde différent. Le chef des Britanniques, avec sa propension aux métaphores, avait formulé en orfèvre le nouvel état d'isolement des Soviets : « le rideau de fer ». Une relation postale avec l'Amérique ? Le Soviétique moyen avait peur rien que d'y penser, et pour ce qui est d'un combattant des Services Spéciaux tel que Babotchka Gradov, tenter le moins du monde de correspondre avec sa mère eût été trahir sa décoration secrète du GROU dont le nom évoquait un roucoulement de colombe : grou-grou-grou et en même temps, groum !, celui d'un coup de dents dans une fesse charnue.

Au début, ses intentions avaient été on ne peut plus sérieuses. Passer toutes affaires cessantes et dans les délais les plus brefs son « certificat de maturité[1] ». Tous ses condisciples en étaient à leur quatrième année d'études supérieures, il fallait les rattraper, rattraper, rattraper. Après ? Expédier en trois ans un prestigieux institut, disons, voyons : les Langues orientales, ou l'Acier et les Alliages, ou les Affaires étrangères, ou l'Aviation, voyons... Voyons, alors là, absolument pas quelque archaïque Pédago ou Médico. Les arguments de son grand-père n'avaient été bons qu'à le libérer de l'armée et non à servir ses grandes ambitions. Sans aller chercher plus loin, Boris voulait s'intégrer au meilleur milieu de la jeunesse de la capitale et non à ces péquenots de Pédago ou de Médico tellement banals qu'on ne les désignait que par un numéro : N° 1,

1. Équivalent du baccalauréat.

N° 2, N° 3... Médecine ? Disséquer des macchabées dans un amphi ? Alors là, non pardon, grand-père, des macchabées, j'en ai assez vu comme ça. Boris III levait les bras au ciel : cet argument-là, c'est vrai, impossible de le repousser.

Cependant, dans la pratique, les bonnes intentions de Babotchka dérapèrent. Il s'était inscrit à un cours du soir pour préparer son certificat de maturité : il s'y sentit un peu comme Gulliver au pays de Lilliput. Et de fait, une lueur lilliputienne voilait le regard des autres élèves lorsqu'il pénétrait dans la classe. Personne ne savait qui il était, mais tous sentaient qu'ils ne tenaient pas le choc. Jusqu'aux professeurs qui se ratatinaient légèrement en sa présence, les femmes surtout : roux foncé, parfaitement bien élevé, fait comme un dieu, avec son pull à motifs d'élans, il faisait, dans cette miteuse école de jeunesse ouvrière, figure d'étranger. « Vous avez un drôle d'accent, Gradov. Vous ne viendriez pas de l'Ouest ? » avait demandé la jolie prof de géo. Babotchka avait éclaté de rire : des chocottes idéales plein la bouche.

— Je suis du Bois d'Argent, Ludmilla Ilyinitchna.

La prof de géo en avait frémi, rougi. Non mais, vraiment, était-elle de taille à enseigner la géographie à un homme pareil ? Et depuis, chaque fois qu'elle le croisait, elle baissait les yeux et s'empourprait, convaincue que, s'il ne voulait pas d'elle, c'est qu'il était rassasié d'autres femmes autrement mieux qu'elle, des actrices, des demi-mondaines.

Et pourtant, hélas, il était un peu trop tôt pour parler de satiété. Le héros de la guerre secrète, se retrouvant à vingt-deux ans à Moscou, ressentait une étrange timidité, comme s'il n'était pas revenu dans sa ville natale, mais dans une ville étrangère. Sa virilité avait fléchi, il avait senti resurgir en lui l'adolescent de l'Action Immédiate, comme si ce n'était pas à lui qu'étaient arrivées toutes ces histoires en Pologne, comme si le gaillard armé de sa mitraillette et de son poignard n'avait aucun rapport avec lui, comme s'il venait seulement de retrouver son moi véritable, un moi peut-être guère plus riche que celui du gamin qu'il avait rencontré une nuit quai Sainte-Sophie.

Il ne serait pas exagéré de dire que le mystérieux beau gosse Gradov tressaillait, lui aussi, lorsqu'il croisait la prof de géo. D'une part, il avait très envie de lui proposer un rendez-vous, de l'autre, il était prisonnier d'un trac proprement enfantin — d'où lui venait-il, mon Dieu ? — et si elle allait lui poser des colles sur les ressources minières de la planète ?

Parmi tant de visages féminins, l'un se dessina plus nettement à la lueur rose d'un lampadaire de restaurant, celui de Véra Gorda, chanteuse de variétés. Un soir, il était seul au *Moskva* fumant de grosses Troïka à bout doré, buvant de la vodka Spéciale, autrement dit à cinquante-six degrés, pas cul sec, mais à la polonaise, à petites gorgées. Là, on avait annoncé Gorda, et dans un frou-frou de robe de scène, élevant pour saluer ses longs bras nus, il avait vu paraître une beauté blonde, autre chose que ta Rita Hayworth des films américains de Poznan usés jusqu'à la corde. Toute la salle chaloupe à son rythme tour à tour défaillant et rejaillissant sous les taches étincelantes, multicolores de la boule et Boris, qui n'avait pourtant pas de cavalière, se leva et chaloupa tout seul : inoubliable instant de jeunesse.

*D'une liasse de vieilles lettres,*
*J'en ai pris une au hasard,*
*À son encre violette*
*Sont revenus mes souvenirs épars.*

Toute seule, au milieu de vingt mecs aux plastrons amidonnés, devant un micro, ses doux yeux mi-clos, remuant à peine ses douces lèvres, inondant l'immense salle à colonnes de sa douce voix... quel bonheur... l'inaccessible...

Pourquoi l'inaccessible, se demandait-il le lendemain matin. Ce n'est jamais qu'une goualeuse de restaurant, et toi un agent de Renseignement en disponibilité, tout de même. Envoie-lui des fleurs, propose-lui une promenade en Horch, tout est si simple. Tout est diantrement simple. Il n'y a pas si longtemps, tu croyais que les situations compliquées ça n'existait pas. Si deux balles t'ont troué la peau, si par deux fois une lame l'a percée, si tu ne crains pas la mort, quelles situations compliquées saurait-il y avoir ? En plus, je crois qu'elle m'a remarqué, qu'elle m'a vu me lever, qu'elle regardait de mon côté... Il retourna au *Moskva* et il revit Véra Gorda, les bras tendus vers lui, aussi inaccessible qu'un mythe cinématographique.

— Il me semble que Babotchka souffre du traumatisme de l'ancien combattant, dit un jour Boris Nikitovitch.

— Je crois que tu as raison, fit Mary Vakhtangovna en écho. Tu sais, il n'a pas téléphoné à un seul de ses anciens amis, pas revu un seul de ses camarades de classe.

Sa grand-mère avait presque raison, c'est-à-dire, pas tout à fait raison. Effectivement, rentré à Moscou, Boris n'avait pas exprimé le moindre désir de revoir ses condisciples ; les « enfants de quelqu'un » de l'École n° 175, mais il avait tenté de recueillir ne serait-ce qu'un détail sur le sort de son idole, l'ancien champion de Moscou, Alexandre Chérémétiev.

La dernière fois qu'il l'avait vu, c'était en août 1944, sur un brancard. On le fourrait dans un Douglas archiplein, non loin de Varsovie. Il était encore en vie, délirait sous l'effet des antalgiques, marmonnait des propos sans suite. Puis, après une nouvelle demande d'information, il avait reçu l'ordre de ne plus s'enquérir de lui. Le sort de Chérémétiev était devenu un super-secret d'État parce que, il faut croire, il avait été blessé lors d'une opération super-secrète suscitée par le général communiste de Varsovie en flammes.

En 1948, tous ses papiers en main, c'est-à-dire partiellement libéré du grou-grou-grou, Boris s'était enhardi jusqu'à demander aux impénétrables camarades qui le raccompagnaient : « Et si vous me disiez quand même, camarades, si Sacha Chérémétiev est en vie, sinon où il est enterré. — En vie, avaient répondu les impénétrables camarades, en ajoutant : C'est tout ce que nous pouvons vous dire, camarade lieutenant de la Garde en disponibilité. »

Qu'est-ce que cela signifie ? se disait Boris. Il est vivant et toujours clandestin ? C'est donc qu'il est toujours sous les armes ? Qu'il a gardé bras et jambes ? Mais c'est impossible, sa jambe droite a été écrabouillée sous mes yeux par une poutre d'acier.

Réduit à ces informations, Boris IV était demeuré seul, ce n'était ni par dédain ni par suite du « traumatisme d'ancien combattant », comme le supposaient son grand-père et sa grand-mère, mais parce qu'il avait perdu l'habitude de s'imposer — ou ne l'avait jamais eue. Il se surprenait parfois à espérer comme un gamin qu'un heureux hasard le mettrait en rapport avec des gars au poil ou de jolies filles.

Pour ce qui est des premiers, l'occasion ne se fit pas attendre trop longtemps, tout se passa très naturellement dans la sphère des moto-bagnoles. Un jour, deux gus en blouson de cuir, Ioura Korol et Micha Tchérémiskine, vinrent le trouver. Juste à ce moment, Boris avait relevé le capot, mis à l'air les tripes de sa Horch subitement tombée en rideau, et trifouillait dans son moteur aussi vaste qu'une usine métallurgique. Les deux gars étaient restés plantés quelques minutes derrière son dos, puis l'un d'eux avait proposé d'examiner le vibreur : à son avis, c'était un faux contact. Et c'était bien ça. Lorsque le moteur s'était remis en route, les deux gars avaient considéré, longuement et avec beaucoup d'amour, l'équipement de huit cylindres qui tournait harmonieusement.

— Formidable, ce moulin ! dirent-ils à Boris.

— D'après le numéro, c'est votre propriété personnelle ?

C'est ainsi qu'ils avaient lié connaissance. Les deux gars étaient maîtres ès sports en moto-cross. Leurs motos étaient à côté, bon, évidemment des Harley-Davidson. Pour le moment, on court avec, expliquèrent-ils, mais à partir de la prochaine saison, il faudra enfourcher du plus moche. Le Comité des Sports a décrété que seules les marques nationales seraient admises dans les compétitions.

Là-dessus, deux autres jeunes gens vinrent se joindre à eux :

Vitia Kornéiev, champion national absolu de moto-cross, et Natacha Ozolina, maître ès sports ; ils s'associèrent aussitôt à la conversation. C'était, dans ces milieux, un sujet brûlant. Dans le fond, inclinaient les sportifs, il y a dans cette décision une vérité évidente. Nous n'importerons sans doute pas de motos d'Amérique dans le proche avenir, il faut donc encourager notre propre industrie. Des machines comme la L-300, la IJ, la TIZ, la Comète, une fois bien mises au point, peuvent parfaitement concurrencer celles d'Europe.

Boris était enchanté de ses nouveaux amis : et voilà ! j'ai eu la chance de tomber sur des gars normaux. Alors, les « gars normaux » l'avaient admis en toute cordialité dans leur bande, d'autant plus lorsqu'ils avaient appris qu'il était le fils du maréchal Gradov et lui-même possesseur d'un passé militaire brumeux, de plus, il avait un appartement inoccupé rue Gorki, toujours à la disposition de tous, bon, et puis quand ils avaient découvert qu'il ne s'y entendait pas si mal en marques de motos allemandes, il avait définitivement acquis leur estime.

Naturellement, notre jeune homme se précipita séance tenante dans le monde de la moto. La Horch fut mise de côté pour de rares sorties nocturnes. Boris IV abandonna complètement l'École de la jeunesse ouvrière et passa toutes ses journées au garage de l'Armée Rouge ou du Dynamo, ainsi que dans une allée du Parc Pétrovski où, tous les dimanches, la jeunesse motorisée se rassemblait afin d'échanger des pièces détachées et de tailler une bonne bavette. Il n'avait pas encore réussi à se procurer une Harley, cette marque du supermotard, mais il avait trouvé d'occasion une puissante Zuntag de la Wehrmacht qui avait été, au temps ordinaire de la Seconde Guerre mondiale, équipée d'un side-car et d'une mitrailleuse et pouvait parfaitement transporter trois Fritz assez viandeux. Entre-temps on lui avait, au club, attribué un engin de course soviétique, une DKV surcompressée de 125 centimètres cubes. Bien entendu, sous la subtile direction de Ioura Korol et Micha Tchérémiskine, il l'avait « poussée ». Bientôt, il avait exposé des résultats convenables : en vitesse de pointe — 125,45 kilomètres à l'heure ; au départ arrêté — 89,27. Nous te le garantissons, dans un an, tu seras maître ès sports, lui promettaient ses « parrains ». Avant ça, songeait Boris avec un rire intérieur.

Au printemps 1949, toute la bande partit à la course annuelle du circuit de Pirita-Kose, à Tallinn. Ils suivirent le chemin de leur choix, par les forêts de Pskov et de Tchoukhonie, bien qu'on les ait mis en garde contre les « frères des bois [1] ».

Babotchka fut emballé par le circuit. Il n'y a pas à chiquer, il faut que je gagne ce manège un jour ou l'autre. Pour l'instant, il

1. Résistants baltes antisoviétiques.

figurait comme remplaçant dans l'équipe de l'Armée Rouge, il ne participait pas aux courses, mais aux essais, il se montrait très convenable. Le public sportif l'avait manifestement distingué, en particulier une certaine Irje Oun, une équipière du Kaléva, une fille de vingt ans aux yeux bleus, de pure race baltique. Ce qui fait que je me sens beaucoup mieux, beaucoup plus naturel, avec les femmes de l'Europe asservie, lui dit Boris par une nuit de lune, après qu'ils eurent fortement fait connaissance entre les murs de la forteresse gothique de Toompea. Par bonheur, elle n'avait rien compris et s'était contentée de rire. Il y a des gars pas mal, parmi ces maudits occupants, avait-elle songé dans sa langue, en riant, et en plus, ils nous amènent ce vin joyeux, l'*akhaméni*.

Quant aux « frères des bois », l'œil expérimenté de l'agent des Services en décelait pas moins de cinquante pour cent parmi le public du circuit et alors là, pas moins de quatre-vingts pour cent en ville. Une fois, au petit jour, au restaurant *Pirita* construit dans le style de la « bourgeoisie indépendante », le frère de la copine de Boris, Rein Oun, un petit rapide, arrière de basket parfaitement regroupé, l'avait emmené à l'écart et lui avait montré la doublure de son blazer où, à la hauteur du cœur, était cousu un bout de tissu tricolore, blanc-bleu-noir, les couleurs de l'Estonie libre.

— Vu ? avait-il demandé d'un ton menaçant.

— Vu ! s'était écrié Boris. — Tout était tellement formidable : un roman-moto, le point-du-jour, l'antisoviétisme. Dommage seulement qu'il ne soit pas estonien, il se serait cousu un bout de chiffon tout pareil. Qu'est-ce que je pourrais me coudre sous le bras, moi, connard de Russe ? Un aigle à deux têtes ?

— Vu, Rein, dit-il au frère. Je suis avec vous.

— Pauvre type ! dit le basketteur. — Il avait très envie de se bagarrer avec le Russe, de lui casser la gueule au nom de l'Estonie et de sa sœur. Le pays était malheureux, sa sœur rigolait, il avait très envie de casser la gueule à ce gars au poil, ce motard de Moscou.

Le lieutenant de la Garde en disponibilité coulait ainsi ses jours, quand Ludmilla Ilyinitchna, un beau jour, lui téléphona (d'où tenait-elle son numéro ?) et lui dit en butant sur les mots : « Vous avez peut-être oublié, Gradov, que les examens débutent dans huit jours. »

Le premier soin de Boris fut, c'est évident, de courir s'acheter du café, puis de filer chez un médecin de ses amis et de lui demander une ordonnance pour de la codéine. Selon un bobard qui courait parmi les étudiants, il suffisait de se gaver de codéine pour ingurgiter en une seule nuit un manuel d'économie politique ou tout autre amphigouri au choix. Il planchera ainsi toute la semaine, engloutissant café sur café à en devenir bleu, puis au matin, passant à la codéine, à ne plus y voir clair. Alors, ou je me ferai coller, ou ce sera la médaille d'or. Résultat : ni l'un ni l'autre. Au nom de la statistique, on ne collait jamais personne à l'École de la jeunesse ouvrière, on compensait les insuffisances en attribuant automatiquement la moyenne aux candidats. Les révélations de la codéine n'y suscitaient guère l'admiration non plus. L'élégant et mystérieux élève Boris Gradov se retrouva avec un certificat parfaitement valable, mais, hélas, très médiocre : rien que des trois et des quatre sur cinq.

Bon, eh bien, ces jeux d'enfant, je m'en tape ! Je retourne chez mes « gars normaux », aux motos ! Tout l'été se passa en cross : Saratov, Kazan, Sverdlovsk, Ijevsk. À l'automne, il avait suffisamment accumulé de points pour être nommé maître ès sports d'URSS. Les papiers signés par l'entraîneur partirent au Comité.

Parallèlement, il découvrit qu'il était catastrophiquement en retard pour les examens d'admission de l'enseignement supérieur. Bah, cela n'a rien de terrible. J'ai attendu quatre ans, j'attendrai un an de plus. J'emploierai cette année à devenir champion et l'on m'admettra d'enthousiasme dans tous les instituts que l'on voudra, et sans examen. Et puis avec mon nom, fils du maréchal Gradov, Deux fois Héros de l'Union Soviétique que glorifie une assez jolie rue du quartier de Pestchany ! À tout hasard, Boris fit le tour des commissions d'admission des plus prestigieux établissements de l'Université de Moscou, des Langues orientales, des Affaires étrangères, de l'Acier et des Alliages, de l'Aviation... et là, il fit une découverte totalement inattendue : c'est qu'il n'avait pas à compter sur le feu vert dans ces instituts-là. Qu'il n'était pas du nombre de ceux à qui « toutes les voies sont ouvertes ». Dans toutes les commissions, il y avait des personnages particuliers qui, après enquête, lui donnaient à entendre qu'ils ne lui conseillaient pas de déposer son dossier.

Vous perdriez inutilement votre temps, camarade Gradov. Nous sélectionnons des impétrants à la réputation sans tache. À vrai dire la vôtre, personnellement, est impeccable, qui dirait mieux vraiment, comme on nous l'a dit... hi, hi... enfin... où vous savez... cependant, votre pedigree présente des bavures. Vos caractéristiques sont étranges, atypiques, camarade Gradov. D'une part, votre grand-père est une lumière de la médecine, la fierté de notre science, feu votre père fut un héros, un chef militaire brillant, mais d'autre part, votre oncle Kirill Borissovitch figure sur la liste des ennemis du peuple, et chose principale, votre mère Véronika Evguénievna Tagliafero réside en Amérique en qualité d'épouse d'un professeur d'école militaire des États-Unis, et c'est cela, évidemment, le facteur décisif... Qu'est-ce qui m'arrive ? se demandait parfois Boris IV aux heures de vague à l'âme en déambulant à travers les pièces de son vaste appartement où dans presque tous les coins l'on découvrait ici un bocal plein de mégots, là une batterie de bouteilles vides, restes du dernier rassemblement de motards, là encore une paire de roues avec ou sans crampons à glace, des caisses de pièces détachées pleines de graisse, des tas de vêtements, des piles de livres. Je n'arrive pas à saisir le lien qu'il y a entre celui que je suis aujourd'hui et celui que j'étais avant-hier et que maman, lorsqu'elle était d'un bon tour, appelait « son austère jeune homme ». Où est passé mon patriotisme, par exemple ? Je repense de plus en plus souvent à mon cousin adoptif Mitia Sapounov qui parlait des « monstres communistes ». Je suis de leur nombre, aujourd'hui, je suis entré au Parti dans les forêts de Pologne, ordre avait été donné de nous y inscrire d'office. Non, ce n'est pas cela que je veux dire. Le patriotisme, ce n'est pas le Parti, même pas le communisme, c'est simplement le sentiment de la russité, la perception d'une tradition, le « gradovisme »... C'est un peu cela qui s'était élevé dans mon cœur quand je me suis sauvé de chez moi, que j'ai eu peur de manquer la guerre, petit nigaud. Tout cela s'est dispersé dans l'abomination de la répression, oui, précisément, de la répression, qu'avons-nous fait d'autre en Pologne, sinon nous livrer à une répression féroce ? Oui, toute la conception de patrie s'est dispersée, il n'en est resté qu'une sorte de ricanement intérieur. Jamais aucun des gars ne ricanait au mot de « Patrie », ils gardaient un silence plein de gravité, mais sur tous les visages, il l'avait remarqué, passait comme un reflet de ce ricanement, comme si le diable lui-même leur eût ricané en pleine face, à ce mot de « Patrie ».

Et maintenant, j'ai tout simplement perdu contact avec moi-même, ou plus exactement avec l'« austère jeune homme », j'ai comme un vibreur en panne et je ne parviens pas à me retrouver, à supposer que l'« austère jeune homme » eût été moi-même et pas un autre, entendez : si ce que je représente aujourd'hui, un être sans contact, au vibreur brisé, n'est pas ma véritable nature.

Je ne peux pas vivre ici sans ma mère, se dit-il un beau jour, lors d'une heure de vide. Là-bas, dans les bois, je n'avais pas besoin d'elle, mais ici, à Moscou, je ne peux pas vivre sans elle. Ma vitesse dévorante, c'est peut-être un élan insensé vers ma mère. Mais elle est inaccessible, elle est en Amérique, elle m'a trahi. Toute l'Amérique est un pays de traîtres, de gens qui ont abandonné leur patrie. Elle aussi, elle y a fichu le camp avec cette grande perche de Yankee que je déteste encore plus que je ne détestais Chevtchouk. Si on s'était trouvés face à face sur le champ de bataille, je l'aurais démoli. Elle a trahi ma Patrie au cul lourd, elle a trahi mon père, elle m'a trahi, moi. Et elle a emmené Véroulia. Je n'ai plus de sœur, je n'en aurai plus jamais.

Il me reste quand même ma cousine Iolka, se disait-il en fonçant sur sa Zuntag de la Wehrmacht le long de la perspective de Léningrad. Quelle minette ! Elle cramponne mon bide d'acier des doigts les plus doux. Nom de nom, dans l'ancien temps, on se mariait entre cousins ! Dans l'ancien temps, je l'aurais épousée. À présent, c'est défendu. À présent, j'ai besoin d'une sœur plutôt que d'une épouse, peut-être. Iolka va tomber entre les bras d'un con. Je doute que ce soit entre ceux d'un garçon regroupé, maître ès sports catégorie moto. Ça sera plutôt un tordu de littéraire dont elle aura fait connaissance aux concerts d'abonnés du Conservatoire.

Lorsqu'ils parvinrent à la datcha, il faisait complètement nuit. Le portail était ouvert, les parents les attendaient. Boris pénétra dans la cour et s'arrêta en face de la grande fenêtre de la salle à manger derrière laquelle on apercevait ce qui restait du clan des Gradov : le patriarche chenu et triste, grand-mère Mary toujours droite et fière, toujours belle, et incroyablement chic avec son éternelle cigarette, Nina la poétesse, et puis Agacha qui n'avait pour ainsi dire plus d'âge, mais continuait à trotter autour de la table d'un mouvement uniforme en prodiguant le répertoire inchangé dont nous avons régalé les lecteurs de nos deux premiers livres : *pirojki*, chou à la provençale, escalopes campagnardes... Quelque chose de nouveau cependant était apparu dans sa ronde : par moments, elle se figeait, un plat entre les mains et sur le visage une expression philosophique que venait effacer sa rayonnante bonté de toujours. Elle semblait poser une question muette : le sens de la vie humaine ne réside-t-il que dans l'amour ?

Nous n'avons pas lieu non plus de dissimuler au lecteur qu'après tant de pertes dans le clan des Gradov, il y avait aussi eu des apports, un certain élargissement en somme, si toutefois ce substantif défini peut s'appliquer au peintre Sandro Pevsner avec sa calvitie, ses épaules étroites, sa moustache duveteuse à la Pirosmanichvili que, dans ses conversations téléphoniques avec son vieil ami, le camarade Slabopétoukhovski, directeur adjoint des studios Gorki au titre de l'intendance, Agacha ne nommait pas autrement que notre-ou-mari-ou-je-ne-sais-qui.

Iolka quitta la moto d'un bond. Boris, en bon cousin bourru, lui envoya une tape dans le dos.

— Vous vous serrez trop tendrement contre les gens, mademoiselle, où avez-vous appris ça ?

— Idiot ! fit-elle en brandissant son carton à musique. — Et il fut saisi de quelque chose qui n'avait rien à voir avec la moto. — Ah ! Si je pouvais retenir ou tout au moins revivre cet instant !

Une fillette toute mince, son élan léger, impétueux, son visage si heureux, si pur. Il la considéra comme s'il n'était plus lui-même un jeune homme, comme s'il savait que cela signifiait qu'il n'éprouverait plus jamais cela, comme Iolka là, en ce moment même, cet émerveillement, cette attente de la vie.

Elle avait seize ans, elle entrait en neuvième[1]. L'éducation puritaine de l'école et la tartuferie générale de la société, ainsi qu'un certain manque d'attention de sa brillante maman et un certain excès d'attention de sa majestueuse mémé avaient fait que Iolka venait à peine de comprendre ce que signifiaient les étranges regards des hommes dans le métro et dans la rue. Au début, elle avait cru qu'il manquait peut-être un bouton à son manteau ou que son bas avait tourné, elle avait rougi, consulté les surfaces réfléchissantes de la voie publique : Qu'est-ce qui se passait, pourquoi ces regards fixes, et qui plus est, souvent associés à des sourires en biais ? Un jour, elle était dans le métro avec sa maman, la poétesse Nina Gradova. Tout d'un coup, un type se mit à la dévisager. Un bonhomme mafflu en grand manteau de cuir à col de fourrure et bottes de feutre blanc bordé de peau. Maman était, comme toujours, plongée dans un bouquin, le journal d'Adèle Omar-Grey[2], peut-être, n'empêche qu'elle remarqua le mafflu, repoussa ses cheveux d'un geste brusque et le regarda bien en face, comme elle savait le faire : avec défi. Ce qui suivit fut, pour la mère comme pour la fille, à vous couper le souffle, inoubliable. En un éclair, la mère comprit que ce n'était pas sur elle que l'homme dirigeait ses regards concupiscents, mais sur sa fille. Cramoisie, elle se tourna vers Iolka et soudain tout le sens de cet éclair apparut à la petite fille de la veille. Ce fut la révélation d'une chose jusque-là inconnue, une sensation de dégoût, mais aussi une joie musicale, enivrante. Quant à sa maman qui, l'ayant attrapée par le bras, l'entraînait vers la porte, ça tombait bien, elles arrivaient à leur station, Bibliothèque Lénine, elle avait éprouvé une tristesse subite, poignante, à supposer que la brusque morsure d'un aiguillon pût s'appeler « tristesse ». Forcément, elles ne s'étaient pas dit un mot de la chose et n'évoquèrent jamais par la suite le tourbillon de sentiments où elles avaient été précipitées par la faute de la grosse binette du métro entre Travée des Chasseurs et Bibliothèque Lénine, mais parmi tant d'instants vécus en vain, celui-ci s'accusa intensément, elles ne l'oublièrent jamais.

En un mot, Iolka était devenue adulte et désormais, entre l'école et ses leçons de musique, elle ne laissait jamais échapper l'occasion de filer chez elle, grand-rue Gnezdikovski, afin de troquer son odieux uniforme d'écolière — robe marron, tablier noir — contre la veste aux épaules matelassées de maman, tout comme elle n'oubliait pas de se farder un peu le tour des yeux afin de mettre en valeur leur exceptionnel rayonnement gradovo-kitaïgorodskien.

Déjà la moitié de sa vie — huit ans — s'était écoulée sans son père. Elle s'en souvenait comme d'un géant-ami avec lequel elle

1. Notre première.
2. Mystification littéraire de la première moitié du XIXe siècle.

passait son temps à chahuter, se bousculer, rire. De vives images de sa petite enfance surgissaient, puis s'effaçaient : papa-skieur, papa-nageur, papa-chameau, ça, c'est quand on allait sur ses épaules depuis le lac jusqu'à la gare, papa-sage lisant et expliquant *Don Quichotte*, papa-goinfre liquidant une poêlée entière de pâtes au fromage, papa-éternel-chevalier-servant-de-maman tendant à la poétesse Gradova son manteau de chinchilla, en l'espèce, un banal manteau de gros drap, retendant son frac, en l'espèce un veston de gros drap : ils vont au bal du Nouvel An de la Maison des Écrivains.

— Comme Lui, comme Lui ! criait papa. — Elle s'en souvenait bien. — Alors, vous ne voyez pas que je suis en frac comme Lui ?

Maman et Eléna à sa suite mouraient de rire. Eléna n'apprit que plus tard que ce « Lui » désignait Staline. C'est pour cela que maman mourait de rire, qu'il était irrésistible d'imaginer Staline en frac. Bien sûr, il eût été encore plus drôle que papa dise simplement : « Aujourd'hui, je suis comme Staline : en frac », mais il s'en gardait bien et c'était fort sage, car il était à craindre que le lendemain, au jardin d'enfants, sa fille se mette à montrer à ses petits camarades « Staline en frac ». Et il ne se trompait pas, Iolka se souvenait effectivement d'avoir crié comme une sourde à la maternelle : « Lui en frac ! Lui en frac ! »

Les mots « Tombé pour la Patrie » qu'elle calligraphiait en face du mot « Père » dans les questionnaires scolaires ne l'avaient jamais atteinte dans leur sens réel, autrement dit, elle n'avait jamais conçu que le corps de son père avait été déchiqueté par des balles et avait pourri dans la terre humide. « Tombé pour la Patrie » avait d'abord voulu dire qu'il avait simplement disparu, qu'il était quelque part, bien sûr, mais qu'il n'arrivait pas à venir la rejoindre, elle, sa fille unique. Elle voyait maman pleurer dans son oreiller en secret et, suivant son exemple, pleurait elle aussi dans son oreiller, tout en étant absolument persuadée que ces larmes finiraient par aider papa à trouver le chemin du retour. En grandissant, elle avait compris qu'il n'y parviendrait pas, qu'il n'était plus, mais jamais l'idée que sa chair avait été détruite ne lui était venue à l'esprit.

Et voilà qu'il lui arrivait un frère aîné. Pas tout à fait un frère aîné, un cousin, mais pour la peine, tellement formidable : Boris IV ! Ils étaient tout de suite devenus amis, allaient même très souvent ensemble au cinéma et à la patinoire. Il l'emmenait parfois à des courses et alors, elle remarquait qu'il était ostensiblement fier de la montrer aux copains : voyez la jolie petite sœur que j'ai ! Il y avait dans leurs relations quelque chose d'un humour amoureux, quelque chose qui avait un rapport indirect avec leurs lointaines espiègleries enfantines, quelque chose de ce « règne du père » à moitié oublié. Dommage que ce soit mon cousin, se disait-elle parfois, je l'aurais épousé.

Puis ils entrèrent ensemble à l'intérieur pour la joie pleine et entière de la famille qui les attendait. Dans le temps, il y avait aussi notre cher Pythagore, le chien, s'avisèrent-ils en même temps. Pour Boris, c'était chose facile : il était enfant alors que le berger allemand était dans la force de l'âge. Il avait toujours affirmé, et presque sérieusement, que Pythagore avait joué un rôle important dans son éducation. Et Iolka croyait aussi se souvenir parfaitement de s'être traînée sur le tapis tandis que le vieux et noble Pythagore tournait autour et posait de temps à autre sa patte sur elle.

Donc, ils entrèrent, et tous les visages s'éclairèrent. Même la nerveuse Nina rayonna un instant, avant de se replonger dans sa revue ; et Sandro aussi de rayonner.

Ce dernier avait réussi, à son retour de la guerre, à se faire domicilier à Moscou[1] chez son unique parente, une tante très âgée. Son bonheur était sans bornes. Il n'aurait pu imaginer de vivre loin de Nina. Au début, tout alla bien. Sa première exposition officielle fut un succès. Un article encourageant de *Culture et Vie* informait, entre autres, que « les meilleures traditions picturales des *Valets de carreau*, Sandro Pevsner leur infuse un profond contenu patriotique et les fortes impressions de son récent passé de combattant ». On ne peut se figurer aujourd'hui qu'on ait pu écrire de telles choses en 1945 : les traditions des *Valets de carreau* et le patriotisme ! À l'époque, cependant, sa renommée avait fait un bond, l'Union des Peintres de Moscou lui avait même affecté un atelier dans un grenier abandonné, rue Krivo-Arbatskaïa. Sandro s'était armé d'outils de charpentier et de décorateur et avait transformé ce trou infect en un nid avenant de peintre bohème et en plein essor : énorme bow-window sur les toits de Moscou, escalier en colimaçon vers la loggia, cheminée, rayonnages pleins de livres, albums, vieux fers à vapeur, mortiers en bronze, théières, samovars ; sur le plancher poli par ses soins, il avait jeté deux vieux tapis de Tiflis, s'était procuré on ne sait où « cette chose de bois à l'harmonieuse voix[2] », c'est-à-dire un vieux petit piano dont l'harmonie, pour l'instant, n'était qu'imagination pure, car il y manquait les deux tiers des cordes et ses touches se coinçaient, mais plus tard, quand on le restaurerait, il résonnerait pour de bon, c'est sûr, créerait cette atmosphère particulière des soirées artistiques moscovites-parisiennes dont le principal et constant ornement serait indubitablement la poétesse Gradova.

1. Nul n'avait le droit de résider à Moscou s'il n'y avait été préalablement domicilié ou s'il y était appelé par un emploi.
2. Trétiakov.

— Eh bien, hardi guerrier et patriote nanti des fortes impressions de ton récent passé militaire, dit celle-ci quand elle eut visité la « pevsnéière » parachevée, considère cela comme ta plus récente victoire : je ne partirai plus d'ici.

C'est ainsi que Nina élut deux domiciles : grand-rue Gnezdikovski et rue Krivo-Arbatskaïa, une bonne chose que la distance entre les deux fût courte, Iolka, devenue une grande personne, s'habitua très vite à la situation et n'éleva pas d'objections. Le peintre lui plaisait, elle l'appelait simplement Sandro, sans le mesquin « tonton » coutumier des enfants russes. D'ailleurs sa maman aussi, elle l'appelait souvent Nina, comme une copine.

Sandro suppliait sa chérie de régulariser leurs rapports, mais chaque fois, elle faisait la sotte, lui demandait ce qu'il entendait par là, ne s'employait-elle pas de son mieux à les régulariser, leurs rapports, lorsqu'ils se mettaient au lit ?

Bref, tout alla à merveille dans la vie du « peintre du bon Dieu », comme Nina l'appelait parfois, jusqu'au moment où commença le tour de vis des années quarante. Après l'arrestation des membres du Comité antifasciste juif, des instructions antijuives descendirent de haut lieu dans les organisations artistiques et littéraires. En janvier 1949, le Parti produisit une directive sur « Le répertoire des théâtres et les mesures à adopter pour l'améliorer ». On révéla l'existence d'un groupe antipatriotique de critiques de théâtre composé en particulier de certains Iouzovski, Gourévitch, Varchavski, Ioutkévitch, Altman qui avaient tenté de discréditer les aspects positifs du théâtre soviétique, attaqué à partir de convictions esthétisantes, non marxistes, *cosmopolites*, de brillants auteurs dramatiques du monde actuel, en particulier Sourkov, Sofronov, Romachev, Kornéitchouk[1], avaient glissé dans le répertoire les petites pièces étrangères à l'idéologie de Galitch[2] (Guinzbourg) et autres auteurs à parenthèses, lèche-bottes de l'Occident bourgeois. Ce fut la naissance d'une puissante campagne anticosmopolite populaire : les journaux virent affluer les lettres indignées de vachères, métallos, pêcheurs à la ligne, qui exigeaient que l'on démasquât les cosmopolites *jusqu'au bout*. Il y eut, dans les organisations artistiques et littéraires, d'interminables réunions plénières et assemblées générales où des orateurs frénétiques requirent avec des accents forcenés que l'on « découvrît les parenthèses » des cosmopolites qui se dissimulaient sous des pseudonymes russes. Les plus zélés, cela se comprend, étaient les écrivains, mais les peintres n'étaient pas en reste.

Le tour de Sandro Pevsner ne survint pas tout de suite. Les

1. Écrivains de circonstance, thuriféraires de Staline. Sourkov, président de l'Union des Écrivains, exerça un rôle fatal sur leur sort.

2. Galitch (1919-1977), dramaturge, mais surtout « barde » (poète à la guitare) satirique extrêmement talentueux et caustique.

argousins achoppaient probablement contre son prénom géorgien qui vous obligeait à encaisser son nom de famille juif. Il fallait coûte que coûte protéger l'amitié entre les peuples d'URSS, c'est sans doute grâce à ce postulat que Sandro put, un certain temps, « jouer au con de métèque », comme Nina plaisantait avec rage.

Puis un beau jour, le secrétaire de l'Union des Peintres de Moscou, parcourant du haut de la tribune la salle archicomble qui suait de terreur, un critique vermiforme du nom de Kémianov, le découvrit et déclara que le moment était venu de s'interroger sur les épigones des groupes décadents tels que le *Valet de carreau* et la *Queue d'Âne*, et en particulier sur Alexandre Solomonovitch Pevsner. Qu'apporte-t-il à l'homme soviétique, par ses toiles ? Des redites d'une poétique agonisante, bâtarde, cosmopolite, de Chagall, Exter, Lissistski, Nathan, Altman. L'homme soviétique, le peuple russe avec ses très hautes traditions réalistes, n'a rien à faire de tels maîtres.

Sandro fut prié de proclamer sa position. Il monta à la tribune, pâle, bégayant, mais peu à peu, il retrouva ses forces et proclama si bien sa position qu'on n'aurait pu imaginer pire. En premier lieu, il ne voyait pas en quoi l'esthétique du *Valet de carreau* contredisait les sentiments patriotiques. En deuxième lieu, il ne fallait pas confondre le *Valet* et la *Queue d'Âne*, ils s'étaient toujours livré une guerre farouche. En troisième lieu, les deux groupes étaient composés de personnalités fortes, et il eût été bon de parler de chacun en particulier. En quatrième lieu, le camarade Kémianov avait choisi, pour mieux inspirer la terreur, rien que des noms juifs... — là, au comble de la rage, Kémianov assena un coup de poing sur la table du præsidium et incendia l'orateur d'un regard qui n'était plus vermiforme mais ophidien... — mais pourquoi, poursuivit Sandro, n'a-t-il pas cité un seul nom purement russe, tel que ceux de Natalia Gontcharova, Mikhaïl Larionov, Vassili Kandinski[1] ?

Là, le représentant du CC, le camarade Guilyitchev, front de roc abrupt, ventouses humides des lèvres et des narines, se tourna d'un air d'interrogation morose, d'un air d'indignation morose vers Kémianov qui lui murmura aussitôt quelque chose sur les noms cités. Alors, Guilyitchev coupa la parole à Pevsner qui tentait de troubler l'assistance avec son verbiage sur une prétendue refonte des traditions révolutionnaires avec l'avant-garde et lui demanda comment il se faisait qu'un peintre soviétique, membre d'une Union d'artistes, fût si bien informé des œuvres — si l'on peut dire — de la lie de l'émigration, de ces Gardes Blancs de l'art ? N'y avait-il pas un piège dans toutes ces vaticinations sur la refonte artistique ? Ne cherchait-on pas à mêler des scories bourgeoises à notre acier ?

1. Trois peintres émigrés qui se rendirent célèbres dans le monde entier. Vassili Kandinski (1866-1944) est l'un des initiateurs de l'art abstrait.

Sandro quitta la tribune où aussitôt les accusateurs se succédèrent. D'anciens compagnons s'empressèrent de se désolidariser. Quelqu'un proposa de dénoncer le mythe du talent de Sandro Pevsner. Un sculpteur mal dégrossi et toujours entre deux vins gueula même qu'il fallait « découvrir les parenthèses » de Pevsner, après quoi celui-ci hurla, oubliant les circonlocutions d'usage :

— Quelles parenthèses, triple imbécile ! Ôte-toi plutôt les tiennes de ta cervelle de crétin !

L'ivrogne éclata de rire, singeant l'accent géorgien du peintre, cependant, personne ne s'associa : ils savaient tous qu'Un Autre, non loin de là, parlait aussi avec l'accent géorgien. Un silence tomba, et c'est dans ce silence compissé par la peur que Sandro quitta fièrement les lieux. C'est ainsi, du moins, qu'il le relata à Nina, avec un brusque mouvement de la main en haut et de côté : « Et j'ai quitté les lieux ! » En réalité, il avait gagné la sortie avec peine, puis galopé dans le couloir en pleine panique, vite, vite, vivement le grand air ! L'ami cognac le sauva jusqu'au matin de l'attente : on allait l'arrêter. Mais non, cela ne se fit pas. Presque personne des principaux « cosmopolites » ne fut arrêté, à l'époque : ou bien le Parti n'en voulait pas encore à leurs couilles, ou bien il les mettait en conserve pour des événements plus sérieux. Mais la peur les tourmentait tous, une peur *animale* à tous les sens du terme : *primo* inhumaine, *secundo* instinctive, pour leur vie et non pour quelque disgrâce, *tertio* génératrice d'un humiliant péristaltisme intestinal où au sein de votre moi souterrain, au moment le plus dramatique, les gaz se mettent à fluctuer, engendrant une menace sourde, mais évidente, comme dans un dernier effort de résistance. Cela n'a rien de surprenant : derrière chaque ligne de critique du Parti, il y avait un tchékiste, un tortionnaire, un bourreau, un garde-chiourme de l'éternelle glaciation des camps.

La peur muselait toutes les voix libérales de Moscou. L'entourage de Nina n'échangeait même plus de plaisanteries où l'on aurait pu, quand ce serait furtivement, déceler quelque sarcasme idéologique. Essaie donc de ricaner au discours d'un verrat URSSien comme Anatoli Sofronov. Aussitôt un rapport idoine volera vers qui de droit. Il ne restait que les coups d'œil que l'on échangeait parfois d'une face totalement figée. À ces coups d'œil auxquels on ne pouvait tout de même pas trouver à redire, les libéraux avaient appris à reconnaître ceux qui résistaient encore, c'est-à-dire qui étaient encore des leurs. Des yeux fichés en terre disaient dès l'abord : ne comptez plus sur moi, bientôt vous verrez paraître sous ma signature un article abject, une dénonciation infâme ou un roman « patriotique » abominable. Sandro était en plein ostracisme : plus question d'expositions ou d'admission officielle de ses tableaux. Trop content s'il lui tombait une frime quelconque : la maquette du journal mural d'un sovkhoze de banlieue, ou, en deuxième ou troisième main, celle d'un timbre-poste à la gloire de l'héroïque artillerie soviétique. L'essentiel des revenus de la famille était apporté par Nina, dont le filon consistait à traduire, d'après un mot-à-mot, des kilomètres de poèmes de radieux *akyn*[1] d'Asie centrale, ces monstrueux produits du socialisme qui engendraient une nouvelle culture « nationale par la forme, socialiste par le fond ». Les Républiques payaient à la poétesse Gradova des droits assez généreux, et l'une d'elles, plutôt momoche, il est vrai, lui avait même confié le titre de représentante culturelle émérite.

Ces prétendues traductions d'une langue dont ils ne connaissaient pas un traître mot étaient la principale source de revenus des poètes. Même Akhmatova, traquée dès le temps de Jdanov, et Pasternak, complètement muet et réfugié dans les buissons de Péredelkino, s'étaient adonnés à cette occupation. Tout oublier, se disait parfois Nina, vivre comme Pasternak. Ça n'a pas l'air de l'accabler. Il écrit « pour son tiroir » ce à quoi il tient, gagne gentiment sa vie avec ses traductions, on dit même qu'à soixante ans il vient de tomber amoureux et qu'il vit sans trop remarquer ce qui se passe autour de lui : « Quel joli millénaire fait-il au-dehors ? » Pourquoi ne puis-je m'arracher à ces articles immondes qui « découvrent les parenthèses », pourquoi aller à ces réunions cauchemardesques, pourquoi me graver dans la mémoire ce que tel ou tel a dit, comme si l'on pouvait un jour demander des comptes à leurs sales gueules ?

Ils étaient à table quand elle abattit une main rageuse sur la *Pravda*, écrasa sa cigarette, éclata de rire.

— Dites donc, il y a de quoi lire là-dedans aujourd'hui, *señores y señoritas* !

Ils la regardèrent avec étonnement.

— Arrête ! lui dit doucement Sandro : il n'avait pas envie qu'elle se mette à psalmodier la langue de bois de la *Pravda* comme cela lui arrivait souvent quand elle était seule à seul avec lui. Il n'était pas du tout nécessaire de troubler ainsi le paisible dîner familial et, en outre, de contaminer la jeunesse qui y assistait par la voie de dangereux sarcasmes.

— Qu'est-ce que tu y as déniché, la tantine ? demanda Boris IV d'un air supérieur. — Lui, ce journal, il n'en parcourait que la dernière colonne où paraissait parfois une information sportive.

— Le texte de ce jour mérite toute votre attention, continuait à goguenarder Nina. Écoutez un peu ces fleurs de style qui poussent même de nos jours !

L'article s'intitulait « Un livre pervers ». L'auteur, le camarade

1. Bardes et diseurs traditionnels des steppes.

V. Pankov, racontait, avec une colère contenue et une moquerie légère, qu'un certain G. Iaffé, auteur de Vologda, avait pris la plume pour écrire un ouvrage, *La Kolkhozienne de Chléiboukhta*, dans la collection des « Novateurs de notre temps ». Il avait choisi pour héroïne la porchère Alexandra Evgrafovna Lousskova, prix Staline.

« Décrivant cette fameuse kolkhozienne, G. Iaffé dit qu'elle "parle au nom de la nature", qu'elle connaît jusqu'à la dernière toutes les propriétés des porcelets, des poules, des coquelets, qu'elle analyse tous les grognements et piaillements grâce auxquels elle peut même prédire le temps qu'il fera. C'est cette profonde connaissance de la nature qui permet à Lousskova de modifier des êtres vivants. De sorte que, selon Iaffé, la croyance en les prévisions de Coco-le-Coq entraîne de sérieuses déductions pratiques et scientifiques... L'auteur qualifie la novatrice — et son intention maligne est évidente — de "fermière", de "tutrice", de "curatrice zélée". Qu'est-ce que c'est que ces expressions ? Où les prend-il ? Il rend vulgaire le langage populaire, il emploie de prétendus dictons tels que : "Ne marchons pas à reculons."

« (...) Iaffé déforme grossièrement l'activité du député en disant que Lousskova lutte nuit et jour contre l'injustice. Il donne de la vie des campagnes soviétiques et des réalisations de leurs novateurs une image faussée (...) Il y en a, écrit-il, qui sont arrivés à des résultats absolument fantastiques ( ?). Par chance, ces réalisations s'expriment par le biais de gorets vivants et tatoués. Sinon, la relation aurait indubitablement ( ?) ressemblé à la fameuse histoire du baron de Münchhausen...

« (...) Et que direz-vous, cher lecteur, de perles telles que : "Les truies mettent fréquemment bas des êtres qui, à peine ont-ils aperçu le vaste monde, semblent conclure : Ah ! cela ne vaut pas la peine de vivre !" Voilà à quelles absurdités aboutissent ces écrivailleurs !

« N'est-il pas visible, le sourire insultant qui accompagne des phrases telles que : "Il faut mitchouriser[1] notre horticulture jusqu'à la racine" (...) On se demande pourquoi le rédacteur en chef de Vologda a lâché avec tant d'insouciance de tels brocards sur la généralisation d'une expérience due à des hommes à l'avant-garde du pays (...) Les livres qui parlent de l'avant-garde des quinquennats staliniens se doivent de chanter la tâche inspirée des édificateurs du communisme. »

Arrivée au terme de sa lecture, Nina suffoquait de rire.

— Alors, comment trouvez-vous ça ? demanda-t-elle à l'assistance. Comment trouvez-vous ce Iaffé ? N'est-ce pas un nouveau Gogol ? Comment trouvez-vous Pankine ? N'est-ce pas un second Biélinski ? Mais, camarades, ce n'est rien d'autre que la lettre de

1. Jeu de mots intraduisible entre « Mitchourine », l'agronome dont les méthodes furent si néfastes à l'agriculture soviétique, et « mitchouritsa » — faire la grimace.

Biélinski à Gogol ! Je ne crois pas me tromper : nous avons sous les yeux l'un des textes les plus importants de la culture russe !

Elle se gargarisait de sa trouvaille, la « nouvelle lettre de Biélinski à Gogol[1] », quêtait et requêtait les regards, cherchant à voir si l'on avait compris le sens de sa plaisanterie. Maman souriait avec réserve, beaucoup de réserve. Papa avait le sourire plus vif, mais branlait légèrement du chef comme de dire : « Le pire ennemi de l'homme, c'est sa langue. » Iolka pouffa : ils faisaient justement la *Lettre de B. à G.* en classe, et il n'est pas exclu qu'elle lui rappelait quelque chose qui n'avait rien à voir avec les sorties maternelles. Boris IV mâchait sa part de *koulibiak*[2] en souriant : agent secret, il avait appris à ne pas plaisanter le gouvernement, et le journal, qu'on le veuille ou non, était « l'arme la plus acérée du Parti ». La nounou hochait la tête avec un accablement inadéquat. Sandro, qui s'était d'abord illuminé en entendant la trouvaille, observait un silence prudent. Bref, « le bon peuple tenait sa langue ». Eh bien demain, je referai le même numéro à la Section des traducteurs, se dit Nina, sachant d'ailleurs qu'elle s'en garderait bien : elle n'était pas folle, quand même ! Ce fut Agacha qui rompit le silence :

— Pourquoi tu fumes tout le temps comme une cheminée ? lui demanda-t-elle d'un ton sévère en tendant la main vers sa cigarette. — Interrompant son geste, elle se tourna vers Iolka. — Et toi, qu'est-ce qui te prend d'avaler sans mâcher comme une mouette ? Regarde plutôt Babotchka comme il mâche bien, on dirait un tigre.

Alors là, tout le monde partit d'un bon rire et l'atmosphère se détendit.

— Et moi, j'ai une surprise pour vous, Vos Majestés, fit Boris à ses grand-père et grand-mère. J'espère que vous, Boris III, très auguste souverain, vous ne tomberez pas du haut de votre chaise en apprenant que votre tête légère de rejeton a fini par se résoudre à entrer à l'Institut de Médecine.

La plaisanterie de la chaise n'était pas fortuite. Cela faisait longtemps que, parvenu à l'âge de soixante-quatorze ans, le chirurgien n'avait éprouvé d'émotion aussi forte que ce bonheur. Mes oreilles ne me trahissent-elles pas ? Boris Nikitovitch tournait autour de son petit-fils, l'empoignait par ses robustes épaules, scrutait son regard d'acier. Se peut-il que celui que j'ai en face de moi soit le continuateur de la dynastie des médecins russes nommés Gradov ? Babotchka, mon petit, je suis sûr que tu seras un très bon médecin. Après tout ce que tu as traversé, tu seras un praticien et clinicien superbe. La soirée s'acheva comme dans le bon vieux temps par du Chopin. Mary Vakhtangovna improvisa sur le deuxième concerto en fa mineur, et cela tourna au fa majeur. Son

1. Voir note 1, p. 205.
2. Pâté de poisson.

fidèle chevalier qui ne l'avait jamais trompée avec aucune femme (contrairement à elle-même, la coupable, qui l'avait fait une fois durant sa brève Renaissance géorgienne) se tenait comme jadis appuyé au piano et hochait la tête avec une compréhension profonde. Il savait qu'elle ne jouait pas seulement en l'honneur de Babotchka, mais aussi en son honneur à lui, en signe de reconnaissance pour le courage dont il avait fait preuve. Car, ce matin même, il avait décliné l'offre du Bureau Politique de l'Académie d'avancer sa candidature au poste de vice-président. Il est vrai qu'il avait invoqué son âge et sa mauvaise santé, mais tout le monde avait parfaitement compris que c'était sa conscience de médecin russe qui lui interdisait de prendre la place de Lourié, l'académicien « cosmopolite et bâtard », qu'on venait de chasser.

Après le concert, Boris, qui avait décidé de passer la nuit chez ses vieux, alla accompagner jusqu'au tramway sa tante, sa cousine et « notre-ou-mari-ou-je-ne-sais-qui », Sandro Pevsner. Chemin faisant dans l'allée sombre, tous quatre n'arrêtèrent pas de fumer. Ce n'est pas un lapsus de l'auteur, cher lecteur familier des mœurs puritaines de la fin des années quarante et cinquante appliquées aux jeunes écolières : on permettait parfois à Iolka, hors la présence de grand-père, et grand-mère, cela va de soi, de tirer quelques bouffées, ce qui ne manquait pas de l'amener à un état d'exaltation douce.

— Qu'est-ce donc qui t'a fait engager dans la noble carrière ? demanda Nina.

Son neveu haussa les épaules.

— Et que faire ? Bien sûr que j'ai pensé à l'Institut des Affaires étrangères ou à celui de l'Aviation, mais les représentants du... enfin, vous me comprenez... m'ont clairement donné à entendre que je n'avais aucune chance. Que je le raconte à qui l'on voudra, personne ne me croira. Le fils d'un maréchal Deux fois Héros de l'URSS, quasi-héros lui-même... Tu sais, j'ai été proposé pour cette distinction, mais elle a été changée en ordre du Drapeau Rouge... Et les grandes écoles me sont interdites. Les faux derches ! Mon oncle fut un ennemi du peuple, voyez-vous, et le principal, c'est que ma maternelle est aux USA, épouse d'un Yankee impérialiste. C'est ça qui compte. Tiens-toi tranquille, ne fais pas de vagues. Alors, qu'est-ce que je pouvais faire ? Je voulais faire des études ? La seule solution était de me réfugier sous l'aile de grand-père. Au fait, il m'a dit qu'en qualité d'ancien combattant, on me permettrait peut-être de passer l'examen d'entrée en session spéciale. Finalement, pourquoi ne pas faire médecine ? Tout de même, c'est vrai : une dynastie, la tradition. Je participerai aux courses de moto sous les couleurs de l'Association sportive du Médecin.

Il était encore en train de parler, de hausser les épaules, de ricaner, de jeter sa cigarette, d'en allumer une autre, quand Nina lui prit fermement le bras et le regarda au fond des yeux.

— Dis-moi, Boris... elle te manque... Tu voudrais la revoir ?

Pourquoi est-ce que je fais ça ? se demanda-t-elle. La curiosité de l'écrivain à la limite de la cruauté ? Ah, là, là !...

Boris fit quelques pas bras dessus, bras dessous avec sa tante, mais elle sentit qu'il se pétrifiait, devenait hostile. Il se dégagea, partit un peu en avant, puis se retourna, le visage en feu, jeune, beau.

— Vous... vous... — Tel un homme qui se noie, il cherchait à s'accrocher à n'importe quoi. Il sembla enfin le trouver et dit avec un sourire dédaigneux : — J'espère que vous comprenez, les enfants, que si j'avais voulu la revoir, je l'aurais fait comme ça ! — Et il claqua des doigts au-dessus de son oreille droite. Drôle de geste ! songea Nina. Ah oui, la Pologne !

— Qu'est-ce que tu veux dire, Boris ? dit Iolka, horrifiée. Tu aurais passé la frontière ?

Il haussa les épaules.

— Pourquoi pas ?

La fillette éleva ses menottes blanches vers le ciel noir.

— Mais c'est impossible, Boris ! La frontière soviétique ? Qu'est-ce que tu dis ?

Tout content de voir que son éclat et son bref accès de désespoir infantile étaient comme passés inaperçus, Boris IV s'esclaffa :

— Ça n'a rien d'extraordinaire. En principe il n'y a rien de plus facile... Je vous demande pardon, Nina, Iolka, Sandro, mais on dirait que vous ne comprenez pas tout à fait qui je suis et ce que j'ai dû faire pendant la guerre, et trois ans de suite après.

Ils s'étaient arrêtés sous un réverbère et formaient un petit cercle. Boris considérait Nina avec un sourire énigmatique.

Ce cousin que j'ai ! se dit Iolka avec admiration.

Je crois que je sais ce qu'il a fait pendant la guerre et trois ans de suite après, pensait Sandro. Ces tueurs... il biffa résolument ce mot terrible pour le remplacer par celui de « massacreurs », comme s'il était moins terrible... Bref, il en avait vu de ces gars-là : ils revenaient parfois des lignes ennemies pour prendre de nouvelles instructions à l'état-major.

Et soudain, Nina comprit : mais ce n'était qu'un enfant qui avait perdu sa maman depuis longtemps, depuis une nuit de 1937 après laquelle elle ne lui était jamais revenue ; ce n'était qu'un orphelin, le Babotchka de sa grand-mère. Elle se jeta à son cou, s'y accrocha, lui murmura à l'oreille :

— Je t'en supplie, Boris, mon chéri, ne parle plus jamais de cela à personne, même pas à nous ! Tu ne comprends donc pas avec quoi tu plaisantes ? Au nom de tout ce que tu as de sacré, de tout ce qui est à nous, les Gradov, n'y pense même pas, à passer la frontière.

Il était stupéfait. Pourquoi cette ardeur, ces prières ? Alors, elle avait tout pris au sérieux, alors, sa tantine ne comprenait toujours pas les plaisanteries des hommes comme moi ?

— Du calme, du calme, ma petite tante, ma petite Nina... Qu'on se rassure, le petit a dit ça pour rire. — Il lui passa la main dans le dos et ressentit soudain quelque chose qui n'était certes pas de mise entre un neveu et une tante de quarante-deux ans. Il s'éloigna d'elle d'un coup. Maudit freudisme, pensa-t-il. Une maudite cochonnerie de saloperie de freuderie. Il alluma une cigarette salvatrice. — Je me dois d'ajouter, mes chers camarades, que je n'éprouve pas la moindre envie de revoir Madame ma Mère. Elle est bien où elle est...

Le tramway, le 18, arriva. Deux grandes boîtes de lumière électrique. Deux voyous en casquette à visière coupée en sortirent, un type de personnage fixé dès la fin des années trente sous le nom de « Capitaine Kostia ». « La-conductrice-Varia-au-petit-bonnet-bleu » tira sur sa ficelle, le timbre cliqueta. Les boîtes de lumière s'enfoncèrent dans l'obscurité, trois chères têtes dans la seconde. Paisible train-train du rond-point des tramways du Bois d'Argent.

Boris éteignit sa cigarette et en alluma aussitôt une autre. Les voyous se tenaient près du kiosque, qui était fermé, et regardaient de son côté. Ces gamins veulent peut-être me dire deux mots ? J'aimerais bien leur causer, moi aussi, à ces deux-là. Le premier, un crochet du gauche au foie, l'autre, du droit dans la mâchoire. Il irait faire un vol plané dans la barrière, là-bas. La merde, ça ne se ramasse pas ! C'était le moment où jamais de s'expliquer avec ces « Kostia ». Il s'approcha tout contre et les dévisagea attentivement. Tous deux détournèrent craintivement les yeux. L'un renâcla.

L'apprentie coiffeuse Liouda Sorokina ne passa pas moins de trois heures à attendre — mais quoi ? — dans l'hôtel particulier de la rue Katchalov. Qu'est-ce qu'une jeune fille avait à craindre, aurait-on cru, dans une ambiance si confortable, si luxueuse, aurait-on pu croire ? Un immense tapis de laine très doux recouvrait le sol du salon, oui, précisément du salon, ça ne s'appelle pas autrement, avec ses sources de lumière douce, discrète, et de plus tamisée par d'élégants abat-jour. Dans trois uniflores de cristal, il y a trois roses sublimes : rouge, rose, crème. Deux magnifiques tapisseries, pas neuves, il est vrai, qui ont nettement servi, l'une avec des Maures dans un fort, l'autre avec des monstres marins, sont accrochées au mur. À un troisième mur, c'est un rayonnage de livres reliés. Le quatrième est drapé d'un tissu de qualité supérieure, en soie avec pompons, derrière le drapé, une très haute fenêtre ; entre deux pans de soie, on aperçoit un militaire qui va et vient sous la fenêtre. Qu'est-ce que Liouda a encore remarqué, au cours de ces trois heures ? Dans un coin, une jeune fille en marbre, nue, un peu comme Liouda elle-même telle qu'on la voit dans la glace des bains Danilov quand elle passe dans la salle de rinçage. Liouda y est justement allée hier avec sa mère et une voisine et s'est livrée à une toilette intime en règle. La jeune fille de marbre recouvre son principal endroit à l'aide de ce qui lui reste de vêtements, mais le sourire qui erre sur ses lèvres est libertin. Les lèvres de Liouda, elles, tremblent : elle ignore ce qui l'attend dans ce salon, de quoi on va l'accuser. Encore une constatation bizarre. Des glaces aussi jolies qu'aux baies Danilov, c'est-à-dire dans des cadres sculptés, il y en a pas moins de trois. À gauche du divan, à droite du divan et, ça c'est assez curieux, en biais, juste au-dessus du divan. Et puis alors le divan qui ressemble à ce que le maître artisan Isaac Israïlovitch aurait appelé une œuvre d'art. D'ailleurs, on ne peut même pas appeler ça un divan, parce que sa superficie ne le cède en rien à la totalité de la pièce des Sorokine dans leur lointaine Outre-Moskova, soit neuf mètres carrés. Il possède un dosseret sculpté où, maman !, s'entrelacent deux cygnes, mais il n'y a rien au pied. Il est très bas, cinquante centimètres, impossible de se cacher dessous. En somme, bien sûr que ce n'est pas un divan, mais, comme il est dit dans *La Reine Margot* d'Alexandre Dumas : une couche. Donc, cette couche est à son tour recouverte d'un tapis avec guirlande de fleurs sur lequel, en plus, sont jetés des coussins de velours. On dirait qu'il... Liouda jette un coup d'œil derrière elle, puis le tâte : il est élastique et ferme. Qu'est-ce qu'on va me faire ? Se peut-il, comme on le dit à l'école, qu'on m'accouple avec un organe mâle ? Mais ce général qui m'a abordée, il est si beau, l'air si sérieux ! Oh ! là ! là ! Pourvu qu'on ne me fusille pas !

Il est venu une bonne femme en tablier et coiffe de dentelle. Elle m'a apporté un plateau, maman !, avec des fruits ravissants et trois coupes de chocolats, chacune avec sa pince en argent. « Chère petite dame, où est-ce que je suis ? » La bonne femme a souri, tout à fait sans cordialité. » Vous êtes l'invitée du gouvernement, jeune fille. Mangez de ces bonnes choses. »

Liouda en a mangé une bouchée. Oh, ce qu'elle est bonne ! Celle que je préfère, dont je n'ai mangé qu'une dans toute ma vie, une noix au chocolat ! Voyons, le gouvernement ne fusille pas, il ne fusille pas lui-même. Voyons, ils ne vont pas m'accoupler non plus, sûrement pas, ça ne ferait pas sérieux. Puis une musique monta et, au son de cette symphonie, Liouda frémit de la tête aux pieds et comprit qu'elle ne sortirait pas d'ici sans dommage. Enfin, au bout de trois heures, elle vit entrer un vieux en robe de chambre de théâtre à pompons, comme le rideau. Sur la tête une calotte en tapisserie, sur son nez charnu des lunettes sans monture, je crois que ça s'appelle un « pénis-nez ». Liouda se dressa tout à fait comme la jeune fille de marbre, même si elle avait tous ses vêtements.

— Bonsoir, dit poliment le vieux, un étranger, on dirait. Comment vous appelez-vous ?

— Liouda, bafouilla la jeune étudiante ès arts capillaires. Liouda Sorokina.

— Enchanté, camarade Liouda. — Il lui tendit la main. Il avait l'air de n'avoir entendu que Liouda ; Sorokina, il n'en avait rien à faire. — Moi, c'est Lavrenti Pavlovitch.

Liouda, plus morte que vive, crut entendre dans ce nom assez harmonieux un affreux Vavéri Salovitch.

— Ne craignez rien, camarade Liouda, dit Vavéri Salovitch, nous allons dîner.

Il s'assit dans un fauteuil de cuir à côté d'elle et appuya sur un bouton fixé à un guéridon qui était un chef-d'œuvre de l'art. Presque aussitôt, la femme de tout à l'heure, accompagnée d'un militaire, arriva en poussant une table roulante. Liouda ne savait même pas que ça existait. Tous les plats étaient protégés par des couvercles en argent, à l'exception d'un vase de cristal rempli de caviar en dôme. Cette denrée, Liouda la connaissait depuis une sortie scolaire au Théâtre de la Jeunesse, on leur en avait offert des tartines à l'entracte. Ce qu'elle ne connaissait pas du tout, c'était le petit seau d'où dépassait le col d'une bouteille. Deux autres bouteilles arrivèrent indépendamment, autrement dit, sans seau. Tout cela fut disposé sur le chef-d'œuvre de l'art devant Liouda et Vavéri Salovitch. Après ça, le personnel emmena son moyen de transport. Vavéri Salovitch sourit comme un bon grand-père et montra à Liouda comment il convenait de déplier sa serviette.

— Aimez-vous Beethoven ? demanda-t-il.

— Ah ! soupira-t-elle.

— Commençons par le caviar, conseilla-t-il en ajoutant d'une voix sévère : il faut en manger trois cuillerées à soupe à la fois. C'est très sain. — C'est peut-être le médecin du gouvernement, se dit Liouda. Ce serait une visite médicale ? — Comme vous mangez merveilleusement ce caviar argenté, camarade Liouda, sourit Vavéri Salovitch. Vos lèvres sont comme des cerises. Et aussi sucrées, je parie, hein ? — Il éclata d'un rire sonore qui recouvrit la musique. Non, les médecins ne rient pas comme ça. — À présent, il faut boire de ce vin de collection. — Il remplit de ses propres mains un verre de cristal de la boisson rouge foncé et transparente.

— Mais c'est que je ne bois pas, bafouilla-t-elle.

Il irradiait de bonté.

— Ça ne fait rien, ça ne fait rien, il est temps de nous mettre au bon vin. Quel âge avez-vous ? Dix-huit ans ? Ah ! Encore ces lois de la République de Russie ! Allons, cul sec ! cul sec !

Liouda avala une gorgée, puis une autre, encore une autre, impossible de s'arracher à ce vin. Elle éclata de rire — un trille de rossignol. « Vous êtes sûrement médecin, Vavéri Salovitch ? » Il m'a semblé que je me balançais sur des vagues. Toute la table se balance sur de douces vagues. D'aimables vagues balancent toute la pièce, Vavéri Salovitch a trouvé le mot juste : notre boudoir... « Notre boudoir vous plaît-il, ma petite Liouda ? » Nous nous balançons tous ensemble, et les meubles et le boudoir avec nous, c'est pour ça que les assiettes ne tombent pas. Pourquoi est-ce qu'il me serre de si près ? Si je dois passer la visite, d'accord, mais pourquoi il me tire comme ça ? On m'arrache au boudoir, on me tire je ne sais où. À l'aide, Vavéri Salovitch ! Voyons, je suis l'invitée du gouvernement ! Ne me tirez pas comme ça, Vavéri Salovitch, aidez-moi plutôt à me débarrasser de ce Vavéri Salovitch. Ouïe, c'est rigolo ! Mais arrêtez à la fin, ça fait pas sérieux, Isaac Israïlovitch !

Béria entraîna la fille amollie sur le divan et entreprit de la dévêtir. Elle balbutiait comme un bébé de ses lèvres-cerises et couinait parfois comme un porcelet. Quel linge affreux elles portent dans cette ville. Un linge pareil vous coupe toute envie de baiser, vous comprenez. Une petite combine à pois cousue à la maison, des petites culottes de finette rose, un cauchemar... Encore heureux que ces fillettes les raccourcissent, en coupent les jambes au-dessus du caoutchouc qui leur enlaidit si honteusement les cuisses. C'est scandaleux, nous ne prenons aucun soin de notre jeunesse. Il va falloir organiser de toute urgence sa fourniture en lingerie féminine. Il déploya la petite culotte, y pressa le nez. Cela sentait assez bon, une fraîcheur un peu acide, avec un léger relent de caca le long de la couture, mais dans des dessous pareils, c'est bien naturel. Une violente vague de désir monta en lui. Il fallait la déshabiller entièrement et oublier les problèmes sociaux. N'ai-je pas droit à un peu de plaisir, à la fin des fins ? Quand on pense au faix que je traîne !

Il la déshabilla entièrement, là, tout était de première qualité, il joua avec ses seins, en saisit le bout avec la bouche, lui fit lever les jambes, commença à la pénétrer, elle allait sûrement se mettre à crier, non, elle ne savait que sourire béatement en murmurant un nom juif — ils sont toujours là, ceux-là ! — non, c'est à croire qu'il n'y a pas une seule pucelle à Moscou par les temps qui courent.

Là, Béria réalisa qu'il atteignait sa meilleure forme, une bienheureuse et effrénée libido. Je vais la baiser une demi-heure de suite sans interruption. Dommage qu'elle soit quasi inconsciente, elle aurait mieux apprécié. Cette poudre de la pharmacie réservée est quand même un peu trop forte. Il quitta sa robe de chambre et aperçut dans la glace une scène merveilleusement révoltante : un dégueulasse vieillard au bide pendant et poilu y niquait une jeune bergère. Dans la glace du haut, la scène était encore plus captivante : un crâne couleur de café, les plis du cou, un dos charnu le long duquel, de la taille aux omoplates, bien mieux que par vos cyprès, rampe un atavisme velu, on voit aussi le rôti de porc rose et spongieux d'une paire de fesses qui se trémoussent en mesure. Et sous tous ces articles de ménage, s'étalent, épars, des bras et jambes juvéniles, s'aperçoivent au-delà de ses épaules des mirettes voilées et une bouche gémissante. Dommage seulement que l'on ne puisse en même temps éclairer et observer le principal secteur des opérations. Nous n'avons pas encore mis cette technique au point.

Béria traîna Liouda Sorokina en long et en large de l'immense divan. Parfois, pour changer, il la retournait sur le ventre, lui glissait un coussin sous le pubis, lui pliait les jambes dans la posture voulue : une partenaire idéale, une poupée ardente !

Un peu de sang lui suintait du sexe. Il n'était pas assez rodé. Cet Isaac Israïlovitch n'avait pas suffisamment rodé la jeune personne. Aucune importance, dans un très proche avenir, nous disposerons d'un sexe idéal. Histoire de mettre plus de cœur à l'ouvrage, Béria se mit à pincer le ventre de Liouda, il voulait lui faire mal, la voir pleurer. Cela ne se fit pas attendre, elle éclata en sanglots nonobstant la pharmacologie du KGB. Si ce n'est pas superbe, *chéni dédé tovtkhan*[1], un salopard de Caucasien, tu te rends compte, baise une enfant de Russie en larmes !

Et enfin arriva ce dont Béria, Lavrenti Pavlovitch, que quatre ans plus tard, au plénum du CC de juillet, N.S. Khrouchtchev nommerait « un ennemi impudent, éhonté, de l'URSS », avait toujours rêvé au fond des recoins et des casemates de son âme opaque. Tous les à-côtés périssables de son insatiable concupiscence. Oubliant sa criminelle toute-puissance et la mythologie qui l'excitait toujours de si méchante façon — moi, le Mingrélien, je peux baiser toutes les femelles russes qu'il me plaira, je peux faire de chacune d'elles une pute, une esclave, une dépouille, la faire fusiller, la gracier, la torturer, lui donner un bel appartement, du linge de France, sortir les siens de sous les verrous ou au contraire, les enfoncer dans la glaciation éternelle — oubliant tout cela, donc, il se sentit soudain tout simplement un homme ardent et passionné, amoureux de la Création qui s'ouvrait à lui de tout son entrejambe, entendez de la Femme, camarades, avec un F majuscule.

Si quelqu'un comprend parfaitement cela, c'est Piotr Charïa, se disait Béria, tout en reprenant ses esprits et en essuyant son membre encore chaud avec la chemisette à pois de la fillette inconsciente qui marmonnait des propos sans suite. Une bonne chose que je l'aie tiré des griffes de ces moujik bolchevik. Un beau chef de trahison qu'ils avaient trouvé là : des vers pessimistes à la mémoire de son fils mort de tuberculose. Au fond de la maison, il

1. Géorgien : sale con merdeux.

lui sembla entendre glapir son épouse légitime. Elle s'offrait une crise de nerfs. Elle exigeait qu'on la laissât entrer au boudoir. Mais si je dis qu'on la laisse passer, elle prendra peur et ira se terrer au premier étage. Elle finira bien par y arriver : un jour, je l'attacherai à un bouleau du jardin et je la fouetterai. La fière princesse Ghighetchkori, *tchoukhtchiani tchatlakhi*[1]. Qui vous a dit que la femme du deuxième personnage de l'État, une garce frigide, devait porter la culotte ?

Charïa le comprend. Avec lui, je peux être franc. C'est un poète, un pessimiste, une putain comme moi, il ne me craint pas. Tandis que Zourab n'est pas un ami : lui, il me craint. Il n'y a plus trace de vie en lui, seulement la peur de Béria, rien d'autre. Avec lui, je ne peux pas être franc, tandis que Charïa, je peux tout lui raconter de mes parties de jambes en l'air, de ma femme, oublier la politique. Si je les invitais tous les deux, là, en pleine nuit, à venir vider un verre et se farcir cette colombe, Zourab ne voudrait pas. Bien sûr, *khlê*[2], il se pointera, mais uniquement poussé par la peur. Tandis que Charïa, s'il vient, c'est qu'il en a envie. S'il n'en a pas envie, il ne viendra pas. C'est un poète, un aventurier politique, il ne me craint pas du tout.

Je suis entouré de merde. Et toute cette merde, le moment venu, je la nettoierai. Le moment venu, il faudra m'entourer de vrais camarades. Des hommes, des poètes, pas des bolchevik, mais des aventuriers politiques. Les moujik, je les chasserai du Bureau Politique. Ils se sont assez moqués du peuple, ça suffit comme ça. Ce con de Molotov, ce crétin de Vorochilov, ce canasson de Kaganovitch, ce cochon de Nikita Khrouchtchev, tous au dépotoir, il est temps ! Le Jora Malenkov, le Jora Malenkov... le Jora, je le nettoierai aussi ; il ne ferait pas le poids dans la nouvelle société, la société à la Béria. Le moment venu, nous opérerons la *pérestroïka* de toute la société. Le communisme attendra. Nous dissoudrons les kolkhozes. Nous réduirons les camps par les voies radicales. Il ne peut pas y avoir une telle proportion d'ennemis du peuple, cela risquerait de retentir de façon fâcheuse sur l'avenir. L'essentiel à faire ? Transposer le pouvoir de la moujikerie bolchevik à des tchékistes durs comme l'acier, des gars à moi. Nous extirperons peu à peu tous les espions du CC de l'appareil, ce seront les frères Koboulov qui s'en occuperont. D'un coup, ce n'est pas possible, on hurlerait à la déchéance bourgeoise. D'abord, nous renverrons le Parti à son potager, qu'il s'occupe de ses troupes et de la propagande et ne vienne plus fourrer le nez dans les affaires de l'État. S'ils regimbent, nous organiserons un procès des salauds à leur tête, nous les accuserons... eh bien, d'espionnage en faveur de la Couronne anglaise. Ils avoueront, n'en doutez pas. Avec Abakou-

1. Géorgien : saleté de merde.
2. Mon zob.

mov, même un âne avouerait qu'il est une vache. Je les imagine, les aveux de Nikita ! Ça sera un spectacle curieux, un plaisir dont je ne me priverais pour rien au monde. Ces cons-là ne valent pas tripette, nous en ferons de la poussière des camps.

Réfléchissons. Béria couvrit de sa robe de chambre la jeune fille qui ronflait au sein d'un profond oubli, roula jusqu'au bord du divan, se dressa sur ses jambes fluettes. Il faut que je maigrisse, réfléchissons à ce que c'est que le communisme. Un jour où on vidait un pot chez Mikoïan (cet Arménien-là, on ne le débarrassera pas, il est capable, dépravé, il y a longtemps qu'il a compris), ce jour-là, j'ai demandé au Nikita : Comment vois-tu le communisme, Nikita Serguéievitch ? Que peut répondre un moujik de Koursk ? Il y aura beaucoup de lard, de viande. Or, en URSS, a-t-il dit, de nombreuses branches de l'agriculture sont à l'abandon. Qui parlerait de communisme quand il n'y a ni galettes ni beurre ? Et ce serait ça, l'avenir d'un grand pays ? L'URSS doit être riche, luxueuse, et si ce n'est pas ça, le communisme, qu'il aille se faire bouffer par les chiens.

Les trois lampes du boudoir répandaient toujours leur lueur crème sur les tapis. La demoiselle violée frissonnait sous la robe de chambre. Une masse de cheveux couleur de paille. Béria se versa un verre de vin d'une *autre* bouteille. Quand il l'eut vidé, il alluma un gros havane. C'est ça, le kief, la satisfaction de besoins érotiques et esthétiques, le déroulement de conceptions secrètes et chères. On ne pourra pas se passer de l'Occident, c'est certain. Il faudra lui montrer sans coup férir que nous sommes des interlocuteurs valables. Nous lui ferons des concessions décisives. On leur abandonnera cette RDA de merde, fallait-il être cons pour créer ce monstre ! Ulbricht et toute sa clique à la Kolyma ! L'Allemagne unie devra être un pays pacifique et neutre. Objectif suivant : opposer l'Europe à l'Amérique. Rien que pour le bon équilibre. L'Amérique ? Commercer, commercer, commercer avec elle ! Nous ouvrirons nos portes aux grandes marques. Et voilà pour votre guerre froide, monsieur Winston Churchill ! Qu'est-ce que c'est que cette idiotie, *batono* ? Si guerre il y a, elle doit être aussi chaude que la baise. La guerre froide, c'est de la masturbation.

Naturellement, je ferai ma paix avec Tito, j'irai le voir à Brionie, voir comment il est installé. Les chefs méditerranéens se doivent une estime mutuelle.

Le moment venu, il faudra aussi s'y retrouver dans la politique des nationalités. La moujikerie y a cassé pas mal de bois. La charpente dynamique de nombre d'elles a été éliminée : en Ukraine occidentale, en Lituanie, dans ma chère Mingrélie... C'est parmi ces gens, ceux qui ont réchappé, qu'il faudra attentivement sélectionner ceux qui pourront nous assister dans notre *pérestroïka* grandiose. Il faut que les gens me comprennent à demi-mot, mieux encore : sur un simple coup d'œil. Le moment venu, nous aurons souvent lieu de dire une chose et d'en faire une autre.

Alors, dans un coin du boudoir, le timbre sourd du téléphone principal du pays sonna deux fois, comme pour avertir le maréchal de rengainer ses chimères, que le moment n'était pas encore venu. Cette double sourde sonnerie réveillait Béria même du sommeil le plus profond. Le Maître ! Cette habitude qu'il avait prise de passer les nuits à son bureau... Assurément son hibou qui recommençait à lui donner la chasse à travers le Kremlin. Oui, le moment n'était pas encore venu. « À vos ordres, camarade Staline. »

Tel un poisson blanc, Liouda Sorokina carpillonna sur le divan et bredouilla : « Isaac Israïlovitch, Vavéri Salovitch... » Béria bondit et bâillonna ses lèvres-cerises de la main.

— Tu as quelqu'un, Lavrenti ? demanda Staline.

— Le personnel, camarade Staline, proféra l'autre.

Staline toussota :

— Si tu ne dors pas, arrive. J'ai eu des idées.

*Premier entracte*

## LES JOURNAUX

Zeri i Populit. *Enver Hodja :*

*... Tito n'est que le perroquet déplumé de l'impérialisme américain.*

*La* Pravda. *Ilya Ehrenbourg :*

*... Une étudiante de Penza se penche sur un petit volume. Ses nobles paroles lui font battre le cœur. Que lui importe la Standard Oil, que lui importent les discours de Foster Dulles et de Churchill ? (...) Voilà que les profiteurs de guerre américains veulent piétiner les jardins de Normandie (...) Ils ont peur des Russes parce que les Russes veulent la paix.*

*Le* Time *:*

*... Anna-Luisa Strong au sujet des kolkhoziens soviétiques : Cent millions de paysans les plus arriérés du monde sont passés quasiment en une heure à une agriculture ultra-moderne (...) L'augmentation de leurs revenus s'est traduite en robes de soie, parfums, instruments de musique.*

*Le Kremlin au sujet d'Anna-Luisa Strong : Cette fameuse journaliste à scandale a été arrêtée par les organes de la Sécurité le 14 février 1949. Elle est accusée d'espionnage et d'activités subversives à l'encontre de l'URSS.*

*Cette semaine, Moscou a expulsé A.-L. Strong de Russie. L'apôtre Strong a perdu le dieu communiste qu'elle a si bien servi.*

*La* Pravda. *Nicolaï Gribatchov :*

Ils mentent de nouveau
au Congrès, au Sénat,

Dans leurs livres, journaux
leur radio-charabia.
Mais le temps court toujours,
progresse sans retour
Notre siècle a changé
notre monde a changé,
Nous découvrons leur jeu...

*Aimé Césaire, poète. Île de la Martinique :*

*... Au nom de Staline, les travailleurs du monde entier gagneront le combat de la paix.*

*J. Staline :*

*... L'émulation est la méthode communiste d'édification du socialisme.*

*La* Pravda *:*

*... La bride haute aux fauteurs de guerre ! Au-dessus de la place de Varsovie a retenti sans fin un : « Staline ! Staline ! Staline ! »*

*Le* Time *:*

*... Le plus tragique visiteur de New York, la semaine dernière, a été le célèbre compositeur russe Dimitri Chostakovitch. Il est venu participer au Congrès mondial des personnalités culturelles et scientifiques pour la paix. Symbole de la cruauté d'un État policier, il a parlé en politicien communiste et agi comme sous l'impulsion d'un mécanisme d'horlogerie et non de cette conscience qui a donné naissance à sa si étonnante musique.*

*Le* Time *:*

*... Parmi les sponsors du Congrès de la Paix à New York, on trouve les noms d'hommes de gauche célèbres tels que l'auteur dramatique Arthur Miller, le romancier Norman Mailer, le compositeur Aaron Copland.*

*Le boss et directeur de la délégation russe est Alexandre Fadéiev*[1]*, avec ses joues vermeilles et ses petits yeux, chef politique des écrivains soviétiques, et fonctionnaire du MVD.*

1. Alexandre Fadéiev (1901-1956), romancier, membre du Comité Central et président de l'Union des Écrivains.

*Le* Chicago Tribune *:*

*... Deux aviateurs soviétiques, le blond Anatoli Barsov, âgé de vingt-neuf ans, et le brun Piotr Pirogov, âgé de trente-deux ans, ont détourné leur appareil sur Linz (Autriche) et demandé l'asile politique aux autorités américaines.*

Culture et Vie :

*... À propos d'un théâtre de province :*

*Nos théâtres se doivent d'implanter partout des pièces à la pointe du progrès... Pourtant, l'un des plus anciens, le Volkov de Iaroslavl, ne respecte pas toujours les directives du CC du PC (b) « Du répertoire des théâtres et des mesures à prendre pour son amélioration » (...) On y monte des pièces tarées, sans contenu idéologique, et parmi elles, même* Le Portefeuille de toile forte *de Zochtchenko. Une pièce comme* On vous appelle de Taïmir *de Galitch (Guinzbourg) n'a pas du tout sa place sur la scène du Volkov.*

*Le directeur artistique, Stépanov-Kolossov, et le directeur administratif, Toptyguine, sont tombés sous l'influence des sous-fifres du cosmopolitisme bourgeois démasqués par la directive du CC « Du groupe antipatriotique des critiques de théâtre ».*

La Gazette littéraire *:*

*... Les travailleurs d'Union Soviétique exigent la mise à l'index définitive des critiques cosmopolites Iouzovski, Gourévitch, Altman, Varchavski, Kholodov, Boïadjïev et consorts...*

*Le* Time *:*

*... Le colonel V. Kotko dénonce dans* Moscou-Soir *la conception non marxiste du pourboire. Vous êtes chez le coiffeur, écrit-il, et un homme armé d'une petite brosse vient chasser de votre nuque des cheveux inexistants, puis vous adresse un regard quémandeur. Vous êtes au théâtre, on vous offre des jumelles et quand vous demandez le prix, on vous répond : « ce que vous voudrez » (...) Les nouveaux rapports sociaux rendent odieuses ces habitudes désuètes et humiliantes.*

*Le* New York Times *:*

*... Le tribunal de Varsovie a condamné à mort un ferrailleur accusé d'avoir volé du fil de cuivre.*

*Le* Time *:*

*... Les Services de Reconnaissance des USA nous informent que le cardinal Mindzenti, primat de Hongrie, après son arrestation et l'enquête qui a suivi, est tombé dans le délire et se trouve sous la surveillance des psychiatres de la prison.*

*Le* Time *:*

*... Les journaux soviétiques accusent les autorités yougoslaves de cruauté et, en particulier, en rendent personnellement responsable le ministre de l'Intérieur Alexandre Rancovic, qui, en 1946, a passé un long moment en stage à Moscou, chez le boss de la police secrète soviétique, Lavrenti Béria.*

*La* Pravda. *Boris Polévoï*[1] *:*

Les Yankees à Rome :
*... On voit dans la rue de gras butors d'outre-Atlantique chaussés d'énormes godillots. Ils mâchent du chewing-gum et traînent par le bras des demoiselles du cru (...) Le léonin plan Marshall offre aux Italiens l'obsédante publicité de marques américaines (...) Ici et là, on aperçoit l'image d'une fille nue tenant du Coca-Cola. Et cela, au pays des orangeades fraîches et des citrons pressés !*

La Gazette littéraire. *I. Anissimov*[2] *:*

*Pour le deux centième anniversaire de la naissance de Goethe*
*... La pensée bourgeoise s'est révélée incapable de comprendre une chose aussi complexe, diverse, contradictoire que la vie et l'œuvre de Goethe. Seule la pensée communiste a pu l'exposer dans toute son étendue.*

1. Boris Polévoï (1908-1981), romancier, auteur de carnets de voyage. Tout à fait officiel.
2. I. Anissimov (1899- ?), historien de la littérature étrangère.

*La* Pravda *:*

*Pour une revue de philosophie de combat :*
*Dans un article intitulé : « Le cosmopolitisme, idéologie de la bourgeoisie impérialiste », on accorde une place excessive à toutes sortes de saletés telles que les écrits mort-nés des professeurs réactionnaires bourgeois Milioukov, Iachtchenko, Herschensohn, des écrits qui puent le cadavre à une lieue.*

*La* Pravda. *V. Ozerov*[1] *:*

*Relever le niveau idéologique et artistique de la revue* Zvezda *:*
*... Le roman de Iouri Herman,* Un colonel des Services de Santé, *est foncièrement désastreux. Des hommes soviétiques de progrès y sont représentés comme des pleurnichards sans volonté plongés dans un assommant auto-farfouillage psychologique. Le personnage central, le docteur Lévine, est un vieillard stupide et chicanier que l'auteur fait mensongèrement passer pour un expérimentateur hardi.*

La Gazette littéraire *:*

*.. Le journal* Le Monde *publie l'article d'un certain André Pierre qui soutient que les œuvres de Pouchkine s'appauvrissent lorsqu'on les traduit dans la langue fruste des Bouriates, des Komi, des Yakoutes et des Tchouvaches. Un groupe d'écrivains yakoutes dénonce ce folliculaire fasciste et ses patrons. Cet obscurantiste esthétisant n'a sans doute jamais entendu parler du dictionnaire yakoute en treize volumes de l'académicien Pékarsko, célèbre dans le monde entier. Nous répondons par un profond mépris à la sortie d'André Pierre et saluons chaleureusement le peuple travailleur de France.*

*Le* Time *:*

*.. Six mois ont passé depuis que Viatcheslav Molotov a été démis du poste de ministre des Affaires étrangères et, bien qu'il porte toujours le titre de vice-Premier ministre, son crâne en ogive ne s'est pas montré une seule fois sur les photos officielles.*

1. V. Ozerov (1917- ?), critique et directeur de revues, notamment de *La Gazette littéraire*.

*Le* Washington Post *:*

*Au procès d'un traître hongrois (de la salle du tribunal) :*
*... Le deuxième personnage de la hiérarchie du Parti Communiste hongrois, Lazlo Rajk, a avoué devant le tribunal populaire de Budapest qu'il avait été durant dix-huit ans l'espion, successivement du dictateur Horty, de la Gestapo et des Services américains.*

*La* Pravda. *Boris Polévoï :*

*... Messieurs les plumitifs de Belgrade s'échinent en vain : les leviers secrets du complot étaient entre les mains d'Allan Dulles et d'Alexandre Rancovic (...) Radio-Belgrade continue à corner ses propos confus sur les machinations du Kominform. L'homme qui se tient devant le tribunal débite d'une voix monocorde, indifférente, l'histoire des meurtres monstrueux qui furent perpétrés et dissimulés.*

*La* Pravda *:*

*... Le peuple moldave au grand guide et maître Joseph Vissarionovitch Staline : Père bien-aimé, maître et guide !*

L'Humanité. *Maurice Thorez :*

*... Par leur campagne de calomnie de l'Union Soviétique, les réactionnaires ont cherché à faire oublier aux peuples ce simple fait que le socialisme, c'est la paix, et le capitalisme, la guerre.*

*Népszabadsag. UPI :*

*... L'avocat du général György Palfi a déclaré lors du procès de Budapest : « Mon devoir est de défendre cet homme bien qu'il ne m'inspire que du dégoût »*

*Le* Time *:*

*... C'est à une jolie Noire, Mrs. Thelma Dyel, ménagère et épouse d'un musicien, qu'est échue la tâche de prononcer le verdict des douze jurés (quatre hommes et huit femmes) à l'encontre des chefs du Parti Communiste américain mis en accusation : tous ont été*

*reconnus coupables de complot visant à l'incitation au renversement du gouvernement des États-Unis par la force.*

*Ainsi s'est achevé le plus long procès de l'histoire du pays, conduit par le juge Harold Medina, un homme massif à la moustache élégante et aux gros sourcils mélancoliques. Le procès aura duré neuf mois. La défense a interrogé trente-cinq témoins, le gouvernement quinze témoins. Les dépositions totalisent cinq millions de mots. Le procès a coûté deux cent cinquante mille dollars à la défense et un million de dollars au gouvernement. Il a été établi que les prévenus entendaient, au moment opportun et par voie de grèves et de sabotage, paralyser notre économie, renverser le gouvernement par la force et instaurer la dictature du prolétariat. Les ordres de mise en œuvre leur parvenaient directement de Moscou*

*La* Pravda *:*

*... Le simulacre de procès a duré neuf mois. Les jurés ont été soigneusement passés au crible par le FBI. Dans la liste des témoins figurent treize espions, provocateurs, renégats, vendus, tous des hommes. Le juge Medina est devenu le symbole de la traque sauvage des communistes et de toutes les forces progressistes d'Amérique.*

*La* Pravda. *Les Koukrynix :*

*Le juge Medina*
*Trique des USA.*

*La* Pravda *:*

*... Les méthodes d'agriculture capitalistes conduisent inévitablement à l'appauvrissement du sol. Des millions d'hectares ont été menés à un épuisement extrême.*

*Mettant en application les plans staliniens, les paysans kolkhoziens ont complètement maîtrisé les forces de la nature dans l'intérêt de pourvoir à l'abondance des biens d'alimentation, dans l'intérêt de l'édification du communisme.*

*La* Pravda *:*

*... Les impressions d'un marin soviétique, Zadorojny, électromécanicien, sur la ville de New-York (...) pas d'acheteurs dans les magasins (...) des gens bien habillés vous demandent un cent pour*

*manger (...) Trois solides gaillards en train de battre un nègre (...) Notre bateau a été partout accueilli aux cris de « Vive Staline ! »*

La Gazette littéraire. *Valentin Kataïev*[1] *:*

... Soleil des steppes, *le roman de Pavlenko, est le récit ardent, impétueux, optimiste, des grands exploits de simples hommes soviétiques.*

*Le* Time *:*

... *Les écrans de Moscou présentent cinq films dits « étrangers » sans indication de provenance, parmi lesquels* Le Dernier Round *et* L'École de la haine, *sur la rébellion irlandaise contre l'Angleterre. Ces films sont en réalité des produits des services de propagande de Goebbels destinés à soulever des sentiments antibritanniques et anti-américains.*

Life *:*

... *De nombreux bruits courent à Moscou sur le compte du général Vassili Staline, fils du dictateur soviétique. Selon l'un d'eux, V. Staline aurait piloté un avion à bord duquel ne se seraient trouvés qu'une femme et son enfant. Arrivé au-dessus des champs de Biélorussie, V. Staline aurait sauté en parachute...*

*Le* New York Times *:*

... *Trois cent soixante-douze réfugiés d'URSS ont atteint la Suède à bord d'un bateau dont la charge maximale est de cinquante passagers. Parmi eux, des Polonais, des Estoniens, des Biélorusses et des Lettons.*

*Le* New York Times *:*

... *Onze chefs du Parti Communiste américain reconnus coupables se sont présentés devant le tribunal afin de se voir signifier leur condamnation. Dix d'entre eux ont été condamnés à cinq ans de prison et dix mille dollars d'amende pour complot visant à l'incita-*

1. Valentin Kataïev (1897-1986), romancier et dramaturge célèbre (*La Quadrature du cercle*).

*tion au renversement du gouvernement des USA par la force. Le onzième, chevalier de la Distinguished Service Cross, a été condamné à trois ans.*

*Le* Time *:*

*... La réunion du Kominform a établi que le chef de la Yougoslavie, le maréchal Tito, était titiste.*

Life *:*

*... Les Moscovites ont levé vers le ciel des regards admiratifs lorsqu'un énorme bombardier quadrimoteur accompagné de chasseurs a survolé la place Rouge. Le lendemain, apprenant par la radio et les journaux qu'il était piloté par le commandant de la parade aérienne, Vassili Iossifovitch Staline, ils sont restés bouche bée. La majorité des citoyens ignorait que le Père des peuples avait un fils.*

*... Vassili, à son tour, a deux enfants de sa seconde femme, fille du maréchal Timochenko (...) Il se fait remarquer par son caractère emporté, son ivrognerie, et sa propension à régler les discussions à coups de poing.*

*La* Pravda. *Ekatérina Chévéliova :*

La fille de la Patrie :

... Je suis femme soviétique
C'est là ma fierté sans réplique.

*La* Pravda. *Iouri Joukov (de Paris) :*

Les marchands de poison :
*... Le gouvernement Truman veut implanter les mœurs américaines dans toute l'Europe marshallisée. Paris est inondé de superproductions américaines (...) Courant le gros cachet en dollars, Marlène Dietrich a tourné une déblatération antisoviétique,* Le Rideau de fer, *qui a connu un échec retentissant dans les salles parisiennes (...)* La Scandaleuse de Berlin *offre une satire bien fondée des mœurs américaines, mais en même temps, ce film constitue une calomnie éhontée, cynique, de l'armée soviétique.*

Rude Pravo. *Jan Drda :*

*... J'aime l'Union Soviétique ! J'ai vu de mes yeux Pablo Neruda, Amy Siao, de nombreuses jeunes femmes embrasser sa terre. Nous vivons à l'époque du cam. Staline.*

*La* Pravda *:*

*... La canaille se dérobe. Le procès de Trajco Kostov s'est ouvert à Sofia.*

*La* Pravda. *Alexéi Sourkov :*

Staline a porté dans notre maison
Un rêve aussi frais qu'une jeune chanson.

*La* Pravda. *Léonid Léonov :*

*Depuis que Staline est avec nous, on voit se réaliser tous les désirs secrets du peuple soviétique.*

*La* Pravda. *Djamboul :*

*... Si Staline est avec nous, la vérité l'est aussi.*

*La* Pravda *:*

*Cholokhov : « Le Père des travailleurs du monde »*
*F. Gladkov : « L'inspirateur de l'édification »*
*A. Perventsev : « Notre Staline »*
*M. Issakovski : « L'espoir, la lumière et la conscience de toute la terre ».*

*Deuxième entracte*

## EN AVANT, NULLEFROUSSE !

Le chat du professeur Gordiner aimait à se tenir sur une seule patte. En fait, ce n'est pas qu'il s'y tenait simplement comme ça en oubliant ses trois autres membres, ou disons qu'il pirouettait sur celui-ci comme Lépéchinska, la ballerine, mais il aimait à poser ses deux pattes de devant sur le rebord de la fenêtre et à contempler ce qui se passait à l'autre bout de la rue, au coin de la ruelle, sur les toits des maisons basses et les corniches des maisons hautes, et alors, il se serrait contre le ventre tantôt la patte gauche, tantôt la patte droite, égalant ainsi les rares humains qui éprouvent parfois le désir de se tenir sur une seule jambe.

Ce n'est tout de même pas pour rien que je l'ai appelé Vélimir[1], se disait le professeur Gordiner. Installé, en attendant qu'on vienne l'arrêter, dans un fauteuil profond près du calorifère, emmitouflé dans un gros plaid en poil de chameau, il contemplait son chat qui contemplait le monde objectif. Il pensait à celui en l'honneur de qui il avait, il y a sept ans, baptisé le gros et intrépide chaton dont lui avait fait cadeau Oxana, sa maîtresse. C'est drôle, mais il avait cru entendre dans les miaulements de la petite bête quelque chose du joyeux transmental de Khlebnikov. C'est là qu'était né le nom du chaton. Le vrai Vélimir ne s'en serait pas formalisé bien sûr, au contraire, il eût été flatté, d'autant plus qu'avec l'âge, le chat avait contracté l'habitude khlebnikovienne de se tenir sur une jambe. Pardon, je veux dire : sur une patte.

Bronislav Gordiner avait autrefois appartenu au groupe futuriste de la *Centrifugeuse*[2] et, sur ce terrain, il avait plus d'une fois rencontré Khlebnikov. Celui-ci était de quelques années son aîné ; personnalité mythique du poète vagabond, créateur de mots, calculateur de l'histoire. Le jeune critique Bronislav était tout vénération, encore que son appartenance au groupe exigeât non qu'il vénérât, mais qu'il cherchât noise au fondateur du groupe « Hylée[3] », l'un des principaux cubo-futuristes qui s'était effrontément arrogé les droits de tout le mouvement.

1. Prénom du poète Khlebnikov, souvent évoqué dans cet ouvrage.
2. Apparu en 1913, très actif jusqu'en 1922, ce groupe a réuni de nombreux poètes, dont Pasternak et Asséiev sont les plus célèbres.
3. Groupe qui fut à l'origine du futurisme.

Il faut dire que Khlebnikov s'occupait peu de politique de groupe, aussi peu que des jeunes critiques qui le vénéraient. Au plus fort d'une discussion orageuse, au sein de n'importe où, à une soirée des sœurs Siniakov ou dans la foule près de la tour Soukharevskaïa, il pouvait se figer, enrouler sa jambe disponible autour de l'autre, la fonctionnelle, marmonner on ne sait quoi avec une expression absolument idiote sur ses lèvres dodues dominées par un nez toujours en mouvement. À ces moments-là, l'atmosphère autour de lui ne manquait pas de se raréfier : il crée, ne le troublez pas !

Ah, que la vie, alors, était belle ! Que de vernissages demi faméliques ! Le sentiment vertigineux d'appartenir à un siècle nouveau, de compter parmi les créateurs d'une nouvelle culture ! Ce n'était plus qu'un lointain passé. D'abord, on avait cessé de rire, puis de sourire, puis de se réunir, on s'était retiré des groupes, ou plutôt, on les avait réduits à zéro par voie d'abandon général, après, ah ! après, des temps étaient survenus où l'on s'était efforcé de les oublier et où l'on n'avait plus guère affiché les amitiés des coupables jours d'autrefois, et s'il arrivait qu'en quelque lieu pas très adéquat surgisse un nom jadis glorieux, l'ancien « groupé » se contentait de marmonner : « Ah, oui, celui-là... » et de changer d'aiguillage en direction de la voie principale. Épuisé par le typhus récurrent, la sous-alimentation, et principalement par l'*anacha* de Perse[1], Khlebnikov était mort dès 1922. *La Centrifugeuse* de la poésie à laquelle, selon les intentions de ses théoriciens, Serguéi Bobrov et Ivan Axionov, il appartenait de faire émerger la crème de l'art verbal, était allée cul par-dessus tête, avait chaviré au fond d'une lie affreuse. Les plus heureux étaient ceux qui étaient partis à temps comme Ivan : qu'aurait-il fait, aujourd'hui, avec ses *Elizabéthains*, avec son *Picasso* ? Pauvres de nous qui sommes restés : Serguéi, Nicolaï, moi, et même Boris... Passer ainsi décennie après décennie en proie à des sueurs froides à attendre d'être arrêté, ne plus montrer le nez, Vélimir, se tasser en petites pelotes, que tes souris, à côté, ce n'est rien, bâcler des critiques bien propres, bien intentionnées, rimer des kilomètres de traductions... Nous sommes déplorables, Vélimir. Je sais ce que tu vas dire...

— Temps-souris, gris-souris ! Dieufeu, Dieufeu ! répondit le chat.

— C'est ça, c'est ça, c'est ça, dit Gordiner. Non, ce n'est pas pour rien que je t'ai nommé Vélimir.

Le chat bondit à bas de la fenêtre, il sembla même à Gordiner qu'avant de lui sauter sur les genoux il effectua une pirouette monopatte. Le chat tourna en rond, cherchant sa place sur les genoux de son cher Bronislav, pétrit son plaid et son pantalon de

1. Hachich.

velours de ses griffes acérées, lui envoya dans le bas-ventre des coups de sa tête ronde en ronronnant : « Ping, ping, ping, vacarme le zanziver. Ô cygnevigne ! Éclaire-moi ! »

On dit que les chats s'attachent non aux gens, mais aux lieux, songeait le critique cosmopolite récemment démasqué. Il se peut, il se peut, mais moi, Vélimir m'aime plus que notre chambre, cela saute aux yeux. Je veux dire que dans cette chambre c'est moi qu'il aime le plus. Il me préfère même au divan. Il me suit sans fin, me lèche les pieds quand je m'accouple avec Oxana. Il est tout à fait possible qu'il voie en moi non un homme, mais une place, une place ambulante... Sa place préférée qui couine, bredouille des jurons, fumaille, pétouille, pissotte dans un petit seau quand elle a la flemme d'aller jusqu'aux vécés communautaires, grinçouille de la plume, trifouille dans les livres. Mon seul rival, celui qui fait obstacle à sa fidélité, est l'attrait qu'exerce sur lui l'espace d'outre-fenêtre, la cosmique poésie des chats...

— Alors ? Quelle auguste vision fut la tienne aujourd'hui dans ton espace d'outre-fenêtre, Vélimir ?

Le chat le regarda de bas en haut en bon conspirateur, puis, convaincu qu'il n'y avait pas de traquenard à redouter, chanta sur le mode inspiré : « Brillante lilerté des cils désirés et tendre quanquité des dextres caressées. Prunelles azurées, sfilosofies fantasques. Ô fichtre ! Ma souveraine au bord du lac azuré ton fouverain. En avant, Nullefrousse ! Ou pleure ton zouverain... »

— Ben, dis donc ! grommela Gordiner. Nous ne faisons que nous tromper nous-mêmes, ami Vélimir. La beauté n'existe pas dans le monde objectif, il n'y a que le rythme. Notre monde, notre triste complot culturel...

Il se rappela ce qu'ils s'étaient dit, Ivan Axionov et lui, dans cette même pièce, sur ces mêmes sujets en 1934, sauf que, naturellement, celui-ci n'était pas assis sur ses genoux, mais sur la peau d'ours, là-bas, qui n'était pas encore usée jusqu'au cuir. Il faudrait quand même changer les papiers peints pour la première fois depuis lors, chasser au moins un jour l'odeur de misanthropique célibat de la pièce.

L'attente coutumière de l'arrestation, morne, ancrée depuis des années en tout Soviétique, venait, pour le professeur Gordiner, de faire place à une autre attente, plus nette, atteignant à certains spasmes intestinaux. Après que son patronyme eut été rappelé à plusieurs reprises sur des listes de personnes au nom peu mélodieux pour une oreille russe, tous ses articles en revue avaient été sucrés et lui-même mis au rancart du corps enseignant du GITIS[1] où il faisait un cours sur Shakespeare. Bien qu'aucun de ces misérables invétérés de cosmopolites n'ait encore été mis à

1. Très célèbre institution parallèle au Conservatoire.

l'ombre, la presse faisait de plus en plus souvent place aux exigences des travailleurs qui voulaient qu'ils fussent mis à l'index *jusqu'au bout*, ce qui signifiait que le commun dénominateur se rapprochait.

Tout cela se teintait d'une prodigieuse ironie. Dans le contexte des incessantes revendications de la « découverte des parenthèses », s'incarnait un paradoxal caprice de la littérature et du sort. Car, ce qu'il y a, c'est que sa parenthèse à lui, Gordiner, abritait justement une mélodie onomastique tout ce qu'il y a de magnifiquement non juive, biélorussienne, à savoir : Poupko[1]. Aux temps lointains du futurisme, le jeune critique Bronislav Poupko avait décidé qu'avec un nom pareil il ne se pousserait jamais à l'avant-garde, alors il s'était choisi un pseudonyme dans lequel il lui semblait que vibrait une flèche slave franchissant la citadelle allemande. On s'était rapidement habitué à ce nom, dans les milieux littéraires, et lui-même s'y était habitué à tel point qu'il avait même oublié son Poupko originel et obtenu, dans les années trente, un passeport au nom de Gordiner. Qui aurait cru, alors, qu'il aurait à payer sa légèreté, qu'une judéité tellement indélébile se collerait à ses favoris blancs et à sa moustache poivre et sel en même temps que ce pseudonyme ? Que faire à présent ? Tout de même pas grimper à la tribune, battre sa coulpe et clamer : « Je suis Poupko, je suis Poupko ! » Non, il ne tomberait pas aussi bas ! Répudier Gordiner serait répudier toute sa vie, biffer sa place dans la littérature, cracher sur l'œuvre qu'il laisse ! Alors non, qu'ils viennent arrêter Gordiner, Poupko ne prendra pas la fuite, il serait ignominieux de retourner au Komsomol !

— Toi, va-t'en, disait-il à Vélimir. Quand ils viendront, j'ouvrirai le vasistas : saute et file par les toits. Tu sais où demeure Oxana, file aussitôt chez elle, seul ou avec ta fouveraine. Ne te laisse pas prendre !

— Rooum, raoum, reoum, mraou, mreou, mroou, répondait le chat.

Oxana arriva vers le soir et, dès le seuil de la porte, laissa glisser sa jupe. Leur liaison durait depuis des années et, comme ils se disaient l'un à l'autre et en eux-mêmes, elle comblait leurs « couloirs du romanesque ». Naturellement, Oxana était une ancienne étudiante de Gordiner en shakespearologie, ils avaient découvert que, tous deux, ils ne pouvaient parler sans émotion des « bulles de la terre ». Avec les années, la fillette au nez en trompette était devenue une imposante dame entre les lèvres toujours aussi merveilleuses de laquelle brillait un bridge en métal-porcelaine. Son visage reflétait parfois quelque chose de sombre et de majestueux et, lors de leurs rendez-vous, Gordiner déployait tous ses efforts

1. Étymologiquement : Dunombril.

pour que revienne au jour la jouvencelle admirative des conférences shakespeariennes. Hélas ! leurs rendez-vous devenaient de plus en plus pratiques, calculés à la minute près. Oxana était chargée de famille : un mari employé au ministère de l'Industrie lourde, et trois enfants dont la moyenne, sa fille Tamara, avait été, à l'en croire, conçue dans cette même pièce, sur ce même divan de cuir râpé.

Assez souvent, à l'issue de l'entrevue, Gordiner évoquait l'égofuturiste Igor Sévérianine et se mettait à chigner :

*Tu ne veux plus de moi, même pour Tamara*
*Pour notre enfant chérie à un lapin pareille*
*Tu manges du homard, tu loues une datcha*
*Et tu vis protégée par la noire corneille*[1].

Oxana riait, rassemblait ses dessous, consultait sa montre en catimini et rétorquait :

— Il est joli, le homard ! Sachez que nous nous nourrissons uniquement de croquettes Mikoïan.

Cette fois encore, à peine entrée, débarrassée de ses bottillons pleins de boue, sa jupe dégrafée, Oxana loucha déjà sur sa montre. La solitude est le lot du critique cosmopolite, se dit Gordiner avec un sourire de biais en se tirant de son fauteuil pour l'accueillir. Cependant le chat, après quelques évolutions mondaines autour de la dame qui se dépouillait lestement, se dirigea résolument du côté de la fenêtre. Depuis quelque temps, il avait brusquement réduit sa participation au « peuplement des couloirs du romanesque », c'est-à-dire au léchage des pieds de son papa. Les visites d'Oxana, de cette femme qui refusait de venir vivre avec eux pour de bon, commençaient à l'agacer.

— Galagala guéguégué ! Grakakata grororo ! réclama-t-il.

Gordiner ouvrit le vasistas. « Reviens avant la nuit », intima-t-il. Vélimir bondit sur la corniche, descendit sur l'auvent en contrebas et se dirigea vers la cheminée, tenant à la perpendiculaire sa queue qui allait et venait comme un plumet d'officier de la Garde. Outre le reste, il était amiral de la flotte du coin. Les rayons du couchant filtraient à travers ses poils épais et mettaient en évidence son puissant ressort cardinal.

... Après avoir peuplé les couloirs du romanesque, Oxana et Bronislav demeurèrent encore quelque temps enlacés. Pour réprimer l'agitation secrète de sa bien-aimée, le professeur lui pressait les omoplates. « Arrête de regarder ta montre. » Elle lui caressa les cheveux, pinça tendrement son vieil organe qui venait de fonctionner : « Oui, oui, Bronia, à quoi bon observer cet étrange méca-

1. Allusion aux « corbeaux noirs » (voitures de police).

nisme ? » Elle soupira. « Hier, *il* cherchait ses cigarettes, *il* a fouillé dans mon sac et trouvé la clé de ton appartement. Naturellement, *il* m'a fait une scène. Une de plus ! Ah, c'est presque insupportable ! »

Gordiner se taisait. D'ordinaire, après ce genre d'information, il exigeait avec flamme qu'elle quitte immédiatement son raseur de l'Industrie lourde, afin qu'ils entreprennent une vie romantique nouvelle, sans mensonge, sans tergiversations. Aujourd'hui, il se taisait. « Pourquoi ne dis-tu rien ? » lui demanda-t-elle. Elle avait envie de l'entendre pleurnicher, pourtant, elle savait que jamais elle ne ferait sa vie avec lui.

— Je ne dis rien parce que je n'ai rien à t'offrir. Ils vont bientôt venir me chercher. Hier, à la réunion publique de la Section de la critique, ils ont encore exigé ma mise à l'index complète. Occupe-toi du chat, Oxana, ne le laisse pas crever.

Le chat, pendant ce temps-là, courait les faîtages. Rentrons en vitesse avec la bonne nouvelle ! Les derniers rayons du couchant frappaient les vasistas, vous enivraient, vous aveuglaient comme autrefois, lors d'une vie antérieure, dans les marécages de l'estuaire de la Volga, les lueurs du couchant l'avaient aveuglé et enivré, mouflet qui trottait derrière un papa ornithologue en traînant un petit bateau kalmouk et sa couvée d'oiseaux bagués. Quel bonheur c'était alors, et quel bonheur maintenant ! En avant, en avant sur ses jeunes ou, après tout, pas si vieux muscles, le terrible radio-schème en béton armé de sa dernière nuit léthargique à Santalovo est encore devant lui, ou si ça se trouve derrière, ou totalement absent bien que présent, le principal, ce sont ces lueurs, cet essor plein d'amour, le principal, c'est d'apprendre le plus vite possible à sa chère place ambulante, à papa Bronislav Grigoriévitch Gordiner, ex-Poupko, qu'il ne sera pas arrêté.

Où le chat Vélimir a-t-il été pêcher ça ? À quelle boussole ? A-t-il intercepté une émission à haute fréquence ? Y a-t-il eu sur les ondes une mutation que seuls saisissent les chats et qui échappe aux hommes ? En tous les cas, cela avait été une révélation subite, il avait compris que toutes leurs terreurs étaient du passé, que papa s'en sortirait. Maintenant, le principal était de savoir comment il transmettrait la nouvelle à Gordiner. Celui-ci saisirait-il le langage universel hérité des profondeurs de l'ontologie ?

Oxana sanglotait. Elle n'avait compris qu'aujourd'hui que Gordiner était condamné. Elle ne sanglotait pas seulement de chagrin, mais aussi de honte, car elle savait que, même aujourd'hui, elle ne resterait pas avec lui, que cela faisait longtemps que sa compagnie lui pesait, *un peu*, et aussi que malgré de nobles élans de compassion et même de modestes efforts d'abnégation, dans ses déloyales pensées, elle voyait surgir un jeune collègue de la bibliothèque de la Maison de l'Acteur, très jeune, de quinze ans son cadet, qui lui donnait depuis longtemps à entendre qu'il était prêt à meubler ses « couloirs du romanesque ». Gordiner ne chercha pas à la consoler.

Tout d'un coup, derrière la fenêtre, la silhouette du chat se dressa de toute sa taille, le poil hérissé, les yeux dardant des flammes. Il tambourina des pattes contre la vitre, exigeant qu'on le laissât entrer. Celui-là, il ne me trahira jamais, songea Gordiner en s'élançant vers la fenêtre.

Le chat réintégra la pièce d'un bond, la queue en trompette, et se mit à faire des huit entre les jambes de papa et de sa maîtresse. À miaulements aigus et solennels, il s'efforça de porter sa nouvelle jusqu'à eux :

*Lili, égui, liap, liap beum.*
*Libibi, niraro*
*Sinoano tsitsirits.*
*Kiyou, kir zen, tchentch*
*Jouru kaké sin sonéga.*
*Kakotari ess essé*
*Iountchi, enntchi, ouk !*
*Iountchi, enntchi, pipoka,*
*Kliam ! Kliam ! Eps !*

— Qu'est-ce qui lui prend ? fit Oxana, effrayée. Aurait-il lapé de la valériane ou goûté à de l'arsenic ?

Mais le professeur s'avisa soudain :

— Comment ne comprends-tu pas ? Vélimir a appris quelque part qu'on ne m'arrêterait pas ! C'est ça, Vélimir ?

Le chat, aux anges, exécuta une pirouette sur une seule patte.

*Vourne retourne*
*Fin troubadourne*
*Cocheri nuagi*
*Douleri nuiteri*
*Fineri nuagi, soiri voiri.*
*Rosairi fineri*
*Brûli aurori*
*Iverni enverni*
*Fin troubadourne !*

Oxana, à la torture, n'y comprenait rien. Son vieil amant qui l'intimidait si peu en raison de son âge, même si elle n'avait pas remarqué, ces temps derniers, que les gens ne voyaient plus aucune discordance lors de leurs rares promenades ensemble, se tenait au milieu de la pièce, en équilibre, les bras étendus, et mâchonnait : « Bien qu'il n'y ait là aucune beauté objective, il y a un rythme et ce n'est pas si peu. Eh quoi, eh quoi, qu'il se prolonge donc, ce complot culturel, que se déroule tout ce jeu... »

## CHAPITRE QUATRE

# *Les bourrasques de 1951*

L'hiver du début des années cinquante fut exceptionnellement froid, ce qui devait permettre aux staliniens mortifiés de grommeler par la suite : « Dans ce temps-là, tout était robuste, inébranlable, l'ordre régnait partout et l'hiver lui-même se distinguait par sa vigueur, un véritable hiver russe, autre chose que la gadoue de nos jours. »

Et c'est pourtant vrai que le climat s'était singulièrement crotté après Staline. En 1956, par exemple, à Pétersbourg, autrement dit, à l'époque, la ville de Lénine, l'hiver avait été très long à venir, comme si, en même temps que l'escadre britannique conduite par le porte-avions *Triumph*, ancêtre de la démocratie atlantique, le tiède courant du Gulf Stream avait pénétré dans la Néva. Il y avait même eu une petite inondation qui avait apporté une teinte romantique à une nuit de notre jeunesse. Tout naturellement vient à l'esprit la supposition bien superficielle que nos vagues de libéralisme dépendent des éruptions ou des taches solaires, que d'infimes modifications des courants énergétiques influent sur l'état des esprits, et par conséquent sur la situation politique. Je renvoie ceux qui désirent développer cette idée au début du deuxième livre de notre trilogie, et plus précisément au passage concernant la conception historique de Léon Tolstoï et ses « millions d'arbitraires ». D'autre part, si l'on se bloquait sur l'hypothèse des « arbitraires de masse » assez résolument, on pourrait même surmonter la force d'attraction de l'histoire, s'élever encore plus haut et supposer qu'un tournant pris par des millions d'esprits est capable de chasser d'autres ténèbres astrales, ce qui, à son tour, exercerait son influence sur le climat.

En tout état de cause, par la nuit de janvier dont il va être question, personne, à Moscou, n'aurait songé à la libéralisation du climat et à l'adoucissement de la politique courante, tandis que le méchant blizzard, qui partant du Kremlin soufflait par les topographies circulaires, semblait éternel. Tout naturellement, Boris IV Gradov, lui non plus, ne s'adonnait ni à la philosophie ni à l'historiosophie. Après avoir, par un bon sommeil, réparé ses fatigues de l'amphithéâtre d'anatomie, s'être tant bien que mal tiré d'un partiel d'ostéologie et avoir chassé la répugnante perspective d'un partiel d'arthrologie, il avait décidé d'envoyer promener tout rabâchage et de consacrer la nuit, et peut-être le lendemain, à sa véritable nature, celle de la jeunesse des moteurs et de l'alcool.

Tandis qu'il descendait en ascenseur de son quatrième étage, il se demandait s'il parviendrait à mettre sa Horch en route. Le thermomètre marquait -29 degrés centigrades, les bourrasques glaciales le faisaient probablement descendre à -40. Il n'avait pas de garage, la Horch couchait dehors, en face des portes de derrière des *Vins de Russie*. La voilà, transformée en gigantesque sépulcre du IIIe Reich. Eh quoi, nous verrons bien qui l'emportera. Dans les milieux de l'auto-moto, le chic suprême consistait à ne pas tenir compte du temps qu'il faisait : on mettait le moteur en route coûte que coûte. Pour cela, on le gonflait par tous les moyens, disons par des adjuvants en provenance des aérodromes polaires ; les plus prisés étaient ceux du prêt-bail qui restaient après la guerre ou ceux que l'on sortait, à coups de grand et secret piston, du garage des Missions spéciales. Certains motards particulièrement éminents, des fanas, des hommes de l'art, préféraient préparer leur mélange eux-mêmes et, bien sûr, en gardaient jalousement le secret.

Hélas ! Boris IV n'était pas de leur nombre. L'Institut, l'Association Sportive, les restaurants et les « chaumières » comme l'on nommait alors les soirées avec spiritueux et jeunes personnes, lui prenaient trop de temps. Fanatiques et « maîtres », surtout un apôtre âgé des moteurs à combustion interne surnommé Pistonovitch, lui en faisaient souvent reproche : « Tu es remarquablement doué pour la mécanique, Boris. Pourquoi fais-tu médecine, pourquoi perds-tu ton temps ? » Parfois, après une bonne cuite, Boris se rendait chez Pistonovitch, y passait la journée entière, tel un pécheur faisant pénitence. C'est drôle, mais ces hommes de la moto tiennent quelque part de la sainteté, en tout cas, du renoncement à notre « vacherie-de-monde-tel-qu'il-est ».

Cette « vacherie-de-monde-tel-qu'il-est » apparaissait parfois aux vingt-quatre ans du jeune Gradov comme une féerie enchanteresse, pour retomber ensuite, transgressant même les bornes de la « vacherie », dans un véritable sédiment de merde. Si ça se trouve, ce n'était pas la soûlographie qui était en cause, c'était la gueule de bois de l'après-guerre qui lui laissait le sentiment d'être inutile, mal reconnu, profondément, irrémédiablement mortifié, pressé comme un citron. Si vous ne trouvez rien de plus nouveau, appelez-moi « le citron pressé », disait-il parfois à une partenaire de « danse lente » comme on appelait à présent le tango en manière de lutte contre les influences étrangères. La fillette lui coulait un regard admiratif et entrouvrait sa bouche mignonne. Boris Gradov avait, dans les milieux *in* de la capitale, la réputation d'un garçon mystérieux, romantique et désenchanté, un Pétchorine[1] moderne.

Son syndrome « vin triste » tenait pour beaucoup à l'amphithéâtre de dissection du Premier Institut de Médecine. Jamais, lui qui avait enterré tant de camarades déchiquetés par des balles et des éclats d'obus et criblé lui-même à coups de baïonnette pas mal de chair humaine, jamais il ne se serait figuré que les restes formolés sur lesquels il devait apprendre l'anatomie lui causeraient une si sale angoisse. « Je suis la proie d'un monstrueux paradoxe, se plaignait-il à son grand-père. La guerre, avec ses morts incalculables, m'apparaît comme une apothéose de la vie. La dissection, les bains de formol, la préparation des sujets, c'est plus accablant que la mort, c'est l'impasse définitive de l'homme... Tu n'as jamais senti ça, grand-père ? — Non, jamais, répondait carrément le vieil homme. Je me souviens parfaitement à quel point ma première année m'avait emballé. Mes premiers pas dans le cosmos de l'organisme humain, l'idée de me mettre plus tard au service des hommes... » Il posait sur l'épaule de son petit-fils sa main tavelée de taches de son, mais encore tout à fait chirurgicale, et plongeait les yeux au fond des yeux un peu vides, un peu effrayants du commando en disponibilité. « Nous nous sommes peut-être tous les deux trompés, Babotchka ? Tu devrais peut-être renoncer ? — Non, je tiendrai encore », répondait le petit-fils en éludant la suite de la conversation, saisi d'une gêne épouvantable. Grand-père pense sans doute qu'avec un tel dégoût de la dissection, je ne ferai jamais un bon médecin, et moi, en disant « je tiendrai encore », je me conduis comme le roi des cons, comme un morveux qui, depuis l'âge de quinze ans, n'a qu'un seul postulat dans le crâne : « Je suis un homme de décision, il n'est pas dans mes habitudes de reculer devant les difficultés. » Comme tout cela était loin... son entraînement avec Alexandre Chérémétiev... maman qui se fâchait, nous soupçonnait de comploter quelque chose... maman... où est-elle... elle est devenue une sorte d'esprit malin... tout ce qui reste d'elle dans cette maison... c'est un sentiment d'offense et d'oubli... « Alors, *Herr* Horch, on démarre ? » demanda-t-il au gros tas de neige, quasiment un roc. À ce moment, Rousslanka, le chauffeur du magasin, bondit dehors et courut à sa fourgonnette. Apercevant Boris, il changea instantanément de cap et, enfonçant dans l'épaisse couche de neige accumulée sous le porche, vint le rejoindre. « Salut, Grad ! Tu veux la dégager ? » Boris était une célébrité parmi les chauffeurs de la rue Gorki et aussi parmi les miliciens. D'ordinaire, en apercevant la Horch lancée à toute vitesse, les agents de la circulation saluaient et

1. Personnage du *Héros de notre temps* de Lermontov, un des grands types du héros romantique.

certains, aux feux rouges, venaient serrer la main du conducteur : « J'ai fait toute la guerre sous les ordres de ton père au Front de Réserve, je l'ai vu personnellement trois fois, c'était un aigle, notre meilleur chef militaire ! »

Avec l'aide de Rousslanka, armés tous deux des pelles à neige du concierge, ils libérèrent la limousine de sa gangue. Au cours de la dernière semaine, la voiture s'était pétrifiée au point d'atteindre la consistance d'un mammouth pris par les glaces éternelles. « Foutons-lui un peu de feu sous le cul, proposa Rousslanka. Après, on fera tourner le moulin sur l'alimentation de ma fourgonnette. L'incroyablement démerde chauffeur des *Vins de Russie* amena, aussitôt dit, aussitôt fait, un bout de tôle, ils y allumèrent un feu de chiffons trempés dans du mazout et le poussèrent sous le carter. Un autre chiffon identique dégela la serrure, puis, d'un coup brusque, ils attirèrent la portière bloquée par la glace. Boris s'introduisit à l'intérieur tel un scaphandrier dans un sous-marin envoyé par le fond. Le siège de cuir lui brûla la peau à travers la culotte de SS qu'il avait dégotée après un combat dans la banlieue de Breslau. Il était idiot d'essayer de mettre en route au démarreur, les accus — même si c'étaient des accus de char — étaient morts, l'huile ne monterait plus — même sous un feu d'enfer. Mais du moment qu'on avait commencé, il n'était plus question de reculer : un moteur, ça part toujours. Pendant ce temps, manœuvrant entre les congères, Rousslanka s'efforçait de rapprocher la fourgonnette afin de tendre des fils de son pôle plus à l'autre pôle plus, de son pôle moins à l'autre pôle moins, c'est-à-dire de « donner du feu » à la Horch. Boris actionna l'accélérateur, braqua le volant à droite, à gauche, et enfin, tourna la clé de contact. Si curieux que cela paraisse, le bruit qui suivit ne lui parut pas sans espoir. L'étincelle s'était produite, le moteur avait parlé. Il envoya la manivelle à Rousslanka et le pria de mettre en route. Dix minutes de suite, à eux deux, ils tentèrent d'engrener le mouvement, mais sans succès. Craignant de vider complètement les accus, Boris était sur le point d'abandonner et de s'en remettre uniquement aux fils de la fourgonnette, quand la Horch hurla aussi fort que toute l'armée de Guderian se ruant dans une brèche, puis se mit, aussitôt les gaz expulsés, à tourner régulièrement, sans à-coups, à basse vitesse. Un miracle ! Qu'est-ce donc qui avait fait la décision ? La technique allemande, le mélange d'alcool de Pistonovitch, ou l'ardeur des deux jeunes Moscovites ? « Nous sommes des cracks, Rousslanka ! dit Boris, employant un vocabulaire estudiantin récemment acquis. Je te dois un demi-litre ! — Je te prends au mot ! répondit l'autre gaiement. Je viendrai te rendre visite ! » Tous les gars du bloc d'immeubles rêvaient de faire un tour au mystérieux appartement du maréchal en l'honneur duquel on avait déjà fixé une plaque sur la façade, avec effigie gravée du héros. La Horch se réchauffait, les glaçons glissaient du pare-brise, les garnitures de cuir se dégelaient, la radio jouait un condensé de l'opéra *Le Zaporogue du Danube*[1]. Boris remonta chez lui, décrassa ses mains pleines de mazout, endossa un costume bleu marine aux larges épaules tombantes, traça une raie dans ses cheveux roux foncé qu'il brillantina un tantinet, revêtit un manteau noir léger serré à la taille, une écharpe tricolore — *Liberté, Égalité, Fraternité**. Foin de couvre-chef : un dandy moscovite ne craint pas le froid.

Il tourna une heure entière par les boulevards circulaires à travers la neige qui tombait en large rideau ou tourbillonnait au sein des tornades, avec pour seul but de réchauffer, de redonner vie à son luxueux objet de prédilection, puis de revenir rue Gorki et de s'arrêter devant une lourde porte au-dessus de laquelle se trouvait cette chose rare qu'était une enseigne lumineuse : un verre conique contenant des couches de liquides multicolores, autour duquel s'enroulait, tel le serpent du caducée, l'inscription *Cocktail-Hall*. En outre, un bâtonnet lumineux qui sortait dudit verre signifiait que ces boissons rayées, on ne les descendait pas par-dessus bord et cul sec, mais qu'on les sirotait avec élégance à travers une paille. L'endroit le plus insolite de tous les lieux de plaisir des années cinquante. Son existence sous cette enseigne était en soi une énigme, en pleine lutte où l'on était contre toute référence étrangère, surtout anglo-américaine. Alors que des mots tels que *fox-trot*, c'est-à-dire « trot de renard », étaient supprimés, voilà qu'en plein centre de la capitale socialiste, à l'oblique du Télégraphe central, brillait avec une modeste effronterie l'enseigne d'un *Cocktail-Hall* qui ne le cédait en rien aux mots éliminés de « jazz » et « music-hall » et les supplantait même, peut-être, question de décomposition bourgeoise. Certains beaux esprits émettaient la supposition que, même si l'on ne fermait pas l'établissement avec perte et fracas, on ne manquerait pas de le débaptiser en « Kvass-Isba » où l'on ne se préoccuperait plus trop des niveaux de couleur et des pailles. Pourtant, le temps passait et le *Cocktail-Hall* de la rue Gorki poursuivait sa paisible existence, intriguant au plus haut point le Moscovite moyen et l'hôte de passage. On disait même que parfois, au milieu de la nuit, revenant du Télégraphe central, c'est-à-dire après avoir expédié des textes calomnieux à l'encontre de l'Union Soviétique, F. Koraguessen Strawberry, correspondant du quotidien américain *United Dispatch*, venait y faire un tour.

De chez Boris à cet établissement, il y avait cinquante secondes de marche en ligne droite, il va de soi qu'il n'avait pas manqué de devenir un habitué. Chaque fois, la mine sévère, légèrement renfrognée, il doublait la file d'attente et frappait un coup sec à la

1. Opéra ukrainien de Goulak-Artémievski, créé en 1863.

porte de chêne, on aurait dit la porte d'un procureur. Aussitôt, au judas, se montraient l'œil en fente et le large mufle du portier, les traits hostiles et impénétrables d'une tête bien soviétique. Mais dès qu'elle apercevait le client, la tête secouait son impénétrabilité. « Bienvenue à Boris Nikitovitch ! » La queue laissait faire : du moment qu'on le laisse entrer, c'est que ce camarade y a droit. En fait, c'est ainsi que la clientèle se partageait entre ceux qui faisaient la queue, gens de hasard et parfois, parmi eux, un étudiant résolu à dépenser en une nuit toute sa bourse, et habitués que l'on connaissait de vue et parfois par leur nom, principalement, bien sûr, des hommes de lettres et des artistes, des sportifs célèbres et des fistons de hauts fonctionnaires, jeunesse américanisée qui appelait la rue Gorki « Broadway » ou, pis encore, « Pechkov Street » ; certes, ceux-là ne faisaient pas la queue.

À l'entrée, pareil à un autel à plusieurs niveaux, brillait de tous ses feux un bar bordé d'un comptoir en demi-cercle, derrière lequel officiaient la barwoman-chef Valencia Maximovna et ses deux jeunes acolytes Goga et Sérioga dont on disait, naturellement, qu'ils étaient capitaines du KGB. Leur rôle était de verser et de secouer les cocktails dans les shakers. Valencia Maximovna qui, dans son auréole de cheveux oxygénés, ressemblait à la tsarine Élisabeth, fille de Pierre le Grand, se bornait à prendre les commandes. Elle ne daignait présenter le produit de sa dextre impériale qu'à d'extraordinairement rares élus.

— Qu'est-ce que je vous offre aujourd'hui, mon petit Boris ? demanda-t-elle, grave et bienveillante, au jeune homme.

— Un Bélier, dit celui-ci en s'asseyant sur un haut tabouret. Hochant à peine-à peine la tête avec reproche, Valencia Maximovna se détourna vers la multicolore pyramide de ses réserves. Autour des guéridons, dans la salle et dans les niches tendues de velours, il y avait beaucoup de monde, mais pas foule, quelques sièges étaient même vacants. Pour l'essentiel, c'étaient tous des habitués, un rassemblement plaisant, joyeux ; on avait peine à imaginer que derrière la porte, sous la bourrasque, une queue de « grand public » s'étirait. Un petit orchestre jouait en haut d'une loggia. Inutile de dire que son répertoire relevait d'un strict contrôle idéologique, mais les musiciens se débrouillaient pour interpréter même *Un érable poussait à l'orée du bois* de telle sorte que cela prenait des allures de jazz.

Valencia Maximovna posa devant Boris un grand verre de liquide pétillant et chatoyant.

— On ne commence pas par un Bélier, mon petit Boris, prenez ce champagne-cocktail, dit-elle d'un ton sans réplique.

— Hum, fit Boris en haussant les épaules. On dirait qu'il y a des gens ici qui me prennent encore pour un gamin. Mais dans le fond, vous devez avoir raison, Valencia Maximovna.

Une explosion de rires, partie d'une des niches de velours, parvint jusqu'au bar. Quelqu'un fit signe à Boris : « Amenez-vous, *sir* ! » C'étaient des écrivains et des artistes, une constellation de lauréats de prix d'État. Le terrain était dominé... (telle était la nouvelle expression devenue commune grâce au commentateur-radio de football Vadim Siniavski : « dominer le terrain »), donc, celui qui dominait le terrain était Nikita Bogoslovski, l'auteur de *Nuit noire*, une chanson dont la célébrité n'était comparable qu'à celle des *Nuages* de Gradova, tante Nina.

— Il n'y a pas longtemps, chers camarades, une surprenante découverte a eu lieu ici, à Moscou... — « Chers camarades » prenait entre ses lèvres qui remuaient au-dessus de son nœud-pap à pois le sens de « *ladies and gentlemen* ». — Vous voyez cette photo banale... — À ces mots il sortit de sa poche la photo d'un couple qui forniquait dans une pose plutôt cochonne. — Un produit tout à fait banal... qui d'entre nous ne connaît ce genre d'artisanat... bref, de la porno de trois kopek tout ce qu'il y a de primaire. — Le geste aussi désinvolte que la parole, Bogoslovski lança la photo au milieu de la table. Cette désinvolture, tout le monde autour de la table en fut cisaillé, une bande image porno, voyez-vous cela, et dans un pays ultra-puritain, de mœurs prolétariennes les plus austères. Ils rigolaient tous, mais Boris remarqua non sans surprise que certains, et plus particulièrement Valentin Kataïev et Constantin Simonov[1], échangeaient des clins d'œil aussi brefs que lourds de sens. — À présent, prenez un journal, n'importe lequel, poursuivit Bogoslovski. N'importe lequel, le premier quotidien venu. — Il sortit de sa serviette et déplia la *Pravda*. Elle est bien bonne, celle-là ! « Le premier quotidien venu », l'organe de lutte du PC (b) que l'on dépose chaque matin sur le bureau pas du premier venu, non, mais du Maître lui-même ! Là, les rires s'estompèrent et l'attention de la compagnie se détourna vers les boissons, ce que voyant, Bogoslovski plissa avec humour sa petite gueule surprenante de fraîcheur et de rondeur. — Non, non, camarades, foin de contre-révolution, une étonnante dérivation de la logique humaine. Ce qu'il y a, c'est que cette photo peut servir d'illustration à n'importe quel titre de n'importe quel journal. Vous pariez ? À votre aise ! Tiens, Sacha, lis les titres et moi, j'exposerai l'image. — Il poussa le journal vers Alexandre Galitch, l'auteur récemment voué aux gémonies d'une comédie : *Taïmyr au bout du fil*, un jeune homme au front haut et à la petite moustache dont la coupe parfaite et l'élégance rivalisaient avec celle de Constantin Simonov, six fois prix Staline.

— *Pardon, pardon**. — Galitch recula devant le journal. — Lis toi-même.

1. Constantin Simonov (1915-1979), romancier très célèbre (*Les Vivants et les Morts*), très fécond, engagé dans l'action sociale.

— Non, ce n'est pas drôle. — Bogoslovski parcourut l'assistance du regard. — Il faut que ce soit un autre qui lise. Voyons, Ruben Nicolaïevitch, peut-être vous, en lecteur chevronné ? Toi Micha ? Tiens, Sérioja Mikhalkov[1] vient d'arriver, qu'il lise !

— Ça sera sans m-m-moi, dit tonton Stiopa[2] aux allures de pivert, en filant directement aux toilettes.

— Bon, je vais lire ! dit Boris IV Gradov.

— Ha, ha ! s'écria Bogoslovski, l'étudiant va nous lire ça de sa bouche d'enfant.

Kataïev, à côté duquel Boris se trouvait, grogna doucement : « Vous avez bien besoin de ça. » Mais la « bouche d'enfant » avait suscité la satisfaction générale.

— « Nouvelle crise de folie dans le camp des fauteurs de guerre », lut Boris.

— Voyez ! s'exclama Bogoslovski en produisant son couple qui forniquait avec des mines de bourriques.

— « Les liens entre la science et la pratique se renforcent », lut Boris.

— On ne trouverait pas mieux, s'exclama Bogoslavski.

De fait, la photo illustrait à la perfection les liens indissolubles de la science et de la pratique.

— « Légendes du peuple letton ».

— Voici leur image !

— « Exposition d'élevage régionale ».

— Camarades, camarades !

— « Préparation des cadres nationaux ».

— Génial, non ?

— « La Moldavie répond à l'appel... »

Là, Simonov interrompit Boris qui s'en donnait à cœur joie.

— Ça suffit, les gars ! On finirait par crever de rire.

— Qui a découvert ça, je voudrais bien le savoir ? demanda Kataïev en s'essuyant le front avec un mouchoir de soie.

— Aucune idée. — Très content, Bogoslovski ramassa sa photo, son journal, et s'en fut.

Et puis, on se mit à parler de la guerre. Dans ce temps-là, les gens savaient blaguer, ils débitaient des astuces en veux-tu, en voilà. C'est paradoxal, n'est-ce pas ? L'humour régnait dans les tranchées bien plus qu'aujourd'hui, en temps de paix.

Avouons-le, Boris était extrêmement flatté d'avoir ses entrées dans le milieu d'hommes qui étaient ses aînés et tellement célèbres, alors que lui, il ne les intéressait que parce qu'il était le fils du maréchal Gradov. Nombre d'entre eux, Simonov en parti-

1. Seguéi Mikhalkov (1913- ?), auteur pour enfants et de nombreux articles critiques.

2. Personnage d'un poème de Mikhalkov, type du milicien qui « cogne » (dénonce) comme le pivert.

culier, avaient connu son père au front. « Votre père était un type merveilleux et un grand soldat », avait dit en grasseyant le Six fois lauréat, le jour où, fortement imbibé, Droujnikov, le comédien, avait présenté le jeune Gradov à la société du *Cocktail-Hall*. Ce jour-là, ils étaient tous descendus de leur tabouret, s'étaient extraits de leur siège de velours, avaient entouré Boris. Le fils du maréchal Gradov ? Pas possible ! Permettez-moi de vous serrer la main, mon vieux ! Votre père était un type formidable et un grand soldat. Quoi ? Constantin l'a déjà dit ? Non, c'est moi. Dans le style de Hemingway. Oui, Nikita et moi... J'ai écrit une étude sur lui dans *Zvezda*, vous ne vous en souvenez donc pas ? *Le Havresac du maréchal Gradov* ? Il serait certainement ministre de la Défense, aujourd'hui... Je me souviens que je me suis rendu dans son avion personnel dans le secteur de Koenigsberg. Il avait des gars au poil dans son état-major, un nommé Constantin Cherchavy, l'adjoint à l'intendance, le commandant Slabopétoukhovski... on y a tapé le carton, et puis... Ah, Nikita, Nikita... Il a manqué la victoire d'une semaine... Un homme, un vrai... une bravoure irréprochable... un philosophe et un praticien de la guerre... Une grosse patte avait entouré les épaules de Boris, une bouche humide s'était appliquée tout contre son oreille et avait chuchoté : « J'ai connu ta maman, mon petit Boris... Ah, qu'elle était... » Le « petit Boris » frémit, envoya promener la grosse patte et se retint à grand-peine d'expédier une torgnole dans la gueule moite. Quelqu'un repoussa l'amateur de révélations intimes. Tu n'es pas fou, espèce de con ! Poivrot !

Tu as trouvé à qui confier des souvenirs pareils ! La bande ne tarda pas à comprendre que l'on pouvait parler de tout ce que l'on voulait avec le fils du maréchal, sauf de sa mère.

En parlant de la guerre, l'on découvrit que Boris l'avait faite, lui aussi.

— Ils vous ont pris au berceau, mon vieux ! s'exclama Kataïev. N'auriez-vous pas été un « fils du régiment » ?

Ils avaient éclaté de rire. Le respectable maître de l'*École du midi* avait reçu son prix Staline pour un roman du même nom cinq ans plus tôt.

Boris ricana. Il avait compris qu'ils ne faisaient pas allusion à son âge, mais qu'ils étaient sûrs qu'un fils de maréchal n'avait pas passé son temps à nourrir les poux au fond des tranchées.

— Je n'ai jamais appartenu à un régiment, dit-il. Notre détachement ne dépassait pas l'effectif d'une compagnie franche de gars triés sur le volet.

— Mais quand même, votre compagnie était rattachée à un régiment, n'est-ce pas, mon vieux ? demanda un type qui venait de les rejoindre et ne semblait en rien habilité à rallier une bande de la sorte, et plus encore, à utiliser le terme ultra-sélect de « mon vieux ».

Boris le dévisagea et ne lui trouva rien de particulier, sinon ses yeux, petits et jaunes.

— Mais non, mon vieux, notre compagnie n'était rattachée à rien du tout, dit-il.

Les lauréats, appréciant le sarcasme, sourirent. Boris poursuivit dans le même esprit, bien que comprenant qu'il exagérait un peu :

— Excusez-moi, je ne peux rien vous dire de plus, mon vieux.

Simonov répartissait une troisième bouteille de cognac. Et qui donc commanderait un alcool dénommé *Ararat*, sinon le Six fois lauréat ?

— Dites donc, les vieux, notre établissement reçoit des visiteurs de marque, articula-t-il. Ne vous retournez pas tout de suite, mais ce sont trois Américains qui viennent de prendre place sous la loggia.

— C-c-comment ça, t-t-trois Américains ? s'étonna Mikhalkov en fixant aussitôt dans la bonne direction ses deux yeux pareils à des objectifs de caméra. D'où sortent-ils ? Ils sont descendus en parachute ?

— J'en connais deux personnellement, dit Simonov. Celui qui a mon âge est F. Koraguessen Strawberry, correspondant de l'*United Dispatch* à Moscou. Il parle bien le russe, c'est un gars qui en a, il a navigué avec les convois de Mourmansk, s'est rendu en avion à Léningrad pendant le blocus. Le deuxième, mes vieux, c'est ni plus ni moins qu'un grand homme, oui, oui, ce vieux, mes vieux, est un grand salaud antisoviétique, le célèbre Townsend Reston. Ouvrez n'importe quel journal — là, tout le mode rigola en songeant à l'invention de Nicolaï Bogoslavski — et vous verrez qu'on lui casse tout ce qu'on peut comme sucre sur le dos, le parasite, pour propos calomnieux et désinformation. Le troisième est probablement à l'ambassade, celui-là, je ne le connais pas.

Apercevoir, lors de l'hiver 1951, trois Américains aux joues roses frais éclos de la bourrasque moscovite équivalait à apercevoir des Martiens. Mikhaïl Svétlov, qui s'assoupissait dans son fauteuil, en sursauta.

« Ce ne sont peut-être pas des Américains, mais des Martiens ? » Boris Gradov se dirigea vers le bar et demanda à Valencia Maximovna un cigare à dix roubles. Il l'alluma et regagna sa place en s'entourant de quelque chose qui était un rideau de fumée. Excellente idée que d'observer l'ennemi à travers les volutes d'un cigare ! Ils ne me voient pas, à la place de ma figure, il y a un nuage effrangé, mais eux, je les vois parfaitement avec leurs crânes dégarnis, lunettes, bagues, alliances, gros stylos qui dépassent des poches de leurs grosses vestes à chevrons — pourquoi est-ce qu'il n'en dépasse pas aussi des brosses à dents ? —, leurs montres en or et leurs porte-cigarettes en cuir... Et je me demande bien, nom de Dieu, pourquoi ils me regardent, si, au lieu d'une figure, je présente le nuage effrangé d'un rideau de fumée ? Les voilà, leurs sourires faux, le voilà, le « visage de l'ennemi » comme l'a écrit l'ami Constantin dans un reportage sur le Canada... « La Russie, Staline, Stalingrad, aux trois premiers rangs, en silence... »

Il revint à sa table et s'adressa ainsi à l'auteur de ces vers sur la bataille pour la paix qui lui revenaient en mémoire :

— Dites donc, vieux, puisque vous connaissez personnellement deux des trois gus, là-bas, pourquoi ne les saluez-vous pas ?

— Tiens, vous ne le comprenez pas ? — Simonov leva les sourcils. — Eux, ils le comprennent, pourquoi je ne les salue pas, et ils ne me saluent pas non plus, ils démontrent leur parfait doigté politique.

— Eh bien moi, je vais y aller, les saluer, dit Boris à sa propre surprise. — Il irait ainsi, un barreau de chaise entre les dents, droit à travers la salle, faire la connaissance des trois fauteurs de guerre.

— Vous ne le ferez pas, s'emporta Kataïev d'une étrange voix de fausset. En ma qualité d'aîné de cette tablée, je ne vous le conseille pas, mon vieux !

— Excusez-moi, mais je ne peux plus y renoncer. — Boris se leva. — En ma qualité d'homme de décision, je ne peux plus y renoncer.

L'orchestre entama *La Rose rouge, la rose rouge que je te donne*. Derrière la balustrade de la loggia, on apercevait le bassiste dont les doigts véloces couraient sur les cordes comme de petites saucisses, un grand garçon, très jeune, mais déjà à moitié chauve, et de plus, solidement barricadé derrière ses lunettes, un mystérieux sourire errant sur ses grosses lèvres ; Kataïev avait dit de lui que c'était un écrivain de talent, Iouri... Iouri [1]... enfin, peu importe... Boris se dirigea vers les Américains, mais là, deux jolies minettes s'envolèrent des toilettes et, passant à tire-d'aile devant lui, laissèrent tomber : « Ah, serait-ce le maître ès sports Boris Gradov en personne ? » Il va de soi que les Américains et la situation internationale chaque jour plus complexe tombèrent dans les oubliettes.

Par la suite, beaucoup d'autres problèmes fondamentaux du milieu du XX^e siècle y tombèrent aussi. Boris IV se retrouva en compagnie de gens de sa génération, c'est-à-dire d'une potée panachée de « Physiques », « Linguistes », « Étrangers » et « Aéros » (les vacances d'hiver venaient de commencer, les étudiants s'en donnaient à cœur joie) et devint aussitôt l'un des deux acteurs principaux d'un défi palpitant : qui se retrouverait plus soûl, celui qui descendrait d'un coup une bouteille de Spéciale de Moscou ou celui qui en consommerait autant à petites doses en l'espace d'une demi-heure. En homme de décision, Boris opta pour la première

1. Il s'agit de Iouri Kazakov (1927-1982), célèbre auteur de nouvelles (*La Petite Gare*), qui était effectivement musicien.

variante : il était plus facile de descendre une bouteille de vodka au goulot qu'en deux verres de deux cent cinquante grammes. Son adversaire était un petit gros trapu, champion de lutte gréco-romaine de l'Université de Moscou. On l'appelait le Pope, d'où l'on peut déduire que son nom était Popov. Une ravissante minette vêtue d'un pull orné de deux rennes polaires était posée sur l'accoudoir de son fauteuil. C'est à elle justement, Natacha, que l'on allait prouver sur l'heure la suprématie de l'esprit de décision sur le chipotage, de la moto sur le combinat des graisses. Vous allez voir comment ils tiennent le coup, les commandos du Renseignement, armés en outre de la science médicale de pointe, connaisseurs de l'anatomie humaine. Qu'ils le regardent bien, ces chicards, ces fils à papa qui vont à Riga se faire faire des chaussures à triple boucle, la crème de notre jeunesse aux impeccables *curriculum vitae*... Du calme, se dit-il presque à voix haute, surtout ne te monte pas. Ces gars sont au poil, c'est avec moi que Natacha s'en ira, le Pope-lutteur, un gars au poil, va rouler sous la table.

Il remplit son verre à ras bord, l'avala d'un trait, ne sentit même pas le goût de la vodka. Pendant ce temps, le Pope, un petit futé, s'en envoya juste un dé à coudre et attrapa une tranche de saumon fumé de la taille d'un billet de cent roubles. Au fait, on n'avait pas parlé d'amuse-gueule, mais bah ! qu'il aille au diable ! Tandis qu'il se versait son second verre de deux cent cinquante grammes conformément à l'ordonnance du docteur, il fut saisi d'une épaisse onde d'ivresse. Il se concentra en un clin d'œil et n'en renversa pas une goutte. L'onde reflua. La vodka passa. Il retourna la bouteille et la pressa comme cela se faisait dans les commandos : les quatorze dernières gouttes tombèrent. Tonnerre d'applaudissements. La plèbe de Moscou aime les jeux du cirque. Néanmoins, merci à toi, mon bon peuple. « Mangez un peu, Grad, s'écria Natacha, sinon vous ne serez plus bon à rien ! — Ne t'en fais pas, Natacha, répondit-il avec l'éblouissant sourire du héros de *Waterloo Bridge*[1]. Ne t'inquiète pas pour moi, pense plutôt à toi. » Et d'un pas d'officier de la Garde martelé comme à la parade, prêt à aller tout droit au Mausolée jeter au pied du généralissime Staline l'étendard de la division Tête-de-Mort, il se dirigea vers le bar en quête d'un nouveau cigare et, chemin faisant, reçut de la *señora* Valencia, servi dans un verre de cristal taillé, un Phare, chartreuse couleur d'émeraude agrémentée d'un jaune d'œuf que l'on avale d'un coup. « Tu vois, le Pope, je te rends des points ! » Je crois que tout l'établissement me regarde, voit comme je suis beau à ce comptoir, mon cigare à la main, avalant mon Phare. Ou au contraire, personne ne me regarde, tellement je suis une merde de rien du tout. Quel couillon j'ai été de relever ce défi imbécile ! Je n'ai tout de

1. Film américain de Melvin Le Roy, connu en France sous le titre de *La Valse dans l'ombre*.

même pas dix-huit ans, je ne suis tout de même pas un fiston-à-sa-maman. Je suis peut-être le petit-fils-à-sa-grand-mère, le neveu-à-sa-tantine, mais jamais, jamais, ma parole, je vous le jure par la République populaire de Pologne, le fiston-à-sa-maman !

Les écrivains s'en allaient. Déjà un notable avait enfilé sa pelisse à col de zibeline et coiffé sa haute chapka. Un autre, célèbre ou en passe de le devenir, aujourd'hui on ne s'y retrouve plus, serra en passant l'épaule d'acier de Boris. « Nous allons au *Romen*[1], vous venez avec nous ? Il y a banquet, ils vont chanter jusqu'au matin. Ah ! quel plaisir de sentir dans la bourrasque la tristesse suivre la spirale d'une chanson tsigane ! »

J'aurais dû y aller avec eux, se disait Boris en tournant son verre vide entre ses doigts. Ah ! chanter dans la tourmente ! Dommage que je ne sois pas un Tsigane ! Bah ! N-n-non, des clous, nous suivrons une autre voie. Qui a dit ça ? À qui ? Gogol à Biélinski ou le contraire ? Mais non, c'est Lénine, Vladimir Ilyitch, il l'a dit au tsar. Les doigts dans les entournures de son gilet, un petit sourire... N-n-non, mon petit père, nous suivrons une autre voie. Nous savons où nous irons, et à qui nous allons montrer aujourd'hui même que nous ne sommes pas un fiston-à-sa-maman, nous ne sommes pas des fistons-à-leur-maman, des fi'de pute, peut-être, mais je vous le jure, pas de fistons-à-leur-maman.

Soudain, les bruits de l'établissement se condensèrent en un autre cristal, cette fois derrière son oreille gauche : heurts de chaises, rires d'ivrognes, boum-boum-boum de la contrebasse, c'est l'espoir de la prose russe qui cachetonne, la voix de Valencia Maximovna : « Gavrilitch, fermez la porte, nous allons prendre froid ! », quelqu'un rit tout près avec un accent étranger, bing ! quelqu'un vient de péter un verre, il est temps de mettre les voiles, sinon je vais m'étaler sur ce doux parquet.

Il revint à la table où avait commencé l'expérience. Le lutteur s'y enfilait ses dés à coudre tout en rotant doucettement. Sa bouteille n'était qu'à moitié vide. « J'ai perdu », dit Boris en abandonnant le montant du pari sur la table, trois billets de cent à l'image du Kremlin, de la Moskova et d'un petit bateau voguant sur l'eau. « Mais où allez-vous, Grad ? » s'écria Natacha avec quelque chose comme du désespoir. Il faut croire que c'était Boris Gradov qui incarnait ses rêves de prince charmant, et pas du tout le Pope champion de gréco-romaine.

— Je suis soûl comme une vache et ma maman m'attend chez moi.

Il s'achemina vers la sortie, franchissant le parquet selon une diagonale parfaite, sans un seul faux pas. Derrière lui, le Pope glissait à bas de son fauteuil en marmonnant comme un insensé :

1. Théâtre fondé en 1931 qui serait le seul théâtre à répertoire tsigane et troupe tsigane permanente au monde.

« Ah ! ah ! J'ai battu Gradov, ah ! ah ! » L'entraînement du champion « laissait beaucoup à désirer », comme l'on disait alors.

La Horch était là, fidèle au poste. Tout était normal. Visibilité zéro. Les précipitations ne se faisaient pas sous forme de neige, mais de mèches et de queues de sorcière. Si ça, c'est le temps de paix, alors, pourquoi déblatérer contre la guerre ? Nous démarrons au quart de tour. Le cœur blindé de la Russie dans les entrailles de fer de l'Allemagne ! Nous n'allons pas balayer la neige, mais en laisser un mètre sur notre toit. Salut aux travailleurs de la circulation ! Le fils du maréchal Gradov file faire sa déclaration à une poufiasse chantante.

Ce n'était pas loin ; deux pâtés de maisons en descendant la rue Gorki, puis on tourne à gauche dans la travée des Chasseurs, droit vers le perron de l'hôtel *Moskva* dans l'immense restaurant duquel, au troisième étage, la dame de ses rêves, Véra Gorda, chante chaque nuit.

Bien des fois, Boris s'était dit : laisse tomber cette grognasse, tu parles d'un rêve, c'est tout bidon et simili, sans compter qu'elle ne doit plus être très jeune, vue à la lumière du jour, elle, le rêve de tes nuits d'ivresse, l'oiseau de nuit Lullaby, incarnation de la putasserie et de la tendresse. Il avait souvent vu, à la fin du programme, une dangereuse discussion prendre naissance parmi les soiffards : qui emmènerait Gorda ? Parfois, elle décampait en douce ou filait sous la protection de l'orchestre, parfois, provocante, elle attendait la fin de la discussion, puis se tirait, accompagnée de cavaliers fréquemment géorgiens. À des instants pareils, Boris se consumait de la plus ardente jalousie : comment ces boucs osent-ils toucher à cette créature que le sort lui-même m'a destinée ? Que dis-je, toucher ? Je suis sûr qu'ils l'enfilent, ils la soûlent à mort et ils la tringlent ! La prochaine fois, je ne laisserai personne l'emmener, j'enverrai dinguer cette meute de chiens, et je l'emmènerai dans ma Horch. Et elle aussi, elle trouvera plus d'intérêt à un gars comme moi qu'à ce ramassis de magouilleurs... Mais la prochaine fois arrivait de nouveau, comme un gamin, il regardait la grande femme moulée dans sa robe noire, à peine-à peine penchée sur son micro dans un geste d'intimité, sa longue jambe gainée de soie qui se montrait à peine-à peine à travers la longue fente de sa jupe, à peine-à peine dégagée sur le côté. Une voix grave qui remuait quelque chose de très lointain, presque oublié, enfantin, au plus profond du commando en disponibilité.

*Sous ce ciel étranger*
*Comme un hôte importun*
*J'entends les cigognes*
*Qui partent en pays lointain...*

Chaque fois qu'il la voyait et l'entendait, il se soûlait à mort et chaque fois, au bord du désespoir, il se sentait absurdement incapable d'aborder cette personne selon toute apparence éminemment adorable.

Je devrais envoyer tout ça au diable, se disait-il, et il envoyait assez efficacement toutes ces choses angoissantes, vicieuses, épuisantes au diable, il les oubliait d'autant mieux que sa vie devenait de plus en plus remplie : l'Institut, le sport, les bagnoles, les minettes para-sportives, les soûlographies entre hommes... Il délaissait durant des mois le *Moskva* tout proche (trente secondes de marche à pied en ligne droite), mais ensuite, telle une vague marine crêtée de blanc jaillie des ténèbres, quelque chose le précipitait tout droit au pied de la scène où, dans le pinceau d'un projecteur, se tenait Véra Gorda, où elle élevait ses bras nus vers sa tête couronnée d'or, où sa voix semblait étayer le rythme de tout le big band.

*... Les chameaux muets*
*Accroupis dans le sable*
*Et dans le silence du désert*
*La lente nuit interminable.*

Tout son répertoire consistait en chansons plus ou moins sous le boisseau qu'en aucun cas l'on n'aurait entendues à la radio ou en récital, des rythmes de blues et de tango fortement teintés de romantisme russo-tsigane, bref, de la pure musique de restaurant et à l'époque, ceux-ci, même s'ils existaient, étaient considérés par tout le pays comme les temples du vice, une survivance du capitalisme.

Dans les cercles des habitués, c'est-à-dire des gens pas très recommandables et dont la génération montante n'avait pas lieu de suivre l'exemple, l'on disait de Véra Gorda : « Vous l'avez entendue chanter *La Caravane* d'Aïvazian[1] ? C'est quelque chose ! »

... La Horch roulait vers son but, la vitre baissée. Boris, qui ne s'en apercevait pas, était couvert de neige et de givre. Des vers de Blok lui revenaient même à la mémoire :

*Tournoie la neige*
*galope le siècle*
*je rêve d'une douce berge...*

Bien que n'ayant que ses machines en tête, il ne dédaignait pas,

1. Un arrangement à la russe de celle de Duke Ellington.

parfois, dans le bric-à-brac de son appartement, de prendre sur un rayon un petit volume de vers de la collection de maman. Elle a sûrement oublié la poésie russe, *là-bas*, qu'a-t-elle à faire de la poésie russe ? Il ne s'était pas aperçu qu'il avait retrouvé toute sa lucidité d'un coup. Il ne faut pas que j'y aille. Pourquoi me rendre ridicule ? Comment irais-je la trouver ? Qu'est-ce que je lui dirais ? Excusez-moi, Véra, mais je vous désire ? Mais c'est tout à fait impossible, de moi à elle. Le premier margoulin venu peut le lui dire, ce serait normal. Moi, ce serait absolument anormal. Monstrueux. Impossible. Avec les minettes, tout ça se fait naturellement, comme en passant, mais cette putain-là, elle est inaccessible, protégée par je ne sais quelle barrière...

Il était près d'une heure du matin. Il fallait se tirer chez soi, hurler un bon coup dans sa solitude, et se déconnecter. Il fit deux fois le tour du quartier : le gigantesque hôtel, le plus central de Moscou, le cinéma *Stéréokino* avec son unique et éternel film *La Voiture 22-12*, puis le *Grand Hôtel*, puis de nouveau le *Moskva*... Son ivresse était complètement dissipée, il ne lui restait plus que la honte de l'avoir tellement ramenée, au *Cocktail-Hall* : ils finiront par me prendre pour un frimeur à la manque, bon Dieu, je me suis piégé moi-même, cette nuit, c'est la neige qui m'a bouché la cervelle. Je n'arrive pas à déhotter, je ne peux pas graviter indéfiniment ici non plus : je me ferais traîner au KGB à la fin des fins. Il faut en finir une fois pour toutes, à la fin des fins !

Il n'y avait devant l'entrée que deux Pobéda, deux taxis, qui laissaient tourner le moteur. La queue habituelle faisait défaut. Le portier sommeillait derrière ses vitres à moitié engivrées. Un ivrogne faisait du raffut dans l'entrée. Deux serveurs, un bouledogue et un ouistiti, lui fouillaient les poches : chercheur d'or de Sibérie, il avait dû faire une fameuse razzia au bar et oublier de payer. D'ordinaire, on entendait d'ici le bruit de l'orchestre, aujourd'hui, c'était le silence. Boris abandonna son pardessus au portier qui, bien sûr, le connaissait. Lui aussi, il avait servi au Front de Réserve sous les drapeaux de son légendaire paternel. Boris monta quatre à quatre jusqu'à la salle. Cela devait être l'entracte, la scène était déserte, seuls y demeuraient quelques instruments : un piano ouvert, un tas de percussions, les points d'interrogation si expressifs des saxos. Du scoubidoubidou bourgeois, il n'y a pas à dire. Il n'y a pas si longtemps, *Culture et Vie* avait déclaré que le saxophone était un instrument de malfaisants voyous.

Boris passa entre les tables à la recherche d'une petite place avec vue sur la scène. À cette heure-ci, tous les consommateurs étaient plus ou moins mûrs. Les salades dressées avaient été démolies, étalées. Des mégots pointaient d'endroits imprévus, des oranges, par exemple. Beaucoup de bouches métallisées se découvraient, c'était l'or pur qui prévalait. Ici, il y avait trop de vin, là, pas assez. On sortait celui-ci par le bras. Cet autre se hâtait de son mieux, d'une démarche incertaine, la main à la bouche, s'efforçant d'emporter jusqu'aux toilettes la divulgation de son festin. Mais, pour l'essentiel, il régnait un certain effet vitreux sans doute provoqué par les trente minutes d'absence de l'orchestre. À une heure du matin, c'est sûr, tout le monde avait envie de remuer, de se serrer corps à corps, d'osciller « en état de choc », comme l'écrivaient à l'époque les romanciers en parlant de l'étranger. Soudain, quelqu'un le héla. Derrière une colonne, Siova Zémlianikine, un coureur de l'Armée Rouge, lui faisait signe. « Salut, Bob, amène-toi ! Y a mon copain de classe, un pilote d'essai, qui fait la foire. Il ramène d'Extrême-Orient un plein wagon plus un chariot de fric ! »

S'assurant qu'il verrait la scène sans obstacle, Boris se dirigea vers cette colonne, et là, il aperçut Véra Gorda. Elle était assise au bout d'une longue table à côté d'un capitaine d'aviation. Il lui murmurait quelque chose à l'oreille, elle souriait. Dans leur coin sombre sur fond de rideau cramoisi, derrière un tas de bouteilles vides ou pleines, à trois pas de lui comme si elle venait de descendre de l'écran, puis s'était matérialisée, elle était assise, son coude nu posé sur la table, l'autre main tenant, un peu à l'écart, une cigarette près de son oreille gauche, les yeux mi-clos avec dédain, sa bouche rouge entrouverte, à croire qu'elle était déjà au pieu avec ce salaud de pilote d'essai dont la main, glissée sous la nappe, voyageait sans doute depuis un bon moment entre ses genoux.

Autour de la table, il y avait encore une bonne dizaine de personnes, mais Boris ne leur prêta aucune attention et n'entendit même pas les paroles qu'elles lui adressaient. Il serra les mains, mais sans quitter Gorda des yeux, dévorant chaque détail : la bretelle dangereusement décousue de sa robe de scène, les grosses boucles de ses cheveux, ses pendants d'oreilles, ses bracelets, un petit grain de beauté sur sa tempe.

Soudain, elle s'écarta de l'aviateur, sourit en plein au nouveau venu, l'inonda du bleu chaleureux de ses yeux, oui, c'est bien ça :

*Au-bleu-de-tes-yeux-je-veux-clamer-mes-vœux.*

Une sensation de déjà-vu le transperça et disparut instantanément.

— Pardon, j'ai mal entendu votre nom, dit-elle.

— Boris Gradov, émit-il comme si elle pouvait, sur-le-champ, le démentir.

— Boris Gradov, c'est joli, dit-elle comme à un petit garçon. Moi, c'est Véra, si vous l'avez mal entendu.

— Je l'ai bien entendu.

— Buvons ! s'écria l'aviateur en flanquant dans son verre, de deux bouteilles à la fois, de la vodka et du champagne, c'est-à-dire composant une Aurore boréale, boisson fort en vogue à l'époque.

— Edka en pince salement pour Gorda, dit Siova Zémlianikine à Boris Gradov. Dès qu'il a entendu *Entre de vieilles lettres pleines de poussière*, il a amorcé une descente en piqué, il est prêt à lui donner tous ses picaillons pour une seule nuit.

— Il peut être prêt à donner tout ce qu'il veut, dit Boris — et aussitôt il se lança dans une dangereuse approche du pilote d'essai : — Et qu'est-ce que vous essayez, si ce n'est pas un secret d'État, des grands avions ou des petits ? — Avec un sourire d'ivrogne, le pilote le menaça du doigt, encore que sa mise au point ne dût pas, à cet instant, être très nette.

— Mais si, jeune homme, c'est justement un grand secret. Un petit avion objet d'un grand secret. — La tête sur le côté, il luttait contre sa surcharge d'alcool, puis ayant apparemment remporté la victoire, il rayonna et déballa ce qu'il peut y avoir de plus ahurissant. — Ce petit avion, mes amis, ma petite Véra, je l'essaie sur le tas. Vous voulez savoir où ? Tout à fait entre nous, en Corée. Nous y avons un dur labeur, ma petite Véra et vous autres. D'une main, on presse la détente, de l'autre on tire sur ses paupières pour avoir l'air coréen. Et voilà le travail !

C'est ainsi que se confirmèrent de la façon la plus inattendue les immondes calomnies de la presse impérialiste selon lesquelles des aviateurs soviétiques participaient aux combats livrés par la République Populaire Démocratique de Corée. Aucun des présents, bien qu'éméchés, ne s'étendit sur le sujet, simplement Gorda mit en riant sa petite main sur la bouche de l'aviateur qui la ramenait un peu trop. Quant à Boris Gradov, il fut pris d'une sympathie subite pour cet imbécile rond comme un cent de grives : un collègue, tout de même, un gars des missions spéciales, il se bagarre contre les Américains, alors voilà, ses nerfs ne tiennent pas.

Là, les sons du piano retentirent sur l'estrade. Véra se souleva et jeta un coup d'œil de l'autre côté de la colonne. « Il est temps que j'aille travailler. » Les musiciens n'avaient pas encore regagné leur place, seul le pianiste esquissait le *Saint Louis Blues*, lentement. L'aviateur voulut se lever pour accompagner son invitée, mais sa main dérapa de la table à laquelle il s'appuyait et il faillit tomber. À ce moment, Boris Gradov se faufila entre les chaises, prit la chanteuse par le coude et la conduisit jusqu'à l'estrade. « Du boulot de professionnel, Bob », fit Siova Zémlianikine dans son dos en riant.

— Si on dansait ? proposa Boris.

— Pourquoi pas ? — Elle lui posa la main sur l'épaule.

Ils se mirent à danser au son du piano. Elle fredonna quelque chose en anglais, puis demanda :

— Qui êtes-vous ? Cela fait longtemps que je vous ai remarqué.

Tout en la guidant, il effleurait ses seins et ses hanches. Sur ses talons hauts, elle était presque aussi grande que lui. Elle avait le dos moite, la sueur ajoutait à son parfum une note absolument terrible. « Je... je..., bafouilla-t-il, je suis officier du Renseignement en disponibilité, maître ès sports de motocyclette, de plus... de plus, vous savez, je suis le fils du maréchal Gradov... j'ai un appartement de cinq pièces absolument vide rue Gorki... et puis... et puis... une Horch, et tout ça... »

Elle se serra contre lui un instant. « Pourquoi tremblez-vous, mon petit ? Ne vous inquiétez pas, j'irai avec vous. » Déjà les musicos revenaient, s'asseyaient. Le pianiste avait envoyé une œillade à Gorda et continuait à jouer. Boris ne pouvait plus sortir un mot. Enfin, le chef d'orchestre, un vieux babouin au plastron empesé, raide comme du carton, annonça : « Chers camarades, l'orchestre de variété du *Moskva* entame la dernière partie de son programme. »

— Attendez-moi dans le vestibule, après la fin, murmura-t-elle.

De nouveau, la lumière s'éteignit, la boule de verre accrochée au plafond tournoya et les taches de lumière multicolores coururent sur la cohue vite rassemblée des danseurs. Boris ne rejoignit pas la table de l'aviateur, il se laissa tomber dans le premier fauteuil venu, au plus près de l'estrade. Gorda se tenait au fond et bavardait gaiement avec le pianiste, de lui peut-être, peut-être de ce petit fou avec lequel elle avait dansé le *Saint Louis Blues*.

Puis le rayon du projecteur la ramena sur le devant de la scène et, appuyant presque les lèvres contre le micro, elle se mit à chanter, en soutenant le rythme souple et lent des genoux et des épaules :

*Un jour, tu verras, l'orage passera*
*Nous saurons retrouver le bonheur d'autrefois*
*Alors, nous referons notre chemin de joie*
*Un jour tu verras,*
*Un jour, tu verras !*

Ah oui, à présent elle chantait pour lui, pour lui seul, pas du tout pour son capitaine fricard qui a tant de peine à presser la détente et à se brider en même temps les yeux à la coréenne, pas du tout ses éternels encore plus fricards admirateurs géorgiens qui l'applaudissent si chaleureusement en ce moment même en faisant tinter leurs bagues, pour personne de cette foule pleine de bouffe, mais seulement pour Boris Gradov à qui elle a promis d'aller avec lui en l'appelant justement comme il en avait si terriblement envie : « mon petit ».

Un serveur se présenta. Boris commanda une bouteille de

*gourdjouani* et une assiette de fromages. Il regarda autour de lui et constata qu'il était assis au milieu de jeunes gars dont aucun ne leur prêtait attention, à lui ou à la femme de ses rêves. Bien entendu, ils parlaient d'une partie de grimpette. L'un d'eux, un gros garçon d'une trentaine d'années très sûr de lui, racontait qu'il avait tourné en rond avec une grelouse sans arriver à dénicher une crèche où il tirerait son coup. Les autres l'écoutaient avec un maximum de gravité. « Tu comprends, comme par un fait exprès, Pétka n'est pas chez lui, chez Gatchik on joue aux cartes, et Semitchiastny reçoit sa tante et sa fille. On traîne toute la soirée, on se serre l'un contre l'autre, il gèle, putain, j'en ai les couilles qui craquent. Je ne vais quand même pas me la faire debout contre une palissade ! Enfin, elle me dit : prenez une tire, Nicolaï, et allons chez moi. » Il faut croire que la bande connaissait la grelouse. L'un d'eux, la bouche pleine de dents aurifiées, dit : « Elle habite aux Sokolniki. » Un autre, binoclard, confirma : « Oui, oui, aux Sokolniki. » Un troisième, une espèce de barbu, se borna à rire. Le narrateur confirma : « Exact, aux Sokolniki, dans une baraque pourrie. Tu ouvres la porte et aussitôt derrière, tu tombes sur une mare d'eau. Une grelouse superchouette, et elle habite dans des conditions pareilles ! Une piaule minuscule, juste la place d'un lit d'un mètre où sa grand-mère grelotte sous une couverture en chiffons. J'ai appris par la suite que, cette nuit-là, le gel avait fait péter leur chauffage. "Allons, crie-t-elle à sa grand-mère, fiche le camp !" Elle flanque la mémé par terre et me ramène sur elle. Alors là, camarades, j'ai oublié toutes les normes de la littérature mondiale. J'ai tiré sa culotte, j'ai mis ma bielle en place et vas-y que je tourne à plein régime ! De quoi rire et de quoi pleurer, je vous jure. Le lit est trop court, j'ai les pieds qui buttent au bout, ça ne fait que majorer mon coefficient de force utile, la grelouse braille, fait des bulles, la mémé pleure dans son coin en répépillant "Mon Dieu quel cauchemar !"... »

« Pourquoi racontez-vous tout ça ? » demanda subitement Boris à sa propre surprise, d'une voix de stentor. Ils se tournèrent vers lui d'un bloc, comme s'ils venaient seulement de s'apercevoir de sa présence. Le barbu souffla un « ah ! » et se figea, un sourire aux lèvres au milieu de sa végétation.

— Ça vous regarde ? — C'était le narrateur, Nicolaï, un beau costaud, qui s'adressait ainsi à Boris.

— C'est seulement que ça me dégoûte, répondit celui-ci encore plus fort et même avec un certain degré de sonorité. — Une sensation de forte accélération naquit. — Voilà une jeune fille qui, à bout d'espoir, vous amène dans son taudis, humilie pour vous sa grand-mère, si ça se trouve le seul être qu'elle aime au monde, et vous la traitez de « grelouse », vous dites qu'elle braille, qu'elle fait des bulles !

Là, ils furent plusieurs à se mettre à gueuler : « Quel culot, espèce de casse-couilles ! Chicard merdeux... ! On vous a demandé de nous écouter ?... Tu es là avec ton fromage et ton *gourdjouani*, bon, restes-y, mais tiens ta gueule, jeune homme... ! » Ils étaient tous furax, seul le barbu rigolait avec une expression curieusement familière, d'une voix de basse sonore, artificielle, et articulait : « Il a quelque chose, les gars, parole, il a quelque chose, il nous a servi tout ça... on dirait du Dostoïevski. »

Soutenu par ce chœur, Boris vida paisiblement sa coupe de vin, dégusta son fromage.

— Excusez-moi d'avoir surpris votre entretien, gentlemen, mais je persiste et signe, et si j'avais connu la jeune fille dont vous avez si mal parlé, la conversation aurait tourné tout autrement.

Ce culot aggravé leur coupa le souffle. Le héros des Sokolniki abattit sur la table sa pogne large comme une pelle.

— Vous ne voyez donc pas, les gars ? Ce camarade en veut. Il va, il vient, il cherche des aventures pour ses propres fesses, il en veut.

— S'il en veut, il en aura, dit l'aurifié. On t'attendra à la sortie, dit-il à Boris.

Il ne manquait plus que ça, se dit Boris, au lieu de mon rendez-vous avec Gorda, je me fourre dans une bagarre de cabaret. Il s'empara de sa bouteille inachevée et revint vers Siova Zémlianikine.

— Où est Véra ? brailla l'aviateur en l'apercevant. Où as-tu emmené mon amour, salaud ?

— Tu ne vois donc pas où elle est ? cria à son tour Boris. Là, en scène, elle chante ! Tu ne la vois pas ? Tu ne l'entends pas ? Tu es devenu aveugle et sourd, à ta guerre de Corée ?

— Mais qu'est-ce qui se passe, toute notre soirée est râpée ! s'exclama Siova Zémlianikine, fort contrarié. Les forces armées ne savent plus tenir le litre.

Lorsque le programme, après quelques demandes personnelles « pour nos hôtes de l'Ouzbékistan ensoleillé, de la Moldavie ensoleillée, du Pétaouchnok ensoleillé », s'acheva enfin et que la lumière, sur scène, s'éteignit, Boris s'empressa de quitter la salle et dévala l'escalier jusqu'au vestibule où, installés dans des fauteuils, les gens à qui l'on avait promis des chambres pour le lendemain dormaient. Chaque fois que quelqu'un ouvrait la porte, de cruelles buées de froid soufflaient de la rue. Des voix avinées remplissaient le vaste hall : les gens s'expliquaient ; comme de juste, il y en avait un qui criait que personne ne l'aimait.

Ils attendaient Boris. Ils étaient cinq ou six autour du héros de Sokolniki, lequel mesurait bien deux mètres. Tout était foutu une fois de plus, un autre emmènerait Véra. Peut-être ce mec de deux mètres avec sa « bielle » après m'avoir broyé la gorge avec son quarante-cinq fillette. Peut-être que cette fois-ci, on ne tape pas le carton chez Gatchik. Battons en retraite ! Filons comme si on ne les voyait pas. L'orchestre sort par la porte sous l'escalier, c'est là que Véra va se montrer dans une dizaine de minutes. Alors, il faudra filer avec elle en quatrième vitesse jusqu'à la fidèle Horch ! « Écoutez, les mecs, je ne vous conseille pas de chercher Boris, les exhortait le barbu. Ce gars maîtrise parfaitement les prises de close-combat ! — Du vent, Sania, lui disait le costaud Nicolaï. Gare-toi si tu veux. Tout le monde sait que tu as une bonne raison, et même deux. »

— Eh, jeune homme ! cria-t-il au « chercheur d'aventures » qui passait devant lui avec une tranquillité feinte. Eh, Boris ! C'est à vous que je m'adresse !

— D'où savez-vous mon nom ? Allez vous faire foutre.

— La terre est pleine de rumeurs, ricana Nicolaï. Approche !

Il approcha d'un pas. Et juste à ce moment-là, Véra Gorda s'envola de l'entrée des artistes, une petite pelisse directement posée sur sa robe de concert.

— Je suis là, Boris !

Gradov s'élança, la prit par le bras, l'emmena comme une flèche à travers l'immense vestibule jusqu'à la fidèle Horch qui, selon certaines informations, avait jadis transporté cette fausse couche de Dierlewanger. En raison de sa disposition stratégique, il n'aurait rien coûté à la bande à Nicolaï des Sokolniki d'intercepter les amoureux, elle l'aurait fait sans aucun doute s'il n'y avait eu un traître dans ses rangs. Le mec barbu, le Sania, se porta en avant en boitant très bas et accueillit ses « amis » de deux coups puissants : un crochet du droit à la mâchoire de l'aurifié, un uppercut du gauche au plexus de Nicolaï. Tous deux plièrent bagage quelques instants dans les positions adéquates, ce qui permit à Boris de franchir l'obstacle. Stupéfait, il se tourna vers le barbu, mais sans ralentir l'allure. Véra fonçait aussi, riant et retenant de la main ses cheveux qui volaient au vent. Elle croyait naturellement, comme cela était déjà souvent arrivé, que c'était en son honneur que se jouait la bataille. D'ailleurs, elle n'était pas loin de la vérité : d'un autre coin du hall, Édouard, l'« aigle de Staline », arrivait en piqué. Par un réflexe acquis lors de ses vols en avion à réaction au-dessus de la presqu'île de Corée, il pressait d'une main une détente imaginaire, et de l'autre tirait sur ses paupières, ce qui lui donnait effectivement le type asiatique. Là, ce fut Boris lui-même qui dut lui appliquer une prise parfaitement mise au point lorsqu'il s'était battu pour l'édification du socialisme dans la république-sœur de Pologne, et, pour plus de précision, balancer le capitaine par-dessus sa hanche, ce qui fit de lui, durant une fraction de seconde, le complice involontaire de l'impérialisme américain. Après quoi, il vida les lieux avec sa chanteuse, comme s'il bondissait d'un Douglas dans la tempête gémissante.

Démarre, saloperie SS ! La charrette qui avait abrité bien de noires affaires ne le trahit pas dans celle-ci, pas très claire non plus : elle hurla comme toute une colonne de tanks forçant le passage de Dunkerque. Les mains des gaillards ulcérés s'accrochaient aux portières, les gueules des mecs entre deux vins se collaient aux vitres, et soudain, ce fut l'une d'elles, tellement chère, reconnue dans un éblouissement malgré sa barbe : son frère d'armes, Alexandre Chérémétiev ! Non, mais quelle nuit ! « Sacha, je n'ai pas changé d'adresse ! » gueula Boris entre deux plaques de neige collée à sa vitre. Le barbu hocha la tête. Puis les essuie-glaces balayèrent le pare-brise pour découvrir Nicolaï des Sokolniki planté devant la voiture dans une pose à la Maïakovski : « Je chante ma patrie, ma république ! »

— Voulez-vous que je l'écrase ? demanda Boris en découvrant les dents.

— En aucun cas ! Machine arrière, commandant ! riait Gorda.

— Merci de me laisser le choix, rugit le commando en disponibilité.

Il fit demi-tour au milieu de la travée des Chasseurs transformée par le blizzard en champ russe à la Pougatchov, la Horch remonta la rue Gorki et disparut un instant plus tard de la vue du ramassis anarchiste. Nicolaï le Grand avait réchappé, mais il reparaîtra encore dans ce roman.

Tout ce qui suivit, mouvements du corps et mouvements de l'âme — et ces derniers étaient très présents, même si certains critiques prétendent qu'il n'y avait là rien qui vînt de l'âme, rien que du sexe bestial et nu ; ils étaient présents, messieurs, même si leur pelote était incroyablement mêlée, échappant à toute tentative de démêlage — tout cela, Boris devait s'en souvenir comme d'un prolongement de la bourrasque, mais cette fois dans sa version brûlante.

Il était encore dans l'ascenseur qu'il avait perdu la faculté de répondre aux questions de Véra Gorda. Aussitôt dans l'appartement, il lui happa le bras et l'entraîna sans dire un mot à travers l'entrée, la salle à manger et le bureau droit dans la chambre de ses parents. « Mon Dieu, quel appartement, bredouillait-elle, quel appartement impossible ! » Il n'alluma même pas la veilleuse — les réverbères de la grande rue, sous leur couche de neige, projetaient à l'intérieur les ombres fuyantes de la tempête —, il la déposa telle qu'elle était, en pelisse, sur le vaste lit Paul I$^{er}$ que maman avait acquis avec tant d'amour chez un antiquaire, se mit à tirer de sous sa longue jupe le linge de soie, s'emmêla, s'agrippa, le sortit en guirlande, en lambeaux, après quoi, tout ce dont il avait eu si désespérément soif s'ouvrit devant lui comme une fleur magique qui ne demandait qu'une chose : qu'on lui pénétrât plus profondément le cœur. Elle gémissait, lui caressait la tête et murmurait : « Mon petit Boris, mon petit Boris, mon petit ! » Ces mots lui tournèrent complètement la cervelle et il eut toutes les peines du monde à ne pas laisser échapper le mot sacré. Puis elle cessa de l'appeler de quelque nom que ce fût, pour ne faire que crier avec une sauvagerie accrue à chaque fois, jusqu'au moment où elle articula à travers le tremblement, d'une méprisante voix de somnambule : « Tu m'as baisée jusqu'au trognon, mais tu ne m'as pas embrassée une seule fois, sale tringleur ! Alors pour toi, rien n'existe à part le cul ? » Il comprit qu'à ce moment-là elle avait besoin de dire quelque chose de sale, qu'ils approchaient tous deux de l'orgasme et il écrasa des lèvres sa bouche brûlante. Les lèvres, oui, bien sûr, ses lèvres à elle qui chuchotaient des paroles si triviales, si enivrantes. De longs ongles se plantèrent dans sa nuque, Véra Corda se débattit comme pour lui échapper, s'enfuir, il se fondit dans son spasme, comme s'il la suppliait à chaque nouvelle fois de rester avec lui, son « petit », son « petit Boris ». Et voilà qu'avec des cris de victoire, comme si c'était la jonction des Alliés sur l'Elbe, arriva le triomphe, non pas petit sautillement de moineau, mais longs coups d'aile, longs appels, comme d'un aigle en plein essor, qui peu à peu se nuancèrent en la plus heureuse, la plus tendre, la plus innocente des basses prairies.

Lorsque cela, à son tour, fut passé, il éprouva un fugitif accès de honte : « En quoi suis-je mieux que ce Nicolaï ? », mais aussitôt, il le chassa : pouvait-on comparer *cela* avec l'*autre* cochonnerie ? À présent, ils gisaient côte à côte sans se toucher. Tous deux avaient gardé manteau et souliers.

— Quelle âge avez-vous, Boris ? demanda-t-elle.

— Vingt-quatre ans, répondit-il.

— Mon Dieu ! soupira-t-elle.

— Et vous, Véra ?

— Trente-cinq. — Elle rit. — Ça vous fait peur ?

— Je ne veux pas que vous ayez moins, marmonna-t-il.

— Vraiment ? C'est curieux. — Elle entreprit de se lever, s'assit au bord du lit, se mit debout. — Ah ! Vous m'avez tout déchiré, toute ma lingerie de luxe...

Il sortit de sa poche un paquet de cigarettes brisées, rechercha le bout le plus long, gratta une allumette.

— Il reste encore beaucoup de joli linge dans l'armoire, dit-il, et à mon avis, c'est votre taille.

Là, il eut peur d'en avoir trop dit, peur qu'elle lui demande qui l'avait laissé, et quoi et qu'est-ce... Pourtant, elle ne dit rien, alluma la lampe de chevet, ouvrit l'armoire, accrocha du doigt une pièce de linge de maman, siffla : « C'est pas mal », le regarda gaiement, avec humour. Il eut un rire joyeux : ah, comme les choses allaient être faciles avec elle, parions-le !

Elle se regarda dans la glace, toujours en pelisse et robe de scène à l'ourlet froissé et retroussé. « Eh bien, fit-elle avec un nouveau sifflement, une chanteuse de trente-cinq ans qui vient d'être violée... » Puis elle alla au téléphone, composa un numéro, proféra : « Je ne serai pas là aujourd'hui » et raccrocha aussitôt.

— À qui téléphoniez-vous ? demanda Boris, sur-le-champ honteux de sa question : elle, elle ne m'a encore rien demandé et moi, je me mêle déjà de sa vie privée.

— Quelle importance ? dit-elle d'un petit air triste. Bon : mon mari.

Après ce « Bon : mon mari », il eut envie la réentraîner tout de suite au lit. Il la regardait, plein d'admiration, se mouvoir dans la pièce, ôter sa pelisse, s'extraire en serpentant de sa robe noir et argent. « Je pense que vous avez même une salle de bains en état de marche ? » demanda-t-elle avec une inflexion étrange mi-provocante, mi-humiliée.

— Pourquoi pas ? Oui, bien sûr, fit-il non sans étonnement. Au bout du couloir à droite. Excusez le bordel, Véra, mais j'habite seul et mes copains motards débarquent tout le temps ici.

— Ça n'est pas grave, cria-t-elle d'un ton allègre en tambourinant des talons droit dans la salle de bains, tout en retenant son porte-jarretelles qui avait craqué.

Tandis qu'elle barbotait, il refit le lit (par bonheur, il avait trouvé un drap propre), se déshabilla, se coula sous la couverture en attendant, et s'endormit sans s'en rendre compte. Il fut réveillé par des sensations supérieurement voluptueuses. Assise à ses pieds, toute nue, Gorda léchait son membre, le prenait tout entier dans sa bouche, le suçait, puis le reléchait, tout en le dévisageant de ses grands yeux innocents. Puis elle se rapprocha, et avec une extraordinaire dextérité, absorba ce membre en son sein, enfourcha Boris comme une dame de la haute société habituée à chevaucher des pur-sang. Elle se pencha et offrit à son « petit garçon Boris » ses seins aux bouts pointus. « Petit Boris » en suça un tout en pressant tendrement l'autre, puis revenant à des principes de justice, suça le second organe pair d'abord mal partagé, tout en flattant et pinçotant le premier, afin qu'il n'y eût pas de jaloux.

— À présent, on dort, petit garçon Boris, dit Gorda après que le galop continu, terminé par un démentiel steeple-chase, eut été couronné.

Elle posa sur son épaule une tête confiante, l'enlaça du bras droit et de la jambe droite, s'endormit aussitôt en sifflotant du nez. Tout en s'étirant comme un bienheureux dans cette étreinte tiède et douce, il était lui aussi en train de s'endormir, ou plutôt, peut-être de se dissoudre, n'était-ce pas cela le nirvana, quand il se réveilla brusquement, et tous ses membres avec lui.

— Ça y est, ça te reprend, bredouilla-t-elle dans son sommeil.

Ça suffit, calme-toi, Boris.. Allons, allons... bon, d'accord, tu fais ce que tu veux, mais laisse-moi dormir, je suis fatiguée... comment, tu le veux encore ?... les fesses en l'air... bon, comme tu voudras... Allons, Boris, il y a une fin à tout, calme-toi, gardes-en un peu pour demain matin... — Il s'endormait et se réveillait pour entendre une exhortation : « Calme-toi, Boris ! » Comment faisait-elle pour trouver précisément les mots qu'il mourait d'envie d'entendre ?

Il finit par se déconnecter, mais uniquement pour, une demi-heure plus tard, bondir hors du lit, se jeter inconsciemment vers sa commode, sortir d'entre le linge son joujou de commando, son arme personnelle, un parabellum. La sonnette de l'entrée tintait éperdument. Sa montre marquait cinq heures moins dix. Véra n'avait pas bougé, elle sifflotait toujours comme une bienheureuse, marmonnait des propos sans suite. La première chose qui vint à l'esprit de Boris fut : Sacha Chérémétiev n'a tout de même pas amené ce ramassis de voyous ici ! Je vais leur envoyer un coup de pétard, je n'ai pas l'intention de prendre des gants ! Il enfila une robe de chambre et courut pieds nus vers l'entrée. La sonnette s'était tue. Il regarda par le judas. Reflets incertains des dalles du palier sous le plafonnier mat. Personne. Il ouvrit la porte avec précaution, le pistolet à la main. L'escalier était désert, sonore, la tempête hurlait dans les conduits d'aération. Un grand sac en papier bourré à craquer avait été déposé contre la porte. Debout, ce sac bizarre, et non couché comme il convient à un sac ordinaire. Debout, posé sur son fond plat et dur. Un sac *pas de chez nous*. La Russie ne peut pas produire un sac pareil. La Russie, il lui faudra encore cent ans pour élaborer un sac comme ça, en double épaisseur, en gros papier kraft marron, à fond plat et cordons d'attache bleus.

Il l'emporta dans la salle à manger, le posa sur la table et dénoua les cordons. Le premier objet qu'il sortit était incroyablement chaud et doux. Deux pulls roulés ensemble, l'un grenat, l'autre marine, portant les mêmes étiquettes où ressortait le mot *cashmere*. Puis apparurent deux chemises de laine, l'une à gros carreaux verts, l'autre à carreaux marron. Deux paires de gants de cuir. Une montre à bracelet métallique. Un appareil inconnu qui fut identifié plus tard comme rasoir électrique. De grosses chaussettes de laine, une paire rouge, une bleu ciel, une jaune. Des mocassins à frange et des bottes fourrées. Un sous-vêtement combiné d'hiver. Et enfin, pressé contre le fond — on avait peine à croire à l'existence d'un tel objet — un blouson d'aviateur en mouton avec d'énormes poches partout, des petites poches partout, des fermetures éclair partout, une chaînette portemanteau et une grande étiquette en cuir où figurait une forteresse volante, et pour plus de précision, l'inscription : *Bomber-jacket, large*.

Nom de Dieu de nom de Dieu, je ne comprends rien, j'ai trop bu, j'ai trop baisé, je suis fatigué, quelle nuit, qu'est-ce que ces affaires, à qui sont-elles destinées, qu'est-ce que c'est que cette... soudain, cela prit forme dans sa conscience, nettement, terriblement : qu'est-ce que c'est que cette provocation ? Couvert de sueur, les doigts tremblants, il ouvrit les fermetures éclair les unes après les autres, fouilla les poches, ne trouva rien. Il jeta un coup d'œil au sac vide : là, il y avait quelque chose, la grande image brillante d'une tardive après-midi d'hiver en bordure d'une bourgade d'Occident aux fenêtres déjà éclairées, un coucher de soleil précoce, un étang gelé et des enfants qui y patinent, des messieurs-dames en habits du XIXe siècle parmi lesquels, cela va de soi, s'amusent quelques chiens naïfs et étourdis. Au verso, de belles lettres argentées disaient : *Merry Christmas and a Happy New Year !* et dessous, de son écriture ronde et enfantine *à elle* : « Mon petit, comme je t'aime ! »

C'est un cadeau qu'elle envoie à son petit garçon pour le Nouvel An passé, et quelqu'un s'est glissé au milieu de la nuit, en bon agent secret, pour le lui livrer. Un Américain, peut-être l'un de ceux qui étaient au *Cocktail-Hall*, ou peut-être un autre, un Américain *secret*. Elle n'est pas folle ? Pour un cadeau pareil ce petit garçon qu'elle aime tant, il pourrait se retrouver à la Kolyma. Secret, de nuit, un *jalon* posé par l'Amérique hostile, agressive, pleine d'espions : un *contact* ! Non, un truc pareil, on ne s'en sort pas avec la Kolyma, on vous exécute dans une cave. Elle, tout ce qu'elle cherche, c'est à se faire plaisir : pensez donc, elle a envoyé un cadeau de Nouvel An à son fils, et après elle le Déluge ! Elle a peut-être oublié dans sa bucolique bourgade, dans les étangs du Connecticut, où elle a tiré ses quatre ans et d'où elle a ramené son Chevtchouk ? Furieux, il balança son précieux blouson de bombardier dans un coin. Ce brusque mouvement entraîna un flux de pensées à l'opposé. Depuis quand est-ce que je me dégonfle comme ça ? Il me semble pourtant que j'ai appris à n'avoir peur de rien, en Pologne, ni d'une mitraillette, ni d'une baïonnette, et voilà qu'un cadeau de ma mère me foutrait les jetons ! De ma chère maman dont ce n'est pas, vraiment pas la faute si le monde est devenu fou, a démembré et éparpillé sa famille. Vois plutôt avec quel amour elle a rassemblé tout ça, chaque chose plus belle que l'autre, de première qualité et surtout, tout cela si chaud, comme si, dans ce sac, elle avait voulu m'envoyer sa propre chaleur, un concentré de sa chaleur. Je vais porter tout ça, et le blouson aussi, avec fierté, et si l'on m'interroge, je répondrai : c'est ma mère qui me l'a envoyé d'Amérique.

Il gagna la fenêtre, tira le store et s'aperçut que la tempête de neige avait pris fin et que cela se dégageait très vite. Dans le ciel lilas foncé, du côté du Kremlin, sorte d'allegro symphonique plein de bravoure, rapides comme des esquifs, de longs nuages blancs couraient. Soudain, le bonheur lui coupa le souffle. Il suffisait de vouloir et il s'en irait voguer avec ces nuages blancs dans le ciel lilas foncé d'après la tempête.

— Où es-tu, mon petit Boris ? — La voix de Véra Gorda, chanteuse de variétés, montait de la chambre à coucher.

## CHAPITRE CINQ

# *Non, mais quels méandres !*

Un mois et des poussières après la nuit agitée que nous venons de décrire, nous nous retrouvons dans un lieu figé dans le bleu : reflets du soleil et, dessus et dessous, ciel immobile et glacial, fond du stade Dynamo recouvert d'une épaisse couche de glace. Le froid n'en finit pas, mais il est sec, un anticyclone s'attarde sur Moscou depuis des semaines et des semaines, la neige sèche et tassée crisse sous les pas. Le froid frigorifie les microbes, l'aspirine traîne dans les pharmacies, les gens, en tous les cas, ici, à Dynamo, offrent de saines binettes russes habituées à l'hiver. Tout un chacun comprend qu'il lui est donné de vivre rien que l'instant qui passe, qu'il faudra encore attendre le dégel cinq ans et la *pérestroïka* trente-cinq, et que si l'on a eu la chance de réchapper à la guerre et d'éviter la prison, on peut parfaitement survivre dans l'air sec et aseptique du stalinisme tardif, et même tirer un certain plaisir de la vie, en particulier en assistant à l'entraînement des prochaines courses de moto sur glace.

Quelques connaisseurs, fainéants invétérés, c'est sûr, retraités-maison ou des Services de Culture Physique, observaient des tribunes les motos hurlantes qui se ruaient en bas sur leurs pneus à clous tels des sangliers au printemps et négociaient leurs virages en soulevant des éventails de poudre de glace.

— Alors, pourquoi il est passé d'une Ardy à une NSU, Tchérémiskine ? se demandaient les connaisseurs.

— On dit que Gringaut ne court plus sur glace.

— Comment ça, quand je l'ai vu moi-même équiper son IG-350 en pneus à clous !

— Qui c'est, celui-là, qui a l'air d'en vouloir ?

— C'est un nommé Boris Gradov. Il a fait deuxième en cross, cet été, à Moscou, et maintenant, dis donc, il tâte aussi de la glace.

— Qu'est-ce qu'il donne aux essais ? C'est bon ?

— J'ai chronométré : 95 départ arrêté, 125,45 en pointe.

— Pas mal !

Tous les motards qui effectuaient ce jour-là leurs essais sur la glace de Dynamo le faisaient avec leur entraîneur ; Boris avait aussi le sien qui chronométrait ses temps et le gratifiait de « IP », c'est-à-dire d'« indications précieuses ». L'entraîneur, extrêmement poli, voussoyait son poulain : « Non, mais quel con ! Pourquoi n'avez-vous pas mis les gaz dans le virage comme je vous l'avais dit, Boris ? » criait-il.

Boris, la trogne rouge, heureuse, pleine de poussière blanche, rejoignait au pas la silhouette mal ficelée dans son touloupe de marine et ses bottes de feutre enfoncées dans des caoutchoucs. « Pardon, Sacha, j'ai manqué de top, j'ai laissé passer le bon moment. On remet ça, voulez-vous ? » Il se gardait bien de laisser paraître qu'il commençait à trouver un peu ridicule la gravité avec laquelle Chérémétiev prenait son nouveau travail. Pour l'instant, l'ancien boxeur ne s'y entendait en motocyclettes que comme un très modeste amateur.

Leur amitié s'était rétablie très vite après la nuit de bourrasque que nous venons de décrire. Un beau matin, Boris, qui ingurgitait en grinçant des dents un odieux manuel de biochimie, entendit sonner, alla ouvrir et aperçut devant la porte un jeune homme en caban de marin au visage pur et distingué, bien qu'un peu carré. La barbe disparue comme par enchantement. Il l'avait supprimée aussitôt après la bagarre du *Moskva*. « Après vous avoir vu, sacré bon Dieu, je me suis regardé dans la glace et j'ai compris que je m'étais salement laissé aller. Je me suis rasé la barbe, j'ai cessé de fréquenter les brasseries et désormais, je refuse même les invitations au restaurant. »

Mais tout de même, de telles retrouvailles six ans et demi après... Comment ne pas faire une entorse à son serment ? Les amis étaient allés à l'*Essénine*, comme on appelait alors la cave voûtée qui se trouve sous le passage de la Loubianka. On n'aurait pas trouvé meilleur cadre pour un récit plein de tristesse. On te ressert de la bière sans rien te demander dès que l'on voit ton verre vide. Et ses forces morales défaillantes, on peut toujours les relever au moyen d'un petit verre plus corsé.

Voici, exposé de façon lapidaire, la chronique des six dernières années et demie de la vie d'Alexandre Chérémétiev. On l'avait amputé de sa jambe déchiquetée aussitôt après qu'il avait été évacué de Varsovie. Pourtant, on avait réussi à sauver le genou, donc, la jambe était encore vivante. On avait solennellement remis à l'héroïque agent secret — j'avais été proposé pour la médaille du Héros — une prothèse américaine, un truc formidable, inusable, regarde, tu peux toucher, n'aie pas peur, c'est le don de la section médicale de la société juive *B'naï Brit*. Il s'y était très vite adapté et songeait même à remonter sur le ring, il lui aurait suffi de gagner un peu de poids pour passer dans une catégorie moins mobile. Ça, tu penses, ce n'était rien, le vrai problème, c'était de ne pas sombrer dans la boisson. Alors, j'ai clopiné jusqu'à l'autorité et j'ai demandé à rester sous les drapeaux. La guerre continuait, je pouvais rendre des services, en temps de paix aussi, d'ailleurs. Vous savez, Boris, mon vieux, on peut dire ce que l'on voudra du Renseignement, mais les siens, et surtout les coupe-jarret que nous étions, vous et moi, il ne les laisse pas tomber. On m'a envoyé à l'École des interprètes militaires d'Extrême-Orient pour me familiariser avec la langue anglaise, version américaine. Naturellement, j'ai repris du poil de la bête, je me suis inventé mille histoires à dormir debout : espion international, hôtels aux Caraïbes, jeune Américain légèrement bancal, âme de la société, nageur, plongeur, en fait agent de reconnaissance soviétique, et ainsi de suite dans le même genre, permettez-moi de vous rappeler que malgré notre expérience polonaise, nous n'avions alors, l'un et l'autre, que dix-huit ans. Bref, dans cette École je me suis efforcé de surpasser tout le monde en tout, à l'exception du saut d'obstacle, évidemment. Et j'y suis arrivé, nom de Dieu ! Comme vous vous en souvenez, mon anglais était déjà fort convenable avant ça ; au bout d'un an de cette École où l'on nous interdisait absolument de parler russe, même à la *bania*, je speakais comme un Yankee et pouvais même imiter l'accent du Sud, l'accent texan, l'accent juif de Brooklyn. Quant au tir, vous vous souvenez que, même au détachement, je me défendais pas mal, ici, pour compenser mon handicap, je suis devenu un champion indiscuté et absolu. Ce qui étonnait le plus tout le monde, c'étaient mes performances de nageur. Je nageais dans la baie au milieu des blocs de glace, souvent au milieu d'un troupeau de phoques, je pouvais me coucher au fond, m'y abandonner à une sorte de parabiose qui permettait au courant de traîner mon corps mutilé, et soudain jaillir hors des profondeurs, tout droit sous la guérite du garde. Le directeur politique était, soit dit en passant, très préoccupé par mes propriétés d'homme amphibie. Il ne faut pas s'exagérer l'insouciance de l'ennemi potentiel, me disait-il souvent, en ce sens que l'objet de nos études, l'impérialisme américain qui s'était installé dans les îles du Japon, pourrait m'attirer dans ses filets.

En un mot comme en mille, au bout de deux ans d'instruction, je comptais non sans raison être soit expédié clandestinement à l'étranger, soit, à la rigueur, être affecté à l'État-Major général comme expert ultra-secret. Et tout d'un coup, tout a volé en éclats, je l'ai eu dans le cul, mon ami.

La chose a été précédée d'une histoire romantique que je vous dirai plus tard. Je ne vous la raconte pas maintenant, un point c'est marre. Je sais que vous, mon salaud, vous crevez d'envie d'entendre des histoires romantiques et de raconter en échange vos propres histoires romantiques, parce que vous êtes, pour l'heure, un bienheureux amant, l'homme qui a conquis Véra Gorda, mais c'est peut-être justement pour ça que je ne vais rien vous en raconter, de mon histoire romantique. Non, non, pas du tout pour ça. La cause en est plus sérieuse : j'ai simplement envie de rester avec vous et si je vous raconte cette histoire, romantique entre guillemets, assez terrible, il faudra aussitôt que je vous quitte. Lorsque je me remémore cette histoire romantique, je reste trois jours sans vouloir voir personne. Allons, je vois que je vous ai intrigué à bloc, couille de phoque, oui, de phoque, croyez-moi, je sais de quoi je parle, et vous ne voulez plus entendre parler de rien d'autre. Alors, si vous le voulez, commandez trois cents grammes de vodka de plus et une assiette de carbonade aux cornichons.

En un mot comme en mille, je me suis mis en travers de la route d'un salaud trois étoiles, et je l'ai payé. En un mot comme en mille, au lieu d'hôtels des Caraïbes dans le style colonial, on m'a balancé dans l'île d'Itouroup, un cul tellement profond que, quand il échoue un cheval crevé sur la plage, on prend ça pour un événement à l'échelle du Pacifique. Il y avait une station de surveillance des avions américains et je devais, à raison de douze heures par relève, assurer les écoutes radio, c'est-à-dire capter les conversations des aviateurs entre eux et avec les bases au sol. Comme vous vous en doutez, il n'était pas indispensable pour cela d'avoir potassé l'*Oxford Dictionary* et d'avoir lu Shakespeare et les Américains contemporains dans le texte. Le vocabulaire du cockpit inclut au maximum trois cents entrées, y compris tous les jurons possibles et imaginables. La contemplation des vagues qui déferlent sur l'île tourne au bout de trois mois à l'obsession et au délire. À voir vos collègues, avec leur alcool et leurs dominos, vous devenez dingue et vous vous mettez à hurler comme un loup tant on vous oblige à faire mystère de tout.

— Au fait, Sacha, le coupa à cet endroit Boris, vous comprenez certainement qu'en me racontant tout ça ici, à l'*Essénine*, vous lui contrevenez terriblement, à notre manie du mystère.

— Qu'elle aille se faire voir ! s'emballa Chérémétiev. Elle nous rend tous paranoïaques.

— Désirez-vous autre chose, jeunes gens ? demanda le gérant qui propulsait son bedon dans le coin et avait justement pour mission, en ces lieux si proches de l'état-major de la « force armée du prolétariat », de veiller à la non-divulgation des secrets d'État. « Non, mais vraiment, réfléchissez un peu, Andrianytch, lui dit Chérémétiev avec indignation, l'autre jour, on m'envoie aux fins de traduction un catalogue anglais de nos minerais naturels où la moitié du texte est caviardée. Contre qui ce mystère, je vous demande ? »

Le gérant submergea de son bedon l'extrémité de la table, l'écouta, dodelina, puis dit : « Je vais t'apporter des *tchanakhi*, mon vieux Sacha, tu as besoin de manger », et il s'éloigna.

— Je vois que vous êtes ici comme chez vous, fit Boris en riant.

— Vous savez, cette tanière me fait penser à un pub anglais quelque part du côté de Chelsea, dit Alexandre avec sérieux.

Boris rit encore plus fort.

— Alors, vous avez séjourné ailleurs qu'à Itouroup, mon vieux Sacha ? Quelque part du côté de Chelsea, oui ?

Morose, Chérémétiev pencha sa frange brune au-dessus de sa bière blonde.

— Je n'ai séjourné et ne séjournerai jamais nulle part, et Itouroup, j'ai fini par m'y suicider.

— Un catalogue de minéraux, c'est une chose, Sacha, dit Boris, et une station d'écoute radio tout autre chose. Vous devriez être plus prudent à ce sujet.

Chérémétiev déboutonna sa veste et releva son petit pull minable. Un trou bleu lui creusait la poitrine à gauche, juste sous le cœur.

Andrianytch vint poser devant eux deux poêlons de *tchanakhi*, une épaisse potée de mouton géorgienne. « Allez, allez, les gars, il faut manger, mes salauds, sans quoi vous allez vous retrouver pompette. »

Ayant avalé quelques cuillerées de liquide pimenté à vous faire prendre feu, Boris dit : « Allez, mon salaud, narrez-moi votre suicide. »

Chérémétiev poursuivit son récit :

— La base d'Itouroup, comme quatre-vingt-dix pour cent du reste, relevait du secret de Polichinelle. Croyez-vous vraiment que les Yankees qui passaient au-dessus de nous dans leurs forteresses volantes bourrées de technique ignoraient qui tâtonnait en dessous avec ses ondes ? Ils avaient sûrement tout photographié jusqu'à la dernière boîte de conserve. Nous l'avons même vu plusieurs fois de nos yeux. Tout d'un coup, un de ces gros taxis de mes deux sans feux d'identification surgit devant vous en rase-mottes, sûr qu'il vous photographie à l'infrarouge. Un événement autrement plus fort que le cheval crevé, mais il était strictement interdit d'en parler, on devait faire mine de rien. En un mot comme en mille, j'ai compris que je devais rompre avec les forces armées et avec tout mon passé, bref avec tout notre, excusez-moi, Bab (il disait bien Bab et non Bob), notre « action directe » de gamins. J'ai envoyé une demande de mise à la retraite en raison de l'aggravation de l'état de mon membre inférieur amputé à moitié, et aussi de mon désir de faire des études supérieures. La réponse est arrivée au bout d'un mois : ma demande était jugée injustifiée. Et ainsi, des mois et des mois s'écoulèrent. Vous dites que vous avez connu ça à Poznan, Boris, mais à Poznan, vous pouviez au moins aller chez les filles, tandis qu'à Itouroup, je ne pouvais trouver comme partenaire imaginaire qu'une sympathique chienne de garde. La population humanoïde de l'île était la négation même de l'érotisme. Nous n'étions bons qu'à boire. Nous avons vidé l'alcool de tous les gyroscopes, même si nos putains de chefs ne nous mesuraient pas la vodka, comme de dire : sombrez dans l'alcool, les gars, et ne pensez plus à vos études supérieures.

Le plus terrible, Boris, était le sentiment de délaissement, de complet abandon, d'inutilité. À part les réponses à mes demandes à la con, je ne recevais aucun courrier, ni de ma mère, ni de... enfin... mon histoire romantique... Par la suite, j'ai découvert que ma mère n'arrêtait pas de m'écrire, mais en vertu de notre système, ses lettres aboutissaient tout droit chez ce salaud trois étoiles auquel, après, j'ai cassé la mâchoire... Eh bien oui, je la lui ai ruinée d'un direct suivi d'un crochet... elle était faible, fragile, miteuse, elle a craqué en deux endroits, tout le commandement l'a entendu... Mais ça, c'était après, reprenons les choses dans l'ordre... Privé de lettres, Boris Nikitovitch, on peut un beau soir, oui, précisément beau, pur, vastes horizons marins, par un soir comme celui-là, il arrive que l'on sorte contre reçu son arme d'ordonnance soi-disant pour aller s'entraîner — ça, ce n'était pas interdit —, que l'on aille siffler sur la plage une boutanche d'alcool presque pur, pleurer, s'apitoyer sur soi-même, faire le con à la manière de Pétchorine ou de Childe Harold, à la manière de tous les romantiques russes des garnisons de province, puis se fourrer son flingue sous les côtes et envoyer le pruneau. En somme, par bonheur, à moins que ce soit pour faire rigoler les foules, la balle est passée en séton à cinq centimètres du cœur. Je m'acharne encore aujourd'hui à me demander si ce n'était tout de même pas du bluff, ça, sur la rive sauvage d'Itouroup, si je ne savais pas que ma blessure ne serait pas mortelle, si ce n'était pas rien d'autre, en fait, que la bravade d'un petit officier de province. Je ne possède pas la réponse.

Après l'opération et l'enquête, on m'a enfin versé dans la réserve. Mon état signalétique s'est agrémenté d'une mention superbe : « émotionnellement instable ». Chaque fois qu'on me demande des précisions, je réponds : « Eh bien, je suis susceptible. » Je suis passé à l'École sous prétexte de reprendre mes livres, mais en réalité pour jeter un coup d'œil à mon histoire romantique qui s'était si curieusement tue durant tout ce temps. Et j'ai découvert qu'elle n'existait plus, tout simplement plus, elle n'avait déménagé nulle part, elle n'existait plus. Je te demande pardon, mais ça, je ne peux pas en parler, tout ce que je peux te dire, c'est que c'est ce jour-là que j'ai cassé la mâchoire au colonel Maslioukov et que je me suis retrouvé à la prison militaire. L'instruction a duré assez longtemps, parce que les avis étaient contradictoires. Les types bien du tribunal m'imputaient ce qui était vrai : l'offense à officier supérieur lors d'une crise de jalousie, qui devait me valoir un sacré maximum en bataillon disciplinaire. Mais seulement, les salauds, dont il y avait plus qu'il n'en faut, cherchaient, avec le concours de Maslioukov, à m'épingler pour complicité d'espionnage, ce qui, comme vous vous en doutez, aurait valu au lord Byron d'Itouroup un pruneau dans la coloquinte.

OK, OK, un jour je vous raconterai ça plus en détail, pas tout de suite, je veux seulement que vous sachiez une chose : je ne me suis tiré de cette passe infernale que grâce à votre amitié. Comment ? Comme ça : le maréchal Rotmistrov est venu inspecter la Région et mon ange lui a soufflé d'aller faire un tour à la prison militaire. Qui était cet ange ? Vous posez d'étranges questions, Boris. Mon ange, c'est mon ange gardien, je ne veux rien dire d'autre. À l'administration de la prison, il s'est trouvé un gars bien pour glisser mon dossier au maréchal : voyons, un héros, il a perdu la jambe en service commandé, il est resté aux armées, bref, *L'Histoire d'un homme véritable*[1] ; ça aussi, c'étaient les manigances de mon ange. Le maréchal a voulu me voir et nous avons bavardé pendant deux heures. Il avait entendu parler de notre opération de Varsovie et connaissait personnellement Grozdiov, vous vous rappelez, le Loup Solitaire. Tout d'un coup, il me demande : et Boris Gradov, vous l'avez rencontré ? Il m'a dit que votre père et lui étaient amis intimes, qu'il avait une estime formidable pour votre grand-père, qu'il était allé plus d'une fois au Bois d'Argent. Et c'est comme ça que la machination du Maslioukov a capoté. Il n'est pas exclu que cette crapule ait eu à supporter de sérieux ennuis, mais, au fond, ces cons-là se tirent toujours d'affaire. La seule dont il ne se tirera pas, c'est celle de nos rapports : un jour, il me retombera entre les pattes. En un mot comme en mille, ils ont clos mon dossier, j'ai été rayé des cadres pour raison de santé et voilà un an que je crèche à Moscou, que je traîne ma triste existence aussi lourde qu'une péniche pleine de merde, c'est comme ça, Boris, que j'erre au gré des vents, sans compter mes kopek, c'est eux qui me comptent, les fi' de pute... ils m'ont tellement compté et tellement usé que j'en ai des trous partout... je suis aussi troué qu'un gruyère, *old fellow*... mais un gruyère qui ne suinte pas, à la face de mon ange je le déclare, mon vieux : ils peuvent toujours attendre pour me voir pleurer, je le jure par les blindés du maréchal Rotmistrov !

Boris Gradov, dieu de la moto et heureux possesseur de la plus belle maîtresse de Moscou, lui posa la main sur l'épaule :

— Sacha, nom d'un petit bonhomme ! même si notre « action directe » a foiré, nous les prendrons à revers ! Et personne ne nous en blâmera. Le maréchal Rotmistrov l'a souvent fait, et après, mon

1. Roman de Boris Polévoï, hymne au héros positif, qui valut à son auteur la gloire littéraire.

papa se jetait avec ses hordes dans la brèche. À revers, mon ami ! Comme l'a écrit Constantin Simonov :

*Rien ne nous fera vider les étriers*
*C'était du vieux major le dicton familier.*

Du major, mon vieux ! C'était ça le dicton du major Kitchener, mon vieux ! Et ton Maslioukov, nous l'attraperons par les roubignolles et le pendrons à une haute branche. Te souviens-tu de cette tendre valse :

*Silence et doux repos*
*Seul veille un louveteau*
*À une branche il a pendu ses roubignolles*
*Et tout autour sans bruit mène ses cabrioles.*

C'est ainsi qu'échangeant ce genre de monologue, les deux amis quittèrent la cave d'*Essénine*, gagnèrent le monde aseptique du socialisme des grandes gelées et, marquant doucement la *Valse du loup*, s'en furent par le passage du Théâtre vers la statue du Premier Imprimeur Fiodorov afin de finir à ses pieds une petite bouteille de vodka emmenée *à tout hasard*. Ainsi se renouvela leur amitié dans leur léproserie de capitale.

Alexandre Chérémétiev avait quitté l'armée avec ce qui s'appelle des « papiers lupins[1] » et, contrairement à notre Babotchka, sans le sou. Il ne pouvait être question qu'il poursuive ses études. Sa mère n'aurait pas eu de quoi entretenir un pareil colosse. Il fallait qu'il cherche une place, plus un travail d'appoint. Ce dernier était, des deux, le plus facile à trouver : il pouvait donner des leçons d'anglais, faire des traductions techniques, mais vis-à-vis de la Milice, il lui fallait un statut officiel ; il n'allait tout de même pas jouer les invalides à l'accordéon ! « Mes frères, mes sœurs, la charité à un ancien commando ! » Ces gens-là, à l'époque, Moscou s'en débarrassait avec dédain et dégoût. Finalement, après bien des épreuves (il soupçonna même que malgré l'intervention du puissant maréchal, les Services d'Extrême-Orient le gratifiaient toujours de leur attention), il avait trouvé l'emploi officiel de ses rêves, à savoir au secteur des traductions de la Bibliothèque Nationale V.I. Lénine que, dans l'usage courant, les Moscovites appellent la « Léninka », apportant à la solennité de son nom une touche d'esprit frondeur. Là, dans les immenses

1. Dès le temps des tsars, papiers qui indiquaient que leur détenteur n'était pas fiable et lui fermaient la porte de nombreux emplois, ainsi que l'accès aux études supérieures.

salles de lecture, les couloirs, et surtout au fumoir, Chérémétiev avait lié connaissance avec des gens hors du commun, de son âge ou plus âgés, qui passaient leurs loisirs, après leur travail dans diverses « boîtes aux lettres[1] », à lire des ouvrages de philosophie. Ils discutaient beaucoup du passé, des destinées historiques de la Russie, de la nature du Russe et de l'homme en général. Ils échangeaient de vieilles éditions de Dostoïevski et de Freud. De nos jours, l'enseignement secondaire et supérieur laisse quand même beaucoup de lacunes dans l'éducation des jeunes gens. Si l'on veut devenir un être pensant, on ne peut se passer de la voie autodidacte, or, à la Léninka, quand on y travaille et qu'on sait peu à peu gagner la confiance du personnel, on peut obtenir l'accès à des ouvrages uniques et presque toujours interdits de communication. Ce groupe de lecteurs finit par former une armature intellectuelle qui prit l'habitude de se réunir pour échanger ses opinions chez les uns ou chez les autres ou, par beau temps, en banlieue, au bord de l'Istra ou de la Kliazma, à la pêche ou autour d'un feu de bois avec une bonne bouteille. Cela s'appela, certes pas ouvertement, mais comme ça, entre soi : le Cercle Dostoïevski.

Si étrange que cela paraisse, c'est justement sur des membres de ce Cercle que Boris Gradov, maître ès sports, était tombé lors de la mémorable nuit du blizzard. Il les avait pris pour de banals margoulins et pignoufs, or, ils ne s'étaient réunis au *Moskva* que pour arroser un prix important qui venait d'être décerné à leur compagnon Nicolaï, ingénieur en ailes d'avion. Oui, à plus d'une heure du matin, ils étaient tous passablement éméchés, mais ce que Nicolaï avait raconté de son aventure des Sokolniki n'était ni vantardise ni dérision. S'il avait fait part à ses amis de sa récente expérience, c'est qu'il lui avait semblé que la situation présentait un aspect tout à fait dostoïevskien. Et voilà où s'était installée la dissonance, c'est qu'au lieu de reconnaître en Boris Gradov un homme au riche potentiel intellectuel, ils avaient cru qu'il roulait des mécaniques et qu'il les « cherchait ».

Un beau jour, après avoir expliqué tout cela à son ami, Alexandre Chérémétiev lui dit qu'à son avis il pourrait parfaitement devenir membre du Cercle et même se lier d'amitié avec ce même Nicolaï qui, dès les bancs de l'école, avait dans le quartier de la place Zoubovskaïa, porté le surnom de « Mahousse ».

Pourquoi pas, il est tout à fait possible que ces types soient des gars au poil. Boris Gradov était en ce moment prêt à embrasser le monde entier. Il se baladait dans son irrésistible blouson américain rue Gorki ou perspective Nevski à Léningrad où il se rendait souvent en cabine double de la Flèche Rouge avec sa belle Véra

1. De nombreux instituts, entreprises d'État, etc., placés au secret, ne communiquaient jamais leur adresse, mais seulement un numéro de boîte postale. On avait fini par les appeler des « boîtes aux lettres ».

Gorda. Tout lui réussissait admirablement, il trouvait le temps de tout faire, et même ses partiels avaient perdu leur caractère menaçant. Il intensifia son entraînement sur glace en vue des compétitions de fin d'hiver ; bien sûr, il se donnait surtout du mal lorsque Véra venait l'applaudir de ses moufles en fourrure. Il se cuitait beaucoup moins parce que ce qui stimulait le plus son goût de la boisson avait disparu : le désir d'intriguer, d'épater, puis de conquérir la belle chanteuse *demi-mondaine** dans le pinceau de son projecteur. Cette *femme fatale** était devenue l'être le plus tendre et le plus fidèle. Il débordait de bonheur et se demandait avec crainte s'il n'exagérait pas un peu, côté « ciel serein », si la nature n'allait pas s'insurger.

Au fait, de légers nuages tournoyaient parfois au-dessus d'eux, il y avait de petits simouns de jalousie : et si, tout comme avec moi, en marche, au vol, elle s'envoie en l'air avec quelqu'un d'autre, n'importe où, dans l'ascenseur, le train, l'escalier, qu'est-ce que ça lui coûte ? Ces tournoiements-là, elle les sentait tout de suite, alors, elle s'asseyait sur ses genoux et l'exhortait d'un murmure qui lui chatouillait tout le pavillon auriculaire. Arrête de monter sans arrêt la garde au restaurant. Tu ne vois donc pas que je suis amoureuse comme une chatte, incapable de penser à personne d'autre ? En plus, je n'ai jamais eu personne avant toi. Non, je ne te raconte pas d'histoires, c'est ce que je sens ; ce que j'ai connu d'autre, je l'ai purement et simplement rayé de ma mémoire.

Malgré cela, il allait la chercher à l'hôtel à la fin de son programme. Les habitués avaient tout de suite repéré que Gorda avait changé, qu'elle s'était dégoté un petit ami, et ne la dérangeaient plus. Restaient cependant quelques enragés de passage, travailleurs polaires, aviateurs, marins, directeurs et militants de Transcaucasie, avec lesquels il fallait quelquefois recourir au judo, même si Véra se fâchait et disait qu'elle se débarrasserait bien elle-même, et sans peine, de ces imbéciles.

Il voulait qu'elle déménageât chez lui avec armes et bagages. Mais bien que passant la plupart de son temps rue Gorki, pour les armes et bagages, elle refusait. Parfois, le plus souvent le dimanche, elle disparaissait, s'en allait en taxi, ne permettait jamais à Boris de mettre la Horch en route pour l'occasion. S'il avait bien compris, à l'ère antégradovienne, elle avait eu deux domiciles : quelque part celui d'un mari à la traîne (« Une pauvre créature, ce qu'il y a de plus pauvre créature »), ailleurs, un taudis communautaire où perchait une tante chérie, sœur aînée de sa défunte mère. Raffinée, merveilleuse, sans défense, toute sa famille avait disparu à la Kolyma. Apparemment, cette tante était le principal objet des soins de Véra.

Quelque part aussi dans les abîmes moscovites, résidait son père, mais c'était un personnage presque mythique, vieux célibataire, original, ex-futuriste, aujourd'hui shakespearologue. Le nom d'artiste de Gorda n'était pas le fruit du hasard, il provenait du vrai nom de son père : Gordiner. Ça fait juif, mais nous ne sommes pas juifs, répétait Véra avec insistance, nous sommes plutôt de la noblesse polonaise. En somme, à cause d'un vieux différend avec sa tuberculeuse petite-mère, ce père refusait presque d'admettre sa fille ; lors de ses visites — très rares, peut-être pas plus d'une fois par an — il demeurait sec, distant. Et son chat pensant, Vélimir, se montrait lui aussi extraordinairement hautain.

— Tu vois, Babotchka, toi, tu transfères sur moi ta maman Véronika, dit-elle un jour d'un ton tout à fait léger, mais moi, mon père, je n'ai personne sur qui le transférer, pour la bonne raison que je n'en ai jamais eu.

Boris en eut le souffle coupé. D'abord, d'où connaissait-elle son surnom d'enfant, amusant et vraiment un peu décourageant pour un officier du Renseignement et maître ès sports ? Ensuite, voilà que son secret le plus intime, celui qu'il ne s'avouait presque jamais à lui-même, n'était pas du tout un secret pour elle. Mais oui, il en était bien ainsi : dès le premier instant, sa ressemblance avec sa mère l'avait frappé. Peut-être qu'à présent, dans son Connecticut, sa mère s'était décidée à vieillir, c'est qu'elle avait quarante-sept ans, mais lui, il ne voyait que la jeune, l'éblouissante Véronika. C'est pourquoi il avait eu toutes les peines à se retenir, lors de sa première nuit avec Gorda, à ne pas s'écrier : « Maman, ma petite maman ! »

Il découvrit que Véra l'avait même vue, cette mère, une fois. Oui, oui, à la fin de 1945. Elle chantait déjà au *Savoy* et il y avait un banquet d'aviateurs américains, elle avait chanté en anglais des extraits de *Serenade* et de *George*. Il n'est pas exclu, non plus, qu'elle ait vu son beau-père, en tous les cas, il y avait un grand colonel plus très jeune avec lequel sa mère avait dansé sans arrêt ce soir-là, un vrai gentleman. Et Véronika... ça, c'était une femme... quelle classe... comme je rêvais alors de ressembler à cette célèbre maréchale Gradova, ah, si je pouvais épouser un Américain ! Heureusement que je ne l'ai pas fait, je ne t'aurais pas rencontré, mon fils Babotchka !

Là, elle partait d'un grand éclat de rire plein de malice afin de le provoquer à une nouvelle attaque, et il faut dire que cette provocation ne demeurait jamais sans effet.

Un jour, elle arriva toute triste et se mit à lui parler de sa mère en montrant par toute son attitude que l'heure n'était ni aux effusions intimes ni à l'érotisme.

— Il faut que tu sois prudent, Boris, dit-elle. Être constamment sur le qui-vive. On te surveille très étroitement. Tu n'es pas sans savoir, bien sûr, que presque tous mes musiciens et tout le personnel de l'hôtel sont, par convention tacite, tenus de se présenter à ces... bon... certains camarades. Alors, on leur pose des questions. Bon, en somme, tu sais comment ça se passe. Bon, moi, avec moi, tu sais, ils ont des rapports particuliers, bon, en somme, parce qu'une fois je me suis laissé prendre dans une très sale affaire, je risquais la prison, bon, ils m'en ont pour ainsi dire tirée, bon, maintenant, ils me considèrent comme des leurs, bon, seulement, Boria, ne me regarde pas comme ça. J'ai trente-cinq ans, j'ai passé toute ma vie à cachetonner dans des restaurants, tu ne t'attendais tout de même pas à avoir fourré dans ton lit une Zoïa Kosmodémianskaïa[1], n'est-ce pas ? Bon, ne te détourne pas et regarde-moi. À présent, dis-moi : quel agent des Services je ferais ? Je passe mon temps à noyer le poisson, je leur raconte des craques, ils ne me prennent pas très au sérieux. Mais, hier, il est arrivé trois types avec des gueules sinistres. Ils me font... monte la radio, s'il te plaît... ils me font, nous voulons vous parler de votre *nouvel* ami... Parce que qui était l'*ancien*, mes amis ? Voyons, Boris, voyons, ce n'est pas possible, je t'ai dit que tu étais le seul homme de ma vie. Alors ? Alors, en somme, ils me font, nous ne trouvons pas à redire à votre aventure, Boris Gradov, ils font, est le fils du maréchal deux fois Héros d'URSS, il est lui-même officier combattant des commandos, un cadre bien de chez nous...

— Je n'ai jamais été leur cadre, s'interposa immédiatement Boris. Ils ont leur bande, nous avons la nôtre !

— Je sais, je sais, mais je ne vais tout de même pas discuter de ça avec eux. Je me contente de hausser les sourcils comme une poupée idiote. Seulement, ils font, nous avons besoin d'informations supplémentaires motivées par sa situation familiale compliquée et aussi par certaines bizarreries de sa conduite. Par exemple, ils font, selon certaines sources, il aurait participé à la diffusion d'histoires drôles antisoviétiques au *Cocktail-Hall*. Êtes-vous au courant ? Il se tient en vieux copain avec des journalistes américains... des choses pareilles ne font pas honneur à un maître ès sports d'URSS. Aux dernières nouvelles, il s'est lié avec un personnage de réputation extrêmement douteuse, un certain Alexandre Chérémétiev. Vu que sa propre mère se trouve aux USA et, qui plus est, mariée au fameux Mr Tagliafero qui publie à longueur de journée des articles antisoviétiques dans la machine de propagande américaine, votre ami devrait se tenir avec plus de circonspection, plus de tenue. Là, je leur ai envoyé mes plus belles roulades : et quel patriote tu es, et comme tu aimes notre cher Joseph Staline et il y a de quoi, il nous a conduits à la victoire, et comme tu méprises l'impérialisme américain, et pendant ce temps-là, je tremblais de peur : pourvu qu'ils ne m'interrogent pas sur le cadeau que tu as reçu une nuit. Eh bien, non, tu sais, ils ne

1. Héroïne, dans un groupe de partisans, de la Seconde Guerre mondiale.

l'ont pas fait, ils ne m'ont même pas posé tant de questions, il m'a plutôt semblé qu'ils cherchaient à t'influencer par mon intermédiaire, te donner un sérieux avertissement.

— Eh bien, tu me l'as donné, dit tristement Boris. Eh bien, tu me l'as donné, répéta-t-il avec une poignante angoisse. Eh bien, tu me l'as donné, dit-il une troisième fois, pris d'une fugace nausée.

Elle se serra contre lui et lui susurra : — Si tu savais comme ils me font peur, mon chéri ! Quand je les aperçois dans la salle, je m'accroche au micro pour ne pas tomber. Mais ils font peur à tout le monde, le contraire est impossible, toi aussi, tu en aurais peur, avoue-le !

— Non, lui glissa-t-il tout droit dans l'oreille interne, c'est-à-dire dans l'ouverture bordée par les arceaux de l'oreille externe équilibrés par la tendre pendeloque du lobe, à son tour équilibrée par l'abstraction diamantée d'une boucle d'oreille.

Quel étrange organe que l'oreille humaine, se dit curieusement Boris. Mais s'il appartient à une femme, nous lui trouvons tout de même quelque beauté. Nous y accrochons des pendants. Pour la première fois, ils se pressaient l'un contre l'autre non pour s'aimer, mais pour échapper à l'écoute d'une autre oreille, une grande oreille inhumaine : « À quoi penses-tu ? demanda-t-elle. — À l'oreille humaine, répondit-il. Quelle forme étrange. Je ne comprends pas ce que je lui trouve. »

— Sais-tu que le lobe ne vieillit jamais ? demanda Véra en ôtant ses clips. Tout notre corps enlaidit, le lobe reste toujours jeune. — Il était dans sa nature d'oublier très vite les choses moches, en particulier ses contacts avec les « organes », et c'est ce qu'elle était en train de faire tandis qu'elle ôtait ses clips d'un mouvement juste et pratique tandis qu'elle tournait le dos à Boris pour qu'il la déboutonne. — Tiens, moi, je ne vais pas tarder à vieillir, à me ratatiner, et toi, tu continueras à aimer le lobe de mon oreille.

Qu'est-ce qu'ils peuvent se raconter, ces tocards-là ? se disait le sergent Poloukhariev, chargé d'écoute récemment posté dans le grenier de la maison du maréchal. Il avait les tympans qui carillonnaient, au son d'une *Mam'zelle Nitouche* à travers laquelle il n'entendait que dalle quand tout à coup, sans rime ni raison, son vieil appareil tout rouillé qui datait de la guerre lui avait transmis leur assourdissant chuchotis amoureux sur le thème de l'oreille. Non, mais ce qu'ils débitent, rugissait le sergent, comme s'ils ne pouvaient pas se contenter de se caramboler comme tout le monde !

Ils ne me font pas peur, se disait de plus en plus souvent Boris. Est-ce à moi d'en avoir peur ? Bon, à la fin des fins, admettons qu'ils m'arrêtent. Je m'évaderai vite fait, ça ne me coûtera rien. Bon, ils m'abattront en cours d'évasion ou m'exécuteront après jugement, j'ai tant de fois risqué ma vie en quatre ans de service que je ne vais tout de même pas avoir peur d'un machin aussi élémentaire qu'une balle. La torture, c'est autre chose, je ne suis pas certain de ne pas la craindre. Nous avons subi une préparation psychologique dans ce sens, mais je ne suis pas certain de ne pas la craindre. On nous a également initiés aux méthodes d'« interrogatoire actif ». Dieu merci, je n'ai jamais eu lieu d'y recourir moi-même, mais rappelle-toi : tu as vu Smougliany, Grozdiov et Zoubkov interroger le « capitaine Balenciaga », un prisonnier à qui ils voulaient faire avouer son vrai nom. Non, je ne suis pas certain d'être psychologiquement prêt à supporter la torture.

Mais qu'est-ce que cette nouvelle façon de me monter le bourrichon ? Pourquoi est-ce que je me réveille la nuit à côté de ma belle et qu'au lieu de lui faire l'amour, je ne bouge pas et je pense à *eux* ? Pourquoi ne m'étais-je jamais dit qu'elle était en relation avec *eux* ? Je vis comme s'*ils* n'existaient pas, or *ils* sont, *ils* sont partout. Ils ont même réussi à salir mon amour, alors qu'elle est totalement innocente. De quoi pourrais-tu l'accuser, toi qui es toi-même sali jusqu'au trognon, chasseur des forêts polonaises ? Ils agrafent sûrement toutes les belles filles de Moscou, à tout hasard, parce qu'une belle fille peut toujours servir d'appât. Ils ont tout bouffé autour d'eux, comme des rats.

Et voilà, me voilà rendu à de purs propos antisoviétiques, encore un moment, et je vais siffler comme mon cousin d'adoption Mitia Sapounov : « Je la hais, la crapule rouge ! » Quel paradoxe, lui qui haïssait les tchékistes et les communistes, il est mort pour la Patrie ! Les voilà, les paradoxes sommaires de notre siècle dingue. J'ai peine à croire tante Nina quand elle dit qu'elle aurait reconnu Mitia dans une colonne de traîtres qu'on emmenait dans un ravin pour les passer à la casserole, ça a dû lui sembler : ça arrive souvent, à la guerre, que l'on croie reconnaître un visage. Au bout du compte, la différence d'un homme à un autre n'est pas bien grande, ça saute aux yeux quand c'est des cadavres. Il y a des chances pour que les extraterrestres nous trouvent à tous la même figure, ni beaux ni laids. Véra Gorda ou la mère Klacha du vestiaire, ça sera tout la même chose. Pauvre Mitia, comme sa courte vie aura été terrible ! Moi, j'ai encore eu de la veine, je n'ai pas vu ce par quoi il est passé, par quoi mes parents sont passés. Grand-mère Mary et grand-père Bo ont réussi à sauvegarder la forteresse du Bois d'Argent au milieu de toute cette pétaudière. C'est le seul endroit où *ils* ne sont pas venus. Attends, attends, comment ça, ne sont pas venus ? Aurais-tu oublié cette nuit épouvantable où *ils* ont emmené ta mère et où, comme un pur crétin, tu *les* as regardés apposer les scellés ? Soit, *ils* sont peut-être venus, mais *ils* n'ont jamais pu s'y acclimater, parce qu'il y avait le Chopin de Mary, les livres de grand-père, les pâtés d'Agacha, et ça, ils ne le supportent pas, et quand ils ne peuvent pas le détruire séance tenante ou lui substituer un simulacre, ils se volatilisent.

Et c'est ça qu'il faut faire : vivre comme s'*ils* n'existaient pas, susciter un milieu où *ils* étouffent. Vivre avec appétit, avec passion, épuiser d'amour Véra Gorda, pousser sa moto à des vitesses limites, maîtriser la médecine, entretenir l'amitié de ce superman unijambiste, et, au mépris de toute précaution, danser au son du jazz et lamper de la vodka quand on est gai et non quand on a la nausée. Tout finira quand même par s'arranger en Russie, elle a quand même à sa tête ni plus ni moins que Staline, une personnalité aux paramètres exceptionnels ! Donc, *ils* ne me font pas peur !

S'étant convaincu que la vie n'était possible que comme ça, sans peur, Boris s'efforçait de l'ignorer, la peur, mais il se surprenait tout le temps à se répéter qu'il n'avait pas peur, à trop chercher à ne pas penser à *eux*, en réalité, il n'arrêtait pas d'y penser et ce n'était pas qu'il en avait peur, mais chaque fois qu'il se trouvait au sein d'une compagnie un peu nombreuse, presque toujours et presque inconsciemment, il se demandait qui allait à confesse et de quoi, en l'occurrence, aurait l'air le rapport qu'il ferait sur Boris Nikitovitch Gradov.

Avec Sacha Chérémétiev et ses amis dostoïevskiens, y compris Nicolaï le Mahousse qui se révéla à l'usage comme un gars parfaitement correct, bon volleyeur, seulement un peu loufoque question de se prendre pour un irrésistible surmâle, Boris parlait volontiers du génie russe qui avait, à l'époque, été supprimé des programmes scolaires et dégagé des rayons des bibliothèques comme « écrivain imprégné de pessimisme réactionnaire et de mysticisme incompatibles avec la morale de la société soviétique ». Mais même s'il les fréquentait, s'il s'était rallié à eux, Boris s'était plus d'une fois surpris à les désapprouver de jouer à une espèce d'organisation libre-penseuse. Bon, qu'ils se réunissent, comme tout le monde le fait en ce moment, autour d'un pot avec harengs et cornichons, mais pourquoi s'appeler « Cercle Dostoïevski », pourquoi donner aux *autres* l'occasion de concocter leur sale brouet ?

Et voilà, à la bonne vôtre, CQFD ! Un jour, Sacha vint lui dire qu'il était mis à la porte. Boris se tapa le poing dans la main.

— Et voilà, vous y êtes arrivé, avec votre Cercle Dostoïevski !

— Qu'est-ce que le Cercle Dostoïevski a à voir ? demanda froidement Chérémétiev.

Et Boris réalisa qu'il venait de se montrer peu à son avantage, de révéler que s'il fréquentait les réunions du Cercle, ce n'était pas sans arrière-pensées.

— Eh bien, en somme, en somme, Sacha, je me suis parfois dit que l'on courait un certain risque à s'intituler « Cercle Dostoïevski », mâchonna-t-il. Il pourrait se trouver des abrutis pour nous accuser de complot.

Chérémétiev claudiquait nerveusement à travers la pièce. Il se laissait de nouveau pousser la barbe et, avec sa végétation de quinze jours, il rappelait la célèbre photo de profil du jeune rebelle Sosso Djougachvili :

— Un risque ? reprit-il avec un petit rire. Eh quoi, bien sûr un risque ! C'est un très joli mot, d'ailleurs, le risque !

En fait, le Cercle Dostoïevski n'avait, avec son licenciement de la Bibliothèque, qu'un rapport indirect. Il s'était trouvé que, profitant de sa situation, Sacha Chérémétiev avait sorti de la réserve *Occident, Russie et monde slave* du philosophe réactionnaire Constantin Léontiev. Évidemment, ce n'était pas la première fois qu'il profitait des bonnes dispositions des fillettes de la réserve qui voyaient dans le jeune athlète boitillant un personnage byronien et se sentaient mourir lorsqu'il « baisait la main des demoiselles » à la polonaise. D'ordinaire, le livre disparaissait une semaine au cours de laquelle une dactylo de leurs amis le copiait en trois exemplaires, lesquels, ensuite, étaient remis au Cercle. Personne ne songeait à ce réactionnaire oublié de la terre entière, lorsque survint une inspection du CC ou d'un autre organisme *ad hoc*, laquelle découvrit un vide alarmant entre les dos de deux livres, contrôla le catalogue, et ce fut le début du branle-bas, on convoqua les fillettes qui cédant à la pression avouèrent que c'était Sacha Chérémétiev qui l'avait pris « pour le feuilleter avant d'aller au lit ».

— Alors, voilà, ça s'est achevé par mon bannissement, et de plus avec un tel certificat de travail qu'on ne trouverait même pas de boulot aux Enfers, et ça, comme vous le comprenez, ça présage en plus des désagréments avec le commissaire de quartier de la Milice.

— C'est moche, dit Boris en arpentant la pièce à son tour, mais selon l'autre diagonale.

À ce moment, Véra, vêtue d'une longue robe de chambre bleu vif à pompons abandonnée par Véronika, apporta une casserole pleine de saucisses fumantes. Boris coupa l'hypoténuse, rejoignit le petit côté, alla jusqu'au buffet et en sortit un carafon d'alcool.

Des clous que je vais boire avec lui, se dit Chérémétiev. Et puis, pourquoi est-ce que je lui ai raconté tout ça, ici, en plus devant cette pute d'aristocrate à pompons ?

Pour la première fois, il ressentit une sorte de jalousie sociale envers son ami de si longue date. Pourquoi est-ce que tout marche toujours si bien pour lui : un appartement où il y a de quoi s'égarer, un grand-père académicien, deux jambes intactes, une bite toujours en action, et bien en action !

— Sacha, j'ai une idée, bondit Boris. Je vais vous donner du boulot. Vous serez mon entraîneur personnel.

En un tournemain, il eut déployé devant un Chérémétiev stupéfait le plus simple et le plus génial des plans. À l'Association

Sportive du Médecin, il est le seul maître ès sports, section moto. On le chouchoute comme une star. Les courses d'hiver sur glace approchent, c'est la première fois que l'Association a une chance de remporter une médaille. J'ai besoin d'un entraîneur et au Médecin, il n'y en a pas. Or, je tombe tout d'un coup sur un entraîneur moto génial qui a justement perdu la jambe dans l'affaire et acquis une expérience formidable. Un certain Alexandre Chérémétiev. Pratiquement, il est la seule chance du minable Médecin. Le conseil fou de joie signe votre contrat et vous attribue un salaire dont vous n'auriez pu que rêver dans votre « conservatoire des connaissances », mille deux cents roubles plus des tickets-repas en période de compétitions.

Ils s'entre-regardèrent une ou deux secondes, puis, sans se concerter, ils se précipitèrent sur la carafe en cristal : il fallait arroser le sous-entendu que tous deux concevaient clairement — peu importait que Sacha obtienne ou non ce poste au Médecin, ce qui importait, c'est que la proposition ait été faite, donc que leur amitié restait intacte, donc que Boris Gradov comprenait encore non seulement la laideur, mais aussi la beauté du mot « risque ».

Le Médecin engagea Chérémétiev au premier mot de recommandation de son champion et voilà comment, maintenant, en mars 1951, l'entraîneur personnel de maître Gradov chronométrait ses essais et était si bien entré dans la peau de son rôle qu'il lui donnait des conseils, par-dessus le marché !

Cependant, tandis que Boris Gradov bouclait ses tours sur la piste glacée, les anciens combattants je-sais-tout-et-je-ne-fais-rien n'étaient pas les seuls à l'observer, il y avait aussi deux hommes manifestement là pour un but précis, deux colonels des forces aériennes dans leurs impossibles toques d'astrakan qui convenaient bien plus à la cavalerie cosaque qu'à l'aviation moderne. On aurait même juré que s'ils s'étaient rendus au stade, c'était pour Boris. Plantés dans la neige piétinée des deuxièmes séries, sous un immense calicot : « Toutes nos victoires sportives au grand Staline et à notre cher Parti ! », l'un d'eux examinait attentivement à la jumelle la figure de Boris, son assiette, ses gestes, sa moto, cependant que le second déclenchait son chronomètre, chiffrait les essais et prenait des notes dans un bloc.

— Alors, qu'est-ce que tu en dis ? demanda l'un des colonels à l'autre quand Gradov eut terminé, remis sa moto à son entraîneur et se fut dirigé vers les vestiaires.

— Tout à fait, fut la réponse laconique.

Quinze minutes plus tard, Boris quittait les vestiaires. Pardessus son col roulé — dans ce temps-là, on ne les appelait pas encore des « beattles », mais des « scaphandres » — il portait son blouson de bombardier américain célèbre dans tout Moscou. Deux officiers en toque de colonel fumaient dans le long et large passage situé sous les tribunes. En apercevant Boris, ils écrasèrent tous deux leur cigarette sous leur talon. Ça lui donna envie de rire : on aurait dit les gangsters du *Destin d'un soldat en Amérique*.

— Qu'est-ce qu'il y a, les gars ? demanda-t-il.

— Salut, champion ! dit l'un d'eux. En fait, c'est pour vous que nous sommes là.

— Je ne suis pas à vendre, gouailla Boris du tac au tac.

— Qu'est-ce que tu as dit ? demanda le second colonel.

— Nous sommes du Club sportif des Forces Aériennes, dit le premier en plaquant un coup d'arrêt de la main sur la poitrine robuste et ouatinée de l'autre.

— Bienvenue, dit quand même le second.

— J'vous donne ben l'bonjour, lui répondit Boris, une formule à la mode du présentateur Tarapounki.

— Prenons le taureau par les cornes, dit le premier. Un sportif de votre classe, il est grand temps que vous passiez de votre minable Médecin à notre glorieuse Aviation.

— Allons donc, colonel, sourit Boris. Je fais mes études au Premier Institut de Médecine, ma place est donc au Médecin. En outre, j'ai donné à l'Armée quatre années de ma vie, j'ai eu mon compte, elle aussi.

— Qui ça, elle ? demanda le second colonel.

— Attends, Skatchkov ! — Le premier contint de nouveau le second, puis concentra toute son attention sur le motocycliste si plein de promesses. — Vous m'avez peut-être mal compris, camarade Gradov. Au jour d'aujourd'hui, un sportif ne repousse pas une telle proposition. Vous savez qui dirige notre Club ?

Boris haussa les épaules :

— Qui l'ignorerait ? Vassia Staline.

— Précisément, s'exclama le premier colonel dans un élan d'enthousiasme.

— Le commandant de la DCA de la Région de Moscou, le lieutenant général Vassili Iossifovitch Staline ! Personne ne s'y entend en sport mieux que lui. Nous sommes déjà leaders en bien des disciplines, et dans l'avenir, nous serons les meilleurs en tout !

Là, le second colonel avança sa large poitrine.

— Pense à tout ce que nous t'apportons d'entrée de jeu, Boris. Le grade de capitaine, la solde, plus une bourse de sportif, plus des colis et des primes après chaque prestation. Confection gratuite de tes vêtements dans nos ateliers — ils te fabriqueront des fringues dernier cri. Des bons de séjour pour la Crimée et le Caucase. Gratuits, je le souligne. Ça, c'est pour tout de suite, et pour un proche avenir, un appartement individuel, je le souligne, individuel, de deux pièces avec tout le confort.

— Allons, c'est bon, dit Boris en reculant sous la pression de l'autre. Ce n'est pas sérieux, camarades officiers.

Le premier colonel lui prit quand même le bras.

— Attendez, Boris Nikitovitch. Je voudrais vous dire que les conditions matérielles, évidemment, ce n'est pas rien, mais pour un sportif, ce n'est pas l'essentiel. L'essentiel, c'est que c'est seulement chez nous que vous pourrez donner la pleine mesure de votre peu commun talent.

— Excusez-moi, je suis pressé. Téléphonez-moi au A 15-502, dit Boris pour se débarrasser d'eux. — Mais à ce moment, une houle de voix et de pas déferla dans le tunnel, au bout duquel apparut un groupe serré de gars qui avançaient sans hâte. Deux douzaines d'entre eux étaient beaucoup plus grands que les autres parce qu'ils se déplaçaient sur le béton leurs patins aux pieds, déjà pourvus de tout leur équipement de hockeyeurs et surtout de leur arme principale, leur crosse. Lorsqu'ils furent assez près, Boris reconnut la nouvelle équipe des Forces Aériennes conduite par toujours le même et légendaire Vsevolod Bobrov. Il y avait deux mois environ, l'ancienne équipe s'était ratatinée d'un coup dans un accident d'aviation près de Sverdlovsk, mais Bobrov, sur la veine duquel les propos les plus mythiques couraient dans Moscou, avait trouvé le moyen de faire la java avec une fillette et d'arriver en retard pour le vol fatal.

Parlant de fillettes, elles étaient également présentes, en quantité non moindre que les hockeyeurs. On ignore si elles étaient passées par voie de succession de l'équipe ratatinée à l'autre, ou s'il s'en était déjà collecté de nouvelles, mais en tout cas, leur allure était absolument typique : mode parasportive, œil vif, joues rouges de *matriochka*, pelisses près du corps et bottillons fourrés dits « roumains ». Ces fillettes, on disait d'ordinaire dans les équipes de pointe : « elles savent tout faire », et pour plus de précision : « faire des gaufrettes ».

Il y avait aussi un tas d'autres gens dans la foule : entraîneurs, masseurs, docteurs, photographes de sport et journalistes, quelques officiers en uniforme, et en tête, un jeune homme de petite taille et large d'épaules, à la mâchoire proéminente, des poches sous les yeux, vêtu du même blouson que Boris, mais un peu moins beau, sans signes distinctifs, « play-boy » — comme on l'aurait appelé aujourd'hui — doté dans tout Moscou d'une réputation scandaleuse : Vassili Staline.

Apercevant les colonels en compagnie de Boris, il s'arrêta et s'écria en digne patron :

— Alors, Skvortsov, Skatchkov, putain de votre mère, où en êtes-vous ?

Boris considéra avec curiosité le tout-puissant Vassia. Ses tempes avaient des reflets de cuivre sombre, tout comme Boris lui-même. Il est à moitié géorgien et moi un quart, songea ce dernier. Certes, comme tous les adeptes du sport de Moscou, il savait quelle incroyable activité le « prince du sang » déployait à créer ses propres écuries sous les couleurs du Club des Forces Aériennes.

Il n'y a pas si longtemps, au Télégraphe, il avait rencontré un jeune nageur dont il avait fait la connaissance un jour à Tallinn, un juif estonien du nom de Gricha Gold. Gricha se promenait dans la salle en grand uniforme de lieutenant en attendant sa communication. Comment ça se fait et d'où ça te vient ? Sous réserve du plus grand secret, Gricha lui avait raconté sa curieuse histoire. L'année passée, il avait gagné les cent et deux cents mètres papillon de la Baltique. Il représentait Dynamo, c'est-à-dire le club patronné par les « organes ». Et voilà que deux colonels l'abordent en pleine rue, lesquels, voyez-vous, sont arrivés par avion de Moscou spécialement pour ses beaux yeux. Ils lui chantent une douce romance sur son transfert à Moscou, au Club central des Forces Aériennes. Le robuste Gricha Gold était de formation bourgeoise, il ne pouvait imaginer déménager de sa bourgade hanséatique dans la barbare Moscou. Le lendemain, les deux colonels (peut-être ces mêmes Skvortsov et Skatchkov), plus deux sergents, avaient, en pleine rue, emballé le bien élevé Gricha dans une Pobéda et l'avaient emmené à l'aérodrome. Il était déjà dans l'avion quand on lui avait lu l'ordre du ministère de la Guerre de la République Soviétique d'Estonie, visant à sa mobilisation dans les rangs de l'Armée Rouge et de son affectation immédiate à la 6^e^ division de DCA de Moscou. À l'arrivée dans cette ville, on l'avait conduit dans une chambre au mur de laquelle la première chose qu'il avait vue avait été un uniforme de sous-lieutenant exactement à ses mesures. On lui avait ici même remis un matelas de billets et le tableau d'entraînement de l'équipe de water-polo. Pourquoi le water-polo, si ma discipline est la natation pure ? s'était-il étonné. Il le faut, lui avait-on expliqué. Et il s'était mis au water-polo. Au début, il n'y avait pas d'entraîneur qualifié et c'étaient toujours les mêmes colonels qui envoyaient les ordres. Si, par exemple, ils perdaient la première mi-temps devant l'Avant-Garde de Kharkov, les colonels lançaient : Changement de tactique ! L'attaque passe à la défense et la défense à l'attaque ! Comment ça ? objectaient les joueurs, comme ça, il y a quelque chose qui ne va pas. Les autres hurlaient : Silence ! Obéissez aux ordres ! Si l'équipe gagnait une compétition, on lui confectionnait de toute urgence de nouveaux uniformes, on lui organisait des banquets avec minettes au restaurant ; si elle la « merdait » (apparemment, Gricha ne comprenait pas intrinsèquement, en russe, le sens de ce mot), on l'envoyait déblayer la neige sur les pistes de l'aérodrome.

Un beau jour, Gricha connut un nouvel enlèvement. Des agents de l'Intérieur aux poches lourdement chargées se présentèrent. Vous avez ordre de rejoindre sans délai votre association d'origine, Dynamo. Il est signé du ministre en personne. Avant d'avoir eu le temps de s'en remettre, Gricha s'était retrouvé aux séances d'entraînement de chez lui, seulement, dès que Vassia avait appris la chose, il avait déclenché un phénoménal branle-bas, cassé à son état-major un certain nombre de figures — oui un certain nombre de gueules — et envoyé un Dodge lesté de quelques mitrailleurs chercher Gricha. C'est ainsi que ce dernier avait rallié les cohortes d'acier de l'aviation moderne.

— À en juger par l'apparence, tu n'as pas trop l'air d'un esclave martyr, avait dit Boris.

— Pardon ?

— Je dis que tu as l'air parfaitement satisfait.

— Tu comprends, nous partons demain Sotchi pour rencontre d'entraînement, j'ai là-bas femme qui a beaucoup d'intérêt pour ce Gold. — Quand il était ému, Gricha se mélangeait dans les notions de grammaire, mais l'eau, il la fendait toujours de ses épaules musclées et obliques avec un dynamisme d'une enviable régularité.

Se rappelant cette histoire, Boris se dit : avec moi, il ne faut pas qu'ils y comptent, je ne permettrai à personne de me transporter comme un cheval de course. Le premier colonel rectifiait la position, la main à la toque. « Permettez-moi de faire rapport, camarade commandant de la DCA. Nous venons de prendre contact avec le maître ès sports motocycliste Boris Gradov et, en ce moment, nous envisageons son avenir.

Vassia se tourna vers Boris, plissa les paupières. « Ah, Gradov, je me souviens, je me souviens. J'apprécie ta façon de piloter, Boris. »

Les hockeyeurs, les fillettes, les journalistes et les officiers se rapprochèrent. Boris entendit murmurer dans la foule : « Gradov... Boris Gradov... mais oui, lui-même... Grad... » Les yeux bleus et les joues rouges ne dissimulèrent pas leur admiration : « Oh, les filles ! s'il est chouette ! » Le célèbre Siova Bobrov à la bouille ronde lui donna un coup de coude et lui glissa : « Vas-y, Boris, en avant toute ! » Les hockeyeurs souriaient, tapotaient le sol de leurs patins et de leurs crosses. Ils avaient tous l'air de croire qu'il était déjà « des leurs ». Ils étaient tous ravis à l'idée que Boris Grad, que Moscou connaissait non seulement pour ses succès sportifs, mais pour le chic particulier qu'il mettait à vivre, allait rejoindre les rangs de leur jeune et persévérante bande. Et soudain, il sentit qu'il ne refuserait pas d'adhérer à cette nouvelle troupe dont l'ataman n'était rien moins que le fils du Maître. C'est peut-être justement cela qui me manquait. Même si c'est l'Armée, c'est un détachement bien particulier. *Ils* n'y ont pas leurs entrées. Staline junior attrapa Boris par la manche et émit un petit sifflement :

« Eh, les enfants, vous avez vu ce blouson qu'il a ? Mais c'est une véritable dépouille de pilote américain ! » Boris sourit et ouvrit la fermeture éclair sur toute sa longueur :

— On fait l'échange, Vassili Iossifovitch ?

Staline junior éclata d'un rire irrésistible.

— Quel gars ! D'accord, on échange !

Et tous deux en même temps s'exécutèrent.

— J'ai fait une bonne affaire, riait Vassili.

— Moi aussi, souriait Boris.

Tout le monde autour d'eux riait. Ça avait été formidable, familier, sans façon. Deux gars qui s'étaient « jetés à l'eau » comme on dit. Et l'un d'eux est ni plus ni moins que le fils du Maître, leur chef puissant, Vassia. Non, ce Boris Gradov, il fait notre affaire, ma foi, on dirait que nous avons une nouvelle recrue.

— Tu veux voir notre nouvelle équipe à l'entraînement ? demanda Vassili.

Boris consulta sa montre et s'excusa :

— Ce serait avec grand plaisir, Vassili Iossifovitch, mais je ne peux pas. Je suis pressé.

Cela aussi plut beaucoup à tout le monde et, sembla-t-il, au patron lui-même. Outre son épatante et jeune désinvolture, ce Boris Gradov fait preuve d'une belle indépendance, ne joue pas les protégés. Un autre, invité par le fils du Maître, aurait oublié tout au monde, celui-là, il s'excuse, il est pressé et on voit bien qu'il est vraiment pressé, il a peut-être rendez-vous avec une femme.

— C'est bon, on se reverra bientôt ! — Staline junior envoya une claque sur l'épaule de Boris et s'en alla vers le terrain de hockey. Tous le suivirent et, chemin faisant, tous ceux qui y parvinrent envoyèrent une claque sur l'épaule de Boris : « À bientôt ! » Deux des filles les plus délurées s'arrangèrent pour plaquer un baiser sur les joues raides de froid du motard.

Demeuré seul avec les colonels Skvortsov et Skatchkov, Boris dit :

— Alors, ma foi, je vais m'engager dans l'Aviation Soviétique, mais à la seule condition que vous preniez aussi mon entraîneur personnel, Alexandre Chérémétiev, héros de la Guerre Patriotique.

— Pas de problème ! fit Skatchkov dans un joyeux envol.

Boris courut au bout du tunnel où, sur la neige ensoleillée, l'on apercevait déjà son entraîneur et sa moto. Que de méandres ! dit Boris en courant vers lui, voilà maintenant que le Cercle Dostoïevski s'incorpore au Club sportif des Forces Aériennes.

## CHAPITRE SIX

# *Le code d'Ivan Et Demi*

En pénétrant dans la baraque sanitaire du camp de la Quarantaine de la « Direction des Camps de Redressement par le Travail du Nord-Est », le capitaine médecin Sterliadiev, de l'Intérieur, découvrit d'un coup une bonne trentaine de dos nus et, par conséquent, une bonne soixantaine de fesses nues. Gémissant comme d'une rage de dents, il considéra quelques instants ces téguments épouvantables : furoncles récents, furoncles au premier degré de la collection, furoncles enkystés et pétrifiés, traces de furoncles ouverts par des barbares quelque part dans les camps lointains à la lueur d'une lampe à pétrole, un coup de lame, un autre coup de lame, je trifouille là-dedans, je tamponne, toutes les variétés d'éruptions, y compris d'origine nettement syphilitique, choix digne d'un gentleman de cicatrices : coups de couteau, de baïonnette, de rasoir « de sûreté », voyez-vous ça, un certain nombre de coutures chirurgicales, pour l'essentiel consécutives à la récente guerre, il y avait même, pendant tristement à une omoplate, un transplant cutané, l'état général des peaux passait les bornes des normes médicales, mais pour la peine, question arts graphiques et littérature, elles étaient à la hauteur, une exposition de chefs-d'œuvre de taxidermie, tout ce que vous voudrez de ces classiques chat-et-souris, poignard-serpent, aigle-belle fille, bouteille-cartes, on manquait apparemment de place sur les poitrines et sur les ventres même pour ces illustrations banales, sans compter des œuvres uniques comme ce brick interscapulaire équipé de canons en forme de pénis ou les jambes écartées d'une femme avec figuration exacte de la vulve et à la place de la toison, l'inscription . « Porte du bonheur », ou ce hardi quatrain :

*Dans la Crimée en fleur*
*le printemps et les roses*
*Rendent la vie légère*
*comme un jeu de bambin*
*Ici, seuls les grands froids*
*te baisent le prose*

*Tout n'est que pins, sapins,*
*et gueules de poulardins*

la teinte des téguments est blême, jaunâtre, pourpre, cyanosée, l'état général du tissu conjonctif sous-cutané est satisfaisant — puis il passa dans ce qui lui tenait lieu de cabinet, isolé de l'abomination commune par une médiocre cloison.

Le capitaine Sterliadiev, un homme encore jeune quoique gagné par une calvitie précoce et irrégulière, se trouvait à la Kolyma depuis trois ans, trois ans au cours desquels il n'avait cessé de se reprocher d'avoir couru après la forte paie et signé avec l'Intérieur son engagement pour ces lieux sombres où, en raison de l'insolation insuffisante, on n'assimile pas les vitamines, en conséquence de quoi l'on est gagné par une calvitie précoce et irrégulière, et où l'on est à la merci d'un coup de couteau envoyé comme ça, à la bonne vôtre.

Surtout si vous êtes affecté à la Quarantaine, un énorme camp de transit situé dans la banlieue nord de Magadan, où se sont retranchés les plus terribles caïds du monde de la pègre, y compris, selon des sources absolument sûres, le plus insaisissable de tous, Ivan Et Demi. Ici, ils vous poinçonneraient pour des prunes, et je vous demande pardon, mais ils sont tout bêtement capables de perdre un capitaine médecin au jeu.

Aux réunions de service, on avertit les officiers que l'éventualité d'une colossale déflagration, d'un règlement de comptes définitif entre les « putes » et les « purs », n'est pas exclue. Les Renseignements rapportent que les deux parties concentrent leurs forces, venues de tous les bagnes de l'Union soviétique à la Quarantaine de Magadan, se pourvoient en armes, c'est-à-dire qu'ils affûtent et entreposent quelque part dans le camp tout ce qu'ils peuvent trouver comme rapières.

C'est dans ces conditions que nous devons assurer la circulation régulière de la main-d'œuvre aux mines. Vous pouvez toujours essayer, quand le premier droit-commun venu se sent ici le maître, passe prendre un arrêt de travail au Service sanitaire avec autant de naturel qu'un liberteux[1] un tube d'aspirine à la pharmacie. Et si vous lui refusez, il vous dédie un regard de loup, une vraie saloperie de la taïga à la gueule puante et sans pitié.

Le flux de main-d'œuvre est pratiquement assuré par les seuls politiques, ceux-là ne sont plus ce qu'ils étaient dans les années trente, à ce qu'on dit. La proportion de l'intelligentsia a notablement diminué, on amène surtout des paysans de l'Ouest, des prisonniers de guerre, des partisans antisoviétiques qui guignent avec beaucoup d'intérêt et de connaissance les mitrailleuses des

1. Employés libres des camps.

miradors. Non, non, il y a quelque chose qui ne va pas dans le pays, chuchotait comme en secret de lui-même le docteur Sterliadiev, quelque chose qui cloche dans le pays, les camps prennent trop d'extension, on finira par arriver à une déflagration générale dont aucune Sécurité militaire ne viendra à bout.

Fallait-il que le diable me pousse à entrer dans ce système avec mon talent de clinicien distingué, entre autres, par le professeur Vovsi en personne. Il l'a carrément dit après mon observation du malade Flégonov, année de naissance : 1888, présentant un syndrome hépato-duodénal complexe. « Jeune homme, vous avez tout ce qu'il faut pour devenir un clinicien sérieux. » Il aurait pu ne pas se laisser distancer par ses condisciples, n'a-t-il pas avancé du même pas qu'un Dod Tychler qui, dit-on, a soutenu sa thèse, tient ferme son poste de chirurgien en chef au Troisième Hôpital Gradov, vit heureux avec sa Milka Zaïtseva, sans aucun signe de calvitie précoce et irrégulière : à Moscou, on assimile encore parfaitement les vitamines.

Tout ça, c'est à cause d'elle, Evdokïa, avec sa passion irrésistible pour les buffets, vitrines, tables et fauteuils en acajou ou en bouleau de Carélie. Car c'est uniquement afin d'amasser assez d'argent pour ses interminables achats d'antiquailles qu'elle l'a poussé à s'engager au MVD et à la Kolyma. Voilà, elle achèterait tous ces bons objets, les disposerait chez elle et s'assiérait au milieu dans sa robe de velours, la bréhaigne Evdokïa Sterliadieva. Le comble du bonheur, un tableau de Koüstodiev !

Voici à quelles pensées irritées s'adonnait le médecin de la baraque sanitaire, tandis que l'équipe dont il contemplait les fesses aux premières lignes de ce chapitre se lavait sous une douche brûlante : il n'appartenait pas aux ZEK d'en régler la température.

Leur toilette terminée, un sergent entra et gueula avec une fureur innée :

— En colonne par un !

Les ZEK se dépêtrèrent sans hâte et fixèrent sur le sergent un regard mauvais. Il devait les emmener le long du couloir jusqu'à la visite du capitaine Sterliadiev, puis sans leur laisser le temps de se reprendre, leur distribuer des vestes chaudes et des pantalons matelassés en vue de leur expédition en amont de la route. Au lieu de ça, le sergent, il se troubla. Un jeune moujik aux yeux clairs et sans pitié, large d'épaules, au torse et aux bras fortement musclés, au ventre sec et une belle verge de daim sombre le toisait. Le sergent allait lancer : « À droite ! En avant, marche ! », mais à peine avait-il ouvert la bouche qu'il demeura pétrifié sous le regard impérieux de ce malfrat dont le blaze était, je crois bien : Zaproudniov.

— Viens-t'en par là, Jouriev, dit doucement le ZEK au sergent en croisant les bras sur une poitrine qui, contrairement au reste de la bande de Papous, ne portait comme tatouage au-dessus du sein gauche qu'un oiselet-papillon et une tête de putinette. Eh, non ! Ce n'était pas une tête de putinette, mais un petit Lénine plein de boucles, défenseur de toute la paysannerie travailleuse. Zaproudniov s'était sans doute fait confectionner ce bébé afin d'éviter qu'on ne lui dépêche sa sentence capitale en plein cœur. Le sergent approcha, tendit l'oreille et baissa les yeux.

— Va dire au toubib qu'Ivan Et Demi interdit d'envoyer notre équipe dans le Nord, articula Zaproudniov distinctement, clairement, nettement.

Le sergent se sentit glacer : il avait tout de suite compris que c'était sérieux. Son trouillomètre se mit, séance tenante, peut-on dire, à zéro, car il savait qu'au camp on ne se servait pas du nom d'Ivan Et Demi pour des clous, et que si quelqu'un tentait de rigoler ou de monter un bateau avec ce nom, il se retrouvait aussitôt avec un beau trou dans les organes internes.

Donc glacé et le trouillomètre à zéro, le sergent déhala sur la pointe des pieds chez l'officier de santé ; les gars souriaient. Officiellement, cette équipe se nommait l'« Entretien du Territoire ». Après sa douche, agréable bien que trop chaude, au lieu d'aller rejoindre la section en partance, elle s'en fut de sa propre initiative revêtir ses vêtements ordinaires.

— Camarade capitaine, fit, en exhalant une haleine de patate incomplètement digérée, le sergent Jouriev au capitaine Sterliadiev, il y a un ZEK qui vous fait dire de la part d'Ivan Et Demi de ne pas envoyer l'Entretien du Territoire à la mine.

La panique secoua la frêle constitution de Sterliadiev. C'était la première fois qu'il recevait comme ça, en ligne directe, un ordre d'Ivan Et Demi, du Staline des camps.

— C'est bon, Jouriev, tu ne m'as rien dit, je n'ai rien entendu. Laisse-les, bafouilla-t-il en essuyant, quoi, la sueur froide, la froide sueur, qui lui perlait au front, qui ferlait au pront, son mont froite, son front moite.

Moyennant quoi, il n'y avait plus personne à laisser : ils s'étaient déjà éparpillés dans le vaste camp. Les uns à la section d'intendance, les autres à la section culturelle, les autres encore à la section administrative, puis les uns aux chaudières, les autres aux cuisines, les troisièmes aux ateliers de couture, il y avait beaucoup à faire dans le vaste territoire de la Quarantaine et partout ces gens-là chuchotaient aux uns des termes de chantage, aux autres des menaces terrifiantes : l'équipe de l'Entretien du Territoire était la charpente la plus solide des « purs » qui, s'étant mis sur le sentier de la guerre, ne recevaient plus d'ordres que du mystérieux Ivan Et Demi lui-même qu'aucun d'eux, il faut l'avouer, n'avait jamais vu en chair et en os.

Zaproudniov Foma (tel était le nom peu courant que jadis, il y avait vingt-neuf ans exactement, lui avaient donné son papa et sa maman dans le frisquet gouvernement de Nijni-Novgorod) s'était entre-temps rendu à l'« outillage » pour s'y rafraîchir le gosier après le bain. Il jouissait d'une autorité incontestée, car c'est par lui que les ordres d'Ivan Et Demi passaient à l'Entretien du Territoire. L'outillage était une grande baraque que des piles de caisses transformaient en quelque chose comme le labyrinthe crétois. Zaproudniov et trois autres caïds s'y installèrent confortablement sur de vieux sièges de voiture, leurs « sizains » leur apportèrent une respectable boutanche d'alcool rectifié, et puis mirent en route un sacré petit *tchéfir*. Un gars sûr, un « socialement dangereux », faisait le guet, ils étaient tranquilles, ils pouvaient se donner un moment de paix près d'un petit « feu de bagnards ».

Mais, ici aussi, il y avait des affaires à régler. Les affaires, les affaires, « le repos, c'est qu'une idée », se dit Foma Zaproudniov. Des gars survinrent amenant un enfoiré, un nouveau qui, malgré les avertissements, s'était livré à sa sale besogne, avait entraîné un gamin mineur, Anantsev, dans sa baraque et l'avait initié aux joies de la galipette en chocolat. Selon un autre tuyau, la pédale récalcitrante arrivait d'Ekibastouz, autrement dit, c'était probablement une des « putes » qui se rassemblaient peu à peu à Magadan pour la « lutte finale ».

— C'est bon, amenez-le, ordonna Foma Zaproudniov. — Les « sizains » poussèrent derrière les caisses, à coups de genou dans le gaillard arrière, une silhouette mal ficelée dans les guenilles d'un manteau de dame, mais chaussée de bonnes bottes de fourrure. La silhouette clopinait, pliée en trois, se protégeant la tête de ses moufles de docker, élevait des sanglots, hystériques peut-être, en tous les cas poussait des cris de poule pondeuse. Elle releva la tête, aperçut la personne de Foma Zaproudniov et alors, comme on l'écrit dans les romans, laissa échapper un cri de terreur.

Les témoins de la scène affirment qu'à la vue de sa physionomie de rongeur au long nez dans laquelle les mirettes fuyaient au sol comme deux caramels léchotés, une grimace, sorte de cri muet, passa, elle aussi comme un souriceau, sur le visage morose de Foma Zaproudniov. Apparemment, les deux hommes s'étaient reconnus, mais ils n'en laissèrent rien voir, en ce sens que le sale pédé brailla des propos sans suite, tandis que Foma se levait brusquement et se détournait, les mains sur la poitrine, en prenant comme d'habitude un air rêveur.

— Alors, qu'est-ce qu'on en fait ? demanda l'un des Entretien du Territoire.

— Ben, on ne va pas faire de saletés ici, dit un autre, emmenons-le au collecteur.

Tous deux levèrent les yeux sur Foma plongé dans sa rêverie.

D'ordinaire, c'est dans le collecteur d'ordures que l'on retrouvait quiconque résistait à Ivan Et Demi. À ces mots, le pédé émergea : il avait compris le pourquoi du comment.

— Pitié, les gars ! Je suis encore jeune ! J'ai une femme, des enfants sur le Continent. De vieux parents. — Il se traînait à genoux. — J'ai fait toute la guerre, j'en ai vu, les gars ! Eh, camarade ! Toi, tu me connais ! hurla-t-il dans le dos de Zaproudniov comme un cochon qu'on égorge.

— Toi, le morpion, tu as reçu un avertissement du patron, fit, une beigne à l'appui, l'un des Entretien du Territoire. Le patron t'avait interdit de toucher aux mouflets.

— Alors, c'est à cause du mouflet, c'est ça ? Mais votre mouflet, son cul, il était rodé, je vous jure ! Allons, les gars, allons, si vous voulez, tous ceux qui sont là, je leur fais un carton maison.

Ce lavement ne savait pas encore que les Entretien du Territoire ne se laisseraient guère séduire par ce genre de promesse car ils cultivaient d'excellents contacts avec le camp des femmes.

— Ça suffit, dit quelqu'un. Au collecteur !

— Pourquoi ne dis-tu rien, Foma ? dit un autre à Zaproudniov.

Le mec Zaproudniov se retourna, un sourire aux lèvres :

— J'ai envie de m'amuser, les gars ! dit-il avec son cher accent de Rostov. — On savait que Foma Zaproudniov avait été formé à bonne école, à Rostov-sur-Don, après le départ de l'envahisseur fasciste.

Ils en furent cisaillés. Le pédé, se sentant condamné, releva tout grand ses deux caramels de leur orientation sexuelle.

— Qu'est-ce que tu veux dire, t'amuser ? questionna l'Entretien du Territoire.

— Une minute d'attention, citoyens ZEK, fit Foma Zaproudniov entamant un discours. Faites un effort d'imagination et dites-vous que nous ne sommes pas au magasin de la Quarantaine de la Direction générale des camps, mais dans le labyrinthe de Crète, *signori*, largement connu de tout le bassin méditerranéen... — Tous les proches compagnons de Foma le Rostovitain se demandaient quel était son secret, où ce mec-là avait fait ses études, où il avait acquis ces formules si littéraires, presque comme au théâtre. — Ce labyrinthe, nous y lâchons notre esclave-prisonnier. — Zaproudniov lui envoya un violent coup de pied. — File, putain ! Or, les mecs, quelqu'un le suit dans le labyrinthe, ni plus ni moins que le Minotaure ! — À ces mots, il sortit d'une poche intérieure un coutelas de vingt bons centimètres.

Déjà l'informe bonnet du pédé détalait entre les caisses. Il cherchait désespérément une brèche par où il s'enfuirait, se carapaterait chez ses « putes », leur monterait un opéra comme quoi il y avait eu balance, les persuaderait de l'envoyer aux travaux routiers, on se demande sur quoi il pouvait compter.

Foma s'engagea à son tour entre les caisses, le couteau en avant. Il riait : « Hé, hé ! Il paraît, citoyens, qu'un Thésée héroïque a pénétré dans notre labyrinthe. Curieux, curieux. »

Tout d'un coup il bondit à droite, à gauche, encore à droite. Le bonnet à longs poils du pédé disparut à son tour, lui aussi, il se camouflait. Les autres acteurs de la scène qui jouaient le rôle des invités du roi Minos, étalés sur leurs sièges de voiture, sirotaient leur *tchéfir* et attendaient les hurlements de l'égorgé. Personne ne se serait avisé de contrarier Foma Zaproudniov. Il veut s'amuser, ben qu'il s'amuse. Qu'on le veuille ou non, c'est le bras droit d'Ivan Et Demi, le seul de toute la bande à être personnellement en contact avec le héros de la Russie des camps.

En réalité, Foma Zaproudniov n'avait pas le cœur à s'amuser, à jouer les Minotaures. La rencontre du pédé — comment fallait-il l'appeler à présent ? — avait ébranlé tout son être désormais ancré dans la criminalité. Dans le fond, il ne savait même plus très bien ce qu'il devait faire : expédier ce fantôme du passé en recommandé à Charon (oui, le fameux nautonier — *Les Mythes de la Grèce antique* étaient son livre favori), ou l'épargner au nom... au nom d'un machin, je ne sais pas moi-même... pas au nom de l'amitié, tout de même ? Courbé en deux, le couteau pointé vers le bas, il tourna en rond entre les piles de caisses, aux aguets, l'oreille tendue vers le pas de l'autre, tourna encore jusqu'au moment où une clé universelle de 4/6 s'abattit sur sa tête. Au dernier instant, il se protégea de la main et la clé dérapa, ne fit que lui érafler la joue. Encore un instant, et il écrasait du genou la gorge de Gochka Kroutkine qui râlait, il se disposait à le liquider, déjà son bras armé du coutelas se levait, quand soudain, dans l'ancien nom de « Mitia, Mitia » quelque chose d'incroyablement lointain et bien-aimé, comme le bêlement de la chèvre Sœurette là-bas, dans son enfance à la métairie des Sapounov, le sidéra soudain.

— Mitia, Mitia, sanglotait Kroutkine, ce n'est pas possible que ce soit toi ! Je t'ai vu de mes yeux vu dégringoler dans le ravin, là-bas, à Kharitonovka. J'y étais, j'étais d'équipe d'ensevelissement, c'est nous qui avons comblé les ravins. Si c'est bien toi, Mitia, tu ne me tueras pas. Mon petit, mon chéri, Mitia, c'est bien toi ?

Cela faisait sept ans que plus personne ne l'appelait Mitia. Que de fois il avait changé de nom, de surnom, de fafs, il s'y embrouillait lui-même, mais il revenait toujours à son point de départ, à celui qu'il avait étranglé sur les conseils d'un corbeau de grand chemin, à Foma Zaproudniov, natif d'Arzamas, gouvernement de Nijni-Novgorod. Chaque fois que des inspecteurs cherchaient à lui faire avouer son vrai nom, il tenait ferme, refusait de se mettre à table jusqu'au dernier moment où, enfin, il crachait à la gueule des greffiers : « Bon, d'accord, écrivez, ordures : Zaproudniov, Foma Ilitch Zaproudniov. »

Parfois, aux rares moments où il se libérait de sa truanderie, il se disait : J'ai tout de même dû perdre un boulon, là-bas, à la Kharitonovka. Pourquoi est-ce que je considère ce têtard non comme la proie de mes pognes, mais comme un pote ?

Les potes de ses divers gangs, tenez, du premier, du *Chat Noir* de Rostov, qui connaissaient Foma sous son jour résolu et cruel, ne pouvaient évidemment pas se figurer qu'il lui arrivait, la nuit, de s'abandonner au bourdon, et même de porter sa serviette à ses yeux en évoquant des bribes d'existence humaine, des visages, du Chopin, les aboiements amicaux d'un gros chien, du pâté chaud à la *viazyga* [1] et pourtant, il se remémorait souvent tout cela, jusqu'au moment où paisiblement, gentiment, le chassait le jour le plus terrible de sa vie, celui où il avait, pour la première fois, tué un innocent. Ses bottes barbotent dans les flaques d'avril, il sifflote allégrement *Nuages dans le bleu* de Nina Gradova, et voilà un troufion qui marche sur la terre dévastée, le théâtre aux Armées, quoi, rien de plus, la séquence suivante, celle d'un cadavre puant qui galope à sa poursuite, n'est pas dans le champ... et puis après, ils avaient fumé ensemble allongés derrière un buisson, ils avaient débarrassé les onze clopes du paquet... non, mais pourquoi je dis ça au pluriel ?... le petit Foma Zaproudniov, lui, il était là peinard et rose, comme un copain qui dort et il ne fumait pas du tout, c'est toi, pendant ce temps-là, qui prenais ton kief sur ses réserves...

— Quel Mitia, Mitia ? dit-il en secouant férocement Gochka Kroutkine, la « pute » prisonnière, l'éternel traître et ami. Rappelle-toi une fois pour toutes qu'on m'appelle Foma le Rostovitain, et dès que tu m'entendras t'appeler, accours dare-dare !

Il se détacha avec un coup de pied à la carcasse de l'autre, tremblant de bonheur (il avait compris qu'on lui faisait grâce).

— Maintenant, tu es des nôtres, une balance, compris ? — Il ricana. — Un soldat du front invisible. D'accord ?

— D'accord, d'accord, Mitia ! Oh, pardon : Foma ! — Kroutkine pantelait comme autrefois au détachement Aurore.

— Et toi, comment tu t'appelles, maintenant, malheureux pédé ? C'est quoi, ton nom ?

Avec un ondoiement de féminin pinnipède, Kroutkine refit surface et lui glissa tout à trac :

— Vova Jéliabov, de Sverdlovsk.

— Alors, Vova Jéliabov, tiens-le-toi pour dit, à présent, tu ne te contenteras pas d'enfumer le ciel du camp et de poursuivre les minets (à ce propos, la prochaine fois, je ne te raterai pas), tu suivras les ordres de l'Entretien du Territoire et... — il tira en l'air l'oreille (ou plutôt une oreille d'âne) de son vieux frère d'armes et mi-souffla, mi-lui cracha en plein dans la gueule — ... d'Ivan Et Demi.

Quelques minutes plus tard, Foma le Rostovitain ramenait à

1. Mets très recherché. Chair prise le long de l'épine dorsale de l'esturgeon.

ses compagnons un peu déçus sa « balance », soumise, mais indemne.

— Un espion de plus dans le camp ennemi ne nous fera pas de mal, commenta-t-il brièvement.

Il n'y eut pas d'autre question.

Le soir tombait lorsque Zaproudniov sortit du magasin et partit à grands pas vers la chaufferie. La fine serpe de la lune au-dessus du désert onduleux promettait une jolie rentrée de capital[1]. D'après les prévisions, c'est justement à ce point du cycle de notre satellite que l'on devait braquer la caisse d'épargne de Iakoutie toute proche. La chaufferie desservait aussi bien le camp des hommes que celui des femmes, c'est pourquoi d'un côté elle faisait saillie dans la contrée des hercules et des thésées et de l'autre, au pays merveilleux des nymphes et des amazones. Cet excellent dispositif ne pouvait évidemment pas échapper à l'attention de Foma le Rostovitain et de sa bande. Un ZEK ordinaire risquait sa vie rien qu'à approcher le sinistre bloc de béton dépourvu de fenêtres, alors que l'Entretien du Territoire utilisait pour ainsi dire sans difficulté ses chauds recoins aux fins de rencontres enflammées avec les truandes de la bande homologue.

Celle qui attendait Foma Zaproudniov était sa gonzesse, comprenez par là qu'elle régnait déjà depuis près de trois semaines, Marina Schmidt, une voleuse professionnelle de Léningrad. On leur avait organisé leur premier rendez-vous à l'aveuglette, mais ils s'étaient tellement plu qu'à présent ils ne rêvaient sans cesse que de se retrouver nus sous ces tuyaux brûlants. « Nous sommes comme des petits dans la poche d'un kangourou, Marina », avait dit un jour Zaproudniov en plaisantant. Le kangourou n'avait pas tardé à faire retour à l'envoyeur : les initiés des deux camps appelèrent désormais la chaufferie « le kangourou ». « Salut, les gars, je m'en vais voir au kangourou, des fois qu'une salope (ou une tordue) m'y attendrait. »

Fait curieux, Marina était parfaitement saine, en ce sens qu'elle ne lui fila ni morpions ni même ce mythique tréponème pâle qui est la Reine des Neiges de la Kolyma. « Comment se fait-il, madame Schmidt, que vous vous livriez plutôt à l'institution qu'à la prostitution ? s'étonnait Foma. — Avant de tomber sur vous, je m'amusais plutôt avec les filles, citoyen Rostovitain, répondait-elle en riant. Vous autres, les mâles, vous êtes pleins de saleté, tandis que, dans notre île à nous, tout est palmiers et chants d'oiseaux. » Le Rostovitain, avec sa coulante trois fois guérie, éprouvait une sorte de vénération devant la tendre peau de nonne de son amie. Et cela l'agaçait. De plus, il surprenait parfois les regards amoureux qu'elle posait sur lui. Et ça, ça l'agaçait encore plus.

1. Superstition courante : manipuler de l'argent sous les rayons de la nouvelle lune est présage de richesse.

Ce soir-là, en pénétrant dans la chaufferie, Foma cria au chef d'équipe :

— Pétro, eh, Pétro ! T'entends ? Baisse un peu la vapeur, sinon on va se retrouver aussi rôtis que Serguéi Lazo[1], Marina et moi.

Il se dirigea tête première vers un passage secret et se retrouva bientôt dans une piaule très convenable avec lit, table de nuit, faible ampoule électrique qui pendait à un tuyau emmailloté d'amiante. Marina l'attendait sur le lit, vêtue d'une culotte et d'un soutien-gorge de dentelle. Où as-tu dégoté ce beau linge ? Où, je vous demande pardon, citoyens, peut-on se procurer un linge comme ça, si on est enfermée au pénitencier de Magadan ? Vous savez, la femme russe est un profond mystère. Sans plus perdre de temps, Zaproudniov dépouilla la truande de ses jolis dessous et se mit à la besogne. Tout en s'y livrant, il réfléchissait intensément aux problèmes financiers de la bande, aux moyens de transport qui pareraient aux hasards de la fortune, et à l'éventualité d'une décarrade en Iakoutie. Il était tellement perdu dans ses pensées que, quand Marina arriva au terminus, il lui demanda avec étonnement : « Ben, qu'est-ce qui te prend ? »

Après avoir coïté, ils se livrèrent, comme d'habitude, à quelques amusettes, chatouilles, pinçons et rires. Si nous étions des gens normaux, Marina, ma vieille, c'est-à-dire rien que de jeunes spécialistes du Grand Nord, nous aurions pu, hi, hi, hi !, ah, ah ! nous bâtir une autre vie. Ah ! mon petit Foma, j'ai tellement envie d'aller au théâtre avec toi ! La belle affaire ! si tu veux, je te ferai sortir du camp. Oh ! oui, oui, le Rostovitain ! On dit qu'ils donnent une opérette formidable à la Maison de la Culture, *Les Onze Inconnus* de Nikita Bogoslovski, c'est des ZEK de chez nous qui la jouent. Soudain assombrie, Marina Schmidt des Cinq-Coins (comme elle se nommait parfois) leva sur son « petit Foma » ses yeux félins, vert clair. « J'ai décidé d'avoir un enfant de toi, citoyen Zaproudniov. » À de tels coups à l'estomac, le Rostovitain répondait toujours par un hyperpuissant direct du droit. La truande vola dans le mur brûlant, hurla, se hérissa, alors là, comme une chatte de la Kolyma retournée à l'état sauvage. « Salaud ! Salaud ! »

Foma Zaproudniov, *alias* Mitia Sapounov, remis de sa surprise, tendit la main en avant pour la caresser. Marina la lui happa des mâchoires et faillit lui couper les doigts. « T'es pas louf, la gonzesse ? hurla-t-il. Tu veux leur offrir un esclave de plus ? »

— Un truand ! brailla Marina. Et tu n'as rien à voir ! Je ne t'offre pas le rôle de papa, salaud ! Je n'attends rien de toi que ta bite, pourri de pédé !

Déjà Foma-Mitia introduisait les fesses dans le passage secret, battait en retraite. Il avait envie de se boucher les oreilles avec de

1. Héros de la guerre civile qui fut torturé, puis brûlé dans une locomotive par les Japonais et leurs alliés russes blancs.

la cire, tel Ulysse, pour ne plus entendre gueuler sa gonzesse bien-aimée. Connasse, tordue, de qui voulait-elle un enfant ? Un assassin, une fausse couche ! Quelle idée de vouloir apporter un merveilleux garçon ou une tendre fillette dans le monde bolchevik ?

Il grelotta encore longtemps, installé dans un coin derrière le bouilleur, grillant une cibiche. Enfin, il se calma, passa à la salle de garde, endossa un complet plutôt moche, mais « civil », une pelisse par-dessus, se coiffa d'une jolie chapka à oreilles et fond de cuir. Ainsi nanti d'une allure de péquin — d'un jeune spécialiste fana du Grand Nord —, il passa peinardement le poste du camp sans avoir besoin d'enviander personne, la garde de la Quarantaine était presque entièrement de mèche, il fallait seulement faire gaffe de ne pas tomber sur un « imprudent ».

Du camp à la ville, il y avait quatre kilomètres, ça ne compte pas, ça, et en plus, un mammouth d'acier américain, un Diamond, vint ramper sur la route. Ça va tout de même un peu plus vite qu'un homme. Mitia sauta sur la plate-forme, se cramponna comme il put et cahota ainsi, le clope au bec, vingt minutes de rang, tandis que son convoi roulait vers la capitale de la Kolyma. Un vaste couchant s'étalait sur les collines, les étoiles du soir étaient vertes comme les beaux yeux de sa gonzesse, des lueurs de réverbères en chaînettes ou de petites taches de loupiotes aux maisons piquetaient la vallée qui sombrait dans la nuit. Quel dommage que je ne sois pas parti en Italie. J'aurais dû faire ça, en 1943. Au lieu de rejoindre les partisans du Dniepr, tailler la route du côté de l'Italie, *piano*, *piano*, mais sans démordre, allez, avec ce merdeux de Gochka, bien sûr. Gochka, bien sûr, en cours de route les Hongrois l'auraient pendu par les roustons, mais moi, je serais arrivé jusqu'en Italie et là, je serais passé du côté des Alliés. Ah, dommage qu'on ne puisse pas rejouer la partie, je n'avais aucune envie, à l'époque, de devenir la bête féroce que je suis.

En ville, sur les trottoirs de bois, défilait ce que Mitia appelait la « galonaille dorée » avec ses bonnes femmes envisonnées. « Valentina, ma chère, ça fait longtemps que vous êtes rentrée du Continent ? — Nous avons merveilleusement passé le temps dans la ville d'eaux de Sotchi. » Au milieu de l'aristocratie, vadrouillaient aussi des gars de la confrérie, d'anciens ZEK, je veux dire, de la race des esclaves, des fumiers, des vicieux. Comme il convient à un spécialiste volontaire — et qui en rajoute —, il ne leur prêtait aucune attention. Il entra dans un magasin d'alimentation et y acheta un pain de fromage qu'il plaça dans sa mallette : on aime bien s'offrir parfois un bout de fromage, au camp. Il passa à la pharmacie et acheta une demi-douzaine de flacons de Pantocrine pour les gars de l'Entretien du Territoire. On disait parmi eux que, grâce à la Pantocrine, vous aviez la queue qui lève à y accrocher un seau après. Mitia n'avait personnellement aucun besoin de ça, un extrait de bois de renne du Nord : son levier à lui, surtout en présence de Marina Schmidt, on aurait pu y accrocher une buse en fonte. Puis, avec des airs dégagés, il rendit visite à la caisse d'épargne, retira vingt-cinq mille roubles d'un compte au nom de Chapovalov, Guéorgui Mikhaïlovitch. Sur le Continent, une somme pareille, on aurait pu ne pas la lui remettre et même appeler la Milice aux fins de vérification d'identité du déposant, mais à Magadan, avec ses doubles, triples, quadruples paies, de pareils retraits étaient chose courante. Celui-ci était, à vrai dire, le but principal de sa balade, ce soir-là : il fallait non seulement tenir en main les gâfes de la Quarantaine, mais aussi graisser la mécanique de tous les petits chefs.

Il restait encore deux heures avant le regroupement du soir, il avait le temps d'aller au cinéma et de voir la première moitié de *La Fille de mes rêves*. Cette fille, Marika Rökk, une prise de guerre, Gochka et moi, on l'avait déjà vue en Allemagne, elle sortait toute nue d'un tonneau plein d'eau, mais ici, naturellement, le tonneau, ils l'ont coupé pour pas que le Soviétique se mette à baver d'envie devant tant de vitalité. Enfin, on verrait quand même quelques paysages des Alpes germaniques. On y passerait une demi-heure, puis tout à coup, on bondirait, oh, là, là ! camarades, mes chers amis, pardon, j'attends un appel de Moscou, le ministère !

Il reste juste quinze minutes avant le début de la séance, juste le temps de passer rue des Soviets voir *leurs* fenêtres, au 14.

La rue des Soviets était déserte. Il n'avait pas beaucoup neigé, la suie urbaine avait légèrement noirci les congères le long des trottoirs de bois, lesquelles congères présentaient déjà leur laque printanière. Les modestes petits lampadaires prenaient contre le ciel extraordinaire des allures d'oranges italiennes. Une patrouille de deux troufions plus un officier passa. Ils dévisagèrent attentivement Mitia, mais sans l'interpeller. Magadan, respectable cité soviétique, porte de l'Extrême-Orient, ne prescrivait pas la vérification des papiers du premier quidam nanti d'une mallette venu. Si l'on y avait procédé, d'ailleurs, Chapovalov, Guéorgui Mikhaïlovitch n'aurait eu aucun mal à fournir les preuves de son honorabilité, d'un passeport en règle jusqu'à un revolver bulldog.

Aucune lumière ne brillait aux deux fenêtres du 14. Mitia fit le tour de ce bâtiment d'apparence tout à fait vivable, peint de la teinte favorite des Magadaniens : cuisse de nymphe émue. Ici et là, se voyaient de grands abat-jour gansés. Des filets à provisions pleins de denrées périssables pendaient aux fenêtres. À notre fenêtre à nous — à ce « nous », il sourit jaune — c'était un poulet aux cuisses d'échassier. « *J'ai acheté un poulet, un petit pain français...* » Plus d'une fois déjà, à la nuit tombante, il était venu là et, caché derrière la cabine du transformateur, il avait observé, de l'autre côté de la rue, les fenêtres de ses parents adoptifs, Tsilia Naoumovna Rosenblum et Kirill Borissovitch Gradov. Au début, il n'y avait vu qu'une ampoule toute nue, puis un grand abat-jour de soie à pompons, comme tout le monde. Parfois, leur tête se rapprochait de la vitre. Un jour, il les avait vus se crier après en agitant les bras : sûrement qu'ils discutaient comme autrefois des questions théoriques de la révolution mondiale. Un autre jour, son œil prompt avait surpris un long baiser à la suite duquel la lumière s'était instantanément éteinte. Avec un rire silencieux qui avait découvert ses dents couronnées, il avait hoché la tête : pas possible ! ils faisaient encore la chose, vieux et malades comme ils étaient ?

Cela faisait six mois que, travesti en Chapovalov, Guéorgui Mikhaïlovitch, il s'était trouvé nez à nez, au principal carrefour de Magadan, le croisement de la rue Staline et de la chaussée de la Kolyma, avec tante Tsilia. Il n'aurait probablement pas remarqué son père : des demi-ZEK comme ça, il s'en balade des milliers dans la région, mais Tsilia, impossible de ne pas la distinguer dans la foule anonyme : elle traînait, débraillée comme toujours, une boutonnière de son manteau accrochée à un bouton de son corsage, l'écharpe pendouillant dans la boue, un rouge à lèvres couleur carotte qui ne correspondait pas au dessin de la bouche, des taches de rousseur qui flamboyaient, des mèches mi-partie roux et blanc qui volaient au vent, un monologue intérieur qui atteignait assez intelligiblement le monde extérieur : « permettez, permettez... voilà mon attestation... le cubage... tenez-vous-en au cadre... la morale socialiste... » C'est ainsi que, parmi les ondoiements de la foule, se matérialisa sa « maman juive », honte et pitié de son adolescence. Il était demeuré cloué sur place. Tsilia avait glissé sur lui un regard aveugle et avait poursuivi son chemin.

Il l'avait suivie toute la soirée comme un espion. Elle s'était rendue, de toute évidence pour quelque chicane, à la Direction du Dalstroï et au Conseil municipal, puis elle avait fait la queue au lait condensé, puis elle avait piétiné devant un atelier de réparation radio, d'où son père, Kirill, était sorti bras et jambes écartés, portant une énorme radio, apparemment de fabrication privée ; son visage très vieilli brillait de contentement. Il avait l'air de bien aimer ce genre de vie : s'écarteler autour d'une énorme radio, aussi grande que la pendule du cabinet de grand-père, apercevoir sa femme qui l'attendait dehors... Alors, ils sont vivants tous les deux, réunis, il ne manque que moi, je suis le seul à être perdu corps et biens. Foma le Rostovitain, la terreur de toute la Quarantaine, avait frémi d'un bref sanglot.

On comprendra que Mitia ne pouvait savoir que son père adoptif avait été libéré de prison, de la « Maison Vasskov », huit jours plus tôt seulement. Kirill et Tsilia avaient joui six mois à peine de leur paradis, de leur pauvre baraque de banlieue, après leurs retrouvailles. On procédait en ville, posément, au réinternement méthodique des anciens politiques. Commentant la dernière arrestation, leurs amis de l'intelligentsia étaient arrivés à la conclusion que la campagne se déroulait strictement selon l'ordre alphabétique : Antonov, Averbuch, Astafiev, Bartok, Batourina, Bessénieva, Bénédiktov, Bollberg... « Ils ont emmené Evguénia Guinzbourg, hier, dit un jour Stépane Kalistratov, ce qui fait que ce sera bientôt ton tour, camarade citoyen Gradov, prépare-lui un balluchon avec l'*Abrégé d'histoire du PCUS(b)*, Tsilia, avant moi, il y a encore une demi-douzaine de lettres, ce qui fait qu'on va pouvoir se payer du bon temps. »

L'imaginiste s'était, dans les camps, presque guéri de sa passion pour l'alcool, pour la peine, il avait acquis un certain penchant pour les poudres et comprimés qui favorisaient, comme il l'affirmait, l'abord exceptionnellement optimiste et humoristique de la réalité.

— Arrête de dire des bêtises, Stépane ! attaquait aussitôt Tsilia. Quelles arrestations alphabétiques ? Qu'est-ce que c'est que ces sornettes ? Faire de l'humour noir sur les lois d'un grand pays est pour le moins déplacé ! Toi, tu as la langue trop longue et tu risques de le payer, mais Kirill et moi, ça ne nous concerne pas du tout.

De fait, ils vivaient avec l'étrange sensation qu'après leurs retrouvailles tout ne pouvait que s'arranger : les conditions de logement, l'approvisionnement, le niveau intellectuel de la population, la situation internationale, et même les influences climatiques. Kirill avait réussi à se caser à la chaufferie de l'hôpital municipal et à échapper ainsi au monde du camp et aux soudards de la Sécurité. Tsilia s'était presque aussitôt intégrée au tableau de la Maison de l'Instruction politique et alimentait la population de l'analyse théorique de la décadence du système impérialiste mondial sur le fond de la lutte croissante du monde ouvrier pour la paix et le socialisme à la lumière de leur triomphe définitif aux promptes approches. La direction du MVD du Dalstroï d'URSS, très contente de la présence d'une théoricienne volontaire grâce à laquelle se remplissait si allégrement le papier millimétré de l'Instruction politique, avait promis à la camarade Rosenblum une belle chambre, 14, rue des Soviets, laquelle devait bientôt être libérée, celle qui y achevait ses jours était une citoyenne affligée d'une maladie pulmonaire inopérable.

En attendant, ils vivaient dans leur paradis. Le mur respirait à l'unisson du souffle et des autres expulsions du révolté de Tambov. Lorsque Kirill s'isolait pour marmotter devant son autel franciscain, Tsilia feuilletait bruyamment les pages de *L'Anti-Dühring* ou de *Matérialisme et Empiriocriticisme*[1], s'exclamait : « Quelle pénétration ! » ou « Écoute un peu, Kirill : "La soi-disant crise de la physique n'est que l'expression de la carence de l'idéalisme dans l'interprétation de ce nouveau stade du développement de la science." » Bien souvent, après ces séances opposites, ils s'affrontaient ouvertement et chaque fois se rejoignaient à mi-parcours, vu qu'ils ne pouvaient le faire ailleurs, ou l'un ou l'autre se brûlait le crâne à l'ampoule électrique.

— Mais on sait depuis Démocrite, depuis Épicure, que personne n'a créé la matière ! criait Tsilia. Le monde est, du début à la fin, intelligible !

Kirill amortissait de la main l'attaque furieuse, flamboyante de fureur partisane de ses mamelons-dirigeables.

— Qui le sait, ma petite Tsilia ? Comment pourrait-on le savoir ? Qu'est-ce que cela veut dire : « personne ne l'a créé » ? Dis-moi ce qu'est le commencement ? La fin ? Et si tu es incapable de répondre à ces questions, comment peux-tu affirmer que le monde est intelligible ?

Des heures entières passaient à ces duels tandis que montaient les abominables hurlements de la tempête et les glapissements du couloir, moyennant quoi, ainsi que le lecteur l'aura certainement remarqué, Tsilia s'escrimait à coups de points d'exclamation et Kirill parait à coups de points d'interrogation. « Eh, Naoumovna, Borissytch, à la soupe ! Finissez ce chambard ! » criait de l'autre côté de la cloison Mordekhaïa Botchkova, l'habituée des dispensaires antivénériens au titre des malades chroniques.

Au paradis où ils vivaient, presque tous les soirs, les bonnes femmes de la cuisine communautaire se prenaient aux cheveux, s'envoyaient des éclats de bois dans leurs frichtis réciproques, les mouflets — certains avec des fistules syphilitiques ou tuberculeuses — se ruaient du matin au soir à travers le couloir démantibulé, totalement possédés d'un seul instinct : celui de la destruction. Cependant, à l'autre bout, après les chiottes, demeurait l'ange de la contemplation, un petit vieux d'Odessa, tonton Vania Chronopoulos, à qui dix ans de détention n'avaient pas ôté l'envie d'élaborer des chefs-d'œuvre : tantôt un violon de belle apparence construit avec de vieilles caisses, tantôt un coffret à cigarettes à musique — *Valses de Vienne* ; mais il s'appliquait surtout aux phonographes, pick-up et radios. C'est à lui que Kirill avait acheté le grandiose assemblage que nous avons aperçu quelques pages plus tôt à sa sortie de l'atelier de réparations. L'atelier nous a servi

1. Ouvrages fondamentaux du communisme, l'un d'Engels, l'autre de Lénine.

à dire que, tandis que Kirill tirait son deuxième temps de prison, le KGB de Magadan avait balayé tout l'alphabet, ratiboisé la lettre « kha[1] » qui, en raison de son éloignement, avait assez longtemps permis à tonton Vania de visser de son petit tournevis, de scier de sa petite scie, de souder de sa petite soudeuse, c'est-à-dire de jouir de son existence paradisiaque sous l'aile de Chronos.

En achetant son poste à lampes de la marque « Tonton Vania Chronopoulos », Kirill n'aurait jamais imaginé, même en rêve, que de cette caisse bricolée à la va-comme-je-te-pousse, à travers un crépitement d'étincelles électriques, monterait un jour une pure prière orthodoxe. Eh oui, il existait une station nommée *La Voix de l'Amérique* émettant vers l'Union Soviétique, et, sur ces ondes impérialistes, un prédicateur de San Francisco qui disait des prières en russe.

Curieux, mais la radio ennemie qui se dissimulait dans la malheureuse caisse en bois ne suscita aucune protestation de la part de Tsilia Naoumovna. Au contraire, bien souvent, sans quitter des yeux ses sources premières, elle grommelait : « Alors, allume le poste ! », et dès qu'elle entendait l'appel publicitaire et comme laqué de : « Vous allez entendre *La Voix de l'Amérique*, écoutez la voix d'une radio libre », elle ricanait avec une ironie forcée : « libre », mais après, elle ne décollait plus son oreille subtile du bulletin d'informations.

Lorsqu'il se vit emmener directement de l'hôpital municipal à l'interrogatoire, à l'hôtel du KGB qui ressemblait au manoir de quelque hobereau, Kirill fut persuadé que la radio émergerait à coup sûr du nombre des accusations portées contre lui. Pourtant apparemment, les KGBistes n'avaient jamais entendu parler du puissant assemblage multilampes. D'une voix monotone et indifférente, ils répétèrent point pour point les accusations de 1937 : appartenance à l'organisation contre-révolutionnaire-trotskiste-boukharinienne de l'Institut du Mouvement ouvrier, tentative de discréditer la politique du gouvernement soviétique par voie d'infiltration d'idées néfastes dans les organes de presse, etc. « Mais j'ai déjà fait dix ans pour ça », objectait faiblement Kirill. « Ne fais pas le malin, Gradov, répondaient à cela les enquêteurs. Re-signe-nous tout ça, tu connais la musique, tu sais ce qui arrivera si tu ne signes pas. » C'est sûr, ils n'avaient aucune envie de le tabasser : il faut croire que ce chauffeur tout en nerfs et en rides, mi-chauve, mi-grisonnant, et humble, n'éveillait en rien leur appétit. Il n'avait rien à opposer à leur dernier argument, il avait signé une fois de plus. Je reviens à mon essence première, s'était-il dit paisiblement, et elle ne me destine pas à me fixer dans une cambuse bien chaude avec ma femme, pas à déguster les friandises de

1. Initiale, en russe, de Chronopoulos, lettre qui se trouve presque à la fin de l'alphabet cyrillique.

Moscou, mais à me traîner avec les colonnes de ZEK, à faire la queue au rata, à bouffir de scorbut. Mon Dieu, donne-moi la force !

Quant à Tsilia, la seconde arrestation de son mari l'avait bouleversée au moins autant que la première. « Pour quoi ? pour quoi ? » murmurait-elle dans la nuit en pressant ses seins de désespoir. À qui est-ce que j'adresse cette question ? songeait-elle. Si c'est à *eux* (pour la première fois, elle pensait aux autorités du peuple travailleur en ces termes : *eux*), aujourd'hui, à la différence de 1937, il y a une raison si faible soit-elle : c'est devenu un religieux, il écoute les radios étrangères... Seulement, il me semble que ce n'est pas du tout eux que j'interroge, mais quelque chose de nocturne, de silencieux, d'omniscient...

Il faut démolir cette maudite radio, la flanquer aux ordures, se disait-elle tous les matins avec rage, et déjà elle levait son marteau au-dessus de l'œuvre chronopoulossienne, mais aussitôt elle serrait ce maudit machin dans ses bras et le baignait de ses larmes : c'est qu'avec lui, le soir, tandis que hurlait le vent du nord-est, avec son bien-aimé, ils avaient écouté ces étranges voix non soviétiques d'un monde irréel !

Alors, je ne la jetterai pas, alors, au contraire, je l'écouterai comme je l'écoutais avec Kirill chéri !

La revoilà devant une porte de prison, la revoilà avec des sacs et des petits paquets, la seule différence, c'est que la queue est moins longue qu'à Lefortovo et qu'on accepte les colis sans tergiverser. Revoilà des lettres, des déclarations prolixes, à cette différence qu'elles ne s'adressent plus à la Commission de contrôle du CC (ça serait gênant d'y intervenir pour un « religieux ») mais au Dalstroï, au MVD, au ministre de la Sécurité d'État, le camarade Abakoumov.

Un jour, au magasin d'alimentation principal, alors qu'elle faisait la queue au thé, elle aperçut Stépane Kalistratov qui, dans l'attente de son arrestation, s'employait à surprendre la population locale par l'élégance de sa toilette : chapeau mou, pardessus à col d'astrakan, écharpe jetée par-dessus l'épaule, canne, c'est-à-dire point pour point le harnachement sous lequel il figurait sur une photo autrefois célèbre en compagnie de Marienhof, Essénine, Cherchénévitch et Koussikov[1]. Tsilia s'était précipitée, avait tambouriné sur le dos de gros drap : « C'est toi qui as attiré le malheur, Stépane ! C'est toi qui as parlé des arrestations par ordre alphabétique ! » Il se retourna, affabilité mondaine personnifiée, humeur excellentissime — très friable combinaison de codéine et de papavérine !

1. Tous poètes imaginistes.

*— Comtesse Tsilia*
*Plus belle qu'un lilas.*

Il s'empara de son bras et lui souffla ardemment à l'oreille : « Ils sortent ! »

— Qu'est-ce que tu dis ? Qui ? exhala-t-elle.

— Les nôtres. Par « A ». Il en est déjà sorti plusieurs, on en a vu par « B »... et aujourd'hui, c'est sensationnel, ils ont relâché Evguénia Guinzbourg... Ce qui fait que

*Haut les cœurs, Tsilia*
*La Bastille s'ouvrira !*

Chose étrange, ce mauvais sujet de poète avait, une fois de plus, eu raison. Cinq mois ne s'étaient pas écoulés que Kirill était relâché par des KGBistes à la même gueule d'ennui, le même bâillement pseudo-lénonin, non sans avoir été frappé, comme tous les autres « alphabéteux », d'un exil à perpétuité dans les limites d'un rayon de sept kilomètres autour de la ville de Magadan.

Après cela, tout était très vite rentré dans l'ordre. Le couple Gradov-Rosenblum y avait même acquis un certain sentiment de stabilité. L'exil à perpétuité, c'était enfin un statut précis ! Tsilia en éprouva même un certain contentement. Ça faisait plus sérieux de dire : « Mon mari est un exilé », plutôt que « un ancien ZEK ». Tout de même, Lénine, Vladimir Ilyitch, l'avait également été au village de Chouchenskoïe, et aussi le grand Maître des peuples, Staline, Joseph Vissarionovitch, qui avait été exilé dans la région de Touroukhansk d'où, pareil au légendaire Ivan Et Demi, il avait pris audacieusement la fuite. On avait réintégré Kirill à son travail, augmenté les vacations de Tsilia. La chambre du 14, rue des Soviets n'avait pas tardé à se trouver disponible et cela avait été le commencement d'une tranche tout à fait fabuleuse, presque idylique, de leur existence : ils avaient déménagé dans un nouvel appartement, occupé, eux mis à part, par deux familles seulement, où les murs ne laissaient presque pas filtrer les bruits modérés, comme, disons le ronflement harmonieux de la caissière de la Maison de la Culture, Xavéria Olympievna, où ils avaient même leur propre rond de gaz et où seul était limité l'accès aux tièdes parties communes.

Et c'est là qu'avait pris l'habitude de venir à la nuit la terreur du camp de la Quarantaine, Foma Zaproudniov — le Rostovitain, *alias* Dimitri Sapounov, louveteau sauvage d'une portée koulak découvert ou capturé vingt et un ans plus tôt par de jeunes militants de la collectivisation, Gradov et Rosenblum. Mais qu'est-ce que je suis pour eux ? pensait Mitia, accroupi derrière le transformateur à la façon des camps, un coude sur le genou, l'autre à la hanche, grillant dans sa manche cigarette sur cigarette, ils ne pensent même plus à moi. Un fils adoptif, c'est de la crotte, même pas de la crotte, zéro, rien que de nobles élans. Le gamin est porté disparu à la guerre, un point c'est marre, ah ! papa, papa ! ah ! maman Tsilia...

Comme toujours, il fut submergé d'une immense vague d'attendrissement et il se dit que c'était peut-être cela la raison principale pour laquelle il se permettait ces brèves veillées derrière ce transformateur du bout du monde sous les fenêtres de ses parents adoptifs : la pitié, la faiblesse, le larmoiement, le bourdon, tout ça se mêle aux larmes, jusqu'au moment où il les recrache en vrac et se replante sur ses pattes de derrière, ce loup à forme humaine : moi.

Il quitta le transformateur et gagna le milieu de la rue comme le faisaient souvent, la nuit, les habitants de la ville, car à l'époque la circulation des voitures de tourisme était extrêmement réduite. Deux silhouettes tassées sous le poids de leurs sacs à provisions se montrèrent sous un réverbère au bout de la rue où, derrière la grille du Parc de Culture, on apercevait la statue de Lénine et son bras trop long tendu comme un sémaphore. Il comprit aussitôt que c'étaient eux, ses parents. Il bondit par-dessus le caniveau, se plaqua contre un mur en saillie. Kirill et Tsilia approchaient lentement, passaient d'une tache de lumière à l'ombre, réapparaissaient à la tache de lumière suivante. Déjà l'on entendait leurs voix. Comme d'habitude ils discutaient philosophie ; la pensée positiviste guerroyait contre l'obscurantisme. Tsilia bouillonnait :

— Écoute, Kirill, tu conçois l'Univers comme une paysanne illettrée. Comme si tu avais, en dormant, manqué le Siècle des Lumières.

Kirill montait sur ses ergots :

— Tes Lumières n'ont aucun rapport avec ce dont je te parle ! Les Lumières et la Foi relèvent de dimensions distinctes. Tu comprends, distinctes !

— Ta logique te trahit ! Tu ne vois que les impasses ! bouillonnait Tsilia.

— Ce ne sont pas de simples impasses ! C'est l'expression de nos limites. Ne dit-on pas que l'on ne saurait étreindre l'immensité ? — Kirill montait encore plus sur ses ergots.

Tsilia avait atteint un point d'ébullition chaotique :

— Oui, question étreintes, votre femme est encore à portée des vôtres, Kirill Borissovitch.

Avec ses deux cabas au bout des ailes qui semblaient là uniquement pour l'empêcher de s'envoler, Kirill, perché sur ses ergots, atteignit son point d'étreinte. Dans le fond, Mitia avait raison : ils pensaient rarement à lui, mais pas du tout parce qu'il leur était étranger. Ils étaient tellement passionnés l'un de l'autre qu'ils ne pensaient à personne.

À ce moment, obéissant à une impulsion obscure, incontrôlable, Mitia quitta son abri et demanda d'une voix rauque, déguisée :

— Eh, camarades, vous n'auriez pas du feu ?

Les époux sursautèrent.

— Qu'est-ce que vous voulez ? cria brutalement Tsilia, protégeant déjà Kirill de l'épaule.

— Je vous en prie, camarade, je vous en prie ! — Kirill repoussa son épouse, sortit des allumettes de sa poche, en gratta une et la tendit au passant au creux de ses mains. Le vent soufflait entre ses doigts, cependant Mitia eut le temps d'allumer sa cigarette. L'allumette s'éteignit, mais il ne lâcha pas tout de suite les mains rugueuses qui la tenaient. Il prit le temps de tirer encore une bouffée afin de revoir peut-être pour la dernière fois, à sa fugace lueur rouge, les lignes de destinée de son père.

*Troisième entracte*

## LES JOURNAUX

*Le* Time *:*

*... L'édifice de vingt-six étages en construction place de Smolensk à Moscou aurait, à Manhattan, fait figure ordinaire, mais pour l'Europe, c'est un colosse.*

*... Des stations de métro superbes ont été construites sur la ligne circulaire de Moscou.*

*... Avant les matches de football du stade Dynamo, l'on voit affluer d'étincelantes automobiles qui appartiennent principalement à l'élite communiste soviétique.*

*Le* Time *:*

*... Les diplomates de l'Ouest à Moscou sont frappés de la morose prudence et de la réserve du deuxième personnage du pays, monsieur Malenkov. Gras, les yeux comme des agates, un visage de cire, Malenkov sécrète une trouble menace. « Si je savais qu'on va me torturer, a dit récemment un ancien ambassadeur, Malenkov serait le dernier des membres du Bureau Politique que je choisirais à cet effet. »*

*Le* Time *:*

*... La disparition de Nicolaï Voznessenski, jeune membre du Bureau Politique, a surpris tout le monde. Un ouvrage d'histoire récemment paru omet son nom dans la liste du BP du temps de guerre. On songe involontairement au « ministère de la Vérité » de George Orwell.*

*La* Pravda *:*

*... Le flot de félicitations à l'occasion du soixante-dixième anniversaire du camarade J.V. Staline se poursuit. Les travailleurs lui adressent leurs vœux cordiaux de bonne santé et de longue vie.*

*Les* Izvestia *:*

*... De petites unités de l'Armée Populaire de Corée en étroite liaison avec les troupes populaires des Volontaires Chinois ont coulé un contre-torpilleur qui tenait sous son tir les environs de Wonsan. Un grand nombre de paisibles habitants ont trouvé la mort.*

Le Sport Soviétique *:*

*... V. Koulakov (section de Moscou des Forces Aériennes) est arrivé premier à la course annuelle de motocyclettes de Tallinn, catégorie des 750 cc.*

*La* Pravda *:*

*... Mossadegh, chef du gouvernement iranien, appelle à la poursuite de la « guerre sainte anti-impérialiste pour le pétrole ».*

*Iouri Joukov (de Paris) :*

*... Lors de la fête annuelle de* L'Humanité *au bois de Vincennes, des centaines de colombes se sont élevées dans le ciel. Les travailleurs scandaient : « Le fascisme ne passera pas ! La paix vaincra la guerre ! »*

*Le* Time *:*

*... Le ministère nazi de la Propagande lançait en 1936 une « campagne de purification de la langue », c'est-à-dire de germanisation de nombreux mots et expressions. « Radio » devenait* Rundfunk, *téléphone* Fernsprächer, *automobile* Kraftwagen. *La théorie de la relativité d'Albert Einstein, célèbre émigré de l'Allemagne nazie, prenait le nom de* Bezüglichkeitsanschauunggesätz. *La semaine dernière, la Sainte Mère Russie communiste a emprunté la voie frayée par Goeb-*

*bels. L'Académie des Sciences a adopté la résolution de russifier méticuleusement la langue russe.*

*La* Partisan Review *:*

*... Des contradictions avaient surgi autour du système philologique fondé par feu Nicolas Marr, qui prôna une langue universelle unique, pas nécessairement russe, la langue du communisme mondial. Il ne restait qu'à attendre de voir sur qui s'abattrait la hache. Bientôt, une bombe parut dans la* Pravda, *un article de huit mille mots de Staline lui-même, jetant bas la théorie de Marr et remettant les choses en place.*

*La* Pravda *:*

*... Le huitième volume des œuvres de V.I. Lénine en langue ouzbek vient de paraître.*

*La* Pravda *:*

*... Rehaussons le niveau de l'art cinématographique soviétique. Tous les cinéastes ont présentes à l'esprit les paroles du cam. Staline : « Le cinéma, qui possède d'exceptionnels moyens d'influence spirituelle sur les masses, aide la classe ouvrière et son Parti à former les travailleurs dans l'esprit du socialisme, à organiser les masses en vue de la lutte pour le socialisme, à élever sa culture et sa combativité politique. »*

Culture et Vie *:*

*... Les studios de Bulgarie viennent d'achever le tournage d'un nouveau film :* Gloire à Staline ! *Il montre l'amour infini du peuple bulgare pour le porte-drapeau de la paix dans le monde, le cam. Staline.*

*I. Bolchakov, ministre de la Cinématographie d'URSS :*

*... Les échecs et les insuccès de certains cinéastes proviennent avant toute chose du fait qu'ils oublient les directives du Parti sur l'art et la littérature. Cela s'est particulièrement manifesté dans des films aussi médiocres que le pseudo-scientifique* Un homme sur une trace.

*La* National and English Review. *Townsend Reston :*

*... Les Soviétiques pourraient peut-être entreprendre une guerre éclair à la manière allemande, mais ils ne seraient absolument pas en état, sans le prêt-bail, de soutenir une offensive prolongée.*

*... Les conditions dans lesquelles vivent la majorité des Russes sont pires que tout ce que j'ai vu dans les quartiers les plus misérables de Naples ou de Dublin.*

*... Que pouvons-nous opposer, à l'heure actuelle, à l'incroyable tension qui règne en Europe ? À coup sûr, le réarmement, mais en outre, le renforcement du rideau de fer.*

*... L'activité créatrice de la Russie qui stagnait complètement depuis les années vingt, ne va pas tarder à atteindre le point mort Tout ce qui s'y était fait de nouveau, y compris la bombe atomique et les chasseurs MIG, est d'origine occidentale. Sous l'influence du bolchevisme, l'énergie créatrice de ce grand peuple ne cesse de tendre vers zéro.*

*... Coupée de l'Ouest, l'URSS prendra peu à peu un tel retard qu'elle ne pourra plus entreprendre une guerre.*

*... Une politique de fermeté ne risque pas de rendre les Russes plus critiques à notre égard, rien ne peut les rendre plus hostiles envers nous qu'ils ne le sont à l'heure actuelle. Par la suite, leur opinion s'améliorera peut-être.*

Stiintá sí technica

*... Le cam. Gheorghiu-Dej appelle à démasquer définitivement la bande de Foris-Patroseanu, agents de reconnaissance de l'Amérique et de Belgrade.*

*La* Pravda *:*

*... Formons nos responsables dans un esprit d'intransigeance absolue.*

*La* Pravda *:*

*La parole en chansons. Le peuple soviétique est habitué à l'idée que « la chanson nous aide à vivre et à construire ». On a vu, ces temps derniers, naître des chansons pures et ferventes. Ainsi :*

— *Sur des paroles de M. Issakovski :* Ô brouillards, mes brouillards, Katioucha *(...)*

— *A. Sourkov a démontré son grand talent de parolier :* Sur la route guerrière, De noirs nuages s'amoncellent...

— *Les chansons de Lébédev-Koumatch sont présentes à toutes les mémoires :* Chansons de la Patrie.

— *Citons encore* Par les monts et par les plaines *de S. Alymov, La* Kakhovka *de M. Svetlov...*

*... Cependant, on voit aussi bien des faiseurs s'immiscer dans ce domaine (...) On a parfois envie de demander à certains compositeurs s'ils ont réfléchi à la camelote verbale qu'il leur arrive de mettre en musique (...) L'on ne peut s'empêcher d'évoquer ici les textes creux et futiles de I. Ziskind, Mass et Tchervinski, Dykhovitchny et Slobodski (...) S. Vogelson, outrage la tradition du vers nékrassovien.*

*Le* Time. *Général Wonderberg :*

*... Notre suprématie aérienne en Corée du Nord, si elle n'est pas encore perdue, se trouve cependant mise en cause... En manœuvrabilité à une altitude de 25 000 pieds, le MIG-15 devance notre G-86.*

*Le* Time *:*

*... Une photo inhabituelle de Staline est parvenue à l'Ouest. D'ordinaire, ses portraits officiels sont soigneusement retouchés. Mais sur celle-ci, prise au Théâtre Bolchoï, le dictateur vieillissant paraît chenu et fatigué. À ses côtés, le visage impassible, on peut voir deux bureaucrates du Bureau Politique, Lavrenti Béria (cinquante-deux ans) et Guéorgui Malenkov (quarante-neuf ans), tous deux héritiers présomptifs du trône.*

*Le* Time *:*

*... Ivan Bounine, poète, romancier et aristocrate, est l'un des derniers représentants de l'ancienne Russie. Il a quatre-vingts ans, il est presque cloué au lit par l'asthme et demeure à moitié oublié dans son appartement parisien, bien qu'il ait reçu le prix Nobel en 1933.*

*... Assistant il n'y a pas longtemps chez les Bounine à une modeste soirée littéraire, le prince Oldenbourg a soupiré : « Quel dommage que Kolia n'ait jamais assisté à de telles soirées... » Kolia a été fusillé dans une cave avec sa famille. Il est plus connu sous le nom de : tsar Nicolas II.*

*Léonid Léonov :*

*... Les peuples défendent la grande cause de la paix. (...) J.V. Staline leur enseigne : « La vaste campagne pour la sauvegarde de la paix comme moyen de dénoncer les machinations criminelles des fauteurs de guerre présente aujourd'hui une signification mondiale. »*

*... « On n'attend pas la paix, on la conquiert ! », cette locution devenue proverbiale a trouvé son écho dans des millions de cœurs.*

*La* Pravda *:*

*... Le Festival du film soviétique en Iran s'est déroulé devant des salles combles. Il a bien montré le rôle du cam. J.V. Staline dans tous les domaines de la vie soviétique (...). Cependant, le Festival de la production cinématographique américaine empoisonnée se déroulait devant des salles vides.*

*TASS :*

*... Le nouveau bateau-omnibus* Joseph-Staline *a été mis en circulation sur le Dniepr.*

*... Le camarade Jacques Duclos appelle, dans son rapport, au rétablissement de l'indépendance et de la souveraineté de la France.*

*... Accroissons infatigablement le niveau idéologique de l'éducation du Parti !*

*Le* Time *:*

*« ... La délégation soviétique voudrait-elle examiner la carte de l'URSS ? » « Avec joie », a répondu Gromyko. Tout en déroulant la carte, O.K. Armstrong, représentant du Missouri au Congrès, s'est empressé d'expliquer : « Elle montre l'emplacement exact de tous les camps d'esclavage d'Union Soviétique. » Gromyko a battu des pau-*

*pières, puis marmonné : « Je voudrais bien savoir quel esclave du capitalisme a établi cette carte. »*

*« ... La population des camps de travail forcé de Russie soviétique dépasse quatorze millions, dont un million six cent mille mourront probablement cette année même.*

Le Figaro *:*

*« ... La nuit dernière, je n'ai pas pu trouver le sommeil, a déclaré Vychinski de la tribune du Palais de Chaillot. Je riais. Même en ce moment, à cette tribune, je ne peux pas m'empêcher de rire ! »*

*C'était la réponse de la Russie aux offres de désarmement de l'Occident.*

Newsweek *:*

*... Durant leur promenade bien surveillée dans Moscou, l'ambassadeur George Kennan et son invité personnel, le journaliste Townsend Reston, sont tombés sur des affiches de la Fête des Forces Aériennes. Elles représentaient des chasseurs soviétiques abattant des avions américains. Rentré chez lui, Kennan a envoyé aux Affaires étrangères soviétiques une lettre furibonde. En réponse, le lendemain, il a reçu une invitation à la parade. Kennan a décliné. Par solidarité, les ambassadeurs de France et de Grande-Bretagne ont également boycotté la parade ; néanmoins, en esprits pratiques qu'ils sont, ils se sont tous trois fait représenter par leur attaché militaire. Reston a également assisté à la revue.*

L'Humanité *:*

*... Les spectateurs ont organisé une manifestation pour protester contre la projection de ce film antisoviétique concocté par les Américains sur un scénario du réactionnaire notoire qu'est Jean-Paul Sartre (...) Les films français doivent appeler à la paix !*

*La* Pravda *:*

*... Les peuples d'Union Soviétique et l'humanité progressiste célèbrent le cinquantenaire du journal stalinien* Brdzola (La Lutte) *(...) Jamais les vers jadis publiés dans ses pages ne s'effaceront de notre mémoire :*

Brdzola sois notre clairon
Dissipe la nuit noire
Fais dresser les esclaves
Du fond de l'humiliation.

*La* Pravda *:*

*... Se trouvant en Angleterre, cinq grands solistes des ballets de Belgrade et de Zagreb ont refusé de rentrer en Yougoslavie. Ils ont déclaré qu'ils ne pouvaient pas y exercer librement leur activité artistique.*

*La* Pravda *:*

*... Des unités de l'Armée de Libération Chinoise sont entrées dans Lhassa, capitale du Tibet, avec le soutien et l'aide entière de la population locale. Les Tibétains ont accueilli les troupes avec une satisfaction et une joie sincères. Pour la première fois de son histoire, le peuple tibétain voit une armée qui apporte aux travailleurs la liberté véritable.*

*Quatrième entracte*

## MÉDITATION D'HANNIBAL

Présentant au lecteur de notre saga non seulement des personnalités humaines, mais aussi des représentants de la faune moscovite, nous voici parvenus jusqu'à l'éléphant. Jugez-en plutôt : au sein de la capitale de notre pays, dans un box parfaitement confortable, même par les temps qui courent, demeurait Hannibal, éléphant d'Afrique (*Loxodonta africana*). Notre lecteur, désormais habitué aux incarnations astrales, serait en droit de supposer qu'armé de ce nom insigne de l'histoire de Russie et de racine africaine[1], l'auteur nourrit l'intention d'aller jusqu'à chercher Alexandre Serguéievitch Pouchkine, le « soleil de notre poésie » ; mais non, afin d'éviter le moindre malentendu, l'auteur se doit de déclarer incontinent qu'il s'agit ici de la « lune de notre prose », en ce sens que celui dont l'essence astrale s'était logée dans ce corps de cinq tonnes aux longues défenses et aux oreilles-wigwam était, cette fois, Alexandre Nicolaïevitch Radichtchev[2], descendant de *murza*[3] tatares et gentleman des plus éclairés de son temps, c'est-à-dire de celui de Catherine II[4].

L'éléphant avait cent deux ans dont quinze — exception faite de deux années en évacuation à Kouïbychev — passés à Moscou. Le généralissime J.V. Staline l'aimait beaucoup. Dès les années trente, soit à une époque où le guide des travailleurs ne rêvait même pas de ce titre, il n'y avait pas à chiquer, il fallait qu'il fît le détour comme par hasard devant l'enclos d'Hannibal, s'assît sur son pliant et contemplât longuement la trompe qui se balançait en cadence, du plus grand animal des parties émergées de la planète Terre. Certains me comparent à un éléphant dans un magasin de porcelaine, se disait le Maître. Non, cette comparaison est déplacée.

Au début des années cinquante, le Maître était entièrement

1. Piotr Hannibal, prince d'Abyssinie, le « Maure de Pierre le Grand », favori de ce monarque, fut l'arrière-grand-père de Pouchkine.

2. Radichtchev (1749-1802), auteur du célèbre *Voyage de Pétersbourg à Moscou*, à la louange de la philosophie des Lumières, qui lui valut la Sibérie.

3. Princes.

4. Qui fit brûler ce livre.

passé à un mode de vie nocturne et pourtant, si bizarre que cela paraisse, ses visites à Hannibal s'étaient rapprochées. Tout d'un coup, en pleine nuit, il s'extrayait de sous sa lampe et faisait venir sa suite de six voitures. La suite savait déjà que c'était pour Hannibal.

Cela faisait quinze ans que l'éléphant, dans son sommeil, rêvait de mâcher les cannes à sucre des bords d'une plantation au Kenya, bloum-bloum, ses molaires allaient et venaient, bloum-bloum, des gouttes de salive d'un demi-litre tombaient de sous sa trompe. Devant la silhouette pensive du généralissime, les cannes à sucre s'estompaient et cédaient la place à la pensée tyrannicide de Radichtchev.

Lourde est mon âme, songeait-il dans la nuit, je souffre et me languis. À la lueur des chandelles, il voyait passer les traits de ses compagnons de la loge *Urania* et les hexamètres de Klopstock coulaient lentement.

L'éléphant se tournait, montrait l'oreille gauche, louchait. Tu es peut-être des nôtres ? Lève-toi, tyran, adresse-nous le signe de reconnaissance maçonnique et alors, bien des choses te seront pardonnées. Peut-être tes desseins sont-ils élevés, même si ton pouvoir est infâme.

Staline ne répondait pas aux signaux, ne manifestait en rien l'existence de biens immatériels. Et là, voilà, elle... telle une bienheureuse drogue défilent dans son esprit les longues vagues d'un grand lac aux eaux basses, le soleil levant, le pain de sucre d'une montagne, un petit qui vous envoie des coups de sa tête dure sous le ventre, le ciel rose de sa compagne qui barrit à l'aurore... et de nouveau émerge du néant une créature hautaine et poudrée qui, voyez-vous, encense les voltaires étrangers dans des lettres flatteuses alors qu'elle est prête à livrer ses propres voltaires au knout... Elle envoie sa poudre parfumée aux yeux de l'Europe, emploie personnellement monsieur Diderot comme bibliothécaire de la Cour, mais hors la Cour, elle brise la presse d'imprimerie d'un modeste fonctionnaire des douanes[1]... C'est donc que nous autres, russo-tatar, nous n'avons pas le droit d'être plus intelligents que les diderots, *gnädige Frau*[2] ? Lentement, comme une musique ancienne, alternaient dans l'éléphantin cerveau des idées de compassion et de châtiment en tant que manifestations de la nature humaine. Ô toi qui tremblas devant les francs-maçons, tes ordres ne furent rien de plus que le bâton du major Bochum qui chagrina ta cosmiquement lointaine enfance.

Staline observait attentivement les lentes émotions de l'éléphant qui se propageaient sur l'étendue de sa peau. Le plus grand mammifère terrestre, se disait-il. Le plus grand et non féroce. Il se

1. Ce qu'était Radichtchev.
2. Allemand : chère madame.

levait et consultait l'écriteau qui indiquait le nombre de seaux de pommes de terre que l'éléphant était censé pouvoir consommer. « Qu'on augmente sa ration ! » ordonnait-il d'une voix brève, après quoi il regagnait sa citadelle de tous les peuples.

Une fois, à la fin du printemps 1952, à trois heures trente du matin, Hannibal quitta son box, traversa son enclos sans peine — Dieu merci en quinze ans, moins deux d'évacuation, il avait eu le temps de se repérer —, ouvrit le portail de sa trompe, sortit, et entama son « voyage de la Presnia au Kremlin » qui dura une heure juste. Plus il approchait, plus il se rendait compte qu'il se rendait au bon endroit : c'est là, justement, derrière le mur crénelé, que devait être affalée la lourde masse du « monstre immense, impertinent, aux cent gueules et cent abois[1] ».

Le général Vlassik, très contrarié, dut interrompre son dîner de saumon-caviar qui se muait au fil des heures en petit déjeuner. Sous son abat-jour vert, Staline releva la tête. Qu'il est agréable de travailler quand deux cent cinquante millions d'hommes roupillent ! Et voilà qu'on te dérange ! Qu'il est agréable de flageller du fouet léninien l'académicien Marr lequel a, dans ses ratiocinations pseudo-révolutionnaires, franchi tout ce qui était permis ! Et voilà qu'on vient vous informer de l'arrivée du plus grand des mammifères terrestres !

— Où est-il, cet éléphant ? demanda-t-il.

Hannibal attendait Staline sur la place du Kremlin. Le matin nous accueille de sa fraîcheur, dit Staline, le fleuve nous accueille de vent fureteur. Dans le ciel d'avant l'aube, les étendards sanglants claquaient, ondoyaient.

— Alors, que désirez-vous ? demanda sèchement le généralissime à tête de savant et tenue de simple soldat.

L'éléphant Hannibal s'adressa à sa vieille connaissance de toute la partie antérieure de son corps, à vrai dire pas seulement de sa partie la plus expressive en forme de doigt recourbé au bout de sa trompe, mais aussi des strates à peine frémissantes de ses oreilles et même des piétinantes colonnes de ses pattes, et même des petites lampes d'Ilyitch profondément enfouies au fond de ses orbites. Certain élément de la partie postérieure, nous voulons dire la queue, participa également à l'adresse, mais les colonnes arrière demeurèrent fermes et immobiles comme pour faire foin de tout doute, le doute que l'adresse ne serait point entendue.

— Repens-toi, ma vieille connaissance, tant qu'il n'est pas trop tard, disait de tout son corps l'éléphant à Staline. Regarde-moi : voici soixante-dix ans que je me repens d'avoir écrasé un petit chacal du postérieur gauche. Or, toi, mon vieux, comme je m'en suis rendu compte, tu ne te repens de rien. Fais-le tant qu'il n'est pas trop tard, sinon tu crèveras sans contrition.

1. C'est en ces termes que Radichtchev dépeint la Russie.

— Je ne vous comprends pas, rétorqua sèchement Staline. — L'aurore avait tout à fait cessé de lui plaire. L'éléphant avait suivi son petit bonhomme de chemin jusqu'au Kremlin, alors ? Le hibou, cette salope, n'a plus peur du tout de l'astre du jour, il vient planer au-dessus de mon épaule, alors ? C'est que même le professeur Gradov, comme médecin, c'est de la merde ? Pendant ce temps, la Garde, désireuse de se racheter, s'était formée en cercle autour d'Hannibal. En première ligne, elle avait avancé des canons antichars de 75.

Il ne me comprend pas, se dit Hannibal avec une angoisse aussi longue et traînante que l'angoisse de sa forêt entière lorsque s'y profile un tigre. Il leva sa trompe et barrit une souffrance vaguement radichtchévienne, à lui seul, lointaine. Eh bien, à présent, tu as compris ?

— Emmenez-le, grimaça Staline, mais personne n'osa approcher. Débarrassez-le, se reprit le Maître avec dégoût, et alors, le canon tonna.

C'est ainsi que périt le plus grand mammifère terrestre, tandis que ses pensées, qui aussitôt après la décharge s'étaient enroulées en pelote, se dévidaient et s'échappaient en vrille de la vieille forteresse vers les libres espaces.

## CHAPITRE SEPT

# *Archi-Medicus*

Au printemps 1952, poussés sur le fumier de l'an dernier, des champignons-mouchards refirent leur apparition autour de la maison des Gradov, au Bois d'Argent. La gueule huileuse de l'un d'eux se pointait toutes les cinq minutes à travers les fentes de la haie vétuste. Deux autres, leur petit chapeau rond enfoncé sur leurs gueules d'amanites, se baladaient dans l'allée sans se cacher. Assez souvent aussi, une Pobéda bleu marine s'arrêtait au coin, près de la cabine téléphonique, et l'on y apercevait trois trognes de tue-mouches de plus.

D'où vient cette espèce d'hommes-champignons ? se demandait Boris Nikitovitch. Ils sortent de terre sans aucun droit à l'existence. Naître au monde du bon Dieu pour devenir un mouchard du KGB ! Dans le fond, ces gens-là, eux aussi, il leur arrive de tomber malades et alors, ils rejoignent l'honorable tribu des patients. Quand ils tombent malades, même ces imbécillités de champignons vénéneux deviennent des hommes. Des hommes qui souffrent. Des hommes justiciables d'un traitement. Si cela se trouve, c'est là seulement qu'ils justifient leur existence, en participant à ce fait suprêmement humanitaire : maladie-soins.

À vrai dire, les organes *ad hoc* n'avaient jamais ménagé leur attention au nid des Gradov. Le téléphone était sur écoute à coup sûr et en permanence, les îlotiers, à commencer jadis par le sous-officier Slabopétoukhovski, recevaient certainement des consignes de surveillance particulière. Il se présentait de temps à autre de curieux, voire même d'inhabituels, voire même d'étranges contrôleurs d'électricité et de protection contre l'incendie. Mais un siège aussi serré, la maison n'en était investie que pour la troisième fois ; il en avait été ainsi en 1925, aussitôt après l'opération du Commissaire du peuple Frounzé, en 1937, après l'arrestation des fils de la maison, et puis à présent. Les deux premières fois, je n'avais eu peur de rien, se rappela le vieux chirurgien. En 1925, je ne m'en serais peut-être même pas aperçu si Mary ne m'en avait parlé. Non mais vraiment, de quoi aurais-je pu avoir peur, de quelle torture, alors que le plus terrible se passait au-dedans de moi, pour ne pas dire *dans mon âme* ? J'étais à mes propres yeux un traître, j'avais souillé toute ma lignée, tout le corps médical de Russie. Après, en 1937, je n'ai eu peur de rien parce que j'étais prêt à supporter le châtiment de 1925. Ou bien j'ai cherché à me convaincre que je n'avais peur de rien. En somme, j'étais prêt. En vérité, ils n'ont rien pu inventer de pire que d'emmener une innocente à ma place. Sans doute inconsciemment, par la seule force de leur nature diabolique, ils ont toujours su m'infliger la pire, la plus irréparable des humiliations. Le plus ahurissant, c'est qu'à chaque fois, au lieu de m'arrêter et de me liquider, ils ont déversé sur moi la série complète de leurs bienfaits, honneurs, titres, augmentation de traitement. Apparemment, ici encore, nous assistons aux effets d'une logique subconsciente. Apparemment, ils avaient flairé en moi un vice caché, disons le défaut de panache. Eh quoi, ils étaient peut-être dans le vrai. J'ai probablement toujours eu peur d'eux, sinon je ne me serais pas laissé aller à la panique le jour où, place Rouge, j'ai si honteusement pris la fuite devant cet étranger. Et cette purge des intestins staliniens ! Quel sens ignoble, merdique, ont eu ces soins ultra-secrets, alors que je ne faisais qu'accomplir mon devoir de médecin ! Et qu'est-ce qui me guette aujourd'hui où se produisent, parmi le personnel médical du Kremlin, des événements inexplicables et qui ne présagent rien de bon ? Le professeur Goettinger a été arrêté, le professeur Truvsi a disparu, c'est sans doute qu'il a également été arrêté, le professeur Scheideman a été chassé de sa chaire et attend qu'on vienne l'arrêter… Qu'est-ce que cela signifie et pourquoi toutes les victimes sont-elles juives ? Si cela se rapporte à l'extermination du comité antifasciste juif, à la disparition de dizaines, sinon de centaines de juifs de l'intelligentsia, n'est-ce pas dire que l'on cherche à impliquer aussi la médecine dans la campagne « anticosmopolite » antisémite ?

Mais moi, qu'ai-je à voir là-dedans ? Je ne suis pas juif, se disait-il, et aussitôt il frémissait de honte. Dommage que je ne sois pas juif, se disait-il. J'aurais voulu être juif afin de lever toute équivoque. Aux yeux de ces êtres démoniaques, tous les intellectuels de Russie sont « juifs » parce qu'ils leur sont étrangers.

Je ne peux pas finir ma vie à purger leurs sales boyaux de cannibales, songeait le malheureux Boris Nikitovitch Gradov, professeur, académicien, chevalier de nombreux ordres soviétiques. Je vous en conjure, canailles, emmenez-moi et fusillez-moi. Mes petits-enfants sont à présent des hommes, ils se débrouilleront pour faire leur chemin, pour se tirer d'affaire ; moi, je ne veux plus vivre à côté de vous !

Ces pensées lui venaient parfois lors de ses nuits d'insomnie. Une fois, il frappa à la porte d'Agacha sous laquelle passait un étroit rai de lumière. « N'aie pas peur, Agacha, c'est moi, Bo ! » Derrière la porte, ce furent le branle-bas, un frou-frou quasi panique, des petits pas, des allées et venues précipitées. La porte s'ouvrit enfin et la petite vieille aux couettes pareilles à des queues de souris, en longue chemise de nuit de finette, des lunettes sur le nez, brandilla dans l'embrasure. « Que t'arrive-t-il, mon petit Boris ? » Il lui caressa la tête. « Laisse-moi entrer, ma bonne Agacha. »

Depuis quarante-cinq ans qu'Agafia Ermolaïevna demeurait dans la famille, c'était la première fois que cela se produisait, que son petit Boris, lui qu'elle avait aimé toute sa vie, venait frapper à sa porte. Ah, le poids de nos péchés ! Comme elle avait rêvé de cela en ses jeunes années, ses années de pleine sève ! Un léger grincement dans la nuit, et Boris-chéri entre, et la caresse, et la dorlote, et la tourmente, et nous nous aimons encore un peu plus tous les trois, Boris-chéri, Mary-chérie et Agacha-chérie... Elle a péché une infinité de fois ainsi, dans ses rêves.

Il entra et s'assit sur une chaise de style, mais bancale. Elle se posa toute pantelante sur le coin de son lit.

— Chère Agacha, articula-t-il, toi qui lis la Bible, où est-il question de la bête de l'Apocalypse ?

Aussitôt calmée, elle hocha gravement la tête.

— Dans l'Apocalypse selon saint Jean.

Il toussota.

— Tu ne me la prêterais pas, que j'y jette un œil ? J'en ai besoin... euh... pour mon travail, tu sais, ce que j'écris en ce moment, c'est presque de la littérature...

Elle se sentait gênée de le voir ainsi troublé. Elle plongea sous son oreiller et en sortit l'objet désiré. C'est donc qu'elle le lisait justement au moment où il avait frappé. C'est donc qu'elle le lit la nuit pour ne pas perturber le positiviste professeur.

Le positivisme, il n'y a rien de plus primaire, se disait Boris Nikitovitch en arpentant lentement, la Bible sous le bras, le parquet grinçant (il est temps de refaire ce parquet, il est temps, en plus, de remettre la palissade à neuf pour empêcher les gueules de champignons de nous surveiller à travers les fentes). Comme la pensée positiviste comprend peu l'homme, ou plutôt cherche peu à le comprendre ! Quel étrange modèle du monde nous propose le matérialisme dialectique ! Ce n'est rien d'autre que le spectre du primitivisme, sinon d'une mystification diabolique qui ricane en secret. C'est comme si l'on représentait Archi-Med que voilà par une forme de carton creux et si l'on disait que c'est cela Archi-Med.

Il y avait un an, pour son soixante-dixième anniversaire, sa petite-fille Iolka lui avait offert un chiot berger allemand tout pataud.

— C'est pour toi en souvenir de Pythagore, grand-père, daigne l'accepter, avait-elle commenté en riant de plaisir. Seulement cet Archi-Med-là s'écrit avec un trait d'union, car il n'est pas moins qu'un Archi-Medicus comme toi, grand-père chéri.

Naturellement, tout le monde tomba amoureux fou du successeur de Pythagore, « à moins que ce soit notre petit Pytha qui est revenu parmi nous », ajouta Mary, tandis qu'Agacha s'empressait de transformer le fier nom du chiot en « Archi-Petiot ». À peine avait-il commencé à grandir qu'Archi-Med avait reconnu en Boris Nikitovitch son papa principal et s'était mis à le suivre partout. Il ne s'arrêtait que lorsque le vieux professeur s'asseyait, se couchait ou sortait. En ce moment même, devenu une énorme beauté de douze mois, Archi-Med, dormant à moitié, accompagna quand même le vieil homme sans sommeil sur le parquet grinçant et s'assit contre son fauteuil, exactement comme Pythagore le faisait autrefois. On dirait vraiment qu'il s'est réincarné, dommage seulement que je ne sois plus un professeur dans la fleur de l'âge, cinquante ans, que l'opération du Commissaire du peuple Frounzé n'a pas encore coincé. Il ouvrit l'Apocalypse et tomba pile sur le passage de la Bête :

*(...) et l'on se prosterna devant la Bête en disant : « Qui égale la Bête et qui peut lutter contre elle ? »*

*On lui donna de proférer des paroles d'orgueil et de blasphème et on lui donna pouvoir (...)*

*(...) on lui donna pouvoir sur toute race, peuple, langue ou nation.*

*Et ils l'adorèrent, tous les habitants de la terre*[1]*...*

Boris Nikitovitch lisait et relisait le treizième chapitre et se demandait quel mystère celui-ci recelait et si tous ces mystères et prophéties pouvaient s'appliquer à ce qui se passait au XX^e^ siècle, car après la première Bête, il en vient une seconde, son héritière directe : « *(...) elle fourvoie les habitants de la Terre, leur disant de dresser une image en l'honneur de cette Bête...* » Lorsqu'il était jeune, puis dans son plein épanouissement, puis parvenu à l'âge mûr, même s'il avait évoqué ces mystères, c'était avec le sourire, un petit sourire sans méchanceté, reconnaissons-le, mais indulgent, naturel, comme on en a devant une licence poétique. Et voilà que, subitement, s'ouvrait un univers insondable, dans toute l'horreur de ses mystères inexplorés... *C'est ici qu'il faut de la finesse. Que l'homme doué d'esprit calcule le chiffre de la Bête, c'est un chiffre d'homme : son chiffre, c'est 666.* »

Comment concevoir cela avec ma cervelle darwinienne et matérialiste ? se demandait Gradov. Qu'est-ce que ces signes effrayants et ces préfigurations ? La seule chose claire, c'est que nous sommes aujourd'hui livrés au pouvoir de la Bête et des faux prophètes. La substitution des « valeurs nouvelles » à celles du

1. Ici et *infra*, traduction nouvelle de l'école Biblique de Jérusalem, 1981.

christianisme n'est que fausses prophéties et diabolique ironie. Car même la croix, symbole de la foi chrétienne, a été remplacée par ses caricatures tordues, gauchies, faussées : la svastika nazie et notre scarabée — la faucille et le marteau. La substitution touche tout : l'État, la politique, l'économie, l'art, la science, et même la plus humaine d'entre elles s'en va devant-derrière, et le sens de cette substitution n'est que dans la substitution elle-même, dans le sourire ironique que tourne vers nous un univers sans vie.

Par un matin brumeux que perçaient des rayons printaniers, les gueules de champignons des mouchards disparurent. À peine Nikita Borissovitch l'avait-il remarqué que le téléphone sonna. À l'appareil de la Quatrième Direction du ministère de la Santé, un puissant personnage, disons : Tsarengoï Vardissanovitch.

— Une voiture viendra vous prendre ce soir à dix-huit heures. Vous aurez à remplir une mission de la plus haute importance.

— Puis-je vous demander des précisions, Tsarengoï Vardissanovitch ? J'ai besoin de me préparer.

— Non, aucune précision. Les précisions viendront à mesure. Je peux seulement vous dire que la mission est de la plus haute importance gouvernementale. Tâchez de vous reposer et d'être en forme pour dix-huit heures.

Se peut-il que ce soit encore pour lui, pour l'incarnation de la Bête ? Gradov n'avait pas revu Staline une seule fois après 1937, mais il lui revenait parfois que le Maître n'oubliait pas son sauveur-purgeur. Bien plus : le nom de Gradov était devenu pour lui comme un talisman, une dernière instance de la médecine, comme de dire : tous ces Trouvsi-Vovsi, Goettinger-Etinger peuvent toujours aller à la côte, Gradov restera, celui-là ne me décevra jamais.

Il ne s'était pas trompé : la voiture, une ZIS nouveau modèle aux pneus à bandes blanches éblouissantes, l'emmena chez Staline, mais pas là où il avait déjà servi sa messe au-dessus du corps inestimable, pas à sa proche datcha de Matvéievskaïa, mais tout droit au Kremlin.

Cette fois, loin de gémir dans un demi-coma, le Maître ouvrit lui-même sa porte de chêne et pénétra sur ses propres jambes dans le salon où, parmi les tapis précieux et les meubles de cuir, l'attendait le professeur Gradov. Ils se serrèrent la main et s'assirent dans des fauteuils en vis-à-vis. Il a sérieusement vieilli, observa Gradov en voyant les cheveux grisonnants et le visage tout en poches et affaissements. Les photos ne reflètent pas la réalité. « Nous ne rajeunissons pas », fit Staline avec un petit rire, répondant directement à ses pensées. « Je suis beaucoup plus âgé que vous, camarade Staline », dit Gradov. « De quatre ans seulement, camarade Gradov », rit de nouveau Staline, la bonhomie en personne. Les doigts de sa main valide tremblaient : il avait le trac.

— En quoi puis-je vous être utile, camarade Staline ?

Celui-ci toussa dans son mouchoir. Bronchite chronique de fumeur invétéré.

— Je voudrais que vous me fassiez un examen complet, professeur Gradov.

— Je ne suis pas généraliste, camarade Staline.

Si l'un quelconque des millions d'êtres que gouvernait cet homme l'avait vu à ce moment, il ne lui aurait pas trouvé une bribe de sa force terrible, fascinante. Staline n'aimait pas (lisez : craignait) les médecins. Il lui avait toujours semblé que commencer à avoir affaire à eux, c'était rouler tout droit vers sa fin ; et la conception de sa fin ne parvenait tout uniment pas à se loger dans sa cervelle. Qu'est-ce que c'était que cette sottise, « vers la fin » ? la fin de toute l'entreprise ? la fin du communisme ? Malgré sa violente aversion pour le corps médical, toujours, dès les années trente, il avait conservé à l'esprit un ultime barrage, une ultime réserve, le professeur Gradov, un nom qui incarnait à ses yeux quelque chose de plus substantiel que « la médecine soviétique de pointe ». Et voilà que, pour certaines raisons, il était contraint de faire appel à cette ultime réserve et par conséquent de ne compter que sur elle seule à l'exclusion de toute autre solution de secours. Pour la première fois depuis de nombreuses années, Staline ressentait un étrange état de dépendance vis-à-vis d'un autre homme et cela le mettait hors de lui. Et pourtant, nous autres, révolutionnaires de métier — comme l'avait si bien défini Svétlana dans un questionnaire : « Père — révolutionnaire de métier » —, nous autres, révolutionnaires de métier, nous n'avons pas droit aux ordinaires faiblesses humaines. De son temps encore, Trotski avait fort bien dit : « Le révolutionnaire est le porte-voix des siècles », ou alors, ce n'est pas lui, non, il y a quelque chose qui ne va pas. Trotski n'était pas capable de dire quoi que ce soit de bien, c'était l'acolyte de Hitler et de Churchill... non... qui j'ai devant moi ?... oui, le docteur Gradov, le professeur Gradov, médecin par la grâce de Dieu... non, ce n'est pas une façon de parler, à...

Il n'échappa pas à Gradov que Staline était resté dans un état de confusion étrange, pourtant, après cela, il dit du ton pesant qui lui était propre :

— Pour moi, professeur Gradov, vous êtes avant tout un médecin... heu... de vocation... vous êtes un brillant connaisseur de l'homme, ce que confirme votre dernier livre : *De la douleur et de l'insensibilisation.*

Boris Nikitovitch en fut renverse.

— Comment ! Vous connaissez ce livre, camarade Staline ?

— Oui, je l'ai lu, proféra Staline avec une modestie feinte et non sans plaisir. — Étonner son interlocuteur par une compétence inattendue est toujours chose plaisante.

Là, le professeur Gradov s'anima.

— Mais c'est essentiellement un ouvrage de spécialiste, essentiellement médical, biologique, en de nombreux points biochimique. Je doute que le grand public...

Ce n'est pas ça qu'il faut dire, songea Gradov en s'excitant encore plus. Staline sourit, tendit la main, effleura le genou du professeur.

— Bien entendu, je ne suis pas entré dans toutes les finesses de la médecine, cependant son orientation humanitaire générale m'est accessible, même à moi, grand public. L'homme et la douleur, c'est peut-être le problème le plus fondamental de toute civilisation. Je ne serais pas étonné que l'on vous décerne pour cet ouvrage le prix Staline de première classe. À vrai dire, je dois admettre que j'ai cru y entendre quelques petites notes pessimistes, mais nous ne les aborderons pas.

Quel type ! C'est précisément ainsi, de « type », que Gradov qualifia son interlocuteur. Il découvre des petites notes pessimistes jusque dans les traités de médecine. Notre entretien s'engage de façon bizarre. Je pensais effectivement que je pourrais soit recevoir ce prix, soit y laisser la tête. Sur cette idée, il se tranquillisa et même se dérida.

— Bien, Joseph Visssarionovitch, vous voulez que j'émette un avis sur votre état général ? Permettez-moi d'abord de vous demander comment vous vous sentez.

Quel type ! se dit Staline, il ne m'a même pas remercié de mon appréciation sur son livre. Comme s'il ne comprenait pas que ses tonalités pessimistes pourraient entrer dans notre ligne de mire. Mais c'est quand même le professeur Gradov, pas un quelconque Etinger ou Vovsi, ça, c'est un médecin... un médecin de vocation... Avec lui, il convient de mettre de côté les incidences politiques de mon état de santé.

— Dans l'ensemble, je me sens tout à fait... — commença-t-il sombrement. Que dire : « tout à fait normal » ? Alors, pourquoi l'a-t-il fait venir ? — ... en état de travailler, poursuivit-il. Mais j'arrive à un âge où les camarades du Bureau Politique...

— Excusez-moi, Joseph Vissarionovitch, dit doucement Gradov, profitant de l'interruption, mais en ma qualité de médecin, pour l'instant je m'intéresse non à l'avis des membres du Bureau Politique, mais à vos sensations à vous, mon patient du jour. De quoi vous plaignez-vous ?

Il lui sembla à ce moment que Staline regardait avec irritation les panneaux de chêne qui lambrissaient le salon. Se peut-il que ce Gradov ait remarqué que je crains les écoutes ? se dit Staline.

— Quel est votre patronyme ? demanda-t-il, et il en fut le premier surpris.

Gradov sursauta : il a lu *De la douleur et de l'insensibilisation*, mais mon patronyme, il l'a oublié !

— Boris Nikitovitch.

— Bien. — Staline hocha la tête. — C'est plus simple, Boris...

— Nikitovitch, lui resouffla Gradov.

— Il y a des choses qui ne vont pas, bien sûr, Boris Nikitovitch. Une fatigabilité plus grande. Une grande irritabilité. La toux. Des douleurs de poitrine, des bras et des jambes. Parfois, des étourdissements. Un intestin qui ne fonctionne pas très bien. Des urines qui laissent à désirer... Voilà où nous en sommes : tantôt ceci, tantôt cela... Boris Nikitovitch... Bon, vous le savez, dans mon pays, les gens vivent centenaires... — à ce moment, il sembla à Gradov qu'il élevait la voix — ... le plus tranquillement du monde centenaires. Ils se plaignent, mais ils vivent. — Il sourit, évoquant sans doute quelqu'un de « son pays », sur le plateau de Sakartvelo[1].

— Eh bien, au travail, Joseph Vissarionovitch ! dit Gradov. Je vais commencer par le questionnaire médical, l'anamnèse comme nous disons, puis l'examen clinique, après quoi, vous le comprenez, il nous faudra recourir au matériel médical et à une équipe.

— Du matériel... une équipe..., maugréa Staline qui s'était imaginé autrement son entrevue avec le professeur Gradov.

— Cela va de soi, Joseph Vissarionovitch, sinon comment ? Sans radio, sans électrocardiogramme, sans examens de laboratoire, je ne pourrai pas tirer de conclusions. En vertu de quoi, je vous suggérerais que nous nous déplacions ensemble rue Granovski.

— Pas de rue Granovski qui tienne, le coupa Staline. Tout ça se fera au Kremlin. — Il pivota dans son fauteuil, appuya sur un bouton fixé à un bureau tout proche. Deux hommes en blouse blanche entrèrent presque aussitôt. Toute une équipe de la Quatrième Direction attendait les ordres dans la pièce voisine.

— Eh bien, c'est parfait, c'est encore plus commode, articula Gradov.

Il serra la main des nouveaux arrivants et leur demanda en premier lieu de lui apporter l'histoire... — il avait failli dire « l'histoire de la maladie », mais il se reprit à temps — ... l'observation du camarade Staline. Les spécialistes hésitèrent, levèrent un œil craintif sur leur monstrueux patient.

— Apportez-la, grogna-t-il. — Il s'assombrissait de minute en minute.

Alors, le professeur Gradov, lui non plus, ne pouvait pas se passer de tout ce formalisme médical !

1. Nom géorgien de ce pays. Il signifie le « Pays du soleil ».

L'observation médicale du camarade Staline tenait dans un mince dossier fermé par des cordons. Boris Nikitovitch l'ouvrit par la fin et aperçut aussitôt la conclusion commune des professeurs Goettinger et Trouvsi, c'est-à-dire des deux lumières de la médecine clinique qui venaient de disparaître. « Hypertonie, artériosclérose, insuffisance coronarienne, emphysème pulmonaire, bronchite profonde, signes d'insuffisance pulmonaire, on soupçonne une insuffisance sclérotique liée à une pyélonéphrite chronique... » Joli bouquet ! « Le diagnostic devra être précisé après une série d'analyses cliniques », lut Boris Nikitovitch d'une écriture qu'il connaissait bien, celle de Trouvsi. C'est peut-être pour ça qu'on les a coffrés ? Pour ce diagnostic ? Peut-être que moi aussi, une mystérieuse disparition me guette ?

Il pria Staline d'ôter sa tunique. Sa tunique historique, sa chère et confortable tunique, celle dans laquelle, peut-être, était né le premier quinquennat, une tunique aux parements élimés. Tout, ici, appartenait à l'histoire : la tunique, le linge de finette, la culotte de cheval à bretelles, sans compter les bottes de chevreau. Ce qui, vraisemblablement, n'entrera pas dans l'histoire, c'est la forte odeur de sueur sénile : accaparé par les affaires de l'État, le Maître oublie sans doute de prendre son bain. Aurait-il la phobie des baignoires, croit-il voir une Charlotte Corday bondissant sur lui au plus fort de ses ablutions ? De telles plaisanteries lors d'un examen médical sont déplacées, professeur Gradov, même si elles ne font que passer comme de brèves hirondelles parmi vos considérations aussi sombres que les noires nuées de Russie. Celui que vous avez devant vous est, avant tout, un patient. Il palpa le corps flaccide du Maître...

— Vous ne faites pas de culture physique, camarade Staline ?

— Ah ! ah ! Vous me prenez pour Vorochilov ?

... il palpa les ganglions, y compris ceux de l'aine, ce pour quoi il pria le Secrétaire général de baisser culotte. Il découvrit une longue et molle tubulure ; on disait que tous les dirigeants de la première génération avaient la même, aussi longue. Boris Nikitovitch tenait beaucoup à voir les vaisseaux des jambes du Maître. Ses suppositions se confirmèrent. Le bas des jambes et les mollets étaient déformés par des gonflements bleus, des hématomes tuméfiés. Dilatation variqueuse des veines, endoartérite oblitérante.

— Avez-vous des fourmis dans les jambes, Joseph Vissarionovitch ?

— Parfois. Et vous, ça ne vous arrive jamais, professeur Gradov ?

A-t-il de nouveau oublié mon patronyme, ou est-ce de l'agacement ? Quand ils vieillissent, les bolchevik s'énervent beaucoup après leurs médecins. Staline souffre de iatrophobie invétérée, il déteste les médecins parce qu'ils sapent le mythe de la grandeur.

Il frappa assez fort son patient dans la région des reins. La méthode de son grand-père, un coup du tranchant de la main, sur un rein puis sur l'autre. Les reins étaient malades, le gauche plus que le droit. Couchez-vous sur le dos, à présent, Joseph Vissarionovitch. Nous pétrissons de tous nos doigts sensibles, même s'ils ont soixante-seize ans — chacun totalise cinquante-cinq ans de pratique médicale, donc, faites le compte, à eux tous, ils totalisent cinq cent cinquante ans de pratique médicale — de ces doigts nous pétrissons le ventre flaccide, nous sentons parfaitement, et même à travers la couche de graisse que le Maître s'est faite au cours des ans de notre gloire, ses organes internes — quel que soit le mépris que vous inspire l'homme, en tant que patient il éveille en vous une cordiale sympathie : voici le duodénum, le pancréas, réaction douleureuse immédiate, le foie est, naturellement, augmenté de volume, dur, granuleux, n'excluant pas un pronostic très sombre, mais à cet âge, cela évolue à bas bruit, lentement ; ces organes-là n'y sont vraiment pour rien, ils sont pareils à ceux de l'humanité entière, voyons vraiment, ni la collectivisation ni les purges de 1937 ne sauraient se palper dans ce flasque bedon ; c'est le destin triste et banal de tous les hommes : des gaz, le péristaltisme, des brûlures d'estomac, un goût de plomb dans la bouche... non, non, pas celui qu'on vous tire dans la bouche, celui de vos reins qui ne s'acquittent plus de leur fonction épuratrice.

À présent, abordons la percussion et l'auscultation. Ce même malheureux Trouvsi (un jour, nous avons fait, après avoir dîné à la Maison de la Science, une superbe partie d'échecs) m'a affirmé plus d'une fois qu'en moi, le chirurgien n'avait pas tué le clinicien. Mon Dieu, ce que nous pouvons entendre et percuter dans la cage thoracique du Père des peuples ! Des râles secs ou gras, des exsudats à la base de la plèvre, la matité au sommet, un cœur hypertrophié, de l'arythmie, des bruits... Comment tient-il encore debout avec tous ces miaulements ? Et en plus du reste, une hypertension en plateau dont la faible amplitude constitue une menace...

Le professeur Gradov arrangeait de moins en moins Staline, tu comprends, il avait encore oublié son patronyme. Il pose des questions déplacées. Des questions comme ça, on n'a pas le droit de les poser à l'homme le plus important de la soi-disant humanité, même s'il est votre patient-claquedent. Je sens à ses mains qu'il ne m'aime pas, ses mains ne frémissent pas comme celles de tous les peuples. Qu'est-ce que je lui ai fait de mal ? De son fils déporté j'ai fait un maréchal de l'Union Soviétique, est-ce mal ? À la demande de ses frères d'armes, j'ai laissé partir sa veuve, une célèbre p... pardonnez-moi mon Dieu[1] de Moscou, au royaume du capitalisme. Au nom de l'humanisme, nous avons laissé partir des

1. En russe : *prosti... gospodi*. Formule courante pour désigner les p... prostituées.

femmes de première. Il m'en veut peut-être pour son cadet, le trotskiste ? Il se souvint soudain avec netteté du jour où Poskriobychev lui avait présenté la lettre par laquelle le maréchal Gradov prenait la défense de son frère et de la décision qu'il y avait formulée : « Condamnation maintenue. » Il ne pouvait pas, alors, gracier un trotskiste : politiquement parlant, cela risquait d'avoir trop de répercussions et de créer un précédent.

— Comment va votre fils Kirill ? demanda subitement Staline.

À ce moment, le professeur s'appliquait à ausculter l'aorte. Il crut un instant que c'était de ce vaisseau, de toute évidence obstrué par des plaques de cholestérol, que lui parvenait, comme d'un torrent de la Kolyma coupé de rapides, le nom de son fils. Il s'était rappelé son nom ! Se pouvait-il qu'il se souvienne de tout avec une sclérose pareille ?

— Merci, Joseph Vissarionovitch. Il est en exil. En bonne santé. Il travaille.

— Si vous avez quelque chose à demander pour lui, dites-le, Boris Borissovitch, dit dignement Staline en se détournant vers la fenêtre derrière laquelle, parmi les rayons optimistes du printemps, au-dessus de la coupole, flottait le drapeau aux couleurs indestructibles d'un État qui portait l'espoir de tous les peuples pacifiques du monde. Il m'a dit « merci », mais cela ne signifie pas qu'il va me demander quoi que ce soit, qu'il est mon ami. Il a appris auprès de ces « cerveaux » juifs quelque chose qui ne va pas. Nous les avons sauvés des Cent Noirs et de Hitler, mais ils continuent quand même à nous considérer comme des hommes nus, comme des objets d'étude de leurs théories. Or, le révolutionnaire professionnel est un homme d'une trempe particulière, comme le disait Trotski. Non, Trotski n'a rien dit de semblable. Léon avait une bien trop haute opinion de lui-même, alors, il ne disait rien de valable. S'il avait été plus modeste, jamais un phénomène aussi scandaleux que le trotskisme n'aurait pris naissance. À présent, il est trop tard pour parler. On ne l'a pas extirpé à temps et à présent, il se répand dans mon corps tout entier, prend la forme de ces diagnostics scandaleux. Le professeur Gradov pourrait devenir l'auxiliaire involontaire du trotskisme international. Ce n'est pas cela que j'attendais de toi, *ghenatsvalé*. Plus d'une fois j'avais imaginé qu'après avoir éliminé tous ces parasites du Kremlin, arrivait le professeur Gradov, éternel sauveur, celui qui autrefois déjà avait chassé mes excès de plomb, percé la voie de la vallée de l'Alazani, c'est-à-dire pour parler en homme, m'avait permis de rechier, avait payé sa dîme à la lutte pour le bonheur universel, le voilà qui entre, le front haut, les mains chaudes. Doucement, légèrement, il m'examine, après quoi il dit : « Staline-*batono*, tu es aussi solide que toute l'URSS, ne fais pas attention à ce qu'affirment ces Trouvsi-Vovsi et Goettinger-Etinger ! » Au lieu de cela, il tâte chacune de mes veines, ausculte chacune de mes cellules comme s'il avait décidé de trouver de quoi je vais mourir. En ce sens que je crèverai sans confession. Étrange désir qui ne le cède en rien au crime d'espionnage antisoviétique. Si on le fait venir, c'est pour démentir et non pour confirmer, ne l'entend-il donc pas ? Étrange surdité, il va falloir relire plus attentivement sa *Douleur et l'insensibilisation*, je pourrais y découvrir bien des choses. Peut-être que moi, le grand Staline comme on le clame autour de moi, je suis déjà condamné et je reste désormais tout seul, comme du temps où j'étais écolier, sans assistance et sans repentir ? « Remets-moi de mes péchés, Seigneur », marmonna le malade en géorgien d'une voix à peine audible.

— Vous avez dit quelque chose, camarade Staline ? demanda Gradov.

Staline émergea de son lourd demi-sommeil et ricana :

— Non, non, c'est seulement que vous m'endormez un peu avec votre examen, professeur.

— Eh bien, il est terminé, fit celui-ci avec une alacrité toute professionnelle. Maintenant, Joseph Vissarionovitch, avec le concours du personnel présent, nous allons devoir pratiquer un électrocardiogramme, une radio de la cage thoracique, une analyse du sang et des urines. Après quoi, j'aurai besoin de deux heures pour établir le bilan.

— Alors, après l'analyse, je pourrai retourner à mes occupations ? demanda le Maître.

— Si possible, pas d'occupations aujourd'hui, Joseph Vissarionovitch. Le mieux serait que vous vous changiez les idées, que vous lisiez quelque chose de distrayant, que vous voyiez un film.

— Aujourd'hui, c'est vous qui êtes le maître au Kremlin. — Ce sombre trait d'esprit avait été prononcé d'un ton qui n'avait rien de drôle, plutôt sinistre. Sans se donner la peine de lui répondre — tu fais venir le médecin, à toi de lui obéir, quand bien même tu serais trois fois le Dragon de ce pays — Gradov ouvrit la porte de la pièce voisine et dit d'une voix forte :

— La robe de chambre du camarade Staline ! Laquelle ? Chaude, cela vaudra mieux.

Une agitation absurde s'empara du personnel.

— Imbéciles ! fit Staline avec lassitude.

Gradov haussa les épaules. Le mécontentement où ils étaient tous deux de l'incohérence du personnel avait détendu leurs relations. Puis survint l'un des miracles du Kremlin : la robe de chambre fit son apparition. Il y a cinq minutes, il n'y avait pas la moindre robe de chambre en vue, et voilà que la confusion et l'horreur venaient de donner naissance à une lourde chose en tissu-éponge, longue presque jusqu'au sol, qui n'offensait en rien la dignité du Secrétaire général, mais au contraire même, la relevait.

Ces vêtements longs, ça vous relève la dignité d'un chef. Pourquoi ne pas y revenir ?

Staline, conduit par deux larbins en blanc, et le professeur Gradov enfilèrent un couloir et gagnèrent les cabinets de soins des services médicaux. À distance respectueuse, une importante foule d'autres larbins suivait.

... Le tout prit trois bonnes heures, au bout desquelles Staline et Gradov se retrouvèrent seuls.

— Mon sentiment, Joseph Vissarionovitch, commença Gradov d'un ton aimable mais sans nulle platitude et même, ma foi, avec pas assez de platitude pour être de bon ton, est que votre santé laisse beaucoup à désirer. Outre le traitement médicamenteux dont j'ai préparé la liste, je proposerais, pour un malade tel que vous... — aux mots « malade tel que vous », Staline leva sur lui un regard de tigre à l'agonie —... je proposerais des mesures plus importantes que la médication, à savoir un changement de vie complet. Vos deux plus grands problèmes sont une tension nerveuse colossale et la présence dans votre organisme de l'excédent d'une substance nommée cholestérol. La médecine mondiale n'est malheureusement pas à même d'effectuer à un degré convenable l'angiographie de vos vaisseaux, mais je crains qu'ils soient fortement modifiés. Il existe cependant des moyens de réduire le taux de ce maudit cholestérol qui obture les artères. En premier lieu, il faut immédiatement et irrévocablement vous arrêter de fumer. Puis changer radicalement votre régime alimentaire, c'est-à-dire supprimer toutes les graisses animales et vous concentrer surtout sur les fruits et légumes. Troisième facteur primordial : le mouvement. Sous la conduite d'un médecin spécialiste, il faut vous livrer à des exercices physiques quotidiens, d'abord légers, puis plus intenses. Quant aux surcharges nerveuses, il faut absolument les éviter, les éliminer du tout au tout de votre vie quotidienne, en d'autres termes, vous ne pouvez plus travailler comme vous le faites actuellement. En principe, vous ne pouvez plus travailler, Joseph Vissarionovitch...

— Est-ce que vous comprenez ce que vous dites, professeur Gradov ? le coupa Staline avec un tel regard qu'on aurait cru que c'était lui qui avançait au professeur un diagnostic funeste et non le contraire. Est-ce que vous comprenez ce que cela veut dire, que je m'arrête de travailler ?

Gradov soutint son regard avec une froide sérénité. Sa décision était prise. Vous ne me ferez plus peur. J'ai soixante-seize ans et je ne perdrai plus une miette de ma dignité. J'en rétablirai peut-être même quelques-unes. Quel besoin en as-tu, à soixante-seize ans ? Figurez-vous, généralissime, que j'en ai besoin.

— Que je comprenne ou non ce que cela veut dire du point de vue politique n'est, à l'heure présente, pas ce qui compte. On m'a fait venir auprès de vous en qualité de médecin et c'est en médecin, sans rien dissimuler, que je vous fais part de mes conclusions, camarade Staline.

— Curieux ! articula celui-ci en contenant à grand-peine sa colère et son chagrin : son symbole protecteur dénommé « le professeur Gradov » venait de disparaître, de se volatiliser, celui qui se tenait devant lui, froid et calme (!) était presque un ennemi. — Curieux que les conclusions d'un vieux médecin russe coïncident avec l'avis de ces Goettinger et Trouvsi.

— Les professeurs Goettinger et Trouvsi sont d'éminents spécialistes de la symptomatologie cardio-vasculaire et je regrette beaucoup de ne pouvoir tenir concile avec eux.

Gradov dévisageait attentivement Staline dont les traits, à mesure que se déroulait cette conversation, affichèrent quelque chose de jeune, de crapuleux. Savait-il que les deux professeurs avaient disparu ? Il était difficile de lire sur ce visage autre chose qu'une puissance terrible et abjecte.

Staline se leva et gagna l'autre bout du cabinet où il s'attarda un peu, le dos à Gradov, sous le tableau de Brodski où Lénine est assis parmi des plis de housses à meubles, on dirait des caparaçons d'éléphant.

— Je n'aime pas votre façon de jouer au physionomiste, professeur Gradov, dit-il sans se retourner. Dites-moi, que pensez-vous du professeur *Vino*gradov ? — Avec une touche d'humour passagère, il accentua *Vino*, c'est-à-dire les deux syllabes qui manquaient au nom de son interlocuteur.

— Vladimir Nikititch ? — Gradov se souvint tout à fait hors de propos que le titulaire de la chaire de clinique du Premier Institut de Médecine s'était vu affubler de l'étrange surnom de Koutso. Il était bègue et les orthophonistes lui avaient prescrit, au moment des troubles, dans l'ordre de l'auto-hypnose, de prononcer le mot « koutso », ce qu'il faisait avec un plein succès à son cours, pour la plus grande joie des étudiants. — Vladimir Nikititch Vinogradov est aussi l'un des grands, des brillants cliniciens de notre temps.

— Je ne vous retiens plus, professeur Gradov, dit Staline en quittant immédiatement les lieux.

Voilà, c'est fini. Boris Nikitovitch se renversa dans son fauteuil et ferma les paupières. Reverrai-je ma maison aujourd'hui ? Rien n'est moins sûr. L'image d'Archi-Med, les yeux pleins d'un amour sans bornes, passa devant ses yeux. Sans rien lui dire directement, je lui ai montré qu'ils ne me faisaient plus peur. Je doute fort qu'ils pardonnent ce genre de manifestation. Il demeura quelques instants paupières closes. Personne ne venait le chercher. Deux hommes de service amenèrent un lourd agrégat dénommé aspirateur. Alors, il se leva et se dirigea vers la sortie. Les sentinelles des couloirs l'accompagnèrent de leur regard impassible, mais sans faire la moindre tentative pour l'arrêter ou l'accompagner.

Dans le hall du bas, l'officier de garde lui montra sans un mot une rangée de chaises située au fond, décrocha son téléphone et communiqua quelque chose à quelqu'un à mi-voix.

Gradov passa plus d'une demi-heure dans le hall désert. Selon une méthode qu'il avait personnellement mise au point, il s'efforçait de ne penser à rien et de ne pas changer de position, afin d'apaiser le tremblement et le vertige qui déferlaient en lui. Quelque chose comme la méthode de Vinogradov contre le bégaiement, mais au lieu de « koutso », il répète mentalement une suite arbitraire de sons : « bomm, momm, bromm, gromm, fromm, somm, komm, flomm... » De la sorte, on se protège contre les influences extérieures, mais en même temps, on demeure présent dans l'Univers, ne serait-ce, par exemple, qu'à titre de petit étang avec nénuphars.

Tout à coup, on l'appela : la voiture était arrivée. Qu'est-ce qui était arrivé ? Où était-ce arrivé ? Pourquoi était-ce arrivé ? Pour qui était-ce arrivé ? Et enfin : la voiture est arrivée pour m'emmener hors du Kremlin. Elle n'était occupée que par un chauffeur qui lui désigna le siège arrière. Ils sortirent par la porte Borovitskaïa et opérèrent une halte inopinée place du Manège. Deux types en complet noir s'enquillèrent de chaque côté du professeur en le comprimant fortement et l'enveloppant d'une odeur de sueur chevaline. « Ôte ton chapeau », ordonna l'un d'eux. « Pardon ? » fit le professeur, se tournant vers lui. « Ôte ton chapeau, vieux con ! » rugit le second qui, sans attendre qu'il le fasse volontairement, l'arracha de sa tête et le flanqua sur le siège avant. Après cela, on lui serra un bandeau hermétique sur les yeux. La voiture repartit, roula un certain temps ; l'étang aux nénuphars oscillait, tandis que planaient au-dessus de lui, en crabe, des phrases échangées par les deux types : « Alors, lui ? — Lui, rien. — Alors, elle ? — Elle, elle en a rien à foutre. » Outre l'arrestation du professeur Gradov, ils avaient leurs propres soucis.

La voiture s'arrêta et on lui ôta le bandeau. Ils étaient dans la cour faiblement éclairée d'un grand immeuble anonyme. On l'introduisit dans l'entrée et lui fit prendre l'ascenseur. La porte passée, il découvrit une enfilade de pièces au mobilier tout aussi anonyme. Dans l'une d'elles, un homme de petite taille, tout en rondeurs, vint au-devant de lui. Sa tunique aux étoiles de général était un peu moins anonyme que le reste.

— Ah ! Vous m'amenez cette merde ! coquerica-t-il. Balancez-la-moi là. — Il désigna un divan.

Ils chopèrent le professeur par les ailerons et le « balancèrent » au sens propre sur le divan, moyennant quoi ses cheveux tout à fait blancs, mais toujours aussi drus, lui retombèrent sur les yeux en bourrasque de neige.

Le général alluma une longue cigarette, approcha et posa le pied sur le traversin du divan.

— Alors, sous-verge de la youtrerie, tu vas te mettre à table de ton plein gré ou il va falloir que je te dérouille pour savoir la vérité ?

— Je vous demande pardon, qu'est-ce que c'est que ce langage ? fit Gradov d'une voix gonflée par la colère. Savez-vous que je suis lieutenant général des Services de Santé de l'Armée Rouge, vous êtes mon subordonné, camarade général.

Le petit général rondouillard aux allures de comptable de gérance d'immeuble écouta la tirade, hocha même la tête ; après quoi il demanda :

— Dis voir, tu n'as pas envie de chier ou de pisser ? Va donc aux gogues avant qu'on se mette à causer, vieux con, sinon tu nous dégueulasserais ces lieux qui sont propres. — Il cramponna brusquement le professeur par la cravate et la chemise, l'attira, lui souffla à la face une haleine chargée de la salade-vinaigrette partiellement revomie de la veille. — Je vais te faire gueuler autre que Trouvsi ou Goettinger ! Tes décorations, on va te les carrer droit dans le cul !

Complètement hors de lui, Boris Nikitovitch attrapa le général par les nénés rembourrés de sa tunique et le secoua si violemment que, soit d'étonnement, soit de la secousse, les yeux lui jaillirent hors des orbites et que sa tête ballotta comme celle d'une poupée de son. Boris Nikitovitch envoya promener l'abominable général, puis se laissa tomber sur le divan. Comment se fait-il que je sois encore en vie ? se demanda-t-il tranquillement, comme du dehors. D'où viennent ces réserves physiques inattendues ? Outre l'adrénaline, il doit y avoir autre chose qui a, jusqu'à présent, échappé à l'étude.

Le général, visiblement ébranlé, autant au sens propre qu'au figuré, essayait d'attraper un bouton arraché par le professeur et qui était en train de rouler par terre. Il y a gros à parier que les organes de la Sécurité n'avaient pas, depuis belle lurette, subi pareil affront. Le bouton roula un moment entre les pieds du fauteuil, puis finit par se coucher, l'étoile au plafond, dans l'angle nord de la pièce. Rioumine — car c'était lui — le ramassa et le mit dans sa poche. Qu'est-ce que je vais faire de cet enfoiré de professeur ? se demanda-t-il. L'ordre de « cogner » n'avait pas été formulé, on avait uniquement exprimé le désir de voir « intimider » l'intéressé. Fallait-il prendre l'initiative ? C'est risqué quand même, dans les fonctions que j'exerce. Celles d'Abakoumov étaient encore plus élevées, regardez-moi la gamelle qu'il s'est pris.

Il tourna le dos au professeur et décrocha le téléphone, mais sans lâcher le commutateur.

— Envoyez-moi Prokhezov et Popoutkine en vitesse. J'ai quelqu'un à qui il faut apprendre à vivre.

Ça doit être ceux qui m'ont amené ici, pensa Boris Nikitovitch.

Ou bien d'autres. Ce ne sont pas les Prokhezov et Popoutkine qui manquent, ici. Je crois que je n'éviterai pas de gueuler, moi aussi. Crier, hurler, gémir, pleurer, autant de réactions naturelles, inconscientes, à la douleur. Ce qu'il faut, c'est détourner sa conscience de l'attente de la douleur. Que ce soit ma dernière expérience.

La porte s'ouvrit. Celui qui pénétra dans le bureau à la place des gorilles prévus fut Béria, Lavrenti Pavlovitch lui-même, imperméable sur le dos et chapeau en tête. Il ôta sa coiffure, en secoua des gouttelettes de pluie (comment s'était-il trouvé sous la pluie, le puissant vice-président du Conseil des ministres, se pouvait-il qu'il fût venu à pied ou bien qu'il se fût attardé à rêver sous un réverbère ?), il abandonna son imperméable entre les mains de Rioumine et demanda, comme s'il n'avait pas remarqué la présence du professeur :

— Alors, qu'est-ce qui se passe ici ?

— Eh bien, Lavrenti Pavlovitch, ce... ce professeur refuse de nous parler, se plaignit Rioumine comme un gamin mortifié. Je suis votre supérieur hiérarchique, il me dit. Garde-à-vous !

— Ça, ça ne va pas, Boris Nikitovitch, dit Béria d'un ton affable. Le Parti nous enseigne la démocratie, les rapports de camaraderie avec nos subordonnés. En outre, ce général-ci — il pointa le pouce vers Rioumine — occupe pour l'instant le poste de vice-ministre de la Sécurité d'État.

Rioumine se figea : qu'est-ce que cela voulait dire, « pour l'instant » ? Se pourrait-il que je dégringole à la suite d'Abakoumov ? Se pourrait-il qu'on ait décidé d'enterrer la question juive ?

— Cet homme m'a injurié dans les termes les plus orduriers, proféra Boris Nikitovitch, et tous ces mots lui parurent discontinus, comme suspendus par quelque distorsion hideuse.

— Et qui m'a arraché mon bouton ? s'écria Rioumine comme un imbécile. — Sous le regard attentif de Béria, il sentit que ce cri était peut-être la plus grande erreur de sa vie.

Béria se mit à rire.

— Allons, mes amis, allez-vous chercher qui a commencé le premier ? Écoute, Mikhaïl, laisse-nous un peu. Nous avons quelques secrets à échanger, le professeur et moi.

Le menton tremblant, Rioumine ramassa un petit dossier sur son bureau et sortit. Béria le suivit des yeux — Mikhaïl a filé au buffet faire le plein de cognac — puis attira une chaise près du divan et s'assit en face de Boris Nikitovitch.

— Cela fait longtemps que vous réprouvez le pouvoir des Soviets ? demanda-t-il sur le mode amène.

— Qu'avez-vous à faire de ces procédés, Lavrenti Pavlovitch ? répliqua Gradov avec irritation. J'ai soixante-seize ans, ma vie est à son terme, vous devriez tout de même en tenir compte !

— Pourquoi des « procédés » ? fit Béria, comme blessé dans ses meilleurs sentiments. J'ai simplement pensé qu'un homme de votre origine et de votre éducation pouvait ne pas aimer le pouvoir des Soviets. Purement en théorie, non ? Cela arrive, Boris Nikitovitch. Qu'on serve fidèlement le pouvoir des Soviets, mais qu'en réalité on le réprouve. L'homme est une créature plus complexe que certains — un coup d'œil vers la porte — le pensent. Par exemple, ce n'était pas un secret pour nous que votre fils, deux fois Héros de l'Union soviétique, n'appréciait pas le pouvoir des Soviets. Pas toujours, certes, parfois il l'appréciait. Vous savez, certains préfèrent les blondes, mais parfois ils aiment les brunes, mais quand même, ce sont les blondes qu'ils préfèrent.

Non, ce professeur n'a pas le sens de l'humour. On lui parle gentiment et lui, il ne sourit même pas. Quel abruti !

— Parlons net, Lavrenti Pavlovitch. Pour quelle raison m'a-t-on arrêté et conduit ici ?

— Ne vous l'a-t-on pas expliqué ? s'étonna Béria. C'est bizarre. On devait vous expliquer quand vous étiez encore au Kremlin que je voulais vous voir. Je vérifierai pourquoi on ne l'a pas fait. Vous comprenez, nous autres, au gouvernement, vos conclusions sur l'état de santé du camarade Staline nous préoccupent vivement. Dites-moi, vous estimez vraiment qu'il n'est plus en état d'exercer ses fonctions ou bien c'est de votre part une réaction... comment dirais-je... émotionnelle, en relation avec tout le reste, si l'on veut ?

— Pensez de moi tout ce que vous voudrez, camarade Béria, dit le professeur d'un ton sévère qui l'étonna lui-même infiniment et en s'envoyant même à sa vive surprise une claque de défi sur le genou. Je suis entre vos mains, mais je n'ai peur de rien. Et vous savez parfaitement que je suis un médecin, un médecin avant tout ! Je n'ai rien de plus sacré que ce titre !

Intéressant personnage, songea Béria. Dommage qu'il soit trop vieux. Il ne nous craint pas. Ça, c'est curieux. C'est quelque chose ! Dommage qu'il soit si vieux. Si seulement il était un tout petit peu plus jeune... Mais il n'est tout de même pas tout à fait ordinaire, et même intéressant.

— Boris Nikitovitch, mon cher, mais c'est justement au médecin que je m'adresse, enchaîna Béria d'une voix suppliante. Et comment donc ! Vous êtes un grand médecin, les services que vous avez rendus pendant la guerre sont titanesques. Et votre livre, *De la douleur et de l'insensibilisation*, chaque tchékiste devrait l'étudier : c'est que nous assumons une tâche dangereuse. Le camarade Staline a confiance en vous comme en son propre père... — là, ce fut comme si Béria se donnait un coup d'éventail noir devant le visage, il en émergea transformé : ses babines tout soie s'étaient pétrifiées, son lorgnon s'était opacifié — c'est pourquoi vos conclusions nous inquiètent tant. Prescrire au camarade Staline, à l'homme qui est véritablement le porte-étendard de la paix, d'abandonner son poste, c'est, à mon avis, se prononcer avec trop de hardiesse, trop d'insolence, professeur Gradov. Il ne s'agit pas d'un Churchill quelconque, voyons ! Nous, les chefs, nous sommes épouvantés, oui ? Alors, que dira le peuple ?

Ces lentes paroles étaient autrement plus terribles que les glapissements ignobles de Rioumine, pourtant Boris Nikitovitch, comme s'il avait accepté son sort, conservait, à son propre étonnement, un calme absolu.

— Excusez-moi, camarade Béria, mais vous ne comprenez pas tout à fait la nature des rapports du médecin à son malade. Lorsque j'examine le camarade Staline, il n'est pas plus, pour moi, que le premier Ivanov-Pétrov-Sidorov venu. Pour ce qui est de l'aspect politique de cette affaire, j'en saisis tout à fait l'importance, mais je ne peux tout de même pas pousser mon malade vers une fin précipitée.

— Il est donc... condamné ? demanda Béria d'une allure extrêmement ralentie, comme s'il prenait entre ses mains un chat qu'il ne connaissait pas.

Boris Nikitovitch eut un petit rire.

— Vous savez bien que tous les hommes sont condamnés, camarade Béria. Et contrairement à l'avis général, Staline est mortel...

Comme il parle, se disait Béria, comme il se tient ! Dommage qu'il soit trop vieux, et quand même...

—... Son état de santé approche du point critique, poursuivit Gradov, mais cela ne signifie absolument pas qu'il va bientôt mourir. Il peut surmonter la crise en prenant des médicaments et en changeant radicalement son mode de vie. Régime alimentaire, exercice physique, suppression totale de toutes les surcharges affectives, psychologiques et intellectuelles, autrement dit, le repos pour une assez longue période, enfin, disons un an. C'est tout, c'est simple comme bonjour.

Un silence de quelques instants s'instaura. Le visage de Béria était impénétrable. Le visage de Boris Nikitovitch était pénétrable. Foin de tout masque, tout est clair, tout est dit. Et pour que les choses soient encore plus claires, affichons notre mépris. Il sourit.

— Quant au peuple, eh quoi... dans les circonstances actuelles, le peuple peut ne pas s'apercevoir des douze mois d'absence du Maître...

Très intéressant, cet homme ! faillit s'exclamer Béria. Il abandonna le professeur toujours figé sur son divan au haut dossier et se retira près de la fenêtre où il sortit son briquet et alluma voluptueusement une odorante cigarette américaine. Les ambassadeurs à l'étranger ne manquaient jamais d'approvisionner ses réserves en Chesterfield.

— Vous n'avez pas toujours été ce médecin si ferme, si inflexible, dit-il d'un air rusé depuis la fenêtre, et même en menaçant l'orgueilleux du doigt. Je viens de parcourir votre dossier et j'y ai découvert certaines choses notées par nos collègues de l'ancien temps.

Le professeur Gradov se leva d'un seul élan.

— Assis ! hurla Béria.

— Non ! cria le professeur. — Mais qu'est-ce qui m'arrive ? — Pour quelle raison devrais-je rester assis ? Présentez-moi un mandat d'arrêt, vous me donnerez des ordres après !

Par la suite, analysant une conduite qui, entre les murs de la Tchéka, était tellement invraisemblable, tendant en digne intellectuel à se dévaloriser à ses propres yeux, Gradov devait conclure qu'il avait inconsciemment senti que son attitude indépendante plaisait à Béria et que, par conséquent, son audace inopinée n'était pas de l'audace du tout, mais plutôt l'entêtement du chouchou de la classe.

Béria sourit et articula du ton le plus courtois :

— Écoute, vieux birbe à la con, si jamais quoi que ce soit transpire, pute enfoirée, si jamais tu parles à quelqu'un de notre entrevue, compris, de notre conversation, je te livre avec toutes tes tripes à Rioumine, et tu ravaleras ta fierté avec tes couilles et tes boyaux, exactement, crotte de bouc, comme l'on fait tes petits copains juifs Goettinger et Trouvsi. Compte sur nous pour te dépiauter, vieux cul. Littéralement !

Il remit son imperméable, son chapeau et essuya son lorgnon avec son écharpe. Un sourire fort poli errait encore sur ses lèvres nanties de l'étrange propriété tour à tour de se rétrécir et de transformer ainsi sa bouche en gueule de baleine ou de s'épanouir comme une fleur charnue et vorace.

Il fait une bien étrange figure au milieu du gouvernement bolchevik, se dit Boris Nikitovitch avec un calme parfait. Il ressemble moins que tout à un bolchevik. Il a quelque chose d'italien, d'un ruffian pas de chez nous. Il n'a même pas appris à jurer en bon russe. Finalement, qu'est-ce qui constitue le plus terrible secret : la santé de Staline ou l'intérêt qu'il lui porte ?

— Savez-vous que nous sommes presque parents, Boris Nikitovitch ? fit soudain Béria avec un rire des plus aimables. Votre épouse, Mary Vakhtangovna, est ma payse, n'est-ce pas, et tous les Géorgiens sont un peu parents, les Mingréliens et les Karthliens eux-mêmes se sont mélangés entre eux. Cherchez dans nos annales *Karthlis Tskhovreba* et vous trouverez sûrement des liens de parenté entre les Béria et les Goudiachvili. Ne bondissez donc pas ! Nous sommes tous des humains, et le neveu de votre épouse, Nougzar Lamadzé, est mon adjoint le plus proche. Vous voyez, ah, ah, ah !, ah, ah, ah !, le monde est réduit, le monde est réduit.

— Oui, le monde est petit, confirma et corrigea en même temps Gradov.

Béria s'approcha et, bon enfant, le prit aux épaules :

— Venez, je vous accompagne jusqu'à la voiture. N'ayez pas peur, j'aime, tu comprends, votre fidélité au serment d'Hippocrate.

Il avait plu. L'odeur suave et forte des fleurs de tabac montait dans l'air nocturne qui baignait la maison de ses vieux jours. Les sapins, compagnons de sa vie, bruissaient régulièrement, tendrement sous la brise ininterrompue, elle, la plus jeune et la plus antique habitante de tous les espaces et recoins de la terre. Par la fenêtre éclairée, on voyait passer et repasser la silhouette de sa vieille compagne, la seule femme que j'ai aimée de toute ma vie, si l'on excepte quelques infirmières lors de mes missions, son dos n'est pas encore voûté, sa natte blanche est lourde, elle porte toujours avec la même fierté ses seins que j'ai jadis caressés avec une telle passion et dont le gauche est à présent abîmé par une intervention récente.

Goûtons à présent chaque instant de ma maison natale, les fleurs de tabac et la brise, et les traits si tendres de ma vieille compagne, mon amour : m'ont-ils rendu à la vie pour bien longtemps ? Pourquoi le chien ne sent-il pas ma présence et n'aboie-t-il pas ? Non, ce n'est pas un gardien, mes femmes l'ont trop gâté, comme l'autre, celui d'avant.

J'arrache une fleur blanche, j'y plonge mon nez depuis longtemps insensible, je gravis le perron, et chaque marche m'est un délice. Je lève la main et je frappe avec délice à ma propre porte. Archi-Med aboie. Enfin ! C'est moi, ton maître, l'archi-medicus Boris. Tu vois, ils m'ont relâché, laissé quelques jours à vivre.

## CHAPITRE HUIT

# *Tu sais, je te connais !*

— Alors, Grad ? — Ça boume, Grad ? — Les gars, Grad a passé ses cliniques ! — Quoi ? Il a rupiné ? La maxi-note ? Je n'y crois pas ! — Allez, Grad, montre-la-nous, ta maxi-note ! — Réglo, les gars, elle y est, dans son carnet. Oh, mon petit Boris, oh ! oh ! félicitations ! Comme nous sommes contents que tu sois passé en même temps que nous et que tu aies décroché ce Très Bien. Tu es si célèbre ! Si beau ! Si chic ! — Avec qui es-tu passé, Taréiev ou Vovsi ?

Boris IV Gradov, étudiant de troisième année du Premier Institut de Médecine de Moscou, *alias* B.N. Gradov, champion d'URSS de moto-cross catégorie 350 cc, maître ès sports et membre du Club des Forces Aériennes, *alias* Boris Grad, jeune lion de Moscou, retirait avec délices de ses athlétiques épaules sa petite blouse blanche, étriquée et courtemanche. Y en a marre, les examens sont passés ! Le plus sensass, c'est que c'est sans hypothèque. « Ce qui me la coupe, c'est que tu aies tout passé à la même session », lui dit en le rejoignant un étudiant surnommé « Plus », boxeur de première catégorie, l'un des rares condisciples avec lesquels Boris se tenait plus ou moins sur un pied d'égalité.

— L'homme soviétique commun déplace des montagnes, commenta Boris.

Autour de lui, les nanas couinaient et des gamins de vingt ans passaient d'une voix caverneuse à des déraillements de petits coqs. Grad considérait avec condescendance ces joies de jeunes veaux. Ils étaient vraiment verts, ça oui, des fruits verts. La jeunesse d'après-guerre est colossalement en retard. La virginité partout, le freinage du développement sexuel. Un jour où ils observaient par-dessus l'épaule les uns des autres le professeur en train de pétrir le ventre d'un malade, la petite Doudkina s'était serrée contre Boris. Cette jeune personne aux formes admirables aurait dû, depuis longtemps, se trouver à la tête de l'avant-garde moscovite. Pourtant, ce contact involontaire la laissa pantelante. Afin de l'encourager (elle était en outre responsable komsomol de la promotion) il lui mit la main aux fesses et descendit même quelque peu vers le bas. La minette se trouva mal, nom de Dieu ! Il fallut lui donner des gouttes de Zélénine dans un verre à facettes. Depuis, elle détourne les yeux et si par hasard il capte son regard, il y lit sans peine aucune la lettre de Tatiana[1]. Du rire plein sa culotte, non ?

Et voilà la responsable Doudkina qui, aussitôt après l'examen, se dirige vers lui. Sus au dévorateur d'oiselettes.

— Vous comptez arroser la fin de l'année universitaire avec nous, Boris ?

Lui, il la serre aux épaules en copain.

— Ce serait avec plaisir, Elka, mais l'équipe file au Caucase dans deux jours.

Ses lèvres — deux caramels — frémissent de façon touchante.

— Dans deux jours... nous, c'est après-demain... non, je vous demandais ça comme ça... c'est seulement qu'on se cotise.

— C'est combien par tête ? — Déjà il sort ses biftons de sa poche.

Les petits yeux d'Elka Doudkina s'illuminent de joie.

— Cinquante balles.

— Ce n'est pas trop ? demande-t-il d'un air soucieux. Les gars vont prendre une sacrée cuite. — Et il fourre un billet de cent dans la poche de la fille.

— Gardez vos leçons pour vous, jeune homme ! répond-elle superbement, mais plutôt à côté de la plaque.

C'est une citation des *Douze Chaises*. Ce bouquin quasi interdit, associé au *Veau d'Or* en édition d'avant-guerre, circulait dans la promotion, et de nombreux étudiants ne s'exprimaient que par citations de la célèbre satire d'Ilf et Pétrov, aujourd'hui presque entièrement sous le boisseau. Donc, par conséquent, même cette emmerdeuse-de-première-classe-de-Doudkina a adopté le vocabulaire d'Ellotchka l'Ogresse pour prouver au héros de ses rêves, Boris Gradov, qu'elle non plus, elle n'est pas tombée de la dernière pluie, oui, elle est la première de la classe, mais elle n'est pas une emmerdeuse et que s'il vient au pot de Sacha Schabad, il pourrait y découvrir d'agréables surprises. Facile à imaginer, ce raout de fruits verts : citations d'Ilf et Pétrov, tourne-disques avec disques d'avant-guerre, plus du « jazz à l'os », c'est-à-dire Nat King Cole et Peggy Lee copiés sur de vieux clichés de radios, c'est ça, et après, danse en lumière douce, soit jeux de mains compris.

En fait, peut-être que Sacha Chérémétiev et moi, nous aurions été des enfants tout pareils, à vingt ans, sans les groupes francs où l'on nous a appris si vite et bien fait à tuer. C'est dingue, après ça, de tout reprendre à zéro, d'aller rejoindre une bande de jeunes veaux bien sains, de potasser la substantifique moelle qui fera de

1. Scène archi-célèbre d'*Eugène Onéguine* de Pouchkine où la jeune héroïne avoue son amour au séducteur qui la dédaigne.

vous un spécialiste guérisseur alors que l'on est depuis longtemps un spécialiste tueur. Faire palpiter des vierges du genre d'Elka Doudkina après qu'on s'est sexuellement blindé au Club des Forces Aériennes. Parler par voie de citations du *Veau d'Or*. Cotiser à des soirées à cinquante roubles.

Cette année, en abordant les cours de propédeutique de pathologie interne, Boris avait, pour la première fois, cru trouver un sens à tout ce rabâchage. Pour la première fois, il s'était trouvé non devant une abstraction, mais devant un corps souffrant qu'il fallait — et parfois que l'on pouvait — aider. Ça doit être l'appel génétique des Gradov qui s'éveille, se moqua-t-il *in petto*, qui exige que je reprenne la dynastie interrompue. Son grand-père Boris III, qui n'avait manifestement pas espéré qu'avec ses motos Babotchka irait ne serait-ce que jusqu'en deuxième année, se montrait à présent incroyablement flatté lorsqu'aux déjeuners du dimanche au Bois d'Argent il se voyait dédier par son petit-fils quelque condescendante question du sacro-saint domaine.

Néanmoins, ôter sa blouse blanche et la débarrasser dans un coin jusqu'en septembre fut une véritable volupté. Dans deux jours, en grande cohorte, les motards et le personnel de service fileraient vers Tbilissi, lieu des compétitions interrépubliques de l'année. En quelques jours de trajet, il s'aérerait la cervelle des sempiternelles beuveries de Moscou. Et puis, cette Géorgie, c'est l'antique patrie où il n'est encore jamais allé.

Quand même, il s'en était approché. L'année dernière, la réunion avait eu lieu à Sotchi. Et Sotchi, c'est presque la Géorgie. Un pays enchanteur. La mer qui étincelle. L'hôtel *Primorskaïa* sur sa falaise, dans le style des « Années Heureuses 1930 ». Le Club des Forces Aériennes y occupait tout un étage. Quelque chose de déplaisant émerge dans son esprit au mot de « Sotchi ». Qu'est-ce que cela pourrait bien être ? Ah ! oui ! Ces filles ! Ne fais donc pas semblant, « ah, oui ! » tu parles ! Mais oui, justement, ces filles et leurs copains que les supermen des Forces Aériennes avaient traités si cruellement, en francs salauds.

Ils étaient en train de dîner au restaurant quand la bande était arrivée : six moussaillons et leurs nanas qui avaient aussitôt attiré leur attention. Ce n'étaient rien moins que ces « zazous » que la société venait de découvrir. Les journaux publiaient à la pelle des chroniques à leur sujet, on voyait partout des dessins humoristiques qui représentaient le malfaisant zazou avec une longue crinière et une crête de coq au sommet du crâne, un ample veston à carreaux et des pantalons cigarette, un singe sur la cravate et des chaussures autos montées sur d'épaisses semelles en caoutchouc. Les gens avaient très vite pris l'habitude de siffler ces personnages bourgeois, pourris et américanisés, et parfois même à pourvoir à leur éducation en recourant à la force. C'est peut-être pour cela que les zazous affectionnaient de se présenter en groupe, voyons, pour que les tendances éducatives ne se manifestent pas trop souvent.

La douzaine de ceux qui étaient arrivés au *Primorskaïa* ce soir-là était de classe supérieure, c'est-à-dire qu'elle avait peu de points communs avec les spécimens des caricaturistes. Certes, tout était sur le mode idoine, mais sans outrance, et même ajusté avec goût. Les athlètes des Forces Aériennes étaient de la même tendance, de sorte qu'aucun d'entre eux ne songea à se dire : « Vise-moi ces zazous qui s'amènent ! » Mais leurs fillettes étaient extra, et ça, ils le remarquèrent. Triées sur le volet, les fillettes, fines, le cheveu court, des yeux comme des soucoupes, parfaitement maquillées.

— Cette bande est arrivée ce matin dans trois Pobéda, dit Tchoukassov, le coureur de haies.

Autrement dit, dans les Pobéda à papa, remarqua Gavrilov, entraîneur de natation, évoquant une caricature du *Crocodile* qui vouait aux gémonies les enfants frivoles de certains dignitaires et avait fait grand bruit. Il avait tapé dans le mille. Il sembla même à Boris qu'il avait rencontré deux ou trois de ces galopins, à l'*Hérisson-Isba* peut-être, où quelqu'un avait dit que les fils des lauréats d'État faisaient la bringue pendant que leurs papas écrivaient des traités de métallurgie ou des symphonies. Ils avaient ri, puis leur attention s'était détournée vers une conversation foncièrement sportive. Tout se serait passé sans histoire si le « patron » Vassili Iossifovitch n'avait fait son apparition et si l'orchestre n'avait souligné l'ambiance par le rythme endiablé d'un *Gulf Stream*.

Vasska était déjà passablement soûl et mauvais. Au Club, on savait que, lorsqu'il était dans cet état, il cherchait les aventures « où ça dérouille ». Il s'en prenait à tout et n'importe quoi et distribuait des gnons en pleine poire sans rime ni raison. C'est ainsi qu'une fois il avait décroché la timbale. Quatre officiers de l'aviation à réaction à qui il avait, en plein jour, réservé ses mauvaises manières avaient attendu le tout-puissant fiston près d'un hangar, la même nuit, l'avaient recouvert d'une touloupe et corrigé « à l'aveuglette ». Le lendemain matin, la division au grand complet s'était attendue à trouver un peloton d'exécution campé au pied de ses appareils de combat. Mais il faut dire à l'honneur de Vasska qu'il n'avait en rien laissé percer son aventure de la nuit. Il s'était contenté de geindre, de se tâter les côtes et de jurer plus que d'habitude.

À part ça, la leçon ne lui avait été d'aucun profit. Dès qu'il avait sifflé sa bouteille de cognac, il cherchait une nouvelle aventure. De même ce jour-là, au *Primorskaïa*, il s'était amené au bord de la table, y avait appuyé les deux poings en bon ataman cosaque, dévisagé tout le monde d'un regard mauvais. « Ben alors, bordel de cul, qu'est-ce que vous foutez là, espèce de connards, à brouter vos côtelettes ? » Et là-dessus, il avait commandé au garçon accouru quinze bouteilles de cognac. Les entraîneurs, comme toujours, cela leur avait déplu : d'un côté, Vassili Iossifovitch faisait boire les gars, de l'autre, il exigeait les plus hauts résultats sportifs. Mettons-nous d'accord, camarade général : ce sera l'un ou l'autre, le sport ou la poivrade. Or lui, il ne voit aucune différence, au diable vos arguties.

Peu à peu, à mesure que le niveau des quinze bouteilles baissait, l'attention des sportifs pour la salle demi-ronde derrière laquelle les cyprès se balançaient au vent et voguait la lune, éternelle inspiratrice de la jeunesse, grandit. Il y avait là un petit juif gras et roux nanti d'un puissant saxo baryton. Voilà qu'avec le percussionniste, il montait le rythme du *Gulf Stream*, au son duquel les nouveaux arrivés talonnaient, secouaient leurs fillettes, les lançaient en l'air jupe relevée, sautillaient eux-mêmes, tout cela d'un visage très sérieux, presque dramatique, comme s'ils défiaient l'ordre établi.

— Allez, les Forces Aériennes, on leur rafle leurs filles ! dit brusquement Vassili Iossifovitch. Pourquoi des nanas pareilles resteraient-elles avec des gamins et non avec de vrais hommes ? Il faut rétablir la justice.

Les gars s'en furent en riant inviter les fillettes à danser, et celles qui étaient déjà en piste avec leurs copains, ils leur envoyèrent une tape sur l'épaule, comme si l'on avait annoncé un changement de cavalières. Boris IV Gradov, membre héréditaire de l'intelligentsia moscovite, avait suivi le flot. Il devait se demander plus qu'une fois par la suite : Qu'est-ce qui m'a pris, à l'époque, pourquoi me suis-je si facilement laissé tenter par la camelote de Vassia Staline ? Peut-être pour capter cet arrière-goût d'extraterritorialité, d'appartenance aux « mousquetaires du roi », à leurs manières qui défiaient même le puissant MGB et son Dynamo ? *A priori,* ce devait être un désir inconscient de ressusciter l'esprit des groupes francs, de n'obéir à personne qu'au commandement suprême. Quoi qu'il en soit, il fut deux ans durant le compagnon favori du « prince du sang » communiste. Et c'est lui, tout de cuir vêtu, qui enleva la chérie de Vassia, chérie de longue date, depuis les bancs de l'école, et aujourd'hui femme d'un auteur dramatique célèbre. C'est lui qui souffla à ceux de Dynamo un puissant discobole qu'ils venaient de ramener de Biélorussie. C'est lui qui participa à cette blague idiote d'avoir transporté en avion à réaction un pochard qui s'était endormi à minuit, à Moscou, au pied du monument à Pouchkine et de l'avoir déposé, à Kiev, au pied du monument à Bogdan Khmelnitski[1] ! S'ils avaient rigolé en le voyant se

1. Bogdan Khmelnitski (vers 1595-1657), libérateur de l'Ukraine du joug polonais et artisan de la réunion de son pays avec l'État de Russie.

réveiller et ne rien reconnaître ! Et combien y en avait-il eu, en ces deux ans, de ces exploits de superman ivre, mauvais, injuste, impudent. Voyons, ces tendances à la saloperie, étaient-elles innées en moi ou les ai-je acquises à la guerre ? Ces questions, Boris devait se les poser bien des années plus tard mais au début de l'été 1952, il n'en faisait rien, il repoussait vaguement quelque chose de désagréable qui était lié à Sotchi.

Il apparut que trois de leurs six adversaires étaient des judokas d'assez bon niveau et même, au plus fort de la mêlée, l'un de ces trois-là utilisa une prise inconnue et envoya la semelle de son écrase-merde droit dans la mâchoire de Boris. Ça, ça ne lui était jamais arrivé, même pas en Pologne. Boris tomba légèrement dans le sirop tandis que déferlaient les ondes du *Gulf Stream*, durant une seconde, il s'efforça de repérer le buisson d'où tirait la mitrailleuse, c'est-à-dire où il devait lancer sa grenade... Cependant, l'adversaire n'eut pas le temps de tirer profit de cette éclipse. À la seconde suivante, sa propre mâchoire encaissa un coup de poing gradovien après lequel, balayant la table, renversant les bouteilles et dispersant les reliefs du repas, il alla dégringoler sur le balcon. Boris et un autre gars du Club, l'inter de foot Kravets, s'élancèrent à sa suite, mais le jeune homme ne se laissa pas tomber aux mains de l'ennemi. Au lieu de cela, il bondit sur la balustrade, on ne sait pourquoi se dépoitrailla, poussa un hurlement tragique et sauta sur un parterre de fleurs. « Il n'y a pas de bobo ? » cria Boris d'en haut. Mais déjà, poursuivi par la Milice, le gars galopait le long de l'allée vers la mer.

La bataille fut brève. La puissante équipe de sportifs ne laissa aucune chance aux zazous et embarqua les filles dans les chambres en deux temps trois mouvements. La dernière chose dont se souvint Boris, alors qu'il extrayait de la masse des garçons surchauffés une minette aux yeux bleus, à la peau blanche et au dos un peu rond, fut le rire hystérique de Vassili Iossifovitch. « Quelle histoire ! Quelle histoire ! » jubilait l'auguste progéniture.

Dans le couloir, tout en brandissant sa cigarette dans l'intention de brûler la joue de Boris, la nénette débita les pires jurons. Elle avait, avant la bataille, trouvé le temps de se rincer confortablement la dalle. Une fois dans la chambre, elle jeta la cigarette dans le lavabo, puis se mit à rire, puis éclata en sanglots, enfin se tourna vers Boris. « Alors, salaud, tu me sautes ? — Ne fais pas l'idiote, répliqua-t-il avec une grimace. Pour qui est-ce que tu me prends ? Pour un occupant ? Fous le camp si tu n'en as pas envie. Attends seulement que les gars aient débarrassé le plancher. »

Il s'allongea sur le lit, les yeux au plafond où couraient les reflets des gyrophares de la Milice. Des braillements sauvages montaient encore du restaurant. Comme c'est toujours le cas à la fin d'un chahut d'ivrognes, plus personne ne savait qui avait commencé ni pourquoi, ils avaient eu envie de se bagarrer, c'est tout. La voix du saxophoniste roux montait.

*Sous les nuées*
*L'ouragan a soufflé*
*Pour protéger*
*Son lilas bien-aimé*
*L'érable s'est dressé*
*Contre les tourbillons,*
*Contre les tourbillons.*

Dès qu'il avait chanté son couplet, il se remettait à souffler dans sa saucisse coudée. Il était visiblement à son affaire. La minette s'assit doucement sur le lit et entreprit de déboutonner la chemise de Boris.

Le plus formidable, ce fut le lendemain matin. Trois des zazous vinrent trouver Boris.

— Bonjour, dirent-ils.

— Bonjour, répondit Boris, étonné et repérant déjà la chaise la mieux placée pour assurer sa défense.

— Ça a été chouette, hier, pas vrai ? demandèrent les zazous.

— Alors, vous ne nous en voulez pas ? demanda Boris.

— Non, on ne vous en veut pas. Pendant que vous sautiez nos filles, nous, on sautait les vôtres.

— Comment ça ?

Ils ne se firent pas prier pour le lui expliquer : — Ben voilà, après que Vassia nous a faits libérer du poste, on est revenus ici, et il y avait trois de vos nageuses qui boulottaient de la crème fraîche, alors, on se les est emmenées et se les est farcies, je ne te dis que ça. Bref, ça fait des souvenirs, Boria Grad ! Pas vrai, Boria Grad !

Pour l'heure, descendant les marches de la Faculté, Boris revoyait leur figure. Trois petites gueules marquées par les gnons et la teinture d'iode, tuméfiées, tremblotantes de servilité. Où était passée leur superbe morosité à la Childe Harold de la veille ? Ils vous font des avances et là-dessus, ils vous débitent leurs conneries sur vos nageuses. Pour dire qu'on est quittes. Ils devraient m'envoyer une bouteille de kéfir sur le crâne et non me raconter ces craques à la crème fraîche. Ils ont peur des démêlés avec le Club de Vassia Staline, et moi, ils me font de la lèche pour pouvoir raconter des craques à l'*Hérisson-Isba* comme quoi ils ont fait la nouba avec Boris Gradov à Sotchi.

La grand-rue Pirogov était inondée de soleil et rayée par l'ombre brutale des maisons comme un croquis futuriste. Cela sentait le jeune feuillage. Comme dit Agacha : « À la Trinité, les bourgeons sont éclatés. » La nuit, les rossignols s'égosillent. Elka Doudkina leur prête une oreille rêveuse. Soudain, il se dit que cette rue des cliniques n'est rien d'autre que le plus court chemin au cimetière de Novodévitchi et que c'est là qu'a dû passer le convoi funèbre de son père. La grenade l'avait atteint de plein fouet, assurément, il n'en restait pas grand-chose. Sa mère allait devant portant le deuil avec élégance. Les alliés américains ont sûrement défilé avec nos haut gradés. « Les souliers n'étaient pas même usés qu'elle avait mis pour suivre le cercueil. » Nous sommes tous de la merde : et les zazous du *Primorskaïa*, et ceux du Club, cette bande de ramenards à nous... Pas un de ceux que je connais, et moi en tout premier lieu, ne vaut une seule des roues de ma vieille Horch, même si elle a servi aux SS.

La vieille Horch, fidèle et morne, l'attendait au coin de la rue. Boris mit ses lunettes de soleil (objet de l'envie particulière des zazous de Moscou, un truc qu'il avait extrait du sac en papier américain, la fameuse nuit) et les ôta aussitôt car il venait d'apercevoir un officier de haute taille qui se dirigeait vers lui. Il fut soudain transpercé du sentiment jusque-là inconnu d'une furieuse précipitation de la vie, un peu semblable à ce qui se passe lorsque l'on pousse à fond la poignée d'accélération de sa GK-I, que le compteur marque déjà 170 km/h, que l'on craint qu'une saleté vienne se loger dans le carburateur et que déjà l'on coupe l'allumage pour que le moteur ne chauffe pas, mais que ta moto continue à accélérer, et que tu crois un instant qu'elle n'arrêtera jamais, que plus rien ne dépend de ta volonté.

Le colonel approchait. Par habitude militaire, Boris regarda d'abord ses épaulettes, et seulement après sa figure. Insignes de l'artillerie. Tempes blanches, moustache grisonnante et soigneusement taillée. Les paupières inférieures gonflées, silhouette droite, mais déjà empâtée par l'âge, tunique de l'armée qui, hélas, ne fait que souligner la rondeur des hanches. Le colonel Vouïnovitch (mais oui, lui-même, l'amant de ma mère !) portait une grosse serviette en cuir.

— On m'a indiqué votre voiture et je vous attendais, Boris. Vous me reconnaissez ?

— Non.

— Je suis Vadim Nicolaïevitch Vouïnovitch. Vous m'avez souvent vu quand vous étiez petit. La dernière fois, c'était en 1944 chez vous, rue Gorki.

— Ah, c'est ça ? Alors, maintenant, je vous reconnais.

— Alors, bonjour.

— Alors, bonjour.

Vouïnovitch plissa les paupières d'étonnement : pourquoi cette froideur ? Mais il ne reprit pas la main qu'il tendait, il la transporta sur l'épaule gainée de cuir du jeune homme.

— Écoutez, Boris, j'ai à vous parler de toute urgence et confidentiellement.

Il semblait très ému. Il tira sa serviette de cuir de sous son bras et la posa gauchement sur sa main. À présent, c'était Boris qui plissait les paupières. D'un air amusé et inamical.

— Auriez-vous l'intention de me communiquer une information secrète relative à l'artillerie ?

Vouïnovitch eut un rire sec.

— Quelque chose du même genre. Mais beaucoup plus grave. Allons quelque part où il y aura moins de passants et de voitures. Aux monts Lénine, par exemple.

Dans la voiture, ils gardèrent le silence. Boris glissa un ou deux coups d'œil au colonel et intercepta un regard plein d'affection et de tristesse. Quelle bonne gueule il a, quand même, ce Vouïnovitch, se dit-il, et il en fut le premier surpris.

— Une voiture formidable, dit Vouïnovitch. J'ai vu les mêmes au front, mais rarement.

Boris hocha la tête :

— Une voiture de SS. — Et après un silence, il mentit : — Je l'ai prise en combat.

Les coupoles de la laure de Novodévitchi passèrent à leur droite. Ils traversèrent le pont et ne tardèrent pas à atteindre la terrasse suspendue au-dessus de la Moskova, en d'autres termes, au-dessus de la « capitale du bonheur » dans toute son étendue.

Boris poussa un peu plus loin et laissa sa voiture à côté d'une église abandonnée, noircie par le temps mais encore belle, qui représentait ici brillamment la première moitié du XIXe siècle. Tout comme le colonel Vouïnovitch représentait ici, en quelque sorte, le XIXe siècle du corps des officiers de Russie. Comme si c'était un vieux noceur et amateur de duels, un vieil « homme de trop [1] » — et à présent encore pas tellement utile, même en littérature — qui était arrivé ici.

Ils se dirigèrent vers la balustrade. Tout en marchant, Vouïnovitch disait :

— À vous de voir si vous me faites confiance ou non, Boris, mais vous savez peut-être que, toute la vie, j'ai été l'ami de vos parents... et vous devinez sûrement que, toute la vie, j'ai adoré votre mère.

Boris tourna la tête vers lui. L'autre poursuivit sans répondre à son regard :

— ... À l'heure actuelle, je commande une division d'artillerie

1. Concept très répandu dans la première moitié du XIXe siècle. Il caractérise un homme qui se sent étranger dans son propre milieu. Esprit supérieur, il ne trouve pas d'application à ses aptitudes et s'abandonne à la lassitude et au scepticisme. Il apparaît à travers toute la littérature, de Pouchkine à Tourguéniev. C'est le cousin des héros romantiques d'Occident.

stationnée à Potsdam, près de Berlin. Croyez-moi si vous voulez, mais là, j'ai pu entrer en contact avec votre mère. C'est un Américain, un vieux camarade de guerre, qui m'a organisé ça. Il était instructeur pour l'équipement américain dans notre unité. Nous nous sommes rencontrés par hasard dans une rue de Berlin, il y a quelques mois. Certes, tout ça est terriblement dangereux, mais vous le savez aussi bien que moi, au front, c'était pire. Bref... Boris... en somme... allons, que tu me croies ou non, j'ai vu ta mère, il y a tout juste une semaine...

— Non ! s'écria Boris dans un élan d'horreur, pressant sa main contre sa bouche comme s'il eût craint qu'il en jaillisse quelque révélation tout à fait déplacée, venue de l'enfance.

— Elle est venue d'Amérique spécialement pour me voir, en fait pour te faire signe par mon intermédiaire. Nous nous sommes vus dans une obscure petite brasserie de Berlin-Ouest. Notre entretien n'a pas duré plus de vingt minutes. Tu comprends, Berlin est truffé d'espions, d'agents des Services de toutes les parties, on risque à tout moment d'avoir des ennuis.

— Donnez-moi plus de détails, demanda Boris d'une voix calme. — Mais ses mains tremblaient quand même tandis qu'il jouait avec son Ducat et allumait une cigarette.

Vouïnovitch hocha la tête.

— Mon ami, il s'appelle Bruce, presque comme toi, d'ailleurs au front, nous l'appelions Boris, a tout combiné merveilleusement et, à ce qu'il me semble, en vertu de considérations purement philanthropiques. Il m'attendait à un endroit convenu, en voiture, près de Check Point Charlie. À supposer que quelqu'un m'ait filé depuis le PC américain — c'est tout de même bizarre qu'un colo nel soviétique se rende à l'Ouest sans plus d'embarras, même si je faisais mine d'être entièrement absorbé par les affaires de la Commission alliée — Bruce et moi, nous avons d'avance déjoué la filature : il m'a amené un énorme pardessus et un chapeau. Il est vrai que le pardessus découvrait des bottes soviétiques, mais il faisait nuit et puis, personne ne faisait attention à personne. Il m'a laissé dans sa *Kneipe*[1] au sol jonché de copeaux et est parti chercher Véronika. Il rayonnait, ce Bruce Lovett, il se prenait assurément pour un héros de film d'aventures. La psychologie fait parfois d'étranges détours : j'avais été tellement ému toute la journée, j'avais avalé un tas de comprimés, et tout à coup, dans cette *Kneipe*, je me retrouvais tout à fait calmé, heureux de ce vieux manteau, de cette chope de bière, des petits airs de jazz qui montaient du poste, derrière le comptoir. Je regardais avec attendrissement deux petits épagneuls jouer au milieu des copeaux. Il faut croire que j'en avais ma claque de l'armée, tu vois, et que cette

1. Allemand : cabaret.

illusion d'une autre vie me faisait perdre du ressort. Elle est entrée, je ne l'ai pas reconnue tout de suite. Elle portait un manteau cintré, un fichu sombre autour du visage. Il faisait très froid en ville et nos déguisements avaient l'air on ne peut plus naturels. Elle se dirigea vers moi sans hésiter et alors, seulement, ôta son fichu. Cela faisait huit ans que nous ne nous étions pas vus...

— Comment est-elle ? demanda Boris. — Il s'appuyait à la balustrade au-dessus de la ville immense où s'était écoulée son orageuse jeunesse et qui en ce moment n'existait tout simplement plus à ses yeux.

— Tu sais, elle aura bientôt quarante-neuf ans, articula lentement Vouïnovitch. Elle est toujours aussi belle, mais c'est d'une autre beauté. Regarde, elle m'a donné ça pour toi. — Il déboutonna le haut de sa tunique et sortit de sa poche intérieure une photo en couleurs, pas une photo coloriée, non, une photo en couleurs prise avec une pellicule couleurs.

Tout ce qui vient de là-bas, de l'Ouest, paraît extraterrestre, et voilà que sur l'un de ces pétales extraterrestres, un papier Kodak en couleurs, il voyait les deux visages qu'il chérissait le plus au monde : Maman et Véroulia.

Un groupe de personnes au très charmant sourire se dressait sur un gazon vert cru et ras, sur fond d'une grande et antique demeure blanche : sa mère en pantalon blanc, léger, la taille toujours aussi mince, la poitrine toujours aussi haute, son mari, grand et sec, l'air chevalin, Véroulia, mignonne fillette américaine en pantalon de cow-boy, accrochée à l'épaule de son nouveau papa, et une autre personne, un vieux gentleman, la veste sur les épaules, la pipe à la main, le visage d'une ironie placide.

— Et ça, qui est-ce ?

Vouïnovitch rit :

— Figure-toi que cela a été ma première question. Elle m'a expliqué que c'était un vieil ami de Tagliafero, un journaliste célèbre qui était allé à Moscou il y a un an, invité par l'ambassadeur Kennan et qu'elle lui avait confié un colis pour toi que, d'après ce qu'elle savait, tu avais bien reçu.

Une frayeur subite transperça Boris : et si c'étaient *eux* qui l'envoyaient ? Si c'était un provocateur ? Il leva les yeux sur le colonel et eut honte. Un provocateur n'aurait tout de même pas un visage aussi humain, aussi aimant, aussi triste. On ne revêt pas un tel masque, c'est un visage sans masque, il accomplit plutôt un rituel d'adieu.

— Elle ne pense qu'à toi, poursuivit Vouïnovitch. Elle m'a tiré tous les renseignements possibles et imaginables sur son Babotchka. Malheureusement, je ne savais pas grand-chose. J'avais entendu parler de l'Institut de Médecine, j'avais appris tes succès sportifs par les journaux. Pour elle, tout cela était nouveau.

Ils sont isolés à cent pour cent. Elle n'a pas reçu une seule lettre d'URSS de tout ce temps.

— Pourtant, grand-mère lui écrit, intervint Boris.

— Alors, c'est que les lettres sont interceptées, dit Vouïnovitch. Véronika n'écrit plus depuis longtemps : elle craint de faire tort aux siens.

Une autre pensée perfide visita l'esprit de Boris : mais elle n'a pas craint de me faire parvenir son colis par le canal de l'espionnage américain ? Comme s'il l'avait entendu, Vadim répondit :

— Elle s'est maudite de t'avoir envoyé ce colis. Mais la tentation avait été trop forte. L'épouvante l'avait réveillée chaque nuit jusqu'à ce qu'elle apprenne que tout allait bien, que c'était bien toi qui avais ramassé le paquet et que personne ne t'avait vu hormis celui qui l'avait apporté. — Il se tut, le regard perdu au-dessus des toits, puis soupira : — Et voilà notre vie. Tu sais que la plupart des femmes qui ont épousé des alliés durant la guerre se sont retrouvées dans les camps ?

— Si vous la revoyez..., dit Boris.

— C'est peu probable, mais ce n'est pas exclu, se hâta de glisser Vouïnovitch.

— Alors, si vous pouvez lui écrire, dites-lui de ne pas s'en faire pour moi. Je ne suis plus du tout le Babotchka qu'elle a connu.

Vouïnovitch lui posa sur l'épaule une main amicale :

— Je vois que tu es solide, pourtant...

— Soyez sans crainte, il n'y a pas de « pourtant », fit Boris en riant.

Je crois qu'il lui reste quand même quelque chose du Babotckha qu'elle a connu, se dit le colonel.

— Dites-moi, Vadim Nicolaïevitch, avez-vous été l'amant de maman ?

Du ton dont il posa cette question, Boris voulait montrer à Vouïnovitch qu'il ne lui prêtait aucun sens particulier, qu'il se renseignait, c'est tout. Mais il vit, et il n'en crut pas ses yeux, que le colonel se troublait et même que quelque chose comme une rougeur montait à ses joues, qu'à travers ses rides, ses poils blancs, ses verrues, passait une ombre de jeunesse.

Qu'est-ce que je dois lui dire ? songeait Vadim au supplice. Je ne peux tout de même pas lui raconter que je l'ai été longtemps et en détail dans mes rêves, et à quel point notre unique rencontre intime fut affligeante.

— Non, dit-il, jamais, Boris. Je l'ai adorée toute ma vie, c'est vrai. Au sens démodé de ce mot, elle a été mon rêve. Tu sais, il n'y a pas grand-chose de vrai dans ce qui se dit dans Moscou sur son compte. En réalité, elle n'a jamais aimé qu'un seul homme : ton père.

— Comme vous étiez compliqué, Vadim, dit Boris. Nous, nous sommes beaucoup plus simples, il me semble

Vouïnovitch était content. Il n'avait guère espéré qu'ils parleraient à cœur ouvert, et voilà que Babotchka l'appelait par son prénom, omettait le patronyme en vieux copain, comme si c'était Nikita. Et il ressemblait vraiment beaucoup à son père, au point qu'on aurait eu l'illusion de remonter le temps.

— Vivons encore une dizaine d'années et nous reparlerons ensemble des complications de la vie, fit-il en souriant.

— Où êtes-vous descendu ? demanda Boris.

— Tu n'es toujours pas marié ? demanda Vadim.

— Pour quoi faire ?

— Mais tu as quelqu'un ?

Boris éclata de rire.

— Alors, où êtes-vous descendu ? Vous pouvez venir chez moi, rue Gorki.

— Merci, j'aurais été heureux de vivre sous ton toit, mais je n'ai pas le temps. — Vouïnovitch revenait sans grand plaisir à ses propres affaires. — Mon avion est dans quatre heures.

— Pour l'Allemagne ?

— Oui, la RDA.

— Que pensez-vous..., commença Boris, mais il s'arrêta net.

— De quoi ?

— Non, fit-il en haussant les épaules. — Il voulait demander : « Y aura-t-il la guerre avec l'Amérique ? », mais il se dit qu'avec un colonel d'artillerie, et de plus cantonné en Allemagne, cela serait déplacé. Et puis, en général, la question était idiote. Qu'est-ce que cela voulait dire, « la guerre avec l'Amérique » ?

— Quand on a quelque chose à demander et qu'on ne le demande pas, on finit par s'empêtrer, dit Vouïnovitch après un silence.

Boris sourit d'un air coupable. Il sentit soudain qu'il n'avait aucune envie d'étaler sa supériorité devant Vouïnovitch, d'arborer de grands airs. C'était plutôt le contraire, il voulait lui poser des questions idiotes et guetter ses réponses. Soudain, une idée totalement incongrue lui vint à l'esprit : si après la mort de papa, maman avait épousé Vadim, nous aurions pu vivre dans la bonne entente.

— Non, Vadim, ne croyez pas. C'est simplement qu'il m'est venu une question idiote à propos de l'Amérique.

Vouïnovitch consulta sa montre et posa sur la balustrade sa serviette de cuir gonflée par un contenu qui dépassait largement sa contenance.

— La guerre avec l'Amérique, nous en reparlerons, je l'espère, à moins, Dieu nous en préserve, qu'elle n'éclate. Là, il faut que je me dépêche et... tu sais, j'ai emporté cette serviette à tout hasard, je ne savais pas si je pouvais me confier à toi... maintenant je vois que si... tu sais, je voudrais que tu gardes tout ce bazar... ce sont mes... archives les plus intimes, si je puis dire... Photos, notes, lettres, vers... des tas de machins sentimentaux... Il faut absolument que je les laisse quelque part, et je n'ai personne d'autre que toi... Bon, ça va, il va falloir que je te dise tout, je crois. Tu comprends, je suis presque sûr qu'ils vont me réembarquer, c'est une question de jours. Non, ça n'a rien à voir avec l'histoire de Berlin. Je suis convaincu qu'ils n'en savent strictement rien. C'est uniquement qu'il y a autour de moi une atmosphère d'« avant-arrestation ». Je le sens à des bouts de conversation, aux regards des agents des Services, aux questions qu'on me pose aux réunions du Parti. Le plus probable, c'est que quelqu'un de mon proche entourage leur dévoile mes humeurs, bon... et puis, mon dossier de 1937 est toujours là... et l'on s'y souvient de mon attitude lors de l'enquête... et au camp... sans ton père, ils m'y auraient exterminé... Bref, ma réhabilitation n'est pas acquise, malgré toutes mes décorations et toutes mes blessures... Eh bien, quoi ? « Subis ton lot de prison et de misère », dit la sagesse de notre peuple obscur, mais je ne peux pas imaginer que ces... — il s'arrêta net, regarda Boris droit dans les yeux et acheva : — ces rats infects vont de nouveau fouiller mes papiers, ce que j'ai de plus cher. C'est pour cela que je te demande de me les prendre.

— Certainement, dit Boris.

— Tu peux les lire, examiner les photos, tout en somme, sans te gêner. Tu comprendras peut-être mieux la génération de tes parents.

— Certainement, promit Boris.

— Alors, c'est parfait, soupira le colonel. À présent, je prends le trolley là-bas, je vais dans le centre et de là à l'aérodrome.

Quelle triste vie il a eue, se dit Boris. Pas une victoire. Une rivalité constante et sans espoir avec mon père, un amour sans espoir...

— Écoutez, Vadim, pourquoi vous offrir ainsi au sacrifice ? proféra-t-il. Pourquoi ne pas lutter ? Voulez-vous que je parle à quelqu'un ? Quelqu'un qui pourra *vraiment* vous aider ?

L'alarme se refléta sur les traits de Vouïnovitch.

— En aucun cas, Boris ! Personne, je t'en prie ! Pas un mot de notre rencontre ! Advienne que pourra, je ne veux d'aucune protection, je ne veux pas jouer. Crois-moi, je suis un honnête homme, et c'est cela, pour moi, l'essentiel. La vie passe, j'ai perdu toute ambition. Mon seul désir — allons, bon, je vais t'avouer mes désirs — est de vieillir en paix et d'apercevoir, même rarement, Véronika vieillissante. C'est en somme le désir d'un désir, et personne, jamais, ne pourra me le prendre. Allons, je m'en vais. Laisse-moi te serrer dans mes bras.

Ils se donnèrent l'accolade. Odeur de sueur et de chypre des aisselles militaires du colonel. Nom de nom ! ça a tout d'un adieu à la génération des parents.

Vouïnovitch courut lourdement jusqu'au trolley. Avant de grimper sur le marchepied, il se retourna et fit un signe de main. Sa tunique se tendit sur son dos et souligna non seulement les excédents, mais aussi les lacunes de sa chair, un grand creux sous son omoplate. Nom de nom ! je crois qu'il m'en a beaucoup dit. Je crois qu'il m'a dit des choses auxquelles je n'ose même pas penser.

Les adieux à la génération des parents n'étaient pas définitifs, une autre surprise attendait Boris ce même jour. Vous admettrez, lecteurs, que cela n'arrive pas seulement dans les romans. Vos jours coulent l'un après l'autre n'offrant que routine, présence (ou absence) de bon sens, que choses de la vie, compte de votre avoir, par exemple (ou de vos dettes), et voilà soudain qu'ils enclenchent l'accélérateur — Boris recourt naturellement à des comparaisons avec la moto —, que les événements s'accumulent comme s'ils avaient attendu un jour précis pour survenir tous à la fois. Les lecteurs soutiendront peut-être que la réalité et le roman ne sont pas comparables, que dans la vie, les événements surviennent spontanément, et dans le roman, selon le libre arbitre de l'auteur ; c'est à la fois vrai et faux. Certes, l'auteur en invente beaucoup, cependant, une fois pris au piège, il se surprend à ne plus être qu'un chroniqueur, à constater que, dans une certaine mesure, ce n'est pas lui qui les détermine, mais les personnages. Telles sont les voies obscures du roman où chacun s'évertue à jouer son petit air de flûte. On dit que certains auteurs, pour mettre de l'ordre dans cette pétaudière, établissent un fichier de leurs personnages où leurs actes éventuels sont déterminés — et par conséquent soigneusement pesés à l'avance ; quant à nous, il y a dix pages, ma foi, nous ne supposions nullement que Tassia Pyjikova reviendrait dans notre narration. Et pas seule.

Au moment où il rentrait chez lui, tenant d'une main son sac à dos bourré des manuels de médecine sur lesquels il avait planché et de l'autre les papiers de Vouïnovitch, Boris aperçut une jolie provinciale assise sur la chaise de la liftière, laquelle n'était jamais là. Que la petite dame arrivait de sa province, il le vit d'abord à l'expression craintive de son visage aux lèvres enduites d'un rouge éclatant, et ensuite seulement, à sa petite veste serrée à la taille et un peu bouffante aux épaules.

À la vue du jeune homme qui passait de la rue ensoleillée à la pénombre du vestibule, la petite dame bondit sur ses pieds comme une solliciteuse dans l'antichambre, disons, d'un ministre, lorsque cet honorable camarade quitte son cabinet. Boris la regarda avec étonnement et, en jeune homme bien élevé par sa grand-mère, inclina même la tête : bonjour, madame, puis il appuya sur le bouton de l'ascenseur. Celui-ci avait déjà eu le temps de descendre quand il entendit la voix émue de la dame :

— Ne seriez-vous pas Boris Nikitovitch Gradov, camarade ?

Il la regarda et s'aperçut qu'elle suffoquait presque d'émotion ; elle serrait les mains sur sa poitrine, ses lèvres barbouillées et mignonnes tremblaient.

— Si, fit-il avec étonnement. Mais vous-même, excusez-moi ?

— Je vous ai attendu toute la journée, bredouilla-t-elle. Le train est arrivé à six heures cinquante, alors, nous avons tout de suite filé ici, bien sûr, nous nous sommes un peu perdus, nous nous sommes trompés de tramway, mais après, ça fait que... Oh, là, là ! c'est pas ça que je devrais vous dire...

— Mais à quel sujet..., commença Boris.

Sans le laisser aller au bout de sa question, elle s'élança au fond du vestibule, derrière la cage de l'ascenseur.

— Nikita, où es-tu, Petit-Nikita, où que tu vas encore te musser, malheur de malheur !

Ses paroles se répercutèrent en écho dans la cage de l'escalier. Deux chats attentifs la considéraient de haut en bas, l'un orange, l'autre grenat, tels en tous les cas les rendait un rayon de soleil qui traversait les vitraux. Tout ça a un peu l'air d'un rêve, songea Boris. La petite dame resurgit derrière une colonne en tambourinant des talons, avec ses petits souliers apparemment faits sur commande. Assez jolie silhouette. Elle tenait par la main un gamin de six ou sept ans en chemisette à boutons, culotte courte et chaussettes à élastiques.

— Regarde, Nikita, c'est tonton Boria, dit la femme. C'est le fameux tonton Boria. Vous allez faire connaissance.

Le gamin faisait son timide, levait ses yeux gris clair de sous un petit front droit, sa brosse de cheveux cuivrés pas très bien coupés se rebellait.

Boris ne comprenait encore rien, mais pressentait quelque chose d'extraordinairement important pour lui-même et pour les siens. Il ouvrit la porte de l'ascenseur.

— Montons, dit-il.

— Nikita n'a encore jamais pris un ascenseur, dit la femme avec une fierté imprévue.

— Maman, j'veux pas, fit l'enfant d'une voix de rogomme.

— N'aie pas peur, lui sourit Boris. — Il lui tendit la main et le petit, confiant, y plaça la sienne.

Une fois dans l'ascenseur, elle porta son mouchoir à ses yeux.

— Oh, là, là, comment vous êtes, comment vous êtes, Boris Nikitovitch...

Boris ouvrit la porte, fit entrer ses visiteurs et dit :

— Dites-moi d'abord : comment dois-je vous appeler ?

— On m'appelle Tassia, dit-elle. — Sa voix laissait entendre des sanglots réprimés, prêts à éclater. — Taïssia Ivanovna Pyjikova.

— Entrez par ici, je vous prie, dans la salle à manger, installez-vous, s'il vous plaît, j'ai presque deviné qui vous êtes, mais j'ai encore peine à y croire... — Il attira une chaise sur laquelle traînait une boîte de bougies d'allumage. Il pensa la placer sur la table autrefois superbe, mais depuis longtemps couverte de taches et de pâtés, et sur laquelle traînait un pantalon de cuir.

— Excusez le désordre, marmonna-t-il en se disant que tout, ici, sombrait dans le fouillis. — L'équipe nomade des coureurs et son public de la rue Gorki en abandonnent des choses, derrière eux ! Mais la conséquence la plus désagréable de leurs sauteries est la découverte de pots de conserves de poisson à moitié pleins et totalement puants. Et ces mégots à la con plantés partout, tordus, dégueulasses, comme des poivrots de barrière qui schlinguent à dix pas. Là, il y en a un qui a ramené un porte-savon de la salle de bains et l'a rempli de ces saletés infectes. Véra Gorda, qui au début de leur liaison avait entrepris avec tant de zèle de nettoyer les « écuries de Boris », avait, en raison de certaines circonstances de sa vie privée de plus en plus complexe, perdu son ardeur, et puis aussi ses apparitions se faisaient de plus en plus rares. On aurait dit que l'appartement n'attendait que cela, il se transformait à toute allure en dépotoir.

— Oh, là, là ! ce que vous lui ressemblez ! s'exclama doucettement Taïssia Ivanovna Pyjikova. — Elle s'était un peu tranquillisée, mais serrait toujours les mains sur sa poitrine palpitante. Quand au petit, à l'évidence les lieux lui plaisaient. Son attention avait été particulièrement attirée par le cadre d'une Harley posée sur cales dans le couloir, une roue déjà fixée et des tas de pièces détachées éparpillées tout autour.

Boris ne pouvait pas détacher les yeux du gamin. Il était quasiment le portrait de son père enfant.

— Oh, là, là ! C'est-il possible ? Vous auriez entendu parler de moi ? demanda la visiteuse.

— Vous savez, Tassia, moi, je ne suis rentré de Pologne qu'en 1948, je ne savais rien, c'est grand-mère qui avait appris certaines choses par l'état-major. Si je comprends bien, vous êtes celle qui a été à ses côtés durant toute la guerre ?

Elle éclata en sanglots :

— Oui... oui... c'est moi... vous savez, comme on disait alors, sa « compagne de campagne »... c'est même un peu mortifiant... parce que nous, alors, Dieu m'est témoin, je ne mens pas... Boris Nikitovitch... nous nous aimions tellement... Je ne lui demandais rien d'autre que de m'aimer... être à ses côtés, le soigner, le tenir propre... qu'il mange chaud, à l'heure, des bons plats... un si grand chef militaire... Oh, là, là ! mon petit Boris Nikitovitch, je ne l'ai dit à personne qu'à vous... Quand ils m'ont dit au NKVD : « Va jouer de la guitare à Gradov »... est-ce que je croyais que ça tourbillonnerait comme ça... que toute ma vie avec lui, mon regretté, serait un tel tourbillon... que nous deviendrions inséparables... Je ne cherchais pas le mariage, je comprenais que j'étais une « compagne de campagne », et sa femme légitime, vous ne me croirez pas, mais je l'estimais beaucoup... seulement des fois, quand je voyais vos photos sur le bureau de Nikita Borissovitch, je versais une larme... voilà...

— Alors, ce jeune homme est mon petit frère ? demanda Boris à qui une boule montait aussi à la gorge. — Sa main se tendit vers une cigarette salvatrice.

Elle se mit à pleurer encore plus fort.

— Alors, vous le reconnaissez, mon petit Boris Nikitovitch, vous le reconnaissez ? Sûr qu'il est votre petit frère, j'étais grosse de six mois quand Nikita Borissovitch a été tué.

— Viens ici ! dit Boris à l'enfant qui passa sans se faire prier du divan sur ses genoux.

Tassia était complètement barbouillée, son rimmel maladroitement posé coula, son rouge à lèvres s'étala. Elle s'efforça d'essuyer tout ce rouge-bleu-noir avec un petit mouchoir de soie, son minois tout chamboulé émergeant entre les bords de dentelle. Encore toute jeune et mignonne, cette petite bonne femme, pensa Boris. Sept ans ont passé, elle doit avoir un peu plus de trente ans. Elle est plus jeune que Véra Gorda.

— Comment t'appelles-tu ? demanda-t-il au gamin.

— On est des Pyjikov, répondit posément celui-ci en serrant de sa petite main la puissante échine du champion d'URSS. Elle est à toi, la moto ? C'est pour jouer ?

— Il faudra qu'il porte notre nom, dit Boris. Il est le portrait craché de papa enfant. Allons, allons, assez pleuré, chère Taïssia Ivanovna. À présent, racontez-moi ce qu'il en est, avec les tenants et aboutissants, et toi, frérot — il lui envoya une tape sur les fesses — va jouer avec la moto, mais attention qu'il ne te tombe pas quelque chose sur le pied.

Taïssia Ivanovna courut à la salle de bains afin de mettre de l'ordre dans sa toilette. Boris rentra la tête dans les épaules : il y traînait un préservatif abandonné la veille. Il observa le gamin qui farfouillait autour de la moto en grommelant attentivement quelque chose sous son nez. Un sentiment inconnu et très chaleureux naquit dans son cœur : désormais, il faudrait s'occuper de ce gamin, de son frère, son petit frère, son très petit frère, son frère si petit qu'il pourrait passer pour son fils.

Taïssia Ivanovna revint. Elle semblait n'avoir rien remarqué. En tout cas, son visage était grave. Alors, qu'est-ce que je peux vous dire ? La vie ordinaire d'une femme ordinaire. Après la mort du maréchal, Tassia était partie chez sa sœur à Krasnodar, c'est là qu'elle avait accouché. Elle travaillait à la clinique de l'Institut de Médecine de là-bas, son expérience d'Extrême-Orient lui avait très vite permis de se faire qualifier. Elle avait rencontré quelqu'un de bien, Ilya Vladimirovitch Polikhvatov, généraliste et musicien. Oui, il est aussi ténor lyrique et il chante l'opéra à la Maison de la Culture du personnel médical. Homme positif et brave cœur, il ne lui a jamais fait de reproche aux tristes instants du souvenir. Je n'en ai que plus de respect pour toi, Tassia, disait-il souvent. Et il traite le petit Nikita avec une justice parfaite. Cette année, Ilya a quitté sa femme et ils se sont mariés. Naturellement, ils ont des problèmes de logement. Se faire mettre sur la liste d'attente, c'est arriver aux cheveux blancs sans résultat. Ils pourraient acheter une petite maison en banlieue, mais côté finances, ça pèche d'autant plus qu'une fois la pension de sa première femme payée, il ne reste pas tripette du traitement d'Ilya. Alors, il a eu l'idée de s'engager pour le Grand Nord, le Taïmyr où il gagnerait en trois ans la somme voulue. L'idée n'est pas mauvaise n'est-ce pas ? Mais qu'est-ce qu'elle fera du petit Nikita ? Elle ne peut quand même pas emmener un enfant en pleine croissance au pays de la merzlota et de la nuit polaire ! C'est alors qu'elle s'était rappelé la maison de la rue Gorki devant laquelle elle s'était mainte et mainte fois promenée en larmes après la fin de la guerre avec son gros ventre, et d'où elle avait vu sortir la très merveilleuse Véronika Evguénievna. Peut-être que Boris Nikitovitch, en sa qualité de champion d'URSS, pourrait trouver une bonne pension au petit, à condition, bien entendu, qu'il le reconnaisse pour son demi-frère. Elle avait vu la photo de Boris Nikitovitch dans *Le Sport Soviétique* et lui avait trouvé l'air plein de ressources, à ce jeune homme !

— Génial ! s'écria Boris à la fin de son récit. Vous ne pouviez rien trouver de mieux !

Il bondit, se mit à aller et venir dans l'appartement, à claquer les portes des placards, fila à la cuisine, revint. Avant de savoir pourquoi il courait comme ça, Tassia comprit que de sa vie d'aujourd'hui, pas bien formidable, quelque chose la renvoyait peut-être pas pour longtemps, peut-être pas comme pendant la guerre, peut-être l'espace d'un instant, mais au sommet de la vague. Dieu soit loué, se dit-elle, que j'aie vu cette photo dans *Le Sport Soviétique* ! Pendant ce temps, Boris toupillait dans l'appartement, cherchant à dénicher ne serait-ce que l'ombre d'une réserve alimentaire. Il ne trouva pratiquement rien, revint en trombe dans la salle à manger où Tassia, qui avait retrouvé ses joues roses et sa gaieté, se tenait comme une petite fille bien sage.

— On y va ! s'écria-t-il. On va s'organiser un dîner. Où sont vos affaires ? À la gare de Koursk ? Je vois le topo. Où es-tu, Petit-Nikita ?

Cela faisait longtemps qu'il n'avait pas ressenti un tel entrain. Qu'est-ce qui me prend ? se disait-il en voyant aller et venir dans la glace son reflet surexcité. Est-ce quelque chose de foncièrement tribal, gradovien, la joie de voir la famille s'agrandir ?

Nikita s'extrayait de derrière une étagère. Il portait une paire de gants de boxe au cou, et traînait l'extenseur de Boris à la main.

— Petit-Nikita, c'est comme cela qu'on appelait le père quand il était enfant, expliqua Boris à l'heureuse Taïssia.

Évidemment, on n'aurait pu imaginer meilleur cadeau pour le gamin qu'une balade dans Moscou à bord de cette immense voiture étrangère qui rugissait discrètement. Debout derrière le conducteur, il hurlait de plaisir et fourrageait sans plus de cérémonie dans les cheveux de son surpuissant fraternel. Après tout, je peux l'adopter moi-même, supputait Boris. Je crois que la loi l'autorise. Le principal, c'est que le mouflet devienne un Gradov et non je ne sais quel Polikhvatov. Ils retirèrent les bagages de la consigne, allèrent faire leurs achats au *Gastronome de Smolensk* — esturgeon étoilé, saumon fumé, caviar, jambon, filet de Saxe, coquelets, *pelméni*[1], gâteau du Jubilée, bonbons Michka, tout ce que pouvait offrir le commerce de la capitale alors florissant — et revinrent à l'appartement du maréchal. On va se régaler ! jubilait Petit-Nikita. C'est alors que tout s'en fut à toute vapeur entre les mains de Taïssia Ivanovna. Elle était nettement dans son élément. Bientôt, un plat de chou-fleur fuma à côté d'un plat identiquement fumant de *pelméni*, et tous les hors-d'œuvre se trouvèrent disposés avec élégance sur des plats d'une propreté parfaite. Après dîner, Taïssia dit non sans timidité au maître de maison :

— Mon petit Boris Nikitovitch, et si je faisais le ménage, hein ? Mais non, je ne suis pas du tout fatiguée, ça ne me serait rien qu'un formidable plaisir de faire mon ménage dans cette maison.

N'en croyant pas ses yeux, Boris vit Taïssia, revêtue d'une blouse, armée de seaux et d'un lave-pont, s'attaquer aux coins de la maison dont Véra Gorda disait d'ordinaire : « des lieux où l'honnête homme n'a jamais mis les pieds ».

Il a de la veine, ce ténor amateur de Polikhvatov, songea Boris. La cuisine, la maison, les brosses, la mousse de savon — c'est son véritable élément ! Entre-temps, Petit-Nikita l'entraînait par la main à travers les chambres et le bombardait de questions : Et ça, qu'est-ce que c'est ? Et ça, qu'est-ce que c'est ? Un globe terrestre, Nikita. Cette grande lampe, c'est un lampadaire. Ça, c'est un baromètre, ça sert à prévoir le temps. Et ça, mon cher ami, c'est ma caisse de pièces détachées. Ça, ce sont des pistons, ça des coussinets, c'est très important. Ça, mon ami, tu l'as deviné, c'est un squelette humain sur lequel ton frère aîné a appris l'anatomie des os. Ça, ça vient du monde animal, petit, une peau de tigre de l'Oussouri abattu selon certaines informations par ton père, selon

1. Genre de raviolis.

d'autres par son chauffeur Vasskov. C'est une encyclopédie, Nikita, une encyclopédie, remets-la à sa place. Maintenant, regarde attentivement : c'est la photo de ton père et le mien, le maréchal d'URSS Nikita Borissovitch Gradov. Oui, il a beaucoup de décorations. Compte-les : combien y en a-t-il ? Tu ne sais compter que jusqu'à dix ? Eh bien compte combien de fois ça fait dix. C'est juste, trois fois plus trois croix étrangères, ce qui fait trente-trois décorations en tout. Ça, c'est un poste de télé. Qu'est-ce que c'est que la télé ? Ah ! Tu n'as jamais vu marcher une télé !

Ce dernier objet, une gigantesque caisse nantie d'un tout petit écran et d'une grosse loupe, produisit sur l'enfant une impression foudroyante. À peine la lentille eut-elle livré passage aux ballerines du Bolchoï aux jambes un peu tassées à la manière des Japonaises et aux drôles de têtes un peu floues, qu'il s'abattit sur le tapis ; il ne s'arracha à la vision magique qu'au moment où il s'endormit.

Les bruits énergiques du ménage parvinrent jusqu'à Boris, tandis qu'il téléphonait d'abord à Gringaut, puis à Karol, puis à Tchérémiskine. Avec maints détails et recourant aux expressions les plus musclées de la langue russe, les motards commentèrent l'« étape caucasienne » du lendemain. On décida de quitter la ville en isolés, le point de ralliement était fixé à Orel.

En ayant fini avec le téléphone, Boris se disposait à éteindre quand, après un coup discret à la porte, Taïssia Ivanovna entra. Pas la moindre trace de fatigue, au contraire, la petite dame rayonnait de bonheur.

— Alors là, Boris Nikitovitch, vous ne reconnaîtrez pas vos dépendances, j'ose vous l'affirmer, dit-elle d'un air triomphant.

— Mes dépendances ? fit-il, légèrement surpris.

Elle rit.

— Mais oui, ce n'est pas un appartement communautaire, ici, ce ne sont pas des parties communes. Vous habitez tout seul un tel château ! Je voulais dire : la salle de bains, les toilettes, la cuisine, les débarras... Allez voir, allez, allez ! — De ses petits doigts, elle lui prit la main et l'entraîna doucement. — Allez voir, mon petit Boris Nikitovitch.

Et voilà que, partie de sa main, une onde de volupté le parcourut tout entier. Il ne manquait plus que ça. Il se hâta de se libérer.

— Je vous crois, je vous crois, Taïssia Ivanovna ! On voit tout de suite quelle épatante ménagère vous faites !

Elle examina les murs de la chambre.

— Bien sûr, on ne s'en sortirait pas en une seule soirée, dans un pareil palais. Si nous n'étions pas aussi pressés, je serais restée une semaine et je vous aurais astiqué tout ça. Vous avez sûrement lu *Tsushima*, oui ? Il y a un amiral qui, pour vérifier que son bateau est bien propre, sort un mouchoir blanc comme neige de sa poche-poitrine — elle mima le geste — et l'applique sur le pont. —

Elle se pencha pour montrer comment l'amiral vérifiait la propreté de son navire et regarda Boris de bas en haut.

Une nouvelle ondée de chaleur le parcourut. Non mais, il ne manquait vraiment plus que ça. Non, ça n'arrivera pas, ce serait trop, même pour une brute comme moi...

— Vous devez être fatiguée, Taïssia Ivanovna. Diantrement fatiguée après une journée pareille, non ? Il y a un deuxième lit dans la chambre de Nikita, ça sera très commode...

— Pas fatiguée du tout, Boris Nikitovitch. Jamais de la vie. J'ai un tel sentiment de joie, Boris Nikitovitch, et de reconnaissance pour vous que vous ayez admis Petit-Nikita et m'ayez fait accueil à moi... — Une fois encore, les sanglots lui montèrent à la gorge et, comme pour les empêcher d'éclater, elle ôta en hâte sa blouse de travail et l'envoya à l'écart : elle resta en petite culotte et soutien-gorge. — Je ne sais vraiment pas comment vous remercier, mon petit Boris, mon petit Nikitovitch. — Elle s'assit de dos sur le lit et lui demanda : — Défaites-moi mon soutien-gorge s'il vous plaît, Boris Nikitovitch.

Il s'était écoulé pas mal de temps depuis qu'ayant épuisé toutes les poses classiques et favorites de Boris, ils s'étaient enfin détachés l'un de l'autre.

— Cette fois, je suis fatiguée, Boris Nikitovitch, murmura-t-elle. Cette fois, je n'ai plus ni bras ni jambes... Oh, là, là ! ça faisait longtemps que je ne m'étais pas fatiguée comme ça.

Me voilà à la tête d'une petite mère de plus, imbécile ! se disait Boris tout en caressant gentiment les cheveux emmêlés, châtain clair, de Taïssia Ivanovna.

— Merci, Taïssia Ivanovna, merci pour la tendresse, et à présent, allez dans la chambre de Nikita, s'il vous plaît. Voulez-vous que je vous y porte dans mes bras ?

— Je n'oserais pas en rêver.

Il la souleva et l'emporta dans l'autre chambre, l'ancienne chambre d'enfants où justement, pour l'heure, dormait un nouveau petit Gradov. La tête sur l'épaule de Boris, elle balbutiait encore des paroles de reconnaissance. Au moment où ils entraient, Nikita s'assit brusquement dans son lit, leur dédia un regard aveugle et retomba aussitôt la tête sur l'oreiller. Boris déposa Taïssia Ivanovna sur l'autre lit et tira la couverture sur elle. Elle s'endormit sur-le-champ.

Heureusement que Véra n'est pas rentrée au milieu de la nuit comme cela lui arrive souvent, elle a la clé, se dit-il en regagnant sa chambre. Ça aurait encore fait un superdrame. Je ne sais pas pourquoi elle a le droit d'être jalouse, et moi celui de la boucler, de ne pas lui poser de questions, sur son mari moins que tout autre. Son mari, à vrai dire, elle m'en a parlé d'elle-même, personne ne lui a tiré les vers du nez.

Tu sais, il est très vulnérable, c'est simplement un grand enfant, avait-elle commencé à lui dire, un jour. Ses parents sont dans les camps, plus exactement, son père est dans un camp et sa mère en exil, mais il s'est inventé un faux *curriculum* pour faire l'Institut de l'Aviation. À présent, il travaille à une « boîte aux lettres » et tremble que l'affaire ne soit découverte. En général, il a peur de tout et de moi avec. Quand nous nous sommes mariés, il est resté un mois sans partager ma couche par crainte de ne pas être à la hauteur. Il buvait, jurait, faisait du grabuge, tu n'imagines même pas comme il m'a insultée. Mais maintenant, il est beaucoup mieux, plus humain à tous égards, meilleur. Je voulais déjà le jeter aux orties, mais maintenant, je le plains : c'est quand même mon mari. Son amitié avec ton ami, tu sais, ton lord Byron, tu sais, ton exceptionnel Sacha Chérémétiev, exerce une excellente influence sur lui.

— Comment ça ? s'était exclamé Boris, ahuri.

— Mais bien sûr que c'est lui, avait fait l'étoile des restaurants, un peu confuse. Tu le connais, voyons, c'est Nicolaï Oumanski, ils l'appellent aussi Nicolaï le Mahousse.

Après cet aveu inattendu, une sorte de *no man's land* s'était établi entre Boris et Véra, où étaient entrés non seulement le Mahousse, mais aussi Sacha Chérémétiev et tous les autres membres du Cercle Dostoïevski. Il semblait à Boris que ce n'étaient pas seulement les sentiments ravivés de Véra pour son infortuné mari qui les éloignaient l'un de l'autre, mais surtout son appartenance indirecte au susnommé Cercle.

Il avait, au cours de l'année, assisté à quelques-unes de ses réunions et s'était chaque fois senti l'objet d'un antagonisme à peine voilé. Les dostoïevskiens ne le prenaient pas au sérieux, avec ses motos et son appartement de maréchal rue Gorki. Une seule fois, il leur avait proposé de se réunir chez lui (ils lisaient et commentaient *Les Possédés* qui étaient alors interdits), mais l'invitation avait été repoussée *illico* et à l'unanimité y compris par Sacha. Je ne pense pas qu'ils me prennent pour un mouchard, mais je suis un représentant de la jeunesse dorée, et il est évident qu'ils ne me font pas confiance. Eh bien, qu'ils aillent au diable ! Je n'ai pas besoin d'eux pour maîtriser Dostoïevski : grand-père a ses œuvres complètes dans l'édition de l'Académie. Vous me les copierez, « ces sages et ces poètes » tout juste bons à vider une boîte de petites marènes[1] à la sauce tomate bien arrosée et à se menacer de leurs fourchettes ! La seule chose qui le contrariait, c'est que Sacha et lui, ils n'allaient plus le même chemin. Avec son homérique

1. Poisson des lacs de Sibérie.

fierté, il était exclu, bien entendu, que Sacha se maintînt longtemps à son poste d'entraîneur personnel. Il lui avait dit un jour : « Votre Club des Forces Aériennes n'est qu'une sale écurie de courtisans avec laquelle je ne veux rien avoir à faire. » Il s'était déjà trouvé une place de gardien dans un dépôt de livres. « Votre passion de la chose imprimée fera un jour votre perte, Sacha », avait dit Boris à son ami. Chérémétiev avait éclaté de rire : « Ça, fi' de pute, vous l'avez vu dans du marc de café ! »

Dans sa vie bousculée, Boris n'avait à vrai dire pas le temps de se plonger dans la psychologie de cet homme qu'il avait autrefois descendu par ses bouts de suspentes d'une maison en flammes en train de s'écrouler, Vieille Place à Varsovie, et qu'il considérait depuis presque comme son frère. Les airs ténébreux de Sacha lui apparaissaient comme une façade, la variante actuelle de l'« homme de trop » en qui se combinaient le héros byronien et l'Homme du souterrain[1]. Certaines filles étaient folles de lui, perdaient le souffle, pantelaient, à peine sa silhouette claudicante, le béret noir fortement incliné sur l'oreille, paraissait-elle à l'horizon. Parfois, comme il disait, il daignait les admettre auprès de son corps, mais les passions sérieuses dans le genre de la liaison de Boris et de Véra Gorda, pas une de ses admiratrices ne pouvait y compter : il y avait quelque chose, en Chérémétiev, qui excluait les aventures sentimentales.

Un beau jour, il disparut. Il revint au bout de deux mois et convia aussitôt Boris à venir vider un litron. La première chose que celui-ci remarqua dans la turne fut un crâne posé sur une étagère parmi les livres. Habitué depuis longtemps aux matériels didactiques de ce genre, il ne s'en étonna pas. Mais ensuite, il s'avisa que Chérémétiev ne cultivait en rien les leçons d'anatomie. Qu'est-ce que c'est que cette innovation ? demanda-t-il. Ils continuaient, par inertie ou par snobisme, à se voussoyer, mais histoire de retrouver un peu de naturel, ou poussés par un snobisme encore plus grand, ils ajoutaient toujours quelques paillettes d'argot : « Qu'est-ce que c'est que cette putain d'innovation ? »

— C'est elle, fit Chérémétiev comme en passant, sur quoi, occupé à détortiller un bouchon de champagne, il se tut. — Le rosé mousseux de Tsimliana était devenu à la mode, il passait pour stimuler supérieurement la boisson de base, entendez : la vodka.

— Qu'est-ce à dire, « elle », Sacha ? demanda Boris. Arrêtez de faire le mariolle et racontez. C'est bien pour ça que vous m'avez invité, non ?

Suivit une histoire morbide narrée avec un détachement de

1. De Dostoïevski. Petit homme pitoyable, prisonnier de ses complexes, condamné à vivre l'absurde.

commande. C'était le crâne du premier amour de Chérémétiev, Rita Bouré, une radio de dix-neuf ans. Ils s'étaient aimés comme Paolo et Francesca[1], sauf que c'était à un PC de reconnaissance près de la frontière de Corée. C'est elle, justement, qui avait été la pomme de discorde entre le jeune lieutenant et le colonel Maslioukov. Le vieux bouc se branlait comme un dingue, la faisait venir tous les jours et exigeait qu'elle se pose sur son zob. C'est lui, justement, qui avait expédié Chérémétiev à Itouroup et interdit à Rita de le suivre sous peine de tribunal. Il y a gros à parier qu'elle avait capitulé et que le colonel l'avait soumise aux derniers outrages de sa fantaisie et de ses caprices. Puis quelque chose s'était produit entre eux. Le type qui avait raconté tout ça — déjà ici, à Moscou — pense que Rita a cédé à un formidable élan de révolte et a voulu se débarrasser de cette ordure. Alors, Maslioukov la lui a fait à l'influence, il s'est pointé un jour à la réunion du Komsomol et a accusé la fillette d'avoir des parents à l'étranger, une branche de Gardes Blancs de sa famille, et de l'avoir passé sous silence dans son *curriculum vitae*. La suite était réglée comme du papier à musique : convocation à la section spéciale, interrogation, on n'attendait que l'aval de l'État-Major de Région pour l'arrêter. Au Service de Santé, l'on savait qu'elle était enceinte. Bref, elle a disparu de la face du monde. Version officielle : elle est partie dans la taïga et s'y est suicidée. Quelque temps plus tard, son bien-aimé Sacha qui avait été à deux doigts de jouer une version extrême-orientale de *Roméo et Juliette* — apparemment, il s'est tiré sa balle dans le cœur le jour où la fillette a disparu — a fait son incursion au PC et démontré l'extrême fragilité du maxillaire du colonel Maslioukov.

On dit que l'herbe d'oubli recouvre tout, mais ce « tout » entend certainement « tous les petits riens ». L'herbe d'oubli indifférente ne recouvre ni l'amour ni les crimes. Il n'y avait pas de jour que Sacha Chérémétiev ne repensât à Rita Bouré et au colonel Maslioukov. Comme s'il savait que l'histoire ne s'en tiendrait pas là. Et c'était vrai : trois ans plus tard, il a vu arriver un garçon avec qui il avait fait les Langues orientales et qui venait, lui aussi, de quitter l'Armée. Il lui a livré une version des faits qui circulait déjà trois ans plus tôt, mais que Chérémétiev avait ignorée parce qu'ils pétaient tous de frousse comme des abrutis. Et voilà ce qu'il en est...

— Mais encore ? demanda Boris, s'efforçant au même sang-froid que le narrateur. — Net et mat, le crâne reposait à présent sur la table entre une bouteille vide de Tsimliani et une autre presque vide de Spéciale de Moscou, le maxillaire inférieur, la mandibule, soigneusement fixé au reste par un fil de fer.

1. Personnages de *La Divine Comédie* de Dante.

— Mais encore ? Cela vaut-il la peine ? — Chérémétiev le regarda droit dans les yeux.

— Et à qui d'autre qu'à moi le raconteriez-vous, cet « encore » ? fit Boris avec un petit rire.

— C'est bon, Boris, écoutez, mais ensuite, ne venez pas râler que j'ai troublé votre âme candide de sportif soviétique. J'ai sorti mon TT de sa planque et je me suis tiré à l'est. Après Blagovechtensk, je me suis faufilé une semaine entière à travers la forêt jusqu'en zone interdite. J'ai repéré Maslioukov un matin qu'il conduisait sa fille la plus petite à l'école. Un type posé, un père de famille exemplaire, la mâchoire rafistolée, il tire sur sa sèche, fait la morale à la petite. Au moment où il revenait de l'école, je l'ai entraîné dans les buissons. Quand il a repris ses esprits, je lui ai dit : « Vous avez compris je pense que je ne plaisante pas, alors levez-vous et montrez-moi où vous avez enterré Rita. » À vrai dire, je ne comprends pas pourquoi il s'est donné tant de mal pour m'y conduire. Il guettait peut-être le moment de décamper ou de me désarmer. Il m'a débité de longs propos patriotiques, fait appel à ma conscience de komsomol. Nous avons marché une journée presque entière, puis, comme dans un délire, j'ai découvert au milieu des fourrés un petit lac marécageux et au-dessus, un mamelon avec trois sapins et une profonde trouée en direction de l'est, du Japon. J'ai tout de suite compris que c'était là. Alors, Maslioukov m'a dit : « C'est ici qu'est Rita Bouré, l'espionne, et ici que je reviens souvent repenser à elle. »

Sa tombe, Boris, ou plutôt ce trou, avait été depuis longtemps fouillée par les bêtes sauvages, de sorte qu'il ne faut pas croire que j'ai complètement déjanté et que j'y ai cherché ma vie comme une goule. Je n'ai eu qu'à ramasser cet objet que vos chères études vous ont rendu si familier et qui nous contemple pour l'heure de ses orbites au vide sidéral. Il était presque dans le même état que maintenant, j'ai juste eu à le frotter bien comme il faut avec ma tente individuelle.

— Et Maslioukov ? demanda Boris.

— Il n'est plus, grogna Alexandre en inclinant sa chevelure au-dessus du cendrier. — Et soudain, avec un grand coup de poing sur la table : — Qu'est-ce que vous voulez ? Que je joue la scène du pardon chrétien ? Que je verse avec le meurtrier des larmes sur l'objet de notre amour commun ?

— Ne gueulez pas ! fit Boris en abattant à son tour son poing sur la table. Vous ne comprenez donc pas qu'on ne gueule pas des choses pareilles ?

Les deux chocs avaient troublé l'harmonie de la table. La bouteille foncée roula et tomba sur le tapis sans se briser. La bouteille claire roula également, mais fut rattrapée et vidée à temps dans un verre, puis abandonnée sur la couche de Chérémétiev, presque contiguë, avec son chevet à miroir orné d'une Léda décadente en chêne massif.

— Je voudrais savoir ce qu'il y a de vrai dans cette histoire, dit Boris d'un ton sévère.

— Je ne sais pas, fit Chérémétiev avec un sourire entendu. Parfois, lorsque je pose les mains sur ce crâne, il me semble que ce sont les mêmes arrondis que je sentais jadis en caressant son si beau visage... Donc, elle est toujours avec moi. Je peux au moins faire cela, dans l'impuissance et l'abandon total où je suis : unir sa dépouille à la mienne.

— Dites donc, Sacha, vous ne croyez pas que vous jouez avec le feu, hein ? — Boris se laissait gagner par l'irritation. — Vous ne croyez pas que tout ça, c'est pour en remontrer à tous les héros de Dostoïevski pris ensemble ? J'ai peur que vous couriez de gros risques à votre Cercle, les gars. Vous savez, il y a longtemps, j'ai lu dans la bibliothèque de mon grand-père que Dostoïevski avait été condamné à mort pour un cercle du même genre, et qu'on lui avait même passé le sac sur la tête, or, les temps étaient moins durs qu'aujourd'hui. Vous êtes au courant ?

— Et qu'est-ce que vous croyez ? questionna dédaigneusement Chérémétiev, son *memento mori* entre les mains. Croyez-vous que nous ne sommes pas au courant de la fausse exécution de l'esplanade Sémionovski ? Sachez que c'est par le Cercle Pétrachevski que nous avons commencé, et tous juré sur ce sac de ne jamais flancher.

— Ah, c'est donc ça ! s'exclama Boris. Je vois que votre Cercle ne se consacre pas uniquement à l'instruction en circuit fermé.

— Allez vous faire fourbir, Boris, éluda Chérémétiev. Vous concevez encore la réalité de façon scolaire. C'est pour ça que les gars se méfient. Vous êtes fait pour rouler en moto, et pas... pas pour lire Dostoïevski.

Furieux contre lui-même de cette irritation si mal venue — qu'est-ce qui l'avait provoquée ? enviait-il étrangement Chérémétiev ? s'en voulait-il de manquer de ces profondes chutes dans le subconscient ? — Boris se leva et fit un pas vers la sortie. Puis il posa la main sur l'épaule de son ami.

— Pardonnez-moi si je ne fais pas entièrement crédit à votre récit, Sacha. Vous avez peut-être raison, je témoigne peut-être d'une légèreté de sportif assez révoltante, d'un culot qui me vient de mon appartenance au Club des Forces Aériennes. Pourtant, dites-moi si vous vous souvenez d'une seule fois où j'aurais lâché pied ou trahi ?

— Non, répondit sombrement Chérémétiev.

Là-dessus, ils se quittèrent. Leur amitié semblait intacte, mais, à partir de ce moment, tous deux se surprirent à ne pas tellement chercher à se voir.

... Évoquant au soir, à la veille de son départ pour le Caucase, ces conversations récentes, Boris avait perdu toute envie de dormir. Mais alors, pas la moindre. Il allait et venait dans sa chambre, prêtait l'oreille aux ronflotements lointains de ses gentils visiteurs, quand ses yeux tombèrent, posée dans un coin, sur la grosse serviette de cuir que Vouïnovitch lui avait confiée le matin même. Il la lança sur son lit, se laissa tomber à côté, fit jouer les serrures et séance tenante, la joue posée contre elle, s'endormit.

Le jardin était dans le brouillard, mais là-haut, le soleil perçait.

*J'irai dans la brume de l'aube,*
*La face baignée de soleil...*

C'est d'un tel matin que parlait le poète. Mary Vakhtangovna taillait les buissons avec des ciseaux de jardinier, attachait les lourds rosiers à la clôture. Archi-Med, assis sur le perron, suivait parfois des yeux le vol lourd des bourdons.

Mary eut tout à coup l'impression que cela faisait plus de cinquante ans qu'elle taillait ses buissons, même cent, peut-être. « Femme taillant ses buissons et attachant ses rosiers », tel est le sujet continuel du peintre impressionniste. *Impression de vie** ou plutôt *Impression d'existence**. La sonnette de l'omnibus montait au loin à travers les nappes de brouillard mangées par le soleil et l'omniprésent vacarme des freux. Le cher Bo revenait peut-être de l'hôpital. Pardon, quel omnibus ? La pression barométrique vous joue de ces tours ! Et aussi votre vie passée. Non mais vraiment, en quoi les cris des collégiens qui font la course à vélo dans l'allée du Bois d'Argent diffèrent-ils de... Pardon, quels collégiens ? Voilà longtemps qu'il n'y a plus de collégiens. Le brouillard va se lever et tout reprendra sa place.

Une voiture s'arrêta devant la haie avec un doux ronron. Le Commissariat du peuple envoyait-il chercher Bo ? Mon Dieu, mais il n'y a plus de Commissariat du peuple, les ministères sont revenus... Le portillon s'ouvrit et un jeune homme apparut dans l'allée : Nikita II ? Boris III, mais non, c'était notre incomparable Babotchka IV.

— Je t'amène une surprise, chère Mary, s'écria son petit-fils.

Archi-Med, qui ne ratait jamais l'occasion, tournait en rond, bondissait sur le bien-aimé jeune homme. Ce dernier l'attrapa au collier et le chien se figea dans une attitude bipède d'étonnement parfaitement humain.

Parallèlement, une jolie lingère franchissait le portillon, en ce sens qu'une inconnue du type de ce que l'on appelait autrefois une « lingère » venait de faire son apparition. Elle traînait par la main... oui, oui, oui, déjà elle l'avait amené à elle, elle poussait, elle avançait un petit au front buté, aux yeux gris, aux cheveux en brosse... mon petit...

— Petit-Nikita ! s'exclama Mary Vakhtangovna. — Et l'enfant accourut aussitôt.

À cette vue, Archi-Med poussa un couinement aigu et même peu convenable pour un chien de garde aux oreilles pointues dont les proportions ne le cédaient en rien à celles du légendaire Indus qui défendit avec une si belle vigilance en compagnie du garde-frontière Karatsoupa les confins de l'Union Soviétique.

— Voilà la pension de Petit-Nikita, Taïssia Ivanovna ! riait Boris. Vous ne trouverez pas mieux, croyez-moi. Là-dessus, permettez-moi de vous saluer. Je n'ai pas une minute à perdre, je pars au championnat en Géorgie. J'espère que nous nous reverrons, et plus d'une fois.

— Je suis confuse, Boris Nikitovitch, fit-elle, toute rouge.

— Je comprends parfaitement mon père, dit-il en baissant à peine la voix.

— Je suis tout à fait confuse, Boris Nikitovitch, lui glissa-t-elle avec gaieté.

Sur quoi ils se séparèrent.

Il revint rue Gorki et — pressons ! pressons ! — se dépêcha de fourrer son barda dans ses sacs. Ceux-ci iraient dans son side jusqu'à Orel où on les transborderait dans le car du Club, tandis que le side et le tan-sad seraient occupés par des gars épris de vitesse. Attends un peu... mais tes copains de la fac t'attendent ce soir à leur pot. Eléonora Doudkina en bave sûrement des ronds de chapeau depuis ce matin. Allons, c'est marre, ça suffit, c'est largement assez et même un peu trop, de ces femmes et de ces filles ! Les compétitions commencent, je fais vœu de célibat !

Il passa dans sa chambre pour y prendre des maillots et des slips, et c'est là qu'il aperçut la serviette de Vouïnovitch. L'emporterait-il ? Non, il ne fallait pas : qui sait où il allait crécher, qui sait quelles têtes chercheuses iraient lui poser des questions ? Il ouvrit la serviette et en sortit, emballés dans du papier-photo noir, des clichés qu'il répandit sur sa couverture : alors, il oublia la compétition, les motos et la route, cette même route dont Alexandre Pouchkine avait autrefois soulevé la poussière, s'efforçant de rattraper l'expédition du comte Paskévitch qui s'en allait enlever les citadelles ottomanes.

Mon Dieu, Véronika, une natte épaisse tombant de la nuque sur la poitrine ! Elle n'a pas plus de dix-huit ans, ses cheveux, tirés sur les tempes, frisottent tout de même, ses yeux rayonnent de joie, elle attend une vie merveilleuse. La photo semble dater d'avant sa rencontre avec le jeune commandant rouge. Très juste ! il y a au dos une inscription à moitié effacée : juin 1921... Cela fait trente et un ans ! Or, il lui semble qu'ils se sont rencontrés en Crimée en 1922. Je me demande comment Vadim a mis la main sur cette photo. Sûrement qu'il a dû feuilleter un album, débité quelques compliments distraits à la maîtresse de maison, puis, profitant d'un moment d'inattention, il l'a barbotée. Les traces de ce genre de larcin étaient nombreuses. Ou alors, il avait lui-même tiré le portrait de sa belle ? On avait peine à imaginer, à l'époque, un commandant avec sa boîte à image. Voici une photo de Crimée : un groupe de vacanciers dans une petite baie sur une plage de galets, des corps bronzés, seule sa mère en robe blanche. Il doit y avoir du vent, elle retient sa jupe qui flotte, mais pourquoi la retenir si les autres sont nus ? Cette nana ! Je ne l'aurais pas lâchée si, à l'époque, j'étais né d'une autre femme. Je veux dire si, à l'époque de cette photo, j'avais été comme ce gars qui rigole, nu jusqu'à la ceinture, avec son pantalon de l'armée qui fait des poches et ses pieds déchaussés, c'est-à-dire mon père.

Tandis que celle-ci, Vadim se l'est procurée par les voies légales, car ils y sont tous les trois. Ça doit être dans la zone de manœuvres : au fond, il y a un tank de ce temps-là, une carcasse d'un moche ! et une section de soldats qui défilent. Au premier plan, Véronika appuie le dos contre les épaules de deux majors, Nikita et Vadim. Ici, elle a déjà les cheveux courts et joue les stars de cinéma. Elle a toujours, pour rire et pour de bon, joué quelque peu à la star de cinéma à sa manière.

Boris reglissa les photos dans leur papier : non, s'il fallait passer tout ce machin en revue, il ne partirait pas avant trois jours. Il faut laisser tout ça ici et l'examiner attentivement à son retour, peut-être parviendra-t-il à extraire quelque chose de ces leçons d'un amour détruit. Pendant qu'il remettait le paquet en place, un gros bloc-notes tomba ; une page réglée se découvrit, et il aperçut une strophe :

*Oublie-la, ce n'est pas le moment,*
*Disait l'officier sanitaire,*
*L'amour est un piètre instrument*
*De l'équipement militaire.*

On aurait dit un journal. Les vers s'y mêlaient aux notes, les dates qui passaient étaient celles de la fin de la guerre. Une lettre pliée en triangle, l'adresse tracée au crayon à encre, était fixée par un trombone à l'une des dernières pages. La page, datée d'avril 1944, disait : « ... j'écris dans l'avion qui me ramène du front. Quelle amertume que cette rencontre inespérée qui aurait dû être si heureuse ! Et je n'ai toujours pas déposé cette lettre. Un poids de plus sur mon cœur. Combien d'années ce signe de vie, sans doute le dernier d'un malheureux[1], erre-t-il avec moi ? Depuis Khabarovsk. Dans le fond, il vaut quand même mieux que cette lettre soit partie avec moi et n'ait pas été saisie chez N.G. Avec mon expérience, j'imagine sans peine que le pauvre type en route pour la Kolyma a lancé ce petit triangle à travers la grille de son wagon de ZEK, presque sans espoir qu'il arrive jamais. Mais en l'occurrence, ce "presque" est un facteur décisif, c'est lui qui fait ramper le ZEK par-dessus le corps de ses compagnons jusqu'à la minuscule lucarne et lancer sa missive. Que son espoir soit petit ou grand, quelle différence ? L'espoir ne répond peut-être pas à des paramètres ordinaires. Une fois de plus, je ne l'ai pas remise, et demain, je l'aurai oubliée. Et nous sommes comme cela en tout : nous nous battons en braves, nous nous trouvons superbes, mais là où les balles ne sifflent pas, nous sommes de la merde de chien. »

Dans l'entrée du grand immeuble jaune, évidemment cela sentait le chat, évidemment l'ascenseur était en panne et évidemment le carrelage était en miettes. Un enfant jouait tout seul sur le palier du troisième, construisait quelque chose avec toute sorte de débris : des boîtes de berlingots, des bigoudis, les restes d'un réchaud à pétrole, des bobines. « Tu t'appelles Strépétov ? » demanda Boris. « Au cinquième », répondit l'enfant avec indifférence.

« Strépétov — deux coups longs, un bref », disait un étroit ruban de papier parmi dix rubans semblables. Boris n'entrait jamais sans remords dans un appartement communautaire : n'occupait-il pas à lui seul une superficie où auraient logé, selon les règles de la capitale, quinze à vingt personnes ? Après tout, se disait-il pour se tranquilliser, l'appartement est au ministère, pas à moi. Ils peuvent me mettre dehors à tout moment, s'ils le veulent, en faire un musée du maréchal ou plus probablement le repasser à un grand manitou ; alors, pourquoi ne pas en profiter, en attendant ?

La porte, maintenue par une chaînette, s'entrouvrit. Une voix de femme un peu voilée demanda dans la pénombre :

— C'est à quel sujet ?

— Bonjour, je voudrais voir les Strépétov, dit Boris.

— Mais à quel sujet ? répéta la voix. — Un visage et une cigarette se rapprochèrent de la chaînette. Des yeux d'un bleu pur, inattendu, brillèrent.

— Aucun sujet, fit Boris, haussant les épaules. Je vous apporte une lettre, c'est tout.

1. C'est de ce mot que, du temps de Tchékhov, l'on désignait les bagnards.

On l'examina attentivement, puis l'on décrocha la chaînette et la porte s'ouvrit. Un peu voûtée, « pas encore vieille », une femme lui livra passage.

— Entrez, mais Maïa n'est pas là.

— J'ignore qui est Maïa, mais j'ai une lettre pour les Strépétov. Êtes-vous une Strépétov, madame ?

— Comment avez-vous dit ? s'étonna la fumeuse.

— J'ai une lettre...

— Non, vous avez dit « madame » ?

— Oui, « madame ».

— Vous faites de l'ironie, jeune homme, et pourtant c'est une excellente façon, une façon courtoise d'appeler les gens.

— Je ne fais pas d'ironie, reprit Boris en riant. J'ai une lettre pour les Strépétov, c'est tout.

Plusieurs visages s'étaient montrés aux portes. Un adolescent contemplait bouche bée le chevalier de la moto : tout en cuir, les gants attachés ensemble et jetés sur l'épaule ; des lunettes comme des boîtes de conserve remontées en haut du crâne.

— Entrez, entrez, camarade, s'agita la « pas-encore-vieille » comme si elle cherchait à protéger Boris des regards curieux. Maïa ne va pas tarder. — Et tirant l'adolescent par la manche : — Remue-toi, Marat, montre le chemin au camarade.

Boris pénétra dans une assez grande pièce divisée par de méchantes demi-parois. Tous les éléments du mobilier, commode, grande glace, table ronde, ottomane, étagère, chaises, paravent, étaient serrés les uns contre les autres ; tout parlait d'une autre vie où, si cela se trouve, il y avait eu plus d'espace. La fenêtre de ce secteur apparemment principal de la pièce, du salon, pour ainsi dire, donnait sur une étroite ruelle et l'on ne voyait rien que le pignon de l'immeuble voisin. Deux des vrais murs et trois parois de contreplaqué étaient couverts de reproductions, principalement de marines et de paysages de la Russie moyenne. Boris remarqua surtout l'archi-célèbre *Princesse Tarakanova*[1] et un agrandissement photographique d'un jeune homme avenant, soigné, vêtu d'un costume gris clair d'excellente qualité, peut-être l'auteur du malencontreux triangle.

— Asseyez-vous, je vous prie..., dit la maîtresse de maison en marquant une pause qui permettrait au visiteur de se présenter.

— Je m'appelle Boris.

La femme eut un sourire satisfait.

— Et moi, Kaléria Ivanovna Ouroussova, mère d'Alexandra Tarassovna Strépétova.

La table ronde couverte d'un dessus en tapisserie élimé prit, sous le coude du coureur moto, une gîte dangereuse. Marat, l'ado-

1. Tableau de Flavitski.

lescent au visage oriental et à la moustache naissante, planté sur le seuil de la porte, dévorait le visiteur des yeux.

— Voulez-vous du thé ?

— Non, merci, Kaléria Ivanovna, je suis très pressé. Voyez-vous, je voulais simplement vous remettre une lettre vieille de bien des années et vous expliquer en deux mots en quelles circonstances...

Derrière la cloison, il y eut un fort grincement, puis quelque chose tomba et se brisa. Kaléria Ivanovna darda dans cette direction un regard effrayé et Marat se tendit comme un chien d'arrêt.

— Maïa sera là d'un instant à l'autre. Si vous voulez bien attendre, Boris..., articula la maîtresse de maison d'un ton faussement mondain, le regard rivé sur la paroi.

— Si j'allais voir ce qu'elle a, grand-mère ? demanda Marat d'une voix douloureuse.

— Reste à ta place ! ordonna durement celle-ci.

— Excusez-moi, je dérange peut-être. — Boris se souleva et sortit le triangle de sa poche. — Excusez-moi, je ne connais pas Maïa, je viens seulement vous remettre cette lettre.

Un autre objet chuta derrière la cloison, une main repoussa violemment le store du cagibi d'où émergea la fille de Kaléria Ivanovna dont la robe de chambre de peluche verte pendait lamentablement sur une chemise de nuit qui dépassait. Il n'y avait pas à douter de leur degré de parenté : les mêmes yeux, les mêmes traits corrigés par une différence d'âge d'une vingtaine d'années. Dans le fond...

— Quelle lettre ? questionna la nouvelle venue d'une voix terrible. — Elle tendit la main d'un jet, ses cheveux s'éparpillèrent, donnant l'impression que celle qui était entrée était une mégère, une sorcière shakespearienne.

— Attends, Alexandra ! C'est ton heure de dormir ! ordonna Kaléria Ivanovna d'un ton autoritaire, comme magnétiseur.

Déjà Marat approchait tout doucement, comme s'il voulait saisir la femme.

Elle avait tout de même eu le temps d'arracher le triangle des mains de Boris et de lire l'adresse. Elle laissa échapper un cri brutal, tout à fait dément, effarant, un cri qui réduisait tout en cendre.

Des exclamations montèrent dans le couloir : « Qu'est-ce qui se passe, ici ? C'est une honte ! Elles remettent ça avec leur maison de fous ! »

La porte du couloir s'ouvrit pour livrer passage à une fillette toute mince dans sa petite robe bleu marine, une crinière de cheveux en désordre, comme roussis de soleil, quoi que ce fût impossible ainsi, au début de l'été. Elle les rejeta derrière son dos et aboya dans le couloir :

— Arrêtez de gueuler, Alla Olegovna ! Regardez-vous plutôt dans la glace ! — Et ne se précipita qu'ensuite vers Alexandra qui criait toujours, mais *decrescendo*. — Calme-toi, petite mère ! Qu'est-il arrivé ?

En apercevant sa fille, Alexandra cessa de crier et resta seulement secouée d'un violent tremblement quasi spasmodique. Pendant ce temps, Kaléria Ivanovna, une nouvelle cigarette à la bouche, claquait des doigts pour réclamer du feu, mais personne ne lui prêtait attention. Boris fit un deuxième pas, prudent, vers la sortie.

— Il est vivant ! souffla Alexandra avec flamme. Regarde, Maïa ! Une lettre ! Papa est vivant ! Vous voyez ! Vous voyez ! Personne ne me croyait, mais il est vivant ! Marat ! — Elle se tourna vers le petit garçon. — Tu vois, ton papa est vivant !

À ces mots, quelque chose comme une grenouille bondissante passa sur le visage de l'adolescent.

— Vivant ! hurla une fois de plus Alexandra d'une voix triomphante et terrible.

Cette fois, dans le couloir, Alla Olegovna s'abstint de faire écho.

— Où est le messager ? demanda Alexandra d'un ton tout à coup charmant, animé, mondain en se tournant vers Boris. — Ah bon, je suis le messager, se dit celui-ci auquel il ne resta rien d'autre à faire qu'à s'incliner : le messager est à votre service, madame. C'est alors seulement que Maïa l'aperçut, le « messager ». Elle s'empourpra et ouvrit tout grand l'azur, souligné par sa robe bleu marine, de ses yeux strépétoviens et étonnés. Les membres féminins de la famille répandaient l'azur tandis que le petit Marat rayonnait d'agate caucasienne. Maïa tenait sa folle mère aux épaules et se tournait, joyeuse et surprise, vers le « messager ». Un tableau qui ne s'oublie pas, se dit Boris en faisant un pas de plus vers la sortie.

— Cette lettre est tombée entre mes mains par hasard. À ce que je comprends, elle date d'au moins quinze ans, proféra-t-il.

— Alors, il n'y a pas longtemps du tout que vous avez vu Andréi, jeune homme ? poursuivit Alexandra du même ton mondain. Vous êtes un sportif, n'est-ce pas ? Vous avez, je pense, beaucoup d'intérêts communs ? Si vous l'aviez vu faire sa culture physique du matin ! Ces haltères qu'il soulevait ! Moi, je ne pouvais pas en arracher une seule du sol.

Maïa déplia la lettre d'un geste sec et se détourna en se cachant les yeux derrière le coude. Le crayon à encre qui avait miraculeusement préservé l'adresse s'était, à l'intérieur, complètement délavé.

Boris se rapprocha encore de la porte et fit un geste de regret.

— Pardon, je ne savais pas... je n'ai découvert cette lettre que ce matin dans les papiers... d'un ami de la famille... Si je comprends bien, elle a été lancée d'un wagon dès 1937... Enfin, vous savez, de ces wagons spéciaux... puis notre ami... enfin, lui aussi... enfin, alors, je me suis dit...

— Enfin, lisons-la, proféra Alexandra d'une voix sereine et solennelle. Maman, les enfants ! Tout le monde à table ! Vous aussi, jeune messager. Je me demande ce qu'Andréi nous écrit. Je ne refuserais pas un verre de vin.

Maïa bondit, contourna la table comme si celle-ci n'était pas ronde, mais carrée, saisit Boris par le bras et l'entraîna dans le couloir.

— Viens ! Viens ! Elle n'a pas besoin de savoir autre chose. Merci pour la lettre et oublie-la. Tu sais, je te connais ! En t'apercevant, j'en suis restée baba ! Nom d'un petit bonhomme ! Le voilà enfin !

La face aussi peu attrayante qu'une bouse de vache d'Alla Olegovna se montra à la porte des cabinets. Étincelant des yeux et des dents, Maïa entraînait le motard loin de ce logement qui suait le malheur. Comme elle est mince, se dit Boris, on pourrait lui prendre la taille à deux mains.

— D'où me connais-tu ? lui demanda-t-il sur l'escalier.

— Je t'ai vu au Gradov n° 1. J'y suis infirmière. À la consultation. En te voyant, j'ai poussé un « ah ! » de saisissement. Le voilà enfin !

— Qu'est-ce que ça veut dire : « Le voilà enfin ! » ? — Boris n'en revenait pas.

— Eh bien, le mien, expliqua Maïa.

— Qu'est-ce que ça veut dire : « Eh bien, le mien » ? sourit Boris.

Ils descendirent l'escalier ; Maïa ne lâchait toujours pas la manche de cuir. Le propriétaire de cette manche, soit du bras qu'y s'y trouvait, se sentait empoigné par ses petits doigts tenaces. La puanteur communautaire se dissipait rapidement.

— Eh bien, l'homme de mes rêves ! explicita Maïa avec un peu d'agacement, comme si elle le trouvait un peu bouché. Mon bonhomme, quoi !

— Ben dis donc, tu ne manques pas de top ! — Boris loucha sur la fille.

— Pourquoi tourner autour du pot ? fit-elle en riant. L'autre jour, au Gradov n° 1, j'ai hésité, et alors quand j'ai réalisé et que j'ai cavalé, eh bien, tu étais déjà sur ta moto, tu filais perspective Lénine, tu avais disparu. Eh bien, je me suis dit, c'est fini, je ne le retrouverai plus jamais, mon bonhomme. Et voilà qu'aujourd'hui, eh bien, nom d'un petit bonhomme, maman crie, je cours, j'accours, et je le trouve chez moi, mon bonhomme, ça alors !

— Et ta maman... ça fait longtemps qu'elle est... si bizarre ? demanda-t-il avec prudence.

— Grand-mère dit que c'est depuis que papa a... eh bien,

disparu... Elle a des hauts et des bas, mais ces temps-ci, c'est plutôt des bas. Les voisins exigent qu'on la mette chez les fous, mais nous ne voulons pas. Et moi, et grand-mère et Marat, eh bien, mon petit frère, nous nous occupons d'elle, eh bien...

Elle arrêta net ses explications comme pour montrer que ce n'était pas du tout de ça qu'elle avait envie de parler en ce moment.

Ils étaient déjà dans l'entrée de l'immeuble. Boris jeta un dernier coup d'œil en haut. Le visage bouleversé de Marat était penché par-dessus la rampe, pareil à une orange de bronze à la noire chevelure. Celui-là, je crois qu'il m'a reconnu d'après *Le Sport Soviétique*.

— Marat, il est ton frère adoptif ou ton demi-frère par ta mère ?

— Non, mon vrai frère de père et de mère.

— Pardon, comment cela ? Quel âge a-t-il ?

— Treize ans et quelque, bientôt quatorze.

— Mais la lettre a quinze ans.

— Eh bien ?

— Eh bien, tu es infirmière, non ?

— Eh bien oui, et alors ?

— Eh bien, comment peut-il être ton frère en l'absence de ton père ?

— Eh bien, maman dit que c'est mon vrai frère, grand-mère aussi.

— Eh bien, je comprends.

— Eh bien, ça suffit. Où allons-nous ?

À présent, ils étaient dehors. Un vent chaud et fort soufflait rue Ordynka. Maïa retenait ses cheveux d'une main, sa jupe de l'autre. Le vent avait même échevelé la mèche brillantinée de Boris.

— Je ne sais pas où tu vas, toi, mais moi, je pars immédiatement pour le Caucase.

— Oh ! Je pars avec toi ! Tu m'attends dix minutes ?

— Ne dis pas d'idioties.

Il rejoignit sa moto. La nacelle était hermétiquement bâchée.

— Oh ! C'est ta fameuse moto ! s'écria-t-elle joyeusement.

Il haussa les épaules.

— Je ne vois pas ce que tu veux dire.

La situation commençait à l'agacer. C'est exactement comme lorsqu'un petit chien mignon et malheureux s'accroche à vous. On ne va tout de même pas le chasser à coups de bâton !

Il se posa sur sa selle, ôta l'antivol, mit le contact, lança le moteur. La GK-I qu'il avait, de ses propres mains, réglée au petit poil parla avec une puissance contenue.

— Au revoir, Maïa. Je passerai te voir à mon retour.

— Non ! s'exclama-t-elle avec désespoir. Je pars avec toi ! Attends !

Mais déjà il avait démarré.

Dix mètres plus loin, il se retourna et vit Maïa qui courait à sa suite. Sa robe se plaquait contre son corps de gamine, ses cheveux volaient en arrière, ses petits poings allaient et venaient. Il donna instinctivement un léger coup d'accélérateur et se retourna derechef. Bien sûr, il l'avait distancée, mais elle ne ralentissait pas, au contraire, elle mettait la gomme, ses petits poings jouaient de plus en plus vite. Eh oui, elle courait à présent pieds nus, elle avait abandonné en cours de route ses sandalettes de trois kopek. Que faire ? Quelle situation imbécile ! La larguer ? Mettre les gaz ? Dans dix secondes, elle serait hors de vue. Et lui pèserait aussi lourdement sur le cœur que la lettre sur celui de Vouïnovitch. Mais enfin, qu'est-elle pour moi ? Une minette de dix-sept ans comme il s'en promène des dizaines de milliers à Moscou, leur pucelage en bannière... Merci, Vadim Nicolaïevitch, tu m'as rendu un fier service ! Soudain, une pensée totalement idiote se fit jour en lui : du moment qu'elle dit que je suis « son bonhomme », c'est que je le suis, c'est que je ne peux pas l'abandonner, ce serait la trahir... Il freina, regarda par-dessus son épaule. Elle le rejoignit, bondit par-dessus la nacelle comme au cheval-arçons jusque sur le tansad et, à bout de souffle, pressa le nez et les lèvres contre son dos, encercla de ses bras sa taille sanglée dans son fameux blouson de cuir « stalinien » dont, vu le mois de juin, il avait ôté la doublure fourrée. Maintenant, dès qu'ils auraient quitté la ville, il faudrait s'arrêter, débâcher le side, lui sortir une combinaison matelassée. Sinon, au lieu d'une Maïa, j'amènerai à Orel une poulette bleue de froid et crevée.

# CHAPITRE NEUF

## *L'antique cours des choses*

Le jour même où Boris IV Gradov, une passagère inattendue sur son tan-sad, déhalait vers les contrées méridionales, une rencontre tout aussi inattendue se produisait dans la vie de sa cousine, Iolka Kitaïgorodskaïa ; attribuez cela à la fantaisie du romancier ou aux temps de canicule, comme vous voudrez. Au début de l'été, les dix-huit ou presque dix-neuf ans d'une jeune fille, dirons-nous pour notre défense, propagent quelque chose qui favorise la naissance de situations inattendues dans telle ville de millions d'habitants de votre choix et même dans la capitale de l'« Entente socialiste mondiale » comme l'on commençait à dire alors. Eh quoi ! L'Entente socialiste peut se battre désespérément pour la paix dans le monde, tout particulièrement dans la presqu'île de Corée, la vie n'en suit pas moins obstinément son cours à l'antique. On a exterminé un tas de Bergelson, Markich, Fefer, Zouskin, Kvitko, qui s'étaient infiltrés au Comité juif antifasciste pour y remplir les missions à eux confiées par l'organisation sioniste du *Joint*, on a emprisonné une certaine Jemtchoujina qui se trouvait être l'épouse du Vice-Président du Conseil Molotov, bien connu des traîtresses Nations dites Unies, avec leur système de vote pro-américain, sous le nom provocateur de « mister No », néanmoins, la vie se déroule sans trop diverger, en somme, des formes qui se sont constituées il y a quelques millénaires dans le bassin méditerranéen. Si, comme nous venons de le voir, même dans le camp de la Quarantaine de Magadan, il se trouve des individus enclins à imiter des sujets mythologiques, que dire de l'énorme masse de ceux qui ont réchappé aux convois, c'est-à-dire de la population de Moscou, grande ville située sur le plateau du paléozoïque supérieur ? Ici, la vie bat son plein et en particulier, elle va, ou plutôt elle court, son carton à musique à la main et sa raquette de tennis sous le bras, en la personne de la ci-dessus cousine du motard, étudiante à l'École Merzliakov, espoir des courts de tennis, joueuse de l'équipe de Moscou, catégorie « juniors dames », Eléna Kitaïgorodskaïa.

Ce jour-là, à une heure de l'après-midi, elle disputait un quart de finale sur les courts de l'Armée Rouge. Elle jouait sans ardeur car trop de choses la distrayaient du grand sport, en premier lieu, bien sûr, la musique. Elle en avait fini de l'Institut Merzliakov, à présent, il fallait préparer les examens d'entrée à l'Institut Gnessinykh, autrement dit, pas question de partir nulle part cet été : il faudrait rabâcher son piano, et non seulement des classiques, mais d'assommants compositeurs soviétiques. C'est bien ta faute, tu as cédé aux objurgations de grand-mère : « Crois-moi, ma petite Eléna, tu as l'étoffe d'une pianiste de classe internationale » et aux flatteries de ton beau-père Sandro : « Iolka, ce n'est pas pour te flatter, mais lorsque tu joues du Mozart, mon âme prend l'essor ! » Et te voilà enchaînée dans cette galère ; tu n'auras plus la tête au tennis.

Et puis, il y a l'âge. Ce sont à tous les coups mes dernières compétitions dans la catégorie juniors, et je ne passerai sûrement jamais dans la catégorie seniors. Pourquoi n'introduit-on pas la catégorie « vieilles filles » ? Voilà ce que se disait Kitaïgorodskaïa du Spartak en se mesurant sans enthousiasme à Loukina, du Dynamo. Soit dit en passant, ses longues jambes la favorisaient : là où la trapue Loukina faisait deux pas, il ne lui en fallait qu'un. « Tu pourrais devenir une joueuse de classe internationale », lui disait Parmezanov, son entraîneur, qui, il n'y a pas longtemps, ayant avalé une lampée de cognac pour se donner courage, avait, au vestiaire, tenté de la faire passer de la catégorie juniors à la catégorie seniors. Elle avait eu toutes les peines du monde à lui échapper. Et à tort. Il n'avait rien de repoussant, ce Tolik Parmezanov, loin de là. Ils me voient tous dans la classe internationale, et moi, avec mon hymen, c'est une cloche de classe internationale que je vais rester.

Ce problème, son absence totale d'expérience amoureuse, était devenu une obsession. Dans la salle de bains, elle s'examinait attentivement et jubilait : parlez toujours, c'est la grande classe, la classe internationale ! Puis la pensée de l'homme la précipita dans l'horreur la plus complète : mais c'est impossible, voyons, tout bonnement impensable qu'un Parmezanov ou n'importe qui d'autre, même l'Apollon du Belvédère, non, c'est inimaginable que leur machin puisse entrer en moi, là !

Un jour, elle avait demandé à sa mère :

— Nina, tu avais déjà... à mon âge ?

L'autre lui avait décoché un regard plein d'humour :

— Hélas, hélas...

Cette rosse de maternelle, se dit Iolka, elle ne pourrait pas me raconter simplement comment ça s'est passé, non, elle la ramène : « Hélas, hélas... »

Nina était gênée. Iolka veut seulement que je lui dise comment ça se passe, mais je ne peux pas. Le socialisme a fait de nous des hypocrites. Non, il faut quand même que je lui raconte comme nous étions libres et bêtes, exactement à l'opposé du puritanisme actuel, et c'était quand même moche, parce que, là aussi, tout était fondé sur l'idéologie, sur d'assommantes utopies. Comme j'ai longtemps enduré les mêmes souffrances et comme la cellule a décidé de m'unir à cette branlure de Stroïlo, et comme je m'étais ensuite appliquée à en façonner le mythe du prolétaire radieux et victorieux. Il faut lui raconter tout cela, y compris les choses initiales, même l'anatomie. Pourquoi ai-je du mal à le faire ? Parce qu'en ce moment, cela ne se fait pas ? Où est-ce que son heure approche inéluctablement et qu'inéluctablement la mienne passe ? Voilà ce que se disait Nina, mais Iolka, hélas, hélas, ne pouvait pas lire dans les pensées de sa maman.

Il n'y avait pas beaucoup de spectateurs au stade de l'Armée Rouge. Et qui attirerait-on, à Moscou, à une quart de finale disputée en début d'après-midi au mois de juin ? Faisant, par de longues volées, courir la courtecuisse Loukina d'un coin du court à l'autre, Iolka jetait parfois un coup d'œil à la maigre tribune, des fois que s'y montre l'entraîneur frustré, quand soudain, à la place de Parmezanov, elle remarqua un autre type qui avait dix ans de moins que lui, soit le même âge qu'elle. Il croisait les genoux, les encerclait de ses bras et fixait sur elle un regard admiratif. Ses cheveux avaient bien quelque chose comme le pli zazou, mais par bonheur, sans brillantine. Une veste bleu marine posée sur les épaules, et les épaules relevées. Il ressemblait à Jack London jeune, sa photo du premier volume de ses œuvres complètes. À ce moment, Loukina monta au filet et rabattit sa balle d'un smash puissant droit sous le nez de Kitaïgorodskaïa. Quelques étiques applaudissements montèrent, le petit type applaudit aussi. Ah, mon salaud, alors tu « supportes » contre ta nana ? Tout en longeant le filet, Iolka lui dédia un regard mauvais. L'amour et l'admiration se reflétaient sur son visage aux joues creuses et au menton saillant. Mais voyons, il ne voit même pas le jeu, il regarde simplement bouger sa nana ; c'est pour cela qu'il a applaudi au mauvais moment.

Le match était terminé. Si moche qu'elle ait été aujourd'hui, Iolka avait gagné. En route pour la douche, elle s'arrêta près des tribunes, juste en face de son adorateur, et le regarda. Il saisit ce regard, fut pris d'une frousse intense et fit semblant d'examiner le paysage, comme ça, en général, comme si cette jeune personne toute rouge et en sueur ne présentait pas plus d'intérêt à ses yeux que les arbres, par exemple, ou la banderole : « Vive le grand Staline, le meilleur ami de la gymnastique soviétique ». Mais c'est un gamin, ce mec ! Il n'osera jamais m'aborder ou me parler.

— C'est libre, à côté de toi ? demanda-t-elle en désignant le banc parfaitement vide de part et d'autre du jeune homme.

— Quoi ? tressaillit-il. — Là-dessus, il tourna la tête à droite, à gauche, derrière lui au cas où elle se serait adressée à quelqu'un d'autre, non, il n'y avait personne. Il laissa échapper un rire bête et finit par expulser : — Il n'y a personne.

— Garde-moi la place, dit-elle en poursuivant sa route avec majesté.

Une fois sous la douche, elle se dit : Que ce soit celui-là qui me fasse passer de la catégorie juniors à la catégorie seniors. Et lui de même. Si toutefois il n'a pas détalé sans demander son reste.

Eh quoi, nous avons un physique de classe internationale, même si en fait nous ne savons pas de quoi ça a l'air, un physique de classe internationale. En tout cas, nous ne sommes pas plus mal que les filles des démocraties populaires, à en juger par les étudiantes de Pologne et de Tchécoslovaquie de notre connaissance. Nos cheveux sont mouillés, mais dans une demi-heure, ils seront secs, et alors, ils frivoleront au vent et feront tourner la tête à tous vos godelureaux de province. Elle est sûre — va savoir pourquoi — qu'il n'est pas de Moscou, même s'il se pavane en pantalon étroit.

Le petit provincial ne s'est pas tiré. Au contraire, il a bel et bien retenu sa place en y étalant sa veste. Elle longe le gradin vide et s'assoit à côté de lui. La veste, qui a l'air d'un gros phoque, s'empresse de battre en retraite de toutes ses basques.

Elle s'étonne qu'il ne lui demande pas son nom. Il répond qu'il le savait : il figure sur le programme — Eléna Kitaïgorodskaïa. À votre tour, *sir* : quand on réserve une place à une dame sur un gradin vide, on se présente. Soit : il s'appelle Vassia, Vassili en somme. Quel nom ! Pourquoi ? Eh bien, partout, c'est des Valéri, des Édouard, et voilà un Vassili de vieille Russie. Enfin, on en a un aussi, de Vassia, ici, hum, comme ça. Il faut avouer que son nom, il en a largement sa claque, tandis qu'Eléna Kitaïgorodskaïa, ça fait drôlement chouette. Chez moi, on m'appelle Iolka. Et toi, d'où es-tu ? De Kazan, répond-il. Pouh, laisse-t-elle échapper, déçue, quel trou ! Là, tu te trompes, fait-il en s'emballant, nous avons une très ancienne université, notre équipe de basket est deuxième au classement national, et notre jazz est le meilleur d'URSS, tout le monde sait ça. Votre jazz ? Le jazz de Kazan ? Laisse-moi rire ! Alors, tu sais, tu ne sais rien, et tu sais, tu ris comme si tu savais quelque chose ! Notre jazz, c'est celui de Lundstroem de Shanghaï... tu te rappelles ce film du temps de la guerre, *Sun Valley Serenade* ? Ils jouent dans ce style-là. Il nasille quelque chose et rythme quelques coups de sa sandalette pourrie. Il n'y a pas longtemps, ils jouaient à Shanghaï, au *Club des millionnaires russes*. Oh, là, là ! ce qu'ils vont chercher, les petits mecs de Kazan ! Iolka, tu me charries, mais tu ne sais pas que Lundstroem fait partie des dix premiers musiciens de jazz mondiaux entre Harry Jim et Goody Shermann ; Klen Diller l'appelle « le roi du swing des pays de l'Est » ! Oh, oh, oh ! s'il étale sa science ! Tu sais, quand ceux de Shanghaï jouent à Kazan en douce des autorités, tout le monde en devient dingue : les Moscovites, et même les gars de Prague, de Budapest, de Varsovie, ils en sont tous la gueule ouverte, ils n'ont jamais rien entendu de pareil « live » ! Elle rit encore plus et lui envoie une claque sur l'épaule, sur quoi une onde parcourt son échine tendue d'un polo de soie. En somme « Kazan est gr-r-rande, Moscou est pet-t-tite », c'est ça ? Elle s'est rappelé à propos cette réplique d'*Ivan le Terrible* qui a fait hurler de rire des millions de spectateurs de cinéma. Qu'est-ce que tu fais comme études, Vassili ? Il se ratatine : elle va être définitivement déçue. Si au moins il était à l'Institut d'Aviation ou à celui de Chimie ou à l'Université Oulianov-Lénine, dans son Kazan, mais au lieu de ça... Bon, après tout... je fais médecine. Médecine ? Ça, c'est au poil ! Tu as étudié le manuel de Gradov ? Ça sera pour l'année prochaine. Ce qu'il y a ? C'est mon grand-père. Arrête tes salades ! Vassia ! Qu'est-ce que c'est que ces façons, comme si tu n'avais pas été élevé à Kazan ? Ton grand-père, c'est Gradov en chair et en os ? En chair et en os, en chair et en os, qu'est-ce que c'est que ces expressions, « en chair et en os » ?... et à propos, ma mère, c'est Nina Gradova, la poétesse. Là, elle marque vraiment un point, le petit gars a l'air de s'intéresser à la littérature. Quelle idée de la ramener comme ça ? N'a-t-elle pas assez de ses propres mérites pour faire impression ? Après quoi, la jeune fille bien élevée, la jeune fille de bonne famille, pose au jeune inconnu une question absolument incongrue : et tes parents à toi, qui c'est ? Il se renfrogne, la regarde par en dessous, détourne les yeux. Puisqu'elle a posé cette question incongrue, il faudra qu'elle la répète : alors, qui c'est, tes parents ? Des fonctionnaires, répond-il à contrecœur en détournant la conversation sur des sujets sportifs. Tu l'as fameusement dérouillée, la Loukina, moi, je ne suis pas très doué pour le sport, sauf le saut en hauteur, l'entraîneur m'a dit : « Cultive ton naturel sauteur. » Alors, bref, cet été, je vais essayer. Non, maintenant, je pars dans le Midi, à Sotchi, toute la soce y est déjà, moi, j'ai décidé de passer quelques jours à Moscou... La « soce » pour « société », c'est la « bande », tu n'as jamais entendu ce mot-là ? Curieux.

Curieux : tous les mots que tu dis, je les connais, moi, et toi, les miens, tu ne les connais pas tous. Ça me plaît, je vois que tu n'es pas ordinaire. Et qui t'a dit que j'étais ordinaire ? Oh, mais tu n'es pas ordinaire du tout ! Tu es déjà allé à Sotchi ? De nouveau, Iolka se sent étrangement gênée de sa question pourtant innocente : je le lui demande pour me vanter d'y être déjà allée deux fois, en ce sens que tiens-toi à ta place quand même, provincial et fils de fonctionnaires, quand tu parles à une aristocrate de la famille des Gradov. Je veux dire que si tu n'as encore jamais vu la mer... Quoi ?

Comment tu dis ? Il y a de quoi devenir dingue. Voyez-vous ça, il a déjà vu la mer. Alors, comme ça, à Kazan, vous avez la mer la plus grande, ou tout au moins, l'une des dix plus grandes mers du monde ? Et voilà Vassili qui lui sort des bobards à la Jack London. Il a vécu près de la mer. Deux ans au bord de la mer, mais pas la Noire, une autre. C'est intéressant, ça. Laquelle ? Celle de Magellan ou celle de Ligurie ? D'Okhotsk ! Ben, mon vieux ! Qu'est-ce que c'est que ces expressions, « ben mon vieux », Eléna Kitaïgorodskaïa ? Il a passé deux ans à Magadan, bref, c'est justement là qu'il a achevé ses études secondaires. Pourquoi « impossible » ? Le lycée valait largement tous les lycées de Moscou, avec une excellente salle de sports.

Mais comment s'est-il retrouvé là-bas, je voudrais bien le savoir. Si tu ne me racontes pas d'histoires, comment t'es-tu retrouvé à Magadan ? De nouveau, sur les traits de l'amateur de jazz perce quelque chose de farouche, se découvre une personnalité qui n'a rien à voir avec Kazan. C'est que... c'est seulement... n'est-ce pas, c'est ma maman qui y habite... je suis allé la retrouver et j'y ai fini le lycée... Dis donc, Iolka, le gros qui joue là-bas, c'est vraiment le célèbre Nicolaï Ozerov, le commentateur de la radio ? Il a beau détourner la conversation, on comprend à chaque fois que c'est quand on lui parle de ses parents qu'il la détourne. C'est donc cela : c'est un... Elle le considère à présent avec un redoublement d'intérêt : ce n'est pas seulement un petit provincial plutôt sympa, c'est aussi un... Tu sais, Vassia, on a raison de dire que le monde est petit : moi, j'ai un oncle à Magadan... Oui, oui, le frère de maman..., il... il est aussi... fonctionnaire...

À présent, le public était plus nombreux, le match principal venait de commencer — Ozerov contre Korbut. Célébrité de son temps, commentateur de radio, maître ès sports émérite et artiste, Nicolaï Nicolaïevitch Ozerov, fils d'un autre Nicolaï Nicolaïevitch Ozerov, le chanteur, était vraisemblablement le champion de tennis le plus gras du monde. Et pourtant, sillonnant le court avec une mobilité et une aisance singulières, il dominait sans trop de peine son adversaire élancé et musclé.

Vassili observait plus le public que la partie. La plupart des spectateurs semblaient être du même milieu, tennismen de la capitale, hommes et femmes bronzés en vêtements clairs et chaussures de toile. Comme on n'en verrait ni à Magadan ni à Kazan, presque des étrangers. Beaucoup s'interpellaient, riaient. Iolka aussi multipliait les signes de main. Non, mais quelle nana ! Vassili, dont l'expérience en matière de filles était presque au degré zéro, était totalement sous le charme. Vous vous rendez compte : elle l'avait abordé elle-même. Elle ne ressemble guère à nos génisses de la fac de médecine. Et qu'elle est jolie, quelle silhouette, quels yeux rieurs, moqueurs et un peu tristes, et cette crinière qu'elle rejette tout le temps en arrière ! Ce geste de la main à lui seul — la crinière en arrière — est inoubliable. Même si le pire se produisait, si elle se levait et disait : « Alors, salut ! », il ne l'oublierait jamais. Ce jour de ses vingt ans, bien sûr qu'il ne l'oublierait jamais.

Un beau vieux à la tête connue, quelqu'un du cinéma, probable, passa devant eux, regarda gravement Iolka, lui demanda : « Comment va ta mère ? » et à son « Ça va », hocha la tête. Petite-fille d'un manuel de chirurgie, fille d'une poétesse célèbre dont même sa maman de Magadan disait : « Elle a du talent. »

Non loin d'eux, un type en survêtement aux manches roulées s'introduisit entre deux sportifs. Les cheveux longs coiffés en arrière et serrés dans un filet ; le crâne lissé et les avant-bras velus comme ceux d'un babouin. Il considérait Kitaïgorodskaïa d'une mine sombre. « Alors, Parmezanov, vous ne venez même pas quand vos poulains jouent ? » Non, mais quelle fille, pour narguer un homme deux fois plus vieux qu'elle !

— Je n'ai pas pu, fait le type, le Parmezanov, d'un ton tragique.

— Qu'est-ce qui se passe ? Votre femme, vos enfants ? continue à feindre Kitaïgorodskaïa.

— Laisse ça, dit Parmezanov d'un ton sévère en se détournant puis repivotant aussitôt du crâne.

Iolka se lève et dit d'une voix forte :

— On s'en va, Vassia. C'est tout vu. C'est Ozerov qui gagne.

Vassili s'empresse de se lever avec une joie tout à fait excessive.

Oui, elle m'a asservi. Tout bêtement réduit en esclavage. Je ne m'appartiens plus. Je ferai ce qu'elle me dira et tout autour les gens commenteront : « Regarde, Iolka Kitaïgorodskaïa a complètement asservi ce Vassia. » Quel bonheur !

Le type, le Parmezanov, les suit d'un regard mauvais tandis qu'ils se frayent la voie parmi un public intrigué.

Entre les lents canots du lac du parc, des carpes repues, qui dataient de l'âge du dinosaure, nageaient gaillardement. Des bouts de petits pains autrefois dits « français », aujourd'hui rebaptisés « citadins » demeuraient en suspension dans l'eau comme des méduses miniatures. Dans l'allée centrale s'élevait, semblable à une meule de foin toute en hauteur, la statue d'un garde-frontière dont le touloupe descendait jusqu'au piédestal. Ainsi placés sous bonne garde, dans le pavillon voisin, on servait le cognac souvent agrémenté de champagne, au bon plaisir des camarades officiers. Vassia sortit de la poche de son pantalon une solide liasse de roubles-staline.

— Et si on s'offrait un cognac au champagne ?

— Bonne idée, digne de Magadan, fit Iolka ravie.

À Magadan, on boit de l'alcool à 96° — et il partit à raconter les habituels bobards de la Kolyma, comme quoi on se remplit la bouche d'alcool, on craque une allumette, et on cavale comme ça, du feu plein la bouche. Ils avaient fait les cons comme ça à leur soirée de fin d'année, ils avaient même flanqué les jetons à leur hôte d'honneur, le général Tsaregradski.

Tant qu'ils étaient restés assis, il avait craint que Iolka soit plus grande que lui, mais maintenant, à sa plus vive joie, il découvrait qu'ils étaient accordés, qu'il faisait même dans les cinq centimètres de plus. « Cul sec ? » demanda-t-elle. « Vous êtes majeurs ? » s'avisa brusquement la buffetière, laquelle présentait tous les signes d'une quarantaine crémeuse.

Ils firent cul sec. Aussitôt, les horizons de Vassia s'élargirent. Bill rentrait du Nord-Canada.

— Ta maman est un poète de talent, dit-il à Iolka.

— D'où le sais-tu ? Elle ne publie rien d'autre que des traductions, en ce moment.

— Ma maman m'a récité des vers d'elle, elle s'en souvient depuis 1930.

— Je peux te demander quelque chose à l'oreille ? Ta maman, c'est un ennemi du peuple ?

— À toi de me tendre la tienne : mes parents sont des victimes de la répression iéjovienne et moi un paria dans cette société.

Elle se contracta de pitié.

— Ne dis pas ça, Vassia, tu n'es pas un paria. Les parents c'est une chose, et les enfants une autre.

— Mais si, c'est la même chose. Le fruit ne tombe pas...

— Bon, changeons de disque. Quels sont tes autres poètes favoris ?

— Boris Pasternak.

— Alors, là, tu m'étonnes. Aujourd'hui, tous les étudiants élisent Serguéi Smirnov, toi, c'est Boris Pasternak.

— Oh, là, là ! j'ai la tête qui tourne. Je ne bois plus.

— D'où as-tu sorti Pasternak ?

— Maman le récite par cœur, des kilomètres entiers.

*Les années passant, au concert*
*On me jouera du Brahms*
*Frémissant de nostalgie*
*Je reverrai l'union des six cœurs*
*Les bains, les joyeuses sorties*
*Et le jardin en fleur.*

*— De l'artiste, le front droit comme un rêve*
*Sourire sans affront, sourire plein de verve...*

reprit-elle sans coup férir.

Ils se regardaient, les premiers surpris, avec une tendresse inattendue. Leurs mains s'unirent et se lâchèrent aussitôt, comme si ces mobiles petites pelles et leurs appendices préhensiles avaient accumulé trop d'électricité.

— Tu sais, les canards n'ont pas évolué depuis le temps du dinosaure, dit-il.

— En général, je n'aime pas tellement Brahms, fit-elle en réaction à sa communication sur les canards.

— C'est qui, ton compositeur préféré ?

— Vivaldi.

— Jamais entendu parler. — Pour la première fois, Vassili avouait l'une de ses quelques lacunes.

— Veux-tu entendre une transposition de Vivaldi sur un vieux piano droit ?

— Où ça ?

Elle le regarda attentivement, comme pour l'évaluer, puis prit sa décision.

— Chez ma maman, ce soir, enfin plutôt, chez son mari, plutôt son ami, c'est un peintre, ils vivent dans un grenier, enfin, en somme, c'est moi qui vais jouer.

— Parce que tu joues aussi du piano ?

— Qu'est-ce que ça veut dire : aussi ? Je suis une future pianiste de classe internationale. Un jour, tu m'entendras. « Les années passant, tu m'entendras au concert, frémissant de nostalgie. »

Cette information-là l'assombrit. C'était trop : le tennis, la famille, le piano ! Trop pour un paria dans cette société.

Elle dut percevoir ce changement d'humeur passager, elle rit et — ô dieux ! — elle embrassa Vassili sur la joue. Alors, tu viendras ? Et comment donc ! Bien sûr que je viendrai. Où es-tu descendu ? Nulle part. Comment ça ? J'ai dormi à la gare hier, sur un numéro de *Culture et Vie*. Tu comprends, j'avais l'intention de roupiller chez un ami, au foyer de son institut, mais il n'y était pas et la gardienne ne m'a pas laissé entrer. Elle eut une idée fulgurante : tu dormiras grand-rue Gnezdikovski. Ne t'en fais pas, j'habite seule. Comment ça, seule ? Enfin, maman vient parfois, mais en général, elle habite chez son peintre, Sandro Pevsner. Vassili, qui avait toute sa vie créché sur des lits pliants dans le voisinage le plus étroit des membres de sa famille, avait du mal à se figurer qu'une gamine de son âge vécût seule dans un appartement avec entrée privée. Une petite nuée descendit de nouveau sur sa tête : c'était peut-être une « femme libre », une tigresse d'amour ? La nuit, sur son lit pliant, Vassili se prenait parfois pour un conquérant de ces tigresses-là, hélas ! à la lumière du jour, la lance victorieuse préférait reposer dans le couloir. La nuée s'en fut. Nom de Dieu, ce qui peut vous passer par la cervelle ! Imaginer cette gamine en tigresse ! Écoute, Iolka, ils sont divorcés, tes parents ? C'est la guerre qui a fait leur divorce, dit-elle tristement. Mon père a disparu. Il a été tué ? Oui, disparu. Il était chirurgien. Et ce super-chirurgien, mon papa, ce super-bel homme, comme tu aurais dit, a disparu à la guerre, enfin, il a été tué. Elle n'est pas très heureuse, cette fillette dont je suis tombé si *terriblement* amoureux, se dit Vassili, et pas si impassible, et en plus, elle ne ressemble pas du tout à mes tigresses imaginaires.

Ils convinrent qu'il irait chercher son sac à dos à la gare et que deux heures plus tard, elle viendrait le prendre au métro Maïakovski pour le conduire chez elle. Puis ils iraient ensemble à la *soirée** de la rue Krivo-Arbatskaïa. À la quoi ? lui fit répéter Vassili, peu familier des mots français. Elle rit. Ah ! c'est quelque chose comme un *plissé gaufré**, si je comprends bien, s'avisa-t-il, repensant à une enseigne que l'on voyait alors souvent à Moscou. Là, arrivés à la grille du parc de l'Armée Rouge qu'ils devaient se rappeler toute leur vie comme le lieu d'un poignant enchantement de jeunesse, ils se quittèrent.

Iolka passa sa première heure de solitude à se demander ce qu'elle allait mettre. On vivait une époque fébrile, la mode était à un tournant. Du haut padding des épaules, l'on passait de plus en plus à ce que l'on appelait une silhouette féminine. D'abord, c'est évident, il fallait mettre l'étroite jupe fendue que maman n'aimait pas ; et la jaquette qui lui plaisait tant depuis trois ans, la balancer une fois pour toutes. Ainsi, le problème du bas étant réglé, abordons le haut à présent. Les blouses volèrent du placard sur le lit tels les drapeaux du Festival des étudiants et de la jeunesse. Ce n'était pas une question de couleur, mais de ligne. Hélas ! aucune d'elles ne prêtait à notre demoiselle une silhouette suffisamment actuelle. L'une faisait trop enfant, l'autre trop sérieux. Aucune ne convenait à la jupe dont la cause était entendue : elle convenait. Soudain, notre demoiselle eut une idée brillante : avec cette jupe élégante, raffinée, je mettrai un simple chemisier d'étudiante à carreaux, c'est tout, c'est réglé, ça m'a l'air on ne peut plus génial. Et le pull jeté par-dessus l'épaule. Vassili, des filles comme ça, tu n'en as vu ni à Kazan ni à Magadan. Puis ce fut le tour de la coiffure. Fallait-il rouler ses cheveux au fer pour obtenir quelque chose dans le genre dernier cri de la « couronne de la paix » ? Tout remonter pour dégager son col de cygne ? Ou les partager sur les côtés ? Ou les serrer en arrière ? Maman s'était drôlement bien débrouillée, elle s'était fait couper à la garçonne, liquidé tous les doutes, et de plus, elle avait rajeuni de dix ans. Au problème des cheveux était directement lié celui des lèvres. Fallait-il ou non se mettre du rouge ? Les cheveux au vent et du rouge... *pardon, pardon**, il s'y ajoute la jupe fendue... pourvu que Vassia ne s'effarouche pas... d'une telle tigresse moscovite... de plus, dans ce tout, la chemise à carreaux est complètement débile. Une fois de plus, son génie naturel revient à son secours : du rouge à lèvres et les cheveux tressés en grosse natte ! Sensass ! C'est ainsi que quinze minutes avant le rendez-vous, c'est-à-dire à six heures moins le quart, une énigmatique jeune personne, étudiante ou demoiselle du *demi-monde**, fait son apparition rue Gorki : *Demi-monde, demi-monde**... ça, c'est du même répertoire que les vers préférés de Tolik Parmezanov, ceux avec lesquels il a ébloui sa jeune élève :

*Je veux avec un stick de nacre*
*À la nuit traverser Moscou...*

Que ça peut être vulgaire ! Pensons un peu moins à ces bêtises : je mets ce que je mets, le bon goût requiert un certain négligé. Puis-je noter cette maxime ? Les hommes se retournent presque tous sans exception, cela va de soi. En tout cas, entre vingt et quarante ans, sans exception aucune. Certains en demeurent estomaqués. En voilà un, pas très grand, boiteux, mais fantastiquement beau, qui demeure estomaqué, secoue la tête, joue de ses diaboliques prunelles, articule d'une voix curieusement familière : « Mes petits-pères ! Mes petites-mères ! » et reste à tribord arrière, près d'une colonne d'affichage qui annonce un spectacle de marionnettes : *Au frou-frou de tes cils*.

Près du métro, la vente des *pirojki* et des glaces allait bon train. Un grand chien pensif était allongé près des eaux gazeuses. Vassili ne surgissait toujours pas du remous chaotique de la foule. Mais au fait ! À qui appartenait-il d'attendre l'autre ? Allons, il n'est pas encore six heures. Moins cinq. Si je reste plantée là, je vais me faire draguer, c'est du tout cuit. Mettons-nous plutôt dans la queue du Bureau d'information. Voilà le cireur, l'esprit ailleurs, qui passe au cirage le pantalon blanc de son client. La marchande d'eaux gazeuses désigne au maculé la charcuterie d'en face. « Eh, le maculé, demande de l'alcool aux livreurs, en face. » Puis un bel homme de type caucasien se détache de la foule et vient aborder notre Iolka. Un beau costume en tennis gris. Il porte à une main son chapeau et, de l'autre, lui présente un livret rouge portant les trois lettres dorées MGB. « Pardon, mademoiselle, un haut personnage du gouvernement de l'Union soviétique désire faire votre connaissance. » Elle se retourne instinctivement et aperçoit deux officiers, pattes d'épaules, boutons, agrafe du stylo, brochette de décorations, insigne du Komsomol... Seule contre deux, seule contre deux...

Personne, dans le tohu-bohu de la foule des heures de pointe, ne porte d'attention particulière à l'installation d'une fillette gentiment tournée dans la limousine noire et ventrue, personne, sauf trois bonnes femmes : celle des eaux gazeuses, celle des *pirojki* et celle du Bureau d'information, permanentes Moïraï[1] de la place Maïakovski qui échangent des sourires significatifs, mais se gardent bien de se dire quoi que ce soit, évidemment.

Vassili arriva une minute plus tard avec son sac à dos. Il va passer ici plusieurs heures d'attente stérile.

Pendant ce temps, dans son atelier de la rue Krivo-Arbatskaïa, Sandro Pevsner bricolait un châssis pour sa nouvelle toile. Il y avait partout, terminés ou inachevés, des tableaux en train de sécher. Sandro grognait avec délices. Il traversait depuis quelques mois une nouvelle période qu'il appelait sa « période des serres ». Les fleurs étaient devenues ses personnages principaux. Ses grandes amies, peut-on dire. Sinon les membres de sa famille. Ses enfants. Ses pétales d'amour. L'expression de Nina en sa chair la plus intime. Il peignait des fleurs. Parfois, fortement agrandies. Parfois, notablement rapetissées, comme vues par le petit bout de la lorgnette. Parfois, grandeur nature. Parfois, une petite toile de la dimension d'une carte postale. Parfois, un mètre sur un mètre. Pas plus. Pour l'instant, pas plus, hélas. Il avait en projet une toile géante avec apothéose de fleurs. Il craignait un peu de l'entreprendre, il risquait d'être mal compris. Que tu le craignes ou non, tu t'y mettras quand même, disait Nina en riant. Ma foi, tu as raison, ma chérie. En attendant, il travaillait modestement à ses modestes serres. Parfois, songeant à Vermeer et aux autres Hollandais « mineurs », il figurait chaque nervure, chaque goutte de rosée, scarabée ou abeille au cœur de son bouquet. À d'autres fois, en larges touches, il créait des images impressionnistes. Pivoines, chrysanthèmes, roses, bien sûr, œillets, tulipes, fleurettes de toute sorte, renoncules et bleuets, pensées et phalliques, irrésistibles glaïeuls, murmure de géraniums, incarnation de lilas, les uns d'après nature, les autres, de mémoire, presque d'après la nuit et peut-être d'après les rêves.

— Ce Pevsner, disait Nina en se promenant parmi les fleurs, il fait quelque part fausse route. Il crée un monde illusoirement beau et l'oppose en toute lucidité à notre réalité. N'y aurait-il pas lieu, camarades, de prendre garde à ces exercices quasi botaniques et pseudo-innocents ?

Il rigolait : — Arrête, ma chérie. C'est sûr, c'est une bonne imitation, mais tu es à côté. « Avec ses fleurs, Pevsner souligne précisément l'harmonie de la réalité socialiste, les succès retentis-

1. Moïra : expression du Destin, équivalent abstrait des Parques.

sants de l'horticulture soviétique, la profonde équité de notre mode de vie où l'objectif de la beauté n'appartient pas à l'esthète bourgeois repu, mais au simple travailleur. Pevsner prouve qu'il a tiré la meilleure leçon des rigoureux principes de la critique du Parti. »

Elle ôtait un lorgnon tchékhovien d'une des têtes des mannequins disposés à travers l'atelier, examinait attentivement les touches de peinture qui les décoraient, puis la personne même du statuaire à la moustache grisonnante. « Vous finirez par y arriver, Pevsner, vous finirez par y arriver, Solomonovitch ! »

Tout juste, il y était arrivé. La microscopique exposition de la Maison de la Culture du quartier des Prolétaires où il avait réussi à se livrer passage avec une demi-douzaine de toiles avait soudain attiré l'attention générale. Les gens étaient accourus pour voir ces fleurs étranges qui provoquaient une soif inexplicable et pourtant familière, une soif qui semblait remonter à la vie d'autrefois. On vit même des gens de Léningrad faire exprès le voyage. Sur les marches de la Maison de la Culture, on échangeait des avis et de vilains mots tels qu'« impressionnisme », « post-impressionnisme » et même « symbolisme ». Finalement, la *Pravda de Moscou* publia un article fulminant intitulé « Serres suspectes » où l'on disait, entre autres, que « Pevsner (l'emploi d'un nom malsonnant sans même ses initiales était considéré comme de mauvais augure) tente de donner naissance à un esthétisme en apparence désuet et inoffensif, qui en réalité sape les principes de base du réalisme socialiste. Les serres de cet artiste empestent... ».

— À peu de chose près, tes propres paroles, ma chérie, disait Sandro, hilare. — Il marquait son succès, un verre de *moukousani* rouge à la main. — Provoquer un éclat dans la capitale de l'art non conflictuel, peindre des fleurs explosives. « Qu'est-ce que tu croyais, Pevsner Solomonovitch ? Que l'on ne pourvoit pas comme il sied à notre édification, à l'Union des Écrivains ? Chacun de nous possède, à tout instant, une riposte toute prête aux décadents outrecuidants, à l'appel... heu... enfin, bref, à l'appel... somme toute à l'appel de son cœur. »

Un humour noir qui rappelait à Nina les années trente de la grand-rue Gnezdikovski. Ces billets, à la cuisine : « S'ils viennent te chercher le premier, n'oublie pas de fermer le gaz et d'éteindre l'électricité », toutes ces simagrées qui les avaient aidés, Savva et elle, à ne pas devenir cinglés. Cette époque avait eu, d'ailleurs, un privilège paradoxal : le balai balayait sans faire de distinction, c'était quelque chose comme un cataclysme naturel. À présent, par le biais de la *Pravda de Moscou*, le critique du Parti s'adresse aux bien-aimés organes en féal sujet, les convie à porter leur attention sur ce « peintre innocent en apparence ». Et nous, nous ne faisons qu'en rire. Allons-nous indéfiniment nous complaire dans l'ironie ?

N'est-il pas temps de lui dire adieu en même temps qu'à notre jeunesse ? Mais sans elle, c'est la fin, le noir, la décrépitude sans phrase.

Bon, eh bien, vivons, plaisantons, peut-être que nous nous en sortirons comme l'autre fois, malgré notre passé trotskiste assez largement connu. Il ne nous reste rien d'autre à faire qu'à peindre nos fleurs.

Que feront-ils de leur bric-à-brac en cas de perquisition, arrestation et subséquente confiscation ? Ce serait amusant de lire le descriptif tchékiste de leurs biens. Le dernier coup de cœur de Sandro, le coloriage de mannequins de vitrine, serait bien capable d'introduire l'anarchie dans les inventaires du MGB, le plus dangereux n'est pas aux murs ou le long des murs, mais dans ce méchant bureau de la loggia auquel Nina Borissovna Gradova, membre de l'Union des Écrivains, passe les heures que lui laissent ses traductions du karakalpak. Des vers et de la prose que le monde ne verra jamais. Qui est le mieux loti dans notre pays, le peintre ou l'écrivain ? Cela dépend de ce que l'on considère comme l'aboutissement de la fonction créatrice : le manuscrit ou le livre ? Le peintre voit, quoi qu'il advienne, le résultat de cette fonction : un tableau achevé. Peut-on considérer le manuscrit comme un aboutissement, le manuscrit qui ne deviendra jamais un livre ?

C'est à ces pensées pas très encourageantes que s'adonnait Nina, tout en traînant des cabas de vin et de provisions. La question : « qui est le mieux loti dans notre pays ? » se traduit de la façon la plus élémentaire en : « qui est le plus mal loti dans notre pays ? » Quel crève-cœur que d'avoir passé toute sa vie sous la houlette de ces crapules féroces ! Et pas une lueur d'espoir à l'horizon. Quand on pense ! Elle n'y a pas été une seule fois, à l'horizon ! Lorsqu'ils étaient jeunes, son père et sa mère passaient toutes leurs vacances en Europe, ils sont allés jusqu'en Égypte, ils se sont promenés au pied des Pyramides. La crapule a scellé toutes nos portes. Et pour toujours. Le seul moyen de passer la frontière, c'est de s'intégrer à leur crapuleuse lutte pour la paix, c'est-à-dire de se vendre corps et âme, comme Fadéiev, Sourkov, Polévoï, Simonov, et hélas comme Ilya... Prendre la parole en public, dénoncer furieusement Wall Street et le Pentagone, monter des bateaux aux naïfs visiteurs d'Europe et d'Amérique, et voilà, elle finirait par entrer elle-même dans une délégation de personnalités de confiance à un congrès pour la paix. Une femme jeune encore, jolie, une poétesse inspirée... assimiler tout ce pathos imbécile... un hameçon auquel elle pourrait prendre un Frédéric Joliot-Curie, par exemple... Faut-il qu'une saloperie pareille vous vienne à l'esprit ! Tout ça parce que les cabas sont lourds et qu'elle porte des talons hauts. Ce peintre « loin d'être inoffensif » m'a totalement subjuguée. Il est là, en haut de sa tour, à écouter des disques, à s'amuser avec ses jolis pinceaux et ses jolies couleurs, tandis que « la Femme », un être dont on ne prononce le nom à Tbilissi qu'avec une majuscule, mais que l'on ne fait pas toujours asseoir à table, doit traîner ces cabas, c'est tout naturel. J'imagine la tête moustachue de mon élu, le jour où je me joindrai à la lutte pour la paix et où je partirai en délégation à Valparaiso.

Depuis quelque temps, elle pensait souvent à l'Occident. Elle évoquait souvent le jour où elle s'en était rapprochée au plus près, lors de cette alerte aérienne, en 1941, dans les profondeurs du métropolitain où elle s'était trouvée dos à dos avec un journaliste américain en veston de tweed, une pipe dépassant de sa poche. Il dégageait une odeur exclusivement occidentale, une odeur qui persiste même dans les abris antiaériens, de bon tabac, de bon alcool, de bon savon, de rien que du bon. Tandis qu'il parlait, elle avait cru identifier un type de publiciste cosmopolite non sans rapport avec celui de Mandelstam :

*Je bois aux asters de la guerre,*
*À tous les reproches que l'on m'a faits...*
*À la chanson des pins d'Ardèche,*
*Au pétrole des Champs-Élysées....*
*Aux rousses crinières des Anglaises,*
*Aux quinines des colonisés....*

Il lui avait semblé qu'il lui offrait une issue, un moyen de fuite vertigineux, mais là-dessus la panique s'était emparée du métro et ils s'étaient perdus à jamais. Véronika avait eu plus de chance : elle avait mis les bouts loin de tout et de tous, des camps, des tombeaux. Elle vit dans un État au nom enfantin de Connecticut. Dans le fond, qu'est-ce que je sais de sa vie actuelle ? Peut-être qu'elle hurle de nostalgie, celle de son fils, celle de ses fabuleuses apparitions rue Gorki... Peut-être qu'elle échangerait le Connecticut entier contre ma mansarde, mon peintre et ses fleurs pas si innocentes que ça. La fuite en elle-même comporte une part de malheur, ce n'est pas pour rien que l'on dit que l'on ne s'échappe pas à soi-même.

Elle prit l'ascenseur jusqu'au sixième, gravit deux volées d'escalier de plus et ouvrit enfin la porte de la tanière de sous les toits qu'elle avait de plus en plus souvent envie de ne jamais quitter. Naturellement, on entendait le *Concerto pour deux violons* de Bach... Sandro était assis dans un coin, occupé à une nouvelle fleur, alors là échappant à toute classification. Ce coin, il y avait récemment percé une ouverture triangulaire vers le ciel et se plaisait à se tenir dans son trièdre de lumière, comme à l'abri de cette méprisable réalité des bonnes femmes traînant des sacs à provision. *Fleurs romantiques* [1] à la Goumiliov. Nina sentit monter

1. Titre d'un recueil de ce poète (1886-1921), fondateur de l'école acméiste.

un afflux de jalousie envers le chef-d'œuvre naissant, bouton à demi épanoui au cœur kaléidoscopique. Je vais aller à lui, l'embrasser dans le cou, laisser mes mains se couler vers le bas, et il sera de nouveau tout à moi. Il lui arrive quelque chose de curieux, à Sandro. Depuis qu'il a entrepris cette série, ou si l'on veut, cette « période », son intérêt pour son modèle — et il est évident qu'il peint tout le temps *sa fleur à elle* — s'est quelque peu flétri. Les murs flamboient d'un feu de plus en plus ardent, mais sa propre flamme a pâli. Soudain, une pensée la frappe : mais voyons ! cette « période des serres » a commencé au moment précis où elle a rencontré Igor. Forcément, il ne savait rien et n'a rien su de sa liaison avec le jouvenceau, et d'où l'aurait-il appris ? il ne descend presque jamais de son grenier, aucun cancan ne peut l'atteindre, il a simplement senti sa « nouvelle période » à elle des mains, de la peau, du membre, et y a inconsciemment répondu par ses fleurs, par le souvenir du temps où elle n'avait personne d'autre que lui.

Sans broncher, même à ses propres yeux, devant sa découverte, elle déposa ses cabas dans le cagibi qui leur tenait lieu de cuisine, et cria d'un bout à l'autre de l'atelier :

— Iolka n'a pas téléphoné ?

— Pas pour l'instant, répondit-il, l'aidant à décharger ses sacs.

— Écoute, Sandro, dit-elle sans le regarder, occupée à sortir les aubergines, tu ne crois pas que tu exagères un peu... avec tes fleurs...

À présent, ils se regardaient. Il sourit, tendit vers elle son crâne chauve que, selon leur habitude, elle tapota gentiment comme celui d'un bébé.

Comme toujours, après sept heures, ils virent arriver leurs habitués. Chose curieuse, les jeunes musiciens amis de Iolka, au lieu d'être en retard, furent les premiers. Par exemple, Kalachnikova, la flûtiste, que l'on n'attendait pas tellement. Je me demande qui lui a indiqué le chemin, pensa Nina en voyant la pétulante demoiselle se promener avec désinvolture parmi les fleurs pevsnéroviennes. Ne serais-je pas dans l'erreur quant à la vie érémitique de Sandro ? La jalousie la transperça comme une brusque colique néphrétique.

— Comme on est bien chez vous, Nina Borissovna, dit la flûtiste. Je suis très reconnaissante à Iolka de m'avoir montré les toiles d'Alexandre Solomonovitch et de m'avoir invitée aujourd'hui.

Ah oui ! Elle enseigne à l'Institut Merzliakov. Vos coliques sont un peu ridicules, honorable Nina Borissovna Gradova, artiste émérite du territoire autonome des Adyghéi. Oui, pour eux, nous sommes déjà de vieilles croûtes. Igor ne compte pas, c'est un poète.

Traînant son étui à violoncelle, Slava Rostropovitch, le jeune génie dont tout Moscou disait que c'était un second, sinon un premier Pablo Casals, fit une entrée rapide. Aussitôt, il se mit à embrasser tout le monde. Il couvrit la flûtiste Kalachnikova de baisers comme une vieille connaissance alors que, de toute évidence, il la voyait pour la première fois. Il serra Sandro dans ses bras, lui embrassa les joues, la bouche, le nez, le front, trouvant le temps, entre deux baisers, de s'écrier : « Sensationnel ! », un mot qui, selon toute probabilité, s'adressait aux tableaux et non aux cibles de ses embrassements. Il fila à la cuisine et entreprit de bécoter la poétesse.

— Ma petite Nina, tu es formidable ! Une merveille faite femme ! Il faut que tu viennes me voir. Ou que je vienne te voir.

— Mais c'est chose faite, tu es chez moi, Slava ! fit Nina tout en se demandant quand ils avaient décidé de se tutoyer, si ce n'était à l'instant.

— Où est Iolka ? demanda-t-il en avançant son menton de cachalot, secouant sa houppe filasse, inspectant la cuisine comme si l'objet de ses recherches avait pu s'asseoir près de la cuisinière ou s'installer sous une chaise. — Où est-elle, où est-elle, où est-elle ? Je l'adore, c'est tout simple : je la vénère ! Tu veux que je te le dise franchement ? Quand je t'ai aperçue, je me suis dit : ça, c'est une femme, il faut qu'elle vienne me voir, il faut que je joue pour elle seule, tu vois, les yeux dans les yeux. Puis j'ai fait la connaissance de Iolotchka, et alors, tu n'imagines pas, tout a basculé : c'est elle, c'est elle, jouer avec elle, les yeux dans les yeux ! Mais où est-elle donc ?

Comme il est gentil, ce Slava, se dit Nina. Si vraiment ils jouaient ensemble, on ne pourrait pas trouver mieux.

Elle téléphona à plusieurs reprises grand-rue Gnezdikovski. Iolka n'était pas là. Après Slava, ce fut Stassik Neuhaus[1], le fils du célèbre Heinrich Neuhaus et pianiste lui-même, qui fit son apparition. Les intentions de Iolka devenaient plus claires. Le trio devrait se composer de Rostropovitch, Kalachnikova et elle-même. Le beau et chicard (mais non zazou) Stassik Neuhaus étant réservé en soliste au dessert. Et voilà, tout le monde était là, seule manquait l'instigatrice de la chose.

Stassik vint cérémonieusement baiser la main de Nina, lui demanda un petit verre de vodka afin de pouvoir reconnaître le millénaire qu'il faisait au-dehors et dit que son père viendrait peut-être, en compagnie de l'« oncle Boria », lisez : Pasternak.

Ce dernier ne tarda pas à arriver, mais seul, et s'assit aussitôt près du téléphone. Toute l'assemblée et les nouveaux arrivants (en tout pas plus de dix invités) regardèrent avec dévotion le poète classique converser avec sa bien-aimée. En gens du même milieu,

1. Et beau-fils de Pasternak, par suite du remariage de sa mère avec ce dernier (1934).

ils savaient qu'il y avait dans la vie du génial poète, aujourd'hui relégué à l'arrière-cour de la littérature, une superbe source d'inspiration pareille à l'Ararat qui, ainsi qu'on le sait, se dresse hors les frontières de l'Arménie. Pasternak, conscient de l'attention générale, se donnait quelque peu en spectacle : jouait de la main avec un peu plus d'art qu'il ne convenait, se rembrunissait un peu plus qu'il ne fallait, bourdonnait des propos indistincts d'un air un peu plus romantique que les circonstances ne l'exigeaient. Un jeune étudiant de vingt ans, présent parmi l'assistance, Igor Ostrooumov, de l'Institut de Littérature, aux débuts prometteurs, les joues roses, la tignasse en cascade légèrement graisseuse, contemplait le *maître** dans un état voisin de la stupeur : se peut-il que ce soit lui ? que je me trouve sous le même toit que lui ?

Cependant, Nina tournait non sans nervosité autour du grand homme en lui lançant des coups d'œil éloquents (« combien de fois peut-on nasiller la même chose ? ») qu'il ne captait ou ne comprenait pas ; dès qu'il s'éloigna de l'appareil, elle s'y précipita. La grand-rue Gnezdikovski demeurait résolument muette. Alors, elle composa le numéro de Parmezanov, le moniteur de tennis. « Dites donc, Tolik, vous avez sûrement vu Iolka, comment était-elle ? — En grande forme, fit-il d'un ton rogue, elle a battu Loukina. — Elle ne vous a pas dit où elle allait après ? — Pourquoi elle me dirait ce genre de choses, Nina Borissovna ? s'indigna presque Parmezanov. Elle est partie avec un petit zazou, rien de dangereux, un môme. »

Alors ? On ne fait quand même pas rechercher par la Milice une demoiselle adulte de dix-neuf ans qui s'en va avec un petit zazou au lieu de se présenter à une soirée qu'elle a elle-même organisée en son propre honneur. Allons, camarades, on passe à table ? Voyons, on n'a pas le droit de faire languir autant de monde. Mettons-nous à table, camarades, cette chipie de Iolka va arriver, et alors, nous ferons de la musique, d'accord ? Non, jouons d'abord et mettons-nous à table après, proposa Stassik.

— Très juste, s'exclama Slava. Jouons d'abord, nous dînerons après, puis quand Iolka arrivera, nous jouerons encore. Stassik, mets-toi à ce piano.

— Ah, les amis ! Que j'aime ces petits pianos de Vorontsov, Presque autant que mon sarcophage. — Il pelotait le petit piano des quatre côtés avec un sourire lubrique, comme s'il cherchait où l'embrasser : finalement, et fort judicieusement, il le baisa sur les touches, donnant ainsi l'essor à une note grave.

— Moi, je veux bien jouer quand on voudra, dit la flûtiste Kalachnikova. Je ne bois pas.

Ils se mirent à jouer et jouèrent au moins une heure. Ce furent les *Quatre Saisons* de Vivaldi qui se déversèrent, atteignant parfois à l'inspiration céleste. Ils jouaient librement, parfois, ils se perdaient et s'arrêtaient, riaient, recommençaient. « Ce n'est pas mal, dites donc, les enfants, joliment bien troussé. Si on recommençait », marmonnait parfois Rostropovitch émergeant du *Printemps*, puis il relevait vers le plafond son visage aveuglé par la grâce, et replongeait. La musique baroque n'avait pas encore touché le grand public, mais régnait déjà dans les milieux du Conservatoire.

Iolka ne parut ni durant le concert ni même après le dîner, lorsque Stassik et Slava, faisant les imbéciles, donnèrent dans le « bastringue », autrement dit dans le jazz et les airs de danse. Nina demandait à Sandro du regard : que faire ? Et Sandro lui répondait avec les mains : faire quoi ? Rappelle-toi comme tu étais à dix-neuf ans.

Les invités se dispersèrent aux environs de minuit, seul Ostrooumov Igor, qui tournait autour de Nina, l'aidait encore à débarrasser, chantonnait avec Sandro, lequel, le verre à la main et une mélodie géorgienne aux lèvres, déambulait dans l'atelier et contemplait ses fleurs.

— Vous vous prenez pour quelqu'un de la famille ? demanda Nina au jouvenceau à mi-voix. Allez, prenez immédiatement vos cliques et vos claques et tirez-nous votre révérence !

— Alors, à demain, Nina Borissovna, oui ? fit Igor d'une voix à peine audible. À la même heure, oui ? Comme d'habitude ?

Je parie qu'il jouit d'avance de la femme de ses rêves et de cette posture qui, au début, l'a tant étonné. Vieille idiote, bafouillait-elle sous son nez. Qu'il arrive quelque chose à Iolka, et ce sera la récompense de tous tes micmacs.

Demeurés seuls, ils s'assirent à la longue table où traînaient encore des bouteilles de vin et du fromage. « J'attends encore une demi-heure, puis j'appelle la Milice », dit Nina.

— Attendons plutôt jusqu'au matin, proposa Sandro.

Là, elle éclata :

— Évidemment, toi, ma fille unique, tu t'en moques ! Tu n'es qu'un être futile et froid ! Tout ce que tu veux, c'est peindre tes fleurs, ces trous, ces trous, ces trous ! Les trous d'un paradis inexistant ! Je vais ramasser toutes mes affaires et foutre le camp rue Gnezdikovski ! Et je ne reviendrai plus jamais !

Là, il ouvrit de tels yeux et laissa paraître une horreur si comique, qu'elle faillit éclater de rire. « Ma petite Nina, ma chérie, si tu pars, je brûlerai tout ce qu'il y a ici ! J'en ferai un autodafé ! Sans toi, je n'existe pas. Tout ça, c'est pour toi, sur toi, à cause de toi ! Tout passera, ma petite Nina, mais ne me quitte pas ! » Ce Charlie Chaplin imbécile transforme par son aspect tous les drames en comédie.

Elle se mit à trembler. « Tu ne comprends donc pas qu'elle n'a littéralement aucune raison de ne pas téléphoner ? Admettons qu'elle soit amoureuse, admettons qu'elle soit au lit avec quelqu'un, elle ne pouvait tout de même pas oublier que nous l'attendions, que c'était sa soirée à elle, en l'honneur de sa fin d'études ! »

À ce moment, le téléphone sonna. Sale gamine ! Nina traversa l'atelier d'un bond. Je vais l'engueuler un bon coup, puis je viderai une bouteille entière, verre sur verre, et au lit ! À la place de celle de Iolka, ce fut une épaisse voix d'homme qui résonna dans l'appareil : « Excusez-moi de vous déranger si tard, Nina Borissovna... »

Une demi-heure auparavant, le général N. Lamadzé était arrivé dans son cabinet de la chancellerie de la vice-présidence du Conseil des ministres d'URSS qui occupait presque tout un étage de l'immense bâtiment de la travée des Chasseurs. C'est ce qu'il faisait d'ordinaire lorsqu'il prenait au « maréchal » (les tchékistes de son entourage appelaient ainsi d'ordinaire leur très particulier chef en petit chapeau et en lorgnon) le caprice de « prélever » une fillette dans la rue. Il était indispensable d'établir l'identité de la nouvelle élue afin d'éviter tout malentendu et circonstance imprévue. Il va de soi, question d'humanité, qu'il convenait d'avertir les parents. Bref, rien que pour ce nocturne tracas, le sale crapaud méritait un pruneau dans la gueule.

L'officier de service de nuit, le capitaine Gromovoï, l'informa de la situation : le « sujet » se trouvait actuellement là où on l'avait amené, à l'hôtel particulier de la rue Katchalov. Nougzar se demandait souvent pourquoi Lavrenti amenait presque toutes ses fillettes à son domicile privé, alors qu'il disposait d'un nombre illimité d'autres solutions. Il veut peut-être se payer une fois de plus la tête de son épouse, de l'honorable lignée des Ghighétchkori, ou bien cela entre, sans plus, dans sa conception de la « détente chez soi » ? Le capitaine Gromovoï poursuivait : on avait trouvé dans le sac à main du sujet une carte d'étudiante de l'Institut de Musique. Premières données : Kitaïgorodskaïa, Eléna Savvichna, année de naissance : 1933, classe de piano. La Loubianka est en train de contrôler ces éléments et doit incessamment nous faire porter son complément d'information. Justement, on sonne, ce doit être le planton. Le capitaine remit son étui à revolver en place et alla ouvrir.

La jeune fille qu'ils avaient suivie de la place Pouchkine à la place Maïakovski avait tout bonnement transporté le maréchal. « Elle, elle... » marmonnait-il, la jumelle vissée aux yeux. « Le voilà, mon rêve, Nougzar ! » Nougzar renâclait démonstrativement : « Moi, il me semble que ce n'est pas ton genre. » Béria riotait, gémissait. « Tu connais mes goûts mieux que moi, oui ? Tu crois que je dois me contenter d'apprenties coiffeuses, oui ? Que les aristocrates comme celle-là ne sont pas pour moi, oui ? Ah ! mon vieil ami, tu n'as décidément pas compris Lavrenti Béria ! » Ses lèvres humides remuaient, son nez luisait de façon obscène. Se moquait-il ? Parlait-il sérieusement ?

Les deux limousines s'étaient arrêtées au milieu de la place, devant la sortie du métro. « Allons, Nougzar, fais-moi donc l'amitié... Tu vois, elle fait la queue. C'est le bon moment. » Nougzar était en proie à un sentiment de malaise. La sempiternelle, vulgaire farce recommençait, comme s'ils n'étaient que deux copains, perspective Golovine, à Tiflis. « Je n'ai pas très envie, Lavrenti. » Béria se pencha sur lui et lui souffla à l'oreille : « Tu ne comprends pas que nous allons bientôt commencer une guerre mondiale et que, si ça se trouve, nous allons tous mourir ? Tu sais, mon cher, ce n'est pas le moment de faire des manières. »

Tout en se dirigeant vers le métro, Nougzar ne décolérait pas. Qu'est-ce qu'il raconte, ce sale chacal ? Qui parle de guerre mondiale si, même en Corée, nous n'arrivons pas à régler leur compte aux Américains qui, d'ailleurs, ne savent pas se battre ? Il est temps de le descendre ou... ou... de trouver le moyen de toucher Staline et de l'avertir que son plus proche compagnon d'armes se dispose à restaurer le capitalisme... Après avoir montré sa carte du KGB à la demoiselle abasourdie et prononcé la phrase sacramentelle, il avait fait demi-tour et s'était éloigné, laissant à son escorte le soin de la fourrer dans la seconde limousine.

À présent, le rapport de la Loubianka était devant lui : Eléna Savvichna Kitaïgorodskaïa, année de naissance : 1933, de nationalité russe, née à Moscou, demeurant 11, grand-rue Gnezdikovski, appartement 48, étudiante à l'Institut de Musique. Père mort à la guerre. Mère : Gradova, Nina Borissovna, année de naissance : 1907, demeurant à la même adresse, membre de l'Union des Écrivains d'URSS...

— Qu'avez-vous, camarade général ? s'écria l'officier de service. Faut-il appeler une ambulance ?

Nougzar arrachait les agrafes de sa tunique. Deux yeux injectés de sang le fixaient à travers des volutes de brume. Il fallait sécher tout ça avec un bon buvard, que ça ne s'étale pas. Qu'en aucun cas, ça ne se fonde en un tout indéchiffrable. Respirer par tous les canalicules de son corps... Ouf ! ! !... « Pas d'ambulance. Du cognac ! » ordonna-t-il. Le capitaine Gromovoï se précipita. Son cognac avalé, Nougzar se dit tranquillement, avec une certaine emphase même : Soit, je crois que tout touche à sa fin. La fille de Nina, de la seule femme que j'aie aimée comme un être humain, comme un jeune homme, c'est-à-dire l'enfant qui aurait pu être la mienne, je l'ai livrée au viol d'un monstre, d'un malade. Arrête ! Ne cherche pas à t'insinuer parmi le peuple des humains, salaud ! Tu es un tueur à gages, un violeur, un exécuteur des hautes œuvres, ne va pas t'évanouir pour une broutille humaine. Non, non, je ne suis tout de même pas comme ça, tout de même pas un monstre, je l'aime vraiment, j'aimais vraiment tonton Galaktion, j'aime aussi ma famille, sauvez-moi, pardonnez-moi ! Si j'ai torturé des gens, c'était pour des motifs idéologiques et non par allégeance à la bande des forts. Tout ce que l'on voudra, mais les choses touchaient à leur terme.

Imaginer la fille de Nina sous Lavrenti, non, c'était trop pour lui ! « Une voiture et un homme d'escorte à la porte 4 ! » ordonna-t-il. Il fourra dans sa poche la bouteille de *grémi* inachevée. Rangea tous les papiers de son bureau dans sa serviette. Puis il se figea face à un coin de la pièce et demeura ainsi pas moins d'une minute, attendant qu'il lui vienne une idée. Elle vint enfin : Qu'est-ce que j'ai l'intention de faire ? D'autres idées déboulèrent. Il faut voir Nina. Elle est capable de faire quelque chose de terrible, une démarche irréparable. Il faut l'en empêcher. Puis, en ordre, serré, survinrent des considérations relatives à sa propre peau. Parfois, le désespoir hausse les gens au niveau le plus élevé. L'affaire serait divulguée. Le bruit courrait que les tchékistes ont violé la fille d'une poétesse, petite-fille d'académicien, nièce d'un chef militaire de légende... *Lui*, bien sûr, personne n'osera en parler, on fera porter le chapeau à des subalternes, le bouc émissaire est tout trouvé : n'est-ce pas lui, le général Lamadzé, qui aborde les jeunes filles dans la rue... Le mieux ne serait-il pas de laisser repartir Eléna ? L'autre permettrait peut-être qu'on l'emmène.

Il composa un numéro de téléphone qu'il était seul à connaître. Béria décrocha. « Qu'est-ce qui se passe ? » Une voix on ne peut plus sinistre, on ne peut plus terrible. Nougzar en eut le souffle coupé. « Lavrenti Pavlovitch, j'estime de mon devoir de porter à votre connaissance qu'il y a une bavure. Cette jeune fille... elle est de la famille des Gradov... c'est la petite-fille de l'académicien... enfin, vous savez... — *Dzykhnéri !* rugit le maréchal. Je te demande ce qui se passe, *gamokhléboulo*, pourquoi, *khlê*, tu me téléphones en pleine nuit ? — Vous n'avez pas d'ordres à me donner en conséquence ? Ne faut-il pas la ramener chez elle ? » Cette fois, Béria jura en russe et raccrocha brutalement. Il avait trouvé de quoi faire peur au tout-puissant satrape ! Je ne sais quels Gradov ! Qui parle de bavure, quand il s'agit d'un membre du Bureau Politique, du Vice-Président du Conseil des ministres, du chef de tous les Services de l'Intérieur ? Infaillible, intouchable, omnipotent. Jusqu'au jour où un hardi officier entrera et, dès le seuil de la porte, comme autrefois à Lado Kakhabidzé, lui logera une balle dans la tête.

Nougzar prit l'ascenseur et descendit travée des Marchands. Moscou était déserte. Seuls quelques ivrognes braillaient à la sortie d'un restaurant, de l'autre côté de la perspective aussi large que la Volga, et des taxis passaient à un train d'enfer. Heureux ivrognes, heureux chauffeurs de taxi, heureux chauffeur de ma saloperie de voiture, et même mon bandit de lieutenant d'escorte, ils sont tous heureux, ceux qui, cette nuit, ne se trouvent pas dans la peau du général Lamadzé.

Et ils se rendirent à l'Arbat, plus précisément rue Krivo-Arbatskaïa, à l'atelier de cette fausse couche de Tiflis, Sandro, qui faisait depuis longtemps l'objet d'une surveillance très attentive. Il fallait tout de même téléphoner, les avertir. C'est que les gens s'énervent lorsque des militaires en uniforme du KGB viennent les voir de nuit. Il les appela d'une cabine à cent mètres de leur maison. En homme du monde : « Excusez-moi, Nina Borissovna... Ici Nougzar Lamadzé... non, rien de grave... j'ai absolument besoin de vous voir... je serai chez vous dans cinq minutes... »

Elle était déjà sur le seuil de la porte quand il arriva à leur nom de Dieu de perchoir. Le temps n'avait pas de prise sur elle, quel était le mystère de cette femme ? « Écoute, Nina, le temps n'a pas de prise sur toi, quel est le mystère de cette femme ? »

Les yeux dilatés d'épouvante, Nina vit approcher le général et son cassetrogne. Le bandit d'honneur ne paraissait presque plus dans ce grand corps, c'était plutôt un marchand levantin. Qu'apportait-il ? Mon Dieu, abrège les instants, si ce n'est rien de terrible ! Si le marchand levantin plaisante, c'est que ce n'est rien de terrible, n'est-ce pas ?

Nougzar laissa son cassetrogne à la porte et pénétra dans l'atelier. « *Gamardjoba*[1], Nina, *gamardjoba*, Sandro-*batono* ! » Quels détours du destin, hein ? L'étoile de Tiflis, notre Demoiselle, appartient à présent à ce petit... — il avait failli dire *juif*, mais se retint à temps — ... Sandro !

Il s'assit à la table. « Quel plaisir que de se retrouver dans une maison géorgienne ! En plein centre de Moscou, une table de Kakhétie ! Ma foi, je ne refuserais pas un petit verre de vin. »

Le vin tremblait dans sa main. Nina le remarqua et son front se couvrit de sueur.

— Qu'est-ce qui se passe, Nougzar ? Iolka... vous l'avez... arrêtée ?

Il éclata d'un bon rire et vida son verre.

— Tout le contraire, tout le contraire, c'est elle qui a arrêté l'un de nous, et lequel !

Il croqua un radis, se coupa un morceau de fromage, leva derechef sur Nina un regard qui se voulait étonné.

— Ah, Nina, je te le jure par le Rioni, comme c'est bien que tu sois si mince ! Une Anglaise a dit : « On n'a pas le droit d'être trop riche, comme on n'a pas le droit d'être trop mince, ou le contraire... »

1. Géorgien : enculé.

Nina abattit la main sur la table avec colère. « Cesse de faire le pitre ! Dis-moi ce qu'il y a ! — C'est bon, mes amis, parlons sérieusement. » Nougzar repoussa sa bouteille et se redressa sur sa chaise. Sa casquette à la cocarde ovale du MGB reposait sur la table comme une idole étrangère ; c'est ce que nota automatiquement Sandro. « Considérez, mes amis, que vous venez de gagner le gros lot de l'Emprunt 3 %. Ce qu'il y a, c'est que Iolka a produit une impression énorme sur l'un des plus hauts personnages de l'Union soviétique, et plus précisément sur mon chef et ami personnel, un homme que je respecte de toutes les fibres de mon âme, Lavrenti Pavlovitch Béria. Croyez-moi, c'est une personnalité complexe et intéressante, d'une grande érudition, d'un goût artistique parfait, sage et généreux, bref, une personnalité exceptionnelle. J'aurais pu ne rien vous dire de toute cette affaire, personne ne m'envoie, mais j'ai jugé qu'il était de mon devoir d'ami de venir vous informer de cet événement, afin que vous n'en tiriez pas la fausse impression que c'est un événement néfaste et trivial, alors que c'est un événement profondément humaniste, encore qu'un événement d'ordre émotionnel. Ne m'interrompez pas, je vous prie ! Parlons d'abord de ce que cet événement présage à notre Iolka que je n'ai pas l'honneur de connaître, mais que j'aime comme ma fille. Le résultat de cet événement, c'est qu'elle se verra octroyer le soutien le plus puissant dont puisse rêver une jeune pianiste. Le brillant achèvement du Conservatoire, des tournées à l'étranger, la victoire aux concours, voilà quels événements la guettent après cet événement. Des tas de petites choses telles que les meilleurs ateliers de couture et magasins du Kremlin, l'aisance matérielle, un grand et superbe appartement, des bons de séjour pour les maisons de repos les plus luxueuses de la mer Noire, énumérez-moi tout ce dont on peut rêver, on lui offrira tout en témoignage de reconnaissance pour cet événement. Je sais ce que je dis, car je connais cet homme comme moi-même. Il saura prouver sa reconnaissance de cet événement si profondément émotionnel. Bien plus, vous aussi, mes amis, il pensera à vous comme à des familiers. Je sais qu'il a un faible pour la poésie et incontestablement, après l'émouvant événement de ce jour, tous tes recueils de vers, à condition, évidemment, que leur contenu ne soit pas contre le Parti et pour l'opposition comme nous en informent certains camarades de l'Union des Écrivains, ce que personnellement je n'ai jamais cru, on ne peut perpétuellement imputer aux gens leurs péchés de jeunesse, pourront voir le jour. Tes “fleurs de serre” aussi, ami Sandro, recevront le tribut qui leur est dû, toute votre fantastique maison se trouvera, après cet événement, en totale sécurité, bien que nous ayons été informés que l'on y récitait des vers suspects au son de musiques d'église. Vous serez désormais en sécurité, après ce favorable et émouvant événement au sujet duquel seules les mauvaises langues pourront dire des saletés, des bêtises, et les mauvaises langues, nous les couperons ! »

Un tic lui fendit le visage en un zigzag précis, du coin gauche du front au coin droit de la mâchoire et, enfin, il se tut. Tant qu'il avait débité tout cela, Nina était restée les doigts serrés, cramponnés sous la table, sans pouvoir détacher les yeux de cette figure criminelle, aux joues bleutées, s'étonnant d'elle-même : elle ne comprenait pas de quoi il parlait, de quel « événement ». Elle se tourna vers Sandro d'un air misérable. « De quoi parle-t-il, mon petit Sandro, tu comprends de quoi il parle ? » Sandro la saisit aux épaules, tourna un visage terrible vers le terrible général : « Il nous dit, ma chérie, que Béria a fait enlever notre Iolka. »

Là, enfin, tout s'associa dans la conscience de Nina, une phrase se détacha nettement : « après l'émouvant événement de ce jour », et elle comprit que tout était accompli sans retour, que sa fille, son unique enfant choyée dans un monde d'artistes, l'enfant de l'amour, avait été souillée et qu'en ce moment même, Béria, haut personnage de l'État d'URSS, la *possédait*. Elle poussa un cri aigu, échappa à Sandro, saisit un couteau sur la table et se précipita sur Nougzar. Stupéfait, médusé, le général vit un objet assez bien aiguisé avec lequel il venait de se couper une part de *solgouni* voler vers sa gorge. Sandro avait réussi à détourner la main de Nina au dernier instant. Entendant le vacarme, le cassetrogne accourut de l'entrée. « Halte ou je tire ! » hurla-t-il, apparemment effrayé lui-même. Nougzar, tout pâle, le retint d'une main : « Du calme, Iourtchenko, rengaine ton pistolet ! » et tendit l'autre vers Nina, qui, écumante de fureur, paraissait non seulement son âge, mais dix ans de plus, dévoilait son goitre, ses poches sous les yeux et les flétrissures de ses joues.

— Comment peut-on interpréter ainsi cet événement ? conjurait Nougzar. Parlons un peu, mes amis, je vais tout vous expliquer.

— Où est-elle ? hurla Nina d'une voix abominable.

— Tout à fait en sécurité, bafouilla Nougzar.

— Rendez-la-nous immédiatement !

— Mes amis, mes amis, pourquoi ces passions shakespeariennes ? exhortait Nougzar. Vous ne comprenez tout simplement pas quelle chance vous échoit. Par les graves temps que nous vivons...

Sandro fit asseoir Nina, qui tremblait de la tête aux pieds, dans un fauteuil profond, s'approcha de Nougzar d'un pas décidé, lui tendit son idole, sa casquette à cocarde.

— Fous le camp de chez moi, ordure ! Et emmène ton crétin.

— Petits-bourgeois ! grimaça Nougzar. Écoute voir, Pevsner, toi au moins, tu devrais avoir un peu de sens pratique... — Lancée par la main du peintre, la casquette vola vers la porte. — Ça, tu le paieras ! — Et sous les bajoues du marchand levantin se fit jour le bandit de Tiflis à la longue figure d'autrefois.

Au matin, Béria savait tout de sa fortuite « invitée ». On avait même réveillé le directeur de l'Institut Merzliakov au milieu de la nuit afin de collecter les renseignements indispensables. Très bonne élève, grand talent musical, succès sportifs, mais insolente, enfant gâtée, trop sûre d'elle...

Quel diable m'a poussé à m'embarrasser de cette pucelle, songea le chef. Je n'ai plus l'âge de perdre mon temps avec des pucelles. En général, j'en ai ma claque de ces humiliations ! Elle m'a regardé en poussant des cris aigus comme si c'était un crocodile qui lui mettait la main dessus et non un homme d'âge mûr. Nous élevons mal notre jeunesse, tout le problème est là. Les belles filles grandissent sans la moindre notion d'érotisme. Toute une génération frigide. Il faudra y prêter particulièrement attention dans la société future. Même sous l'effet de son verre de *borjom particulier*, elle a cherché à défendre sa tirelire. Le grand trésor, ha ! ha ! Les fières nations elles-mêmes finissent par se rendre et par livrer leur tirelire sous la pression de forces supérieures. Malheureusement, la pression ne s'est pas produite. Cette dernière circonstance vous plonge dans l'accablement. Qu'est-ce que cela signifie ? Serais-je réduit à l'impuissance ? Pourquoi une telle tension, puis l'obstacle psychologique ? Son déplaisir à la main, il regarda Eléna qui avait fini, sous l'effet de la drogue, par sombrer dans le sommeil. La beauté nue frémissait et pleurait en rêve. Qu'elle était belle, tout de même ! Pour une Hélène comme cela, il y avait de quoi entreprendre une guerre.

Peut-être que l'avenir me blâmera pour mon manque d'égards envers les jeunes filles, mais se peut-il qu'il ne cherche pas à me comprendre ? Évidemment, il y a un don Juan en moi, mais je suis contraint de diriger un État immense, ainsi en a décidé le sort. Je ne peux pas leur faire la cour, aux jeunes filles, au milieu de ces moujik, de ces bolchevik, en faisant semblant d'être des leurs. C'est sûr, personne n'osera me dire un mot tant que cela se passera comme en ce moment, sous le sceau du secret, mais que j'essaie de rapprocher ouvertement ces demoiselles de ma personne, aussitôt l'on m'accusera de pourriture bourgeoise. Dans l'État futur, le chef du gouvernement sera constamment entouré du groupe des jeunes filles les plus brillantes du pays, dans le genre de cette Eléna.

Si je pouvais la rapprocher ouvertement de ma personne, le clan des Gradov oublierait ses crises de nerfs. Qu'est-ce que je vais en faire, de ce clan, maintenant ? Ce clan, il faut le détruire jusqu'à la racine. Confier à Lamadzé son éradication totale. Demeurée seule, Eléna ne pourra se raccrocher qu'à moi. Ce vieil imbécile de professeur — tellement courageux, tu comprends — on l'intégrera au procès des blouses blanches. La présence d'un non-juif dans la bande criminelle des juifs sera politiquement bienvenue. Sa vieille Géorgienne a nettement fait son temps, on l'aidera sans peine à déménager dans l'autre monde. La poétesse partira pour le Taïmyr, si toutefois elle parvient à son lieu de destination. Le peintre, je crois que Nougzar tient à s'en occuper lui-même, il sait s'y prendre. L'oncle de ma beauté, il est à pied d'œuvre, nous le fourrerons dans une mine d'uranium, dans un an il n'en restera plus une miette. Reste ce gamin, le fils du maréchal, le motard. Vasska le couvre. Cependant, il pratique un sport dangereux, en général, il aime le danger, il n'aura qu'à s'en prendre à lui-même. Sa mère, espionne en Amérique, le même genre de danger pourrait la guetter, et sa fille, hélas, partager son sort. Il faut absolument vérifier toutes leurs racines géorgiennes : on peut attendre toute espèce de saleté, toute espèce de vendetta de mes compatriotes. Et quand tout sera fini, il faudra aussi dire adieu à Nougzar, car il est leur parent. Pouah ! bon sang, quelles idées vous fait venir l'insomnie !

Au matin, il se retrouva avec une sale, une moche gueule de bois, mais il ne pouvait toujours pas détacher les yeux d'Eléna endormie. Si j'avais son âge, j'en serais tombé amoureux pour la vie. Soudain, un rayon de soleil se dégagea doucement, comme un doigt caressant, de la haute cheminée de l'immeuble d'en face et vint se poser sur le visage de la jeune fille, sur sa poitrine nue au bout gonflé, saillant, sur son ventre et l'intérieur de sa hanche où quelques taches rouges s'étaient coagulées, reste de règles récentes ou de quelque dommage causé durant leur lutte stérile. Elle sourit dans son sommeil avec un geste coquet de la main, comme pour signifier : Arrête de dire des imbécillités ! Cependant, le maréchal, son déplaisir ne donnait aucun signe d'activité. Cette aube est mon crépuscule, pensa-t-il, et cela lui fut odieux. Ma garce de femme ne dort pas de la nuit, l'oreille tendue vers les bruits de mon appartement privé. Il sortit son bloc et rédigea un mot à la nymphe endormie.

*Délicieuse créature,*

*Notre rencontre m'a bouleversé comme l'*Apassionata *de Ludwig van Beethoven. Vous êtes mon dernier amour, l'amour d'un guerrier vieillissant. Des forces obscures règnent alentour, elles sont nombreuses, je dois lutter, or, je ne pense qu'à vous, mon amour. En attendant, reposez-vous, sentez-vous tout à fait confortable et en sécurité. Nous nous reverrons bientôt. Merci pour votre amour.*

L. Béria

Il abandonna le billet sur la table où gisaient les vêtements de la prisonnière, entreprit une dernière tentative pour améliorer son humeur, s'assit sur le lit, caressa et embrassa les merveilleux seins de Nina. Hélas, cette fois encore, le déplaisir ne témoigna pas d'une énergie suffisante, et pourtant, il eût été pas mal du tout d'étrenner bellement la journée. *Dzykhnéri !* jura-t-il, puis il laissa la belle endormie en paix.

La journée allait être rude. Il devait présider la commission du Conseil des ministres qui avait à décider d'un transfert de main-d'œuvre dans la région de l'Extrême-Orient, au nord de l'Amour : on y installait un oléoduc et on y construisait une voie ferrée d'importance stratégique majeure. Pendant une heure ou deux, le Vice-Président du Conseil des ministres se remit en état en recourant à des traitements liquides : café ou petits verres de cognac centenaire. Il se montra enfin dans son antichambre. Parmi les autres, il aperçut Lamadzé, déjà là, sombre et bouffi. Après l'avoir salué très poliment, le maréchal lui donna l'ordre d'emmener la camarade Eléna Kitaïgorodskaïa dans l'une de ses datcha secrètes, de lui assurer un confort total, piscine, court de tennis et piano à queue compris ; le piano était particulièrement important. Ne pas la laisser téléphoner. Le secret absolu en attendant les ordres ultérieurs. Sur quoi, L.P. Béria s'en fut à son conseil.

En passant rue Gorki, il se rappela soudain que dans cette ruelle, là, derrière le Soviet municipal, demeurait depuis trois ans l'une de ses protégées, une certaine Liouda Sorokina, et même qu'elle élevait un enfant de lui, garçon ou fille, il ne se rappelait plus. À son souvenir, le déplaisir reprit puissamment courage, se désista de tous les affronts de la nuit passée, autrement dit, remporta la victoire. Il passa chez Sorokina et fourgonna une demi-heure de rang la beauté sidérée et heureuse, dans sa salle de bains, là où il l'avait trouvée. Qu'est-ce que ça signifie ? se demandait-il, tout en poursuivant sa route vers le Conseil des ministres. Non, Charles Darwin, tu n'as pas tout à fait raison. Quoi qu'il en soit, Liouda Sorokina avait beaucoup contribué ce matin-là à ce que la réunion se déroulât sous le signe de l'optimisme historique, sinon cela aurait pu mal se terminer pour certains de ses membres.

Dans l'après-midi de ce même jour, Nina et Sandro arrivèrent en taxi au pied du plus sinistre bâtiment de tout Moscou, place Dzerjinski. Le chauffeur refusa tout net de s'arrêter devant la porte principale du MGB où deux adjudants faisaient les cent pas, armés de pistolets qui bombaient encore plus leurs fortes fesses. Leurs bottes fines menaçaient de crever sous la pression de leurs jambes charnues. « Des fois qu'ils me tapent dessus... J'aime mieux vous arrêter à la Srétenka. » Cependant, Nina insista pour qu'il les arrête juste où on leur avait dit, à la porte n° 1. Pendant tout le temps où elle tenta de persuader son mari de ne pas l'attendre et de repartir immédiatement à l'atelier de la rue Krivo-Arbatskaïa, le chauffeur se montra très nerveux. Sandro refusait : il était de son devoir de rester près d'elle. Elle finit par crier presque en brandissant ses petits poings sous son nez : « Fiche le camp tout de suite ! » Son insistance n'avait pas beaucoup de sens, excepté que tout ce terrible malheur, elle voulait le prendre pour elle seule. N'en partager le prix avec personne, ce trésor d'une inconcevable indignation. Dès le matin, elle avait tiré les sonnettes des patrons des écrivains, et maintenant, elle se rappelait avec dégoût comme ils avaient changé en une fraction de seconde, les Fadéiev, Tikhonov, Sourkov, au seul nom du MGB, comme ils s'étaient, sous ses yeux, abandonnés à une terreur panique alors qu'elle rapprochait le nom de Béria de la disparition de sa fille. Le Secrétaire général de l'Union des Écrivains d'URSS dont les yeux bleus s'étaient plus d'une fois posés sur la poétesse Nina Gradova avec un intérêt ouvertement masculin, à peine eut-il compris de quoi il s'agissait, ses mains se mirent à danser sur son bureau comme une couple de bécasses que l'on vient de tirer, il cramponna les bras de son fauteuil pour maîtriser à grand-peine son agonie et proféra : « Alors là, Nina Borissovna, cela n'est pas du tout de notre compétence. »

Craignant pour ses parents, elle avait décidé de ne rien leur dire encore, alors qu'en fait, le seul qui aurait pu être de quelque secours était peut-être son père. Elle s'était précipitée chez Boris IV, il n'était pas en ville, il venait de partir pour le Caucase. D'ailleurs, qu'y pouvait-il, l'ancien commando, le sportif ? Ses gènes géorgiens le pousseraient *illico* à saisir une arme, mais cette fois pas un couteau de table, quelque chose de plus sérieux. Ce serait notre perte à tous, Iolka la toute première. Ce soir, si rien ne se produit, il faudra aller au Bois d'Argent et mobiliser papa.

Puis le gestionnaire de l'immeuble, mort de peur, était venu lui remettre un « avis d'audience » chez le général Lamadzé, apporté par un planton du MGB. L'abominable papier portait entre parenthèses : « Pour affaire personnelle ».

Le vestibule où elle pénétra bannissait d'emblée l'idée qu'on y pût mettre le pied « pour affaire personnelle », c'est-à-dire de son propre gré. Il y régnait un style officiel pesant qui s'était établi à la fin des années quarante et confirmé lors des années cinquante, comme *ad vitam aeternam* : portières de velours, lustres massifs, garnitures de cuivre. Un grand portrait de Staline tout soutaché d'or. Au fond, sur l'escalier, un Lénine de marbre noir, sorte de « nègre d'âge vénérable ». Et elle plaisante ! se dit Nina d'elle-même en présentant d'un air sévère sa convocation et sa pièce d'identité, sa carte de l'Union des Écrivains. Dans sa guérite de verre, le factionnaire prit son téléphone d'une mine impassible, non sans lui glisser en douce un coup d'œil curieux et un peu mielleux. Il a sûrement pensé aux *Nuages dans le bleu*, se dit-elle. Un jeune officier ne tarda pas à descendre. « Le général Lamadzé vous attend, camarade Gradova. » Nougzar vint au-devant d'elle, lui effleura les coudes d'un geste amical non dénué d'une certaine allusion à leurs rapports plus qu'amicaux d'autrefois, l'installa dans un fauteuil, s'assit en face d'elle. La dernière fois qu'ils s'étaient trouvés seul à seul, c'était il y a vingt ans, alors qu'elle était enceinte de Iolka.

— Alors, tu t'es calmée ? demanda-t-il gentiment en enchaînant sur un rire bienveillant. Non, Nina, tu es quand même plus de chez nous que de chez les Russes

*Je sais me servir d'un poignard*
*Comme font les filles du Caucase*

Tu veux du *borjom* ?

— Je ne veux rien d'autre que ma fille, dit-elle en soulignant de la voix qu'elle n'accepterait ni familiarités ni plaisanteries. J'exige que ma fille me soit rendue sur l'heure.

Il fit une légère grimace, comme d'une coutumière migraine.

— Écoute, à quoi bon faire des vagues ? Tu iras t'adresser à je ne sais quels minables ? Ils se précipiteront aussitôt chez nous, nous rapporteront tout, et en rajouteront encore pour se faire valoir. Elle n'est pas perdue, ta fille, crois-moi, il ne lui arrivera rien de mal. Elle reviendra encore plus belle qu'avant.

Nina contenait à grand-peine sa fureur. Encore un instant, et elle répéterait son geste fou de la nuit dernière. Il n'y avait pas de couteau en vue, mais elle pourrait s'emparer de ce presse-papiers en marbre et fendre en deux ce front ignoble sur lequel se rabattaient si coquettement, ramenées des tempes, des mèches argentées. Lamadzé, inquiet, suivit son regard : il le vit s'arrêter sur le presse-papiers et il frémit.

— Sommes-nous donc tous des serfs, si vous pouvez vous permettre de déflorer nos filles à votre bon plaisir ?

Peur et détresse. L'idiote. La fin. Elle court à sa propre perte. Et elle m'entraîne, elle m'entraîne...

— Alors là, savez-vous, Nina Borissovna, c'est plus grave que votre couteau de table ! C'est du terrorisme idéologique ! brailla-t-il presque, en ajoutant aussitôt : Oui, bien sûr, j'exagère, mais uniquement pour que vous mesuriez vos termes. — Encore une tentative (la dernière) pour la détourner de cette voie fatale : — Laissons là les rapports officiels. Pourquoi ne me fais-tu pas confiance ? Je ne suis pas un étranger pour vous, les Gradov.

La dernière tentative échoua. La main tendue, ces gens-là crachent dessus. Plus rien n'arrêterait cette femme déchaînée.

— Si ma fille ne m'est pas rendue dans le cours de la soirée, je... je... Arrête tes grimaces, inutile de te payer ma tête. Crapule ! Tu as toujours été une crapule, et maintenant, en plus, tu es minable, Nougzar ! Ne crois pas que ton patron peut tout. J'irai voir les amis de mon frère au ministère de la Défense. Je toucherai Molotov, c'est une relation personnelle. Vorochilov m'a remis ma décoration ! Enfin, mon père n'est pas un inconnu dans ce pays ! Nous trouverons le moyen de toucher Staline ! — Elle criait, suffoquait, offrant tour à tour l'image d'une épouvantable mégère ou d'une fillette lamentable près de vous arracher des larmes.

Il quitta son fauteuil. Dans un sombre nuage que seuls perçaient les regards bienveillants et inhumains de Lénine, Staline et Dzerjinski inventoriés avec le mobilier, il se dirigea vers la porte. L'affliction consumait tout l'oxygène de son corps naguère si vif. Tout était fini, il ne sauverait personne. Il entrouvrit la porte et commanda : « Une escorte ! »

Par le bow-window de l'atelier de la rue Krivo-Arbatskaïa, l'on découvrait à perte de vue l'immense bivouac qu'était Moscou. Le vent du soir vous donnait une impression de gravure ancienne, coloriée. Le couchant se reflétait sur les coupoles et les fenêtres des étages supérieurs. Aucune autorité ne s'imposait au regard, sinon celle de l'éphémère caprice des éléments. Plus bas, au-dessus du puits de la cour intérieure, pareille à un drapeau royal, une couverture multicolore, sortie de la lessive, flottait. Encore plus bas, à travers l'intersection des reliefs urbains, on distinguait un bout d'asphalte inondé de soleil et une colonne publicitaire contre laquelle une fillette tenant un esquimau glacé s'appuyait du dos et de la semelle gauche.

Sandro éprouvait une irrésistible envie de se mettre à une toile. Cependant, il se faisait honte : Je n'ai pas le droit, ma femme est là-bas entre leurs mains, et moi je travaillerais ? Non, je n'ai pas le droit. Il tournait en rond dans l'atelier, déplaçait ses pinceaux d'un endroit à l'autre. Je n'ai rien fait de la journée à cause de ce terrible « événement », se disait-il. Hier, je n'ai rien fait de la soirée à cause de nos aimables invités, et après, ça a été le début du terrible « événement ». Je vais certainement perdre encore quelques jours. Je dois être avec Nina, la soutenir, nous n'avons pas le choix, nous devons nous battre pour la petite, ce ne sont pas des couleurs et une toile qui nous tireront d'affaire. On admet qu'un pianiste doit exercer ses doigts tous les jours, mais personne ne dit qu'un peintre doit aussi travailler quotidiennement, sinon toutes les heures. Pourtant, si je prenais un pinceau, là, tout de suite, je me mépriserais, je me prendrais pour un égoïste sans âme. Il s'assit devant son poste, un Baltika qui chauffa très vite et lui apporta l'encouragement vert et fluctuant de l'œil magique des libres espaces. « Veille, veille, l'artiste, ne t'abandonne pas au sommeil... » Il faut parfois se tenir autrement qu'un pinceau à la main. De nombreuses émotions favorisent le travail du peintre. Radio Monte-Carlo diffusait une touchante valse : *Domino*. Il apercevait les allées vert sombre d'arbres taillés, la tache éclatante d'un domino, les airs de Somov... Comme il va loin, le signal de cette radio : du *Monde de l'Art* au réalisme socialiste. Il glissa plus loin sur l'échelle des ondes courtes et capta une autre valse, cette fois celle de Khatchatourian pour *Le Bal masqué* de Lermontov. Une soirée de valses. Lermontov, son héros favori, le poète de ses propres actes, un jeune homme qui n'avait pratiquement pas eu le temps de se mettre au travail, fortement imbibé de champagne, le champagne, ils en sifflaient même dans les détachements de partisans, sans le champagne, on n'aurait jamais conquis le Caucase, qui a mieux exprimé le Caucase que cet Écossais aux yeux d'Espagnol, nous sommes tous contemporains, Lermontov, Pevsner, Khatchatourian, Radio Monte-Carlo, les Terriens du temps où les fleurs poussaient... Il glissa un peu plus loin sur les ondes et entendit le vrombissement aigu du brouilleur et, tout près, une calme voix d'homme : « ... et après cela, je suis devenu chirurgien à l'hôpital Saint-Louis. »

Il n'eut pas besoin de se retourner, il sentit que les trois hommes venaient d'entrer dans l'atelier. Puis il se retourna et les aperçut dans leur tenue de voyous — minuscules gapettes à la visière coupée, maillots de marin dépassant sous la chemise, croquenots en accordéon — mais certainement pas des voyous. Comment étaient-ils entrés ? Il n'avait pas entendu la porte cogner ni la clé tourner dans la lourde serrure. Les trois malabars approchaient avec des sourires de biais, d'un air de vouloir lui casser la gueule.

— Qu'est-ce que vous voulez ? cria Sandro, aussi brave qu'un Lermontov. Qui êtes-vous ? Foutez le camp !

— Debout ! dit l'un des mecs sans hausser le ton, en s'approchant tout près.

— Non ! s'exclama le peintre. Du vent !

— Si tu ne te lèves pas, tu te coucheras, dit le mec, et il frappa violemment Sandro droit dans les yeux avec un objet en fer qu'il tenait à la main.

Ce coup avait suffi, en somme. Le visage ruisselant de sang, le peintre s'écroula au sol, sans forces et presque sans connaissance, pourtant, les flics déguisés lui brisèrent encore longtemps les côtes de leurs souliers ferrés et, après l'avoir dépouillé de ses vêtements, lui tabassèrent le dos avec leurs matraques en caoutchouc, les mêmes peut-être que celles avec lesquelles leurs paternels avaient achevé Meyerhold.

— Ça t'apprendra la politesse, youpin galeux !

Le tout avait duré une dizaine de minutes, et quand cela s'arrêta, ce qui parvint jusqu'à la conscience défaillante de Sandro depuis le Baltika qui marchait toujours, fut : « Ici Radio Liberté, vous venez d'entendre une interview du docteur Mechtcherski, anciennement chirurgien à Moscou, aujourd'hui médecin principal d'un célèbre hôpital parisien. »

La cellule d'isolement du MGB où l'on avait conduit Nina était éclairée par une forte ampoule fixée au haut plafond ; à la porte, un judas s'ouvrait toutes les dix minutes sur l'œil panoramique d'un surveillant. Toutes les fois, elle avait envie de lui cracher dessus, à cet œil. Toutes les dix minutes. Je ne leur céderai jamais, se répétait-elle. Ils croient avoir affaire à une faible femme, un misérable être humain, mais je ne suis plus une femme et plus un être humain du tout. Je ne leur céderai jamais, quoi qu'ils me fassent. Tout ce qui s'est accumulé en moi dès le temps où ils nous ont rossés, passage Boumajny, où ils ont abattu tonton Lado, laissé pourrir tonton Galaktion en prison, torturé mes frères en cellule et dans les mines, fusillé Mitia dans son ravin, tout ce qui s'est accumulé en moi à présent que ma fille unique aussi, ils l'ont enlevée et violée, tout cela m'aidera à ne pas me rendre, à supporter toutes les tortures et même à leur faire peur, tant ma rage est insurmontable.

La cellule n'était probablement destinée qu'à l'incarcération préalable, c'est pourquoi Nina n'avait pas été soumise aux « mesures d'hygiène », qu'on ne lui avait pas confisqué son sac à main et ses petits objets personnels, parmi lesquels il y avait un bloc-notes où, par-ci, par-là, elle traçait quelques lignes, un mot qui lui servirait pour un vers. Toujours tremblante de rage, elle en arracha les pages sans les relire, les déchira en petits carrés, les jeta à la poubelle. Je ne suis plus un poète, on ne peut pas être poète dans ce pays ! Un vers passa :

*... le vent ciseleur en relève de lune...*

C'était en avril, alors qu'elle attendait Igor sur le brise-lames de Gagra, au milieu de la mer. Bon sang ! Quelle honte que ce qu'elle avait fait toute sa vie : ses rimes, ses amants, *Nuages dans le bleu*... peut-on vivre ainsi dans ce camp géant, cette léproserie sans bornes où tout le monde est condamné à se trouver défiguré ? Pourquoi, après 1927, ne leur avons-nous pratiquement jamais résisté ? Il fallait fonder des sociétés secrètes, les chasser par la terreur. Mourir, c'est certain, mourir, mais tout de même, ne pas valser tandis qu'autour de vous s'abat le merlin du boucher. Il fallait comme cette jeune fille, cette unique héroïne, comme Fanny Kaplan, tirer sur les possédés.

L'horreur l'ébranla comme un violent accès de fièvre. En arriver là ! À invoquer Fanny Kaplan ! J'espère au moins que je n'ai pas crié son nom à voix haute. Elle porta instinctivement sa main à sa bouche, et là, elle réalisa qu'elle avait insupportablement envie d'aller aux toilettes et qu'encore un peu toute sa rage tournerait à une nauséabonde bouffonnerie.

Il devait y avoir une... comment ça s'appelle... tinette. Dans une cellule, il doit y avoir une tinette. Dans la pièce où elle se trouvait assise sur un lit de fer, il n'y avait pas de cuvette de cabinets, rien qu'un lavabo. Si même, s'aidant de sa chaise, elle allait poser les fesses sur le lavabo, il y avait peu de chances pour que ça donne autre chose qu'un spectacle ridicule, or Nougzar, son impétueux bandit d'honneur de jadis, un tueur, une fausse couche, est sûrement en train de l'épier par un œilleton quelconque.

La porte s'ouvrit et livra passage à une grosse et indifférente mémère en blouson à galons de sergent. Elle posa sur la table le plateau du dîner : sandre en gelée, côtelettes garnies de sarrasin et même une bouteille de jus de cerise.

— J'ai besoin d'aller aux toilettes, s'écria Nina d'un ton plein de menace.

— Bon, allons-y, marmonna mollement la mémère, et même non sans une certaine aménité.

Un chemin de moquette verte longeait le couloir. Dans une niche, sous le portrait — toujours le même — du si gentil Lénine lisant son journal, deux officiers, assis, fumaient. Tous deux suivirent d'un regard connaisseur la personne à talons hauts que l'on gardait en préventive.

Une fois soulagée, Nina défila de nouveau devant Lénine. À la place des deux jeunes officiers, la niche était occupée par un seul, vieux, la figure flasque, affreuse. « Cette nuit, si vous voulez pisser ou faire votre grosse commission, tapez-moi dans le mur », fit la femme-sergent. Nina se surprit à penser que, maintenant qu'elle était heureusement soulagée, même le monde fermé d'une geôle tchékiste virait vers un aspect plus positif. En particulier, elle ne se ferait plus prier pour manger du sandre en gelée, des côtelettes au sarrasin, boire du jus de cerise et allumer une de ses cigarettes albanaises. Grands dieux, que nous sommes peu de chose. Qu'est-ce que cette créature avec ses infusions et ses effusions ? se demanda-t-elle. Qu'est-ce que l'humaine créature ?

CHAPITRE DIX

# *L'architecte Tabouladzé*

— Aïe, regarde-moi cette lune, nom d'un petit bonhomme ! s'écria Maïka Strépétova. On dirait tout à fait... tout à fait... tout à fait comme une Tatiana.

— Ce que tu peux débiter ! fit Boris en riant. Quelle Tatiana ?

Leur compagnon, Otar Nicolaïevitch Tabouladzé, un architecte de Tbilissi, sourit :

— Ce n'est pas si mal, vous savez. Une lune comme une Tatiana. Celle d'*Eugène Onéguine*, vous voulez dire ?

— Peut-être, dit Maïka.

Otar Nicolaïevitch sourit derechef :

— Ce qui est important, ce n'est pas Tatiana, mais *une* Tatiana... C'est ça qui fait tout le jus. On compare tout le temps la lune à quelque chose. J'avais autrefois un ami, un poète, qui l'appelait « un panier de pourriture ». Mais pour en revenir à Pouchkine, naturellement, c'est Tatiana qu'il comparait à la lune et pas le contraire[1].

Ils avançaient lentement par une petite rue pavée et bossue du vieux Tiflis. Toutes les cinq minutes, Maïka s'accrochait à l'épaule de Boris, pleurnichait qu'elle était fatiguée. En réalité, et si quelqu'un le savait, c'était bien lui, elle était capable de voler par toutes les collines comme une pouliche ailée. Otar Nicolaïevitch, robuste, élégant, « bel homme », comme on dit, se détachait un peu en avant, assumant le rôle du guide.

— Je vois que vous aimez la poésie, Otar Nicolaïevitch, lui dit Maïka non sans coquetterie.

La petite garce, pensa Boris avec tendresse. La voilà qui coquète déjà avec les hommes mûrs. Ce que signifiait ce « déjà », ils étaient seuls à le savoir.

— J'ai été poète moi-même, autrefois, dit Otar Nicolaïevitch. Autrefois, à votre âge, nous autres, poètes, nous avons tous erré par ces ruelles. J'étais de la même bande que Nina et que son premier mari.

1. Otar Nicolaïevitch se trompe aussi : c'est Olga, la sœur de Tatiana, que Pouchkine comparait à la lune : « *Elle est ronde, sotte et rousse comme cette sotte lune à ce sot firmament.* »

— Le premier mari de tante Nina ? s'étonna Boris.

— Mais oui. Vous n'en avez jamais entendu parler ? Stépane Kalistratov, un imaginiste célèbre.

— Je n'en ai jamais entendu parler.

— C'est bien triste, articula Otar Nicolaïevitch de telle sorte qu'il fut impossible de comprendre à quoi cela se rapportait : à ce qu'un poète célèbre soit tombé dans l'oubli ou, plus généralement, aux années enfuies.

Il s'arrêta sous un vieux réverbère de fonte près d'une cave d'où montaient des voix avinées et un air sec et chaud.

— Au fait, Boris, moi aussi, je suis votre parent, et peut-être pas moins que tonton Lado Goudiachvili. Ma mère, Diana, était la sœur de votre grand-mère. Il se peut que vous n'ayez pas entendu parler de moi pour la même raison que de Stépane... Parler de nous, cela ne se faisait pas. Après, il a disparu *pour de bon*, moi, je n'ai été sauvé que par miracle, mais quand même, parler de moi, cela ne se faisait pas...

Ils avaient fait la connaissance du sympathique architecte deux heures plus tôt chez le célèbre peintre Lado Goudiachvili dont grand-mère Mary était une lointaine parente et une très proche amie et correspondante, ce dont elle se targuait. Les compétitions de la vallée de Colchide avaient pris fin. Boris avait confirmé son titre de champion de cross des 350 cc et remporté la troisième place au classement général. L'équipe des Forces Aériennes avait, comme de bien entendu, devancé tous les autres clubs. Son triomphe avait été renforcé par le fait qu'à la fin des épreuves Vasska avait franchi la crête du Caucase personnellement aux commandes d'un MIG à réaction, en compagnie de sa nouvelle passion, une jeune nageuse aux formes vraiment aussi lisses que celles d'un dauphin. Les offrandes royales se déversèrent sur les sportifs : on leur commanda à tous et l'on confectionna presque aussitôt des complets en « boston de choc », chacun reçut une montre en or avec bracelet en or et un épais matelas de billets. On organisa un colossal souper au restaurant du mont David où jadis festoyaient les poètes des *Cornes bleues*, ce dont aujourd'hui personne ne savait rien et ne voulait rien savoir.

Avant ce souper, Boris avait décidé de déférer à la demande de sa grand-mère et de passer chez le « petit » Lado, comme elle disait. Je peux appeler ainsi mon cousin, car j'ai quinze ans de plus que lui, même s'il est un grand peintre, le plus grand de Géorgie, voilà ce que disait Mary. Et toi, Babotchka, il faut absolument que tu fasses sa connaissance, ne serait-ce que pour constater qu'il existe au monde autre chose que tes pétaradantes, malodorantes, ah ! et si dangereuses trottinettes.

Il s'attendait à trouver dans le vieil hôtel particulier de la rue ombreuse imprégnée de l'odeur tiède des feuilles les signes du déclin, du vivotement — comment aurait pu vivre, sinon, un artiste que l'on taxait de formalisme ? — mais il se retrouva dans un monde plein de bruit. La longue table était surchargée de verdures, de fruits rouges, de fruits secs, encombrée de plats fumants, de bouteilles et de carafes de vin. Pas moins de trente commensaux, les hommes en cravate, certains en nœud papillon, les dames en robe du soir, certaines en grand décolleté, se consacraient avec énergie à l'occupation principale des Géorgiens : ils festoyaient. Prise de panique, Maïka eut un geste de recul. Qu'avait-elle à faire dans cette société avec sa petite chasuble achetée à la va-vite au marché ? Ah non, stop, petite peste ! Il l'attrapa sous le bras. Tel était le style qui s'était établi dans leurs rapports : lui en paternel sévère, elle en mouflette désobéissante. Non, elle n'irait pas, elle n'avait jamais été dans des endroits pareils. « Vas-y, Boris, je t'attendrai dans ce jardin. — Silence, sauvage ! Ce n'est pas la seule chose que tu devras faire ici pour la première fois. » Elle s'empourpra de honte bienheureuse et pénétra ainsi dans la maison, association de vives couleurs qui remplit le maître de céans peintre d'un enthousiasme encore plus grand que la visite inattendue de son « neveu ». Il apparut que près de la moitié des invités avaient connu Mary Vakhtangovna et que beaucoup étaient un peu ses parents. Beaucoup, sinon tous, connaissaient tante Nina et, assurément, chacun admirait le héros défunt, le maréchal Gradov, dont une circonstance particulière, non sans importance, avait déterminé les exploits : il était à moitié géorgien. « Géorgien par sa mère, cela veut dire tout à fait géorgien », déclara le convive principal, le classique vivant, l'écrivain populaire Constantin Gamsahourdïa. « La mère est le pivot de la Géorgie. La Géorgie est une mère. » Boris s'étonna fort que personne, dans l'assistance, ne fût au courant de l'événement majeur de la saison, des récentes compétitions de moto, d'où il ressortait que personne ne savait que le jeune Gradov avait confirmé son titre de champion d'URSS de moto-cross, catégorie 350 cc.

Le maître de maison insistait pour qu'il l'appelât « tonton Lado ». Petit, les cheveux longs, foulard épanoui comme une pivoine sous le menton, véritable peintre parisien, il entraîna ses jeunes invités le long des murs pour leur montrer sa récente série nommée « La promenade de Séraphita ». Il se retournait sur Maïka toutes les deux secondes et marmonnait : « Je veux peindre cette enfant. Cette enfant est de mes couleurs. Je veux la peindre. » Il entrouvrit la porte de la pièce voisine, alluma l'électricité — on saisit en un clin d'œil quelque chose de pittoresque et de fougueux —, éteignit aussitôt et referma la porte. « Qu'est-ce que c'est ? » demanda Boris. « Rien, rien, des bricoles de jeunesse. » Et Goudiachvili décocha à « cette enfant » un curieux clin d'œil des deux yeux.

Soudain, de bruyants coups de fourchette retentirent contre un vase. Constantin Gamsahourdïa se tenait au haut bout de la table dans une pose monumentale. Une pose monumentale, si toutefois l'on peut imaginer un monument tenant une corne pleine de vin dans sa main droite.

— Mes chers amis, je vais parler russe pour que tout le monde comprenne. Nous avons déjà bu au grand Staline et au gouvernement soviétique. À présent, je vous propose de boire à l'un des membres les plus éminents de ce gouvernement, notre compatriote Lavrenti Pavlovitch Béria. Je l'ai rencontré plus d'une fois et j'ai toujours trouvé en sa personne un grand patriote, un fin connaisseur de notre culture nationale et un véritable lecteur des belles-lettres. Lavrenti Pavlovitch a soutenu mon prestige sous Iéjov, ce qui m'a offert la possibilité d'écrire toute une série d'œuvres nouvelles. Il a soutenu mon roman *On a volé la lune*, lorsque les nuées d'une critique sans scrupules se sont accumulées contre lui, et il n'y a pas longtemps... — Là, il marqua un temps d'arrêt, balaya majestueusement de son bras tendu et armé de sa corne un vaste demi-cercle, dépassant même un peu du côté de l'épaule droite —... et il n'y a pas longtemps, il a même donné *La Dextre du grand Maître* à lire à Joseph Vissarionovitch Staline, et celui-ci... — Dans le silence qui suivit, Boris remarqua que toute l'assistance était absolument pétrifiée par ce toast auquel elle ne s'attendait guère. Personne ne se regardait, personne ne détachait les yeux de l'écrivain. —... et celui-ci a exprimé sa satisfaction. Camarades, mes amis ! L'antique histoire de notre voisine la Grèce a connu le Siècle d'or de Périclès qui encouragea les arts et les lettres. Je bois à ce que Lavrenti Pavlovitch Béria soit le Périclès de l'art géorgien et de la littérature géorgienne ! *Alaverdy* à toi !... — Il chercha des yeux Goudiachvili que son panégyrique avait surpris près du mur, devant un grand tableau qui figurait des cueilleurs de thé au plus fort de leur besogne sur quoi souffle l'esprit. Boris vit de grosses gouttes de sueur perler aux tempes du peintre. Avec un léger sourire, Gamsahourdïa déplaça le regard sur l'un des invités dont le dos, trop sanglé dans sa tunique de tussor, trahissait l'agacement provoqué soit par son vêtement trop juste, soit par les paroles du classique vivant qui ne l'étaient pas assez. — ... *Alaverdy* à mon ami Tchitchiko Rapava ! acheva solennellement Gamsahourdïa, sur quoi il renversa la tête et dégusta le fin liquide de Kakhétie.

Et tous de clamer : « À Béria ! À Lavrenti Pavlovitch ! À notre Périclès ! » Quelqu'un passa des verres à Boris, Maïka et « tonton Lado » plantés devant leur mur.

— Je vais être complètement paf, rigola la fillette.

— Si je bois à Béria, c'est comme si je buvais à Dynamo, lui glissa Boris à l'oreille.

Elle pouffa encore plus fort. Ils vidèrent quand même leur verre. Quand Lado eut avalé le sien, il s'effleura le front de la main et murmura : « Mais qu'est-ce qu'il va chercher, qu'est-ce qu'il va chercher ? »

— Qui est ce Rapava ? demanda Boris. — Il voulait récolter le plus possible de souvenirs qu'il raconterait ensuite à sa grand-mère.

— Le MGB, lui dit le peintre à l'oreille. Rejoignons la table, les enfants !

Par-devant, sa tunique sous laquelle transparaissait un tricot bleu, sanglait encore plus Tchitchiko Rapava. Sa brochette de décorations obliquait au-dessus de sa poche-poitrine d'où dépassaient trois stylos. Avec sa petite moustache à la Chvernik[1], Tchitchiko Rapava illustrait très précisément le style de l'aube du socialisme, l'âge d'or des années trente.

— De toute mon âme, je m'associe au toast de notre *tamada*, je bois à l'homme qui m'a donné... — après un silence, il vociféra d'une voix terrible : — TOUT ! Qui m'a donné TOUTE ma vie ! À Lavrenti Pavlovitch Béria ! — Ayant sifflé sa corne et s'étant servi de hors-d'œuvre, sans même se rasseoir, immédiatement, mâchant encore une bouchée de *satsivi*, il remplit à nouveau sa corne et l'éleva au-dessus de sa tête. — À présent, camarades, l'heure est venue de boire à notre *tamada*, le classique vivant de la littérature géorgienne SOVIÉTIQUE (certains mots du discours de cet homme avaient la particularité de tourner au hurlement le plus fracassant), mon ami Constantin Gamsahourdïa. Et si, s'appuyant sur la mythologie, il a comparé Lavrenti Pavlovitch à Périclès, lui, je le compare à Jason — oui ? — qui toute sa vie vogua à la recherche de la Toison d'OR ! *Alaverdy* à Joseph Nonechvili !

Ce fut un nouveau brouhaha. On remarqua le visage rondelet et plus mort que vif du jeune poète Nonechvili. Il portait la main à la poitrine et balbutiait d'un ton suppliant : « Pourquoi un tel honneur, camarade Rapava ? » Le maître de maison eut un geste de découragement. « Je me demande vraiment comment cela finira. »

Boris entraîna Maïka vers la sortie. « Mettons les bouts, ma petite fille. Il se prépare un scandale. » L'un des invités sortit en même temps qu'eux. « Où vous dirigez-vous, jeunes gens ? Voulez-vous que je vous fasse visiter la ville ? » C'était justement Otar Nicolaïevitch Tabouladzé, l'architecte.

1. Disciple de Lénine ayant assuré les plus hautes fonctions.

— Je voulais vous montrer cette vieille boulangerie, dit Otar Nicolaïevitch. Notre bande de poètes y a passé bien des journées. Elle n'a pas changé depuis, bien qu'elle appartienne maintenant au Alimgénmunicip.

Par des marches étroites et inégales, ils descendirent dans un monde souterrain au fond duquel un four immense dégageait sa chaleur et où une pâte de froment et maïs montait, se transformait en odorantes miches. Deux types en tablier blanc, les bras et les épaules velus et nus, sortaient le pain cuit et enfournaient de nouvelles plaques. L'un d'eux abandonna sa tâche un instant et leur envoya une galette quasi brûlante, une carafe de vin et trois timbales. Le vin était frais.

Ils s'étaient assis sur un banc qui courait le long du mur. Autour d'eux, des voix géorgiennes glougloutaient avec animation. La lueur rouge du four éclairait les mains et les visages, le reste disparaissait dans l'obscurité. « L'endroit est toujours fréquenté par des poètes, commenta Otar Nicolaïevitch. Des jeunes, des vieux… Ceux qui discutent là-bas, dans le coin, sont des garçons de talent : Artchil Salakaouri, Djansoug Tcharkviani, les frères Tchiladzé, Tomaz et Otar, c'est la nouvelle génération. »

Soudain, quelqu'un se mit à chanter d'une voix sombre et ample, couvrant toutes les conversations. Boris, qui ne comprenait pas une parole, s'emplit cependant d'un souffle qu'il n'avait jamais connu. Il lui sembla qu'il atteignait à une limite au-delà de laquelle il comprendrait tout, infiniment. « C'est un chant ancien de l'église de Svétitskhovéli, murmura l'architecte. C'est la deuxième fois que je l'entends. » Il était, lui aussi, très ému, sa main armée d'un morceau de galette demeurait tendue en l'air comme brandie vers un autel imaginaire. Non, la Géorgie n'est pas morte, laissa-t-il filtrer.

Tout cela me concerne de la façon la plus directe, se dit Boris. Cette vie qui, à première vue, me paraît si lointaine, si exotique, touche en réalité quelque chose qui gît au plus profond de moi, quelque chose d'inconscient, comme si je n'étais pas un motard, mais un cavalier. Comme si mon cheval galopait sans voie et sans chemin, en terrain découvert, comme si un corbeau à l'œil mauvais me croassait : « Tu n'en réchapperas pas, commando des Services Spéciaux », comme si toutes mes pensées allaient bientôt se mêler au hurlement de la tempête, aux siècles passés, comme si j'allais mourir en combattant pour la Patrie, appelez-la comme vous voudrez, Géorgie ou Russie, ou même pour cette fillette qui s'accroche avec tant de confiance à mon épaule.

Il caressa tendrement la luxuriante chevelure de Maïka Strépétova. La fillette lui dédia un regard étincelant de reconnaissance. Il glissa la main le long de son dos gracile. Les petits doigts de la fillette descendirent dans l'obscurité entre ses cuisses. La passion et le désir de la — disons : malmener interminablement s'unissaient à une tendresse dont il n'avait jamais soupçonné qu'elle lui écherrait. En vérité, quelque chose de quasi paternel, comme s'il introduisait la petite dans un monde inconnu, lui faisait découvrir de nouvelles choses de ce monde : ça, c'est moi, Boris Gradov, un homme de vingt-cinq ans, ça, c'est mon membre, le membre viril de Boris Gradov, il a vingt-cinq ans aussi. Bouleversée, elle découvrit l'un et l'autre et éprouva, semble-t-il, quelque difficulté à comprendre que c'étaient les parties d'un tout unique.

Et ce jour-là, elle aussi, Maïka Strépétova, femme de dix-huit ans nantie de tous ses impedimenta, elle s'introduisit dans un monde inconnu, le monde de la bouleversante tendresse. Voilà par quelle bécasse il s'était fait piéger !

Alors qu'ils s'éclipsaient de la boulangerie des poètes, ils trouvèrent la nuit bien fraîche. Par moments, le vent échevelait et argentait les marronniers. Boris posa sa veste neuve sur les épaules de Maïka. Au coin d'une maison vétuste à la terrasse tout de travers, ils découvrirent tout à coup le vaste panorama de Tbilissi avec, sur ses hautes pentes éclairées, les vestiges de la citadelle de Narikala et l'église de Métékha. Au tournant suivant, le panorama disparut et ils descendirent une étroite ruelle qui menait à une aimable placette au milieu de laquelle il y avait un platane et où se voyaient les globes lumineux d'une pharmacie : le monde clos d'une vie ancienne et paisible.

Tout en marchant, Otar Nicolaïevitch disait :

— Je vous en prie, Boris, racontez notre entrevue à Mary Vakhtangovna et dites-lui que tout a changé de la façon la plus radicale dans mon existence. Je suis à la Direction de l'architecture municipale, je suis candidat ès beaux-arts, j'ai une femme et deux enfants. — Après un silence, il ajouta : — Je voudrais que Nina le sache aussi. — Après un autre silence, à demi tourné vers Boris : — Vous n'oublierez pas, une femme et deux enfants ?

— Je tâcherai, promit Boris en se disant qu'il oublierait certainement. — Il est difficile de ne pas oublier un quelconque Otar Nicolaïevitch quand une nana comme Maïka Strépétova ne vous lâche pas d'un pouce.

— Ah ! que je suis bien avec toi ! Ah ! que c'est formidable ici ! lui soufflait-elle chaudement à l'oreille.

Derrière la vitre de la pharmacie, à la lueur d'une lampe, une femme au grand nez, la pharmacienne de garde, était assise un livre à la main. Ses épaules étaient couvertes d'un châle à grandes fleurs qui n'avait rien de pharmaceutique. Le portrait de Staline et la pendule au mur étaient les attributs de la pérennité : le temps passe, mais en même temps, oui, c'est cela, en même temps, le temps demeure.

— Autrefois, la pharmacie était tenue par un homme que j'adorais, tonton Galaktion, dit Otar Nicolaïevitch. Avez-vous entendu parler de lui ?

— Vous pensez ! sourit Boris. Si grand-mère et Bo, je veux dire grand-père, m'ont parlé de lui ! Un homme d'un tempérament volcanique, n'est-ce pas ? Il me semble parfois que je me souviens de lui.

— C'est tout à fait possible, dit Tabouladzé. Vous aviez onze ans lorsqu'il a été assassiné.

— Assassiné ! s'exclama Boris. Grand-mère m'a dit qu'il était mort en prison. Qu'il avait été victime d'une dénonciation calomnieuse du temps de Iéjov et...

Tabouladzé l'interrompit d'un geste brusque, comme s'il tranchait l'air devant son propre nez.

— Il a été assassiné ! Il ne risquait pas plus de sept ans de camp, mais il a été assassiné par un homme qui faisait du zèle et cet homme, nous, à Tbilissi, nous savons son nom.

Dieu m'est témoin que je ne veux pas le savoir, ce nom, songea Boris, sur quoi il demanda :

— Qui est-ce ?

Otar Nicolaïevitch tourna les yeux du côté de Maïka : pouvait-on parler devant elle ? Maïka se recroquevilla. Boris hocha la tête : devant elle ? tout ce que vous voudrez. Aussitôt, Maïka se détendit et une onde de reconnaissance la fit palpiter : une drôle de botanique ! si sensitive !

— Viens t'asseoir sous le platane. — Tout d'un coup, Tabouladzé le tutoyait. — Excuse-moi, je suis ému. Je ne peux pas parler de cela tranquillement, peut-être parce que la chose s'est récemment découverte. C'est une femme qui travaillait *là-bas* qui l'a raconté pour se venger. Tonton Galaktion a été assommé d'un coup de presse-papiers durant un interrogatoire. Un coup de presse-papiers en marbre en plein sur la tempe. Brandi par le bras vigoureux d'un homme jeune, tu comprends, non, ah, malédiction ! Il a été tué par mon cousin, c'est-à-dire son propre neveu, Nougzar Lamadzé. Tu en as entendu parler ?

— Oui, articula Boris. Ma mère m'a parlé de lui, une fois. C'est un haut gradé de *là-bas*, oui ?

Tabouladzé acquiesça.

— Oui, il est général, mais cela ne le sauvera pas.

Dieu m'est témoin que je n'ai pas envie de parler de ça, songea Boris. Qu'ai-je à faire de tout ça en ce moment, sous la lune, dans le vieux Tiflis, après ma victoire au championnat, Maïka dans mes bras ?

— Qu'est-ce que ça veut dire : « ça ne le sauvera pas » ? demanda-t-il. Que peut-on contre un homme d'un rang aussi élevé ?

Otar Tabouladzé laissa fuser un rire qui n'était pas du tout celui d'un candidat ès beaux-arts et honorable architecte.

— Tu comprends, Boris, les mœurs du Caucase sont encore vivantes. Lamadzé n'a pas seulement tué tonton Galaktion, il a pas mal d'autres Géorgiens sur la conscience. Il a d'ailleurs commencé sa carrière comme tueur à gages. Tout cela finit par s'accumuler. Même de nos jours, certaines familles ne pardonnent pas ces choses-là. Je ne parle pas de moi, en ce moment, tu comprends ? À part moi, d'autres hommes émergent. Tantôt l'un, tantôt l'autre, il en émerge de nouveaux. Des bruits courent, se confirment. Ce misérable ferait mieux de s'en aller de lui-même, plutôt que d'attendre.

Des tourbillons de vent traversaient le feuillage au-dessus de leur tête, agitaient la crinière de Maïka. La lune, penchée « comme une Tatiana », éclairée de sa propre lumière, voguait au-dessus du vieux Tiflis. Un taxi s'arrêta dans une ruelle en pente, on entendit le chauffeur serrer le frein à main. Un gros homme sonna à la porte de la pharmacie. La pharmacienne de garde ôta son châle à grosses fleurs et alla ouvrir. Se peut-il que ces doux petits puissent faire tant de monstruosités, se demandait la lune. J'ai beau repousser ce sujet, il me rattrape toujours, pensait Boris. Mais enfin, après tout ce par quoi tu es passé, tu devrais pouvoir une fois pour toutes comprendre où, avec qui et à quelle époque tu vis ta vie.

## CHAPITRE ONZE

# *Bouffées d'air et de fureur*

Cependant, les méandres se faisaient de plus en plus serrés sur la route de Boris IV Gradov et il n'avait plus le temps de se demander « où, quand, avec qui », il ne lui restait qu'à s'en remettre à son intuition de coureur. Dès son retour à Moscou, il se rendit au Bois d'Argent avec Maïka Strépétova. Il goûtait à l'avance le bonheur avec lequel Mary, se délectant de la présence de son nouveau Kita-Nikita, poserait les yeux sur une nouvelle Nika-Véronika. Il ne doutait pas que Maïka plairait à ses grands-parents. Hélas, une fois de plus, les joies paisibles avaient fui le nid des Gradov. Des nouvelles incroyables, toujours, « du même tonneau » attendaient le motard : Iolka avait été enlevée par les hommes de Béria, Nina était en prison, Sandro sauvagement battu souffrait d'un double décollement de la rétine et était devenu aveugle, l'atelier de la rue Krivo-Arbatskaïa avait été mis à sac, de nombreuses toiles lardées de coups de couteau.

Sous le choc, il s'était écroulé dans le fauteuil grand-paternel et s'était couvert le visage des mains. Dans le silence, seuls montèrent les sanglots de Maïka, frappée de stupeur, et les roulades des oiseaux qui se déversaient du jardin. La première pensée qui vint à Boris fut : « Comment est-ce que mes vieux supportent tout cela ? » Il ouvrit les yeux et aperçut Maïka, assise sur le tapis, le nez enfoncé entre les genoux de Mary et celle-ci, le visage de bois comme chaque fois qu'il arrivait malheur, lui caressant la tête. Au fond de la maison, il vit passer la vieille Agacha qui emmenait Petit-Nikita faire sa promenade au jardin.

Et à ce propos, dans le jardin déambulaient en pyjama rayé deux compagnons d'armes de son père — Slabopétoukhovski et Cherchavy, du Front de Réserve : invités par Agacha, autrement dit en famille, ils étaient venus prendre quelques jours de repos, respirer un peu d'air pur. Ils n'avaient pas oublié d'amener leur arme personnelle, enfin... pour pouvoir se vanter de leur passé guerrier.

Grand-père se tenait près du téléphone, vêtu de son complet officiel, ses décorations sur la poitrine, pâle, absolument droit et même un peu rajeuni, aurait-on dit. Boris entendit, comme le son étouffé d'une télévision : « L'académicien Gradov à l'appareil. Je désire être informé de l'état de santé d'Alexandre Solomonovitch Pevsner. Oui, avisez immédiatement le médecin principal. Je garde la ligne. »

Là seulement, il sentit que ses forces revenaient et avec elles, ou les devançant, qu'un flot très rapide mais uni de fureur le submergeait. Un courant froid, précipité, silencieux qui emplit tout l'espace et en chassa l'air. Bientôt, il ne resta plus rien, son corps était à la fois empli et baigné de fureur. Eh quoi, malgré son froid glacial, il n'était pas impossible d'y vivre, d'agir et même de saisir certaines choses. Cette clique s'imagine que tout lui est permis, même de violer la petite cousine de Boris Gradov ? Erreur !

— À quel hôpital se trouve Sandro ? demanda-t-il posément.

— L'hôpital Helmholtz, dit Mary. Où veux-tu aller, Boris ?

— Alors, voilà, dit-il. Maïka, tu restes ici. Je vais passer rue Ordynka dire à tes parents que tu es OK. Ne vous en faites pas pour moi. Je rentrerai tard ou même très tard. Je téléphonerai de temps en temps.

Maïka acquiesça du geste à travers des larmes de joie. N'en doute pas, Boris chéri, ici, tout se passera bien, ne suis-je pas auxiliaire médicale ? C'était évident, elle était emportée presque à en perdre le souffle par l'idée qu'elle participait, qu'elle était utile, bénéfique, qu'elle était quasi définitivement indissociable de ce Boris Gradov. Malgré son visage de bois, Mary caressait avec amour la tête couleur de paille, cela se voyait, elle était enchantée du nouveau membre de sa famille dévastée. En attendant qu'on lui passe son correspondant, le grand-père fit signe à son petit-fils : « Arrive ! »

— En premier lieu, Boris, ne rentre en aucun cas rue Gorki, ce n'est pas sans danger, lui dit-il, la main sur la membrane du téléphone. En second lieu, peux-tu me dire où tu as l'intention d'aller ?

— Où je figure encore aux effectifs, répondit IV, c'est peut-être le seul endroit où l'on peut nous aider ou nous donner un conseil. En tout cas, où je peux parler sans détour.

— Excellente décision, opina III en regardant attentivement IV dans les yeux. Sois prudent, ne va pas trop loin.

Sans y prendre garde, il passa le récepteur de sa main droite dans sa main gauche et de la droite, un peu tremblante, fit sur son petit-fils le signe de la croix.

À vrai dire, ce n'est pas là où il figurait encore aux effectifs que se dirigeait Boris, pas du tout à la Direction du Renseignement. Si secret et indépendant ce service fût-il, il doutait qu'il s'y trouverait un seul homme qui oserait se dresser contre un membre du Bureau Politique et Vice-Président du Conseil. Il avait un plan d'action assez différent — petit rire entendu —, moins encombrant, c'est ça, plus élégant. D'abord, il s'enfonça, sur sa moto, au plus épais du Bois d'Argent et y retrouva une cache qu'il conservait depuis le temps de ses jeux enfantins avec Mitia Sapounov. Après son retour de Pologne, il y avait enterré un pistolet, un infaillible 9 mm Walter. L'arme était à sa place, graissée, prête pour l'emploi. Et tout comme ce machin, il se sentait lui-même graissé et prêt pour l'emploi. Il était presque sûr qu'il n'y aurait pas de raté.

Pour commencer, il fila au grand galop de sa monture à l'hôpital Helmholtz. Il roula sagement, s'arrêta à tous les feux et tourna selon les règles. À partir de la gare de Biélorussie, de nombreux miliciens reconnurent son héroïque silhouette et la saluèrent : belle victoire, Gradov ! À l'hôpital, on lui donna sa blouse blanche séance tenante, sans égard pour l'imposante file des visiteurs qui attendaient leur tour, et il monta au premier où se trouvait le service postopératoire. On le laissa passer : le personnel devait se dire qu'un jeune homme de si belle apparence avait de bonnes raisons d'être là. Il reconnut Sandro au bout de son nez et à sa moustache. La face emmaillotée de bandes et pointée au plafond, le peintre gisait sur son lit comme une masse. Boris s'approcha à pas lents et appela doucement : « Sandro ! » Le peintre répondit d'une voix tout à fait naturelle : « C'est toi, Boris ? » Il s'assit au bord du lit, tâtonna du bout des pieds, découvrit des savates qui ressemblaient à des chaussons de teille du musée ethnographique et se releva « Donne-moi le bras et allons en griller une sur le palier. »

— Je n'ai presque plus mal, dit Sandro, une fois là. Je peux tout te raconter dans l'ordre. — Et il lui raconta dans l'ordre comment ils avaient attendu Iolka et comment Nougzar Lamadzé était arrivé à sa place après minuit et leur avait rapporté l'« événement émotionnel » et ce qui s'en était suivi.

— Comme tu en parles tranquillement, Sandro, dit Boris. — Il avait depuis longtemps pris l'habitude de tutoyer comme un ami le peintre qui avait le double de son âge.

— C'est la seule arme que je possède contre eux.

Et pas si mauvaise, se dit Boris, surtout si l'on en possède une autre, d'arme.

— Hier, il est venu un type, soi-disant de la Milice, poursuivit Sandro sur le même ton paisible. Il m'a dit qu'il était chargé de l'enquête sur le sac de mon atelier. En réalité, c'était un des leurs. Quand je lui ai demandé carrément où étaient Iolka et Nina, il m'a dit que, bien que n'étant personnellement pas du tout au courant, il supposait que rien ne leur arriverait, à condition que la famille, tu connais l'expression, « ne fasse pas de vagues ». En somme, en somme... — c'est là seulement que sa voix frémit — j'ai traversé toute la guerre... tous les bombardements... tout ça... et voilà que maintenant... cette balle perdue... c'est la fin de tous ceux que j'aime... la fin de mes fleurs aussi...

Un instant, Boris émergea de sa colère froide : d'un irrésistible élan, il serra dans ses bras cet homme ridicule, charmant qui avait toute son affection.

— Viens, je vais te ramener dans ta salle, Sandro. Ne t'inquiète pas, guéris. Tu peux être tranquille, à présent je suis là.

— Que peux-tu faire, Boris ? grommela Sandro. Qui peut quoi que ce soit contre eux ?

— Moi, je peux, répondit Boris en replongeant dans son milieu arctique, froid, mordant.

Trop mordant, peut-être ? Le risque est peut-être trop grand ? Peut-être qu'après cela ils nous extermineront tous ? Quelques misérables tentatives pour aspirer une bouffée d'air ambiant. Non, cela ne te suffira pas. Respire la fureur et fais ce que tu as décidé, c'est ton unique chance. Il avait lu quelque part que le seul moyen de neutraliser un cobra était de lui fourrer la tête dans un sac, il se rappelait même comme cela s'appelait dans le langage des Boers : *krangdadirkejt*.

Il acheta, au kiosque du métro Porte Rouge, quelques barres de chocolat qu'il fourra dans la poche de son blouson stalinien. S'il devait passer vingt-quatre heures sur un toit, elles ne seraient pas inutiles. Le soleil approchait du zénith. Quelque part, à un étage du haut, on entendait une leçon de piano. Il fut soudain saisi d'un sentiment d'ennui colossal, planétaire. Répétition sans fin, solfège de l'ennui. Un hôte pas très opportun, en l'occurrence. Tout envoyer au diable, rien n'avait de sens. Il repartit vers sa moto et là, il aperçut une douzaine de grosses gueules replètes postées en demi-cercle devant la sortie du métro, offertes à la contemplation des foules : les dirigeants, les patrons, et LUI à la première place parmi eux : une tronche soignée et une calvitie si convaincantes que l'on eût cru que chacun devait être chauve. La salvatrice nuée de fureur accourut derechef et sous son ombre, Boris fonça par les boulevards circulaires, à travers la Samotioka et la place Maïakovski, vers la place de l'Insurrection, tourna rue Vorovski, puis dans une cour traversière voisine de la Maison du Cinéma où, sous un orme au vaste feuillage, à côté d'une camionnette déglinguée, dans un patriarcal recoin de Moscou, il abandonna son engin et entreprit l'exécution de son pas très patriarcal projet, en ce sens qu'il était dirigé contre l'un des patriarches de la Patrie.

Il savait où se trouvait le lourd hôtel particulier de pierre grise de Béria, entouré d'une palissade de deux hauteurs d'homme. Le but était de s'en rapprocher le plus possible sans se faire remarquer et de prendre position sur un toit. Si curieux que cela paraisse, il en avait repéré un à l'avance. Une nuit de pleine lune, ils passaient en voiture avec le protecteur du Club des Forces Aériennes. Vasska était soûl, comme d'ordinaire à cette heure. Il avait ricané, avec un mouvement de menton vers l'hôtel : « C'est là que Béria se planque avec sa clique. » Il n'aimait pas Béria en qui il voyait le protecteur du Club Dynamo, rival du sien, et un intime de son père. À ce moment, Boris, qui avait aussi un coup dans l'aile, avait examiné les alentours de son œil d'éclaireur et presque aussitôt repéré un toit qui ferait un bon poste d'observation et même de tir. En théorie, bien entendu.

En pratique, il fallait d'abord suivre la paisible rue Vorovski, franchir la rue Herzen plus animée, s'enfoncer dans les cours traversières qui menaient audit toit, et qui plus est, les suivre, franchir et s'enfoncer de façon à ne pas se faire remarquer d'aucun passant, et encore moins des miliciens qui montaient la garde devant les ambassades étrangères. Faisons appel à notre expérience de Pologne. Deux joueurs de billard, des têtes connues, se dirigent vers la Maison du Cinéma. Monotone va-et-vient d'un gros sergent (qui planque sans doute chez lui des galons de commandant) devant l'ambassade du Suède. Se faufiler sans bruit, vif comme l'éclair, côté ombre. Le sergent, professionnellement entraîné à se rappeler les visages, ne peut rien voir avec son derrière. À présent, on passe devant l'arrêt du trolleybus de la rue Herzen comme un banal piéton, comme si l'on n'avait pas six barres de chocolat dans sa poche et un 9 mm Walter sous son blouson. On tourne tranquillement sous un porche et aussitôt après, on se confond avec le mur, on note toutes les saillies du mur, les barreaux des balcons (Varsovie !), l'état vétuste ou solide des tuyaux de descente, les gouttières, les branches du vieil orme auquel, à la rigueur, devenu un hybride de paresseux et de caméléon, confondu avec les rameaux et les feuilles, on peut se cramponner, les dénivellations, les pignons et les pentes des toits par lesquels, finalement, on atteindra la haute cheminée derrière laquelle, selon nos calculs, on découvrira une partie du secteur intérieur de cette saloperie de « manoir » de la rue Katchalov, ex-petite-rue Nikitskaïa.

Deux bonnes femmes passèrent devant Boris presque à le frôler, du côté de la rue Herzen, c'est-à-dire de la grand-rue Nikitskaïa. L'une d'elles disait : « Vivement qu'il parte au régiment, ce parasite... » Elles poursuivirent leur route sans le remarquer. Il ôta ses lourds godillots et les dissimula derrière un petit réservoir d'eau de pluie. Il calcula son élan et entreprit l'escalade du mur. Non, il n'avait pas perdu l'art et la manière, ses doigts et ses orteils utilisaient toutes les aspérités. Il était presque arrivé à la gouttière lorsque s'ouvrit à la hauteur de son genou une fenêtre d'où s'envola la voix sirupeuse d'un chanteur :

*Dedans la ville de Gorki*
*Où l'aube rosé resplendit*
*Dans un foyer de travailleurs*
*Habite l'élue de mon cœur.*

Une mise en plis permanente se montra et déclara au feuillage d'une voix rauque : « Y a pas l'ombre d'une couille... » La fenêtre se referma. Boris opéra un rétablissement, atterrit sur le toit, se tapit contre la gouttière, palpa de la main la tôle du toit afin de déterminer si elle risquait de se creuser ou de se bomber, puis de se redresser avec un bruit superflu. Un gros chat à la robe brun foncé passa, la queue droite, les guêtres, les babines, le cou blancs, on aurait dit un général anglais. Il ne semblait pas l'avoir vu, ou alors, il témoignait d'une totale neutralité. En tout état de cause, un quart d'heure plus tard, Boris IV Nikitovitch Gradov, officier en disponibilité des commandos du Renseignement, étudiant de troisième année du Premier Institut de Médecine titulaire de l'ordre de Lénine[1], maître ès sports d'URSS, champion de moto-cross catégorie 350 cc, troisième au classement général, était allongé derrière une haute cheminée d'avant-guerre en faïence, donc excellente, et observait la cour intérieure de l'hôtel particulier du maréchal Lavrenti Pavlovitch Béria, vice-Président du Conseil et membre du Bureau Politique du PC (b). Ce qu'il remarqua d'abord fut le nombre médiocre et l'allure nonchalante de la garde. Il faut croire qu'ils n'ont pas peur. Qu'ils ont depuis longtemps décidé que, dans cette ville, ils n'ont personne à redouter. Un tchékiste dans une guérite près du portail, un autre qui fait sa ronde autour de la maison, un troisième qui taille les buissons, on dirait un jardinier en tablier, mais il porte un pistolet dans son étui sur la fesse. Plus personne à l'extérieur. On peut pénétrer à l'intérieur par deux issues : un portillon de fer qui donne dans une ruelle, et l'entrée principale où mène une piste asphaltée en demi-lune. Il sera difficile ou presque impossible d'atteindre Béria s'il entre ou sort par le portillon. Il ne s'y montrera qu'une fraction de seconde. Cette seconde suffirait si l'on tenait déjà le portillon dans sa ligne de mire, mais alors, au cas où Béria entrerait par l'entrée principale, l'on perdrait au changement de cible quelques précieux instants. Des stores épais occultent toutes les fenêtres. Ils vivent comme des chouettes, ils ne voient jamais la lumière du jour. Ils n'ont pas peur des gens, mais de la lumière du jour, ça oui. Il n'y a pas moins de trente pièces, et dans l'une d'elles, peut-être, se

1. C'est l'Institut qui est décoré, non Boris.

trouve la prisonnière de ce salaud, sa petite cousine Iolka, la belle enfant gâtée de toute la famille, musicienne, snobinette, amie délicieuse, merveilleuse. Béria en a fait sa maîtresse. Il se tape notre petite enfant à nous, les Gradov. Il s'envoie du cognac, je suppose, question impuissance, il défonce, il défonce à son plaisir de brute, il pervertit la fillette, il défonce toute sa jeunesse, tout son être, et déverse en elle sa pourriture. Quand tu serais Staline lui-même, tu ne mérites qu'une balle en pleine poire. Ou sous le menton.

Le soleil était déjà au zénith, juste au-dessus de la cheminée. Dans une heure, son ombre se posera sur le tireur, mais en attendant, cela rayonne insupportablement, la tôle est chauffée à blanc, à y cuire des petits pâtés, et impossible de bouger : c'est une position stratégique, il faut la tenir. Il faut entretenir son degré de fureur afin de ne pas dégouliner soi-même sur le toit brûlant. Il ne souille pas seulement Iolka, mais, à travers elle, toutes les femmes de ma vie : ma petite maman Véronika d'outre-Atlantique, et Véra Gorda, et tante Nina, et évidemment Maïka Strépétova que j'ai élue une fois pour toutes, même toutes les putes qui tournent autour du Club et toutes les étudiantes de ma promotion, et même grand-mère Mary, et même Agacha, et Taïssia Ivanovna Pyjikova, la mère de mon nouveau petit frère Petit-Nikita... J'ai pensé à tout, mais j'ai oublié ma casquette dans ma moto, je n'ai rien pour me protéger le citron ; ma bouillotte va se dessouder sur toutes les coutures et je n'aurai rien à léguer au Musée d'Anatomie. Or, l'homme se doit non seulement de consommer, mais de léguer au moins quelque chose aux générations futures. Cela a-t-il un sens ? Peut-être que oui, peut-être que non. Cela fait-il une différence ? Peut-être que oui, peut-être que non. Et te voilà dans l'impasse, mes félicitations. Sacha Chérémétiev, le Schopenhauer en herbe, dirait que tout cela ne mène nulle part, que tout existe simultanément en un nombre infini de copies, tout le passé et tout l'avenir, sans parler du présent où s'embusque interminablement, sur un toit brûlant, un crétin de vengeur complètement fondu, armé d'un pistolet qui lui brûle les doigts. Répétés à l'infini, il y a la cheminée en céramique, le soleil dans le ciel décoloré, sans le moindre nuage, et l'air de *Cœur de Poète*, l'opérette de Strelnikov : À-l'automne-j'avais-dit-à-Adèle-mon-enfant-sans-rancune-nous-nous-étions-quittés-bons-amis-mais-en-avril-elle-est-revenue-une-bouteille-de-rhum-à-la-main-et-j'ai-compris-le-sens-merveilleux-du-mot-adieu-adieu-l'alcool-au-mois-de-mai-adieu-l'amour-lorsque-survient-octobre, et une voix hystérique qui braille un impératif bien moscovite : « Va te faire branler ! »

Centimètre par centimètre, il sortit un mouchoir de la poche de son pantalon, en noua les quatre coins et s'en coiffa le crâne. Il fut un peu soulagé. À travers la substance aérienne que la chaleur rendait perceptible, il examina une fois de plus le jardin intérieur du « manoir » urbain. Il n'y avait plus personne, le jardinier au revolver sur les fesses avait, lui aussi, disparu, seuls dans un coin d'ombre, au milieu d'un parterre de fleurs, se découpaient en tache blanche pareille à une sculpture abstraite les ossements d'un grand animal : vertèbres, omoplates, côtes, citadelle du bassin, on aurait dit d'un éléphant, mais oui, voici les défenses, l'ensemble était assez joli : les restes d'un éléphant abattu par un canon antichar ; l'apothéose de la libre ode maçonnique. Au fait, il y a là-bas un être vivant qui remue, un grand crapaud se déplace à molles claques de son ventre plat sur l'humide tapis herbeux ; de ses yeux figés, il contemple avec un reproche presque intelligible les fenêtres aux rideaux tirés, comme s'il disait : pourquoi me faites-vous ça, je n'aspirais à rien d'autre, en vérité, qu'à la chasteté.

Puis la cour et le jardin s'emplirent de monde. Deux larbins en civil coururent au portail. Il en sortit quelques-uns de plus par la grande porte, les uns en uniforme, la casquette à fond bleu vif, les autres en veston à lourdes poches et gapettes plates auxquelles s'accrochaient des nez-carottes auxquels à leur tour s'accrochaient des touffes de plumes de corbeaux, autrement dit, des moustaches à la caucasienne. Le portail s'ouvrit et deux limousines noires à rideaux crème s'engagèrent sur le demi-cercle asphalté. Il en sortit encore un certain nombre de personnages *ad hoc*. Ils échangeaient des remarques, certains riaient, les poings aux hanches. Ne se moquaient-ils pas de Iolka ? Boris leva son pistolet, et alors tout élément superflu disparut de sa conscience, tout comme le soleil cessa de le brûler. Il ne resta que ces dix mètres que sa cible allait franchir entre sa demeure impénétrable et sa limousine blindée. En ces dix mètres, Boris devait l'atteindre au moins trois fois. Un coup, un autre, un troisième, et tous les maillons du maléfice se disperseraient.

Toute la meute réunie dans la cour se mit en rang, pour un peu au garde-à-vous. Béria se montra sur le perron, en costume clair et chapeau de paille. L'un des verres de son pince-nez envoya à Boris un petit rayon de bienvenue. Assez, appuie sur la détente, tireur du haut des toits ! À ce moment, la trajectoire du tir irréalisé fut coupée par une femme d'âge mûr en robe de soie à fleurs violettes et bleues absolument conforme à l'ambiance générale qui préludait à l'acte terroriste irréalisé. Le rusé Béria s'arrêta : à présent, il était protégé. La femme présentait le flanc au pistolet, mais son flanc était assez vaste pour couvrir l'autre salaud. Elle lui disait quelque chose avec de souples gestes de son bras dénudé jusqu'au coude, comme pour produire des arguments mesurés, mais irréfutables. Aux mouvements de la main correspondaient ceux d'une agréable tête au sommet de laquelle était enroulée une natte aux reflets d'or sombre. Le crâne chauve de Béria dépassait quand même un peu de ce serpent plaqué or. Foin de cérémonies, il fallait frapper ! Il y a souvent d'innocentes victimes dans ce genre de situations. Si la première balle touche la femme, la deuxième atteindra certainement son but. Tous les instants qui suivirent apparurent à Boris comme ceux d'un tir d'entraînement. Béria dit quelque chose, après quoi la femme recula la tête comme sous l'effet d'une gifle. Boris releva son arme : il ne pouvait pas tirer « à travers » cette femme. Béria fit un pas vers la limousine, alors là, il était fichu. Aussitôt la femme en fit autant en étendant les bras d'un geste suppliant. Ils franchirent encore trois mesures, celles d'un ballet, les pas dans les pas. Le lorgnon envoya au tireur des toits un rayon moqueur : Aha, tu ne peux pas, tu te dégonfles ! De chaque côté de la portière de la limousine, il y avait un larbin, l'un en uniforme, l'autre en civil. La scène se concentrait avec un maximum de densité. Béria repoussa grossièrement son épouse qu'il avait jadis extorquée par voie de chantage à la noble lignée des Ghighétchkori, et plongea dans son clair-obscur blindé. Boris aurait encore pu tirer dans la jambe qu'il ramenait, mais cela n'avait aucun sens : un salopard au pied blessé était plus dangereux qu'un salopard au pied intact. La portière claqua et la limousine s'ébranla. Presque aussitôt, la cour et le jardin se vidèrent. Le crapaud accusateur alla se cacher dans les buissons avec force « plouf ! », les os, dans leur coin, dansèrent la danse du matelot triste, puis se figèrent, la femme abattit son derrière fleuri sur le marbre du perron, le serpent plaqué or glissa de sa tête sur son épaule. « Adieu, enfant, et sans rancu-u-u-u-u... » Le disque de la voisine s'était enrayé. Le Gavrilo Princip[1] manqué commença à descendre de son toit. La paume de ses mains sentait le rôti. Il n'avait plus rien à faire ici, il y avait gros à parier que le salopard était parti pour longtemps.

Ses chaussures n'étaient plus derrière le réservoir. Une bouffée de chaleur lui monta au visage, si toutefois l'on peut dire cela d'un homme qui vient de passer deux heures sur un toit brûlant. Se pouvait-il que quelqu'un l'ait vu abandonner ici ses écrase-merde ? Et sinon, à qui, nom de Dieu !, avait-il pu venir à l'esprit d'aller voir, à ce moment précis, ce qui se passait derrière un tonneau plein d'eau de pluie croupie ? Toujours est-t-il que les chaussures manquaient. En tout cas, il n'allait pas les chercher, exiger du destin qu'il les lui rende ! Il fallait se tirer en vitesse.

Il ressortit rue Herzen. D'abord, pas un passant ne s'aperçut de ce que la toilette de ce jeune homme très remarquable avait d'inachevé, alors que d'ordinaire, les Moscovites évaluent au premier coup d'œil la mise de ceux qu'ils vont croiser : faut-il leur laisser la

1. Serbe, auteur de l'attentat de Sarajevo qui déclencha la Première Guerre mondiale.

voie libre ou peut-être leur envoyer un ramponneau ? Puis une fillette admirative se mit à le détailler à seule fin de ne pas l'oublier et béa de stupéfaction à la vue de ses pieds aux chaussettes agrémentées de deux trous de bonne taille qu'il entretenait en permanence faute de couper ses ongles durs comme des griffes. Puis une autre bouche béa, puis encore, et bientôt sa route ne fut plus qu'une succession de petites grottes roses. Quant au bedonnant abruti de l'ambassade de Suède entraîné à tous les imprévus, y compris aux jeunes gens qui se promènent en chaussettes, il se rua vers le téléphone de sa guérite : alerte ! envoyez un peloton de cavalerie !

Contrairement à ses chaussures, sa moto était à sa place. Sans plus réfléchir, comme si cela entrait dans un plan établi à l'avance, Boris fila chez Sacha Chérémétiev, à la Pliouchtchikha. Tandis que le vent de la course le rafraîchissait — enfin ! — il réalisa brusquement qu'il était revenu de sa très intense fureur à son milieu respiratoire ordinaire. Il faut que j'aille chez Sacha, se disait-il, je ne peux plus faire cavalier seul, il faut que je déniche Alexandre, il inventera bien quelque chose.

Par chance, Chérémétiev était chez lui. Allongé sur un divan, un mauvais livre entre les mains, comme de juste. Sa prothèse à côté de lui, telle une sentinelle. Trois rubans tue-mouches pleins d'insectes englués pendaient au lustre. La même lutte se déroulait sous un autre aspect dans la pièce voisine d'où montaient des coups de tapette.

Voyant entrer son ami et remarquant, c'est évident, ses pieds en chaussettes, Chérémétiev fit, avec un sourire ironique : « Comment dois-je l'entendre ? »

Boris s'assit à la table et tendit une main avide vers une cigarette albanaise. Les extra-fortes Diamant qui venaient de faire leur apparition sur le marché étaient aussitôt devenues la marque préférée des extra-forts jeunes gens de Moscou. Certains les appelaient des Dia-Mat, matérialisme dialectique.

— En premier lieu, Sacha, je te propose d'en finir avec ce voussoiement ridicule, dit-il après une première, profonde bouffée.

— Qu'est-ce qui t'arrive ? demanda Chérémétiev en s'asseyant et en reposant son livre.

— Le malheur s'abat une fois de plus sur ma famille, dit Boris.

Il entreprit le récit de ce qui s'était passé tandis qu'il pilotait sa GK-I sur les pentes du Caucase. Tout en l'écoutant attentivement Chérémétiev mettait sa prothèse. Tout à coup, avant d'avoir bouclé toutes les fixations, il blêmit, se mordit les lèvres et, les yeux clos, se laissa aller contre le mur. Cela ne dura pas plus d'une demi-minute, les couleurs lui revinrent au visage. « Continue ! » Ses yeux avaient à présent une expression nouvelle, mystérieuse, intense.

— Voyons, dit-il quand Boris eut achevé, où que c'est-y qu'on en est : Sandro est aveugle, Nina en prison, Iolka on ne sait où... Pour des trucs pareils, ton cobra à quatre yeux, il faut le... — Il pointa trois fois le pouce derrière son épaule droite.

— J'ai déjà essayé, dit Boris en pensant : n'empêche, ce type et moi, nous sommes des bêtes de même race. — Il raconta à Sacha la garde qu'il avait montée sur les toits.

— Ben mon vieux Bob ! se borna à faire Chérémétiev en réponse.

Il se leva, sa prothèse grinça, tout le plancher grinça, il passa devant Boris non sans lui poser fermement la main sur l'épaule, et disparut derrière un petit rideau qui isolait un débarras. Aussitôt, des bottes de l'armée en jaillirent. « Mets ça, c'est juste ta pointure ! », puis il ressortit, un pistolet à la main.

— Tu aurais dû descendre la bonne femme qui était dans le milieu, dit-il d'un ton positif. Enfin, c'est bon. Passons aux choses pratiques. De tout ce que tu m'as raconté, je conclus que nous devons nous entretenir au plus tôt avec le camarade Lamadzé.

Ils étaient déjà dans l'escalier quand Sacha, pris d'une excitation joyeuse, se mit à demander et redemander encore à Boris comment il avait visé, où il s'était posté, de quoi tout ça avait eu l'air.

— Sacha, pourquoi as-tu pâli comme ça, tout à l'heure ? demanda Boris.

Chérémétiev s'arrêta. Il fixait droit devant lui le mur délabré de la cage d'escalier. Quelque chose de cette pâleur, mais fugitive, comme un coup de torchon blanc, repassa sur ses traits.

— La haine, répondit-il brièvement en allant boiter plus loin.

Ils étaient déjà dehors et se dirigeaient vers la moto lorsqu'il prit Boris sous le bras, un geste absolument impropre à un byronien moderne.

— Il faut que je te l'avoue, Bob. Ces temps derniers, j'ai beaucoup pensé à Iolka. Non pas que j'en sois déjà amoureux, mais j'en étais très près. Elle incarnait d'une certaine façon mon idéal de la jeune femme, tu comprends ? Bien sûr, je n'ai fait aucune ouverture et je n'en ferai peut-être jamais. Mets-toi bien ça dans la tête. OK. ? Et pas un mot à quiconque. OK. ? J'ai seulement remarqué que je me baladais trop souvent rue Gorki, dans les parages de la grand-rue Gnezdikovski et, en général, que tout le centre de Moscou m'apparaissait sous d'autres couleurs... Je ne croyais plus que cela pourrait encore m'arriver après ma leçon d'Extrême-Orient.

Le rappel de la « leçon d'Extrême-Orient », de tout le guignol que Sacha avait confessé un soir de biture, heurta Boris : pour lui, on ne pouvait associer Iolka à la « leçon d'Extrême-Orient ». Chérémétiev sembla s'apercevoir qu'il avait froissé son ami.

— En somme, je comprenais bien que je n'étais pas fait pour elle, dit-il.

— Pourquoi cela ? demanda Boris, maussade.

— Tu ne saisis pas ? fit Chérémétiev, répondant à une question par une question, et non sans rage. — Il regrettait déjà de s'être laissé aller aux confidences, mais à qui pouvait-il s'ouvrir, sinon à Boris Gradov ? — Parlons d'autre chose. Ta cousine est l'objet de mes rêves, et c'est tout.

— Une expression presque lermontovienne, sourit Boris.

Son agacement passager avait cédé. Il était heureux d'avoir Sacha à son côté : tout avait repris une physionomie presque naturelle — quoi de plus simple que deux gars armés d'un pistolet sous leur blouson ? La ville est grande, pourquoi deux vengeurs n'y déambuleraient-ils pas ?

— Tu sais bien que je crains toujours ton ironie, fi' de pute, dit Chérémétiev.

— Et moi la tienne.

Ils s'envoyèrent l'un l'autre un bon coup de coude et se mirent à parler de l'« affaire ». D'abord, il fallait découvrir le domicile du général Lamadzé, notre respectable tonton-gendarme. Boris était presque certain que c'était dans l'un des trois blocs d'immeubles neufs de la perspective Koutouzov. On disait en ville que ces massifs châteaux de douze étages aux socles de marbre étaient entièrement peuplés de membres des « organes ». À tout hasard, ils s'enquirent auprès d'un kiosque de renseignements. On leur répondit forcément qu'aucune personne de ce nom ne résidait à Moscou. Nous avons des noms très approchants, mais pas tout à fait celui que vous demandez, jeunes gens. Nous avons par exemple un Lomanadzé, Eliazar Ouchanghiévitch, ou ceci : Nougzaria, Tenghiz Timourovitch, mais votre parent, mes beaux jeunes gens, nous ne l'avons pas. Adressez-vous à la Milice. Alexandre suggéra de le demander à l'*Aragvi*, le restaurant où l'on connaissait sûrement ce célèbre compatriote. Mais il fut le premier à répudier l'idée : les chnoques de l'*Aragvi* iraient tout de suite moucharder à qui de droit que deux gars cherchaient le général. Tout d'un coup, Boris eut une illumination : il fallait demander à Gorda. Il se rappela qu'elle avait un jour parlé du général Lamadzé, dit qu'à la différence de beaucoup d'autres, il se conduisait en véritable gentleman. Elle répondit en personne au téléphone :

— Mon petit Boris, tu as complètement disparu ! — Oui, bien sûr, il se trouvait par hasard qu'elle savait où demeurait Nougzar Serguéievitch. Une fois, ils étaient en bande, il les avait invités chez lui pour faire un peu de musique. Il s'était excusé pour le désordre, sa femme et ses enfants étaient quelque part à la campagne, mais il leur avait néanmoins offert du vin, des fruits, un peu de chocolat et un piano, un piano... — Naturellement, tu ne penses qu'à une chose, Boris, quelle sottise !

Boris lui dit qu'il rapportait un colis de Tbilissi, mais qu'il avait perdu l'adresse. Non, l'adresse, elle ne la connaissait pas, pourquoi la connaîtrait-elle, mais la maison, elle s'en souvenait, oui, oui, perspective Koutouzov, au-dessus du grand *Gastronome*. Je crois que c'est au cinquième... ou au huitième, il paraît que tu es amoureux, mon petit Boris ? D'où je le tiens ? — Elle eut un rire triste. — Il avait déjà raccroché lorsqu'il s'avisa que la construction des immeubles de la perspective Koutouzov avait été achevée après le début de leurs amours éperdues et orageuses. Petite Véra, petite Gorda...

L'immeuble du *Gastronome* possédait trois entrées. Boris entra au hasard au n° 1. Un flic à face de bouledogue, bâillant et se grattant les flancs, y suait sur les mots croisés de *Moscou-Soir*. Boris approcha sans ôter ses lunettes de moto et en martelant fortement le carrelage de ses godasses militaires.

— Le général Lamadzé est-il chez lui ?

— À quel sujet ? demanda l'autre, non sans frayeur.

— J'ai un paquet pour lui.

— D'où ?

Boris ricana :

— Vous posez beaucoup de questions, sergent.

À ce moment, l'ascenseur descendit et le général Lamadzé lui-même en sortit, vêtu d'un complet de gabardine la plus fine, avec nœud papillon bleu marine. Le sergent ouvrit la bouche, mais n'articula rien : sa langue s'était, il faut croire, collée à son palais. Il se borna à indiquer le dos du général qui franchissait l'entrée : voilà à qui votre paquet est destiné, très respectable camarade de la Secrète.

On n'aurait pas imaginé situation plus favorable. Lamadzé se tient sous un jeune tilleul, consulte sa montre, attend sa voiture, selon toute apparence. Par-derrière, sous l'omoplate, à travers deux couches de fin tissu, s'appuie un objet qu'il connaît à un point extraordinaire et dont, cependant, la nature catégorique l'étonne toujours. En même temps, un jeune homme coiffé d'un béret se dresse devant lui avec un sourire grave et compréhensif. Il entrouvre son veston et lui montre la poignée d'un autre objet catégorique qui dépasse de sa poche intérieure. Un ordre jaillit derrière son épaule, droit dans son oreille : « Avancez et tournez au coin de l'immeuble ! »

C'est donc qu'il m'a quand même trahi, se disait le général en avançant et tournant au coin de l'immeuble. En quoi lui ai-je déplu ? Lirait-il mes pensées, par hasard ? Ou bien n'a-t-il plus rien à faire d'un trop grand dévouement ? Qui m'a vendu ? Koboulov ? Méchik ? De quel Service sortent-ils, ces deux-là ? Pas du nôtre, on dirait. Du Renseignement extérieur ? Chose étrange, leur groupe passa sans se faire remarquer dans la cohue de l'heure de pointe, devant les échafaudages d'un immeuble en construction, et pénétra dans une rue latérale. Le général Lamadzé s'attendait à y trouver l'habituelle voiture noire qui l'emmènerait vers le massacre et vers la honte, autrement dit, presque tout droit à la casse, cependant, il n'en fut rien. Cela sort curieusement de l'ordinaire, s'avisa-t-il. Et si c'étaient de simples voleurs ? pensa-t-il encore avec un sentiment de bonheur. Ils vont me déshabiller, il y a mille roubles dans mon portefeuille... La belle blague ! Un général de la Sécurité d'État dévalisé par des voleurs près de sa propre maison !

Il n'avait pas encore aperçu celui qui le menaçait par-derrière et à droite et lui enfonçait sous la dernière côte la gueule de son « persuasif », mais dès qu'il fit mine de tourner la tête, celui-ci lui dit d'une voix dure : « Quand on a un pistolet dans les côtes, on se tient tranquille, tordu ! » Dehors, on découvrait l'arrière de l'hôtel *Ukraina* où l'on achevait d'installer un grand square, il y avait des bancs galbés en échine de lion et des poubelles imitant des urnes antiques. Quelques nounous y pâturaient déjà leurs bambins haut placés.

— Où m'emmenez-vous ? questionna Lamadzé avec un semblant de menace dans la voix. Qui êtes-vous ? C'est de l'argent que vous voulez ?

— Nous ne sommes pas des voleurs, Nougzar Serguéievitch, fit la première crapule, un boiteux. Asseyez-vous sur ce banc, là. — Les battements de son cœur retentirent dans tout son corps, se répercutèrent lourdement dans ses bras, ses jambes, sa tête, tout son ventre. « Ils savent mon nom, ils agissent avec un savoir-faire dont mes fausses couches n'oseraient même pas rêver ! » Traînant sur ses jambes où battait un pouls pesant, il parvint jusqu'au banc, s'y laissa tomber, et aperçut alors son premier ravisseur, un gars en blouson de cuir et lunettes de motard remontées sur le front. Cheveux cuivrés, visage hâlé, un type presque caucasien et de grands yeux clairs, quelque chose de très familier, un peu comme...

— Je suis Boris Gradov, dit le ravisseur.

Nougzar éclata en sanglots.

— Boris, Boris, balbutiait-il à travers ses soupirs et ses larmes, puis à travers son mouchoir. Tu es fou, Boris ! Je t'en supplie, arrête ! Ne comprends-tu donc pas que, pour ça, on vous écorchera vifs au sens propre du terme ? Au sens propre, au sens propre, Boris, pour l'agression contre un général du MGB, on vous lèvera la peau au sens propre du terme ! Boris, Boris ! J'étais l'ami de ton père, j'ai accompagné ta mère lors de son départ pour l'Amérique...

— Ta gueule ! gronda Boris à mi-voix. Pas un mot de maman ! À quoi bon ces nerfs, général ? Vous ne comprenez donc pas que nous ne jouons pas ? Vous n'avez pas compris de quoi il s'agit ?

Nougzar se moucha, demeura quelques instants le visage enfoui dans son mouchoir, puis parla sur un ton tout différent, dur :

— Ce que je peux faire de mieux pour vous, jeunes gens, c'est de ne pas révéler ce qui vient de se produire à qui de droit. Et maintenant, allez vous promener et laisser-moi en paix.

Boris s'assit à côté de lui et dit à Alexandre Chérémétiev, par-dessus sa tête :

— Tu te rends compte d'un changement d'humeur ?

— Le général est déprimé, opina son ami. Mais il n'a pas encore saisi. Il va falloir lui expliquer.

Il prit Nougzar à la gorge de la main droite et lui comprima la carotide une seconde. Une seconde qui contenait une infinité de fractions de secondes, le couchant s'obscurcit, ou plutôt son reflet dans les fenêtres de l'hôtel géant, un reflet dans lequel se révéla la quintessence de l'enfance de Nougzar, l'essence très tendre du futur assassin. Tout à coup surgit, éclipsant tout, une soirée d'octobre 1925 à la datcha des Gradov, au Bois d'Argent, une lezghienne qui se déploya parmi les pins et les étoiles et emprunta une voie qu'il aurait pu suivre et n'avait pas suivie. Et donc, aussi longtemps que le sang frais cessa d'avoir accès à son cerveau, une seconde, Nougzar, tête baissée, pareil à un esquif soulevant dans la nuit des lames blanches, se plongea de plus en plus dans le sens réel des choses, jusqu'au moment où Chérémétiev desserra son étreinte, et alors le sang se précipita où il convenait, la vie et la réalité se rétablirent et, au lieu de leur sens réel, naquit une terreur persistante, absolue.

Après cela, il jura aux jeunes gens de leur dire tout ce qu'il savait et se mit aussitôt à mentir. Non, il n'était pas au courant de cette affaire, généralement parlant. Généralement parlant, il n'est pas au courant des détails du tout, des grands traits seulement, généralement parlant. Les camarades m'ont demandé de rassurer la famille, rien de plus, généralement parlant. Et à cette heure, ni généralement parlant ni en particulier, il ne sait où se trouve Eléna Kitaïgorodskaïa. Mais il pourrait essayer de se renseigner. En somme, il essayerait de savoir si elle était en ville où à la datcha et quelles étaient ses perspectives, voyons, généralement parlant, de retrouver sa famille. Ils pourraient se revoir demain ici même. Il leur garantit la sécurité, voyons, bien entendu, généralement parlant, il leur donne sa parole d'honneur d'officier. Qu'aurait-il pu dire d'autre à ces fous, comment ne pas mentir ?

— C'est parfait, dit Boris. Demain à la même heure, huit heures moins le quart, vous viendrez ici avec ma cousine. Si vous vous présentez sans elle, Nougzar Serguéievitch, fi' de pute, vous n'y couperez pas. Tu es découvert, espèce de brute, salaud ! Je sais que tu as tué tonton Galaktion avec un presse-papiers en marbre.

Et je ne suis pas seul à le savoir, canaille, fausse couche ! Tu as défiguré et rendu aveugle Sandro, ce qui est, à soi seul, impardonnable ! Tu es caucasien, tu sais comment ces choses se traitent, en l'occurrence, nous sommes prêts à te descendre sur place. Ta seule chance de sauver ta saloperie de peau est de me ramener Iolka ici demain. Ensuite, il faudra libérer sa mère, et tu feras pour cela tout ce qui est en ton pouvoir, car ton sort est désormais tributaire du sien. Nous ne l'oublierons pas. Et puis encore ceci : ne viens pas nous brandir la menace de la torture, nous avons ce qu'il faut pour y couper. Et s'il nous arrivait malheur, il s'en trouverait deux autres pour nous remplacer... — Là, pour la seconde fois, le terrible général éclata en sanglots hystériques et se boucha les oreilles pour ne pas entendre ces cruelles paroles.

— Tu ne sais rien, Boris, gargouillait-il, rien de ce qui s'est passé en réalité...

— Si on en grillait une, camarade, chantonna alors Sacha Chérémétiev en sortant sa boîte plate décorée d'une silhouette sombre, quelque chose d'oriental, palais ou mosquée.

Un milicien, un peu intrigué, avançait à pas lents. Chacun piocha une cigarette. « Elles sont fortes », fit Nougzar Serguéievitch en toussant juste au bon moment : le flic sourit et passa. Et il y avait de quoi : voilà un citoyen convenablement vêtu qui abuse de l'alcool avant la tombé de la nuit !

— Eh bien, comptez sur moi pour me renseigner au maximum, dit Boris, reprenant un ton poli. À présent, rentrez chez vous, Nougzar Serguéievitch, et n'oubliez pas que les heures passent.

Durant quelques instants, ils suivirent des yeux le personnage vacillant qui s'éloignait, un Lamadzé qui semblait pour de bon tenir une fameuse cuite.

— Ce type, c'est un tas de merde, articula Chérémétiev avec quelque chose comme de la compassion. Inutile de compter sur lui.

— J'ai encore une solution, dit Boris. Tu devines sûrement laquelle.

— Bon Dieu, grommela Chérémétiev, elle est encore plus dangereuse que celle du toit. Et si on attendait demain ? Peut-être qu'il la ramènera, Iolka ? Comme il est, matériellement parlant, au plus proche de Béria, il pourrait...

— J'ai soif, dit brusquement Boris. Je crois que mes nerfs sont en train de lâcher, moi aussi. Excuse-moi, mais je n'ai pas la force de rester là à attendre pendant qu'elles sont là-bas. Tu comprends, je suis maintenant à la tête du clan des Gradov et j'ai les tripes nouées de frousse. Mes mains ne tremblent pas encore, je peux tirer, mais à quoi ça sert ? Sacha, mon vieux Sacha, comme ils nous ont tous baisés ! Nous nous sommes trompés d'objectif, après la fin de la guerre...

Chérémétiev se leva d'un jet, fit une légère grimace en sentant sous son genou sa douleur familière et entraîna son ami par le bras.

— Viens, je connais un coin, tout près, où ils servent du cognac.

Ce soir-là, le Club des Forces Aériennes faisait une bringue à tout casser. Il avait entièrement loué la Maison de la Culture des usines « Le Caoutchouc ». Ils avaient ramené de Kazan une dizaine de jazzmen d'Oleg Lundstroem. Les plus jolies nanas de Moscou avaient rappliqué. Les tables croulaient sous le cognac et le champagne. À côté des brochettes en provenance de l'*Aragvi* trônaient en masse des boîtes de gâteaux. Faites la fête, compagnons ! Tu as envie de viande ? Mâche ! Tu as envie de dessert ? Barbote dans les crèmes ! Le commandant adjoint de la Région militaire de Moscou, le général d'aviation Vassia Staline, déployait toute son envergure.

Il avait des raisons de se réjouir. Le Club des Forces Aériennes devenait sans conteste l'unité sportive dominante du pays, damait le pion à la Maison Centrale de l'Armée Rouge et à Dynamo, sans compter les minables syndiqués du Spartak. Dans les équipes olympiques qui partiraient dans quinze jours pour Helsinki, il y avait beaucoup de membres du Club — joueurs de foot, de basket, de volley, boxeurs, lutteurs, gymnastes, athlètes légers, joueurs de water-polo, nageurs, tireurs, etc., etc., etc. Bref, on ne s'était pas donné du mal pour rien, il y avait du monde pour défendre la gloire de la Patrie.

Cet événement inouï, la première participation de l'URSS aux Jeux Olympiques de son histoire, excitait tout Moscou. Hier encore, les journaux qualifiaient les Jeux de honteuse perversion de la culture physique des masses laborieuses destinée à abrutir le prolétariat, de moyen de le détourner des soins quotidiens de la lutte des classes. En contrepoids à ces abominations, défilaient fièrement depuis les années vingt les Spartakiades, c'est-à-dire les authentiques fêtes de la culture physique et de la santé morale. On n'encourageait pas trop l'emploi du mot « sport », il était trop anglais, essentiellement « non soviétique », somme toute, ce n'est qu'après la guerre qu'il s'était implanté dans l'usage, en attendant que la retentissante nouvelle n'éclate : « l'URSS rejoignait le mouvement olympique ». Et voilà Avery Brandedge, l'habile Américain, président du Comité Olympique mondial qu'hier encore l'on n'appelait pas autrement que le « valet de Wall Street », qui arrive à Moscou et qu'on rassemble une énorme équipe de toutes les disciplines qui ira se battre dans les stades, prouver en actes et non en paroles la suprématie du sport soviétique et de notre réalité. Les journalistes occidentaux férus de propos oiseux et d'informations sensationnelles ne peuvent que s'interroger sur le sens de la mystérieuse manœuvre d'oncle Joe : suppression du rideau de fer ou répétition de la Troisième Guerre mondiale ? Les Soviétiques auraient peut-être quelque raison d'imaginer entre Staline père et Staline fils la conversation que voici : « Tu es sûr qu'on ne va pas perdre, Vassili ? » demande le père. « Je suis sûr qu'on va gagner, papa ! » s'exclame le jeune et fougueux général. « Et tu n'as pas peur de l'Amérique ? » fait le Maître avec un clin d'œil matois. « Est-ce à nous d'avoir peur, père ? » Puis commencent les célèbres allées et venues d'un bout à l'autre du cabinet. Réfléchit-il ou bien mène-t-il à bonne fin quelque affect fondamental ? Allons, qu'ils aillent jouer ! finit par conclure le vieux caïd. Pourquoi ne joueraient-ils pas un peu avec les autres, à la fin des fins ? Il est mieux que Iachka, il ne s'est pas laissé faire prisonnier. Il ressemble à la pépée que j'ai serrée de si près, une fois, dans notre planque de Sestroretsk, mais oui, à sa mère. Qu'il s'amuse un peu, ce général... Voilà quelle scène pourrait imaginer un Soviétique, et le plus drôle, c'est qu'il y a bien des chances pour que ça soit comme ça que ça se soit passé. Vasska, qui était fou de sport, avait profité de la bonne humeur de son père pour lui soutirer son accord quant aux Jeux Olympiques. Comment nous demanderiez-vous encore d'expliquer qu'une aussi incroyable décision ait été prise au plus fort de la guerre froide contre l'impérialisme américain et le révisionnisme yougoslave, alors qu'on se lançait déjà des gamelles portées au rouge dans la presqu'île de Corée.

Boris et Maïka Strépétova arrivèrent au *Caoutchouc* à dix heures passées, alors que le bal battait son plein. Les jazzmen que l'on avait fait venir de leur bled de Kazan se défonçaient à votre bon plaisir sur des rythmes interdits, en particulier, à l'arrivée de nos héros, sur *The Woodchoppers Ball* ou, comme l'annonça le « roi du swing des pays de l'Est » aux cheveux plaqués et à la petite moustache : *Le Bal des bûcherons* du compositeur progressiste Woody Hermann. Les sportifs et leurs petites amies guinchaient chacun comme il pouvait. Quelques zazous qui s'étaient enquillés jusqu'ici leur montraient comment il fallait faire sur le modèle des films américains des années trente.

Boris se regarda dans la glace, ainsi que Maïka. J'ai vraiment une sale gueule, mais toi, ma chérie, tu représentes brillamment les champs de blé de notre patrie avec leurs mauvaises herbes — bleuets et coquelicots. Quand, à la nuit tombée, tout charbonneux, les mains écorchées, il avait resurgi au Bois d'Argent pour l'emmener à ce bal mystérieux, elle avait tout juste eu le temps d'enfiler une petite robe de Tbilissi, de remonter ses gerbes de blé et de les fixer avec des épingles. L'impression générale était assez réussie : oui, justement, du blé mêlé de mauvaises herbes. Boris, avec son complet froissé et sa cravate de travers, avait l'air d'un sauvage, somme toute, lui aussi à l'unisson.

« Grad a une nouvelle nana ! » — Le bruit courut dans toute la salle. « Grad est là avec une nouvelle conquête. » Gricha Gold, joueur de water-polo, incarnation de l'élégance baltique de l'Ouest, baisa la main de Maïka, ce qui la (la main) fit sursauter comme une grenouille de laboratoire.

— Mes amis, vous a l'air sorti au moment la meule de foin. — Gold eut un sourire charmant, puis s'en fut nager dans les eaux de sa partenaire.

— On dirait Tarzan, fit Maïka, admirative. Un Tarzan en costume dernier cri.

Ils s'assirent au bas bout de l'immense table en fer à cheval et Boris se versa et avala instantanément un quart de cognac. L'ingénue Maïka ne broncha pas : elle n'avait pas la moindre idée de ce qui risquait d'arriver. Elle débordait des récents événements de sa vie : la venue du prince charmant, la fuite au Caucase, les premières découvertes de l'amour, l'entrée dans le clan des Gradov et le coup de foudre pour grand-mère Mary... Elle ne comprenait pas encore au juste quel malheur s'était abattu sur la famille, mais déjà, avant de les avoir vus, elle aimait tante Nina et tonton Sandro, et cette Iolka que l'on avait enlevée. Le principal consistait en ceci qu'elle s'était trouvée au Bois d'Argent au moment le plus propice, que ces gens avaient eu besoin d'elle, et comme nouveau membre de la famille, et comme — et ce n'était pas ce qui comptait le moins — auxiliaire médicale. Par exemple, aujourd'hui à midi, quand la si gentille Agacha s'était trouvée mal — une défaillance nerveuse — elle lui avait immédiatement fait une piqûre de monobromate de camphre.

Et à présent, elle se trouvait à ce drôle de bal où l'on joue ouvertement la *Caravane* de Duke Ellington au saxophone, un instrument bourgeois, où des filles minces-minces au visage de poupée se serrent sans se gêner contre de grands costauds, où tout le monde la guigne avec une curiosité étrange. Et ça, c'est formidable : d'être assise à côté de l'homme de sa vie et d'être le point de mire de tous les regards.

Puis Boris l'entraîna sur la piste de danse, l'enlaça, pour ne pas dire qu'il plaqua ses pognes sur son dos délié, et fendit avec détermination la foule en direction d'une table isolée dans une niche dont les occupants étaient nettement disposés non à danser, mais à parler.

— Salut, les autorités ! s'écria Boris non sans culot tout en marquant le pas à proximité, avec sa meule de paille.

— Boris, bite de phoque ! — Quelqu'un, du milieu de la table, lui fit un signe de main. — Où avais-tu disparu ? Viens t'asseoir avec nous, qu'on boive un coup !

Encore un instant, et voilà Maïka installée parmi des gens sérieux : les uns en uniforme, les autres en stricte cravate. Au centre, à côté d'une forte femme aux joues roses, un jeune homme en tunique sombre dont les traits n'ont rien de repoussant, c'est lui, justement, qui a interpellé Boris sur ce mode pas très mondain. À présent, il lui fait de l'œil en hochant la tête.

— Te voilà une nouvelle camarade, à ce que je vois ? — Il parcourt Maïka des yeux en bon maquignon —. Tout à fait sortable, cette camarade. — À présent, c'est à elle qu'il fait de l'œil.

— Comment t'appelles-tu ?

— Maïa Strépétova. Et toi ?

La tablée hurle de rire. Le jeune homme aussi.

— Appelle-moi Vassia, dit-il en lui versant du champagne.

La conversation reprit. Chose étrange, elle roulait non sur le sport, mais sur le légendaire — dans les cercles initiés — bombardier 7B-7, *alias* Pe-8. Les gens qui entouraient V.J. Staline ce soir-là étaient des constructeurs d'avions et des pilotes d'essai de premier rang. L'un des constructeurs, Alexandre Mikouline, au crâne rasé, au nez proéminent et à la veste ornée de deux décorations, affirmait que le bombardier battait sur tous les points les forteresses volantes américaines, et même les super-forteresses. Son plafond est de douze mille mètres et sa vitesse est supérieure à celle des chasseurs allemands. Cela, déjà, le rend invulnérable, demandez-le à Poussep qui l'a piloté tant de fois au-dessus de l'Allemagne...

Le lieutenant-colonel Poussep opina avec un modeste sourire. « Effectivement, à cette altitude, les obus de DCA arrivent en bout de course et les appareils d'interception qui rament en dessous comme des mouches endormies s'offrent comme cibles à mon artillerie. Quant au voyage de Molotov en Angleterre, Vassili Iossifovitch vous le confirmera, nos derniers vols attestent que la DCA allemande a été incapable de nous repérer, ils ignoraient tout bêtement que nous nous baladions au-dessus de leur tête. C'est juste, Vassili Iossifovitch ? »

Staline jeune hochait la tête et levait à chaque fois son verre : buvons au modeste Poussep ! Quelqu'un interrogea Mikouline sur le cinquième moteur, le moteur « secret ». D'où connaissez-vous son existence ? Mikouline plissa les paupières au-dessus de son tarin. Tout le monde la connaît, son existence, lui répondit-on. Mais, comme qui dirait, personne ne doit connaître son existence. Et quand même, tout le monde connaît son existence... Et tout le monde de rire et de s'envoyer des coups de coude.

— Je serais curieux de savoir, intervint le champion de motocross d'URSS, catégorie 350 cc, je serais théoriquement curieux de savoir pourquoi, si au début de la guerre nous disposions de ce bombardier, pourquoi, nom de Dieu ! nous n'avons pas pulvérisé Berlin ? Là, les rires s'arrêtèrent net, car le champion, par naïveté, bien entendu, avait effleuré un sujet vraiment tabou, celui de l'arrêt de la production en série des TB-7 (Pe-8). Elle avait été stoppée, comme le savait chacun des présents, au niveau le plus élevé, et échappait ainsi à tout examen.

— Tu ferais mieux de laisser tomber les considérations stratégiques, Boris, dit Vassia, de cet air bon enfant qui bien souvent, comme ils le savaient tous, se muait en explosions d'incroyables grossièretés, poings furieusement brandis en l'air. — Arrête tes conneries. Tu es un grand coureur et je te rends hommage. Buvons à Boris Gradov ! Dommage qu'il n'y ait pas de moto aux Jeux Olympiques, tu serais devenu champion.

— Et du tir, il y en a ? — Le coude appuyé au bord de la table, Boris Gradov se pencha vers le « chef ». — Pourquoi ne m'y emmèneriez-vous pas comme tireur ? Vous savez bien qu'en cette discipline, je ne déshonorerais pas le Club. Vous le savez bien, n'est-il pas vrai, vous m'avez vu, il me semble, sulfater au FM, c'est vrai ? Les petits calibres aussi, je sais faire, tous les gars des commandos vous l'auraient confirmé. — Il plongea la main dans sa poche intérieure. Autour de la table, il y eut un mouvement d'inquiétude. Le champion était penché au-dessus d'une belle collection de hors-d'œuvre, sa cravate plongeait dans un verre d'eau minérale, et à travers les mèches qui lui retombaient sur le front, ses yeux — ceux des Gradov — dardaient sur le « chef » la flamme froide de l'ivresse.

— Qu'est-ce qui te prend de faire le con ? s'écria Vassia d'une voix aiguë en travers de la table. Allez, sors ce que tu as dans ta poche !

Boris sourit, sortit son pistolet, le montra à la ronde. Un 9 mm Walter, caractérisa Poussep à mi-voix.

— Pose ton flingue sur la nappe, continuait à brailler le fils de l'URSS. — Et avec un coup de poing sur la table : — Bas les armes !

— D'accord, à condition que vous répondiez à une question : puis-je vous considérer comme un ami ?

— Bas les armes sans aucune condition, pauvre corniaud, pauvre poivrot ! — Vassili Iossifovitch se leva en envoyant promener sa chaise.

Boris Gradov en fit autant et recula même d'un pas. Il faisait trois choses à la fois : de la main gauche des gestes doux, amortisseurs, donc apaisants à l'égard de Maïka complètement ahurie ; du visage, il dardait un étrange rayonnement d'ivrogne vers le « chef » ; et enfin de la main droite armée de son pistolet qu'il balançait alternativement de droite à gauche et de gauche à droite, un geste d'avertissement à l'égard des autres : on ne bouge pas ! Ceux des danseurs qui pouvaient voir la scène étaient suffoqués, cependant, la plupart continuaient à crâner langoureusement au rythme de *Besa me mucho*.

— Je maintiens mes conditions, Vassili Iossifovitch. Puis-je vous considérer comme mon ami ? articula Boris.

Cela durait depuis quelques minutes. Déjà, derrière Boris, quelques boxeurs s'étaient détachés, ainsi qu'un décathlonien qui ressemblait au symbole de la classe ouvrière tel que le sculpta Moukhina[1]. Le fils de l'URSS était lui-même, avouons-le, bigrement ivre. Il se sentait bouillir de rage, mais pas du tout contre Gradov, au contraire, il éprouvait pour cet imbécile une sorte de sympathie béate, comme s'il était partie de cette rage dirigée non contre quelqu'un ou quelque chose de précis, mais dans toutes les directions à la fois. Il avait presque sombré dans les vapes quand il s'accrocha à l'idée que tout, ici, dépendait de lui, que lui seul pouvait sauver la situation et tous ces pouilleux, toute cette aviation de merde, et tout ce sport de trois fois merde. Alors, il contint ses bouillons de rage. Il fit le tour de la table et se dirigea droit sur Boris.

— Bon, admettons, nous sommes amis, range ton artillerie, sacrée bite de phoque. Viens causer.

Le Walter disparut aussitôt du décor. Boris boutonna sa veste et repoussa ses cheveux en arrière. Très content, Vassili Iossifovitch renvoya du geste les boxeurs qui lui offraient leurs services. Mikouline, le constructeur de moteurs, y alla de sa flatterie tonitruante : « Ça, c'est une leçon de tenue ! »

Installé dans le bureau du directeur de la Maison de la Culture, Boris disait à son « ami » que sa cousine avait été enlevée par Béria. Vasska éclata de rire : « Tu n'es pas le seul dans ton cas, ma foi, pas le seul ! Dès qu'il voit une jolie fille, Lavrenti bande. » Boris rétorqua qu'il se foutait pas mal des *autres* jolies filles, et que dans l'immédiat, il s'agissait de *sa* cousine. Vassili Iossifovitch n'était pas sans savoir ce que lui, Boris, avait fait en Pologne. Si on ne lui rendait pas Iolka sur-le-champ, il était prêt à répéter certains de ces exploits. Le fils du Maître s'abandonna à un regain de gaieté. J'imagine ton entrevue avec Lavrenti ! Je ne te savais pas aussi naïf. Pourquoi fais-tu tout ce ramdam ? Ta petite cousine a perdu son pucelage, et alors ? Et si elle se trouvait bien avec notre vieux péteux à lunettes, qu'est-ce que tu en sais ? Sur ce terrain, Lavrenti bat tous les records du gouvernement ! Boris abattit le poing sur le

1. Véra Moukhina (1889-1953), femme sculpteur, auteur de nombreuses œuvres de « propagande monumentale », et notamment de *L'Ouvrier et la Kolkhozienne* qui illustra le pavillon de l'URSS à l'Exposition de Paris de 1937.

bureau directorial dont la glace s'étoila en hérisson. Ce n'est pas ainsi qu'il s'était imaginé la conversation avec son « ami ».

— Je crains de devoir quitter les lieux. Par telle fenêtre, et telle rue désignée à l'avance, comme à l'école des commandos. Je me tire corps et biens dans la jungle des grandes villes.

En réponse, le fils du Maître abattit son propre poing sur le hérisson étoilé. Les éclats de verre volèrent en tous sens découvrant les notes plus que louches du directeur de la maison.

— Devant qui oses-tu taper du poing, putain de ta mère, Grad-la-honte ? Qui a fait de toi un champion ?

Ils se fusillaient du regard, les trois quarts de Géorgien un quart de Russien.

— Un champion ? La Patrie, le Parti, le grand Staline, tout ça en ce moment, je n'en ai rien à branler.

— Rien à branler ? Tu as envie de voir la Kolyma, putain ?

— Je ne me laisserai pas prendre vivant, Vassili-comment qu'on vous appelle... — Furieux rires d'ivrogne de part et d'autre vis-à-vis... — ce n'est pas pour rien qu'ils m'ont appris quelques bricoles, aux commandos.

Le fils du Kremlin se leva soudain, alla ouvrir les trois fenêtres du bureau.

— Allez, Boris, on se dessoûle ! Vide ton sac dans l'ordre !

Et l'air de la nuit étoilée pénétra comme un flot extraordinaire de jeunesse à l'intérieur de toute cette saloperie. Cinq minutes plus tard, le fils du Kremlin interrompait son champion :

— Je vois. Tu comprends naturellement, Boris, que je suis ta seule chance ? Donne-moi la main, enfant de putain, je promets de t'aider. Voici mes conditions : tu vas me remettre ton pétard et tu ne sortiras pas de cette pièce jusqu'à mon retour. Trois de mes gars vont rester avec toi. C'est compris ? Si tu refuses, je fais venir une patrouille et je raye pour les siècles des siècles ton nom des glorieuses cohortes du Club des Forces Aériennes. C'est clair ?

Il consentit. D'une démarche nette, sobre, disons à peine ivre, Vassili Iossifovitch Staline retraversa la salle du banquet. « Je reviens dans une heure, dit-il à sa bande. Avec Boris », ajouta-t-il en apercevant les yeux bleus pleins d'épouvante de Maïka. Sa femme, la nageuse dont la robe de soie épousait les formes delphiniennes, s'élança à sa suite. « Je vais avec toi, Vassia ! » Il voulut d'abord repousser cet élan de fidélité, mais ensuite, avec un petit rire, il prit sa digne moitié sous le bras. Deux gardes du corps de l'équipe de judo les suivaient déjà.

— Mais qui c'est, ce Vassia ? demanda Maïka en portant ses mains à ses joues.

— Le fils de Staline, répondit quelqu'un.

— Nom d'un petit bonhomme ! exhala-t-elle.

Il y avait là quelque chose de disproportionné. Le fils de Staline, c'était le peuple tout entier, un océan de têtes, mais voilà qu'il y avait une tête de plus, isolée, le fils personnel de Staline, le fruit de ses plaisirs amoureux. Se pouvait-il que Staline ait jamais fait ça ? Maïka ôta ses mains de ses joues en feu. Tout le monde la regardait, pour le moins, tous les hommes. Ils me regardent, se dit-elle, comme si j'avais un rapport direct avec chacun d'eux. Mais il y en a qui sont tout à fait vieux, qui ont au moins cinquante ans. C'est un des côtés bizarres de la vie : les vieilles de cinquante ans n'ont aucun rapport avec les garçons de mon âge, alors que les vieux de cinquante ont, avec les filles de dix-huit ans, un rapport tout à fait fondé. En tout cas, ils nous regardent comme s'ils nous invitaient à les suivre. Des vieux pareils ! En tout cas, c'est comme ça que ceux-là me regardent, comme s'ils avaient envie de s'amuser. Et même comme s'ils étaient sûrs que je n'ai rien contre.

L'un de ces vieux, un solide bonhomme aux oreilles décollées, aux lèvres lippues, au nez bourgeonnant et aux yeux minuscules, pareils à des gouttelettes d'huile de tournesol, vint s'asseoir près d'elle.

— Nous ne nous sommes pas encore présentés, ma beauté.

— Maïa, balbutia-t-elle.

— Micha, se présenta le vieux en enchaînant : Académicien. Général.

Puis il souleva le bras de la jeune fille par le poignet et par le coude, précautionneusement, eh bien, disons, comme si c'était un poisson.

— Venez danser, Maïa.

Ils dansèrent au son de la lente et suave musique de *Au froufrou de tes cils*, le spectacle de marionnettes. Lorsqu'ils pivotaient, le vieux serrait très fort contre lui la fillette qui flambait des trois couleurs du spectre. Il avait le ventre rond, mais très ferme, et une concrétion encore plus dure en dessous. D'un ton légèrement pâteux, plein de « euh... » et de « meuh... », il lui raconta quelle superbe datcha il avait à Yalta où il avait parfois envie, ma petite fille, euh, meuh, d'aller se réfugier. Maïka s'écarta du ventre en ballon de football et échappa à la main chercheuse. « Fous-moi la paix, s'écria-t-elle d'une voix tapageuse, comme Alla Olegovna dans sa cuisine. Où est Boris ? Où avez-vous chambré Boris ? »

À coups de coude et d'épaule, et parfois même de tête, la fillette traversa la foule des danseurs.

Le fils du Maître avait pris le chemin de ce que l'on appelait la « datcha de banlieue » de son père, située sur la route de Kountsevo, à Matvéievskaïa. Il conduisait lui-même sa Buick décapotable. Sa femme-dauphin se laissait amoureusement aller contre lui. Son aide de camp et les deux judokas occupaient le siège arrière. La voiture filait sur l'axiale sans tenir compte des feux rouges. Les flics de la circulation se mettaient au garde-à-vous : c'est le fils ! Dix minutes ne s'étaient pas écoulées que la Buick atteignait le portail derrière lequel une garde invisible coucha en joue toute la compagnie.

Tandis qu'il filait au sifflement de la course dans la nuit de Moscou, le fils du Kremlin avait retrouvé toute sa lucidité. Un instant, dans son ciboulot offert à tous les vents, une pensée surgit : Pourquoi est-ce que je fais ça ? Père est capable de se mettre en rage. Mais cette pensée s'envola comme elle était venue. En avant ! Il laissa sa voiture et ses passagers sur la plate-forme devant le portail et se dirigea vers la maison. « Coiffe-toi, Vassia », dit sa femme dans son dos. Au fait, elle a raison. Il faut absolument que je me coiffe. La garde le reconnut tout de suite. La petite porte, près du grand portail, s'ouvrit et il pénétra dans les lieux. Il aperçut aussitôt la lumière qui brillait dans l'immense cabinet de son père. Pas seulement la lampe de bureau, mais tous les lustres. Il en était ainsi lorsque le Bureau Politique restreint se réunissait : Béria, Molotov, Kaganovitch, Malenkov, Khrouchtchev, Vorochilov, Mikoïan. Alors là, je tombe bien : je vais moucharder Béria pendant que le binoclard est ici ! Vlassik et Poskriobychev accoururent dès le perron. « Que se passe-t-il, Vassili Iossifovitch ? — Je dois voir mon père immédiatement, dit-il d'un ton sans réplique. — Mais nous avons réunion du Bureau Politique, Vassili Iossifovitch ! » Il repoussa le bedon nourri de saumon fumé et de caviar de l'autre. « Ça ne fait rien, j'en ai pour un instant ! » En traversant l'enfilade des pièces, il aperçut dans une glace le reflet d'une série de chaises occupées par la gent des fonctionnaires qui attendaient d'être éventuellement appelés, et parmi elle, Dékanozov, Koboulov et Ignatiev, la clique à Béria, ceux de Dynamo. Poskriobychev courut en avant et se plaça sur le seuil du bureau. « Mais on ne peut pas les déranger, Vassili Iossifovitch ! » Le fils du Maître se rembrunit et articula du ton de son père : « Cessez de faire l'imbécile, camarade Poskriobychev ! » Le garde fidèle chancela avec horreur sous une bouffée pestilentielle d'alcool.

Cependant, dans le cabinet, l'on examinait l'assez grave question de la transplantation massive des juifs dans une république autonome d'Extrême-Orient ayant Birobidjan pour capitale. On débattait en particulier du problème du transport. On avait posé plus précisément à Lazare Moïsséievitch Kaganovitch, en tant que responsable des Voies et Communications — ce n'est pas pour rien qu'en son temps, les gens l'avaient baptisé le « Commissaire de Fer » —, la question de savoir si l'on aurait rassemblé en temps utile suffisamment de matériel roulant, il s'agissait quand même du transfert quasi simultané de deux millions d'âmes. Lazare Moïsséievitch assura le Bureau Politique qu'à la date voulue l'on disposerait d'un nombre suffisant de wagons et de locomotives. « Et après ? fit Staline en plissant les paupières. Qu'est-ce que ce pays offre comme perspectives de développement, à ton avis, Lazare ? » Il suçotait sa pipe, ces maudits médecins insistaient quand même pour qu'il cesse de fumer. La lourde face de Kaganovitch fut agitée d'un léger tressaillement, comme s'il était non pas à la datcha de son vieil ami, mais dans un wagon lancé à pleine vitesse. « Je crois que les couches laborieuses du peuple juif s'emploieront de leur mieux pour faire de leur république autonome une florissante contrée soviétique. » Staline grogna : « Et s'ils te choisissaient pour leur président ? »

Tous les dirigeants pouffèrent, y compris Molotov qui aurait mieux fait de se taire : ils avaient tous présentes à l'esprit les combines que sa petite juive de Pauline avait essayé de monter avec Golda Meir et les membres à présent démasqués du Comité antifasciste, comment, sous la férule du *Joint*, elle avait prôné la création d'un nouvel État d'Israël en Crimée. Kaganovitch bondit en avant comme si son wagon s'était brusquement arrêté. « Tu ne comprends plus la plaisanterie, Lazare ? » lui reprocha Staline. Puis, se tournant vers Béria : « Comment nos amis du monde capitaliste accueilleront-ils cette décision, à votre avis, Lavrenti Pavlovitch ? » Le Vice-Président du Conseil et curateur des organes de la Sécurité était apparemment préparé à cette question, il répondit vaillamment et vite : « Je suis convaincu, camarade Staline, que les véritables amis de l'Union soviétique accueilleront l'action du gouvernement soviétique comme il se doit. À la lumière de la prochaine divulgation des menées du groupe néfaste des comploteurs, cette action sera accueillie comme une mesure de défense des couches laborieuses du peuple juif contre la très légitime colère du peuple soviétique. De la sorte, cette action constituera une confirmation de plus de l'inébranlable position internationaliste de notre Parti. » Bien, pensa Staline, il raisonne très bien, le Mingrélien. « Bien, et quelles mesures prendrez-vous pour assurer la campagne explicative de la nature réelle de cette action internationaliste ? » Là encore, Béria était prêt : « Nous mettons au point toute une série de mesures, camarade Staline. On envisage de commencer par une lettre collective des personnalités les plus éminentes de nationalité juive qui approuveraient... »

À ce moment, les genoux littéralement fléchis, Poskriobychev entra. Tout son corps disait la vénération qu'il éprouvait pour chacune des personnes présentes. Il alla jusqu'au Patron et lui murmura quelque chose à l'oreille. Tendu à la limite de ses possibilités pourtant pas minces, Béria ne put saisir que : « ... extrêmement urgent... pour quelques minutes... » Il sentit un besoin presque insurmontable de sortir et de voir qui osait interrompre cette réunion historique, il sut cependant la museler et bien lui en prit, car le Maître se leva et quitta la pièce avec Poskriobychev. Il ne s'est même pas excusé, se dit Béria, il n'a même pas eu un coup d'œil pour les hommes les plus importants de l'État. Quel sans-gêne ! Ce que ce Karthlien peut être mal élevé !

... Staline pénétra dans la salle à manger et aperçut Vassili debout devant une fenêtre. On lui signalait de plus en plus fréquemment les beuveries démesurées de son fils — cela venait incontestablement de Béria ou, tout au moins, il en était informé. Il paraîtrait que Vassili déraisonnait, se battait, se baladait dans une tenue scandaleuse. En ce moment, il constatait avec plaisir que ces bruits étaient vraisemblablement exagérés. Vassili était sobre et sévère, boutonné jusqu'au dernier bouton, les cheveux lissés ; dans l'ensemble un gars pas mal du tout. Il aimait son fils — pas l'autre, celui-ci, c'est-à-dire celui qui n'était pas le bon, mais l'autre, justement celui-ci — et regrettait souvent que la conception marxiste du monde l'empêchât de lui transmettre le pouvoir par voie de succession.

— Alors, qu'est-ce qui ne va pas ? demanda-t-il assez gentiment.

Ces temps derniers, sous la pression de ces maudits médecins parmi lesquels, par bonheur, il y avait de moins en moins de juifs, il avait cessé de fumer et se promenait davantage.

Et il était devenu moins irritable, il discernait plus nettement les perspectives historiques.

— Père, je sais ce que l'on te dit de moi, dit Vassili, et cependant, aujourd'hui, c'est moi qui viens t'avertir d'une situation malsaine et grave...

... Dix minutes plus tard, Staline rentrait dans son cabinet. Durant son absence, les dirigeants n'avaient pas échangé une parole : pétrifiés, ils attendaient de savoir de qui la malfaisance allait se révéler. Il reprit sa place, fouilla une minute dans ses papiers... les petits cœurs des dirigeants pantelaient dans le silence comme une bande d'oiseaux captifs... puis il repoussa brusquement ses dossiers et planta un regard effrayant dans la figure couverte de sueur de Lavrenti et lui dit en géorgien d'un ton féroce : « *Tchoukhtchiana protchi*[1], qu'est-ce que tu fabriques, crapule ? Nous travaillons à des décisions historiques dont dépend le bonheur de l'humanité, et toi, *dzykhnera*, tu ne peux pas verrouiller ton *khlê*, ton sale robinet, *gamokhléboulo* ! Allez, ôte tes lunettes, inutile de me fasciner avec tes carreaux ! Relâche immédiatement cette fille et laisse tous les Gradov en paix, *dzykhnériani tche-*

1. Géorgien : succession de termes plus obscènes les uns que les autres, dont on a déjà vu la plupart.

*tlakhi !* » De toute l'assistance, seul Mikoïan comprenait un peu de quoi il retournait. Il s'entre-regarda avec Khrouchtchev, puis ferma les yeux pour dire : je t'expliquerai plus tard. Nous aurions tous dû apprendre le géorgien, songea Nikita. Ah, la paresse des Russes...

Ils repartirent à tombeau ouvert par la même axiale, les panoramas de Moscou se découvraient à chaque virage à une allure démente. Vassia, fier de lui, était tout sourires : son entretien avec son père damait le pion à tous les vols d'essai de la terre. La nageuse murmurait tendrement dans l'oreille du Djougachvili : « Comme tu es brave, comme tu apprécies l'amitié ! » Il éclata de rire : « Qu'est-ce que l'amitié a à voir ? Qui pourrais-je mettre sur les rangs du cross d'automne, si ce n'est Boris Gradov ? »

Le lendemain des événements que nous venons de relater, on découvrit le général Nougzar Serguéievitch Lamadzé dans son cabinet de la place Dzerjinski. Il gisait, le crâne troué, sur son bureau. Tout le côté droit du grand tapis vert était inondé de son sang, au milieu duquel il n'y avait qu'un gobelet avec des crayons parfaitement taillés. Sur le côté gauche, intact, du drap vert retenu par un presse-papiers de marbre, un billet portait ces quatre mots : « Je n'en peux plus. » Le pistolet d'où l'on supposait qu'était parti le coup fatal était posé dans la main du mort avec un soin étrange, ce qui pouvait conduire à penser qu'il avait été placé *post factum*. Cela dit, il n'y eut pas d'enquête. De tels cas, s'ils n'étaient pas typiques, n'étaient cependant pas rares, place Dzerjinski.

*Cinquième entracte*

## LES JOURNAUX

CHRONIQUE OLYMPIQUE

*Le* Time. *18 février 1952 :*

*... La semaine dernière, le président du Comité Olympique Avery Brandedge est tombé d'accord avec les représentants des autres pays — il serait plus juste de dire qu'ils se sont mis d'accord avec lui — que les sportifs soviétiques pouvaient être admis aux jeux d'Helsinki. « Cela ne fera pas de mal à leurs gars de sortir de derrière le rideau de fer, a-t-il dit. Parfois, dans ces circonstances, ils ne retournent pas chez eux. »*

*Le* Time. *28 juillet 1952 :*

*... Le président de Finlande, Juho Paasikivi, a déclaré ouverts les XVes Jeux Olympiques de notre ère. La flamme olympique a été allumée par le célèbre athlète finlandais Paavo Nourmi. C'est la première fois, depuis les Jeux de Stockholm en 1912, que les Russes participent aux épreuves...*

*... Emile Zatopek, capitaine dans l'armée tchécoslovaque et deux fois champion aux Jeux Olympiques, court sa distance le visage crispé et les mains cramponnées au ventre comme s'il voulait contenir une nausée de pommes aigres.*

*... Les yachts, l'un russe, l'autre américain, sont amarrés au yacht-club de Nilandsak. Hier, les deux équipages se sont rencontrés sur le quai. Les Russes ont regardé les Américains avec des yeux ronds et réciproquement. Ils se sont séparés dans un silence total.*

*... Les officiels russes ont dédaigné le village olympique. Ils ont hébergé leurs sportifs, ainsi que ceux des pays satellites, à douze*

*miles de leurs rivaux occidentaux, non loin de leur base navale de Porkkala.*

Life :

*... À l'étonnement général, les sportifs russes font preuve de cordialité et de gaieté ; ils rient, font les fous, s'expliquant avec les mains... Un nageur a ainsi commenté cette attitude inattendue : « Nous sommes ici en mission de paix. »*

Le Sport Soviétique :

*... XV^es^ jeux Olympiques. Triomphe des gymnastes soviétiques. V. Tchoukarine, champion absolu de l'Olympiade, a déclaré : « La victoire de nos athlètes montre de la façon la plus convaincante la supériorité de l'école soviétique. Le style soviétique, net et sévère, avec ses éléments méticuleusement mis au point, a prouvé qu'il était le plus progressif. »*

*... Le chef de la délégation soviétique, N. Romanov, a parlé du sport soviétique en tant que phénomène de masse et de son but principal, renforcer la santé des travailleurs, ainsi que des soins exceptionnels que lui apportent le Parti et le gouvernement.*

*Trois drapeaux rouges du pays des Soviets se lèvent en même temps en l'honneur d'une victoire qui fait date, celle de trois sportives soviétiques. Nina Romachkova, Elizaveta Bagrianina et Nina Doumbadzé ont remporté la palme du lancement de disque. Leur victoire remplit les cœurs des Soviétiques de joie et de fierté.*

Life :

*... Au regard de la machine de muscles soviétique, les efforts effectués par les nazis pour préparer leurs sportifs sous Hitler ne sont que douces gouttes de pluie comparées au grondement de la Volga.*

*... Pareille à un tank, Tamara Tychkévitch lance le poids. Avec la discobole Nina Doumbadzé, ces femmes surpuissantes constituent le principal espoir olympique de l'Union soviétique.*

*... Rencontre des sportifs au foyer soviétique. La fraternisation s'est déroulée avec une relative élégance sous l'œil vigilant des représentants officiels et sous les portraits de Staline...*

*... Un fonctionnaire soviétique a dit à un Américain qui venait d'échanger son insigne contre celui de son adversaire russe : « Si tu te promènes avec cet insigne dans Broadway, tu auras droit à la chaise électrique. »*

*Le* New York Times *:*

*... Les Russes sont subitement devenus amicaux. Leur foyer ouvre ses portes aux visiteurs. C'est un changement officiel de politique, il faut croire.*

*... Le nageur Clifford Goes dit : « Nous y sommes allés hier. Je croyais me faire enguirlander, mais au lieu de ça, tout a été vraiment formidable, des gars comme ça ! »*

*... Les Russes ont joué un sale tour au major Sammy Lee, plongeur américain. Ils lui ont fait cadeau d'un insigne figurant la colombe de la paix de Picasso et l'ont aussitôt photographié avec. Ce petit insigne de trois kopek est aujourd'hui devenu un symbole communiste à l'égal de la faucille et du marteau. Lorsque, Coréen d'origine, Sammy Lee a compris ce qui se passait, il a dit au journaliste soviétique : « Eh, mon vieux, qu'est-ce que tu fais ? Moi aussi, je suis militaire. »*

*La* Pravda *:*

... Victoire éclatante des sportifs soviétiques.

*La maîtrise des sportifs soviétiques, leurs qualités morales et leur force de volonté, leur discipline, leurs rapports amicaux avec leurs adversaires suscitent l'admiration du monde entier.*

Le Sport Soviétique *:*

*... Avec ses hautes performances, la sélection soviétique vise la première place au classement général. De l'avis des journalistes occidentaux, l'équipe américaine ne peut plus rattraper la soviétique.*

*Le* New York Times *:*

*... L'esprit olympique a remporté une victoire, si petite soit-elle, en montrant que la guerre froide peut céder le pas aux bonnes dispositions, à condition que Mr. Staline et les autres magots à l'esprit borné de Moscou laissent parler la nature humaine.*

*... Les Russes ont donné un dîner aux Américains à leur foyer. Les préparatifs avaient été soignés : chefs de cuisine importés pour la circonstance, serveurs en costume, énorme quantité de nourritures succulentes. Aux murs de la grande salle à manger, les portraits de Staline et des membres du Bureau Politique (...) Un robuste cognac et de la vodka à pleins verres (...) «* Gee, *s'est exclamé Stevens, le nageur, je n'ai jamais rien goûté de pareil ! Un truc puissant ! — Et le bifteck ? dit, impressionné, Fields, le coureur. Le bœuf ! — Dommage que nous ne puissions même pas les inviter dans notre cafétéria », a soupiré Simmons, le rameur.*

Le Sport Soviétique

*... S. Patterson (USA), un Noir, a obtenu la médaille d'or des poids moyens (...) N. Lee (USA), un Noir, est vainqueur des poids mi-lourds (...) Ch. Sanders (USA), un Noir, est champion olympique des poids lourds.*

*... Le chef de la délégation soviétique N. Romanov a souligné de nombreux faits d'arbitrage partial, surtout lors des derniers jours des épreuves. Les juges ont attribué des victoires imméritées à certains sportifs américains.*

*... Aucun mensonge de la presse bourgeoise vendue n'a permis aux idéologues des fauteurs de guerre de cacher la vérité sur les hommes soviétiques, sur l'humeur pacifique du peuple soviétique, sur le désir de tous les honnêtes sportifs du monde de se battre résolument pour la paix dans le monde entier.*

*Le* New York Times *:*

*... Le principal événement des XV^es^ Jeux Olympiques d'Helsinki qui viennent de prendre fin est la participation d'une colossale sélection soviétique (...) Bien que coupés du monde du sport contemporain, les Russes ont réussi à se classer deuxièmes du classement général, à peine derrière la sélection américaine.*

*La* Pravda *:*

*... La retentissante victoire de l'équipe soviétique est légitime. C'est le résultat naturel de l'énorme attention et du souci que prend le Parti de l'éducation physique du peuple soviétique. La victoire olympique est une victoire de plus à mettre au compte du régime soviétique.*

*Sixième entracte*

## LA NUIT DES ROSSIGNOLS

Au milieu de la nuit, le crapaud était, à force de « plouf ! », arrivé de la rue Katchalov aux Étangs de Tsaritsyne. Il se déplaçait surtout la nuit pour éviter d'être écrasé par le flot des véhicules. Tout ce que l'on voudra, mais son instinct de conservation était hors du commun. Parfois, il lui venait des images de souvenirs qui n'existaient pas : neige très pure autour de colonnes empire jaunes, allée déblayée par un concierge spécialisé, mouvements de culture physique indispensables à qui veut entretenir le tonus du grassouillet père d'une cité assiégée et même en train de crever. La nuit, Moscou lui apparaissait comme la surface fumante de quelque chose de poreux. Au matin, il s'installait derrière un tonneau d'incendie, sous les semelles d'une paire de godillots oubliés par Dieu sait qui, ou dans un tas de ferraille, et ouvrait son orifice buccal. Aussitôt, la gent fort dense des moustiques moscovites déférait à l'invite. Nourrie durant la nuit d'une petite part de la population, la gent diptère devenait à son tour nourriture crapaudière. Un jour, il découvrit le panorama de grandes réalisations : sommets croissants de diagrammes, gros volants, roues de diamètres divers, gradins de bâtiments aux flèches étincelantes, figures de bois ou de métal — tout cela non comestible, non vivant, au sens de non protéique, mais qui émouvait son autre nature, sa nature passée. Parmi les éléments du panorama, ici et là se voyaient des visages de la taille d'une maison dont le crâne atteignait le sommet des flèches. Le crapaud se sentit l'envie de leur adresser un grand et justifié reproche : pourquoi m'avez-vous contraint à ces choses, en mauvais camarades ? Je ne cherchais pourtant rien d'autre que la pureté idéologique. Vous aussi, un jour, peut-être, vous cheminerez à force de « plouf ! », ou vous zonzonnerez dans Moscou sous la forme soit d'un crapaud, soit d'un moustique, vous comprendrez peut-être quelque chose des vérités marécageuses et reptiliennes. J'aurais pu rester avec vos faces, se disait le crapaud, seulement, j'ai eu envie de rossignols. On comprendra aisément cette envie si l'on examine les documents du Parti d'après-guerre.

Ainsi poursuivait-il sa route, attiré de bout en bout de l'immense cité, à travers les émanations des boulangeries, des cantines, des morgues, des équarrissoirs, des garages et des teintureries, par l'odeur putride des Étangs de Tsaritsyne.

Une nuit, dans des décombres d'un autre âge, le crapaud rencontra un rat-ratapoil. Cela faisait déjà une cinquantaine d'années que ce dernier dormait là, se nourrissant légèrement de moisissures, autrement dit de pénicilline presque pure, s'en allant parfois, au sein de son sommeil, voguer très loin dans les espaces blêmes qui surplombent le septentrion d'une mer allemande où jadis, en confirmation du modèle matérialiste du monde, furent dispersées des cendres qui, chose curieuse, avaient avec le débonnaire rat-ratapoil un rapport très étroit. Dérangé par un bulldozer de nuit, le rat-ratapoil était sorti de son antre somnolent et avait, d'un coup, appréhendé trois plans de temporalité : une lointaine constellation, une pas si lointaine branche de lilas blanc lourde de fleurs et, sortant de tout ce blanc, la tête d'un petit oiseau, puis, tout près, le crapaud, créature brunâtre et tachetée aux yeux transparents et pleins de reproche. Quelle étrange forme de vie protéique, fulgura-t-il dans l'esprit du rat-ratapoil pour la première fois en cinquante et un ans, je n'avais jamais pensé que des choses aussi différentes pouvaient se conjuguer en une si magique combinaison. Sait-on pourquoi, même la constellation lui était à ce moment apparue comme l'incarnation d'une molécule protéique. Puis le bulldozer s'était tu et alors était monté, retentissant, insistant, plein de la certitude de son droit à l'expression, le chant du rossignol. Là, le crapaud avait compris qu'il avait atteint son but et que les décombres se trouvaient au bord d'une grande étendue liquide, fangeuse, aux marges envahies de laîche, à la surface couverte de lentilles d'eau, un peu polluée par la ville, mais toujours ravissante. Il prit congé du rat-ratapoil, en d'autres termes, il lui envoya l'haleine de ses flancs et de sa poitrine qui se soulevaient et retombaient, sait-on jamais ? nous nous retrouverons peut-être au milieu de cette fantasmagorie, il descendit à force de « plouf ! » par les éclats de brique bicentenaires et se laissa tomber dans la première petite anse qu'il rencontra et qui reflétait une très significative combinaison d'étoiles, s'empiffra spontanément de lentilles d'eau mêlées de larves des ci-dessus moustiques et se disposa à écouter.

Aucune préparation n'était à vrai dire nécessaire. Le chant sonore, résolu, filigrané, coulait en flot ininterrompu, nonobstant les déplacements du crapaud. Mais il semblait à ce dernier que c'était justement à lui que ce chant s'adressait, que lui, le crapaud, il avait enfin atteint le but ultime de son existence. Car ce n'était pas reproche à ses camarades du Bureau Politique tout de même, mais repentir devant les rossignols. Ils s'étourdissent de leurs roulades, songeait-il pour l'heure, et lui, il entend sa propre voix à Tsarskoïè Sélo, débordant de passion éternelle et de soif de chants, de sa parodie de trilles, mais ensemble, quelle harmonie ! Pardonnez-moi, rossignols, toutes mes offenses volontaires et involontaires. J'étais pour une part presque sincère lorsque je me demandais pourquoi ils ne chantent pas en même temps que tout le monde. Il n'était pas facile de comprendre d'emblée que les autres ne chantaient pas, mais pleuraient. Donc, je me suis planté, moi qui me prenais pour un... qui-quoi ? ben, voyons... un membre... assez cultivé. Jadis, rejetant les pans de mon habit, étonnant les autres membres par l'image fugace de mes rondeurs, je m'asseyais devant une chose noire aux dents blanches, et dans le volètement de mes dix extrémités, j'en tirais certains *Tableaux d'une exposition*. Afin de pouvoir juger les rossignols, j'ai admis que j'étais le premier au sein de la vermine et la vermine m'a payé mon dû : une pleine coupe de poison. En principe, il n'y a pas à protester : s'ils ne m'avaient pas payé ce dû, je serais toujours Secrétaire persécutant les rossignols, tandis que là, je demeure accroupi dans cette eau sombre et appétissante, à côté du reflet vacillant d'une étoile, je contemple une rangée de lilas qui oscillent le long d'un mur en ruine, les voilà réanimés, comprenez-vous, camarades, les *Tableaux d'une exposition*, j'écoute les trilles des rossignols, de tout mon corps d'animal à sang-froid mais dépourvu de lâcheté, je leur demande pardon pour une chose passée, bombée, éjaculatoire, toujours renflée sous ma culotte.

Or, en s'adressant dans la nuit des rossignols des Étangs de Tsaritsyne à ces deux-là qui s'étaient trouvés, six ans plus tôt, sous la botte du Parti, le crapaud se trompait. Premièrement, ces deux-là se trouvaient encore sous leur forme première persécutés et chantaient non plus du gosier, mais de leurs grinçantes plumes pouchkiniennes. Deuxièmement, notre crapaud n'avait aucun rapport avec celui qui chantait au-dessus du reflet du ciel et des ruines du château ou, si l'on admet qu'il n'y a rien dans la création qui n'ait quelque rapport avec tout le reste, celui du crapaud était un rapport très, très-très lointain, presque cosmique, presque extragalactique. Au fait, celui qui chantait cette nuit-là par le gosier du rossignol, précisément le maître de céans, le poète Antioche Kantémir[1], regardait le crapaud à travers le lilas et songeait : « Écoute-moi, crapaud ! Écoute ! »

1. Antioche Kantémir (1708-1744). Poète satirique. Outre son œuvre personnelle, a traduit en les russifiant Boileau, Montesquieu, Fontenelle et autres.

## CHAPITRE DOUZE

# *Un feu de techniciens*

La chambre de Kirill et Tsilia possédait trois fenêtres, ce dont ils étaient très fiers. Trois fenêtres en bonne et due forme, aux cadres solides, plus un superbe vasistas. L'une de ces sources de lumière donnait sur une rue soviétique en bonne et due forme, la rue des Soviets, avec sa cabine de transformateur, l'autre, celle du pignon, donnait sur une colline dont le sommet plat et uni fermait le pan occidental du ciel du Magadan un peu comme un rideau de fer, et enfin la troisième embrassait l'immense perspective au sud, le vaste espace du ciel, une pente douce portant par-ci, par-là l'écorce de quelques toits derrière lesquels, sans la voir, l'on devinait la mer, en d'autres termes, la baie de Nagaïevo. On a parfois le sentiment d'être dans le Midi, chez vous, presque en Italie, disait en souriant l'ingénieur Devecchio qui avait passé dix ans à la Kolyma « au titre du Komintern ». « Elle est belle, l'Italie ! ironisait la Parisienne Tatiana Ivanovna Plotnikova, employée à la blanchisserie municipale, ex-professeur de langues à la Sorbonne. Parfois, quand le vent rugit à ces trois fenêtres, on jurerait que toutes les sorcières de la Kolyma sont venues s'y déchaîner. Trois grandes fenêtres vitrées, c'est trop pour nous autres, de la Kolyma. »

Lorsqu'il découpait ses puissantes épaules sur fond de fenêtre marine gradovienne, l'infirmier Stasis était aux anges. « Chaque fenêtre est une icône, disait-il. Vous n'avez pas d'icône, mais vous avez trois fenêtres, donc vous avez trois icônes. » Sa peine de camp accomplie, il s'était fait aide-médecin à Séimtchan et ne venait plus à Magadan qu'en visite ; chaque fois, il apportait une sensation d'équilibre, de sagesse, de bon sens, comme si Séimtchan n'était pas une terre de camps, de chacals, mais une sorte de Suisse.

— Quelles sottises ! rétorquait d'ordinaire Tsilia. Une prise de lumière n'a aucun rapport avec vos icônes.

D'ordinaire, elle faisait semblant de ne pas participer à la conversation des anciens ZEK, restait dans son « cabinet », derrière le store près du lit conjugal, préparait ses conférences, se plongeait dans ses sources premières, mais, incapable de se contenir, servait ses propres répliques, lesquelles, à son avis, remettaient aussitôt les choses en place.

Ce jour-là, par une belle soirée de janvier comme il en survient même dans le sabbat de ces infernales sorcières, donc, par une belle soirée de janvier 1953, toute une assemblée était réunie chez Kirill Borissovitch Gradov, technicien chargé de l'entretien des chaudières de l'hôpital municipal : le mécanicien auto Luigi Carlovitch Devecchio, la blanchisseuse Tatiana Ivanovna Plotnikova, l'infirmier Stasis Algerdassovitch dont personne n'arrivait à prononcer correctement le nom de famille, et pourtant, il était des plus simples : Grundsis-Kauskas. Un autre visiteur était passé les voir : le gardien de l'usine de Réparations automobiles, Stépane Stépanovitch Kalistratov qui, à ses heures de loisir, déambulait dans les rues de Magadan avec l'allure d'un membre de l'aristocratique club londonien de Bloomsbury. La conversation roulait sur le sujet parfaitement confortable de l'incinération. Librement étalé sur ce qu'ils appelaient un divan, entendez une couchette branlante agrémentée de coussins, Kalistratov soutenait allégrement que l'incinération était, à son avis, le meilleur moyen d'expédier notre chair périssable dans le tourbillon des éléments. « Dès ma jeunesse, j'ai été attiré par l'aspect poétique de l'incinération. — Il avalait une gorgée de thé, se servait à pleine cuiller d'airelles confites : ses expériences d'ordre pharmacologique n'avaient en rien atténué son goût pour les sucreries. — Je n'oublierai jamais l'impression que m'a faite l'incinération de Percy Bysshe Shelley. Il s'est noyé, Luigi Carlovitch, dans votre Italie bienheureuse, et plus précisément en vue de Lerici, donc, à proprement parler, dans des eaux lyriques, n'est-ce pas ? Ramené de ce lyrisme, son corps fut confié aux flammes de ce même rivage, en présence d'un groupe d'amis, dont Byron. Comme c'est beau : toutes les alouettes du monde, comme l'écrivit Anna, faisaient craquer le ciel, autour, c'étaient la mer et les collines d'Italie, lord George une torche à la main, presque toutes les composantes charnelles qui montent aux cieux, et une poignée de cendres argentées à la place de la pourriture ignoble, de la métamorphose en un amas d'ossements... Non, non, camarades, rien ne vaut l'incinération... »

Kirill objectait pensivement : « Tu as peut-être raison en tant que poète, Stépane, on ne discute pas avec un poète, mais du point de vue de la religion chrétienne, je ne suis pas certain que l'on puisse l'admettre. Les corps sont voués à ressusciter non pas au sens figuré, mais au sens propre. Est-ce exact, Stasis ? — En vérité, souriait l'infirmier. — Écoute, Kirill ! s'exclamait alors Stépane, crois-tu vraiment qu'un tas d'ossements soit indispensable au miracle de la résurrection ? » Là, forcément, tout le monde se mettait à parler à la fois. Tatiana Ivanovna réussit à se faire entendre en affirmant que, du temps où elle était à Paris, elle avait lu la *Philosophie de la cause commune* de Fiodorov[1] et que, si l'on devait parler scientifiquement de la « résurrection des aïeux », leurs restes ne seraient peut-être pas inutiles. « Cette résurrection scientifique, si toutefois elle est possible, ne peut être rien d'autre qu'un grand et divin miracle, dit Kirill. De ce point de vue, Stépane a peut-être raison d'affirmer que la présence de restes dans un tombeau ne saurait guère accélérer le phénomène résurrectionnel et que la dispersion des cendres dans l'univers, ou encore d'éléments primitifs de l'essence humaine inconnue de nous, enfin... vous comprenez ce que je veux dire... » Là, Stasis fit tinter sa cuiller contre sa tasse. « Moi, j'ai quand même une conception littérale des postulats de la foi, et vous, Luigi Carlovitch ? » L'Italien ou, comme il rectifiait souvent, le Vénitien, frappa dans ses mains et les frotta avec vigueur, à croire qu'il n'avait jamais été interné dans un camp. « Eh — minou des poux et baise-moi la raie — toutes les manifestations de l'utopie me bottent. » Le camarade Devecchio s'était enrichi, à la Kolyma, d'un bon millier d'interjections prolétariennes. Là, Tsilia bondit de derrière son rideau, son *Anti-Dühring* dans la main gauche et brandissant ses lunettes de la droite d'un air menaçant. « De quoi parlez-vous, malheureux ? Incinération ! Résurrection ! Qu'est-ce que c'est que ces sornettes ? Non, ce n'est pas pour rien... »

Elle n'eut pas le temps d'achever qu'une terrible explosion faillit arracher de terre leur asile tout entier, soit une maison de seize appartements. Aussitôt le ciel, côté mer, s'éclaira d'une lueur cuivrée, aveuglante. Avant qu'ils aient eu le temps de s'entrevoir ou d'entrevoir les débris de vaisselle, un deuxième coup détonna encore plus terrible, selon toute vraisemblance encore plus inattendu, car lorsqu'un premier coup a fracassé le ciel candide, le deuxième paraît encore plus inattendu, sidérant. Le troisième, on l'attend déjà.

« À genoux ! » s'écria l'infirmier Stasis en s'abattant lui-même au milieu des tessons de faïence et en levant le visage et les mains vers la lueur folle de la fenêtre. Et tous les participants du paisible colloque tombèrent à genoux dans l'attente d'une troisième déflagration, définitive peut-être, apocalyptique. Même la chère Tsilia, avec son *Anti-Dühring*.

Pourtant, il n'y en eut pas de troisième. Quelques minutes plus tard, au-dessus du proche horizon, celui de la baie de Nagaïevo, on vit s'élever des nuages gigantesques, d'abord blancs, bouillonnants, en forme de champignon, puis d'un rouge ardent. La maison retentit des cris de ses habitants, des voitures passèrent à fond de train, roulant vers le port. « Serait-ce la guerre ? proféra Kirill. Une

1. Nicolaï Fiodorov (1828-1903), philosophe utopiste qui voyait la « cause commune » du dépassement de la mort dans la pratique d'une fraternité qui donnerait à l'humain une force telle qu'elle pourrait migrer dans les constellations lointaines.

bombe atomique ? » Confus, ils se relevèrent. La guerre atomique leur apparaissait comme un événement certes effroyable, mais tout à fait normal, presque banal, comparé à ce qui venait si soudainement de les illuminer.

— Ça ne tient pas debout, ils n'iront pas dépenser une bombe atomique pour un port merdique comme Nagaïevo, dit Stépane.

Kirill brancha la radio. *La Voix de l'Amérique* diffusait un programme de jazz. On ne tarda pas à apprendre que c'étaient seulement les chaudières d'un grand cargo qui avaient sauté. Et en même temps qu'elles, deux navires amarrés à proximité et de nombreuses installations du rivage. Partout des incendies flamboyaient, il y avait une masse de tués et de blessés, mais ce n'était pas encore le Jugement dernier, et de loin, en ce sens qu'on n'en était ni près ni loin. Le Sauveur n'a-t-il pas dit : « ... de même que l'éclair surgi à l'Orient peut être vu jusqu'en Occident, de même en sera-t-il de la venue du Fils de l'Homme... Personne n'en connaît le jour ni l'heure, ni les anges du ciel, seul mon Père... » Kirill l'avait lu dans l'Évangile clandestin apporté par l'infirmier Stasis.

Une heure avant les explosions, à l'autre extrémité de la colonie de Magadan, à la Quarantaine, régnait un ennui à en crever. Foma le Rostovitain, *alias* Zaproudniov, *alias* Chapovalov, Guéorgui Mikhaïlovitch, *alias* une autre cinquantaine de noms sans omettre son nom d'origine, son nom héréditaire, Mitia Sapounov, se tenait, tel le Démon de Vroubel, sur les caisses de l'outillage et contemplait le camp, autrement dit les vagues de pierre de la Kolyma prolongées à l'infini. Cela faisait longtemps qu'une telle chose ne lui était pas arrivée : être enfermé à l'intérieur du camp sans le moindre espoir d'autorisation de sortie dans le proche avenir. Il n'aurait pas dû rentrer à la Quarantaine le mois dernier, en revenant de Soussouman.

Il aurait peut-être mieux fait de faire un tour sur le Continent et peut-être même de se tirer pour de bon. Si, même à la Quarantaine, les « purs » s'étaient laissé réduire en troupeau aux ordres des « putes », il n'y avait plus qu'à tirer l'échelle : tout s'écroulait. De l'humeur la plus sombre, le Rostovitain contemplait un éboulis tout proche et le « dur », autrement dit le soleil, suspendu dans la brume, très bas sur la colline, tel l'œil d'un maton.

Il se trouvait que, depuis plus d'un mois, les autorités avaient entrepris une campagne d'« assainissement » de la Quarantaine. Le plus drôle, c'est que l'initiative en revenait non à quelqu'un de la Sécurité Militaire, mais à un branleur de toubib, le capitaine des Services de Santé Sterliadiev. D'abord, ce connard qui n'avait pas trois poils à sa moustache avait, aux réunions du Parti, appelé à la lutte contre la corruption. Les services de renseignement du camp rapportaient à l'Entretien du Territoire qu'aux réunions de cellule, le capitaine criait comme une femmelette hystérique, comme quoi tout le monde était vendu ou terrorisé, comme quoi le vrai patron de la Direction générale des camps était Ivan Et Demi, comme quoi on n'avait pas le droit de déshonorer ainsi les nobles buts des Services de Redressement par le Travail d'URSS. Le petit sergent Jouriev, tremblant en digne faux derche qu'il était, avait assuré au Rostovitain que Sterliadiev perdait complètement les pédales. Une vraie peau de vache, ce capitaine. C'est tout juste s'il n'avait pas donné le nom des « vendus » et des « terrorisés ». Le fin mot du truc, c'est que sa bergère l'avait plaqué. Et pour un ancien ZEK, un chanteur d'opérette qui l'avait mise en cloque d'un mahousse polichinelle. Alors, c'est comme ça, n'est-ce pas, que le capitaine se soulage de ses désagréments intimes sur tout le personnel. Il exige des inspections, il rédige des rapports. Le Rostovitain comprit d'emblée que l'affaire était grave. Un jour, il attendit Sterliadiev dans le passage derrière l'infirmerie. L'autre se montra, silhouette de phoque posée sur deux jambes grêles qui n'avaient pas l'air d'être à lui, le Rostovitain l'interpella : « Capitaine Sterliadiev ! » Le médecin sursauta, ses petites bottes glissèrent sur la glace fortement compissée, il porta une main à son étui-revolver, battit l'air de l'autre afin de conserver son équilibre. « Qui est là ? Qui m'appelle ? Qu'est-ce qu'il y a ? » Le Rostovitain qui ne manquait pas d'humour fit, dans le noir, d'une voix grave : « Tout va bien, capitaine. Contrôle des facultés auditives. » Dans son désarroi, Sterliadiev ne comprit pas d'où venait la voix. Sur quoi, le Rostovitain lui demanda de tout près : « Alors, Sterliadiev, tu en veux plus que les copains ? Tu ne peux pas te tenir peinard. Tu préfères te faire trouer la peau ? » Sur quoi, il s'évapora, se perdit dans la nature, se confondit avec ces centaines d'individus qui gardaient une rapière bien aiguisée dans leur culotte.

L'avertissement ne servit à rien. Un beau jour, la commission arriva bel et bien. On déblaya du premier coup dans les baraques près du tiers des effectifs, puis on mit la sourdine pour cause de « banquet » où les officiers se cassèrent la trogne et se dégueulèrent dessus en circuit fermé. Ils mirent trois jours à dessoûler, puis le tri recommença, à un rythme moins enragé, mais tenace, persévérant. Les meilleurs des « purs » furent envoyés en convoi aux mines, mais le pire, c'est que l'Entretien du Territoire fut dissous en moins d'une heure. Les piliers du groupe réussirent à en réchapper, en particulier Foma le Rostovitain à se cramponner à son poste de magasinier, mais il était clair que l'organisation vivait ses derniers jours : il fallait s'attendre à une rafle générale avec dénonciation de toute l'organisation clandestine. Le nouveau chef, le major Glazourine, imitant les autres ordures bolchévik, se baladait dans le camp, sanglé de son baudrier et accompagné de trois mitrailleurs. Souvent, jambonnait avec lui celui qui « en voulait » le plus, le capitaine des Services de Santé Sterliadiev, lequel présentait certains symptômes de goitre : teint foncé, trémulation, exophtalmie. Après le départ de sa femme, le capitaine s'était mis à boire à mort, se nourrissant avec les doigts d'une soupe aux choux vieille d'une semaine. Il avait abandonné toutes ses lectures tant médicales que romanesques. Auparavant, il passait pour un connaisseur de la littérature actuelle, à présent, à peine arrivé chez lui, il balançait *Novy Mir* et ses autres revues dans un coin de la pièce où elles s'accumulaient dans les configurations les plus grotesques. Approcher la Maison de la Culture au foyer de laquelle, jadis, si gentiment, en vêtements élégants, il se promenait avec Evdokia, il n'aurait su en être question, car c'est justement dans cet antre du péché que sa chère et tendre avait connu son chanteur d'opérette trotskiste qui bêlait l'air de Stanley Mattews des *Onze Inconnus* : « Au matin, tout le monde le proclame, l'écran aussi ! La radio, les journaux, c'est la célébrité, ma foi ! »

Il ne restait plus au capitaine Sterliadiev qu'un amusement : la masturbation. Tout le mur à la gauche de son lit l'attestait ; parfois, dans ses fantaisies, il atteignait jusqu'au plafond. Lorsqu'il se mettait à boire, dès le premier verre, il écrivait à Staline : « Bien-aimé Iossif Vissarionovitch, Sous votre génial commandement, le peuple soviétique a, durant la Grande Guerre Patriotique, donné une bonne leçon à ce valet de l'impérialisme mondial, Adolf (parfois cela donnait : Albert) Hitler. Cependant, l'Allemagne ne nous a pas seulement donné Hitler. Elle nous a aussi donné Karl Marx, Lénine, Wilhelm Pick. Elle s'est aussi constitué une bonne et féconde expérience en matière de purification de l'humanité. En ma qualité de collaborateur du MVD d'URSS et de représentant de la plus humaine des professions, je considère qu'il nous appartient de faire notre profit des aspects les plus positifs de l'expérience allemande dans la répartition des effectifs des détenus de la Direction d'Extrême-Orient des Camps de Redressement par le Travail du Dalstroï. Sinon, bien-aimé camarade Staline, nous serons, dans un proche avenir, confrontés avec l'implacable loi de la dialectique selon laquelle la quantité devient qualité... »

En expédiant ces lettres, il savait de ferme conviction qu'un jour il recevrait une réponse. Et d'ailleurs, il ne se trompait pas. N'eût été la révolte, il n'aurait pas tardé à être arrêté en tant qu'auteur d'adresses provocatrices au Maître. En attendant, il déambulait dans le camp, accompagnait le major Glazourine, riboulait de ses boules de loto couleur de gland de chêne ; sur son ordre, des baraques entières étaient livrées au « traitement sanitaire », c'est-à-dire que l'on étripait tout ce qu'elles contenaient et que l'on brûlait les paillasses dans lesquelles les amateurs d'escrime du camp dissimulaient des fleurets de leur fabrication parfaitement aiguisés. Les ZEK observaient en silence l'incompréhensible activité des gâfes. Tous se demandaient : Pourquoi Ivan Et Demi ne dit rien ?

Voilà quels événements avaient précédé l'actuelle phase de ce roman, phase à laquelle il ne nous reste rien d'autre à faire que présenter le chef de l'autrefois puissant Entretien du Territoire dans la pose du Démon de Vroubel, à un endroit discret de l'outillage. Il ne fallait pas retourner à la Quarantaine, songeait-il donc avec un bâillement mélancolique, rien ne me retient ici. En se disant cela, en cette heure crépusculaire, il avait en vue, c'est probable, avant toute chose, l'absence de Marina des Cinq-Coins. Sa gonzesse avait été expédiée sous escorte à Taly, la maternité du camp, où elle avait mis bas un enfant de lui, lequel enfant (pas moyen de savoir si c'était un garçon, une fille, ou une merveille de la taïga) se trouvait à l'heure actuelle à la crèche du camp où sa mère s'était démerdée pour se faire embaucher comme femme de service. Le Rostovitain n'avait pas trouvé le moyen de la rejoindre lors de sa dernière balade et c'était bien dommage : à présent, ce ne serait pas demain la veille. Une bonne gonzesse, cette Marina Schmidt. Tu te la fais, et tu te sens redevenir un homme. Il lui avait appris à l'appeler « Mit'-Mit' », elle ne l'avait plus jamais appelé autrement, comme si elle avait compris que ce n'était pas un simple gazouillis de baise, mais son vrai nom. Hélas, comme disaient nos aïeux, les uns sont partis et les autres sont loin, et le plus moche, c'est qu'il n'y a plus moyen de faire venir une autre gonzesse du quartier des femmes : sur les indications des mouchards, le major Glazounov a bloqué toutes les issues, certaines même comblées au ciment. Les mouchards, il faudrait s'expliquer avec, Ivan Et Demi ne peut pas laisser courir, ça fait plus de quinze jours que ça dure, et c'est là que ça virerait à la boucherie finale, laquelle, dans les conditions actuelles, tournerait au dernier combat du *Varègue*[1].

La dernière fois qu'ils avaient réglé leur compte à des mouches, au grand camp de Séimtchan, Mitia et son groupe avaient été jugés par le tribunal interne ; il avait écopé de vingt-cinq ans... sous le nom de Savitch, Andréi Platonovitch, un Savitch qui reposait en paix depuis longtemps dans la merzlota. Et même si tous, juges, prévenus, gradaille, savaient parfaitement qu'elle ne comptait guère pour ce beau garçon assez terrible, cette nouvelle condamnation à vingt-cinq ans à un nom d'emprunt qui ne trompait personne, Mitia lui-même, lors du prononcé du jugement, avait senti que son destin d'angoisse venait, en douce, de lui broyer la main. Combien en avait-il récolté de ces vingt-cinq ans, sous toute sorte de noms ? Pas moins que pour cinq cents ans. N'était-ce pas

1. Croiseur légendaire qui s'illustra durant la guerre russo-japonaise en résistant aux ultimatums de l'adversaire, puis, après un dur combat, en se sabordant (1904).

trop pour un seul chrétien ? N'était-ce pas trop d'horreur pour un seul petit gars : la mort des Sapounov dans les flammes, la famine, puis, après la maison de repos des Gradov, encore tous ces machins du XX^e^ siècle — les Junkers, les tanks, les lance-flammes, la captivité, la clique à Vlassov, les partisans, tant de fois crever et ressusciter, le peloton d'exécution et tous ceux qu'il avait butés, et le petit Foma Zaproudniov avec ses onze cigarettes, et après ça, des crimes, des crimes à plus soif, et...

*Salut des camps lointains, des camps de tes amis*
*Je t'embrasse bien fort pour eux, ton Valéri...*

et bien que je sois devenu ici un « roi de la merde et du vent », n'est-ce pas trop, quand même ! Il aura bientôt trente-deux ans, c'est donc qu'il ne se débarrassera jamais de sa peau de chef. Va-t-il crever dedans en remerciant la destinée du captivant voyage ? Et s'il tentait de le faire à la Mitchourine[1], si au lieu d'attendre les grâces de la nature, il s'en emparait ? S'il se tirait de la Quarantaine, emmenait Marina et son cher bâtard, et gagnait le Continent sous l'apparence d'une heureuse famille parvenue au terme de son contrat ?... Pratiquement, c'est facile : du fric et des fafs, il en a dans plusieurs planques et à la Kolyma et sur le Continent, il en a plus qu'il n'en faut. Là-bas, sur ce Continent illimité, à la population dense, avec d'excellents papiers du MVD, une carte du Parti et des certificats, nous trouverions du travail dans les services administratifs. Si ici j'ai tenu toute la Direction des camps dans ma main, les barboteurs de là-bas, je saurai bien m'en débarbouiller. Le principal, c'est de se secouer, de reprendre du poil de la bête, de retrouver confiance en sa force exceptionnelle. On s'installera à Moscou et on ira chez grand-père et grand-mère au Bois d'Argent prendre le thé et écouter du Chopin. Marina, je lui ferai perdre l'habitude de dire des ordures et de faucher les objets précieux. Il s'imagina une soirée au Bois d'Argent, le piano, grand-père faisant les cent pas dans son cabinet, un bouquin sous le nez, et lui-même, adolescent, introduisant dans la maison une jeune fille adulte en robe du soir, l'irrésistible fric-fraqueuse des Cinq-Coins. Une fois établis à Moscou, nous envoyons une lettre à Magadan, rue des Soviets. Bonjour, chers parents adoptifs Tsilia Naoumovna et Kirill Borissovitch, Vous croyiez peut-être que les loups m'avaient mangé depuis belle lurette, néanmoins, je suis en bonne santé, et je vous en souhaite autant de même que ma famille de toute mon âme...

Je ne vous ai jamais oubliés, chers idiots. Je n'ai jamais cessé de vous aimer, mes deux chers idiots... Ça, bien sûr, je ne l'écrirai

1. Ivan Mitchourine (1855-1935), agronome ayant établi un processus de culture des hybrides particulier, par modification profonde du milieu.

pas, là, je buterai. Et puis, en général, il vaut mieux ne pas aller habiter à Moscou, mais au Nord-Caucase. Il y a plus de truands, on y aime la grosse galette, et la montagne est tout près : au cas où on serait dégauchi, on peut filer avec son flingue et disparaître un bon moment.

Grand-mère Mary ne joue peut-être plus du piano, elle a plus de soixante-dix ans, et grand-père Boris ne se balade peut-être plus avec son bouquin, ne lit peut-être plus en marchant, peut-être qu'en général il a déménagé chez les saints où on ne vous demande pas de papiers... Car cela fait douze ans que j'ai quitté la maison, pensa Mitia, et sur cette pensée, il dégringola instantanément des étincelants horizons de sa vie nouvelle dans son infranchissable cloaque actuel. Si je pars sans avoir fait ce au nom de quoi tout mon populo a rappliqué du Kazakhstan, je suis un homme mort. Alors, Ivan Et Demi, il sera foutu. Ces chacals ne m'épargneront pas une minute, ils me retrouveront partout, ils me sortiront les tripes et s'en feront des nœuds autour des poings. Tu rêvais, truand ! Tu n'as pas d'autre issue que celle du sang et de l'ignominie.

À ce moment, tout près, quelqu'un soupira. « Ah, Mitia — Mitia ! » — Une voix étouffée, à peine audible, puis un gros soupir. Celui qui était assis à côté de lui sur une caisse était Vova Jeliabov, *alias* Gochka Kroutkine, connu dans le camp — c'est quand même curieux ! — sous son vieux surnom de l'armée : « Le Morpiot ». Mitia lui sauta au cou. « Comment m'as-tu trouvé, charogne ? » Gochka tourna et retourna le cou, jouissant de la caresse. « Par hasard, par hasard, mon petit Mitia, mon chéri ! C'est seulement que je traînais, que j'avais le noir et tout d'un coup, en plein cafard, je t'ai découvert. C'est que nos âmes sont sœurs. » Il fourra sa pogne au fond des multiples couches de ses hardes et en extirpa un gros flacon d'alcool rectifié garanti. « Remontons-nous le moral, l'ami, comme dans le temps, à Dabendorff, hein ? Tu te rappelles comme on allait au cinoche ? » Avec un petit rire, il fit de sa main libre le geste de se masturber, évocateur de bien des choses. « Où as-tu dégoté ce trésor ? » s'étonna Mitia, en proie au soupçon. « On nous a emmenés faire les peintres en ville aujourd'hui, répondit l'autre rayonnant. Alors, tu me connais... — Il décocha un clin d'œil à son frère d'armes, comme s'il voulait lui rappeler quelque chose, peut-être tout ce qu'ils avaient dégusté ensemble. — Alors, vas-y, bois ! — Non, bois le premier ! — Ah ! ah ! aie pas peur, Mitia, elle est pas empoisonnée ! » Il avala une grande lampée et frémit de la tête aux pieds : « Du vrai feu ! Superbe ! »

Mitia suivit son exemple. Vraiment, c'était superbe, du feu, ah ! leur jeunesse sous forme liquide. Tout en se rendant compte de ce que cette alacrité avait de faux, il se requinquait à chaque gorgée, il « récupérait le moral » et débordait de chaleur, même envers cette mouche, cette lope, à côté de lui. « Ah, Morpiot, ma Morpionnette ! » C'était tout de même le seul être parmi tous ceux qu'il y avait là qui m'avait connu jeune et pur. En réponse, Gochka se jeta sur ses lèvres, lui cloqua un patin passionné. Les ténèbres s'épaississaient dans l'ombre de la colline. Soudain, il arqua, puissamment, irrésistiblement.

Gochka Kroutkine vous pelote le braquemart pas plus mal que Marina Schmidt, tout à fait des manières de dame. Non, mais t'es pas barjo ? Mitia, Mitia, mon petit bonhomme chéri, tu sais bien que je t'ai pas balancé, et pourtant j'aurais pu, non ? Le soleil las faisait ses adieux à la mer. Le ciel, putain ! à croire qu'on s'était tiré en Italie. Si tu m'avais balancé, espère un peu, on t'aurait réduit en chair à pâté. Ah, Mitia, Mitia, mon petit couillon chéri, ah, là, là ! quel gourdiflot tu fais ! Lâche-moi l'asperge, le Morpiot, tu vas t'étouffer. Ah, mon petit Mitia, mon chérot, mais cela fait douze ans que je t'aime, on va sur le treizième ! Le dialogue tourna au monologue : sale faux derche, charogne puante, qu'est-ce que tu sais de l'amour, à part les suçons, à part te laver les dents, maudite saloperie ? Le feu coule gorgée à gorgée, s'infiltre partout jusque dans les vaisseaux capillaires, comme un courant dans son corps, cabine de haute tension sommée d'un crâne, et en bas, un serpent t'enfonce son aiguillon selon le principe des vases communicants, un tourbillon de feu et de sucre, à des moments pareils, il ne devinera pas qu'il est de nouveau trahi, qu'il est politiquement découvert et passible des mines d'uranium, que l'affaire se développe, que bientôt son pantalon tombe, la pièce se poursuit, bon, ça va, mon petit gars, ça va, bon, décalotte, je suis pas naze, moi, que bientôt il deviendra un politique, peut-être même qu'on l'expédiera à l'uranium, là, il a au moins la chance de lui dire adieu gentiment, ah, petit cul folâtre, mais d'où vient-il que la tienne est si tendre, le Morpiot, c'est pour mieux te baiser, Rostov-papa, oh ! oh ! oh !, elle est comme d'habitude, de toi...

C'est à ce moment que, l'une derrière l'autre, les deux explosions ébranlèrent la voûte céleste gagnée par le soir et la terre plongée dans la nuit. Gochka et Mitia se dégagèrent en sursaut, pleinement convaincus que c'était la punition de leur péché des « vases communicants ». Le tonnerre céleste se réverbéra encore quelques instants sur les collines. Au-dessus de l'horizon, au-dessus des portes de la Kolyma par lesquelles cette terre avait pompé depuis tant d'années l'engrais humain, montèrent des colonnes aux coiffes tourbillonnantes que suivirent de grosses bouffées de fumée noire et surgirent des lueurs d'incendie.

Tout en remontant sa culotte, Gochka rampait vers son passage secret. De temps à autre, il se tournait vers Mitia et riait silencieusement. Des sirènes hurlèrent en plusieurs endroits à la fois. Des coups de feu montèrent du mirador, au-dessus du grand portail. Martèlement des semelles. Cris paniques. Mitia cavala jusqu'à sa cache, envoya promener les briques, en sortit son bon compagnon, son Kalachnikov. Gochka braillait : « C'est vous, oui, oui ? Dis, Mitia, c'est vous qui avez goupillé ce truc ? C'est une mutinerie ? L'anarchie est mère de l'ordre, oui ? Parle ! » Mitia introduisit un chargeur dans son arme et en répartit trois autres dans ses poches et son giron. Il ne raisonnait guère. Une seule chose était claire : ça avait commencé et maintenant il n'y avait plus qu'à y aller. Pleins gaz ! Déjà Gochka enfilait ses fesses pécheresses dans son ingénieux passage. Son mufle tour à tour s'étalait comme une crêpe ou se ratatinait comme un champignon mariné. « Réponds donc, Sapounov, c'est les vôtres, les "purs" qui balancent les bombes ? Alors, quoi, on va jouer à la muette ? Mais réponds, salaud de fasciste ! » Mitia pointa son FM. « Tu es en train de te trahir, mouchard ! C'est un pruneau que tu veux ? » À la dernière minute, il renonça à presser la détente, il laissa à son ami au cul de sucre une chance de s'échapper. Cette minute offerte, il la repoussa, le petit salaud, au contraire, il ressortit en marche arrière de son trou en scandant des mots tabous, des surnoms qu'il n'avait jamais entendus autrement qu'en compagnie du Rostovitain : « Va, dis-le, c'est qui qu'a fait le truc, au port ? L'Âne, le Condensé, le Stakhanoviste, l'À-Poil, la Framboise, le Saumon, le Sud-Crimée ? Tu vois, je les connais tous tes loups, alors vas-y, mets-toi à table, Ivan Et D... » C'est un pruneau que tu cherches, faux derche ? Tiens, en voilà trois ! Une brève rafale fit voler en éclats la face frémissante de Kroutkine. Pleure, à présent, pleure-le ton Morpiot, pleure ta folle jeunesse ! Je n'ai pas le temps de pleurer, tout tombe en pièces et en morceaux.

Il quitta en hâte la cour de l'outillage. Des ZEK couraient en foule sans savoir où. « Halte ! C'est les ordres d'Ivan Et Demi ! » Plus personne ne l'écoutait. Où couraient-ils ? Il courait avec les autres. Il passa devant la fenêtre de l'infirmerie où Sud-Crimée et le Mulet charcutaient le capitaine Sterliadiev. Tout autour, la foule brandissait des piques improvisées, faites de barreaux de lit limés en pointe. Ils renversaient les miradors, arrachaient leur revolver aux gardes, et surtout, ils forçaient les serrures pour s'emparer des stocks d'alcool. Tout le trèpe de la Kolyma, les dégénérés de la glaciation éternelle, était déjà ivre, ne serait-ce que de ce grand chambard, des explosions, des incendies, du hurlement des sirènes, du crépitement des coups de feu, et tous ne voulaient qu'une chose : ne pas perdre ce kief, le raviver à coup d'alcool, suriner, poinçonner, flinguer, foncer. Le plan si soigneusement élaboré d'Ivan Et Demi — anéantir simultanément toutes les « putes », désarmer la garde et emporter d'assaut toutes les positions clés de Magadan — tout ça était dans les choux. Pour l'heure, le promoteur de ce plan lui-même, imprégné de l'alcool qu'il avait ingurgité et du sucre qu'il n'avait pas évacué, ne comprenait pas où l'emportait cette foule où se mêlaient les « purs », les « putes », les travailleurs libres, les SD (socialement dangereux), les SC (socialement criminels), les planqués, et le bétail humain de la force, tous se ruaient sur le portail, sur les miradors, sur les mitrailleuses.

Voyez donc, même l'étreinte de fer du MVD s'émiette d'un coup sous le choc des masses populaires. Déjà le portail craque. S'ouvre tout grand. La masse des ZEK déferle. Des projecteurs sont branchés sur l'un des deux miradors de l'entrée, une mitrailleuse part en rafale. « Eh, le Rostovitain ! crie quelqu'un dans la foule, où est ta pétoire à tirer dans les coins ? » Sans plus réfléchir, Mitia bondit et arrose projecteurs et mitrailleuses. La cohue reprend le chemin de la sortie. Déjà l'on s'empare des camions et des pick-up, on y balance les corps des gardiens. La horde dévale vers la ville saisie par la panique. Ça siffle, ça hurle, ça rugit. Tes visiteurs arrivent dans tes crèches bien tièdes, charmante petite ville. Sur la lancée, on a oublié le chef, le major Glazourine, d'autant plus qu'on l'avait proprement assommé d'un coup de brique sur le crâne. On a aussi oublié de couper les câbles téléphoniques de son bureau. Fidèle à son devoir de tchékiste, le major assommé a appelé le général Tsarégradski au Dalstroï. Ce dernier, lui aussi passablement assommé, non d'un coup de brique, mais par le charivari du port, a eu le temps de dépêcher *in extremis* une compagnie de tirailleurs qui a *in extremis* pris position en travers de la chaussée de la Kolyma, tout contre l'entrée de la ville. C'est ainsi qu'une nuit le train-train de la capitale kolymienne a été rompu pour revenir, une fois la fureur calmée, à la coutumière torpeur de la conversion de la force humaine en travail mécanique.

Cette nuit-là, sous les fenêtres des Gradov, on emmena depuis le port des blessés et des brûlés par camions entiers. Des coups de feu et parfois quelque chose qui ressemblait à des salves, comme un bruit de toile forte que l'on déchire, montaient de l'autre bout de la ville, de la banlieue nord. Tsilia et Kirill sortaient les éclats de vitre des châssis de leurs fenêtres, essayaient de boucher les vides avec du contreplaqué, des planchettes, des coussins. Même si les événements chauffaient, un froid de glace figeait toute la plaine littorale, promettant pour le moins une semaine de gelées continues. Leur voisine, Xavéria Olympievna, une dame imposante, la caissière de la Maison de la Culture, venait les voir toutes les cinq minutes. Les deux femmes se concertaient sur le meilleur moyen de se défendre du froid, sur le choix du représentant de la gérance à qui il valait mieux s'adresser le premier. Tsilia prenait grand plaisir à bavarder avec Xavéria Olympievna. Cela lui donnait l'impression d'une vie parfaitement normale dans une ville parfaitement normale. Parfois, elle tentait, à mots couverts, de deviner comment une « dame » si classique, si moscovite, avait pu se retrouver à la Kolyma : elle avait peut-être quand même des parents dans les camps ou, au contraire, parmi les gardes ? Xavéria Olympievna n'avait même pas l'air de comprendre de quoi il s'agissait. Elle ne s'intéressait qu'aux opérettes, aux achats, aux intrigues du personnel de la Maison de la Culture, au calendrier des congés. Ce n'est que plus tard, devant une bouteille de crème de cacao surchoix du Continent, que Tsilia découvrit que la dame était arrivée à Magadan tout comme elle-même pour rejoindre un mari ex-détenu. Il est vrai qu'elle s'était trouvée devant une situation assez insolite, mais aussi parfaitement normale si l'on veut, ni politique ni antisoviétique, une bonne situation bien ancrée au sein des choses de la vie : son mari n'avait rien trouvé de mieux que de quitter son camp lointain nanti d'une nouvelle épouse, une Yakoute, et de deux enfants. La voilà, ma situation insolite, ma chère. *C'est la vie**, ma chère. Oui, précisément, c'est comme ça qu'elle est, *la vie**, un truc insolite, violent, et peu importe où il se produit, à l'Arbat ou dans la taïga sous le couvert des miradors. *La vie**.

À la fin, tout s'était tassé, bouché, scellé. Les terribles explosions aux fulminations apocalyptiques avaient reculé devant la contrée des souvenirs tout frais, pour repartir ensuite encore plus loin. On ne tarda pas à découvrir que l'on pouvait très vite s'habituer à la pétarade des coups de feu à la périphérie de la « zone d'exil à vie ». Kirill alluma la radio et se trouva aussitôt immergé dans les informations de *La Voix de l'Amérique* : « ...événement bizarre à Berlin. Ce matin est arrivé dans le secteur américain, au volant d'une voiture militaire soviétique, un officier d'artillerie soviétique, le colonel Voïnov. Il a demandé l'asile politique aux autorités américaines. L'administration soviétique a produit une déclaration affirmant que le colonel Voïnov avait été enlevé par les Services secrets occidentaux et a exigé sa restitution immédiate. Accalmie momentanée sur le théâtre des opérations de Corée. Les soi-disant "Volontaires populaires de Chine" concentrent de nouvelles unités blindées dans le secteur de Panmunjom. L'aviation des Nations Unies poursuit ses incursions contre les objectifs à l'arrière de l'ennemi... » De la chambre de Xavéria Olympievna, un disque égrena .

*À l'automne j'ai dit à Adèle*
*Sans rancune, enfant, adieu, ma belle...*

Foma le Rostovitain possédait trois planques en ville. Il parvint à se traîner jusqu'à l'une d'elles, s'accrochant à des palissades défoncées et aux étais des baraques croulantes, pleurant, riant, bavant, morveux, pendant son sang et sa lymphe par une blessure reçue à l'épigastre. Là, dans le règne de l'intestin, au voisinage des puissants versants du foie, s'était logée cette enculée-superenculée-connerie-archiconnerie de sale bestiole de parasite, en l'espèce un hérisson métallique. Tant qu'il dormait, on pouvait avancer — une minute ou deux —, dès qu'il se réveillait, cette vacherie de morpion de mes deux, il passait et repassait comme un tank dans mon vulnérable royaume intérieur, déchiquetait mes anses intestinales, les brûlait d'une flamme fasciste, en d'autres termes, bolchevik. Alors quoi ? Il n'y a pas de partisans, là-dedans, pour y foutre une mine et en finir avec ce foutoir à la con ?

La porte de la taule était condamnée par des planches et par-dessus le marché chargée d'un cadenas qui pesait des tonnes, frère jumeau de la saloperie qu'il avait dans le ventre. Essaie donc de franchir cette ferraille, essaie de faire passer tes tripes à travers ces tenailles d'acier ! La rue tourna, devint cul-de-sac, un cul-de-sac qui accueillit Mitia — traînant la jambe, perdant d'épais caillots de sang, trimbalant derrière lui la fierté des forces armées soviétiques, une mitraillette Kalachnikov par une rangée régulière de piques acérées dont chacune était destinée à déchirer totalement et définitivement le cul de tout perturbateur. Mitia se traîna le long des grilles. Sa chapka avait depuis longtemps déserté sa tête. Sa belle chapka de cuir, il avait tenté d'en colmater son ventre si malencontreusement ratatiné. Cependant, sa caboche couverte de glaçons de sueur était devenue une sorte d'ananas-confit-nom-d'une-couille-suffit ! Mais après, au pied du muret, de la rangée de piques, sous une congère, il découvrit une sape par laquelle il roula de l'autre côté, dans un monde paradisiaque de mélèzes frusqués de luxueuses pelisses de neige. Devenir l'une de ces pelisses et trouver la paix. Parler doucement à travers ses branches avec l'innocente, la froidissante balle-trou-de-balle au-dedans de lui. Et il avança sous les mélèzes dans les tas de neige, maculant les tas de neige de sa présence à la con. On dirait que je retrouve mon enfance, j'entends déjà le piano, ma chère mère-grand. Tout d'un coup, il aperçut un homme armé d'un fusil. Il défourailla aussitôt et le culbuta. Ce n'était pas un homme armé d'un fusil, mais un petit pionnier tenant un cor. Où je vais ? Non loin du pionnier, il y avait d'autres personnages : une pionnière faisant le salut des pionniers, une jeune fille à l'aviron, un discobole[1]. Un peu plus loin, le dos à l'assistance, le bras tendu comme un treuil vers la ville, se dressait sur son piédestal le con principal[2].

1. Tous ces personnages sont des statues en plâtre répétées à des milliers d'exemplaires dans toutes les villes d'URSS.
2. Lénine, également mille fois reproduit.

C'est à celui-là qu'il faudrait expédier deux rafales dans le cul pour qu'il apprenne ce que c'est que de tenir debout, une dragée dans les boyaux.

— Eh, le Rostovitain, appela quelqu'un avec un sourire joyeux et tapageur. Regardez, les gars, Foma n'est pas mort ! — Le Stakhanoviste, Framboise et le Saumon, l'élite des trombines de l'Entretien du Territoire, sérieusement poivrés, se tenaient à l'abri d'une rotonde, alimentaient un petit feu sur une plaque de tôle, sortaient d'une caisse des pots dans le genre de celui que Mitia avait récemment sifflé avec son foutu pinailleur. — Un feu de techniciens ! rigolaient ces couillons. — Si on se la coule douce au Parc Gorki ! Une caisse entière de blanche et du saumon plein la lampe ! Amène-toi sous notre tente, Foma, on va leur offrir une « Défense de Sébastopol ». Eh, viens voir ce qu'on a foutu sur la tronche à leur pute principale !

Eh, oui ! sur le crâne de la statue, lui bouchant ses perspectives historiques, il y avait un seau à ordures. Un vague sourire aux lèvres, Mitia passa en boitillant devant ses compagnons. — Où voyez-vous Foma ? Foma était un gars bien vivant, il allait la cigarette à la main et sifflant un petit air, moi, je suis un cadavre quasi composté... — Il repoussa poliment le verre qu'on lui offrait, s'en fut par les congères jusqu'à la grande allée déblayée du Parc de la Culture, puis se planta face à la statue, son seau d'immondices sur la tête. Soit dit en passant, le seau conférait à la statue quelque chose d'encore plus inébranlable — « Tiens, le grasseyeur, prends ça pour tout ce que tu as fait ! » gronda-t-il et, oubliant le hérisson de fer qui lui ramonait l'intestin, il se mit à tirer sur la statue. À ce moment, il lui sembla qu'il se détachait du sol, qu'un chaud courant l'emportait de la terre et le maintenait dans un merveilleux état de flottement. Les balles de qualité supérieure trempées aux usines de Toula perforaient la merde albatéresque. La Framboise et le Saumon rigolaient de ce chouette cirque. Le Stakhanoviste roupillait adossé à une colonne. Mitia, ayant vidé son chargeur, s'abattit du haut de son exultation droit dans tous les points de sa douleur. Pauvre cul de pauvre cul, qu'est-ce que tu fous là, pauvre cul à la con ? Abandonnant son arme dans la neige, à l'endroit même où il l'avait souillée, il se traîna vers la sortie où, dans l'arc-en-ciel glacial de ses réverbères, s'étendait la paisible rue des Soviets avec ses maisons couleur chair et son transformateur. Alors, c'est là que je vais : vers le transfo. Alors, c'est ça, mon but les fameuses fenêtres.

Il parvint à la cabine, voulut s'adosser face à elles, mais ses pieds glissèrent sur le verglas et il s'étala de tout son long sans avoir la force de se relever. Et il demeura allongé sous son réverbère, désormais jeune et beau, presque comme le petit Foma Zaproudniov, mais un peu suintant, et aussi un peu glacé, un peu congelé. Il eut encore la force d'appeler : « Tsilia ! Kirill ! », mais qui l'aurait entendu ? Les fenêtres étaient colmatées par des coussins... Tout de même, c'est près d'eux que je largue les amarres, eut-il encore le temps de penser, tout de même, à côté de ma famille... Il n'entendit pas la porte claquer, il ne vit pas deux silhouettes sombres courir dehors, et ce n'est qu'au tout dernier instant qu'il eut conscience de voir les deux chers visages se pencher sur lui. « On dirait qu'ils m'ont tout de même reconnu » — cela frémit comme frémissaient les feuillages de Tambov, après quoi un chaud courant sembla sortir de son corps tout en le soulevant, et il monta, plus haut, toujours plus haut, abandonnant derrière lui les contours du rivage de la Kolyma prisonnière des glaces.

## CHAPITRE TREIZE

# *Meeting à l'Institut de Médecine de Moscou*

Quelle merveille, vraiment, que ces nouveaux disques microsillon : vingt-cinq minutes de la quarantième symphonie de Mozart sur une seule face ! La bienheureuse heure mozartienne régnait dans le grenier de la rue Krivo-Arbatskaïa. Assis près d'une toile, Sandro manipulait son pinceau avec un brio proche de celui d'un chef d'orchestre. À des instants pareils, il oubliait qu'il était presque aveugle et reproduisait nettement — bien qu'un peu diluées sur les bords — de nouvelles et très vives incarnations de la fleur de Nina. « Eh bien, au moins il ne me voit pas vieillir, disait Nina à Iolka à de pareils instants où, étendues toutes deux dans la loggia, elles fumaient leur cigarette. Ou disons qu'il ne le voit presque pas. » S'étendre, la cigarette à la main, sur le vaste divan recouvert d'un tapis de Tiflis, était devenu l'occupation favorite des deux femmes qui, après les malheurs de l'an dernier, étaient devenues des amies. Elles pouvaient bavarder des heures, tournées l'une vers l'autre, séparées par un cendrier, le téléphone, deux tasses de café, et souvent d'excellents mille-feuilles du *Praga*. Si Nina recevait un coup de fil, Iolka prenait un livre et lisait, captant du bout de l'oreille les intonations sarcastiques de sa mère. Celles-ci se faisaient immédiatement jour dès que le correspondant était l'un de ses « frères écrivains ». Quel que soit le sujet de leur conversation, sa voix semblait, malgré elle, transmettre une idée capitale : « Nous ne sommes rien d'autre que d'intégrales merdes, cher collègue. »

Cela faisait déjà six mois que l'on avait ramené Iolka de Nikolina Gora dans une voiture noire, et ce n'est qu'aujourd'hui, en cette grise après-midi de janvier balayée par le vent, tandis que des tourbillons de neige volaient par les toits jusqu'aux fenêtres de l'atelier, qu'elle parla de Béria.

— Si tu crois qu'il m'a malmenée, tu te trompes grandement, dit-elle tout d'un coup à sa mère. Il a passé son temps à me faire des déclarations d'amour, tu sais. Il branchait sa radio américaine et me récitait des vers, souvent du Stépane Chtchipalov, sur fond de musique classique..

— Un supplice plus terrible que bien d'autres, s'interposa Nina.

— Il me prenait la main, la baisait, remontait jusqu'au coude, poursuivit Iolka, et récitait :

*Sachez chérir l'amour, et l'âge venant*
*Le chérir doublement...*

Parfois, c'était du géorgien, et c'était même joli. Quand il avait bu, il se lançait dans des confidences brumeuses : « Tu es mon dernier amour, Eléna. Je vais bientôt mourir. On va me tuer, j'ai tant d'ennemis. J'ai eu des milliers de femmes, mais je n'ai aimé personne avant toi. » Et le reste à l'avenant, tu imagines ? — Sa voix frémit et elle se couvrit la bouche et les yeux de la main.

— Mon petit bout de chou, murmura Nina en lui caressant les cheveux. Raconte-moi tout. Cela te soulagera.

— Tu sais, tout le temps que je suis restée dans cette datcha, je me suis sentie dans un état bizarre, poursuivit l'ancienne prisonnière quand elle se fut calmée. Une sorte d'apathie, de ralentissement. Ça m'était égal de perdre au tennis, je commençais à lire des pièces et je les abandonnais, je passais des journées entières à errer dans le jardin dans un état de semi-abrutissement sous la surveillance de très aimables salauds... Ils auraient pu s'en dispenser, pas une fois il ne m'est venu à l'esprit de me sauver. Et lui, je ne lui en voulais pas du tout. C'est dégoûtant, mais je me suis mise à attendre ses visites. Il me disait : « Eléna, pardonne-moi de t'avoir enlevée. Regarde-moi et juges-en toi-même : est-ce que je pourrais faire la cour à des jeunes filles comme un homme normal ? » À ces moments-là, ma foi, je riais : il était drôle, chauve, rond, binoclard, un personnage comique de film étranger.

— Mon Dieu, murmura Nina, ils ont dû mélanger à ta nourriture quelque chose qui neutralisait ta volonté.

Iolka soupira, se mordit les lèvres, fit mine de porter encore une fois sa main en écran devant son visage.

— Sûrement, sûrement, bredouilla-t-elle. Ah, maman, pourquoi n'y ai-je jamais pensé moi-même ?

Nina se reprit à caresser son unique « bout de chou » aux longues jambes, lui lissa les cheveux, lui chatouilla la nuque, lui embrassa même le lobe de l'oreille, ce lambeau de notre corps si tendre et qui, ainsi qu'on le sait, ne vieillit jamais.

— Écoute, petit hérisson, dit-elle, parlons de la chose la plus intime. Si je comprends bien, avant cela, tu étais pure, n'est-ce pas ? Dis-moi, il... enfin... enfin, il a couché avec toi, je veux dire, passe-moi l'expression, il t'a baisée ?

À peine la question posée, Nina demeura pétrifiée : malgré tout, elle se refusait à croire que le premier homme de son « bout de chou », son « hérisson », était un monstre. Iolka fourra le nez contre sa poitrine et éclata en sanglots. Elle survenait enfin, cette chose vers quoi les deux femmes s'étaient si prudemment avancées ces derniers mois lors de leurs séances de café-cigarettes dans la loggia. Elles avaient compris que sans cette conversation, elles ne surmonteraient pas la mise à distance qui était née quelques années plus tôt, alors que Iolka atteignait tout juste l'« âge d'aimer ».

— Petite mère, je ne comprends rien à ces choses-là, bafouilla-t-elle. Je ne sais toujours pas au juste comment on est fait... Il y a beaucoup de choses dont je ne me souviens pas, tout simplement pas du tout... Le premier jour, je me suis réveillée toute nue, le linge déchiré, et ça me brûlait... là... et après, à la datcha, il s'amusait avec moi en quelque sorte comme avec un petit chat, il me caressait, me mettait la main au corsage, à la petite culotte, puis il s'en allait terriblement triste, presque tragique. Une fois, il était soûl, il s'est jeté sur moi, m'a muselée de ses battoirs, trempée de salive... ça sentait insupportablement l'ail, un vrai cauchemar... il m'a écarté les jambes, y a fourré les mains, et encore autre chose peut-être, mais ce jour-là, j'avais, enfin... enfin... bref, enfin...

— Tu veux dire tes règles, ma petite fille, dit Nina.

Mon Dieu, si elle savait comment j'étais à son âge, comment nous étions toutes, sales gamines, avec nos sottises à la Kollontaï, notre anthroposophie et notre « verre d'eau ». Pourquoi ne lui en ai-je jamais parlé ? Pourquoi, sans chercher midi à quatorze heures, ne lui ai-je pas fait de croquis d'anatomie : voici le pénis, voici le vagin, le clitoris, l'hymen ? Tout est si simple et si... comment ?... je n'y comprends fichtre rien moi-même... Que devons-nous faire de tout ça ?...

— Oui, mes règles, enchaîna Iolka. En somme, des coulures, des taches, tout était gluant quand ce crapaud a expulsé de son corps, cette... j'ai été prise de nausée, ça a été un affreux mélange, ces odeurs à vomir, et il insistait, braillait des ordures en géorgien... je me souviens seulement de : *tchoukhtchïani, tchoukhtchïani*... Voilà comment ça s'est passé, petite mère, et le lendemain, on m'a ramenée à la maison... Ce qui fait que je n'ai rien compris et ne comprendrai jamais, parce qu'il n'y aura plus jamais d'homme dans ma vie.

— Tu es folle, petite sotte ! s'exclama Nina.

— Ne me parle plus jamais de ça, dit Iolka en retrouvant son assurance, c'est décidé une fois pour toutes. Tu sais, ce jour-là, j'avais quitté le court en compagnie d'un garçon. Il m'a fantastiquement plu, j'en suis peut-être même tombée amoureuse. C'est lui que j'attendais près du métro quand on m'a entraînée dans la voiture. Tu sais, j'ai ressenti un tel bonheur à l'attendre, on aurait dit que la vie, alentour, ne frémissait que pour lui et pour moi, je percevais tout avec une telle force : le soleil, les ombres, le vent, le feuillage, les pierres des maisons... En un mot, je comprends aujourd'hui que cela ne m'arrivera plus jamais parce que je suis *tchoukhtchïani*, ce qui, comme tu le sais, signifie en géorgien : souillée.

Soudain, en dessous, il y eut un grand bruit et Sandro cria d'une voix terrible : « Écoutez ! Un communiqué de l'Agence TASS ! » Il monta le son et la voix dramatique du speaker envahit l'atelier :

« Il y a quelque temps, les organes de la Sécurité de l'État détectaient un groupe de médecins terroristes dont l'action consistait à abréger les jours des hommes d'État soviétiques en recourant à des méthodes de soins nocifs. Parmi les membres de ce groupe terroriste, on trouve : le professeur Vovsi, le professeur généraliste Vinogradov, le professeur généraliste M.B. Kogan, le professeur généraliste Egorov, le professeur généraliste Feldman, le professeur oto-rhino-laryngologiste Etinger, le professeur généraliste Grinstein, le médecin neurologue...

« ... Les criminels ont avoué qu'ils avaient profité de la maladie du camarade Jdanov pour, posant un diagnostic erroné, dissimuler qu'il souffrait d'un infarctus du myocarde, et lui prescrire un régime contre-indiqué dans cette gravissime affection, conduisant par là même le camarade Jdanov à l'issue fatale.

« ... Les criminels ont de même abrégé les jours du camarade Chtcherbakov...

« ... Les médecins criminels s'étaient en premier lieu employés à saper la santé des cadres supérieurs de l'Armée... et à miner les défenses du pays... à mettre hors de combat le maréchal Vassilevski, le maréchal Govorov, le maréchal Koniev, le général d'armée Chtémenko, l'amiral Levtchenko... leur arrestation a brisé leur plan scélérat...

« ... Les médecins assassins, monstres du genre humain qui ont piétiné l'étendard sacré de la science (...) étaient des agents à la solde de l'étranger. La plupart des membres de ce groupe terroriste (Vovsi, Kogan, Feldman, Grinstein, Etinger et autres) étaient liés à l'organisation bourgeoise nationaliste juive *Joint*, fondée par l'espionnage américain (...) Après son arrestation, Vovsi a déclaré à l'enquête qu'il avait reçu des USA — de l'organisation *Joint* — la directive d'"exterminer les cadres dirigeants d'URSS", ceci, par l'intermédiaire d'un médecin de Moscou, Chimelkovitch, et du nationaliste bourgeois juif notoire Michoels.

« L'enquête sera terminée dans les jours qui viennent. »

Un silence tomba. Iolka et Nina étaient penchées par-dessus la balustrade de la loggia. Sandro était planté au milieu de l'atelier dans sa blouse maculée de peinture.

— C'est tout ? demanda Nina.

— Je crois, répondit Sandro.

— C'est curieux, ce long silence, dit-elle.

Il haussa les épaules :

— Qu'est-ce que tu dis, Nina ? C'est un silence normal.

— Non, trop long, insista-t-elle.

Il battit l'air de la main, on aurait dit un pingouin à l'aile d'aigle.

— Allons donc !

Enfin, l'on entendit la voix familière et sirupeuse d'une speakerine : « Nous venons de vous transmettre un communiqué de l'Agence TASS. Nous poursuivons le concert des auditeurs, *La Chanson indoue* de l'opéra *Sadko* de Rimski-Korsakov. »

— Coupe ça ! s'écria Iolka.

— Du calme, du calme, les enfants, enjoignit Nina. Ramassez vos affaires. Nous allons au Bois d'Argent.

Trois jours après le communiqué de l'Agence TASS, une réunion conjointe des enseignants et des étudiants fut fixée dans la grande salle du Premier Institut de Médecine. La tempête de neige se déchaînait en travers de la chaussée de Khorochévo. La visibilité était à deux doigts de l'invisibilité. Les deux Boris Gradov, III et IV, voguaient dans la Horch allemande à travers le rideau de neige vers le nouveau tournant de leur destin. Lequel destin, d'ailleurs, proposait certaines variantes. Par exemple, ils auraient pu s'abstenir de voguer vers son tournant. Arrêter la voiture au milieu de la chaussée ; braquer avec précaution le volant qui grinçait déjà malgré tous les graissages, enclencher en avant, en arrière, le levier de vitesses qui grinçait également, et faire demi-tour ; dîner en famille d'un bon borchtch et de côtelettes Pojarski en buvant une lampée de vodka ; le soir, quand la tempête serait calmée, se rendre à la gare de Koursk et filer en direction du Midi pour y prendre un repos bien mérité. Au nom du destin, cette variante-là fut proposée au grand-père par son petit-fils. En ce même nom, le grand-père rembarra son petit-fils : « Arrête de dire n'importe quoi ! Avance ! — C'est ridicule, grand-père ! Quel besoin as-tu de ce meeting de merde ? » Boris épiait avec inquiétude le noble profil de Boris Nikitovitch. « Tu ne vois pas ce qui se passe sur la route ? » Le destin se rangeait nettement à ses arguments : un accident s'était produit sur la chaussée verglacée — une voiture avait dérapé dans le fossé, des camions bouchonnaient, une grue tournait, à chaque instant de nouveaux amas de neige venaient recouvrir le tout. « Tu vois, grand-père, disait Boris IV, faisons demi-tour avant qu'il soit trop tard. » Cette fois, irrité, Boris Nikitovitch III rabroua vertement son petit-fils. Bientôt, une file de camions et de camionnettes se trouva formée derrière eux, rendant toute manœuvre impossible.

Ils avaient été bloqués plus de quarante minutes, ils arrivèrent en retard. Boris Nikitovitch alla tout de suite occuper sa place au præsidium. Faute d'autre siège, Boris s'assit sur une marche. Il surprenait les regards perplexes que les étudiants posaient sur lui, et parmi eux, celui, inquiet et amoureux, de la responsable komsomol Eléonora Doudkina. Pour quelle raison le champion était-il venu à la réunion réprobatoire des « assassins en blouse blanche » ? S'efforçant d'ignorer ces regards, il scrutait les traits pâlis de son grand-père assis au deuxième rang de ses pairs. Grand-mère a raison, se disait-il, il est dans un état pas ordinaire. Une crise de noir qui pourrait lui coûter la vie. Hier, Maïka, qui était devenue une habituée du Bois d'Argent, avait vu grand-père ouvrir son journal, y découvrir sa signature en bas de la lettre des académiciens stigmatisant la clique des agents et conspirateurs du *Joint* juif. Son journal à la main, il était immédiatement passé dans son cabinet et y avait appelé Mary. Ils étaient restés très longtemps derrière la porte fermée. Maïka avait trouvé le temps de faire une promenade avec Petit-Nikita et Archi-Med, que la conversation des vieux époux durait toujours, parfois sur un ton renforcé, mais toujours indistincte. Puis elle avait, un bon moment, aidé tante Agacha à ranger le linge et à préparer le repas, mais les époux restaient toujours enfermés. Le téléphone avait beaucoup sonné, on avait entendu, assourdie, la voix officielle de Boris Nikitovitch. Tante Agacha, furieuse, abandonnait ses torchons, tapait de son petit poing sur la table : « Mais pourquoi il répond ? Pourquoi il répond ? » La porte s'ouvrit enfin et grand-mère Mary dit d'une voix forte : « Alors ça, c'est la dernière chose à faire ! » Boris Nikitovitch sortit à son tour, chose assez surprenante, nullement troublé et même animé. Il demanda à Maïka où, à son avis, pouvait bien se trouver son petit-fils. Elle répondit que, selon toute probabilité, le sportif légendaire se trouvait dans sa résidence de la rue Gorki en train de préparer ses examens en compagnie d'Eléonora Doudkina et d'autres étudiantes qui en pinçaient pour lui. Boris Nikitovitch éclata de rire. « Est-ce bien à vous d'être jalouse de quelconques étudiantes ? » — entendez par là qu'en vrai gentleman, il lui avait fait un très beau compliment. Et là-dessus, Boris Grad, voilà que tu arrives dans ta guimbarde fasciste et que nous dînons tous ensemble, et que c'est tellement formidable, même si Agacha et Mary ont les doigts qui tremblent, ce que, naturellement, tu ne remarques pas. Et après, permets-moi de te le rappeler, tu m'as longtemps besognée, ici, dans la chambre de ta mère, espèce de cornichon, tu m'as complètement épuisée avec ton machin-chose ; je crois que je suis tombée enceinte. Il ne manquait plus que ça ! se dit Boris, sur quoi il besogna encore un peu sa bien-aimée, dans le style matutinal, à titre de gymnastique.

Au petit déjeuner, l'on discuta des diverses formules selon lesquelles Boris Nikitovitch couperait à la réunion conjointe. Mais le vieil homme, s'étant essuyé la bouche avec sa serviette d'un geste décidé, déclara qu'il comptait bien y aller « ne serait-ce que pour voir ça de ses propres yeux ». Là-dessus, Mary et Agacha quittèrent précipitamment la table, chacune dans une direction différente, tandis que Boris IV courait en même temps après l'une et l'autre, à savoir qu'il envoya d'abord une tape affectueuse sur l'épaule de la dame de la cuisine, puis bondit du côté du piano, sans soupçonner qu'il rééditait les gestes de son propre père quelques mois avant sa naissance. « Il est dans un état pas ordinaire, répétait Mary à travers son mouchoir humide. Cette crise de noir pourrait lui coûter la vie. Ne leur suffit-il donc pas de cette signature qu'ils ont fait figurer sans même lui demander son avis ? Et ce meeting, à présent ! Mais qui survivrait à une pareille honte ? »

Boris, qui avançait à travers les bourrasques de neige — entendez qu'il braquait constamment dans le sens du dérapage et ne freinait qu'au moteur —, remarqua qu'à mesure qu'ils approchaient de l'Institut le sang se retirait du visage de son grand-père qui se pétrifiait, prenait des allures de bas-relief. Mais qu'est-ce qui le pousse à aller à ce meeting ? Il serait parti dans le Midi, il aurait loué une chambre à Sotchi, il se serait promené sur le bord de mer... c'est peut-être naïf de ma part, mais là, je lui voyais une certaine chance. Parce qu'à l'heure actuelle, ce n'est pas avec des discours que l'on sauve la mise. Leur clique a tout l'air de vouloir s'exciter comme en 1937. Sacha Chérémétiev a raison, il faudra s'armer pour la lutte finale, on n'y coupera pas. Mais qui s'armera ? Les quinze personnes du Cercle Dostoïevski ?

Apparemment, l'on n'attendait plus le professeur Gradov au præsidium, lequel s'illumina de tous ses sourires. Les piliers non juifs de la science médicale encore indemnes s'entre-regardèrent. Le président voulut se repousser pour le faire asseoir à son côté, mais Boris Nikitovitch s'effaça modestement au deuxième rang. Cependant, à la tribune, l'agrégé Oudaltsov, titulaire de la chaire d'anatomie topographique et de chirurgie appliquée, membre du Bureau du Parti, achevait son discours : « ... et ceux qui ont souillé notre noble profession, nous leur disons : Honte éternelle ! » Ces derniers mots s'envolèrent vers le lustre presque comme un chant d'église, en quête d'une imposante réverbération aussi bien parmi le cristal que dans les cœurs de l'assistance. Oudaltsov allait quitter la tribune au milieu des applaudissements quand une petite étudiante de troisième année, Mika Bajanova — Boris la reconnut —, se leva du milieu du troisième rang :

— Pardon, camarade Oudaltsov, que devons-nous faire de nos manuels ? proféra-t-elle d'une voix tout à fait enfantine.

— Quels manuels ? fit l'agrégé, décontenancé.

— Quand même, c'est que ces médecins criminels sont de grands savants et de grands pédagogues. Nous utilisons leurs manuels. Que devons-nous en faire, à présent ?

Oudaltsov s'agrippa de la main gauche à la tribune et tâtonna curieusement de la droite sur la table. Dans la salle, un imprudent ricana. Brusquement, Oudaltsov saisit ce après quoi il tâtonnait et qu'il avait sans doute inconsciemment remarqué : une longue baguette selon toute vraisemblance demeurée là après quelque séance précédente où elle avait probablement servi à sa destination première : suivre des figures illustrant un exposé.

— Leurs livres ! hurla l'agrégé d'une voix effrayante, la voix de Vii[1], sur quoi il illustra le besoin qu'il avait eu de la baguette : il l'abattit en hardi soldat de Boudionny en travers de la tribune. — Leurs livres puants, nous les brûlerons et disperserons leurs cendres au gré du vent ! — Autre coup de baguette sur la tribune, encore un autre ; à l'étonnement de tous la baguette ne se rompait pas, résistait envers et contre tout. — Le moindre rappel de ces noms honteux, tous vos noms de kogans, nous les expulserons de l'histoire de la médecine soviétique ! Et que les os de ces assassins pourrissent au plus vite dans la terre de Russie, afin que leur trace s'efface à jamais !

Mika, terrifiée, était secouée de sanglots. L'agrégé était secoué de convulsions : manifestement, une crise d'hystérie. Deux membres du comité affrontèrent non sans précaution les battements justiciers de la baguette et avec grand-compassion et chaleureuse camaraderie, firent descendre l'orateur du podium. « Eh bien, quelle décharge d'émotions ! » dit Boris Grad dans la salle silencieuse, désorientée. C'est alors que le président donna la parole à son grand-père, professeur émérite et membre actif de l'Académie de Médecine. En donnant la parole à Gradov aussitôt après Oudaltsov, le président, le très honorable professeur Smirnov, entendait souligner le sérieux de la réunion. C'était façon de dire que non seulement de jeunes agrégés dont on pourrait penser que c'était moins une noble colère qu'un arrivisme maladif qui les poussait jusqu'à l'hystérie, mais aussi les illustres représentants de la vieille école, déjà couronnés de tous les titres et récompenses possibles et imaginables, participent à la patriotique entreprise de ce jour : mais non, chers collègues, la médecine soviétique n'est pas décapitée, pas du tout, pas du tout, et comme c'est aimable à Boris Nikitovitch d'avoir trouvé moyen, malgré sa santé déficiente... Ainsi que cela se produit souvent en pareil cas, le professeur Smirnov se trompait lui-même en mettant l'hystérie d'Oudaltsov au compte de son « arrivisme maladif ». En réalité, il comprenait assurément que ce n'était pas du tout l'arrivisme qui

1 Personnage effrayant d'un conte de Gogol.

était en cause, mais une peur monstrueuse qui paralysait toute activité nerveuse, une peur qui annihilait toute l'assemblée, elle encore qui avait conduit le vieux Gradov jusqu'ici et le poussait à monter à la tribune, elle enfin qui lui imprimait à lui, le président, ce sourire tellement faux, cette extension maximale du coin des lèvres.

Boris Nikitovitch monta donc à la tribune, arrangea sa cravate, tapota le micro de l'index de la main droite. Tout le monde fut frappé de voir que cet homme de soixante-dix-sept ans était tout ce que l'on voudra sauf sénile. Au contraire : il était concentré, sévère, les traits du visage, la silhouette, le geste extraordinairement nets, une lueur vivante dans les yeux, les joues un peu roses, ce qui mettait en valeur ses beaux cheveux blancs.

— Camarades, dit-il d'une voix égale, calme — à travers les harmoniques de laquelle l'on croyait entendre « messieurs » au lieu de « camarades » —, nous sommes tous bouleversés par ce qui arrive. Nous voyons clairement ce que signifie la disparition des plus grands spécialistes de notre médecine. Qui pourrait croire à l'absurde fable de l'activité terroriste des professeurs Vovsi, Vinogradov, Kogan, Egorov, Feldman, Etinger, Grinstein, et de nombreux autres que cite le communiqué de l'Agence TASS ? J'ai travaillé presque toute ma vie côte à côte avec la plupart de ces hommes, j'en considère beaucoup comme mes amis et je n'ai nulle intention de renier cette amitié au nom d'accusations ineptes et honteuses — oui, oui, camarades, je le souligne : honteuses ! — ni à la haute estime où je tiens leur irréprochable activité professionnelle. Toutes les personnes citées ont, sans exception, servi avec le plus grand dévouement sur les fronts de la Grande Guerre Patriotique : ce que vaut à elle seule l'organisation, par Miron Sémionovitch Vovsi, des consultations médicales de l'armée d'active, les premières de l'histoire ! Ils sont tous titulaires de grades et de décorations militaires. Et voilà qu'aujourd'hui, on les voue aux gémonies ! Je suis tout à fait persuadé que nos collègues sont victimes d'un jeu politique des plus troubles. Les gens qui ont sanctionné cette mesure, qui ont soustrait à leurs occupations ces sommités médicales, n'ont certainement pas songé au sort de la médecine soviétique ni même à leur propre santé. J'ajouterai que je suis atterré par le caractère ouvertement antisémite de la campagne de presse liée à cette affaire. À mes yeux, il ne fait aucun doute que quelqu'un opère une manœuvre de provocation envers notre peuple, notre Parti et notre intelligentsia fidèle au communisme scientifique. Vieux médecin russe, fils de médecin, petit-fils de médecin et arrière-petit-fils de médecin major de l'armée de Souvorov, je proteste contre l'outrage fait à mes collègues.

La salle fut à ce point obnubilée par ce discours qu'elle le laissa aller jusqu'au bout et même quitter la tribune dans le silence le plus complet. Il en était déjà descendu et marquait le pas, ne sachant ce qu'il devait faire : regagner sa place ou se diriger vers la sortie, quand retentit un hurlement panique qui semblait vouloir rattraper son retard : « Honte au professeur Gradov ! » La digue était rompue. Le rugissement démoniaque fit trembler les portraits des dignitaires. « Honte ! Honte ! À bas les sionistes, les cosmopolites, les assassins ! À bas les complices de la réaction ! » Puis tout se fondit en une clameur continue à travers laquelle, à un moment, perça un sonore appel komsomol : « À bas Gradov, larbin des juifs ! » La base estudiantine bondit sur ses pieds en brandissant le poing : *No pasarán !* Les assistants et les agrégés mettaient de même toute la gomme, par de brusques mouvements de la main, les professeurs répudiaient le renégat. Tout en courant vers le bas, Boris remarqua que même Mika Bajanova, qui avait posé sa malheureuse question sur les manuels, balayait l'air de sa menotte avec indignation. Hélas, même l'amoureuse Eléonora Doudkina faisait corps avec la troupe. Il s'élança sur l'estrade, serra son grand-père dans ses bras, le prit par le coude et l'entraîna vers la sortie. Un instant plus tard, ils se retrouvaient dans un couloir vide et s'éloignaient de la salle toujours hurlante.

— Tu es héroïque, grand-père, dit Boris IV.

— Laisse ça, dit Boris III, je n'ai fait qu'obéir à ma...

— Ça va, ça va, le coupa Boris IV, on a compris, assez de rhétorique.

Une forte émotion coupa le souffle à Boris III, le bonheur peut-être. « C'est fait ! » s'exclama-t-il presque en repartant d'un pas net, jeune, comme jouant de la canne sur laquelle, tout à l'heure, il s'appuyait lourdement.

— Très juste, dit Boris IV. — Il s'efforçait de ne pas tomber dans le sentiment, de ne pas serrer son cher grand-père contre sa poitrine, de ne pas éclater en sanglots. — Maintenant que la chose est faite, il faut songer à mettre les bouts. Je te propose de filer séance tenante dans le Midi. Nous partons ensemble en Géorgie, ou à Sotchi, ou en Crimée... — Il se rappela l'existence des femmes de la maison, et se reprit : — Ou plutôt, tu pars seul, et je viendrai te rejoindre après les examens. Maïka nous servira d'intermédiaire.

— Arrête, Babotchka, dit Boris IV d'un ton léger. Crois-tu vraiment qu'on peut leur échapper ?

— On le peut et on le doit. Tu ne vas pas rester là à les attendre, tout de même !

Une fois sortis, ils constatèrent que, tandis que les passions se déchaînaient au-dedans, la tempête s'était calmée au-dehors. Les nuages couleur de plomb qui s'amassaient dans la lointaine perspective des toits de Moscou semblaient promettre une possibilité de fuite. Les concierges déblayaient gaillardement la neige à l'aide de larges pelles en bois.

— Alors, prendre la fuite ? Pourquoi ne pas essayer ? fit Boris III avec un petit rire. Tu me conduiras à la gare demain.

— Aujourd'hui, immédiatement. Crois-en mon instinct d'éclaireur, répliqua Boris IV.

— Allons, allons — Boris III tapota l'épaule de son petit-fils de sa moufle en fourrure qui datait de 1913 —, n'exagérons pas. Le mandat d'arrêt de gens comme moi passe par les instances supérieures. Cela prend du temps. Deux jours au moins. Ils ne se pressent pas, parce que personne ne la prend jamais, la fuite. Personne ne leur a jamais... jamais, personne...

Toute son euphorie disparut d'un coup, se volatilisa, il pesa de tout son poids sur sa canne. Il lui sembla que les concierges faisaient seulement semblant de se retrouver pour la pause-cigarette, mais qu'en réalité ils l'observaient. Des visages se montraient parfois aux fenêtres de la clinique voisine : des espions ? Deux colonels descendirent d'un trolleybus : des colonels de quoi ? Un groupe de bambins du jardin d'enfants passa par le chemin tout frais, chacun se tenant à la ceinture du précédent : pas un ne sourit au grand-père que leur monitrice dévisagea avec une évidente hostilité.

— Personne ne leur a jamais échappé...

— Personne ne s'est jamais attaqué à eux comme toi, dit doucement Boris IV. Et si cela se trouve, plus jamais personne ne le fera... — Et avec un rire forcé : — De sorte que nous devons créer un précédent.

Boris Nikitovitch le regarda avec une tendresse qui était presque celle d'un adieu. Il faut faire en sorte que l'on m'arrête en son absence, sinon ce garnement va résister, faire usage de son arme — il en a une, ce n'est pas un secret — et ils le tueront.

— Faisons comme ça, proposa-t-il : je vais à mon secrétariat et je trie mes papiers. Je devrai en emporter pas mal. Toi, tu rentres chez toi et tu attends mon coup de fil. Pendant ce temps, renseigne-toi sur les horaires des trains. Ce soir, nous nous retrouvons au Bois d'Argent et nous prenons nos décisions.

Ils partirent chacun de son côté. Deux silhouettes bien différentes : IV dans son blouson de cuir et bonnet de loup, III dans son long pardessus noir à col-châle en astrakan et calot assorti, de la forme si chère au corps enseignant. Aussitôt, l'un des concierges s'en fut en se dandinant jusqu'à la cabine téléphonique : il faisait son rapport.

En arrivant rue Gorki, Boris pensait encore à son grand-père. Il était rien gonflé ! Tout le monde croyait qu'il allait à cette saloperie de meeting par faiblesse, or, c'était au contraire par grandeur, si l'on confère son vrai sens à ce mot. Je ne suis pas sûr que j'en aurais été capable. Quand je me cramponnais à mon toit, au-dessus de chez Béria, c'était pour des raisons strictement personnelles, quelque chose comme une vendetta caucasienne. Ce qu'a fait grand-père, c'est un colossal acte public. Dans quarante ans, en évoquant notre époque, l'on dira : le seul qui ait élevé la voix contre le mensonge fut le professeur Gradov. Nous sommes beaux, avec nos tapotements protecteurs sur l'épaule, nous, la jeune génération de merde. Nous croyons qu'à soixante-dix-sept ans, on ne pense plus qu'à ses caleçons chauds, or, on est encore la proie de passions bouillonnantes. C'était de toute évidence le cas de grand-père quand il a décidé d'en foutre plein la gueule à ces sales porcs. Je crois qu'il avait quelque chose sur la conscience, quelque chose de très ancien, d'avant ma naissance, quelque chose de vague, une compromission, une faiblesse... Il a peut-être rêvé toute sa vie de se racheter, et voilà : son rêve s'est réalisé, il se retire comme un chevalier. Ils ne lui pardonneront pas d'avoir été *grand*. Ils n'en pardonnent pas le centième à personne, ils ne pardonnent même pas leur innocence aux innocents. Grand-père est perdu, malgré mes inventions de fuite dans le Midi. On peut toujours compter sur un miracle, mais la probabilité est de (n-1). Ce grand-père, c'est l'homme que j'aime le plus au monde. Il m'est peut-être plus un père qu'un grand-père. Mon père a toujours été loin de moi, jusqu'au jour où il a atteint à une distance définitive, tandis que grand-père était tout près. Au fait, c'est lui et non mon père qui m'a appris à nager. Je m'en souviens parfaitement. Dans une petite boucle de la Moskova. J'ai cinq ans, d'un seul coup, je me mets à nager et grand-père est dans l'eau jusqu'à la ceinture, joyeux, des gouttes d'eau dégoulinent le long de son bouc comme d'un tuyau de descente... Que faire ? Malédiction ! c'est une loi de la nature : les robustes petits-fils doivent aider leurs grands-pères déclinants, et moi, dans cette maudite société, je ne peux rien faire pour mon vieux.

À ce moment, une pensée perfide lui vint à l'esprit : il vaudrait mieux qu'ils l'arrêtent en mon absence. Si je suis là, je ne tiendrai sûrement pas le coup, je descendrai tous ces salauds et ce sera la perte de tous les miens, des femmes, de moi-même. Non sans effort, il chassa cette idée ignoble. Finalement, moi aussi, je dois les affronter. Sacha Chérémétiev a raison : courir à moto et enlever des trophées est peut-être amoral.

La vie se traîne avec monotonie et pendant ce temps, les événements s'accumulent, se rapprochent pour, tout à coup, vous dégringoler dessus comme une pelletée de neige tombant d'un toit. En ouvrant la porte de son appartement, Boris ne s'étonna pas particulièrement de voir Véra Gorda sortir de son bureau et venir au-devant de lui. Elle avait une clé, mais cela faisait un an qu'elle n'était pas passée. Il était arrivé quelque chose, c'était clair, eh bien quoi, je vous en prie, engouffrez-vous !

— Tout le Cercle Dostoïevski est arrêté, dit Véra. — Elle posait la main sur le chambranle. Moulée dans sa robe, lèvres éclatantes, yeux lumineux. On aurait cru une séquence de film étranger.

— Sacha aussi ? demanda-t-il.

Elle fit la moue.

— Qu'est-ce que tu croyais ? Nicolaï, Sacha, tous... Ah, Boris ! — Elle éclata en sanglots et, martelant le sol de ses talons, alla se jeter sur sa poitrine. — Boris, Boris, je n'en peux plus, je meurs, je meurs à chaque instant, Boris...

Il l'installa sur le divan et s'assit à côté en prenant garde de réserver une distance, si petite soit-elle : il sentait monter une vague de désir parfaitement déplacée.

— Alors, raconte-moi tout ce que tu sais.

De l'avis de Véra, tout était de la faute de ce juif roumain, Ilya Werner. Lors d'une promenade rue Gorki, non loin du monument à Iouri Dolgorouki, il avait fait la connaissance d'une jeune maman d'aspect fort séduisant. Alors, comme l'on s'en doute, cela avait commencé par des compliments au bébé, puis était passé aux compliments à la maman. Ensuite, il avait fait de petites visites à la belle. Elle vivait seule — n'est-ce pas bizarre ? — dans un incroyablement joli appartement, non loin du lieu de leur première rencontre. En un mot, ça avait été, comme tu le comprends, le début d'un amour fou. Werner se propulse d'un air radieux, toutes les héroïnes de Dostoïevski présentes à l'esprit : Pauline, Grouchenka, Nastassia Filippovna. Puis un beau jour, dans l'entrée de son immeuble, il est accueilli par deux gueules de raie, bref, des barbouses, ils te le secouent de première et l'avertissent ; si tu tiens à la vie, ne fous plus jamais les pieds ici ! Renseignements pris, la mignonne était entretenue par un membre du gouvernement. Tu imagines ?

C'était Nicolaï le Mahousse qui avait raconté, le premier, cette histoire à Véra. Mais ils n'avaient pas tardé à perdre toute envie de rire. L'un après l'autre, ceux du Dostoïevski s'étaient aperçus qu'ils étaient filés. C'était du domaine des choses possibles. Ilya n'avait pas cessé ses visites et on le comprend : en plein délire amoureux, on oublie la raison, n'est-il pas vrai ? Il est probable que les « organes » s'étaient rencardés sur le bonhomme et avaient fini par aboutir au Cercle.

En trois jours, tout le monde avait été coffré. Chérémétiev, l'un des premiers. Ça avait été terrible, ils s'étaient tiré dessus, je crois. Véra et Nicolaï avaient couru à travers la ville comme des animaux traqués, ils avaient songé à fuir, mais où ? Ce matin, ils étaient venus le chercher, lui aussi. Maintenant c'est la fin, ma vie est finie ! Alors, bien sûr, c'est chez toi que j'ai couru, mon petit Boris, et chez qui d'autre ? tu es mon ami le plus proche, le plus cher... et tu n'es pas rentré de la journée... j'ai tourné en rond, j'étais désespérée... j'ai vidé une demi-bouteille de cognac, excuse-moi... oui, je sais que maintenant, tu es avec cette petite, bon, je ne vous souhaite rien d'autre que d'être heureux... à propos, je l'ai vue, elle est plutôt mignonne... Boris, je ne sais plus ce que *moi* je dois faire, que faire, tout s'écroule, tout tombe en miettes, ils vont peut-être me renvoyer de l'orchestre comme épouse d'un ennemi du peuple...

Derechef, elle se laissa aller contre sa poitrine, lui mit les bras autour du cou, pleura sur son épaule. Il avait peur de bouger, l'esprit plein de doute, et envahi de cette vague de désir déplacée qui allait croissant. Il réussit enfin à se libérer avec suffisamment de délicatesse.

— Et toi, Véra, ils ne t'ont pas convoquée ? demanda-t-il sans imaginer la violence de la réaction qu'il provoquait.

Gorda serra son visage entre ses mains et émit un son sauvage, voisin du cri perçant des cavaliers mongols. Tout son corps se convulsa. Boris courut chercher le cognac. Elle en avala une bonne rasade puis dit presque calmement :

— Quelle horreur, mon rimmel a coulé, s'est tout étalé ! Ne me regarde pas. Je sais ce que tu as pensé. Ce n'est pas vrai, Boris, je n'ai pas mouchardé ! Évidemment qu'ils m'ont convoquée, ne t'ai-je pas dit honnêtement, au début de notre bref amour, qu'ils m'avaient dans le collimateur. Alors, tu penses bien que cette fois aussi, ils m'ont fait venir, ce salaud de Néfédov, ce morveux, il a gueulé après moi comme si j'étais une servante d'auberge, et Constantin Avérianovitch, cette brute, jouait les sévérités contenues, voyez-vous ça ! Mais ils savaient déjà tout, ils connaissaient tout le monde, ils m'ont balancé de ces informations dont je n'avais pas la moindre idée. Par exemple, as-tu jamais entendu dire que le Cercle Dostoïevski projetait un attentat terroriste ?

— Assez, Véra ! grimaça Boris. — Il pensait à Sacha. S'ils ne le fusillent pas, comment s'en sortira-t-il dans les camps, avec sa prothèse ?

Et une fois de plus, Véra se cramponna à lui, se serra contre lui de la poitrine, du genou, pas exprès peut-être, peut-être comme à « son meilleur ami », mais c'était presque insupportable. Elle chuchota :

— Bien sûr qu'ils m'ont interrogée sur toi. Approche ton oreille. Tu sais, j'ai toujours peur que tu aies des micros. Ils m'ont évidemment demandé si tu fréquentais le Cercle. J'ai répondu qu'à mon avis tu ne pouvais pas les blairer et que vous aviez même failli vous battre quand tu me faisais la cour. Nos relations n'ont pas de secret pour eux. Voyons, Boris, voyons, dis-moi — elle se mit à pleurnicher comme une fillette — voyons, tu ne crois pas que je suis une moucharde ? Voyons, dis-le-moi tout net, je t'en supplie Tu ne le crois pas, non ? Crois-moi, je n'ai jamais dénoncé, jamais personne ! Ils m'ont peut-être tiré quelque chose, je suis bête, mais jamais, personne... Et peut-être le contraire... en ai-je protégé... tu me crois ? Allons, dis, tu me crois ? Se peut-il que je ne te plaise plus ? Allons, prends-moi, mon chéri...

Le divan n'offrait pas assez de place, ils se couchèrent sur le tapis, une chance encore que Maïka Strépétova y ait récemment passé l'aspirateur. En apercevant le sourire qui errait sur les lèvres de Gorda, sous lui, Boris songea : C'est peut-être son unique moyen de se libérer. D'« eux », de tout le monde en général, même de ses baiseurs, et de tout. Ses seuls instants de liberté

— Merci, mon chéri, murmura-t-elle quand elle eut retrouvé son souffle. Maintenant, je vois que tu me crois.

— Depuis quand la baise est-elle devenue le symbole de la confiance ? marmonna-t-il sombrement. — Il voulut ajouter autre chose, quelque chose de très dur : « Peut-être que c'est justement en qualité de moucharde que je viens de te sauter », mais il s'abstint d'articuler cette vacherie, non seulement cruelle mais fausse, et au contraire, embrassa la joue, puis l'oreille de son ancienne maîtresse. — Je te crois sans cela.

Ça y était, elle était vexée, elle se leva brusquement, se dirigea vers la table, avala une goulée de cognac, alluma une cigarette et dit d'un ton provocant :

— Et moi, sans ça, je ne crois personne.

— C'est bon — il se leva à son tour — en attendant, ma chérie, dépêche-toi de remettre de l'ordre dans ta toilette. Car en écho à tes excellentes nouvelles, je dois te raconter les miennes. Les événements ont l'air de se précipiter comme à un moto-cross sur glace...

En réponse à ses « excellentes nouvelles » à lui, elle s'exclama : « Oh, mon Dieu ! Comment cela finira-t-il ? » Avec une nuance de fatigue et même d'indifférence. Là, il se dit que si Maïka s'était exclamée ainsi, cela n'aurait eu qu'un seul sens, celui qu'exprimait cette exclamation, alors qu'avec Véra, il y en avait, comme toujours, encore plusieurs autres dont, vraisemblablement, elle n'avait même pas conscience elle-même. Peut-être que lorsque Maïka aura son âge, elle aussi, elle en aura accumulé bien d'autres. Il était cinq heures et demie, la nuit était tombée, seuls brillaient encore les éclairages du Nouvel An que l'on avait laissés au Télégraphe. Ils pouvaient bien briller jusqu'à la consommation des siècles, ils n'avaient rien de festif, rien qu'une pompe de propagande. Boris appela son grand-père à la clinique. Sonnerie, silence. Il vient peut-être ici ? Ou bien.. déjà ? Non, c'est impossible ! Véra était assise sur le divan, la cigarette au bec. Elle jouait les dignités offensées, détournait la tête.

— Dis-moi, est-ce que l'on t'a officiellement informée de l'accusation portée contre Nicolaï, demanda-t-il.

— Officiellement ? ricana-t-elle. Non, officiellement, on ne m'a pas informée. — Le mot « officiellement » frémissait en filigrane de toutes les offenses.

— Il faut que je voie la mère de Sacha aujourd'hui même. Sans faute, articula-t-il.

— Sans faute ? reprit-elle. — Cette fois « sans faute », pareil à un diamant artificiel, émit les courts rayons d'une inexplicable ironie.

Et toi, il faut que tu t'en ailles sans faute et tout de suite, songea Boris. C'est tout juste s'il ne se sentait pas pris dans un piège. Grand-père n'appelle toujours pas. Il n'est pas exclu que Maïka se pointe ici sans avoir téléphoné, comme à son habitude. Il lui suffira de voir Véra pour comprendre en une fraction de seconde ce qui vient de se passer sur le tapis. En outre, il faut faire quelque chose, chercher grand-père, aller voir la mère de Sacha, arriver une fois de plus à joindre Vasska, Chérémétiev n'était-il pas entraîneur au Club des Forces Aériennes ?... Je déraille ! Quel rapport avec les Forces Aériennes et tout le reste ? N'est-il pas clair que c'est 1937 qui recommence ? Que bientôt, nous nous retrouverons tous dans les camps ?

Il embrassa Véra sur la joue, lui envoya une tape sur l'épaule en bon copain et lui dit sur un ton faussement amical : « Restons en contact, Véra. En attendant, je vais te mettre dans un taxi. » Véra avait un manteau de renard superbe qui lui donnait un air quasi majestueux, on aurait dit l'épouse d'un lauréat du prix Staline. L'immense thermomètre aux tortillons slaves de la rue Gorki marquait moins dix-huit degrés. Luisaient aussi : le globe qui tournait en permanence au-dessus de l'entrée du Télégraphe, les diagrammes de réalisations diverses, les enseignes de *Fromages* et de *Vins de Russie*, et le portrait de Staline répandait ses rayons. Voilà qui il faudrait supprimer, se dit en toute lucidité Boris Gradov, officier en disponibilité de la Direction du Renseignement d'URSS. Ça fait longtemps qu'il requiert son pruneau dans le chignon.

Ils se tenaient au bord du trottoir, essayant d'attraper un taxi, quand Maïka émergea de la foule. Sa petite veste de fourrure ouverte (une vieille mais jolie petite veste que lui avait récemment offerte tante Nina), des mèches abondantes échappées de son fichu de tête, abandonnant à bâbord comme à tribord des hommes pantois, la fillette traçait en toute hâte son sillage vers l'entrée de l'immeuble. « Maïka ! » cria Boris. Elle freina brusquement, aperçut Boris et Véra et se dirigea lentement vers eux, les yeux dilatés, les lèvres entrouvertes et comme balbutiantes.

— Maïka, Maïka, qu'as-tu ? bredouilla Boris. Je te présente Véra, une vieille amie. Il lui arrive un grand malheur, son mari est arrêté.

— Nous, c'est grand-père qui est arrêté ! clama-t-elle si fort que tout Moscou dut en retentir, puis elle se jeta à son cou, en larmes.

## CHAPITRE QUATORZE

# *Douleur et insensibilisation*

Pourquoi, à ce meeting, ai-je prononcé ces misérables paroles sur mon appartenance soviétique, sur « notre » intelligentsia soviétique, fidèle à l'idéal du communisme scientifique ? Tout était clair, pourtant, je savais à quoi je m'exposais, j'avais pensé à tout, j'avais signé moi-même mon mandat d'amener, ma condamnation à mort, et surtout ma sanction de torture. Il n'y a rien de plus effrayant que cela, que la torture. Ce n'est pas par les exécutions qu'ils terrorisent tout le monde, c'est par la torture. Toute la population sait, ou se doute, ou soupçonne, ou ne sait pas, ne se doute pas, ne soupçonne pas, mais comprend que là-bas, derrière ces portes, cela fait mal, très mal, insupportablement mal et encore plus mal. Il n'y a pas d'insensibilisation. Il n'y en a plus, bien que l'on ne puisse s'empêcher de penser à elle. Mes menteuses paroles à la soviétique n'étaient rien d'autre qu'une tentative d'insensibilisation. Mes petits pères, s'il vous plaît, je suis quand même des vôtres, s'il vous plaît, ne me faites pas mal, alors pas trop mal, alors un tout petit peu moins mal, même très mal, mais pas aussi insupporta-a-ablement mal : car je suis un Soviétique, je suis fidèle à l'idéal du communisme scientifique ! Au lieu de cela, il aurait fallu dire : « Je méprise votre pouvoir de bandits ! Je renie votre communisme scientifique ! » Naïve manœuvre au pays où l'on repousse l'idée d'abolir la souffrance en tant que telle. Il est dit dans la Bible : « Celui qui endure jusqu'au bout sera sauvé. » Chose étrange, c'est là l'antithèse de la torture. La douleur est un tourment, mais d'autre part, c'est un signal. Quand nous anesthésions un malade sur la table d'opération, nous déconnectons son système de signalisation : nous n'en avons pas besoin, tout est clair sans cela. Nous supprimons la souffrance. Si nous ne le faisons pas, il ne reste que l'endurance, le passage à d'autres signaux, à la parole sacrée : « Celui qui endure jusqu'au bout sera sauvé. » Endurer jusqu'au bout et dépasser les bornes de la douleur. C'est-à-dire les bornes de la vie, est-ce bien cela ? Franchir les bornes de la douleur n'est pas obligatoirement mourir, est-ce bien cela ? Ils passent leur temps à brandir devant moi le spectre de la douleur, moi, qui, à soixante-dix-huit ans, ai toute ma vie lutté contre la douleur. « Ou tu fais ta déposition, vieille couille, suce-balloche à youpins, ou nous allons passer à d'autres méthodes ! » Leurs gueules de cauchemar, leurs gueules goyesques ! Seul Néfédov, dans cette foule — et c'est cela le plus odieux, qu'au lieu d'un enquêteur, il entre toute une foule de ces fausses couches — seul ce jeune capitaine a conservé dans le visage quelque chose d'humain, encore que c'est tout simplement qu'on lui a dit : « Et toi, Néfédov, tu feindras quelque chose dans le genre de — putain de ta mère ! — de la pitié pour ce sous-verge des youtres. Nous le mettrons d'abord en condition, puis grâce à ta pitié, nous l'obligerons à s'allonger comme une vieille connasse. » C'est ça, leur vocabulaire. Je ne crois pas qu'ils ne parlent comme ça qu'avec leurs prisonniers ; entre eux aussi. Alors, pourquoi ne se mettent-ils pas à leur chirurgie ? Ils attendent peut-être les ordres d'en haut ? C'est que Samkov a laissé échapper : « Le cam. Staline suit l'enquête en personne ! » J'ai du mal à croire qu'ils se servent de ce nom pour me faire peur, que ce n'est qu'un procédé. Pour la plupart des gens de notre pays, Staline est l'incarnation du pouvoir et non le caïd d'un gang, il est la dernière instance, le dernier espoir. Tout le monde tremble devant lui comme devant le détenteur du sceptre suprême, le maître des montagnes et des océans et des troupeaux humains, mais en aucun cas comme devant un homme qui a le pouvoir de faire torturer. On ne se servirait pas de son nom comme d'un épouvantail. Cependant, je n'exclus pas qu'il entre personnellement dans tous les détails de mes interrogatoires, d'autant plus que cela fait des années que mon nom lui rappelle quelque chose, qu'il n'a évidemment pas oublié notre bienheureuse première rencontre, mais aussi la dernière, si déplaisante. Toutes ces attaques hystériques contre les médecins, c'est sûrement lui qui les a élaborées et mises en œuvre. Son artériosclérose a, c'est évident, favorisé l'apparition d'une paranoïa. Le bruit a couru que Bekhtérev en avait décelé les prodromes dès 1927, ce qui lui a coûté la vie. Il est tout à fait possible que ce soit Staline lui-même qui m'ait fait passer les menottes. Alors ça, c'est trop ! Ne serais-je pas en train de sombrer dans la paranoïa moi-même ? C'est ridicule, n'est-ce pas : un prisonnier de soixante-dix-huit ans, isolé dans sa cellule, entravé par des menottes sophistiquées qui lui entrent dans la chair, a peur de sombrer dans la paranoïa. Ces menottes, jamais je n'aurais cru qu'elles existent pour de bon. Le plus affreux, c'est qu'avec elles il n'y a pas moyen de se gratter, tu es privé de ce bien-être de pouvoir t'effleurer du bout de tes propres doigts. Et quel immense bien-être dans ces éphémères automédications ! Ne pas pouvoir toucher son corps rappelle le plus terrible des cauchemars : se réveiller dans son cercueil. Les menottes ont été mises au point par un grand spécialiste : la torture, elle aussi, est une science. Qu'on le veuille ou non, vos mains s'agitent, tentent comme des insensées de se libérer, de gratter. À chaque tentative, la crémaillère se resserre, vos poignets enflent, deviennent des coussins violacés, des monstres des abysses. Ne pas sombrer dans le désespoir. Dans l'hystérie, oui : c'est aussi une forme d'insensibilisation. En attendant, répète que tu peux endurer jusqu'au bout, répète, répète, et à la fin, tu oublieras tes mains. Voilà, j'ai oublié mes mains. Je n'en ai plus. Je n'ai plus que deux grenouilles des profondeurs qui se sont laissé prendre au piège. Ou des tortues sorties de leur carapace pour se rafraîchir, et justement là, tombées dans une chausse-trappe. En tout cas, je n'ai aucun rapport avec ces grenouilles et ces tortues. J'avais des mains, autrefois, c'est vrai. Elles faisaient des choses pas mal du tout, elles opéraient, elles opéraient pas mal du tout, elles réalisaient de belles anastomoses, elles « sentaient » le malade, elles maniaient aussi la plume pas mal du tout, enfin, l'une d'elles la maniait avec quelque chose comme presque de l'art sur la nature de la douleur et de l'insensibilisation, pendant que l'autre pianotait sur le bureau, comme marquant un rythme inconnu, elles avaient aussi, en leur temps, pas mal du tout caressé ma femme, ses épaules, ses seins, ses hanches, elles ont aussi commis quelques péchés ces mains, la droite surtout, mais à présent cela n'a plus d'importance ; le principal, c'est qu'elles m'ont laissé de riches souvenirs. Elles n'existent plus. Et si elles n'existent plus, c'est que les dents d'acier d'une crémaillère ne peuvent plus rien contre elles. Le soldat qui revient manchot de la guerre ne peut pas se gratter le nez non plus. Qu'as-tu de mieux que ce soldat ? Apprends à te gratter le nez contre ton épaule, contre ton genou, contre le mur, le dos de ton lit... Depuis combien de jours ai-je oublié mes mains ? Sept, dix ? Ce jour-là, Samkov avait gueulé : « Qu'est-ce que tu as fait chez Rappoport, Gradov ? À l'Institut scientifique d'État pour le contrôle pharmaceutique Tarassévitch ? Tu vois, vieille pute, nous savons tout ! Avoue, pédé pourri, tu t'es entendu avec ce youpin sur la façon de falsifier les résultats de l'autopsie ? » Là, quelqu'un lui avait téléphoné et il était sorti, non sans lever le bras sur lui au passage dans un geste effroyable, comme s'il allait le tuer. Certes, l'autre, celui-ci, enfin celui qui prêtait l'oreille à ces cris, on aurait pu le tuer d'un coup, mais l'autre, celui-là, enfin, je veux dire moi-même, n'avait même pas cillé devant ce poing brandi. Il n'était resté que Néfédov, le petit officier pâle qui rédigeait son procès-verbal presque sans relever la tête. Seul à seul avec le prévenu, il l'avait relevée et dit doucement : « Il vaut mieux avouer, Boris Nikitovitch. À quoi bon vous obstiner ? Voyez-vous, tout le monde avoue. À quoi bon toutes ces souffrances ? Tenez, je vais noter que vous avez comploté avec Rappoport ou, mieux encore, que Rappoport vous a entraîné dans son complot, et on vous transférera aussitôt au régime général. » Alors, l'autre, c'est-à-dire moi, qui se tenait là comme le spectre de l'intelligentsia russe, qu'on empêchait de dormir depuis vingt-sept ans et demi, en ce sens qu'il avait dû, ce me semble, se passer plus d'une semaine ou je ne sais combien, depuis l'instant où, dans son bureau de la chaire de Chirurgie clinique, avaient fait irruption trois gros lards en manteau de drap bleu marine à col d'astrakan, d'épais manteaux ouatinés, hideux, ils avaient eu de la chance, ces trois misérables, de ne pas être tombés sur Boris, sur mon gamin, alors celui-là, qui était moi, qui avait tellement sommeil qu'il n'avait même pas eu peur du poing épouvantable, celui-là, chassant la trouille qui le paralysait, avait dit à l'autre acteur de ce médiocre drame à deux personnages : « Écrivez, capitaine. J'ai rencontré l'éminent savant Iakov Lvovitch Rappoport à l'Institut Tarassévitch afin d'examiner le problème de l'assistance par voie médicamenteuse dans la lutte contre les rejets d'organes après leur transplantation. C'est tout ce que je peux déclarer en réponse aux accusations sans fondement et aberrantes de l'enquêteur principal, le colonel Samkov. — Quelles accusations ? avait repris Néfédov. — Sans fondement. — Sans fondement, et puis ? Apaisantes ? Vous avez dit “apaisantes” ? — Non, j'ai dit aberrantes. Sauvages, si vous préférez. »... Alors, immédiatement, Samkov était rentré et avait intimé à Néfédov l'ordre de remettre les menottes « à cette vieille connasse ». Néfédov avait encore pâli. Il était allé appeler le sergent. « Mets-les toi-même, avait rugi Samkov. — Mais je..., avait voulu dire Néfédov. — Apprends ! avait gueulé Samkov encore plus fort. Sinon, qu'est-ce que j'ai à branler de toi, ici ? » Le prévenu n'avait pas entendu une telle accumulation d'ordures même dans les tranchées de la Seconde Guerre mondiale, c'est-à-dire de la Seconde Guerre patriotique[1]. 1885. Nous sommes dans le train avec papa, maman et ma petite sœur Dounia, Dieu ait leur âme, en route pour Evpatoria. Un voyage magique. Le gamin sort le nez par la fenêtre et se retrouve tout couvert de suie. « Quand tu arriveras, tu seras un nègre », dit papa en riant. Dans l'environnement de la Russie, les gros mots ne sont guère répandus. Les séquences fleuries qui l'envahiront datent de 1953, de la prison de Lefortovo. « Quel clown ! » rit maman à son tour. « Professeur mon cul, nous allons te faire une face de clown ! » promet Samkov en approchant sa figure mafflue à petite cicatrice en croix à l'angle de la mâchoire, assez habile incision d'un furoncle. « Tu en oublieras ta dignité d'intellectuel, charogne, parasite du peuple travailleur ! » La figure se rapproche encore. Il veut peut-être me planter les dents dans ce qui me reste de chair ? « Tu as peut-être oublié ton copain Poulkovo ? Je vais te le rappeler. Cela fait dix ans que

1. La première guerre nommée « patriotique » fut la campagne de Russie de Napoléon Ier.

ton copain travaille pour le compte des bandits de l'atome américains. Réponds : on vous a recrutés tous les deux en même temps ? » Mon Dieu, quel bonheur ! pour la première fois en tant d'années, quand ce serait par la bouche de ce demeuré, il reçoit des nouvelles de Lio ! Donc, il est encore vivant, donc, il a pu élever son petit Sacha, donc, il est en Amérique ! Où est Mary ? Pourquoi est-ce que je pense si peu à elle ? C'est ma mère qui me revient tout le temps à l'esprit, y compris en mon bas âge : sa grosse poitrine, centre du monde, le sein que je veux téter, dans ce temps-là, j'avais encore des mains et je saisissais toutes ces richesses à pleines poignées. Mais où est Mary ? Pourquoi ne m'apparaît-elle jamais ? Nous étions pourtant les deux moitiés d'un même tout. Elle écartait les jambes et m'admettait en elle, puis finalement prenait des proportions, s'emplissait de la suite de ma lignée, puis ré-écartait les jambes et me présentait Nikita, Kirill, Nina et puis ce mort-né qui n'a pas eu de nom. Merveilleuse, fabuleuse pulsatilité de la femme ! L'homme est banal, la femme est une fleur pulsatile. Rappelle-toi Mary, même si cela ne vient pas, rappelle-toi ! De même que tu t'es forcé à oublier tes mains, à présent, rappelle-toi ta femme. Quand l'as-tu vue pour la première fois, et où ? Mais bien sûr, en 1897, au balcon de la grande salle du Conservatoire. Elle était en retard pour un concert Mozart. On jouait déjà la *Petite Musique de nuit* quand il a vu enfiler la travée, et se retourner sur l'étudiant de vingt-deux ans qu'il était alors, une créature gracile, jeune, non russe, qu'on aurait craint de blesser ne fût-ce que d'un regard. *La Princesse de rêve*. Plus tard, elle l'avait assuré qu'elle l'avait remarqué la première, bien avant cela, qu'un jour, elle l'avait suivi dans la rue pleinement convaincue qu'il était un jeune poète de la nouvelle tendance symboliste et à cent lieues de supposer qu'il était étudiant en médecine. Donc, tu t'es rappelé Mary dans sa jeunesse : la voilà qui se faufile dans la foule bavarde du Conservatoire, qu'elle t'interroge des yeux, des gens passent portant des brassées de pelisses, allons, approche ! vous vous rejoignez, tu n'avais déjà plus de mains, mais rien qui ressemblât aux grenouilles soufflées et pétrifiées de l'époque plus tardive.

Le cliquetis des serrures fit une entrée fracassante dans l'année 1897 et Boris Nikitovitch se secoua de l'état semi-comateux où il se trouvait. Il réalisa qu'il avait enfreint le règlement de la façon la plus insolente : il avait osé s'allonger sur son lit en plein jour. Le gardien allait hurler et le menacer du cachot. Celui qui entra n'était pas le plus infect de la bande. Boris Nikitovitch l'avait baptisé Ionytch pour le distinguer des autres. Il ne hurla même pas, fit semblant de n'avoir rien remarqué. Il posa sur la table une écuelle de rata et une écuelle de gruau. Le rata au poisson dégageait une odeur à la fois nauséeuse et tentante, le gruau embaumait la perfection de l'orge perlée. La première semaine de sa vie carcérale, sans doute par suite d'une anorexie psychique évoluant vers la dégénérescence cérébrale, Boris Nikitovitch avait été dégoûté par la nourriture. Ses écuelles restaient intactes et l'on en avait conclu, à la prison, qu'il faisait la grève de la faim. Mais ici, toute forme de protestation était vouée à la répression immédiate. Un gros colonel portant insignes du Service de Santé s'introduisit dans la cellule — pourquoi donc la majorité des hommes du MGB tout autour étaient-ils gros, fessus, ventrus, de véritables porcs ? — et le menaça de l'alimenter de force. Alors, Boris Nikitovitch se prit à vider ses écuelles dans la tinette, jusqu'au moment où il réalisa que les signes de dégénérescence disparaissaient et qu'il recommençait à s'intéresser aux aliments. « Donne voir que je t'ôte ça », Ionytch fit jouer la serrure et, non sans mal, sortit les poignets du prisonnier des bracelets de dressage. Durant les dix minutes affectées au repas, l'on pouvait jouir de la présence de ses mains. Boris Nikitovitch s'efforça de saisir sa cuiller, hélas, cela lui fut impossible : ses doigts gonflés comme des saucisses ne faisaient même pas mine de se plier. Il faudra, comme la dernière fois, boire le jus à l'écuelle et seulement après, râteler les morceaux à pleine main. « Frotte-toi d'abord les poignets », lui dit Ionytch comme à un enfant sans discernement, en lui glissant : « Prends ton temps. » Cette manifestation inattendue d'humanité produisit sur Boris Nikitovitch un effet quasi renversant. Il éclata en sanglots, fut pris de tremblement, tandis que Ionytch se détournait, soit dans un accès d'humanisme accru, soit gêné par celui dont il venait de faire preuve. Au total, il avait pu rester vingt minutes démenotté. On ne saurait dire que ses doigts avaient pu maîtriser sa cuiller, mais il avait quand même réussi à la tenir tant bien que mal, à ne plus ressembler à une bête. En réinstallant son outil pédagogique, Ionytch le ferma au dernier cran, vraisemblablement à l'encontre du règlement, il donna aux poignets une possibilité minime de se mouvoir impunément. En quittant la cellule, Ionytch cligna de son épaisse paupière et plaça les deux mains contre son oreille comme pour dire : tu peux dormir. En posant la tête sur son oreiller, Boris Nikitovitch se dit que, ma foi, en soixante-dix-huit ans, il n'avait jamais fait de sieste aussi béate. Pendant ce somme, il ne se sentit strictement pas voguer dans le temps, non, rien que se diluer, totalement. Le nirvana. Il ignorait combien cela dura, mais il fut réveillé par les cris forcenés d'un autre gardien qu'il appelait en pensée Tchapaï.

« Qu'est-ce qui te prend, putain-de-ta-mère-à-quatre-pattes, de t'installer avec tout le confort moderne, fi' de pute, et ça ronfle, encore ! Je vais immédiatement faire mon rapport pour infraction à la discipline ! Tu te retrouveras au mitard, traînée, tu resteras au placard jusqu'à tant que tu te liquéfies comme une merde ! » Boris Nikitovitch bondit Soudain, le cauchemar de tant de jours et de nuits passés dans sa geôle, et peut-être même le cauchemar de toute éternité de la prison de Lefortovo, l'étouffa plus encore que le « placard », en même temps qu'il le transperçait de l'intérieur, c'est-à-dire du tréfonds du cauchemar, c'est-à-dire de son propre moi. « Tuez-moi ! » glapit-il en levant au ciel ses mains entravées et en passant la tête entre ces mains inexistantes ou, en tout cas, étrangères, comme s'il cherchait à franchir un étroit tunnel. « Tuez-moi, tuez-moi, bourreaux, démons ! » Tchapaï en fit un écart en arrière. L'explosion du traître à la Patrie d'ordinaire taciturne, plongé en lui-même, l'avait pris au dépourvu. « Qu'est-ce qui te prend de battre le dingue, Gradov ? débita-t-il dans le parler hâtif des malfrats. Allez, ça va, va te faire foutre, vas-y, vas-y, refais ton plein de soupe, je te remmènerai à l'interrogatoire après. Non, mais quelle idée de battre le dingue ! »

Les bras de Boris Nikitovitch retombèrent. À présent, il grelottait. Une forte décharge d'adrénaline, se dit-il. La réaction provoquée par l'irruption de Tchapaï à travers la bulle de mon bienheureux somme.

Au bureau des enquêteurs, on resta, selon l'usage établi, un certain temps sans lui prêter attention. Néfédov était plongé dans ses dossiers, vérifiait quelque chose dans un épais annuaire : l'incarnation même de l'activité juridique. Samkov, étalé sur une fesse, le combiné à l'oreille, répliquait par monosyllabes à son correspondant : son ventre tendu dans sa tunique remuait comme un blaireau pelotonné sur lui-même. Il raccrocha enfin, hocha sa tête rude, grommela : « Ah, les enfoirés ! » et seulement alors se tourna vers le prévenu.

— Alors, Boris Nikitovitch... — Très satisfait, il vit que le « professeur de merde » redressait la tête devant cette apostrophe inattendue. — Alors, professeur, notre enquête passe à une autre phase. Vous restez seul à seul avec le capitaine Néfédov, moi je vous quitte.

Il fixa sa victime avec curiosité et, à ce qu'il sembla à Boris Nikitovitch, non sans effort, se demandant quelle serait sa réaction. Boris Nikitovitch se força à sourire :

— Eh quoi, notre amour fut sans joie, nos adieux sans regret.

— Et réciproquement ! brailla Samkov en se levant et ramassant sur le bureau des dossiers qui s'obstinaient à s'éparpiller. — Furieux après ces dossiers rebelles, il scruta le « sous-verge des youpins », cette fois d'un regard noir, haineux. — Des questions ?

— Une seule, articula Boris Nikitovitch. J'ai tout le temps attendu d'être confronté avec Rioumine. Pourquoi ne l'avons-nous pas vu ?

Il ne pouvait rien dire de plus violent entre ces murs. Néfédov, tendu comme un arc, serra les lèvres à croire qu'il avait un œuf bouillant dans la bouche. Samkov laissa tomber les chemises qu'il venait enfin de rassembler, s'appuya des poings au bureau, bomba le torse en direction du prisonnier.

— Ah, espèce de pu... Comment oses-tu ?... Comment osez-vous nous provoquer pareillement ? Vous oubliez où vous êtes ? Nous pourrions vous le rappeler ! — Il oublia ses dossiers et se dirigea vers la sortie en dépêchant au passage vers Boris Nikitovitch une bouffée de chypre et de sueur. Vulgaire sudatoire bolchevik, pensa le vieil homme dans son dos.

Son supérieur parti, Néfédov demeura une bonne minute les yeux sur la porte que l'autre avait claquée, sans changer d'expression, la bouche refermée sur son œuf ou sa pomme de terre bouillante. Puis toute sa figure retrouva une activité intense : la patate était avalée.

— Commençons par les menottes, Boris Nikitovitch, dit-il. Vous n'en avez plus besoin, n'est-ce pas ? À quoi vous servent-elles ? dit-il avec un plaisant reproche. — Il s'approcha et, adroitement, gaillardement, habilement, déverrouilla les maudits bracelets. D'un air presque espiègle, les tenant à deux doigts comme un poisson pas frais, il les rapporta vers la table et les abandonna dans un tiroir. — Et voilà ! Terminé ! Je n'en ai aucun besoin ni vous non plus, Boris Nikitovitch, n'est-ce pas ?

— Moi, elles m'ont été utiles, dit Gradov. — Sans un regard pour Néfédov, il se frictionna chacune de ses mains mortes tour à tour à l'aide de l'autre. Il éprouvait un sentiment étrange : on lui avait arraché une partie de sa personnalité, certes indigne, mais néanmoins intégrante.

— Que voulez-vous dire, professeur ? demanda l'enquêteur, avec intérêt et délicatesse. — Depuis que l'enquête était entièrement passée entre ses mains, il était devenu l'incarnation du tact, de l'intérêt, de la correction, et même d'une certaine sympathie. La plus rudimentaire des méthodes, se dit Boris Nikitovitch. D'abord le bâton-Samkov, puis la carotte-Néfédov.

— Vous ne le comprendriez pas, citoyen enquêteur, vous n'avez pas vécu ces bracelets aux bras.

Je crois que je vais trop loin, se dit Gradov. Celui-là va se mettre à gueuler à son tour. Mais rien d'autre qu'une expression d'horreur furtive ne passa sur la face blême du capitaine.

— C'est bon, Boris Nikitovitch, oublions tout cela. Revenons sérieusement à notre... à notre exploration. D'abord, je tiens à vous informer que certains points en sont supprimés. Par exemple, celui de la conspiration Rappoport. — Néfédov guetta attentivement la réaction de Boris Nikitovitch à cette nouvelle : ce fut un haussement d'épaules. — On annule également vos confrontations avec Vovsi et Vinogradov.

— Ils sont en vie ? demanda Gradov.

— Oui, oui, et pourquoi pas ? se hâta de répliquer l'autre. On supprime les confrontations, c'est tout.

Il attend sans doute que je demande pourquoi, pensa Boris Nikitovitch, et là, il me dira que ce sont des choses qui me dépassent. Cependant, Néfédov soupirait d'amertume au-dessus de ses papiers et se grattait même le haut du crâne

— Mais, parallèlement, de nouvelles questions apparaissent. Par exemple : quel a été le véritable motif de votre intervention au meeting du Premier Institut de Médecine ? Un appel de la dernière chance à vos compagnons d'idées ? Aviez-vous des compagnons d'idées dans la salle, professeur ?

— Bien sûr, répondit Gradov. Je suis certain que tout le monde pensait comme moi, mais disait le contraire.

— Là, vous allez trop loin, fit l'autre avec une moue. Ils seraient tous aussi hypocrites, selon vous ? Je ne suis pas d'accord. Mais dites-moi ce qui vous a poussé à agir ainsi ? Défier le gouvernement, ce n'est pas rien !

— J'ai voulu tirer un trait, dit Gradov tout à fait paisiblement, comme s'il ne prêtait même pas attention à la présence de l'autre.

— Tirer un trait ? reprit Néfédov. Sous quoi ?

— Vous ne le comprendriez pas, dit Gradov.

Néfédov en fut indiciblement mortifié.

— Pourquoi donc, professeur ? Pourquoi voyez-vous en moi *a priori* un être primaire ? Je vous signale que j'ai fait mes études à la Faculté de Droit de Moscou, par correspondance. Que j'ai lu tous les classiques. Interrogez-moi sur Pouchkine, Tolstoï, je vous répondrai sur-le-champ. Je lis même Dostoïevski, bien qu'on le classe parmi les réactionnaires, mais moi, je le lis et j'estime que c'est utile, parce que cela nous permet de mieux pénétrer la psychologie du criminel.

— La psychologie de qui ?

— La psychologie du criminel, professeur. Nous autres, enquêteurs, juristes, nous avons besoin de comprendre les criminels.

— Et Dostoïevski vous aide, citoyen enquêteur ? — À présent, c'était Gradov qui dévisageait Néfédov, ce que remarquant, ce dernier rosit et se renfrogna visiblement.

— Ah bien, bien, je vois ce que vous voulez dire, professeur. Cette fois je le vois, n'en doutez pas.

— Voilà qui est parfait, dit Gradov.

— Qu'est-ce qui est parfait ? s'étonna Néfédov, toujours du même air d'offense.

— Que vous compreniez tout. Cependant, en parlant de tirer un trait, je ne songeais nullement aux choses de votre compétence, citoyen enquêteur, mais ça serait trop long, citoyen enquêteur, et cela n'a aucun rapport avec l'enquête, sous quelque angle que ce soit.

— Vous m'appelez tout le temps « citoyen enquêteur », vous vous en tenez aux formalités. Pourquoi ne pas passer à Nicolaï

Sémionovitch, hein ? Ou même Nicolaï tout court, hein ? Car dans le fond, nous ne sommes pas des étrangers. — Disant cela, Néfédov élimina vite fait son expression d'offense et enfila à sa place un air malin, un sourire moqueur et bon enfant.

— Qu'est-ce que cela veut dire ? fit Gradov, surpris.

C'est alors que Néfédov l'enquêteur lui fit à lui, le prévenu, un aveu étonnant.

C'est qu'il n'était ni plus ni moins que le fils d'une proche connaissance de la famille Gradov, de Sémione Nikiforovitch Stroïlo. Mais oui, justement, l'authentique nom de famille de Stroïlo était Néfédov, et Stroïlo était, pour ainsi dire, son nom de guerre, en ce sens que Stroïlo, le Bâtisseur, signifiait l'édification du Socialisme. Papa avait le feu sacré, c'était un communiste pur et dur, vous vous en souvenez naturellement. Nicolaï Sémionovitch avait, pour l'heure, vingt-neuf ans, il était le premier-né de Sémione Nikiforovitch et de son épouse Klavdia Vassilievna, autrement dit, à l'époque où papa et tante Nina entretenaient des rapports romantiquement révolutionnaires, Nicolaï avait déjà deux ans. Il va de soi que tante Nina ignorait l'existence des Néfédov vu l'énorme distance de leur niveau culturel. En d'autres termes, aux yeux de tante Nina, papa était comme un jeune célibataire, même si à ce moment, une petite sœur, Palmira, était déjà née. Après, papa était revenu à sa famille, mais il repensait souvent à tante Nina, et c'était un profond tourment. En somme dès son enfance, non seulement Nicolaï connaissait la famille des Gradov, mais il avait été impliqué dans certaines relations avec elle. Ils étaient même allés au Bois d'Argent et s'étaient promenés, papa et lui, autour de votre maison, Boris Nikitovitch. Pourquoi sursautez-vous ? Tout cela était si humain, si romantique, les souffrances d'un grand homme fier. Nicolaï n'avait jamais blâmé son père. À grand navire grande erre. Tenez, professeur, vous vous étonnez que je nomme votre fille « tante Nina », et comment l'appellerais-je si l'on m'a tant parlé d'elle dans ma petite enfance et mon adolescence ? Même si l'on en a dit toute sorte de choses, elle était presque devenue une parente. J'ai toujours suivi avec attention ses succès poétiques, et *Nuages dans le bleu* est devenu, on peut bien le dire, la chanson de ma jeunesse. Tout le monde le chantait, à l'École, il y en avait même qui inventaient des versions égrillardes : enfin, la jeunesse...

Au cours des années trente, Sémione Nikiforovitch Stroïlo avait, cela va de soi, quitté les Néfédov, car la hiérarchie du Commissariat connaissait une progression rapide et même vertigineuse, peut-on dire. Oui, la hiérarchie du Commissariat. Cependant, il n'avait jamais abandonné le soin de sa famille, en particulier de Nicolaï qu'au plus fort de la guerre il avait emmené par la main à l'École de la Sécurité, ce pour quoi on ne saurait ne pas éprouver un sentiment de grande gratitude à son endroit. Telle avait été la volonté du destin, Boris Nikitovitch, je veux dire : les circonstances historiques extérieures, que Nicolaï Néfédov n'avait jamais nourri envers son père d'autres sentiments que positifs. Sentiments qui s'étaient forcément hypertrophiés avec la mort héroïque de celui-ci tout à la fin de la guerre. Les circonstances de cette mort n'avaient jamais été publiquement élucidées, mais dans les milieux du Renseignement, l'on savait que le général Stroïlo, personnage le plus proche du maréchal Gradov, mais oui, justement, avait partagé le sort du commandant du Front de Réserve dans ces mêmes, excusez-moi, jusqu'à présent, je ne résiste pas à l'émotion, circonstances. Alors, vous devez humainement comprendre, Boris Nikitovitch, que cela m'a rapproché d'une façon encore plus chaleureuse, dirais-je, de votre famille...

— Rapproché comment ? D'une façon plus chaleureuse, avez-vous dit ? demanda Gradov.

Il dévisageait la face pâle et plate du jeune enquêteur et croyait vraiment y retrouver les traits de Sémione Stroïlo qu'il n'avait vus et détaillés qu'une seule fois dans sa vie, à l'automne 1925, il me semble, mais oui, à l'anniversaire de Mary, pendant cette représentation idiote des *Blouses bleues*.

— Je veux dire d'une façon sinon idéaliste, du moins, d'une certaine façon spirituelle, bafouilla Néfédov.

— En somme, vous êtes devenu un peu notre parent, citoyen enquêteur, n'est-ce pas, dit Gradov.

— Laissez là le venin, professeur ! Laissez là le venin ! supplia l'enquêteur avec une souffrance quasi shakespearienne, comme s'il avait depuis longtemps supputé les chances de voir filtrer ce venin et si ses pires craintes se trouvaient justifiées.

Il est curieux, le fiston du preux prolétarien, se dit Boris Nikitovitch. Il a de quoi surpasser son paternel. Cependant, ses mains revenaient à la vie. La situation devenait de plus en plus ambiguë. Néfédov sembla s'aviser que ce n'était pas à lui de se livrer aux confidences, mais le contraire et demanda :

— Donc, Gradov, vous ne niez pas que vous aviez des compagnons d'idées dans la salle ?

Puis, sans attendre la réponse, il consulta sa montre et dit que Boris Nikitovitch allait faire un petit voyage. Et s'ils me relâchaient ? fulgura-t-il dans son esprit. Si Staline m'avait fait libérer ? Il fit un effort pour ne pas trahir cet espoir insensé, mais apparemment quelque chose passa sur ses traits : Néfédov eut un léger sourire. Ils peuvent avec autant de chances, ou plutôt avec beaucoup plus de chances, avec mille fois plus de chances, m'expédier dans une cave et me bousiller. Eh quoi, je suis prêt, comme mon neveu Valentin l'a fait, à ce qu'on dit, en 1919 à Kharkov, à déchirer ma chemise et à m'écrier, bravant la mort en face : « À bas les démons rouges ! » mais je ne le ferai pas, parce que je n'ai plus vingt et un ans comme Valentin, mais soixante-dix-huit, que je ne peux plus, comme lui, leur jeter mon avenir à la face, mais seulement tomber sous leurs balles en silence.

Une heure plus tard, on l'amenait en « corbeau noir » droit devant l'entrée d'un long couloir absolument anonyme ; mais, à des indices obscurs, il lui sembla que la garde était celle de la Loubianka et non celle de Lefortovo. Son expérience des prisons s'arrêtait là : après son arrestation, on l'avait d'abord conduit à la Loubianka, puis à Lefortovo.

— Où suis-je ? demanda-t-il au sergent qui l'accompagnait au « box », c'est-à-dire à un placard d'attente solitaire.

— Dans un endroit convenable, dit en rigolant le sergent tout bouffi et blafard de vie souterraine.

La cellule où il se retrouva après lui rappela aussi celle, la première, qu'il avait eue à la Loubianka. Tout y était un petit peu mieux qu'à Lefortovo, prison réservée aux enquêtes du MVD : un lavabo, un morceau de savon, une couverture... Un endroit convenable, se disait Boris Nikitovitch en posant sur la table ses mains qui revenaient à la vie. Je me trouve dans un endroit convenable en plein centre de la convenable ville de Moscou où j'ai vécu tout cela, où tout est passé comme l'éclair, comme dans ce film sur Strauss qui commence par sa naissance et finit par sa mort, et où ça se case en deux heures, dans ce convenable pays d'où je n'ai pas jugé possible de m'arracher à un moment si convenable de l'histoire.

« Où est le cadavre s'assemblent les aigles. » Pleurons la Patrie quand elle paraît le plus invincible. Quelqu'un, à l'Ouest, a dit que le patriotisme était le refuge des canailles, mais ceux auxquels il pensait n'étaient pas de véritables patriotes, ils ne prenaient pas ce mot au pied de la lettre, ils ne glorifiaient en lui que la force. Lorsque nous disons le « pays de nos pères », rares, et de loin, sont ceux qui pensent vraiment à leurs pères, en d'autres termes, à leurs morts. Nous autres, en Russie, oubliant nos pères, nous avons fait de la Patrie un Moloch, nous nous sommes fermés à l'éternité, à Dieu, séduits par de faux Christs et de faux prophètes qui nous proposent tous les jours, toutes les heures, leurs contrefaçons au lieu des réalités. En quoi réside le sens de la monstrueuse imitation qui est échue à la Russie ? On aura beau chercher, on ne trouvera pas d'autre réponse : le sens de l'imitation est dans l'imitation même. Tout a été substitué, vous ne retrouverez pas les originaux. Le positif est devenu négatif. Le cosmos nous considère avec une sombre ironie. Et tout de même : « Celui qui endure jusqu'au bout sera sauvé. » À quoi d'autre peut nous mener notre surabondant darwinisme ?

Quelques jours plus tard, un matin, le dentier du bas de Boris Nikitovitch se cassa et tomba en miettes dans sa cuvette. C'était ce qu'il avait craint lorsque Samkov lui avait brandi les poings à la figure. S'il me cogne la mâchoire, il démolira cet appareil dentaire qui donne depuis longtemps des signes de fatigue. Alors, d'un coup, je deviendrai sénile. On ne me fusillera même pas. On se contentera de me jeter au dépotoir où je finirai de pourrir. Et voilà que son bridge le lâchait alors que menaces du poing et torture des menottes avaient pris fin. Il était tombé en miettes sans raison, voilà, c'est tout. Des miettes malodorantes, gluantes, jaunies. Jette-les dans la tinette qu'elles circulent par les tripes nauséabondes de la Loubianka, c'est là leur place. Presque aussitôt, un ulcère dystrophique apparut à son palais. Si l'on ajoutait à cela un état de dyspepsie permanent, de violentes démangeaisons sur tout le corps, une éruption croûteuse, on pouvait dire que ça se dégradait assez vite. Il ne pouvait presque plus parler assez distinctement pour communiquer. Dans le fond, il n'en était plus besoin. Les interrogatoires avaient presque cessé. Il voyait Néfédov pas plus de deux fois par semaine et encore, selon toute apparence, pour la forme. Durant ces entrevues — brèves, pas plus de quinze minutes — le « presque parent » ne lui posait à vrai dire aucune question, se bornait à manipuler ses papiers, levant de temps à autre sur lui un regard étrangement inquiet, comme interrogateur : une variante stalinienne de l'Homme du souterrain. Quelques jours plus tôt encore, Boris Nikitovitch pensait avec une certaine répugnance aux liens de l'enquêteur avec sa famille. À présent, cela lui était égal. Que me demandes-tu des yeux, bonhomme ? Je ne possède pas la réponse, bonhomme.

Un jour, dans le bureau de Néfédov, le prisonnier découvrit deux inconnus : larges poitrines capitonnées, brochettes de décorations. Les trois officiers se levèrent avec solennité et celui du grade le plus élevé lui lut le document que voici :

« ... Vu l'article 5 du code de procédure pénale de la République Fédérative de Russie, l'enquête relative à Gradov, Boris Nikitovitch, est close. Gradov, Boris Nikitovitch est élargi et totalement réhabilité. Le chef du MVD d'URSS — A. Kouznetsov. »

Lecture faite, les trois se dirigèrent vers lui la main tendue. Il serra fermement chacune d'elles. On lui remit son attestation comme une bonne distinction d'État.

— Où devrai-je aller ? questionna Boris Nikitovitch.

— Dans une ville d'eaux, allez dans une ville d'eaux, professeur, ondoyèrent les poitrines capitonnées. L'injustice est réparée, c'est le moment d'aller à Matsesta, ville d'eaux !

— Mais maintenant, où dois-je aller ? requestionna Boris Nikitovitch.

— Maintenant, c'est le capitaine Néfédov qui va s'occuper de vous, professeur, tandis que nous, au nom de la Direction du ministère et au nom du Gouvernement de l'État Soviétique, nous vous exprimons nos vœux les meilleurs conjointement avec le rétablissement de votre santé si précieuse à la Patrie.

Ils crient comme si j'étais sourd, et pourtant mon ouïe résiste parfaitement à la dégradation, songea Gradov.

Les officiers supérieurs quittèrent le bureau et Néfédov, rayonnant de toute sa pâleur, s'occupa de restituer au professeur les pièces saisies au Bois d'Argent lors de la perquisition : passeport, diplômes de professorat, diplôme d'académicien, diplôme militaire... Puis arriva la valetaille sergentesque avec ses objets personnels, en particulier sa somptueuse pelisse de 1913 du magasin anglais du Pont-aux-Maréchaux, laquelle, au bout de quarante ans d'existence, ne donnait aucun signe de détérioration. Le dernier à accourir, à bout de souffle et sur la pointe des pieds, fut un gardien dodu muni d'un assez lourd paquet. Boris Nikitovitch y découvrit une sorte de caverne d'Aladin : ses décorations étincelantes d'or, d'argent et d'émail précieux.

— Et maintenant, où devrai-je aller ? demanda-t-il, ce paquet à la main.

— Nous allons descendre dans la salle où vous attendent certains de vos parents, déclara Néfédov fort excité. Nous aurions pu évidemment vous raccompagner à votre datcha nous-mêmes, avec tout le confort, mais ils ont manifesté le très vif désir d'être là, en particulier votre petit-fils, Boris Nikitovitch, auquel je conseillerais plus de modération envers les « organes ».

Le capitaine Néfédov ouvrait la marche. Derrière lui déambulait le professeur Gradov et, en queue, les gardiens chargés de ses affaires personnelles, on aurait dit des porteurs africains. À un tournant du couloir, Boris Nikitovitch glissa son paquet de décorations dans une poubelle.

À cet endroit, cher lecteur, l'auteur, qui — vous ne le nierez pas — s'est tenu si longtemps dans l'ombre selon les lois de la polyphonie épique, se permettra une petite liberté. Ce qu'il y a, c'est que par suite du cours encore mal exploré de la situation romanesque, l'idée lui est venue de raconter la brève histoire de ce paquet de hautes distinctions. Il se trouva qu'après la libération de B.N. Gradov, le paquet fut découvert dans sa poubelle par le nettoyeur de nuit de l'état-major des organes de la Sécurité, l'adjudant-chef D.I. Grajdanski. Très éloigné de toute intégrité idéologique, l'adjudant-chef Grajdanski conclut que sa vieillesse était désormais assurée : comme beaucoup d'autres citoyens soviétiques, il était convaincu que les grandes décorations d'URSS étaient coulées dans les alliages les plus précieux. L'adjudant-chef Grajdanski, qui ne brillait pas par l'imagination, ne sut pas découvrir le processus de la métamorphose de ces bijoux en devises courantes, c'est pourquoi il mourut pauvre. Mais l'idée avait survécu à son initiateur. En 1991, le petit-neveu de Grajdanski, Micha-Galocha, célèbre businessman de l'Arbat, vendit la collection complète à un touriste américain pour la somme de trois cents dollars et se déclara extrêmement satisfait de la transaction.

Boris Nikitovitch descendit lentement, mais d'une démarche parfaitement assurée jusqu'à la dernière marche de la salle d'attente. Droit derrière lui, se dressait un grand portrait de Staline voilé de crêpe. Il ne l'avait pas remarqué en passant devant et, à présent, il était à cent lieues de penser à ce que sa descente pouvait paraître symbolique. Il avait complètement oublié qu'il était attendu par certains de ses parents et se demandait comment il préviendrait Mary et Agacha. Si je me contente d'entrer comme ça, tout simplement dans la maison, elles ne le supporteront pas, elles mourront de surprise. Il oubliait l'existence du téléphone et des voitures et pensait qu'arrivé en bas de l'escalier, il entrerait tout droit dans sa maison. Il descendait toujours, cependant que le capitaine Néfédov se laissait distancer. À chaque marche, le professeur Gradov s'éloignait de lui, finalement, le capitaine se figea au milieu de la volée de marches, la main sur la rampe, suivant des yeux le vieil homme en contrebas.

— Grand-père ! retentit dans tout l'espace une voix forte et jeune.

Et là enfin, Boris Nikitovitch aperçut les siens qui accouraient : son petit-fils Boris et ses trois fillettes : Nina, Iolka et Maïka.

Le capitaine Néfédov crut éclater en sanglots, gagné par une marmelade de sentiments où prédominait tout de même celui de la frustration.

*Septième entracte*

## LES JOURNAUX

*Le* Time *:*

*... Joseph Staline a été finalement éliminé comme le veut le sort commun des hommes.*

*Henry Hazlitt :*

*... La mort de Joseph Staline ouvre d'immenses possibilités uniquement comparables à celles qui se firent jour après la mort du khan mongol Ogdaï en 1241...*

*... L'héritier de Staline est le gras et flasque Georges Malenkov, cinquante et un ans (...) cosaque de l'Oural d'origine... (taille 5 pieds 7 pouces, poids deux cent cinquante livres) marié à une comédienne, deux enfants...*

*... Après lui : Lavrenti Béria, cinquante-trois ans, géorgien comme Staline lui-même (...) chef de la police secrète et du projet de la bombe atomique rouge (...) calme, méthodique, amateur d'art et de musique ; il peut être conciliant ou impitoyable (...) Marié, deux enfants, vit dans une datcha de banlieue, se déplace en Packard blindée qui ressemble à un corbillard. Vieil ami de Malenkov. N'est jamais allé à l'étranger...*

*... La vitrine d'un restaurant russe de Manhattan expose un portrait de Staline portant l'inscription : « Staline est mort ! Aujourd'hui, borchtch gratuit ! »*

*La* Pravda. *Début mars 1953 :*

*Antanas Vanclova :*

... le nom de Staline est paix !
Le nom de Staline est vie et combat

Son nom lumineux est des peuples la loi.
... Ô ma Lituanie à moi !
Du nom de Staline à ta fleur va l'éclat
Dans la lutte et la sueur tu as trouvé ta joie.

*A. Sourkov :*

*... L'attente est solennelle, austère, patiente (...) le portail de la Maison des Syndicats s'ouvre tout grand et le fleuve vivant s'écoule régulièrement et en silence (...) les adieux d'un grand peuple avec un grand homme...*

*C. Simonov*

Et le Comité Central de Staline
À qui vous avez remis le soin de nos vies
Pour les siècles des siècles avec votre doctrine
Nous conduira vers la victoire du Parti !

*A. Tvardovski :*

En cette heure de peine profonde
Je ne saurais trouver les mots qu'il faut
Pour exprimer au bord de cette tombe
Le chagrin de mon peuple et ses sanglots.
La perte de nos peuples unis,
Voilà ce que nous déplorons pour l'heure.
Mais j'ai confiance en la sagesse du Parti
Elle est notre soutien, elle est notre grandeur.

*Le* Time *:*

*Quelques opinions sur Staline :*

*L'homme d'affaires Donald Nelson, spécialiste du prêt-bail : « Un gars normal, en général, tout à fait amical. »*

*Léonid Sérébriakov : « L'homme le plus vindicatif de la terre. S'il vit assez longtemps, il s'attaquera à chacun de nous. »*

*L'ambassadeur Joseph Lewis : « Ses yeux noirs étaient plus que gentils et tendres. Tous les enfants auraient voulu être bercés sur ses genoux. »*

*Le biographe Boris Souvarine : « ... Une personnalité odieuse rusé, perfide, grossier, cruel, inébranlable. »*

*L'amiral William Leehy . « Nous croyions tous que c'était un chef de bande parvenu au sommet du pouvoir. Cette opinion était erro-*

*née. Nous avons tout de suite compris que nous avions affaire à un esprit de grande valeur. »*

*Winston Churchill : « Staline m'a laissé l'impression d'une profonde et froide sagesse et de l'absence de toute illusion. »*

*Roosevelt : « ... En somme, très impressionnant, dirais-je. »*

*Trotski : « ... La médiocrité la plus éminente du Parti. »*

*La mère de Staline : « ... Soso a toujours été un bon petit garçon. »*

*La* Pravda *:*

*A. Fadéiev :*

*Vie et victoire à la cause de Staline !*

*Ce que titrent les journaux soviétiques :*

Bien-aimé, immortel !
Notre esprit est vaillant, inébranlables nos certitudes
Le créateur de l'ordre kolkhozien
Chef de guerre de génie
Il vivra des siècles
La Chine et la Russie resserreront leurs liens.
Staline est le libérateur des peuples

Le Parti
bien aimé maintient
l'oriflamme
Staline est mort
Staline
reste en nos âmes
Staline est la vie
et la vie
est éternité

*M. Cholokhov :*

*Adieu, Père !*

*A. Sofronov :*

Nous sommes là debout et que coulent nos larmes
Aujourd'hui comme hier ayant pour nous la force

Fils du Parti, soldats de la Révolution en armes,
Des enfants de Staline la grandiose cohorte.

*D'autres titres :*

Le souci qu'avait Staline des femmes soviétiques
Le coryphée de la science
Le grand adieu
Le serment des travailleurs de Kirghizie
Le chagrin du peuple letton

*M. Issakovski :*

... Il est mort, la Terre est orpheline
Et le peuple a perdu son père et son ami...
Nous faisons le serment solennel du Parti...

*Le* Time *:*

*... L'empire stalinien occupait un quart des terres émergées, comptait un tiers de la population mondiale...*

*Herbert Morrisson, travailliste britannique : « Ce fut un grand homme, mais un homme mauvais. »*

*Nehru, Premier ministre de l'Inde : « ... Un homme d'une stature gigantesque et d'un courage inébranlable (...) J'espère sincèrement que son influence sur la cause de la paix ne s'arrêtera pas avec sa mort... »*

*Les GI's des tranchées coréennes : « Joe est claqué ! Hourra ! Hourra ! Ça fait un ventre-rouge de moins ! »*

*... Le peintre communiste de bonne volonté a apporté une belle contribution à la cause du Parti avec ses colombes (...) Il y a quinze jours, le Parti lui a commandé un portrait de Staline. Bientôt, ce portrait a paru sur trois colonnes dans le numéro spécial des* Lettres françaises. *Là-dessus le* Daily Mail *de Londres a décoché ses quolibets : « Voyez ces grands yeux fondants, ces mèches de cheveux comme serrées dans un filet, ce sourire secret et coquet à la Mona Lisa : mais c'est tout simplement un portrait de femme à moustache ! » Deux jours plus tard, le Secrétariat Général exprimait son insatisfaction formelle de ce portrait. Le camarade Aragon, membre du CC et autrefois poète, s'est vu décerner un blâme pour sa publication.*

*Picasso a dit : « J'ai exprimé ce que je sentais. Il est évident que cela a déplu. Tant pis... »*

*Quelques titres de la mi-mars :*

Un génie vivificateur
L'immortalité
Staline, notre étendard
Notre grande amitié avec la Chine
Le serment des travailleurs de l'Inde
La cause de Staline est en de bonnes mains
Le deuil du simple peuple d'Amérique
Une unité d'acier
Staline sur la croissance de la propriété kolkhozienne jusqu'au niveau de la propriété nationale en tant que condition de passage au communisme
Un génie universel

*M. Loukonine :*

... Tout comme à lui
à notre cher Parti
nous sommes fidèles
Ô Comité Central
à toi va notre foi
comme jadis à lui.

*O. Bergholz :*

... Et saigne notre cœur,
Notre ami ! Bien-aimé !
Et la Patrie en pleurs
Sur ton corps est penchée.

*V. Inber :*

Nous avons juré devant le Mausolée
Aux minutes de deuil, à l'heure des adieux,
Nous avons juré de savoir transformer
Les forces du chagrin en travail valeureux.

*D'autres titres :*

Staline nous a enseigné la vigilance
Le sage ami des arts
L'initiateur d'une civilisation nouvelle
Le Parti communiste est le chef du peuple soviétique

*Ce dernier titre devait mettre un terme aux épanchements de deuil poétiques, de même qu'à la fin de mars, les textes en prose se trouvèrent changés :*

Kiev grandit et s'embellit
Les champs de coton de l'Ouzbékistan
Améliorer l'enseignement idéologique
Utiliser pleinement nos réserves de production
Les problèmes urgents des cultures irriguées
De quelques questions touchant la croissance des terres non tchernoziomiennes

# ÉPILOGUE

Par une chaude et étincelante journée du début de juin, Boris Nikitovitch III Gradov était assis dans son jardin et jouissait de la vie. Une éclatante manifestation de la nature, il n'y a pas à dire ! Comme elles sont belles, ces métamorphoses annuelles en Russie ! Si désespérément prisonnière des neiges, il y a si peu de temps, la terre vous offre un merveilleux kaléidoscope de couleurs, le ciel vous étonne par sa profondeur et son azur, la brise qui court parmi les sapins vous apporte les senteurs de la forêt tiédie, les mêle aux parfums du jardin. On pourrait sans peine qualifier cette fête de digression lyrique si elle n'advenait au moment de l'épilogue.

Ce que l'on avait fait en premier lieu à Boris Nikitovitch après sa libération, c'était un dentier du bas. Et maintenant, à tout propos, il affichait selon l'expression de son petit-fils Boris IV un « sourire hollywoodien ». Il avait touché beaucoup d'argent pour la réédition de ses manuels et de son ouvrage capital *De la douleur et de l'insensibilisation*. Sa famille agrandie l'entourait avec des soupirs de bonheur en lui donnant les noms de « héros » et de « titan de l'actualité » ; ce dernier, vous le comprenez, était le fruit de l'affectueuse ironie de Boris. En ce qui concerne sa « micro-descendance » (ce dernier terme était le produit du héros et titan lui-même) — Petit-Nikita et Archi-Med — elle l'assiégeait littéralement, puis lui donnait l'assaut en parties de cramponnade et de lèche-museau. Bref, en ces jours de mai et de juin si éclatants, la vie souriait au vieux médecin, elle lui proposait même quelque chose qui était inaccessible aux autres : un nuage moiré, orange foncé, qui à la fois mobile et indécis venait de s'arrêter à une trentaine de pas de son fauteuil, près d'une touffe de lilas, et flottait comme s'il eût soupçonné derrière lui l'agitation d'acteurs troublés par quelque péripétie.

Boris Nikitovitch, ayant mis de côté *Guerre et Paix* ouvert sur la scène de la chasse, suivait avec intérêt les mouvements de ce nuage-écran qui semblait animé ou tout au moins avide de l'être. Il semblait prêt à se rapprocher, presque dégagé de la touffe de lilas, mais ensuite, plein de confusion, de timidité extrême, il battait en retraite.

Cependant, toute la famille se déplaçait ou s'occupait dans le jardin. Mary taillait ses roses et soignait ses tulipes. Agacha, sur la terrasse, composait une grandiose salade Primavera. Nina, sous la tonnelle, sa machine portative devant elle, tapait quelque chose d'« incontournable » à en juger par la façon dont elle serrait sa cigarette au coin d'une bouche sarcastique, mais encore rouge. Son mari Sandro, en lunettes de soleil, planté sur ses deux jambes, se tenait à l'écart. Ses narines frémissaient à l'unisson de ses doigts frémissants. L'acuité accrue de son odorat et de son toucher compensaient en quelque sorte sa vue affaiblie. Petit-Nikita et Archi-Med couraient sans arrêt — quelle énergie — par les allées du jardin, tour à tour avec un ballon, avec un cerceau, ou simplement avec eux-mêmes. Boris IV occupait presque la même position que son grand-père, mais plus horizontale, installé dans une chaise longue avec un Dostoïevski, *Le Joueur*. Deux ravissantes joueuses, justement, Iolka et Maïka, disputaient une partie de ping-pong. Le nuage-écran orange foncé s'était mélancoliquement éloigné et se préparait à retraverser la palissade et à se retirer entre les sapins. Il ne manquait que ceux qui étaient au loin, Kirill et Tsilia et, bien sûr, une majorité de l'humanité : papa, maman, ses sœurs, le bébé mort-né, le maréchal Nikita, Galaktion, Mitia... Alors, Mitia est donc là-bas ? Mais bien sûr, ondula le nuage-écran qui était à présent à mi-chemin du lilas et du fauteuil et attendait là, toujours hésitant : eh bien, fais-moi signe !

Mais au lieu de signifier l'invite, il tourna les yeux vers Maïka, tourbillon bleuet-paille qui s'abattait sur sa balle, Maïka qui était récemment — un cadeau pour Boris Nikitovitch — passée du nom de Strépétova à celui de Gradova. À ce moment, il eut la certitude absolue que la semence germait déjà en elle. Et où était notre nuage ? Il était reparti dans les sapins et semblait s'y être perdu, comme pour laisser entendre qu'il n'était rien d'autre qu'un miroitement d'ombres et de lumières. Tout alentour n'était que jeu réciproque comme dans un orchestre symphonique bien réglé. La nature enracinée, celle qui était fixée dans le sol, offrait harmonieusement ses troncs, ses rameaux, ses feuillages à d'autres particules de nature momentanément détachées du sol, telles qu'écureuils, étourneaux et libellules. Boris Nikitovitch aperçut dans l'herbe, non loin de sa sandale, un grand scarabée cornu d'un noir brillant, superbe. Avec son armure parfaite et ses petites pattes écailleuses mais implacablement fermes, il ouvrait ses mandibules dont il faisait des antennes. Oh ! oh ! mon cher, songea Boris Nikitovitch, si l'on t'agrandissait à une échelle suffisante, tu deviendrais un véritable Jagannath. Alors, le nuage-écran se rapprocha rapidement, traversa la touffe de lilas, entoura Boris Nikitovitch et se volatilisa aussitôt avec lui, comme s'il refusait d'assister au tumulte qui s'élèverait lorsque l'on découvrirait son corps inanimé.

Entre-temps, sous l'apparence du scarabée cornu superbe, son armure brillante repliée sur le dos, Staline s'en était allé rampant dans l'herbe étincelante. Il ne se rappelait rien de rien et ne comprenait rien à rien.

*19 avril 1992*
*Moscou - Washington -*
*La Guadeloupe - Washington.*

## II. GUERRE ET PRISON



## III. PRISON ET PAIX

*Composition Eurocomposition*
*et Impression B.C.I.*
*à Saint-Amand (Cher), le 8 juin 1995.*
*Dépôt légal : juin 1995.*
*1er dépôt légal : mars 1995.*
*Numéro d'imprimeur : 4/485.*
ISBN 2-07-073257-6./Imprimé en France.

73699